SCHÄFFER
POESCHEL

Uwe Grobshäuser/Michael Preißer (Hrsg.)

Die Besteuerung der GmbH

3., vollständig überarbeitete und aktualisierte Auflage

2013
Schäffer-Poeschel Verlag Stuttgart

Bearbeiterübersicht:
Grobshäuser: Teil I 1, I 3, II 5, III 1, III 5, IV 1, IV 2, V 1
Knies: Teil II 6
Melzer: Teil I 2, III 3, III 4, VI 1–3
Missal: Teil III 2.2–2.2.4
Preißer: Teil II 2–4, III 2.1, III 2.2.5–2.2.6, IV 3, V 2–4
Schütte: Teil II 1

FSC www.fsc.org MIX Papier aus verantwortungsvollen Quellen FSC® C006701

Bibliografische Information der Deutschen Nationalbibliothek
Die Deutsche Nationalbibliothek verzeichnet diese Publikation
in der Deutschen Nationalbibliografie; detaillierte bibliografische Daten
sind im Internet über http://dnb.d-nb.de abrufbar.

Gedruckt auf chlorfrei gebleichtem, säurefreiem und alterungsbeständigem Papier

ISBN 978-3-7910-3108-8

www.schaeffer-poeschel.de
info@schaeffer-poeschel.de

Einbandgestaltung: Willy Löffelhardt
Satz: typopoint GbR, Ostfildern
Druck und Bindung: CPI books GmbH, Leck

Printed in Germany
August 2013

Schäffer-Poeschel Verlag Stuttgart
Ein Tochterunternehmen der Verlagsgruppe Handelsblatt

Vorwort

Das vorliegende Buch soll ein Handbuch für die Praxis sein. Die Verfasser haben darauf Wert gelegt, auf die vielfältigen Fragen des Gesellschaftsrechts, des Handelsrechts, des Bilanzsteuerrechts, des Körperschaftsteuer-, Umsatzsteuer- und Einkommensteuerrechts umfassend einzugehen. Von der Gründung über die Ermittlung des laufenden Einkommens bis hin zu Eigenkapitalveränderungen und zur Liquidation werden alle Lebenszyklen einer GmbH dargestellt. Die vielfältigen Möglichkeiten der Umstrukturierung werden ebenso erläutert wie die immer wichtiger werdenden internationalen Aspekte bei grenzüberschreitenden Aktivitäten. Vertiefend abgehandelt werden ferner die Funktion einer GmbH im Rahmen einer Organschaft und als Beteiligte einer Doppelgesellschaft (GmbH & Co. bzw. Betriebsaufspaltung).

Da die steuerliche Betrachtung einer GmbH nicht losgelöst von den Fragen zur Besteuerung ihrer Anteilseigner gesehen werden kann (verwiesen sei hier nur auf die Folgen verdeckter Gewinnausschüttungen und verdeckter Einlagen), wird auch auf die Besteuerungsfolgen für die Gesellschafter der GmbH umfassend eingegangen.

Seit der ersten Verkündung des GmbH-Gesetzes am 20.04.1892 hat die GmbH als Rechtsform ständig an Bedeutung gewonnen. Selbst die meisten Personengesellschaften bedienen sich der GmbH als Komplementärin im Rahmen einer GmbH & Co. KG. Diese Attraktivität der GmbH beruht auf vielen Faktoren. Neben einer Haftungsbeschränkung ermöglicht sie den Gesellschaftern beispielsweise eine Anstellung mit allen Vorteilen eines Arbeitnehmers (z. B. steuerfreie Arbeitgeberbeiträge zur Sozialversicherung, Möglichkeiten der betrieblichen Altersversorgung etc.). Ein weiterer wichtiger Aspekt ist die Möglichkeit, die Erträge in Form von Dividenden unter Ausnutzung der Abgeltungsteuer ausschütten zu können. Auf viele weitere Vorteile sind die Verfasser in den einzelnen Kapiteln eingegangen.

In der Vergangenheit wurde häufig gegen die GmbH vorgebracht, ihre Gründung sei kompliziert und zeitaufwändig. Hier hat das MoMiG mit der Möglichkeit der Gründung im vereinfachten Verfahren (vgl. § 2 Abs. 1a GmbHG) eine erhebliche Erleichterung gebracht. Die Gründung einer GmbH kann inzwischen im günstigsten Falle binnen weniger Tage erfolgen. Die Einführung des elektronischen Handelsregisters ermöglicht ein Tempo, das vor wenigen Jahren noch nicht denkbar war.

Noch im Vorwort zur 1. Auflage wurde die Konkurrenz der englischen Limited beklagt. Durch die Möglichkeit der Gründung einer Unternehmergesellschaft – UG – (haftungsbeschränkt) ist die Limited-Gründungswelle abgeebbt. Es dürfte heute kaum mehr Gründe geben, die Rechtsform der Limited im deutschen Rechtsverkehr zu verwenden.

Die ständigen Veränderungen der Wirtschafts- und Steuergesetze sowie zahlreiche neue Urteile (z. B. zur Verfassungswidrigkeit des § 17 EStG) und Verwaltungserlasse (z. B. zu § 8c KStG oder zum Umwandlungssteuerrecht) haben eine umfassende Überarbeitung der Vorauflage erforderlich gemacht. Eingearbeitet wurden insbesondere die Änderungen durch das BilMoG, das MoMiG, die Neufassung der Insolvenzordnung (Gesellschafterdarlehen), das Beitreibungsrichtlinie-Umsetzungsgesetz, das Gesetz zur Umsetzung des EuGH-Urteils vom 20.10.2011 und ganz aktuell das Amtshilferichtlinie-Umsetzungsgesetz (u. a. Änderung des § 8b KStG). Damit befindet sich das Werk auf dem Rechtsstand vom Juli 2013.

Stuttgart/Lüneburg, im Juli 2013 Uwe Grobshäuser/Michael Preißer

Herausgeber

Prof. Dr. Uwe Grobshäuser, Hochschule für öffentliche Verwaltung und Finanzen Ludwigsburg; Autor zahlreicher Fachpublikationen und Dozent in der Steuerberaterausbildung.

Prof. Dr. Dr. h.c. Michael Preißer, Steuerberater, Partner bei PRS Preißer von Rönn Schultz-Aßberg in Hamburg (vormals Of counsel bei Graf von Westphalen in Hamburg); Professor für Steuerrecht und Wirtschaftsprivatrecht an der Leuphana Universität Lüneburg; Autor und Herausgeber zahlreicher Fachpublikationen, Referent des BMF, des DAI und der BFA sowie Dozent in der Steuerberaterausbildung.

Autoren

Prof. Dr. Uwe Grobshäuser, s. o.

Prof. Dr. Jörg-Thomas Knies, Hochschule für öffentliche Verwaltung und Finanzen Ludwigsburg; Autor zahlreicher Fachpublikationen und Dozent in der Steuerberaterausbildung.

Karsten Melzer, Rechtsanwalt und Steuerberater in Köln; Dozent im Rahmen der Aus- und Fortbildung für Steuerberater und Fachanwälte; Lehrbeauftragter an der Hochschule München.

Johann Missal, Diplom-Wirtschaftsjurist (FH), Steuerberater bei der WLP Wirtschaftsprüfungsgesellschaft Steuerberatungsgesellschaft mbH in Hamburg.

Prof. Dr. Dr. h.c. Michael Preißer, s. o.

Nina Schütte, LL.M., Dipl.-Wirtschaftsjuristin (FH), Steuerberaterin, Partnerin bei BRL Boege Rohde Luebbehuesen in Hamburg.

Inhaltsverzeichnis

Abkürzungsverzeichnis

A	Abschnitt (Richtlinie)
a.a.O.	am angegebenen Ort
Abs.	Absatz
Abschn.	Abschnitt
abzb.	abziehbar
AdV	Aussetzung der Vollziehung
a.E.	am Ende
AEAO	Anwendungserlass zur Abgabenordnung
a.F.	alte Fassung
AfA	Absetzung für Abnutzung
AfaA	außergewöhnliche technische oder wirtschaftliche AfA
AfS	Absetzung für Substanzverringerung
AG	Aktiengesellschaft
AGB	Allgemeine Geschäftsbedingungen
AK	Anschaffungskosten
AktG	Gesetz über Aktiengesellschaften und Kommanditgesellschaften auf Aktien (Aktiengesetz)
Alt.	Alternative
Anm.	Anmerkung
a.o.	außerordentlich
AO	Abgabenordnung
Art.	Artikel
AStG	Außensteuergesetz
AV	Anrechungsverfahren
Az.	Aktenzeichen
BA	Betriebsausgaben
BAG	Bundesarbeitsgesetz
BaWü	Baden-Württemberg
BayObLG	Bayerisches Oberstes Landgericht
BB	Betriebs-Berater (Zeitschrift)
Bd.	Band
BesitzU	Besitzunternehmen
BetriebsG	Betriebsgesellschaft
BewG	Bewertungsgesetz
BewRGr	Richtlinien zur Bewertung des Grundvermögens
BfF	Bundesamt für Finanzen
BFH	Bundesfinanzhof
BFH/NV	Sammlung amtlich nicht veröffentlichter Entscheidungen des Bundesfinanzhofs (Zeitschrift)
BGB	Bürgerliches Gesetzbuch
BGBl	Bundesgesetzblatt
BGH	Bundesgerichtshof
BGHSt	Entscheidungen des Bundesgerichtshofs in Strafsachen
BGHZ	Entscheidungen des Bundesgerichtshofs in Zivilsachen

BiRiliG	Bilanzrichtliniengesetz
BR-Drucks.	Bundesratsdrucksache
BS	Buchungssatz
Bsp.	Beispiel
BStBl	Bundessteuerblatt
BT-Drucks.	Bundestagsdrucksache
Buchst.	Buchstabe
BV	Betriebsvermögen
BverfG	Bundesverfassungsgericht
BVO	Berechnungsverordnung
BVV	Betriebsvermögensvergleich
bzw.	beziehungsweise
DB	Der Betrieb (Zeitschrift)
DBA	Doppelbesteuerungsabkommen
dgl.	dergleichen
d. h.	das heißt
DNotZ	Deutsche Notarzeitschrift
D/P/M	Dötsch/Pung/Möhlenbrock, Körperschaftsteuer (Kommentar)
DStR	Deutsches Steuerrecht (Zeitschrift)
DStZ	Deutsche Steuerzeitschrift
DV	Durchführungsverordnung
EAV	Ergebnisabführungsvertrag
EFG	Entscheidungen der Finanzgerichte (Zeitschrift)
EGBGB	Einführungsgesetz zum bürgerlichen Gesetzbuch
EGHGB	Einführungsgesetz zum Handelsgesetzbuch
EG-R	EG-Richtlinie
EFH	Einfamilienhaus
EigZulG	Eigenheimzulagengesetz
EinzU	Einzelunternehmen
EK	Eigenkapital
ErbSt	Erbschaftsteuer
ErbStG	Erbschaftsteuergesetz
Erl.	Erlass
ESt	Einkommensteuer
EStDV	Einkommensteuer-Durchführungsverordnung
EStG	Einkommensteuergesetz
EStH	Einkommensteuer-Hinweise
EStR	Einkommensteuer-Richtlinien
etc.	et cetera (usw.)
EU	Europäische Union
EuGH	Europäischer Gerichtshof
evtl.	eventuell
EWiR	Entscheidungen zum Wirtschaftsrecht (Zeitschrift)
f., ff.	folgende
FA	Finanzamt
FG	Finanzgericht

FinMin	Finanzminister(ium)
FinVerw	Finanzverwaltung
FördG	Fördergebietsgesetz
FR	Finanzrundschau (Zeitschrift)
GbR	Gesellschaft bürgerlichen Rechts
gem.	gemäß
GenG	Genossenschaftsgesetz
GesR	Gesellschaftsrecht
GewSt	Gewerbesteuer
GewStDV	Gewerbesteuer-Durchführungsverordnung
GewStG	Gewerbesteuergesetz
GF	Geschäftsführer
GG	Grundgesetz
ggf.	gegebenenfalls
gl.A.	gleicher Ansicht
GmbH	Gesellschaft mit beschränkter Haftung
GmbHG	Gesetz betreffend die Gesellschaft mit beschränkter Haftung
GmbHR	GmbH-Rundschau (Zeitschrift)
GoA	Grundsätze ordnungsgemäßer Abschlussprüfung
GoB	Grundsätze ordnungsmäßiger Buchführung
grds.	grundsätzlich
GrErwSt	Grunderwerbsteuer
GrS	Großer Senat
GrStG	Grundsteuergesetz
GruBo	Grund und Boden
GrundSt	Grundsteuer
GuV	Gewinn- und Verlustrechnung
GWB	Gesetz gegen Wettbewerbsbeschränkungen
GWG	Geringwertige Wirtschaftsgüter
H	Hinweis
h.A.	herrschende Auffassung
HBil	Handelsbilanz
HFA	Hauptfachausschuss
HFR	Höchstrichterliche Finanzrechtsprechung (Zeitschrift)
HGB	Handelsgesetzbuch
H/H/R	Herrmann/Heuer/Raupach, EStG und KStG (Kommentar)
HK	Herstellungskosten
h.M.	herrschende Meinung
HR	Handelsregister
HS	Halbsatz
IAS	International Accounting Standards
i.d.F.	in der Fassung
i.d.R.	in der Regel
IDW	Institut der Wirtschaftsprüfer
IFRS	International Financial Reporting Standards
i.Gr.	in Gründung

i.H.d.	in Höhe der/des
IHK	Industrie- und Handelskammer
i.H.v.	in Höhe von
i.L.	in Liquidation
INF	Die Information (Zeitschrift)
inkl.	inklusive
insb.	insbesondere/insbesonders
InsO	Insolvenzordnung
InvZul	Investitionszulage
InvZulG	Investitionszulagengesetz
i.R.d.	Im Rahmen der/des
i.S.	im Sinne
i.S.d.	im Sinne des
i.S.e.	im Sinne einer/eines
i.V.m.	in Verbindung mit
i.Z.m.	im Zusammenhang mit
KAGG	Gesetz über Kapitalanlagegesellschaften
KapCoRiLiG	Kapitalgesellschaften und Co. Richtliniengesetz
KapErhG	Gesetz über die Kapitalerhöhung aus Gesellschaftsmitteln
KapESt	Kapitalertragsteuer
KapGes	Kapitalgesellschaft
KapVerkStG	Kapitalverkehrsteuergesetz
KG	Kommanditgesellschaft
KGaA	Kommanditgesellschaft auf Aktien
KiSt	Kirchensteuer
Kj.	Kalenderjahr
KÖSDI	Kölner Steuerdialog (Zeitschrift)
KSt	Körperschaftsteuer
KStG	Körperschaftsteuergesetz
KStH	Körperschaftsteuer-Hinweise
KStR	Körperschaftsteuer-Richtlinien
KWG	Gesetz über das Kreditwesen
L/B/P	Littmann/Bitz/Pust, Einkommensteuer (Kommentar)
LStDV	Lohnsteuer-Durchführungsverordnung
LStR	Lohnsteuer-Richtlinien
lt.	laut
LuF	Land- und Forstwirtschaft
NAStraG	Namensaktiengesetz
ND	Nutzungsdauer
n.F.	neue Fassung
NJW	Neue juristische Wochenschrift (Zeitschrift)
NJW-RR	Neue juristische Wochenschrift – Rechtsprechungsreport
nrkr.	nicht rechtskräftig
(n.) n. v.	(noch) nicht veröffentlicht
NWB	Neue Wirtschaftsbriefe (Zeitschrift)

OFD	Oberfinanzdirektion
o. g.	oben genannte
OG	Organgesellschaft
oGA	offene Gewinnausschüttung
OHG	Offene Handelsgesellschaft
OT	Organträger
PersGes	Personengesellschaft
PersHG	Personenhandelsgesellschaft
PublizitätsG	Gesetz zur Kontrolle und Transparenz im Unternehmensbereich/ Publizitätsgesetz
PV	Privatvermögen
R	Richtlinie
RA	Rechtsanwalt
RFH	Reichsfinanzhof
RG	Reichsgericht
RGZ	Entscheidungen des Reichsgerichts in Zivilsachen
RND	Restnutzungsdauer
rkr.	rechtskräftig
Rs.	Rechtssache
Rspr.	Rechtsprechung
RStBl	Reichssteuerblatt
RVO	Reichsversicherungsordnung
Rz.	Randziffer
s.	siehe
S.	Satz
SBV	Sonderbetriebsvermögen
s. o.	siehe oben
sog.	so genannte/r/s
SolZ	Solidaritätszuschlag
SolZG	Solidaritätszuschlagsgesetz
Sonder-BV	Sonderbetriebsvermögen
StÄndG	Steueränderungsgesetz
StB	Steuerberater
StBil	Steuerbilanz
StEK	Steuererlasskartei
StEntlG	Steuerentlastungsgesetz
StKl.	Steuerklasse
Stpfl., stpfl.	Steuerpflichtiger, steuerpflichtig
str.	streitig
StRK/ESt	Steuerrechtsprechungskartei (ESt)
StSenkG	Steuersenkungsgesetz
StuW	Steuer und Wirtschaft (Zeitschrift)
StVergAbG	Steuervergünstigungsabbaugesetz

TB	Teilbereich
T€	Tausend Euro
Tz.	Textziffer
u. a.	unter anderem/n
u. Ä.	und Ähnliches
UE	Umwandlungssteuererlass
u. E.	unseres Erachtens
UG	Unternehmergesellschaft
UmwG	Umwandlungsgesetz
UmwStErl	Umwandlungssteuererlass
UmwStG	Umwandlungssteuergesetz
UntStFG	Gesetz zur Fortentwicklung des Unternehmenssteuerrechts (Unternehmenssteuerfortentwicklungsgesetz)
UR	Umsatzsteuer-Rundschau (Zeitschrift)
USt	Umsatzsteuer
UStG	Umsatzsteuergesetz
usw.	und so weiter
u. U.	unter Umständen
u.v.m.	und vieles mehr
UWG	Gesetz gegen den unlauteren Wettbewerb
Vfg.	Verfügung
VG	Vermögensgegenstand
vGA	verdeckte Gewinnausschüttung
vgl.	vergleiche
VuV	Vermietung und Verpachtung
VZ	Veranlagungszeitraum
WertV	Wertermittlungsverordnung
WG	Wirtschaftsgut
wistra	Zeitschrift für Wirtschafts- und Steuerstrafrecht
Wj.	Wirtschaftsjahr
WK	Werbungskosten
WM	Wertpapier-Mitteilungen (Zeitschrift)
WP	Wirtschaftsprüfer
WPg	Die Wirtschaftsprüfung (Zeitschrift)
z. B.	zum Beispiel
z.H.	zu Händen
ZIP	Zeitschrift für Wirtschaftsrecht
ZPO	Zivilprozessordnung
z. T.	zum Teil
zvE	zu versteuerndes Einkommen
zzgl.	zuzüglich

Teil I Einführung

1 Gründe für die Wahl der GmbH als Rechtsform

1.1 Allgemeines

Bei der Überlegung, welche Rechtsform optimal auf ein Unternehmen abgestimmt ist, müssen zahlreiche Faktoren berücksichtigt werden (z. B. Art der Geschäftstätigkeit, Umfang des Unternehmens, Anzahl der Gesellschafter, Kapitalbedarf etc.). Jede Gesellschaftsform (GbR, OHG, KG, GmbH & Co. KG sowie die GmbH) hat ihre spezifischen Vor- und Nachteile (siehe die Übersicht in *Grobshäuser/Maier/Kies*, Besteuerung der Gesellschaften, 3 ff.). Für die GmbH sprechen insbesondere folgende Gesichtspunkte:

1.2 Haftung

Als eine der wesentlichen Vorteile der GmbH gegenüber dem Einzelunternehmen bzw. der PersGes ist an erster Stelle die Beschränkung der Haftung auf das Gesellschaftsvermögen zu nennen. Dieser Aspekt ist nicht nur für die Risiken aus der normalen Geschäftstätigkeit von Bedeutung. Die Gefahr, Schadenersatzansprüchen aus Produkthaftung, falscher Beratung etc. ausgesetzt zu sein, steigt durch die Rechtsprechung der Zivilgerichte ständig. Zum Teil sind die Haftungssummen zu vertretbaren Versicherungsbeiträgen nicht mehr abdeckbar. In diesem Zusammenhang wird immer wieder das Argument vertreten, auch bei der GmbH & Co. KG sei die Haftung letztlich auf das Vermögen der Komplementär-GmbH beschränkt. Dies ist natürlich grundsätzlich richtig. Aber die Haftungsbeschränkung beruht auch bei der GmbH & Co. KG auf der Einschaltung einer GmbH.

1.3 Anzahl der Gesellschafter

Die GmbH bietet dem Einzelunternehmer bzw. Freiberufler die Möglichkeit, auch ohne Beteiligung weiterer Gesellschafter eine Gesellschaft zu gründen (Einpersonen-GmbH). Daher erfreut sich die Rechtsform der GmbH insbesondere bei Freiberuflern einer steigenden Beliebtheit.

1.4 Geschäftsführervergütung

Ist der Gesellschafter aufgrund eines Dienstvertrags bzw. Arbeitsvertrags für die Gesellschaft tätig, so muss er bei einer PersGes seine Vergütung stets als Sonderbetriebseinnahme (§ 15 Abs. 1 Nr. 2 EStG) versteuern. Dies wirkt sich nicht nur nachteilig bei der GewSt aus (die Sonderbetriebseinnahme unterliegt der GewSt). Der Gesellschafter verliert auch zahlreiche Vorteile, die der Gesetzgeber Arbeitnehmern gewährt. Beispielshaft sei hier nur auf die Vorschriften der § 3 Nr. 62 (Steuerfreiheit der Arbeitgeberbeiträge zur Sozialversicherung), § 3 Nr. 63 (Steuerfreiheit bei Gehaltsumwandlung), § 9a Satz 1 Nr. 1 Buchst. a (Arbeitnehmer-

Pauschbetrag) oder § 79 ff. EStG (Riester-Zulage) verwiesen. Da der Gesellschafter einer GmbH Einkünfte nach § 19 EStG bezieht, stehen ihm diese steuerlichen Vergünstigungen stets zu.

Von ganz entscheidender Bedeutung ist in diesem Zusammenhang die Versteuerung von **Pensionszusagen**. Der Gesellschafter einer PersGes muss nach § 15 Abs. 1 Nr. 2 EStG den jährlichen Zuwachs seiner Pensionsansprüche in einer Sonderbilanz aktivieren und damit versteuern. Der Gesellschafter einer PersGes muss während seiner aktiven beruflichen Tätigkeit die Pensionsansprüche aus einer Direktzusage nicht versteuern, da er über sie wirtschaftlich noch nicht verfügen kann (§ 11 Abs. 1 EStG). Die Leistungen aus der betrieblichen Altersversorgung müssen vom Gesellschafter der GmbH erst nachgelagert – also im Alter – nach §§ 19, 24 Nr. 2 EStG versteuert werden. Hieraus resultiert ein erheblicher Finanzierungsvorteil.

1.5 Versteuerung der Gewinnanteile

Seit der Einführung der **Abgeltungsteuer** ab VZ 2009 (§ 32d Abs. 1 EStG) versteuert der Gesellschafter die Dividenden grds. nur noch mit 25 % ESt zzgl. 5,5 % SolZ und eventuell KiSt. Isoliert betrachtet steht der Gesellschafter der KapGes – verglichen mit dem Gesellschafter einer PersGes – steuerlich günstiger da, weil dieser seinen Gewinnanteil mit dem individuellen Steuersatz (bis zu 45 % zzgl. SolZ) versteuern muss.

Bezieht man aber die steuerliche Belastung der Gesellschaft mit ein, sieht die Betrachtung anders aus. Da die KapGes mit 15 % KSt, 5,5 % SolZ sowie ca. 14 % GewSt belastet ist, ergibt sich eine **Gesamtbelastung** (Gesellschaft + Gesellschafter) von **über 48 %** (siehe Belastungsvergleich unten).

Da der Gesellschafter der PersGes seinen Gewinn grundsätzlich unabhängig davon versteuern muss, ob er ihn entnimmt, ist die GmbH aus steuerlicher Sicht insbesondere dann interessant, wenn der Gewinn für längere Zeit thesauriert wird.

Im folgenden Beispiel wird davon ausgegangen, dass nur ein Gesellschafter vorhanden ist, dessen durchschnittlicher Steuersatz 40 % beträgt, und dass der GewSt-Hebesatz bei 400 % liegt.

Steuerlicher Belastungsvergleich Personengesellschaft/GmbH			
	PersGes ohne Thesaurierung	PersGes mit Thesaurierung	KapGes
Stpfl. Gewinn (§ 4 Abs. 1 EStG zzgl. nicht abzugsfähige GewSt)	100.000 €	100.000 €	100.000 €
GewSt	10.570 €	10.570 €[1)]	14.000 €[2)]
Gewinn gem. § 4 Abs. 1 EStG (Begünstigungsbetrag nach § 34a Abs. 1 EStG)	–	89.430 €	–
ESt/KSt	40.000 €	25.264 €[3)]	15.000 €
ESt auf GewSt	–	4.228 €[4)]	–
Anrechnung der GewSt (§ 35 EStG)	./. 10.043 €[5)]	./. 10.043 €[5)]	0 €
SolZ	1.648 €[6)]	1.070 €[7)]	825 €
Steuerbelastung vorläufig	**42.175 €**	**31.089 €**	**29.825 €**
Nachversteuerungspflichtiger Betrag[8)]	–	62.776 €	–
ESt auf den nachversteuerungspflichtigen Betrag (25 %)	–	15.694 €	–
ESt auf Dividende (25 %)[9)]			17.544 €
SolZ 5,5 %		863 €	965 €
Gesamtsteuerbelastung	**42.175 €**	**47.646 €**	**48.334 €**

Erläuterungen:

1) (100.000 € abzüglich Freibetrag 24.500 € =) 75.500 € × 3,5 % × 400 % = 10.570 €
2) (100.000 € × 3,5 % × 400 % =) 14.000 €
3) Thesaurierungssteuersatz nur auf Gewinn nach § 4 Abs. 1 EStG (nach Abzug der GewSt)
4) Die GewSt unterliegt dem regulären Steuersatz (hier: angenommene 40 %), da § 34a EStG an § 4 Abs. 1 EStG anknüpft
5) (75.500 € × 3,5 % × 3,8 =) 10.042 €
6) (40.000 € ./. 10.043 € =) 29.957 € × 5,5 % = 1.648 €
7) (25.264 € + 4.228 € ./. 10.043 € =) 19.449 € × 5,5 % = 1.070 €
8) Begünstigungsbetrag (89.430 €) abzüglich Thesaurierungsteuer (25.264 €) und SolZ (1.390 €), somit 62.776 €
9) maximale Dividende (100.000 € ./. 29.825 € =) 70.175 €

1.6 Gesellschafter-Finanzierung

Gewährt der Gesellschafter einer PersGes dieser ein Darlehen, so muss der Gesellschafter die Zinsen als Sonderbetriebseinnahme (§ 15 Abs. 1 Nr. 2 EStG) mit seinem individuellen Steuersatz (also bis maximal 45 % zzgl. SolZ) versteuern. Die Sonderbetriebseinnahmen unterliegen darüber hinaus der GewSt.

Beim Gesellschafter einer GmbH unterliegen die Zinsen nach §§ 20 Abs. 1 Nr. 7, 32d Abs. 1 EStG grundsätzlich der 25 %igen Abgeltungsteuer. Ist der Gesellschafter allerdings zu mindestens 10 % an der GmbH beteiligt, so schließt § 32d Abs. 2 Nr. 1 Buchst. c EStG die Anwendung der Abgeltungsteuer aus. Die Zinsen sind dann mit der tariflichen ESt zu versteuern.

1.7 Vermietung von Wirtschaftsgütern durch den Gesellschafter

Vermietet der Gesellschafter einer PersGes Wirtschaftsgüter an die Gesellschaft, so sind diese als Sonderbetriebsvermögen in der Sonderbilanz des Gesellschafters zu aktivieren. Die Mieteinnahmen sind als Sonderbetriebseinnahmen (§ 15 Abs. 1 Nr. 2 EStG) zu erfassen und unterliegen der GewSt.

Demgegenüber bleiben die Wirtschaftsgüter, die der Gesellschafter einer GmbH vermietet, grundsätzlich Privatvermögen. Die Mieteinnahmen unterliegen grundsätzlich der Besteuerung nach § 21 EStG. Eine Ausnahme gilt allerdings, wenn durch die Vermietung eine Betriebsaufspaltung entsteht. In diesem Fall sind die vermieteten Wirtschaftsgüter notwendiges Betriebsvermögen und die Mieteinnahmen zwingend gewerbliche Einnahmen.

1.8 Gründungsaufwand

In der Vergangenheit wurde es stets als ein Negativum angesehen, dass die Gründung einer GmbH streng formalisiert und durch die Notwendigkeit der notariellen Beurkundung der Satzung (§ 2 Abs. 1 GmbHG) kompliziert und teuer ist. Hier hat das Gesetz zur Modernisierung des GmbH-Rechts (MoMiG) eine erhebliche Erleichterung geschaffen, indem nun die Möglichkeit einer **vereinfachten Gründung** besteht (§ 2 Abs. 1a GmbHG). Die vereinfachte Gründung ist möglich, wenn die Gesellschaft höchstens drei Gesellschafter und einen Geschäftsführer hat. Für die Gründung im vereinfachten Verfahren ist ein Musterprotokoll zu verwenden (siehe Anlage zum GmbHG). Dieses ist nur für einfache Standardgründungen geeignet und kann nicht auf die Wünsche der Gesellschafter zugeschnitten werden. Durch die Verwendung des Musterprotokolls können Notarkosten eingespart und die Gründung beschleunigt werden. Das Musterprotokoll kann zu einem späteren Zeitpunkt jederzeit durch eine individuell ausformulierte Satzung ersetzt werden, wobei hierfür wieder eine notarielle Beglaubigung erforderlich ist.

Damit ist der Gründungsaufwand kein Argument mehr, das gegen die Wahl der GmbH sprechen sollte, zumal bei der in der Praxis häufigen Rechtsform der GmbH & Co. KG ebenfalls die Komplementär-GmbH gegründet werden muss, sodass der Vorteil der einfacheren Gründung der KG insoweit in den Hintergrund tritt.

1.9 Kapitalaufbringung

Für die Frage, wie viel Kapital die zu gründende Gesellschaft für die Aufnahme ihres Geschäftsbetriebs benötigt, muss der Kapitalbedarf in der Startphase ermittelt werden. Können die Gesellschafter diesen erforderlichen Kapitalbedarf schon bei der Gründung nicht aufbringen, sollten sie von einer Unternehmensgründung absehen. Es hilft insoweit wenig, dass die Gründung einer PersGes ohne ein festes Kapital möglich ist. Insofern ist es auch nicht zu begrüßen, dass der Gesetzgeber zwar grundsätzlich ein Mindeststammkapital i.H.v. 25.000 € vorsieht (§ 5 Abs. 1 GmbHG), durch das MoMiG aber in § 5a Abs. 1 GmbHG die Möglichkeit geschaffen hat, eine GmbH mit einem Stammkapital von 1 € zu gründen (UG (haftungsbeschränkt); § 5a Abs. 1 GmbHG).

Die Kapitalaufbringung durch Einbringung von Wirtschaftsgütern (Sachgründung) ist bei der GmbH – mit Ausnahme der Unternehmergesellschaft – grundsätzlich ebenso wie bei der PersGes möglich. Allerdings werden an die Bewertung der Sacheinlagen strenge Anforderungen gestellt (vgl. § 9 GmbHG).

1.10 Verluste

Entstehen bei der Gesellschaft Verluste, so spricht vordergründig einiges für die PersGes, da deren Verluste über die einheitliche und gesonderte Feststellung unmittelbar den Gesellschaftern zugewiesen werden (§ 15 Abs. 1 Nr. 2 EStG).

Bei der GmbH können die Verluste grundsätzlich nur i.R.d. § 8 KStG und § 10d EStG zurückgetragen bzw. vorgetragen werden. Bei einer Veräußerung der Anteile besteht darüber hinaus die Gefahr, dass der Verlust nach § 8c KStG vollständig verloren geht. Dieser Nachteil der GmbH kann jedoch z. B. durch die Konstruktion einer GmbH & atypisch Still ausgeglichen werden. In diesem Fall können die Verluste auf den Gesellschafter über die stille Beteiligung transferiert werden.

1.11 Veräußerung der Anteile

Bei der Veräußerung von Anteilen an einer GmbH unterliegt der Veräußerungsgewinn nach §§ 17, 3 Nr. 40 Buchst. c EStG dem Teileinkünfteverfahren. Das Teileinkünfteverfahren gilt auch dann, wenn sich die Anteile in einem Betriebsvermögen befinden (§ 3 Nr. 40 Buchst. a und b EStG). Das Teileinkünfteverfahren ist nicht an das Alter des Veräußerers gebunden und kann beliebig oft in Anspruch genommen werden.

Demgegenüber bietet die Veräußerung von Mitunternehmeranteilen nach § 16 EStG nur dann einen steuerlichen Vorteil (§ 34 Abs. 3 EStG; 56 % des durchschnittlichen Steuersatzes), wenn der Stpfl. entweder das 55. Lebensjahr vollendet hat oder dauernd berufsunfähig ist. Die Vergünstigung des § 34 Abs. 3 EStG kann der Stpfl. nur einmal im Leben in Anspruch nehmen.

2 Gesellschaftsrechtliche Grundlagen

LITERATURHINWEIS:
Bunnemann/Zirngibl, Die Gesellschaft mit beschränkter Haftung in der Praxis, 2. Aufl. 2010.

2.1 Rechtsnatur der GmbH

Die GmbH ist gem. § 13 Abs. 1 GmbHG eine Gesellschaft mit eigener Rechtspersönlichkeit (juristische Person des Privatrechts), die ein in Stammeinlagen zerlegtes Stammkapital aufweist (§ 5 GmbHG) und für deren Verbindlichkeiten dem Gläubiger (grds.) nur das Gesellschaftsvermögen haftet. Die GmbH ist selbst Inhaberin von Rechten und Pflichten und nicht der jeweilige einzelne Gesellschafter. Sie kann Eigentum und andere dingliche Rechte an Grundstücken erwerben, vor Gericht klagen und verklagt werden. Die GmbH ist als juristische Person auch parteifähig (z. B. § 50 Abs. 1 ZPO; § 61 Nr. 1 VwGO; § 58 Abs. 1 Nr. 1 FGO), wobei sie durch die Geschäftsführer gerichtlich und außergerichtlich vertreten wird (§ 35 Abs. 1 GmbHG).

Für die Verbindlichkeiten der GmbH haftet gem. § 13 Abs. 2 GmbHG den Gläubigern gegenüber grds. nur das Gesellschaftsvermögen. Zur Zwangsvollstreckung in das Vermögen der GmbH ist ein gegen die Gesellschaft gerichteter vollstreckbarer Schuldtitel erforderlich. Über ihr Vermögen kann gem. § 11 Abs. 1 InsO das Insolvenzverfahren eröffnet werden.

Die GmbH ist eine KapGes mit im Außenverhältnis wirkenden strengen und unabdingbaren Regeln zum Gläubigerschutz. Im Innenverhältnis, also dem Verhältnis der Gesellschafter untereinander, besteht weitgehend **Satzungsautonomie**, d. h. dass die Gesellschafter weitgehend die Rechtsbeziehungen untereinander mittels des Gesellschaftsvertrags eigenverantwortlich regeln können (vgl. § 45 Abs. 2 GmbHG). Die Organisation der GmbH besteht im Regelfall nur aus **zwei Organen**, dem **Geschäftsführer** und der **Gesellschafterversammlung**. Da der Geschäftsführer nicht zugleich auch Gesellschafter zu sein braucht, ist die GmbH von dem Grundsatz der **Fremdorganschaft** bzw. Drittorganschaft gem. § 6 Abs. 3 Satz 1 GmbHG geprägt. Dem Geschäftsführer obliegt gem. § 35 Abs. 1 GmbHG die gerichtliche und außergerichtliche Vertretung der Gesellschaft. Die Gesellschafterversammlung ist ein dem Geschäftsführer übergeordnetes Organ, da sie durch Gesellschafterbeschlüsse in nahezu unbegrenztem Umfang auf den Geschäftsführer Einfluss nehmen kann.

2.2 Vor- und Nachteile der GmbH

Die GmbH ist keine Publikumsgesellschaft, sondern als Organisationsform für kleinere bis mittlere Unternehmen mit geringem Kapitalbedarf und einer beschränkten Anzahl von Gesellschaftern konzipiert.

Der Hauptvorteil der GmbH wird oftmals darin gesehen, dass die Gesellschafter nicht mit ihrem Privatvermögen haften. Es treten aber weitere Vorteile hinzu. Da das Verhältnis der Gesellschafter untereinander nur durch wenige zwingende Vorschriften geprägt ist, kann mittels der weitgehend dispositiven GmbH-Vorschriften über den Gesellschaftsvertrag den Besonderheiten des jeweiligen Einzelfalles entsprechend Rechnung getragen werden. Insofern ist die GmbH flexibler als eine AG. Bei dieser gilt Satzungsstrenge. Aber auch der Wechsel im Gesellschafterbestand ist im Verhältnis zur einer OHG oder KG erheblich einfacher. Im Hinblick auf § 15 Abs. 1 GmbHG sind die Geschäftsanteile veräußerlich und vererblich. Einer Regelung wie die der §§ 131 Abs. 3 Nr. 1, 139 HGB oder des § 177 HGB bedarf es im GmbH-Recht nicht. Aufgrund der »personalistischen« Struktur der GmbH wird die Übertragbarkeit der Gesellschaftsanteile gem. § 15 Abs. 3 GmbHG jedoch dadurch erschwert, dass hierfür ein notarieller Vertrag erforderlich ist. Auch sehen viele GmbH-Satzungen die Möglichkeit der Einziehung (Amortisation) von Geschäftsanteilen im Hinblick auf § 34 Abs. 1 GmbHG, Zustimmungs- oder Abtretungsklauseln u. a. für den Todesfall eines Gesellschafters vor, um genau diese »personalistische« Struktur der GmbH mit den verbleibenden bzw. mit den neu eintretenden Gesellschaftern zu erhalten. Aber auch bei Familiengesellschaften ist der Vorteil der GmbH aufgrund der möglichen Fremdorganschaft darin zu sehen, dass mögliche Unternehmensnachfolger schrittweise an die vielseitigen Aufgaben eines Geschäftsführers herangeführt werden können. Aus diesem Grund bietet es sich z. B. auch an, eine Unternehmensnachfolge mit dem Instrumentarium der Umwandlung eines Einzelunternehmens bzw. PersGes in eine GmbH zu planen.

Verschwiegen werden soll jedoch nicht, dass die Gesellschaftsform der GmbH auch Nachteile mit sich bringen kann. So genießt die Rechtsform der GmbH und insbesondere die UG haftungsbeschränkt aufgrund der grundsätzlichen Haftungsbeschränkung auf das vorhandene Gesellschaftsvermögen keinen guten Ruf. Die Kreditwürdigkeit, insbes. bei Banken und Kreditinstituten, ist daher – bei vergleichbarer Größe und Branche – gegenüber einer PersGes bzw. einer Aktiengesellschaft geringer einzuschätzen. Des Weiteren wird der Vorteil der Haftungsbeschränkung in der Praxis dadurch ausgehöhlt, dass Gläubiger von den Gesellschaftern eine Bürgschaft oder andere adäquate Sicherheiten verlangen.

2.3 Errichtung der Gesellschaft

2.3.1 Gesellschaftszweck

Die GmbH kann gem. § 1 GmbHG zu jedem gesetzlich zulässigen Zweck durch eine oder mehrere Personen errichtet werden. Der Zweck der GmbH kann einen wirtschaftlichen, politischen, sportlichen oder auch ideellen Hintergrund aufweisen. Die Zweckverfolgung muss demnach nicht auf ein kaufmännisches Gewerbe gerichtet sein. Aus diesem Grund kann auch die öffentliche Hand i.R.d. Daseinsvorsorge (z. B. städtische Versorgungsbetriebe) oder das Handwerk und Kleingewerbetreibende sich der Rechtsform der GmbH bedienen. Da die GmbH gem. § 13 Abs. 3 GmbHG i.V.m. § 6 Abs. 1 HGB als Formkaufmann gilt, gelten sämtliche Vorschriften, die für Kaufleute nach dem HGB anzuwenden sind, auch für jede GmbH. Demnach sind ihre Geschäfte stets Handelsgeschäfte i.S.d. § 343 Abs. 1 HGB.

Ein unzulässiger Gesellschaftszweck liegt nicht nur bei einem Verstoß gegen ein gesetzliches Verbot (§ 134 BGB), sondern auch bei Sittenwidrigkeit (§ 138 BGB) vor.

Hierunter fallen Zweckbestimmungen mit dem Ziel des Umsturzes der verfassungsmäßigen Ordnung, des unerlaubten Glücksspiels, der Steuerhinterziehung, der Wechselreiterei, des Verstoßes gegen das Rechtsberatungs- und Steuerberatungsgesetzes usw.

Daneben gibt es erlaubte Tätigkeiten, die nicht von einer GmbH ausgeübt werden dürfen. So darf z. B. eine Versicherung, eine private Bausparkasse oder eine Hypothekenbank nicht in Form der GmbH geführt bzw. neu errichtet werden (vgl. § 7 Abs. 1 VAG, § 2 Abs. 1 BauspG, § 2 HypBankG), wohl aber eine Investmentgesellschaft (vgl. § 1 Abs. 3 KAGG). Auch Notare oder Apotheker dürfen sich in Bezug auf ihre Notars- bzw. Apothekertätigkeit nicht zu einer GmbH zusammenschließen (vgl. für die Apotheker § 8 ApothekenG).

Denkbar sind auch zusätzliche besondere Erlaubnisvoraussetzungen für die wirksame Zweckverfolgung einer GmbH. Gerade im Handwerk ist hier die Eintragung in die Handwerksrolle gem. § 1 Abs. 1 i.V.m. § 7 Abs. 4 HandwO erforderlich. Aber auch i.R.d. freien Berufe sind berufspezifische Regelungen für die Zulassung einer GmbH zu berücksichtigen. So enthalten z. B. für Rechtsanwälte §§ 59cff. BRAO, für Steuerberater §§ 49ff. StBerG und für Wirtschaftsprüfer §§ 27 WPO berufsrechtliche Regelungen für die Gründung einer GmbH.

2.3.2 Form des Gesellschaftsvertrags

2.3.2.1 Notarielle Beurkundung

Der Gesellschaftsvertrag (Satzung) bedarf gem. § 2 Abs. 1 GmbHG i.V.m. § 128 BGB und § 6 BeurkG der **notariellen Form** und ist von sämtlichen Gesellschaftern zu unterzeichnen. Die Unterzeichnung durch Bevollmächtigte ist gem. § 2 Abs. 2 GmbHG nur aufgrund einer notariell errichteten oder beglaubigten Vollmacht (s. §§ 128, 129 BGB) zulässig. Nicht nur die erstmalige Errichtung des Gesellschaftsvertrags, sondern auch die spätere Änderung aufgrund eines Beschluss der Gesellschafter ist notariell zu beurkunden (§ 53 Abs. 1, 2 GmbHG).

Notarielle Beurkundung ist ebenfalls erforderlich, sofern eine GmbH mittels einer Umwandlung entsteht (vgl. §§ 6, 36 Abs. 2, 152 ff., 197 UmwG).

2.3.2.2 Musterprotokoll im vereinfachten Verfahren

Es gibt seit dem MoMiG auch die Möglichkeit die GmbH im vereinfachten Verfahren gem. § 2 Abs. 1a, Satz 1 GmbHG zu gründen, wenn sie höchstens drei Gesellschafter und einen Geschäftsführer hat. Für die Gründung im vereinfachten Verfahren ist das in der Anlage zum GmbHG bestimmte Musterprotokoll zu verwenden. Darüber hinaus dürfen keine vom Gesetz abweichenden Bestimmungen getroffen werden. Das Musterprotokoll gilt zugleich als Gesellschafterliste. Im Übrigen finden auf das Musterprotokoll die Vorschriften des GmbHG über den Gesellschaftsvertrag entsprechende Anwendung.

Die wesentlichen Vorteile der vereinfachten Gründung sind:

- die kostenrechtliche Privilegierung (§ 41 d KostO),
- die Beschleunigung des Eintragungsverfahrens (das Registergericht muss nämlich nur überprüfen, ob das Musterprotokoll ohne unzulässige Abweichung beurkundet wurde).

In der Anlage zum GmbHG sind Musterprotokolle sowohl für die Gründung einer Einpersonengesellschaft, als auch für die Gründung einer Mehrpersonengesellschaft mit bis zu drei Gesellschaftern dem Gesetz beigefügt. Die Musterprotokolle enthalten jeweils die Zusammenfassung von Gesellschaftsvertrag, Geschäftsführerbestellung und Gesellschafterliste.

Zu beachten ist, dass in den Musterprotokollen nur eine Bargründung vorgesehen ist. Eine Sachgründung scheidet demnach als vereinfachte Gründung aus. (vgl. jeweils Ziffer 3 der Musterprotokolle).

Wird eine UG haftungsbeschränkt im vereinfachten Verfahren gegründet, so ist diese auch so im Musterprotokoll zu bezeichnen. Dann sind die Bareinlagen in voller Höhe zu erbringen gem. § 5a Abs. 2 GmbHG.

Inwieweit Abweichungen vom Musterprotokoll erlaubt sind, ist umstritten.

Einigkeit besteht wohl darin, dass Erweiterungen des Musterprotokolls nicht erlaubt sind.

Das OLG München hat in seinem Urteil vom 12.05.2010, Az: 31 Wx 19/10, zu der Problematik der Änderung des Musterprotokolls entschieden. Im entschiedenen Fall wies die Gründungsurkunde in Ziffer 5 anstelle des im Musterprotokoll vorgesehenen Nennbetrags für die Kostenhaftung i.H.v. 300 € einen solchen i.H.v. 1.500 € auf. Nach Auffassung des OLG München verstößt die vorgelegte Gründungsurkunde gegen das Postulat des § 2 Abs. 1a Satz 3 GmbHG insofern, als das in der Anlage zu § 2 Abs. 1a GmbHG bestimmte Musterprotokoll über die dort zugelassenen Alternativen hinaus weder abgeändert noch ergänzt werden darf. Dies hat zur Folge, dass die Voraussetzungen für eine Gründung der GmbH im vereinfachten Verfahren nicht vorliegen und daher die beantragte Eintragung nicht vollzogen werden kann.

Erfährt das Musterprotokoll aber entgegen § 2 Abs. 1a Satz 3 GmbHG Abänderungen und Ergänzungen, so liegt eine »normale GmbH-Gründung« vor, für die die Erleichterungen i.S.d. § 2 Abs. 1a GmbHG nicht gelten, sondern die allgemeinen Regelungen für die Gründung einer GmbH Anwendung finden.

Es bedarf also auch der Einreichung einer Satzung, die die Anforderungen an die Gründung einer GmbH im »normalen Verfahren« erfüllt. Die Vorlage eines (geänderten) Musterprotokolls i.S.d. § 2a Abs. 1 GmbHG ist hierfür nicht ausreichend.

Allerdings sind Änderungen und Ergänzungen des Musterprotokolls, die durch das Beurkundungsgesetz geboten sind, stets zulässig (*Wachter* EWiR 2010, 19 f. mit Nachweis). Auch stellen völlig unbedeutende Abwandlungen bei Zeichensetzung, Satzstellung und Wortwahl, die keinerlei Auswirkungen auf den Inhalt haben, nach der Auffassung des OLG München in seinem Urteil vom 12.05.2010 (Az: 31 Wx 19/10) keine unzulässigen Änderungen und Ergänzungen des Musterprotokolls dar.

Es ist daher dringend anzuraten, sich bei der vereinfachten Gründung an den Wortlaut der Musterprotokolle bzw. der dazu ergangenen Hinweise zu halten und Änderungen nur dann vorzunehmen, wenn diese in der Zukunft höchstrichterlich bestätigt werden.

2.3.3 Mindestinhalt des Gesellschaftsvertrags

Der Gesellschaftsvertrag muss die in § 3 GmbHG geforderten Inhalte aufweisen. Er muss demnach enthalten

1. die Firma und den Sitz der Gesellschaft,
2. den Gegenstand des Unternehmens,
3. den Betrag des Stammkapitals,
4. die Zahl und die Nennbeträge der Geschäftsanteile, die jeder Gesellschafter gegen Einlage auf das Stammkapital übernimmt.

Enthält der Gesellschaftsvertrag keine Bestimmungen über die Höhe des Stammkapitals oder über den Gegenstand des Unternehmens oder sind die Bestimmungen des Gesellschaftsvertrags über den Gegenstand des Unternehmens nichtig, so kann jeder Gesellschafter, jeder Geschäftsführer und, wenn ein Aufsichtsrat bestellt ist, jedes Mitglied des Aufsichtsrats im Wege der Klage gem. § 75 Abs. 1 GmbHG beantragen, dass die Gesellschaft für nichtig erklärt werde. Darüber hinaus können nichtige Satzungsklauseln zur Verweigerung der Eintragung durch das Registergericht führen (s. §§ 9c, 57a GmbHG).

Soll das Unternehmen auf eine gewisse Zeit beschränkt sein oder sollen den Gesellschaftern außer der Leistung von Kapitaleinlagen noch andere Verpflichtungen gegenüber der Gesellschaft auferlegt werden, so müssen auch diese Bestimmungen gem. § 3 Abs. 2 GmbHG in den Gesellschaftsvertrag aufgenommen werden.

2.3.4 Firma und Sitz der Gesellschaft

Um einen möglichst großen Gläubigerschutz zu erhalten, muss der Firmenname jeder GmbH gem. § 4 GmbHG auch einen entsprechenden Zusatz bezüglich der Rechtsform enthalten. Dies gilt selbst dann, wenn die Gesellschaft gem. § 22 HGB fortgeführt wird.

Die Firma ist der Name (§ 17 Abs. 1 HGB), unter dem die Gesellschaft ihre Geschäfte betreibt und die Unterschrift abgibt. Die Firma muss gem. § 18 Abs. 1 HGB kennzeichnungs- und unterscheidungsfähig sein. Des Weiteren darf gem. § 18 Abs. 2 HGB der Name der GmbH keine Angaben enthalten, die irreführend sind.

Sitz der Gesellschaft ist der Ort, im Inland den der Gesellschaftsvertrag gem. § 4a GmbHG bestimmt. Durch den Ort des Sitzes der Gesellschaft wird gem. § 17 Abs. 1 ZPO auch der allgemeine Gerichtstand der GmbH bestimmt. Dies hat Auswirkungen auf eine Vielzahl von steuerrechtlichen Vorschriften. So führt z. B. der inländische Sitz der GmbH für sich schon zur unbeschränkten KSt-Pflicht gem. § 1 Abs. 1 Nr. 1 KStG i.V.m. § 11 AO.

2.3.5 Stammkapital, Stammeinlage, Geschäftsanteil, Gesellschafterliste

Das Stammkapital der Gesellschaft muss gem. § 5 Abs. 1 GmbHG mindestens 25.000 €, der Nennbetrag jedes Geschäftsanteils muss auf volle Euro lauten.

Der Begriff des Stammkapitals entspricht dem des Grundkapitals bei einer AG. Er bezeichnet den in der Satzung (vgl. § 3 Abs. 1 Nr. 3 GmbHG) festgelegten Betrag, der bei Gründung der GmbH von den Gesellschaftern aufzubringen ist. Das Stammkapital ist bilanziell gem. § 42 Abs. 1 GmbHG i.V.m. § 264 HGB als gezeichnetes Kapital auszuweisen. Es bildet einen Teilbetrag des EK (s. § 266 Abs. 3 Buchst. A HGB) und es ist seinerseits in Geschäftsanteile der jeweiligen Gesellschafter zerlegt (vgl. § 3 Abs. 1 Nr. 4 und § 5 Abs. 3 Satz 2 GmbHG). Gem. § 5 Abs. 3 Satz 1 GmbHG kann die Höhe der Nennbeträge der einzelnen Geschäftsanteile verschieden bestimmt werden. Der Nennbetrag eines Geschäftsanteils muss gem. § 5 Abs. 2 Satz 1 GmbHG lediglich auf volle Euro lauten. Jeder Gesellschafter kann mehrere Geschäftsanteile übernehmen gem. § 5 Abs. 2 Satz 2 GmbHG

Der Geschäftsanteil repräsentiert die mitgliedschaftsrechtlichen Rechte und Pflichten des jeweiligen Gesellschafters.

So richtet sich ein möglicher Gewinnanspruch nach § 29 Abs. 3 Satz 1 GmbHG – vorbehaltlich der Regelung im Gesellschaftsvertrag – nach dem Verhältnis der Geschäftsanteile. Auch die Stimmengewichtung ist gem. § 45 Abs. 2 i.V.m. § 47 Abs. 2 GmbHG vom Geschäftsanteil abhängig, sofern der Gesellschaftsvertrag nichts anderes vorsieht. Gem. § 8 Abs. 1 Nr. 3 GmbHG muss der Anmeldung der GmbH zum Handelsregister eine Gesellschafterliste beigefügt werden. Aus der Liste müssen Namen, Geburtsdatum und Wohnort aller Gesellschafter sowie die Nennbeträge und die laufenden Nummern der von ihnen übernommenen Geschäftsanteile ersichtlich werden. Im vereinfachten Verfahren gilt das Musterprotokoll gleichzeitig als Gesellschafterliste (§ 2 Abs. 1a Satz 4 GmbHG).

Die Geschäftsführer haben unverzüglich nach Wirksamwerden jeder Veränderung in den Personen der Gesellschafter oder des Umfangs ihrer Beteiligung eine von ihnen unterschriebene Liste der Gesellschafter zum Handelsregister einzureichen, aus welcher Name, Vorname, Geburtsdatum und Wohnort der Gesellschafter sowie die Nennbeträge und die laufenden Nummern der von diesen jeweils übernommenen Geschäftsanteile zu entnehmen sind. Die Änderung der Liste durch die Geschäftsführer erfolgt auf Mitteilung und Nachweis gem. § 40 Abs. 1 GmbHG. Die Geschäftsführer, welche diese Pflicht verletzen, haften denjenigen, deren Beteiligung sich geändert hat, und den Gläubigern der Gesellschaft für den daraus entstandenen Schaden als Gesamtschuldner gem. § 40 Abs. 3 GmbHG.

Hat ein Notar an den Veränderungen mitgewirkt, hat er gem. § 40 Abs. 2 GmbHG unverzüglich nach deren Wirksamwerden ohne Rücksicht auf etwaige später eintretende Unwirksamkeitsgründe die Liste anstelle der Geschäftsführer zu unterschreiben, zum Handelsregister einzureichen und eine Abschrift der geänderten Liste an die Gesellschaft zu übermitteln. Die Liste muss mit der Bescheinigung des Notars versehen sein, dass die geänderten Eintragungen den Veränderungen entsprechen, an denen er mitgewirkt hat, und die übrigen Eintragungen mit dem Inhalt der zuletzt im Handelsregister aufgenommenen Liste übereinstimmen.

2.4 Gründung der GmbH

2.4.1 Gründungsphasen

Vor der Eintragung des Sitzes der Gesellschaft in das HR besteht die GmbH gem. § 11 Abs. 1 GmbHG als solche nicht. Die Eintragung in das HR ist demnach konstitutiv und nicht nur deklaratorisch.

Demnach werden drei Gründungsphasen unterschieden und zwar:

1. die Vorgründungsgesellschaft,
2. die Vorgesellschaft bzw. die Vor-GmbH und
3. die eingetragene GmbH.

Zu 1.: Mit der formlosen Absprache der späteren Gesellschafter, eine GmbH gründen zu wollen, entsteht die **Vorgründungsgesellschaft**. Sie ist eine GbR gem. §§ 705 ff. BGB, mit dem (wesentlichen) Gesellschaftszweck der Gründung der späteren GmbH. Betreibt die Vorgründungsgesellschaft bereits ein eigenes Handelsgewerbe gem. § 1 HGB, ist sie eine OHG. In diesem Fall sind dann die Vorschriften der §§ 105 ff. HGB auf die Vorgründungsgesellschaft anzuwenden.

Da die Vorgründungsgesellschaft mit der Vorgesellschaft nicht identisch ist, sind vorhandene Forderungen und Rechte einzeln abzutreten, Sachen und Grundstücke jeweils einzeln zu übertragen. Verbindlichkeiten können nur dann auf die Vorgesellschaft (Vor-GmbH) übergehen, wenn die Gläubiger der Schuldübernahme zustimmen (BGH vom 26.10.1981, NJW 1982, 932) oder ein Schuldbeitritt, welcher den Gläubiger ja nicht benachteiligen kann, vereinbart wird.

Bei der Einmann-Gründung entsteht keine Vorgründungsgesellschaft.

Zu 2.: Mit Abschluss des gem. § 2 Abs. 1 GmbHG notariell zu beurkundenden GmbH-Vertrags endet die Vorgründungsgesellschaft und es entsteht eine so genannte **Vorgesellschaft** bzw. die **Vor-GmbH**, die wiederum mit Eintrag der GmbH ins HR endet. Die Vorgesellschaft ist eine Gesellschaft sui generis, also eine Gesellschaft eigener Art, die bis auf die fehlende Rechtsfähigkeit der späteren GmbH entspricht und letztlich nicht im Gesetz geregelt ist. Auf sie sind neben dem Gesellschaftsvertrag die GmbH-Regeln anwendbar, soweit diese nicht die Eintragung voraussetzen (Urteil des BGH vom 12.07.1956, BGHZ 21, 242 und vom 02.05.1966, BGHZ 45, 338). Das Vermögen der Vor-GmbH stellt jedoch bis zur Eintragung ins HR Gesamthandsvermögen der Gesellschafter dar. Da die Vor-GmbH mit der später eingetragenen GmbH im Wesentlichen identisch ist, sind besondere Übertragungsakte von der Vor-GmbH auf die

GmbH nicht erforderlich. Die GmbH übernimmt daher sämtliche Rechte und Pflichten der Vor-GmbH, die diese bereits vor der Eintragung getroffen hat.

Die jeweiligen Gründungsphasen lassen sich daher wie folgt skizzieren:

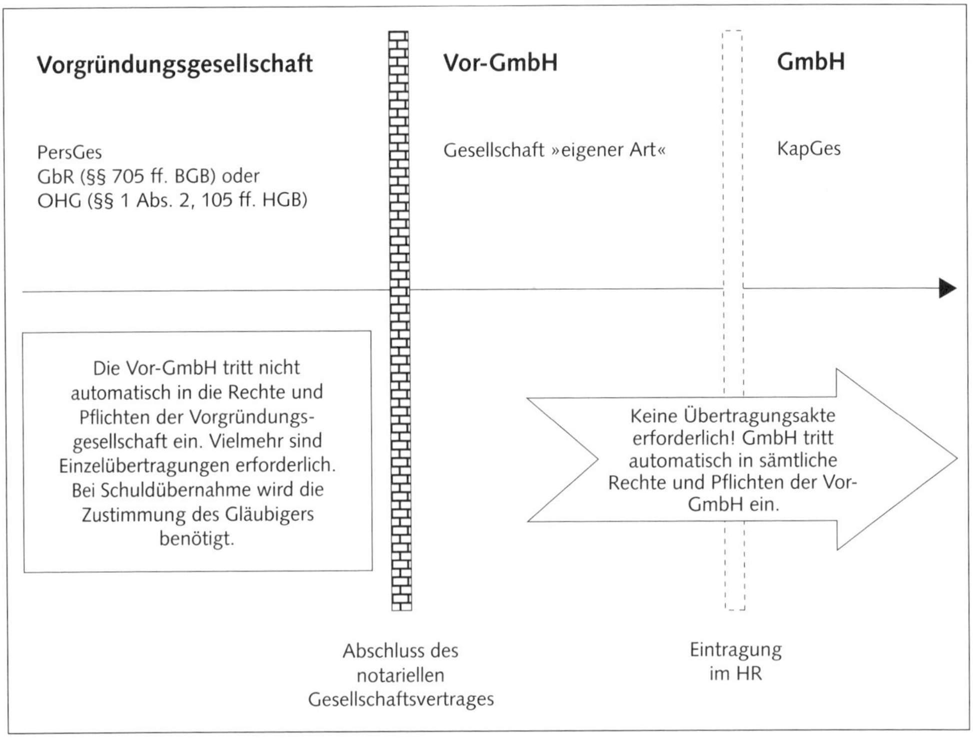

Abbildung 1: Gründungsphasen der GmbH

Von einer sog. unechten Vor-GmbH spricht man, wenn es nicht zu einer späteren Eintragung im HR kommt. Die Grundsätze der Vor-GmbH sind in diesem Fall nicht anzuwenden, da letztlich keine KapGes gegründet worden ist. Aus diesem Grund, sind trotz Abschlusses des notariellem Gesellschaftsvertrag weiterhin die Grundsätze der Vorgründungsgesellschaft auf die unechte Vor-GmbH anzuwenden (BGH vom 24.10.1968, BGHZ 51, 30, 32). Steuerlich hat dies insbesondere zur Folge, dass für die unechte Vor-GmbH keine KSt festzusetzen ist, sondern die jeweiligen Einkünfte auf die Gesellschafter gem. §§ 179 Abs. 1, 180 Abs. 1 Nr. 2 AO einheitlich und gesondert festzustellen sind.

2.4.2 Gründungsvarianten

Die Gründung als solche kann entweder als Bar-, Sach- oder als gemischte Gründung, also als Kombination zwischen einer Bar- und Sachgründung, ausgestaltet werden. Das GmbH-Gesetz geht von einer Bargründung aus und steht einer Sachgründung mit einer gewissen Skepsis gegenüber.

2.4.2.1 Bargründung

I.R.d. Bargründung darf die Anmeldung ins HR gem. § 7 Abs. 2 Satz 1 GmbHG erst erfolgen, wenn auf jeden Geschäftsanteil ein Viertel des Nennbetrags eingezahlt ist. Insgesamt muss auf das Stammkapital mindestens so viel eingezahlt sein, dass der Gesamtbetrag der eingezahlten Geldeinlagen zzgl. des Gesamtnennbetrags der Geschäftsanteile, für die Sacheinlagen zu leisten sind, die Hälfte des Mindeststammkapitals (also 12.500 €) erreicht.

Da die Vorgesellschaft als Gesellschaft sui generis bereits kontofähig ist, kann die Leistung der Bareinlage entweder durch Barzahlung oder durch Überweisung und Gutschrift des Betrags auf ein Konto der Vorgesellschaft erfolgen. Zu berücksichtigen ist, dass bei Scheck- oder Wechselzahlung die Zahlung erst mit deren Einlösung bewirkt ist.

Für die **Ein-Mann-GmbH** ist die Sicherung für den übrigen Teil der Geldeinlage gem. § 7 Abs. 2 Satz 3 GmbHG a.F. seit dem MoMiG nicht mehr erforderlich.

Beispiel

Bei einer GmbH bestehend aus den Gesellschaftern A, B und C wird ein Stammkapital i.H.v. 25.000 € vereinbart. Dabei übernimmt A einen Geschäftsanteil i.H.v. 12.500 €, B i.H.v. 6.500 € und C i.H.v. 6.000 €.

Lösung

Im Hinblick auf § 7 Abs. 2 Satz 1 GmbHG muss auf jeden Geschäftsanteil 1/4 des Nennbetrags eingezahlt sein. Demnach ergibt sich Folgendes:

Stammeinlage des A	12.500 €	davon 1/4	3.125 €
Stammeinlage des B	6.500 €	davon 1/4	1.625 €
Stammeinlage des C	6.000 €	davon 1/4	1.500 €
Gesamt:	25.000 €		6.250 €

Mindestens muss jedoch die Hälfte des Mindeststammkapitals i.H.v. 12.500 € eingezahlt sein.

Da gem. § 7 Abs. 2 Satz 2 GmbHG mindestens die Hälfte des Mindeststammkapitals eingezahlt werden muss, reicht es im vorliegenden Beispiel nicht aus, wenn sämtliche Gesellschafter lediglich 1/4 der übernommenen Stammeinlage vor der Anmeldung der Gesellschaft (genauer dem Geschäftsführer) zur freien Verfügung stellen. Überweist jedoch z. B. der Gesellschafter A der GmbH 12.500 €, reicht dies für eine Anmeldung aus. Anderseits reicht die Überweisung des A i.H.v. 12.500 € nicht aus, wenn einer der beiden anderen Gesellschafter seiner übernommenen Stammeinlage nicht oder zu weniger als 1/4 nachgekommen ist, da insofern die Vorschrift des § 7 Abs. 2 Satz 1 GmbHG nicht eingehalten wäre.

Beispiel

Bei einer GmbH bestehend aus den Gesellschaftern A, B und C wird ein Stammkapital i.H.v. 70.000 € vereinbart. Dabei übernimmt A einen Geschäftsanteil i.H.v. 50.000 €, B i.H.v. 500 € und C i.H.v. 19.500 €.

Gesellschafter	Übernommene Geschäftsanteile	davon 1/4 (§ 7 Abs. 2 Satz 1 GmbHG)
Bareinlage des A	50.000 €	12.500 €
Bareinlage des B	500 €	125 €
Bareinlage des C	19.500 €	4.875 €
Gesamt	70.000 €	17.500 €
Mindestens jedoch die Hälfte des Mindestkapitals i.H.v.		12.500 €

Lösung

Da in diesem Fall bereits die Einlageverpflichtungen gem. § 7 Abs. 2 Satz 1 GmbHG in der Summe höher sind als der Mindesteinzahlungsbetrag i.H.v. 12.500 € gem. § 7 Abs. 2 Satz 2 GmbHG, ist eine Eintragung ins HR, sofern sämtliche Gesellschafter ihrer Mindesteinzahlungsverpflichtung nachgekommen sind, möglich.

Werden bei Gründung nur die Mindestpflichteinlagen geleistet, so bestimmt sich die weitere Einlageverpflichtung grds. nach dem Gesellschaftsvertrag. Enthält der Gesellschaftsvertrag keine Regelung hierzu, so obliegt es gem. § 46 Nr. 2 GmbHG der Gesellschafterversammlung als oberstem Willensbildungsorgan der Gesellschaft, den Zeitpunkt der Einforderung zu bestimmen.

2.4.2.2 Hin- und Herzahlen

Die Fallgruppe des Hin- und Herzahlens ist in § 19 Abs. 5 GmbHG geregelt. Hin- und Herzahlen liegt danach vor, wenn vor der Einlage eine Leistung an den Gesellschafter vereinbart worden ist, die wirtschaftlich einer Rückzahlung der Einlage entspricht und keine verdeckte Sacheinlage darstellt. Bei einem engen zeitlichen und sachlichen Zusammenhang zwischen der Ein- und Auszahlung wird das Vorliegen einer entsprechenden Vereinbarung vermutet (so *Wachter*, Leitlinien der Kapitalaufbringung in der neueren Rechtsprechung des Bundesgerichtshofs, DStR 2010, 1240).

Die Leistung kann auch an einen Dritten erfolgen. Das Hin- und Herzahlen setzt nämlich keine personelle Identität zwischen Inferent und Auszahlungsempfänger voraus. Die Weiterleitung der Einlagemittel an einen Dritten kann die Voraussetzungen des Hin- und Herzahlens erfüllen, wenn dadurch der Inferent in gleicher Weise begünstigt wird wie durch die unmittelbare Leistung an ihn selbst (so *Wachter*, a.a.O.).

Beispiel

Der Gesellschafter leistet eine Bareinlage von 12.000 € und gewährt sich, wie von Anfang an geplant, nach erfolgter Eintragung i.H.v. 12.000 € ein Darlehen.

Eine **wirksame Leistung der Bareinlage liegt** in diesen Fällen **nur vor, wenn folgende Voraussetzungen erfüllt sind (§ 19 Abs. 5 GmbHG)**:

- Vor der Hingabe des Darlehens muss eine eindeutige Absprache zwischen Gesellschaft und Gesellschafter erfolgen und in der Anmeldung nach § 8 GmbHG angegeben werden.
- Der Rückgewähranspruch muss durch einen vollwertigen Rückgewähranspruch gedeckt sein, der jederzeit fällig ist oder durch fristlose Kündigung durch die Gesellschaft fällig werden kann.

Nur wenn diese Voraussetzungen – insbesondere auch die Offenlegung des Hin- und Herzahlens bei der Anmeldung zum Handelsregister (BGH vom 20.07.2009 - Az: II ZR 273/07, »Cash-Pool II«-Urteil) – vorliegen, ist die Einlage wirksam erbracht. Fehlt hingegen eine der beiden Voraussetzungen oder liegen beide Voraussetzungen nicht vor, muss der Gesellschafter die gesamte Einlage nochmals einzahlen. Eine Heilung des Hin- und Herzahlens kommt demnach nur dann in Betracht, wenn alle in § 19 Abs. 5 GmbHG genannten Voraussetzungen erfüllt sind. Es gilt das Alles-oder-Nichts-Prinzip (so *Herrler*, Heilung einer nicht erfüllungstauglichen Einlagenrückzahlung, GmbHR 2010, 785).

Ein besonderes Risiko trifft den anmeldenden Geschäftsführer. Dieser hat die Vollwertigkeit des Gegenleistungsanspruchs zu prüfen. Ohne Vollwertigkeit des Gegenleistungsanspruchs kann der Geschäftsführer nicht die Versicherung abgeben, dass der Gegenstand der Leistungen sich endgültig in seiner freien Verfügung befindet. Dies hat für den Geschäftsführer die Strafbarkeit nach § 82 Abs. 1 Nr. 1 GmbHG zur Folge. Weiterhin hat der Geschäftsführer in der Folgezeit die Leistungsfähigkeit des Gesellschafters zu beobachten.

2.4.2.3 Sachgründung

Sollen Sacheinlagen geleistet werden, so müssen der Gegenstand der Sacheinlage und der Nennbetrag des Geschäftsanteils, auf die sich die **Sacheinlage** bezieht, **im Gesellschaftsvertrag** gem. § 5 Abs. 4 Satz 1 GmbHG festgesetzt werden. Die Gesellschafter haben darüber hinaus gem. § 5 Abs. 4 Satz 2 GmbHG in einem **Sachgründungsbericht** die für die Angemessenheit der Leistungen für Sacheinlagen wesentlichen Umstände darzulegen. Beim Übergang eines Unternehmens auf die Gesellschaft sind die Jahresergebnisse der beiden letzten Geschäftsjahre anzugeben.

Die Sacheinlagen sind gem. § 7 Abs. 3 GmbHG vor der Anmeldung der Gesellschaft zur Eintragung in das HR so an die Gesellschaft zu bewirken, dass sie endgültig zur **freien Verfügung** der Geschäftsführer stehen. Im Gegensatz zu einer Bareinlageverpflichtung sind **Sacheinlageverpflichtungen** demnach vor der Anmeldung der Gesellschaft **in voller Höhe** einzubringen. Darüber hinaus sind in Fällen der Sacheinlageverpflichtungen bei der Anmeldung gem. § 8 Abs. 1 Nr. 4 GmbHG dem Registergericht die Verträge, die den Festsetzungen zugrunde liegen oder zu ihrer Ausführung geschlossen worden sind, sowie der Sachgründungsbericht vorzulegen. Des Weiteren sind gem. § 8 Abs. 1 Nr. 5 GmbHG der Anmeldung auch Unterlagen beizulegen, die belegen, dass der Wert der Sacheinlagen den Nennbetrag der dafür übernommenen Geschäftsanteile erreicht.

In dem Sachgründungsbericht muss wenigstens zum Ausdruck kommen, welche Überlegungen für den einzelnen Einlagewert sprechen. Aus diesem Grund sind regelmäßig Hinweise auf die (ursprünglichen) AK oder HK, den gegenwärtigen Marktpreis und die Art des einzubringenden Vermögensgegenstands nach Alter und Beschaffenheit erforderlich. Deshalb bietet es sich ggf. an, bezüglich des Wertes des einzulegenden Gegenstands (Rechts) ein unabhängiges Sachverständigengutachten einzuholen.

In der Anmeldung ist gem. § 8 Abs. 2 GmbHG die Versicherung abzugeben, dass die in § 7 Abs. 2 GmbHG (Mindesteinzahlungsverpflichtung) und die in § 7 Abs. 3 GmbHG (volle Einzahlungspflicht bezüglich der Sachleistungen) bezeichneten Leistungen auf die Geschäftsanteile bewirkt sind und dass der Gegenstand der Leistungen sich endgültig in der freien Verfügung der Geschäftsführer befindet.

Beispiel

Sachgründung:

Bei einer GmbH bestehend aus den Gesellschaftern A, B und C wird ein Stammkapital i.H.v. 70.000 € vereinbart. Dabei übernimmt A einen Geschäftsanteil i.H.v. 50.000 €, B i.H.v. 500 € und C i.H.v. 19.500 €. Der Gesellschafter C hat eine Sacheinlageverpflichtung übernommen.

Gesellschafter	Übernommene Geschäftsanteile	Mindesteinlage
Bareinlage des A	50.000 €	12.500 €
Bareinlage des B	500 €	125 €
Sacheinlage des C	19.500 €	19.500 €
Gesamt:	70.000 €	32.125 €
Mindestens jedoch die Hälfte des Mindeststammkapitals i.H.v.		12.500 €

Lösung

Die Gesellschafter A und B haben mit der von ihnen übernommenen Bareinlageverpflichtung gem. § 7 Abs. 2 Satz 1 GmbHG jeweils mindestens 1/4 einzuzahlen. Der Gesellschafter C hat gem. § 7 Abs. 3 GmbHG seine Sacheinlageverpflichtung in voller Höhe zu erbringen. Zudem wurde auch die Gesamtmindesteinlageverpflichtung sämtlicher Gesellschafter gem. § 7 Abs. 2 Satz 2 GmbHG i.H.v. 12.500 € erreicht.

Die Sacheinlageverpflichtung ist demnach ein unselbstständiger Teil des Gesellschaftsvertrags. Sie enthält die Verpflichtung des Gesellschafters, die betreffenden Gegenstände der Gesellschaft zu übertragen oder ihr ein Nutzungsrecht daran zu verschaffen (Urteil des BGH vom 05.02.1966, BGHZ 45, 338). Die Sacheinlageverpflichtung muss in der Satzung (Gesellschaftsvertrag) bei der Gründung oder bei der Kapitalerhöhung vereinbart werden. Da das GmbH-Recht grds. von einer Barleistungspflicht ausgeht, ist eine nachträgliche Änderung des Gesellschaftsvertrags durch Satzungsänderung von einer Barleistungspflicht in eine Sachleistungspflicht nach der Rechtsprechung des BGH (s. Beschluss des BGH vom 04.03.1996, NJW 1996, 1473) nur unter erschwerten Voraussetzungen und in engen Grenzen möglich. Eine Umwandlung einer Sachleistungsverpflichtung in eine Barleistungsverpflichtung ist – vor der Anmeldung – durch einstimmige Satzungsänderung durchaus möglich.

Erreicht der Wert einer Sacheinlage im Zeitpunkt der Anmeldung der Gesellschaft zur Eintragung in das HR nicht den Nennbetrag des dafür übernommenen Geschäftsanteils, hat der Gesellschafter gem. § 9 Abs. 1 GmbHG i.H.d. Fehlbetrags eine Einlage in Geld zu leisten (sog. Differenzhaftung). Der Anspruch der Gesellschaft verjährt gem. § 9 Abs. 2 GmbHG in zehn Jahren seit der Eintragung der Gesellschaft in das HR.

Tipp

Bei einer Sachgründung/Sachkapitalerhöhung ist im Zweifel ein unabhängiges Sachverständigengutachten über den Wert der einzulegenden Sache einzuholen, damit eine Haftung aus § 9 Abs. 1 GmbHG vermieden wird.

Bei mehreren Werten sollte der niedrigste Wert für den übernommenen Geschäftsanteil herangezogen werden.

Es sollte überlegt werden, ob nicht ein geringerer Wert auf den Geschäftsanteil und der übersteigende Wert als zusätzliches Aufgeld anzurechnen sind.

2.4.2.4 Verschleierte Sachgründung/verdeckte Sacheinlage

Bei dem Gesellschafter entsteht oft der Wunsch die Sacheinlagevorschriften zu umgehen, indem mit der geleisteten Bareinlage ein Gegenstand des Gesellschafters von der Gesellschaft abgekauft wird.

Beispiel

Ein PKW könnte in Form einer Sacheinlage in die GmbH eingebracht werden. Erforderlich wäre neben dem Sachgründungsbericht eine Bewertung des PKW. Stattdessen entscheidet sich der Unternehmer für eine Bargründung i.H.v. 40.000 €. Vier Wochen nach Einzahlung dieses Betrags schließt er als Geschäftsführer seiner GmbH mit sich selbst einen Vertrag über den Verkauf des PKW an die GmbH gegen Zahlung von 40.000 €.

Lösung

Es handelt sich um eine verdeckte Sacheinlage gem. § 19 Abs. 4 GmbHG. Danach führt die vereinbarte Bareinlage zwar nicht zur Erfüllung der Einlageschuld, jedoch sind im Gegensatz zur Rechtslage vor dem MoMiG Verträge über die Sacheinlage und die Rechtshandlungen zu ihrer Ausführung wirksam. Die weitere Rechtsfolge besteht darin, dass der geleistete Vermögensgegenstand auf die fortbestehende Verpflichtung zur Leistung der Bareinlage angerechnet wird.

Faktisch wird eine Differenzhaftung angenommen: Erreicht der Wert der verdeckten Sacheinlage zum Zeitpunkt der Anmeldung der Gesellschaft den Betrag der übernommenen Einlage, ist die Einlageschuld zwar nicht erfüllt; auf die fortbestehende Geldeinlagepflicht des Gesellschafters wird allerdings der Wert des Vermögensgegenstands im Zeitpunkt der Anmeldung der Gesellschaft zur Eintragung in das Handelsregister angerechnet.

Entspricht die geleistete Sacheinlage wirtschaftlich der erbrachten Bareinlage, führt die vollständige Anrechnung dazu, dass der Gesellschafter der Gesellschaft nichts mehr schuldet. Bleibt die geleistete Sacheinlage wertmäßig hinter der geschuldeten Bareinlage zurück, so haftet der Gesellschafter in Höhe der Differenz. Die Beweislast für die Werthaltigkeit des Vermögensgegenstands trägt der Gesellschafter gem. § 19 Abs. 4 Satz 5 GmbHG. Daher ist es zu empfehlen, bei Kaufverträgen zwischen Gesellschafter und GmbH im zeitlichen Zusammenhang mit der Gründung den Wert der tatsächlich geleisteten Gegenstände sorgfältig zu dokumentieren, damit auch Jahre später noch eine entsprechende Beweisführung möglich ist.

Konsequenzen ergeben sich in der Praxis regelmäßig erst in der Insolvenz der GmbH, wenn der Insolvenzverwalter die Vorgänge im Zusammenhang mit der Leistung der Einlage überprüft.

Alte Rechtslage: Nach der alten Rechtslage vor dem MoMiG lebte die Bareinlageverpflichtung wieder auf. Der Gesellschafter war daher in Analogie zu § 19 Abs. 1 und 5 GmbHG zur **nochmaligen Leistung** seiner Bareinlage verpflichtet. Selbstverständlich hatte der Gesellschafter gem. §§ 812 ff. BGB bereicherungsrechtliche Ansprüche zumindest auf Rückgewähr der von ihm eingelegten Sachwerte und ggf. auf Ersatz ersparter Mietaufwendungen gegen die Gesellschaft. Der bereicherungsrechtliche Anspruch ließ sich jedoch aus zwei Gründen nicht mittels einer Aufrechnung gem. §§ 387 ff. BGB verwirklichen: Zum einen fehlte es bezüglich der Sachwerte an der Gleichartigkeit i.S.d. § 387 BGB und zum anderen bestand gem. § 19 Abs. 2 Satz 2 GmbHG als Kapitalerhaltungsvorschrift ein Aufrechnungsverbot.

2.4.2.5 Verwendung der Bareinlage zur Bezahlung von Dienstleistungen

Fraglich ist, ob die Verwendung der Bareinlage zur Bezahlung von Dienstleistungen des GmbH-Gesellschafters einen Fall der verdeckten Sacheinlage oder einen Fall des Hin- und Herzahlens darstellt. Dazu hat der BGH in seinem Urteil vom 16.02.2009, Az: II ZR 120/07, »Quivive«, DB 2009, 780 wie folgt Stellung genommen:

- Die Grundsätze der verdeckten Sacheinlage (§ 19 Abs. 4 GmbHG n.F.) finden auf Dienstleistungen, welche ein GmbH-Gesellschafter nach Leistung einer Bareinlage entgeltlich erbringen soll, keine Anwendung.
- Ebenso wenig liegt in dem o. g. Fall ein der Erfüllung der Einlageschuld entgegenstehendes Hin- und Herzahlen der Einlagemittel (§ 19 Abs. 5 GmbHG n.F.) vor, sofern der Inferent diese nicht für die Vergütung seiner Dienstleistungen »reserviert«.
- Dienstleistungsverpflichtungen eines Gesellschafters können als solche nicht in Eigenkapitalersatz umqualifiziert werden; jedoch können stehen gelassene Vergütungsansprüche eigenkapitalersetzenden Charakter erlangen.

2.4.2.6 Unternehmergesellschaft haftungsbeschränkt (Mini-GmbH)

Mit der haftungsbeschränkten Unternehmergesellschaft, der sog. Mini-GmbH gibt es nun ein deutsches Konkurrenzprodukt zur Limited. Nach § 5a Abs. 1 GmbHG muss die GmbH, die ohne Einhaltung des Mindeststammkapitals des § 5 Abs. 1 GmbHG gegründet wird, in ihrer Firma einen anderen Rechtsformzusatz als die normale GmbH wählen, nämlich »Unternehmergesellschaft haftungsbeschränkt« oder die Abkürzung »UG (haftungsbeschränkt)«. Diese beiden Rechtsformzusatzvarianten sind zwingend, eine Abkürzung des Zusatzes »haftungsbeschränkt« ist nicht zulässig und führt zur Haftung analog § 128 HGB.

Folgende Besonderheiten gelten für die UG haftungsbeschränkt:

- Sacheinlagen sind nicht zulässig.
  Gem. § 5a Abs. 2 GmbHG muss das Stammkapital in voller Höhe eingezahlt werden.
- Rücklagenbildung
  Gem. § 5a Abs. 3 GmbHG muss die Gesellschaft in ihrer Bilanz eine gesetzliche Rücklage bilden, in die jeweils ein Viertel des Jahresüberschusses einzustellen ist. Hiermit soll eine gewisse Eigenkapitalausstattung über die Jahre angespart werden. Der Jahresüberschuss darf dabei um den Verlustvortrag des Vorjahres gemindert werden. Die Rücklage darf nur für Zwecke der Kapitalerhöhung aus Gesellschaftsmitteln (§ 57c GmbHG) verwendet werden, weiterhin zum Ausgleich eines Jahresfehlbetrags, soweit er nicht durch einen Gewinnvortrag aus dem Vorjahr gedeckt ist oder zum Ausgleich eines Verlustvortrags aus dem Vorjahr, soweit er nicht durch einen Jahresüberschuss gedeckt ist.
  Ein Verstoß gegen § 5 Abs. 3 GmbHG zieht die Nichtigkeit der Feststellung des Jahresabschlusses (analog § 246 AktG) nach sich, die wiederum die Nichtigkeit des Gewinnverwendungsschlusses zur Folge hat (analog § 253 AktG). Aus der Nichtigkeit des Feststellungs- und des Gewinnverwendungsbeschlusses resultieren zivilrechtliche Rückzahlungsansprüche der GmbH gegen die Gesellschafter. Ferner macht sich der Geschäftsführer gem. § 43 GmbHG haftbar.

- Einberufung der Versammlung bei Zahlungsunfähigkeit
  Gem. § 5a Abs. 4 GmbHG muss die Versammlung der Gesellschafter unverzüglich einberufen werden, wenn die Zahlungsunfähigkeit der GmbH droht.

Erhöht die haftungsbeschränkte Unternehmergesellschaft ihr Stammkapital so, dass es den Mindestbetrag i.H.v. 25.000 € übersteigt, muss sie keine Rücklagen mehr gem. § 5a Abs. 3 GmbHG bilden. Gebildete Rücklagen können dann, soweit sie nicht bereits zur Erhöhung des Stammkapitals verwendet worden sind, aufgelöst werden (§ 5a Abs. 5 GmbHG). Die UG haftungsbeschränkt kann dann in eine GmbH umfirmiert werden.

2.5 Rechtsstellung der Gesellschafter (Rechte und Pflichten)

2.5.1 Allgemeines

Der Erwerb der Mitgliedschaft vollzieht sich in erster Linie durch die Teilnahme an der Gründung der GmbH oder aber durch den späteren Erwerb eines Geschäftsanteils.

Wie bereits erwähnt bedarf der rechtsgeschäftliche Erwerb eines Geschäftsanteils gem. § 15 Abs. 3 und 4 GmbHG der notariellen Beurkundung. **Beurkundungspflichtig** sind demnach sowohl das **Verpflichtungs- als auch das Verfügungsgeschäft**. Ist durch eine (zulässige; str.) Klausel im Gesellschaftsvertrag die Veräußerung ausgeschlossen, tritt an deren Stelle das Recht zum Austritt aus wichtigem Grund. Denkbar ist jedoch auch, dass im Gesellschaftsvertrag im Hinblick auf § 15 Abs. 5 GmbHG eine Vinkulierungsklausel vorgesehen ist. Ist danach die Veräußerung an die Zustimmung der Gesellschaft geknüpft, ist es Sache des Geschäftsführers, die Zustimmung der Gesellschaft zu erklären. Im Verhältnis zur Gesellschaft gilt im Fall einer Veränderung in den Personen der Gesellschafter oder des Umfangs ihrer Beteiligung als Inhaber eines Geschäftsanteils nur, wer als solcher in der im Handelsregister aufgenommenen Gesellschafterliste (§ 40 GmbHG) eingetragen ist. Eine vom Erwerber in Bezug auf das Gesellschaftsverhältnis vorgenommene Rechtshandlung gilt als von Anfang an wirksam, wenn die Liste unverzüglich nach Vornahme der Rechtshandlung in das Handelsregister aufgenommen wird. Für Einlageverpflichtungen, die in dem Zeitpunkt rückständig sind, ab dem der Erwerber im Verhältnis zur Gesellschaft als Inhaber des Geschäftsanteils gilt, haftet der Erwerber neben dem Veräußerer.

Ein wirksamer Erwerb vom Nichtberechtigten ist möglich, wenn der Veräußerer als Inhaber des Geschäftsanteils in der im Handelsregister aufgenommenen Gesellschafterliste eingetragen ist, ein notariell beurkundeter Abtretungsvertrag über einen bestimmten Geschäftsanteil gem. § 15 Abs. 3 GmbHG vorliegt und dieser auch existiert.

Dies gilt gem. § 16 Abs. 3 GmbHG nicht, wenn

- die Gesellschafterliste zum Zeitpunkt des Erwerbs hinsichtlich des Geschäftsanteils weniger als drei Jahre unrichtig und die Unrichtigkeit dem Berechtigten nicht zuzurechnen ist.
- dem Erwerber die mangelnde Berechtigung bekannt oder infolge grober Fahrlässigkeit unbekannt oder der Liste ein Widerspruch zugeordnet ist. Die Zuordnung eines Widerspruchs erfolgt aufgrund einer einstweiligen Verfügung oder aufgrund einer Bewilligung desjenigen, gegen dessen Berechtigung sich der Widerspruch richtet. Dabei muss eine Gefährdung des Rechts des Widersprechenden nicht glaubhaft gemacht werden.

Die Vererbung des Gesellschaftsanteils kann durch den Gesellschaftsvertrag nicht ausgeschlossen werden. Zulässig ist es aber gem. § 34 Abs. 1 GmbHG, eine Einziehungsklausel in der GmbH-Satzung aufzunehmen. Bei einer derartigen Einziehungsklausel ist die Gesellschaft berechtigt, den Anteil des verstorbenen Gesellschafters gegen eine Abfindung einzuziehen, sodass der Anteil des verstorbenen Gesellschafters letztlich vernichtet wird. Sofern der Abfindungsanspruch der Erben des verstorbenen Gesellschafters hinter dem nach § 11 Abs. 2 BewG ermittelten gemeinen Wert zurückbleibt, liegt gem. § 3 Abs. 1 Nr. 2 Satz 2 ErbStG bei den verbleibenden Gesellschaftern ein stpfl. Erwerb von Todes wegen vor. Bei diesem Erwerb ist weder die Steuerbefreiungsvorschrift des §§ 13a, b ErbStG noch die Tarifvorschrift des § 19a ErbStG anwendbar, da der betroffene GmbH-Anteil durch die Einziehung untergegangen ist und die verbleibenden Gesellschafter folglich keinen Gesellschaftsanteil erworben haben.

2.5.2 Pflichten

Die Pflichten eines GmbH-Gesellschafters sind j.d.R. umfassender als die eines Aktionärs einer AG.

Die Einlageverpflichtung wird in zweifacher Weise durch die Satzung bestimmt. Zum einen wird mit Hilfe der übernommenen Stammeinlage der Betrag beziffert, für den der jeweilige Gesellschafter unmittelbar gegenüber der Gesellschaft verpflichtet wird. Zum anderen wird mit dem Stammkapital der Betrag bestimmt, für den alle Gesellschafter gem. § 24 GmbHG in Anspruch genommen werden können.

Darüber hinaus können gem. §§ 26 bis 28 GmbHG Nachschusspflichten vereinbart werden. Im Gesellschaftsvertrag kann demnach gem. § 26 Abs. 1 GmbHG bestimmt werden, dass die Gesellschafter über den Nennbetrag der Geschäftsanteile hinaus die Einforderung von weiteren Einzahlungen (Nachschüssen) beschließen können. Die Einzahlung der Nachschüsse hat nach dem Verhältnis der Geschäftsanteile zu erfolgen.

Der Gesellschaftsvertrag kann eine unbeschränkte oder beschränkte Nachschusspflicht vorsehen (vgl. § 26 Abs. 3 GmbHG). Bei einer unbeschränkten Nachschusspflicht ergeben sich aus § 27 GmbHG gewisse Befreiungsmöglichkeiten und bei beschränkter Nachschusspflicht die Rechtsfolgen verspäteter Einzahlung aus § 28 GmbHG. Sofern die Nachschusspflicht erst später durch Satzungsänderung herbeigeführt werden soll, bedarf dies gem. § 53 Abs. 3 GmbHG der Zustimmung sämtlicher Gesellschafter.

Die Gesellschafter können sich im Gesellschaftsvertrag darauf einigen, dass den bzw. nur einzelnen Gesellschaftern weitere Nebenpflichten aufgebürdet werden. Eine derartige zusätzliche Nebenpflichtsabrede können die Gesellschafter gem. § 3 Abs. 2 GmbHG bei Gründung oder mittels Satzungsänderung nach § 53 Abs. 3 GmbHG im Gesellschaftsvertrag aufnehmen. So können die Pflicht zur Geschäftsführung oder ein Wettbewerbsverbot vereinbart werden. Aber auch die Pflicht zur Gebrauchsüberlassung von Gegenständen, Dienstleistungspflichten, Verlustausgleichspflichten, die Pflicht der Darlehensgewährung an die GmbH (BGH vom 17.10.1988, GmbHR 1989, 151), Vorkaufsrechte u. a. können Gegenstand derartiger Nebenpflichtvereinbarungen sein.

2.5.3 Rechte der Gesellschafter

Zu den kollektiven Rechten der Gesellschafter gehören die Rechte, welche die Gesellschafterversammlung betreffen. Dies sind insbes. Teilnahmerechte, Stimmrechte, Recht zur Beschlussfassung über die Bestellung und die Abberufung von Geschäftsführern sowie die Feststellung des Jahresabschlusses und die Verwendung des Ergebnisses. Daneben hat der Gesellschafter auch individuelle Rechte; so z. B. Vermögens- und Informationsrechte, aber auch mögliche Sonderrechte sowie das Recht zur Belastung seines Geschäftsanteiles.

2.5.3.1 Anspruch auf den Jahres- bzw. Liquidationsüberschuss

Die Gesellschafter haben gem. § 29 Abs. 1 GmbHG zunächst Anspruch auf den Jahresüberschuss zzgl. eines Gewinnvortrags und abzüglich eines Verlustvortrags. Der Anspruch besteht nur, soweit der sich ergebende Betrag nicht nach Gesetz oder Gesellschaftsvertrag, durch Beschluss i.S.d. § 29 Abs. 2 GmbHG oder als zusätzlicher Aufwand aufgrund des Beschlusses über die Verwendung des Ergebnisses von der Verteilung unter die Gesellschafter ausgeschlossen ist. Der Anspruch auf den Jahresüberschuss bzw. auf den Bilanzgewinn (vgl. § 29 Abs. 1 Satz 2 GmbHG) besteht demnach nur dann, wenn der Gesellschaftsvertrag keine abweichende Regelung enthält. Sofern der Gesellschaftsvertrag nichts anderes bestimmt, können die Gesellschafter gem. § 29 Abs. 2 GmbHG per Beschluss über die Verwendung des Ergebnisses Beträge in Gewinnrücklagen (s. § 266 Abs. 3 Buchst. A Ziff. III HGB, § 272 Abs. 3 HGB) einstellen oder als Gewinn vortragen. Vorbehaltlich des Gesellschaftsvertrags erfolgt die Verteilung des Gewinnanspruchs gem. § 29 Abs. 3 GmbHG nach dem Verhältnis der Geschäftsanteile.

Denkbar ist auch, dass der Gesellschaftsvertrag nicht nur vom Stammkapital abweichende Verteilungsmodi vorsieht, sondern dass für einzelne Geschäftsanteile ein völliger Ausschluss eines Gewinnanspruchs gesellschaftsvertraglich begründet wird (BGH vom 14.07.1957, BGHZ 14, 264, 271).

Bei Beendigung der Gesellschaft wird deren Vermögen im Falle eines Liquidationsüberschusses gem. § 72 Satz 1 GmbHG unter den Gesellschaftern nach Verhältnis ihrer Geschäftsanteile verteilt. Auch hier kann der Gesellschaftsvertrag eine andere bzw. modifizierte Verteilung vorsehen.

Nicht möglich ist es jedoch, einzelnen Geschäftsanteilen (Gesellschaftern) bei einer Unternehmensgesellschaft sowohl den Gewinnanspruch als auch den Anspruch an einem vorhandenen Liquidationsüberschuss durch den Gesellschaftsvertrag in voller Höhe zu beschneiden (BGH vom 14.07.1957, BGHZ 14, 264, 273).

Der ausgezahlte Gewinnanteil unterliegt gem. § 43 Abs. 1 Nr. 1, § 43a Abs. 1 Nr. 1 EStG der KapSt von derzeit 20 % und gem. §§ 3 Abs. 1 Nr. 5, 4 SolZG dem SolZ i.H.v. 5,5 %. Die Gesellschafter erzielen aufgrund der vorgenommenen Gewinnausschüttung grds. Einkünfte aus Kapitalvermögen gem. § 20 Abs. 1 Nr. 1 EStG, die gem. § 3 Nr. 40 Satz 1 Buchst. d EStG dem sog. Teileinkünfteverfahren unterliegen.

2.5.3.2 Mitverwaltungsrechte

Dem Gesellschafter steht eine Reihe von Mitverwaltungsrechten aufgrund seiner Gesellschafterstellung zu. Hierzu gehören insbes.

- Stimmrechte,
- das Recht auf Einberufung einer Gesellschafterversammlung,
- Auskunfts- und Einsichtsrechte,
- das Recht der Gesellschafterklage,
- Mitwirkungsbefugnis an Grundsatzentscheidungen der Gesellschaft.

2.5.3.2.1 Stimmrechte

Die von den Gesellschaftern in den Angelegenheiten der Gesellschaft zu treffenden Bestimmungen erfolgen gem. § 47 Abs. 1 GmbHG durch Beschlussfassung nach der Mehrheit der abgegebenen Stimmen. Dabei gewährt gem. § 47 Abs. 2 GmbHG **jeder € eines Geschäftsanteils eine Stimme**, wobei der Gesellschaftsvertrag gem. § 45 Abs. 2 GmbHG hiervon eine abweichende Regelung enthalten kann, z. B. Abstimmung nach Köpfen. Möglich ist auch, dass einzelnen Gesellschaftern überhaupt kein Stimmrecht zusteht.

Sofern die Stimmrechtsausübung im Rahmen einer Bevollmächtigung ausgeübt werden soll, bedarf die Vollmacht gem. § 47 Abs. 3 GmbHG der Textform i.S.d. § 126b BGB.

Sofern es um Beschlüsse geht, die das Rechtsverhältnis eines einzelnen Gesellschafters zur Gesellschaft betreffen, etwa weil er durch die Beschlussfassung entlastet oder von einer Verbindlichkeit befreit werden soll, hat er gem. § 47 Abs. 4 GmbHG hierbei **kein Stimmrecht** und darf ein solches auch nicht für andere ausüben. Dasselbe gilt für eine Beschlussfassung, welche die Vornahme eines Rechtsgeschäfts oder die Einleitung oder Erledigung eines Rechtsstreits gegenüber einem Gesellschafter betrifft. Mit Hilfe dieses Stimmrechtsverbots sollen die Interessenkonflikte innerhalb der Gesellschaft abgemildert werden. Das Stimmrechtsverbot gilt nach der Rechtsprechung des BGH auch dann, wenn es um Geschäfte mit einem anderen Unternehmen geht, auf das der Gesellschafter maßgeblichen Einfluss hat. Das Stimmrechtsverbot greift nur in den Angelegenheiten, bei denen der Gesellschafter der Gesellschaft wie ein Dritter gegenübersteht. Aus diesem Grund greift § 47 Abs. 4 GmbHG nicht ein, wenn es um eine Bestellung als Geschäftsführer, die Vergütung als Gesellschafter-Geschäftsführer oder um den Verkauf eines vinkulierten Geschäftsanteils geht. Soweit es jedoch um die Abberufung als Geschäftsführer aus wichtigem Grund gem. § 38 Abs. 2 GmbHG geht, ist der davon betroffene Gesellschafter nach der Rechtsprechung des BGH (BGH vom 21.08.1969, BGHZ 86, 177, 181) gem. § 47 Abs. 4 GmbHG von der Beschlussfassung ausgeschlossen.

Es steht natürlich in der Dispositionsfreiheit der Gesellschafter, auch auf die Vorschrift des § 47 Abs. 4 GmbHG zu verzichten (s. § 45 Abs. 2 GmbH), was u.E. im Hinblick auf die Schutzbedürfnisse von Minderheitsgesellschaftern nicht zu empfehlen ist.

Sofern das Stimmrechtsverbot nicht greift bzw. nicht anzuwenden ist, kann die Mitwirkung an der Beschlussfassung im Einzelfall als Stimmrechtsmissbrauch zu qualifizieren sein (vgl. z. B. BGH vom 28.01.1980, BGHZ 76, 352, 353).

2.5.3.2.2 Recht der Einberufung einer Gesellschaftsversammlung

Grundsätzlich wird die Gesellschafterversammlung durch die Geschäftsführer gem. § 49 Abs. 1 GmbHG einberufen. Gesellschafter, deren Geschäftsanteile zusammen mindestens 10 % des Stammkapitals entsprechen, sind jedoch gem. § 50 Abs. 1 GmbHG berechtigt, unter Angabe des Zwecks und der Gründe die Einberufung der Gesellschaftsversammlung zu verlangen. Insofern haben die Gesellschafter unter den Voraussetzungen des § 50 GmbHG einen **Einberufungsanspruch**. In gleicher Weise haben die Gesellschafter das Recht zu verlangen, dass Gegenstände zur Beschlussfassung angekündigt werden. Darüber hinaus besteht gem. § 50 Abs. 3 GmbHG ggf. ein Selbsteinberufungsrecht des/der Gesellschafter/s.

2.5.3.2.3 Auskunfts- und Einsichtsrechte

Die Geschäftsführer haben gem. § 51a Abs. 1 GmbHG jedem Gesellschafter auf Verlangen unverzüglich, d. h. ohne schuldhaftes Zögern, Auskunft über die Angelegenheiten der Gesellschaft zu geben und die Einsicht in die Geschäftsbücher zu gestatten. Dadurch hat **jeder Gesellschafter ein umfassendes Auskunfts- und Einsichtsrecht gegenüber der Gesellschaft**.

Die Geschäftsführer dürfen gem. § 51a Abs. 2 GmbHG die Auskunft und die Einsicht jedoch dann verweigern, wenn zu befürchten ist, dass der Gesellschafter sie zu gesellschaftsfremden Zwecken verwenden und dadurch der Gesellschaft oder einem verbundenen Unternehmen einen nicht unerheblichen Nachteil zufügen wird. Zum Schutz des jeweiligen Gesellschafters bedarf die Verweigerung gem. § 51a Abs. 2 Satz 2 GmbHG eines Beschlusses der Gesellschafter. Bei diesem Beschluss ist der betroffene Gesellschafter von der Abstimmung ausgeschlossen. Der Gesetzgeber sieht diese Kontroll-, Auskunfts- und Einsichtsrechte als so elementar an, dass von diesen Vorschriften gem. § 51a Abs. 3 GmbHG **im Gesellschaftsvertrag nicht abgewichen werden kann**.

Daneben wird dieses unabdingbare Recht durch § 51b GmbHG flankiert. Danach findet für die gerichtliche Entscheidung über das Auskunfts- und Einsichtsrecht § 132 Abs. 1, 3–5 AktG entsprechende Anwendung. Antragsberechtigt ist jeder Gesellschafter, dem die verlangte Auskunft nicht gegeben oder die verlangte Einsicht nicht gestattet worden ist.

2.5.3.2.4 Anfechtungsklage, Gesellschafterklage

Zu den weitreichenden Kontroll- und Überwachungsbefugnissen des Gesellschafters gehört auch das Recht, gerichtlichen Schutz in Anspruch zu nehmen. Neben der Vorschrift des gerichtlichen Rechtsschutzes gem. § 51b GmbHG kann der Gesellschafter auch Gesellschafterbeschlüsse einer richterlichen Kontrolle unterziehen. Das GmbH-Gesetz enthält zu derartigen Anfechtungsklagen keinerlei Regelungen. Diese Regelungslücke ist durch eine entsprechende Anwendung der aktienrechtlichen Vorschriften, insbes. der §§ 241 ff. AktG, auszufüllen.

Ein Beschluss der Hauptversammlung ist daher z. B. dann gem. § 241 Nr. 1 AktG i.V.m. § 121 Abs. 2 AktG nichtig, wenn er in einer Hauptversammlung gefasst worden ist, die von Personen einberufen wurde, die dazu nicht befugt waren. Eine Nichtigkeit kann sich gem. § 241 Nr. 3 AktG auch daraus ergeben, dass der Beschluss mit dem Wesen der GmbH nicht zu vereinbaren ist oder durch seinen Inhalt Vorschriften verletzt, die ausschließlich oder überwiegend zum Schutze der Gläubiger der Gesellschaft (z. B. Kapitalerhaltungsvorschriften der §§ 30 ff. GmbHG) oder sonst im öffentlichen Interesse gegeben sind. Sofern die Anfechtung des Beschlusses auf Sittenwidrigkeit gestützt wird, kommt es darauf an, ob gem. § 241 Nr. 4 AktG der Inhalt des Gesellschafterbeschlusses selbst gegen die guten Sitten verstößt. Eine entsprechende Anwendbarkeit der §§ 241 ff. AktG bedeutet jedoch nicht auch zwangsläufig, dass die Anfechtungsklage innerhalb eines Monats zu erheben ist, wie dies § 246 Abs. 1 AktG vorsieht. Vielmehr ist die Monatsfrist des § 246 Abs. 1 AktG das absolute Minimum dessen, was einem Gesellschafter zur Vorbereitung der Klage und als Überlegungsfrist einzuräumen ist. Aufgrund der doch eher personalistischen Struktur der GmbH kann die Vorschrift des § 246 Abs. 1 AktG daher lediglich Leitbildfunktion haben. Aus diesem Grund kommt es auf den jeweiligen Einzelfall an.

Darüber hinaus kann der Gesellschafter im Einzelfall auch eine Gesellschafterklage (actio pro socio) erheben. Bei der actio pro socio erhebt der Gesellschafter Klage gegen einen Mitgesellschafter, weil dieser seinen gesellschaftsrechtlichen Leistungs- bzw. Verhaltenspflichten nicht nachkommt. Allerdings kann der jeweilige Gesellschafter, da es um gesellschaftsrechtlich begründete Pflichten geht, nicht Leistung an sich, sondern nur Leistung an die Gesellschaft fordern. Der Gesellschafter klagt demnach im eigenen Namen auf Leistung an die Gesellschaft (Prozessstandschaft). Dabei ist jedoch auch zu berücksichtigen, dass den jeweiligen Gesellschafter besondere Treupflichten treffen und es grds. Aufgabe des Geschäftsführers ist, die Ansprüche der GmbH gegen den jeweiligen Gesellschafter durchzusetzen. Insofern kommt es auch bezüglich der Zulässigkeit einer actio pro socio auf den jeweiligen Einzelfall an.

Beispiel

A, B und C sind zu je 1/3 Gesellschafter einer GmbH mit einem Stammkapital i.H.v. 60.000 €, welches zu je 20.000 € auf die einzelnen Gesellschafter entfällt. Die Gesellschaft wurde am 01.02.2010 als Bargründung gegründet. Zum alleinigen Geschäftsführer wurde A berufen. Nachdem sämtliche Gesellschafter Mitte Februar bereits ihre Mindesteinlagen gem. § 7 Abs. 2 Satz 1 GmbHG i.H.v. jeweils 5.000 € (gesamt 15.000 €) auf ein Konto der Vor-GmbH überwiesen hatten, wurde die Anmeldung vollzogen und die GmbH schließlich am 15.05.2010 ins HR eingetragen. Mit Beschluss vom 18.06.2010 wurde der Geschäftsführer angewiesen, die verbleibenden Einlagen bis zum 31.07.2010 einzufordern (s. § 46 Nr. 2 GmbHG). Mit Rundschreiben vom 20.06.2010 forderte der Geschäftsführer sämtliche Gesellschafter auf, die verbleibenden Einlagen bis zum 31.07.2010 auf das Konto der GmbH einzubezahlen. A und B kamen ihren Einlageverpflichtungen bis zum 31.07.2010 in voller Höhe nach, nicht jedoch C. Auf Vorhalt des B gegenüber A, dass dieser doch den Beschluss vom 18.06.2010 endlich auch gegenüber C durchsetzen solle, erwiderte der A, dass er es doch seinem Schwager (C) nicht zumuten könne, auf seinen »verdienten« Jahresurlaub zu verzichten. Als Geschäftsführer gewähre er ihm einen Zahlungsaufschub bis zum 30.06.2011.

Lösung

In einem derartigen Fall kann der Gesellschafter B im Wege der actio pro socio, obwohl er nicht zugleich auch Geschäftsführer der GmbH ist, im eigenen Namen C verklagen, damit dieser seinen gesellschaftsrechtlichen Einlagepflichten an die GmbH nachkommt.

2.5.3.2.5 Mitwirkungsbefugnis an Grundsatzentscheidungen der Gesellschaft

Die Mitgliedschaft an der GmbH beinhaltet auch, dass jeder Gesellschafter an den Grundsatzentscheidungen der Gesellschaft mitwirken darf. Soweit es um die Rechtsstellung des jeweiligen Gesellschafters innerhalb der GmbH geht, darf er von der Abstimmung nicht ausgeschlossen werden.

2.5.3.2.6 Sonderrechte

Die Satzung kann einem Gesellschafter auch Sonderrechte (z. B. erhöhter Gewinnanspruch) einräumen. Da jede KapGes in ihren Grundstrukturen einen auf Gewinnerzielung gerichteten Verein darstellt, können diese Sonderrechte gem. § 35 BGB nur mit Zustimmung des betroffenen Gesellschafters entzogen werden.

2.5.4 Beendigung der Mitgliedschaft

Die Mitgliedschaft in der GmbH endet durch
- Auflösung und Liquidation der Gesellschaft gem. §§ 60 ff. GmbHG;
- Veräußerung des Geschäftsanteils;
- Kaduzierung gem. § 21 GmbHG;
- Abandon gem. § 27 Abs. 1 GmbHG;
- Einziehung (Amortisation) gem. § 34 GmbHG.

2.5.4.1 Auflösung und Liquidation der Gesellschaft

Die gesetzlich vorgesehenen Auflösungsgründe enthält § 60 GmbHG. Demnach wird gem. § 60 Abs. 1 GmbHG die GmbH aufgelöst:

- durch Ablauf der im Gesellschaftsvertrag bestimmten Zeit;
- durch Beschluss der Gesellschafter; wobei der Beschluss, sofern im Gesellschaftsvertrag nichts anderes bestimmt ist, einer Mehrheit von 3/4 der abgegebenen Stimmen bedarf;
- durch gerichtliches Urteil oder durch Entscheidung des Verwaltungsgerichts oder der Verwaltungsbehörde;
- durch die Eröffnung des Insolvenzverfahrens; wird das Verfahren auf Antrag des Schuldners eingestellt oder nach der Bestätigung eines Insolvenzplans, der den Fortbestand der Gesellschaft vorsieht, aufgehoben, so können die Gesellschafter die Fortsetzung der Gesellschaft beschließen;
- mit der Rechtskraft des Beschlusses, durch den die Eröffnung des Insolvenzverfahrens mangels Masse abgelehnt worden ist;
- mit der Rechtskraft einer Vfg. des Registergerichts, durch welche nach nach § 399 des Gesetzes über das Verfahren in Familiensachen und in den Angelegenheiten der freiwilligen Gerichtsbarkeit ein Mangel des Gesellschaftsvertrags festgestellt worden ist;
- durch die Löschung der Gesellschaft wegen Vermögenslosigkeit.

Im Gegensatz zum Aktienrecht können gem. § 60 Abs. 2 GmbHG im Gesellschaftsvertrag weitere Auflösungsgründe festgesetzt werden.

Die Gesellschaft kann gem. § 61 Abs. 1 GmbHG durch gerichtliches Urteil aufgelöst werden, wenn die Erreichung des Gesellschaftszwecks unmöglich wird, oder wenn andere, in den Verhältnissen der Gesellschaft liegende, wichtige Gründe für die Auflösung vorhanden sind. Änderungen der Verhältnisse des jeweiligen Gesellschafters begründen demnach keinen Auflösungsgrund nach § 61 GmbHG. Die Auflösungsklage ist gegen die Gesellschaft zu richten und kann nur von Gesellschaftern erhoben werden, deren Geschäftsanteile zusammen mindestens 10 % des Stammkapitals entsprechen. Für die Klage ist gem. § 61 Abs. 3 GmbHG ausschließlich das Landgericht zuständig, in dessen Bezirk die Gesellschaft ihren Sitz hat.

Durch die Auflösung der Gesellschaft ist deren Existenz noch nicht beendet. Sie muss vielmehr noch liquidiert werden (§§ 66 ff. GmbHG). Beruht die Auflösung nicht auf der Insolvenz der Gesellschaft, erfolgt die Liquidation durch die Geschäftsführer (§ 66 Abs. 1 GmbHG), sofern der Gesellschaftsvertrag bzw. die Gesellschafter nicht eine andere Person zum Liquidator bestellen. Der Liquidator ist in das HR anzumelden (§ 67 GmbHG) und hat nach Maßgabe des § 68 GmbHG für die Gesellschaft entsprechend zu zeichnen. Die Liquidatoren haben gem. § 70 GmbHG die lfd. Geschäfte zu beendigen, die Verpflichtungen der aufgelösten Gesellschaft zu erfüllen, die Forderungen einzuziehen und das Vermögen der Gesellschaft in Geld umzusetzen; sie haben die Gesellschaft gerichtlich und außergerichtlich zu vertreten. Zur Beendigung schwebender Geschäfte können die Liquidatoren auch neue Geschäfte eingehen. Darüber hinaus haben sie für den Beginn der Liquidation eine Bilanz (Eröffnungsbilanz) und einen die Eröffnungsbilanz erläuternden Bericht sowie für den Schluss eines jeden Jahres einen Jahresabschluss und einen Lagebericht aufzustellen. Im Übrigen ergeben sich die weiteren bilanzrechtlichen Rechte und Pflichten der Liquidatoren nach § 71 GmbHG. Zu beachten ist u. a., dass das Registergericht gem. § 71 Abs. 3 GmbHG die Liquidatoren von der Prüfung des Jahresabschlusses und des Lageberichts durch einen Abschlussprüfer befreit, wenn die Verhältnisse der Gesellschaft so überschaubar sind, dass eine Prüfung im Interesse der Gläubiger und der Gesellschafter nicht geboten erscheint. Gegen die Entscheidung ist die Beschwerde zulässig.

Das verbleibende Vermögen der Gesellschaft wird gem. § 72 GmbHG unter die Gesellschafter nach dem Verhältnis ihrer Geschäftsanteile verteilt, sofern der Gesellschaftsvertrag kein anderes Verhältnis für die Verteilung bestimmt. Die Verteilung darf jedoch aus Gründen des Gläubigerschutzes nicht vor Tilgung oder Sicherstellung der Schulden der Gesellschaft und vor Ablauf des Sperrjahres erfolgen, § 73 Abs. 1 GmbHG. Ist die Liquidation beendet und die Schlussrechnung gelegt, so haben die Liquidatoren den Schluss der Liquidation zur Eintragung in das HR anzumelden. Die Gesellschaft ist dann zu löschen.

Nach Beendigung der Liquidation sind die Bücher und Schriften der Gesellschaft gem. § 74 Abs. 2 GmbHG für die Dauer von zehn Jahren einem der Gesellschafter oder einem Dritten in Verwahrung zu geben. Die Gesellschafter und deren Rechtsnachfolger sind zur Einsicht der Bücher und Schriften berechtigt. Die Gläubiger der Gesellschaft können von dem Registergericht zur Einsicht ermächtigt werden.

2.5.4.2 Veräußerung des Geschäftsanteils

Selbstverständlich endet die Mitgliedschaft auch, wenn der Gesellschaftsanteil veräußert wird. Wie bereits erwähnt, bedarf sowohl das Verpflichtungsgeschäft als auch das Verfügungsgeschäft der notariellen Beurkundung.

2.5.4.3 Kaduzierung

Falls ein Gesellschafter seine Rest-Einlage, z. B. nach Beschluss durch die Gesellschafterversammlung, nicht einzahlt, droht ihm die Kaduzierung. Im Fall verzögerter Einzahlung kann gem. § 21 Abs. 1 GmbHG an den säumigen Gesellschafter eine erneute Aufforderung zur Zahlung binnen einer zu bestimmenden Nachfrist (mindestens ein Monat) unter Androhung seines Ausschlusses mit dem Geschäftsanteil, auf welchen die Zahlung zu erfolgen hat, erlassen werden. Die Aufforderung erfolgt mittels eingeschriebenen Briefes. Nach fruchtlosem Ablauf der Frist ist der säumige Gesellschafter seines Geschäftsanteils und der geleisteten Teilzahlungen gem. § 21 Abs. 2 GmbHG zugunsten der Gesellschaft verlustig zu erklären (Kaduzierung). Die Erklärung erfolgt ebenfalls mittels Einschreiben. Obwohl der Gesellschafter seinen Geschäftsanteil verliert, bleibt er der Gesellschaft wegen des Ausfalls, welchen diese an dem rückständigen Betrag oder den später auf den Geschäftsanteil eingeforderten Beträgen der Stammeinlage erleidet, weiterhin verhaftet gem. § 21 Abs. 3 GmbHG.

2.5.4.4 Abandon

Sieht der Gesellschaftsvertrag eine Nachschusspflicht vor (s. § 26 GmbHG) und ist die Nachschusspflicht nicht auf einen bestimmten Betrag beschränkt, so hat jeder Gesellschafter, falls er die Stammeinlage vollständig eingezahlt hat, gem. § 27 Abs. 1 GmbHG das Recht, sich von der Zahlung des auf den Geschäftsanteil eingeforderten Nachschusses dadurch zu befreien, dass er innerhalb eines Monats nach der Aufforderung zur Einzahlung den Geschäftsanteil der Gesellschaft zur Befriedigung aus demselben zur Verfügung stellt. Ebenso kann die Gesellschaft, wenn der Gesellschafter binnen der angegebenen Frist weder von der bezeichneten Befugnis Gebrauch macht noch die Einzahlung leistet, dem Gesellschafter mittels Einschreiben erklären, dass sie den Geschäftsanteil als zur Verfügung gestellt betrachte. Anschließend hat die Gesellschaft den Geschäftsanteil innerhalb eines Monats nach der Erklärung des Gesellschafters oder der Gesellschaft im Wege öffentlicher Versteigerung verkaufen zu lassen. Eine andere Art des Verkaufs ist nur mit Zustimmung des betroffenen Gesellschafters zulässig. Ein nach Deckung der Verkaufskosten und des rückständigen Nachschusses verbleibender Überschuss gebührt dem Gesellschafter (§ 27 Abs. 2 GmbHG).

Ist die Befriedigung der Gesellschaft durch den Verkauf nicht zu erlangen, so fällt der Geschäftsanteil der Gesellschaft zu. Die Gesellschaft ist dann befugt, den Anteil für eigene Rechnung zu veräußern (§ 27 Abs. 3 GmbHG).

Der Gesellschaftsvertrag kann vorsehen, dass die Regelungen des § 27 Abs. 1 bis 3 GmbHG auf den Fall beschränkt werden, dass die auf den Geschäftsanteil eingeforderten Nachschüsse einen bestimmten Betrag überschreiten.

2.5.4.5 Einziehung gem. § 34 GmbHG

Die Mitgliedschaft des jeweiligen Gesellschafters endet darüber hinaus, wenn sein Gesellschaftsanteil von der Gesellschaft eingezogen (Amortisation) wird. Der Gesellschaftsanteil wird demnach vernichtet. Die Mitgliedschaftsrechte (Stimmrechte, Gewinnansprüche usw.) wachsen den verbleibenden Gesellschaftern entsprechend § 738 Abs. 1 Satz 1 BGB ihren Gesellschaftsanteilen zu. Die Einziehung von Geschäftsanteilen darf gem. § 34 Abs. 1 GmbHG nur erfolgen, soweit sie im Gesellschaftsvertrag ausdrücklich zugelassen ist. Ohne die Zustimmung des Anteilsberechtigten findet die Einziehung gem. § 34 Abs. 2 GmbHG nur statt, wenn die Voraussetzungen derselben vor dem Zeitpunkt, in welchem der Berechtigte den Geschäftsanteil erworben hat, im Gesellschaftsvertrag festgesetzt waren. Demnach kann im Gesellschaftsvertrag niedergelegt sein, dass der Gesellschafter bei Tod, Insolvenz, Pfändung seines Gesellschaftsanteils durch einen Privatgläubiger oder aufgrund von pflichtwidrigem Verhalten aus der Gesellschaft ausscheidet.

Die Einziehung darf jedoch nicht erfolgen, wenn hierin ein Verstoß gegen den Stammkapitalerhaltungsgrundsatz des § 30 Abs. 1 GmbHG zu sehen ist (§ 34 Abs. 3 GmbHG). Aus diesem Grund ist eine Einziehung unzulässig, wenn die Stammeinlage noch nicht vollständig erbracht wurde (Arg. § 33 Abs. 1 GmbHG).

Da der Gesellschafter aus der Gesellschaft zwangsweise ausscheidet, steht ihm entsprechend § 738 Abs. 1 Satz 2 BGB ein Abfindungsanspruch gegen die Gesellschaft zu. Der Gesellschaftsvertrag kann jedoch vorsehen, dass der Abfindungsanspruch gekürzt wird oder völlig ausgeschlossen ist. Der Gesellschaftsvertrag sollte daher Voraussetzungen vorsehen, damit die unterschiedlichen Fallgestaltungen entsprechend berücksichtig werden können.

2.5.4.6 Ausschluss

Ein Ausschlussverfahren, wie es beispielsweise in § 737 BGB oder in § 140 HGB im Bereich der PersGes vorgesehen ist, enthält das GmbHG nicht. Aufgrund der personalistischen Struktur der GmbH und der damit begründeten Nähe zu den PersGes ist eine Ausschließung in analoger Anwendung der §§ 140 HGB, 737 BGB auch bei einer GmbH möglich. Ein Ausschluss ist demnach – als ultimo ratio – auch dann zulässig, wenn dies im Gesellschaftsvertrag nicht vorgesehen ist. Zur Vermeidung von Rechtsunsicherheiten kann der Ausschluss daher auch nur mittels Klage auf Erl. eines Gestaltungsurteils verfolgt werden (BGH vom 01.04.1957, BGHZ 9, 157 164 ff.). Zur Klageerhebung bedarf es eines Gesellschafterbeschlusses, wobei gem. § 47 Abs. 4 GmbHG der betroffene Gesellschafter kein Stimmrecht hat. Dadurch kann im Extremfall auch ein Mehrheitsgesellschafter von der Gesellschaft ausgeschlossen werden.

2.5.4.7 Austritt

Da ein Ausschlussverfahren von den übrigen Gesellschaftern initiiert wird, muss auch dem jeweiligen Gesellschafter die Möglichkeit eingeräumt werden, aus der Gesellschaft auszutreten. Voraussetzung für einen wirksamen Austritt ist jedoch, dass der Gesellschafter einen wichtigen Grund hat. Das Austrittsrecht des jeweiligen Gesellschafters findet seine Grenzen nicht nur in der gebotenen Treuepflicht zu der Gesellschaft und den übrigen Gesellschaftern, sondern insbes. dann, wenn Gläubigerinteressen in unzumutbarer Weise beeinträchtigt wären. Aus diesem Grund ist ein Austritt nicht möglich, wenn die jeweilige Stammeinlage noch nicht vollständig eingezahlt wurde oder wenn der Stammkapitalerhaltungsgrundsatz des § 30 Abs. 1 GmbHG verletzt wird.

2.6 Verfassung der GmbH

Organe der GmbH sind insbes. der/die Geschäftsführer und die Gesellschafterversammlung. Denkbar ist auch, dass eine GmbH einen Aufsichtsrat bildet bzw. bilden muss.

2.6.1 Geschäftsführer

Die Gesellschaft wird durch die Geschäftsführer gem. § 35 Abs. 1 GmbHG gerichtlich und außergerichtlich vertreten. Die Geschäftsführer haben in der durch den Gesellschaftsvertrag bestimmten Form ihre Willenserklärungen kundzugeben und für die Gesellschaft zu zeichnen. Ist nichts anderes im Gesellschaftsvertrag bestimmt, so gilt gem. § 35 Abs. 2 Satz 1 GmbHG grds. Gesamtvertretung, d.h. dass die Erklärungen und Zeichnungen durch sämtliche Geschäftsführer zu erfolgen hat. Ist der Gesellschaft gegenüber eine Willenserklärung abzugeben, so genügt es, wenn die Willenserklärung an einen der Geschäftsführer erfolgt.

Die Gesellschaft muss daher zwingend gem. § 6 Abs. 1 GmbHG einen oder mehrere Geschäftsführer haben. Sofern eine GmbH z.B. wegen Tod oder Amtsniederlegung keinen Geschäftsführer mehr hat, kann das Registergericht in Analogie zu § 29 BGB einen Notgeschäftsführer bestellen.

2.6.1.1 Mögliche Personen

Geschäftsführer kann gem. § 6 Abs. 2 GmbHG nur eine **natürliche**, unbeschränkt geschäftsfähige **Person** sein.

Geschäftsführer kann gem. § 6 Abs. 2 GmbHG **nicht** sein, wer

- als Betreuter bei der Besorgung seiner Vermögensangelegenheiten ganz oder teilweise einem Einwilligungsvorbehalt (§ 1903 BGB) unterliegt,
- aufgrund eines gerichtlichen Urteils oder einer vollziehbaren Entscheidung einer Verwaltungsbehörde einen Beruf, einen Berufszweig, ein Gewerbe oder einen Gewerbezweig nicht ausüben darf, sofern der Unternehmensgegenstand ganz oder teilweise mit dem Gegenstand des Verbots übereinstimmt,
- wegen

- Insolvenzverschleppung,
- Insolvenzstraftaten gem. §§ 283 bis 283d StGB,
- falschen Angaben nach § 82 GmbHG oder § 399 AktG,
- unrichtiger Darstellung nach § 400 AktG, § 331 HGB, § 313 UmwG oder § 17 des Publiziätsgesetzes oder
- nach §§ 263 bis 264a bzw. §§ 265b bis 266a StGB zu einer Freiheitsstrafe von mindestens einem Jahr verurteilt worden ist. Dieser Ausschluss gilt für die Dauer von fünf Jahren seit der Rechtskraft des Urteils, wobei die Zeit nicht eingerechnet wird, in welcher der Täter auf behördliche Anordnung in einer Anstalt verwahrt worden ist.

Aufgrund des Grundsatzes der Fremdorganschaft können zu Geschäftsführern gem. § 6 Abs. 3 GmbHG Gesellschafter oder andere Personen bestellt werden. Die Bestellung erfolgt entweder unmittelbar im Gesellschaftsvertrag oder mittels Beschlusses der Gesellschaftsversammlung (vgl. § 46 Nr. 5 GmbHG). Sofern im Gesellschaftsvertrag nichts Gegenteiliges enthalten ist, erfolgt die Beschlussfassung mittels einfacher Mehrheit (BGH vom 23.03.1981, BGHZ 80, 212). Die Bestellung ist nur wirksam, wenn sie von dem Bestellten auch tatsächlich angenommen wird.

In der Anmeldung ist gem. § 8 Abs. 4 GmbHG ferner anzugeben, welche Vertretungsbefugnis die Geschäftsführer haben. Sofern bei der GmbH ein Aufsichtsrat gebildet wurde, kann der Aufsichtsrat gem. § 52 Abs. 1 GmbHG i.V.m. § 105 AktG nicht zugleich Geschäftsführer sein. Dies schließt jedoch nicht aus, dass der Aufsichtsrat bzw. ein Aufsichtsratsmitglied den jeweiligen verhinderten Gesellschafter – längstens für ein Jahr (s. § 105 Abs. 2 AktG) – vertritt.

Beispiel

Die A-GmbH, A und B gründen die X-GmbH. Die Gesellschafter wünschen, dass alle drei zugleich auch Geschäftsführer werden sollen. Ist das möglich?

Lösung

Die natürlichen Personen A und B können Geschäftsführer der zu gründenden X-GmbH werden. Da die A-GmbH eine juristische Person ist, kann diese gem. § 6 Abs. 2 Satz 1 GmbHG nicht Geschäftsführerin der X-GmbH werden, sehr wohl aber Gesellschafterin.

2.6.1.2 Anstellungsverhältnis

Das Anstellungsverhältnis besteht unabhängig von der gesellschaftsrechtlichen Bestellung zum Geschäftsführer und der Beendigung des Amts der Geschäftsführung, obwohl die Bestellung und Anstellung faktisch zusammenhängen. Der Anstellungsvertrag betrifft lediglich das schuldrechtliche Verhältnis zwischen GmbH und Geschäftsführer und regelt z. B. Vergütung, Kündigungsfristen oder ein nachvertragliches Wettbewerbsverbot bzw. nachvertragliche Treuepflichten.

Die gesetzlich vorgesehenen Aufgaben des Geschäftsführers als Organ der GmbH werden aufgrund des Anstellungsvertrags automatisch Vertragsbestandteil und verpflichten den Geschäftsführer demnach auch schuldrechtlich zu deren Wahrnehmung.

Erfolgt die Anstellung aufgrund einer Entgeltsvereinbarung kann j.d.R. ein Geschäftsbesorgungsvertrag angenommen werden. Auf diesen sind dann grds. die Regeln des Dienstvertrags der §§ 611 bis 630 BGB anwendbar (vgl. BAG vom 21.02.1994, NJW 1995, 675, 676). Wird die Geschäftsführung jedoch, mit Ausnahme von Auslagen- und Kostenerstattung, unentgeltlich ausgeführt, so sind auf das Anstellungsverhältnis die Regeln zum Auftragsverhältnis der §§ 662 ff. BGB anzuwenden.

Für den **Vertragsschluss** und Vertragsänderungen ist grds. die Gesellschafterversammlung **zuständig** (BGH vom 27.03.1995, NJW 1995, 1750), es sei denn, der Gesellschaftsvertrag sieht etwas anderes vor. Sofern die GmbH eine mitbestimmungspflichtige GmbH ist, obliegen Vertragsschluss, -änderung bzw. Aufhebung und Kündigung dem Aufsichtsrat.

Zu berücksichtigen ist darüber hinaus, dass bestimmte arbeitsrechtliche Schutzvorschriften auf einen GmbH-Geschäftsführer nicht anwendbar sind, da der GmbH-Geschäftsführer die GmbH als Arbeitgeber vertritt. Demnach kann eine typische Arbeitnehmerstellung nicht angenommen werden. Vielmehr kommt es auf den jeweiligen Einzelfall an, ob die jeweilige Schutzfunktion der jeweiligen Arbeitnehmervorschrift auch auf den jeweiligen Geschäftsführer angewendet werden kann oder nicht.

So bestimmt § 5 Abs. 2 Nr. 1 BetrVG, dass der Geschäftsführer einer GmbH als Mitglied des Organs, das zur gesetzlichen Vertretung der GmbH berufen ist, kein Arbeitnehmer i.S.d. Betriebsverfassungsgesetzes ist. Da der Geschäftsführer auch kein leitender Angestellter i.S.d. § 5 Abs. 3 BetrVG ist, kann er sich auch nicht auf die Rechte berufen, die leitenden Angestellten i.R.d. Sprecherausschusses zustehen. Des Weiteren enthält auch das Kündigungsschutzgesetz in § 14 Abs. 1 Nr. 1 KSchG eine vergleichbare Regelung, mit der Folge, dass der Geschäftsführer nicht unter den Schutzbereich des Kündigungsschutzgesetzes fällt. Auch im arbeitsgerichtlichen Verfahren oder im Zusammenhang des Mitbestimmungsgesetzes ist der Geschäftsführer im Hinblick auf § 5 Abs. 1 Satz 3 ArbGG bez. gem. § 3 Abs. 1 Satz 2 MitbestG kein Arbeitnehmer. Daraus folgt u. a., dass j.d.R. die ordentlichen Gerichte und nicht die Arbeitsgerichte für Streitigkeiten zwischen dem Geschäftsführer und der GmbH zuständig sind.

2.6.1.3 Aufgaben/Pflichten

Da gem. §§ 35 ff. GmbHG der Geschäftsführer für den gesamten kaufmännischen und technischen Bereich verantwortlich ist, sind seine Aufgaben, Rechte und Pflichten sehr weitreichend, jedoch nicht allumfassend. Seine Kompetenzgrenze findet der Geschäftsführer beispielsweise dort, wo gem. § 46 GmbHG zwingend ein Gesellschafterbeschluss erforderlich ist. Damit beinhaltet der Aufgabenkatalog des Geschäftsführers die gewöhnlichen Rechtsgeschäfte des laufenden Geschäftsbetriebs, sofern in der Satzung bzw. im Anstellungsvertrag nichts Gegenteiliges vereinbart wurde.

Die Geschäftsführungsbefugnis des Geschäftsführers, also die Frage nach dem rechtlichen Dürfen, richtet sich daher primär nach dem Anstellungsvertrag bzw./und der Satzung der GmbH. Im Innenverhältnis können dem Geschäftsführer folglich, soweit es sich nicht um zwingende per Gesetz definierte Aufgaben des Geschäftsführers handelt, weitreichende Beschränkungen auferlegt sein. So kann der Anstellungsvertrag bzw. die Satzung vorsehen, dass der Geschäftsführer für bestimmte Rechtsgeschäfte der Zustimmung der Gesellschaftsversammlung oder zumindest eines Gesellschafters bedarf.

Im Außenverhältnis, also bezüglich der Frage nach dem rechtlichen Können, ist eine Einschränkung der Vertretungsbefugnis des Geschäftsführers gem. § 37 Abs. 2 GmbHG ohne Bedeutung. Dies bedeutet, dass wenn der Geschäftsführer ein Rechtsgeschäft abschließt, obwohl er hierfür lt. Anstellungsvertrag bzw. Satzung die Zustimmung der Gesellschaftsversammlung benötigt hätte, die GmbH aufgrund des Vertrags sehr wohl im Außenverhältnis wirksam verpflichtet wird. Die GmbH ist demnach an den Vertrag, den der Geschäftsführer geschlossen hat gebunden, obwohl er im Innenverhältnis hierzu nicht befugt war.

Die Gesellschaft kann jedoch den Geschäftsführer für den dadurch entstandenen Schaden in Anspruch nehmen.

Nach § 46 Nr. 8 GmbHG bedarf es grundsätzlich eines Gesellschafterbeschlusses zur Geltendmachung von Schadensersatzansprüchen gegen einen Geschäftsführer. Ein solcher Beschluss ist ausnahmsweise entbehrlich, wenn sich die Gesellschaft im Insolvenzverfahren oder einer masselosen Liquidation befindet. Zweck des Beschlusses ist es nämlich, die mit einem Prozess gegen einen Geschäftsführer verbundene Offenlegung der Gesellschaftsverhältnisse und der damit eventuell verbundenen abträglichen Wirkung für den Kredit der Gesellschaft dem obersten Gesellschaftsorgan vorzubehalten. Dieser Zweck ist hier jedoch eindeutig nicht gegeben.

Die Gesellschafter müssen bei der Beschlussfassung auch die Prozessvertretung regeln, denn in einem solchen Fall vertreten nicht die Geschäftsführer die GmbH. Die Beschlüsse können mangels abweichender gesellschaftsvertraglicher Regelung mit einfacher Mehrheit gefasst werden. Gem. § 47 Abs. 4 GmbHG dürfen die betroffenen Gesellschafter-Geschäftsführer bei der Beschlussfassung nicht mitstimmen.

Möchte ein einzelner Gesellschafter auf Ersatz an die GmbH klagen (actio pro socio), so bedarf auch dies eines zustimmenden Gesellschafterbeschlusses.

Maßstab für die Tätigkeit der Geschäftsführer für die Angelegenheiten der Gesellschaft ist gem. § 43 Abs. 1 GmbHG die Sorgfalt eines ordentlichen Geschäftsmanns. Dies beinhaltet, dass er über die wesentlichen Rechtsnormen, die die GmbH betreffen, Bescheid weiß, über ausreichende betriebswirtschaftliche, steuerrechtliche, wirtschaftsrechtliche und auch technische Kenntnisse verfügt und sich ständig weiterbildet.

2.6.1.3.1 Pflicht zur ordnungsgemäßen Buchführung und steuerliche Pflichten

Die Geschäftsführer sind gem. § 41 GmbHG verpflichtet, für die ordnungsgemäße Buchführung zu sorgen. Hierbei handelt es sich um eine ureigene Pflicht der Geschäftsführer. Demnach kann diese Verpflichtung auch nicht wirksam mittels des Gesellschaftsvertrags oder des Anstellungsvertrags (vollständig) beschnitten werden. Die Geschäftsführer haben demnach Sorge zu tragen, dass sämtliche handels- und steuerrechtlichen Grundsätze einer ordnungsgemäßen, zeitnahen und insbes. vollständigen Buchführung der GmbH gewährleistet sind. Erfolgt die Buchführung durch qualifiziertes Personal oder durch einen Steuerberater, hat der Geschäftsführer eine Überwachungspflicht gegenüber diesen Personen. Verletzt er diese Pflicht, trifft ihn ein Organisationsverschulden, was Schadensersatzansprüche (z. B. gem. § 43 Abs. 2 GmbHG) auslösen und ggf. auch strafrechtliche Konsequenzen (z. B. bei Steuerhinterziehung gem. § 370 AO) nach sich ziehen kann.

Der Jahresabschluss und der Lagebericht sind von den Geschäftsführern der GmbH gem. § 264 Abs. 1 Satz 3 HGB in den ersten drei Monaten des Geschäftsjahrs für das vergangene Geschäftsjahr aufzustellen. Kleine KapGes (§ 267 Abs. 1 HGB) brauchen den Lagebericht nicht aufzustellen; sie dürfen den Jahresabschluss auch später aufstellen, wenn dies einem ordnungsgemäßen Geschäftsgang entspricht, jedoch innerhalb der ersten sechs Monate des Geschäftsjahres. Der Jahresabschluss beinhaltet gem. § 242 Abs. 3 HGB i.V.m. § 264 Abs. 1 HGB die Bilanz, GuV-Rechnung und den Anhang. Ist der Jahresabschluss im Hinblick auf §§ 316 ff. HGB durch einen Abschlussprüfer zu prüfen, also nicht bei kleinen KapGes, ist es gem. § 318 HGB Aufgabe der Gesellschafterversammlung, den Abschlussprüfer zu bestellen.

Die Geschäftsführer haben gem. § 42a Abs. 1 GmbHG den Jahresabschluss und den Lagebericht unverzüglich nach der Aufstellung den Gesellschaftern zum Zwecke der Feststellung des Jahresabschlusses vorzulegen. Ist der Jahresabschluss im Hinblick auf §§ 316 ff. HGB durch einen Abschlussprüfer zu prüfen, so haben die Geschäftsführer ihn zusammen mit dem Lagebericht und dem Prüfungsbericht des Abschlussprüfers unverzüglich nach Eingang des Prüfungsberichts vorzulegen. Hat die Gesellschaft einen Aufsichtsrat, so ist dessen Bericht über das Ergebnis seiner Prüfung ebenfalls unverzüglich vorzulegen. Die Gesellschafter haben spätestens bis zum Ablauf der ersten acht Monate oder, wenn es sich um eine kleine Gesellschaft i.S.d. § 267 Abs. 1 HGB handelt, bis zum Ablauf der ersten elf Monate des Geschäftsjahrs über die Feststellung des Jahresabschlusses und über die Ergebnisverwendung zu beschließen. Der Gesellschaftsvertrag kann die Frist nicht verlängern.

Die Geschäftsführer wiederum trifft die Verpflichtung, den Jahresabschluss unverzüglich nach seiner Vorlage an die Gesellschafter, jedoch spätestens vor Ablauf des zwölften Monats des dem Abschlussstichtag nachfolgenden Geschäftsjahrs mit dem Bestätigungsvermerk oder dem Vermerk über dessen Versagung beim Betreiber des elektronischen Bundesanzeigers elektronisch nach weiterer Maßgabe der §§ 325 ff. HGB einzureichen. Eine Nichtbeachtung der handelsrechtlichen Obliegenheiten kann mit Freiheitsstrafe, Zwangsgeld bzw. Ordnungsgeld geahndet werden (s. §§ 331 ff. HGB). Weitere Pflichten können sich aus dem Publizitätsgesetz ergeben.

Als gesetzlicher Vertreter der GmbH haben die Geschäftsführer gem. § 34 Abs. 1 AO die steuerlichen Pflichten der GmbH zu erfüllen.

Dazu gehört insbes., dass die Geschäftsführer die LSt gem. § 38 Abs. 3 EStG einbehalten und gem. § 41a EStG die LSt bis zum zehnten Tag nach Ablauf des Anmeldezeitraumes an das für die GmbH zuständige FA abführen. Zu den steuerlichen Hauptpflichten im LSt-Bereich gehört auch, dass der Geschäftsführer dafür Sorge trägt, dass die nach §§ 41 EStG, 1 ff. LStDV zu führenden Lohnkonten korrekt geführt werden.

Auch im umsatz- bzw. lohnsteuerlichen Bereich treffen den Geschäftsführer Aufzeichnungspflichten und Anmeldepflichten. So haben die Geschäftsführer sowohl für die LSt als auch für die USt die Anmeldungen bzw. Voranmeldungen nach näherer Bestimmung der Steuer-Übermittlungsverordnung auf elektronischem Weg dem zuständigen FA zu übermitteln (s. § 41a Abs. 1 Satz 2 EStG; § 18 Abs. 1 UStG).

Darüber hinaus haben sie die zu erstellenden Jahressteuererklärungen rechtzeitig dem FA einzureichen. Dazu gehören insbes. die KSt-Erklärung, Gewerbesteuererklärung inkl. ggf. der Zerlegungserklärung und die USt-Jahreserklärung. Aus den jeweiligen Steuergesetzen ergibt sich die nähere Abgabeverpflichtung (so z. B. gem. § 149 Abs. 1 AO, § 31 Abs. 1 KStG und § 56 EStDV). Im Übrigen bestimmt § 149 Abs. 2 AO, dass die Steuererklärungen bis zum 31.05. des Folgejahres beim FA einzureichen sind. Auf Antrag ist eine Fristverlängerung möglich. Wurde der Jahresabschluss zu diesem Zeitpunkt noch nicht festgestellt, haben die Geschäftsführer gleichwohl die Steuererklärungen einzureichen und das FA darauf hinzuweisen, dass der Jahresabschluss noch nicht festgestellt wurde.

2.6.1.3.2 Betriebswirtschaftliche Überwachungs-, Beobachtungs- und sonstige Pflichten

Im Rahmen eines gewinn- und erfolgsorientierten Unternehmens ist es unabdingbar, die Konkurrenz ebenso im Auge zu behalten wie bevorstehende bzw. schon erfolgte Gesetzesänderungen, die die GmbH betreffen. Aus diesem Grund gehört es zu den Aufgaben eines jeden Geschäftsführers, die Konkurrenzprodukte mit der eigenen Güte und den eigenen Preisen zu vergleichen. Hierzu gehört auch die Überwachung und Einhaltung von Schutzrechten und von wettbewerbsrechtlichen Vorschriften.

Um ein zukunftsorientiertes Unternehmen leiten zu können, muss der Geschäftsführer auch über eine vorausschauende Liquiditätsplanung verfügen. Der Geschäftsführer hat demnach die Verpflichtung, die Liquidität der Gesellschaft ständig zu überwachen und bei Liquiditätsengpässen rechtzeitig entsprechende Gegenmaßnahmen zu ergreifen. Wird die Gesellschaft zahlungsunfähig oder tritt Überschuldung der Gesellschaft ein, so haben die Geschäftsführer gem. § 15a Abs. 1 GmbHG ohne schuldhaftes Zögern, spätestens aber drei Wochen nach Eintritt der Zahlungsunfähigkeit die Eröffnung des Insolvenzverfahrens zu beantragen. Eine Nichtbeachtung der Insolvenzantragspflicht kann gem. § 64 GmbHG schadensersatzrechtliche und auch strafrechtliche Folgen haben.

Nicht nur die Überwachung der Liquidität, sondern auch die des laufenden Geschäftsverkehrs gehört zu den täglichen Aufgaben des Geschäftsführers. Demnach hat er die Kontrolle über den täglichen Postein- und -ausgang. Auf allen Geschäftsbriefen, die an einen bestimmten Empfänger gerichtet werden, müssen gem. § 35a Abs. 1 GmbHG bzw. gem. § 71 Abs. 5 GmbHG die Rechtsform und der Sitz der Gesellschaft, das Registergericht des Sitzes der Gesellschaft und die Nummer, unter der die Gesellschaft in das HR eingetragen ist, sowie alle Geschäftsführer und, sofern die Gesellschaft einen Aufsichtsrat gebildet und dieser einen Vorsitzenden hat, der Vorsitzende des Aufsichtsrats mit dem Familiennamen und mindestens einem ausgeschriebenen Vornamen angegeben werden. Der Geschäftsführer muss sich darüber im Klaren sein, dass eine Nichtbeachtung des § 35a bzw. des § 71 Abs. 5 GmbHG gem. § 79 Abs. 1 GmbHG ein Zwangsgeld gegen ihn bis zur Höhe von 5.000 € nach sich ziehen kann. Bei den Rechnungen hat er auch Sorge dafür zu tragen, dass die umsatzsteuerlichen Voraussetzungen einer ordnungsgemäßen Rechnung gem. §§ 14, 14a UStG eingehalten sind.

Im rechtsgeschäftlichen Verkehr haben die Geschäftsführer darauf zu achten, dass sie als Organ der GmbH auftreten. Aus diesem Grund ist bei sämtlichen Schriftstücken, die die GmbH betreffen, der GmbH-Zusatz anzubringen, und im mündlichen Geschäftsverkehr müssen sie gegenüber dem Vertragspartner offen legen, dass sie in ihrer Eigenschaft als GmbH-Geschäftsführer auftreten. Unterlässt dies ein Geschäftsführer, kann es sein, dass er nach den Grundsätzen der Rechtscheinhaftung selbst haftet (BGH vom 01.06.1981, NJW 1981, 2569).

2.6.1.3.3 Pflichten gegenüber den Gesellschaftern

Zu den Pflichten der Geschäftsführer gehört es auch, die Ansprüche, die die GmbH gegenüber ihren Gesellschaftern hat, notfalls auch mit Hilfe der Gerichte durchzusetzen. Demnach haben die Geschäftsführer darüber zu wachen, dass die Stammeinlagen vollständig erbracht werden, keine verbotenen Rückzahlungen des Stammkapitals vorgenommen werden und die Gesellschafter ihren sonstigen Pflichten gegenüber der Gesellschaft nachkommen.

Spiegelbildlich zu dem Auskunftsanspruch gem. § 51a GmbHG des jeweiligen Gesellschafters haben die Geschäftsführer den Auskunftsanspruch zu erfüllen.

Eine weitere Aufgabe der Geschäftsführer ist es, die Gesellschafterversammlung vorzubereiten und einzuberufen (s. § 49 Abs. 1 GmbHG). Die Einberufung erfolgt gem. § 51 Abs. 1 GmbHG durch Einladung der Gesellschafter mittels eingeschriebener Briefe. Sie ist mit einer Frist von mindestens einer Woche zu bewirken. Dabei soll gem. § 51 Abs. 2 GmbHG der Zweck der Versammlung jederzeit bei der Berufung angekündigt werden. Ist die Gesellschaftsversammlung nicht ordnungsgemäß einberufen, so können Beschlüsse gem. § 51 Abs. 3 GmbHG nur gefasst werden, wenn sämtliche Gesellschafter anwesend sind, andernfalls sind die von der Gesellschafterversammlung gefassten Beschlüsse in entsprechender Anwendung des § 241 Nr. 1 AktG nichtig. Eine ordnungsgemäße Einberufung der Gesellschafterversammlung setzt demnach auch voraus, dass Ort, Tag, Uhrzeit und die Tagesordnungspunkte in der Einladung enthalten sind. Die Gesellschafterversammlung ist gem. § 49 Abs. 2 GmbHG außer den ausdrücklich bestimmten Fällen einzuberufen, wenn es im Interesse der Gesellschaft erforderlich erscheint. Insbes. muss gem. § 49 Abs. 3 GmbHG die Gesellschafterversammlung unverzüglich einberufen werden, wenn sich aus der Jahresbilanz oder aus einer im Laufe des Geschäftsjahres aufgestellten Bilanz ergibt, dass die Hälfte des Stammkapitals verloren ist. Da jedoch ein ordentlicher Geschäftsmann sich ständig über die Kapitalstrukturen des von ihm geführten Unternehmen informieren würde, tritt die Verpflichtung des § 49 Abs. 3 GmbHG nicht nur dann ein, wenn ein Zwischenabschluss oder eine Jahresbilanz vorliegt, sondern bereits erheblich früher (so auch BGH vom 20.02.1995, BB 1995, 975).

2.6.2 Gesellschafterversammlung

Die Gesellschafterversammlung ist das oberste Willensbildungsorgan der Gesellschaft. Das bedeutet, dass sämtliche wesentlichen Entscheidungen der Gesamtheit der Gesellschafter vorbehalten sein müssen. Aus diesem Grund ist eine Gesellschafterversammlung, vorbehaltlich abweichender Regelungen des Gesellschaftsvertrags (s. § 45 Abs. 2 GmbHG), in folgenden Fällen einzuberufen und letztlich dafür auch zuständig:

- Feststellung des Jahresabschlusses und die Verwendung des Ergebnisses (§ 46 Nr. 1 GmbHG);
  - die Entscheidung über die Offenlegung eines Einzelabschlusses nach internationalen Rechnungslegungsstandards (§ 325 Abs. 2a HGB) und über die Billigung des von den Geschäftsführern aufgestellten Abschlusses; § 46 Nr. 1a GmbHG
  - die Billigung eines von den Geschäftsführern aufgestellten Konzernabschlusses; § 46 Nr. 1b GmbHG
- Einforderung der Einlagen (§ 46 Nr. 2 GmbHG);
- Rückzahlung von Nachschüssen (§ 46 Nr. 3 GmbHG);
- Teilung, die Zusammenlegung sowie Einziehung von Geschäftsanteilen (§ 46 Nr. 4 GmbHG);
- Bestellung und Abberufung von Geschäftsführern sowie die Entlastung derselben (§ 46 Nr. 5 GmbHG);
- Erstellung von Maßregeln zur Prüfung und Überwachung der Geschäftsführung (§ 46 Nr. 6 GmbHG);
- Bestellung von Prokuristen und von Handlungsbevollmächtigten zum gesamten Geschäftsbetrieb (§ 46 Nr. 7 GmbHG);
- Geltendmachung von Ersatzansprüchen, welche der Gesellschaft aus der Gründung oder Geschäftsführung gegen Geschäftsführer oder Gesellschafter zustehen, sowie die Vertretung der Gesellschaft in Prozessen, welche sie gegen die Geschäftsführer zu führen hat (§ 46 Nr. 8 GmbHG);
- Einforderung von Nachschüssen gem. § 26 GmbHG;
- Änderungen des Gesellschafsvertrags gem. §§ 53 ff. GmbHG;
- Auflösung und Liquidation der Gesellschaft gem. §§ 60, 66 GmbHG.

2.6.3 Aufsichtsrat/Beirat

Nach der gesetzlichen Grundkonzeption des GmbHG ist die Errichtung eines Aufsichtsrats den Gesellschaftern gem. § 52 Abs. 1 GmbHG freigestellt (sog. fakultativer Aufsichtsrat). Etwas anderes gilt nur dann, wenn das Mitbestimmungsgesetz bzw. das Montanmitbestimmungsgesetz einen Aufsichtsrat vorschreiben.

2.6.3.1 Freiwilliger Aufsichtsrat

Hat die Gesellschaft nach § 52 Abs. 1 GmbHG einen Aufsichtsrat freiwillig gebildet, sind zunächst die rechtlichen Ausgestaltungen i.R.d. Gesellschaftsvertrags maßgebend. Lediglich wenn die Gesellschafter keine weitere Konkretisierung vereinbart haben, sind gem. § 52 Abs. 1 GmbHG insbes. folgende aktienrechtliche Vorschriften entsprechend anwendbar:

- § 90 Abs. 3, 4, 5 Satz 1 und 2 AktG (Berichte an den Aufsichtsrat),
- § 95 Satz 1 AktG (dass der Aufsichtsrat aus drei Mitgliedern besteht),
- § 100 Abs. 1 und 2 Nr. 2 AktG (Persönliche Voraussetzungen an den Aufsichtsrat),
- § 101 Abs. 1 Satz 1 AktG (Bestellung der Aufsichtsratsmitglieder),
- § 103 Abs. 1 Satz 1 und 2 AktG (Abberufung der Aufsichtsratsmitglieder),
- § 105 AktG (Unvereinbarkeit der Zugehörigkeit zum Vorstand und zum Aufsichtsrat),
- §§ 110 bis 114 AktG (Einberufung des Aufsichtsrates, Aufgaben und Rechte des Aufsichtsrats, Vertretung der Gesellschaft gegenüber Vorstandsmitgliedern, Vergütung der Aufsichtsratsmitglieder und Verträge mit Aufsichtsratsmitgliedern),
- §§ 116 AktG i.V.m. § 93 Abs. 1 und 2 AktG (Sorgfaltspflicht und Verantwortlichkeit der Aufsichtsratsmitglieder),
- §§ 170, 171 AktG (Prüfung durch den Aufsichtsrat).

Werden die Mitglieder des Aufsichtsrats vor der Eintragung der Gesellschaft in das HR bestellt, sind gem. § 52 Abs. 2 GmbHG i.V.m. § 37 Abs. 4 Nr. 3 und § 40 Nr. 4 AktG die Urkunden bezüglich der Bestellung des Aufsichtsrats bei der Anmeldung zum HR dem Registergericht bei Anmeldung vorzulegen und in der Bekanntmachung aufzunehmen. Darüber hinaus haben die Geschäftsführer u. U. jede spätere Bestellung sowie jeden Wechsel von Aufsichtsratsmitgliedern unverzüglich durch den Bundesanzeiger und die im Gesellschaftsvertrag für die Bekanntmachungen der Gesellschaft bestimmten anderen öffentlichen Blätter bekannt zu machen und die Bekanntmachung zum HR einzureichen. Seit dem 01.04.2005 erfolgt gem. § 12 Satz 1 GmbHG die jeweilige Bekanntmachung im elektronischen Bundesanzeiger (Gesellschaftsblatt).

I.R.d. Satzungsautonomie ist es grds. den Gesellschaftern überlassen, mit welchen Kompetenzen und Aufgaben der Aufsichtsrat ausstattet wird. Die Grenze ist wiederum dort, wo das GmbHG gewisse Aufgabe und Pflichten zwingend einem anderen Organ zuweist. So kann z. B. die Buchführungspflicht des § 41 GmbHG oder die Insolvenzantragspflicht des § 64 GmbHG als zwingende Aufgaben der Geschäftsführer nicht auf den Aufsichtsrat übertragen werden. Sind jedoch die Befugnisse des Aufsichtsrats soweit beschnitten, dass auch das Mindestmaß einer Kontrolle der Geschäftsführer nicht mehr gewährleistet ist, handelt es sich nicht mehr um einen Aufsichtsrat i.S.d. § 52 GmbHG, sondern um ein zusätzliches Organ der Gesellschaft. Ein derartiges Organ ist aufgrund der Satzungsautonomie zulässig und wird oftmals als Beirat bzw. Gesellschafterausschuss bezeichnet.

Die Aufsichtsratsmitglieder haften gem. § 52 Abs. 1 GmbHG i.V.m. § 116 und § 93 AktG der Gesellschaft gegenüber für Schäden, die durch schuldhafte Pflichtverletzung entstehen. Die Ansprüche verjähren gem. § 52 Abs. 3 GmbHG in fünf Jahren.

2.6.3.2 Gesetzlicher Aufsichtsrat

Sofern die GmbH nach dem DrittelbG, Montan-MitbestG oder nach dem MitbestG zwingend einen Aufsichtsrat zu bilden hat, kann von diesen Regelungen nicht abgewichen werden.

Bei einer GmbH mit mehr als 500, aber weniger als 2.000 Arbeitnehmern ist ein Aufsichtsrat zu bilden, der zu einem Drittel aus Vertretern der Arbeitnehmer besteht gem. § 1 Abs. 1 Nr. 3, 4 Abs. 1 DrittelbG. Die Bestellungskompetenz der Geschäftsführer liegt auch in diesem Fall weiterhin bei der Gesellschaftsversammlung, da auf § 84 AktG nicht verwiesen wird. Genauso verbleibt das Weisungsrecht gem. § 37 GmbHG bei der Gesellschafterversammlung.

Ein Aufsichtsrat ist ebenfalls zwingend nach § 1 Abs. 1 MitbestG zu errichten, wenn die GmbH mehr als 2.000 Arbeitnehmer beschäftigt. Die paritätische Zusammensetzung des Aufsichtsrats richtet sich nach der Anzahl der regelmäßig beschäftigten Arbeitnehmer i.S.d. § 3 MitbestG i.V.m. § 5 BetrVG.

Danach setzt sich der Aufsichtsrat nach § 7 MitbestG wie folgt zusammen:

Anzahl der regelmäßig Beschäftigten	Arbeitgeber-vertreter	Arbeitnehmervertreter
< 10.000	6	6 (davon 2 Vertreter von Gewerkschaften)
zwischen 10.000 und 20.000	8	8 (davon 2 Vertreter von Gewerkschaften)
> 20.000	10	10 (davon 3 Vertreter von Gewerkschaften)

In Falle des MitbestG richten sich die weiteren Rechte und Pflichten des Aufsichtsrats nach den Vorschriften der §§ 25 ff. MitbestG. Erwähnenswert ist insbes., dass es gem. § 31 Abs. 1 und 2 MitbestG Aufgabe des Aufsichtsrats ist, die Geschäftsführer mit Zweidrittelmehrheit zu bestellen. Er ist demnach auch für den Anstellungsvertrag der Geschäftsführer zuständig.

2.7 Besonderheiten bei der Ein-Mann-GmbH

Die Ein-Mann-GmbH ist seit dem 01.01.1981 ausdrücklich zulässig. Von einer Ein-Mann-GmbH spricht man, wenn sämtliche Geschäftsanteile sich in einer Person entweder von Anfang an oder durch Erwerb vereinigen bzw. wenn als weiterer Gesellschafter die GmbH selbst eigene Anteile inne hat. Gesellschafter einer Ein-Mann-GmbH kann sowohl eine natürliche als auch eine juristische Person sein.

Bei einer Ein-Mann-GmbH-Gründung tritt an die Stelle des Gesellschaftsvertrags lediglich die notariell beurkundete Erklärung des Gründers. Die Gründung vollzieht sich daher vom Grundsatz her nach denselben Regeln wie bei einer Mehrpersonen-Gründung. Zu beachten ist jedoch, dass auch bei der Ein-Mann-GmbH gem. § 35 Abs. 3 GmbHG das Selbstkontrahierungsverbot des § 181 BGB gilt. Rechtsgeschäfte zwischen ihm und der von ihm vertretenen Gesellschaft sind, auch wenn er nicht alleiniger Geschäftsführer ist, unverzüglich nach ihrer Vornahme in eine Niederschrift aufzunehmen.

Aus diesem Grund enthalten die meisten Ein-Mann-GmbH-Satzungen unmittelbar die Befreiung von der Anwendbarkeit des § 181 BGB.

Bei der Ein-Mann-Gesellschaft ist eine **Vorgründungsgesellschaft** nicht vorstellbar, jedoch eine Einpersonen-**Vorgesellschaft.** Diese ist nach Auffassung des BGH auch teilrechtsfähig (BGH vom 25.01.1999, ZIP 1999, 489). Dies bedeutet, dass der Gründer nach notarieller Beurkundung der Gründung ein Bankkonto auf den Namen der Vorgesellschaft (GmbH i.Gr.) eröffnet und die Bareinlage dort einzuzahlen hat. Bezüglich der Anforderungen der Sachgründung bestehen keine Besonderheiten. Auch der Ein-Mann-Gründer hat gem. § 7 Abs. 3 GmbHG die Sacheinlagen vor der Anmeldung der Gesellschaft zur Eintragung in das HR so an die Gesellschaft zu bewirken, dass sie endgültig zur freien Verfügung der Geschäftsführer stehen. Vor Inkrafttreten des MoMiG war gem. § 7 Abs. 2 Satz 3 GmbHG a.F. zu berücksichtigen, dass der Gründer für den noch nicht eingezahlten Betrag des Stammkapitals eine Sicherung zu bestellen hat. Diese Regelung wurde durch das MoMiG gestrichen.

Zu berücksichtigen ist, dass die Geschäftsführer gem. § 40 Abs. 1 GmbHG nach jeder Veränderung in den Personen der Gesellschafter oder des Umfangs ihrer Beteiligung unverzüglich eine aktuelle Gesellschafterliste zum HR einzureichen haben. Geschäftsführer, welche diese Obliegenheit verletzen, haften den Gläubigern der Gesellschaft für den daraus entstandenen Schaden als Gesamtschuldner (s. § 40 Abs. 3 GmbHG).

Gesellschafterbeschlüsse können schriftlich, mündlich, stillschweigend oder in einer anderen Form gefasst werden. Das Verbot des § 47 Abs. 4 GmbHG, wonach derjenige Gesellschafter von der Beschlussfassung ausgeschlossen ist, der entlastet oder von einer Verbindlichkeit befreit werden soll, hierbei kein Stimmrecht hat, greift bei einer Ein-Mann-GmbH nicht ein, da insofern keine Interessengegensätze gegeben sind. Der Gesellschafter bei einer Ein-Mann-GmbH hat jedoch gem. § 48 Abs. 3 GmbHG unverzüglich nach der Beschlussfassung eine Niederschrift aufzunehmen und zu unterschreiben. Ausreichend sind aber auch andere Dokumente, wenn sie geeignet sind, über einen gefassten Beschluss Auskunft zu geben, wie z. B. der Anstellungsvertrag als Geschäftsführer oder eine vereinbarte Pensionszusage. Nach Auffassung des OLG Brandenburg vom 13.02.2002 (GmbHR 2002, 432) reicht auch ein Antrag auf Abschluss einer Lebensversicherung zum Nachweis der Zustimmung der Gesellschafterversammlung aus.

Unterlässt der Gesellschafter die Protokollierung, verstößt er gegen eine Nebenpflicht, die Schadensersatzansprüche der Gesellschaft gegen den Gesellschafter auslösen können. Der Beschluss selbst ist aufgrund der fehlenden Protokollierung nicht nichtig, problematisch erscheint jedoch deren Beweisbarkeit. Auch steuerrechtlich können sich im Hinblick auf das Rückwirkungsverbot der R 36 Abs. 2 KStR massive Rechtsnachteile ergeben.

3 Gründung der GmbH

3.1 Allgemeines

Da bei einer KapGes kein Gesellschafter mit seinem Privatvermögen haftet, sind die Gründungsvorschriften wesentlich strenger als bei einer PersGes oder einem Einzelunternehmen. Die wesentlichen Regelungen für die Gründung einer GmbH finden sich im GmbH-Gesetz sowie ergänzend im HGB.

3.2 Die Gründungsgesellschafter

Im Gegensatz zu einer PersGes kann die GmbH auch nur mit **einem Gesellschafter** gegründet werden. Gesellschafter kann jede natürliche oder juristische Person sein. Die Gesellschafter müssen weder ihren Wohnsitz noch ihren dauernden Aufenthalt in Deutschland haben. Für die Besteuerung der Dividenden ist in diesem Fall das jeweils einschlägige Doppelbesteuerungsabkommen zu beachten (vgl. Art. 10 OECD-Musterabkommen).

Auch **minderjährige Kinder** können an einer GmbH beteiligt werden. Schenken die Eltern den minderjährigen Kindern den Geldbetrag zur Zahlung der Stammeinlage, so muss der Geldbetrag wirtschaftlich in die Verfügungsgewalt der Kinder gelangen (vgl. sinngemäß BMF vom 23.12.2010, BStBl I 2011, 37 ff.). Sind an der Gesellschaft auch die Eltern beteiligt, so muss wegen des Verbots des Selbstkontrahierens (§ 181 BGB) für den Abschluss des Gesellschaftsvertrags ein Ergänzungspfleger bestellt werden (§ 1909 BGB). Die Bestellung eines **Ergänzungspflegers** ist auch dann erforderlich, wenn die Eltern den minderjährigen Kindern einen GmbH-Anteil schenken. Des Weiteren ist für den Abschluss eines Gesellschaftsvertrags mit minderjährigen Kindern stets die Genehmigung des **Familiengerichts** erforderlich (§§ 1643, 1822 BGB).

Eigene Anteile kann die GmbH erst nach ihrer Gründung und nur unter den Voraussetzungen des § 33 Abs. 2 GmbHG erwerben.

3.3 Die einzelnen Stadien der Gründung

Die Gründung einer GmbH vollzieht sich in drei Stufen (vgl. I 2.4):
- Vorgründungsstadium (Vorgründungsgesellschaft);
- Gründungsstadium (Vorgesellschaft);
- eingetragene GmbH.

Jede der drei Gründungsphasen beinhaltet spezifische gesellschaftsrechtliche und steuerliche Probleme.

3.4 Vorgründungsstadium

3.4.1 Gesellschaftsrechtliche Beurteilung

Finden sich mehrere Personen zusammen, um eine GmbH zu gründen, so verfolgen sie einen gemeinsamen Zweck. Sie gründen damit – bewusst oder unbewusst – eine Gesellschaft. Die Rechtsform dieser Gesellschaft ist mangels einer anderen Vereinbarung regelmäßig eine Personengesellschaft (BFH vom 29.11.2000, BFH/NV 2001, 573). Je nach verfolgtem Ziel liegt entweder eine Gesellschaft bürgerlichen Rechts (GbR) oder eine Offene Handelsgesellschaft (OHG) vor. Eine Kommanditgesellschaft (KG) kann mangels Eintragung der Haftungsbeschränkung (vgl. §§ 161 ff. HGB) regelmäßig nicht vorliegen. Der Gesellschaftsvertrag (§ 705 BGB bzw. § 109 HGB) der Vorgründungsgesellschaft muss nicht zwingend schriftlich abgeschlossen werden. Dieser Gesellschaftsvertrag darf nicht mit dem (geplanten) Gesellschaftsvertrag der zu gründenden GmbH verwechselt werden, für den sowohl das Schriftformgebot als auch die unabdingbare Pflicht zur notariellen Beurkundung gilt (§ 2 GmbHG).

Die Vorgründungsgesellschaft endet automatisch mit der Errichtung der GmbH, da die Vorgründungsgesellschaft eine »Gesellschaft auf Zeit« ist, deren Zweck mit der Gründung der GmbH erledigt ist. Die Vorgründungsgesellschaft endet ebenfalls automatisch (oder durch eine ausdrückliche Vereinbarung der Gesellschafter), wenn die Absicht, eine GmbH gründen zu wollen, aufgegeben wird. Die Vorgründungsgesellschaft geht nicht in der später entstehenden GmbH auf. Es findet auch kein automatischer Übergang des Gesamthandsvermögens auf die GmbH statt. Die spätere GmbH ist nicht Rechtsnachfolgerin der Vorgründungsgesellschaft.

Erwirbt die Vorgründungsgesellschaft Wirtschaftsgüter, so stellen diese Gesamthandsvermögen bzw. Sondervermögen des einzelnen Gesellschafters dar. Eine Verschmelzung der Vorgründungsgesellschaft auf die GmbH (nach deren Eintragung ins Handelsregister) ist nur möglich, wenn die Rechtsform der OHG gewählt wird, da die GbR im Katalog der verschmelzungsfähigen Rechtsträger (**§ 3 UmwG**) nicht aufgeführt ist. Daher können die Wirtschaftsgüter der Vorgründungsgesellschaft in Form einer GbR nur im Wege der Einzelrechtsnachfolge auf die GmbH übertragen werden.

Unabhängig von der Frage der gesellschaftsrechtlichen Nachfolge (Gesamtrechtsnachfolge im Fall der Anwendung des UmwG bzw. Einzelrechtsnachfolge in den übrigen Fällen) kann eine unerwünschte Aufdeckung stiller Reserven durch Einbringung der Mitunternehmeranteile unabhängig von der Rechtsform (GbR oder OHG) nach **§ 20 UmwStG** erzielt werden.

Tätigen die Gesellschafter im Namen der Vorgründungsgesellschaft (häufig fälschlicherweise als GmbH i.Gr. bezeichnet) Geschäfte, so wird dadurch nur die Vorgründungsgesellschaft berechtigt und verpflichtet. Die Ansprüche gehen nicht automatisch auf die spätere GmbH über. In bereits geschlossene Verträge (z. B. Miet-, Arbeits- oder Darlehensverträge) muss die spätere GmbH nach den allgemeinen zivilrechtlichen Vorschriften ausdrücklich eintreten (vgl. z. B. für Darlehensverträge § 414 BGB).

Entschließt sich eine Einzelperson, eine Einpersonen-GmbH zu gründen, so führt diese Absicht grundsätzlich noch nicht zum Entstehen eines Gewerbebetriebs. Die Probleme der Vorgründungsgesellschaft treten in diesem Fall regelmäßig nicht auf.

3.4.2 Steuerliche Beurteilung

Die Vorgründungsgesellschaft und die spätere GmbH unterliegen jeweils der Besteuerung nach ihrer Gesellschaftsform. Der Gewinn der Vorgründungsgesellschaft ist einheitlich und gesondert festzustellen (§§ 179 ff. AO). In der Regel erzielen die Gesellschafter der Vorgründungsgesellschaft gewerbliche Einkünfte nach § 15 Abs. 1 Nr. 2 EStG (BFH vom 05.09.2008, Az: IV B 1/08 n.v.). Der Gewinn der Vorgründungsgesellschaft unterliegt in der Regel auch nicht der GewSt, da die Vorgründungsgesellschaft grundsätzlich nicht »werbend« tätig wird (vgl. § 2 GewStG).

Problematisch ist, ob Beratungskosten (z. B. Erstellung eines Businessplans für die spätere GmbH) als Betriebsausgaben der Vorgründungsgesellschaft geltend gemacht werden können. Dies lehnt die Rechtsprechung (BFH vom 20.04.2004, BStBl II 2004, 597) zu Recht ab, da es sich bei derartigen Aufwendungen um Anschaffungsnebenkosten der späteren Anteile an der GmbH handelt. Diese Kosten können sich daher nur über § 17 Abs. 4 EStG beim Verkauf oder der Liquidation der Anteile auswirken. Scheitert die geplante Gründung der GmbH, so können derartige Beratungskosten auch nicht als (vergebliche) Werbungskosten i.R.d. § 20 EStG geltend gemacht werden (BFH vom 20.04.2004, a.a.O.). Eine Berücksichtigung dieser Aufwendungen i.R.d. § 17 Abs. 4 EStG scheitert daran, dass im Falle einer fehlgeschlagenen Gründung die Voraussetzungen des § 17 Abs. 1 EStG nicht vorliegen.

Die Trennung von Vorgründungsgesellschaft und der späteren GmbH gilt auch im Umsatzsteuerrecht (BFH vom 9.3.1987, BStBl II 1987, 512). Der Vorgründungsgesellschaft wird somit nicht »im Vorgriff« die Unternehmereigenschaft zugesprochen. Tätigt jedoch die Vorgründungsgesellschaft selbst Ausgangsumsätze, erfüllt sie die Unternehmereigenschaft. Dies hat zur Folge, dass sie unter den weiteren Voraussetzungen des § 15 Abs. 1 UStG hinsichtlich der von ihr bezogenen Leistungen zum Vorsteuerabzug berechtigt ist. Bleibt die Vorgründungsgesellschaft aber untätig und erzielt sie keine eigenen Umsätze, erlangt sie nicht die Unternehmereigenschaft. Unabhängig davon können aber Leistungen an die Vorgründungsgesellschaft erfolgen. Mangels Ausführung entgeltlicher Leistungen an Dritte hätte die Vorgründungsgesellschaft deshalb eigentlich keinen Vorsteuerabzug. Dem steht aber die Rechtsprechung des EuGH vom 29.02.1996, BStBl II 1996, 655 zum »erfolglosen Unternehmer« entgegen. Danach wird die Unternehmereigenschaft zuerkannt, sofern die Ausführung entgeltlicher Leistungen ernsthaft beabsichtigt war und die Ernsthaftigkeit dieser Absicht durch objektive Merkmale nachgewiesen oder glaubhaft gemacht wird. Dieser Nachweis ist möglich, wenn bezogene Gegenstände oder in Anspruch genommene sonstige Leistungen ihrer Art nach nur unternehmerisch genutzt oder verwendet werden können oder in einem objektiven und zweifelsfrei erkennbaren Zusammenhang mit der beabsichtigten unternehmerischen Tätigkeit stehen – sog. unternehmensbezogene Vorbereitungshandlungen. Diese Rechtsprechung ist auch auf die Vorgründungsgesellschaft anwendbar (vgl. EuGH vom 29.04.2004, DStRE 2004, 772). Dies hat zur Folge, dass die Vorgründungsgesellschaft für Eingangsleistungen den Vorsteuerabzug erhält, weil ihr Zweck in der Vorbereitung der unternehmerischen Tätigkeit der Vorgesellschaft bzw. der späteren GmbH besteht und damit der Nachweis erbracht ist, dass diese Leistungen nur unternehmerisch genutzt werden können. Sofern die Vorgründungsgesellschaft materielle und immaterielle Wirtschaftsgüter unentgeltlich auf die Vorgesellschaft bzw. die spätere GmbH überträgt, sollen diese Übertragungsakte als maßgebende Verwendungsumsätze angesehen werden.

Die Vorgründungsgesellschaft ist nach den allgemeinen Vorschriften buchführungs- und bilanzierungspflichtig (§§ 238 ff. HGB, §§ 140, 141 AO, §§ 4–7 EStG).

3.4.3 Haftung der Gesellschafter

Die Gesellschafter der Vorgründungsgesellschaft haften nach den allgemeinen Grundsätzen der §§ 705, 426 BGB bzw. des § 128 HGB unbeschränkt und gesamtschuldnerisch. Schulden und vertragliche Verpflichtungen der Vorgründungsgesellschaft gehen nicht automatisch auf die spätere GmbH über. Hierzu bedarf es einer befreienden Schuldübernahme (§ 415 BGB), die nur mit Genehmigung der Gläubiger möglich ist. Eine generelle Beschränkung der Haftung nach außen ist bei der GbR nicht möglich (BGH vom 29.01.2001, NJW 2001, 1056), bei Personenhandelsgesellschaften nur durch Gründung einer Kommanditgesellschaft.

Besteht eine unbeschränkte Haftung der Gesellschafter, gilt dies auch für Steuerschulden (BFH vom 07.04.1998, BStBl II 1998, 531). Die Haftung erfordert aber eine Mitwirkung des Gesellschafters an der Gestaltung, die den Steuertatbestand ausgelöst hat (BFH vom 02.02.1994, BStBl II 1995, 300).

3.5 Vorgesellschaft

3.5.1 Gesellschaftsrechtliche Beurteilung

Mit dem Abschluss des Gesellschaftsvertrags entsteht eine sog. Vorgesellschaft (BFH vom 18.03.2010, BStBl II 2010, 991). Im Gegensatz zur Vorgründungsgesellschaft ist die Vorgesellschaft keine PersGes, sondern eine **Personenvereinigung eigener Art**, die sich dem gesetzlichen Typenkatalog von Gesellschaftsformen entzieht (BGH vom 20.06.1983, DB 83, 1970). Die Vorgesellschaft ist rechtlich identisch mit der späteren GmbH. Sie unterscheidet sich von der späteren GmbH im Wesentlichen dadurch, dass sie mangels Eintragung im Handelsregister noch nicht rechtsfähig ist. Mit der Eintragung in das Handelsregister wandelt sich die Vorgesellschaft automatisch in eine GmbH um. Wegen der Identität von Vorgesellschaft und GmbH muss das Vermögen der Vorgesellschaft nicht auf die spätere GmbH übertragen werden, Verträge gelten als von der späteren GmbH geschlossen, Darlehen als von der späteren GmbH aufgenommen usw. (BFH vom 05.02.1998, BStBl II 1999, 836). Grundsätzlich sind auf die Vorgesellschaft (GmbH i.Gr.) die Vorschriften für die GmbH anwendbar, soweit diese nicht die Eintragung in das Handelsregister voraussetzen (vgl. § 11 Abs. 1 GmbHG). Obwohl die Vorgesellschaft mangels Eintragung in das Handelsregister nicht rechtsfähig ist, ist sie bereits aktiv und passiv parteifähig (BGH vom 28.11.1997, DB 1998, 302). Sie führt auch bereits den Firmennamen der künftigen GmbH mit dem Zusatz »in Gründung« (i.Gr.).

3.5.2 Steuerliche Beurteilung

Steuerrechtlich wird die Vorgesellschaft bereits als KapGes behandelt, sofern sie später als GmbH ins Handelsregister eingetragen wird (BFH vom 14.10.1992, BStBl II 1993, 352 m.w.N.). Der Grund dafür liegt in der rechtlichen Identität zwischen Vorgesellschaft und der ins Handelsregister eingetragenen GmbH (BFH vom 14.10.1992, a.a.O.). Damit ist bereits die Vorgesellschaft körperschaftsteuerpflichtig, auch wenn in § 1 KStG nur die GmbH aufgeführt ist.

Übt die Vorgesellschaft eine nach außen in Erscheinung tretende Geschäftstätigkeit aus, so ist sie gewerbesteuerpflichtig (H 2.5 Abs. 2 GewStH). Mit der Eintragung in das Handelsregister entsteht die Gewerbesteuerpflicht kraft Rechtsform (§ 2 Abs. 2 GewStG).

Auch im Umsatzsteuerrecht werden die Vorgesellschaft und die eingetragene GmbH als identische Subjekte betrachtet. Erfüllt also erst die GmbH die Voraussetzungen des § 2 Abs. 1 UStG, so wird die Unternehmereigenschaft bereits der Vorgesellschaft zugerechnet, mit der Folge, dass die Vorgesellschaft ebenfalls zum Vorsteuerabzug berechtigt ist – vorausgesetzt, die späteren Ausgangsumsätze der GmbH sind steuerunschädlich. Die Eintragung der GmbH ins Handelsregister hat daher umsatzsteuerlich keine weiteren Folgen.

Wurde die Eingangsleistung an die Vorgesellschaft erbracht, die Rechnung mit gesondertem Umsatzsteuerausweis aber erst nach der Eintragung in das Handelsregister erteilt, darf die GmbH die in Rechnung gestellte Umsatzsteuer als Vorsteuer geltend machen. Der Unterschied zwischen GmbH und Vorgesellschaft ist praktisch nur formal darin zu sehen, dass mit der Eintragung der GmbH ins Handelsregister ein Namenswechsel (bisher Vorgesellschaft, jetzt GmbH) stattfindet.

Sollte es ausnahmsweise nicht zur Eintragung und somit nicht zur Entstehung der endgültigen KapGes kommen, so sind die Vorgründungsgesellschaft und die Gründungsgesellschaft als einheitliches Rechtssubjekt anzusehen. Die Unternehmereigenschaft dieser PersGes richtet sich nach den Grundsätzen des A 2.6 UStAE.

3.5.3 Buchführungspflicht

Die Vorgesellschaft ist nach denselben Regeln wie die spätere GmbH buchführungs- und bilanzierungspflichtig. Die Rechnungslegungspflicht beginnt mit Abschluss des Gesellschaftsvertrags. Auch für die Rechnungslegung gilt die Einheitstheorie. Erfolgt die Eintragung in das Handelsregister im laufenden Jahr, so ist ein Zwischenabschluss auf den Zeitpunkt der Handelsregister-Eintragung nicht erforderlich. Die Ergebnisse der Vorgesellschaft gehen nahtlos auf die eingetragene GmbH über.

3.6 Stammkapital und Stammeinlage

3.6.1 Mindestsumme

Das Stammkapital einer GmbH beträgt grundsätzlich nach § 5 Abs. 1 GmbHG **mindestens 25.000 €**. Der Nennbetrag jedes Geschäftsanteils muss auf volle Euro lauten. Die Vereinbarung eines Agios (Aufgelds) auf die Stammeinlage ist grundsätzlich möglich. Das Agio unterliegt nicht den strengen Regeln für das Stammkapital. Es kann daher z. B. auch befristet oder mit einer Bedingung versehen werden. Abschläge von der Stammeinlage (Disagio) sind unzulässig und verstoßen sowohl gegen § 5 Abs. 3 Satz 2 GmbHG (Übereinstimmung von Stammeinlage und Stammkapital) als auch gegen § 19 Abs. 2 GmbHG (Verbot der Befreiung von der Einlagepflicht). Die GmbH selbst kann bei der Gründung keine Stammeinlage übernehmen (§ 33 Abs. 1 GmbHG). Sie kann erst nach vollständiger Leistung der Einlage eigene Geschäftsanteile erwerben (siehe hierzu § 272 HGB).

Durch das MoMiG wurde in **§ 5a GmbHG** die Möglichkeit geschaffen, eine GmbH mit einem Stammkapital von weniger als 25.000 € (also z. B. auch mit 1 €) zu gründen. Diese Gesellschaft muss in der Firma abweichend von § 4 GmbHG die Bezeichnung »Unternehmergesellschaft (haftungsbeschränkt)« oder »UG (haftungsbeschränkt)« führen.

3.6.2 Voraussetzung für die Eintragung ins Handelsregister

Grundsätzlich kann das Stammkapital in Form einer **Bareinlage** oder durch **Sacheinlage** erbracht werden (Ausnahme für die Unternehmergesellschaft siehe unten). Sollen Sacheinlagen geleistet werden, so müssen der Gegenstand der Sacheinlage und der Nennbetrag des Geschäftsanteils, auf den sich die Sacheinlage bezieht, im Gesellschaftsvertrag festgesetzt werden (§ 5 Abs. 4 GmbHG; Details siehe I 2.4.2.2).

Ist eine Bareinlage vereinbart, so darf die Anmeldung zum Handelsregister nach § 7 Abs. 2 GmbHG erst erfolgen, wenn auf jeden Geschäftsanteil mindestens ein Viertel des Nennbetrags eingezahlt ist. Insgesamt muss auf das Stammkapital so viel eingezahlt sein, dass der Gesamtbetrag der eingezahlten Geldeinlagen zuzüglich des Gesamtnennbetrags der Geschäftsanteile, für die Sacheinlagen zu leisten sind, die Hälfte des Mindeststammkapitals gem. § 5 Abs. 1 GmbHG erreicht.

Sacheinlagen sind nach § 7 Abs. 3 GmbHG zwingend vor der Anmeldung der Gesellschaft zur Eintragung in das Handelsregister zu leisten. Der Sachgründungsbericht ist dem Registergericht vorzulegen. Die zutreffende Bewertung ist nachzuweisen (§ 8 Abs. 1 Nr. 5 GmbHG). Das Registergericht prüft nach § 9c Abs. 1 GmbHG die Bewertung der Sacheinlagen.

Beispiel 1

A, B und C planen die Gründung einer GmbH. Nach dem bereits abgeschlossenen Gesellschaftsvertrag beträgt das Stammkapital 30.000 €. Es sind ausschließlich Bareinlagen zu leisten. Jeder Gesellschafter der Gesellschaft hat bisher 5.000 € einbezahlt. Kann die GmbH in das Handelsregister eingetragen werden?

Lösung

Auf jeden Geschäftsanteil wurde mindestens ein Viertel des Nennbetrags (je Gesellschafter 10.000 € × 1/4 = 2.500 €) einbezahlt; im Übrigen erreicht die Summe der Einzahlungen die Hälfte des Mindeststammkapitals nach § 5 Abs. 1 GmbHG (25.000 € × 1/2 = 12.250 €). Damit kann die GmbH eingetragen werden.

Beispiel 2

Wie oben; Gesellschafter A hat seine Einlage vollständig erbracht. Die beiden anderen Gesellschafter haben aber noch keine Einzahlungen auf ihre Stammeinlage geleistet.

Lösung

Eine Eintragung in das Handelsregister ist nicht möglich. § 7 Abs. 2 GmbHG erfordert zwingend, dass auf jeden Geschäftsanteil mindestens ein Viertel des Nennbetrags einbezahlt wurde.

Beispiel 3

Wie Beispiel 1; vereinbart wurde eine Bareinlage der Gesellschafter A und B, Gesellschafter C soll eine Sacheinlage erbringen. Gesellschafter A und B haben jeweils 5.000 € einbezahlt. Gesellschafter C hat seine Sacheinlage im Wert von 10.000 € erbracht.

Lösung
Die beiden Gesellschafter, die sich zu einer Bareinlage verpflichtet haben, haben mindestens ein Viertel des auf sie entfallenden Nennbetrags einbezahlt. Im Übrigen erreicht die Summe aus Bareinlagen (2 × 5.000 €) und Sacheinlage (10.000 €) mindestens die Hälfte von 25.000 €. Damit kann die GmbH eingetragen werden.

Die Unternehmergesellschaft (§ 5a GmbHG) kann nur im Wege der Bargründung errichtet werden. Abweichend von § 7 Abs. 2 GmbHG darf die Anmeldung erst erfolgen, wenn das Stammkapital in voller Höhe eingezahlt ist.

3.7 Bilanzielle Behandlung der Einlagen

Die GmbH hat das Stammkapital auf der Passivseite auszuweisen (vgl. § 266 Abs. 3 A I HGB i.V.m. § 272 Abs. 1 Sätze 1 und 2 HGB). Ein eventuelles Agio ist als Kapitalrücklage (§ 272 Abs. 2 Nr. 1 HGB) auszuweisen.

Beispiel
Das Stammkapital der Y-GmbH beträgt 50.000 €; im Gesellschaftsvertrag ist ein Agio von 25.000 € vereinbart. Das Stammkapital wurde vom Alleingesellschafter vollständig einbezahlt.

Lösung
Für die Eröffnungsbilanz bucht die GmbH: Geld 75.000 € an Stammkapital 50.000 € und Kapitalrücklage 25.000 €.

Die **nicht eingeforderten** ausstehenden Einlagen (aufgrund von § 7 Abs. 3 GmbHG kann es sich dabei nur um Bareinlagen handeln) sind von dem Posten »gezeichnetes Kapital« offen abzusetzen.

Beispiel
Das Stammkapital der Z-GmbH beträgt 100.000 €. Der Alleingesellschafter weist bei Eintragung der GmbH eine Zahlung von 25.000 € nach.

Lösung
Die Eröffnungsbilanz der GmbH sieht demnach wie folgt aus:

A		**Eröffnungsbilanz**	P
Geld	25.000 €	Gezeichnetes Kapital	100.000 €
		Nicht eingefordertes Kapital	./. 75.000 €
			25.000 €

Wurden die Einlagen eingefordert, so sind sie insoweit als Posten »Eingefordertes Kapital« in der Hauptspalte der Passivseite auszuweisen. Der eingeforderte, aber noch nicht einbezahlte Betrag ist unter den Forderungen gesondert auszuweisen.

Beispiel
Wie oben; die Einlage wurde aber eingefordert.

Lösung
Die Eröffnungsbilanz der GmbH sieht dann wie folgt aus:

A	Eröffnungsbilanz		P
Geld	25.000 €	Eingezahltes Kapital	25.000 €
Forderung	75.000 €	Eingefordertes Kapital	75.000 €
		Gezeichnetes Kapital	100.000 €

3.8 Sonderprobleme der Sacheinlagen

Bei der Erbringung von Sacheinlagen entstehen zahlreiche bilanzielle und steuerliche Probleme. Dabei ist nach der Art der Sacheinlage sowie danach zu differenzieren, ob die Einlage aus dem Privatvermögen oder dem Betriebsvermögen geleistet wird.

3.8.1 Übertragung von Wirtschaftsgütern des Privatvermögens

Überträgt der Gesellschafter ein Wirtschaftsgut, das er bisher im Privatvermögen hielt (z. B. ein Grundstück oder ein Gebäude) auf die GmbH, so stellt dies grundsätzlich einen Tausch (Wirtschaftsgut gegen Gesellschaftsrechte; vgl. § 6 Abs. 6 EStG) dar. Damit kann ein stpfl. Veräußerungsgewinn nach den §§ 17, 20 Abs. 2 oder 23 EStG entstehen.

Beispiel
Gesellschafter G erwarb in 2008 ein Grundstück für 100.000 € im Privatvermögen. Im VZ 2013 gründet er die X-GmbH im Wege der Sachgründung und verpflichtet sich, das Grundstück in Erfüllung der Sacheinlageverpflichtung auf die GmbH zu übertragen. Das Grundstück hat zu diesem Zeitpunkt einen Wert von 120.000 €.

Lösung
die Übertragung löst einen Veräußerungsgewinn nach § 23 Abs. 1 Nr. 1 EStG aus, da sie innerhalb der zehnjährigen Spekulationsfrist erfolgt. Der Gesellschafter erzielt einen stpfl. Gewinn i.H.v. 20.000 €. Die Gesellschaft bucht das Wirtschaftsgut zum gemeinen Wert ein. Soweit der Wert des Grundstücks das Stammkapital übersteigt, ist der Betrag in eine Kapitalrücklage einzustellen.

Die Übertragung von Immobilien unterliegt der Grunderwerbsteuer (§ 1 GrEStG), da die Steuerbefreiung nach § 5 GrEStG nur beim Übergang auf eine Gesamthand anwendbar ist.

3.8.2 Übertragung von Wirtschaftsgütern des Betriebsvermögens

Überträgt ein Gesellschafter ein Wirtschaftsgut aus seinem Betriebsvermögen auf die neu gegründete GmbH als Sacheinlage, so sind nach § 6 Abs. 6 EStG zwingend die stillen Reserven aufzudecken.

Die Vorschrift des § 6 Abs. 5 Satz 3 EStG (Buchwertfortführung) ist bei einer Übertragung eines Wirtschaftsguts auf eine KapGes ausdrücklich ausgeschlossen (vgl. § 6 Abs. 5 Satz 5 EStG).

3.8.3 Übertragung eines Betriebs, Teilbetriebs oder Mitunternehmeranteils

Eine Sacheinlage kann auch durch Einbringung eines Betriebs, Teilbetriebs oder Mitunternehmeranteils erbracht werden (Details siehe III 2).

Steuerlich gilt bei Einbringung eines Betriebs, Teilbetriebs oder Mitunternehmeranteils **§ 20 UmwStG**. Im Fall des § 20 UmwStG darf die aufnehmende KapGes das eingebrachte Betriebsvermögen mit dem Buchwert, einem Zwischenwert oder maximal mit dem gemeinen Wert ansetzen. Der Wert, mit dem die übernehmende Gesellschaft das eingebrachte Betriebsvermögen ansetzt, gilt für den Einbringenden als Veräußerungspreis und als Anschaffungskosten der Gesellschaftsanteile. Soweit neben den Gesellschaftsanteilen auch andere Wirtschaftsgüter gewährt werden (z. B. Darlehensansprüche), ist deren gemeiner Wert bei der Bemessung der Anschaffungskosten der Gesellschaftsanteile abzuziehen.

Die Höhe der Anschaffungskosten ist insbesondere für die Berechnung eines späteren Veräußerungsgewinns nach § 17 EStG von Bedeutung.

Beispiel

Der Stpfl. ist als Architekt freiberuflich tätig. Er gründet eine Architekten-GmbH mit einem Stammkapital i.H.v. 25.000 € im Wege der Sachgründung. Zur Erfüllung seiner Sacheinlageverpflichtung hat er sich im Gesellschaftsvertrag verpflichtet, das bisherige Architekturbüro (Buchwert 100.000 €/gemeiner Wert 300.000 €) auf die GmbH zu übertragen. Soweit der Wert des eingebrachten Betriebsvermögens das Stammkapital übersteigt, sollen die Beträge einer Kapitalrücklage zugeführt werden.

a) Die GmbH wählt den Buchwertansatz.
b) Die GmbH wählt einen Zwischenwertansatz (Aufdeckung von 20 % der stillen Reserven).
c) Die GmbH wählt den Ansatz der gemeinen Werte.

Lösung

a) Die GmbH bucht wie folgt: Wirtschaftsgüter 100.000 € an Stammkapital 25.000 € und Kapitalrücklage 75.000 €. Der Gesellschafter erzielt in diesem Fall im Betriebsvermögen seines Architekturbüros keinen Gewinn. Die Anschaffungskosten der GmbH-Anteile belaufen sich nach § 20 Abs. 3 UmwStG auf 100.000 €.
b) Die GmbH muss die Buchwerte eines jeden Wirtschaftsguts gleichmäßig um 20 % der stillen Reserven aufstocken. Die Buchung lautet dann wie folgt: Wirtschaftsgüter 140.000 € an Stammkapital 25.000 € und Kapitalrücklage 115.000 €. Der Gesellschafter versteuert nach § 20 Abs. 4 UmwStG einen Gewinn i.H.v. 40.000 €, der als laufender Gewinn zu versteuern ist. Die Anschaffungskosten der Beteiligung berechnen sich nach § 20 Abs. 3 UmwStG mit 140.000 €.
c) Die GmbH setzt die Wirtschaftsgüter mit den gemeinen Werten (= 300.000 €) an. Der einbringende Gesellschafter versteuert einen Veräußerungsgewinn nach § 20 Abs. 4 UmwStG, § 18 Abs. 3 i.V.m. § 16 EStG i.H.v. 200.000 €. Die Anschaffungskosten der Beteiligung erhöhen sich bei dieser Variante auf 300.000 €.

§ 20 UmwStG erfordert, dass der Einbringende **neue Anteile** an der Gesellschaft erhält. Nicht erforderlich ist, dass er für die eingebrachten Wirtschaftsgüter seines Betriebs, Teilbetriebs oder Mitunternehmeranteils ausschließlich neue Wirtschaftsgüter bekommt (sonst hätte die Regelung in § 20 Abs. 3 Satz 3 UmwStG keinen Anwendungsbereich). Neue Anteile entstehen nur bei Gründung oder bei einer Kapitalerhöhung.

Beispiel

Die X-OHG mit den Gesellschaftern X, Y und Z (je zu einem Drittel) soll in eine GmbH umgewandelt werden. Das Kapitalkonto der Gesellschafter beträgt jeweils 100.000 € (Buchwert); der gemeine Wert des Mitunternehmeranteils beläuft sich auf jeweils 300.000 €. Die neu gegründete GmbH (Stammkapital 90.000 €) soll die Wirtschaftsgüter nach § 20 UmwStG mit dem Buchwert ansetzen. Die bisherigen Gesellschafter der OHG sollen an der neu gegründeten GmbH paritätisch beteiligt sein und ihr Stammkapital im Wege der Sacheinlage aufbringen. Soweit die Buchwerte die jeweilige Stammeinlage übersteigen, soll den Gesellschaftern ein Darlehensanspruch eingeräumt werden.

Lösung

Auch die Einbringung eines Mitunternehmeranteils fällt unter § 20 UmwStG. Jeder Gesellschafter erhält im Gegenzug für die Einbringung seines Mitunternehmeranteils neue Anteile an der GmbH. Somit ist der Buchwertansatz nach § 20 Abs. 2 UmwStG grundsätzlich möglich. Für jeden einzelnen Mitunternehmer ergibt sich folgende Buchung: Wirtschaftsgüter 100.000 € an Stammkapital 30.000 € und Darlehensverbindlichkeiten 70.000 €. Bei der Berechnung der Anschaffungskosten des Gesellschaftsanteils muss der gemeine Wert des Darlehensanspruchs nach § 20 Abs. 3 Satz 3 UmwStG abgezogen werden; somit betragen die Anschaffungskosten (100.000 € abzüglich 70.000 € =) 30.000 €.

Werden die Wirtschaftsgüter eines Betriebs, eines Teilbetriebs oder eines Mitunternehmeranteils zu einem Wert eingebracht, der unter dem gemeinen Wert liegt, so gehen unversteuerte stille Reserven auf die GmbH über. Bei einer späteren Veräußerung der GmbH-Anteile unterliegen diese aber nach § 17, § 3 Nr. 40 Buchst. c, § 3c Abs. 2 EStG dem Teileinkünfteverfahren. Aus diesem Grund sieht **§ 22 UmwStG** eine Sonderregelung für den Verkauf sog. »sperrfristverhafteter Anteile« vor.

Werden die Anteile innerhalb eines Zeitraums von sieben Jahren veräußert, so ist der Gewinn aus der Einbringung rückwirkend im Wirtschaftsjahr der Einbringung als Gewinn des Einbringenden nach § 16 EStG zu versteuern (sog. Einbringungsgewinn I). Einbringungsgewinn I ist nach § 22 Abs. 1 Satz 3 UmwStG der Betrag, um den der gemeine Wert des eingebrachten Betriebsvermögens im Einbringungszeitpunkt nach Abzug der Kosten für den Vermögensübergang den Wert, mit dem die übernehmende Gesellschaft dieses eingebrachte Betriebsvermögen angesetzt hat, übersteigt, vermindert um jeweils 1/7 für jedes seit dem Einbringungszeitpunkt abgelaufene Zeitjahr. Der Einbringungsgewinn I gilt als nachträgliche Anschaffungskosten der erhaltenen Anteile (siehe auch Kap. IV 2.9).

Beispiel

Der Stpfl. ist Inhaber eines Einzelunternehmens (Buchwert 100.000 €/gemeiner Wert 800.000 €). Zum 31.12.2011 überführt er das Einzelunternehmen im Wege der Sachgründung nach § 20 UmwStG zum Buchwert auf die neu gegründete Z-GmbH. Das Stammkapital der Z-GmbH beträgt 100.000 €. Am 05.07.2013 veräußert der Stpfl. die Anteile an der Z-GmbH für 900.000 €.

Lösung

Da es sich um sog. sperrfristverhaftete Anteile handelt, ist die Vorschrift des § 22 UmwStG zu beachten. Damit ist rückwirkend auf den 31.12.2010 ein Veräußerungsgewinn nach § 16 EStG (ohne Teileinkünfteverfahren!) zu ermitteln; der Veräußerungsgewinn ermäßigt sich um 1/7, da seit der Einbringung nur ein Zeitjahr vergangen ist. Damit ergibt sich folgender Veräußerungsgewinn:

Gemeiner Wert der Wirtschaftsgüter	800.000 €
Kapitalkonto	./. 100.000 €
Gewinn	700.000 €
vermindert um 1/7	./. 100.000 €
maßgeblicher Gewinn	600.000 €

Im Übrigen ist der Gewinn nach § 17 Abs. 1 Satz 1 EStG i.V.m. §§ 3 Nr. 40 Buchst. c, 3c Abs. 2 EStG zu versteuern; dabei ist der Einbringungsgewinn I (hier: 600.000 €) zur Vermeidung einer Doppelbesteuerung als nachträgliche Anschaffungskosten der Beteiligung zu berücksichtigen; somit ergibt sich folgender Gewinn:

Veräußerungserlös (900.000 € × 60 % =)	540.000 €
Anschaffungskosten (100.000 € zuzüglich 600.000 € × 60 % =)	./. 420.000 €
maßgeblicher Gewinn	120.000 €

3.8.4 Möglichkeit eines Sach-Agios

Die Leistung von Sacheinlagen ist in der Praxis stets problematisch, da der Wert der Sacheinlage bereits bei Abfassung des Gesellschaftsvertrags bekannt sein muss, häufig aber nur schwer zu schätzen ist (vgl. §§ 9 und 9c GmbHG) und der Gesellschafter für etwaige Differenzbeträge nach § 9 GmbHG haftet. Andererseits ist es nicht möglich, eine GmbH im Wege der (ausschließlichen) Bargründung zu gründen und den bisherigen Betrieb auf die neu gegründete GmbH zu verschmelzen, da bei Einbringung des Betriebs neue Anteile im Gegenzug gewährt werden müssen (vgl. § 20 UmwStG). Aus diesem Grund kam die Überlegung auf, eine ausschließliche (und in der Regel unkomplizierte) Bargründung zu wählen und die Übertragung des Betriebs als sog. Sach-Agio vorzunehmen. In diesem Fall gelten für das Sach-Agio die Regeln der verdeckten Einlage (§ 8 Abs. 3 Satz 3 KStG). Die Rechtsprechung hat dieses Modell grundsätzlich gebilligt (BFH vom 07.04.2010, BStBl II 2010, 1094).

Beispiel

Der Stpfl. gründet die X-GmbH mit einem Stammkapital von 25.000 €. Das Stammkapital soll in bar aufgebracht werden. Gleichzeitig verpflichtet er sich im Gesellschaftsvertrag, als Agio seinen bisherigen Betrieb (Buchwert 100.000 €/Teilwert 500.000 €) auf die GmbH zu übertragen.

Lösung

Für die Übertragung des Betriebs ist § 20 UmwStG nach Ansicht der Rechtsprechung anzuwenden, sodass die WG mit dem Buchwert angesetzt werden können. Aufgrund der Bargründung erlangt der Gesellschafter zumindest auch »neue Anteile« i.S.v. § 20 UmwStG. Dies ist ausreichend. Es ist nicht erforderlich, dass für die Übertragung des Betriebs ebenfalls neue Anteile gewährt werden. Damit bucht die GmbH wie folgt: Geld 25.000 € an Stammkapital 25.000 € und WG 100.000 € an Kapitalrücklage 100.000 €.

Dabei muss aber beachtet werden, dass die Überführung des Betriebs in unmittelbarem wirtschaftlichem Zusammenhang mit der Gründung steht (Agio auf das Stammkapital). Eine spätere Überführung im Wege der verdeckten Einlage fällt nicht unter § 20 UmwStG (BFH vom 01.12.2011, Az: I B 127/11, BFH/NV 2012, 1015).

3.8.5 Einbringung von Anteilen an einer KapGes

Wird die Sacheinlage mittels der Einbringung von Anteilen an einer KapGes erbracht, so gibt es mehrere Möglichkeiten:

Befinden sich die einzubringenden Anteile im Privatvermögen und hält der Einbringende weniger als ein Prozent des Stammkapitals, so führt die Einbringung zu einer Versteuerung des Einbringungsgewinns nach § 21 Abs. 2 UmwStG (Veräußerungsfiktion) i.V.m. **§ 20 Abs. 2 Nr. 1 EStG** (wenn die Beteiligung nach dem 31.12.2008 erworben wurde – vgl. § 52a Abs. 10 Satz 1 EStG) bzw. nach **§ 23 Abs. 1 Nr. 2 EStG a.F.** (wenn die Beteiligung vor dem 01.01.2009 erworben wurde – vgl. § 52a Abs. 11 Satz 4 EStG).

Beispiel

Gesellschafter G hat sich im Gesellschaftsvertrag verpflichtet, zur Erfüllung seiner Sacheinlageverpflichtung Aktien der X-AG auf die neu gegründete Y-GmbH zu übertragen. G erwarb die Aktien in 1990 für 100.000 €; sie entsprechen 0,3 % des Grundkapitals der X-AG und sind im Einlagezeitpunkt 180.000 € wert.

Lösung

Da die Wertpapiere vor dem 01.01.2009 erworben wurden, fällt der fiktive Veräußerungsgewinn unter § 23 Abs. 1 Nr. 2 EStG a.F.; da die Spekulationsfrist von einem Jahr überschritten ist, ist der Gewinn nicht steuerbar.

Hielt der Gesellschafter vor Leistung der Sacheinlage die Anteile an der KapGes im Privatvermögen und war er innerhalb der letzten fünf Jahre zu mindestens einem Prozent an der KapGes beteiligt, so fällt die Einbringung der Anteile unter die Vorschrift des § 17 Abs. 1 Satz 1 EStG i.V.m. §§ 3 Nr. 40 Buchst. c, 3c Abs. 2 EStG.

Beispiel

Wie oben; G war aber zu 3 % am Grundkapital der X-AG beteiligt.

Lösung

Die Einbringung der Anteile gilt nach § 21 Abs. 2 UmwStG als Veräußerungsgeschäft i.S.v. § 17 Abs. 1 Satz 1 EStG. Der Veräußerungsgewinn i.H.v. 80.000 € unterliegt dem Teileinkünfteverfahren und ist daher i.H.v. 48.000 € zu versteuern.

Hält die übernehmende Gesellschaft nach der Einbringung unmittelbar die Mehrheit der Stimmrechte (sog. **qualifizierter Anteilstausch**), so können die bisher im Privatvermögen gehaltenen Anteile nach § 21 Abs. 1 Satz 2, Abs. 2 Satz 5 sowie Abs. 3 UmwStG mit den Anschaffungskosten angesetzt werden. In diesem Fall muss der einbringende Gesellschafter keinen Gewinn nach § 17 EStG versteuern.

Beispiel
Wie oben; G war aber vor der Einbringung zu 75% am Grundkapital der X-AG beteiligt.

Lösung
Da die Y-GmbH nach der Einbringung die Mehrheit der Stimmrechte an der X-AG hält, kann die Y-GmbH die Aktien mit den Anschaffungskosten des G (100.000 €) aktivieren. In diesem Fall entsteht für den Gesellschafter G kein Veräußerungsgewinn.

Zulässig ist auch der Ansatz eines Zwischenwertes; in diesem Fall entsteht ein Veräußerungsgewinn, der nach § 17 Abs. 1 Satz 1 EStG im Teileinkünfteverfahren zu versteuern ist. Ein Freibetrag nach § 17 Abs. 3 EStG ist bei dieser Variante nach § 21 Abs. 3 UmwStG nicht zu gewähren.

Hält der einbringende Gesellschafter die Anteile an der KapGes vor der Einbringung im **Betriebsvermögen**, so gelten die Anteile nach § 21 Abs. 2 UmwStG als veräußert. Der Veräußerungsgewinn ist nach §§ 15 (oder 18), 3 Nr. 40 Buchst. a, 3c Abs. 2 EStG zu versteuern. Der Veräußerungsgewinn ist – im Falle des § 15 EStG – gewerbesteuerpflichtig, da die Kürzungsregelung des § 9 Nr. 2a GewStG nur für Dividenden gilt.

Hält die aufnehmende Gesellschaft nach der Sacheinlage die Mehrheit der Stimmrechte an der erworbenen Gesellschaft, so können die Anteile nach § 21 Abs. 1 UmwStG zum Buchwert oder einem Zwischenwert übergehen. Wird der Zwischenwert-Ansatz gewählt, entsteht insoweit wieder ein Veräußerungsgewinn nach § 15 (oder § 18) EStG.

3.9 Gründungskosten

Als Gründungsaufwand kommen insbesondere die Kosten für den Entwurf des Gesellschaftsvertrags, Beratungskosten, Notarkosten sowie die Kosten der Eintragung und Bekanntmachung infrage.

Soll die GmbH den Gründungsaufwand übernehmen, ist es erforderlich, die einzelnen Positionen des Gründungsaufwands und den Gesamtbetrag des Gründungsaufwands sowie die Verpflichtung der GmbH, den Gründungsaufwand zu tragen, in die Satzung aufzunehmen (BGH vom 20.02.1989, GmbHR 1989, 250).

Hat die GmbH die Gründungskosten wirksam übernommen, so ist die Vorbelastung des Stammkapitals durch den Gründungsaufwand unschädlich (BGH vom 09.03.1981, GmbHR 1981, 114). Die GmbH kann den Gründungsaufwand steuerlich als Betriebsausgaben geltend machen (BFH vom 11.10.1989, BStBl II 1990, 89; BMF vom 25.06.1991, BStBl I 1991, 661).

Hat sich die GmbH nicht wirksam in der Satzung zur Übernahme der Gründungskosten verpflichtet und trägt sie diese dennoch, so liegt hierin eine verdeckte Gewinnausschüttung an die Gründungsgesellschafter (BFH vom 11.10.1989, a.a.O.).

Im Zusammenhang mit der fehlgeschlagenen Gründung einer KapGes entstandene Beratungskosten können vom Gesellschafter weder als Werbungskosten bei den Einkünften aus Kapitalvermögen noch i.R.d. § 17 Abs. 4 EStG geltend gemacht werden, selbst wenn eine Beteiligung von mindestens einem Prozent geplant war (BFH vom 20.04.2004, BStBl II 2004, 597).

Teil II Laufende Besteuerung der GmbH

1 Grundzüge der GmbH-Besteuerung – Körperschaftsteuer, Gewerbesteuer, Umsatzsteuer

1.1 Körperschaftsteuer

LITERATURHINWEISE:
Blümich, EStG KStG UmwStG (Loseblatt); *Dötsch/Alber/Sädtler/Sell/Zenthöfer*, Körperschaftsteuer, 16. Aufl. 2012; *Dötsch/Pung/Möhlenbrock*, Die Körperschaftsteuer (Loseblatt); *Erlé/Sauter*, Körperschaftsteuergesetz, 3. Aufl. 2010; *Frotscher/Maas*, KStG UmwStG (Loseblatt); *Gosch*, Körperschaftsteuergesetz, 2. Aufl. 2009; *Grobshäuser/Maier/Kies*, Besteuerung der Gesellschaften, 3. Aufl. 2011; *Herrmann/Heuer/Raupach*, Einkommensteuer- und Körperschaftsteuergesetz: Kommentar (Loseblatt); *Maurer*, in *Preißer*: Die Steuerberaterprüfung, 12. Aufl. 2013, Bd. 2, Teil C; *Streck*, Körperschaftsteuergesetz, 8. Aufl. 2013.

1.1.1 Grundprinzipien der Besteuerung

Die GmbH unterliegt als KapGes der Körperschaftsteuer (§ 1 Abs. 1 Nr. 1 KStG). Sie ist als juristische Person eigenes Steuersubjekt der KSt, während die an der GmbH beteiligten Gesellschafter ihrerseits der ESt oder KSt unterliegen, je nachdem, ob es sich bei den Gesellschaftern um natürliche Personen oder ebenfalls um KapGes (Körperschaften) handelt. Dies bedeutet, dass hinsichtlich der Besteuerung stets zwischen der Besteuerungsebene der GmbH und der Besteuerungsebene ihrer Gesellschafter zu unterscheiden ist (sog. **Trennungsprinzip**). Die Besteuerungsebene der Gesellschafter wird erst dann berührt, wenn die GmbH ihre Gewinne an die Gesellschafter ausschüttet. Daher wird auch davon gesprochen, dass die GmbH gegenüber ihren Gesellschaftern eine sog. Abschirm- und Aufschubwirkung entfaltet.

Beispiel
An der AB-GmbH sind die natürlichen Personen A und B zu jeweils 50 % beteiligt. Im Jahr 06 wird der Gewinn des Vorjahres an die Gesellschafter ausgeschüttet.

Lösung
Der Gewinn des Vorjahres unterliegt zunächst im Jahr 05 bei der GmbH der KSt. Erst mit Ausschüttung des Gewinns in 06 erzielen die Gesellschafter Dividendeneinkünfte, die bei ihnen der ESt unterliegen.

Durch die strikte Trennung der Gesellschafts- und der Gesellschafterebene unterscheidet sich die Besteuerung der GmbH insbes. von der Besteuerung von PersGes bzw. Einzelunternehmen. Bei diesen ist nicht die PersGes bzw. das Einzelunternehmen selbst, sondern ausschließlich die Personengesellschafter bzw. der Inhaber des Einzelunternehmens Steuersubjekt der ESt oder KSt (sog. Transparenzprinzip).

Nach dem Prinzip der Abschnittsbesteuerung hat die GmbH die KSt jeweils für einen zeitlich begrenzten Zeitraum zu entrichten. Dieser Zeitraum ist das Kj., weil es sich bei der KSt gem. § 7 Abs. 3 Satz 1 KStG um eine Jahressteuer handelt. **Veranlagungszeitraum** (VZ) und Bemessungszeitraum für die KSt der GmbH ist somit stets das Kj. (§ 31 Abs. 1 KStG, § 25 Abs. 1 EStG). Vom VZ zu trennen ist der **Gewinnermittlungszeitraum**, d. h. der Zeitraum, für den die GmbH ihre Gewinne zu ermitteln hat. Da die GmbH handelsrechtlich zur Buchführung verpflichtet ist (§ 238 ff., 6 Abs. 1 HGB i.V.m. § 13 Abs. 3 GmbHG), ist Gewinnermittlungszeitraum bei der GmbH das sog. Wirtschaftsjahr (§ 7 Abs. 4 Satz 1 KStG). Oftmals stimmt das Wj. einer GmbH mit dem Kj. überein (sog. kalenderjahrgleiches Wj.).

Das **Wj.**, für das die steuerliche Gewinnermittlung durchzuführen ist, umfasst grds. einen Zeitraum von zwölf Monaten (§ 8 Abs. 1 KStG, § 8b Satz 1 EStDV, vgl. R 32 Abs. 1 Nr. 2 KStR 2004). Ein kürzeres Wj. (sog. Rumpf-Wj.) kommt nach § 8b Satz 2 EStDV nur in zwei Ausnahmefällen in Betracht:

- im Jahr der Eröffnung, des Erwerbs, der Aufgabe oder der Veräußerung eines Betriebes, oder
- bei Umstellung des Wj. (z. B. vom Kj. abweichendes Wj. wird auf kalenderjahrgleiches Wj. umgestellt).

Die GmbH kann den Zeitraum ihres Wj. – unter Beachtung der aufgezeigten Einschränkungen – bei Gründung grds. frei wählen. Danach kann ein kalenderjahrgleiches Wj., ein vom Kj. abweichendes Wj. oder zunächst ein Rumpf-Wj. bestimmt werden. Diese Wahl sollte jedoch die für eine **Umstellung des Wj.** geltenden Beschränkungen berücksichtigen: Die Umstellung eines vom Kj. abweichenden Wj. auf ein kalenderjahrgleiches Wj. ist jederzeit ohne Zustimmung der FinVerw möglich. Die Umstellung eines kalenderjahrgleichen oder eines vom Kj. abweichenden Wj. auf ein (anderes) vom Kj. abweichendes Wj. ist hingegen nur mit Zustimmung des FA zulässig (§ 7 Abs. 4 Satz 3 KStG, s. auch § 8b Satz 2 Nr. 2 EStDV). Das Zustimmungserfordernis soll eine Umstellung des Wj. verhindern, wenn die Umstellung ausschließlich durch steuerliche Gründe veranlasst ist (vgl. z. B. BFH vom 18.12.1991, BStBl II 1992, 486). Die Erteilung der Zustimmung steht im Ermessen des FA, das sich an dem Sinn des § 7 Abs. 4 KStG zu orientieren hat. Werden gewichtige **betriebswirtschaftliche Gründe** für eine Umstellung vorgebracht (z. B. Inventurschwierigkeiten bei Außenanlagen), ist es ermessensfehlerhaft, die Zustimmung zu verweigern.

Hinzuweisen ist jedoch darauf, dass eine steuerliche Anerkennung der Umstellung nur in Betracht kommt, wenn diese **zivilrechtlich wirksam** vorgenommen worden ist. Die Umstellung bedarf bei einer GmbH in den meisten Fällen einer Satzungsänderung, die neben den gesellschaftsinternen Anforderungen (§ 53 GmbHG) vor allem die Eintragung in das HR voraussetzt (vgl. § 54 Abs. 3 GmbHG). Diese Bestimmungen sind für das Steuerrecht zu beachten, wenn auch hier Ausnahmen möglich sind, etwa wenn die Anmeldung rechtzeitig und die Eintragung alsbald nach Beginn des neuen Wj. erfolgen (vgl. BFH vom 18.09.1996, BFH/NV 1997, 378).

Die folgende Übersicht fasst das Erfordernis einer Zustimmung des FA bei Umstellung des Wj. gem. § 7 Abs. 4 Satz 3 KStG zusammen:

	Umstellung von kalenderjahrgleichem Wj. auf …	**Umstellung von abweichendem Wj. auf …**
… kalenderjahrgleiches Wj.	–	jederzeit möglich, ohne Zustimmung des FA
… abweichendes/anderes abweichendes Wj.	Zustimmung des FA erforderlich (§ 7 Abs. 4 Satz 3 KStG)	Zustimmung des FA erforderlich (§ 7 Abs. 4 Satz 3 KStG)

Tipp

Ein vom Kj. abweichendes Wj. ist insbes. zu empfehlen,
- wenn der Jahresabschluss der GmbH in einen Konzernabschluss einzubeziehen ist und die Konzernobergesellschaft ein abweichendes Wj. hat,
- bei Saisonbetrieben,
- wenn durch die Umstellung eine sog. Steuerpause erreicht werden kann und betriebliche Gründe eine Umstellung rechtfertigen.

Bei kalenderjahrgleichem Wj. der GmbH ist Grundlage für die Besteuerung der im jeweiligen Kj. ermittelte Gewinn. Weicht das Wj. hingegen vom Kj. ab, gilt der Gewinn als in dem Kj. bezogen, in dem das Wj. endet (§ 7 Abs. 4 Satz 2 KStG). Eine Aufteilung der Ergebnisse verschiedener Wj. des Kj. kommt daher nicht in Betracht.

Beispiel 1
Die X-GmbH hat ein Wj., das mit dem Kj. übereinstimmt.

Lösung
Der für das Wj. 01 ermittelte Gewinn ist der Besteuerung des VZ (= Kj.) 01 zugrunde zu legen.

Beispiel 2
Die Y-GmbH hat ein Wj. vom 01.04. bis zum 31.03. eines jeden Jahres.

Lösung
Der für das Wj. 01.04.01 bis 31.03.02 ermittelte Gewinn ist der Besteuerung des VZ (= Kj.) 02 zugrunde zu legen.

Beispiel 3
Die Z-GmbH hat ein Wj. vom 01.04. bis zum 31.03. eines jeden Jahres, das sie im Jahr 02 auf ein kalenderjahrgleiches Wj. umstellt.

Lösung
Sowohl der für das Wj. 01.04.01 bis 31.03.02 als auch der für das Rumpf-Wj. 01.04.02 bis 31.12.02 ermittelte Gewinn sind der Besteuerung des VZ (= Kj.) 02 zugrunde zu legen.

Bemessungsgrundlage der KSt ist weder der handelsrechtliche noch der steuerliche Gewinn der GmbH, sondern das **zu versteuernde Einkommen** (§ 7 Abs. 1 KStG). Dieses ist auf Basis des Gewinns der GmbH lt. Handels- bzw. Steuerbilanz zu ermitteln (s. 1.1.5). Bei der Ermittlung des zvE sind nach § 8 Abs. 1 KStG sowohl die Vorschriften des EStG als auch des KStG zu beachten. Hierbei ist zu berücksichtigen, dass die GmbH gem. § 8 Abs. 2 KStG **ausschließlich Einkünfte aus Gewerbebetrieb** erzielen kann. Für nach Handelsrecht buchführungspflichtige Gesellschaften schreibt das KStG in § 8 Abs. 2 KStG nämlich vor, dass alle Einkünfte dieser Gesellschaften als Einkünfte aus Gewerbebetrieb zu behandeln sind. Die handelsrechtliche Buchführungspflicht einer jeden GmbH ergibt sich aus § 238 ff. HGB, § 6 Abs. 1 HGB i.V.m. § 13 Abs. 3 GmbHG.

Der BFH hat aus dieser gesetzlichen Vorgabe erstmals im Jahr 1996 geschlossen, dass sämtliche Einkünfte einer GmbH – egal, ob bzw. unter welche der sieben Einkunftsarten des

EStG sie fallen – als Einkünfte aus Gewerbebetrieb zu qualifizieren sind. Einer Trennung in eine betriebliche und eine außerbetriebliche Sphäre bedarf es bei der GmbH somit nicht (s. BFH vom 04.12.1996, BFH/NV 1997, 190; vgl. auch BFH vom 06.07.2000, BStBl II 2002, 490; BFH vom 08.08.2001, BStBl II 2003, 487; BFH vom 31.03.2004, BFH/NV 2004, 1482; BFH vom 17.11.2004, BFH/NV 2005, 793). Eine GmbH hat nach dieser ständigen – allerdings in der Literatur umstrittenen – Rechtsprechung **keine Privatsphäre**. Auch nach Ansicht der FinVerw hat eine KapGes nur einen einheitlichen Geschäftsbetrieb (BMF vom 16.04.1999, BStBl I 1999, 455). Eine Einordnung der Tätigkeiten einer GmbH als **Liebhaberei**, d.h. als Tätigkeiten, die nicht mit Gewinnerzielungsabsicht verfolgt werden, scheidet damit aus. Ein Gewerbebetrieb wird nach der gesetzlichen Definition stets mit Gewinnerzielungsabsicht betrieben. Eine »Sphärentrennung« erfolgt daher nur zwischen der Sphäre der GmbH als Gesellschaft und der Sphäre ihrer Gesellschafter. Korrekturinstrumente dieser »Sphärentrennung« sind die vGA und die verdeckte Einlage (§ 8 Abs. 3 Satz 2 KStG bzw. § 8 Abs. 1 KStG, § 4 Abs. 1 EStG; s. hierzu 1.6.1).

Auf das zvE wird der seit dem Jahr 2008 geltende einheitliche **KSt-Tarif** i.H.v. **15%** angewendet (§ 23 Abs. 1 KStG). Zuvor galt ein einheitlicher KSt-Tarif i.H.v. 25%. Ein Freibetrag wird der GmbH nicht gewährt. Die so ermittelte KSt stellt eine Definitivbelastung auf Ebene der GmbH dar, die sich auch bei Dividendenausschüttungen an die Anteilseigner nicht ändert. Zusätzlich schuldet die GmbH den **SolZ** i.H.v. **5,5%** der veranlagten KSt (§ 1 Abs. 1, § 2 Nr. 3, § 3 Abs. 1 Nr. 1 SolZG). Die **Gesamtbelastung** mit KSt und SolZ beträgt somit **15,825%**. Daneben ist eine weitere Ertragsteuerbelastung der GmbH mit GewSt zu berücksichtigen (s. hierzu 1.2).

1.1.2 Umfang der Körperschaftsteuerpflicht

Zur Bestimmung des Umfangs, in dem eine GmbH persönlich körperschaftsteuerpflichtig ist, unterscheidet das Gesetz die unbeschränkte KSt-Pflicht (§ 1 KStG) und die beschränkte KSt-Pflicht (§ 2 KStG). Während i.R.d. unbeschränkten Steuerpflicht sämtliche Einkünfte der GmbH in die Besteuerung einbezogen werden, unterliegen bei der beschränkten Steuerpflicht nur ganz bestimmte Einkünfte der deutschen Besteuerung. Die Unterscheidung spielt außerdem für die Form der Erhebung der KSt eine wichtige Rolle. Bei der unbeschränkten Steuerpflicht wird die KSt stets im Wege der Veranlagung der GmbH erhoben, während bei der beschränkten Steuerpflicht in bestimmten Fällen ausschließlich ein Steuerabzug vorgenommen wird. Erfüllt eine GmbH weder die Voraussetzungen der unbeschränkten noch der beschränkten KSt-Pflicht, unterliegt die GmbH mit ihren Einkünften in Deutschland nicht der Besteuerung.

1.1.2.1 Unbeschränkte Körperschaftsteuerpflicht

Als KapGes ist eine GmbH gem. § 1 Abs. 1 Nr. 1 KStG unbeschränkt körperschaftsteuerpflichtig, wenn sie ihre Geschäftsleitung oder ihren Sitz im Inland hat. Die unbeschränkte Steuerpflicht verlangt also, dass ein besonderer Bezug zum Gebiet der Bundesrepublik Deutschland besteht. Aufgrund der alternativen Anknüpfung an die Geschäftsleitung oder den Sitz ist es ausreichend, wenn eines dieser beiden Merkmale erfüllt ist.

Im Regelfall einfach zu bestimmen ist der Sitz einer GmbH. Ihren Sitz hat eine GmbH an dem Ort, der durch den Gesellschaftsvertrag oder die Satzung bestimmt wird (§ 11 AO). Maßgeblich ist somit der **statutarische Sitz** (auch: Satzungssitz) der Gesellschaft, der auch im HR einzutragen ist (§ 10 Abs. 1 GmbHG; BFH vom 28.02.1990, BStBl II 1990, 553). Ob an diesem Ort auch ein tatsächlicher Sitz, im Sinne eines Verwaltungssitzes o. ä., gegeben ist, ist für die Bestimmung des Sitzes i.S.v. § 11 AO irrelevant.

Hat die GmbH ihren statutarischen Sitz nicht im Inland, ist sie dennoch unbeschränkt körperschaftsteuerpflichtig, wenn sich ihre **Geschäftsleitung** im Inland befindet. Der Begriff der Geschäftsleitung ist in § 10 AO definiert als »Mittelpunkt der geschäftlichen Oberleitung«. Nach der ständigen Rechtsprechung des BFH (s. BFH vom 19.03.2002, BFH/NV 2002, 1411; BFH vom 15.07.1998, BFH/NV 1999, 372; BFH vom 03.07.1997, BStBl II 1998, 86; BFH vom 23.02.1991, BStBl II 1991, 554) befindet sich der Mittelpunkt der geschäftlichen Oberleitung dort, wo der für die Geschäftsführung maßgebende Wille gebildet wird. Es kommt folglich darauf an, wo die für die Geschäftsführung nötigen Maßnahmen von einiger Wichtigkeit getroffen werden. Dies ist bei einer GmbH regelmäßig der Ort, an dem die zur Vertretung befugten Personen die ihnen obliegende laufende Geschäftsführertätigkeit entfalten, d. h. an dem sie die tatsächlichen, organisatorischen und rechtsgeschäftlichen Handlungen vornehmen, die der gewöhnliche Betrieb der Gesellschaft mit sich bringt. Entscheidend für den Ort der Geschäftsleitung ist somit der Ort, wo die Geschäftsführung hinsichtlich der sog. **Tagesgeschäfte** der GmbH erbracht wird. Nicht zum Tagesgeschäft gehören z. B. Entscheidungen von besonderer wirtschaftlicher Bedeutung oder die Bestimmung einzelner Unternehmensziele (s. BFH vom 03.07.1997, BStBl II 1998, 86). Anders als beim statutarischen Sitz der Gesellschaft kommt es für die Bestimmung des Ortes der Geschäftsleitung – wie sich aus der Definition ergibt – auf die tatsächlichen Verhältnisse an. Dies bringt es mit sich, dass sich der Ort der Geschäftsleitung und demnach die (unbeschränkte) KSt-Pflicht gestalten lässt. Während eine Verlegung des statutarischen Sitzes nur unter Einhaltung bestimmter Formalia durchführbar ist, kann die Geschäftsleitung jederzeit durch tatsächliche Handlungen verlegt werden.

Beispiel

Gesellschafter-Geschäftsführer der Ö-GmbH, die ihren Sitz in Salzburg/Österreich hat, ist Ö, der seinen Wohnsitz in München hat. Alle Geschäftsführungsentscheidungen trifft Ö
a) in seiner Wohnung in München,
b) am Sitz der Gesellschaft in Salzburg.

Lösung

a) Die Ö-GmbH ist gem. § 1 Abs. 1 Nr. 1 KStG in Deutschland unbeschränkt körperschaftsteuerpflichtig, da sich der Ort der Geschäftsleitung im Inland befindet. Dass die Ö-GmbH im Inland keine Betriebsräumlichkeiten unterhält, ist irrelevant. Im Übrigen ist die GmbH auch in Österreich unbeschränkt körperschaftsteuerpflichtig.
b) Die Ö-GmbH ist in Deutschland nicht unbeschränkt körperschaftsteuerpflichtig. Eine beschränkte KSt-Pflicht kommt jedoch in Betracht, wenn die Ö-GmbH inländische Einkünfte bezieht (§ 2 Nr. 1 KStG, § 49 EStG; s. 1.1.2.2).

Im Regelfall verfügt eine GmbH – entsprechend der gesetzlichen Vorstellung eines Mittel**punktes** der geschäftlichen Oberleitung – nur über einen einzigen Ort der Geschäftsleitung. Es sind aber – insbes. unter Berücksichtigung der neuen Telekommunikationstechniken – auch Fälle denkbar, in denen eine GmbH gleichzeitig **mehrere Orte der Geschäftsleitung** hat. Dies ist dann der Fall, wenn die Geschäftsleitung von mehreren Orten gleichzeitig ausgeführt wird und die an den verschiedenen Orten erbrachten Geschäftsführungstätigkeiten im Einzelfall gleich zu gewichten sind. Bei der Gewichtung ist zu beachten, dass der kaufmännischen Leitung eine größere Bedeutung zukommt als der technischen Leitung (s. BFH vom 23.01.1991, BStBl II 1991, 554). Bei Vorliegen mehrerer Orte der Geschäftsleitung in verschiedenen Staaten, aber auch dann, wenn nur der Sitz und der Ort der Geschäftsleitung einer GmbH in unterschiedlichen Staaten liegen, spricht man von einer sog. **doppelansässigen Gesellschaft**. Diese ist zumeist in beiden Staaten unbeschränkt körperschaftsteuerpflichtig. Eine Doppelbesteuerung wird regelmäßig durch ein zwischen beiden Staaten vereinbartes DBA oder aufgrund nationaler Regelungen zur Vermeidung der Doppelbesteuerung (§§ 26 KStG, 34c EStG) vermieden oder zumindest vermindert.

Die Kriterien der unbeschränkten KSt-Pflicht (Sitz oder Geschäftsleitung im Inland) sind grds. auch auf **ausländische Gesellschaftsformen** anwendbar. Entscheidende Bedeutung kommt aber der Voraussetzung zu, dass es sich bei der ausländischen Gesellschaft um eine der in § 1 Abs. 1 Nr. 1 KStG genannten KapGes vergleichbare Rechtsform handelt. Dies ist i.R.d. Durchführung eines sog. (Rechts-)**Typenvergleichs** zu beurteilen (s. BFH vom 23.06.1992, BStBl II 1992, 972). Danach erfolgt eine Qualifizierung der ausländischen Gesellschaft unabhängig von den Wertungen des ausländischen Steuerrechts ausschließlich anhand der gesellschaftsrechtlichen Strukturmerkmale deutscher KapGes. Es ist daher abzugleichen, ob die ausländische Gesellschaft nach ihrem Gesellschaftsvertrag und dem ausländischen Gesellschaftsrecht die Charakteristika einer deutschen KapGes erfüllt. Als Vergleichskriterien kommen insbes. in Betracht (s. BMF vom 19.03.2004, BStBl I 2004, 411):

- beschränkte Haftung,
- freie Übertragbarkeit der Gesellschaftsanteile,
- zentralisierte Geschäftsführung und Vertretung (d. h. eine oder mehrere Personen – jedoch nicht alle Gesellschafter – sind auf Dauer ausschließlich befugt, die zur Durchführung des Gesellschaftszwecks erforderlichen Entscheidungen ohne Zustimmung aller bzw. der übrigen Gesellschafter zu treffen),
- Fremdorganschaft,
- Gewinnzuteilung entsprechend der Geschäftsanteile durch Ausschüttungsbeschluss,
- Verpflichtung zur Kapitalaufbringung,
- formale Gründungsvoraussetzungen,
- unbegrenzte Lebensdauer der Gesellschaft.

Tipp

Eine Übersicht darüber, welche ausländischen Rechtsformen der deutschen GmbH vergleichbar sind, ist den Tabellen des Anh. zum sog. Betriebsstättenerlass zu entnehmen (BMF vom 24.12.1999, BStBl I 1999, 1076).

Verfügt die GmbH (bzw. die vergleichbare ausländische Gesellschaft) über einen inländischen Sitz, einen inländischen Ort der Geschäftsleitung oder beides, unterliegt sie mit ihren sämtlichen inländischen und ausländischen Einkünften der unbeschränkten KSt-Pflicht (§ 1 Abs. 2 KStG). Die GmbH ist mit ihrem sog. **Welteinkommen** in Deutschland steuerpflichtig. Aufgrund der Erfassung auch der ausländischen Einkünfte der Gesellschaft von der deutschen Besteuerung kann es zu Doppelbesteuerungen kommen, wenn der ausländische Staat, aus dem die Einkünfte stammen, die Einkünfte ebenfalls in seine Steuerpflicht einbezieht. Eine so entstehende Doppelbesteuerung wird durch ein gegebenenfalls zwischen Deutschland und dem ausländischen Staat abgeschlossenes DBA bzw. andere zwischenstaatliche Vereinbarungen (z. B. Mutter-Tochter-Richtlinie) oder – wenn derartige Vereinbarungen nicht bestehen – nach Maßgabe der nationalen Regelungen zur Vermeidung einer Doppelbesteuerung (§ 26 KStG, § 34c EStG) eingeschränkt.

Die KSt wird bei der unbeschränkten Steuerpflicht im Wege der **Veranlagung** erhoben (§ 31 Abs. 1 KStG, § 25 Abs. 1 EStG). Hierzu hat die GmbH unter Beachtung der Vorschriften des EStG eine KSt-Erklärung abzugeben (s. 1.1.6.1).

1.1.2.2 Beschränkte Körperschaftsteuerpflicht

Der beschränkten KSt-Pflicht unterliegen GmbHs, die **weder** ihren **Sitz noch** ihre **Geschäftsleitung im Inland** haben (§ 2 Nr. 1 KStG). Der Anknüpfungspunkt an das Inland beschränkt sich bei der beschränkten Steuerpflicht darauf, dass Gegenstand der Besteuerung ausschließlich die inländischen Einkünfte i.S.d. § 49 EStG der GmbH sind (sog. **Territorialitätsprinzip**).

Eine Gesellschaft, die weder ihren Sitz noch ihre Geschäftsleitung im Inland hat, kann aber nur dann in Deutschland beschränkt körperschaftsteuerpflichtig sein, wenn es sich bei der ausländischen Gesellschaft um eine einer inländischen GmbH (genauer: KapGes) vergleichbare Rechtsform handelt. Die Entscheidung ist nach den leitenden Gedanken des ESt- und KSt-Rechts zu treffen (BFH vom 03.02.1988, BStBl II 1988, 588). Die Feststellung der Vergleichbarkeit hat daher – wie bei der unbeschränkten Steuerpflicht – nach Maßgabe des sog. **Typenvergleichs** zu erfolgen (s. 1.1.2.1; BMF vom 24.12.1999, BStBl I 1999, 1076, Tabellen 1 und 2). Ist die ausländische GmbH nach ihren gesellschaftsrechtlichen Kriterien nicht einer deutschen GmbH vergleichbar, kommt keine Besteuerung nach dem KStG, sondern nur eine Besteuerung als Mitunternehmerschaft nach den Vorschriften des EStG (§ 15 Abs. 1 Nr. 2 EStG) in Betracht.

Welche Einkünfte nach § 2 Nr. 1 KStG als **inländische Einkünfte** anzusehen sind, ergibt sich im Einzelnen aus § 49 EStG (§ 8 Abs. 1 KStG). Die Vorschrift enthält eine abschließende Definition der inländischen Einkünfte. Welche dieser Einkünfte von einer ausländischen GmbH erzielt werden können, zeigt die nachfolgende Aufstellung:

Inlandseinkünfte i.S.d. § 49 EStG		
Norm	**Einkunftsart**	**Inlandsbezug**
§ 49 Abs. 1 Nr. 1 EStG	Einkünfte aus Land- und Forstwirtschaft (§§ 13, 14 EStG)	im Inland betrieben
§ 49 Abs. 1 Nr. 2 EStG	Einkünfte aus Gewerbebetrieb (§§ 15–17 EStG)	z. B. inländische Betriebsstätte oder inländischer Vertreter
§ 49 Abs. 1 Nr. 3 EStG	Einkünfte aus selbstständiger Arbeit (§ 18 EStG)	Ausübung oder Verwertung im Inland; inländische feste Einrichtung oder Betriebsstätte
§ 49 Abs. 1 Nr. 5 EStG	Einkünfte aus Kapitalvermögen (§ 20 EStG)	z. B. bei Dividenden: Schuldner hat Wohnsitz, Geschäftsleitung oder Sitz im Inland; bei Zinsen: inländische Besicherung
§ 49 Abs. 1 Nr. 6 EStG	Einkünfte aus Vermietung und Verpachtung (§ 21 EStG)	im Inland belegen; in inländisches Register eingetragen; in inländischer Betriebsstätte verwertet
§ 49 Abs. 1 Nr. 8, 9 EStG	sonstige Einkünfte (§ 22 Nr. 2, 3 EStG)	private Veräußerungsgeschäfte inländischer Grundstücke, Rechte, KapGes-Anteile: Nutzung im Inland

Bei der Ermittlung, ob inländische Einkünfte i.S.d. § 49 Abs. 1 EStG vorliegen, bleiben im Ausland gegebene Besteuerungsmerkmale unberücksichtigt, soweit bei ihrer Beachtung keine inländischen Einkünfte angenommen werden könnten (§ 49 Abs. 2 EStG; R 49.3 EStR 2012). Dies heißt im Klartext, dass die im EStG vorgesehenen, die Einkunftsart betreffenden Subsidiaritätsklauseln (z. B. § 20 Abs. 8, § 21 Abs. 3 EStG) im internationalen Steuerrecht leerlaufen. Mit dieser sog. **isolierenden Betrachtungsweise** wird bezweckt, dass eine Erfassung der Einkünfte auch dann erfolgt, wenn die Einkünfte bei einer Gesamtbetrachtung eigentlich nicht steuerbar wären. Diese Besteuerungslücke basiert insbes. auf den Subsidiaritätsregelungen, wonach andere Einkunftsarten (vor allem Einkünfte aus Gewerbebetrieb) vorrangig vorliegen. Die isolierende Betrachtungsweise wirkt sich daher z. B. dann aus, wenn eine ausländische GmbH, die grds. Einkünfte aus Gewerbebetrieb erzielen würde, im Inland über keine Betriebsstätte und keinen ständigen Vertreter verfügt und somit nicht nach § 49 Abs. 1 Nr. 2a EStG beschränkt stpfl. wäre, obwohl sie Einkünfte aus dem Inland bezieht.

Beispiel

Die französische F-SARL (entspricht einer deutschen GmbH), die ihren Sitz und ihre Geschäftsleitung in Straßburg/Frankreich hat, vermietet ein in Deutschland belegenes, zu ihrem Betriebsvermögen gehörendes Lagergrundstück, ohne in Deutschland selbst eine Betriebsstätte zu unterhalten.

Lösung

Mangels einer inländischen Betriebsstätte liegen keine inländischen Einkünfte aus Gewerbebetrieb gem. § 49 Abs. 1 Nr. 2a EStG vor. Aufgrund der isolierenden Betrachtungsweise erzielt die F-SARL aber Einkünfte aus Vermietung und Verpachtung nach § 49 Abs. 1 Nr. 2f EStG. Die Einkünfte sind gem. § 49 Abs. 2 EStG isoliert vom ausländischen Gewerbebetrieb zu betrachten.

Die KSt, die auf die nach deutschem Steuerrecht zu ermittelnden inländischen Einkünfte entfällt, wird grds. im Wege der **Veranlagung** der beschränkt stpfl. GmbH erhoben (§ 31 Abs. 1 KStG, § 25 Abs. 1 EStG). Eine Besonderheit gilt jedoch hinsichtlich der Einkünfte, die dem **Steuerabzug** unterliegen. Ein Steuerabzug kann sich ergeben durch den:

- Abzug von KapSt nach §§ 43, 43a EStG oder den
- Abzug nach § 50a EStG.

Für die abzugspflichtigen Einkünfte ist die KSt durch den Steuerabzug abgegolten (sog. **Abgeltungswirkung**; § 32 Abs. 1 Nr. 2 KStG). BA können dann nicht geltend gemacht werden (§ 8 Abs. 6 KStG). Eine Veranlagung wird hinsichtlich dieser Einkünfte nicht durchgeführt. Letzteres gilt nur dann nicht, wenn die Einkünfte in einem inländischen Gewerbebetrieb oder land- und forstwirtschaftlichen Betrieb anfallen. In diesem Fall werden auch die abzugspflichtigen Einkünfte (z. B. Einkünfte aus Kapitalvermögen) in die Veranlagung mit einbezogen.

1.1.3 Beginn und Ende der Körperschaftsteuerpflicht, Steuerbefreiungen

1.1.3.1 Beginn der Körperschaftsteuerpflicht

LITERATURHINWEISE:
Birk, Zuzug und Wegzug von KapGes – Zu den körperschaftsteuerlichen Folgen der Überseeringentscheidung des EuGH, IStR 2003, 469; *Crezelius*, Die werdende KapGes im Körperschaftsteuerrecht, in: Festschrift für Franz Wassermeyer, 2005; *Hüttemann*, Der Beginn der subjektiven Körperschaftsteuerpflicht, in: Festschrift für Franz Wassermeyer, 2005; *Martini*, Das Verhältnis der Körperschaftsteuerpflicht der Vorgesellschaften zur späteren Eintragung, DStR 2011, 337; *Wassermeyer*, Die Vorgesellschaft im Körperschaftsteuerrecht, DStR 1991, 734; *Zenthöfer*, in: *Dötsch/Alber/Sädtler/Sell/Zenthöfer*, Körperschaftsteuer, 16. Aufl. 2012, Teil B.

1.1.3.1.1 Unbeschränkte Körperschaftsteuerpflicht
Ab welchem Zeitpunkt eine neu gegründete oder zugezogene GmbH oder eine Gesellschaft, die in eine GmbH umgewandelt wird, körperschaftsteuerpflichtig ist, regelt das KStG nicht. Das Gesetz sieht lediglich vor, dass eine GmbH, die ihren Sitz oder ihre Geschäftsleitung im Inland hat, unbeschränkt körperschaftsteuerpflichtig ist (§ 1 Abs. 1 Nr. 1 KStG, s. 1.1.2.1). Der Beginn der KSt-Pflicht richtet sich daher bei einer Neugründung nach den zivilrechtlichen Vorgaben. Wird eine Gesellschaft anderer Rechtsform in eine GmbH umgewandelt, sind spezialgesetzliche Vorschriften des UmwStG für den Beginn der KSt-Pflicht zu beachten. Bei Zuzug einer ausländischen GmbH bestehen weitere Besonderheiten.

1.1.3.1.1.1 Gründungsstadien der GmbH
Eine GmbH entsteht als juristische Person erst mit ihrer Eintragung im HR (s. § 7 Abs. 1, § 11 Abs. 1 GmbHG). Der Eintragung in das HR kommt **konstitutive** (rechtsbegründende) Wirkung zu. Da es bis zur Eintragung meist einiger Zeit bedarf, in der die zukünftigen GmbH-Gesellschafter sich bereits entschlossen haben, gesellschaftsrechtlich verbunden tätig zu werden, und gegebenenfalls auch bereits erste Vorbereitungshandlungen getroffen oder sogar erste Geschäfte abgeschlossen haben, ist die steuerliche Behandlung während dieser Zeit zu klären. Entsprechend den zivilrechtlichen Vorschriften (s. I 2.4.1) sind bei der Neugründung einer GmbH auch steuerlich **drei Gründungsphasen** zu unterscheiden.

a) Phase der Vorgründung
Die Zeit zwischen dem Entschluss der künftigen Gesellschafter zur Gründung einer GmbH und dem Abschluss eines notariellen Gesellschaftsvertrages wird als Vorgründungsphase bezeichnet. Während dieser Zeit besteht eine sog. **Vorgründungsgesellschaft** (s. BFH vom 08.11.1989, BStBl II 1990, 91). Die künftigen Gesellschafter vereinbaren hierzu im Rahmen eines Vorvertrages (keine Formbedürftigkeit), eine GmbH zu gründen. Der Zweck der Vorgründungsgesellschaft besteht damit in der gemeinsamen Errichtung einer GmbH, d.h. einer anderen Gesellschaft. Die Vorgründungsgesellschaft ist weder mit der Vorgesellschaft, noch mit der später entstehenden KapGes rechtlich identisch.

Je nachdem, ob und in welchem Umfang die Vorgründungsgesellschaft bereits geschäftlich tätig wird, handelt es sich bei ihr entweder um eine **Gesellschaft bürgerlichen Rechts** (GbR, auch: BGB-Gesellschaft, § 705 ff. BGB) oder um eine **offene Handelsgesellschaft** (OHG, § 105 ff. HGB). Eine OHG liegt dann vor, wenn die Gesellschaft bereits ihren Geschäftsbetrieb aufnimmt und ein Handelsgewerbe betreibt (§ 105 Abs. 1 HGB). Als PersGes (GbR oder OHG) unterliegt die Vorgründungsgesellschaft nicht der KSt. Sie wird vielmehr – entsprechend jeder anderen gewerblich tätigen PersGes – nach dem Mitunternehmerkonzept i.S.v. § 15 Abs. 1 Nr. 2 EStG besteuert. Im Ergebnis unterliegen damit die zukünftigen GmbH-Gesellschafter mit den aus der Vorgründungsgesellschaft erzielten Einkünften der **ESt**. Die Einkünfte sind auf Ebene der Vorgründungsgesellschaft zu ermitteln (sog. Gewinnermittlungssubjekt) und im Rahmen einer einheitlichen und gesonderten Einkünftefeststellung (s. § 180 Abs. 1 Nr. 2 AO) den Gesellschaftern zuzuteilen.

Kommt es zum Abschluss eines notariellen Gesellschaftsvertrags, endet die Vorgründungsphase. Aufgrund der nicht vorhandenen Identität der Vorgründungsgesellschaft mit der nachfolgenden Gesellschaft gehen die Rechte und Verbindlichkeiten der Vorgründungsgesellschaft nicht automatisch auf die nachfolgende Gesellschaft über. Die Rechte und Verbindlichkeiten müssen vielmehr einzeln übertragen bzw. übernommen werden (s. BGH vom 13.12.1982, BGHZ 86, 122). Eine steuerliche Verrechnung der Gewinne oder Verluste der Vorgründungsgesellschaft mit späteren Gewinnen oder Verlusten der Gesellschaft ist nicht möglich.

b) Phase der Vorgesellschaft

Mit dem Abschluss des notariellen Gesellschaftsvertrages entsteht die sog. **Vorgesellschaft** (s. BFH vom 08.11.1989, BStBl II 1990, 91). Diese besteht grds. so lange, bis die GmbH in das HR eingetragen wird und dadurch zivilrechtlich wirksam errichtet ist (§ 11 Abs. 1 GmbHG). Auf die Vorgesellschaft sind bereits die Vorschriften des GmbHG anzuwenden, soweit die einzelnen Vorschriften nicht explizit das rechtliche Bestehen der GmbH voraussetzen. Da das GmbH-Recht nur unter dieser Einschränkung auf die Vorgesellschaft anwendbar ist, wird die Vorgesellschaft als **Gesellschaft sui generis** (= eigener Art) angesehen. Die Vor-GmbH hat nach außen den Firmenzusatz »in Gründung« (»i.Gr.«) zu verwenden.

Die Vorgesellschaft ist eine **KapGes im Gründungsstadium**, die mit der später durch HR-Eintragung entstehenden KapGes als wirtschaftlich und rechtlich identisch beurteilt wird (s. BGH vom 09.03.1981, BGHZ 80, 129). Davon wird selbst dann ausgegangen, wenn bei der Vor-GmbH noch ein Gesellschafterwechsel eintritt (s. BFH vom 14.10.1992, BStBl II 1993, 352). Dieser **Identitätstheorie** schließt sich das Steuerrecht an und behandelt bereits die Vorgesellschaft als KSt-Subjekt (H 2 [Beginn der Steuerpflicht] KStH 2008; s. BFH vom 14.10.1992, BStBl II 1993, 352). Folglich tritt schon in dieser Phase eine steuerliche Trennung zwischen Gesellschafts- und Gesellschafterebene ein, und zwar unabhängig davon, ob die Vorgesellschaft nach außen operativ tätig ist. Eine Vorverlagerung des Beginns der KSt-Pflicht durch Rückbezug der Gründung auf einen Zeitpunkt vor Abschluss des notariellen Gesellschaftsvertrages ist nach der Rechtsprechung des BFH nicht möglich (s. BFH vom 20.10.1982, BStBl II 1983, 247).

Beispiel

A und B vereinbaren im März 05 die gemeinsame Gründung der AB-GmbH, an der beide Gesellschafter je zur Hälfte beteiligt sein sollen. A soll für seine Geschäftsführungstätigkeiten ein gesondertes Entgelt erhalten. Bereits im Juni 05 wird die Geschäftstätigkeit aufgenommen, am 01.10.05 wird der (notarielle) Gesellschaftsvertrag der AB-GmbH abgeschlossen.

Lösung

In der Zeit von März bis Ende September 05 handelt es sich um eine Vorgründungsgesellschaft, die als PersGes nicht selbst (Einkommen-)Steuersubjekt ist. Die an A gezahlte Vergütung für die Geschäftsführung stellt für diese Zeit eine Sondervergütung i.S.v. § 15 Abs. 1 Nr. 2 EStG dar, die den steuerlichen Gewinn der Gesellschaft nicht mindern darf. Die ab dem Abschluss des notariellen Gesellschaftsvertrages anfallende Vergütung mindert als BA den körperschaftstpfl. Gewinn der Vor-GmbH bzw. der später eingetragenen AB-GmbH, da die Vor-GmbH bereits der KSt unterliegt.

Die Behandlung der Vor-GmbH als körperschaftstpfl. Gebilde hängt allerdings von der einschränkenden Bedingung ab, dass die Vorgesellschaft später auch als GmbH in das HR eingetragen wird (s. BFH vom 18.03.2010, BStBl II 2010, 991 und vom 14.10.1992, BStBl II 1993, 352). Bestehen bei der Vorgesellschaft hingegen Eintragungshindernisse und scheitert aufgrund dessen (oder auch aus einem anderen Grund) eine HR-Eintragung, scheidet auch eine KSt-Pflicht insgesamt aus. In diesen Fällen spricht man von einer **unechten Vorgesellschaft**, die ebenso wie die Vorgründungsgesellschaft als PersGes nicht selbst Steuersubjekt ist (s. BFH vom 07.04.1998, BStBl II 1998, 531; H 2 [Unechte Vorgesellschaft] KStH 2008). Eine Besteuerung erfolgt nur auf Ebene der Gesellschafter, die nach den für Personengesellschafter maßgebenden zivilrechtlichen Vorschriften außerdem unmittelbar und unbeschränkt haften (s. BFH vom 16.12.1986, BFH/NV 1987, 687).

c) Im Handelsregister eingetragene GmbH

Die in das HR eingetragene GmbH erfüllt als zivilrechtlich wirksam gegründete KapGes alle Voraussetzungen der unbeschränkten KSt-Pflicht i.S.v. § 1 Abs. 1 Nr. 1 KStG. Eine eingetragene GmbH ist damit stets **Steuersubjekt der KSt** (s. BFH vom 13.12.1989, BStBl II 1990, 468).

Mit der Eintragung der GmbH in das HR gehen sämtliche Rechte und Pflichten der Vorgesellschaft automatisch auf die dann errichtete GmbH über. Gesonderter Übertragungsakte bedarf es hierbei nicht. Außerdem erlangt die GmbH mit der Eintragung die volle Rechtsfähigkeit (§ 11, § 13 Abs. 1 GmbHG).

<table>
<tr><th>Gesellschaft(sform)</th><th>Zeitraum bzw. Zeitpunkt</th><th>Steuerpflicht</th></tr>
<tr><td>Vorgründungs-
gesellschaft</td><td>Abschluss eines Vorvertrages
zur Errichtung einer GmbH durch
die Gründungsgesellschafter
bis Abschluss eines notariellen
Gesellschaftsvertrages</td><td>Keine KSt-Pflicht
Besteuerung als Mitunternehmer-
schaft (GbR oder OHG)
gem. § 15 Abs. 1 Nr. 2 EStG
bei gewerblichen Einkünften</td></tr>
<tr><td>Vorgesellschaft</td><td>Abschluss eines notariellen
Gesellschaftsvertrages bis
Eintragung der GmbH ins HR</td><td rowspan="2">KSt-Pflicht
Identität der Vor-GmbH mit der
durch Eintragung entstehenden
GmbH
Ausnahme:
(un)echte Vorgesellschaft</td></tr>
<tr><td>Eingetragene GmbH</td><td>Ab dem Zeitpunkt der Eintragung
der GmbH ins HR</td></tr>
</table>

1.1.3.1.1.2 Umwandlungsfälle

Entsteht eine GmbH nicht durch Neugründung, sondern durch Umwandlung eines anderen Rechtsträgers in die Rechtsform der GmbH nach den Vorschriften des UmwG, beginnt die KSt-Pflicht der umgewandelten GmbH mit **Ablauf** des **steuerlichen Umwandlungsstichtages** (auch: Übertragungsstichtag). Der Umwandlungsstichtag ist der Tag, auf den die Bilanz, die der Vermögensübertragung zugrunde liegt (sog. Übertragungs- oder Schlussbilanz), aufgestellt wird (§ 2 Abs. 1, § 20 Abs. 5 und 6 UmwStG). Dieser Stichtag darf höchstens acht Monate vor dem Tag der Anmeldung der Umwandlung zur HR-Eintragung liegen (sog. steuerliche Rückwirkung; vgl. auch § 17 Abs. 2 Satz 4 UmwG).

Eine GmbH kann sowohl aus der Umwandlung einer oder mehrerer PersGes als auch aus der Umwandlung einer oder mehrerer (anderer) Körperschaften (insbes. KapGes) in die Rechtsform der GmbH hervorgehen. In letzterem Fall ist jedoch bereits die umgewandelte Körperschaft in aller Regel körperschaftsteuerpflichtig. Bei der Umwandlung von PersGes oder (anderen) KapGes in eine GmbH ist nach dem UmwG – außer beim Formwechsel – jeweils zwischen einer Umwandlung zur Neugründung und einer Umwandlung zur Aufnahme durch eine bereits bestehende GmbH zu unterscheiden. Da bei der Umwandlung zur Aufnahme aber schon eine körperschaftstpfl. GmbH besteht, sind für den Beginn der KSt-Pflicht nur die **Umwandlung zur Neugründung** und der **Formwechsel** (§ 190 ff. UmwG) von Interesse. Als Umwandlungsarten zur Neugründung kommen die Verschmelzung zur Neugründung (§ 2 Nr. 2, § 36 ff., § 56 ff. UmwG) und die Spaltung zur Neugründung (§ 123 ff., § 135 ff., § 158 ff. UmwG) in Betracht.

Beispiel

Im Mai 02 beschließen die Gesellschafter der X-OHG, diese mit steuerlicher Rückwirkung auf den 31.12.01 im Wege eines Formwechsels in die X-GmbH umzuwandeln. Die Umwandlung wird im Juli 02 zum HR angemeldet, im September 02 erfolgt die Eintragung der Umwandlung im HR.

Lösung

Steuerlicher Übertragungsstichtag des Formwechsels (§§ 190 ff. UmwG) ist der 31.12.01. Auf diesen Tag ist von der übertragenden X-OHG eine steuerliche Schlussbilanz aufzustellen (§ 25 Satz 2 i.V.m. § 9 Sätze 2 und 3 UmwStG). Mit Ablauf des steuerlichen Übertragungsstichtages, d.h. ab dem 01.01.02, ist die X-GmbH unbeschränkt körperschaftsteuerpflichtig (vgl. § 25 Satz 1, § 20 UmwStG), obwohl zu diesem Zeitpunkt noch nicht einmal der Beschluss gefasst war, die X-OHG umzuwandeln.

1.1.3.1.1.3 Zuzug einer ausländischen »GmbH«

Unter dem Zuzug einer ausländischen Gesellschaft wird allgemein die **Verlegung des Verwaltungssitzes** einer Gesellschaft in das Inland verstanden. Der statutarische Sitz (auch: Satzungssitz) der Gesellschaft verbleibt dagegen im Ausland. Da der (gesellschaftsrechtliche) Verwaltungssitz vereinfacht dargestellt dem (steuerlichen) Ort der Geschäftsleitung einer Gesellschaft entspricht, ist die ausländische Gesellschaft mit der Verlegung ihres Verwaltungssitzes nach Deutschland unbeschränkt körperschaftsteuerpflichtig. Nach § 1 Abs. 1 KStG ist es nämlich ausreichend, wenn sich entweder der (statutarische) Sitz oder der Ort der Geschäftsleitung im Inland befinden. Weitere Voraussetzung ist aber, dass die ausländische Gesellschaft nach Maßgabe des sog. Typenvergleichs einer inländischen GmbH (genauer: einem körperschaftsteuerpflichtigen Gebilde) entspricht (s. hierzu 1.1.2.1).

Nach der bis vor kurzem in Deutschland angewandten **Sitztheorie** hing die rechtliche Anerkennung einer KapGes davon ab, dass die KapGes in ihrem Gründungsstaat auch ihren tatsächlichen Verwaltungssitz hatte. Ansonsten war das im Staat des tatsächlichen Verwaltungssitzes geltende Recht für das Personalstatut der Gesellschaft ausschlaggebend. Danach wurde eine ausländische Gesellschaft, die lediglich ihren Verwaltungssitz nach Deutschland verlegt hatte, als nicht rechtsfähig (da nicht eintragungsfähig) und folglich nicht als KapGes i.S.v. § 1

Abs. 1 Nr. 1 KStG anerkannt (s. BFH vom 23.06.1992, BStBl II 1992, 972). Eine unbeschränkte KSt-Pflicht sollte sich jedoch durch Entstehung eines neuen KSt-Subjektes aus § 1 Abs. 1 Nr. 5 KStG ergeben.

Diese Rechtsansicht ist spätestens durch die Überseering-Entscheidung des EuGH überholt (s. EuGH vom 05.11.2002, NZG 2002, 1164; vgl. auch EuGH vom 09.03.1999, »Centros«, NZG 1999, 298; EuGH vom 30.09.2003, »Inspire Art«, NZG 2003, 1064; EuGH vom 16.12.2008, »Cartesio«, NZG 2009, 61). Der EuGH entschied, dass es gegen die europäische Niederlassungsfreiheit (Art. 43 EG) verstößt, wenn der Zuzugsstaat die Rechtsfähigkeit der zugezogenen Gesellschaft, die nach ausländischem Recht wirksam gegründet wurde und die auch nach Wegzug im ausländischen Staat weiter besteht (dies ist bei Anwendung der sog. Gründungstheorie der Fall), nicht anerkennt. Es besteht daher – zumindest in Zuzugsfällen – **keine Vereinbarkeit** der Sitztheorie mit der **Niederlassungsfreiheit**. Eine Sitzverlegung ist nach dieser Rechtsprechung somit auch identitätswahrend, d. h. ohne Verlust der Rechtspersönlichkeit, möglich. Für das Steuerrecht folgt nach h.M. aus den zum Gesellschaftsrecht ergangenen EuGH-Entscheidungen, dass eine zugezogene ausländische Gesellschaft nunmehr gem. **§ 1 Abs. 1 Nr. 1 KStG** als unbeschränkt stpfl. KapGes zu qualifizieren ist, wenn sie nach dem Typenvergleich (s. 1.1.2.1) einer deutschen KapGes entspricht. Anderenfalls verbleibt es bei einer Steuerpflicht nach § 1 Abs. 1 Nr. 5 KStG mit der Folge, dass die Anteilseigner die Begünstigungen des Halbeinkünfteverfahrens (s. 1.4.2.1) nicht beanspruchen können. Die unbeschränkte KSt-Pflicht beginnt ab dem Zeitpunkt, in dem sich die Geschäftsleitung der Gesellschaft im Inland befindet.

Beispiel

Die in Großbritannien rechtswirksam gegründete L-Ltd. (entspricht einer deutschen GmbH) mit Sitz und Geschäftsleitung in London verlegt ihren Verwaltungssitz nach Hamburg.

Lösung

Die Rechtsfähigkeit der L-Ltd. bleibt trotz Sitzverlegung bestehen, da Großbritannien der sog. Gründungstheorie folgt. Die Gesellschaft ist ab dem Zeitpunkt der Verlegung des tatsächlichen Verwaltungssitzes (= Ort der Geschäftsleitung) nach Hamburg in Deutschland unbeschränkt körperschaftsteuerpflichtig nach § 1 Abs. 1 Nr. 1 KStG.

Ob sich die Überseering-Entscheidung (s. EuGH vom 05.11.2002, NZG 2002, 1164) auch auf Staaten außerhalb der EU auswirkt, mit denen Deutschland ein DBA abgeschlossen hat, das ein Diskriminierungsverbot entsprechend Art. 24 Abs. 5 OECD-MA enthält, ist noch nicht abschließend geklärt (dies bejahend s. BFH vom 29.01.2003, BStBl II 2004, 1043; ablehnend BMF vom 08.12.2004, BStBl I 2004, 1181).

1.1.3.1.2 Beschränkte Körperschaftsteuerpflicht

Zum Beginn der beschränkten KSt-Pflicht nach § 2 Nr. 1 KStG trifft das Gesetz ebenfalls keine ausdrückliche Aussage. Es werden lediglich die Voraussetzungen der beschränkten Steuerpflicht genannt, dass nämlich die GmbH weder ihren Sitz noch ihre Geschäftsleitung im Inland hat, aber inländische Einkünfte bezieht. Diesen Tatbestandsmerkmalen folgend definierte die FinVerw erstmals in den KStR 2004 den Zeitpunkt, ab dem eine beschränkte Steuerpflicht besteht. Nach R 4 Abs. 1 KStR 2004 beginnt die beschränkte KSt-Pflicht, **sobald inländische Einkünfte** i.S.d. § 49 EStG vorliegen. Damit steht fest, dass nicht jede GmbH mit

Sitz und Geschäftsleitung im Ausland (latent) beschränkt körperschaftsteuerpflichtig ist, sondern dass sie erst dann in die beschränkte KSt-Pflicht eintritt, wenn auch tatsächlich inländische Einkünfte erzielt werden.

1.1.3.2 Ende der Körperschaftsteuerpflicht

Ebenso wie der Beginn der **unbeschränkten KSt-Pflicht** an die zivilrechtlichen Gründungsphasen einer GmbH anknüpft (s. 1.1.3.1.1), endet die Steuerpflicht auch nicht, bevor die GmbH als zivilrechtlich beendet gilt (s. BFH vom 13.12.1989, BStBl II 1990, 468). Umgekehrt kann die unbeschränkte KSt-Pflicht jedoch über die zivilrechtliche Beendigung der GmbH durch Löschung aus dem HR hinaus reichen (vgl. R 51 Abs. 2 Satz 4 KStR 2004). Das Ende der unbeschränkten KSt-Pflicht tritt grds. erst dann ein, wenn die GmbH ihre Geschäftstätigkeit eingestellt und sämtliches Vermögen verteilt hat. Zudem besteht die KSt-Pflicht so lange fort, bis auch **alle steuerlichen Pflichten erfüllt** und alle Streitigkeiten betreffend gegen die GmbH ergangener Steuerbescheide entschieden sind (s. BFH vom 28.01.2004, BFH/NV 2004, 670).

Im Regelfall geht der Löschung einer GmbH aus dem HR ein **Liquidationsverfahren** voraus, dessen Zeitraum (genauer: Besteuerungszeitraum) drei Zeitjahre nicht übersteigen soll (vgl. § 11 Abs. 1 Satz 2 KStG). Während dieses Abwicklungszeitraums gilt die GmbH zivilrechtlich bereits als aufgelöst. Die Rechtsfähigkeit der GmbH besteht jedoch noch bis zu ihrem Erlöschen, d. h. der Löschung aus dem HR, fort. Die KSt-Pflicht der GmbH endet frühestens mit dem rechtsgültigen Abschluss der Liquidation. Dazu gehört auch der Ablauf eines sog. **Sperrjahres** (vgl. § 73 GmbHG). Während des Sperrjahres beenden weder die vollständige Ausschüttung des Vermögens noch die Löschung aus dem HR die unbeschränkte KSt-Pflicht (R 51 Abs. 2 KStR 2004).

In **Umwandlungsfällen** hängt das Ende der unbeschränkten KSt-Pflicht von der jeweils gewählten Umwandlungsart ab. Bei Verschmelzung einer GmbH auf einen anderen Rechtsträger (Kapital- oder PersGes) endet die KSt-Pflicht der untergehenden GmbH grds. mit Ablauf des steuerlichen Übertragungsstichtages i.S.v. § 2 Abs. 1 UmwStG (auch: Umwandlungsstichtag). Entsprechendes gilt für den (in der Praxis äußerst seltenen) Fall einer Aufspaltung (§ 123 Abs. 1 UmwG) sowie für die Umwandlung einer GmbH in eine Personenhandelsgesellschaft (z. B. OHG, KG) durch Formwechsel (§ 190 ff. UmwG). Wird eine GmbH im Wege eines Formwechsels in eine andere KapGes (z. B. AG) umgewandelt, endet die unbeschränkte KSt-Pflicht nicht, da auch die neue KapGes (als personenidentisches Rechtssubjekt) körperschaftsteuerpflichtig ist.

Verzieht die GmbH demgegenüber ins Ausland (sog. **Wegzugsfall**), indem sie ihren (statutarischen) Sitz und/oder ihre Geschäftsleitung in das Ausland verlegt, endet die unbeschränkte KSt-Pflicht in dem Zeitpunkt, in dem beide Anknüpfungsmerkmale an das Inland wegfallen (vgl. § 1 Abs. 1 Nr. 1 KStG). Hierbei ist zu berücksichtigen, dass die Verlegung des statutarischen Sitzes in das Ausland nach der für den Wegzugsfall noch immer geltenden Sitztheorie als Liquidation der inländischen GmbH angesehen wird. Eine »weggezogene« GmbH kann trotz Verlustes der unbeschränkten Steuerpflicht weiterhin gem. § 2 Nr. 1 KStG beschränkt steuerpflichtig sein. Die **beschränkte Steuerpflicht** endet erst, wenn eine ausländische GmbH keine inländischen Einkünfte i.S.d. § 49 EStG mehr erzielt (R 4 Abs. 1 Satz 2 KStR 2004), vorausgesetzt, dass sie alle ihre steuerrechtlichen Pflichten erfüllt hat. Die Gesellschaft ist in Deutschland dann nicht mehr persönlich steuerpflichtig.

1.1.3.3 Steuerbefreiungen

LITERATURHINWEISE:
Buchna/Seeger/Brox, Gemeinnützigkeit im Steuerrecht, 10. Aufl. 2010; *Engelsing/Lüke*, Die gemeinnützige GmbH, NWB 2010, 118; *Engelsing/Rohde*, Die gemeinnützige GmbH im Steuerrecht, NWB 2005, F. 4, 4965; *Ossola-Haring*, Die GmbH mit kommunaler Beteiligung und die gemeinnützige GmbH, 3. Aufl. 2009; *Schauhoff*, Handbuch der Gemeinnützigkeit, 3. Aufl. 2010; *Schindler*, Auswirkungen der Unternehmenssteuerreform auf steuerbefreite Körperschaften, DB 2001, 448; *Schröder*, Die steuerbegünstigte und steuerpflichtige GmbH bei Non-Profit-Organisationen, DStR 2004, 1815, 1859.

1.1.3.3.1 Persönliche und sachliche Steuerbefreiungen – allgemein

Der in § 5 Abs. 1 KStG enthaltene Katalog zählt abschließend diejenigen inländischen GmbHs auf, die entweder persönlich oder sachlich von der KSt befreit sind. Die Befreiungen verfolgen den Zweck der **Förderung des Gemeinwohls**. Ein Verzicht auf die Besteuerung wird damit begründet, dass der Staat durch die Tätigkeiten dieser GmbH entlastet werde und eine Besteuerung daher nicht sachgerecht sei. Die Befreiung von der KSt soll aber zu keinen Wettbewerbsverzerrungen führen. Die Steuerbefreiungen sind ausschließlich bei **unbeschränkt körperschaftsteuerpflichtigen** Gesellschaften, d.h. Gesellschaften, die entweder ihren Satzungssitz oder ihren Ort der Geschäftsleitung im Inland haben, anwendbar (vgl. § 5 Abs. 2 Nr. 2 KStG).

Eine **persönliche** Steuerbefreiung ergibt sich bezüglich der Rechtsform der GmbH ausschließlich für die in § 5 Abs. 1 Nr. 2 KStG aufgezählten landeseigenen Kreditinstitute. Wichtiger sind daher die im Katalog des § 5 Abs. 1 KStG enthaltenen **sachlichen** Steuerbefreiungen. Hierzu gehören u. a. (teilweise eingeschränkte) Steuerbefreiungen für rechtsfähige Pensions-, Sterbe- und Krankenkassen (Nr. 3), gemeinnützige, mildtätige und kirchliche Körperschaften (Nr. 9) und bestimmte Wirtschaftsförderungsgesellschaften (Nr. 18). Die jeweiligen **Voraussetzungen** für die Steuerbefreiungen müssen grds. während des gesamten VZ gegeben sein. Zudem ist zu beachten, dass z. B. die Steuerbefreiung für gemeinnützige, mildtätige und kirchliche Körperschaften (§ 5 Abs. 1 Nr. 9 KStG) auch für die Vergangenheit wieder entfallen kann (s. § 61 Abs. 3 AO). Die Steuerbefreiung wirkt sich nicht auf eine von der steuerbefreiten GmbH beherrschte GmbH aus. Diese müsste selbst die Voraussetzungen für eine Steuerbefreiung erfüllen. Ebenfalls nicht von der KSt befreit sind wirtschaftliche Geschäftsbetriebe gemeinnütziger, mildtätiger und kirchlicher Körperschaften (§ 5 Abs. 1 Nr. 9 Satz 2 KStG; hierzu ausführlich s. 1.1.3.3.2).

Erzielt eine nach § 5 Abs. 1 KStG steuerbefreite GmbH Einkünfte, die ganz oder tw. dem Steuerabzug unterliegen, wird dieser Steuerabzug trotz der grundsätzlichen Steuerbefreiung durchgeführt und auch nicht wieder rückgängig gemacht (§ 5 Abs. 2 Nr. 1 KStG). Im Ergebnis erstreckt sich die Steuerbefreiung folglich nicht auf **steuerabzugspflichtige Einkünfte**, also insbes. Kapitalerträge, die dem KapSt-Abzug nach § 43 EStG unterliegen. Die KSt gilt für diese Einkünfte durch den Steuerabzug als abgegolten (§ 32 Abs. 1 Nr. 1 KStG).

1.1.3.3.2 Gemeinnützigkeit

Die in der Praxis wichtigste (da immer häufiger vorkommende) sachliche Befreiung von der KSt ist die Befreiung einer GmbH, die nach ihrer Satzung und nach ihrer tatsächlichen Geschäftsführung ausschließlich und unmittelbar gemeinnützigen, mildtätigen oder kirchlichen Zwecken dient (§ 5 Abs. 1 Nr. 9 KStG i.V.m. § 51 ff. AO; nachfolgend abgekürzt: gemeinnützig). Die gemeinnützige GmbH (auch: gGmbH) wird dabei zunehmend gewählt, um von den der Rechtsform der GmbH immanenten **Haftungsbeschränkungen** profitieren zu können. Da eine GmbH nach § 1 GmbHG zu jedem gesetzlich zulässigen Zweck gegründet werden kann (sog. Zweckoffenheit), steht der Verwirklichung eines gemeinnützigen (nicht gewerblich, gewinnorientierten) Zwecks in der Rechtsform der GmbH nichts entgegen.

Eine genaue Definition, was unter gemeinnützigen, mildtätigen und kirchlichen Zwecken zu verstehen ist, enthalten die §§ 52 bis 54 AO. Alle drei steuerbegünstigten Zwecke setzen danach u. a. voraus, dass die GmbH **selbstlos** tätig wird, d. h., dass die GmbH insbes. nicht in erster Linie eigenwirtschaftliche Zwecke verfolgt und die ihr zur Verfügung stehenden Mittel – grds. zeitnah – nur für die satzungsmäßigen Zwecke verwendet (s. zu den weiteren Voraussetzungen § 55 AO). Ferner dürfen **ausschließlich** und nur **unmittelbar** durch die GmbH selbst die steuerbegünstigten satzungsmäßigen Zwecke verfolgt werden (§ 56, § 57 AO). Wurde die Gemeinnützigkeit nach der Satzung der GmbH einmal durch die FinVerw anerkannt, ist die FinVerw für die Vergangenheit daran gebunden, selbst wenn die Satzung tatsächlich nicht den Anforderungen des Gemeinnützigkeitsrechts genügt (s. BMF vom 17.11.2004, BStBl I 2004, 1059).

Die genannten Tätigkeitsbeschränkungen schließen nicht aus, dass die gGmbH auch andere Aktivitäten mit wirtschaftlichem Hintergrund verfolgt, um vor allem die Finanzierung der steuerbegünstigten Zwecke zu gewährleisten. Tritt die GmbH dabei in Konkurrenz zu anderen (stpfl.) Unternehmen, ist eine Steuervergünstigung aber (zumindest diesen Teil betreffend) zu versagen. Aus steuerlicher Sicht sind bei einer gGmbH daher die folgenden **vier Bereiche** zu unterscheiden:

- der ideelle (gemeinnützige) Bereich,
- der Bereich der Vermögensverwaltung,
- der Bereich der Zweckbetriebe und
- der Bereich der wirtschaftlichen Geschäftsbetriebe.

Der **ideelle** Tätigkeitsbereich, der ausschließlich der Verwirklichung der gemeinnützigen Zwecke dient, ist gem. § 5 Abs. 1 Nr. 9 KStG stets von der KSt befreit. Hierzu gehört z. B. die Vereinnahmung von Spenden/Zuwendungen und Zuschüssen. Ebenfalls nicht körperschaftsteuerpflichtig sind die Einnahmen im Bereich der **Vermögensverwaltung** (§ 14 Satz 3 AO), also die Einnahmen z. B. aus Kapitalanlagen oder aus der Vermietung/Verpachtung von Vermögen der gGmbH. Ein **Zweckbetrieb** ist nach § 65 AO ein wirtschaftlicher Geschäftsbetrieb, der zur Erreichung der steuerbegünstigten satzungsmäßigen Zwecke der gGmbH notwendig ist und nicht in größerem Umfang mit anderen (stpfl.) Unternehmen konkurriert (z. B. Krankenhäuser, § 67 AO; Sportveranstaltungen, § 67a AO). Auch die Einkünfte aus einem Zweckbetrieb sind von der KSt befreit. Einzig die Einkünfte aus einem »regulären« **wirtschaftlichen Geschäftsbetrieb** einer ansonsten gemeinnützig tätigen GmbH werden nicht begünstigt und sind damit voll körperschaftsteuerpflichtig, soweit diese Einnahmen jährlich 35.000 € übersteigen (§ 64 Abs. 3 AO). Ein wirtschaftlicher Geschäftsbetrieb ist in § 14 Satz 1 und 2 AO definiert als eine über den Rahmen einer Vermögensverwaltung hinausgehende, selbstständige und nachhaltige Tätigkeit, die mit Einnahmeerzielungsabsicht unternommen wird (z. B. entgeltliche Bandenwerbung, Werbung auf Sportbekleidung). Die Steuerpflicht für diesen Tätigkeitsbereich ergibt sich vom Grundsatz bereits aus § 5 Abs. 1 Nr. 9 Satz 2 KStG, der die Steuerbefreiung für wirtschaftliche Geschäftsbetriebe ausschließt.

1.1.3.3.3 Wechsel zwischen Steuerpflicht und Steuerbefreiung

Die steuerliche Behandlung im Fall des Eintritts einer bislang körperschaftstpfl. GmbH in eine Steuerbefreiung und umgekehrt, z. B. aufgrund einer Änderung der Tätigkeiten einer GmbH oder einer Gesetzesänderung, regelt § 13 KStG. Danach hat eine zukünftig steuerbefreite GmbH eine **Schlussbilanz** aufzustellen (§ 13 Abs. 1 KStG), während eine zukünftig stpfl. GmbH eine **Anfangsbilanz** zu erstellen hat (§ 13 Abs. 2 KStG). In der jeweiligen Bilanz sind die WG gem. § 13 Abs. 3 Satz 1 KStG grds. mit dem Teilwert anzusetzen, zugrunde es zu einer Besteuerung der während der Steuerpflicht gebildeten stillen Reserven kommt. Dies gilt ggf. nur dann nicht (= BW-Ansatz), wenn künftig eine Steuerbefreiung aufgrund Gemeinnützigkeit nach § 5 Abs. 1 Nr. 9 KStG eintritt. Selbst geschaffene immaterielle WG des AV, insbes. ein originärer **Firmenwert**, dürfen weder in der Anfangs- noch in der Schlussbilanz angesetzt werden (s. BFH vom 09.08.2000, BStBl II 2001, 71).

1.1.4 Das Halb- bzw. Teileinkünfteverfahren

LITERATURHINWEISE:

Binnewies, Das steuerliche Einlagekonto im Halbeinkünfteverfahren, GmbH-StB 2003, 129, 225; *Binnewies*, Nutzung des KSt-Guthabens aus Nachsteuer bei Übergang vom Anrechnungs- zum Halbeinkünfteverfahren, GmbHR 2005, 695; *Dötsch/Pung*, Zeitliche Abgrenzung von Anrechnungs- und Halbeinkünfteverfahren: Das BMF-Schreiben vom 6.11.2003, DB 2003, 2514; *Eisgruber*, Das Halbeinkünfteverfahren auf der Ebene der Körperschaft, DStR 2000, 1493; *Förster/Felchner*, Auszahlung des Körperschaftsteuerguthabens nach dem SEStEG, DStR 2007, 280; *Kasperczyk/Hübner*, Wie viel vernichtetes Körperschaftsteuerguthaben kann gerettet werden? Verfahrensrechtliche Aspekte im Zusammenhang mit dem Körperschaftsteuerguthaben gemäß JStG 2010, DStR 2011, 1446; *Korn*, Ausgaben und Verluste bei Anteilen an Kapitalgesellschaften in Teileinkünfteverfahren und Abgeltungsteuer, DStR 2009, 2509; *Schlagheck*, Das steuerliche Einlagekonto, StuB 2004, 1010.

1.1.4.1 Exkurs: Überblick über das bis zum Veranlagungszeitraum 2000 geltende Anrechnungsverfahren

In den Jahren von 1977 bis einschl. 2000 sah das KStG (ergänzt durch Regelungen im EStG) eine Besteuerung von KapGes und ihren Anteilseignern im Rahmen eines **(Voll-)Anrechnungssystems** vor. Dieses – auch als körperschaftsteuerliches Anrechnungsverfahren bezeichnete – System sollte eine (wirtschaftliche) Doppelbesteuerung durch eine KSt-Belastung auf Ebene der Gesellschaft und eine ESt-Belastung der von der KapGes ausgekehrten Gewinne beim Gesellschafter im Ergebnis dadurch vermeiden, dass die **von der KapGes gezahlte KSt** auf die ESt des **Anteilseigners angerechnet** wurde. Durch die faktische Umqualifizierung der von der KapGes gezahlten KSt in eine ESt-Vorauszahlung des Anteilseigners bei Ausschüttung kann mit dem Vollanrechnungssystem im Grundsatz eine doppelte Steuerbelastung vollständig vermieden werden. Gleichzeitig führt die Anrechnung dazu, dass die ausgeschütteten Gewinne der KapGes (nur noch) mit dem persönlichen ESt-Satz des Anteilseigners endgültig besteuert werden, während für Gewinne, die nicht an die Anteilseigner ausgeschüttet werden (können), die bei der GmbH entstandene KSt-Belastung definitiv wird. Im Ausschüttungsfall wird der Anteilseigner somit so behandelt, als ob er die Gewinne der GmbH selbst erzielt hätte.

Unter dem Anrechnungsverfahren wurden von der GmbH erwirtschaftete Gewinne (zuletzt, d. h. seit 1999) einem **Thesaurierungs-KSt-Satz i.H.v. 40%** unterworfen. Wurden diese

Gewinne an die Anteilseigner offen oder verdeckt ausgeschüttet, war die sog. **Ausschüttungsbelastung** herzustellen. Dies bedeutet, dass sich die auf den ausgeschütteten Gewinnen lastende KSt auf **30%** reduzierte. Bei der GmbH trat folglich mit der Gewinnausschüttung eine KSt-Minderung i.H.v. 10% ein. I.H.d. Ausschüttungsbelastung war dem Anteilseigner ein Anrechnungsguthaben (3/7 der Dividende) zu bescheinigen, das dieser für eine Anrechnung auf seine persönliche Steuerschuld nutzen konnte (§ 36 Abs. 2 Nr. 3 EStG a.F.). Nur durch Vorlage dieser von der GmbH auszustellenden **Steuerbescheinigung** (§ 44 ff. KStG a.F.) wurde die nötige Verbindung zwischen Gesellschaft und Gesellschafter mit der daraus resultierenden Steueranrechnung hergestellt. Um beim Anteilseigner keine doppelte Entlastung zu erzeugen, gehörte bei ihm neben der Dividende einschl. von der GmbH einzubehaltender KapSt i.H.v. 25% auch das KSt-Anrechnungsguthaben zu den Einkünften aus Kapitalvermögen (§ 20 Abs. 1 Nr. 3 EStG a.F.).

Die steuerlichen **Belastungswirkungen** zeigt die folgende Übersicht, wobei die GewSt und der SolZ aus Vereinfachungsgründen außer Betracht bleiben:

Ebene der GmbH		
Gewinn vor Steuern		100,00
./. KSt bei Ausschüttung (30%; sog. Ausschüttungsbelastung)	./.	30,00
Gewinn nach KSt		70,00
./. KapSt (25%; § 43a EStG a.F.)	./.	17,50
Auszahlung an den Anteilseigner		52,50
Ebene des Anteilseigner (natürliche Person)		
Erhaltene Auszahlung (Nettodividende)		52,50
+ von der GmbH einbehaltene KapSt	+	17,50
Bardividende		70,00
+ Steuergutschrift (3/7 von 70; § 20 Abs. 1 Nr. 3 EStG a.F.)	+	30,00
Dividendeneinnahme i.S.v. § 20 Abs. 1 Nr. 1 und 3 EStG a.F. (Bruttodividende)		100,00
ESt (hier: 40%)		40,00
Anrechnung der von der GmbH gezahlten KSt	./.	30,00
Anrechnung der von der GmbH einbehaltenen KapSt	./.	17,50
ESt-Erstattung an den Anteilseigner	./.	7,50
Dividende nach Steuern		60,00
Steuerbelastung		40,00

Aus Sicht der GmbH führte die Herstellung der Ausschüttungsbelastung einerseits zu einem Anreiz, Gewinnausschüttungen vorzunehmen, da dadurch eine KSt-Minderung erreicht werden konnte, andererseits konnte durch eine Ausschüttung aber auch eine KSt-Erhöhung hervorgerufen werden, wenn die ausgeschütteten Gewinne bislang einer niedrigeren (als 30%-igen) Vorbelastung unterlegen hatten. Um die KSt-Änderung durch Herstellung der Ausschüttungsbelastung ermitteln zu können, war es daher notwendig, die KSt-Vorbelastung der ausschüttbaren Gewinne festzuhalten. Hierzu diente eine **Gliederungsrechnung**, die das für Ausschüttungen zur Verfügung stehende sog. **vEK** entsprechend seiner Vorbelastung rechnerisch festhielt. Der Vorbelastung entsprechend waren (zumindest) folgende Teilbeträge (»Töpfe«) des vEK zu unterscheiden:

- **EK 45** (Teilbeträge, die der bis 1998 geltenden KSt-Tarifbelastung i.H.v. 45% unterlagen);
- **EK 40** (Teilbeträge, die der ab 1999 geltenden KSt-Tarifbelastung i.H.v. 40% unterlagen);

- **EK 30** (Teilbeträge, die aufgrund einer Aufteilung ermäßigt belasteter Einkommensbestandsteile einer Vorbelastung von 30% unterlagen, § 32 KStG a.F.);
- **EK 01 bis 04** (unbelastete Teilbeträge (§ 30 Abs. 2 Nr. 1–4 EStG a.F.): Einlagen der Gesellschafter (EK 04) oder unversteuerte Gewinnrücklagen (EK 01 bis 03); bei Verwendung von EK 01 und EK 04 war keine Ausschüttungsbelastung herzustellen).

Welche(r) dieser Teilbeträge nun im Einzelfall für eine Ausschüttung als verwendet galt(en), bestimmte sich durch eine gesetzlich vorgeschriebene **Verwendungsreihenfolge** (§ 28 Abs. 3 KStG a.F.). Auf Basis der festgestellten vEK-Töpfe zum Schluss des dem (Ausschüttungs-)Beschlussjahr vorangegangenen Wj. erfolgte danach eine Verwendung (beginnend mit dem am höchsten belasteten Teilbetrag) in belastungsabsteigender Reihenfolge. Erst zum Schluss galten die unbelasteten Teilbeträge EK 01 bis EK 04 – in ihrer Reihenfolge beginnend mit dem EK 01 – als verwendet. Die vorgeschriebene Reihenfolge war für die GmbH insofern vorteilhaft, als zunächst eine KSt-Minderung und nur dann, wenn die belasteten Teilbeträge für die oGA nicht ausreichten, eine KSt-Erhöhung eintrat. Für die oGA wurde allerdings die KSt-Minderung mitverwendet, zugrunde ein Teil der oGA (i.H.d. KSt-Minderung) im Ergebnis nicht die belasteten Teilbeträge reduzierte. Es konnte daher immer ein höherer Betrag als der eigentliche Bestand des belasteten EK-Topfes (nämlich z. B. 70/55 aus EK 45) für die oGA verwendet werden. Umgekehrt wurde eine KSt-Erhöhung aus dem »Topf« finanziert, der für die oGA als verwendet galt.

Beispiel

Zum 31.12.1999 hat die G-GmbH einen Bestand an EK 45 i.H.v. 140.000 €, an EK 40 i.H.v. 60.000 € und an EK 02 i.H.v. 200.000 € festgestellt. Am 04.04.2000 beschließen die Gesellschafter der G-GmbH eine oGA für 1999 i.H.v. 140.000 €.

Lösung

Die oGA ist aus dem EK 45 zu finanzieren. Sie mindert den Teilbetrag des EK 45 um 110.000 € (und nicht um 140.000 €), da i.H.v. 15/70 der Gewinnausschüttung (15/70 von 140.000 € = 30.000 €) eine KSt-Minderung eintritt, die für die oGA mitverwendet gilt. Der verbliebene Teilbetrag des EK 45 ist daher i.H.v. 30.000 € festzustellen.

Unter dem Anrechnungsverfahren ist die durch eine **oGA** verursachte KSt-Minderung bzw. KSt-Erhöhung immer für das **Jahr** eingetreten, **für das ausgeschüttet** wurde (§ 27 Abs. 3 KStG a.F.). In welchem Jahr die oGA tatsächlich bei der GmbH abgeflossen ist, war hingegen irrelevant. Nicht so bei einer **vGA**: Die durch eine vGA bedingte KSt-Änderung trat stets in dem Jahr ein, in dem die vGA **erfolgte**, d. h. tatsächlich abfloss. Dementsprechend war die vGA auch mit dem vEK zu verrechnen, das sich zum Schluss des Wj. ergab, in dem die vGA abfloss. Bekanntlich führt eine vGA bei einer GmbH (genauer: Körperschaft) aber stets auch zu einer Einkommenserhöhung (vgl. § 8 Abs. 3 Satz 2 KStG). Daher kam es durch eine vGA zugleich auch zu einem (im Vergleich zum Abgang allerdings geringeren) Zugang beim vEK (s. 1.1.5.3.3.2).

Die dargestellte Systematik des Anrechnungsverfahrens war vom Grundsatz her auch bei **Gewinnausschüttungen an KapGes** als Anteilseigner einer GmbH anzuwenden. Auf Ebene der GmbH war die Ausschüttungsbelastung herzustellen und die die Gewinnausschüttung empfangende KapGes erhielt ein entsprechendes Anrechnungsguthaben, das sie mit ihrer eigenen Steuerschuld verrechnen konnte. Im Ergebnis führte dies dazu, dass die ausschüttende

Tochtergesellschaft wirtschaftlich betrachtet von der KSt befreit wurde und die KSt-Belastung an die Muttergesellschaft durchgereicht wurde. Erst bei Ausschüttung an eine natürliche Person als Anteilseigner ergab sich eine »Endbelastung« der von der Tochtergesellschaft (oder Enkel- oder Urenkelgesellschaft usw.) erzielten Gewinne. Besonderer Vorschriften für Gewinnausschüttungen an KapGes bedurfte es daher nicht.

Nicht eingehalten werden konnte die Vermeidung einer Doppelbelastung für den Fall **ausländischer Anteilseigner**. Diese waren vom Anrechnungsverfahren insoweit ausgeschlossen, als ihnen kein Anrechnungsguthaben (grenzüberschreitend) gewährt wurde. Für ausländische Anteilseigner hatte die bei der inländischen GmbH hergestellte Ausschüttungsbelastung i.H.v. 30% somit Definitivwirkung. Dieser Systembruch führte zu verstärkter Kritik am Anrechnungsverfahren, da insbes. auch davon ausgegangen wurde, dass ein national ausgerichtetes körperschaftsteuerliches Anrechnungsverfahren nicht mit den Grundfreiheiten des EG-Vertrages vereinbar ist (vgl. EuGH vom 07.09.2004, »Manninen«, DStRE 2004, 1220 zur **Europarechtswidrigkeit** des finnischen KSt-Anrechnungsverfahrens). Die Frage der Vereinbarkeit des deutschen KSt-Anrechnungsverfahrens mit EG-Recht ist – nach seiner Abschaffung – an den EuGH herangetragen worden. Der EuGH hat mit Urteil vom 06.03.2007 entschieden, dass die Anrechnung für nur von inländischen Gesellschaften gezahlte Dividenden gegen EU-Recht verstößt (s. EuGH vom 06.03.2007, »W. Meilicke«, DStRE 2007, 448).

1.1.4.2 Funktions- und Wirkungsweise des Halb- bzw. Teileinkünfteverfahrens

Mit dem Steuersenkungsgesetz (StSenkG vom 23.10.2000, BGBl I 2000, 1433) wurde das seit 1977 gültige körperschaftsteuerliche (Voll-)Anrechnungsverfahren mit Wirkung zum 01.01.2001 durch das sog. **Halbeinkünfteverfahren** (eigentlich: Halbeinnahmen- und -ausgabenverfahren) ersetzt. Ab dem VZ 2009 wurde das Halbeinkünfteverfahren zu einem Teileinkünfteverfahren modifiziert sowie die sog. Abgeltungsteuer eingeführt. Das Halbeinkünfteverfahren ist – im Gegensatz zum Anrechnungsverfahren – gekennzeichnet durch eine strikte Trennung der Besteuerung der GmbH als Gesellschaft und der Besteuerung ihrer Anteilseigner (Gesellschafter). Es handelt sich daher um ein sog. **klassisches KSt-System**, bei dem eine voneinander unabhängige Besteuerung auf Gesellschafts- und Gesellschafterebene durchgeführt wird. Dies führt im Grundsatz dazu, dass – insbes. bei mehreren Beteiligungsstufen – hinsichtlich der Steuerbelastung »Kumulationswirkungen« eintreten. Um die steuerliche Gesamtbelastung durch die doppelte Besteuerung der Gewinne einer GmbH einmal auf Ebene der Gesellschaft und anschließend beim Gesellschafter (z. B. in Form von Dividenden) abzumildern, erfolgt die Besteuerung bei der GmbH mit einem – im Vergleich zum Anrechnungsverfahren – abgesenkten und einheitlichen KSt-Satz von 15% (bis einschließlich VZ 2007: 25%). Beim Gesellschafter sind die ausgekehrten Gewinne der GmbH zur Abmilderung der Doppelbesteuerung abhängig von der Rechtsform des Gesellschafters entweder in voller Höhe nicht (KapGes, § 8b KStG; 5% der Auskehrung gelten jedoch als nicht abzb. BA) oder nur zur Hälfte bzw. 60% (natürliche Person, § 3 Nr. 40 EStG) steuerpflichtig (im Gegenzug können Aufwendungen auch nur zur Hälfte bzw. zu 60% steuerlich geltend gemacht werden, § 3c Abs. 2 EStG). Nach der Vorstellung des Gesetzgebers wird so insgesamt eine einmalige »Vollbesteuerung« der Gewinne einer GmbH gewährleistet: eine »Hälfte« wird bei der den Gewinn erwirtschaftenden GmbH durch die KSt erhoben, die andere »Hälfte« bei der natürlichen Person als (End-)Gesellschafter mittels der ESt. Selbstverständlich tritt diese Idealvorstellung einer einmaligen »Vollbesteuerung« zumeist nur für den dargestellten Grundfall ein.

Die steuerlichen **Belastungswirkungen** im Halbeinkünfteverfahren zeigt die folgende Übersicht, wobei die GewSt und der SolZ aus Vereinfachungsgründen außer Betracht bleiben:

Ebene der GmbH	
Gewinn vor Steuern	100,00
./. KSt (25 %)	./. 25,00
Gewinn nach KSt	75,00
./. KapSt (20 %)	./. 15,00
Auszahlung an den Anteilseigner	60,00
Ebene des Anteilseigners (natürliche Person)	
erhaltene Dividende (Auszahlung, »Bardividende«)	60,00
+ von der GmbH einbehaltene KapSt	+ 15,00
Dividendeneinnahme i.S.v. § 20 Abs. 1 Nr. 1 EStG	75,00
davon 50 % steuerfrei (§ 3 Nr. 40 Satz 1 Buchst. d EStG)	./. 37,50
Stpfl. Dividendeneinkünfte	37,50
ESt (hier: 40 %)	15,00
Anrechnung der von der GmbH einbehaltenen KapSt (§ 36 Abs. 2 Nr. 2 EStG)	15,00
ESt des Anteilseigner	0
Dividende nach Steuern	60,00
kumulierte Steuerbelastung (KSt und ESt)	40,00

Auf Ebene der GmbH ergibt sich im Halb- bzw. Teileinkünfteverfahren somit grds. eine **definitive KSt-Belastung** i.H.v. 15 % des zvE (§ 23 Abs. 1 KStG). Diese Steuerbelastung ist endgültig und tritt unabhängig davon ein, ob die Gewinne der GmbH thesauriert oder an die Anteilseigner ausgeschüttet werden. Lediglich während einer gesetzlich vorgeschriebenen Übergangszeit (s. hierzu ausführlich 1.1.4.4) konnte es aufgrund der Nachwirkungen des Anrechnungsverfahrens noch zu Änderungen der so ermittelten KSt-Schuld kommen (§§ 37, 38 KStG). Abgesehen von dieser zeitlich begrenzten Ausnahme verliert die Steuerbelastung bei der GmbH aber ihre bisherige Vorläufigkeit, sodass auch ein Nachweis über die Vorbelastung der Gewinne bei der GmbH entfallen kann (im Anrechnungsverfahren: Gliederungsrechnung). Da alle (stpfl.) Gewinne der GmbH mit 15 % besteuert wurden, braucht eine Herkunft der Gewinne nicht mehr nachgehalten zu werden.

Um jedoch eine Besteuerung der an die Anteilseigner der GmbH zurückgezahlten Einlagen zu verhindern, ist auch weiterhin zwischen von der GmbH selbst erwirtschafteten Gewinnen und den von den Gesellschaftern – aus versteuertem Einkommen – geleisteten Einlagen zu unterscheiden. Hierzu dient das von der GmbH zu führende sog. **steuerliche Einlagekonto** (§ 27 KStG; s. hierzu 1.1.4.3).

Die dargestellte Grundsystematik gilt unabhängig davon, ob an der inländischen GmbH inländische und/oder **ausländische Anteilseigner** beteiligt sind. Anders als noch beim Anrechnungsverfahren genießen im Halbeinkünfteverfahren inländische und ausländische Anteilseigner grds. die gleiche steuerliche Behandlung. Dies galt als eines der Argumente für die Einführung des Halbeinkünfteverfahrens.

1.1.4.3 Das steuerliche Einlagekonto

1.1.4.3.1 Überblick

Um eine Trennung der Gesellschaftereinlagen von den von der GmbH selbst erwirtschafteten Gewinnen sicherzustellen, sind die **Gesellschaftereinlagen** auf einem besonderen Konto, dem sog. steuerlichen Einlagekonto, zu erfassen (§ 27 KStG). Dadurch soll erreicht werden, dass Ausschüttungen an die Anteilseigner nicht der Besteuerung unterliegen (s. § 20 Abs. 1 Nr. 1 Satz 3 EStG), wenn für die Ausschüttung Einlagen der Gesellschafter verwendet werden. Die Einlagen der Gesellschafter wurden nämlich regelmäßig aus bereits versteuertem Einkommen der Gesellschafter geleistet. Sinn und Zweck der Führung des steuerlichen Einlagekontos ist also die Vermeidung der (erneuten) Besteuerung zurückgezahlter Einlagen. Die Nichtbesteuerung von Einlagenrückzahlungen wurde auch unter dem früher geltenden Anrechnungsverfahren sichergestellt, indem die Gesellschaftereinlagen im sog. EK 04 festgehalten wurden. Diese Funktion übernimmt nunmehr das **steuerliche Einlagekonto i.S.v. § 27 KStG**, bei dem es sich ebenfalls um eine »Nebenrechnung« handelt, die außerhalb der (Steuer-)Bilanz der GmbH zu führen ist.

Die GmbH hat als KapGes gem. § 27 Abs. 1 Satz 1 KStG die **nicht in das Nennkapital geleisteten Einlagen** am Schluss eines jeden Wj. auf dem steuerlichen Einlagekonto auszuweisen. Daraus ergibt sich, dass das EK einer GmbH für steuerliche Zwecke zunächst in das Nennkapital (Stammkapital der GmbH) und das übrige EK zu untergliedern ist. Nur die Einlagen in das übrige EK der GmbH finden im steuerlichen Einlagekonto ihren Niederschlag:

Nennkapital (Stammkapital	**Übriges EK**
Gesellschaftereinlagen (soweit im Stammkapital ausgewiesen)	Gesellschaftereinlagen (im **steuerlichen Einlagekonto** auszuweisen)
In Nennkapital umgewandelte thesaurierte Gewinne (Sonderausweis nach § 28 Abs. 1 KStG)	Thesaurierte Gewinne

Als **Anfangsbestand** des steuerlichen Einlagekontos ist bei einer Bar- oder Sachgründung sowie bei einer Einbringung nach § 20 UmwStG der Betrag des in der Eröffnungsbilanz auszuweisenden EK zu erfassen, der das Nennkapital übersteigt (wie z. B. das Agio). Ansonsten ist bei einer erstmaligen Verpflichtung zur Führung eines steuerlichen Einlagekontos regelmäßig von einem Anfangsbestand von Null auszugehen (BMF vom 04.06.2003, BStBl I 2003, 366, Rz. 5, 8). Infolge des Wechsels vom Anrechnungs- zum Halbeinkünfteverfahren war für bereits bestehende GmbH als Anfangsbestand des steuerlichen Einlagekontos ein positiver Endbestand des **ehemaligen EK 04** zu übernehmen (§ 39 Abs. 1, § 36 Abs. 7 KStG). Bei einem kalenderjahrgleichen Wj. war das steuerliche Einlagekonto erstmals zum 31.12.2001 auszuweisen. Entspricht das Wj. der GmbH nicht dem Kj., erfolgt ein erstmaliger Ausweis zu dem entsprechend zeitlich späteren Ende des abweichenden Wj.

Der Bestand des steuerlichen Einlagekontos ist **jährlich fortzuschreiben**, wobei jeweils vom Bestand am Ende des vorangegangenen Wj. auszugehen ist und die Zu- und Abgänge des laufenden Wj. entsprechend zu berücksichtigen sind (§ 27 Abs. 1 Satz 2 KStG). Schematisch dargestellt erfolgt die jährliche Fortschreibung des steuerlichen Einlagekontos somit wie folgt:

Bestand am Ende des vorangegangenen Wj.
\+ Zugänge des laufenden Wj.
./. Abgänge des laufenden Wj.
Bestand am Ende des laufenden Wj.

Der unter Berücksichtigung der Zu- und Abgänge ermittelte Bestand des steuerlichen Einlagekontos am Ende des Wj. wird vom FA **gesondert festgestellt** (§ 27 Abs. 1 Satz 1 KStG; s. 1.1.6.3).

Ein steuerliches Einlagekonto haben nach der gesetzlichen Regelung **unbeschränkt stpfl.** KapGes zu führen (s. § 27 Abs. 1 Satz 1 KStG). Für beschränkt stpfl. KapGes, die in einem anderen Mitgliedstaat der EU der unbeschränkten Steuerpflicht unterliegen, besteht seit dem VZ 2006 auch die Möglichkeit, durch Führung eines entsprechenden steuerlichen Einlagekontos eine Einlagenrückgewähr zu erbringen (vgl. § 27 Abs. 8 KStG). Hierdurch können steuerliche Nachteile vermieden werden, wenn die ausländische »GmbH« Ausschüttungen an einen inländischen Gesellschafter vornimmt, die als Einlagenrückgewähr anzusehen sind.

1.1.4.3.2 Erhöhung des steuerlichen Einlagekontos

Ausgehend vom Anfangsbestand des steuerlichen Einlagekontos eines jeden Wj., der sich aus dem Bestand am Ende des vorangegangenen Wj. ergibt, kommt es in den folgenden Fällen zu einem **Zugang** auf dem steuerlichen Einlagekonto (vgl. BMF vom 04.06.2003, BStBl I 2003, 366, Rz. 26 ff.):

- verdeckte (Gesellschafter-)Einlagen, d. h. nicht in das Nennkapital geleistete Einlagen wie z. B. die Rückzahlung einer vGA,
- Agio, das bei Ausgabe neuer Anteile zu leisten ist (§ 272 Abs. 2 Nr. 1 HGB),
- Nachschüsse von GmbH-Gesellschaftern und sonstige Leistungen der Gesellschafter, die unmittelbar in die Rücklagen eingestellt werden (§ 272 Abs. 2 Nr. 4 HGB),
- Minderabführungen bei Organschaft (§ 27 Abs. 6 KStG),
- Herabsetzung des Nennkapitals ohne Auszahlung an die Anteilseigner (§ 28 Abs. 2 Satz 1 KStG),
- Vermögenszugänge aus einer Verschmelzung oder Spaltung (§ 29 Abs. 2, 3 KStG),
- das Nennkapital übersteigende EK-Zugänge einschl. geleisteter Bareinlagen bei einer Einbringung gem. § 20 UmwStG (s. BMF vom 04.06.2003, a.a.O., Rz. 27),
- Abzug eines sog. »DDR-Verlustes« (§ 35 KStG).

Für die Erfassung von nicht in das Nennkapital geleisteten Einlagen im steuerlichen Einlagekonto kommt es auf den **Zufluss** der Einlage an (s. BMF vom 04.06.2003, a.a.O., Rz. 26; BFH vom 29.05.1996, BStBl II 1997, 92). Daher kann das steuerliche Einlagekonto von der (Steuer-)Bilanz abweichen, weil Einlageforderungen bereits zu aktivieren sind, wenn sie begründet wurden. Ein Zufluss ist für die Bilanzierung hingegen nicht erforderlich.

Tipp

Aufgrund dieser uneinheitlichen Behandlung steht für den Zeitraum zwischen der Aktivierung der Einlageforderung und dem Einlagezufluss ein höherer ausschüttbarer Gewinn i.S.v. § 27 Abs. 1 Satz 4 KStG zur Verfügung (vgl. 1.1.4.3.3).

Ferner muss das steuerliche Einlagekonto auch nicht mit der handelsrechtlichen Kapitalrücklage nach § 272 Abs. 2 HGB übereinstimmen, da für Zwecke des Einlagekontos nur die steuerliche Qualifikation als Einlage entscheidend ist. Für den Zeitpunkt der Erfassung von Sachleistungen und Forderungsverzichten ist grds. die Übertragung des **wirtschaftlichen Eigentums** bzw. die **zivilrechtliche Wirksamkeit** entscheidend.

Beispiel

Anteilseigner M hat seiner GmbH im Mai 05 ein unverzinsliches Darlehen i.H.v. 100.000 € gewährt, das bei der GmbH ordnungsgemäß passiviert wurde. Im Februar 06 verzichtet M rechtswirksam auf die Rückzahlung des (voll werthaltigen) Darlehens. Das steuerliche Einlagekonto der GmbH hat zum 31.12.04 einen Bestand von 0 €.

Lösung

Der Verzicht auf das voll werthaltige Darlehen führt bei der GmbH im Februar 06 zu einer verdeckten Einlage des M i.H.v. 100.000 €. Die Darlehensverbindlichkeit ist im Gegenzug auszubuchen. In entsprechender Höhe kommt es gem. § 27 Abs. 1 Satz 2 KStG zu einer Erhöhung des steuerlichen Einlagekontos. Kommt es zu keinen weiteren Änderungen des steuerlichen Einlagekontos, beträgt dieses per 31.12.05 weiterhin 0 € und per 31.12.06 100.000 €.

1.1.4.3.3 Verwendung des steuerlichen Einlagekontos

Für die Fortschreibung des steuerlichen Einlagekontos sind neben den Zugängen auch die **Abgänge** aus dem steuerlichen Einlagekonto zu berücksichtigen (§ 27 Abs. 1 Satz 2 KStG). Zu einer Minderung des steuerlichen Einlagekontos kommt es insbes. durch (vgl. BMF vom 04.06.2003, BStBl I 2003, 366, Rz. 9, 28 ff.):

- Leistungen, soweit sie den sog. ausschüttbaren Gewinn übersteigen (§ 27 Abs. 1 Satz 3 KStG),
- Mehrabführungen bei Organschaft (§ 27 Abs. 6 KStG),
- Vermögensabgänge infolge einer Abspaltung (§ 29 Abs. 3 KStG),
- Kapitalerhöhungen aus Gesellschaftsmitteln (§ 28 Abs. 1 KStG),
- Erfüllung bzw. Wiederaufleben einer Darlehensverpflichtung gegenüber einem Gesellschafter nach vorausgegangenem Forderungsverzicht gegen Besserungsschein,
- Rückzahlung von Nachschüssen der Anteilseigner i.S.v. § 26 GmbHG, die nicht zur Deckung eines Verlustes am Stammkapital erforderlich sind.

Hauptanwendungsfall der Verwendung des steuerlichen Einlagekontos ist in der Praxis naturgemäß die Erbringung von **Leistungen** durch die GmbH, für die gem. § 27 Abs. 1 Satz 3 KStG das Einlagekonto als verwendet gilt. Dies ist dann der Fall, wenn die Summe der Leistungen, die die GmbH im Wj. erbracht hat, den ausschüttbaren Gewinn übersteigt. Unter den Begriff der Leistung fallen dabei alle Auskehrungen, die durch das Gesellschaftsverhältnis bedingt sind (s. BMF vom 04.06.2003, BStBl I 2003, 366, Rz. 11), also insbes.

- offene Gewinnausschüttungen,
- Vorabausschüttungen vor Ablauf des Wj.,
- vGA und sonstige Leistungen.

Nicht als Leistung in diesem Sinne gilt die Rückzahlung von Nennkapital, das durch die Umwandlung von sonstigen Rücklagen entstanden ist (§ 28 Abs. 1 Satz 3 KStG). Sämtliche Leistungen, die im Wj. abgeflossen sind, sind für die Ermittlung der Verwendung **zusammenzu-**

fassen. Die ermittelte Verwendung des steuerlichen Einlagekontos ist anschließend den einzelnen Leistungen anteilig zuzuordnen (BMF vom 04.06.2003, a.a.O., Rz. 12).

Eine Minderung des steuerlichen Einlagekontos tritt nur dann ein, wenn die Leistungen den auf den Schluss des vorangegangenen Wj. ermittelten sog. **ausschüttbaren Gewinn** übersteigen. Wie der ausschüttbare Gewinn im Einzelnen berechnet wird, ergibt sich aus § 27 Abs. 1 Satz 4 KStG:

EK lt. Steuerbilanz
./. Gezeichnetes Kapital
./. Bestand des steuerlichen Einlagekontos, falls positiv
Ausschüttbarer Gewinn

Das **EK der Steuerbilanz** kann ausgehend von der Handelsbilanz unter Berücksichtigung der steuerlichen Gewinnermittlungsvorschriften ermittelt werden. Sonderposten mit Rücklageanteil i.S.v. § 247 Abs. 3 HGB stellen dabei genauso wie Rückstellungen und Verbindlichkeiten, selbst wenn sie auf vGA zurückzuführen sind und außerbilanziell korrigiert werden, FK dar (s. BMF vom 04.06.2003, a.a.O., Rz. 16f.). Als gezeichnetes Kapital ist das **Stammkapital** der GmbH anzusetzen, unabhängig davon, ob es bereits vollständig eingezahlt wurde (vgl. §§ 272, 283 HGB).

Da der ausschüttbare Gewinn stets auf Basis der **Bestände zum Schluss des vorangegangenen Wj.** zu ermitteln ist, haben Zu- und Abgänge im steuerlichen Einlagekonto des laufenden Wj. keine Auswirkungen (BFH vom 30.01.2013, DStR 2013, 1124). Ergibt die aufgezeigte Berechnung einen **Negativbetrag**, so ist der ausschüttbare Gewinn mit Null anzusetzen. Genauso darf auch die ermittelte Minderung des steuerlichen Einlagekontos grds. nicht zu einem Negativbetrag des Einlagekontos führen. Eine Verwendung des steuerlichen Einlagekontos ist folglich – bis auf wenige ausdrücklich geregelte Ausnahmen (z.B. Verringerung des steuerlichen Einlagekontos durch Mehrabführungen gem. § 27 Abs. 6 KStG oder bei Eintritt des Besserungsfalls bei vorherigem Forderungsverzicht und bei der Rückzahlung von Nachschüssen i.S.v. § 26 GmbHG) – auf dessen positiven Bestand begrenzt (s. BMF vom 04.06.2003, a.a.O., Rz. 10).

Beispiel

Die E-GmbH (mit kalenderjahrgleichem Wj.) verfügt zum 31.12.2011 über folgende Bestände:

EK lt. Steuerbilanz	240.000 €
Nennkapital	75.000 €
Steuerliches Einlagekonto	30.000 €

Im Wj. 2012 wird eine oGA i.H.v. 130.000 € beschlossen und ausgezahlt, zusätzlich liegt eine vGA i.H.v. 50.000 € vor, die im Jahr 2012 abgeflossen ist.

Lösung

Die oGA und die vGA stellen Leistungen i.S.v. § 27 Abs. 1 Satz 3 KStG dar, die zu einer Minderung des steuerlichen Einlagekontos führen, wenn die Summe der Leistungen (180.000 €) den ausschüttbaren Gewinn der E-GmbH übersteigt. Daher ist der ausschüttbare Gewinn für 2012 zu ermitteln:

EK lt. Steuerbilanz	240.000 €
./. gezeichnetes Kapital (= Nennkapital)	75.000 €
./. steuerliches Einlagekonto	30.000 €
Ausschüttbarer Gewinn	135.000 €

Nach dieser Berechnung würde das steuerliche Einlagekonto um 45.000 € (180.000 € ./. 135.000 €) gemindert. Da das steuerliche Einlagekonto jedoch nur 30.000 € beträgt und durch Leistungen nicht negativ werden darf, erfolgt eine Verwendung des steuerlichen Einlagekontos nur i.H.v. 30.000 €. In dieser Höhe liegt eine Einlagenrückzahlung vor, die bei den Anteilseignern nicht der Besteuerung unterliegt. Die restliche Ausschüttung i.H.v. 150.000 € führt bei den Anteilseignern zu Einkünften aus Kapitalvermögen i.S.v. § 20 Abs. 1 Nr. 1 EStG. Die vorgeschriebene anteilige Zuordnung des verwendeten steuerlichen Einlagekontos zu den erbrachten Leistungen bedeutet, dass jeweils 1/6 der oGA und der vGA aus dem Einlagekonto zu finanzieren sind.

Führt die Leistungserbringung zur Verwendung des steuerlichen Einlagekontos, ist die GmbH verpflichtet, den Anteilseignern zu bescheinigen, in welcher Höhe diese Leistungen erhalten, die das steuerliche Einlagekonto gemindert haben (§ 27 Abs. 3 KStG). Die **Bescheinigung** hat nach amtlich vorgeschriebenem Muster zu erfolgen, der Vordruck ist im BMF-Schreiben vom 20.02.2001 (BStBl I 2001, 235) enthalten.

Ursprünglich führte eine einmal erfolgte Bescheinigung zu einer **Verwendungsfestschreibung**, selbst wenn sich später eine andere Verwendung ergab (§ 27 Abs. 1 Satz 5 KStG a.F.). Allerdings entschied der BFH, dass eine Verwendung nur dann festgeschrieben sein könne, wenn mindestens einem Anteilseigner eine entsprechende Bescheinigung ausgehändigt wurde. Eine Festschreibung trete hingegen nicht ein, wenn den Anteilseignern keine Bescheinigungen erteilt wurden, weil die KapGes irrtümlich davon ausging, es sei ausreichender ausschüttbarer Gewinn vorhanden (s. BFH vom 10.06.2009, BStBl II 2009, 974).

Die Verwendungsfestschreibung wurde daher durch das SEStEG in § 27 Abs. 5 KStG neu geregelt. Danach ist eine Verwendungsfestschreibung nur noch bei einer zu niedrigen Bescheinigung vorgesehen. Bei einer zu hoch bescheinigten Verwendung des steuerlichen Einlagekontos kann die Bescheinigung berichtigt werden. Ist für eine Leistung bis zum Tag der Bekanntgabe der erstmaligen Feststellung des Einlagekontos zum Abschluss des Wj. der Leistung keine Steuerbescheinigung erteilt worden, so gilt gem. § 27 Abs. 5 Satz 2 KStG der Betrag der Einlagenrückgewähr als mit 0 € bescheinigt. Deshalb begründet nach Ansicht der FinVerw eine nachträglich im Rahmen einer Betriebsprüfung festgestellte vGA keine Verwendungsmöglichkeit des steuerlichen Einlagekontos (OFD Münster vom 27.11.2009, DB 2009, 2691). Denn die Nichterteilung einer Steuerbescheinigung für die vGA führe nach § 27 Abs. 5 Satz 2 KStG zu einer festgeschriebenen Einlagekontoverwendung von 0 €. Dies gelte selbst für den Fall, dass die KapGes über ein ausreichend hohes Einlagekonto verfüge.

Der unter Berücksichtigung der Zu- und Abgänge ermittelte Bestand des steuerlichen Einlagekontos am Ende des Wj. wird vom FA – auch wenn keine Änderungen eingetreten sind – **gesondert festgestellt** (§ 27 Abs. 2 Satz 1 KStG). Der Feststellungsbescheid ist Grundlagenbescheid (§ 171 Abs. 10 AO) über die gesonderte Feststellung zum folgenden Feststellungszeitpunkt (§ 27 Abs. 2 Satz 2 KStG). Darüber hinaus entfaltet der Feststellungsbescheid materiell-rechtliche Bindungswirkung für den Anteilseigner (s.BFH vom 19.05.2010, BFH/NV 2010, 1886). Denn die Bezüge aus Anteilen an einer Körperschaft gehören nicht zu den Einnahmen aus Kapitalvermögen, soweit für diese Beträge aus dem steuerlichen Einlagekonto als verwendet gelten. Damit knüpft der Einkommensteuertatbestand für die Einnahmen aus Kapitalvermögen in § 20 Abs. 1 Nr. 1 Satz 3 EStG an die im Bescheid nach § 27 Abs. 2 KStG festgesetzten Beträge an. Deshalb kann sich ein Gesellschafter nicht darauf berufen, das steuerliche Einlagekonto sei im Bescheid über die Feststellung des steuerlichen Einlagekontos unzutreffend ausgewiesen.

1.1.4.4 Übergangsregelungen

1.1.4.4.1 Übergangszeitraum

Ein unmittelbarer Übergang vom körperschaftsteuerlichen Anrechnungsverfahren zum Halbeinkünfteverfahren hätte dazu geführt, dass die während des Anrechnungsverfahrens angefallene KSt-Belastung endgültig geworden wäre. Entsprechend der Definitvwirkung der KSt beim Halbeinkünfteverfahren wäre es zu keiner Änderung der – unter dem Anrechnungsverfahren vorläufigen – Steuerbelastung bei einer späteren Ausschüttung dieser Gewinne mehr gekommen. Bildlich gesprochen wären alle Teilbeträge des (ehemaligen) vEK in einen Topf, aus dem künftige Ausschüttungen zu finanzieren gewesen wären, geworfen worden, egal, ob sie mit 45% (EK 45) oder mit 0% (EK 01 ff.) KSt belastet waren. Da dies – allein schon aus verfassungsrechtlicher Sicht – nicht zu rechtfertigen gewesen wäre, hat man sich entschieden, einen **18-jährigen Übergangszeitraum** (zunächst waren 15 Jahre angesetzt) festzulegen. Während dieser Übergangszeit konnte es zunächst durch Ausschüttungen, aber auch durch Umstrukturierungen zu einer Minderung und/oder auch zu einer Erhöhung der KSt-Schuld der GmbH kommen. Ab dem Jahr 2007 bzw. 2008 wurde eine leistungsunabhängige Minderung bzw. Erhöhung der KSt eingeführt.

Beispiel

Die X-GmbH mit kalenderjahrgleichem Wj. und die Y-GmbH mit vom Kj. abweichendem Wj. (01.04. – 01.03.) verfügen über KSt-Erhöhungs- und -Minderungspotential.

Lösung

Für die X-GmbH kann es letztmalig im Wj. des VZ 2019 zu einer KSt-Minderung sowie -erhöhung kommen, für die Y-GmbH im VZ 2020 (Wj. 2019/2020; § 37 Abs. 2 Satz 2, § 38 Abs. 2 Satz 3 KStG).

Die während der Übergangszeit anwendbaren, in ihrer Kompliziertheit kaum zu übertreffenden **Übergangsregelungen** sind in den **§§ 36 bis 40 KStG** zu finden. Sie sehen vor, dass die Endbestände des (unter dem Anrechnungsverfahren ermittelten) vEK auf den 31.12.2000 (bei kalenderjahrgleichem Wj.) zunächst in ganz bestimmter Reihenfolge zu ermitteln und festzustellen sind (§ 36 Abs. 7 KStG). In einem nächsten Schritt werden die Endbestände dann so umgegliedert, dass am Ende nur ein KSt-Guthaben, ein Bestand an Alt-EK 02 (sonstige steuerfreie Vermögensmehrungen) und das steuerliche Einlagekonto als gesondert festzustellende Beträge verbleiben (zur Umgliederung s. BMF vom 06.11.2003, BStBl I 2003, 575, Rz. 20 ff.). Alle anderen Bestände verlieren unter dem Halbeinkünfteverfahren ihre Bedeutung, insbes. wird das sog. neutrale Vermögen (d. h. nicht betroffene Endbestände und unter dem Halbeinkünfteverfahren erzielte Gewinne und Verluste) nicht gesondert festgestellt. Während die Fortführung des **KSt-Guthabens** und des **Alt-EK 02** nur für die Übergangszeit von Bedeutung ist (bei Wj. gleich Kj. als letztmalige Feststellung auf den 31.12.2018), ist das steuerliche Einlagekonto auch danach fortzuführen (s. 1.1.4.3). Das festgestellte KSt-Guthaben kann während der Übergangszeit bei der GmbH zu einer KSt-Minderung, das Alt-EK 02 zu einer KSt-Erhöhung führen. Für ab dem Jahr 2001 neu gegründete GmbH sind die Übergangsregelungen nur in Ausnahmefällen von Interesse (z. B. bei einer Nachversteuerung nach § 37 Abs. 3 KStG).

1.1.4.4.2 Körperschaftsteuerminderungen

Zur Reduzierung der Vorbelastung von ausgeschütteten Gewinnen, die unter dem Anrechnungsverfahren regulär besteuert wurden, sah § 37 Abs. 2 Satz 3 KStG a.F. zunächst vor, dass die KSt bis zum Verbrauch des festgestellten KSt-Guthabens bei Ausschüttung gemindert wird. Eine GmbH verfügte nach dem KSt-Systemwechsel über ein **KSt-Guthaben** i.H.v. 1/6 des Endbestandes an mit KSt i.H.v. 40% belasteten EK (§ 37 Abs. 1 KStG). Das KSt-Guthaben verkörperte damit das während der 18-jährigen Übergangszeit bestehende Potenzial für KSt-Minderungen, die unter dem Anrechnungsverfahren durch Herstellung der Ausschüttungsbelastung generiert werden konnten. Durch das SEStEG vom 07.12.2006 (BGBl I 2006, 2782) wurde dieses System der Körperschaftsteuerminderung durch eine **ausschüttungsunabhängige ratierliche Auszahlung** des am 31.12.2006 noch vorhandenen Körperschaftsteuerguthabens ersetzt (vgl. hierzu OFD Münster vom 20.04.2007, DB 2007, 1001). Das verbliebene Körperschaftsteuerguthaben wird in zehn gleichen Jahresbeträgen im Auszahlungszeitraum 2008 bis 2017 an die KapGes ausgezahlt (§ 37 Abs. 5 KStG).

Verfügte die GmbH zum 31.12.2000 über ein KSt-Guthaben, minderte sich ihre KSt-Schuld in den Folgejahren nach dem ursprünglichen System um (wiederum) **1/6 der Gewinnausschüttungen**, die auf einem den gesellschaftsrechtlichen Vorschriften entsprechenden Gewinnverteilungsbeschluss beruhten (§ 37 Abs. 2 Satz 3 i.V.m. § 1 KStG a.F.). Eine KSt-Minderung kam damit ausschließlich aufgrund **offener Gewinnausschüttungen** oder ordnungsgemäßer Vorabausschüttungen in Betracht. Andere Ausschüttungen, also insbes. vGA, konnten keine KSt-Minderung herbeiführen. Für den Zeitpunkt der Berücksichtigung der KSt-Minderung war entscheidend, wann die oGA bei der GmbH erfolgte, d.h. **tatsächlich abfloss**. Die KSt wurde nämlich erst in dem VZ gemindert, in dem das Wj.-Ende des oGA-Abflusses lag. Für welches Wj. die oGA beschlossen wurde, war – anders als unter dem Anrechnungsverfahren – völlig irrelevant. Überstieg der KSt-Minderungsbetrag die aufgrund der regulären Gewinnermittlungsvorschriften errechnete tarifliche KSt des VZ, war der übersteigende Betrag der GmbH zu erstatten.

Beispiel 1

GmbH mit kalenderjahrgleichem Wj.: Beschluss und Auszahlung einer oGA Anfang des Wj. 2003 für Wj. 2002.

Lösung

Minderung der KSt des VZ 2003.

Beispiel 2

GmbH mit vom Kj. abweichendem Wj. (01.07. – 30.06.): Beschluss und Auszahlung einer oGA im Dez. 2002 für Wj. 2001/2002.

Lösung

Minderung der KSt des VZ 2003, da das Wj. 2002/2003, in dem die oGA abfließt, im Kj. gleich VZ 2003 endet (vgl. § 37 Abs. 2 Satz 3 KStG a.F.).

Da aufgrund dieser attraktiven Möglichkeit, die eigene KSt-Schuld durch Ausschüttungen erheblich zu mindern, das KSt-Aufkommen in den Jahren nach dem Systemwechsel erheblich zurückging, wurden durch das StVergAbG (vom 16.05.2003, BGBl I 2003, 660) folgende **Beschränkungen** zur Realisierung von KSt-Minderungen eingeführt.

Zunächst wurde die Gewährung einer KSt-Minderung für einen befristeten Zeitraum komplett eingestellt (§ 37 Abs. 2a Nr. 1 KStG a.F.). Dieses sog. **KSt-Moratorium** galt für Gewinnausschüttungen, die nach dem 11.04.2003 und vor dem 01.01.2006 abflossen. Während dieser Zeit wurde das vorhandene KSt-Guthaben insgesamt eingefroren. Wurde der Gewinnausschüttungsbeschluss jedoch vor dem 21.11.2002 gefasst, ohne dass es bereits zu einem Abfluss der Gewinnausschüttung kam, war auch dann eine KSt-Minderung nach den bisherigen Regelungen (d. h. i.H.v. 1/6 des Ausschüttungsbetrages) zu gewähren, wenn der Abfluss während des Moratoriums erfolgte.

Für Gewinnausschüttungen, die nach Ablauf des Moratoriums, also nach dem 31.12.2005, abflossen, wurde die KSt-Minderung auf einen **jährlichen Höchstbetrag** begrenzt (§ 37 Abs. 2a Nr. 2 KStG a.F.). Eine KSt-Minderung wurde dann max. in der Höhe gewährt, die sich bei gleichmäßiger Verteilung des auf den Schluss des vorangegangenen Wj. festgestellten KSt-Guthabens auf die restlichen Jahre des Übergangszeitraums ergab. Für den Fall, dass 1/6 des Ausschüttungsbetrages den errechneten Höchstbetrag überstiegen, war somit max. eine KSt-Minderung i.H.d. Höchstbetrages zu erreichen.

Beispiel

Die M-GmbH (Wj. gleich Kj.) verfügt zum 31.12.2006 über ein KSt-Guthaben i.H.v. 1.300.000 €. In 2007 wird eine oGA i.H.v. 900.000 € beschlossen und an die Anteilseigner ausgezahlt.

Lösung

Gem. § 37 Abs. 2 Satz 3 i.V.m. Satz 1 KStG a.F. ist grds. eine KSt-Minderung i.H.v. 150.000 € (1/6 von 900.000 €) zu gewähren. Die KSt-Minderung ist jedoch nach § 37 Abs. 2a Nr. 2 KStG auf 100.000 € begrenzt (1/13 von 1.300.000 €).

In der gleichen Höhe, in der eine KSt-Minderung gewährt wurde, **reduzierte** sich der Bestand des **KSt-Guthabens**, der auf den Schluss des jeweils vorangegangenen Wj. ermittelt und festgestellt wurde (§ 37 Abs. 2 Satz 1 KStG a.F.). Das nach Verbrauch durch oGA oder Vorabausschüttungen verbleibende KSt-(Rest-)Guthaben war auf den Schluss eines jeden Wj. gesondert festzustellen (§ 37 Abs. 2 Satz 4 KStG a.F.).

Nach der Systematik des Halb- bzw. Teileinkünfteverfahrens können Gewinnausschüttungen von anderen KapGes grds. steuerfrei vereinnahmt werden (§ 8b Abs. 1 KStG; s. 1.1.4.2). Eine oGA hätte daher im Konzern zur Realisierung einer KSt-Minderung genutzt werden können, ohne dass es (bei der empfangenden KapGes) zu einer zusätzlichen Steuerbelastung gekommen wäre. Um diesem Konzernprivileg entgegenzuwirken, sah § 37 Abs. 3 KStG a.F. eine sog. **Nachversteuerung** vor. Danach erhöhte sich bei der empfangenden KapGes im Zeitpunkt des Zuflusses der Gewinnausschüttung die KSt und das KSt-Guthaben um den Betrag der KSt-Minderung der ausschüttenden GmbH, soweit dieser anteilig auf die empfangende KapGes entfiel (§ 37 Abs. 3 Satz 1 KStG a.F.). Die KSt-Erhöhung war unabhängig von der Höhe des zvE der empfangenden KapGes und trat somit auch bei einem negativen zvE ein. All dies galt entsprechend, wenn die oGA an eine PersGes erfolgte, an der eine »nachstpfl.« KapGes beteiligt war. Die Nachsteuer wurde auch in diesem Fall bei der KapGes erhoben (s. BMF vom 06.11.2003, BStBl I 2003, 575). Verfahrensrechtlich erfolgte die Umsetzung durch die Verpflichtung der ausschüttenden KapGes zur Ausstellung einer **Bescheinigung** nach amtl. vorgeschriebenem Muster (s. BMF vom 20.02.2001, BStBl I 2001, 235), aus der sich u. a. der KSt-Minderungsbetrag ergab.

Neben den dargestellten Fällen der oGA und der Vorabausschüttung konnte es auch durch Umwandlung oder Liquidation einer GmbH zu einer KSt-Minderung kommen. Eine Beschränkung der Realisierung des KSt-Guthabens durch das Moratorium oder die Höchstbetragsbegrenzung bestand dann nicht.

Durch das SEStEG vom 07.12.2006 (BGBl I 2006, 2782) wurde das bisherige System der Körperschaftsteuerminderung durch eine **ausschüttungsunabhängige ratierliche Auszahlung** des am 31.12.2006 noch vorhandenen Körperschaftsteuerguthabens ersetzt (vgl. OFD Münster vom 20.04.2007, DB 2007, 1001). Das verbliebene Körperschaftsteuerguthaben wird in zehn gleichen Jahresbeträgen im Auszahlungszeitraum 2008 bis 2017 an die KapGes ausgezahlt (§ 37 Abs. 5 KStG). Eine gesonderte Antragstellung ist hierfür nicht erforderlich. Beträgt der Auszahlungsanspruch nicht mehr als 1 000 €, ist er aus Billigkeitsgründen in einer Summe auszuzahlen (s. BMF vom 21.07.2008, BStBl I 2008, 741). Die ausgezahlten Beträge gehören nicht zu den stpfl. Einkünften i.S.d. EStG (§ 37 Abs. 7 KStG). Eine Nachversteuerung nach § 37 Abs. 3 KStG entfällt. Bislang nicht abschließend entschieden ist, wie mit dem auf dem Körperschaftsteuerguthaben lastenden SolZ zu verfahren ist. Die Finanzverwaltung stellt sich auf den Standpunkt, dass die Auszahlung des SolZ gesetzlich nicht vorgesehen sei und dagegen gerichtete Einsprüche daher als unzulässig zu verwerfen sind (s. OFD Münster vom 26.10.2008, DStR 2008, 2369). Das FG Köln hat am 09.03.2010 (EFG 2010, 1353; vgl. hierzu auch OFD Niedersachsen vom 29.07.2010, DStR 2010, 2578) der Finanzverwaltung folgend entschieden, dass ein Anspruch auf Erstattung des SolZ, der auf das nach § 37 Abs. 5 KStG ratenweise auszuzahlende Körperschaftsteuerguthaben entfällt, nicht besteht, da weder das SolZG 1995 noch die Regelung des § 37 KStG selber einen derartigen Anspruch vorsehen.Im Rahmen des Revisionsverfahrens holt der BFH mit Beschluss vom 10.08.2011 (DStR 2011, 2287) die Entscheidung des BVerfG zu dieser Frage ein.

Die Auszahlung der Jahresbeträge erfolgt jeweils am 30.09. eines Jahres, davon abweichend wird der erste Jahresbetrag innerhalb eines Monats nach Bekanntgabe des Festsetzungsbescheids ausgezahlt. Für das Jahr 2007 ist weder eine Auszahlung nach neuem Recht noch eine Körperschaftsteuerminderung nach bisherigem Recht vorgesehen, sodass die erste ausschüttungsunabhängige Auszahlung im Jahr 2008 erfolgt.

Gem. § 37 Abs. 4 KStG wurde das Körperschaftsteuerguthaben – auch bei Gesellschaften mit abweichendem Wj. – letztmalig auf den 31.12.2006 ermittelt (aber nicht mehr gesondert festgestellt). Zu diesem Zeitpunkt entstand auch der (unverzinsliche) Auszahlungsanspruch, der für den gesamten Auszahlungszeitraum festgesetzt wird. Der Auszahlungsanspruch war in der Handels- und in der Steuerbilanz zum 31.12.2006 mit seinem Barwert zu aktivieren. Es war eine Abzinsung auf Basis des Marktzinses (z. B. Zinssatz von Bundesanleihen) vorzunehmen. Der dadurch entstehende Bilanzgewinn war außerbilanziell zu neutralisieren. Einkommenserhöhungen und -minderungen aus der Ab- und Aufzinsung der Körperschaftsteuerforderung in den Folgejahren sind ebenfalls außerbilanziell zu korrigieren (vgl. BFH vom 15.07.2008, BStBl II 2008, 886). Letzteres gilt jedoch nicht für z. B. entgeltlich erworbene Auszahlungsansprüche (vgl. zu Zweifelsfragen BMF vom 14.01.2008, BStBl I 2008, 280).

TIPP

Bei Vorliegen einer Organschaft war die Forderung auf Auszahlung des Körperschaftsteuerguthabens bei der Organgesellschaft zu bilanzieren und das dadurch erhöhte handelsrechtliche Ergebnis an den Organträger abzuführen (s. BMF vom 14.01.2008, BStBl I 2008, 280). Zum Vorgehen bei falscher Bilanzierung des Körperschaftsteuerguthabens in Organschaftsfällen vgl. OFD Hannover vom 05.11.2008, DB 2009, 483.

Anträge auf Verrechnungsstundung, die die Verrechnung fälliger Zahlungen (z. B. Vorauszahlungen zur ESt und zur KSt) mit den Auszahlungsbeträgen des KSt-Guthabens begehren, werden von der FinVerw grds. abgelehnt (vgl. OFD Münster vom 20.04.2007, DB 2007, 1001; OFD Koblenz vom 07.12.2007, DStR 2008, 354). Eine Verrechnungsstundung kommt nur in Betracht, wenn die Rate »in Kürze«, d. h. innerhalb eines Monats, fällig wird. Ebenso ist eine Aufrechnung des Finanzamtes gegen den Anspruch auf Auszahlung des Körperschaftsteuerguthabens während eines vor dem 31.12.2006 eröffneten Insolvenzverfahrens nicht zulässig (s. BFH vom 23.02.2011, BStBl II 2011, 822).

TIPP

Durch Umwandlung oder Liquidation einer Körperschaft kann es nicht mehr zur sofortigen Realisierung des Körperschaftsteuerguthabens kommen. Der Auszahlungsanspruch kann aber z. B. abgetreten werden, sodass auch vor Ablauf des Zehn-Jahres-Zeitraums eine Liquidation abgeschlossen werden kann (vgl. OFD Hannover vom 12.12.2007, DStR 2008, 302).

1.1.4.4.3 Körperschaftsteuererhöhungen

Korrespondierend zur KSt-Minderung durch Verwendung des KSt-Guthabens trat eine KSt-Erhöhung bei Finanzierung einer Ausschüttung aus dem **Alt-EK 02** (sonstige steuerfreie Vermögensmehrungen) ein. Hintergrund dieser Übergangsregelung war, dass unter dem Anrechnungsverfahren entstandenes unbelastetes EK bei Ausschüttung einer angemessenen Vorbelastung auf Ebene der GmbH zugeführt werden sollte. Der erstmalig festzustellende Bestand des Alt-EK 02 ergab sich i.H.d. (nach Umgliederung) vorhandenen positiven Endbestandes an EK 02 (§ 38 Abs. 1 Satz 1 KStG a.F.). Das Alt-EK 02 verkörperte folglich das während der Übergangszeit zum Halbeinkünfteverfahren bestehende »Risiko« für KSt-Erhöhungen, die unter dem Anrechnungsverfahren durch Herstellung der Ausschüttungsbelastung ausgelöst wurden.

Eine KSt-Erhöhung wurde durch Erbringung von »Leistungen« seitens der GmbH verursacht, wenn für die Leistungen Alt-EK 02 als verwendet galt (§ 38 Abs. 2 Satz 1 KStG a.F.). Die KSt-Erhöhung betrug grds. **3/7 des Betrags der Leistungen.** Unter Leistungen waren – wie bei der Verwendung des steuerlichen Einlagekontos (s. 1.1.4.3.3) – im Gesellschaftsverhältnis begründete Auskehrungen zu verstehen (s. BMF vom 06.11.2003, BStBl I 2003, 575, Rz. 44), also insbes.:

- offene Gewinnausschüttungen,
- vGA,
- Vorabausschüttungen vor Ablauf des Wj.,
- sonstige Leistungen, wie z. B. die Rückzahlung von Nennkapital und die Einlagenrückgewähr.

Sämtliche Leistungen, die im Wj. abflossen, waren für die Ermittlung der Verwendung **zusammenzufassen**.

Eine **Verwendung von Alt-EK 02** und somit eine KSt-Erhöhung trat ein, wenn die Summe der von der GmbH im Wj. erbrachten Leistungen, den um den Bestand des Alt-EK 02 verminderten ausschüttbaren Gewinn überstieg (§ 38 Abs. 1 Satz 4 KStG a.F.). Ob dies gegeben war, konnte mit Hilfe der sog. **Differenzrechnung** leicht ermittelt werden. Hierfür war auf Basis der **Bestände zum Schluss des vorangegangenen Wj.** folgende Berechnung anzustellen (s. BMF vom 06.11.2003, BStBl I 2003, 575, Rz. 45):

EK lt. Steuerbilanz
./. Gezeichnetes Kapital
./. Bestand des steuerlichen Einlagekontos, falls positiv
Ausschüttbarer Gewinn
./. Bestand des Alt-EK 02
Verminderter ausschüttbarer Gewinn
./. Summe der Leistungen
Differenz

Für die Besonderheiten der Berechnung bis zum Erhalt des ausschüttbaren Gewinns kann auf die Ausführungen zur Verwendung des steuerlichen Einlagekontos (s. 1.1.4.3.3) verwiesen werden, da dort die gleiche Größe zu ermitteln ist. Die anschließenden Subtraktionen zur Ermittlung der sog. Differenz dürften – nach den bereits getroffenen Ausführungen – keine größeren Schwierigkeiten bereiten. Damit bleibt nur zu klären, welche Aussage die ermittelte Differenz für die Verwendung des Alt-EK 02 enthält:

- **Positive Differenz**: Es kam zu keiner KSt-Erhöhung, da Alt-EK 02 für die Leistungserbringung nicht als verwendet galt.
- **Negative Differenz**: Alt-EK 02 galt als für die Leistungen verwendet, sodass eine **KSt-Erhöhung** eintrat.

Für die Ermittlung des Betrags der Verwendung von Alt-EK 02, der KSt-Erhöhung sowie der Minderung des Bestands an Alt-EK 02 war anschließend wie folgt vorzugehen:

1. **Ermittlung der Verwendung von Alt-EK 02:**
   a) Berechnung von 7/10 des Bestands an Alt-EK 02
   b) Vergleich mit negativer Differenz lt. Differenzrechnung
   Alt-EK 02 galt max. i.H.v. 7/10 seines Bestands als verwendet, ansonsten i.H.d. negativen Differenz
2. **Ermittlung des KSt-Erhöhungsbetrags:**
   3/7 des unter 1. ermittelten Verwendungsbetrages
3. **Ermittlung der Minderung des Bestands an Alt-EK 02:**
   Summe aus ermitteltem Verwendungsbetrag gem. 1. und ermitteltem KSt-Erhöhungsbetrag gem. 2.

Wie die schematische Darstellung zeigt, minderte sowohl der als verwendet geltende Betrag an Alt-EK 02 als auch der KSt-Erhöhungsbetrag den Bestand an Alt-EK 02, der zum Schluss eines jeden Wj. gesondert festzustellen war (§ 38 Abs. 1 Satz 3, Abs. 2 Satz 2 KStG a.F.). Eine Minderung kam nur **bis zum vollständigen Verbrauch** in Betracht, ein Negativbetrag konnte nicht entstehen. Ferner war ein Zugang zum Alt-EK 02 nur in Ausnahmefällen (z. B. bei Verschmelzung) denkbar.

Beispiel

Die A-GmbH (mit kalenderjahrgleichem Wj.) verfügt zum 31.12.2005 über folgende Bestände:

EK lt. Steuerbilanz	170.000 €
Nennkapital	35.000 €
Steuerliches Einlagekonto	45.000 €
Alt-EK 02	50.000 €

Im Wj. 2006 wird eine oGA i.H.v. 80.000 € beschlossen und ausgezahlt, zusätzlich liegt eine vGA i.H.v. 20.000 € vor, die im Jahr 2006 abgeflossen ist.

Lösung

Die oGA und die vGA stellen Leistungen i.S.v. § 38 Abs. 1 Satz 3 KStG a.F. dar, die zu einer KSt-Erhöhung führen, wenn die Summe der Leistungen (100.000 €) den ausschüttbaren Gewinn abzgl. des Bestandes an Alt-EK 02 übersteigt. Ob dies der Fall ist, ist anhand der sog. Differenzrechnung zu ermitteln:

EK lt. Steuerbilanz		170.000 €
./. gezeichnetes Kapital (= Nennkapital)	./.	35.000 €
./. steuerliches Einlagekonto	./.	45.000 €
Ausschüttbarer Gewinn		90.000 €
./. Bestand des Alt-EK 02	./.	50.000 €
Verminderter ausschüttbarer Gewinn		40.000 €
./. Summe der Leistungen	./.	100.000 €
Differenz	./.	60.000 €

Da die Differenz negativ ist, gilt insoweit Alt-EK 02 für die Ausschüttungen (besser: Leistungen) als verwendet. Jedoch kommt eine Verwendung max. i.H.v. 7/10 des Bestands an Alt-EK 02 zum Schluss des Vorjahres in Betracht. Die max. Verwendung beträgt demnach 35.000 € (7/10 von 50.000 €), die KSt-Erhöhung 15.000 € (3/7 von 35.000 € oder 3/10 von 50.000 €). I.H.d. Summe aus KSt-Erhöhung und Verwendung von Alt-EK 02 von insgesamt 50.000 € mindert sich der Bestand an Alt-EK 02, sodass dieses per 31.12.2006 mit Null festzustellen ist.

Durch das Jahressteuergesetz 2008 (JStG 2008) vom 20.12.2007 (BGBl I 2007, 3150) wurde das bisherige System der Körperschaftsteuererhöhung durch eine leistungsunabhängige Entrichtung des Körperschaftsteuererhöhungsbetrages ersetzt, sodass es seit 2008 zu einer Zwangsbesteuerung des Alt-EK 02 kommt. Hierzu war der Endbetrag des Alt-EK 02 auf den 31.12.2006 letztmalig zu ermitteln und festzustellen (§ 38 Abs. 4 Satz 1 KStG). Von dem am 31.12.2006 vorhandenen Bestand des Alt-EK 02 wird pauschal ein Anteil von 10 % mit einem Steuersatz von 30 % besteuert (d.h. 3/100 des Bestands). Der festzusetzende Körperschaftsteuererhöhungsbetrag beträgt somit 3 % des Endbetrags an Alt-EK 02 (§ 38 Abs. 5 Satz 1 KStG). Der Restbestand des Alt-EK 02 entfällt und löst folglich keine weitere Körperschaftsteuererhöhung aus. Eine Festsetzung und nachfolgende Erhebung entfiel, wenn der Betrag 1 000 € oder weniger betrug, d.h. das am 31.12.2006 festgestellte Alt-EK 02 maximal 33.333 € betrug.

Der (unverzinsliche) Anspruch des Fiskus auf Entrichtung des Körperschaftsteuererhöhungsbetrages entstand nach § 38 Abs. 6 Satz 3 und 8 KStG am 01.01.2007 und war folglich bei kalenderjahrgleichem Wirtschaftsjahr erstmals zum 31.12.2007 zu passivieren. Die zu zahlenden Körperschaftsteuererhöhungsbeträge sind steuerlich nicht abzugsfähig (§ 38 Abs. 10 i.V.m. § 37 Abs. 7 KStG), sodass eine außerbilanzielle Neutralisierung erforderlich ist.

TIPP

Der Körperschaftsteuererhöhungsbetrag ist gem. § 38 Abs. 5 Satz 2 KStG zudem begrenzt auf den Betrag der bei Vollausschüttung am 31.12.2006 nach alten Regelungen theoretisch eintretenden Körperschaftsteuererhöhung.

Der festgesetzte Körperschaftsteuererhöhungsbetrag ist grundsätzlich in zehn gleichen Jahresbeträgen im Zahlungszeitraum 2008 bis 2017 an das Finanzamt zu entrichten (§ 38 Abs. 6 Satz 1 KStG). Der Jahresbetrag ist grundsätzlich am 30.09. eines jeden Jahres fällig; erfolgte die Bekanntgabe des Bescheids jedoch nach dem 31.08.2008, ist der erste Jahresbetrag innerhalb eines Monats nach Bekanntgabe fällig. Alternativ zur Zahlung in gleichen Jahresbeträgen kann der Körperschaftsteuererhöhungsbetrag auf Antrag auch in einer Summe entrichtet werden (§ 38 Abs. 7 Satz 1 KStG). In diesem Fall ist beim der Antragstellung folgenden Zahlungstermin (grundsätzlich der nächste 30.09.) der restliche Körperschaftsteuererhöhungsbetrag abgezinst mit einem Zinssatz von 5,5% zu entrichten. Folge der Zahlung ist das Erlöschen des gesamten Anspruchs.

1.1.4.4.4 Mehrfachverwendung

Unter einer Mehrfachverwendung versteht man das gleichzeitige Eintreten einer KSt-Minderung, einer KSt-Erhöhung und einer Minderung des steuerlichen Einlagekontos. Da die gesetzlichen Regelungen über das Halbeinkünfteverfahren bzw. den Übergangszeitraum zu diesem für Ausschüttungen (besser: Leistungen) keine ausdrückliche Verwendungsreihenfolge vorschreiben, war ein **Nebeneinander von Einlagerückgewähr** (§ 27 KStG; s. 1.1.4.3.3) und **KSt-Minderung** (§ 37 KStG a.F.; s. 1.1.4.4.2) sowie **KSt-Erhöhung** (§ 38 KStG a.F.; s. 1.1.4.4.3) möglich (s. BMF vom 04.06.2003, BStBl I 2003, 366, Rz. 25; BMF vom 06.11.2003, BStBl I 2003, 575, Rz. 48). Die jeweils voneinander unabhängigen Regelungen für die Verwendung des KSt-Guthabens, des Alt-EK 02 und des steuerlichen Einlagekontos waren daher separat – und in der Reihenfolge frei – zu prüfen. Unter Praktikabilitätsgesichtspunkten empfehlen wir die im folgenden Beispiel angewandte Prüfungsreihenfolge. Eine Mehrfachverwendung konnte bei Gewinnausschüttungen insbes. eintreten, wenn das EK einer GmbH lt. Steuerbilanz z. B. durch Verluste oder vGA verbraucht wurde.

Beispiel

Die M-GmbH (mit kalenderjahrgleichem Wj.) verfügt zum 31.12.2005 über folgende Bestände:

EK lt. Steuerbilanz	425.000 €
Nennkapital	50.000 €
Steuerliches Einlagekonto	90.000 €
KSt-Guthaben	21.000 €
Alt-EK 02	150.000 €

Am 06.06.2006 wird für das Wj. 2005 eine oGA i.H.v. 160.000 € beschlossen, die am nächsten Tag an die Anteilseigner ausgezahlt wird. Außerdem ist im Jahr 2006 eine vGA i.H.v. 130.000 € abgeflossen.

Lösung

1. Ermittlung einer KSt-Minderung nach § 37 KStG

Eine KSt-Minderung kommt ausschließlich aufgrund der oGA in Betracht (§ 37 Abs. 2 Satz 3, 1 KStG a.F.). Sie beträgt – da der Abfluss nach dem 01.01.2006 (Moratoriumsende) erfolgt – grds. 1/6 der oGA, ist jedoch zum einen auf den positiven Bestand des KSt-Guthabens und zum anderen auf den Höchstbetrag nach § 37 Abs. 2a Nr. 2 KStG a.F. beschränkt.

1/6 der oGA (1/6 von 160.000 €)	26.667 €
Bestand KSt-Guthaben	21.000 €
Höchstbetrag (1/14 von 21.000 €)	1.500 €

Die KSt-Minderung sowie die Minderung des KSt-Guthabens betragen damit jeweils 1.500 €. Das KSt-Guthaben ist auf den 31.12.2006 somit i.H.v. 19.500 € gesondert festzustellen (§ 37 Abs. 2 Satz 4 KStG a.F.).

2. Ermittlung einer KSt-Erhöhung nach § 38 KStG

Die oGA und die vGA stellen Leistungen i.S.v. § 38 Abs. 1 Satz 3 KStG a.F. dar, die zu einer KSt-Erhöhung führen, wenn die Summe der Leistungen (290.000 €) den ausschüttbaren Gewinn abzgl. des Bestandes an Alt-EK 02 übersteigt. Ob dies der Fall ist, ist anhand der sog. Differenzrechnung zu ermitteln:

EK lt. Steuerbilanz	425.000 €
./. gezeichnetes Kapital (= Nennkapital)	./. 50.000 €
./. steuerliches Einlagekonto	./. 90.000 €
Ausschüttbarer Gewinn	285.000 €
./. Bestand des Alt-EK 02	./. 150.000 €
Verminderter ausschüttbarer Gewinn	135.000 €
./. Summe der Leistungen	./. 290.000 €
Differenz	./. 155.000 €

Da die Differenz negativ ist, gilt insoweit Alt-EK 02 für die Ausschüttungen (besser: Leistungen) als verwendet. Jedoch kommt eine Verwendung max. i.H.v. 7/10 des Bestandes an Alt-EK 02 zum Schluss des Vorjahres in Betracht. Die max. Verwendung beträgt demnach 105.000 € (7/10 von 150.000 €), die KSt-Erhöhung 45.000 € (3/7 von 105.000 € oder 3/10 von 150.000 €). I.H.d. Summe aus KSt-Erhöhung und Verwendung von Alt-EK 02 von insgesamt 150.000 € mindert sich der Bestand an Alt-EK 02, sodass dieses per 31.12.2006 Null beträgt. Damit ergibt sich aus den §§ 37, 38 KStG a.F. insgesamt eine Erhöhung der tariflichen KSt i.H.v. 43.500 € (./. 1.500 € + 45.000 €).

3. Ermittlung der Verwendung des steuerlichen Einlagekontos i.S.v. § 27 KStG

Die oGA und die vGA stellen auch Leistungen i.S.v. § 27 Abs. 1 Satz 3 KStG dar, die zu einer Minderung des steuerlichen Einlagekontos führen, wenn die Summe der Leistungen (290.000 €) den ausschüttbaren Gewinn der M-GmbH übersteigt. Der ausschüttbare Gewinn ist bereits für die KSt-Erhöhung ermittelt worden und beträgt 285.000 €.

Ausschüttbarer Gewinn	285.000 €
./. Summe der Leistungen	./. 290.000 €
Verwendung des steuerlichen Einlagekontos	./. 5.000 €

Das steuerliche Einlagekonto wird demnach i.H.v. 5.000 € verwendet und ist in entsprechender Höhe zu mindern. In dieser Höhe liegt eine Einlagenrückzahlung vor, die bei den Anteilseignern nicht der Besteuerung unterliegt. Das steuerliche Einlagekonto ist auf den 31.12.2006 somit i.H.v. 85.000 € gesondert festzustellen (§ 27 Abs. 2 Satz 1 KStG).

Da die oGA im Ergebnis sowohl zu einer KSt-Minderung führt als auch tw. eine Einlagenrückgewähr darstellt, hat die M-GmbH lediglich die durch die Einlagenrückgewähr verursachte Minderung des steuerlichen Einlagekontos durch eine Steuerbescheinigung nach § 27 Abs. 3 KStG nachzuweisen. Die KSt-Minderung ist entgegen § 37 Abs. 3 Satz 4 Nr. 2 KStG a.F. nicht gesondert zu bescheinigen (s. BMF vom 04.06.2003, BStBl I 2003, 366, Rz. 25).

1.1.5 Ermittlung der Körperschaftsteuer-Bemessungsgrundlage

1.1.5.1 Das zu versteuernde Einkommen als Körperschaftsteuer-Bemessungsgrundlage

1.1.5.1.1 Ermittlung des zu versteuernden Einkommens

Das KSt-Recht unterscheidet zwischen

- den Einkünften (vgl. z. B. § 8 Abs. 2 KStG),
- der Summe der Einkünfte (§ 26 Abs. 6 KStG i.V.m. § 34c Abs. 1 Satz 2 EStG),
- dem Gesamtbetrag der Einkünfte und
- dem (zu versteuernden) **Einkommen**.

Der aus dem ESt-Recht entliehene Begriff des »Gesamtbetrags der Einkünfte« wirkt hier ebenso wie der Terminus »Einkünfte« befremdlich. Die ihnen im ESt-Recht zukommende Ordnungsfunktion läuft im KSt-Recht weitgehend leer, da es z. B. in aller Regel (Ausnahme: Verein) nur eine Einkunftsart gibt. Ebenso wenig gibt es das subjektive Nettoprinzip im KSt-Recht, das letztlich für die beiden letzten »Treppenstufen« (vom Gesamtbetrag zum Einkommen) verantwortlich zeichnet. Dennoch wird auch hier dieser Schematismus beibehalten, da er sich über die KStR eingebürgert hat.

Für den Hauptfall, d. h. für die Besteuerung der KapGes (wie hier der GmbH) gibt es gem. § 8 Abs. 2 KStG nur **gewerbliche Einkünfte**, die auf dem Ergebnis der **Handelsbilanz** basieren. Diese werden sodann nach dem Dogma der Maßgeblichkeit (§ 5 Abs. 1 EStG, § 8 Abs. 1 KStG) zum **Steuerbilanz-Ergebnis** transformiert. Der **erste Schritt** der Einkommensermittlung gilt folglich der Rekonstruktion des Handelsbilanz-Gewinns aus dem handelsrechtlichen Jahresergebnis und dessen Modifikation durch die Steuerbilanz. In einem **zweiten Schritt** wird das Steuerbilanz-Ergebnis umfangreichen rein steuerrechtlichen außerbilanziellen Korrekturen durch das KStG unterzogen, bevor es als **zu versteuerndes Einkommen** die Bemessungsgrundlage für die tarifliche KSt bildet (§ 23 Abs. 1 KStG).

Das Schema zur Ermittlung des zu versteuernden Einkommens ist R 29 KStR 2004 entnommen:

Erster Schritt

1 Gewinn/Verlust lt. Steuerbilanz bzw. nach § 60 Abs. 2 EStDV korrigierter Jahresüberschuss/Jahresfehlbetrag lt. Handelsbilanz unter Berücksichtigung der besonderen Gewinnermittlung bei Handelsschiffen nach § 5a EStG

Zweiter Schritt

2 + Hinzurechnung von vGA (§ 8 Abs. 3 Satz 2 KStG)
3 ./. Abzug von Gewinnerhöhungen im Zusammenhang mit bereits in vorangegangenen VZ versteuerten vGA
4 ./. Berichtigungsbetrag nach § 1 AStG
5 ./. Einlagen (§ 4 Abs. 1 Satz 5 EStG)
6 + Nichtabziehbare Aufwendungen (z. B. § 10 KStG, § 4 Abs. 5 EStG, § 160 AO)
7 + Gesamtbetrag der Zuwendungen nach § 9 Abs. 1 Nr. 2 KStG
8 +/./. Kürzungen/Hinzurechnungen nach § 8b KStG und § 3c Abs. 1 EStG
9 ./. sonstige inländische steuerfreie Einnahmen (z. B. InvZul)
10 +/./. Korrekturen bei Organschaft i.S.d. §§ 14, 17 und 18 KStG (z. B. gebuchte Gewinnabführung,Verlustübernahme, Ausgleichszahlungen i.S.d. § 16 KStG)

11 +/./. Hinzurechnungen und Kürzungen bei ausländischen Einkünften u. a.
- Korrektur um nach DBA steuerfreie Einkünfte unter Berücksichtigung des § 3c Abs. 1 EStG
- Hinzurechnung nach § 52 Abs. 3 EStG i.V.m. § 2a Abs. 3 und 4 EStG 1997
- Abzug ausländischer Steuern nach § 26 Abs. 6 KStG oder § 12 Abs. 3 AStG i.V.m. § 34c Abs. 2, 3 und 6 EStG
- Hinzurechnungsbetrag nach § 10 AStG einschl. Aufstockungsbetrag nach § 12 Abs. 1 und 3 AStG
- Hinzurechnungen und Kürzungen von nicht nach einem DBA steuerfreien negativen Einkünften nach § 2a Abs. 1 EStG

12 +/./. Hinzurechnungen und Kürzungen bei Umwandlung u. a.
- nach § 4 Abs. 6 und 7 bzw. § 12 Abs. 2 Satz 1 UmwStG nicht zu berücksichtigender Übernahmeverlust oder -gewinn
- Hinzurechnungsbetrag nach § 12 Abs. 2 Satz 2 und 3 UmwStG

13 +/./. sonstige Hinzurechnungen und Kürzungen u. a.
- nach § 52 Abs. 59 EStG i.V.m. § 50c EStG i.d.F. des Gesetzes vom 24.03.1999 (BGBl I 1999, 402) nicht zu berücksichtigende Gewinnminderungen
- nicht ausgleichsfähige Verluste nach § 8 Abs. 4 Satz 4 und nach § 13 Abs. 3 KStG sowie nach § 2b, 15 Abs. 4, § 15a Abs. 1 EStG
- Hinzurechnungen nach § 15a Abs. 3 EStG, § 13 Abs. 3 Satz 10 KStG
- Kürzungen nach § 2b Satz 4, § 15 Abs. 4 Satz 2, 3 und 6, § 15a Abs. 2, Abs. 3 Satz 4 EStG, § 13 Abs. 3 Satz 7 KStG
- Gewinnzuschlag nach § 6b Abs. 7 und 8, § 7 g Abs. 5 EStG

14 = Steuerlicher **Gewinn (Summe der Einkünfte in den Fällen des R 19 Abs. 2 Satz 1 KStR 2004; Einkommen i.S.d. § 9 Abs. 2 Satz 1 KStG)**

15 ./. abzugsfähige Zuwendungen nach § 9 Abs. 1 Nr. 2 KStG

16 +/./. bei OT:
- Zurechnung des Einkommens von OG (§§ 14, 17 und 18 KStG)
- Kürzungen/Hinzurechnungen nach § 8b KStG, § 3c Abs. 1 EStG und § 4 Abs. 7 UmwStG bezogen auf das dem OT zugerechnete Einkommen von OG (§ 15 Nr. 2 KStG)

bei OG:
- Abzug des dem OT zuzurechnenden Einkommens (§§ 14, 17 und 18 KStG)

17 = **Gesamtbetrag der Einkünfte i.S.d. § 10d EStG**

18 ./. bei der übernehmenden Körperschaft im Jahr des Vermögensübergangs zu berücksichtigender Verlust nach § 12 Abs. 3 Satz 2 bzw. § 15 Abs. 4 UmwStG

19 ./. Verlustabzug nach § 10d EStG

20 = **Einkommen**

21 ./. Freibetrag für bestimmte Körperschaften (§ 24 KStG)

22 ./. Freibetrag für Erwerbs- und Wirtschaftsgenossenschaften sowie Vereine, die Land- und Forstwirtschaft betreiben (§ 25 KStG)

23 = **zu versteuerndes Einkommen**

1.1.5.1.2 Die Technik der Einkommensermittlung

1.1.5.1.2.1 Der erste Schritt: Ermittlung des Steuerbilanz-Gewinns (Ziffer 1)

Nachfolgend wird der Weg aufgezeigt, wie der übliche Jahresabschluss einer GmbH zur Ausgangsgröße »Steuerbilanz-Gewinn« führt.

	Handelsbilanz-Gewinn
./.	Gewinnvortrag
+	Verlustvortrag
./.	Entnahmen aus Rücklagen
=	**Handelsrechtliches Jahresergebnis** (Jahresüberschuss/Jahresfehlbetrag)
+ /./.	Anpassungskorrekturen zwischen Handels- und Steuerbilanz
=	**Steuerbilanz-Gewinn**

Gem. § 268 Abs. 1 HGB wird i.d.R. die Handelsbilanz einer GmbH unter Verwendung des Jahresergebnisses aufgestellt. Als Ergebnis dieser Vorgehensweise steht sodann in der Handelsbilanz der GmbH der Posten »Bilanzgewinn« oder »Bilanzverlust«. Das Gliederungs- und Ausweisschema des § 266 Abs. 3 A V HGB erfährt folglich eine Korrektur durch § 268 Abs. 1 HGB. Diese reguläre Maßnahme der Geschäftsführung berücksichtigt die dargestellte Überleitungsrechnung, wenn die **Rückrechnung** vom Handelsbilanz-Gewinn auf die entscheidende Größe des **handelsrechtlichen Jahresergebnisses** vorgenommen wird, da die einzelnen Komponenten der **Ergebnisverwendung** (Gewinnvortrag, Rücklagen etc.) bereits in den Vorjahren als Besteuerungsgrundlagen gewirkt haben. Die weiteren Modifikationen vom Handelsbilanz-Ergebnis zum Steuerbilanz-Gewinn (sog. »Anpassungskorrekturen«) beruhen auf dem Spezialnormenvorbehalt des § 5 Abs. 6 EStG.

1.1.5.1.2.2 Das richtige Jahresergebnis (Veranlagungszeitraum und Einkommens-Ermittlungszeitraum)

Die KSt ist eine Jahressteuer, d.h. sie wird – unabhängig von der Gewinnermittlungsperiode – für das Kj. erhoben. Bei Körperschaften, die – wie die GmbH als KapGes – zur Buchführung verpflichtet sind, ergibt sich der Einkommensermittlungszeitraum (Wj.) nach dem Gesellschaftsvertrag. Der Gesellschaftsvertrag kann ein abweichendes Wj. bestimmen, der für die Ermittlung des Einkommens zugrunde zu legen ist. VZ ist in diesen Fällen das Kj., in welchem das Wj. endet (§ 7 Abs. 4 Satz 2 KStG; s. auch 1.1.1).

1.1.5.1.2.3 Der zweite Schritt: Ermittlung des zu versteuernden Einkommens (Ziffer 2–23)

Die Grenzziehung zwischen den einzelnen Abschnitten der Ermittlung des zvE verläuft nicht so offensichtlich wie im ESt-Recht (insbes. bei KapGes wie der GmbH) und bedarf zusätzlich der Modifikation, wie sich aus den §§ 9, 10 KStG ergibt. Dies führt z. B. dazu, dass die abzb. Spenden (§ 9 Abs. 1 Nr. 2 KStG) einen Gewinn mindern (bzw. einen abzugsfähigen Verlust erhöhen), während die nicht abzb. Aufwendungen (§ 10 KStG) den Gewinn erhöhen (bzw. umgekehrt einen evtl. Verlust mindern).

Die – in der Praxis wesentlichen – **Korrekturen** des Steuerbilanz-Gewinns werden auf der 2. Stufe **außerhalb der Bilanz** vorgenommen. Bei einer GmbH, die bekanntlich nur eine betriebliche Sphäre kennt (s. 1.1.1), sind alle Ausgaben BA i.S.d. § 4 Abs. 4 EStG. Wenn diese Ausgaben nach handelsbilanz- und steuerbilanzrechtlichen Gesichtspunkten zu hoch angesetzt worden sind, hat eine entsprechende Korrektur innerhalb der Bilanz zu erfolgen (z. B. bei einer Pensionsrückstellung, die nicht den Vorgaben des § 6a EStG entspricht). Wenn diese

Ausgaben nach steuerrechtlichen Grundsätzen gesellschaftsrechtlich veranlasst sind (vGA), dann ändert dies nichts an der betrieblichen Veranlassung auf der 1. Stufe, die Korrekturen haben auf der 2. Stufe außerhalb der Bilanz zu erfolgen (s. BMF vom 28.05.2002, BStBl I 2003, 603).

Tipp

Die Binnensphäre einer GmbH ist immer ausschließlich betrieblich. Die Sphäre nach außen kann durch betriebliche oder gesellschaftsrechtliche Beziehungen gestaltet sein. Nur letztere sind auf der Ebene der GmbH außerhalb der Bilanz auf einer 2. Stufe zu korrigieren.

Anstelle des – etwas unübersichtlichen – Schemas in R 29 KStR 2004 lässt sich für Arbeitszwecke auch mit einem vereinfachten Modus arbeiten:

	Zweiter Schritt
	Steuerbilanz-Gewinn (Ergebnis der ersten Stufe)
+	steuerlich nicht abzugsfähige Gewinnminderungen (z. B. § 8b Abs. 3 Satz 3 KStG)
+	nicht abzb. BA (§§ 3c Abs. 1, 4 Abs. 5 EStG, § 8b Abs. 3 Satz 1 und Abs. 5 KStG)
+	steuerlich nicht abzugsfähige Aufwendungen (§ 10 KStG)
+	steuerlich nicht ausgleichsfähige Verluste
+	Spenden (unabhängig von der Abzugsfähigkeit)
+	vGA (§ 8 Abs. 3 Satz 2 KStG)
+	vGA gem. § 8a KStG a.F.
+	Hinzurechnungsbeträge nach dem AStG
./.	steuerfreie Dividenden und Veräußerungsgewinne (§ 8b Abs. 1 und 2 KStG)
./.	Gewinnanteile und Vergütungen an den Komplementär einer KGaA (§ 9 Abs. 1 Nr. 1 KStG)
./.	verdeckte Einlagen
./.	steuerfreie Vermögensmehrungen (z. B. InvZul)
+ /./.	Verlustübernahme/Gewinnabführung in Organschaftsverhältnissen
=	**Einkünfte aus Gewerbebetrieb (bei KapGes = Summe der Einkünfte)**
./.	abzugsfähige Spenden und Beiträge (§ 9 Abs. 1 Nr. 2 KStG)
+ /./.	Einkommenszurechnung in Organschaftsfällen
=	**Gesamtbetrag** der Einkünfte
./.	Verlustabzug (§ 10d EStG, § 8c KStG)
./.	in Verschmelzungs- und Spaltungsfällen übergehender Verlust bei der übernehmenden KapGes (§ 12 Abs. 3 UmwStG a.F.)
=	**Einkommen**
./.	Freibetrag (§§ 24, 25 KStG)
=	**zu versteuerndes Einkommen** (zvE)

(Schema von *Maurer* (Berechnung des zu versteuernden Einkommens, in: *Preißer*, Steuerberaterprüfung, 2013, Bd. 2 Teil C III 2.2). Ähnlich *Schulte*, in: *Erlé/Sauter*, KStG-Komm., § 8 Rz. 52.)

Die **körperschaftsteuerlichen Besonderheiten** der Ermittlung der Einkünfte aus Gewerbebetrieb ergeben sich aus der Tatsache, dass die GmbH keine private Sphäre hat, d. h. dass alle Ausgaben auf der 1. Stufe betrieblich veranlasst sind. An dieser Stelle werden nur die notwendigen Korrekturen beim zweiten Schritt angesprochen, die außerhalb der Bilanz vorzunehmen sind.

Eine Vielzahl von Korrekturen außerhalb der Steuerbilanz sind durch den Systemwechsel vom Anrechnungs- zum Halb- bzw. Teileinkünfteverfahren verursacht. Erträge und Aufwendungen, die mit **Beteiligungen an anderen KapGes** zusammenhängen, bleiben bei der Ermittlung des Einkommens außer Betracht (vgl. insbes. § 8b Abs. 1–5 KStG; Ausnahme: Streubesitzdividenden). Beispielsweise bleiben Bezüge, die eine GmbH von einer anderen KapGes erhält, bei der Ermittlung des Einkommens außer Betracht (§ 8b Abs. 1 KStG). Dies resultiert aus der Erkenntnis, dass Gewinne von KapGes nur auf der Ebene der KapGes und der natürlichen Person (Halb- bzw. Teileinkünfteverfahren sowie Abgeltungsteuer) besteuert werden sollen. »Zwischengeschaltete KapGes« sollen keine zusätzlichen steuerlichen Folgen auslösen. Diese Besteuerung hat vor allem für die (Nicht-)Besteuerung im Konzern große Bedeutung.

Das KStG vergleicht den Vorgang der Beteiligungsveräußerung mit einer Ausschüttung der offenen Rücklagen an den veräußernden Anteilseigener. Deshalb hat der Gesetzgeber Veräußerungsgewinne von Beteiligungen an KapGes freigestellt (§ 8b Abs. 2 KStG). Systematisch zwingend ist dies nur für den Anteil des Veräußerungsgewinns, der auf offenen Rücklagen beruht. Der Teil des Veräußerungsgewinns, der auf stillen Reserven bzw. künftigen Ertragserwartungen beruht, hätte nicht freigestellt werden müssen. Das KStG hat bis zum VZ 2003 aus dieser Steuerfreistellung von Bezügen bzw. Beteiligungserträgen die Konsequenz gezogen, auch Verluste bzw. Wertminderungen und BA, die mit Beteiligungen an KapGes in unmittelbarem Zusammenhang stehen, bei der Ermittlung des Einkommens unberücksichtigt zu lassen (§ 8b Abs. 3 KStG, § 3c Abs. 1 EStG). Ab 2004 hat der Gesetzgeber wiederum Korrekturen vorgenommen. Er hat die Besteuerung von inländischen Beteiligungserträgen und Veräußerungsgewinnen der Besteuerung von ausländischen Beteiligungserträgen angeglichen. Es werden **5% der Bezüge** bzw. des Veräußerungsgewinns als **nicht abzugsfähige** BA behandelt (vgl. § 8b Abs. 3 Satz 1 und § 8b Abs. 5 KStG). Die tatsächlich angefallenen BA können dafür uneingeschränkt abgezogen werden.

1.1.5.2 Anwendbare Vorschriften des EStG

1.1.5.2.1 Anwendbare Vorschriften des EStG in Bezug auf die Einkunftsarten

Nachdem § 8 Abs. 2 KStG von den einkommensteuerrechtlichen Vorschriften insoweit abweicht, als für buchführungspflichtige Körperschaften – und damit für die GmbH – die Eindimensionalität der **gewerblichen** Einkunftsart festgeschrieben wird, stellt sich konkret die Frage der Anwendung von Vorschriften aus dem Bereich der ESt für das KSt-Recht (§ 8 Abs. 1 KStG).

Die **Umqualifizierung** aller Einkünfte in gewerbliche Einkünfte nach § 8 Abs. 2 KStG bedeutet, dass sämtliche Ausnahmeregelungen in der ESt, die den einzelnen Einkunftsarten gelten (z. B. § 9a EStG, § 13 Abs. 3 EStG, § 15 Abs. 4 EStG, § 20 Abs. 9 EStG) bei KapGes nicht zur Anwendung gelangen (vgl. R 32 Abs. 1 und vor allem R 32 Abs. 3 KStR 2004).

Beispiel

Eine GmbH mit 100.000 € betrieblichem Gewinn hat ein Sparbuch angelegt und erhält dafür 10.000 € Zinsen. Anm.: Beides sind Einkünfte eines VZ.

Lösung

Der Jahresüberschuss (und damit das zvE) der GmbH beträgt 110.000 €. Die Abzugsbeträge von § 9a und § 20 Abs. 9 EStG kommen nicht zur Anwendung, da sie bei gewerblichen Einkünfte nicht vorgesehen sind.

§ 8 Abs. 2 KStG verwirklicht auf diese Weise den idealtypischen Zustand des »synthetischen« Ertragsteuerrechts, demzufolge es innerhalb der einzelnen Einkunftsarten keine steuerlichen Belastungsunterschiede geben soll. Darüber hinaus ist § 8 Abs. 2 KStG in der Rechtsprechung des BFH zwischenzeitlich auch die Rechtsgrundlage, derzufolge es keine außerbetriebliche Sphäre bei KapGes geben kann. Dies hat zur Folge, dass auch Vorgänge **außerhalb der Einkunftsarten** (wie z. B. die Liebhaberei) zu gewerblichen Einkünften führen. Die notwendige Konsequenz liegt in der Annahme einer **vGA**, wenn der für die GmbH verlustträchtige Vorteil beim Gesellschafter ankommt.

1.1.5.2.2 Sonstige Normen aus dem Bereich des EStG

Für den **Erwerbsaufwand** (hier: für den BA-Abzug) gilt ebenfalls die Generalverweisung des § 8 Abs. 1 KStG mit Ausnahme der Bestimmungen, die ihrer Natur nach auf natürliche Personen zugeschnitten sind. Hierzu gehören z. B. die Abzugsverbote des § 4 Abs. 5 Nr. 5 und 6 EStG für Verpflegungsmehraufwand und Fahrten zwischen Wohnung und Arbeitsstätte (oder typische Berufskleidung).

Aufgrund der Individualbezogenheit auf natürliche Personen können bei einer GmbH weder Sonderausgaben noch außergewöhnliche Belastungen abgezogen werden. **Ausgenommen** hiervon ist aber der allgemeine **Verlustabzug des § 10d EStG** (vgl. auch § 8 Abs. 4 Satz 1 KStG a.F.). Auch der Spendenabzug (§ 10b EStG) ist grds. möglich, wird aber durch die spezielle Regelung des § 9 Abs. 1 Nr. 2 KStG verdrängt (s. 1.1.5.3.2).

Auf zwei steuertechnische Besonderheiten ist noch hinzuweisen:

1. Anders als im EStG mindern die (sehr begrenzt abzugsfähigen) Sonderausgaben die (gewerblichen) Einkünfte der GmbH und sind damit beim Verlustausgleich mit zu berücksichtigen.
2. Die Korrekturposten zur Gewinnermittlung beim Betriebsvermögens-Vergleich nach § 4 Abs. 1 EStG, d. h. die **Entnahmen** und die **Einlagen**, kommen ausdrücklich in § 8 KStG nicht vor. Es besteht aber Einigkeit, dass sie sinngemäß anzuwenden sind, unter Berücksichtigung der Tatsache, dass hier Verschiebungen (Transfers) zwischen zwei unterschiedlichen Steuersubjekten (GmbH einerseits und natürliche Person andererseits) stattfinden, während es im unmittelbaren Anwendungsbereich des § 4 Abs. 1 EStG »nur« um den Wertetransfer zwischen dem Privatvermögen und dem Betriebsvermögen einer Person geht. Dabei verdrängt im Steuerrecht der GmbH terminologisch die vGA (§ 8 Abs. 3 Satz 2 KStG) die Entnahme, während die Vorschriften über die Einlagen unmittelbar anwendbar sind.

1.1.5.3 Einkommensermittlungsvorschriften des KStG

LITERATURHINWEISE:

Clemm/Clemm, Die körperschaftsteuerliche Behandlung von Aufsichtsratsvergütungen ist sinn-, system- und verfassungswidrig, BB 2001, 1873; *Graffe*, in: *Dötsch*, KStG-Kommentar (März 2005), § 10 KStG Tz. 1–83; *Pauka*, Änderung des KSt-Rechts durch StEntlG 1999/2000/2001, NWB F. 4, 4263; *Peetz*, Aufsichtsratsvergütung als nicht abzugsfähige Betriebsausgaben, GmbHR 2009, 977; *Vetter*, Aufsichtsratsvergütung und Verträge mit Aufsichtsratsmitgliedern, ZIP 2008, 1.

1.1.5.3.1 Nichtabziehbare Aufwendungen

1.1.5.3.1.1 Überblick

Bei der Einkommensermittlung einer GmbH gibt es – neben der vGA – drei herausragende Hinzurechnungstatbestände:

- die Hinzurechnung nach § 8b Abs. 3 KStG,
- die Hinzurechnung der nicht abzugsfähigen Aufwendungen (§ 4 Abs. 5 EStG, § 3c EStG und § 8b Abs. 5 KStG) sowie
- die nicht abzugsfähigen Aufwendungen nach § 10 KStG.

Ein Überblick zu den beiden ersten Kategorien rahmt die ausführliche Diskussion von § 10 KStG ein.

1.1.5.3.1.2 Die Hinzurechnung nach § 8b Abs. 3 KStG

§ 8b Abs. 3 KStG ist durch das UntStFG neu gefasst worden. Seither besteht ein allgemeiner Ausschluss der Abzugsfähigkeit von **Gewinnminderungen**, die mit dem **Anteil an einer KapGes** im Zusammenhang stehen.

Beispiel

Die X-GmbH hat Anteile an der Y-GmbH. Die X-GmbH nimmt auf die Anteile eine Teilwert-AfA vor (der Buchwert vor Abschreibung beträgt 100.000 €, danach 50.000 €).

Lösung

Die Teilwert-AfA i.H.v. 50.000 € ist gem. § 8b Abs. 3 Satz 3 KStG bei der Ermittlung des Einkommens nicht zu berücksichtigen.

Seit 2004 hat **§ 3c Abs. 1 EStG** in Bezug auf steuerfreie Beteiligungserträge keine Bedeutung mehr (vgl. § 8b Abs. 3 Satz 2 KStG). Es gelten ab diesem Zeitpunkt jeweils **5%** der laufenden Bezüge oder Veräußerungsgewinne als **nicht abzugsfähige BA**.

Schließlich ist darauf hinzuweisen, dass § 8b Abs. 3 Satz 3 KStG seit dem VZ 2008 nicht nur auf Wertminderungen der Beteiligung, sondern auch auf Wertminderungen von **eigenkapitalersetzenden Gesellschafterdarlehen** anwendbar ist (vgl. § 8b Abs. 3 Satz 4 ff. KStG). Auf diese Darlehen ist eine Abschreibung nach allgemeinen Grundsätzen mit steuerlicher Wirkung nicht mehr möglich. Anders als i.R.v. § 17 EStG erhöhen solche »Krisendarlehen« auch nicht die AK bzw. den Buchwert der Beteiligung. Der sog. normative AK-Begriff ist nur i.R.v. § 17 EStG anwendbar.

1.1.5.3.1.3 Nicht abzugsfähige Betriebsausgaben

Die steuerliche Abzugsfähigkeit von BA bestimmt sich i.d.R. nach den einkommensteuerrechtlichen Vorschriften (wie z. B. § 4 Abs. 5 EStG). Eine Korrektur der BA, die gem. § 4 Abs. 5 EStG nicht abzb. sind, erfolgt immer außerhalb der Bilanz.

Bis 2003 hatte die Vorschrift des § 3c Abs. 1 EStG eine große Bedeutung. Hiernach konnten BA, die in Zusammenhang mit steuerfreien Einnahmen stehen, nicht als BA abgezogen werden. Dies galt insbes. für **Finanzierungsaufwendungen**, die eine KapGes auf eine Beteiligung an einer anderen KapGes tätigt. Bei mit FK finanzierten Beteiligungen an Tochter-KapGes konnten Zinsen insoweit gem. § 3c Abs. 1 EStG nicht als BA abgezogen werden, als sie mit steuerfreien Dividenden im Zusammenhang standen. Seit 2004 können die Finanzierungsaufwendungen in voller Höhe abgezogen werden. Es werden aber **5%** der Bezüge gem. **§ 8b**

Abs. 1 KStG als nicht abzugsfähige BA behandelt (vgl. § 8b Abs. 5 KStG). Insoweit werden inländische und ausländische Beteiligungserträge in gleicher Weise behandelt. Die Behandlung als nicht abzugsfähige BA kommt jedoch nur insoweit in Betracht, als in dem betreffenden Wj. tatsächlich steuerfreie Dividenden vereinnahmt werden. Sog. **Ballooning-Konzepte** bleiben – wie bis 2003, allerdings nun nur noch mit einer Zinsauswirkung – weiterhin möglich.

Ein Problem besteht bei Ausschüttungen in mehrstufigen Beteiligungsketten zwischen KapGes darin, dass bei Behandlung als nicht abzugsfähige BA i.H.v. 5% der Bezüge diese **auf jeder Stufe** außerhalb der Bilanz hinzugerechnet werden müssen. Dies ist bei der Finanzierung eines Konzerns zu beachten. Insoweit bietet die Organschaft einen Ausweg, als beim OT keine Beteiligungserträge gem. § 8b Abs. 1 KStG anfallen (sondern unmittelbare gewerbliche Einkünfte aufgrund Gewinnabführung) und daher eine Hinzurechnung gem. § 8b Abs. 5 KStG ausscheidet (vgl. BMF vom 26.08.2003, BStBl I 2003, 437, Tz. 24).

Beispiel

Die T-GmbH schüttet in 04 eine Dividende von 30.000 € an ihre Muttergesellschaft M-GmbH aus. Die Zinsaufwendungen der M-GmbH betragen wiederum 50.000 €.

Lösung

Gem. § 8b Abs. 5 KStG gelten 5% der Bezüge der M-GmbH i.S.d. § 8b Abs. 1 KStG als nicht abzugsfähige BA, die außerhalb der Bilanz der M-GmbH wieder hinzugerechnet werden müssen. Es hat eine außerbilanzielle Korrektur des Steuerbilanzergebnisses um 1.500 € (5% von 30.000 €) zu erfolgen. Wenn die Muttergesellschaft die Beteiligung einer Tochtergesellschaft mit Fremdkapital finanziert hat, führt dies zumeist zu einer niedrigeren Steuerbelastung, da die tatsächlich angefallenen Finanzierungsaufwendungen in voller Höhe abgezogen werden können.

Bei **Anteilen an einer ausländischen Gesellschaft** galt die beschriebene Rechtslage bereits vor 2004. Es besteht ein Abzugsverbot – unabhängig von der Höhe der tatsächlich angefallenen BA – i.H.v. 5% der Bezüge i.S.d. § 8b Abs. 1 KStG. Dies bedeutet, dass die angefallenen BA entsprechend der bilanziellen Behandlung weiterhin abzugsfähig bleiben und eine Hinzurechnung i.H.v. 5% der Dividenden erfolgt, wenn tatsächlich Dividenden geflossen sind. § 8b Abs. 5 KStG findet auch bei **vGA** Anwendung, da durch das UntStFG der Anwendungsbereich auf alle Bezüge erstreckt worden ist.

Seit 2004 ist die Besteuerung der Veräußerungsgewinne der Besteuerung der laufenden Beteiligungserträge angeglichen. Der Veräußerungsgewinn bleibt gem. § 8b Abs. 2 KStG zunächst steuerfrei, aber es werden 5% des Veräußerungsgewinns als nicht abzugsfähige BA außerhalb der Bilanz wieder hinzugerechnet. Die Anknüpfung an den Veräußerungsgewinn führt im Ergebnis zu einer vollen Berücksichtigung der Veräußerungskosten.

Beispiel

Die inländische A-GmbH verkauft die Beteiligung an der B-GmbH zu einem Preis von 250.000 €; der Buchwert der Beteiligung beträgt 140.000 €, Veräußerungskosten sind i.H.v. 30.000 € angefallen.

Lösung

Gem. § 8b Abs. 3 Satz 1 KStG sind bei der A-GmbH 5% des Veräußerungsgewinns als nicht abzugsfähige BA wieder hinzuzurechnen. Der Gewinn beträgt 80.000 €, die hinzuzurechnenden (fiktiven) BA demgemäß 4.000 €.

1.1.5.3.1.4 § 10 KStG

In § 10 KStG sind bestimmte nicht abzugsfähige Aufwendungen enthalten. Diese Vorschrift dient z.T. der steuerlichen Gleichstellung von Personenunternehmen mit KapGes (vgl. § 10 Nr. 1–3 KStG); die Hinzurechnung der Hälfte der Aufsichtsrats-Vergütungen (§ 10 Nr. 4 KStG) ist systematisch nicht einzuordnen und nur aus einem gewissen Misstrauen bezüglich der Rechtsbeziehungen zwischen der Gesellschaft und den Überwachungsorganen verständlich.

Bei § 10 Nr. 2–4 KStG liegen BA vor; es erfolgt insofern eine Korrektur des Bilanzergebnisses auf der Ebene der Einkünfteermittlung. Wiederum anders handelt es sich bei den Zweckaufwendungen nach § 10 Nr. 1 KStG um Maßnahmen der Einkommensverwendung (so auch BFH vom 05.06.2003, BStBl II 2005, 305).

Die enumerative Aufzählung in § 10 EStG ist nicht abschließend, wie sich aus dem Wortlaut (»... auch«) ergibt, sodass neben § 4 Abs. 5 EStG (anwendbar gem. § 8 Abs. 1 KStG) noch Raum für analoge Fälle bleibt, die ihrem Wesen nach den geregelten Fällen entsprechen.

a) Nicht abziehbare Steuern und steuerliche Nebenleistungen (§ 10 Nr. 2 KStG)

§ 10 Nr. 2 KStG bezweckt eine Korrektur der als BA abgezogenen Aufwendungen, die auch bei natürlichen Personen die Einkünfte bzw. den Gesamtbetrag der Einkünfte nicht mindern dürfen (§ 12 Nr. 3 EStG). Diese Aufwendungen sind bilanziell BA, dürfen aus Gründen der Wettbewerbsneutralität des Steuerrechts bei KapGes die Bemessungsgrundlage aber nicht mindern.

Unter den Begriff der **Personensteuern** fallen:

- die ESt der Körperschaft, i.e. die **KSt**, in allen Varianten, sowie sie das Jahresergebnis beeinflusst hat. Es sind also Vorauszahlungen ebenso wie Rückstellungen für das laufende Wj. außerbilanziell hinzuzurechnen.
- Ebenfalls gehören Annexsteuern wie der **SolZ** zu den Personensteuern.
- Bei der KapSt ist zu differenzieren: **KapSt**, die bei Kapitalerträgen **für** die KapGes (als Gläubigerin) erhoben wurde, gehört zu den Hinzurechnungstatbeständen.
- KapSt, die **von** der KapGes für Gewinnanteile an die Anteilseigner als Schuldnerin der Kapitalerträge einbehalten wurde, zählt nicht hierzu.
- Bei beschränkt stpfl. KapGes verursacht die nach **§ 50a EStG** erhobene Quellensteuer ebenfalls eine außerbilanzielle Korrektur.
- Unter die sonstigen Personensteuern fallen die Schenkung- und Erbschaftsteuer (ggf. bei Familienstiftungen die – im 30-jährigen Turnus anfallende – Erbersatzsteuer nach § 1 Abs. 1 Nr. 4 ErbStG).

In die zweite Kategorie der **USt** für (früheren) Eigenverbrauch fallen heute die USt für:

- sog. **Entnahmen;** dies können nur unentgeltliche Wertabgaben in Form von unentgeltlichen Lieferungen i.S.v. § 3 Abs. 1b UStG oder unentgeltliche sonstige Leistungen nach § 3 Abs. 9a UStG sein;
- **vGA**; mit der Neuregelung der Eigenverbrauchstatbestände durch das StEntlG 1999/2000/2002 unterliegen nunmehr die vGA-Tatbestände umsatzsteuerlich den o.g. unentgeltlichen Wertabgaben des § 3 UStG.

In diese Gruppe gehört ebenso der **Vorsteuerausschluss** für nicht abzugsfähige BA gem. § 15 Abs. 1a UStG; in § 10 Nr. 2 KStG wird klargestellt, dass diese (umsatzsteuerlich) nicht abzugsfähigen Vorsteuerbeträge im Ergebnis auch nicht bei der Einkommensermittlung der Körperschaften berücksichtigt werden können.

Unter das Abzugsverbot der **steuerlichen Nebenleistungen** fallen gem. § 3 Abs. 4 AO:
- Verzögerungsgelder (§ 146 Abs. 2b AO),
- Verspätungszuschläge (§ 152 AO),
- Säumniszuschläge (§ 240 AO),
- Zuschläge gem. § 162 Abs. 4 AO
- Kosten (§ 178, §§ 337 ff. AO),
- Zinsen (§§ 233–237 AO),
- Zwangsgelder (§ 329 AO).

Voraussetzung dabei ist, dass sich diese Nebenleistungen auf die nicht abzb. Steuern gem. § 10 Nr. 2 KStG beziehen.

Hinweis

Hingegen können Rechtsverfolgungs- und -beratungskosten von StB/RA/WP, die sich auf die nicht abzugsfähigen Steuern des § 10 Nr. 2 KStG beziehen, steuerlich als BA (§ 8 Abs. 2 KStG) bzw. als Werbungskosten geltend gemacht werden.

Erstattungszinsen erhöhen hingegen das zvE (BFH vom 15.02.2012, BStBl II 2012, 697).

b) Geldstrafen und ähnliche Zahlungen (§ 10 Nr. 3 KStG)

§ 10 Nr. 3 KStG ergänzt § 4 Abs. 5 Nr. 8 EStG (§ 8 Abs. 1 KStG) um den Kreis **aller** Sanktionsträger, während bei der EStG-Hinzurechnung ein Gericht (eine Behörde) der BRD/EU tätig werden musste. Bereits nach § 4 Abs. 5 Nr. 8 EStG sind außerbilanziell hinzuzurechnen:
- Geldbußen,
- Ordnungsgelder und
- Verwarnungsgelder.

In § 10 Nr. 3 KStG sind nur Strafen bzw. Geldbußen **gegen die KapGes** vom Abzug ausgeschlossen. Übernimmt hingegen die KapGes eine **gegen den Geschäftsführer** persönlich festgesetzte Geldbuße, ist die Zahlung als BA abzugsfähig und nicht gem. § 10 Nr. 3 KStG außerhalb der Bilanz zu korrigieren. Die Zahlung stellt beim Geschäftsführer Arbeitslohn dar, ein Abzug der Geldbuße als Werbungskosten kommt gem. § 9 Abs. 5, § 4 Abs. 5 Nr. 8 EStG auch dann nicht in Betracht, wenn dem Geschäftsführer die Geldbuße wegen einer in Ausübung seiner Tätigkeit als Geschäftsführer begangenen Ordnungswidrigkeit auferlegt worden ist. Handelt es sich beim Geschäftsführer allerdings um einen Gesellschafter, so liegt eine vGA vor.

Unter § 10 Nr. 3 KStG fallen alle Maßnahmen mit Strafcharakter, wenn sie von **ausländischen** Sanktionsträgern verhängt wurden und im Wesentlichen den deutschen Sanktionen entsprechen. Dabei versteht man unter Nebenstrafen vermögensrechtlicher Art z. B. die Einziehung von Tatgegenständen (instrumenta vel produta sceleris), wenn dabei der Strafcharakter – und nicht der Präventionszweck – überwiegt. Ganz allgemein sind **nur Maßnahmen mit Strafcharakter** von der Hinzurechnung betroffen, nicht hingegen Vermögensopfer anlässlich der strafrechtlichen Vertretung. Verfahrenskosten können in vollem Unfang als BA abgezogen werden.

c) Aufsichtsratsvergütungen (§ 10 Nr. 4 KStG)

Vergütungen, die eine KapGes an Mitglieder eines zur Überwachung eingesetzten Organs bezahlt, sind zur **Hälfte** außerhalb der Bilanz wieder hinzuzurechnen (§ 10 Nr. 4 KStG). Es kommt dabei nicht auf die Bezeichnung des Organs, sondern auf dessen Aufgaben an. Die Vergütungen fallen jedoch nur insoweit unter das hälftige Abzugsverbot, als es sich nicht um konkret nachgewiesenen Aufwendungsersatz handelt (vgl. R 50 KStR 2004).

Bei **überhöhten** Vergütungen an Aufsichtsrats-Mitglieder, die zugleich **Gesellschafter** sind, hat das Rechtsinstitut der vGA gegenüber § 10 Nr. 4 KStG Vorrang.

Beispiel

Eine AG bezahlt an die drei Aufsichtsrats-Mitglieder (alles Aktionäre) eine Vergütung i.H.v. jeweils 80.000 €. Die angemessene Vergütung liegt bei jeweils 60.000 €. Die AG hat die Vergütung in voller Höhe als BA (240.000 €) abgezogen.

Lösung

Der Abzug der Aufsichtsrats-Vergütungen als BA ist richtig. I.H.d. unangemessenen Vergütung von insgesamt (für drei Aufsichtsrats-Mitglieder) 60.000 € hat eine volle (vGA), i.H.d. angemessenen Vergütung eine hälftige Hinzurechnung (§ 10 Nr. 4 KStG) von insgesamt 90.000 € zu erfolgen. Beim Anteilseigner liegen in Bezug auf die unangemessenen Vergütungen Einnahmen aus Kapitalvermögen, i.H.d. angemessenen Teils Einkünfte aus selbstständiger Arbeit (§ 18 Abs. 1 Nr. 3 EStG) vor.

Hinweis

Es kann sich die Situation ergeben, dass (ohne Einbeziehung von steuerlichen Folgen auf der Einkommensverwendungsebene der KapGes) die als vGA bezogene Aufsichtsrats-Vergütung **geringer** besteuert wird, da sie beim Anteilseigner nur der Abgeltungsteuer unterliegt.

Das hälftige Abzugsverbot als BA (bzw. das hälftige außerbilanzielle Hinzurechnungsgebot) des § 10 Nr. 4 KStG greift aber nach dem BFH-Urteil vom 28.08.2003 (BStBl II 2004, 112) nur dann, wenn es sich um **reine Überwachungstätigkeiten** gegenüber der Geschäftsleitung handelt. Werden – wie in der Praxis häufig – gleichzeitig Beraterverträge ausgeübt, die im Wesentlichen Aufgaben der Geschäftsführung beinhalten, so sind die Beraterhonorare hierfür nicht als Entgelt für Aufsichtsratstätigkeit i.S.d. § 18 Abs. 1 Nr. 3 EStG zu qualifizieren. Mangels dieser Zuordnung beim Empfänger greift hier auch seitens der zahlenden KapGes nicht das hälftige Abzugsverbot des § 10 Nr. 4 KStG.

Tipp

Mit dieser Rechtsprechung besteht eine reelle Gestaltungsmöglichkeit für den vollen BA-Abzug, wobei – wegen § 42 AO – darauf zu achten ist, dass die gesellschaftsrechtlichen Aufgaben der Überwachung der Geschäftsleitung eingehalten werden. Es sollten beide Komponenten (die Organbestellung zum Aufsichtsrat sowie der Beratervertrag) **getrennt vereinbart und getrennt abgegolten werden**. Wegen des generellen Aufteilungsverbots (bei einem einheitlichen Vertrag) der Rechtsprechung müssen beide Tätigkeiten »ganz klar« getrennt werden; ansonsten unterliegen die Vergütungen wieder komplett dem hälftigen Abzugsverbot des § 10 Nr. 4 KStG.

Hinweis

Nachdem der Aufsichtsrat als Unternehmer i.S.d. § 2 UStG einzustufen ist, wird er der KapGes eine Rechnung mit USt-Ausweis ausstellen; es kann die volle Vorsteuer von der KapGes abgezogen werden. Gleichzeitig ist die Bemessungsgrundlage für § 10 Nr. 4 KStG die **Hälfte** des Aufsichtsrats-**Netto**betrages (R 50 Abs. 2 KStR 2004).

d) Sonstige nicht abziehbare Aufwendungen gem. § 10 Nr. 1 KStG
Die sperrige Formulierung des § 10 Nr. 1 KStG, wonach Aufwendungen, die satzungs- und stiftungsmäßige Zwecke erfüllen, nicht abzugsfähig sind, verdeutlicht nur den allgemeinen Ertragsteuergrundsatz, dass Maßnahmen der **Einkommensverwendung nicht** bei der Einkommensermittlung berücksichtigt werden dürfen.

Diese Regelung gilt vorbehaltlich des zugelassenen Spendenabzugs nach § 9 Abs. 1 Nr. 2 KStG (s. 1.1.5.3.2). Damit wird zum Ausdruck gebracht, dass bei gleichzeitigem Vorliegen beider Anwendungsfälle (KapGes erbringt eine Spende, wozu sie sich in der Satzung verpflichtet hat) § 9 KStG vorgeht.

Hinweise

Nachdem das Abzugsverbot nur bei satzungsgemäßen Aufwendungen eingreift, gilt es z. B. nicht in dem Bereich, in dem **satzungsfremde** Aufgaben erledigt werden.
Ebenfalls sind von dem Abzugsverbot solche Aufwendungen nicht betroffen, die sich – wie bei gemeinnützigen Körperschaften häufig vorkommend – nicht auf den Sektor der Gemeinnützigkeit beziehen, sondern auf den Bereich des »**wirtschaftlichen Geschäftsbetriebs**«. In diesem Sinne spricht sich der BFH im Urteil vom 05.06.2003 (BStBl II 2005, 305) bei **Mischaufwendungen** für eine eindeutige Zuordnung aus und stellt sogar eine Vermutung für den gewerblichen Bereich auf, wenn ohne diese Aufwendungen der Geschäftsbetrieb gar nicht aufrechterhalten werden kann.

1.1.5.3.2 Spenden

Die von der GmbH bezahlten Spenden werden **dreimal** bei der Einkommensermittlung **berücksichtigt**: Zunächst (1. Schritt) mindern sie als BA – egal in welcher Höhe – das Bilanzergebnis (Handels- wie Steuerbilanz). Um die definitive Erfassung i.R.d. § 9 Abs. 1 Nr. 2 KStG zu gewährleisten, müssen sie im 2. Schritt hinzuaddiert werden, um eine bereinigte Ausgangsgröße zu erhalten. Diese Operation ist für die Ermittlung der gewerblichen Einkünfte (Summe der Einkünfte) erforderlich. Im letzten und entscheidenden Schritt werden beim Gesamtbetrag der Einkünfte (bzw. beim Einkommen) die nach § 9 Abs. 1 Nr. 2 KStG (körperschaft-)steuerrechtlich abzugsfähigen Spenden berücksichtigt. Anders als in der ESt erhöhen Spenden einen abzugsfähigen Verlust (§ 10d EStG), da sie eine Stufe vorher abgezogen werden. Die materielle Höhe des Spendenabzugs richtet sich dabei nach dem EStG.

Der Spendenabzug setzt seit seiner Neuregelung mit einem jährlichen Grundbetrag i.H.v. 20 % des Gesamtbetrags der Einkünfte oder 4 ‰ der Summe der gesamten Umsätze und der im Kj. aufgewendeten Löhne und Gehälter ein. Dieser Grundbetrag gilt für alle von § 9 Abs. 1 Nr. 2 Satz 1 KStG erfassten steuerbegünstigten Zwecke i.S.d. §§ 52-54 AO, ausgenommen Mitgliedsbeiträge an Körperschaften zur Förderung von

- Sport (§ 52 Abs. 2 Nr. 21 AO),
- kulturellen Betätigungen, die in erster Linie der Freizeitgestaltung dienen,
- Heimatpflege und Heimatkunde (§ 52 Abs. 2 Nr. 22 AO),

- Zwecken i.S.d. § 52 Abs. 2 Nr. 23 AO (z. B. Tier- und Pflanzenzucht, Karneval, Modellflug und Hundesport). Die Neuregelung brachte auch eine Internationalisierung des Spendenabzugs mit sich. So sind sowohl Zuwendungen an juristische Personen des öffentlichen Rechts oder an andere öffentliche EU- und EWR-Dienststellen als auch an Körperschaften, die in der EU oder dem EWR belegen sind und nach § 5 Abs. 1 Nr. 9 KStG steuerbefreit wären, wenn sie inländische Einkünfte erzielen würden, begünstigt. Für ausländische Zuwendungsempfänger ist jedoch erforderlich, dass durch das Ausland Amtshilfe und Unterstützung bei der Beitreibung geleistet werden (§ 9 Abs. 1 Nr. 2 Satz 3 KStG).

Der **erweiterte Spendenabzug** sowie die **Großspendenregelung** wurden i.R.d. Neuregelung des Spendenabzugs abgeschafft.

1.1.5.3.3 Gewinnausschüttungen und -abführungen

LITERATURHINWEISE:
Bareis, Das Halbeinkünfteverfahren im Systemvergleich, StuW 2000, 133; *Eckert*, Besteuerung von Dividenden an Steuerausländer, IStR 2003, 406; *Kessler/Reitsam*, Die typisch stille Beteiligung als Alternative zur Organschaft, DStZ 2003, 315; *Kollruss*, Abgeltungsteuer auf verdeckte Gewinnausschüttungen trotz Nichtbesteuerung der verdeckten Gewinnausschüttung auf Gesellschaftsebene, BB 2008, 2437; *Mühl/Wagenseil*, Der Gewinnabführungsvertrag – gesellschafts- und steuerrechtliche Aspekte, NZG 2009, 1253; *Schiffers*, Die Besteuerung der KapGes und deren Anteilseigner nach dem StSenkG, GmbHR 2000, 205.

1.1.5.3.3.1 Offene Gewinnausschüttung

Offene Gewinnausschüttungen werden wie folgt gehandelt:

a) Das Grundrechenbeispiel – Sicht der GmbH und des Anteilseigners

Durch das StSenkG wurde das körperschaftsteuerrechtliche Anrechnungsverfahren bei Erträgen von anrechnungsberechtigten KapGes durch das Halbeinkünfteverfahren ersetzt (s. ausführlich 1.1.4.2; zu den Regelungen während der Übergangszeit s. 1.1.4.4). Die ausgeschütteten Gewinnanteile (Dividenden) wurden ab dem VZ 2001 (bzw. VZ 2002, vgl. § 52 Abs. 36 EStG) zur Hälfte gem. § 3 Nr. 40 Buchst. d EStG a.F. angesetzt; umgekehrt konnten damit zusammenhängende Erwerbsaufwendungen (BA, Werbungskosten) nach § 3c Abs. 2 EStG a.F. nur noch zur Hälfte angesetzt werden. Die Regelung galt für Dividenden aus dem In- und Ausland.

Durch das UntStRefG 2008 wurde ab dem VZ 2009 für Einkünfte aus Kapitalvermögen natürlicher Personen die sog. Abgeltungsteuer i.H.v. 25 % zzgl. SolZ und KiSt (§ 32d Abs. 1 EStG) eingeführt; die ESt ist damit abgegolten, Werbungskosten können nicht mehr geltend gemacht werden (§ 20 Abs. 9 EStG). Im Bereich des Betriebsvermögens wurde das Halbeinkünfteverfahren durch das Teileinkünfteverfahren ersetzt. Nach dem Teileinkünfteverfahren werden die ausgeschütteten Gewinnanteile (Dividenden) zu 60 % gem. § 3 Nr. 40 Buchst. d EStG angesetzt; umgekehrt können damit zusammenhängende Erwerbsaufwendungen (BA, Werbungskosten) nach § 3c Abs. 2 EStG zu 60 % angesetzt werden.

> **Beispiel**
> Die X-AG verfügt über 100 Mio. € ausschüttungsfähigen Gewinn. Der Vorstandsvorsitzende möchte – zur Vorbereitung auf die Hauptversammlung – von seinem Finanzvorstand wissen, in welcher Höhe er den Aktionären eine Dividende versprechen kann.

Der Dividendenbegriff ist identisch mit den Einnahmen nach § 20 Abs. 1 Nr. 1 EStG, während die Bardividende mit dem tatsächlichen Überweisungsbetrag angesetzt wird.

Lösung
(für die Abgeltungsteuer):

	KapGes	Anteilseigner
Ausschüttungsgewinn	100,00	
./. KSt (15 %)	./. 15,00	
./. KapSt (25 %)	./. 21,25	
(Summe Quellensteuer)	(./. 36,25)	
tatsächliche Ausschüttung (s.a. Hinweis)	**63,75**	
»Bardividende«		63,75

Hinweis

Bei zusätzlicher Berücksichtigung des SolZ wird nochmals ein SolZ auf die KSt von 0,825 € (5,5 % auf 15 €) abgezogen. Wird noch zusätzlich SolZ auf die KapSt gerechnet (5,5 % auf 25 % KapSt = 26,375 % von 84,175 €), verbleibt für die tatsächliche Ausschüttung (Bardividende) nur noch ein Betrag von 61,974 €.

b) Sicht der GmbH (insbes. der Aspekt der Einkommensverwendung)
Bei Ausschüttungen ist das Ziel des neuen KSt-Systems der Wegfall der Besteuerungsfolgen auf der **Einkommensverwendungsebene**. Die Gliederung des vEK fällt ersatzlos weg. Bei Gewinnausschüttungen muss die Vorbelastung der Einkommensbestandteile nicht mehr beachtet werden. Lediglich die Beträge, die aus Einlagen der Gesellschafter stammen (EK 04), werden in das neue System unterschiedslos übernommen (§§ 39 Abs. 1, 27 KStG).

Der Schlussbestand des **EK 04** wurde der Anfangsbestand des **steuerlichen Einlagekontos (§ 27 KStG**; s. 1.1.4.3). Die Weiterführung dieses Teilbetrages ist systematisch begründet, da diese Teilbeträge steuerlich nicht aus Gewinnen der KapGes, sondern nur aus Einlagen der Gesellschafter stammen. Wegen dieser Besonderheiten auf der Ebene der Gesellschafter ist diesen die Verwendung von Beträgen des steuerlichen Einlagekontos zu bescheinigen (§ 27 Abs. 3 KStG).

Das steuerliche Einlagekonto wird erst **nach** den steuerlichen **Gewinnrücklagen** für eine Gewinnausschüttung verwendet. Dies ergibt sich aus der sog. **Differenzrechnung** des § 27 Abs. 1 Satz 3 ff. KStG, wonach das steuerliche Einlagekonto durch Gewinnausschüttungen nur gemindert wird, soweit die Leistungen den sog. **ausschüttbaren Gewinn** i.S.d. § 27 Abs. 1 Satz 5 KStG übersteigen. Dabei ist der ausschüttbare Gewinn definiert als das um das gezeichnete Kapital geminderte EK der Steuerbilanz abzüglich des Bestandes des steuerlichen Einlagekontos. Ausgangsgröße für diese Differenzrechnung ist also eine Größe aus der Steuerbilanz (für Gewinnausschüttungen verwendbares EK), welches um das steuerliche Sonderkonto »steuerliches Einlagekonto« gemindert wird.

Beispiel
Die A-GmbH weist in der Steuerbilanz zum 31.12.11 ein EK (mit Ausnahme des Nennkapitals) von 300 aus. Das steuerliche Einlagekonto ist i.H.v. 120 festgestellt. Die A-GmbH nimmt in 12 eine Gewinnausschüttung i.H.v. 240 vor.

Lösung

Das steuerliche Einlagekonto gilt als verwendet, soweit die Leistungen den ausschüttbaren Gewinn (§ 27 Abs. 1 Satz 5 KStG) übersteigen.

Es ist folgende Differenzrechnung aufzustellen:

Leistungen ./. ausschüttbarer Gewinn > 0

oder:

Leistungen ./. (verwendbares EK lt. Steuerbilanz ./. steuerliches Einlagekonto) > 0

Die für die Differenzrechnung maßgeblichen Größen sind:

- Leistungen: 240,
- ausschüttbarer Gewinn: 180,
- **Differenz: 60.**

Die Leistungen übersteigen den ausschüttbaren Gewinn um 60; insoweit mindern die Leistungen das steuerliche Einlagekonto. Die A-GmbH hat das steuerliche Einlagekonto zum 31.12.12 (ohne Berücksichtigung anderer Umstände) mit 60 festzustellen.

OGA lösen auf der Gesellschaftsebene ansonsten keine Steuerfolgen aus, wenn von der Einbehaltungspflicht der KapSt abgesehen wird. Die Besteuerung auf der Ebene der Anteilseigner ist – mit Ausnahme des steuerlichen Einlagekontos – nicht mehr abhängig von der Verwendung bestimmter Teilbeträge des EK.

1.1.5.3.3.2 Verdeckte Gewinnausschüttungen

Verdeckte Gewinnausschüttungen werden wie folgt gehandelt:

a) Grundlagen

VGA sind gesetzlich nicht definiert, sondern werden von § 8 Abs. 3 Satz 2 KStG vorausgesetzt. Der Begriff der vGA ist von der BFH-Rechtsprechung entwickelt worden und wird seit dem BFH-Urteil vom 22.02.1989 (BStBl II 1989, 475) auch von der Verwaltung (R 36 Abs. 1 KStR 2004) in dem hier gebrauchten Sinne angewandt.

Eine **vGA** (im **KSt-Recht**) liegt dann vor, wenn

- bei der GmbH eine Vermögensminderung bzw. verhinderte Vermögensmehrung vorliegt,
- sie durch das Gesellschaftsverhältnis veranlasst ist und
- sich auf die Höhe des Unterschiedsbetrags i.S.d. § 4 Abs. 1 Satz 1 EStG (des Einkommens) der GmbH auswirkt (neue Definition durch BFH vom 07.08.2002, BStBl II 2004, 131) und
- (gleichzeitig) in keinem Zusammenhang mit einer oGA steht.

Damit wurde Abstand genommen von der früheren (weiteren) Voraussetzung, dass zusätzlich ein Vermögensvorteil beim Gesellschafter vorliegen müsse.

Es ist aufgrund des o. g. BFH-Urteils davon auszugehen, dass es zwischen dem vGA-Begriff der vGA im KSt-Recht und dem vGA-Terminus im **ESt-Recht** (§ 20 Abs. 1 Nr. 1 Satz 2 EStG) einen wichtigen **Unterschied** gibt: Im ESt-Recht kommt es nur dann zu einem stpfl. Tatbestand seitens des Gesellschafters, wenn der Vermögensnachteil der KapGes tatsächlich beim Gesellschafter als Vermögensvorteil ankommt.

Diese Unterscheidung ist steuertechnisch für die zeitliche Erfassung einer vGA von Bedeutung (Bsp.: ein Vermögensnachteil bei der KapGes muss sich nicht im gleichen VZ als Vermögensvorteil beim Gesellschafter bemerkbar gemacht haben, z. B. überhöhte Pensions-Rückstellungen). Wichtiger ist aber die Erkenntnis über die verschiedenen Anwendungsbereiche einer vGA. Von ihr sind regelmäßig betroffen:

- die Einkommens(erzielungs)ebene der KapGes: nach § 8 Abs. 3 Satz 2 KStG wird die vGA beim zvE der KapGes berücksichtigt;
- die Einkommensverwendungsebene der KapGes: bei der KapGes geht – auch bei der vGA – ausschüttbares Einkommen verloren;
- die Einkommensebene des Gesellschafters: grundsätzliche Gleichbehandlung mit einer offenen Gewinnausschüttung gem. § 20 Abs. 1 Nr. 1 EStG.

b) Hauptfälle

Beispiel
Eine GmbH zahlt ihrem Gesellschafter-Geschäftsführer ein um 100.000 € überhöhtes Gehalt aus.

Lösung
Gem. § 8 Abs. 3 Satz 2 KStG ist das Einkommen der GmbH außerhalb der Bilanz (vgl. BMF vom 28.05.2002, BStBl I 2002, 603) um den Betrag der vGA i.H.v. 100.000 € zu erhöhen (mit gleichzeitiger Erhöhung der Bemessungsgrundlage für die GewSt).

Hinweis

Beim Gesellschafter erfolgt eine Umqualifizierung: Statt Einkünfte aus nichtselbstständiger Arbeit i.H.v. 100.000 € versteuert der Gesellschafter-Geschäftsführer nunmehr 100.000 € als vGA gem. §§ 20 Abs. 1 Nr. 1 i.V.m. § 32d EStG.

Die Einkommenserhöhung durch die vGA löst bei der KapGes nur dann Steuerfolgen aus, wenn es sich bei dem zugerechneten Einkommen nicht um steuerfreie Einkommensbestandteile handelt.

Beispiel
Die T-GmbH ist an der E-GmbH zu 100% beteiligt. Allein-Gesellschafter der T-GmbH ist ihrerseits die M-GmbH, es liegt ein zweistufiges Konzernverhältnis vor. In der Bilanz der T-GmbH ist die Beteiligung an der E-GmbH zu 100% aktiviert, der Verkehrswert der Beteiligung beträgt 150.000 €. Die T-GmbH veräußert die Beteiligung an der E-GmbH zu 100.000 € an die M-GmbH.

Vorher: Nachher:

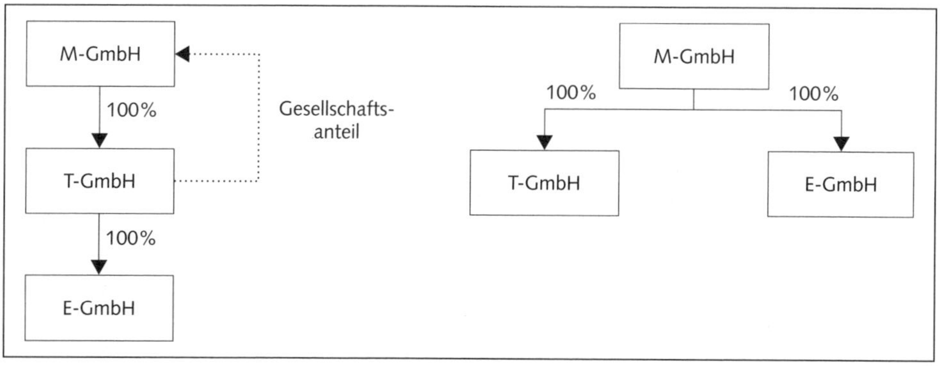

Lösung

Es liegt eine vGA i.H.v. 50.000 € in Form der verhinderten Vermögensmehrung der T-GmbH an die M-GmbH vor. Das Einkommen der T-GmbH ist außerhalb der Steuerbilanz um 50.000 € zu erhöhen. Die Frage ist, ob auf diese Einkommenserhöhung bei der T-GmbH § 8b Abs. 2 KStG mit der Folge anzuwenden ist, dass die Einkommenserhöhung steuerlich außer Betracht zu bleiben hat. M.E. ist dies zu bejahen, sodass bei der T-GmbH durch diese vGA keine Steuerfolgen ausgelöst werden (vgl. BFH vom 06.07.2000, BStBl II 2002, 490). Zudem ist § 8b Abs. 3 Satz 1 KStG zu beachten, nach dem 5% des Veräußerungsgewinns (2.500 €) als nicht abzugsfähige Ausgaben gem. § 12 EStG gelten, also außerhalb der Bilanz wieder hinzugerechnet werden.

Die Rechtsfolge bei der KapGes hängt weiter davon ab, wie eine erfolgte vGA zu korrigieren ist. Dies ist insbes. in Fällen der Übertragung von WG zwischen der Gesellschaft und den Gesellschaftern zu unangemessenen Bedingungen von Bedeutung. Die Korrektur hat jeweils im Zeitpunkt der Vorteilsgewährung anhand eines Vergleichs mit einer fremdüblichen Transaktion zu erfolgen (Fiktionstheorie).

Dieses Problem zeigt sich noch schärfer, wenn es sich bei dem Vertragsgegenstand um ein abnutzungsfähiges WG handelt.

Beispiel

Der Gesellschafter Y überträgt der X-GmbH eine Maschine zu 150.000 € (Verkehrswert: 100.000 €). Die Restnutzungsdauer soll fünf Jahre betragen.

Lösung

Die X-GmbH hat den Bilanzansatz aufwandswirksam auf 100.000 € zu korrigieren. Dieser Aufwand wird außerhalb der Bilanz korrigiert, sodass dieser Vorgang keine Auswirkung auf das Einkommen hat. Die AfA-Bemessungsgrundlage ist der korrigierte Bilanzansatz, also 100.000 €. In der Folgezeit sind keine Korrekturen erforderlich.

1.1.5.3.3.3 Gewinnabführungen

Zur Begründung einer (körperschaft-)steuerrechtlich wirksamen Organschaft ist neben der finanziellen Eingliederung der OG in den OT ein GAV (oder: EAV) erforderlich. Die Organschaft berücksichtigt die gesellschaftsrechtliche Möglichkeit, Gesellschaften als abhängige – rechtlich zwar selbstständige, wirtschaftlich aber eingegliederte – Glieder eines Konzerns zu führen. Dieser wirtschaftlichen Unselbstständigkeit entspricht – mit unterschiedlichen Voraussetzungen und Rechtsfolgen im Einzelnen – der Grundgedanke der Organschaft, dass das abhängige Unternehmen (OG) nicht selbst zur Besteuerung herangezogen wird, sondern das Einkommenszurechnungssubjekt die übergeordnete Einheit (OT) darstellt.

Die körperschaftsteuerrechtliche Organschaft berücksichtigt die rechtliche Selbstständigkeit der OG und lässt die Verpflichtung der OG, das Einkommen in einem ersten Schritt zu ermitteln, unberührt. Allerdings wird das ermittelte Einkommen in einem zweiten Schritt dem OT wie ein eigenes Einkommen zugerechnet.

Nur durch einen EAV wird die Möglichkeit eröffnet, das **Einkommen der OG dem OT unmittelbar zuzurechnen**. Die Voraussetzung des EAV besteht unabhängig davon, ob die OG die Rechtsform einer AG bzw. KGaA oder GmbH hat. Bei der GmbH muss der abgeschlossene EAV seinem wesentlichen Inhalt (und den formellen Voraussetzungen des Abschlusses) nach dem aktienrechtlichen EAV entsprechen (vgl. § 17 KStG). Der EAV muss auf mindestens fünf

Jahre abgeschlossen und während der gesamten Geltungsdauer durchgeführt werden (§ 14 Abs. 1 Nr. 3 KStG). Die Einkommenszurechnung kann erstmals für das Kj. erfolgen, in dem das Wj. der OG endet, in dem der EAV wirksam wird. Seit 2003 kann das Einkommen der OG dem OT erstmals in dem Wj. zugerechnet werden, in dem das Wj. endet, in dem der EAV wirksam wird (also mit vollzogener Eintragung). Der bloße Abschluss des EAV zu diesem Zeitpunkt reicht nicht mehr aus. Dies führt insbes. bei Unternehmenskäufen oft zu Schwierigkeiten, die nur durch Umstellung des Wj. zu lösen sind.

Der EAV selbst bedarf lediglich der Schriftform und muss - aus steuerlichen Gründen - nur die Verpflichtung der vollständigen Gewinnabführung (zur Klarstellung auch der Verlustübernahme im Rahmen eines dynamischen Verweises auf § 302 AktG) und die Mindestlaufzeit enthalten. Der Vertrag muss auf mindestens **fünf (Zeit-)Jahre** abgeschlossen und für diesen Zeitraum auch durchgeführt werden (s. BFH vom 12.01.2011, BStBl II 2011, 727). Eine Beendigung des EAV während eines Jahres wirkt dabei auf den Beginn dieses Wj. zurück (vgl. § 14 Abs. 1 Nr. 3 KStG). Der Vertrag muss auch während dieser Zeit entsprechend dem (handels- und steuerrechtlichen) Vertragsinhalt durchgeführt werden. Eine Beendigung des Vertrages vor Ablauf der Mindestlaufzeit führt zu einer rückwirkenden Nichtanerkennung der Organschaft; aus den in der Vertragslaufzeit abgeführten Gewinnen bzw. übernommenen Verlusten sind die allgemeinen steuerlichen Folgerungen zu ziehen.

Die Einkommen von OG und OT werden wie folgt ermittelt(s. auch Schema unter 1.1.5.1.1):

Beispiel

Einkommensermittlung der OG

Die X-GmbH ist ein von der Y-GmbH abhängiges und mit einem EAV verbundenes Unternehmen. Die Voraussetzungen der Organschaft sind erfüllt. Die X-GmbH erzielt in 01 einen vorläufigen Jahresüberschuss (vor Gewinnabführung) i.H.v. 200.000 €, den sie vollständig an die Y-GmbH als OT abführt. Besonderheiten bei der Einkommensermittlung der X-GmbH (z. B. vGA) haben sich nicht ergeben.

Lösung

Jahresüberschuss lt. Handelsrecht: (vorläufiger Jahresüberschuss 200 ./. Abführungsschuld 200 = 0)	0
StB-Ergebnis	0
+/./. außerbilanzielle Korrekturen	0
Einkünfte aus Gewerbebetrieb (Zwischensumme I):	0
+ an den OT abgeführter Gewinn	200
Zwischensumme II (Einkommen der OG)	200
./. dem OT zuzurechnendes Einkommen	./. 200
eigenes Einkommen der OG	**0**

Beispiel

Einkommensermittlung des OT

Die OG bildet in handels- und steuerrechtlich zulässiger Weise eine Gewinnrücklage (§ 14 Abs. 1 Nr. 4 KStG), die nicht die Höhe des zugerechneten Einkommens, aber die Höhe der Gewinnabführung beeinflusst. Der (vorläufige) Jahresüberschuss der OG habe 200, die Gewinnrücklage 20 betragen. Der »eigene Gewinn« des OT beläuft sich auf 100.

Lösung

Handelsrechtlicher Jahresüberschuss	280
./. steuerliche Korrekturbeträge	0
StB-Gewinn	280
./. von der OG abgeführter Gewinn	./. 180
eigenes Einkommen des OT	100
+ zugerechnetes Einkommen der OG	200
vom OT zu versteuerndes Einkommen	**300**

1.1.5.4 Steuerfreie Vermögensmehrungen

Inländische Vermögensmehrungen erhöhen grds. das Bilanzergebnis der GmbH. Dies gilt für die Handelsbilanz ebenso wie für die Steuerbilanz. In den Fällen, in denen das Steuerbilanzergebnis durch **steuerfreie** (inländische) Vermögenszugänge erhöht wurde, müssen diese eliminiert werden, um das richtige zu **versteuernde** Einkommen zu ermitteln.

Der Hauptfall sind dabei die steuerfreie InvZul und ggf. steuerfreie Komponenten des § 3 EStG, soweit sie nicht schon im Vorfeld annulliert wurden.

1.1.5.5 Sonstige Korrekturposten

Auf der Grundlage des sehr ausführlichen Orientierungsschemas von R 29 KStR 2004 (s. 1.1.5.1.1) sind zusammenfassend nachfolgende Korrekturposten zu berücksichtigen.

1.1.5.5.1 Umwandlungsergebnisse

Umwandlungsergebnisse sind wie folgt zu berücksichtigen:

Bei der Ermittlung des steuerlichen Gewinns ist lt. Ziffer 12 des Einkommensschemas von R 29 KStR 2004 das Übernahmeergebnis (Verlust gem. § 4 Abs. 6 UmwStG bzw. Gewinn gem. § 4 Abs. 7 UmwStG) der in eine PersGes umgewandelten GmbH nicht zu berücksichtigen.

In dem Fall, da die auf die PersGes übertragene GmbH in ihrer Schlussbilanz anlässlich der Verschmelzung einen Übertragungsverlust erleidet, ist dieser bei der Gewinnermittlung wieder hinzuzurechnen.

Umgekehrt ist zwar ein Übertragungsgewinn nach § 4 Abs. 7 UmwStG grds. stpfl. (Teileinkünfteverfahren); hiervon ist aber eine Ausnahme zu machen, soweit eine andere KapGes an der übertragenden GmbH beteiligt ist, da der Übernahmegewinn als Ausschüttungsfiktion behandelt wird und somit die Steuerfreiheit des § 8b Abs. 1 KStG »genießt«. Insoweit der Übertragungsgewinn steuerbefreit ist, wird er beim Gewinn nicht berücksichtigt bzw. abgezogen.

1.1.5.5.2 Berichtigungen nach dem AStG

Die Korrekturtatbestände nach dem AStG umfassen zwei Anwendungsbereiche:

- die allgemeine Korrektur nach § 1 AStG und
- die Hinzurechnungsbesteuerung gem. § 7 ff. AStG.

1.1.5.5.2.1 Korrektur nach § 1 AStG (Ziffer 4 des Schemas)

§ 1 AStG findet Anwendung, wenn bei Geschäftsbeziehungen mit internationalen Verflechtungen eine **Gewinnberichtigung** vorgenommen werden muss.

Beispiel (Lösung s. b)
Standard
Die **inländische M-GmbH** produziert Waren, die sie im Ausland z. T. über Tochtergesellschaften oder über fremde Großhändler vertreiben lässt. In Nordfrankreich wird der Vertrieb von der 100%-igen Tochtergesellschaft T übernommen; für die Region Südfrankreich bedient man sich der ortsansässigen Handelsfirma S. Die Marktbedingungen sind in den jeweiligen Vertriebszonen identisch, ebenso die von der M vorgegebenen Verkaufspreise. Zur Deckung der Vertriebskosten wurde der S ein Rabattsatz von 35%, der T ein Rabattsatz von 40% eingeräumt. Da die T trotzdem in Liquiditätsschwierigkeiten gerät, stundet die M zunächst zinslos die Forderungen aus den Warenlieferungen und verzichtet anschließend auf einen Teil dieser Forderungen.

a) Tatbestandsvoraussetzungen
(1) Geschäftsbeziehungen
Beziehungen zwischen Nahestehenden sind stets geschäftlicher Art, wenn die zu beurteilenden Aktivitäten beim inländischen Stpfl. oder bei der nahestehenden Person unter die in § 1 Abs. 5 AStG genannten Grundtätigkeiten zu subsumieren sind. Geschäftsbeziehungen sind danach alle Beziehungen, die ein Betrieb i.S.d. Gewinneinkünfte eingeht. Sie müssen Teil einer selbstständigen, nachhaltigen, mit Gewinnerzielungsabsicht und unter Teilnahme am allgemeinen wirtschaftlichen Verkehr ausgeübten Betätigung sein. § 1 Abs. 5 AStG ist durch das StVergAbG wie folgt neu definiert worden:
- Geschäftsbeziehung ist jede den Einkünften zugrunde liegende **schuldrechtliche** Beziehung, die keine gesellschaftsrechtliche Vereinbarung ist und
- entweder beim Stpfl. oder bei der nahestehenden Person Teil einer Tätigkeit ist, auf die **§§ 13, 15, 18 oder 21 EStG anzuwenden** sind oder im Fall eines ausländischen Nahestehenden anzuwenden wären, wenn die Tätigkeit im Inland vorgenommen würde.

Hinweis

Der Begriff der Geschäftsbeziehung i.S.v. § 1 AStG setzt damit **kein Leistungsverhältnis zwischen Gesellschafter und Gesellschaft** mehr voraus. Damit fallen zukünftig auch Kreditgarantien, Avalprovisionen, Zinsen und dgl. im Konzernbereich unter § 1 AStG.

(2) Nahestehende Personen
Die Definition dieses Tatbestandsmerkmales ergibt sich aus § 1 Abs. 2 AStG.
- § 1 Abs. 2 Nr. 1 AStG:
  Dem Stpfl. ist eine selbstständige Person nahestehend, wenn entweder ein mittelbares oder unmittelbares **Beteiligungsverhältnis von mindestens einem Viertel** zwischen ihnen besteht (sog. wesentliche Beteiligung) oder die Möglichkeit gegeben ist, gegenseitig mittelbar oder unmittelbar beherrschenden Einfluss auszuüben (sog. **Einflussmöglichkeit**).
- § 1 Abs. 2 Nr. 2 AStG:
  Die Nr. 1 wird erweitert, indem eine wesentliche Beteiligung (oder beherrschende Einflussmöglichkeit) über **dritte Personen** als ausreichend angesehen wird (Beispiel: zwei Schwestergesellschaften, zwischen denen kein Beteiligungsverhältnis besteht, haben eine gemeinsame Muttergesellschaft).

- § 1 Abs. 2 Nr. 3 AStG:
  Ein Nahestehen liegt vor, wenn ein Stpfl. auf Geschäftsbeziehungen zu einer **anderen Person** Einfluss nehmen kann, ohne dass die **Einflussmöglichkeit** auf diesen Geschäftsbeziehungen beruht oder wenn er ein eigenes Interesse an der Erzielung der Einkünfte des anderen hat (Beispiel: eine stille Beteiligung wird zugunsten des Geschäftsführers der ausländischen Gesellschaft finanziert).

Hinweis

Der Begriff »nahestehend« ist nicht mit der Definition des »beherrschenden Gesellschafters« bei der vGA (vgl. H 36 [III. Veranlassung durch das Gesellschaftsverhältnis] KStH 2008) identisch.

(3) Vereinbarte Bedingungen, die einem Fremdvergleich nicht standhalten

Im Ergebnis sind die Geschäftsbeziehungen zwischen den Nahestehenden danach zu beurteilen, ob sich die Beteiligten wie voneinander **unabhängige Dritte** verhalten haben. Abzustellen ist auf die Verhältnisse eines freien Marktes unter Zugrundelegung der verkehrsüblichen Sorgfalt eines ordentlichen und gewissenhaften Geschäftsleiters gegenüber Fremden. Bei der Untersuchung, ob die Fremdvergleichsbedingungen erfüllt sind, ist auf jeden einzelnen Geschäftsvorfall abzustellen, da die Möglichkeit eines Vorteilsausgleichs in Betracht zu ziehen ist. Nur wenn nach Verrechnung der einzelnen Geschäfte i.R.d. Vorteilsausgleichs ein Saldo zu Lasten des inländischen Stpfl. verbleibt, sind die Einkünfte zu berichtigen.

b) Rechtsfolge der Gewinnberichtigung

Nach dem Wortlaut des § 1 Abs. 1 AStG ist eine Berichtigung der Einkünfte nur »unbeschadet anderer Vorschriften« vorzunehmen. Danach haben die vGA und die verdeckte Einlage als technische Berichtigungsmöglichkeiten Vorrang gegenüber einer Einkunftskorrektur nach § 1 AStG. Nur wenn die Voraussetzungen für eine vGA bzw. eine verdeckte Einlage nach den dafür maßgebenden Grundsätzen nicht vorliegen, erfolgt ein Zuschlag zu den Einkünften (bei Bilanzierenden außerhalb der Bilanz) gestützt auf § 1 AStG.

Die Berichtigung ist in dem Jahr vorzunehmen, in dem sich die Vorteilsgewährung auf den Gewinn auswirkt, denn Zielsetzung dieser Vorschrift ist eine abschnittsgerechte, zutreffende Besteuerung. Der Berichtigungsbetrag ist derselben Einkunftsart zuzurechnen wie die berichtigten Einkünfte. Erfolgt ein nachträglicher Ausgleich der Einkunftsminderung durch den Stpfl. (Zinsen werden beispielsweise nachbelastet), ist dieser Betrag mit dem Ausgleichsposten zu verrechnen. Ansonsten würde eine Doppelerfassung eintreten. Gleiches gilt sinngemäß, wenn eine Beteiligung oder die ausländische Gesellschaft veräußert bzw. liquidiert wird. In diesen Fällen ist der Veräußerungs- oder Liquidationserlös um den Betrag zu kürzen, der außerhalb der Bilanz zugerechnet und bislang noch nicht verrechnet wurde.

Lösung

Niedrigerer Warenrabatt:

Die T ist im Verhältnis zu M eine nahestehende Person nach § 1 Abs. 2 Nr. 1 AStG. Durch die Belieferung mit Waren sind M und T in Geschäftsbeziehungen zueinander getreten. Die Einräumung eines Rabattsatzes von 40% hält einem Fremdvergleich nicht stand (S wurden lediglich 35% gewährt). Sachliche und wirtschaftliche Gründe für einen höheren Rabattsatz sind nicht erkennbar. Ebenso wenig liegen andere Positionen vor, die zu Lasten

der T gehen, gleichzeitig aber von M zu tragen wären. Ein Vorteilsausgleich scheidet daher aus.
Die Voraussetzungen für eine Einkunftsberichtigung nach § 1 AStG sind erfüllt, obwohl Frankreich kein Niedrigsteuerland ist. Technisch erfolgt die Korrektur aber über eine verdeckte Einlage entsprechend R 40 KStR 2004, da der Verkauf der Waren zu einem geringeren Preis gesellschaftsrechtlich veranlasst ist. Der Steuerbilanzwert der Anteile an der T wird um den Betrag erhöht, der sich aus dem Rabattunterschied der verkauften Waren im Verhältnis zu fremden Dritten (hier: 5 %) ergibt.
Zinslose Stundung:
Die zinslose Stundung der Forderungen aus den Warenlieferungen ist ausschließlich durch die gesellschaftsrechtliche Beziehung zwischen T und M begründet und hält einem Fremdvergleich nicht stand. M verzichtet auf einen Ertrag, den sie zumindest bei einer kurzfristigen Geldanlage hätte erzielen können.
Die unentgeltliche Überlassung eines Lieferantenkredits stellt kein einlagefähiges WG dar. Es erfolgt eine **Hinzurechnung nach § 1 AStG** außerhalb der Bilanz in Höhe eines ange messenen Zinssatzes zzgl. eines Risikozuschlages von 2 %.
Nur in diesem Fall kommt es zur Korrektur lt. Ziffer 4 des Einkommensformulars!
Verzicht auf die Forderung:
Auch hier ist der Verzicht auf die Begleichung der Warenforderung gesellschaftsrechtlich veranlasst und widerspricht einem Fremdverhalten. Ein einlagefähiges WG in Form einer Forderung liegt vor. Die Einkunftsberichtigung erfolgt durch Umbuchung der Position »Forderungen aus Warenlieferungen« auf »Beteiligungswert T« in der Steuerbilanz der M. Zu beachten ist allerdings, dass bei Uneinbringlichkeit dieser Forderung, beispielsweise wegen Überschuldung der T, die Forderung bei M ertragsmindernd ausgebucht werden muss.

1.1.5.5.2.2 Der Hinzurechnungsbetrag gem. § 10 AStG (Ziffer 11 des Schemas)

Gründet oder erwirbt eine **inländische GmbH** eine **juristische Person im Ausland**, so schafft sie dort ein eigenständiges Steuersubjekt. Die Erträge dieser Gesellschaft können sich für die inländische Besteuerung allenfalls auswirken, wenn sie über eine Ausschüttung an die inländische GmbH gelangen. Bei einer Thesaurierung ginge der deutsche Fiskus demnach leer aus. Genau diese Gestaltungen sollen über die Regelungen der Hinzurechnungsbesteuerung (§§ 7 ff. AStG) unter bestimmten Voraussetzungen erfasst werden. Es müssen vier Tatbestandsvoraussetzungen erfüllt sein, damit die ausländischen Einkünfte beim inländischen Stpfl. angesetzt werden können:

- ausländische Gesellschaft (Besonderheiten gelten für EU- und EWR-Gesellschaften, vgl. § 8 Abs. 2 AStG);
- Beherrschung durch inländische Gesellschafter;
- ausländische Gesellschaft muss Einkünfte aus passivem Erwerb erzielen;
- passive Einkünfte müssen niedrig besteuert werden.

Die **Rechtsfolgen** (Berücksichtigung lt. Ziffer 11) bestehen darin, dass die festgestellten **passiven Einkünfte** der inländischen GmbH entsprechend ihrer Hinzurechnungsquote zugerechnet werden (Hinzurechnungsbetrag). Die inländische GmbH wird so behandelt, als würde unmittelbar nach dem Ende des Wj. der Zwischengesellschaft eine **Vollausschüttung** vorgenommen (§ 10 Abs. 2 AStG). **§ 8b Abs. 1 KStG, § 3 Nr. 40 Buchst. d EStG sowie § 32d EStG finden keine Anwendung.** Eine Kürzung um tatsächlich erfolgte Gewinnausschüttungen oder eine Erstattung im Falle eines Ausschüttungsüberschusses kommt nicht mehr in Betracht.

Als Folge der Ausschüttungsfiktion sind die bereits entrichteten Steuern der ausländischen Gesellschaft, die auf diese Einkünfte erhoben wurden, abzuziehen (§ 10 Abs. 1 AStG). Da bei negativen passiven Einkünften eine Ausschüttung nicht möglich ist, gibt es auch keinen negativen Hinzurechnungsbetrag, § 10 Abs. 1 Satz 4 AStG. Die Hinzurechnungsquote errechnet sich nach der unmittelbaren Beteiligung der einzelnen inländischen GmbH am Nennkapital der ausländischen Gesellschaft.

Hinweis

Steueranrechnung nach § 12 AStG:
Der GmbH wird ein **Wahlrecht** für die steuerliche Berücksichtigung der ausländischen Ertragsteuern zugestanden. Abweichend vom Abzug bei der Ermittlung des Hinzurechnungsbetrages nach § 10 Abs. 1 AStG kann nach § 12 AStG eine Anrechnung auf die inländische Steuerschuld vorgenommen werden.

Durch die Aufhebung des § 10 Abs. 5 AStG durch das StVerGAbG finden das **internationale Schachtelprivileg** und der **Betriebsstättenvorbehalt** nach den jeweiligen DBA seit dem VZ 2004 für die Zwischeneinkünfte seit dem Jahr 2003 **keine Anwendung** mehr. Der Wegfall des DBA-Schutzes führte zu einer erheblichen Verschärfung der Rechtsfolgen der Hinzurechnungsbesteuerung und zu deren Ausweitung.

1.1.5.5.3 Ausländische Einkünfte

Hierunter fallen sehr unterschiedliche Einzeltatbestände, die lt. Ziffer 11 des Schemas zu Korrekturen bei der GmbH führen und die sich wie folgt rubrizieren lassen:

1.1.5.5.3.1 DBA-bedingte Korrekturen

Für den Fall, dass die inländische GmbH ausländische Einkünfte erzielt, die nach dem jeweiligen **DBA steuerbefreit** sind (Hauptfall: Betriebsstättenergebnisse), münden die ausländischen Ergebnisse als Gewinn oder Verlust in die Bilanz der GmbH. An dieser Stelle erfolgt nun eine Korrektur, je nachdem ob es sich um Gewinne (Kürzung) oder um Verluste (Hinzurechnung) handelt.

1.1.5.5.3.2 Negative Einkünfte gem. § 2a Abs. 1 EStG (keine DBA-Fälle)

Werden ausländische Verluste in einer in einem Nicht-DBA-Drittstaat belegenen Betriebsstätte erzielt, und übersteigen diese die Verrechnungsmöglichkeit (Verlustausgleich wie Verlustabzug) mit gleichgelagerten ausländischen Gewinnen, so dürfen diese übersteigenden Verluste nach § 2a Abs. 1 Satz 1 EStG nicht berücksichtigt werden (und müssen ggf. lt. Ziffer 11 hinzugerechnet werden).

Umgekehrt müssen diese (noch) nicht verrechenbaren Verluste (verbleibende negative Einkünfte) in späteren Jahren nach § 2a Abs. 1 Satz 3 EStG i.R.d. Verlustvortrags – bei gegebener Kompensationsmöglichkeit – abgezogen werden (Abzug nach Ziffer 11).

1.1.6 Verfahrensfragen

LITERATURHINWEISE:
Dötsch/Werner, Anleitung zur Körperschaftsteuererklärung und Gewerbesteuererklärung 2012; *Perbey*, Körperschaftsteuererklärung 2011 Kompakt.

1.1.6.1 Erklärungs- und Anzeigepflichten

1.1.6.1.1 Anzeigepflichten nach §§ 137, 138 AO

Eine GmbH hat alle für die Besteuerung bedeutsamen Umstände dem für sie **zuständigen FA** (das ist i.d.R. das FA, in dessen Bezirk die GmbH ihre Geschäftsleitung oder ihren Sitz unterhält, § 20 AO) sowie den für die Erhebung der Realsteuern (Gewerbesteuer und Grundsteuer, § 3 Abs. 2 AO) **zuständigen Gemeinden** anzuzeigen (§ 137 Abs. 1 AO). Die Anzeigen, die durch den/die Geschäftsführer der GmbH vorzunehmen sind, haben innerhalb eines Monats seit dem meldepflichtigen Ereignis zu erfolgen (§ 137 Abs. 2 AO). Als anzeigepflichtige Vorkommnisse sind insbes. anzusehen:

- die Gründung,
- der Erwerb der Rechtsfähigkeit,
- die Änderung der Rechtsform,
- die Verlegung der Geschäftsleitung oder des Sitzes,
- die Auflösung der GmbH.

Daneben ist von der GmbH gem. **§ 138 Abs. 1 AO** die **Eröffnung eines gewerblichen Betriebs** oder einer **Betriebsstätte** der Gemeinde, in der sich der/die eröffnete Betrieb/Betriebsstätte befindet (bzw. in einem Stadtstaat dem zuständigen FA), nach amtl. vorgeschriebenem Vordruck anzuzeigen. Als eröffnet gilt ein Betrieb/eine Betriebsstätte mit der Aufnahme der Tätigkeit. Die Anzeige ist innerhalb eines Monats nach Tätigkeitsaufnahme zu erstatten (§ 138 Abs. 3 AO). Besteht bei Gewerbetreibenden gleichzeitig eine Anzeigepflicht nach § 14 GewO (Gewerbeordnung), gilt die steuerliche Anzeigepflicht i.S.v. § 138 Abs. 1 AO mit der gewerberechtlichen Anzeige als erfüllt (s. AEAO zu § 138 Nr. 1 Satz 5). Die Anzeige ist in diesem Fall auf einem in der **Anl. zur GewO enthaltenen Vordruck** zu erstatten. Andernfalls, wenn also keine Anzeigepflicht nach GewO besteht, kann die steuerliche Anzeige auch formlos erfolgen (s. AEAO zu § 138 Nr. 1 Satz 8). Das Lage- bzw. Betriebs-FA wird von der Gemeinde über die Anzeige informiert. Ebenfalls in diesem Sinne zu melden sind die **Verlegung der Geschäftsleitung** und die **Aufgabe** des Betriebs/der Betriebsstätte.

Besondere Anzeigepflichten bestehen schließlich für bestimmte **Auslandsaktivitäten** einer GmbH (**§ 138 Abs. 2 AO**; s. hierzu BMF vom 19.03.2003, BStBl I 2003, 260, ergänzt durch BMF vom 17.08.2004, BStBl I 2004, 847). Dadurch soll die rechtzeitige steuerliche Erfassung und Überwachung von grenzüberschreitenden Engagements durch die FinVerw erleichtert werden. Ebenfalls nach amtl. vorgeschriebenem Vordruck, jedoch innerhalb von fünf Monaten nach Ablauf des Kj., sind daher (unaufgefordert) mitzuteilen:

- die Gründung (einschl. der Verlegung) und der Erwerb von Betrieben/Betriebsstätten im (bzw. in das) Ausland,
- die Beteiligung an ausländischen PersGes oder deren Aufgabe oder Änderung,
- der Erwerb von Beteiligungen an ausländischen KapGes (Hauptanwendungsfall), wenn dadurch bestimmte Beteiligungsgrenzen (unmittelbar mindestens 10 %, mittelbar mindes-

tens 25% am Kapital oder Vermögen) erreicht werden oder die AK aller Beteiligungen 150.000 € überschreiten.

Nur bei einem **Verstoß gegen die Anzeigepflicht** nach § 138 Abs. 2 AO liegt eine Steuerordnungswidrigkeit vor, die mit einem Bußgeld geahndet werden kann (s. § 379 Abs. 2 Nr. 1 AO). Eine Verletzung der Anzeigepflichten nach §§ 137, 138 Abs. 1 AO stellt hingegen keine Ordnungswidrigkeit dar.

1.1.6.1.2 Steuererklärungspflicht

Die KSt wird im Regelfall durch Veranlagung erhoben. Eine GmbH ist daher gem. § 31 KStG i.V.m. § 25 Abs. 3 EStG für jeden abgelaufenen VZ zur Abgabe einer KSt-Erklärung (einschl. der ggf. abzugebenden Erklärungen zu den Feststellungen nach den §§ 27, 28 KStG, zur gesonderten Feststellung des verbleibenden Verlustvortrags und für die Zerlegung der KSt) verpflichtet. Eine Erklärungspflicht kann sich zudem durch Aufforderung der FinVerw zur Erklärungsabgabe ergeben (§ 149 Abs. 1 Satz 2 AO). Sämtliche Erklärungen sind nach (nicht auf!) **amtlich vorgeschriebenem Vordruck** (z. B. »Körperschaftsteuererklärung« [KSt 1 A]) vom/von den Geschäftsführer(n) der GmbH **eigenhändig zu unterschreiben** (§ 150 Abs. 1 Satz 1, Abs. 3 AO) und rechtzeitig abzugeben. Der KSt-Erklärung sind als zusätzliche Unterlagen, insbes. der Jahresabschluss (Bilanz, GuV-Rechnung und Anhang), der Lagebericht und ggf. der Prüfungsbericht über den Jahresabschluss beizufügen (s. § 60 EStDV).

Die vorbezeichneten Erklärungen sind nach § 149 Abs. 2 Satz 1 AO **bis zum 31.05. des Folgejahres** beim FA abzugeben. Werden die Erklärungen von Angehörigen der rechts- und/oder steuerberatenden Berufe angefertigt, verlängert sich die Erklärungsfrist im Allgemeinen bis zum 30.12. des Folgejahres (vgl. für die KSt-Erklärung 2011 gleichlautender Ländererl. vom 02.01.2012, BStBl I 2012, 58). Die letztgenannte Abgabefrist kann vom FA aufgrund begründeter Einzelanträge bis spätestens zum 28.02. des darauf folgenden Jahres verlängert werden. Verlängerungen der Abgabefristen über den 28.02. hinaus kommen grundsätzlich nicht in Betracht. Die Nicht-Abgabe oder auch die nicht rechtzeitige Abgabe der KSt-Erklärung kann durch Festsetzung eines Verspätungszuschlages geahndet werden (§ 152 AO).

Auch für den Fall, dass die FinVerw die Besteuerungsgrundlagen (niemals die Steuer!) bereits gem. § 162 AO **geschätzt** hat, besteht die Verpflichtung zur Abgabe einer Steuererklärung fort (§ 149 Abs. 1 Satz 4 AO).

1.1.6.1.3 Mitwirkungspflichten

Die GmbH trifft – ebenso wie alle anderen Stpfl. – die Verpflichtung, bei der Ermittlung der steuerrelevanten Sachverhalte mitzuwirken, und das FA über diese Sachverhalte aufzuklären (§ 90 Abs. 1 Satz 1 AO). Alle steuererheblichen Tatsachen sind vollständig und wahrheitsgemäß, z. B. in der KSt-Erklärung, offenzulegen, bekannte Beweismittel sind anzugeben. Eine erhöhte Mitwirkungspflicht besteht nach § 90 Abs. 2 AO bei Auslandssachverhalten, da die deutsche FinVerw aus völkerrechtlichen Gründen im Ausland grds. keine Sachverhaltsaufklärung durchführen darf.

1.1.6.2 Körperschaftsteuer-Bescheid

Die KSt wird vom FA durch KSt-Bescheid festgesetzt (§ 155 Abs. 1 Satz 1 AO). Beim KSt-Bescheid handelt es sich um einen **Verwaltungsakt**, der erst dann wirksam wird, wenn er der GmbH oder einem Bevollmächtigten der GmbH nach § 122 AO ordnungsgemäß bekannt gegeben wird. Da der KSt-Bescheid schriftlich zu ergehen hat (§ 157 Abs. 1 Satz 1 AO), gilt er bei (inländischer) Übermittlung per Post am dritten Tage nach der Aufgabe zur Post als bekannt gegeben (§ 122 Abs. 2 Nr. 1 AO). Diese Fiktion greift allerdings nicht, wenn der KSt-Bescheid tatsächlich nicht oder zu einem späteren Zeitpunkt bei der GmbH bzw. dem Bevollmächtigten eingeht. Der KSt-Bescheid muss den Betrag der festgesetzten KSt bezeichnen und zusätzlich angeben, dass Schuldner der KSt die GmbH ist (§ 157 Abs. 1 Satz 2 AO). Der KSt-Bescheid hat zusätzlich den Hinweis zu enthalten, dass gegen ihn innerhalb eines Monats nach Bekanntgabe bei dem den Bescheid erlassenden FA **Einspruch** eingelegt werden kann. Fehlt diese Rechtsbehelfsbelehrung oder ist sie nicht korrekt, verlängert sich die Einspruchsfrist auf ein Jahr (§ 356 Abs. 2 AO).

Der KSt-Bescheid einer GmbH ist **Grundlagenbescheid** für die **gesonderte Feststellung des verbleibenden Verlustvortrags** nach § 10d Abs. 4 Satz 1 EStG (§ 31 Abs. 1 KStG). Hingegen ist der KSt-Bescheid **kein Grundlagenbescheid** (§ 171 Abs. 10 AO) **für** den **ESt-Bescheid** des Anteilseigners der GmbH (vgl. Vfg. der OFD Magdeburg vom 10.09.2004, GmbHR 2004, 1604). Allerdings kann in dem Fall, dass bei einer GmbH nachträglich (z. B. im Rahmen einer Betriebsprüfung) eine vGA festgestellt wird, die z. B. nur der Abgeltungsteuer unterliegen würde, die ESt-Festsetzung des Anteilseigners seit Dezember 2006 gem. § 32a Abs. 1 KStG geändert werden. Der gegenüber einer OG ergehende KSt-Bescheid (der regelmäßig eine festzusetzende KSt i.H.v. 0 € ausweist; Ausnahme: Ausgleichzahlungen, da diese von der OG zu versteuern sind) ist für Feststellungszeiträume nach dem 31.12.2013 mit der **Steuerfestsetzung beim OT** verfahrensrechtlich verbunden (§ 14 Abs. 5 KStG).

1.1.6.3 Feststellung des steuerlichen Einlagekontos

Der Bestand des steuerlichen Einlagekontos, der sich unter Berücksichtigung der Zu- und Abgänge eines Wj. zu dessen Ende ergibt, wird gem. § 27 Abs. 2 Satz 1 KStG vom FA gesondert festgestellt. Zu diesem Zweck hat die GmbH eine **Erklärung zur gesonderten Feststellung** von Besteuerungsgrundlagen nach amtl. vorgeschriebenem Vordruck auf den Schluss eines jeden Wj. abzugeben, die von dem/den Geschäftsführer(n) eigenhändig zu unterschreiben ist/sind (§ 27 Abs. 2 Satz 4 und 5 KStG; s. 1.1.6.1.2). Der amtl. Vordruck (KSt 1 F nebst der Anlage KSt 1 F – 27/28) sieht neben der Erklärung des Endbestandes des steuerlichen Einlagekontos auch die Angabe des Bestandes zum letzten Feststellungszeitpunkt sowie der Zu- und Abgänge des steuerlichen Einlagekontos vor. Dabei ist die Erklärung auch dann abzugeben, wenn das steuerliche Einlagekonto seit dem letzten Feststellungszeitpunkt keine Veränderungen aufweist.

Die gesonderte Feststellung erfolgt – unabhängig davon, ob eine Änderung des steuerlichen Einlagekontos eingetreten ist – durch **Feststellungsbescheid** an die GmbH. Der Bescheid über die gesonderte Feststellung ist **Grundlagenbescheid** für den Bescheid über die gesonderte Feststellung zum folgenden Feststellungszeitpunkt (§ 27 Abs. 2 Satz 2 KStG). M.a.W. ist der im Bescheid festgestellte Bestand zum Ende des Vorjahres automatisch Ausgangsbestand für die Feststellung des steuerlichen Einlagekontos im Folgejahr. Aufgrund dieser Grundlagen-Folge-Bescheid-Beziehung führt eine (zulässige) Änderung eines Feststellungsbescheides zur Änderung sämtlicher (bereits ergangener) Feststellungsbescheide der Folgejahre (vgl. § 175 Abs. 1 Satz 1 Nr. 1 AO). Andererseits können auch die Feststellungsbescheide der Folgejahre nicht aufgrund eines Fehlers korrigiert werden, der in einem (nach den Vorschriften der AO) nicht mehr änderbaren Feststellungsbescheid in früheren Jahren unterlaufen ist.

1.2 Gewerbesteuer

LITERATURHINWEISE:

Beckmann/Schanz, Gewerbesteuerliche Hinzurechnungen und Kürzungen im Zusammenhang mit Beteiligungserträgen, DB 2011, 954; *Behrens/Schmitt*, § 7 Satz 2 GewStG n.F. – Neue Gewerbesteuer-Tatbestände für Mitunternehmerschaften und KGaA, BB 2002, 860; *Blümich*, GewStG (Loseblatt); *Haas*, Die Gewerbesteuerpflicht von Dividenden aus Streubesitz nach § 8 Nr. 5 GewStG und ihre Auswirkungen auf 100%-Beteiligungen, DB 2002, 549; *Preißer*, Die Steuerberaterprüfung, 12. Aufl. 2013, Bd. 1, Teil C; *Scheifele*, Veräußerung von Mitunternehmeranteilen und Gewerbesteuer: Vertragliche Gestaltungsmöglichkeiten, DStR 2006, 253; *Suchanek*, Anwendung von § 7 Satz 2 Nr. 2 GewStG bei der Veräußerung von doppelstöckigen Mitunternehmerschaften, GmbHR 2007, 248; *Watermeyer/Büttgen-Pöhland*, Neuerungen für die GmbH durch das EU-Richtlinien-Umsetzungsgesetz, GmbH-StB 2005, 78.

1.2.1 Die GmbH als Gewerbesteuersubjekt

Jeder (sog. stehende) Gewerbebetrieb unterliegt, soweit er im Inland betrieben wird, der GewSt (§ 2 Abs. 1 Satz 1 GewStG, § 1 GewStDV). Da nach § 2 Abs. 2 GewStG die Tätigkeit einer KapGes **stets und in vollem Umfang** als Gewerbebetrieb gilt, ist die GmbH bereits allein aufgrund ihrer Rechtsform als Gewerbebetrieb anzusehen, ohne dass gewerbliche Einkünfte i.S.v. § 15 EStG vorliegen müssten. Eine GmbH wird daher auch als **Gewerbebetrieb kraft Rechtsform** (oder formeller Gewerbebetrieb) bezeichnet. Jegliche Tätigkeit einer GmbH führt folglich zur GewSt-Pflicht (vgl. BFH vom 04.12.1996, BFHE 182, 123). Damit entspricht die gewerbesteuerrechtliche Wertung der Einkünfte der körperschaftsteuerrechtlichen, da sämtliche Einkünfte einer GmbH auch nach dem KStG als gewerbliche Einkünfte erfasst werden (§ 8 Abs. 2 KStG, s. hierzu 1.1.1). Die GmbH ist aber nur unter der zusätzlichen Voraussetzung gewerbestpfl., dass ihr Betrieb im Inland betrieben wird, d.h. wenn die GmbH im Inland eine Betriebsstätte unterhält (§ 2 Abs. 1 Satz 3 GewStG).

Beispiel

Einzige Tätigkeit der I-GmbH mit Sitz und Geschäftsleitung in Dresden ist die Vermietung einer mehrere Geschäfts- und Wohneinheiten umfassenden Immobilie in Leipzig.

Lösung

Die I-GmbH ist, obwohl sie nur Einkünfte i.S.v. § 21 Abs. 1 Nr. 1 EStG (Vermietung und Verpachtung) erzielt, allein aufgrund ihrer Rechtsform mit den aus der Immobilienverwaltung erzielten Einkünften gewerbestpfl. Die Einkünfte der I-GmbH werden auch für KSt-Zwecke gem. § 8 Abs. 2 KStG als Einkünfte aus Gewerbebetrieb behandelt.

Tipp

Eine GewSt-Pflicht kann vermieden werden, indem die GmbH in eine (nicht i.S.v. § 15 Abs. 3 Nr. 2 EStG gewerblich geprägte) KG umgewandelt wird. Eine gewerbliche Prägung liegt nicht vor, wenn entweder nicht ausschließlich eine oder mehrere KapGes persönlich haftende Gesellschafter der KG sind oder nicht nur diese KapGes und Personen, die nicht Gesellschafter sind, zur Geschäftsführung befugt sind.

Die GewSt-Pflicht kraft Rechtsform gilt grds. auch für eine ausländische, im Inland eine Betriebsstätte (§ 12 AO) unterhaltende GmbH, wenn die ausländische GmbH einer inländischen GmbH (genauer: KapGes) nach dem Rechtstypenvergleich entspricht und im Inland rechtsfähig ist (vgl. 1.1.2.1 und 1.1.3.1.1.3). Für die Anerkennung der Rechtsfähigkeit ist eine HR-Eintragung nach der Überseering-Entscheidung des EuGH (vom 05.11.2002, NZG 2002, 1164) nicht mehr erforderlich (vgl. gleich lautender Ländererl. vom 20.05.2005, DStR 2005, 1231).

Steuerschuldner der GewSt ist die GmbH als Unternehmerin, d. h. als diejenige, für deren Rechnung das Gewerbe betrieben wird (§ 5 Abs. 1 Satz 1 und 2 GewStG).

1.2.2 Beginn und Ende der Gewerbesteuerpflicht

Die GewSt-Pflicht der GmbH **beginnt spätestens mit ihrer Eintragung** in das HR, da die GmbH mit diesem Zeitpunkt wirksam entstanden ist und einer GewSt-Pflicht kraft Rechtsform somit nichts mehr entgegensteht. Unabhängig von Art und Umfang der Tätigkeit der GmbH (»stets und in vollem Umfang«) ist die GmbH ab diesem Zeitpunkt gewerbesteuerpflichtig (§ 2 Abs. 2 GewStG). Nimmt die GmbH jedoch bereits vor ihrer HR-Eintragung, also als sog. Vorgesellschaft (oder ›Vor-GmbH‹), eine nach außen in Erscheinung tretende Geschäftstätigkeit auf, korrespondiert der Beginn der GewSt-Pflicht mit dem **Beginn der Aufnahme** dieser **Geschäftstätigkeit** (s. R 2.5 Abs. 2 Satz 3 GewStR 2009). Nicht ausreichend für einen vorzeitigen Beginn der Steuerpflicht ist aber z. B. die reine Verwaltung eingezahlter Teile des Stammkapitals (BFH vom 18.07.1990, BStBl II 1990, 1073). Eine nach außen tätige und damit gewerbestpfl. gewordene Vor-GmbH bildet zusammen mit der später eingetragenen GmbH ein einheitliches Steuersubjekt, sodass z. B. gewerbesteuerliche Verluste der Vor-GmbH (z. B. Kosten für Vorbereitungsmaßnahmen) mit Gewinnen der GmbH (unter Beachtung der sog. Mindestbesteuerung nach § 10a GewStG, s. 1.2.4.2.5) verrechnet werden können.

Entsprechend dem Beginn der GewSt-Pflicht **endet** diese auch nicht, bevor **jegliche Tätigkeit der GmbH eingestellt** wurde. Anders als bei Einzelunternehmern und PersGes endet die Steuerpflicht daher nicht bereits mit der Einstellung der werbenden Tätigkeit, sondern erst, wenn auch alle Abwicklungstätigkeiten beendet sind (»stets und in vollem Umfang«, § 2 Abs. 2 GewStG, R 2.6 Abs. 2 GewStR 2009). Die GewSt-Pflicht besteht somit grds. bis zur Verteilung des restlichen Vermögens an die Gesellschafter fort. Dementsprechend wird die GewSt-Pflicht nicht durch die Eröffnung eines **Insolvenzverfahrens** über das Vermögen der GmbH berührt (§ 4 Abs. 2 GewStDV). Auch für das Insolvenzverfahren gelten die Grundsätze, wonach die GewSt-Pflicht erst mit Beendigung der Abwicklung der GmbH erlischt.

1.2.3 Gewerbesteuerrechtliche Organschaft

Wie das KSt-Recht kennt auch das GewSt-Recht die Sonderform der Besteuerung zweier rechtlich unabhängiger, aber in besonderer Beziehung zueinander stehender Gesellschaften durch Begründung einer (gewerbe-)steuerrechtlichen Organschaft. Das GewStG enthält zwar keine eigenen Vorschriften zu den Voraussetzungen bzw. der Definition der gewerbesteuerrechtlichen Organschaft, sondern verweist diesbezüglich auf das KStG (vgl. § 2 Abs. 2 Satz 2 GewStG), an verschiedenen Gesetzesstellen werden an das Vorliegen einer (körperschaft-)steuerrechtlichen Organschaft aber auch bestimmte gewerbesteuerliche Rechtsfolgen geknüpft (s. z. B. § 2 Abs. 2 Satz 2, § 10a Satz 3 GewStG).

Aus dem Verweis auf die Organschaftsvorschriften des KStG (§§ 14, 17, 18 KStG) in § 2 Abs. 2 Satz 2 GewStG folgt, dass die Voraussetzungen der gewerbesteuerrechtlichen Organschaft mit denen der **körperschaftsteuerrechtlichen Organschaft gleichgeschaltet** sind. Dies war nicht immer so, sondern wurde erst durch das UntStFG (vom 20.12.2001, BGBl I 2001, 3858) für Erhebungszeiträume ab 2002 umgesetzt. Zuvor war für die gewerbesteuerrechtliche Organschaft insbes. der Abschluss eines EAV zwischen dem OT und der OG nicht erforderlich (vgl. BMF vom 26.08.2003, BStBl I 2003, 437, Rz. 11). Weder die körperschaft- noch die gewerbesteuerrechtliche Organschaft verlangen heute noch eine wirtschaftliche oder organisatorische Eingliederung der OG in das Unternehmen des OT (vgl. BMF vom 26.08.2003, a.a.O., Rz. 9f.). Ebenfalls abgeschafft wurde die sog. Mehrmütterorganschaft, derzufolge sich mehrere gewerbliche Unternehmen zwecks einheitlicher Willensbildung gegenüber einer KapGes zu einer Willensbildungs-GbR zusammenschließen konnten, um gemeinsam als OT der KapGes zu handeln.

1.2.3.1 Organschaftsvoraussetzungen

Eine GmbH, die ihre Geschäftsleitung (§ 10 AO) im Inland und ihren Sitz (§ 11 AO) in der EU/dem EWR hat, kann als gewerbesteuerrechtliche **OG**, aber auch als gewerbesteuerrechtlicher OT fungieren (§ 14 Abs. 1 Satz 1 KStG, § 2 Abs. 2 Satz 2 GewStG). Daneben kann OT auch eine gewerblich tätige PersGes oder ein Einzelunternehmen mit inländischer Geschäftsleitung sein.

Die OG muss zudem vom Beginn ihres Wj. an ununterbrochen in das Unternehmen des OT finanziell eingegliedert sein (§ 14 Abs. 1 Nr. 1 KStG, § 2 Abs. 2 Satz 2 GewStG). Die **finanzielle Eingliederung** liegt vor, wenn dem OT aufgrund seiner Beteiligung an der OG mehr als die Hälfte der Stimmrechte aus den Anteilen an der OG zusteht. Schließlich ist (seit dem Erhebungszeitraum 2002) für die gewerbesteuerrechtliche Organschaft auch Voraussetzung, dass OT und OG einen GAV (besser: **EAV**) über mindestens fünf Jahre abgeschlossen haben, der während dieser Zeit auch tatsächlich durchgeführt wird. Hierbei gilt es zu beachten, dass die Rechtsfolgen der Organschaft erst in dem Wj. eintreten, in dem der EAV wirksam wird. Dies ist erst dann der Fall, wenn sein Bestehen in das HR der OG eingetragen ist (vgl. § 294 Abs. 2 AktG).

1.2.3.2 Rechtsfolgen

Für Zwecke der GewSt folgt aus dem Vorliegen einer Organschaft, dass die OG als **Betriebsstätte des OT** anzusehen ist (§ 2 Abs. 2 Satz 2 GewStG). Die persönliche GewSt-Pflicht der OG endet aber nicht während des Bestehens der Organschaft, sondern ist für deren Dauer dem OT zuzurechnen. Trotz der Betriebsstättenfiktion ist die OG weiterhin als eigenständiges gewerbliches Unternehmen anzusehen, sodass eine getrennte Bilanzierung vorzunehmen ist. Es erfolgt auch weiterhin eine **getrennte Ermittlung des Gewerbeertrages**, zum einen durch die OG und zum anderen durch den OT (sog. gebrochene oder eingeschränkte Einheitstheorie). Der gesondert ermittelte Gewerbeertrag der OG ist dem OT erst für die Berechnung des GewSt-Messbetrages zuzurechnen (vgl. BFH vom 04.06.2003, BStBl II 2004, 244; R 7.1 Abs. 5 Satz 10 GewStR 2009). Der gemeinsame Gewerbeertrag ist vor der Berechnung des einheitlichen Steuermessbetrages um steuerliche Doppelbe- oder -entlastungen zu korrigieren, die sich aus dieser Zusammenrechnung ergeben (vgl. R 7.1 Abs. 5 GewStR 2009). Anschließend wird der einheitliche GewSt-Messbetrag allein gegenüber dem OT festgesetzt.

Sind für die OG in der Zeit vor Begründung der Organschaft gewerbesteuerliche Verlustvorträge gesondert festgestellt worden, so können diese sog. **vororganschaftlichen Verluste** seit dem Erhebungszeitraum 2004 während des Bestehens der Organschaft nicht mehr genutzt werden (s. § 10a Satz 3 GewStG). Sie bleiben aber während dieser Zeit »gespeichert« und erlangen nach Beendigung der Organschaft ihre Wirkungskraft zurück. Vororganschaftliche Verluste des OT können auch während des Bestehens der Organschaft – unter Beachtung der Vorschriften zur sog. Mindestbesteuerung (§ 10a Sätze 1 und 2 GewStG; s. 1.2.4.2.5) – genutzt werden. Verluste einer OG, die während der Organschaft entstanden sind, können auch nach deren Beendigung nur vom OT abgezogen werden (BFH vom 27.06.1990, BStBl II 1990, 916).

1.2.4 Ermittlung des Gewerbeertrags

1.2.4.1 Grundlagen und sich anschließende Verfahrensfragen

Maßgebend für die Bemessung der GewSt ist – seit Abschaffung der Gewerbekapitalsteuer in 1998 – ausschließlich der **Gewerbeertrag** der GmbH (§ 6 GewStG). Dieser ermittelt sich nach § 7 Satz 1 GewStG auf der Grundlage des für KSt-Zwecke ermittelten Gewinns, der um gewerbesteuerspezifische – tw. den Objektsteuercharakter der GewSt widerspiegelnde – Korrekturen zu bereinigen ist. Der Ausgangswert für die Ermittlung des Gewerbeertrags (gewerbesteuerlicher Gewinn) wird regelmäßig mit dem für die KSt maßgebenden Gewinn der GmbH übereinstimmen. Eine rechtliche Bindung besteht zwischen beiden jedoch nicht (vgl. BFH vom 18.04.2000, BStBl II 2001, 359). Auch verfahrensrechtlich ist die Ermittlung des gewerbesteuerlichen Gewinns selbstständig, mit der Folge, dass keine Bindung an den KSt-Bescheid der GmbH besteht.

Die zur Korrektur des gewerbesteuerlichen Gewinns vorzunehmenden **Hinzurechnungen** und **Kürzungen** sind im Einzelnen in den §§ 8 und 9 GewStG geregelt, wobei stets zunächst die Hinzurechnungs- und erst anschließend die Kürzungsvorschriften zu prüfen sind:

	Gewinn aus Gewerbebetrieb (nach EStG und KStG zu ermitteln, § 7 GewStG)
+	Hinzurechnungen nach § 8 GewStG
./.	Kürzungen nach § 9 GewStG
=	**Gewerbeertrag**
+	(Ggf. Ertrag von OG, § 2 Abs. 2 Satz 2 GewStG)
=	**Maßgebender Gewerbeertrag**

Der Gewerbeertrag ist, da es sich bei der GewSt ebenfalls um eine Jahressteuer handelt, für den **Erhebungszeitraum**, der grds. dem Kj. entspricht, zu ermitteln (sog. maßgebender Gewerbeertrag, § 10 Abs. 1 GewStG). Bei GmbH mit vom Kj. abweichendem Wj. gilt der Gewerbeertrag – entsprechend der körperschaftsteuerlichen Vorschrift – als in dem Erhebungszeitraum bezogen, in dem das Wj. der GmbH endet (§ 10 Abs. 2 GewStG). Der maßgebende Gewerbeertrag ist anschließend nach den Regelungen des § 11 GewStG in einen sog. **Steuermessbetrag** umzurechnen. Hierzu ist auf den auf volle 100 € abgerundeten maßgebenden Gewerbeertrag die einheitliche Steuermesszahl von 3,5 % – bis einschließlich Erhebungszeitraum 2007 waren es 5 % – anzuwenden (§ 11 Abs. 2 GewStG). Ein Freibetrag wird Gewerbebetrieben in der Rechtsform der GmbH nicht gewährt.

Beispiel

Der maßgebende Gewerbeertrag der A-GmbH für den Erhebungszeitraum 2011, der sich nach Berücksichtigung von Hinzurechnungen nach § 8 GewStG i.H.v. 100.000 € und Kürzungen nach § 9 GewStG i.H.v. 50.000 € ergibt, beträgt 225.587 €.

Lösung

Der Steuermessbetrag der A-GmbH für den Erhebungszeitraum 2011 wird wie folgt ermittelt:

Abgerundeter Gewerbeertrag (§ 11 Abs. 1 Satz 3 GewStG): 225.500 €

Anwendung der Steuermesszahl für GmbH: 3,5 % (§ 11 Abs. 2 GewStG): 7.892,50 €

Der Steuermessbetrag nach dem Gewerbeertrag der A-GmbH beträgt somit 7.892,50 €.

Der so ermittelte Steuermessbetrag wird durch **GewSt-Messbescheid** vom Betriebs-FA der GmbH (§ 22 Abs. 1 AO) festgesetzt und der zuständigen Gemeinde mitgeteilt. In den sog. Stadtstaaten ist ausnahmsweise das FA auch für die Erhebung der GewSt zuständig. Die Gemeinden (bzw. Finanzämter der Stadtstaaten) erlassen daraufhin die **GewSt-Bescheide**. Die hierin festgesetzte GewSt-Schuld ergibt sich durch Anwendung des GewSt-Hebesatzes der jeweiligen Gemeinde auf den festgesetzten Steuermessbetrag. Wichtig zu wissen ist in diesem Zusammenhang, dass die **GewSt** seit dem Erhebungszeitraum 2008 nicht mehr als BA **steuerlich abzugsfähig** ist und daher nicht mehr ihre eigene Bemessungsgrundlage kürzt.

Beispiel

Das vorläufige Jahresergebnis der G-GmbH beträgt 200.000 €, der Hebesatz der Gemeinde, in der die G-GmbH ihre Betriebsstätte unterhält, 400 %. Steuervorauszahlungen wurden nicht geleistet.

Lösung

1. Berechnung der GewSt-Rückstellung	
Vorläufiger Gewerbeertrag (kein Freibetrag)	200.000 €
Steuermessbetrag (200.000 € × 3,5 %)	7.000 €
Anwendung Hebesatz (7.000 € × 400 %)	28.000 €
GewSt-Rückstellung	**28.000 €**
2. Berechnung der KSt-Rückstellung	
Vorläufiger Jahresüberschuss	200.000 €
Zu versteuerndes Einkommen	200.000 €
Anwendung KSt-Satz (200.000 € × 15 %)	30.000 €
KSt-Rückstellung	**30.000 €**

In einem nächsten Schritt ist noch die SolZ-Rückstellung zu ermitteln (30.000 € × 5,5 % = 1.650 €).

Der **GewSt-Messbescheid** ist – insbes. bei Einwendungen gegen den angesetzten Gewinn – selbstständig durch Einspruch anzufechten (**Grundlagenbescheid**). Ein Rechtsbehelf gegen den GewSt-Bescheid ist hier nicht ausreichend, da die Gemeinden (bzw. Finanzämter der Stadtstaaten) nicht über die GewSt-Pflicht bzw. die Besteuerungsgrundlagen entscheiden dürfen. Gegen den GewSt-Bescheid ist nur bei fehlerhaft festgesetzter GewSt Rechtsmittel einzulegen (Widerspruch bei Festsetzung durch die Gemeinde, Einspruch bei Festsetzung durch das FA).

1.2.4.2 Besondere Ermittlungsvorschriften

1.2.4.2.1 Veräußerungs- und Aufgabegewinne

Eine der wichtigsten Besonderheiten bei der Ermittlung des Gewerbeertrages für KapGes ist, dass nach h.M. alle Gewinne/Verluste der KapGes, also auch auf der Veräußerung oder Aufgabe von Betrieben und Teilbetrieben beruhende Gewinne/Verluste, der GewSt unterliegen. Da die Tätigkeiten von KapGes nach § 2 Abs. 2 Satz 1 GewStG »stets und in vollem Umfang« als deren Gewerbebetrieb angesehen werden, sind auch diese »Sonder«-Gewinne **Bestandteil des Gewerbeertrages** (vgl. H 7.1 Abs. 4 GewStH 2009). Diese Ansicht wird durch die inzwischen ständige Rechtsprechung des BFH gestützt. So hat der BFH in zwei Entscheidungen – die Veräußerung einer Wirtschafts- und Steuerberatungspraxis bzw. die Betriebsaufgabe einer Aerobic- und Fitness-Studio-GmbH betreffend – bekräftigt, dass auch der Gewinn aus der Veräußerung eines **Betriebes** oder **Teilbetriebes** bei KapGes zum Gewerbeertrag gehört (s. BFH vom 08.08.2001, BFH/NV 2002, 535 bzw. vom 05.09.2001, BStBl II 2002, 155). Ist die veräußernde GmbH (gewerbesteuerrechtliche) OG, unterliegt der Gewinn beim OT der GewSt (s. BFH vom 22.01.2004, BStBl II 2004, 515). Eine gewerbesteuerrechtliche Begünstigung wird für Veräußerungs- und Aufgabegewinne einer GmbH danach nicht gewährt.

Eine Ausnahme von der GewSt-Pflicht bestand lange Zeit für Gewinne/Verluste aus der **Veräußerung oder Aufgabe von Mitunternehmer-Anteilen**, da der Veräußerungsgewinn im Gewerbeertrag der PersGes (und nicht im Gewerbeertrag der beteiligungshaltenden KapGes) seinen Niederschlag findet (vgl. BFH vom 15.06.2004, BStBl II 2004, 754). Dies änderte sich ab dem Erhebungszeitraum 2002 durch Einfügung eines neuen § 7 Satz 2 GewStG, wonach Gewinne/Verluste aus der Veräußerung oder Aufgabe

- des Betriebs oder eines Teilbetriebs einer Mitunternehmerschaft (Nr. 1) sowie
- eines Mitunternehmer-Anteils (Nr. 2)

der GewSt unterliegen, soweit der Veräußerungs- oder Aufgabegewinn auf eine GmbH (genau: nicht auf eine natürliche Person als unmittelbar beteiligten Mitunternehmer) entfällt. Die Änderung war nach der Gesetzesbegründung unverzichtbar, um missbräuchliche Gestaltungen (z. B. durch Einbringung von Teilbetrieben in PersGes und anschließenden Verkauf der PersGes) zu vermeiden.

Beispiel 1

Die A-GmbH ist als Kommanditistin zu 100 % am Gewinn und Verlust sowie Vermögen einer GmbH & Co. KG beteiligt. Die GmbH & Co. KG veräußert ihren gesamten Betrieb im Rahmen eines Asset Deals (= Verkauf aller Wirtschaftsgüter) mit Gewinn an einen fremden Dritten.

Lösung

Der erzielte Veräußerungsgewinn unterliegt gem. § 7 Satz 2 Nr. 1 Alt. 1 GewStG in voller Höhe auf Ebene der GmbH & Co. KG der GewSt.

Beispiel 2

Die V-GmbH ist als Kommanditistin zu 25 % an der Z-GmbH & Co. KG beteiligt. Die restlichen Anteile hält die natürliche Person Z, die Komplementär-GmbH ist nicht am Vermögen der Z-GmbH & Co. KG beteiligt. Die V-GmbH veräußert ihren Mitunternehmer-Anteil zum 30.09.11 (Übergang des wirtschaftlichen Eigentums) mit Gewinn an die E-AG.

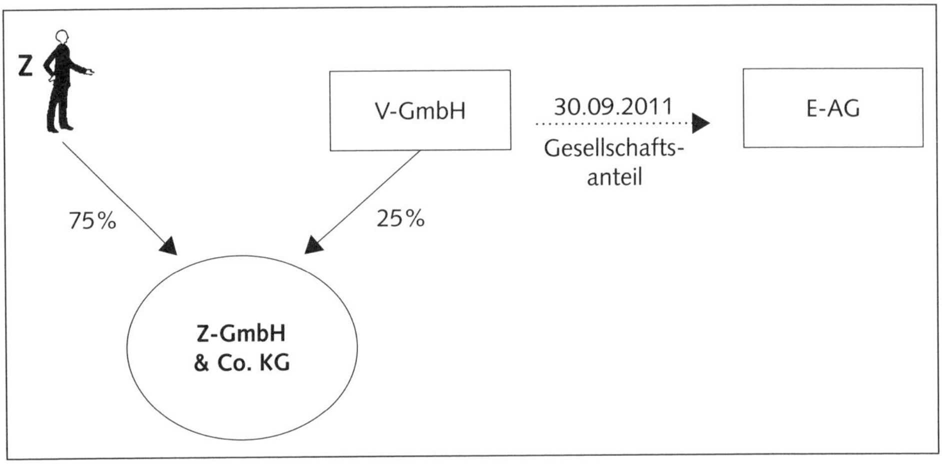

Lösung
Der von der V-GmbH durch die Veräußerung des Mitunternehmer-Anteils erzielte Veräußerungsgewinn unterliegt gem. § 7 Satz 2 Nr. 2 GewStG der GewSt. Der Gewinn ist auf Ebene der Z-GmbH & Co. KG, an der der veräußerte Mitunternehmer-Anteil besteht (und nicht bei der V-GmbH), gewerbestpfl.

Hinweis

Die GewSt mindert den Gewinn der Z-GmbH & Co. KG für den Erhebungszeitraum 11 und somit auch den Gewinnanteil des Z. Soll Z von der durch die V-GmbH ausgelösten Steuerbelastung verschont bleiben, ist dies im Gesellschaftsvertrag der Z-GmbH & Co. KG entsprechend zu regeln.

Beispiel 3
Beteiligungsstruktur wie in Beispiel 2, wobei die Z-GmbH & Co. KG über zwei voneinander unabhängige Teilbetriebe verfügt. Diesmal veräußert die Z-GmbH & Co. KG zum 30.09.11 einen Teilbetrieb mit Gewinn an die E-AG.

Lösung
Der entstehende Veräußerungsgewinn unterliegt, soweit er auf die V-GmbH entfällt, also zu 25%, auf Ebene der Z-GmbH & Co. KG der GewSt. Die restlichen 75% können gewerbesteuerfrei vereinnahmt werden, da sie auf Z als natürliche Person entfallen (§ 7 Satz 2 Nr. 1 Alt. 2 GewStG). Auch der Gewinnanteil des Z wird durch die anfallende GewSt entsprechend gemindert (vgl. den Hinweis zu Beispiel 2).

Veräußert eine GmbH **Anteile an einer anderen KapGes**, gilt die grundsätzliche Steuerfreiheit gem. § 8b Abs. 2 KStG auch für die GewSt. Dies ergibt sich bereits daraus, dass der gewerbesteuerliche Gewinn an den für KSt-Zwecke ermittelten Gewinn anknüpft (§ 7 Satz 1 GewStG). Auch für die GewSt gelten daher 5% des Veräußerungsgewinns als nicht abzb. BA, sodass der Gewinn im Ergebnis nur zu 95% von der GewSt befreit wird (§ 8b Abs. 3 Satz 1 KStG, § 7 Satz 1 GewStG). Aber auch an dieser Stelle sind ggf. Ausnahmen von der Steuerfreiheit (z.B. § 8b Abs. 2 Satz 4 und Abs. 7 KStG) zu beachten. Seit dem Erhebungszeitraum 2004 gilt diese für unmittelbare Beteiligungen an KapGes aufgezeigte steuerliche Behandlung auch für **mittelbar über eine PersGes gehaltene** KapGes-Beteiligungen. Durch den neu angefügten Satz 4 in § 7 GewStG wird dies gesetzlich abgesichert. Zuvor war lange Zeit strittig, ob sich § 8b KStG auch auf das gewerbesteuerliche Ergebnis mittelbar gehaltener Beteiligungen erstreckt. Insbes. vertrat die FinVerw eine gegenteilige Auffassung (vgl. BMF vom 28.04.2003, BStBl I 2003, 292, Tz. 57). Durch die gesetzliche »Klarstellung« wirken sich nunmehr aber auch Veräußerungsverluste nicht mehr mindernd auf den Gewerbeertrag aus.

Beispiel 4

Beteiligungsstruktur wie in Beispiel 2, allerdings ist die Z-GmbH & Co. KG nun ihrerseits zu 30% an der X-GmbH beteiligt. Die Beteiligung an der X-GmbH wird zum 30.09.11 mit Verlust an die E-AG veräußert.

Lösung

Nach § 7 Satz 4 GewStG bleibt der aus der Veräußerung der Beteiligung an der X-GmbH resultierende Verlust bei der Ermittlung des Gewerbeertrages der Z-GmbH & Co. KG unberücksichtigt.

1.2.4.2.2 Dividenden

Für die gewerbesteuerliche Behandlung von Dividenden sind seit der Änderung des KSt-Systems sowohl Hinzurechnungs- als auch Kürzungsvorschriften (§ 8 Nr. 5 bzw. § 9 Nr. 2a, 7, 8 GewStG) zu beachten. Die dahinterstehenden Zielsetzungen sind gegenläufig: Zum einen soll das GewSt-Aufkommen durch die neuen Steuerbefreiungsvorschriften (§ 3 Nr. 40 EStG, § 8b KStG) nicht übermäßig beeinträchtigt werden, zum anderen soll aber auch eine gewerbesteuerliche Doppelbelastung ausgeschütteter Gewinne vermieden werden. Im Einzelnen will man diese (konträren) Ziele wie folgt erreichen:

Der körperschaftsteuerliche Gewinn einer GmbH – als Ausgangspunkt für die Ermittlung des Gewerbeertrages (vgl. § 7 Satz 1 GewStG) – ist durch die Freistellung von Dividenden nach § 8b Abs. 1 KStG gemindert (Ausnahme: Streubesitzdividenden). Diese **Freistellung** wird für die GewSt nach **§ 8 Nr. 5 GewStG rückgängig** gemacht, wenn die der Dividende zugrunde liegende in- oder ausländische Beteiligung **keine (gewerbesteuerliche) Schachtelbeteiligung** darstellt (genauer: die Voraussetzungen des § 9 Nr. 2a oder Nr. 7 GewStG nicht erfüllt, s. hierzu Ausführungen nach dem Beispiel). Eine (gewerbesteuerliche) Hinzurechnung ist somit insbes. dann vorzunehmen, wenn die Beteiligung weniger als 15% (früher einmal 10%) des Kapitals der ausschüttenden KapGes ausmacht oder die Beteiligung nicht zu bzw. nicht bereits seit Beginn des Erhebungszeitraums gehalten wird. Die nach § 8b Abs. 5 KStG fingierten nicht abzb. BA mindern den hinzuzurechnenden Betrag (§ 8 Nr. 5 Satz 1 letzter HS GewStG). Eine Hinzurechnung unterbleibt gänzlich, wenn die Dividende aufgrund eines DBA-Schachtelprivilegs steuerfrei ist oder der Ausschüttungsbetrag zuvor einmal der Hinzurechnungsbesteuerung nach dem AStG unterlegen hat (Sonderfall, § 8 Nr. 5 Satz 2 GewStG).

Beispiel

Die A-GmbH (Kj. = Wj.) hat zum 01.05.05 eine 8%-Beteiligung an der T-GmbH mit Sitz in Frankfurt erworben. Mit Beschluss vom 01.08.05 beschließt die Gesellschafterversammlung der T-GmbH eine Dividende, auf die A-GmbH entfällt ein Ausschüttungsbetrag i.H.v. 50.000 €, der auch umgehend ausgezahlt wird.

Lösung
Für KSt-Zwecke bleibt die Dividende (50.000 €) außer Ansatz (§ 8b Abs. 1 KStG), 5% der Dividende (2.500 €) gelten jedoch als nicht abzugsfähige BA (§ 8b Abs. 5 KStG). Gewerbesteuerlich erfolgt eine Hinzurechnung nach § 8 Nr. 5 GewStG, da keine Schachtelbeteiligung vorliegt (und die Beteiligung zudem nicht zu Beginn des Erhebungszeitraums gehalten wurde). Dem gewerbesteuerlichen Gewinn sind 47.500 € (50.000 € ./. 2500 €) hinzuzurechnen.

Die weitere Zielsetzung (Vermeidung einer gewerbesteuerlichen Doppelbelastung) wird nach dem KSt-Systemwechsel bereits durch die Dividendenfreistellung gem. § 8b Abs. 1 KStG erreicht. Damit verloren die auf Dividendenzahlungen und vGA (sowie Liquidationsraten, vgl. BFH vom 08.05.2003, BStBl II 2004, 460) anwendbaren Kürzungsvorschriften für inländische Beteiligungen in § 9 Nr. 2a GewStG und für ausländische Beteiligungen in § 9 Nr. 7 GewStG größtenteils ihre Wirkung. Sie sind jedoch weiterhin mittelbar über § 8 Nr. 5 GewStG von Bedeutung. Nach **§ 9 Nr. 2a GewStG** (sog. **nationales Schachtelprivileg**) sind Dividenden einer inländischen KapGes bei der empfangenden GmbH gewerbesteuerfrei, wenn
- die Beteiligung zu Beginn des Erhebungszeitraums
- mindestens 15% (früher 10%) des Grund- oder Stammkapitals betragen hat.

Die auf inländische Beteiligungen anwendbare Regelung wird durch das in **§ 9 Nr. 7 GewStG** geregelte **internationale Schachtelprivileg** ergänzt. Danach wird für Dividenden von ausländischen KapGes eine Freistellung gewährt, wenn
- die Beteiligung seit Beginn des Erhebungszeitraums
- ununterbrochen
- mindestens 15% (bis einschließlich Erhebungszeitraum 2007: 10%) am Nennkapital beträgt und
- die ausländische KapGes ihre Bruttoerträge aus aktiven Tätigkeiten i.S.v. § 8 AStG bezieht.

Letztgenannte Aktivitätsvoraussetzung entfällt für Gesellschaften, die unter die Mutter-Tochter-Richtlinie (vom 23.07.1990, 90/435/EWG) fallen (§ 9 Nr. 7 Satz 1 HS 2 GewStG). Sowohl für das nationale als auch das internationale Schachtelprivileg genügt eine **mittelbare Beteiligung** über eine inländische PersGes (s. BFH vom 17.05.2000, BStBl II 2001, 685). Gewinne aus der Veräußerung einer Beteiligung, die die Schachtelvoraussetzungen erfüllt, genießen kein Schachtelprivileg (s. BFH vom 07.12.1971, BStBl 1972, 468 und vom 29.08.1984, BStBl II 1985, 160).

1.2.4.2.3 Spenden
Spenden erfahren bei der Ermittlung des Gewerbeertrages eine »Doppelbehandlung«. Zunächst enthält § 8 Nr. 9 GewStG eine **Hinzurechnung** aller Zuwendungen zur Förderung steuerbegünstigter Zwecke, soweit diese bei der Ermittlung des körperschaftsteuerlichen bzw. gewerbesteuerlichen Gewinns der GmbH nach § 9 Abs. 1 Nr. 2 KStG gewinnmindernd abgezogen wurden. Sodann wird ein einheitlicher Spendenabzug durch § 9 Nr. 5 GewStG sichergestellt. Die vorzunehmende **Kürzung** entspricht im Grundsatz dem Spendenabzug nach § 9 Abs. 1 Nr. 2 KStG (vgl. 1.1.5.3.2), Unterschiede bestehen lediglich in – allerdings nicht zu unterschätzenden – Details. So ist Bemessungsgrundlage für den Kürzungshöchstbetrag – naturgemäß – der Gewinn aus Gewerbebetrieb, und zwar vor Spenden- und Verlustabzug, aber nach Vornahme der Hinzurechnungen gem. § 8 GewStG. Bei der Alternativ-Bemessungsgrundlage (Summe der Umsätze sowie Löhne und Gehälter) kommt es auf die im Wj. (und nicht im Kj.) aufgewendeten Löhne und Gehälter an.

1.2.4.2.4 Teilwertabschreibungen

Als »Gegenregelung« zum gewerbesteuerlichen Schachtelprivileg (§ 9 Nr. 2a, 7 und 8 GewStG; s. 1.2.4.2.2) ist die Hinzurechnung von steuerwirksamen Teilwertabschreibungen nach § 8 Nr. 10 GewStG zu verstehen. Damit soll verhindert werden, dass sich Gewinnminderungen (insbes. Teilwertabschreibungen), die als Folge von **Gewinnausschüttungen** eintreten, auf den Gewerbeertrag auswirken, soweit diese Gewinnminderungen auf – wegen des Schachtelprivilegs – gewerbesteuerfreien Gewinnausschüttungen beruhen. Neben den ausschüttungsbedingten Teilwertabschreibungen werden auch Gewinnminderungen, die auf organschaftlichen **Gewinnabführungen** beruhen, zur Sicherstellung der Erfolgsneutralität im Organkreis vom Abzugsverbot des § 8 Nr. 10 GewStG erfasst (vgl. § 8 Nr. 10 letzter HS GewStG).

1.2.4.2.5 Verlustabzug

Der gewerbesteuerliche Verlustabzug ist eigenständig in **§ 10a GewStG** geregelt. Ausgangswert ist ein gesondert festzustellender Fehlbetrag, der sich nach Anwendung der Hinzurechnungen und Kürzungen nach den §§ 8, 9 GewStG ergibt und der den maßgebenden Gewerbeertrag i.S.v. § 10 GewStG kürzt. Aufgrund der vorzunehmenden Korrekturen wird der gewerbesteuerliche Verlustvortrag einer GmbH zumeist vom körperschaftsteuerlichen Verlustvortrag (falls dieser überhaupt besteht) abweichen. Der gewerbesteuerliche Fehlbetrag kann anders als bei der KSt lediglich – allerdings zeitlich auch unbeschränkt – vor-, nicht aber zurückgetragen werden (§ 10a Satz 1, 6 GewStG). Die ab dem VZ 2004 für die KSt geltende sog. **Mindestbesteuerung** ist für die GewSt identisch übernommen worden, sodass auf die Ausführungen zur KSt verwiesen werden kann. Daneben finden auch die Grundsätze zum Verlustabzug bei sog. Mantelkauf nach § 8c KStG auf den gewerbesteuerlichen Verlustabzug entsprechende Anwendung (§ 10a Satz 10 GewStG).

1.3 Umsatzsteuer

LITERATURHINWEISE:

Altfelder, Beitrag oder Leistung, FR 2005, 6; *Altrichter-Herzberg*, Die Vorgründungsgesellschaft als Unternehmerin i.S. des Umsatzsteuerrechts, GmbHR 2004, 768; *Braun*, Wirtschaftliche Eingliederung bei der umsatzsteuerlichen Organschaft, NWB 2005, F. 7, 6477; *Gotthardt/Boor*, Umsatzsteuerliche Organschaft – Keine finanzielle Eingliederung durch Anteilszurechnung oder Beherrschungsvertrag, DStR 2011, 1118; *Maus*, Die umsatzsteuerrechtliche Organschaft in Liquidation und Insolvenz, GmbHR 2005, 859; *Rondorf*, Vorsteuerabzug und Umsatzbesteuerung bei gemischt genutzten Fahrzeugen, NWB 2004, 3487; *Schmidt* in *Preißer*: Die Steuerberaterprüfung, 12. Aufl. 2013, Bd. 3, Teil B; *Titgemeyer*, Zur Unternehmereigenschaft des Geschäftsführers einer KapGes, BB 2006, 408; *Walkenhorst*, GmbH-Geschäftsführer als Unternehmer, GmbH-StB 2005, 193.

1.3.1 Die GmbH als Unternehmer

Das USt-Recht knüpft – abweichend vom Ertragsteuerrecht – für die Steuerpflicht erbrachter Umsätze an die sog. **Unternehmereigenschaft** an. Wer als Unternehmer anzusehen ist und wer somit grds. umsatzsteuerbare Umsätze tätigen und einen Vorsteuerabzug (vgl. § 15 UStG) geltend machen kann, ist in § 2 UStG definiert. Anders als bei der GewSt ist die GmbH nicht bereits aufgrund ihrer Rechtsform Unternehmerin. Die GmbH muss vielmehr – wie jeder andere Unternehmer im umsatzsteuerrechtlichen Sinne – eine gewerbliche (oder berufliche) Tätigkeit selbstständig ausüben (§ 2 Abs. 1 Satz 1 UStG). Für die USt ist damit eine **tätigkeitsbezogene** Betrachtung maßgebend.

Nach § 2 Abs. 1 Satz 3 UStG ist eine **gewerbliche oder berufliche Tätigkeit** jede nachhaltige Tätigkeit, die zur Einnahmeerzielung unternommen wird. Eine Gewinnerzielungsabsicht ist nicht erforderlich. Die Definition verdeutlicht damit zugleich, dass der umsatzsteuerliche Begriff der »gewerblichen Tätigkeit« nicht mit dem ertragsteuerlichen Begriff der »gewerblichen Einkünfte« (§ 15 EStG) gleichzusetzen ist, sondern weit darüber hinaus geht. **Selbstständig** werden die Tätigkeiten einer GmbH stets ausgeübt, wenn die GmbH nicht ausnahmsweise OG im Rahmen einer umsatzsteuerrechtlichen Organschaft ist (s. hierzu 1.3.3). Insbes. das bei der GmbH bestehende Weisungsrecht der Gesellschafterversammlung gegenüber den Geschäftsführern der GmbH bedeutet keine Unselbstständigkeit im umsatzsteuerlichen Sinne (A 2.2 Abs. 6 Satz 2 UStAE). Damit erfüllt die GmbH bei entsprechender Tätigkeit regelmäßig die Unternehmereigenschaft nach § 2 Abs. 1 UStG und gilt als »Stpfl.« des USt-Rechts. Nach dem **Grundsatz der Unternehmenseinheit** umfasst das Unternehmen der GmbH ihre gesamte Tätigkeit (§ 2 Abs. 1 Satz 2 UStG), d. h. dass beispielsweise verschiedene von der GmbH unterhaltene Betriebsstätten ein einziges Unternehmen der GmbH bilden.

1.3.2 Beginn und Ende der Unternehmereigenschaft

Entscheidend ist der **Beginn** der Unternehmereigenschaft für die Frage, ab wann die GmbH gem. § 15 UStG zum Vorsteuerabzug berechtigt ist. Der Unternehmerstatus wird nämlich nicht erst mit der nachhaltigen Erbringung von Ausgangsumsätzen, sondern bereits mit dem ersten nach außen erkennbaren auf eine Unternehmertätigkeit gerichteten Tätigwerden begründet (A 2.6 Abs. 1 UStAE). Voraussetzung ist allerdings, dass die spätere Erbringung entgeltlicher Leistungen ernsthaft beabsichtigt ist und dies auch nachgewiesen oder zumindest glaubhaft gemacht werden kann. Diese – durch die Rechtsprechung des EuGH ausgelöste – geänderte Auffassung, wonach bereits **Vorbereitungshandlungen** der GmbH (wie z. B. die Anmietung von Geschäftsräumen und der Erwerb von Anlagegütern) zum Vorsteuerabzug berechtigen, ist inzwischen mehrfach vom BFH bestätigt worden (vgl. BFH vom 22.02.2001, BStBl II 2003, 426; vom 08.03.2001, BStBl II 2003, 430). Die FinVerw, die dieser Rechtsprechung grds. folgt, legt für den Nachweis bzw. die Glaubhaftmachung hohe Maßstäbe zugrunde (vgl. A 2.6 Abs. 2 ff. UStAE). Dies erklärt sich vor dem Hintergrund, dass eine einmal angenommene Unternehmereigenschaft – außer bei Betrug oder Missbrauch – nachträglich nicht wieder entfällt. Dieser Grundsatz gilt selbst dann, wenn es sich bei der GmbH um einen sog. **erfolglosen Unternehmer** handelt (s. BFH vom 22.02.2001, BStBl II 2003, 426). Darunter ist ein Unternehmer zu verstehen, der später nicht nachhaltig oder überhaupt keine steuerbaren Ausgangsumsätze ausführt.

Hinsichtlich des Beginns der Unternehmereigenschaft gibt es bei der GmbH noch einen weiteren – inzwischen höchstrichterlich entschiedenen – Problemkreis, der aus der zivilrechtlichen Unterscheidung der verschiedenen Gründungsstadien einer GmbH resultiert (s. 1.1.3.1.1.1). Nach der Rechtsprechung des EuGH und ihm folgend des BFH ist entgegen bisheriger Verwaltungsauffassung (vgl. OFD Frankfurt vom 06.01.1999, UR 1999, 336) auch eine **Vorgründungsgesellschaft**, deren einziger Ausgangsumsatz in der entgeltlichen (aber nicht steuerbaren) Übertragung der bezogenen Leistungen auf die Vor-GmbH besteht, als Unternehmerin anzusehen und somit grds. zum Vorsteuerabzug berechtigt (s. EuGH vom 29.04.2004, Rs. C-137/02 »Faxworld«, BFH/NV Beilage 2004, 225; BFH vom 15.07.2004,

BStBl II 2005, 155). Ob ein Vorsteuerabzug aus den Eingangsleistungen tatsächlich zu gewähren ist, bestimmt sich ausschließlich nach den beabsichtigten (Ausgangs-)Umsätzen der zu gründenden KapGes, da diese mit der Vorgründungsgesellschaft eine »wirtschaftliche Einheit« bildet. Dass die **Vor-GmbH**, die mit der später eingetragenen GmbH identisch ist, als umsatzsteuerliche Unternehmerin anzusehen ist, wird nicht angezweifelt.

Die Unternehmereigenschaft der GmbH **endet** erst, wenn alle Rechtsbeziehungen, die mit dem (aufgegebenen) Betrieb im Zusammenhang stehen, abgewickelt sind (A 2.6 Abs. 6 UStAE). Die Unternehmereigenschaft einer GmbH ist weder von ihrem Vermögensstand noch von ihrer Eintragung im HR abhängig. Daher kann eine (aufgelöste) GmbH auch noch nach ihrer Löschung aus dem HR steuerbare Umsätze ausführen (BFH vom 09.12.1993, BStBl II 1994, 483). Diesen Grundsätzen entsprechend endet der Unternehmerstatus einer GmbH auch nicht durch die Eröffnung eines **Insolvenzverfahrens** über ihr Vermögen. Die vom Insolvenzverwalter erbrachten umsatzsteuerlichen Leistungen gelten weiterhin als von der GmbH als Unternehmerin ausgeführt.

1.3.3 Umsatzsteuerrechtliche Organschaft

Ebenso wie die KSt und die GewSt kennt auch das USt-Recht eine Organschaftsregelung (vgl. § 2 Abs. 2 Nr. 2 UStG). Materiell-rechtlich kommt der umsatzsteuerrechtlichen Organschaft heutzutage jedoch nur noch in einer einzigen Fallkonstellation praktische **Bedeutung** zu: Ist die OG umsatzsteuerfrei tätig und bezieht von ihrem stpfl. tätigen OT Leistungen, für die der OT seinerseits umsatzsteuerbelastete Leistungen bezogen hat, wird durch die Organschaft der Betrag der nicht abzb. Vorsteuern reduziert (s. Hinweis unter 1.3.3.2).

1.3.3.1 Eingliederungsvoraussetzungen

Die umsatzsteuerrechtliche Organschaft setzt nach § 2 Abs. 2 Nr. 2 Satz 1 UStG eine bei Gesamtbetrachtung der Verhältnisse gegebene finanzielle, wirtschaftliche und organisatorische Eingliederung der OG in das Unternehmen des OT voraus. Dies erfordert ein Verhältnis der Über- und Unterordnung der beteiligten Unternehmen (BFH vom 19.05.2005, BStBl II 2005, 671). Dabei kann als **OT** jede (natürliche und juristische) Person oder Personenvereinigung fungieren, während **OG** nur eine juristische Person sein kann. Eine GmbH kann somit sowohl die Rolle der OG als auch des OT übernehmen. Ein EAV ist – anders als bei der körperschaft- und gewerbesteuerrechtlichen Organschaft – nicht Voraussetzung.

- Die **finanzielle Eingliederung** verlangt, dass der OT aufgrund des Besitzes der entscheidenden (Anteils-)Mehrheit an der OG bei Beschlüssen seinen Willen durchsetzen kann (vgl. A 2.8 Abs. 5 UStAE). Hierfür ist eine Beteiligung von über 50 % regelmäßig ausreichend. Zur mittelbaren finanziellen Eingliederung vgl. BFH vom 22.11.2001, BStBl II 2002, 167; BFH vom 25.04.2002, BFH/NV 2002, 1058. Für die finanzielle Eingliederung einer GmbH in eine PersGes reicht es nicht aus, dass Letztere nicht selbst, sondern nur ihr Gesellschafter mit Stimmenmehrheit an der GmbH beteiligt ist; hier hilft auch ein Beherrschungs- und Gewinnabführungsvertrag nicht weiter (s. BFH vom 01.12.2010, BStBl II 2011, 600). Auch wenn mehrere Gesellschafter nur gemeinsam über die Anteilsmehrheit an einer GmbH und einer PersGes verfügen, ist die GmbH nicht in die PersGes finanziell eingegliedert (BFH vom 22.04.2010, BStBl II 2011, 597).
- Die **wirtschaftliche Eingliederung** erfordert, dass die Tätigkeiten der OG in engem wirtschaftlichen Zusammenhang mit denen des OT stehen (vgl. A 2.8 Abs. 6 UStAE; Standard-

beispiel: OG vertreibt Produkte des OT). Bereits die gegenseitige Förderung und Ergänzung von OG und OT können dazu ausreichen, wenn aufgrund dessen mehr als nur unerhebliche wirtschaftliche Beziehungen bestehen (BFH vom 03.04.2003, BStBl II 2004, 434). Bei einer **Betriebsaufspaltung** ist die wirtschaftliche Eingliederung im Regelfall zu bejahen (BFH vom 22.11.2001, BFH/NV 2002, 550).
- Die **organisatorische Eingliederung** setzt schließlich voraus, dass der OT aufgrund organisatorischer Maßnahmen seinen Willen in der OG auch tatsächlich durchsetzen kann (vgl. A 2.8 Abs. 7 UStAE). Dies ist beispielsweise durch Personalunion der Geschäftsführer in beiden Gesellschaften gewährleistet. Die organisatorische Eingliederung einer GmbH kann sich auch daraus ergeben, dass der Geschäftsführer der GmbH leitender Mitarbeiter des OT ist, der OT über ein umfassendes Weisungsrecht gegenüber der Geschäftsführung der GmbH verfügt und zur Bestellung und Abberufung des GmbH-Geschäftsführers berechtigt ist (BFH vom 07.07.2011, BFH/NV 2011, 2195).

1.3.3.2 Rechtsfolgen

Konsequenz einer umsatzsteuerrechtlichen Organschaft ist, dass die OG ihre Tätigkeiten nicht selbstständig ausübt und daher **nur ein Unternehmen**, nämlich das des OT, gegeben ist (§ 2 Abs. 2 Nr. 2 Satz 3 UStG). Daraus folgt, dass Umsätze zwischen dem OT und der OG nicht steuerbar sind (sog. **nicht steuerbare Innenumsätz**e). Auch ein Vorsteuerabzug scheidet aus diesen Umsätzen folglich aus. Die Wirkungen der Organschaft sind gem. § 2 Abs. 2 Nr. 2 Satz 2 UStG auf Innenleistungen zwischen den **im Inland gelegenen Unternehmensteilen** beschränkt (vgl. A 2.9 UStAE). Dies bedeutet, dass z. B. im Verhältnis zu einem ausländischen OT ein regulärer (ggf. stpfl.) Leistungsaustausch gegeben ist. Umsätze der OG **mit Dritten** werden dem OT zugerechnet, der somit zum Steuerschuldner für diese Umsätze wird (vgl. BFH vom 21.06.2001, BStBl II 2002, 255). Umgekehrt ist der OT zum Vorsteuerabzug auf Leistungen berechtigt, die an die OG erbracht und nach § 14 ff. UStG an die OG berechnet werden.

Beispiel

Die auf die Wohnungsvermietung an Privatpersonen spezialisierte V-GmbH ist als 100%-ige Tochtergesellschaft der Wohnungsbaugesellschaft W-AG auch wirtschaftlich und organisatorisch in diese eingegliedert. Die W-AG erbringt gegenüber der V-GmbH jährlich (umsatzstpfl.) Leistungen i.H.v. etwa 5 Mio. €. Der W-AG werden von Subunternehmern jährlich etwa 2 Mio. € zzgl. USt i.H.v. 380.000 € in Rechnung gestellt, die im Zusammenhang mit den Tätigkeiten der W-AG für die V-GmbH stehen.

Lösung

Die von der W-AG an die V-GmbH erbrachten Leistungen sind, da zwischen den Gesellschaften nach § 2 Abs. 2 Nr. 2 UStG ein Organschaftsverhältnis besteht, als sog. Innenleistungen nicht umsatzsteuerbar. Einziger umsatzsteuerrechtlicher Unternehmer ist die W-AG. Ihr werden daher die gem. § 4 Nr. 12 Buchst. a UStG steuerfreien Vermietungsumsätze der V-GmbH zugerechnet. Die der W-AG in Rechnung gestellten Vorsteuern i.H.v. 380.000 € sind folglich vom Abzug ausgeschlossen (§ 15 Abs. 2 Nr. 1 UStG).

Hinweis

Bestünde zwischen der W-AG und der V-GmbH kein Organschaftsverhältnis, wären zwar die der W-AG in Rechnung gestellten Vorsteuern i.H.v. 380.000 € abzugsfähig, es würden jedoch gleichzeitig bei der V-GmbH nicht abzb. Vorsteuern i.H.v. 950.000 € (19% von 5 Mio. €) entstehen. Die Organschaft führt also in der Gesamtbetrachtung zu einer erheblichen Steuerersparnis (570.000 €).

1.3.4 Besonderheiten bei Gesellschafter-Geschäftsführern

1.3.4.1 Geschäftsführungsleistungen

Ist ein Gesellschafter einer GmbH zugleich deren Geschäftsführer, stellt sich die Frage, wie die gegenüber der GmbH erbrachten Geschäftsführungsleistungen umsatzsteuerrechtlich zu würdigen sind. Das Problem hängt mit der **»Doppelfunktion« des GmbH-Geschäftsführers** zusammen, wonach stets zwischen der Organstellung des Geschäftsführers und dem (schuldrechtlichen) Anstellungsvertrag des Geschäftsführers zu unterscheiden ist. Die bisherige Rechtsprechung und die FinVerw gingen davon aus, dass die Organstellung des GmbH-Geschäftsführers die Annahme eines umsatzsteuerbaren Leistungsaustausches ausschließen würde (sog. Organwalter-Theorie). Der Geschäftsführer einer GmbH sei – ungeachtet der Regelungen des Anstellungsvertrages – aufgrund seiner Organstellung gesellschaftsrechtlich dem Weisungsrecht der Gesellschaft unterworfen (vgl. § 37 Abs. 1 GmbHG) und deshalb nicht selbstständig tätig. Die FinVerw folgert(e) die Nicht-Selbstständigkeit zudem aus der Einordnung der Einkünfte des Geschäftsführers als Einkünfte aus nichtselbstständiger Arbeit (vgl. BMF vom 23.12.2003, BStBl I 2003, 240). An dieser Auffassung hält der BFH nicht länger fest. Mit Urteil vom 10.03.2005 (BStBl II 2005, 730) entschied er, dass auch GmbH-Geschäftsführer mit ihren Geschäftsführungsleistungen als **selbstständig** tätig i.S.v. § 2 Abs. 2 Nr. 1 UStG zu beurteilen sein können. Die Organstellung stehe dem nicht entgegen (vgl. A 2.2 Abs. 2 Satz 4f. UStAE). Damit könne auch ein GmbH-Geschäftsführer mit den Geschäftsführungsleistungen **umsatzsteuerbare und -pflichtige** Leistungen an die GmbH erbringen. Es muss daher stets geprüft werden, ob der Gesellschafter-Geschäftsführer selbstständig, d.h. als Unternehmer i.S.v. § 2 UStG, gegenüber seiner GmbH tätig wird. Für die Abgrenzung sind die Regelungen des Anstellungsvertrages und deren tatsächliche Durchführung entscheidend (s. nachfolgender Tipp). Wird die Selbstständigkeit bejaht, ist in der Abrechnung über die Geschäftsführungsleistungen USt gesondert auszuweisen. Der GmbH steht dann unter den weiteren Voraussetzungen des § 15 UStG ein Vorsteuerabzug aus den Leistungen zu.

Tipp

Für eine selbstständige Tätigkeit eines GmbH-Geschäftsführers sprechen z.B. folgende Kriterien:

- eigenständige Festlegung des Umfangs, des Ortes und des zeitlichen Rahmens der Tätigkeiten,
- keine Bindung an Vorschriften der Gesellschaft,
- eigenständige Bemessung des Entgeltes und keine Vergütung für Ausfallzeiten.

Erbringt eine GmbH selbst als Gesellschafterin Geschäftsführungs- und Vertretungsleistungen gegen Entgelt an »ihre« PersGes, z. B. als **Komplementär-GmbH** einer GmbH & Co. KG, kann auch diese Leistungserbringung der USt unterliegen (vgl. BFH vom 06.06.2002, BStBl I 2003, 36). Voraussetzung ist lediglich, dass sich einerseits ein Leistender (GmbH) und ein Leistungsempfänger (GmbH & Co. KG) und andererseits eine Leistung (Geschäftsführung) und eine Gegenleistung (gesondertes Entgelt) gegenüberstehen. Die GmbH wird – trotz des Weisungsrechts der Gesellschafterversammlung – grds. selbstständig tätig (A 2.2 Abs. 6 UStAE). Dies gilt nur dann nicht, wenn sie als OG gem. § 2 Abs. 2 Nr. 2 UStG in ein anderes Unternehmen eingegliedert ist.

Beispiel

(nach A 2.2 Abs. 6 Beispiel 1 UStAE):
Die K-GmbH ist Komplementärin der X-(GmbH & Co.)KG und erbringt an diese Geschäftsführungs- und Vertretungsleistungen gegen ein gesondertes Entgelt. Der Kommanditist der X-KG ist zugleich Geschäftsführer der K-GmbH.

Lösung

Die K-GmbH ist mit ihren Geschäftsführungs- und Vertretungsleistungen selbstständig tätig. Diese werden von der K-GmbH im Rahmen eines umsatzsteuerbaren Leistungsaustausches an die X-KG erbracht. Dies gilt selbst dann, wenn die Vergütung unmittelbar an den Geschäftsführer der K-GmbH (= Kommanditisten der X-KG) gezahlt wird. Die Vergütung ist daher unter Ausweis von USt gegenüber der X-KG abzurechnen.

1.3.4.2 Private Kfz-Nutzung

Überlässt eine GmbH ihrem Gesellschafter-Geschäftsführer einen Firmenwagen auch zur privaten Nutzung, wird die Überlassung umsatzsteuerrechtlich grds. genauso behandelt wie die Überlassung an einen Arbeitnehmer (vgl. A 18. Abs. 18 UStAE, BMF vom 27.08.2004, BStBl I 2004, 864, jeweils Tz. 4.). Die Privatnutzung ist daher im Regelfall als der USt unterliegende **Leistung i.S.v. § 1 Abs. 1 Nr. 1 UStG** anzusehen. Die Gegenleistung des GmbH-Gesellschafter-Geschäftsführers besteht in der anteiligen Arbeitsleistung, die er für die Privatnutzung des Firmen-Pkw erbringt. Von dieser Entgeltlichkeit ist stets auszugehen, wenn der Pkw dem Geschäftsführer für eine gewisse Dauer und nicht nur zur gelegentlichen Privatnutzung überlassen wird (BMF vom 27.08.2004, a.a.O., Tz. 4.2.1.1.). Zur privaten Nutzung sind dabei die Privatfahrten, die Fahrten zwischen Wohnung und Arbeitsstätte sowie die Familienheimfahrten aus Anlass einer doppelten Haushaltsführung zu zählen.

Umsatzsteuerliche **Bemessungsgrundlage** für die Privatnutzung ist, da es sich um einen tauschähnlichen Umsatz (§ 3 Abs. 12 Satz 2 UStG) handelt, der Wert der nicht durch den Barlohn abgegoltenen Arbeitsleistung (§ 10 Abs. 2 Satz 2, Abs. 1 Satz 1 UStG). Für die Ermittlung dieses Wertes kommen drei verschiedene Ermittlungsmethoden in Betracht (vgl. BMF vom 27.08.2004, a.a.O., Tz. 4.2.1.2. ff.):

- **Fahrtenbuch**: Wird der lohnsteuerlich anzusetzende private Nutzungswert durch ein ordnungsgemäß geführtes Fahrtenbuch ermittelt (vgl. R 8.1 Abs. 9 Nr. 2 LStR 2011), ist dieser Wert auch für die USt zugrunde zu legen. Kosten ohne Vorsteuerabzug dürfen dabei nicht ausgeschieden werden.
- **1%-Regelung**: Aus Vereinfachungsgründen kann der (lohnsteuerliche) Pauschalwert i.H.v. monatlich 1% des inländischen Brutto-Listenpreises im Zeitpunkt der Erstzulassung

zzgl. der Kosten für Sonderausstattungen angesetzt werden (vgl. R 8.1 Abs. 9 Nr. 1 LStR 2011; dagegen BFH vom 11.03.1999, BFH/NV 1999, 1178). Für Familienheimfahrten ist zusätzlich ein Betrag von 0,002 % dieses Listenpreises für jeden Entfernungskilometer zu berücksichtigen. Der ermittelte Wert ist ein Bruttowert, aus dem die USt (19/119) herauszurechnen ist.

- **Quotale Kostenschätzung**: Schließlich kann (subsidiär) der Wert anhand der Gesamtkosten für die Überlassung des Pkw geschätzt werden. Kosten ohne Vorsteuerabzug sind dabei ebenfalls einzubeziehen. Der ermittelte Wert ist in diesem Fall ein Nettowert, auf den die USt (19/100) aufzuschlagen ist. Wenn keine geeigneten Unterlagen für eine Schätzung vorliegen, verlangt die Verwaltung grds. einen Ansatz des Nutzungsanteils mit mindestens 50 %.

Durch die umsatzsteuerpflichtige Überlassung an den GmbH-Gesellschafter-Geschäftsführer handelt es sich um ein vollumfänglich unternehmerisch genutztes Fahrzeug, zugrunde der GmbH der **Vorsteuerabzug** aus den Anschaffungs- und Unterhaltskosten nach Maßgabe des § 15 UStG in voller Höhe zusteht. Daran ändert sich auch nichts, wenn die Fahrzeugüberlassung ausnahmsweise als unentgeltliche Überlassung anzusehen ist (z. B. weil die vereinbarte (und mögliche) Privatnutzung derart gering ist, dass sie für die Gehaltsbemessung keine wirtschaftliche Rolle spielt). In diesem Fall erfolgt eine Umsatzbesteuerung der Nutzungsüberlassung als unentgeltliche Wertabgabe gem. § 3 Abs. 9a Nr. 1 UStG (vgl. BMF vom 27.08.2004, a.a.O., Tz. 4.2.2.).

1.3.5 Geschäftsveräußerung

1.3.5.1 Übertragung von GmbH-Geschäftsanteilen

Die Übertragung von Anteilen an einer GmbH (sog. Share Deal) sowie deren Vermittlung ist nach § 4 Nr. 8 Buchst. f) UStG steuerfrei, soweit überhaupt ein nach § 1 UStG steuerbarer Umsatz vorliegt. Die Steuerbarkeit eines Umsatzes setzt u. a. voraus, dass die Leistung von einem Unternehmer im Rahmen seines Unternehmens ausgeführt wird. Damit wird eine Steuerbarkeit insbes. dann ausscheiden, wenn die GmbH-Anteile im nichtunternehmerischen Bereich (ertragsteuerlich: Privatvermögen) des Anteilseigners gehalten werden. Das bloße Erwerben und Halten von Anteilen an KapGes begründet mangels nachhaltiger gewerblicher oder beruflicher Tätigkeit i.S.d. § 2 Abs. 1 UStG nämlich keine Unternehmereigenschaft (vgl. A 2.3 Abs. 2 UStAE). Die **Veräußerung von GmbH-Anteilen** stellt aber dann einen nach § 1 Abs. 1 Nr. 1 UStG steuerbaren Umsatz dar, wenn die Veräußerung durch einen Unternehmer (z. B. eine andere als Unternehmerin qualifizierende KapGes) im Inland gegen Entgelt erfolgt. Werden alle Anteile an der Gesellschaft übertragen, kann auch eine Geschäftsveräußerung im Ganzen vorliegen (s. 1.3.5.2; BFH vom 27.01.2011, BStBl II 2012, 68; die FinVerw hat sich dieser Auffassung nur eingeschränkt angeschlossen, vgl. A 1.5 Abs. 9 UStAE). Für diesen (steuerbaren) Sachverhalt sieht **§ 4 Nr. 8 Buchst. f UStG** in einem nächsten Schritt eine **Steuerbefreiung** vor. Unter die Steuerbefreiungsvorschrift fallen alle Umsätze von Anteilen an Gesellschaften und deren Vermittlung. Zu den Anteilen an Gesellschaften gehören natürlich insbes. GmbH-Anteile (A 4.8.10. Abs. 1 UStAE). Aus einer steuerbefreiten Übertragung von GmbH-Anteilen folgt zugleich, dass aus stpfl. Eingangsleistungen (z. B. Beratungskosten), die mit der Übertragung zusammenhängen, **kein Vorsteuerabzug** geltend gemacht werden kann (§ 15 Abs. 2 Nr. 1 UStG).

Hinweis

Für die Neuaufnahme eines Gesellschafters in eine KapGes gegen Bareinlage hat der EuGH in einem österreichischen Vorabentscheidungsverfahren entschieden, dass die KapGes mit der Anteilsausgabe keinen steuerbaren Umsatz erbringt (vgl. EuGH vom 26.05.2005, Rs. C-465/03 »Kretztechnik«). Die deutsche FinVerw hat sich zwischenzeitlich dieser Auffassung angeschlossen (A 1.6 Abs. 2 UStAE). Ein Vorsteuerabzug aus mit der Anteilsausgabe zusammenhängenden Kosten ist daher grundsätzlich möglich.

1.3.5.2 Geschäftsveräußerung im Ganzen – Grundzüge

Von der Übertragung von (einzelnen) GmbH-Anteilen zu unterscheiden ist die sog. Geschäftsveräußerung im Ganzen, die nach § 1 Abs. 1a UStG **nicht umsatzsteuerbar** ist. Einer (stets erst nach der Steuerbarkeit zu suchenden) Steuerbefreiungsvorschrift bedarf es in diesem Fall daher nicht mehr. Die Geschäftsveräußerung im Ganzen setzt die entgeltliche oder unentgeltliche Übereignung oder Einbringung eines Unternehmens (= der wesentlichen Grundlagen) oder eines in der Gliederung eines Unternehmens gesonderten Betriebes voraus. Zudem muss die »Veräußerung« an einen anderen Unternehmer für dessen Unternehmer erfolgen, wobei es jedoch ausreicht, wenn der »Erwerber« durch diesen Geschäftserwerb im Ganzen zum Unternehmer wird (A 1.5 Abs. 1 Satz 1 UStAE). Eine Geschäftsveräußerung im Ganzen wird – im hier interessierenden Fall – zumeist vorliegen, wenn eine GmbH im Rahmen eines **Asset Deals** (d. h. Kauf der einzelnen WG) erworben wird oder der Betrieb einer GmbH in ein anderes Unternehmen **eingebracht** wird (z. B. nach §§ 20, 24 UmwStG). Der erwerbende Unternehmer tritt bei einer Geschäftsveräußerung im Ganzen in das vom Veräußerer begründete Steuerschuldverhältnis (z. B. auch hinsichtlich des Berichtigungszeitraums nach § 15a UStG) ein.

2 Verdeckte Gewinnausschüttungen und verdeckte Einlagen

LITERATURHINWEISE:
Binz, Verdeckte Gewinnausschüttung - gestern und morgen – Belastungswirkungen an einem praktischen Beispiel, DStR 2008, 1820; *Brise*, Die verdeckte Einlage in eine KapGes, GmbHR 2006, 1136; *Crezelius*, Verdeckte Gewinnausschüttungen zwischen Zivilrecht, Ertragsteuerrecht und Schenkungsteuerrecht, ZEV 2008, 268; *Dötsch/Geiger/Klingebiel/Lang/Rupp/Wochinger*, Verdeckte Gewinnausschüttung - Verdeckte Einlage, Kommentar, 2004; *Frotscher*, Korrektur der vGA außerhalb der Steuerbilanz, Bemerkungen zum BMF-Schreiben vom 28.05.2002, FR 2002, 859; *Füger/Rieger*, Verdeckte Einlage in einer KapGes zu Buchwerten, DStR 2003, 628; *Grützner*, Zur Angemessenheit der Vergütungen für einen Gesellschafter-Geschäftsführer einer KapGes, StuB 2004, 16; *Lang*, Die Korrektur der verdeckten Gewinnausschüttung außerhalb der Bilanz, DStZ 2003, 219; *Maurer* in *Preißer*, Steuerberaterprüfung, 12. Aufl., 2013, Bd. 2 C III 4; *Müller-Potthoff/Lippke/Müller*, Angemessenheit von Tantiemen für Minderheits-Gesellschafter-Geschäftsführer,GmbHR 2009, 867; *Musil*, Neue Entwicklungen in der Rechtsprechung zur vGA, DStZ 2003, 649; *Ostermayer/Erhart*, Kapitalersetzende Gesellschafterdarlehen: BFH harmonisiert Darlehensausfall und Darlehensverzicht, BB 2003, 449; *Reiß*, VGA und Steuerbilanzgewinn - zur nachträglichen Korrektur nicht erfasster vGA, Steuer und Wirtschaft 2003, 21; *Rischar*, Geschäftsführerentgelte und verdeckte Gewinnausschüttungen, GmbHR 2003, 15; *Rödder/Stangl*, Zur geplanten Zinsschranke, DB 2007, 479; *Schmidt*, Die Tantieme des beherrschenden Gesellschafter-Geschäftsführers - Hinweise zur steuerorientierten Vertragsgestaltung, GmbH-Steuerberater 2004, 242; *Schöpflin*, Die Lehre von der verdeckten Sacheinlage - eine gelungene Rechtsfortbildung?, GmbHR 2003, 57; *Schulte/Behnes*, Jüngere Entwicklungen zur verdeckten Gewinnausschüttung in der Rechtsprechung, BB-Spezial 2007, Nr. 9, 1; *Tänzer*, Die angemessene Geschäftsführungsvergütung. Die Gesamtbezüge für Geschäftsführer: Welche Gehälter, Tantiemen und Zusatzleistungen sind angemessen, GmbHR 2003, 754; *Wagner* in *Preißer/Pung*, Besteuerung der Personen- und Kapitalgesellschaften, 2. Aufl., 2012; *Wassermeye*r, Korrektur verdeckter Gewinnausschüttungen außerhalb der Steuerbilanz, GmbHR 2002, 617; *Wassermeyer*, Verdeckte Gewinnausschüttung - Bundesfinanzhof versus Finanzverwaltung, GmbHR 2002, 1–5; *Winter*, Verdeckte Gewinnausschüttung zugunsten nahestehender Personen, GmbHR 2010, 1073; *Zimmermann*, Die Angemessenheit der Gesamtbezüge eines Gesellschafter-Geschäftsführers, DB 2003, 786.

2.1 Verdeckte Gewinnausschüttungen (§ 8 Abs. 3 Satz 2 KStG)

2.1.1 Grundlagen und Systemverständnis

Zur Vorabdarstellung und zum globalen Systemverständnis dient ein abgewandelter Fall (StB-Prüfung 2010), der in der Grundstruktur dem Beschluss des GrS vom 16.12.1988 (BStBl II 1989, 763) vergleichbar ist:

Beispiel

Einzelunternehmer X (**Alt.**: die X-AG) ist zu 70 % an der Miet-GmbH (M-GmbH) und zu 60 % an der Vermiet-GmbH (V-GmbH) beteiligt (die Stimmrechte entsprechen der Anteilsquote).

Ab 01.01.01 vermietet die V-GmbH an die M-GmbH eine Immobilie zu 1.000 € monatlich (angemessen sind 1.200 €/Monat).

Am 01.07.01 wurde vereinbart, dass – rückwirkend ab 01.01.01 – die fremdübliche Miete gelten solle.

Die M-GmbH bucht daher in 01 einen Mietaufwand von 14.400 € (12 × 1.200 €); spiegelbildlich verbuchte die V-GmbH den Vorfall. Die X-AG hat bisher nichts gebucht.

Die Veranlagungen der M- und V- GmbH sind daraufhin in 02 erklärungsgemäß (d. h. unter Berücksichtigung der einkommensmindernden Wirkung bei der M-GmbH und der einkommenserhöhenden Auswirkung bei der V-GmbH) und bestandskräftig durchgeführt worden.

Bei der Diskussion des Beispielfalles zur möglichen Einkommenskorrektur aller drei beteiligten Gesellschaften sind **drei verschiedene Ebenen** zu trennen:

1. die Auswirkung aller (auch der rückwirkenden) Vereinbarungen auf die V-GmbH,
2. dito (Auswirkung) auf die M-GmbH,
3. die Gesellschafterebene (X bzw. X-AG).

Die Besonderheit besteht bei KapG darin, dass sie aufgrund ihrer Unternehmensverfassung und Vermögensordnung nur einen betrieblichen Bereich haben. Danach sind alle Aufwendungen auf der **ersten Stufe** der Erfolgsermittlung (StBil) Betriebsausgaben (BA); grundsätzlich sind diese Aufwendungen betrieblich veranlasst sind (§ 4 Abs. 4 EStG), da die **KapG keine Privatsphäre** kennt. Bei KapGes können aus diesem Grund keine Entnahmen in Betracht kommen. Entnahmen setzen unterschiedliche steuerliche Vermögensbereiche (steuerlich relevante »betriebliche« und steuerlich irrelevante »private« Aggregatszustände) des gleichen Rechtsträgers voraus. KapGes hingegen haben nur einen betrieblichen Bereich, sodass kein Transfer von einem steuerlich relevanten in einen irrelevanten Bereich denkbar ist.

Das Steuerrecht kennt dabei verschiedene Korrekturvorschriften, die bereits auf der **ersten Stufe (StB)** das gewonnene Ergebnis beeinflussen (z. B. die Vorschriften des AStG, die nicht abziehbaren Aufwendungen in § 10 KStG usw.). Diese Systematik hat zur weiteren Folge, dass häufig vorkommende Leistungen zwischen **KapGes und Gesellschafter** auf der **zweiten Stufe – außerhalb der Bilanz** bei der Ermittlung der Einkünfte aus Gewerbebetrieb – danach untersucht (und korrigiert) werden, ob die auf der ersten Stufe gefundenen Ergebnisse in normativ-wertender Hinsicht das stpfl. Einkommen auch tatsächlich mindern (oder erhöhen) dürfen.

Bei **unüblichen Entgelten** werden die Korrekturen mit dem Ziel der Erhöhung des stpfl. Einkommens verdeckte Gewinnausschüttungen (vGA) genannt; diejenigen zur Minderung des Einkommens heißen verdeckte Einlagen (vdE).

Als Folge dessen werden in der steuerlichen Terminologie die Leistungsbeziehungen zwischen der KapGes und dem Gesellschafter danach unterschieden, ob sie betrieblich (oder schuldrechtlich) veranlasst waren (und somit in korrekter Höhe) das Einkommen beeinflusst haben, oder ob sie als gesellschaftsrechtlich – und damit korrekturbedürftig – angesehen werden.

Für die Beziehungen zwischen der KapGes und ihrem Gesellschafter kommen zwei verschiedene rechtliche Ebenen in Betracht: die gesellschaftsrechtliche und die schuldrechtliche Ebene.

Grundfall: Rechtsbeziehungen zwischen KapGes und Gesellschafter		
	gesellschaftsrechtliche Ebene: keine Gewinnänderung	schuldrechtliche Ebene: Gewinnänderung
Sonderfall: Leistungsaustausch zu unüblichen Konditionen		
1. Teilvorgang	Behandlung wie Austausch zu üblichen Konditionen (führt zur Gewinnrealisierung bei der KapGes)	
2. Teilvorgang	Zuwendung des Vorteils an den Gesellschafter (vGA) oder an die KapGes (ggf. verdeckte Einlage)	

Die Rechtsbeziehung zwischen Gesellschaft und Gesellschafter lässt sich dabei folgendermaßen grafisch darstellen:

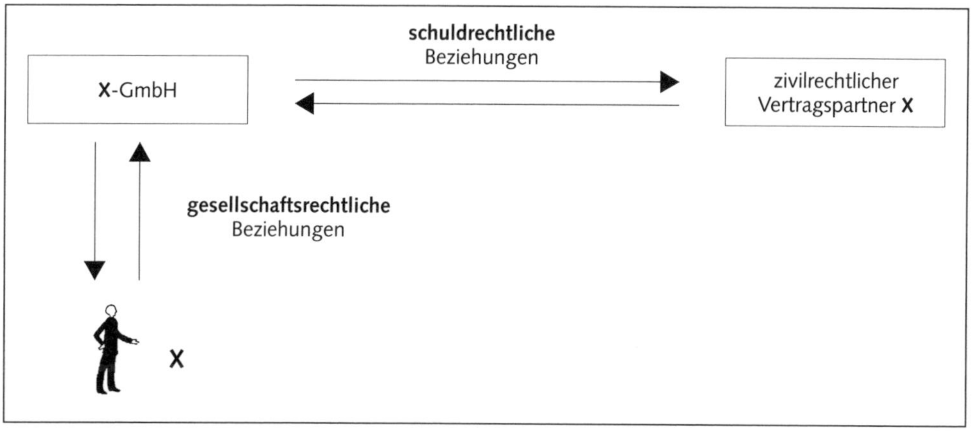

Abbildung 2: Rechtsbeziehung zwischen Gesellschaft und Gesellschafter

Zurück zum Ausgangsfall ergibt sich folgende Lösung:

Lösung

a) Diskussion der verbilligten Miete der V-GmbH

Zu 1.: Ebene der V-GmbH

Für die um 200 € monatlich verbilligte Miete (V-GmbH vermietet an M-GmbH) gibt es keinen schuldrechtlich »vernünftigen« Grund, sodass sich nur eine Korrektur auf der 2. Stufe anbietet. Mit diesem zu geringen Ertrag ist das vorläufige (StBil)-Ergebnis der V-GmbH zu niedrig ausgewiesen und damit eine verhinderte Vermögensmehrung seitens der V-GmbH eingetreten. Hierfür (verhinderte Vermögensmehrung oder Vermögensminderung) wird die Rechtsfigur der vGA eingesetzt, wenn – neben weiteren Voraussetzungen – der Vorteil zugleich dem Gesellschafter (hier: X bzw. X-AG) zugute kommt.

Eine Besonderheit des Falles liegt nun darin, dass der Vorteil unmittelbar der M-GmbH (geringere BA) zukommt. Wenn jedoch – wie hier – der Vorteil immerhin mittelbar der Gesellschafterin der V-GmbH zugewandt wird, greift auch dann das Institut der vGA, wenn es sich um sog. »nahestehende« Personen handelt. Nahestehende Personen sind auch Tochtergesellschaften einer (gemeinsamen) Muttergesellschaft (sog. Schwestergesellschaften).

Des Weiteren besteht Einigkeit, dass eine »Rückgängigmachung« einer vGA (hier: die nachträgliche Reduzierung der Miete) steuerlich nicht möglich ist (vgl. H 37 KStH 2008). Für die Bewertung der vGA ist von der erzielbaren Vergütung auszugehen (H 37 [Nutzungsüberlassung] KStH 2008), sodass i.H.v. 1.200 € (6 × 200 €) eine vGA vorliegt.

Zu 2.: Ebene der M-GmbH

Gleichzeitig könnte in der zunächst verbilligten Nutzungsüberlassung der M-GmbH eine (verdeckte) Einlage des X (bzw. der X-AG) in die M-GmbH angenommen werden, da sich deren Vermögen erhöht hat. Wiederum wird der Vorteil nicht unmittelbar durch den Gesellschafter, sondern durch die Schwestergesellschaft (der V-GmbH) zugewendet. Aber auch hier ist die Vorteilszuwendung durch eine nahestehende Person (s. oben) der unmittelbaren Vorteilszuwendung gleichzustellen.

Nach dem oben zitierten Beschluss des GrS setzt eine (offene wie verdeckte) Einlage jedoch die sog. Bilanzierbarkeit voraus. An dieser fehlt es aber bei bloßen Nutzungsvorteilen (wie einer verbilligten Überlassung ohne gesicherte Rechtsposition). Im Ergebnis wird daher im Grundfall keine vdE angenommen.

Zu 3.: Gesellschafter-Ebene (X bzw. X-AG)

Dieses Ergebnis führt nun bei dem Gesellschafter der V-GmbH, folglich bei X zu einem (fingierten) Beteiligungsertrag in gleicher Höhe (§ 20 Abs. 1 Nr. 1 Satz 2, 8 EStG).

In der **Alternative** (X-AG als Gesellschafter) kommt es gem. § 8 Abs. 1 KStG zu den gleichen Ergebnissen; es ist allerdings zu berücksichtigen, dass Beteiligungserträge (auch solche aus vGA) nach **§ 8b** Abs. 1 Satz 1 KStG – mit Ausnahme von 5 % (§ 8b Abs. 5 KStG) – steuerfrei bleiben; im Ergebnis werden 1.200 € außerbilanziell abgezogen und 60 € (5 % von 1.200 €) außerbilanziell hinzugerechnet.

Hinweis

Unabhängig von der steuerlichen Unzulässigkeit einer rückwirkenden Mietzinsänderung ist aber zu prüfen, wozu die tatsächlich durchgeführte rückwirkende Mieterhöhung führt.

b) Diskussion der rückwirkenden Mieterhöhung

Zu 1.: Ebene der M-GmbH

Durch die durchgeführte rückwirkende Gewinnerhöhung hat sich das Vermögen der M-GmbH zugunsten der V-GmbH vermindert (erhöhte BA). Wiederum ist der Vermögensvorteil über die Schwestergesellschaft mittelbar dem Gesellschafter der M-GmbH, nämlich X (bzw. der X-AG), zugewendet worden. Über die Figur der nahestehenden Person wird auch dieser Fall gleich behandelt (grundsätzlich vGA).

Die Besonderheit dieses Falles liegt darin, dass nunmehr ein übliches Entgelt bezahlt wird und somit eigentlich ein schuldrechtlich korrekter Leistungsaustausch vorliegt. In der Fallkonstellation des **beherrschenden Gesellschafters** kommt es nach einhelliger Auffassung jedoch und bereits dann zu einer vGA, wenn es bei einem Leistungsaustausch an einer im Voraus abgeschlossenen, zivilerchtlich wirksamen und eindeutigen Vereinbarung fehlt. I.H.v. 1.200 € (6 × 200 € für die **erste Jahreshälfte 01**) liegt bei der M-GmbH eine vGA vor.

Zu 2.: Ebene der V-GmbH

Im Unterschied zum Ausgangsfall erbrachte der Gesellschafter mittelbar eine verdeckte Einlage in die V-GmbH, da es sich bei der erhöhten Miete um einen bilanzierungsfähigen Vorteil handelt.

Zu 3.: Gesellschafter-Ebene (X-AG)
Bei X kommt ein Beteiligungsertrag aus der vGA (M-GmbH) in Betracht (§ 20 Abs. 1, 8 EStG), ebenso wie umgekehrt die vdE in die V-GmbH zu nachträglichen Anschaffungskosten auf die Beteiligung bei der V-GmbH führt (§ 6 Abs. 6 Satz 2 EStG).
In der **Alt.** (X-AG) ist wiederum darauf zu achten, dass bzgl. der vGA § 8b Abs. 1 und 5 KStG (steuerfreie Beteiligungserträge mit Ausnahme der 5 %-Besteuerung) einschlägig sind.

2.1.1.1 Gesellschaftsrechtliche Ebene

Auf der gesellschaftsrechtlichen Ebene wird das Vermögen der KapGes aus Gründen **gemindert** (Ausschüttung) oder **erhöht** (Einlage), die nur auf dem **Gesellschaftsverhältnis** zwischen Anteilseigner und KapGes beruhen. Derartige Vermögensänderungen bleiben bei der Einkommensermittlung generell außer Betracht. Soweit sie in der Bilanz erfolgswirksam berücksichtigt wurden, müssen sie wieder neutralisiert werden, sie haben mit der betrieblichen Leistung der KapGes nichts zu tun. Im Ergebnis dürfen deshalb gesellschaftsrechtlich veranlasste Vermögensmehrungen oder Vermögensminderungen den Gewinn nicht beeinflussen.

Beispiel
Die B-GmbH erhöht ihr Nennkapital und gewährt neue Anteile im Nominalwert von 100.000 € für 130.000 € (Ausgabekurs 130 %). Zwei Monate nach der Kapitalerhöhung überträgt der Alleingesellschafter B seinen Privat-Pkw unentgeltlich auf die GmbH (Wert 8.000 €).

Lösung
Weder der auf das Nennkapital geleistete Betrag von 100.000 € noch das Aufgeld (Agio) von 30.000 € dürfen das Einkommen erhöhen. Dasselbe gilt für den Pkw. Während jedoch in der Handels- und Steuerbilanz das Agio gleich als Kapitalrücklage (gewinneutral) gebucht wird, erhöht der Zugang des Pkw zunächst den (handels- und steuerrechtlichen) Jahresüberschuss. Dieser ist zur Ermittlung des steuerlichen Gewinns außerhalb der Bilanz um den Wert der verdeckten Einlage zu kürzen.

2.1.1.2 Schuldrechtliche Ebene

Soweit nicht die Gesellschafterstellung für die Vermögensänderung der KapGes maßgebend ist, stehen sich die KapGes und der Gesellschafter wie Fremde gegenüber. Die aufgrund schuldrechtlicher Verträge zwischen KapGes und Gesellschafter hervorgerufenen Mehrungen und Minderungen des Betriebsvermögens sind deshalb grundsätzlich einkommenswirksam. Sie führen bei der Gesellschaft zu Betriebseinnahmen und BA, denen i.d.R. keine außerbilanzielle Korrektur gegenübersteht.

Beispiel 1
A ist Gesellschafter-Geschäftsführer der X-GmbH und bezieht auf der Grundlage eines Anstellungsvertrags ein monatliches Gehalt von 8.000 €.

Lösung
Die Gehaltsaufwendungen sind BA der GmbH. Bei A liegen Einnahmen nach § 19 EStG vor.

Beispiel 2
A überlässt der GmbH ein Grundstück gegen angemessene Miete.

Lösung
Auch die Mietbeträge sind bei der GmbH BA. Bei A liegen Einnahmen aus § 21 Abs. 1 Satz 1 Nr. 1 EStG vor.

Beispiel 3
Die D-AG überlässt ihrem Aktionär G ein Grundstück für einen monatlichen Pachtzins von 500 € aufgrund einer entsprechenden mündlichen Vereinbarung.

Lösung
Die erzielte Pacht stellt eine Betriebseinnahme der AG dar.

Bestehende schuldrechtliche Vereinbarungen zwischen der KapGes und ihren Gesellschaftern sind aber stets daraufhin zu untersuchen, ob sie gesellschaftsrechtlich begründete Elemente beinhalten.

2.1.1.3 Leistungsaustausch zu unüblichen Konditionen

Ein Leistungsaustausch zwischen dem Gesellschafter und der KapGes zu unüblichen Konditionen benachteiligt eine der beiden Vertragsparteien. Im Allgemeinen kann davon ausgegangen werden, dass diese Benachteiligung nur aufgrund der gesellschaftsrechtlichen Beziehungen zwischen den Vertragsparteien vereinbart bzw. hingenommen wurde. Dann ist der Vorgang aufzuteilen: Für die Ermittlung des zvE der KapGes wird so getan, als wären **übliche Konditionen** vereinbart worden. Die **Differenz** zu den tatsächlichen Konditionen wird als Ausschüttung oder Einlage behandelt. Man spricht von **vGA bzw. verdeckten Einlagen**. Von dieser Behandlung gibt es Ausnahmen (z. B. Nutzungseinlagen).

Beispiel
Die V-GmbH verkauft an ihren Gesellschafter L ein unbebautes Grundstück für 100.000 €. Der Wert des Grundstücks beträgt 130.000 €. In der Bilanz war es mit einem Betrag von 50.000 € bilanziert.

Lösung
1. Ebene:
Aus der Steuerbilanz errechnet sich ein Gewinn von 100.000 € ./. 50.000 € = 50.000 €. Dieser Betrag wird außerhalb der Bilanz um 30.000 € auf 80.000 € erhöht. Es wird also so getan, als hätte die GmbH nicht 100.000 €, sondern 130.000 € erhalten. Dadurch wird die schuldrechtliche Ebene berücksichtigt.
2. Ebene:
Da die GmbH tatsächlich aber nur 100.000 € erhalten hat, muss konsequenterweise im 2. Schritt so getan werden, als hätte sie dem Gesellschafter 30.000 € zurückbezahlt. Diese Zahlung liegt auf der gesellschaftsrechtlichen Ebene und ist daher Gewinnverwendung, darf also den Gewinn nicht mindern (keine Betriebsausgabe).

2.1.2 Definition und Abgrenzung

Der Begriff der vGA ist nicht legal definiert. Im § 8 Abs. 3 Satz 2 KStG werden lediglich die Rechtsfolgen einer vGA geregelt.

Der BFH versteht in ständiger Rechtsprechung unter einer vGA (s. auch R 36 Abs. 1 KStR)

- eine Vermögensminderung oder verhinderte Vermögensmehrung,
- die sich auf den Unterschiedsbetrag nach § 4 Abs. 1 Satz 1 EStG ausgewirkt hat,
- die durch das Gesellschaftsverhältnis veranlasst ist und
- in keinem Zusammenhang mit einer offenen Gewinnausschüttung steht (die Unterschiedsbetragsminderung kann beim Gesellschafter zu »sonstigem Bezug« i.S.d. § 20 Abs. 1 Nr. 1 EStG führen).

Die vGA in o. g. Definition setzt bei der GmbH grundsätzlich keinen Mittelabfluss und beim Gesellschafter grundsätzlich keinen Zufluss eines Vorteils voraus.

Eine gesellschaftsrechtliche Veranlassung liegt grundsätzlich dann vor, wenn die GmbH ihrem Gesellschafter einen Vermögensvorteil zuwendet, den sie bei der Sorgfalt eines gewissenhaften und ordentlichen Geschäftsleiters einem Nichtgesellschafter nicht gewährt hätte.

Nach Rechtsprechung des BFH (vgl. u. a. BFH vom 22.02.1989, BStBl II 1989, 631; BFH vom 26.04.1989, BStBl II 1989, 673) ist für das Vorliegen einer vGA eine Vermögensminderung (verhinderte Vermögensmehrung) bei der GmbH nötig, nicht jedoch eine korrespondierende Vermögensmehrung beim Gesellschafter. Grundsätzlich sind Gesellschaft und Gesellschafter zwei unterschiedliche Beurteilungsebenen.

Allerdings sollen nach BFH vom 07.08.2002 (BStBl II 2004, 131) nur solche Unterschiedsbetragsminderungen für das Vorliegen einer vGA tauglich sein, die **objektiv geeignet** sind, einen Vorteil für den Gesellschafter in Gestalt eines Bezuges nach § 20 Abs. 1 Nr. 1 Satz 2 EStG auszulösen. Diese »Eignung zum Beteiligungsertrag« wird vom BFH nicht generell in seiner Rspr. zur vGA verwendet. Nach h.M. (*Janssen*, NWB 10/2008, 811) hat es die Funktion eines Zusatztatbestandes für untypische Einzelfälle.

VGA sind gesellschaftsrechtlich veranlasst. Gleichzeitig sind sie auch betrieblich veranlasst, weil die GmbH keine außerbetriebliche Sphäre haben kann. Verdeckte Gewinnausschüttungen, die zur Vermögensminderung der GmbH führen, sind deshalb zunächst einmal BA. Sie mindern auf der ersten Stufe der Gewinnermittlung nach § 4 Abs. 1 Satz 1 EStG den »Unterschiedsbetrag« (Jahresüberschuss). Damit sich die gesellschaftsrechtlich veranlassten vGA nicht auf den Gewinn auswirken, erfolgt in einem zweiten Rechenschritt eine außerbilanzielle Hinzurechnung.

Zwischen vGA und Korrekturen nach § 1 AStG bestand ein Konkurrenzverhältnis (vgl. BFH vom 17.02.1993, BStBl II 1993, 457; BMF vom 23.02.1983, BStBl I 1983, 218, Tz. A 1.1.3). Der vGA wird allerdings auch weiterhin der Vorrang eingeräumt. Durch das UntStRefG 2008 (vom 14.08.2007, BGBl I 2007, 1912) ist ein neuer Satz 3 dem § 1 Abs. 1 AStG angefügt worden, der das Konkurrenzverhältnis neu darstellt. Demnach sind die weitergehenden Berichtigungen des § 1 AStG neben den Rechtsfolgen anderer Vorschriften, also auch des § 8 Abs. 3 Satz 2 KStG durchzuführen, wenn der Fremdvergleichsgrundsatz nach § 1 Abs. 1 Satz 1 AStG zu weitergehenden Berichtigungen als die anderen Vorschriften führt. Nach § 1 AStG müssen bei Geschäftsbeziehungen zu nahestehenden Personen im Ausland nach dem »dealing-at-arm's-length«-Prinzip Fremdvergleichspreise zugrunde gelegt werden.

2.1.3 Fiktionstheorie der verdeckten Gewinnausschüttung

Die steuerlichen Wirkungen einer vGA lassen sich durch die Anwendung der so genannten Fiktionstheorie steuerlich in den meisten Fällen gut lösen. Die Fiktionstheorie fingiert, dass Geschäfte zwischen Gesellschafter und Gesellschaft zu angemessenen Bedingungen, wie unter fremden Dritten, durchgeführt worden sind. Somit müsste die Gesellschaft über höheres Vermögen verfügen, welches sie jedoch nicht aufweist. Aus diesem Grund wird des Weiteren unterstellt, dass der Betrag der vGA eine logische Sekunde nach dem Geschäft als Gewinn an den Gesellschafter ausgeschüttet wird. Die Fiktionstheorie wurde zwar durch die Aufteilungstheorie ersetzt, die das Geschäft in einen entgeltlichen, schuldrechtlich verursachten Teil und einen unentgeltlichen Teil, vGA, aufteilt, das Ergebnis bleibt jedoch dasselbe. Die Fiktionstheorie ist aus diesem Grund auch weiterhin anwendbar, da sie nur ein Hilfsmittel zur steuerlich richtigen Erfassung der Folgen der vGA darstellt und nicht die Grundlage für das Entstehen der Steuer bildet.

2.1.3.1 Die einzelnen Phasen der verdeckten Gewinnausschüttung

Das Zusammenspiel im Rahmen einer vGA auf der Gesellschafts- und der Gesellschafterebene lässt sich durch den folgenden Fall eingehend erläutern.

Beispiel

Die A-GmbH zahlt die für den Gesellschafter A fällig gewordene und von ihm geschuldete Lebensversicherungsprämie an die Versicherungsgesellschaft (10.000 €).

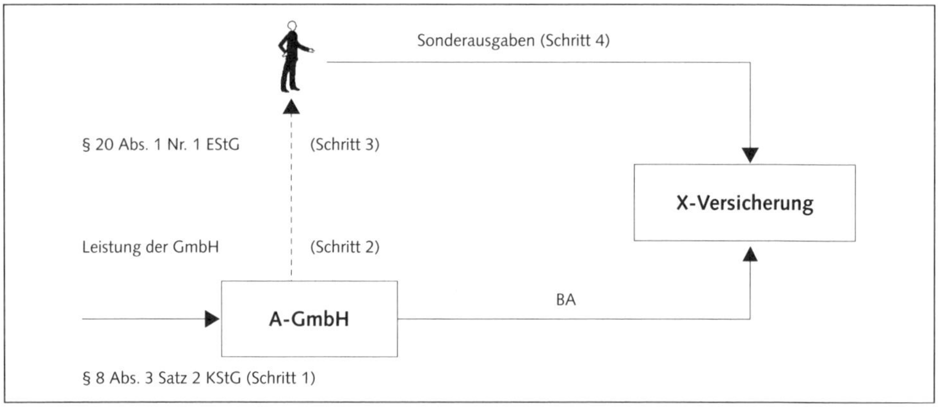

Lösung

Schritt 1:

Die bei der GmbH entstandene Betriebsausgabe wird durch eine außerbilanzielle Hinzurechnung von 10.000 € korrigiert (Vermögensminderung).

Schritt 2:

Die vGA führt in der GmbH zu einer Leistung an den Gesellschafter. Diese kann zum Verbrauch des Einlagekontos nach § 27 KStG führen.

Schritt 3:
Begründet durch die Leistung der GmbH an den Gesellschafter erfolgt beim Gesellschafter eine Besteuerung nach § 20 Abs. 1 Nr. 1 Satz 2 EStG (entweder i.V.m. dem **Teileinkünfteverfahren - Ansatz 60%** – gem. § 3 Nr. 40d EStG, falls die Beteiligung im **BV** gehalten wurde oder mit Abgeltungswirkung gem. § 32d Abs. 2 Nr. 4 EStG, falls die vGA auf die Beteiligung - hier im **PV** gehalten - auf Ebene der KapGes bereits einer Vorbelastung unterlegen hat.)
Schritt 4:
Die versteuerten Einnahmen kann er als Sonderausgaben geltend machen.

2.1.3.2 Angemessenheitsfiktion (1. Fiktionsstufe = Schritte 1 und 4)

Es wird unterstellt (mit allen steuerlichen Folgen), dass die Gesellschaft und der Gesellschafter das Geschäft wie »unter fremden Dritten« abschließen, also so, als bezahle der Anteilseigner den Unterschiedsbetrag zwischen angemessener Vergütung und unangemessener Vergütung an die Gesellschaft zurück.

Daraus ergeben sich zwei Wirkungen:
1. **Einkommenswirkung** bei der Gesellschaft: Der Unterschiedsbetrag wird dem Einkommen der Gesellschaft außerhalb der Steuerbilanz hinzugerechnet.
2. **Zahlungswirkung,** d. h. **Leistungswirkung** beim Anteilseigner.

Die Verwendung der (fiktiven) Zahlung kann beim Anteilseigner sein:
- AK,
- abzugsfähige Betriebsausgabe,
- Werbungskosten,
- Sonderausgaben
  - nichtabzugsfähige Aufwendungen der Lebensführung,
  - nachträgliche Entgeltsminderung.

2.1.3.3 Ausschüttungsfiktion (2. Fiktionsstufe = Schritte 2 und 3)

Es wird unterstellt, dass die Gesellschaft den Unterschiedsbetrag an den Anteilseigner ausschüttet.

Bei der GmbH wird dadurch in diesem Zeitpunkt eine körperschaftsteuerliche Leistung ausgelöst. (Es ist die Verwendung des Einlagekontos (§ 27 KStG) zu prüfen.) **Beim Gesellschafter** erfolgt der Zufluss der vGA nach § 20 Abs. 1 Nr. 1 Satz 2 EStG (entweder i.V.m. dem **Teileinkünfteverfahren - Ansatz 60%** – gem. § 3 Nr. 40d EStG, falls die Beteiligung im **BV** gehalten wurde oder mit Abgeltungswirkung gem. § 32d Abs. 2 Nr. 4 EStG, falls die vGA auf die Beteiligung - hier im **PV** gehalten - auf Ebene der KapGes bereits einer Vorbelastung unterlegen hat).

Beispiel 1
Der Gesellschafter erwirbt von der GmbH ein Firmenfahrzeug zur Nutzung im eigenen Gewerbebetrieb zu einem Netto-Preis von 10.000 €; angemessen wären (netto) 30.000 €.

Lösung

(Ohne Berücksichtigung der Umsatzsteuer)

Fiktionsstufe 1:

Im ersten Schritt wird unterstellt, dass der Gesellschafter den Differenzbetrag i.H.v. 20.000 € an die GmbH zahlt. Dies hat bei der GmbH die Wirkung, dass das zvE außerbilanziell um 20.000 € erhöht werden muss. Beim Gesellschafter bewirkt die fiktive Zahlung (Schritt 4) die Erhöhung seiner AK auf den Pkw.

Fiktionsstufe 2:

Es wird unterstellt, dass die GmbH die 20.000 € als (verdeckte) Gewinnausschüttung an den Gesellschafter geleistet hat. Dies löst in der GmbH die Besteuerungsfolgen einer Leistung (Einlagekontoverbrauch nach § 27 KStG) aus.

Beispiel 2

Eine GmbH erwirbt vom beherrschenden Gesellschafter, der als Rechtsanwalt tätig ist, einen Vertragsentwurf zu überhöhten Gebühren von 10.000 € (angemessen seien 6.000 €).

Lösung

1. Fiktionstufe:

Der Gesellschafter zahlt fiktiv an die GmbH die Differenz zwischen angemessener und unangemessener Gebühr von 4.000 € wieder zurück.

Bei der GmbH erhöht sich das stpfl. Einkommen um 4.000 €. Beim Anteilseigner sind die Betriebseinnahmen aus freiberuflicher Tätigkeit (§ 18 Abs. 1 EStG) um 4.000 € zu kürzen.

2. Fiktionstufe:

Die GmbH schüttet die 4.000 € wieder an den Gesellschafter aus.

Bei der GmbH ergibt sich u. U. eine KSt-Erhöhung oder die Verwendung des Einlagekontos (vgl. § 27 KStG). Beim Anteilseigner liegen Einkünfte nach § 20 Abs. 1 Nr. 1 Satz 2 EStG vor (ggf. i.V.m. dem Teileinkünfteverfahen – Ansatz 60 % –, soweit sie das Einkommen der KapGes betreffen).

2.1.4 Vorteilsgewährung an nahestehende Personen

Eine vGA setzt grds. ein Gesellschaftsverhältnis voraus.

Im Regelfall erhält der Gesellschafter selbst den Vorteil. Eine Vorteilszuwendung ist aber auch dann im Beteiligungsverhältnis begründet, wenn der Vorteil nicht dem Gesellschafter selbst, sondern einer ihm nahestehenden Person zugewendet wird. Dies gilt **auch dann, wenn damit kein Vorteil für den Gesellschafter** selbst **verbunden ist** (BMF vom 20.05.1999, BStBl I 1999, 514). Im Übrigen können als nahestehende Personen aufgrund familienrechtlicher Beziehungen nicht nur Angehörige i.S.d. § 15 AO gelten (BFH vom 18.12.1996, BStBl II 1997, 301, H 36 [III. Nahestehende Personen] KStH).

Hinweis

Entscheidend ist dabei, dass begrifflich vGA nur zwischen der KapGes und ihren Gesellschaftern (im sog. Valutaverhältnis) angenommen werden können und dass die Leistung an den Nicht-Gesellschafter (im sog. Deckungsverhältnis) als Einkommensverwendung beim Gesellschafter angesehen wird.

Beispiel
T hält sämtliche Anteile der T-GmbH. Da seine Eltern nur eine geringe Rente beziehen, zahlt er an sie monatlich 1.000 €. Ab dem 01.07.10 übernimmt die GmbH die Zahlung.

Lösung
Die GmbH hat T von einer (laufenden) Verpflichtung befreit und ihm damit einen Vorteil zugewendet. Einem fremden Dritten gegenüber wäre die GmbH eine solche Verpflichtung nicht eingegangen. Es liegt daher eine vGA vor.

Die grundlegenden Aussagen zu den nahestehenden Personen lassen sich wie folgt systematisieren:

Aussagen des BFH zu nahestehenden Personen und vGA		
Rechtsbeziehungen zwischen Gesellschafter und Vorteils-Empfänger können sein • schuldrechtlicher, • gesellschaftsrechtlicher oder • tatsächlicher Art.	Mögliche nahestehende Personen können sein • natürliche Personen, • juristische Personen (z. B. KapGes) oder • Personenhandelsgesellschaften.	Unabhängig von einem Vorteil des Gesellschafters (BMF vom 20.05.1999, BStBl I 1999, 514)

Eine vGA kann daher z. B. dann vorliegen, wenn die KapGes die Einlageverpflichtung ihres Gesellschafters bei einer anderen KapGes oder einer PersGes übernimmt oder Schenkungen vornimmt, die ansonsten der Gesellschafter getätigt hätte.

Beispiel 1
F hält 30 % an der A-GmbH und 100 % der F-GmbH. Er veranlasst den Geschäftsführer der A-GmbH zum Kauf einer Maschine bei der F-GmbH. Statt des Listenpreises von 10.000 € werden 14.000 € in Rechnung gestellt.

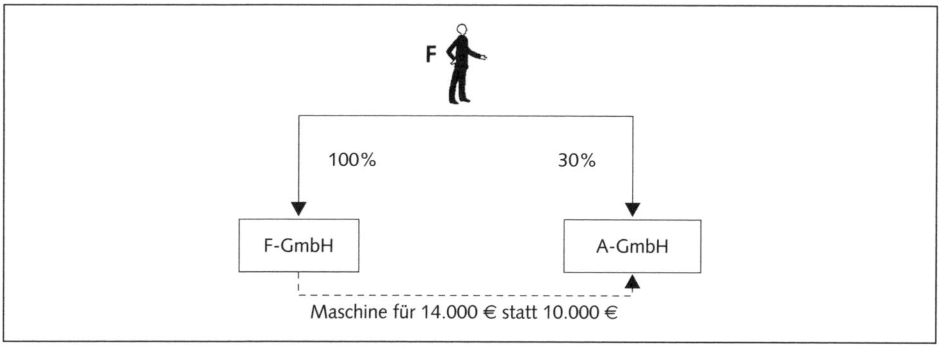

Tatsächliche Behandlung des Vorgangs:
F-GmbH: Umsatzerlöse 14.000 €
A-GmbH: AK 14.000 €

Lösung

Die F-GmbH und die A-GmbH sind zu F nahestehende Personen. Da die Vorteilsgewährung in dem Gesellschaftsverhältnis zur A-GmbH begründet ist und zu einer Einkommensminderung geführt hat, liegt eine vGA vor.

Nach der Fiktionstheorie ergeben sich folgende Wirkungen:

1. Fiktionsstufe:

Es wird unterstellt, dass die F-GmbH 4.000 € zu viel erhaltenen Kaufpreis an die A-GmbH zurückzahlt. Daraus folgt, dass die Umsatzerlöse der F-GmbH sich um 4.000 € reduzieren. (Dies erfolgt außerbilanziell; es liegt nämlich auch eine verdeckte Einlage des F in die F-GmbH vor, die außerbilanziell gekürzt werden muss). Bei der A-GmbH betragen die steuerlichen AK lediglich 10.000 €, d.h. i.H.v. 4.000 € ist ein besonderer steuerlicher Aufwand zu berücksichtigen, der außerbilanziell durch Hinzurechnung der vGA wieder kompensiert wird.

2. Fiktionsstufe:

Es wird unterstellt, dass die A-GmbH an den Gesellschafter F eine (verdeckte) Gewinnausschüttung i.H.v. 4.000 € vornimmt. Dies kann bei der A-GmbH KSt-Erhöhungen nach § 38 KStG auslösen. Beim Gesellschafter entstehen Einkünfte aus § 20 Abs. 1 Nr. 1 Satz 2 EStG, die dem Teileinkünfteverfahren unterliegen.

Beispiel 2

F hält 100% an der F-GmbH und diese hält 100% der A-GmbH. F veranlasst den Geschäftsführer der A-GmbH zum Kauf einer Maschine bei der F-GmbH. Statt des Listenpreises von 10.000 € werden 14.000 € in Rechnung gestellt.

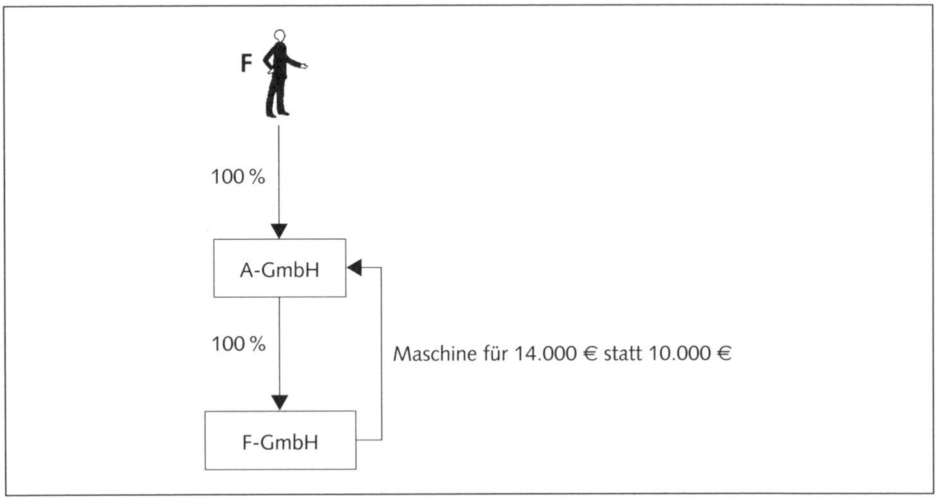

Lösung

Nach der Fiktionstheorie:

Bisherige steuerliche Lösung:

F-GmbH: Umsatzerlöse 14.000 €

A-GmbH: AK 14.000 €

Die F-GmbH (mittelbar) und die A-GmbH (unmittelbar) sind zu F nahestehende Personen. Da die Vorteilsgewährung in dem Gesellschaftsverhältnis zur A-GmbH begründet ist und zu einer Einkommensminderung geführt hat, liegt eine vGA vor.
1. Fiktionsstufe:
Die fingierte Rückzahlung des unangemessenen Kaufpreises bewirkt bei der F-GmbH den Rückgang des Umsatzerlöses (außerbilanziell durch Kürzung der verdeckten Einlage). Bei der A-GmbH betragen die steuerlichen AK lediglich 10.000 €, d. h. i.H.v. 4.000 € ist ein besonderer steuerlicher Aufwand zu berücksichtigen, der außerbilanziell durch Hinzurechnung der vGA wieder kompensiert wird.
2. Fiktionsstufe:
Die in der ersten Stufe fiktiv zurückerhaltenen 4.000 € gelten nun an F als vGA. F hat Einkünfte aus § 20 Abs. 1 Nr. 1 Satz 2 EStG zu versteuern. Da der Vermögensvorteil aber tatsächlich nach wie vor bei der F-GmbH verbleibt, liegt ebenfalls i.H.v. 4.000 € eine verdeckte Einlage des F in die A-GmbH und der A-GmbH in die F-GmbH vor.

2.1.5 Veranlassung durch das Gesellschaftsverhältnis

Eine Veranlassung durch das Gesellschaftsverhältnis liegt dann vor, wenn ein ordentlicher und gewissenhafter Geschäftsleiter die Vermögensminderung oder verhinderte Vermögensmehrung gegenüber einer Person, die nicht Gesellschafter ist, unter sonst gleichen Umständen nicht hingenommen hätte (H 36 Abs. 3 KStH).

Unerheblich ist für die gesellschaftliche Veranlassung, ob die Handlung mit Wissen und Wollen der Gesellschaft erfolgt, auf einer Rechtshandlung der Organe oder auf einer rein tatsächlichen Handlung (z. B. Veruntreuung durch Gesellschafter) beruht (H 36 [I. Tatsächliche Handlungen] KStH).

Die Höhe der Beteiligung ist für die Annahme einer vGA nicht ausschlaggebend. Die Zuwendung einer vGA ist daher auch an einen Minderheits-Gesellschafter möglich.

Eine gesellschaftliche Veranlassung kann auch ggb. »Noch-Nicht-Gesellschaftern« bzw. ggb. »Nicht-Mehr-Gesellschaftern« vorliegen (s. hierzu die Beispiele 18 und 19 bei *Maurer* a.a.O, 11. Aufl. 2012, 527 f.). Eine vGA kann auch an einen vormaligen Gesellschafter erfolgen, wenn dieser im Zeitpunkt der vGA auf Gesellschaftsebene noch Anteilsinhaber war (vgl. BFH-Beschluss vom 05.04.2004, BFH-Report 2004, 779; BFH vom 29.04.2008, BFH/NV 2008, 1621).

2.1.6 Beherrschender Gesellschafter

Beim beherrschenden Gesellschafter gelten hinsichtlich der Anerkennung eines Leistungsaustauschs zwischen ihm und der Gesellschaft erhöhte Anforderungen.

2.1.6.1 Beherrschende Stellung

Jemand ist beherrschender Gesellschafter, wenn er den Abschluss des betreffenden Rechtsgeschäfts **erzwingen** kann. Dazu ist grundsätzlich die Mehrheit der Stimmrechte (nicht unbedingt die Kapitalmehrheit) erforderlich. Ausnahmsweise reicht eine Beteiligung von 50 % oder weniger aus, wenn besondere Umstände hinzutreten, die eine Beherrschung der Gesellschaft begründen, vor allem, wenn mehrere Gesellschafter mit **gleichgerichteten Interessen** vorhanden sind, z. B. zwei Gesellschafter mit je 50 % Anteil.

Eine beherrschende Stellung liegt vor, wenn der Gesellschafter die Stimmrechtsmehrheit besitzt und deshalb entscheidenden Einfluss bei Gesellschafterversammlungen ausüben kann (H 36 [III Beherrschender Gesellschafter] KStH).

1. Variante: Mehrheit der Stimmrechte (ggf. auch über zusätzliche mittelbare Beteiligung)
2. Variante: mehrere Anteilseigner mit gleichgerichteten Interessen haben durch Zusammenwirken die Mehrheit der Stimmrechte
3. Variante: aufgrund sonstiger Vereinbarung

Maßgebender Zeitpunkt für die Beurteilung ist der Abschluss der betreffenden Vereinbarung bzw. Vollzug der Vorteilsgewährung, wenn keine Vereinbarung zugrunde liegt.

Beispiel
An der G-GmbH sind G und H zu je 50% beteiligt. Beide beziehen als Geschäftsführer der GmbH ein Jahresgehalt von jeweils 120.000 €. Am 10.10.11 beschließen G und H eine rückwirkende Gehaltserhöhung zum 01.01.11 i.H.v. jeweils 15.000 € p.a.

Lösung
Da beide Gesellschafter als Geschäftsführer der GmbH tätig sind, liegen hier gleichgerichtete Interessen vor. G und H sind insoweit beherrschende Gesellschafter.

Hinweis

Es kommt bei der Beurteilung, ob eine beherrschende Stellung vorliegt, auf das jeweilige Rechtsgeschäft an. Vermietet z. B. G der GmbH ein Grundstück und will er am 04.10.11 rückwirkend zum 01.01.11 die Miete von 3.000 € monatlich auf 4.000 € monatlich anheben, so ist er für dieses Rechtsgeschäft nicht beherrschend, denn es kann nicht unterstellt werden, dass er hier mit H gleichgerichtete Interessen hat.

Anteile von Ehegatten werden nicht zusammengerechnet, wenn nicht besondere Umstände auf gleichgerichtete wirtschaftliche Interessen deuten. Die Regeln über die vGA bei beherrschenden Gesellschaftern gelten nur, wenn im Zeitpunkt der Vereinbarung oder des Vollzugs der Zuwendung oder Leistung die beherrschende Stellung vorlag.

2.1.6.2 Voraussetzungen für das Vorliegen von verdeckten Gewinnausschüttungen

Eine vGA liegt nur dann vor, wenn folgende Voraussetzungen erfüllt sind:
- Nachweis, dass eine schuldrechtliche Vereinbarung überhaupt besteht;
- zivilrechtliche Wirksamkeit;
- im Voraus getroffene Vereinbarung, Rückwirkungs- bzw. Nachzahlungsverbot;
- klar und eindeutig bestimmte Vereinbarung über »ob« und Höhe des Entgelts;
- tatsächliche Durchführung der Vereinbarung.

2.1.6.2.1 Schuldrechtliche Vereinbarung

Grundsätzlich sind zwischen Gesellschaft und Gesellschafter folgende schuldrechtlichen Verträge denkbar:

Dauerschuldverhältnisse		Kaufverträge	Dienstleistungen
Arbeitsverträge • Gehalt • Pensionszusage	Miet- und Darlehensverträge		

Wegen anderer Verträge vgl. die allgemeinen Bestimmungen. Nach deutschem Steuerrecht bestehen außerhalb der §§ 140 ff. AO und der §§ 238 ff. HGB für vGA keine speziellen Aufzeichnungs- und Dokumentationspflichten (ausgenommen § 90 Abs. 2 AO), vgl. BFH vom 17.10.2001, BStBl II 2004, 171. Die Übernahme von Gründungskosten des Gesellschafters durch die KapGes kann zu einer vGA führen, wenn sie nicht in der Satzung spezifiziert geregelt ist.

2.1.6.2.2 Zivilrechtliche Wirksamkeit

Eine steuerliche Anerkennung von Vereinbarungen ist nur möglich, wenn sie zivilrechtlich wirksam erfolgt sind. Bei beherrschenden Gesellschaftern ist dieses Merkmal eigenständig neben dem Erfordernis einer klaren und eindeutigen Vereinbarung zu prüfen. Eine momentane unklare Zivilrechtslage spricht nicht gegen die Anerkennung der Vereinbarung, wenn der Vertrag unter fachkundiger Beratung geschlossen wurde.

2.1.6.2.3 Rückwirkungsverbot bzw. Nachzahlungsverbot

Bei Vereinbarungen zwischen der KapGes und ihrem beherrschenden Gesellschafter gelten strengere Anforderungen für ihre steuerliche Anerkennung. Zu unterscheiden sind folgende Fälle:

1. Es besteht keine klar und im Voraus abgeschlossene Vereinbarung darüber, ob und in welcher Höhe von der KapGes eine Vergütung zu zahlen ist.
2. Eine klare Vereinbarung existiert, es wird aber nicht entsprechend verfahren.

Beide Fälle führen grundsätzlich zu einer vGA.

Dabei spielt es keine Rolle, ob die Vergütung (einschließlich der unter das Rückwirkungsverbot fallenden Beträge) noch angemessen wäre oder nicht. Das Rückwirkungsverbot (Vereinbarung im Nachhinein) kann als Sonderform der Vermögensminderung bzw. verhinderten Vermögensmehrung angesehen werden: Kein gewissenhafter Geschäftsführer würde im Nachhinein einem Dritten eine Vergütung gewähren, auf die dieser nicht ohnehin Anspruch hat.

Beispiel

A ist Alleingesellschafter der A-GmbH. Als Geschäftsführer bezieht er von der GmbH ein Gehalt i.H.v. 10.000 € monatlich. Am 15.10.11 beschließt er rückwirkend zum 01.01.11 eine Gehaltserhöhung um 1.000 € pro Monat.

Lösung

A ist beherrschender Gesellschafter. Die Gehaltserhöhung ist (falls das Gehalt insgesamt den angemessenen Betrag nicht überschreitet) ab dem 15.10.11 steuerlich wirksam. Dagegen liegt in der rückwirkenden Gehaltserhöhung für Januar bis Mitte Oktober (9,5 × 1.000 € = 9.500 €) eine vGA vor.

Das Rückwirkungsverbot gilt selbst dann, wenn der Gesellschafter Anspruch auf eine Vergütung nach gesetzlichen Vorschriften hat.

Gem. BFH vom 17.12.1997, BStBl II 1998, 545 ist meist von einer vGA auszugehen, wenn die Gesellschaft und ihr beherrschender Gesellschafter die Bemessungsgrundlage für eine zu zahlende Vergütung nicht so festlegen, dass diese allein durch Rechenvorgänge ermittelt werden kann, z. B. wenn sie nur vereinbaren, dass der Gesellschafter eine angemessene Vergütung erhalten soll. Das gilt auch, wenn die Vertragsparteien die Ermittlung der angemessenen Vergütung einem Dritten überlassen. Vereinbart eine Gesellschaft mit ihrem Gesellschafter erst im Laufe eines Jahres die Zahlung einer Gewinntantieme, so ist diese grundsätzlich zur Vermeidung einer vGA zeitanteilig zu kürzen. Wird eine Tantieme vor Fälligkeit ausgezahlt, so ist der Verzicht auf eine angemessene Verzinsung eine vGA.

2.1.6.2.4 Klar und eindeutig bestimmte Vereinbarung

Klare und eindeutige Vereinbarungen bewirken, dass nachträglich beschlossene Maßnahmen den Gewinn der GmbH nicht mehr beeinträchtigen können.

Es muss klar und eindeutig bestimmt sein, ob und in welcher Höhe, laufend oder einmalig ein Entgelt gezahlt wird.

Diese Voraussetzung kommt gerade bei Sondervergütungen wie Tantiemen oder Weihnachtsgeld zum Tragen. Die Bemessungsgrundlage muss sich klar und eindeutig (prozentual oder abhängig von Mindest- oder Höchstbeträgen) bestimmen lassen. Die Höhe muss sich aus vorbestimmten Rechenvorgängen ergeben. Die Vergütungshöhe darf nicht von künftigen Entscheidungen des Gesellschafter-Geschäftsführers abhängen.

Eine im Voraus getroffene, klare und eindeutige Vereinbarung zwischen der KapGes und ihrem beherrschenden Gesellschafter kann auch dann vorliegen, wenn sich der Inhalt der Vereinbarung mit der gebotenen Bestimmtheit erst im Wege der Auslegung ermitteln lässt (vgl. BFH-Beschluss vom 25.01.2012, BFH/NV 2012, 1003).

2.1.6.2.5 Tatsächliche Durchführung

Die fehlende tatsächliche Durchführung ist ein bedeutendes Indiz dafür, dass die Vereinbarung nicht wirklich ernsthaft gemeint war (H 36 [I. Tatsächliche Durchführung von Vereinbarungen] KStH).

Hinweis

Eine **vGA kann somit vermieden werden**, wenn
- die Vergütungen grundsätzlich zu den vereinbarten Terminen gezahlt werden sowie durch
- laufende Erfassung in Buchführung und durch Abführung von Sozialversicherungsbeiträgen und Lohnsteuer.

2.1.6.2.6 Praxisorientierte Beispiele zu beherrschenden Gesellschafter-Geschäftsführern

Beispiel 1

Rückwirkungsverbot in der Familien-GmbH

An der Z-GmbH sind A zu 40 %, B zu 20 % und Z zu 40 % beteiligt. A und B sind Brüder. Geschäftsführer der GmbH ist A.

Am 15.10.11 wird dem Vater von A und B rückwirkend zum 01.08.11 ein Gehalt i.H.v. 3.000 € pro Monat gezahlt. Der Vater hatte bei der Z-GmbH ab diesem Zeitpunkt ausgeholfen. Das Gehalt von 3.000 € ist angemessen. Außerdem wurde am selben Tag die Zahlung einer Tantieme i.H.v. 6.000 € an den Geschäftsführer A sowie eine ab dem 01.07.11 rückwirkende Erhöhung des Gehalts um 600 € pro Monat beschlossen. Das Gehalt ist auch unter Berücksichtigung der Tantieme und der Gehaltserhöhung noch angemessen. Inwieweit beeinflussen diese Tatbestände das zu versteuernde Einkommen der GmbH?

Lösung

Der Vater von A und B ist eine diesen Gesellschaftern nahestehende Person. Sein Gehalt ist aber angemessen, sodass insoweit keine vGA vorliegt. Bei beherrschenden Gesellschaftern führen aber auch angemessene Vergütungen zu einer vGA, wenn keine von vornherein klare und eindeutige Vereinbarung vorliegt. Diese Voraussetzung gilt auch hinsichtlich der Vereinbarungen einer KapGes mit dem beherrschenden Gesellschafter nahestehenden Personen.
Da in diesem Fall mehrere Gesellschafter mit gleichgerichteten Interessen zusammen die Mehrheit der Stimmrechte haben, liegt eine beherrschende Stellung vor. Deshalb wurde dem Vater für den Zeitraum vom 01.08.11 bis 15.10.11 (2,5 × 3.000 € = 7.500 €) ein Vorteil zugewendet, der das zvE der GmbH nicht mindern darf. Für diesen Zeitraum gilt das steuerliche Rückwirkungsverbot. Ab dem 15.10.11 mindert das Gehalt wegen seiner Angemessenheit und der vorhandenen klaren und eindeutigen Vereinbarung das zu versteuernde Einkommen.
Hinsichtlich der Gehaltsvereinbarungen ist der Tatbestand des beherrschenden Gesellschafters nicht erfüllt, denn hier hat nur A Interesse an einem möglichst hohen Gehalt. Da die Leistungen insgesamt noch angemessen sind, führt sowohl die Tantieme als auch die Gehaltserhöhung (ab dem 01.07.11) zur Verminderung des zvE der GmbH.

Beispiel 2

Tantiemen- und Pensionsvereinbarungen

H hält 43 % an der H-GmbH und sein Bruder C weitere 22 %. Beide sind Geschäftsführer der GmbH. Die GmbH zahlt H und C jeweils ein Jahresgehalt i.H.v. 120.000 €. Daneben besteht eine Pensionszusage, die im Wj. (= Kj.) 11 zu einer Erhöhung der Rückstellung um jeweils 6.000 € führte (Beitrag bei Abschluss einer Versicherung: 6.400 €).
Am 01.07.11 wurde eine Tantieme für das Jahr 11 i.H.v. 5 % des über 30.000 € hinausgehenden Gewinns sowie 1 % des über 500.000 € hinausgehenden Umsatzes beschlossen. Aufgrund dieser Vereinbarung haben H und C jeweils 10.000 € (wegen der Gewinnbeteiligung) + 2.000 € (wegen der Umsatzbeteiligung) = 12.000 € am 08.01.12 erhalten (vor LSt-Abzug). Am 20.12.11 wurde beschlossen, dem Geschäftsführer H wegen höheren Arbeitsaufwands rückwirkend ab 01.04.11 eine Gehaltserhöhung von 2.000 € zu bewilligen. Die Vergütungen sind (auch unter Einbeziehung der Pensionszusagen) angemessen. Üblicherweise wird aber eine um 10 % geringere Pensionszusage und dafür ein um 4.000 € pro Jahr höheres Gehalt gezahlt. Welche Konsequenzen ergeben sich für die KSt?

Lösung

Die Tatsache, dass das Verhältnis zwischen laufender Gehaltszahlung und Pensionszusage nicht genau dem üblichen Verhältnis entspricht, führt nicht zu einer vGA nach § 8 Abs. 3 Satz 2 KStG. Maßgebend sind in erster Linie die Gesamtbezüge des Gesellschafters im Verhältnis zu denen fremder Dritter.
H und C besitzen zusammen die Mehrheit der Stimmrechte. Beide haben als Geschäftsführer auch die gleichen Interessen hinsichtlich der Tantieme. Damit liegen beherrschende

Gesellschafter vor. Bei beherrschenden Gesellschaftern ist auch eine angemessene Vergütung als vGA zu werten, wenn es an einer klaren und eindeutigen Vereinbarung im Voraus fehlt. Das ist bei der Tantiemenvereinbarung der Fall. Somit greift das Rückwirkungsverbot. Die gewinnabhängige Tantieme darf den Gewinn der GmbH nicht mindern. Die Umsatztantieme ist eine vGA.
Die Gehaltserhöhung für H ist angemessen. Das Rückwirkungsverbot ist hier unbeachtlich, da nur H Interesse an der Gehaltserhöhung hat. Da er allein aber nur 43 % der GmbH-Anteile hält, ist er kein beherrschender Gesellschafter. Aus diesem Grund ist die ab dem 01.04.11 gewährte Gehaltserhöhung bei der GmbH als Betriebsausgabe zu erfassen. Eine vGA liegt insoweit nicht vor. Die vGA beträgt für H 5.000 € + 2.000 € = 7.000 € und für C 5.000 € + 2.000 € = 7.000 €.

2.1.7 Selbstkontrahierungsverbot

Jede Vereinbarung des Gesellschafters mit der GmbH kommt nur dann wirksam zustande, wenn kein Verstoß gegen § 181 BGB vorliegt.

2.1.7.1 Alleingesellschafter-Fall

Bei Alleingesellschaftern muss darauf geachtet werden, dass die Befreiung vom Selbstkontrahierungsverbot sowohl in genereller Weise als auch für Einzelfälle nur in der Satzung möglich ist. Ist die Befreiung lediglich im Anstellungsvertrag geregelt, hat sie steuerlich keine Wirkung. Die nötige Eintragung in das HR hat lediglich deklaratorische Wirkung.

2.1.7.2 Mehrgesellschafter-Fall

Nach h.M. ist auch im Mehrgesellschafter-Fall die Befreiung grundsätzlich in der Satzung vorzunehmen. Ein einfacher Gesellschafterbeschluss reicht somit nicht. Allein die fehlende Eintragung in das HR führt nicht dazu, dass die Befreiung nicht wirksam ist.

Der BFH (BFH vom 31.05.1995, BStBl II 1996, 246) hat allerdings klargestellt, dass im Mehrgesellschafter-Fall die Befreiung durch einfachen Gesellschafterbeschluss zwar zivilrechtlich problematisch ist, steuerlich allerdings keine negativen Folgen nach sich zieht, wenn die Beteiligten im Zeitpunkt der Beschlussfassung von der zivilrechtlichen Wirksamkeit der erteilten Befreiung ausgingen bzw. ausgehen konnten. Weiterhin ist nach BFH (BFH vom 23.10.1996, BStBl II 1999, 35; BFH vom 03.12.1996, BFH/NV 1997, 265 u.a.) eine fehlende Befreiung vom Selbstkontrahierungsverbot auch durch nachträgliche Änderung der Satzung mit Rückwirkung möglich. Das In-sich-Geschäft wird dadurch rückwirkend genehmigt (H 36 [I. Zivilrechtliche Wirksamkeit] KStH).

2.1.8 Vereinbarungsform

Grundsätzlich bedürfen Vereinbarungen zwischen der Gesellschaft und dem Gesellschafter keinerlei Form.

In der Praxis wird allerdings häufig von so genannten qualifizierten Schriftformklauseln in Geschäftsführerverträgen Gebrauch gemacht. Diese haben zum Inhalt, dass Vertragsänderungen der Schriftform bedürfen und eine nur mündlich vereinbarte Aufhebung des Schriftformzwangs unwirksam ist (Doppelvereinbarung). Eine in diesem Fall nur mündlich getroffene Vereinbarung zur Gehaltsanpassung ist nach Auffassung des BFH steuerlich unwirksam. Gehaltserhöhungen sind vGA.

Wird lediglich vereinbart, dass Vertragsänderungen der Schriftform bedürfen (**einfache Schriftformklausel**), so ist eine spätere mündliche Vertragsanpassung dann nicht unwirksam, wenn ein die Schriftform aufhebender Wille erkennbar war.

TIPP

Es sollte bei Verträgen darauf geachtet werden, dass qualifizierte und einfache Schriftformklauseln eliminiert werden. Dann sind die Formerfordernisse künftiger Veränderungen am leichtesten erfüllt.

Für Änderungen oder den Abschluss bzw. die Aufhebung von Dienstverträgen zwischen beherrschenden Gesellschaftern und GmbH ist eine Vereinbarung zwischen Gesellschafterversammlung und beherrschendem Gesellschafter erforderlich. Verstöße gegen diese Zuständigkeiten der Vereinbarung führen nach Auffassung der Finanzverwaltung zur Versagung der zivilrechtlichen Wirksamkeit und damit zur Versagung der steuerlichen Anerkennung.

2.1.9 Rückgewähr einer verdeckten Gewinnausschüttung

Im GmbH-Recht sind vGA nicht generell verboten. Einige Vorschriften des GmbHG sehen allerdings eine Rückabwicklung in bestimmten Fällen vor.

Ansprüche auf Rückgewähr von vGA können u. a. entstehen

- durch entsprechende Satzungs- oder Steuerklauseln, die zum Inhalt haben, dass vGA zurückzugewähren sind,
- bei Verstoß gegen Kapitalerhaltungsbestimmungen (§ 31 Abs. 1 GmbH),
- durch ungerechtfertigte Bereicherung (§ 812 Abs. 1 BGB).

Die Rückgewähr einer vGA an die KapGes ist grundsätzlich als **Einlage** zu werten (vgl. BMF vom 06.08.1981, BStBl I 1981, 599). Damit bleibt es bei den Folgen der vGA, da hier eine **erfolgsneutrale** Aktivierung stattfand, die nachträglich korrigiert werden muss. Das gilt auch dann, wenn die KapGes einen Rückgewähranspruch hat, der auf Steuer- oder Satzungsklauseln oder Gesetz beruht. Die Rückzahlung der vGA führt beim Gesellschafter zur Erhöhung der AK für die Beteiligung.

Beispiel 1

A ist Gesellschafter-Geschäftsführer und bezieht von der KapGes ein Gehalt i.H.v. 200.000 €. Davon sind 40.000 € unangemessen und als vGA zu werten. Der Betriebsprüfer stellt dies fest. A war bislang der Meinung, sich ein angemessenes Gehalt zu vergüten. Der Gesellschaftsvertrag enthält eine Klausel, wonach bei unangemessenen Vergütungen in gleicher Höhe eine Rückzahlungsverpflichtung (gegen Einlage) besteht.

Lösung

A muss also für jedes Jahr 40.000 € zurückzahlen. Gleichwohl ändert dies nicht die Behandlung als vGA. Die Rückzahlung erhöht die AK für die Beteiligung.

Beispiel 2
D ist Alleingesellschafter der D-GmbH. Die mit 50.000 € Stammkapital ausgestattete GmbH zahlt an D 50.000 € für eine fingierte Unternehmensberatung.

Lösung
Dadurch entsteht nach den §§ 30–31 GmbHG eine gesetzliche Rückzahlungsverpflichtung. Gleichwohl stellen die 50.000 € auch dann eine vGA dar, wenn D das Geld tatsächlich zurückzahlt.

Wird hingegen der Rückgewähranspruch (gegen den Gesellschafter) in der StBil **erfolgswirksam** aktiviert, fehlt es an einer Einkommensauswirkung für die GmbH. In diesen Fällen sieht die Rspr. des BFH (s. BFH vom 18.12.1996, BStBl II 1997, 301) von den Rechtsfolgen einer vGA gem. § 8 Abs. 3 Satz 2 KStG ab.

In dem Ausnahmefall, in dem die vGA bis zur Aufstellung der Schlussbilanz als solche erkannt wird, kann sie bis zu diesem Zeitpunkt mit rückwirkender Wirkung wieder beseitigt werden (BMF vom 06.08.1981, BStBl I 1981, 599).

2.1.10 Verdeckte Gewinnausschüttung und Umsatzsteuer

VGA an einen Gesellschafter oder an eine ihm nahestehende Person unterliegen der Umsatzsteuer. Allerdings ist für den Bereich der Umsatzsteuer zwischen den nachfolgend dargestellten Tatbestandsgruppen zu unterscheiden.

2.1.10.1 Umsatzsteuerliche Behandlung

Unentgeltliche Lieferungen und Leistungen von KapGes an ihre Gesellschafter oder an nahestehende Personen werden der USt nach **§ 3 Abs. 1b UStG und § 3 Abs. 9a UStG** unterworfen. Danach werden einer entgeltlichen Lieferung und einer entgeltlichen Leistung die unentgeltlichen Lieferungen und unentgeltlichen Leistungen gleichgestellt.

Maßgebend für die USt bei vGA an Gesellschafter ist die Aussage in **§ 10 Abs. 4 UStG**. Die umsatzsteuerliche Bemessungsgrundlage bei Hingabe von Gegenständen ist nach § 10 Abs. 4 Nr. 1 UStG der **Einkaufspreis** zuzüglich der **Nebenkosten** für den Gegenstand zum Zeitpunkt des Umsatzes, d. h. zum Zeitpunkt der vGA. Die umsatzsteuerliche Bemessungsgrundlage bei unentgeltlicher **Nutzungsüberlassung** an Gesellschafter bilden nach § 10 Abs. 4 Nr. 2 UStG die bei der Leistung entstandenen **Kosten, soweit sie zum vollen oder teilweisen Vorsteuerabzug berechtigt haben**.

Zu beachten ist, dass sowohl bei unentgeltlicher Lieferung als auch bei unentgeltlicher Leistung die Umsatzsteuer nicht zur Bemessungsgrundlage bei der Berechnung der Umsatzsteuer gehört. Die Umsatzsteuer ist daher herauszurechnen.

2.1.10.2 Körperschaftsteuerliche Behandlung

Nach Auffassung der FinVerw ist für die Bemessung der vGA bei der Hingabe von Wirtschaftsgütern von dem **gemeinen Wert** der hingegebenen Wirtschaftsgüter bzw. bei Nutzungsüberlassungen von der **erzielbaren Vergütung** auszugehen. Sollte durch die vGA auch USt anfallen, so umfasst die vGA auch die ausgelöste USt. Die Auffassung der FinVerw ist in der Literatur sehr umstritten. Die systematisch bessere Lösung wird erreicht, wenn als vGA nur der Nettobetrag (ohne USt) gesehen wird.

Beispiel 1

Eine GmbH überträgt ihrem Gesellschafter das Eigentum an einem bereits vollständig abgeschriebenen Pkw. Der Pkw hat einen gemeinen Wert von 5.800 €.

Lösung

Hier löst die Übertragung USt für einen Umsatz aus, der eine Entnahme ist (§ 3 Abs. 1b Satz 1 Nr. 1 UStG). Daher ist die USt nicht zusätzlich nach § 10 Nr. 2 KStG zuzurechnen. Die USt ist in dem gemeinen Wert bereits enthalten. Das stpfl. Einkommen der GmbH wird um 5.800 € erhöht. Der Gewinn der GmbH beträgt ohne diesen Vorgang 100.000 €.

Gewinn vor vGA		100.000 €	
./. USt aus vGA (19/119 × 5.800 €)	./.	926 €	(wird als USt-Aufwand erfasst)
(USt nicht abziehbar, § 10 Nr. 2 KStG + 926 € entfällt)			
vGA		5.800 €	
stpfl. Einkommen		104.874 €	

Würde lediglich in Höhe des Nettobetrages eine vGA anfallen, wäre das Ergebnis wie folgt:

Gewinn vor vGA		100.000 €	
USt aus vGA (19/119 × 5.800 €)	./.	926 €	(wird als USt-Aufwand erfasst)
USt nicht abziehbar (§ 10 Nr. 2 KStG)	+	926 €	
vGA		4.874 €	
stpfl. Einkommen		104.874 €	

Beispiel 2

Wie Beispiel 1, jedoch wird der Wagen für 2.000 € zzgl. 380 € USt veräußert. Die umsatzsteuerliche Mindestbemessungsgrundlage nach § 10 Abs. 4 und 5 UStG beträgt dagegen 5.000 €.

Lösung

Gewinn vor vGA		100.000 €
./. zusätzliche USt aus vGA (Mindestbemessungsgrundlage nach § 10 UStG), 926 € ./. 380 € =	./.	546 €
(USt nicht abziehbar, § 10 Nr. 2 KStG entfällt, H 37 KStH)	(+	546 €)
vGA (5.800 € ./. 2.380 €)		3.420 €
stpfl. Einkommen		103.420 €

2.1.11 Verdeckte Gewinnausschüttungen bei Passivposten der Bilanz (Teilbetragsrechnungen)

Die FinVerw hat sich in einem umfangreichen BMF-Schreiben bezüglich der Passivierung von betrieblichen Schulden (die vGA sein können) geäußert und dabei die Rechtsprechung des BFH umgesetzt (vgl. BMF vom 28.05.2002, BStBl I 2002, 603). Die Grundzüge des BMF-Schreibens beinhalten folgende Aussagen:

VGA sind außerhalb der Steuerbilanz zu erfassen. Dies hat für den Fall der Passivierung von Verpflichtungen zur Folge, dass ggf. eine Nebenrechnung vorzunehmen ist, damit Doppelerfassungen vermieden werden können. Dabei ist in einem **Teilbetrag I** die vGA festzuhalten und in einem **Teilbetrag II** festzuhalten, in welchem Umfang der Teilbetrag I bei der Einkommensermittlung dem Steuerbilanzgewinn hinzugerechnet worden ist. Ziel der beiden Teilbeträge ist es, die Rechtswirkungen der vGA (die außerbilanzielle Zurechnung) spiegelbildlich im Zeitpunkt der Auflösung umzukehren. Die beiden Teilbeträge sind fortzuschreiben und erst bei gewinnerhöhender Auflösung des betreffenden Passivpostens mit aufzulösen. Die Gewinnerhöhung aus der Auflösung des betreffenden Passivpostens ist hinsichtlich des gesellschaftsrechtlich veranlassten Teilbetrags zur Vermeidung einer Doppelbesteuerung außerhalb der Bilanz um den verbliebenen Teilbetrag II zu kürzen (BMF vom 28.05.2002, a.a.O., Rz. 8–9).

Beispiel 1
(vgl. auch BMF vom 28.05.2002, a.a.O., Beispiel 2):
Der Alleingesellschafter der Z-GmbH erhält für das Jahr 01 eine Tantiemezusage. Es wird zum 31.12.01 eine Rückstellung über 30.000 € gebildet und am 30.06.02 vertragsgemäß bei Fälligkeit ausgezahlt. I.H.v. 20.000 € liegt eine vGA vor.

	01	02
Rückstellung	30.000 €	0 €
Einkommen vGA	+ 20.000 €	0 €
Teilbetrag I	20.000 €	0 €
Teilbetrag II	20.000 €	0 €

Lösung
Die vGA erhöht außerbilanziell das zvE der Z-GmbH im Jahr 01 um 20.000 €. Steuerlich hat sich die in der Steuerbilanz in richtiger Höhe gebildete Rückstellung nur i.H.v. 10.000 € als BA ausgewirkt.
Wird nun am 30.06.02 die Tantieme ausgezahlt, zeigt der Teilbetrag I, dass i.H.v. 20.000 € Einkünfte aus Kapitalvermögen beim Gesellschafter vorliegen (§ 20 Abs. 1 Nr. 1 Satz 2 EStG, Teileinkünfteverfahren). Teilbetrag I und Teilbetrag II können nach der Auszahlung auf Null gesetzt werden.

Beispiel 2
Wie Beispiel 1, jedoch mit dem Unterschied, dass im Jahr 01 das Einkommen nicht um 20.000 € erhöht wurde und eine Änderung nach den Normen der AO nicht mehr zulässig ist.

	01	02
Rückstellung	30.000 €	0 €
Einkommen vGA	+ 0 €	0 €
Teilbetrag I	20.000 €	0 €
Teilbetrag II	0 €	0 €

Lösung
Im Jahr 02 ist der Teilbetrag I aufzulösen. Die Auflösung der Rückstellung wirkt sich nicht gewinnerhöhend aus. Der Gesellschafter-Geschäftsführer erzielt i.H.v. 20.000 € Einkünfte aus § 20 Abs. 1 Nr. 1 Satz 2 EStG, unabhängig von der Behandlung der vGA in der GmbH.

Beispiel 3
Wie wäre das Beispiel 1 bzw. 2 zu lösen, wenn der Gesellschafter-Geschäftsführer im Jahr 02 auf die Auszahlung der Tantieme verzichtet?

Lösung
Der Verzicht auf die Tantieme bewirkt in der Steuerbilanz einen sonstigen betrieblichen Ertrag von 30.000 €.

Beispiel 4
Sachverhalt wie Beispiel 3, aber: Der Tantiemeanspruch des Gesellschafter-Geschäftsführers ist werthaltig.

Lösung
Bei voller Werthaltigkeit des Anspruchs kommt es i.H.v. 30.000 € zu einer verdeckten Einlage, die außerbilanziell abgerechnet werden muss.
Gesamtwirkung:

	Steuerbilanz	**außerbilanziell**	**gesamt**	**Teilbetrag I**	**Teilbetrag II**
Bildung der Rückstellung 01 Außerbilanzielle Zurechnung der vGA	./. 30.000 € + 20.000 €	0 € + 20.000 €	./. 30.000 € + 20.000 €	 + 20.000 €	
Wirkung in der GmbH in 01 Verzicht auf Tantiemeanspruch	./. 30.000 € + 30.000 €	+ 20.000 € ./. 30.000 €	./. 10.000 € 0 €	+ 20.000 € ./. 20.000 €	+ 20.000 € ./. 20.000 €
Wirkung 01 und 02 in der GmbH	./. 10.000 €	./. 10.000 €	0 €	0 €	

Wirkung beim Gesellschafter-Geschäftsführer im Zeitpunkt der Verzichts:
- Einkünfte aus § 19 Abs. 1 Nr. 1 EStG 10.000 €,
- Einkünfte aus § 20 Abs. 1 Nr. 1 Satz 2 EStG 20.000 €.

Der Teilbetrag I kann aufgelöst werden; die richtigen Einkünfte aus Kapitalvermögen beim Gesellschafter sind zu erfassen. Der Teilbetrag II kann aufgelöst werden, da sich die Auflösung der Rückstellung als Ertrag insgesamt nicht doppelt steuererhöhend ausgewirkt hat. Die 30.000 € Betriebseinnahme konnten in voller Höhe durch die verdeckte Einlage außerbilanziell kompensiert werden. Der Gesellschafter-Geschäftsführer hat nachträgliche AK auf den Anteil i.H.v. 30.000 €.

Beispiel 5

Sachverhalt wie Beispiel 3, aber: Der Tantiemeanspruch des Gesellschafter-Geschäftsführers ist **nicht** werthaltig.

Lösung

Bei Wertlosigkeit des Anspruchs ist die verdeckte Einlage mit 0 € zu bewerten.
Gesamtwirkung:

	Steuer-bilanz	**außer-bilanziell**	**gesamt**	**Teilbetrag I**	**Teilbetrag II**
Bildung der Rückstellung 01	./. 30.000 €	0 €	./. 30.000 €		
Außerbilanzielle Zurechnung der vGA		+ 20.000 €	+ 20.000 €	+ 20.000 €	+ 20.000 €
Wirkung in der GmbH in 01	./. 30.000 €	+ 20.000 €	./. 10.000 €	+ 20.000 €	+ 20.000 €
Verzicht auf Tantiemeanspruch	+ 30.000 €	0 €	+ 30.000 €	./. 20.000 €	./. 20.000 €
Auflösung des Teilbetrags II		./. 20.000 €	./. 20.000 €		
Wirkung 01 und 02 in der GmbH	0 €	0 €	0 €	0 €	0 €

Im Ergebnis soll der Teilbetrag II erreichen, dass keine doppelte Erhöhung des zvE eintritt (zum einen durch die außerbilanzielle Zurechnung der vGA, zum anderen durch die gewinnerhöhende Auflösung der Rückstellung). Ist der Tantiemeanspruch nicht werthaltig, so ist der Wert der verdeckten Einlagen gleich 0 €. Beim Gesellschafter-Geschäftsführer kommt es weder zu Einkünften aus § 19 Abs. 1 Nr. 1 EStG noch zu Einkünften aus § 20 Abs. 1 Nr. 1 Satz 2 EStG. Die AK des Gesellschafters auf seinen Anteil erhöhen sich nicht.

2.1.12 Vergütung der Gesellschafter-Geschäftsführer

2.1.12.1 Angemessenheit der Gesamtvergütung

Bei Arbeitsverträgen (z. B. Tätigkeit als Gesellschafter-Geschäftsführer) ist die Gesamtvergütung für die Frage der Angemessenheit maßgebend. Die **Gesamtvergütung** kann aus mehreren Komponenten bestehen, z. B. Gehalt, Tantieme, Sachbezüge/geldwerte Vorteile, Versorgungszusagen etc. Dabei muss sich das Gehalt auch an den Gewinnaussichten der Gesellschaft orientieren. Das BMF-Schreiben vom 14.10.2002 (BStBl I 2002, 972, Tz. 3) nennt insbesondere folgende Bestandteile für Vergütungen aus einem Arbeitsvertrag:

- Festgehalt,
- jährliche Einmalzahlungen (z. B. Urlaubsgeld, Weihnachtsgeld),
- variable Gehaltsbestandteile (z. B. Tantieme, Gratifikationen),
- Pensionszusagen,
- Sachbezüge (private Fahrzeugnutzung, private Telefonnutzung).

Hinsichtlich der Bezüge eines Gesellschafter-Geschäftsführers müssen folgende **Fragen** in der folgenden Reihenfolge geklärt werden (BMF vom 14.10.2002, BStBl I 2002, 972):

1. Sind die einzelnen Vergütungsbestandteile dem **Grunde** nach durch das Gesellschaftsverhältnis verursacht (Tz. 5)?
2. Soweit diese Frage zu verneinen ist: Inwieweit ist die (nach der ersten Frage verbleibende steuerlich relevante) Einzelvergütung der **Höhe** nach als durch das Gesellschaftsverhältnis veranlasst anzusehen, z. B. Verhältnis Tantieme zu Festgehalt (Tz. 6)?
3. Soweit die zweite Frage zu verneinen ist: Überprüfung des verbleibenden Betrags auf die **Angemessenheit** der Höhe insgesamt, Tz. 7. Soweit die Vergütung unangemessen ist, liegt eine vGA vor. Soweit sie dagegen angemessen ist, liegen steuerlich abzugsfähige BA vor. Bei zeitlich unterschiedlich vereinbarten Vergütungen ist i.d.R. die zeitlich zuletzt vereinbarte Vergütung der vGA zuzurechnen (Tz. 8).

Vorgehensweise zur Überprüfung einer vGA für Gesamtbezüge		
Tatbestand (Beispiel): Gesellschafter-Geschäftsführer mit Festgehalt von 280.000 € und 200.000 € Tantieme; angemessen ist eine Gesamtvergütung von 340.000 €.		
1. Stufe	Einzelbestandteile bereits dem Grunde nach vGA?	Keine Veranlassung durch das Gesellschaftsverhältnis, z. B. ordnungsgemäßer Arbeitsvertrag, der auch durchgeführt wird, keine Überstundenvergütungen etc.
2. Stufe	Einzelbestandteile der Vergütung der Höhe nach vGA?	Anzuerkennende Tantieme 25 % des vereinbarten Gesamtgehalts von 480.000 € = 120.000 €; 200.000 € ./. 120.000 € = 80.000 € vGA aus 2. Stufe
3. Stufe	Gesamtvergütung der Höhe nach	Anzuerkennende Vergütung nach der 2. Stufe: 280.000 € + 120.000 € = 400.000 €; angemessene Gesamtausstattung = 340.000 €. Folge: 60.000 € vGA aus 3. Stufe

Beurteilungskriterien für die Angemessenheit sind laut BMF vom 14.10.2002, a.a.O.:

1. Art und Umfang der Tätigkeit (diese wird durch die Größe des Unternehmens, die Ausbildung und Berufserfahrung des Arbeitnehmers, eventuelle weitere anderweitige Tätigkeiten des Arbeitnehmers sowie die Anzahl der Geschäftsführer beeinflusst (Tz. 10–13),
2. die Ertragsaussichten der Gesellschaft sowie
3. das Verhältnis zur Kapitalverzinsung (Tz. 14), schließlich
4. Art und Höhe der Vergütungen, die gleichartige Betriebe an Geschäftsführer für entsprechende Leistungen gewähren. Zunächst ist ein innerer Fremdvergleich durchzuführen, d. h. ein Vergleich mit den Vergütungen von Fremdgeschäftsführern. Sind Fremdgeschäftsführer nicht vorhanden, so muss ein äußerer Betriebsvergleich durchgeführt werden, d. h. ein Vergleich mit von ähnlichen Unternehmen gezahlten Vergütungen (Tz. 19–21).

Hinweis

Es empfiehlt sich, bei Streitigkeiten mit der FinVerw auf Gehaltsstrukturuntersuchungen zurückzugreifen. Diese werden jährlich z. B. von *Kienbaum* veröffentlicht. Mit diesen Studien (die mittlerweile auch höchstrichterlich anerkannt sind) lässt sich die Prüfung in der 3. Stufe durchführen.

Hinsichtlich der Kapitalverzinsung ist von der Verzinsung des gesamten von der Gesellschaft eingesetzten Kapitals auszugehen (Tz. 15). Der Grundsatz der Mindestverzinsung rechtfertigt aber nicht, darüber hinausgehende Beträge in vollem Umfang als Gehalt auszukehren. I.d.R. kann von der Angemessenheit ausgegangen werden, wenn nach Abzug der Geschäftsführervergütungen ein Gewinn vor Ertragsteuern in mindestens gleicher Höhe wie die Geschäftsführergehälter verbleibt. Andererseits werden fremde Geschäftsführer auch in Verlustjahren nicht auf ein angemessenes Gehalt verzichten. Wegen weiterer Einzelheiten siehe Tz. 16–18.

Die angemessene Gesamtausstattung bezieht sich regelmäßig auf die gesamte Geschäftsführung, sodass z. B. bei kleineren GmbHs und mehreren Geschäftsführern ggf. Abschläge hinsichtlich unterschiedlicher Aufgabenstellungen vorgenommen werden müssen (BFH vom 04.06.2003, BStBl II 2004, 139).

2.1.12.2 Urlaubsabgeltung/Überstunden/Geburtstagsfeier/Pkw-Nutzung

Nach BFH vom 28.01.2004, BStBl II 2005, 524 sind Zahlungen an den Gesellschafter-Geschäftsführer für nicht genommenen Urlaub trotz des gesetzlichen Verbots der Abgeltung von Urlaubsansprüchen keine vGA, wenn betriebliche Gründe der Urlaubsinanspruchnahme entgegenstehen.

Nach BFH vom 27.03.2001, BStBl II 2001, 655 sind die an einen Gesellschafter-Geschäftsführer geleisteten Überstundenvergütungen eine vGA. Dies gilt auch dann, wenn der Geschäftsführer keinen Anspruch auf eine Gewinntantieme hat. Die an einen GmbH-Gesellschaftergeschäftsführer gezahlten Zuschläge für Dienste an Sonn- und Feiertagen sind regelmäßig gesellschaftsrechtlich veranlasst und damit als vGA zu beurteilen (BFH vom 27.03.2012, BFH/NV 2012, 1127). Wurde eine Vereinbarung über eine Überstundenvergütung dagegen nicht nur mit dem Gesellschafter-Geschäftsführer, sondern auch mit einer vergleichbaren gesellschaftsfremden Person abgeschlossen, so kann dies gegen eine vGA sprechen (BFH vom 14.07.2004, BStBl II 2005, 307).

Die Übernahme der Kosten für die Geburtstagsfeier eines Gesellschafter-Geschäftsführers durch die KapGes ist eine vGA, wenn der Geschäftsführer zu der Geburtstagsfeier eingeladen hat (BFH vom 14.07.2004, BFH/NV 2004, 1603).

Bei einer vertragwidrigen Pkw-Nutzung wird eine vGA angenommen, während bei einer vertragsgemäßen Pkw-Nutzung Arbeitslohn angenommen wird (BFH vom 23.01.2008, DB 2008, 962).

2.1.12.3 Tantiemevereinbarungen

Als BA sind grundsätzlich nur erfolgsabhängige Tantiemen abzugsfähig. Das erfordert die Anbindung an den Gewinn. Umsatzbezogene Vergütungen führen zur vGA. Sie werden nur in Ausnahmefällen anerkannt, wenn sie branchenüblichen Gepflogenheiten entsprechen

(BFH vom 28.06.1989, BStBl II 1989, 854). Im Übrigen führen Tantiemevereinbarungen auch dann zur vGA, wenn sie wirtschaftlich einer Gewinnausschüttung entsprechen, die nur in die rechtliche Form eines Arbeitsvertrags gekleidet ist.

2.1.12.3.1 Allgemeine Tantiemeregeln

Den folgenden Übersichten lassen sich die wesentlichsten Problembereiche zu den Tantiemen bei Gesellschafter-Geschäftsführern entnehmen.

Tantiemevereinbarungen führen ggf. zu einer vGA		
Abhängigkeit der Tantieme vom		
Umsatz	**Gewinn**	
Umsatztantieme = vGA (Ausnahme: branchenüblich)	im Verhältnis zum	
	Gewinn	Gehalt
	Tantieme ist vGA (Beweis des ersten Anscheins), soweit sie 50 % des Gewinns (steuerlicher Gewinn vor Abzug der Gewinntantieme und der ertragsabhängigen Steuern, BFH vom 04.06.2003, BStBl II 2004,136) übersteigt.**) Vgl. auch BMF vom 01.02.2002, BStBl I 2002, 219.	Wird die Vereinbarung selbst anerkannt, ist die Angemessenheit der Höhe zu prüfen: Allgemein muss das Gehalt zu mindestens 75 % aus dem Festgehalt und kann bis zu 25 % aus erfolgsabhängigen Vergütungen bestehen. Ein höherer Anteil erfolgsabhängiger Vergütungen ist vom Stpfl. aus außerhalb des Gesellschaftsverhältnisses liegenden Gründen zu belegen. Andernfalls liegt insoweit eine vGA vor.*) Vereinbarung einer Nur-Tantieme ist (von Sondersituationen, z. B. Phase wirtschaftlicher Schwierigkeiten, Aufbauphase etc. abgesehen) nicht anzuerkennen (BMF vom 01.02.2002, BStBl I 2002, 219).

*) auch bei Zahlung an einen Minderheitsgesellschafter (BFH vom 19.02.1999, BStBl II 1999, 321)
**) i.d.R. auch bei Zahlung an einen nicht beherrschenden Gesellschafter (BFH vom 15.03.2000, BStBl II 2000, 547)

Gewinntantieme und Besonderheiten bei der KapGes	
Aufbauphase der KapGes	Verlustvortrag
Während der Aufbauphase der KapGes kann eine das Übliche übersteigende Gewinntantieme nur dann steuerlich anerkannt werden, wenn die Tantiemeverpflichtung von vornherein auf die Aufbauphase begrenzt ist. Das gilt jedenfalls dann, wenn der begünstigte Gesellschafter aufgrund seines Stimmrechts eine spätere Änderung seines Anstellungsvertrags verhindern könnte (BFH vom 15.03.2000, BStBl II 2000, 547).	Verspricht eine KapGes ihrem Gesellschafter-GF eine Gewinntantieme, so muss ein bei ihr bestehender Verlustvortrag jedenfalls dann in die Bemessungsgrundlage der Tantieme einbezogen werden, wenn der Gesellschafter-GF für den Verlust verantwortlich oder zumindest mitverantwortlich ist. Andernfalls liegt i.H.d. Differenzbetrags der tatsächlich zu zahlenden Tantieme und derjenigen, die sich bei Berücksichtigung des Verlustvortrags ergeben hätte, eine vGA vor (BFH vom 17.12.2003, BStBl II 2004, 524).

Gewinntantieme und Besonderheiten der Tantiemevereinbarung		
Vorbehalt der Gesellschafterversammlung	Tantiemeerhöhung	Vorschuss auf Tantieme
Beherrschender Gesellschafter-GF: Vorbehalt, dass die Gesellschafterversammlung die Tantieme höher oder niedriger festsetzen kann, führt zur vGA.	Tantiemeerhöhung für den Fall, dass die Tantieme eine vGA darstellt, ist selbst vGA	Vereinbarung von Vorschüssen auf eine erst nach Ablauf des Wj. fällige Gewinntantieme mit dem beherrschenden Gesellschafter-Geschäftsführer erfordert die eindeutige Festlegung der Voraussetzungen und der Zeitpunkte der Zahlungen. Allgemeine Aussagen genügen nicht. Zahlt die KapGes ihrem Gesellschafter ohne eine solche Abmachung einen unverzinslichen Vorschuss, so ist der Verzicht auf eine angemessene Verzinsung eine vGA (BFH vom 22.10.2003, BStBl II 2004, 307).
Beurteilung der Angemessenheit		
Die Gewinntantieme des Gesellschafter-GF einer KapGes ist eine vGA, soweit die Gesamtausstattung des Gesellschafter-GF unter Berücksichtigung der Tantieme unangemessen hoch ist. Die Angemessenheit der Gesamtausstattung eines Gesellschafter-GF ist anhand derjenigen Umstände und Erwägungen zu beurteilen, die im Zeitpunkt der Gehaltsvereinbarung vorgelegen haben und angestellt worden sind. Steht im Zeitpunkt des Vertragsabschlusses ein sprunghafter Gewinnanstieg bevor, kann es geboten sein, die Gewinntantieme auf einen bestimmten Höchstbetrag zu begrenzen. Arbeitet der Gesellschafter-GF zusätzlich für weitere Unternehmen, so ist dies bei der Bestimmung des angemessenen Gehalts i.d.R. mindernd zu berücksichtigen. Ist die Gesamtausstattung angemessen, so muss nicht schon deshalb eine vGA vorliegen, weil die Vergütung zu mehr als 25 % aus variablen Anteilen besteht (BFH vom 27.02.2003, BStBl II 2004, 132; BFH vom 09.07.2003, BFH/NV 2004, 88). Hierin liegt eine Abkehr von dem früher gehandhabten Schematismus, wonach die Gesamtbezüge in 75 % Festgehalt und maximal 25 % Tantieme aufzugliedern seien.		

2.1.12.3.2 Bemessungsgrundlage

Die Bemessungsgrundlage muss klar und eindeutig definiert sein. Bei gewinnabhängigen Tantiemen muss der Gewinnbegriff hinreichend genau bestimmt sein. In Betracht kommen

- der Handels- oder Steuerbilanzgewinn,
- der Jahresüberschuss,
- das zu versteuernde Einkommen.

Eindeutig ist eine Definition aber nur dann, wenn aus ihr klar hervorgeht, ob die Tantieme selbst und die sich verändernden Ertragsteuern vorher korrigiert werden müssen.

Die Finanzverwaltung definiert den Gewinnbegriff folgendermaßen: Jahresüberschuss bzw. -fehlbetrag vor Tantieme und vor Ertragsteuern.

Es empfiehlt sich, in die Formel zur Tantiemeberechnung mit aufzunehmen, dass Änderungen der Bemessungsgrundlage durch künftige Betriebsprüfungen zu keiner Korrektur der Tantieme führen. Ansonsten muss u. U. nach jeder Betriebsprüfung die Tantieme angepasst werden. Weiterhin ist zu regeln, ob bei Eintritt eines neuen Geschäftsführers eine Tantieme auch zeitanteilig gezahlt wird. Definitionen wie »vorläufiges Ergebnis« oder »vorläufiger Gewinn« reichen nicht aus, um die Tantieme eindeutig zu berechnen.

2.1.12.3.3 Angemessenheit

Die Angemessenheit einer Tantieme wird vom BFH grundsätzlich im Vergleich zu anderen Vergütungen (Festgehalt) und im Vergleich zu der insgesamt erwirtschafteten Gewinngröße bestimmt. Der Beweis des ersten Anscheins spricht für eine vGA, wenn das Tantiemeversprechen gegenüber mehreren Gesellschaftern 50% des Jahresüberschusses übersteigt. Dies gilt für beherrschende und für nicht beherrschende Gesellschafter (BFH vom 17.12.2003, BFH/NV 2004, 817). Weiterhin soll die Gesamtvergütung eines Gesellschafters grds. zu 75% aus einer festen und maximal zu 25% aus einer variablen Vergütung bestehen.

Beispiel

Berechnung gem. der FinVerw (vgl. BMF vom 01.02.2002, BStBl II 2002, 219):

Ein Gesellschafter-Geschäftsführer soll eine angemessene Gesamtausstattung von 400.000 € erhalten, die sich wie folgt zusammensetzt:

Festgehalt	150.000 €
Gewinntantieme	250.000 €

Der durchschnittlich erzielbare Jahresüberschuss vor Abzug der Tantieme und der ertragsabhängigen Steuern beträgt 1,6 Mio. €. Die angemessene Tantieme beträgt 25% von 400.000 € = 100.000 €. Es ergibt sich eine vGA i.H.v. 150.000 €.

Der sich aus der Aufteilung ergebende absolute Betrag der angemessenen Tantieme ist in eine Beziehung zu dem durchschnittlichen erzielbaren Jahresüberschuss vor Abzug der Tantieme und der ertragsabhängigen Steuern (1,6 Mio. €) zu setzen. Aus diesem Vergleich ergibt sich der angemessene Tantiemesatz durch folgende Rechnung:

100.000 € × 100/1,6 Mio. € = 6,25%

Dieser Tantiemesatz ist bis zum nächsten Zeitpunkt der Überprüfung der Angemessenheit der gezahlten Tantieme maßgebend. Die Tantieme muss bei jeder Gehaltsanpassung, spätestens alle drei Jahre auf ihre Angemessenheit hin überprüft werden. In der Anfangsphase eines Unternehmens oder in der Krise kann von der statischen 25 : 75-Regel abgewichen werden. Die Relation ist keine starre Vorgabe.

Die FinVerw nimmt in ihrer Anweisung (BMF vom 01.02.2002, a.a.O.) eine Ex-post-Betrachtung vor, d.h. sie ermittelt einen durchschnittlichen Gewinn aus den vergangenen Jahren. Der BFH fordert eine Prognosebetrachtung (vgl. OFD Cottbus vom 24.08.1998, n.v., LEXinform 0165864).

Ein besseres Vorgehen läge danach in folgender Prüfungsreihenfolge:

1. Prognose des zukünftig durchschnittlich erzielbaren Jahresüberschusses;
2. Ermittlung der angemessenen Jahresgesamtbezüge, Aufteilung in einen festen (75%) und einen variablen (25%) Bestandteil;
3. Ermittlung des absoluten Betrags der variablen Komponente in Relation zu dem im ersten Schritt ermittelten prognostizierten Jahresüberschuss; Resultat: angemessener Tantiemesatz.

Beispiel

1. Prognostizierter durchschnittlich erzielbarer Jahresüberschuss	400.000 €
2. Festgehalt	150.000 €
d. h. es können 1/3 von 150.000 € als Tantieme vereinbart werden	50.000 €
3. angemessener Tantieme-Prozentsatz = 50.000 € × 100/400.000 €	= 12,5 %
Beträgt der Jahresüberschuss im Folgejahr 2.000.000 €,	
so kann eine Tantieme von 12,5 % × 2.000.000 €	= 250.000 €
gewährt werden.	

Die Jahresgesamtbezüge betragen dann 400.000 €. Sind diese auch insgesamt angemessen, so liegt keine vGA vor, obwohl die Gewinntantieme mehr als 1/3 des Festgehaltes ausmacht.

2.1.12.3.4 Vereinbarung einer Nur-Tantieme

Unter einer Nur-Tantieme werden Vergütungsfälle verstanden, in denen die zu zahlende Vergütung einzig und allein in Form einer Tantieme erfolgt. In älterer Rechtsprechung (BFH vom 02.12.1992, BStBl II 1993, 311) hat der BFH einer Nur-Tantieme grundsätzlich die steuerliche Anerkennung versagt. Dieser Grundsatz ist in den letzten Jahren durch Finanzgerichte und den BFH einzelfallbezogen aufgeweicht worden. Eine Nur-Tantieme kann in besonderen Ausnahmefällen steuerlich anerkannt werden. So hat der BFH den Fall der krisenbedingten Aufhebung einer Festgehaltsvereinbarung dann als betrieblich veranlasst gesehen, wenn die danach zugesagte Nur-Tantieme zeitlich und betragsmäßig begrenzt wurde (BFH vom 28.03.2001, BStBl II 2002, 111). Im BMF-Schreiben vom 01.02.2002, a.a.O., hat der BMF Ausnahmefälle präzisiert. Danach sind Nur-Tantiemen möglich

- in der Gründungsphase einer Gesellschaft,
- in Phasen vorübergehender wirtschaftlicher Schwierigkeiten,
- bei Tätigkeit in stark risikobehafteten Geschäftszweigen.

Voraussetzung ist allerdings, dass

- die Tantiemezusagen an einen oder mehrere Gesellschafter-Geschäftsführer insgesamt **50 % des Jahresüberschusses nicht übersteigen**,
- die Zusagen zeitlich begrenzt sind,
- nach Wegfall der besonderen Situation eine Festvergütungsvereinbarung folgt.

Stellt ein Gesellschafter-Geschäftsführer lediglich weniger als 10 % seiner Arbeitskraft der GmbH zur Verfügung, so sieht das FG Münster darin grundsätzlich keine vGA (FG Münster vom 10.02.2003, EFG 2003, 802).

2.1.12.3.5 Rohgewinntantiemen

Im Verhältnis zu Umsatztantiemen sind Rohgewinntantiemen im Grundsatz nicht zu beanstanden. Es gelten grds. die gleichen Bedingungen zur Anerkennung wie für Gewinntantiemen.

Sind die unternehmerischen Kostenstrukturen so gegeben, dass es zwischen Umsatz und Rohgewinn kaum Unterschiede gibt, besteht die Gefahr, dass die FinVerw dann auch bei Rohgewinntantiemen eine Gewinnabsaugung unterstellt. Dies dürfte grundsätzlich bei Dienstleistungsunternehmen der Fall sein.

2.1.12.3.6 Umsatztantiemen

Wird die Tantieme der Höhe nach an den Umsatz gekoppelt, d. h. unabhängig von der Ertragslage der Gesellschaft gezahlt, unterstellt der BFH grundsätzlich eine Gewinnabsaugung und somit eine vGA. Unter bestimmten Bedingungen kann auch eine umsatzabhängige Tantieme anerkannt werden (vgl. BFH vom 19.05.1993, BFH/NV 1994, 124). So kann ein besonderer Grund für die Zusage einer Umsatztantieme darin liegen, dass die mit der variablen Vergütung angestrebte Leistungssteigerung durch eine Gewinntantieme nicht zu erreichen wäre. Dies kann bei folgenden Fallgestaltungen erfüllt sein:

- das Unternehmen befindet sich der **Aufbauphase**, bei der nur eine Beteiligung am Umsatz einen Anreiz bieten kann;
- ein Geschäftsführer ist zu **100% im Vertrieb** beschäftigt (hier bewirkt nur die Umsatzabhängigkeit der Vergütung einen angemessenen Leistungsanreiz).

Beispiel 1

D ist zu 80% an der D-GmbH beteiligt. Er schließt mit der GmbH einen Arbeitsvertrag und erhält als Geschäftsführer 110.000 € Festgehalt sowie 20% des steuerlichen Gewinns vor Abzug der Gewinntantieme und der Ertragsteuern. Aufgrund dieser Vereinbarung erhält D für das Jahr 01 eine Gewinntantieme i.H.v. 70.000 €. Angemessen ist eine Gesamtvergütung von 150.000 €.
Liegt eine vGA vor und falls ja, in welcher Höhe? Formale Voraussetzungen für die steuerliche Anerkennung sind beachtet.

Lösung

Die Gewinntantieme überschreitet nicht 50% des steuerlichen Gewinns vor Abzug der Tantieme und der Ertragsteuern. Damit liegt nach diesem Kriterium noch keine vGA vor. Darüber hinaus darf die Gewinntantieme aber (im Regelfall, d. h. der BFH lässt in Einzelfällen Ausnahmen zu, für deren Vorliegen aber hier keine Anhaltspunkte gegeben sind) 25% der Gesamtbezüge nicht überschreiten. Schließlich muss die Gesamtvergütung angemessen sein.
Nach dem BMF-Schreiben vom 14.10.2002 (BStBl I 2002, 972) ist bei einer gleichzeitig getroffenen Vereinbarung über ein Festgehalt und eine gewinnabhängige Tantieme folgende Prüfreihenfolge zu beachten:

Gesellschafter-Geschäftsführer mit Festgehalt von 110.000 € und 70.000 € Tantieme; angemessen ist eine Gesamtvergütung von 150.000 €.		
1. Stufe	Frage nach dem Grund	Keine Veranlassung durch das Gesellschaftsverhältnis, somit nach 1. Stufe keine vGA
2. Stufe	Frage nach der Höhe	Anzuerkennende Tantieme beträgt 25% des vereinbarten Gesamtgehalts von 180.000 € = 45.000 €; 70.000 € ./. 45.000 € = 25.000 € vGA aus der 2. Stufe
3. Stufe	Frage nach der Angemessenheit	Anzuerkennende Vergütung nach der 2. Stufe: 110.000 € + 45.000 € = 155.000 €; angemessene Gesamtausstattung = 150.000 €. Folge: 5.000 € vGA aus der 3. Stufe

Damit beträgt die vGA insgesamt 25.000 € + 5.000 € = 30.000 € und die Einnahmen nach § 19 EStG insgesamt 110.000 € + 70.000 € ./. 30.000 € = 150.000 €.

Beispiel 2

Wie Beispiel 1, jedoch sieht der Arbeitsvertrag eine Tantieme von 1% des Umsatzes vor. Darüber hinaus erhält D für jede Überstunde (gemessen an einer 40-Stunden-Woche) eine zusätzliche Vergütung i.H.v. 140 €.

Lösung

Umsatzabhängige Tantiemen sind regelmäßig vGA, sofern sie nicht allgemein branchenüblich sind. Hierfür bietet der Sachverhalt jedoch keinen Anhaltspunkt.
Auch die Vergütungen für die Überstunden führen zu einer vGA. Der mögliche Ausnahmetatbestand einer gleichartigen Vereinbarung mit einem weiteren vergleichbaren Geschäftsführer, der nicht zugleich Gesellschafter ist, ist hier nicht gegeben.

2.1.13 Pensionszusagen an Gesellschafter-Geschäftsführer

Rückstellungen für Pensionszusagen an (beherrschende) Gesellschafter-Geschäftsführer sind nach **BFH-Rechtsprechung (vgl. auch R 38 KStR und H 38 KStH)** dem Grunde nach steuerlich anzuerkennen, wenn die Voraussetzungen des § 6a EStG erfüllt sind und die Pensionszusage als betrieblich veranlasst anzusehen ist (vgl. u. a. BFH vom 29.11.2000, BStBl II 2001, 204; BFH vom 06.02.1985, BStBl II 1985, 420). Das Merkmal der betrieblichen Veranlassung erfordert

- neben einer **wirksamen Vereinbarung** eine
- **klare** und im **Voraus** gegebene **schriftliche Zusage**,
- die **ernsthaft**,
- **erdienbar**,
- **finanzierbar** und
- **angemessen** ist.

Ganz allgemein wird die **betriebliche Veranlassung** anhand folgender allgemein vorliegender Subkriterien geprüft und unterstellt:

- Qualifikation des Geschäftsführers,
- künftige Ertragslage des Unternehmens,
- Zusagen an andere Arbeitnehmer.

2.1.13.1 Zivilrechtliche Wirksamkeit der Pensionszusage

Nach § 6a Abs. 1 Nr. 3 EStG muss die Pensionszusage schriftlich erteilt werden. Das Schriftformerfordernis wird entweder durch eine Niederschrift i.S.d. § 35 Abs. 4 Satz 2 GmbHG erfüllt oder – entsprechend der üblichen Praxis – durch schriftliche Vereinbarung der Pensionszusage im Anstellungsvertrag bzw. auf besonderem Blatt, wobei die betreffende Person einerseits als Gesellschafter und andererseits als Pensionsberechtigter unterschreibt.

Zur Erteilung bzw. Änderung von Pensionszusagen gelten die Ausführungen im BMF-Schreiben vom 21.12.1995 (BStBl I 1996, 50). Sofern eine Pensionszusage neu erteilt bzw. geändert wird, ist danach als Voraussetzung für die zivilrechtliche Wirksamkeit der Versorgungsvereinbarung ebenfalls die Zuständigkeit der Gesellschafterversammlung zu beachten.

Hinweis

Ein Verstoß gegen die geforderte Schriftform führt grds. nicht zu einer vGA, sondern dazu, dass die gebildete Pensionsrückstellung aus der Steuerbilanz nach den Regeln der Bilanzberichtigung eliminiert werden muss. Dieser Unterschied hat erhebliche Steuerwirkung.

2.1.13.2 Probezeit bzw. Wartezeit

Die Probezeit ist der Zeitraum zwischen Dienstbeginn und der erstmaligen (schriftlichen) Vereinbarung der Pensionszusage (zusagefreie Zeit).

Es entspricht den Fremdvergleichsgrundsätzen, wenn bei einem Gesellschafter-Geschäftsführer eine Versorgungszusage erst dann abgegeben wird, wenn er in ausreichendem Maße erprobt wurde. Bei bereits bestehenden Gesellschaften soll nach dem Zeitpunkt der Anstellung nach Auffassung der FinVerw (BMF vom 14.04.1999, BStBl I 1999, 512) zwei bis drei Jahre geprobt werden, bevor eine Versorgungsleistung zugesagt wird. So auch der BFH mit Urteil vom 23.02.2005, BStBl II 2005, 882. Bei Neugründung einer GmbH soll bis zu fünf Jahre mit der Zusage gewartet werden.

Hinweis

Fristen der Verwaltung können allerdings immer nur ein Anhaltspunkt sein. In der Praxis muss diesbezüglich jeder Einzelfall separat geprüft werden.

Ausnahmen einer pauschalen Probezeit hat der BFH u. a. in folgenden Fällen erkannt:

- der Gesellschafter-Geschäftsführer verfügt bereits über einschlägige Erfahrungen und Branchenkenntnisse,
- in Fällen von Umwandlungen einer PersGes in eine GmbH und eines Einzelunternehmens in eine GmbH,
- auch in den Fällen der Begründung von Betriebsaufspaltungen.

Streng zu unterscheiden von der Probezeit ist die so genannte Wartezeit. Während die Probezeit die »zusagefreie Zeit« ist, versteht der BFH unter der Wartezeit die »versorgungsfreie Zeit«. In der versorgungsfreien Zeit würde bei Eintritt eines Versorgungsfalles keine Versorgungsleistung erbracht werden. Die Finanzverwaltung nennt keinerlei pauschale Zeiträume für die Wartezeit. Eine längere Wartezeit kann mit einer Verkürzung der Probezeit einhergehen.

Beispiel

In eine bestehende GmbH tritt am 01.09.11 ein neuer beherrschender Gesellschafter-Geschäftsführer ein. Dieser erhält am 01.09.13 eine Pensionszusage auf das 65. Lebensjahr. Die Zusage beinhaltet auch eine Invaliditätsversorgung, die allerdings erst ab 01.09.14 wirksam wird.

Lösung

Bei dem Zeitraum zwischen dem 01.09.11 und dem 01.09.13 handelt es sich um die Probezeit; der Zeitraum zwischen dem 01.09.13 und dem 01.09.14 ist die versorgungsfreie Zeit.

Sofern die Pensionszusage unter Verstoß gegen die angemessene Probezeit erteilt wurde, ist nach Tz.1.2 des BMF-Schreibens vom 14.04.1999, a.a.O., wie folgt zu unterscheiden:

- **Vor Ablauf der Probezeit tritt ein Versorgungsfall ein**: Die Zuführungen zur Rückstellung und Pensionszahlungen sind vGA nach § 8 Abs. 3 Satz 2 KStG.
- **Der Versorgungsfall tritt nicht ein, aber an der unter Verstoß gegen die Probezeit erteilten Pensionszusage wird festgehalten:** Die Zuführungen zur Pensionsrückstellung werden bis zum Ablauf der angemessenen Probezeit als vGA nach § 8 Abs. 3 Satz 2 KStG behandelt. Die weiteren Zuführungen nach Ablauf der Probezeit aufgrund der ursprünglichen Pensionszusage werden hingegen für die Folgezeit gewinnmindernd berücksichtigt. Das heißt, die Erteilung einer neuen Pensionszusage ist nicht erforderlich.

Beispiel 1

Die ursprüngliche, in 01 unter Verstoß gegen eine angemessene Probezeit von fünf Jahren erteilte Zusage wird nach Ablauf der Probezeit fortgeführt.

Lösung

Die laufende Zuführung zur Rückstellung in 06 (100) stellt erstmals steuerlich anzuerkennenden Aufwand dar. Die Zuführungen zur Rückstellung der Jahre 01 bis 05 (je 100 = 500) sind als vGA zu behandeln und nach § 8 Abs. 3 Satz 2 KStG außerbilanzmäßig zu korrigieren.

Beispiel 2

Dem beherrschenden Gesellschafter-Geschäftsführer wird eine Pensionszusage ohne Beachtung einer angemessenen Probezeit im Jahr der Anstellung (Jahr 01) erteilt. Die Zusage wird steuerlich nicht anerkannt. Die Beteiligten heben die Zusage daraufhin auf. Im Jahr 06 erteilt die Gesellschaft erneut eine Zusage in gleicher Höhe; die Probezeit ist nunmehr eingehalten.

Lösung

Die unter Anwendung der Teilwertmethode nach § 6a EStG in 06 steuerlich zu bildende Rückstellung (600) enthält neben dem auf 06 (100) entfallenden Rückstellungsbetrag auch den auf den Zeitraum 01 bis 05 (500) entfallenden Teilbetrag. Der betriebliche Aufwand beträgt 600 in 06. Im Ergebnis kommt es in der Steuerbilanz zu einer »Nachdotierung« von 500 für die Jahre 01 bis 05.

2.1.13.3 Finanzierbarkeit

Eine Versorgungszusage muss bei Eintritt des Versorgungsfalls von der Gesellschaft finanzierbar sein. Zwar wird in den Körperschaftsteuerrichtlinien 2004 (R 38 KStR) die Finanzierbarkeit nicht mehr ausdrücklich gefordert, aber aus dem **Fehlen** des Aspekts der Finanzierbarkeit in R 38 Satz 6 KStR 2004 kann nicht geschlossen werden, dass auf eine Prüfung der Finanzierbarkeit der Pensionsverpflichtung künftig verzichtet werden kann. Die Finanzierbarkeit ist lediglich als selbstständiges Merkmal entfallen. **Sie ist weiterhin bei der Prüfung der Ernsthaftigkeit als Untermerkmal einzubeziehen.**

Auch das BMF hatte zum Kriterium der Finanzierbarkeit im Schreiben vom 14.05.1999, BStBl I 1999, 512, näher Stellung genommen und in Tz. 2.2 verlangt, dass bei der Entscheidung, ob die Zusage finanzierbar sei, von einem fiktiven Versorgungsfall auszugehen sei.

Dies hätte im Ergebnis dazu geführt, dass für die Prüfung, ob die Passivierung zu einer Überschuldung der Gesellschaft führen würde, von einem höheren Wert auszugehen wäre, als dies für die Berechnung einer steuerbilanziellen Rückstellung nach § 6a EStG zum Pensionsanwartschaftsbarwert der Fall wäre (sog. **Bilanzsprungrisiko**, vgl. z. B. *Gosch*, § 8 Rz. 1111). Dieser Auffassung der Finanzverwaltung hatte der BFH in zwei Urteilen widersprochen (BFH vom 20.12.2000, BFH/NV 2001, 980 und vom 08.11.2000, BFH/NV 2001, 866). Für die Prüfung, ob eine Überschuldung vorliegt, ist ferner von den Bilanzansätzen auszugehen, die bei einer Überschuldungsbilanz aufzunehmen wären.

Mit Schreiben vom 06.09.2005, BStBl I 2005, 875 hat das BMF nun nach fast fünf Jahren mitgeteilt, dass die beiden o. g. Urteile in allen noch offenen Fällen anzuwenden sind. Tz. 2 des BMF-Schreibens vom 14.05.1999, a.a.O. wurde aufgehoben.

Hinweis

Ist auf eine Pensionszusage vor dem Tag der Veröffentlichung der Urteile im BStBl vollständig oder teilweise verzichtet worden, wird es nicht beanstandet, wenn auf übereinstimmenden Antrag der Gesellschaft und des Gesellschafters die vor der Veröffentlichung der Urteile geltenden Grundsätze in Tz. 2 des BMF-Schreibens vom 14.05.1999, a.a.O. weiter angewandt werden. Der Antrag ist bis zur Bestandskraft des KSt-Bescheides für den Veranlagungszeitraum des Verzichts zu stellen.

In der folgenden Übersicht werden die wichtigsten Urteile zusammengefasst:

Begriff Finanzierbarkeit	VGA liegen vor, wenn die Passivierung der Pensionsverpflichtung zu einer Überschuldung im **insolvenzrechtlichen** Sinne führt (BFH vom 04.09.2002, BStBl II 2005, 662).
Finanzierbarkeit bei Zusageerteilung nicht gegeben	Ist die Finanzierbarkeit bei der Zusageerteilung nicht gegeben, liegt insgesamt vGA vor. Wäre jedoch die Versorgungszusage nur zum Teil nicht finanzierbar, würde auch nur der nichtfinanzierte Teil zu einer vGA führen (BFH vom 31.03.2004, BStBl II 2005, 664).
Späterer Zeitpunkt bei Überschuldungsprüfung	Allein die Verschlechterung der wirtschaftlichen Situation führt noch nicht zu einer Absenkungspflicht. Voraussetzung für eine vGA ist vielmehr, dass die Gesellschaft auch zivilrechtlich in der Lage ist, die erteilte Pensionszusage an die veränderten Verhältnisse anzupassen (BFH vom 08.11.2000, BFH/NV 2001, 866).
Anzusetzende Höhe für die Überschuldungsprüfung	Prüfung der Finanzierung nur mit dem im Zusagezeitpunkt gegebenen versicherungsmathematischen Barwert = Anwartschaftsbarwert i.S.d. § 6a Abs. 3 Satz 2 Nr. 2 EStG (bei Nachweis durch den Stpfl. auch: handelsrechtlicher Teilwert). Eine evtl. Rückdeckungsversicherung ist bei der Finanzierbarkeitsprüfung zu berücksichtigen (BFH vom 31.03.2004, DStR 2004, 1209).
Trennbarkeit von Altersversorgung und Invaliditätsrisiko	Trennbarkeit der einzelnen Zusagekomponenten ist gegeben (verschiedene biometrische Ereignisse), daher ist teilweise steuerliche Anerkennung möglich, wenn die Pensionsverpflichtung nicht in ihrer Gesamtheit finanzierbar ist (BFH vom 24.01.2001, BFH/NV 2001, 1147).

2.1.13.4 Erdienbarkeit

Die künftige Versorgung des Gesellschafter-Geschäftsführers wird vom BFH als Lohn für die erbrachte Leistung gesehen. D. h. die Ansprüche müssen über Jahre hinweg (v)erdient werden.

2.1.13.4.1 Absolute Zeitgrenzen des BFH

Bei einem beherrschenden Gesellschafter-Geschäftsführer geht der BFH von einem Pensionierungsalter von 65 Jahren aus. Auch ein höheres Pensionierungsalter ist möglich, muss allerdings separat vereinbart werden. Die Anerkennung eines geringeren Alters als 65 Jahre ist eine Ausnahme, die hinreichend begründet werden muss. Weiterhin gibt es das Höchstzusagealter von 60 Jahren. Mit und nach Vollendung des 60. Lebensjahres ist eine Versorgungszusage nicht mehr anzuerkennen.

2.1.13.4.2 Relative Zeitgrenzen des BFH

Bei beherrschenden Gesellschafter-Geschäftsführern muss der Erdienungszeitraum (Versorgungszusage bis Pensionsalter) mindestens **zehn Jahre** betragen. Bei nicht beherrschenden Gesellschafter-Geschäftsführern reichen drei Jahre, aber nur, wenn sie vorher mindestens zwölf Jahre der Gesellschaft angehört haben. Trotz der Absenkung der Unverfallbarkeitsfrist für Pensionszusagen auf fünf Jahre bleibt es nach BMF bei der Erdienbarkeitsfrist von zehn Jahren (vgl. BMF vom 09.12.2002, BStBl I 2002, 1393).

Die Qualifikation des Geschäftsführers durch eine entsprechende Vortätigkeit spielt bei dem Erfordernis der »Erdienbarkeit« keine Rolle. Diese hat nur Bedeutung für das Merkmal »Probezeit«. Denn die Erdienbarkeit beruht auf der Überlegung, dass die Zusage einer Pension regelmäßig eine Belohnung für die Betriebstreue des Arbeitnehmers darstellt. Diese wird aber bei beherrschenden Gesellschaftern gerade nicht an der Betriebszugehörigkeit in der Vergangenheit, sondern allein an der voraussichtlichen Fortdauer der Tätigkeit bis zur Pensionierung gemessen. Es ist deshalb ausgeschlossen, hier frühere Tätigkeiten des Geschäftsführers in die Betrachtung einzubeziehen.

Beispiel

Eine GmbH erteilt ihrem 59 Jahre alten beherrschenden Gesellschafter-Geschäftsführer eine Pensionszusage auf das 65. Lebensjahr. Drei Jahre später (im 62. Lebensjahr) verpflichtet sich der Gesellschafter-Geschäftsführer zur Dienstleistung bis zur Vollendung des 70. Lebensjahres.

Lösung

Die Pensionszusage stellt zunächst eine vGA i.S.d. § 8 Abs. 3 Satz 2 KStG dar (außerbilanzmäßige Einkommenskorrektur). Ab dem Jahr der Änderungsvereinbarung sind die weiteren Zuführungen zur Pensionsrückstellung nach § 6a EStG wieder steuerlich zulässig. Der zunächst nicht anerkannte Pensionsaufwand für die ersten drei Jahre wird steuerlich bei Eintritt des Pensionsfalls (außerbilanzmäßig) nachgeholt.

Im Urteil vom 23.09.2008 (BFH/NV 2009, 297) hat der BFH seine Rechtsprechung zur zehnjährigen Erdienensdauer auf den Fall einer **nachträglichen Erhöhung** der Pensionszusage erstreckt.

2.1.13.5 Überversorgungsverbot

Versorgungszusagen können nur dann steuerlich berücksichtigt werden, wenn sie am Bilanzstichtag bereits feststehen und eine spätere Reduzierung, etwa auf Grund planwidriger Überversorgung, nicht möglich ist. Zusagen, die künftige Einkommensentwicklungen vorwegnehmen, können nur berücksichtigt werden, soweit sie im Verhältnis zum letzten Aktivlohn angemessen sind. Von einer möglichen Vorwegnahme künftiger Einkommensentwicklungen kann regelmäßig ausgegangen werden, wenn die so genannte 75%-Grenze überschritten worden ist. Die Berechnung der Überschreitung erfolgt in folgenden Schritten:

1. Feststellung der aktiven Bezüge, bestehend aus
   - Aktivbezügen des Berechtigten (Arbeitslohn) und dem
   - Durchschnitt der variablen Gehaltsbestandteile aus den letzten fünf Jahren.
2. Feststellung der Versorgungsleistung, bestehend aus
   - Altersversorgungsansprüchen wie Direktzusage, Direktversicherung, Pensionskasse, Unterstützungskasse und Pensionsfonds im rechnerischen Pensionsalter und
   - der zu erwartenden Rente aus der gesetzlichen Rentenversicherung.

Fest zugesagte Erhöhungen dieser Ansprüche, soweit die Steigerung unter 3% liegt, bleiben außer Betracht. Aus Vereinfachungsgründen konnte bisher von einer Prüfung einer möglichen Überversorgung abgesehen werden, wenn die laufenden Aufwendungen für die Altersvorsorge 30% des stpfl. Arbeitslohns nicht überstiegen. Diese 30%-Grenze gilt letztmals für Wj., die vor dem 01.01.2005 beginnen. Der Wegfall der Vereinfachungsregel greift in bestehende Sachverhalte ein. Es empfiehlt sich, jeden Fall der Versorgung von Gesellschafter-Geschäftsführern zu überprüfen.

2.1.13.6 Angemessenheit: Jahresnettoprämie

Die Pensionszusage ist ein Bestandteil der Gesamtvergütung und damit auch in die Prüfung der Angemessenheit einzubeziehen. Dafür ist nicht die Rückstellungszuführung maßgebend, sondern die sog. fiktive Jahresnettoprämie. Die fiktive Jahresnettoprämie ist der Betrag, der für eine entsprechende Versicherung auf dem freien Markt ohne Abschluss- und Verwaltungskosten gezahlt werden müsste. Dabei ist von den Rechnungsgrundlagen auszugehen, die der Ermittlung der Pensionsrückstellung zugrunde gelegen haben. Das betrifft praktisch nur das Anfangs- und das Pensionsalter, insbesondere also nicht den Zinssatz und das Abzinsungsverfahren. Die Pensionsrückstellung selbst wird von der KapGes nach den allgemeinen Bilanzierungsgrundsätzen gebildet.

Beispiel

Die Z-GmbH macht ihrem Gesellschafter-Geschäftsführer eine Pensionszusage. Nach § 6a EStG kann steuerlich eine Rückstellung i.H.v. 9.000 € gebildet werden (Zuführung). Eine Versicherung würde dagegen eine Prämie von 9.500 € kosten. Der Geschäftsführer erhält 120.000 € Jahresgehalt. Angemessen wäre eine Gesamtvergütung von 115.000 €. Es liegt eine vGA vor i.H.v. 120.000 € + 9.500 € ./. 115.000 € = 14.500 €. Für die Frage der Auswirkung beim Gesellschafter muss aber noch die Zuordnung der vGA zu den einzelnen Vergütungen geklärt werden.

Lösung
Es spielt keine Rolle, ob die GmbH tatsächlich Rückstellungen i.H.v. 9.000 € gebildet hat. Hat die GmbH z.B. wegen eines höheren Zinssatzes i.Z.m. § 249 HGB nur eine Rückstellung i.H.v. 8.200 € gebildet, ist der Gewinn zu erhöhen um 120.000 € + 8.200 € ./. 115.000 € = 13.200 €.

2.1.13.7 Unverfallbarkeit

2.1.13.7.1 Regelung nach dem BetrAVG (nicht beherrschende Gesellschafter-Geschäftsführer)

Scheidet ein Arbeitnehmer vor Eintritt des Versorgungsfalls (Alter, Invalidität, Tod) aus dem Betrieb aus, bleiben seine bis zum Austritt erworbenen Ansprüche erhalten, sofern er zu diesem Zeitpunkt mindestens das 30. Lebensjahr vollendet hat und

- entweder die Versorgungszusage für ihn mindestens fünf Jahre bestanden hat oder
- der Beginn der Betriebszugehörigkeit mindestens zwölf Jahre zurückliegt und die Versorgungszusage für ihn mindestens drei Jahre bestanden hat.

Diese gesetzlichen Regelungen gelten grundsätzlich für alle Arbeitnehmer mit einer zugesagten betrieblichen Altersversorgung. Eine Abweichung von diesen gesetzlichen Fristen zugunsten des Arbeitnehmers kann vertraglich mit kürzeren Unverfallbarkeitsfristen vereinbart werden.

Arbeitnehmer, die das Unternehmen nach Ablauf dieser Fristen verlassen haben, behalten den Anspruch auf die betriebliche Altersversorgung. Der Versorgungsanspruch wird dann aber entsprechend der Betriebszugehörigkeit nach der Formel

$$\frac{\text{erworbener Versorgungsanspruch} \times \text{Betriebszugehörigkeit}}{\text{mögliche Betriebszugehörigkeit}}$$

ermittelt. Die mögliche Betriebszugehörigkeit ist hierbei die Zeit vom Eintritt in den Betrieb bis zur Vollendung des 65. Lebensjahres.

2.1.13.7.2 Regelung für beherrschende Gesellschafter-Geschäftsführer

Beherrschende Gesellschafter-Geschäftsführer fallen nicht unter das BetrAVG. Es können somit abweichende Unverfallbarkeitsregelungen vereinbart werden. Nach Zivilrecht kann die sofortige Unverfallbarkeit vertraglich geregelt werden. Steuerrechtlich ist eine solche Regelung grundsätzlich als durch das Gesellschaftsverhältnis veranlasst anzusehen. Eine Ausnahme davon kann nur dann vorliegen, wenn eine ratierliche Unverfallbarkeit vereinbart wurde. Ist die Zusage danach als durch das Gesellschaftsverhältnis veranlasst anzusehen, liegt bei einem vorzeitigen Ausscheiden des Berechtigten auf der Ebene der Gesellschaft eine vGA insoweit vor, als der Rückstellungsausweis für die Verpflichtung nach § 6a EStG den Betrag übersteigt, der sich bei einer sofortigen ratierlichen Unverfallbarkeit ergeben würde (vgl. BMF vom 09.12.2002, BStBl I 2002, 1393).

Bei Zusagen an beherrschende Gesellschafter-Geschäftsführer ist zur Ermittlung des Betrags, der sich bei einer sofortigen ratierlichen Unverfallbarkeit ergeben würde, nicht der Beginn der Betriebszugehörigkeit, sondern der Zeitpunkt der Zusage maßgebend.

2.1.14 Darlehen (ohne Gesellschafter-Fremdfinanzierung nach § 8a KStG)

Darlehen sind ein Unterfall der Dauerschuldverhältnisse mit folgenden möglichen vGA:

<table>
<tr><th colspan="5">Darlehensgewährung und vGA</th></tr>
<tr><td colspan="2">Darlehensgewährung
von KapGes an Gesellschafter</td><td colspan="3">Darlehensgewährung
von Gesellschafter an KapGes</td></tr>
<tr><td>Darlehen ist selbst vGA</td><td>Vorteil der Minder- oder Unverzinslichkeit ist vGA</td><td>Vorteil der Überverzinslichkeit ist vGA</td><td>Zinsen sind vGA in anderen Fällen</td><td>Sonderfall: gesamter Zins ist vGA (§ 8a KStG)</td></tr>
</table>

2.1.14.1 Darlehen an den Gesellschafter: Darlehen selbst ist verdeckte Gewinnausschüttung

Die Darlehensgewährung selbst wird bereits als vGA behandelt (vGA = ausgezahlter Darlehensbetrag), wenn die KapGes einem fremden Dritten das Darlehen in der vereinbarten Form (ausgenommen die Höhe des Zinssatzes) **nicht gewährt hätte**.

Anhaltspunkte dafür sind z. B., wenn der Vertrag

- keine Rückzahlungspflicht vorsieht,
- eine extrem lange Laufzeit aufweist, ohne gleichzeitige Absicherung durch werthaltige Sicherheiten (Grundschulden etc.) oder
- ohne Gesellschafterstellung wegen fehlender Sicherheiten und völlig ungenügender Bonität des Darlehensnehmers nie zustande gekommen wäre.

Ist das Darlehen selbst eine vGA, so darf es in der Steuerbilanz nicht aktiviert werden. Der um diesen Betrag geminderte Gewinn ist außerhalb der Bilanz um den gleichen Betrag als vGA wieder zu erhöhen. Der Anteilseigner bezieht in dieser Höhe Einkünfte nach § 20 Abs. 1 EStG. Übernimmt die Gesellschaft Bankschulden des Gesellschafters gegen gleich hohe (werthaltige) Rückgriffsforderungen, liegt darin keine vGA. Eine vGA kann jedoch bestehen, soweit für die Übernahme des Haftungsrisikos keine angemessene Vergütung vereinbart wurde (BFH vom 26.02.1992, BStBl II 1992, 846).

2.1.14.2 Darlehen an den Gesellschafter: Vorteil der Minder- oder Unverzinslichkeit

Wäre auch einem Dritten das Darlehen gewährt worden, jedoch zu einem marktüblichen Zinssatz und erhielt dagegen der Gesellschafter das Darlehen unverzinslich oder zu einem unter dem Marktsatz (bei Darlehensgewährung) liegenden Zinssatz, dann liegt in der **Zinsdifferenz** eine vGA.

Beispiel

A ist zu 100 % an der A-GmbH beteiligt. Die GmbH gewährt A ein Darlehen i.H.v. 100.000 € zu 5 % Zins p.a. Das Darlehen weist eine Laufzeit (mit Zinsfestschreibung) von sechs Jahren auf. Zum Zeitpunkt der Darlehensgewährung betrug der Marktzins für diese Laufzeit und für Kreditnehmer vergleichbarer Bonität 9 % p.a.

Lösung

Die GmbH gewährt A eine vGA i.H.v. 9% ./. 5% = 4% × 100.000 € = 4.000 € p.a. Änderungen des Marktzinses während der Darlehenslaufzeit haben keine Auswirkung auf die Höhe der vGA.

2.1.14.3 Darlehen an die Gesellschaft: Vorteil der Überverzinslichkeit

Gewährt der Gesellschafter der KapGes ein Darlehen, so liegt eine vGA vor, wenn die Vereinbarung überhöhte Zinsen (einschließlich sämtlicher Nebenleistungen wie Gebühren, Provisionen, Damnum etc.) vorsieht. Die Differenz zwischen der vereinbarten und der zum Zeitpunkt des Vertragsabschlusses angemessenen (d. h. marktüblichen) Vergütung ist pro Jahr als vGA zu behandeln. Auch hier stellt sich ggf. das Problem der Zuordnung der vGA zu einem Entgeltbestandteil wegen der Frage des Zuflusszeitpunkts.

2.1.14.4 Darlehen an die Gesellschaft: Zinsen sind verdeckte Gewinnausschüttungen in sonstigen Fällen

Nach BFH vom 09.07.2003, BStBl II 2004, 425 führen Zinsen für ein Darlehen, das eine Trägerkörperschaft einem Betrieb gewerblicher Art gewährt, insoweit zu vGA, als die Darlehensmittel eine unzureichende Eigenkapitalausstattung des Betriebs ausgleichen. Die als Maßstab zugrunde zu legende angemessene Eigenkapitalquote bestimmt sich nach der Kapitalstruktur gleichartiger Unternehmen der Privatwirtschaft im maßgeblichen Zeitraum.

2.1.14.5 Praxisorientierte Beispiele zur Darlehensgewährung

Beispiel 1

Am 21.08.01 erwarb A von B dessen Beteiligung (20%) an der V-GmbH. Bereits am 01.07.01 hatte die GmbH im Hinblick auf den baldigen Anteilsverkauf einen Pkw an A für 5.000 € verkauft. Der Wagen hatte einen Wert i.H.v. 12.000 €. Nach einer Belegprüfung durch den Beirat im Frühjahr 02 wurde der Vorteil von der GmbH im Mai 02 zurückverlangt und A überwies die 7.000 € am 04.06.02. Nach dem Gesellschaftsvertrag müssen Vorteile wieder zurückgezahlt werden. A fühlte sich zwar an diese Aussage nicht gebunden, da das Geschäft vor dem Anteilserwerb stattfand, leistete aber den Betrag, um Streitigkeiten zu vermeiden.

Die Prüfung durch den Beirat ergab, dass der Gesellschafter X von der GmbH am 01.05.01 ein Darlehen über 20.000 € erhalten hatte. Der vereinbarte Zins betrug 4% und war nach zwölf Monaten fällig. Der marktübliche Zinssatz wäre 9% p.a. gewesen. Auch hier verlangte der Beirat die Rückgängigmachung, sodass X in 02 1.800 € Zinsen zahlen musste. Die Bilanz zum 31.12.01 war bereits im Februar 02 von der Gesellschafterversammlung festgestellt worden. Wie tangieren diese Sachverhalte das zvE in 01? Auf die USt ist nicht einzugehen.

Lösung

Nach § 8 Abs. 3 KStG ist es für die Ermittlung des zvE ohne Bedeutung, ob es ausgeschüttet wird oder nicht. Es ist zu prüfen, ob vGA vorliegen. Dies ist dann der Fall, wenn bei der KapGes eine Vermögensminderung eintritt, die das zvE verringert, die Minderung durch das Gesellschaftsverhältnis verursacht ist und dieser Vorgang nicht auf einem den

gesellschaftsrechtlichen Bestimmungen entsprechenden Gewinnverwendungsbeschluss beruht. Dasselbe gilt bezüglich einer verhinderten Vermögensmehrung.
Durch den Pkw-Verkauf ist bei der GmbH eine mögliche Vermögensmehrung i.H.v. 12.000 € ./. 5.000 € = 7.000 € unterblieben. Da der Verkaufsgewinn stpfl. ist, führt dies auch zu einer Verringerung des zvE. Es liegt auch kein Gewinnverwendungsbeschluss darüber vor. Allerdings ist fraglich, ob die Vorteilszuwendung durch das Gesellschaftsverhältnis veranlasst ist. Eine solche Veranlassung liegt vor, wenn ein ordentlicher Geschäftsführer den Vorteil einem Nichtgesellschafter nicht zugewendet hätte. Hier wurde der Vorteil aber einem (zur Zeit der Vorteilsgewährung) Nichtgesellschafter zugewendet. Entscheidend ist jedoch die Veranlassung. Da die GmbH den Pkw-Verkauf im Hinblick auf den baldigen Anteilsübergang vorgenommen hat, ist diese Veranlassung gegeben.
Hinsichtlich der niedrig verzinslichen Darlehensgewährung liegt ebenfalls eine vGA vor. Dass bei X noch kein Zufluss des Vorteils eingetreten ist, ist unbeachtlich. Das Einkommen ist daher i.H.d. zeitanteiligen Vorteils von 8/12 × 20.000 € × (9 ./. 4) % = 667 € zu erhöhen.
Die Rückgewähr des Vorteils kann die vGA nicht rückgängig machen. Sie ist vielmehr als Einlage zu behandeln. Das gilt für den Pkw-Verkauf und den Zinsvorteil. Bezüglich der Darlehensgewährung muss X im Jahr 02 1.800 € zahlen. Zufluss und Rückgewähr fallen somit zwar in demselben Jahr zusammen. Die Tatsache, dass die Rückgewähr auf einer Bestimmung im Gesellschaftsvertrag beruht, ist aber steuerlich unbeachtlich. Schließlich wurde die Rückgewähr auch erst nach Aufstellung der Schlussbilanz vorgenommen.

Beispiel 2

G ist zu 35 % an der V-GmbH beteiligt. Er unterhält außerdem ein Einzelunternehmen. Die V-GmbH gewährt ihrem Hauptlieferanten U ein Darlehen i.H.v. 140.000 € zu einem Zinssatz von 5 % p.a. Der marktübliche Zinssatz beläuft sich auf 8 % p.a. G hat die Darlehensvergabe beim Geschäftsführer durchgesetzt. Er erhält infolge des billigen Kredits an die U von dieser einen Einkaufsrabatt i.H.v. 10 %. Der Vorteil daraus schwankt zwischen 3.500 € und 4.500 € p.a. Ergeben sich daraus steuerliche Folgerungen (ohne USt)?

Lösung

Hier tritt zwar eine Vermögensminderung ein, die auch zu einer Verminderung des stpfl. Einkommens führt. Es liegt auch kein Gewinnausschüttungsbeschluss vor. Der Vorteil wird aber nicht an einen Gesellschafter gewährt. Ausreichend ist jedoch die Veranlassung durch das Gesellschaftsverhältnis. Daher führen auch Vorteilszuwendungen an Dritte zu einer vGA, wenn es sich um nahestehende Personen handelt. Eine nahestehende Person kann auch ein Betrieb sein. Der Tatbestand ist bereits dann erfüllt, wenn die Leistung an den Dritten aus anderen Gründen dem Gesellschafter zugute kommt. Dies ist hier der Fall, denn der Zinsvorteil wird über die Rabattgewährung an X weitergeleitet.
Bezüglich des Werts der vGA sind zu diesen Sonderfällen in den KStR keine Aussagen enthalten. Es würde aber zu weit führen, wenn man auf die Höhe des Vorteils beim Gesellschafter abstellt. Dies folgt schon aus der Aussage, dass der Zufluss beim Gesellschafter unbeachtlich ist. Das zu versteuernde Einkommen der GmbH ist daher pro Jahr um 3 % × 140.000 € = 4.200 € zu erhöhen.

2.1.15 Kaufverträge

Der Verkauf eines Gegenstands durch die Gesellschaft an den Gesellschafter führt zu einer vGA, wenn der Gesellschafter weniger als den Marktpreis bezahlt. Verkauft der Gesellschafter einen Gegenstand an die Gesellschaft, dann liegt eine vGA vor, wenn die Gesellschaft einen höheren Preis als den Marktpreis bezahlt.

Beispiel 1

Die Gesellschaft kauft vom Gesellschafter einen Pkw für 10.000 €. Der gemeine Wert des Pkw beläuft sich auf 4.000 €.

Lösung

Es liegt eine vGA von 6.000 € vor. Bei der Gesellschaft ändert sich das Einkommen nicht, da die überhöhten AK ggf. durch eine außerplanmäßige Abschreibung herabzusetzen sind und andererseits genau dieser Betrag wieder als vGA außerbilanziell hinzuzurechnen ist (vgl. auch BMF vom 28.05.2002, BStBl I 2002, 603).

Beim Gesellschafter hängt die Zuordnung der vGA zu einer Einkunftsart davon ab, ob er die Anteile im Betriebs- oder im Privatvermögen hält. Unwichtig ist, ob der Kaufgegenstand sich im Betriebs- oder Privatvermögen befand oder diesem zugewiesen wird.

Beispiel 2

a) G veräußert ein zum Privatvermögen gehörendes Aktienpaket (AK 20.000 €) mit einem Kurswert im Veräußerungszeitpunkt von 25.000 € zum Preis von 30.000 € an eine GmbH, an der er beteiligt ist (§§ 17 und 23 EStG treffen nicht zu).

b) Die Beteiligung an der GmbH gehört bei G zum Privatvermögen.

Lösung

a) Bei der GmbH wird das Aktienpaket zunächst mit AK von 30.000 € in die Bücher genommen. Der Wert ist jedoch durch eine Abschreibung um 5.000 € auf 25.000 € herabzusetzen. I.H.v. 5.000 € liegt eine vGA vor, sodass der Gewinn außerbilanziell um 5.000 € zu erhöhen ist. Bei der GmbH treten im Ergebnis also keine Einkommensauswirkungen ein.

   G erzielt aufgrund der vGA Einkünfte aus Kapitalvermögen (5.000 €, die der Kapitalertragsteuer, i.H.v. 25% gem. § 43 Abs. 1 Satz 1 Nr. 1 EStG unterliegen und Abgeltungswirkung gem. § 43 Abs. 5 EStG entfalten).

b) Die GmbH-Beteiligung gehört bei G zum Betriebsvermögen seines Einzelunternehmens.

   Bei der GmbH ergeben sich die gleichen Auswirkungen wie bei Variante a) G hat nun jedoch Einnahmen im Rahmen seines Gewerbebetriebs (§ 15 EStG) i.H.v. 5.000 €, wovon 40% nach § 3 Nr. 40 EStG steuerfrei sind.

Beispiel 3

a) Der Gesellschafter G veräußert ein zum Betriebsvermögen seines Einzelunternehmens gehörendes Aktienpaket (AK 20.000 €) mit einem Kurswert von 25.000 € für 30.000 € an eine GmbH, an der er beteiligt ist.

b) Die Beteiligung an der GmbH gehört bei G zum Privatvermögen.

Lösung

a) Bei der GmbH verändert sich nichts im Vergleich zu Beispiel 1.
Bei G ist die vGA im Privatvermögen angefallen (§ 20 EStG; 5.000 €, die der Kapitalertragsteuer, i.H.v. 25 % gem. § 43 Abs. 1 Satz 1 Nr. 1 EStG unterliegen und Abgeltungswirkung gem. § 43 Abs. 5 EStG entfalten). Dass ein Gegenstand des Betriebsvermögens veräußert wurde, ist unbeachtlich. Fließt der Kaufpreis für die Aktien auf das betriebliche Konto, liegt in dieser Höhe im Betrieb des G eine Einlage vor. Wegen der Fiktionstheorie (Angemessenheitsfiktion) wird im Einzelunternehmen nur ein Verkaufspreis i.H.v. 25.000 € erfasst.

b) Die Beteiligung an der GmbH gehört bei G zum Betriebsvermögen (wie das Aktienpaket). Bei der GmbH verändert sich dadurch nichts.
G hat Einkünfte aus Gewerbebetrieb, die vGA ist also im Betriebsvermögen bezogen, da die Beteiligung an der GmbH im Betriebsvermögen liegt. Auch hier sind 40 % nach § 3 Nr. 40 EStG steuerfrei.

VGA durch Kaufverträge sind auch bei Genossenschaften möglich (BFH vom 20.01.1993, BStBl II 1993, 376).

2.1.16 Dienstleistungen

Für Dienstleistungen gelten die allgemeinen Grundsätze (siehe allgemeine Erläuterungen zur vGA). Es ist ein Fremdvergleich durchzuführen. Laut BFH vom 09.08.2000, BStBl II 2001, 140 stellt die Überlassung des Konzernnamens an ein konzernverbundenes Unternehmen i.d.R. einen sog. Rückhalt im Konzern dar, für den Lizenzentgelte steuerlich nicht verrechenbar sind. Ist der Konzernname jedoch zugleich als Markenname oder Markenzeichen geschützt, gilt etwas anderes, soweit der überlassenen Marke ein eigenständiger Wert zukommt.

2.1.17 Verdeckte Gewinnausschüttung bei Schwestergesellschaften

Bei Schwestergesellschaften stellt sich die Frage, wie eine unangemessene Leistung einer Gesellschaft (T1) an ihre Schwestergesellschaft (T2) zu behandeln ist, wenn die Leistung ihre Ursache im Gesellschaftsverhältnis zur gemeinsamen Muttergesellschaft (M) hat. Es ist zu unterscheiden, ob die unangemessene Leistung in der Zuwendung von bilanzierungsfähigen Wirtschaftsgütern oder in Nutzungen besteht.

Unangemessene Leistung besteht in bilanzierungsfähigen Wirtschaftsgütern		
Erhöhung des Gewinns der ausschüttenden T1	Beteiligungsertrag bei M	Einlage bei T2 = Aktivierung als AK der Beteiligung von M an T2
Erhöhung des Gewinns der ausschüttenden T1	Beteiligungsertrag bei M	**Keine** Einlage bei T2 = **aber** fiktiver Aufwand
Nutzungen und Leistungen		

Quelle: GrS des BFH vom 26.10.1987, BStBl II 1988, 348

2.1.17.1 Bilanzierungsfähige Wirtschaftsgüter

Handelt es sich um eine unangemessene Leistung in bilanzierungsfähigen Wirtschaftsgütern (WG) von T1 an T2, so stellen sich die Rechtsfolgen wie folgt dar:

- Bei T1 wird der Gewinn i.H.d. an T2 gewährten vGA erhöht.
- Bei M fließt die vGA von T1 zu. Es wird fingiert, dass die von T1 an T2 erbrachte Leistung zunächst M zugewendet wird und M das Gut bei T2 in Form der **verdeckten Einlage** einlegt. Das **erhöht** den **Beteiligungseinsatz** von T2 bei M. Buchhalterisch müsste also zunächst die empfangene Leistung (bilanzierungsfähiges WG) bei M eingebucht werden (z.B. Maschine an Ertrag) und dann die Umbuchung des WG auf den Beteiligungsansatz T2 erfolgen (z.B. Beteiligung T2 an Maschine). In abgekürzter Weise kann auch die Beteiligungserhöhung T2 an Ertrag gebucht werden. Der Gewinn bei M erhöht sich um die vGA. Wegen **§ 8b Abs. 1 KStG** ist der **Beteiligungsertrag bei M steuerfrei**.
- Bei T2 ist die verdeckte Einlage von M zur Bilanzierung des WG (Maschine an Rücklage oder auch Maschine an Ertrag und außerbilanzieller Abzug der Einlage) ohne Gewinnauswirkung.

Nach BFH vom 29.10.1997, BStBl II 1998, 573 können Darlehensgewährungen im Konzern aber nicht allein deshalb als vGA beurteilt werden, weil für sie keine Sicherheit vereinbart wurde.

Zuwendung eines bilanzierungsfähigen Gutes: T1 → T2				
T1	→	M	→	T2
vGA und entsprechende Gewinnerhöhung		Zufluss der vGA bei M (steuerfrei nach § 8b Abs. 1 KStG) + Erhöhung des Beteiligungswerts T2 i.H.d. vGA (= verdeckte Einlage)		Steuerneutrale Erfassung als verdeckte Einlage

Beispiel

Die A-AG ist zu jeweils 70 % an der GmbH-1 und der GmbH-2 beteiligt. Die GmbH-1 verkauft der GmbH-2 ein Wirtschaftsgut für 10.000 €, dessen gemeiner Wert 15.000 € beträgt.

Lösung

Das zvE der GmbH-1 ist um 15.000 € ./. 10.000 € = 5.000 € zu erhöhen. Die A-AG erhöht ihren Beteiligungsansatz der GmbH-2 um 5.000 €. Daraus resultiert bei der A-AG ein Gewinn i.H.v. 5.000 €, der nach § 8b Abs. 1 KStG steuerfrei ist. Die GmbH-2 aktiviert die Maschine i.H.v. 15.000 €. Dagegen steht ein Abgang auf dem Bankkonto i.H.v. 10.000 € sowie eine Erhöhung der Rücklagen i.H.v. 5.000 € (Aktivtausch und Bilanzverlängerung).

2.1.17.2 Kein einlagefähiges Wirtschaftsgut

Handelt es sich bei der unangemessenen Leistung von T1 an T2 um Nutzungsvorteile (vor allem unentgeltliche Nutzungen), ergeben sich folgende Rechtsfolgen:

- Bei T1 wird der Gewinn in Höhe der an T2 gewährten vGA erhöht.
- Bei M fließt die vGA zwar zu, jedoch gilt der vGA-Zufluss als **wieder für die Beteiligung verbraucht**, sodass sich bei M keine Gewinnauswirkung ergibt. Der Beteiligungsertrag ist

nach § 8b Abs. 1 KStG steuerfrei. Der Aufwand für die Beteiligung T2 kann dagegen steuerlich nicht geltend gemacht werden, da die nichtabzugsfähigen Aufwendungen durch § 8b Abs. 5 KStG auf 5 % der Einnahmen normiert werden und darüber hinaus § 3c Abs. 1 EStG nicht zur Anwendung gelangt.
- Bei T2 kommt es zu keiner (verdeckten) Einlage.

Zuwendung eines nicht bilanzierungsfähigen Gutes: T1 → T2				
T1	→	M	→	T2
vGA und entsprechende Gewinnerhöhung		Zufluss der vGA bei M – fiktiver Aufwand zugunsten der Beteiligung T2		steuerwirksame Erfassung (keine verdeckte Einlage)

Beispiel

Wie oben, jedoch gewährt die GmbH-1 an die GmbH-2 einen Nutzungsvorteil.

Lösung

Die GmbH-1 muss ihr zvE um 5.000 € erhöhen. Die A-AG erhält einen Vorteil, den sie sofort der GmbH-2 weitergibt. Sie tätigt damit Aufwendungen für die Beteiligung. Einem nach § 8b Abs. 1 KStG steuerfreien Beteiligungsertrag i.H.v. 5.000 € der A-AG steht jedoch nach § 8b Abs. 5 KStG nur ein steuerlich nicht abzugsfähiger (pauschaler) Aufwand i.H.v. 0,05 × 5.000 € = 250 € gegenüber. Da § 8b Abs. 5 KStG die Anwendung des § 3c Abs. 1 EStG (über § 8 Abs. 1 KStG) ausschließt, sind die tatsächlichen Aufwendungen i.H.v. 5.000 € steuerlich abzugsfähig.
Bei der GmbH-2 ist nichts zu veranlassen, da kein einlagefähiges WG vorliegt.

Gem. BFH vom 27.03.2001, BStBl II 2001, 771 kann bei der Begründung einer Betriebsaufspaltung der im bisherigen Unternehmen entstandene Geschäftswert auf die neu gegründete Betriebsgesellschaft übergehen. Soweit dies der Fall ist, liegt keine vGA darin, dass die Betriebs-GmbH dem bisherigen Einzelunternehmen ein angemessenes Entgelt für den übergegangenen Geschäftswert zahlt.

2.1.18 Geschäftschancentheorie – Wettbewerbsverbot

Für jeden Gesellschafter-Geschäftsführer einer GmbH ergibt sich entweder aus dem Gesellschaftsvertrag oder aus allgemeinen Treuepflichten ein Wettbewerbsverbot.

Zu einer vGA kann es immer dann kommen, wenn die GmbH Gewinn auf ihre Gesellschafter-Geschäftsführer dadurch verlagert, dass sie auf Geschäftschancen zugunsten der Gesellschafter verzichtet. Nachdem der BFH die verschärfte Rechtsprechung zum Bereich der Wettbewerbsverbote aufgegeben hat, haben sich in der Rechtsprechung die Grundsätze der Geschäftschancentheorie entwickelt (vgl. BMF vom 04.02.1992, BStBl I 1992, 137 und BMF vom 29.06.1993, BStBl I 1993, 556). Zur vGA kommt es danach nur, wenn die GmbH die Geschäftschance auch tatsächlich wahrnehmen kann. Hätte die GmbH das Geschäft selbst nie abgeschlossen, liegt kein Verstoß gegen das Wettbewerbsverbot vor.

Beispiel
Die A und B Steuerberatungsgesellschaft mbH betreut ausschließlich Mandanten, die im Heilberuf aktiv sind. Potentielle Mandanten von Industrieunternehmen wünschen die steuerliche Betreuung durch den Gesellschafter-Geschäftsführer A.

Lösung
Da die GmbH ausschließlich Mandate der Heilberufe betreut, liegt nach der Geschäftschancentheorie des BFH keine vGA der GmbH an den A vor, wenn A die Mandate von seiner Ehefrau betreuen lässt.

Befreit die GmbH ihren Gesellschafter-Geschäftsführer unentgeltlich vom Wettbewerbsverbot und hätte ein fremder Dritter dafür eine Entschädigung zu zahlen, liegt in Höhe des angemessenen Entgelts für den Verzicht eine vGA vor (vgl. BFH vom 09.07.2003, BFH/NV 2003, 1349). Gleiches gilt für die Verlagerung von Geschäftschancen auf eine Schwestergesellschaft.

Ob der Alleingesellschafter einer GmbH den Grundsätzen der Geschäftschancenlehre unterliegt, ist umstritten. Nach BFH vom 12.10.1995, DB 1996, 205 unterliegt der Alleingesellschafter nicht dem Wettbewerbsverbot, da er sich jederzeit selbst davon befreien könnte. Diese Auffassung erscheint problematisch, da es für die Frage der vGA nicht darauf ankommt, ob er vom Wettbewerbsverbot befreit ist. Es kommt in diesen Fällen darauf an, dass ein Nichtgesellschafter für die Befreiung ein Entgelt hätte zahlen müssen.

Ein Gesellschafter-Geschäftsführer, der gegen ein Wettbewerbsverbot verstößt, ist der GmbH zum Schadenersatz verpflichtet. Fraglich ist, ob in diesen Fällen eine vGA vorliegt. Es gibt dazu zwei Ansichten:

1. Zum einen wird vertreten, dass eine vGA nicht vorliegt, da in der GmbH keine verhinderte Vermögensmehrung vorliegt. Es hätte in der GmbH ein Schadenersatzanspruch aktiviert werden müssen. Ist dies nicht geschehen, muss die Bilanz nach den Vorschriften der Bilanzberichtigung (§ 4 Abs. 2 EStG) korrigiert werden (BFH vom 24.03.1998, BB 1998, 1928).
2. Zum anderen wird die Meinung vertreten, dass eine vGA den Vorschriften der Bilanzberichtigung immer vorrangig ist (vgl. BFH vom 22.10.2003, BFH/NV 2004, 667). Dies wird damit begründet, dass es sich hinsichtlich der fehlenden Einbuchung der Schadenersatzforderung nicht um ein Versehen, sondern um einen außerbetrieblichen, durch den Gesellschafter-Geschäftsführer veranlassten Vorgang handelt. Steuerrechtlich handelt es bei der Ersatzforderung um eine Einlageforderung.

2.1.19 Risikogeschäfte

Risikogeschäfte können branchenbezogen sein (Währungsoptions- bzw. Termingeschäfte bei Unternehmen mit hoher Auslandsaktivität); sie können aber auch völlig branchenunabhängig durchgeführt werden (Options- oder Termingeschäfte, die mit der eigentlichen gewerblichen Tätigkeit keinerlei Zusammenhang aufweisen). Die GmbH ist grundsätzlich völlig darin frei, Geschäfte, die Risiken aber auch Chancen in sich tragen, abzuschließen (BFH vom 31.03.2004, BFH/NV 2004, 1482). Auch ordentliche und gewissenhafte Geschäftsleiter schließen häufig Geschäfte hohen Risikos ab. Diese sind untrennbar Grundlage eines jeden geschäftlichen Erfolgs. Voraussetzung der Anerkennung solcher Risikogeschäfte ist allerdings, dass keine vornehmlich private Veranlassung der Geschäfte durch die Gesellschafter-Geschäftsführer erkennbar ist.

2.1.20 Gewerbesteuerliche Behandlung der verdeckten Gewinnausschüttungen

In dem Umfang, in welchem bei der KSt das Einkommen um die vGA zu erhöhen ist, erhöht sich auch der Gewerbeertrag (§ 7 GewStG), da vom körperschaftsteuerlichen Gewinn auszugehen ist. Da die Gewerbesteuer nicht mehr als Betriebsausgabe abzugsfähig ist gem. § 4 Abs. 5b EStG, hat die Erhöhung der Gewerbesteuer die Erhöhung der Gewerbesteuer-Rückstellung in der Bilanz nicht mehr zur Folge. Die Berechnung erfolgte z. B. nach der Multiplikationsmethode oder der »Fünfsechstelmethode«. Seit VZ 2008 sind diese nicht mehr anzuwenden, da die Gewerbesteuer und ihre Nebenleistung nicht mehr abzugsfähig sind.

2.1.21 Rechtsprechung und Verwaltungsanweisungen zur verdeckten Gewinnausschüttung nach Themen

Im Folgenden soll ein schneller Überblick über aktuelle Entscheidungen zum Thema vGA ermöglicht werden.

	Beherrschende Gesellschafter-Geschäftsführer
BFH vom 15.12.2004, BFH/NV 2005, 796	Wird eine Vergütungsvereinbarung zwischen der KapGes und ihrem beherrschenden Gesellschafter-Geschäftsführer für einen bestimmten Zeitraum nicht tatsächlich durchgeführt, so liegt eine vGA auch nur für diesen Zeitraum vor.
BFH vom 22.02.2005, GmbHR 2005, 945	Eine vGA an eine dem Gesellschafter nahestehende Person führt bei einem Minderheitsgesellschafter nicht automatisch zu Einnahmen aus Kapitalvermögen.
	Vergütung des Gesellschafter-Geschäftsführers
	Gesamtausstattung
OFD Chemnitz vom 14.06.2004, GmbHR 2005, 507	Der Halbteilungsgrundsatz (d. h. es verbleibt ein Jahresüberschuss vor Ertragsteuern in mindestens gleicher Höhe wie die Geschäftsführervergütung) in Tz. 16 des BMF-Schreibens vom 14.10.2002, a.a.O. stellt lediglich eine Nichtaufgriffsgrenze dar; ein Überschreiten dieser Grenze führt nicht zwangsläufig zur Annahme einer vGA.
BFH vom 04.06.2003, BStBl II 2004, 139	Die als angemessen anzusehende Gesamtausstattung bezieht sich regelmäßig auf die Gesamtgeschäftsführung. Bei Bestellung mehrerer Gesellschafter-Geschäftsführer können deswegen insbesondere bei einer kleineren GmbH Vergütungsabschläge vorzunehmen sein. Dies ist allerdings einzelfallabhängig. In Ausnahmefällen können auch Zuschläge gerechtfertigt sein.
BFH vom 09.02.2011, BFH/NV 2011, 1396	Angemessene Gesamtausstattung bei mehreren Gesellschafter-Geschäftsführern: Bei der dem FG i.R.d. vGA-Prüfung obliegenden Feststellung der Angemessenheit der Gesamtausstattung kann es bei Vorhandensein mehrerer Gesellschafter-Geschäftsführer sachgerecht sein, einen für die Gesamtgeschäftsführung ermittelten Wert im Ausgangspunkt durch die Zahl der Geschäftsführer zu dividieren. Das gilt namentlich dann, wenn die Gesellschaft in oder nahe der Verlustzone operiert. Ein so gefundener Wert darf nicht pauschal als Fremdvergleichswert angesetzt werden; vielmehr ist stets ergänzend zu prüfen, ob er im konkreten Fall im Hinblick auf besondere Aufgaben oder Qualifikationen der Geschäftsführer korrigiert werden muss.

BFH vom 27.03.2012, BFH/NV 2012, 1127	Die an einen GmbH-Gesellschafter-Geschäftsführer gezahlten Zuschläge für Dienste an Sonn- und Feiertagen sind regelmäßig gesellschaftsrechtlich veranlasst und damit als vGA zu beurteilen.
	Gehalt
BFH vom 15.12.2004, BFH/NV 2005, 796	Bei der Bestimmung des steuerlich anzuerkennenden Gehalts eines Gesellschafter-Geschäftsführers einer GmbH ist i.d.R. mindernd zu berücksichtigen, wenn dieser zusätzlich für weitere Unternehmen arbeitet.
BFH vom 11.08.2004, Az: I R 79/04 (n.v.)	Umsatzabhängige Gehaltsbestandteile stellen regelmäßig eine vGA dar; nicht umsatzabhängige variable Gehaltsbestandteile stellen nicht notwendigerweise eine vGA dar.
BFH vom 20.10.2004, BFH/NV 2005, 723	Wird das Gehalt eines Gesellschafter-Geschäftsführers entgegen den Bestimmungen des Anstellungsvertrages erst nach einem Gesellschafterbeschluss ausgezahlt, liegt darin eine vGA, die bei vorliegender Vertragsregelung nicht um eine »angemessene Vergütung« (i.S.d. § 612 Abs. 2 BGB) zu kürzen ist.
BFH vom 18.12.2002, BFH/NV 2003, 946	Ist eine vertragliche Gestaltung im Verhältnis zwischen einer AG und ihrem Vorstandsmitglied, der zugleich Mehrheitsaktionär ist, einseitig an den Interessen des Vorstandsmitglieds und nicht auf einen gerechten Ausgleich beiderseitiger Interessen ausgerichtet, so kann auch bei einer AG eine vGA vorliegen.
BFH vom 28.01.2004, HFR 2004, 553	Abgeltungszahlungen für nicht in Anspruch genommenen Urlaub an den Gesellschafter-Geschäftsführer einer GmbH stellen keine vGA dar, wenn betriebliche Gründe der Urlaubsinanspruchnahme entgegenstehen. Das gilt selbst dann, wenn Vereinbarungen zu den Voraussetzungen der Zahlungen fehlen. Auch das Verbot der Abgeltung von Urlaubsansprüchen in § 7 Abs. 4 BUrlG steht der steuerrechtlichen Zulässigkeit solcher Urlaubsabgeltungszahlungen nicht entgegen.
BFH vom 05.06.2002, BStBl II 2003, 329	Wird dem Gesellschafter-Geschäftsführer einer GmbH neben einem monatlichen Festgehalt jährlich eine weitere Festvergütung für den Fall des Erreichens einer bestimmten Umsatzgrenze gezahlt, so liegt hierin nicht zwingend eine vGA. Eine solche ist regelmäßig nur anzunehmen, wenn die Gesamtvergütung ihrer Höhe nach unangemessen ist
BFH vom 19.06.2006, BFH/NV 2006, 2131	Überstundenvergütungen des Gesellschafter-Geschäftsführer einer GmbH sind regelmäßig vGA; ein Ausnahmefall kann gegeben sein, wenn in dem konkret betroffenen Unternehmen entsprechende Vergütungen gleichermaßen an gesellschaftsfremde Arbeitnehmer gezahlt werden, die im Hinblick sowohl auf die Art der entgoltenen Tätigkeit als auch auf die Höhe und Struktur der von ihnen bezogenen Entgelte mit dem Gesellschafter-Geschäftsführer vergleichbar sind.
FG Hamburg vom 28.06.2012, BB 2012, 2594	Längerfristige Stundungen erheblicher Gehaltsansprüche von Gesellschafter-Geschäftsführern ohne zeitliche Befristungen oder Festlegung von Überprüfungszeiträumen nebst Maßstäben stellen vGA dar.

	Tantieme
BFH vom 17.12.2003, BFH/NV 2004, 88	Verspricht eine KapGes ihrem Gesellschafter-Geschäftsführer eine Gewinntantieme, so muss ein Verlustvortrag jedenfalls dann in die Bemessungsgrundlage der Tantieme einbezogen werden, wenn der Gesellschafter-Geschäftsführer für den Verlust verantwortlich oder zumindest mitverantwortlich ist. Andernfalls liegt i.H.d. Differenzbetrages zwischen der tatsächlich gezahlten Tantieme und derjenigen, die sich bei Berücksichtigung des Verlustvortrags ergeben hätte, eine vGA vor.
BFH vom 09.07.2003, BFH/NV 2004, 88	Wird dem beherrschenden Gesellschafter-Geschäftsführer eine Tantieme gezahlt, die der Höhe nach dem entspricht, was er vor seiner Beteiligung an der KapGes von dieser als Fremdgeschäftsführer erhalten hat, so hält sie einem Fremdvergleich stand.
BFH vom 22.10.2003, BStBl II 2004, 307	Vereinbart eine GmbH mit ihrem beherrschenden Gesellschafter-Geschäftsführer die Zahlung von unverzinslichen Vorschüssen auf eine Gewinntantieme, so müssen die Voraussetzungen und die Zeitpunkte der vereinbarten Vorschusszahlungen im Einzelnen klar und eindeutig im Voraus festgelegt werden. Andernfalls ist der Verzicht auf eine angemessene Verzinsung eine vGA.
BFH vom 27.02.2003, BFH/NV 2003, 1346 und 1388 sowie BFH vom 04.06.2003, BStBl II 2004, 136	Mit drei Urteilen hat der BFH zur Frage der Angemessenheit der Bezüge von beherrschenden Gesellschafter-Geschäftsführer mit Gewinntantieme Stellung genommen. Das Gericht hat mit diesen Urteilen frühere Aussagen revidiert, und auch das BMF-Schreiben vom 01.02.2002 (BStBI I 2002, 219) kann als in Teilen überholt angesehen werden. Insbesondere die so genannte 75 : 25%-Relation zwischen Festgehalt und Tantieme wurde vom BFH stark aufgeweicht.
BFH vom 09.06.2004, BFH/NV 2004, 1424	Die Vereinbarung einer Umsatztantieme führt nicht zwingend zur vGA; in besonderen Einzelfällen kann eine umsatzabhängige Vergütung gerechtfertigt sein (im Urteilsfall: Auktionator einer Versteigerungs-AG, der nicht mehrheitlich beteiligt war; im Übrigen bestand ein Aufsichtsrat, der bei der Ausgestaltung der Vorstandsbezüge an die Vorgaben in der Gründungssatzung gebunden war.)
BFH vom 28.06.2006, BFH/NV 2007, 107	Eine Umsatzbeteiligung, die dem Gesellschafter-Geschäftsführer unabhängig von der Erzielung von Erträgen zu gewähren ist, begründet regelmäßig eine vGA. Ausnahmen gelten dann, wenn die mit der variablen Vergütung angestrebte Leistungssteigerung durch eine Gewinntantieme nicht zu erreichen wäre, z. B. in der Aufbauphase eines Unternehmens; jedoch sind in diesem Fall Höchstgrenzen festzulegen und die Umsatztantieme zeitlich zu begrenzen. Ebenso kann es in Einzelfällen sachgerecht sein, dem ausschließlich für den Vertrieb zuständigen Geschäftsführer eine am Umsatz bemessene variable Vergütung zuzusagen.

BFH vom 18.09.2007, BStBl II 2008, 314	Verspricht eine KapGes ihrem Gesellschafter-Geschäftsführer eine Gewinntantieme, die an den in der Handelsbilanz ausgewiesenen Jahresüberschuss anknüpft, so ist dies im Allgemeinen steuerlich nur anzuerkennen, wenn unter der (Mit-)Verantwortung des Gesellschafter-Geschäftsführers angefallene oder noch anfallende Jahresfehlbeträge laut Handelsbilanz ebenfalls in die Bemessungsgrundlage der Tantieme einbezogen werden (Anschluss an BFH vom 17.12.2003, BStBl II 2004, 524). Die Jahresfehlbeträge müssen hierbei regelmäßig vorgetragen und durch zukünftige Jahresüberschüsse ausgeglichen werden; eine vorhergehende Verrechnung mit einem etwa bestehenden Gewinnvortrag laut Handelsbilanz darf in der Regel nicht vorgenommen werden. Hiervon abweichende Tantiemevereinbarungen führen regelmäßig zu einer vGA, und zwar in Höhe des Differenzbetrags zwischen der tatsächlich zu zahlenden Tantieme und derjenigen, die sich bei Berücksichtigung der noch nicht ausgeglichenen Jahresfehlbeträge aus den Vorjahren ergeben hätte.
BFH vom 03.02.2011, DStR, 2011, 805	Zeitpunkt des Zuflusses einer Tantieme bei einem beherrschenden Gesellschafter: Der Anspruch auf Tantiemen wird mit Feststellung des Jahresabschlusses fällig, sofern nicht zivilrechtlich wirksam und fremdüblich eine andere Fälligkeit vertraglich vereinbart ist.
	Pensionszusage – Altersversorgung
BFH vom 23.02.2005, NZG 2005, 1023	Die Erteilung einer Pensionszusage an den Gesellschafter-Geschäftsführer setzt im Allgemeinen die Einhaltung einer Probezeit voraus, um die Leistungsfähigkeit des neu bestellten Geschäftsführers beurteilen zu können. Eine vertraglich nicht geregelte Kfz-Nutzung durch den Geschäftsführer und Ehemann der Alleingesellschafterin stellt eine vGA dar, die nicht nach der 1%-Regelung, sondern nach Fremdvergleichsmaßstäben (d. h. einschließlich Gewinnaufschlag) zu bewerten ist.
BFH vom 14.07.2004, BFH/NV 2005, 245	Wird das Festgehalt eines Geschäftsführers abgesenkt, ist die Pensionszusage nicht entsprechend zu reduzieren, wenn der Berechtigte wegen seines fortgeschrittenen Alters ein besonderes Interesse an dem unveränderten Fortbestand der Versorgungsanwartschaft hat.
BFH vom 26.05.2004, BFH/NV 2004, 1672	Eine Geschäftsführung für eine zweite GmbH führt dann nicht zur Annahme einer vGA in der ersten GmbH, wenn gerade deren Tätigkeit für die Zweitgesellschaft Vorteile für die Erstgesellschaft mit sich bringt, die den Verlust an zeitlichem Einsatz der Geschäftsführer ausgleichen.
BFH vom 14.07.2004, BFH/NV 2004, 1605	Erhält ein Gesellschafter-Geschäftsführer neben seinem Festgehalt Sonn-, Feiertags- und Nachtarbeitszuschläge, so liegt darin nicht immer eine vGA. Eine vGA kann insbesondere dann ausscheiden, wenn die KapGes die Zuschläge auch an andere, mit dem Gesellschafter-Geschäftsführer vergleichbare Arbeitnehmer zahlt.
BFH vom 31.03.2004, BFH/NV 2004, 1343	Bei der Prüfung, ob eine Überversorgung vorliegt, ist die Sozialversicherungsrente einzubeziehen, die der Begünstigte im Zusagezeitpunkt voraussichtlich zu erwarten hat; liegt demnach eine Überversorgung vor, ist die Pensionsrückstellung unter Zugrundelegung eines angemessenen Prozentsatzes der letzten Aktivbezüge zu ermitteln.

BFH vom 28.01.2004, GmbHR 2004, 804	Erteilt eine GmbH ihrem 41-jährigen beherrschenden Gesellschafter-Geschäftsführer eine dienstzeitunabhängige Invaliditätsversorgung, kann – unabhängig von ihrer Finanzierbarkeit – eine vGA vorliegen.
BFH vom 23.07.2003, BStBl II 2003, 926	Erteilt eine KapGes ihrem Geschäftsführer kurz vor Vollendung seines 64. Lebensjahres eine Pensionszusage, die er mit Vollendung des 70. Lebensjahres erhalten soll, so sind die Zuführungen zu einer deshalb gebildeten Pensionsrückstellung regelmäßig vGA. In einem solchen Fall ist nicht davon auszugehen, dass die Pensionsverpflichtung allein wegen des Dienstverhältnisses begründet wurde.
BFH vom 07.08.2002, BStBl II 2004, 13	Beiträge für eine Rückdeckungsversicherung stellen auch dann keine vGA dar, wenn die dadurch gesicherte Pensionszusage durch das Gesellschaftsverhältnis veranlasst ist.
BFH vom 04.09.2002, BFH/NV 2003, 426	Sagt eine GmbH ihrem Gesellschafter-Geschäftsführer eine Altersversorgung zu, so ist die Versorgungsverpflichtung nicht finanzierbar und damit als vGA zu behandeln, wenn ihre Passivierung zur Überschuldung der GmbH im insolvenzrechtlichen Sinn führen würde. Bei der Beurteilung dieses Merkmals ist auf den Zeitpunkt der Zusageerteilung abzustellen.
BFH vom 24.04.2002, BStBl II 2003, 416	Wenn eine GmbH ihrem beherrschenden Gesellschafter-Geschäftsführer ein Altersruhegeld verspricht und dieses in weniger als zehn Jahren ausgezahlt werden soll, so führt dies nicht notwendig zur Annahme einer verdeckten vGA. Das gilt insbesondere dann, wenn die Pensionszusage auch deshalb erteilt wurde, weil der Geschäftsführer nicht anderweitig eine angemessene Altersversorgung aufbauen konnte.
BFH vom 24.04.2002, BStBl II 2002, 670	Nach Neugründung einer GmbH muss bis zur Erteilung einer Pensionszusage eine Wartezeit eingehalten werden, in der die künftige wirtschaftliche Leistungsfähigkeit der GmbH und die persönliche Leistungsfähigkeit des Gesellschafter-Geschäftsführer zuverlässig abgeschätzt werden können.
BFH vom 05.03.2008, BFH/NV 2008, 1057	Es ist aus körperschaftsteuerrechtlicher Sicht grundsätzlich nicht zu beanstanden, wenn eine GmbH ihrem beherrschenden Gesellschafter-Geschäftsführer die Anwartschaft auf eine Altersversorgung zusagt und ihm dabei das Recht einräumt, anstelle der Altersrente eine bei Eintritt des Versorgungsfalls fällige, einmalige Kapitalabfindung in Höhe des Barwerts der Rentenverpflichtung zu fordern.
BFH vom 23.09.2008, BFH/NV 2009, 297	Der von der Rechtsprechung entwickelte Grundsatz, nach dem sich der beherrschende Gesellschafter-Geschäftsführer einer KapGes einen Pensionsanspruch regelmäßig nur erdienen kann, wenn zwischen dem Zusagezeitpunkt und dem vorgesehenen Eintritt in den Ruhestand noch ein Zeitraum von mindestens zehn Jahren liegt, gilt sowohl für Erstzusagen einer Versorgungsanwartschaft als auch für nachträgliche Erhöhungen einer bereits erteilten Zusage.

BFH vom 17.03.2010, BFH/NV 2010,1310	Die Erteilung einer Pensionszusage an den Gesellschafter-Geschäftsführer einer KapGes setzt im Allgemeinen die Einhaltung einer Probezeit voraus, um die Leistungsfähigkeit des neu bestellten Geschäftsführers beurteilen zu können. Die Feststellung, dass die Zusage einer Altersversorgung durch das Gesellschaftsverhältnis (mit) veranlasst ist, beruht im Wesentlichen auf Schlussfolgerungen tatsächlicher Art des FG. Das Wahlrecht gem. § 6a Abs. 4 Satz 3 EStG kann nach Einreichung der Bilanz beim FA nur nach den Grundsätzen, die für eine Bilanzänderung gelten, anderweitig ausgeübt werden.
BFH vom 28.04.2010, BFHE 229, 234	Das Urteil behandelt zahlreiche steuerlichen Fragen im Zusammenhang mit der Abfindung und Ablösung von (überversorgenden) Pensionsrückstellungen für Gesellschafter-Geschäftsführer anlässlich der Veräußerung der KapGes. Der Entscheidung sind acht Leitsätze vorangestellt. Danach ist für die Praxis festzuhalten, dass der BFH zwischen den bilanziellen Vorgaben des § 6a EStG einerseits und den körperschaftsteuerlichen Folgen der vGA andererseits trennt, dass vor diesem Hintergrund der Zwei-Stufen-Prüfung der BFH seine Rechtsprechung zur sogenannten Überversorgung bekräftigt, dass, soweit Überversorgungsgrundsätze anzuwenden sind, sich die Regel am letzten Aktivlohn des Begünstigten am jeweiligen Bilanzstichtag orientiert, dass die Überversorgungsgrundsätze uneingeschränkt auch bei Zusage einer Nur-Pension gelten, dass die Erteilung einer Pensionszusage an den Kapital-Gesellschafter einer KapGes die Einhaltung einer Probezeit voraussetzt, um die Leistungsfähigkeit des neu bestellten Geschäftsführers beurteilen zu können, dass eine Pensionszusage, bei der die Versorgungsverpflichtung für den Fall der vorzeitigen Beendigung des Dienstverhältnisses in Höhe des Teilwerts gem § 6a Abs. 3 EStG abgefunden werden darf, unter einem gem § 6a Abs. 1 Nr. 2 EStG steuerlich schädlichen Vorbehalt steht, dass sich eine »unterbliebene« vGA in Gestalt der Zuführung später nicht mehr nachholen lässt, dass die Abfindung oder Ablösung von zugesagten Pensionsleistungen eine vGA regelmäßig dann nicht nach sich ziehen kann, wenn sie mit einer Befreiung von der Pensionsverpflichtung und einer damit korrespondierenden Auflösung der Pensionsverpflichtung einhergeht, dass Abfindungen in aller Regel einigen arbeitsrechtlichen Restriktionen unterfallen und dass der BFH keine Mitveranlassung durch das Gesellschaftsverhältnis annimmt, wenn die Leistungen vereinbarungsgemäß im Zusammenhang mit der Beendigung des Dienstverhältnisses eines nicht beherrschenden Gesellschafters stehen.
	Pkw-Nutzung
FG München vom 28.09.2004, EFG 2005, 224	Darf ein Geschäftsführer einen (von der GmbH gestellten) Pkw nach seinem Arbeitsvertrag nur dienstlich und nicht privat nutzen, so darf ihm das Finanzamt auch dann, wenn kein Fahrtenbuch geführt worden ist, nicht im Wege des Anscheinsbeweises eine Privatnutzung unterstellen.
BFH vom 23.01.2008, BFH/NV 2008, 1057	Eine vertragswidrige private PKW-Nutzung durch den Gesellschafter-Geschäftsführer einer KapGes stellt in Höhe der Vorteilsgewährung eine vGA dar. Der Vorteil ist nicht gem. § 6 Abs. 1 Nr. 4 Satz 2 EStG mit 1 % des Listenpreises, sondern nach Fremdvergleichsmaßstäben mit dem gemeinen Wert der Nutzungsüberlassung zuzüglich angemessenen Gewinnaufschlags zu bewerten.

BMF vom 03.04.2012, BStBl I 2012, 478	Nach der BFH-Rechtsprechung ist nur diejenige Nutzung eines betrieblichen Kfz durch einen Gesellschafter-Geschäftsführer betrieblich veranlasst, welche durch eine fremdübliche Überlassungs- oder Nutzungsvereinbarung abgedeckt wird. Die ohne eine solche Vereinbarung erfolgende oder darüber hinausgehende oder einem ausdrücklichen Verbot widersprechende Nutzung ist hingegen durch das Gesellschaftsverhältnis zumindest mit veranlasst. Sie führt sowohl bei einem beherrschenden als auch bei einem nicht beherrschenden Gesellschafter-Geschäftsführer zu einer vGA. Eine Überlassungs- oder Nutzungsvereinbarung kann auch durch eine – ggf. vom schriftlichen Anstellungsvertrag abweichende – mündliche oder konkludente Vereinbarung zwischen der KapGes und dem Gesellschafter-Geschäftsführer erfolgen, wenn entsprechend dieser Vereinbarung tatsächlich verfahren wird. Für einen außenstehenden Dritten muss dabei zweifelsfrei zu erkennen sein, dass das Kfz durch die KapGes aufgrund einer entgeltlichen Vereinbarung mit dem Gesellschafter überlassen wird. Erfolgt die Überlassung im Rahmen eines Arbeitsverhältnisses, muss die tatsächliche Durchführung der Vereinbarung – insbesondere durch zeitnahe Verbuchung des Lohnaufwands und Abführung der Lohnsteuer (und ggf. der Sozialversicherungsbeiträge) – durch die KapGes nachgewiesen sein. Erfolgt die Überlassung nicht i.R.d. Arbeitsverhältnisses, sondern im Rahmen eines entgeltlichen Überlassungsvertrags, muss auch hier die Durchführung der Vereinbarung – etwa durch die zeitnahe Belastung des Verrechnungskontos des Gesellschafter-Geschäftsführers – dokumentiert sein.
	Anschaffungsgeschäfte
BFH vom 06.04.2005, DStR 2005, 1307	KapGes, die von Schwestergesellschaften mit Waren beliefert werden und hierfür Preise zahlen, die sie einem fremden Unternehmen nicht gezahlt hätten, können vGA verwirklichen. Ob solche überhöhten Preise vorliegen, muss anhand von Fremdvergleichspreisen festgestellt werden. Hierbei ist im Zweifel von dem günstigsten Vergleichspreis auszugehen.
	Sonstige vGA
BFH vom 25.01.2005, GmbHR 2005, 777	Wenn Städte einen strukturell defizitären Betrieb gewerblicher Art (hier einen Bäderbetrieb) unterhalten, ohne einen Verlustausgleich und einen angemessenen Gewinnaufschlag durchzuführen, können vGA vorliegen. Dies würde dazu führen, dass die Städte mit Gewinnerzielungsabsicht tätig würden und damit gewerbestpfl. wären. Diese Rechtslage ist allerdings nicht zweifelsfrei.
BFH vom 15.12.2004, BFH/NV 2005, 796	Eine GmbH, die an einer KapGes beteiligt ist, und es unterlässt, an einer Kapitalerhöhung dieser Gesellschaft teilzunehmen, kann durch dieses Verhalten eine vGA verwirklichen. Dies gilt allerdings nur, wenn sich der entgangene Vermögensvorteil in der Bilanz der GmbH für das Streitjahr auswirkt.
BFH vom 17.11.2004, BFH/NV 2005, 793	Wenn KapGes im Interesse eines Gesellschafters ohne ein angemessenes Entgelt verlustreiche Geschäfte tätigen, können vGA vorliegen. Ob die Gesellschaft ein Geschäft im Interesse eines Gesellschafters oder im eigenen Interesse durchführt, ist nach den Kriterien zu beurteilen, die zur Angrenzung zwischen Einkunftserzielung und so genannter Liebhaberei entwickelt wurden.

BFH vom 25.05.2004, BFH/NV 2005, 105	Gewährt ein mit 20% beteiligter Gesellschafter-Geschäftsführer dem Einzelunternehmen der Ehefrau überhöhte Preisnachlässe, entsteht eine vGA bereits im Zeitpunkt der Lieferung.
BFH vom 14.07.2004, BFH/NV 2004, 1603	Übernimmt eine KapGes die Kosten einer Veranstaltung, zu der ihr Geschäftsführer aus Anlass seines Geburtstags eingeladen hat, so sind ihre sich hieraus ergebenden Aufwendungen als vGA zu qualifizieren. Das gilt unabhängig von der Anzahl der eingeladenen Personen und von der Höhe der Aufwendungen und selbst dann, wenn die Teilnehmer der Veranstaltung überwiegend Arbeitnehmer der Gesellschaft sind.
BFH vom 31.03.2004, BFH/NV 2004, 1482	Tätigt eine GmbH Risikogeschäfte (Wertpapiergeschäfte), so rechtfertigt dies regelmäßig nicht die Annahme, die Geschäfte würden im privaten Interesse des (beherrschenden) Gesellschafters ausgeübt werden.
BFH vom 01.07.2003, BStBl II 2004, 35	Werden an einen minderjährigen GmbH-Gesellschafter Gewinne verdeckt ausgeschüttet, sind diese ihm anteilig zuzurechnen. Dem steht die Haftungsbeschränkung für Minderjährige nach § 1629a BGB nicht entgegen. Diese ist wie die Beschränkung der Erbenhaftung im Wege der Einrede geltend zu machen. Sie kann daher nicht im Steuerfestsetzungsverfahren, sondern nur im Zwangsvollstreckungsverfahren erhoben werden.
BFH vom 07.11.2007, BStBl II 2008, 258	Zahlt eine GmbH auf Veranlassung eines Gesellschafters einer diesem nahestehenden Person überhöhte Vergütungen, liegt regelmäßig keine freigebige Zuwendung des Gesellschafters an die nahestehende Person gem § 7 Abs. 1 Nr. 1 ErbStG vor. Eine gemischte freigebige Zuwendung kann jedoch im Verhältnis der GmbH zur nahestehenden Person gegeben sein.
BFH vom 08.10.2008, BFH/NV 2009, 504	Eine vGA an eine dem Gesellschafter nahestehende KapGes setzt nicht voraus, dass der Gesellschafter in der vorteilsgewährenden oder der empfangenden GmbH eine beherrschende Stellung innehat. Wurde eine durch das Gesellschaftsverhältnis veranlasste, nicht vollwertige Darlehensforderung im Jahr der Darlehensgewährung fehlerhaft nicht wertberichtigt und wird die Wertberichtigung aufgrund des Grundsatzes des formellen Bilanzenzusammenhangs in einem nachfolgenden Veranlagungszeitraum nachgeholt, so kann die Nachholung in dem nachfolgenden Veranlagungszeitraum zu einer vGA führen.
BFH vom 22.12.2010, BFH/NV 2011,1019	Die Bewertung einer vGA (im Streitfall private Nutzung eines betrieblichen Flugzeugs durch den Gesellschafter-Geschäftsführer) erfolgt auf der Grundlage eines Fremdvergleichs, was in der Regel zum Ansatz des gemeinen Werts führt und einen angemessenen Gewinnaufschlag einbezieht. Die Gesamtwürdigung der für den Fremdvergleich maßgebenden Anhaltspunkte obliegt in erster Linie dem FG. Für die Bestimmung der vGA ist auf die tatsächlich angefallenen Einkommensminderungen durch den Betrieb des Flugzeugs (einschließlich Darlehenszinsen und AfA) abzustellen und eine nutzungsanteilige Aufteilung vorzunehmen, wenn ein konkreter Fremdvergleich für eine von der KapGes durch die Überlassung des Flugzeugs zu erzielende Miete entweder mit Blick auf das Vermietungsobjekt oder die Vertragspartei (keine mit eigenständigem Gewinnstreben ausgestattete Partei) nicht möglich ist.

BFH vom 25.01.2012, BFH/NV 2012, 1003	Eine im Voraus getroffene, klare und eindeutige Vereinbarung zwischen der KapGes und ihrem beherrschenden Gesellschafter kann auch vorliegen, wenn sich der Inhalt der Vereinbarung mit der gebotenen Bestimmtheit erst im Wege der Auslegung ermitteln lässt.

2.2 Verdeckte Einlagen

2.2.1 Definition und Abgrenzung zu offenen Einlagen

Unter offenen Einlagen werden sowohl Leistungen auf das Stammkapital der GmbH als auch Zuführungen zu den Kapitalrücklagen verstanden. Im Fall der Leistungen auf das Stammkapital liegt grds. ein tauschähnlicher Vorgang vor. Für die hingegebene Geld- oder Sacheinlage werden Gesellschaftsrechte gewährt. Die offene Einlage wird daher als Tausch (§ 6 Abs. 6 EStG) und damit als entgeltliches Geschäft gewertet.

Bei einer **Kombination** zwischen offener und verdeckter Einlage geht die Verwaltung – der Rechtsprechung folgend – insgesamt von einem voll entgeltlichen Vorgang aus (BMF vom 11.07.2011, BStBl I 2011, Tz. 2 Buchst. a).

Bei Zuführungen zu den Kapitalrücklagen liegt kein entgeltlicher Vorgang vor.

Eine verdeckte Einlage ist gegeben, wenn ein Gesellschafter oder eine ihm nahestehende Person seiner GmbH **außerhalb der gesellschaftsrechtlichen Vorschriften** einlagefähige Vermögensvorteile zuwendet, die durch das Gesellschaftsverhältnis veranlasst sind (R 40 Abs. 1 KStR). Ein Nichtgesellschafter der Gesellschaft hätte bei Anwendung der Sorgfalt eines gewissenhaften und ordentlichen Kaufmanns einen Vermögensvorteil nicht eingeräumt (vgl. BFH vom 15.10.1997, BFH/NV 1998, 624). Verdeckte Einlagen spielen sich also in der GuV-Rechnung der GmbH ab und nicht dort, wo sich die Gesellschafterbeiträge niederschlagen (Stammkapital oder Kapitalrücklage). Verdeckt in eine GmbH eingelegt werden kann nur das, was auch offen in eine GmbH eingelegt werden kann. Es gibt keine unterschiedlichen Einlagegegenstände bezüglich der offenen und der verdeckten Einlage. Eine Einlage setzt voraus, dass der GmbH ein einlagefähiger Vermögensvorteil zugewendet wird.

Dies kann in der Mehrung eines Aktivpostens oder in der Minderung eines Passivpostens geschehen.

Nach *Gosch* (Tz. 106 ff. zu § 8 KStG) sind folgende **Aktivmehrungen** als Einlagen zu qualifizieren:

- Übertragungen von materiellen Wirtschaftsgütern gegen ein unangemessen niedriges Entgelt,
- Einräumung einer Forderung (abstraktes Schuldversprechen),
- Übertragung immaterieller Wirtschaftsgüter, insbesondere eines Firmenwerts, Geschäftschancen, soweit sie sich hinreichend konkretisiert haben;
- Rückzahlung von vGA.

Beispiele für **Passivminderungen**:

- Erlass von oder Verzicht auf **vollwertige** Ansprüche(n) gegen die Gesellschaft,
- Erwerb einer nicht mehr werthaltigen Forderung gegen die Gesellschaft im Rahmen eines Anteilskaufs (Vermeidung eines Verzichts).

Darüber hinaus sind folgende Vorgänge vom BFH als Anwendungsfall einer verdeckten Einlage behandelt worden:

- Rückzahlung einer offenen Gewinnausschüttung (BFH vom 29.08.2001, BStBl II 2001, 173) oder einer überhöhten Vorabausschüttung (BFH vom 10.09.2003, BFH/NV 2004, 231).
- Direkteinzahlung in die Kapitalrücklage (BFH vom 27.04.2000, BStBl II 2001, 168).
- Übernahme von Kosten der Tochtergesellschaft durch die Muttergesellschaft (BFH vom 05.06.2003, BFH/NV 2003, 1412).
- Die Übertragung von Einzel-WG nach einem vorherigen Einbringungsvorgang gem. § 20 UmwStG (Einzelunternehmen in eine GmbH) des nunmehrigen Besitzunternehmes auf die Betriebs-GmbH könnte in Fällen der Betriebsaufspaltung sowohl eine Entnahme (beim Besitzunternehmen) als auch eine verdeckte Einlage bei der Betriebs-GmbH sein (BFH vom 16.06.2004, BFH/NV 2004, 1701 zur Rechtslage vor § 6 Abs. 6 Satz 2 EStG n.F.).

Hinweis

Umgekehrt genügt eine Schuldübernahme für die GmbH und der gleichzeitige Verzicht auf Regressforderungen gegen die KapG noch nicht für die Annahme einer Einlage, s. BFH vom 20.12.2001, BFH/NV 2002, 678. Eine Einlage liegt erst dann vor, wenn die KapG den Freistellungsanspruch einbucht. Bei der GmbH stehen sich hier gewinnneutral gegenüber: der Freistellungsanspruch und die Verbindlichkeit. Bei Bezahlung werden beide Posten miteinander verrechnet.

2.2.2 Bewertung einer verdeckten Einlage

Die Bewertung der Einlage erfolgt nach § 6 Abs. 1 Nr. 5 HS 1 EStG **mit dem Teilwert**. In den Fällen des § 6 Abs. 1 Nr. 5 Buchst. a EStG mit den niedrigeren (ggf. um die fortentwickelten) AK oder HK. Werden Anteile in die GmbH eingelegt, die Anteile i.S.d. § 17 EStG sind, geht nach h.M. § 6 Abs. 1 Nr. 5 Buchst. b EStG ins Leere. Die Einlage erfolgt stets zum Teilwert. Diese Lösung entspricht § 17 Abs. 1 Satz 2 EStG. Die Einlage eines solchen Anteils wird nach dieser Norm einer Veräußerung gleichgesetzt. Werden Grundstücke innerhalb der Frist des § 23 Abs. 1 Nr. 1 EStG verdeckt in die KapGes eingelegt, müssten auch diese zum Teilwert eingelegt werden, da nach § 23 Abs. 1 Satz 5 Nr. 2 EStG die Einlage in eine KapGes ebenfalls als Veräußerung gilt.

2.2.3 Grundbeispiele der verdeckten Einlage

Beispiel 1

Gesellschafter A legt ein WG des Privatvermögens (Teilwert: 1.000 €, vor fünf Jahren angeschafft, Restnutzungsdauer fünf Jahre) verdeckt in die GmbH ein.

Lösung

Das WG ist mit dem Teilwert anzusetzen, was innerhalb der betrieblichen GuV-Rechnung zu einem außerordentlichen Ertrag i.H.v. 1.000 € führt. Die Abschreibungen mindern das Betriebsergebnis. **Außerhalb der Bilanz** ist das Ergebnis um den Wert der verdeckten Einlage (Teilwert) zu mindern. Hierdurch wird erreicht, dass sich die Aufwendungen in der GmbH niederschlagen, die Zuführung des Wirtschaftsguts zum Betriebsvermögen entsprechend der gesellschaftlichen Veranlassung jedoch steuerneutral erfolgt.

Die Voraussetzungen und Rechtsfolgen sind demnach auf der Ebene der KapGes und der Ebene des Anteilseigners getrennt zu prüfen. Die Abweichung resultiert aus einem – isolierten – normativen AK-Begriff i.R.d. § 17 EStG.

Beispiel 2
A hat als Alleingesellschafter in die X-GmbH ein bebautes Grundstück verdeckt eingelegt. A hat dieses bebaute Grundstück vor der Einlage 15 Jahre vermietet; es soll nun aber betrieblich genutzt werden. Die ursprünglichen AK des Gebäudes betragen 900 €, die aufgelaufenen Abschreibungen 270 €, der Teilwert zum heutigen Zeitpunkt 1.100 €.

Lösung
Die Einlage ist bei der KapGes mit dem Teilwert (1.100 €) zu bewerten, in gleicher Höhe hat eine außerbilanzielle Korrektur zu erfolgen. Die Abschreibungsbemessungsgrundlage beträgt gem. § 7 Abs. 4 Satz 1 HS 2 und Abs. 1 Satz 5 EStG jedoch nur 630 € (= 900 € ./. 270 €), die jährliche Abschreibung 3 % dieser Bemessungsgrundlage (§ 7 Abs. 4 Nr. 1 EStG). Nach vollständigem Verbrauch des AfA-Volumens bleibt in der Bilanz der X-GmbH ein nicht abschreibungsfähiger Restwert von 470 € stehen. Dieser Restwert (bzw. der sonstige höhere Buchwert in der Bilanz) wirkt sich im Verkaufsfall (oder bei Entnahme) erfolgsmindernd aus.

2.2.4 Beispiele zur verdeckten Einlage bei Schwester-Kapitalgesellschaften

Beispiel 1
Die T1-GmbH erbringt gegenüber der T2-GmbH unentgeltliche Beratungsleistungen; diese haben einen Marktwert von 50.000 €. Beide werden zu 100 % von der M-GmbH gehalten.

Zuwendung eines nicht bilanzierungsfähigen Gutes: T1 → T2				
T1	→	M	→	T2
vGA und entsprechende Gewinnerhöhung		Zufluss der vGA bei M gem. § 8b Abs. 1 KStG steuerfrei Fiktiver Aufwand zugunsten der Beteiligung T2 – kein § 3c Abs. 1 EStG		steuerwirksame Erfassung (keine verdeckte Einlage)

Lösung
Die Transaktion ist in zwei Schritten zu beurteilen:
Zunächst liegt in der unentgeltlichen Erbringung von Dienstleitungen der T1 an T2 eine vGA der T1 zugunsten der M vor. Bei der T1 ist außerhalb der Bilanz das Einkommen entsprechend zu erhöhen, bei M bleibt die vGA gem. § 8b Abs. 1 KStG bei der Ermittlung des Einkommens außer Ansatz (außer 5 % pauschaler nichtabziehbarer Ausgaben nach § 8b Abs. 5 KStG).
Die Weitergabe des Vorteils von M an die T2 stellt bei dieser einen nicht einlagefähigen Vorteil dar; das Ergebnis der T2 ist im Ergebnis um den Wert der Beratungsleistung erhöht. Bei M stellt diese Weitergabe an T2 einen »Verbrauch der vGA« dar, der bei M zu BA auf die Beteiligung an der T2 führt. Diese Betriebsausgaben stehen nicht mit steuerfreien Einnahmen aus der Beteiligung der T1 in Zusammenhang, sie sind also **nicht** gem. § 3c Abs. 1 EStG vom Abzug ausgeschlossen. Die Ausgaben stehen in wirtschaftlichem Zusammenhang mit der Beteiligung an T2.

Beispiel 2

Grundsätzlich wie Beispiel 1, aber: T1 hat bei T2 die Beratungsleistung zu marktüblichen Konditionen durchgeführt. Aufgrund von Liquiditätserwägungen der M verzichtet T1 nachträglich auf die Begleichung der Rechnung.

Forderungsverzicht von T1 → T2				
T1	→	M	→	T2
vGA und entsprechende Gewinnerhöhung		Zufluss der vGA bei M gem. § 8b Abs. 1 KStG steuerfrei Verdeckte Einlage an T2 – Erhöhung der AK der Beteiligung T2		steuerwirksame Erfassung als a.o. Ertrag (Ausbuchung der Verbindlichkeit) (verdeckte Einlage)

Lösung

In dem Verzicht liegt zunächst wieder eine vGA von T1 an M vor. Insoweit ändert sich gegenüber dem Beispiel 1 nichts. Der Verzicht bedeutet jedoch gleichzeitig eine verdeckte Einlage der M an T2 (bei T2 fällt ein Passivposten weg). Bei T2 führt der Wegfall der Verbindlichkeit in der Steuerbilanz zu einem außerordentlichen Ertrag, der außerhalb der Bilanz korrigiert wird. Bei M führt insoweit – anders als in Beispiel oben – die verdeckte Einlage zu einer entsprechenden Erhöhung des Beteiligungsansatzes, ein unmittelbarer Abzug als BA kommt nicht in Betracht.

2.2.5 Forderungsverzicht

2.2.5.1 Behandlung bei der GmbH

Der BFH hat klargestellt, dass die Bewertung der verdeckten Einlage im Fall des Forderungsverzichts immer nur mit dem Teilwert zu erfolgen hat. Dies erklärt sich daraus, dass der Anteilseigner nur das einlegen kann, über was er selbst verfügt (GrS vom 09.06.1997, BStBl II 1998, 307). Dies ist jedoch immer nur das Darlehen mit dem zu dem jeweiligen Zeitpunkt feststellbaren Wert. Gleiches gilt für eigenkapitalersetzende Darlehen.

2.2.5.2 Behandlung beim Gesellschafter

Es gilt die Fiktionstheorie. Im Zeitpunkt des Verzichts wird die fiktive Rückzahlung des werthaltigen Teils der Forderung unterstellt. Bei reinem Forderungsverzicht führt diese Rückzahlungsfiktion nicht unmittelbar zu einer Steuerwirkung (anders wäre dies, wenn auf Pensionsansprüche oder Tantieme- bzw. Mietforderungen verzichtet wird).

I.H.d. nicht werthaltigen Teils liegt ein Verlust vor, der nur dann steuerlich wirksam ist, wenn sich die Forderung in einem Betriebsvermögen befunden hat.

Bei Verzicht auf Forderungen im Privatvermögen wird die AK-Veränderung der Beteiligung nicht durch den Teilwert, sondern durch die Art des gewährten Darlehens bestimmt (normenspezifischer AK-Begriff des § 17 EStG).

Auch wenn durch das **MoMiG (2008)** die gesellschaftsrechtliche Figur des eigenkapitalersetzenden Darlehen aufgegeben worden ist, werden in steuerlicher Hinsicht nach h.M. (vgl. *Maurer*, Steuerberater-Prüfung, 2012, Bd. 2, 571) diesen besonderen Formen der Darlehen weiter aufgrund des im Steuerrecht geltenden normspezifischen AK-Begriffs i.R.d. § 17 EStG die beschriebenen Rechtsfolgen beigelegt.

Das führt bei verschiedenen Darlehensformen zu einer unterschiedlichen Höhe der nachträglichen AK, da die »Finanzierungsentscheidung« zu verschiedenen Zeitpunkten gefällt wird. Die AK sind i.d.h. der Darlehensforderung begründet, der im Zeitpunkt der Finanzierungsentscheidung besteht. Die Höhe der AK beträgt demnach bei den verschiedenen Darlehensformen:

Darlehensform	Höhe der AK
krisenbestimmtes Darlehen	Nennwert
in der Krise gegebenes Darlehen	Nennwert
Finanzplandarlehen	Nennwert
in der Krise **stehen gelassenes** Darlehen	Teilwert **im** Zeitpunkt des Krisenbeginns, dies wird i.d.R. Null sein.

Beispiel

Der Gesellschafter A gewährt der X-GmbH ein Darlehen i.H.v. 500.000 €. Jahre später verzichtet A auf seine Forderung (Erlassvertrag nach § 397 BGB), da sich die GmbH in einer Krise befindet. Wie wirkt der Forderungsverzicht steuerlich in der GmbH und bei A?

Fallvariante 1: Die Forderung war zu 100 % werthaltig.
Fallvariante 2: Die Forderung war zu 50 % werthaltig.
Fallvariante 3: Die Forderung war zu 0 % werthaltig.
Alternative 1: Der GmbH-Anteil und Forderung sind Betriebsvermögen.
Alternative 2: Der GmbH-Anteil und Forderung sind Privatvermögen.

Lösung

In allen Fallvarianten muss die Darlehensschuld in der GmbH ausgebucht werden. Es erhöhen sich die sonstigen betrieblichen Erträge um 500.000 €.

		Fallvariante 1	**Fallvariante 2**	**Fallvariante 3**
Alternative 1	**GmbH**	Außerbilanzielle Abrechnung 500.000 €; Wirkung auf das zvE = 0 €	Außerbilanzielle Abrechnung 250.000 €; Wirkung auf das zvE = 250.000 €	Außerbilanzielle Abrechnung 0 €; Wirkung auf das zvE = 500.000 €
	Gesellschafter	AK des GmbH-Anteils erhöhen sich um 500.000 €.	AK des GmbH-Anteils erhöhen sich um 250.000 €. Die restlichen 250.000 € sind BA.	AK des GmbH-Anteils erhöhen sich um 0 €. Die restlichen 500.000 € sind BA.
Alternative 2	**GmbH**	Wie oben	Wie oben	Wie oben
	Gesellschafter	AK des GmbH-Anteils erhöhen sich um 500.000 €.	AK des GmbH-Anteils entscheiden sich nach der Art des Darlehens.	AK des GmbH-Anteils entscheiden sich nach der Art des Darlehens.

2.2.5.3 Verzicht auf eine Pensionszusage

Die Grundsätze des Beschlusses des GrS vom 09.06.1997 (BStBl II 1998, 307) sind grundsätzlich auch auf den Verzicht auf die Pensionszusage anzuwenden. Dies bedeutet bei der KapGes, dass i.H.d. Teilwerts der Pensionsanwartschaft eine verdeckte Einlage anzunehmen ist (zur Klarstellung: innerhalb der StB entsteht ein sonstiger betrieblicher Ertrag i.H.d. Nennwertes, der außerhalb der Bilanz i.H.d. Teilwerts korrigiert wird).

Dem Anteilseigner fließt fiktiv im Zeitpunkt des Verzichts der **Teilwert der Pensionsanwartschaft** zu, in gleicher Höhe entstehen bei ihm nachträgliche AK auf seine Beteiligung. Der Anteilseigner hat im Zeitpunkt des »fiktiven Zuflusses« Einnahmen aus nichtselbstständiger Arbeit gem. § 19 EStG.

2.2.5.4 Mögliche Gestaltungen

Aus den obigen Ausführungen lässt sich erkennen, dass es sinnvoll sein kann, vor einem Forderungs- oder Pensionsverzicht die Werthaltigkeit der Forderungen herzustellen. Soweit die Forderungen nicht werthaltig sind, kommt es zur Besteuerung in der GmbH.

Hierfür werden in der Literatur (vgl. u. a. *Gosch*, Tz. 121 zu § 8 KStG) zahlreiche Vorschläge unterbreitet, die allerdings im Ergebnis GmbHs in der Krise häufig nicht wahrnehmen können.

Danach kann die Werthaltigkeit hergestellt werden durch:

- die Hausbank verbürgt sich der Gesellschaft gegenüber für die Gesellschafterdarlehen im Rahmen eines Aval-Kredits zugunsten des Alleingesellschafters;
- die Muttergesellschaft spricht zugunsten der Tochter-GmbH eine so genannte harte Patronatserklärung aus;
- die Gesellschafterin verpflichtet sich zur Übernahme der Verluste;
- die Gesellschafter leisten Barzuschüsse in die Kapitalrücklagen.

2.3 Materielles und formelles Korrespondenzprinzip

§ 32a KStG wurde durch Gesetz vom 13.12.2006 (BGBl I 2006, 2878) in das KStG eingefügt. Die Vorschrift enthält zwei selbstständige verfahrensrechtliche Regelungen.

§ 32a Abs. 1 KStG enthält eine selbstständige Korrekturnorm für die ESt-Festsetzung hinsichtlich der Auswirkungen von **vGA**. Damit wird auf der Ebene der Gesellschafter die Bestandskraft der Steuerbescheide durchbrochen.

§ 32a Abs. 2 KStG betrifft dagegen die umgekehrten verfahrensrechtlichen Auswirkungen für die **verdeckte Einlage** und stellt damit eine selbstständige Korrekturnorm der Körperschaftssteuerfestsetzung dar.

Nach der alten Rechtslage vor Schaffung der Korrespondenzregeln des § 32a KStG (d. h. bis 18.12.2006, vgl. § 34 Abs. 13 Buchst. s KStG) standen die KSt- und die Einkommensteuerfestsetzung verfahrensrechtlich in keinem Zusammenhang. Diese Nicht-Regelung führte zu Verwerfungen, wenn die Einkommensteuerfestsetzung des Anteilseigners bestandskräftig wurde, da es an einem Einspruch oder Vorläufigkeitsantrag fehlte. In der Gesamtbetrachtung GmbH und Anteilseigner konnte dadurch eine wirtschaftliche Doppelbesteuerung entstehen.

Auch nach der Einführung der Korrespondenzregeln handelt es sich jedoch weiter um zwei getrennte Besteuerungsverfahren. Auch treffen die KSt-Bescheide keine gesonderten Feststellungen für die ESt (s. BFH vom 06.09.2011, Az: VIII R 55/10).

Nach der neuen Gesetzeslage beinhaltet § **32a Abs. 1 KStG** auch eine **partielle Ablaufhemmung** für die Einkommensteuerfestsetzung, da die Festsetzungsfrist insoweit nicht vor Ablauf eines Jahres nach Unanfechtbarkeit der KSt-Festsetzung endet,

§ 32a Abs. 2 KStG enthält hingegen eine **partielle Ablaufhemmung** für die KSt-Festsetzung, da die KSt-Festsetzung geändert wird, soweit auf der Ebene des Gesellschafter eine verdeckte Einlage berücksichtigt wurde. Die Festsetzungsfrist endet insoweit nicht vor Ablauf eines Jahres nach Unanfechtbarkeit der Einkommensteuerfestsetzung.

Mit § 32a KStG ist das **formelle Korrespondenzprinzip** für vGA eingeführt worden. Die Vorschrift ist vom Gesetzgeber im Ergebnis – unter Durchbrechung des Trennungsprinzips – auf die Kongruenz der Besteuerung der Ebenen der GmbH bzw. des Anteilseigners angelegt (s. BFH vom 20.03.2009, BFH/NV 2009, 1029 m.w.N.). Der BFH hat in diesem Beschluss ausgeführt, dass das dem FA eingeräumte Ermessen regelmäßig auf Null reduziert werde, wenn die Steuerfestsetzung für den Gesellschafter ohne die Änderung sachlich unrichtig wäre und daher jede andere Entscheidung als eine Änderung der unrichtigen Steuerfestsetzung als ermessenswidrig beurteilt werden müsste. Zu der Frage, ob § 32a Abs. 1 KStG auf der Rechtsfolgenseite – insbesondere bei Schätzungsfällen – nur eine gebundene Entscheidung der FinVerw im Wege der Ermessensreduzierung zulässt, ist beim BFH eine Revision unter dem Az: VIII 54/10 anhängig.

Demgegenüber wirkt sich das **materielle Korrespondenzprinzip** der vGA **gegenläufig** aus (vgl. § 3 Nr. 40 Buchst. d Satz 2 EStG und § 8b Abs. 1 Satz 2 KStG). Beim Anteilseigner werden die materiell-rechtlich als vGA zu wertenden Bezüge nur dann dem Teileinkünfteverfahren (EStG) bzw. der 5%-Besteuerung des § 8b Abs. 5 KStG unterworfen, soweit diese Bezüge das **Einkommen** der leistenden GmbH **nicht** gemindert haben. Falls die Bezüge das Einkommen der GmbH gemindert haben und falls die KSt-Bescheide nicht mehr abänderbar sind, werden diese Kapitaleinkünfte nach § 20 EStG – ohne Vergünstigungen – besteuert.

Hinweis

In der Praxis kommen vGA und verdeckte Einlagen häufig in **Dreieckskonstellationen** vor. Die Abrechnung erfolgt hier nur im direkten Verhältnis des Anteilseigners zu »seiner« GmbH. Aber auch hier gelten das materielle und formelle Korrespondenzprinzip.

3 Zinsschranke nach § 8a KStG i.V.m. § 4h EStG nach dem 31.12.2009

3.1 Grundzüge der Regelung

§ 8a KStG stellt eine Anwendungsnorm für Körperschaften zur Zinsschranken-Regelung des § 4h EStG dar. Sie beschränkt den Abzug der den Zinserträgen übersteigenden Zinsaufwendungen eines Betriebs auf 30% des steuerlichen EBITDA. Verbleibende Aufwendungen waren vor der Neufassung als nicht abziehbare Zinsaufwendungen gesondert festzustellen und in zukünftige Wirtschaftsjahre vorzutragen.

Durch das sog. »**Wachstumsbeschleunigungsgesetz**« vom 30.12.2009 (BGBl I 2009, 3950) wurde § 4h Abs. 1 EStG neu gefasst. Nun wurde ein sog. **EBITDA-Vortrag** eingeführt. Ein solcher entsteht, wenn das verrechenbare EBITDA die um die Zinserträge geminderten Zinsaufwendungen des Betriebs übersteigt. Technisch ist demnach weiterhin zunächst eine Verrechnung von Zinserträgen und Zinsaufwendungen vorzunehmen. Ist der Saldo der Zinsaufwendungen dann positiv, erfolgt eine Verrechnung mit 30% des EBITDA (= verrechenbares EBITDA). Ist dieses höher als die verbleibenden Zinsaufwendungen, so ist der verbleibende Betrag nach der Verrechnung gesondert festzustellen (§ 4h Abs. 4 EStG) und in die folgenden fünf Wirtschaftsjahre vorzutragen. Ein EBITDA-Vortrag entsteht nicht in den Wirtschaftsjahren, in denen § 4h Abs. 2 EStG die Anwendbarkeit der Zinsschrankenregelung ausschließt (§ 4h Abs. 1 Satz 3 letzter HS EStG). Verbleiben nun in den folgenden Wirtschaftsjahren nach der Verrechnung von Zinsaufwendungen und Zinserträgen und dem Abzug von 30% des EBITDA des aktuellen Wirtschaftsjahres noch Zinsaufwendungen, so ist danach eine Verrechnung mit den EBITDA-Vorträgen möglich. Die Zinsaufwendungen mindern die EBITDA-Vorträge in ihrer zeitlichen Reihenfolge. Dies ergibt sich aus der zeitlich begrenzten Nutzbarkeit der EBITDA-Vorträge. Erst nach dieser Verrechnungsebene verbleibende nicht abziehbare Zinsaufwendungen sind in die folgenden Wirtschaftsjahre vorzutragen (Zinsvortrag). Vorgetragene Zinsüberschüsse der Vorjahre erhöhen im Vortragsjahr den maßgeblichen Gewinn nicht, da sie diesen im Vortragsjahr auch nicht gemindert haben (§ 4h Abs. 1 Satz 6 EStG). Die Neuregelung ist für alle Wirtschaftsjahre, die nach dem 31.12.2009 beginnen, anzuwenden. Nach den Grundsätzen des § 4h Abs. 1 Satz 1 bis 3 EStG n.F. zu ermittelnde EBITDA-Vorträge für Wirtschaftsjahre, die nach dem 31.12.2006 beginnen und vor dem 01.01.2010 enden, erhöhen auf Antrag das verrechenbare EBITDA des ersten Wirtschaftsjahres, das nach dem 31.12.2009 endet (sog. »fiktiver EBITDA-Vortrag«).

Zinsaufwendungen sind Vergütungen für Fremdkapital, die den maßgeblichen Gewinn gemindert haben. Zinserträge sind Erträge aus Kapitalforderungen jeder Art, die den maßgeblichen Gewinn erhöht haben. Auch die Auf- und Abzinsung unverzinslicher oder niedrig verzinslicher Verbindlichkeiten oder Kapitalforderungen führt zu Zinserträgen oder Zinsaufwendungen in diesem Sinne (§ 4h Abs. 3 EStG).

Zinsaufwendungen und -erträge sind vor der Prüfung der 30%-Grenze zunächst **miteinander zu verrechnen**. Sind die Zinserträge höher als die Zinsaufwendungen, ist § 4h EStG im Ergebnis nicht anzuwenden.

Die Anwendung der Zinsschranke enthält drei Ausnahmen:

- die »vorgeschaltete« Freigrenze von 3 Mio. € gem. § 4h Abs. 2a EStG,
- die Befreiung nicht konzernzugehöriger Betriebe gem. § 4h Abs. 2b EStG (Konzern-Klausel),

- die Möglichkeit des Eigenkapitalvergleichs für konzernzugehörige Betriebe gem. § 4h Abs. 2c EStG (Escape-Klausel).

§ 8a Abs. 2 und Abs. 3 KStG schränken die Ausnahmen des § 4h Abs. 2b und c EStG ein. Liegt eine nicht konzernzugehörige Körperschaft vor, so greift die Ausnahme des § 4h Abs. 2b EStG nur, wenn nachweislich keine schädliche Gesellschafter-Fremdfinanzierung vorliegt (BMF vom 04.07.2008, BStBl I 2008, 718, Tz. 79). Liegt eine konzernzugehörige Körperschaft vor, so ist die Ausnahme des § 4h Abs. 2c EStG nur anzuwenden, wenn nachweislich kein Rechtsträger des Konzerns durch einen außerhalb des Konzerns stehenden Gesellschafter schädlich fremdfinanziert wird (BMF vom 04.07.2008, a.a.O., Tz. 80).

Beispiel 1

Der Betrieb des V erzielt einen Gewinn vor Zinsergebnis und Abschreibungen (EBITDA) i.H.v. 2 Mio. €. Es sind jedoch Zinsaufwendungen i.H.v. 2,5 Mio. € und Abschreibungen i.H.v. 500.000 € angefallen. Die GuV weist deshalb einen Verlust von 1 Mio. € aus. Wie hoch ist der steuerliche Gewinn des Betriebs?

Lösung

Gewinn vor Zinsergebnis und Abschreibungen (EBITDA)	2.000.000 €
./. Zinsaufwendungen	./. 2.500.000 €
./. Abschreibungen	./. 500.000 €
= Gewinn lt. GuV	./. 1.000.000 €

Aufgrund der Zinsschranke des § 4h EStG sind die Zinsaufwendungen allerdings nur i.H.v. 30 % des EBITDA abzugsfähig (2 Mio. € × 30 % = 600.000 €). Damit ergibt sich ein steuerlicher Gewinn von 900.000 € (= 2.000.000 € ./. 600.000 € ./. 500.000 €), obwohl der Betrieb des V tatsächlich einen Verlust erzielt hat. Die übersteigenden Zinsaufwendungen von 1,9 Mio. € werden gesondert festgestellt und in die Folgejahre vorgetragen.

Beispiel 2

Die auf hochspekulative Anlagen in ominöse Wertpapiere spezialisierte Z-GmbH erlebte in den Jahren 07 bis 10 das Auf und Ab der Finanzkrise. Im Jahr 2007 wurden Zinsaufwendungen von insgesamt 0,8 Mio. € zur Refinanzierung der Anlagen aufgebracht. Im Jahr 08 nahm die Z-AG hingegen alle »Chancen und Risiken des Marktes« mit und erzielte Zinseinnahmen i.H.v. 4 Mio. € gegenüber einem EBITDA von 10 Mio. € und Zinsaufwendungen von 4,5 Mio. €. Im Jahr 09 sanken die Zinsaufwendungen auf 2,9 Mio. €.
Im Jahr 10 schließlich beträgt das EBITDA lediglich noch 1 Mio. €, die Zinsaufwendungen betragen hingegen (nach einer Umstellung auf weniger riskante Hedgefonds) »nur« 10 Mio. €. Zinseinnahmen erzielte die Z-AG in 10 nicht.
Zu ermitteln sind die festzustellenden Beträge für einen möglichen EBITDA- und Zinsvortrag im VZ 2010, das Wj. entspricht dem Kj. Aufgrund eines »brillanten« Managements stellt die Z-GmbH den Antrag auf Einbeziehung des fiktiven EBITDA-Vortrages.

Lösung

Der fiktive EBITDA-Vortrag ist nach den Grundsätzen des § 4h Abs. 1 Satz 1 bis 3 EStG zu ermitteln.

Im Jahr 07 kommt die Zinsschrankenregelung aufgrund der (damaligen) Freigrenze der Zinsaufwendungen von 1 Mio. € nicht zur Anwendung, ein EBITDA-Vortrag entsteht demzufolge nicht. Gleiches gilt für das Jahr 2009 (Freigrenze nunmehr 3 Mio. €).

Für das Jahr 08 ist die Zinsschranke hingegen anwendbar (sonstige Ausnahmetatbestände greifen nicht ein). Das verrechenbare EBITDA beträgt 3 Mio. € (30 % von 10 Mio. €). Die Saldierung von Zinsaufwand ./. Zinsertrag ergibt einen verbleibenden Zinsaufwand von 500.000 €. Diese sind niedriger als das verrechenbare EBITDA und somit vollständig in 08 abziehbar. Die verbleibenden 2,5 Mio. € des EBITDA sind die Größe des fiktiven EBITDA-Vortrages.

Diese erhöhen nun im VZ 10 das verrechenbare EBITDA. Dieses beträgt 300.000 € und erhöht sich nunmehr auf 2,8 Mio. € durch die Hinzurechnung des fiktiven EBITDA-Vortrages. Aufgrund fehlender Zinseinnahmen können die Zinsaufwendungen i.H.v. 10 Mio. € nur in Höhe dieser 2,8 Mio. € abgezogen werden. Der fiktive EBITDA-Vortag wird somit vollständig aufgebraucht, sodass im Jahr 10 kein EBITDA-Vortrag mehr erfolgt. Die verbleibenden nicht abziehbaren Zinsaufwendungen i.H.v. 7,2 Mio. € sind hingegen als Zinsvortrag gesondert festzustellen und in die Folgejahre fortzutragen.

3.1.1 Gesellschafterfremdfinanzierung

Gem. § 8a Abs. 2 KStG findet die Konzern-Klausel bei nicht konzernzugehörigen Körperschaften keine Anwendung bei schädlicher Gesellschafterfremdfinanzierung. Dies liegt vor, wenn (BMF vom 04.07.2008, a.a.O., Tz. 79–83):

- die Vergütungen der Körperschaft für Fremdkapital
- an einen zu mehr als 1/4 unmittelbar oder mittelbar am Grund- oder Stammkapital beteiligten Anteilseigner, eine diesem Anteilseigner nahestehende Person i.S.v. § 1 Abs. 2 AStG oder einen Dritten, der auf den zu mehr als 1/4 unmittelbar oder mittelbar am Grund- oder Stammkapital beteiligten Anteilseigner zurückgreifen kann,
- mehr als 10 % des Zinssaldos der Körperschaft betragen und
- die Körperschaft das Fehlen mindestens einer dieser Voraussetzungen nicht nachweist.

3.1.1.1 Vergütungen für Fremdkapital

Vergütungen für Fremdkapital stellen nur solche dar, die den maßgeblichen Gewinn bzw. das maßgebliche Einkommen gemindert haben (§ 4h Abs. 3 EStG, BMF vom 04.07.2008, a.a.O., Tz. 15–26). Zinsen nach §§ 233 ff. AO sind keine Zinsaufwendungen. Insbesondere nicht abziehbare Zinsen gem. § 3c Abs. 1 und Abs. 2 EStG, § 4 Abs. 4 EStG, § 4 Abs. 5 Satz 1 Nr. 8a EStG und Zinsen, die gem. § 8 Abs. 3 Satz 2 KStG als vGA das Einkommen der Körperschaft nicht gemindert haben, stellen keine Zinsaufwendungen i.S.d. § 4h Abs. 3 Satz 2 EStG dar.

3.1.1.2 Empfänger und Geber von Gesellschafterfremdkapital

Als Empfänger von Gesellschafterfremdkapital kommen nur Körperschaften, an denen Mitgliedschaftsrechte bestehen, in Betracht. Das bedeutet KapGes und Erwerbs- oder Wirtschaftsgenossenschaften.

Der Geber des Fremdkapitals muss ein Anteilseigner sein, der zu **mehr als 1/4 unmittelbar** oder **mittelbar** am Grund- oder Stammkapital der Körperschaft beteiligt ist. Eine 25 %ige Beteiligung ist nicht ausreichend. Ferner ist die Beteiligung am gezeichneten Kapital maßgebend. Die Beteiligungen eines Anteilseigners (unmittelbar/mittelbar) werden dabei zusammengerechnet (BMF vom 04.07.2008, a.a.O., Tz. 81).

Des Weiteren kann eine dem Anteilseigner nahestehende Person i.S.v. § 1 Abs. 2 AStG einen Fremdkapitalgeber darstellen, sowie ein Dritter, der auf den Anteilseigner oder eine diesem nahestehende Person zurückgreifen kann. Eine Rückgriffsmöglichkeit liegt dann vor, wenn der Anteilseigner gegenüber dem Dritten für die Erfüllung der Schuld einsteht.

3.1.1.3 Vergleichsrechnung

Liegen die Vergütungen für Gesellschafterfremdkapital über 10% des Zinssaldos (Zinsaufwendungen ./. Zinserträge), ist die Konzern-Klausel nicht anwendbar. Zinserträge und Zinsaufwendungen richten sich nach § 4h Abs. 3 EStG gem. § 8a Abs. 2 KStG. Die Vergleichsrechnung bezieht die Vergütungen für Gesellschafterfremdkapital, Zinsaufwendungen und Zinserträge der gesamten Körperschaft ein, somit ist die Summe der jeweiligen Posten entscheidend.

3.1.1.4 Nachweis

Die Ausnahme der Konzern-Klausel gem. § 4h Abs. 2b EStG kann nur dann in Anspruch genommen werden, wenn die Körperschaft nachweist, dass die Vergütungen für Gesellschafterfremdkapital nicht mehr als 10% des Zinssaldos betragen. Es ist dabei ausreichend, wenn wenigstens das Fehlen einer der Voraussetzungen der schädlichen Gesellschafterfremdfinanzierung belegt wird.

3.1.1.5 Zeitliche Anwendung

Die Zinsschranken-Regelung war erstmals für Wj. anzuwenden, die nach dem 25.05.2007 beginnen und nicht vor dem 01.01.2008 enden (§ 52 Abs. 12d EStG, § 34 Abs. 6a Satz 3 KStG, BMF vom 04.07.2008, BStBl I, 2008, 718). Nach den Grundsätzen des § 4h Abs. 1 Satz 1 bis 3 **n.F.** zu ermittelnde EBITDA-Vorträge für Wirtschaftsjahre, die nach dem 31.12.2006 beginnen und vor dem 01.01.2010 enden, erhöhen auf Antrag das verrechenbare EBITDA des ersten Wirtschaftsjahres, das nach dem 31.12.2009 endet (sog. »fiktiver EBITDA-Vortrag«).

3.1.1.6 Bedeutung der Vorschrift

Der neue § 8a KStG unterscheidet sich fundamental von der Vorgängerregelung. Die Zinsschranke beschränkt nun den Abzug von Zinsaufwendungen eines Betriebs und qualifiziert diesen Aufwand nicht mehr als vGA wie der § 8a KStG a.F. Die Rechtsfolge ergibt sich aus § 4h EStG und führt nicht zu unmittelbaren Folgen für den Anteilseigner, da eine Umqualifizierung als vGA unterbleibt. Nur mittelbar ist der Anteilseigner von den Rechtsfolgen betroffen. Aufgrund der beschränkten Abzugsfähigkeit von Zinsaufwendungen wird dem Anteilseigner nun ein höherer Gewinnanteil zugeordnet werden.

3.1.2 Verhältnis des § 8 Abs. 3 KStG zu § 4h EStG

Bei Vorliegen einer vGA im Rahmen von Zinsen handelt es sich nicht mehr um Zinsaufwand i.S.v. § 4h Abs. 3 Satz 2 EStG. Zinsaufwand nach § 4h Abs. 3 Satz 2 EStG sind Vergütungen für Fremdkapital, die den maßgeblichen Gewinn bzw. nach § 8a Abs. 1 Satz 1 und 2 KStG bei Körperschaften das maßgebliche Einkommen gemindert haben (BMF vom 04.07.2008, a.a.O., Tz. 18). Liegt ein überhöhter Zins vor, so ist dieser unabhängig von § 8a KStG i.V.m. § 4h EStG zu berichtigen. Somit ist § 8a KStG als nachrangig gegenüber § 8 Abs. 3 Satz 2 KStG anzusehen (gl.A. *Pung*, Besteuerung der PersG und KapG, 2012, C V.1.2.)

3.1.3 Konkurrenz zu § 8b KStG?

Das Verhältnis der beiden Bestimmungen zueinander ist noch nicht geklärt. Das Problem liegt u.a. darin, ob mit der Pauschalierung des § 8b Abs. 5 KStG auch die nach § 8a KStG nichtabziehbaren BA mit abgegolten sind.

Umgekehrt ist umstritten, ob im Falle der Anwendung der Zinsschranke zusätzlich die Pauschalierung des § 8b Abs. 5 KStG greift.

Auf die Parallelgeltung beider Bestimmungen bei Holdinggesellschaften verweist auch *Pung*, a.a.O.

3.2 Besonderheiten für Kapitalgesellschaften, insbesondere die Escape-Klausel

Konzernangehörige Betriebe, deren Zinsaufwendungen die Freigrenze überschreiten, haben die Möglichkeit nachzuweisen, dass die Eigenkapitalquote des Betriebs am Ende des vorangegangenen Abschlussstichtags gleich hoch oder höher ist als die des Konzerns (**Eigenkapitalquotenvergleich**). Auch ein Unterschreiten bis zu einem Prozentpunkt ist unschädlich. Für Wj., die nach dem 31.12.2009 beginnen, ist ein Unterschreiten bis zu 2 % unschädlich.

§ 4h Abs. 2 Buchst. c EStG enthält umfangreiche Ausführungen zu den Anforderungen an den Eigenkapitalquotenvergleich. Für die Frage, welche Rechnungslegungsvorschriften maßgeblich sind, wird folgende abgestufte Reihenfolge festgelegt:

- Vorrangig soll der Eigenkapitalvergleich nach den International Financial Reporting Standards (IFRS) erfolgen.
- Alternativ (wenn kein IFRS-Abschluss erstellt wird) soll dies nach dem Handelsrecht eines Mitgliedstaats der EU (z.B. nach dem deutschen HGB) erfolgen.
- Letztlich (wenn weder ein IFRS-Abschluss noch ein Abschluss nach einem Mitgliedstaat der EU erstellt wird) kommen die US-GAAP (Generally Accepted Accounting Principles der USA) zur Anwendung.

Wurde der Abschluss des Betriebs nicht nach denselben Standards wie der Konzernabschluss aufgestellt, muss die Eigenkapitalquote des Betriebs in einer Überleitungsrechnung nach dem für den Konzernabschluss geltenden Standard ermittelt werden. Das Finanzamt kann verlangen, dass der Abschluss oder die Überleitungsrechnung des Betriebs von einem Abschlussprüfer testiert wird, der die Voraussetzungen des § 319 HGB erfüllt.

Die **Eigenkapitalquote** ist das Verhältnis des Eigenkapitals zur Bilanzsumme. Sie ist für den Konzern nach dem Konzernabschluss, für den jeweiligen Betrieb nach dem Einzelabschluss zu ermitteln (§ 4h Abs. 2 Satz 1 Buchst. c Satz 3 EStG). Wahlrechte müssen im Konzern- und im Einzelabschluss einheitlich ausgeübt werden.

Folgende **Korrekturen** und Zuordnungen sind bei der Ermittlung des Eigenkapitals bzw. der Bilanzsumme vorzunehmen:

- Erhöhung des Eigenkapitals des Betriebs um einen im Konzernabschluss enthaltenen Firmenwert, soweit er auf den Betrieb entfällt.
- Kürzung des Eigenkapitals um Eigenkapital, das keine Stimmrechte verleiht. Damit soll Mezzanine-Eigenkapital (z. B. Genussrechte oder ewige Anleihen), das bilanzrechtlich als Eigenkapital gilt, für Zwecke des Eigenkapitalvergleichs dem Fremdkapital zugerechnet werden. Vorzugsaktien führen nach ausdrücklichem Gesetzeswortlaut nicht zur Kürzung (obwohl auch sie keine Stimmrechte verleihen).
- Sonderposten mit Rücklageanteil (z. B. § 6b-Rücklagen) werden zur Hälfte angesetzt.
- Kürzung des Eigenkapitals um Anteile an anderen Konzerngesellschaften. Damit soll ein Kaskadeneffekt vermieden werden, bei dem sich Eigenkapital im Konzern mehrfach auswirken könnte. Eine Holdinggesellschaft ohne andere Vermögenswerte hat damit eine Eigenkapitalquote von Null, bei Fremdfinanzierung der Beteiligungen sogar eine negative Eigenkapitalquote.
- Einlagen, die innerhalb der letzten sechs Monate vor dem Abschluss erfolgt sind, werden gekürzt, soweit ihnen Entnahmen innerhalb von sechs Monaten nach Abschluss gegenüberstehen. Diese Regelung zielt vor allem auf Leg-ein-Hol-zurück-Gestaltungen bei PersGes ab.
- Gekürzt wird die Bilanzsumme des Betriebs um Kapitalforderungen, die gegenüber anderen Konzerngesellschaften bestehen und deshalb nicht im konsolidierten Konzernabschluss ausgewiesen sind, und denen Verbindlichkeiten in mindestens gleicher Höhe gegenüberstehen. Somit belastet Fremdkapital eines Betriebs, das einem anderen Konzernunternehmen als Darlehen überlassen wird, nicht die Eigenkapitalquote des Betriebs.
- Bei gesellschaftsrechtlichen Kündigungsrechten ist mindestens das Eigenkapital anzusetzen, das sich nach HGB ergeben würde. Damit soll dem Umstand Rechnung getragen werden, dass PersGes nach IFRS bislang i.d.R. kein Eigenkapital haben.
- Sonderbetriebsvermögen ist dem Betrieb der Mitunternehmerschaft zuzuordnen, soweit es im Konzernabschluss enthalten ist.

4 Besteuerung der GmbH im Beteiligungsverbund mit anderen Körperschaften und Personenvereinigungen (§ 8b KStG)

LITERATURHINWEISE:

Bindl, Zur Steuerpflicht von Beteiligungserträgen nach § 8b Abs. 7 KStG bei Industrieholdinggesellschaften, DStR 2006, 1817; *Binnewies/Streck* in *Erlé/Sauter 2010,* Kommentierung zu § 8b Abs. 7 KStG; *Blümich,* EStG, KStG GewStG (Loseblatt-Kommentar) (2011), Kommentierung des § 8b Abs. 7 KStG; *Dallwitz/Mattern/Schnitger,* Beeinträchtigung grenzüberschreitender Finanzierung durch das JStG, DStR 2007, 6197; *Dörfler/Heurung/Adrian,* Korrespondenzprinzip bei verdeckter Gewinnausschüttung und verdeckter Einlage, DStR 2007, 515; *Fuhrmann/Strahl,* Änderungen im Unternehmenssteuerrecht durch das JStG 2008, DStR 2008, 125; *Gosch,* Keine weltweite KapSt-Entlastung für Inbound-Streubesitz, NwB 2012, 4043; *Hagedorn/Matzke,* Steuerpflicht bei Veräußerungsgewinnen bei Anteilsverkäufen durch eine Holding, GmbHR 2009, 970; *Häuselmann,* Das Ende des »Steuerschlupflochs« Wertpapierleihe…, DStR 2008, 1379; *Heurung/Seidel,* Steuerplanung bei Finanzunternehmen mit ausländischen GmbH-Anteilen, GmbHR 2009, 1084; *Intemann,* Die Neuregelung zur Steuerpflicht von Streubesitzdividenden, BB 2013, 1239; *Neumann/Watermeyer,* Forderungsverluste von Gesellschaftern und Betriebsvermögen, Ubg 2008, 748; *Oldiges,* Wirkungen und Rechtfertigung des pauschalen Abzugsverbots gem. § 8b Abs. 5 KStG, DStR 2008, 534; *Pung/Preißer,* Die Besteuerung der Personen- und Kapitalgesellschaften, 2. Aufl. 2012; *Rau,* »Strukturierte Wertpapierleihe« über Aktien und Beschränkung des Betriebsausgabenabzugs, DStR 2009, 948; *Schnitger/Bildstein/Schön,* Wertpapierpensionsgeschäft und Wertpapierleihe…, IStR 2008, 207; *Schönfeld,* Neues zum DBA-Schachtelprivileg oder »Was bleibt von § 8 Nr. 5 GewStG und § 8b Abs. 5 KStG bei grenzüberschreitenden Dividenden?«, IStR 2010, 661; *Stollenwerk/Künen,* Gesellschaftsanteil; Steuerfreiheit; Anteilsveräußerung, GmbH-StB 2009, 336; *Watermeyer* in *H/H/R,* 2011, Kommentierung zu § 8b Abs. 7 KStG.

4.1 Aufbau der Norm/Grundsätzliches

§ 8b KStG als eine der zentralen Vorschriften des KStG soll verhindern, dass es bei einem Gewinn-Transfer in körperschaftlichen Beteiligungsketten (z. B. bei »Durchschüttungen« im Konzern) zu einer steuerlichen Mehrfachbelastung kommt.

Die einzelnen Absätze erlauben nachfolgende Kurzcharakterisierung des § 8b KStG:

§ 8b Abs. 1	Grundsatz (1): **Steuerfreiheit der Dividenden**, die KapGes von anderen KapGes erhalten (keine Kaskadenbesteuerung im körperschaftlichen Beteiligungsverbund mit einer Sonderregelung für vGA)
§ 8b Abs. 2	Grundsatz (2): Erstreckung der Steuerfreiheit für **Veräußerungsgewinne** im Beteiligungsverbund
§ 8b Abs. 3	(relative) Ausnahme zu (2): Reduzierung der steuerfreien Veräußerungsgewinne (Abs. 2) auf 95% durch den Ansatz von **5% nicht abziehbare BA** sowie Abzugsverbot für Gewinnminderungen (z. B. Teilwertabschreibungen) von Kapitalbeteiligungen
§ 8b Abs. 4	(weggefallen: Regelung für sog. einbringungsgeborene Anteile)

§ 8b Abs. 5	(relative) Ausnahme zu (1): **5%-iges Abzugsverbot für BA** = Reduzierung der Steuerfreiheit von in- wie ausländischen Dividenden auf 95 %
§ 8b Abs. 6	Erweiterung der o. g. Rechtsfolgen auf PersGes, soweit KapGes beteiligt sind
§ 8b Abs. 7	(absolute) **Ausnahme** der Abs. 1 – 5 (= Nichtanwendung) für KapGes-Anteile von Kreditinstituten und Finanzdienstleistungsunternehmen (im HB befindlich)
§ 8b Abs. 8	(absolute) **Ausnahme** der Abs. 1 – 5 für Anteile, die von Lebens- und Krankenversicherungen gehalten werden
§ 8b Abs. 9	**Rückausnahme** (Abs. 7 und 8 = Regelbefreiung) für Bezüge nach Abs. 1 aus dem EU-Bereich
§ 8b Abs. 10	**Anwendungsausschluss** Wertpapierleihe und Wertpapierpensionsgeschäfte

4.2 § 8b Abs. 1 KStG: Steuerfreiheit der Dividenden

4.2.1 Regelungsgehalt des § 8b Abs. 1 KStG – allgemein

§ 8b Abs. 1 Satz 1 KStG stellt für beschränkt und unbeschränkt stpfl. KapGes Beteiligungserträge aus Dividenden (und vergleichbaren Bezügen) von in- und ausländischen KapGes **grundsätzlich steuerfrei**. Die Sätze 2–4 sehen eine Einschränkung für vGA vor, während Satz 5 die Steuerbefreiung auf die Veräußerung von Dividendenscheine erweitert.

4.2.2 Die einzelnen Tatbestandsmerkmale

4.2.2.1 Die begünstigten Empfänger der Bezüge

Nach dem BMF-Schreiben vom 28.04.2003 (BStBl I 2003, 292) sind alle beschränkt und unbeschränkt stpfl. KapGes von der Freistellung begünstigt (s. auch §§ 1, 2 KStG). Bei ausländischen KapGes (ohne Sitz oder Geschäftsleitung im Inland), deren objektive Steuerpflicht sich aus § 49 Abs. 1 Nr. 5 EStG (i.V.m. § 8 Abs. 1 KStG) ergibt, muss noch der sog. Typenvergleich hinzukommen, wonach das ausländische Rechtsgebilde seinem Wesen nach einer deutschen Körperschaft entspricht (vgl. *Thiesen*, Dreiecksverhältnisse im internationalen Steuerrecht, 2010, 36 zum Thema doppelt ansässiger KapGes).

Beispiel
Die unbeschränkt stpfl. X-AG verfügt über 1 Mio. € ausschüttungsfähigen Gewinn. An der X-AG sind die deutsche D-GmbH mit 30% und die österreichische Ö-GesmbH mit 70% beteiligt. Der Finanzvorstand der X-AG möchte wissen, wie die beabsichtigte Dividende bei der D-GmbH und bei der Ö-GesmbH ankommt. Können die beiden GmbHs uneingeschränkt über die 300.000 € (D-GmbH) bzw. über die 700.000 € (Ö-GesmbH) verfügen?

Lösung
Da die Ö-GesmbH ihrem »Wesen« nach einer deutschen Körperschaft entspricht, kann der Finanzvorstand der X-AG davon ausgehen, dass die Dividendenzahlungen bei beiden Gesellschaftern, d. h. bei beiden KapGes, vorbehaltlich § 8b Abs. 5 KStG (körperschaft-)steuerfrei ankommen.

4.2.2.2 Die Bezüge i.S.d. § 8b Abs. 1 Satz 1 KStG

Gem. § 8b Abs. 1 KStG bleiben Bezüge i.S.d. § 20 Abs. 1 Nr. 1,2,9 und 10a EStG bei der KSt-Ermittlung des Einkommens der KapGes **außer Ansatz**. Der sachliche Anwendungsbereich des § 8b Abs. 1 KStG umfasst alle Fälle, die bei der Beteiligung natürlicher Personen zur ermäßigten Besteuerung nach § 3 Nr. 40d Satz 1 EStG (Teileinkünfteverfahren) führen.

4.2.2.2.1 Bezüge i.S.d. § 20 Abs. 1 Nr.1 EStG

Es handelt sich dabei um offene und verdeckte Gewinnausschüttungen ebenso wie um Ausbeuten und sonstige Bezüge, die aus der Beteiligung an einer KapGes resultieren. Hierfür kennzeichnend ist, dass mit der Beteiligung das Recht auf Gewinn und Liquidationserlös einhergeht.

Hierunter fallen ebenfalls Ausschüttungen auf Genussrechte (*Geißer* in *Mössner/Seegert*, KStG § 8b, Rz. 31.), soweit sie beteiligungsähnliche Qualität haben (Ausnahme: rein obligatorische Genussrechte, vgl. *Hauswirth* in *Lademann*, KStG, § 8b, Rn. 26: diese haben Fremdkapitalcharakter!).

Dem Grunde nach fallen auch vGA (§ 20 Abs. 1 Nr.1 Satz 2 EStG) unter den Begriff. Allerdings gilt hier die relativierende Rechtsfolge des § 8b Abs. 1 Satz 2 KStG (s. unter 4.2.4).

Auch die besonderen Vorteile des § 20 Abs. 3 EStG (z.B. Entschädigungszahlungen für Verluste, die aufgrund von Beratungsfehlern entstanden sind, vgl. BMF vom 22.12.2009, Az: IV C1, Rn. 83) fallen hierunter.

Es können auch Kapitalerträge anlässlich einer **Umwandlung** hierunter fallen (z.B. offene Rücklagen nach § 7 UmwStG, die bei der Umwandlung einer Körperschaft in eine PersGes als Kapitalerträge zu qualifzieren sind). Dies gilt auch für Erträge aus einem **Wertpapiersondervermögen** (z.B. Ausschüttungen auf Anteilsscheine an einem Investmentfonds i.S.d. § 2 InvStG; nicht hingegen Zinsen).

Ebenfalls durch § 8b Abs. 1 KStG erfasst werden Ausgleichszahlungen, die im Rahmen einer **Organschaft** an einen außenstehenden Gesellschafter geleistet werden. Ausschüttungen einer **REIT-AG** fallen nach § 19a REITG nur dann unter § 8b Abs. 1 KStG, wenn die Dividenden mit 15% KSt vorbelastet sind.

4.2.2.2.2 Bezüge i.S.d. § 20 Abs. 1 Nr. 2 EStG

Gleichfalls unter § 8b Abs. 1 KStG fallen für die Muttergesellschaft **Liquidationserlöse** aus der Auflösung oder Kapitalherabsetzung der Tochtergesellschaft, soweit es sich dabei nicht um die Rückzahlung des (echten) Nennkapitals handelt (letztere werden von § 8b Abs. 2 KStG erfasst; ebenso wie die Leistungen aus dem steuerlichen Eigenkapitalkonto des § 27 KStG, vgl. auch BFH vom 28.10.2009, BStBl II 2011, 898). Eine Rückausnahme (Geltung von § 8b Abs. 1 KStG) gilt hier aber bei der Rückzahlung von Nennkapital, das auf Gewinnrücklagen der Vergangenheit beruht.

4.2.2.2.3 Bezüge i.S.d. § 20 Abs. 1 Nr. 9 EStG

§ 20 EStG (und damit § 8b Abs. 1 KStG) umfasst in einer »Sondernummer« auch Leistungen von Versicherungs- und Pensionsfondsvereinen, sonstiger jur. Personen des privaten Rechts sowie nicht rechtsfähiger Vereine und privatrechtliche Stiftungen an ihre Mitglieder.

4.2.2.2.4 Bezüge i.S.d. § 20 Abs. 1 Nr. 10a EStG

Danach werden Gewinnausschüttungen (inkl. vGA) von Betrieben gewerblicher Art an ihre juristische Personen des öffentlichen Rechts (Trägerkörperschaft) erfasst.

4.2.2.2.5 Bezüge i.S.d. § 20 Abs. 2 Satz 1 Nr. 2a sowie Satz 2 EStG

Einnahmen aus der Veräußerung von Dividendenscheinen und sonstigen Ansprüchen sowie Einnahmen aus der Abtretung von Dividendenansprüchen sind ebenfalls nach § 8b Abs. 1 und Abs. 5 KStG zu 95 % von der KSt befreit. Dies gilt allerdings nur, wenn die dazu gehörigen Aktien etc. nicht mit veräußert werden.

4.2.3 Weitere Rechtsfolgen des § 8b Abs. 1 KStG (ohne vGA)

4.2.3.1 Kapitalertragsteuer

Gem. § 43 Abs. 1 Satz 3 EStG unterliegen die von § 8b KStG befreiten Bezüge ausdrücklich der KapESt. Dabei ist zunächst nach beschränkt stpfl. und nach unbeschränkt stpfl. KapGes als Empfänger der Bezüge zu differenzieren. Bei den unbeschränkt stpfl. KapGes führt die Anrechnung der KapESt nach § 36 Abs. 2 Satz 2 EStG (i.V.m. § 31 Abs. 1 KStG) letztlich zur vollständigen Erstattung der KapESt und damit zu einer definitiven KSt-Belastung von 15 %.

Bei – nach § 5 Abs. 1 KStG bzw. nach § 2 KStG – **beschränkt stpfl.** KapGes hat die KapSt (25 %) hingegen **Abgeltungswirkung** (s. auch BFH vom 22.04.2009, Az: IR 53/07, Tz. 17).

Wegen dieser **Ungleichbehandlung** (Benachteiligung ausländischer Investoren: 25 % ausländische Belastung vs. 15 % inländische Steuer) erkennt die h.M. (statt aller *Frotscher/Maas*, KStG § 8b Rz. 29a ff. m.w.N.) dann auf einen Verstoß gegen die Kapitalverkehrsfreiheit, wenn eine **EU-KapGes Anteile an einer inländischen KapGes hält und deren Muttergesellschaft in einem Nicht-EU-Statt** ansässig ist, da hier die Dividende mit einer definitiven 25 %-Belastung versteuert wird. Ähnliches gilt für Muttergesellschaften, die nicht unter die Mutter-Tochter-Richtlinie fallen. (Ansonsten: bei einer Direktbeteiligung der EU-Mutter-Ges an der inländischen KapGes wird die KapSt nach § 43b Abs. 1 und 2 EStG i.V.m. § 52 Abs. 55c EStG nicht erhoben, wenn die EU-Mutter mindestens 10 % und über einen Zeitraum von mehr als 12 Monaten an der D-KapGes beteiligt war).

Deshalb hat die EU-Kommission auch gegen die BRD ein Vertragsverletzungsverfahren eingeleitet (2004/4349).

4.2.3.2 Gewerbesteuer

Gem. § 8 Nr. 5 GewStG werden die nach § 8b Abs. 1 KStG befreiten Bezüge bei der Ermittlung des Gewerbeertrags wieder hinzugerechnet, wenn die Voraussetzungen des gewerbesteuerlichen Schachtelprivilegs nicht erfüllt sind (§ 9 Nr. 2a und Nr. 7 GewStG). Bei **mindestens** (ununterbrochener) **15 %** Beteiligung (zu Beginn des Erhebungszeitraums) unterbleibt die Hinzurechnung, während die GewSt-Belastung bei Unterschreiten der 15 %-Grenze definitiv wird.

Für den Spezialfall, dass die Hinzurechnung aufgrund eines DBA – abweichend von § 9 Nr. 7 GewStG – unterbleibt, hat der BFH am 22.06.2010 (BStBl II 2011, 129) entschieden, dass die DBA-Regelung Vorrang vor § 9 Nr. 7 GewStG hat (Argumentation: Ansonsten käme § 8 Nr. 5 GewStG einem unzulässigen »treaty override« gleich).

4.2.3.3 Organschaft

Wegen der vorrangig geltenden §§ 14 – 16 KStG wird der Gewinn der OG vollständig an den OT abgeführt und von ihm versteuert. Da § 15 Nr. 2 Satz 1 KStG Ausschüttungen im Organkreis ignoriert, findet § 8b Abs. 1 KStG nur auf der Ebene des OT statt, wenn also dieser Bezüge erhält (so auch § 15 Nr. 2 Satz 2 KStG).

4.2.4 Eingeschränkte Geltung bei verdeckten Gewinnausschüttungen (§ 8b Abs. 1 Satz 2–4 KStG)

4.2.4.1 Inhalt und Entstehungsgeschichte

Nach § 8b Abs. 1 Satz 2 KStG greift die Befreiung des § 8b Abs. 1 KStG bei **vGA** nur, soweit sie **nicht das Einkommen** der leistenden KapGes **gemindert** hat (§ 8 Abs. 3 Satz 2 KStG). Nach der Treaty-override-Anordnung von § 8b Abs. 1 Satz 3 KStG sind vGA unter den o. g. Voraussetzungen selbst dann voll stpfl., wenn ein DBA die Steuerfreistellung der Bezüge zulässt.

Aus der Entstehungsgeschichte des § 8b Abs. 1 Satz 2 KStG leitet die h.M. (statt aller *Pung* in *Pung/Preißer*, 2012, 986, Rz. 20) das Petitum ab, dass damit – i.V.m. § 32a KStG – das Entstehen »weißer Einkünfte« verhindert werden soll, wenn also keiner der beteiligten Staaten ein Besteuerungsrecht innehat. Insbes. wegen der unterschiedlichen Einkünftequalifikation bei Gesellschafterfremdfinanzierung in den jeweiligen Staaten sind die Maßnahmen des § 32a KStG (Hemmung der Festsetzungsfrist des Anteilseigners bei festgestellter vGA der KapGes) und des § 8b Abs. 1 KStG aufeinander abgestimmt (s. hierzu auch Amtshilfe RLUmsG vom 20.10.2011).

4.2.4.2 Vollversteuerung einer verdeckten Gewinnausschüttung bei Einkommensminderung der leistenden Kapitalgesellschaft

Eine Einkommensminderung der leistenden KapGes liegt vor, wenn diese – wie im Regelfall – die vGA bei Auskehrung nicht erfasst hat und wenn somit die Hinzurechnung zum zvE der KapGes (gem. § 8 Abs. 3 Satz 2 KStG) nicht erfolgte. Dabei gilt § 8b Abs. 1 Satz 2 KStG für beide Fallgestaltungen der vGA, der Vermögensminderung ebenso wie der verhinderten Vermögensmehrung. Andere Einkommenskorrekturen (z. B. nach § 4h EStG oder nach AStG) fallen nicht in den Anwendungsbereich der Vorschrift.

Problematisch sind die Fälle einer mittelbaren vGA bei **mehrstufigen** Beteiligungsverhältnissen (Mutter-Tochter-Enkel-Konstellation). Grundsätzlich findet die Berücksichtigung (und Korrektur) einer vGA nur im **unmittelbaren** Beteiligungsverhältnis statt (also Mutter-Tochter oder Tochter-Enkel). Die Folge davon wäre z. B. bei einer vGA im Verhältnis Tochter-Enkel-Ges, dass mit der Vollversteuerung im unmittelbaren Beteiligungsstrang die Tochterges die vGA gem. § 8 Abs. 3 KStG zu erfassen hat, die Mutterges aber die Steuerbefreiung gem. § 8b Abs. 1 KStG genießt. Die h.M. (stellvertretend: *Hauswirth* in *Lademann*, KStG, § 8b Rn. 48) geht von der Steuerbefreiung der seitens der Tochterges an die Mutterges durchgeschütteten Beteiligungserträge aus, während *Frotscher/Maas*, § 8b Rn. 29s durch den Rekurs auf § 8b Abs. 1 Satz 4 KStG (»nahestehende Personen«) davon ausgeht, dass bei der Tochterges durch die Ausschüttung definitiv keine Einkommensminderung stattfand (Ergebnis: Vollversteuerung bei der Mutterges).

4.2.4.3 § 8b Abs. 1 Satz 3 KStG bei verdeckter Gewinnausschüttung, die aufgrund eines DBA steuerfrei sind

Nach dem Wortlaut sind als vGA zu qualifizierende Bezüge einer ausländischen Tochterges (ohne Einkommenskorrektur), die sie von der inländischen Mutterges erhält, bei dieser voll stpfl., wenn (und da) sie nach einem DBA steuerfrei gestellt sind. Mit dieser korrespondieren **Treaty-override-Regelung** wird sichergestellt, dass sich eine KapGes nicht auf ein DBA-Schachtelprivileg berufen kann, um die Freistellung nach § 8b Abs. 1 Satz 2 KStG zu generieren (s. aber zweifelnd zum »treaty override« BFH vom 10.01.2012, DB 2012, 1078; s. hierzu auch *Schwenke*, FR 2012, 443).

4.2.4.4 Die Rückausnahme zu § 8b Abs. 1 Satz 2 KStG bei Dreiecksfällen, § 8b Abs. 1 Satz 4 KStG

In einer Fallkonstellation, bei der eine vGA das Einkommen einer **nahestehenden Person** erhöht hat, bei der **§ 32a KStG keine Anwendung** findet, ist die Steuerbefreiung nach § 8b Abs. 1 Satz 1 KStG trotzdem zu gewähren.

Damit soll eine Doppelbesteuerung vermieden werden, die zunächst auf der Ebene der KapGes des Anteilseigners und sodann auf der Ebene der nahestehenden Person anfällt.

Beim »Terminus« der nahestehenden Person wird aus systematischen Gründen auf H 36 KStH rekurriert (und nicht auf § 1 Abs. 2 AStG).

Fraglich ist allenfalls, in welchen Fällen das formelle Korrespondenzprinzip des § 32a KStG nicht anzuwenden ist. Nachdem § 32a KStG auf alle unbeschränkt wie beschränkt stpfl. KapGes anwendbar ist, kommen zunächst nur inländische KapGes in Betracht, die nicht stpfl. sind (unstr.; sog. abstrakte Auslegung). Die Streitfrage geht darum, ob die Rückausnahme auch für die KapGes gilt, bei denen im **konkreten Einzelfall** von § 32a KStG nicht Gebrauch gemacht wurde. Die h.M. (statt aller *Pung* in *Preißer/Pung*, 2012, 989, Rz. 31) bejaht dies.

4.3 § 8b Abs. 2 KStG – Steuerbefreiung der Veräußerungsgewinne

4.3.1 Systematik und Kritik

Nach § 8b Abs. 2 KStG bleiben Gewinne von KapGes, die aus der **Veräußerung von Kapitalbeteiligungen**, deren Leistungen zu Einnahmen gem. § 20 Abs. 1 Nr. 1, 2, 9 und 10a EStG führen (identische Voraussetzungen wie bei Abs. 1), außer Ansatz (vorbehaltlich § 8b Abs. 3 KStG).

Nach der umstrittenen Gesetzesbegründung sollen (nachträgliche) Veräußerungsgewinne den (laufenden) Beteiligungserträgen gleichgestellt werden. Während die erste Begründung – Verbot der Doppelbesteuerung (die veräußerten Anteile wurden zuvor der laufenden Besteuerung unterzogen und sind somit vorbelastet) – einhellig nachvollzogen wird, führt die rechtsformspezifische Diskrepanz zu den stpfl. Veräußerungsgewinnen bei Personenunternehmen und bei Anteilen an PersGes zu unterschiedlichen Erkenntnissen: Die Ungleichbehandlung von PersGes und KapGes einerseits (»Mittelstandsargument«) wird andererseits (volkswirtschaftlich) »erkauft« mit der steuerneutralen Entflechtung von Konzernen, die als Kaskaden von KapGes durchstrukturiert sind.

4.3.2 Die Begünstigungsvoraussetzungen im Einzelnen

4.3.2.1 Begünstigte Anteile (an Kapitalgesellschaften)

Mit den wortlautidentischen (hier: veräußerten) Beteiligungen wird eine steuersystematische Kongruenz der ersten beiden Absätze herbeigeführt. Völlig unstreitig fallen hierunter:

- Anteile an KapGes und an anderen Körperschaften (anders als bei § 17 EStG!),
- Anteile an Zwischengesellschaften (i.S.v. § 7 Abs. 1 AStG),
- Genussrechte (BMF vom 28.04.2003, BStBl I 2003, 292, Rz. 24),
- Eigenanteile (daran ändert auch die BilMoG-Fassung von § 272 Abs. 1a HGB nichts, wonach eine offene passivische Abgrenzung vom EK zu erfolgen hat),
- Fondsanteile, soweit sie noch nicht zugeflossene Einnahmen enthalten (§ 8 InvStG),
- Anteilstausch,
- Einbringungsgewinne nach §§ 21, 22 UmwStG.

Bei **OG** kommen nur Anteile (Leistungen) in Betracht, die sich auf die Zeit vor (und nach) Begründung des Organschaftsverhältnisses beziehen (z. B. vororganschaftliche Mehrabführungen).

Hingegen sind von der Regelung des § 8b Abs. 2 KStG **ausgenommen**:

- Anteile an einer REIT-AG (§ 19 Abs. 3 ReitG),
- Schuldrechtliche Wandelschuldverschreibungen und Optionsrechte (Call-/Put-Optionen).

4.3.2.2 Begünstigte Veräußerungen (inkl. der Ermittlung des Veräußerungsgewinns)

Als Veräußerung gilt grundsätzlich jede **entgeltliche Übertragung** von Kapitalbeteiligungen. Hierunter fallen zunächst unstrittig der Verkauf und der Tausch.

Bei Umwandlungen i.S.d. UmwStG wird bei Übertragungen über dem Buchwert (zum gemeinen Wert oder zum Zwischenwert) ein **Übertragungsgewinn** realisiert. Soweit er sich auf die Kapitalbeteiligungen bezieht, ist er nach h.M. steuerbefreit (s. *Dötsch/Pung* in *D/P/M*, § 8b KStG, Rz. 78). Zu auf KapGes entfallenden **Übernahmegewinn** s. § 4 Abs. 7 Satz 1 UmwStG.

Ebenfalls zählen Leistungen aus dem **steuerlichen Einlagekonto** i.S.d. § 27 KStG zu den steuerbegünstigten Veräußerungen i.S.d. § 8b Abs. 2 KStG, da sie nach Auffassung der Verwaltung als Einlagerückgewähr behandelt wird (BMF vom 28.04.2003, BStBl I 2003, 292, Rz. 6).

Im Sinne einer gesetzesauthentischen Interpretation wird gem. § 8b Abs. 2 KStG auch eine verdeckte Einlage wie eine Veräußerung behandelt

4.3.2.3 Die Ermittlung des Veräußerungsgewinns

Gem. § 8b Abs. 2 Satz 2 KStG ist beim Veräußerungsgewinn die bekannte Nettogröße (Veräußerungspreis ./. Veräußerungskosten ./. Buchwert) zugrunde zu legen. Nachträgliche Kaufpreisminderungen sind zu berücksichtigen.

Beispiel

Die G-GmbH veräußert in 01 eine Beteiligung an der Y-GmbH mit 100.000 € Veräußerungsgewinn. Die zugrunde liegende Kaufpreisforderung wird in 02 – wegen falscher Berechnung – um 10 % reduziert.

Lösung

Ursprünglich war der Veräußerungsgewinn (in 01) zu 95 % steuerbefreit (§ 8b Abs. 2 und Abs. 3 KStG). Die Steuerbelastung betrug somit 5.000 €. Wegen der nachträglichen Kaufpreisminderung in 02 reduziert sich der Veräußerungsgewinn **rückwirkend** (01) auf 90.000 €. Die effektive Steuerbelastung beträgt somit 4.500 € (5 % von 90.000 €).

Ebenso wie bei § 16 EStG interpretiert der BFH (zuletzt im Urteil vom 22.12.2010, DStR 2011, 406, Tz. 13 f.) den Veräußerungsvorgang als isolierten, einmaligen Vorgang, der von der laufenden Besteuerung abzugrenzen ist. Die Rückwirkung ist das geeignete Mittel, diese Betrachtungsweise umzusetzen.

4.3.3 Liquidation, Herabsetzung sowie Wertaufholung (§ 8b Abs. 2 Satz 3 KStG)

Zusätzlich zu den Veräußerungsgewinnen bleiben nach § 8b Abs. 2 Satz 3 KStG auch Gewinne aus der Auflösung einer Beteiligungs-KapGes oder aus der Herabsetzung ihres Nennkapitals außer Ansatz. Diese Rechtsfolge gilt auch für den Wertaufholungsgewinn gem. § 6 Abs. 1 Satz 1 Nr. 2 EStG.

4.3.3.1 Liquidation und Kapitalherabsetzung

Bei der Auflösung einer KapGes werden Gewinne in vergleichbarer Weise realisiert wie bei der Beteiligungsveräußerung. Dabei entsteht ein **Auflösungsgewinn** erst dann, wenn der **Auskehrungsbetrag höher** ist als der Buchwert, während die vorher gezahlten Liquidationsraten bzw. Herabsetzungsbezüge solange erfolgsneutral wirken, als damit der bilanzielle Wertansatz der Beteiligung einhergeht.

Es sind allerdings nur diejenigen Bezüge aus einer Liquidation steuerbefreit, die bei der beteiligten KapGes nicht zu Einnahmen i.S.d. § 20 Abs. 1 Satz 2 EStG (dort: keine Rückzahlung von Nennkapital und keine Verwendung des steuerlichen Einlagekontos) führen, da diese bereits durch § 8b Abs. 1 KStG erfasst sind.

Im Klartext kommt § 8b Abs. 2 KStG bei der Auflösung nur dann zur Anwendung, wenn es eine **positive Differenz zwischen der Auskehrung von Nennkapital und dem steuerlichen EK zum Buchwert** gibt.

4.3.3.2 Wertaufholung

Nach § 8b Abs. 2 Satz 3 KStG befreit sind ebenfalls Gewinne, die auf dem Wertaufholungsgebot des § 6 Abs. 1 Nr. 2 Satz 3 EStG resultieren. Es sind dies die Fälle, da die Gründe für eine in der Vergangenheit durchgeführte Teilwertabschreibung zum (aktuellen) Bilanzstichtag nicht mehr bestehen und demzufolge – mangels Nachweis der bestehenden Abschreibungsgründe – eine **Zuschreibung** erfolgte. Im konkreten Anwendungsbereich des § 8b Abs. 2 KStG wird die Mutterges im Falle der Wertaufholung eine Zuschreibung der AK auf die Beteiligung an der Tochterges bis zur Höhe der historischen Anschaffungskosten vornehmen.

Die Gleichbehandlung zur Steuerfreiheit der Beteiligungsveräußerung hat seine innere Rechtfertigung darin, dass die Mutterges die Anteile auch vor der Wertaufholung hätte steuerfrei veräußern können.

4.3.3.3 Beschränkung der Steuerbefreiung in den Fällen der Teilwertabschreibung

Im hypothetischen Fall, dass nach einer Teilwertabschreibung in der Vergangenheit eine zum Bilanzstichtag erforderliche Zuschreibung unterblieb, soll mit § 8b Abs. 2 Satz 4 KStG, der die Steuerbefreiung nach Satz 3 aufhebt, eine doppelte Begünstigung (zunächst eine aufwandswirksame Teilwertabschreibung und eine – ansonsten mögliche – nachfolgende steuerfreie Veräußerung) vermieden werden.

Der Wortlaut des § 8b Abs. 2 Satz 4 KStG ist insoweit ergänzungsbedürftig, als die Wertaufholung hätte **steuerwirksam** erfolgen müssen (s. hierzu *Gosch*, KStG, § 8b, Rn. 238).

4.3.3.4 Beschränkung der Steuerbefreiung auf die Höhe der Rücklagenübertragung (§ 6b EStG)

§ 8b Abs. 2 Satz 5 KStG erweitert die Steuerbefreiung auf Sachverhalte, bei denen im Rahmen einer § 6b-Rücklage (**Reinvestitionsrücklage**) der Buchwert der Kapitalbeteiligung **vor ihrer Veräußerung** gemindert wurde. Wegen § 6b Abs. 10 EStG n.F. (keine Möglichkeit für KapGes, Rücklagen für Veräußerungsgewinne von Kapitalbeteiligungen zu bilden), kann es sich dabei nur um Altfälle handeln.

4.4 Abzugsverbot für Gewinnminderungen und Pauschalierung der nicht abzugsfähigen Betriebsausgaben (§ 8b Abs. 3 KStG)

4.4.1 Allgemeines

Mit einem überraschenden Aufbau präsentiert sich § 8b Abs. 3 KStG. Die zentrale Aussage steht in **Satz 3**. Danach sind Gewinnminderungen i.Z.m. Anteilen nach § 8b Abs. 2 KStG vom Abzug ausgeschlossen (»Kehrseite der Steuerfreiheit von Veräußerungsgewinnen«, so *Kröner*, Ernst & Young, Kommentar zum KStG, § 8b, Rn. 134).

Nach § 8b Abs. 3 Satz 1 KStG gelten 5 % der (an sich) steuerfreien Veräußerungsgewinne des § 8b Abs. 2 KStG als nicht abzugsfähige BA mit der Folge, dass danach Veräußerungsgewinne von Kapitalbeteiligungen zu 5 % stpfl. sind. M.a.W. wird die Steuerfreiheit somit auf 95 % reduziert.

§ 8b Abs. 3 Satz 2 KStG schließlich schließt § 3c Abs. 1 EStG von der KSt-Ermittlung aus.

§ 8b Abs. 3 Sätze 4 – 8 KStG ordnen einen BA-Abzugsverbot für Aufwendungen in Zusammenhang mit Gesellschafterdarlehen an.

4.4.2 5 % Veräußerungsgewinn als nicht abzugsfähige Betriebsausgabe (Satz 1)

Die Regelung des § 8b Abs. 3 KStG führt im Ergebnis zu einer außerbilanziellen Hinzurechnung von 5 % der Veräußerungsgewinne bei der Ermittlung des zvE.

Die »Rechtfertigung« dieser Anordnung liegt in der Parallelwertung zu § 8b Abs. 5 KStG. Wenn nach dieser Vorschrift 5 % der Dividendeneinkünfte besteuert werden, solle für Veräußerungsgewinne die gleiche Rechtsfolge gelten.

Beispiel
Der nach § 8b Abs. 2 Satz 2 KStG ermittelte Veräußerungsgewinn für Kapitalbeteiligungen einer GmbH (Erlös ./. Buchwert ./. Kosten) soll 100.000 € betragen.

Lösung
Während 100 T€ grundsätzlich als steuerfrei zu behandeln sind, werden 5.000 € als nicht abzugsfähige BA außerbilanziell hinzugerechnet.

Das Kurzbeispiel erhellt, dass nur die **Saldogröße** (i. e. der Veräußerungsgewinn) die Bemessungsgrundlage für den fiktiv eingeschränkten BA-Abzug darstellt. Damit ist gleichzeitig verdeutlicht, dass die konkrete Höhe der BA (und sogar das Vorliegen von BA überhaupt) für § 8b Abs. 3 Satz 1 KStG irrelevant ist. Das BA-Abzugsverbot stellt somit eine unwiderlegbare Vermutung dar (so auch *Watermeyer*, H/H/R, § 8b, Rn. 83).

Mit dem Wortlaut »von dem jeweiligen Gewinn« wird die Regelung auf **jeden einzelnen** Veräußerungsgewinn (bzw. Auflösungsgewinn oder verdeckten Einlagegewinn) bezogen. Eine Saldierung mehrerer Vorgänge des § 8b Abs. 2 KStG in einer zusammengefassten Summe ist nicht zulässig.

Die Literatur weist auf mehrere Schwächen der Regelung hin:

- Der Ansatz von 5 % sei nicht proportional zum Aufwand bei der Erzielung von Veräußerungsgewinnen (*Gosch*, KStG, § 8b, Rn. 284).
- Das Konzept des § 8b Abs. 3 KStG sei kein Abzugsverbot, sondern eine Reduzierung der Steuerfreiheit (*Dötsch/Pung* in *D/P/M*, KStG, § 8b, Rn. 104).
- Es bestehe ein doppeltes Abzugsverbot (§ 8b Abs. 2 Satz 2 einerseits und die Fiktion des § 8b Abs. 3 Satz 1 KStG andererseits; wenig überzeugend).

4.4.3 Nichtanwendung des § 3c EStG

Durch den in § 8b Abs. 3 Satz 2 KStG implementierten Ausschluss des § 3c Abs. 1 EStG wird gewährleistet, dass tatsächlich entstandene Aufwendungen steuerlich voll umfänglich geltend gemacht werden können. Eine Ausnahme besteht allerdings für Veräußerungskosten, die bereits i.R.d. § 8b Abs. 2 Satz 2 KStG abzuziehen sind.

4.4.4 Abzugsverbot für sonstige Gewinnminderungen i.S.d. § 8b Abs. 2 KStG (§ 8b Abs. 3 Satz 3 KStG)

Mit Gewinnminderungen sind in Satz 3 leg. cit. generell Fälle des **Substanzverlustes** gemeint, unabhängig vom Grund seiner Entstehung und seiner Höhe (*Binnewies/Streck*, KStG, § 8b, Rn. 85). Im Einzelnen fallen nach BMF vom 28.04.2003, BStBl I 2003, 292, Tz. 26 darunter:

- Ansatz des niedrigen Teilwerts,
- Verluste aus einer Anteilsveräußerung,
- Verluste aus der Liquidation bzw. der Kapitalherabsetzung,
- Verlust aus einer vGA bzw. aus einer verdeckten Einlage,
- Gewinnminderung aus der Auflösung eines aktiven Ausgleichsposten bei Organschaft,
- sonstige (negative) Realisationstatbestände des § 8b Abs. 2 KStG.

4.4.4.1 Verluste durch den Ansatz eines niedrigen Teilwerts

Während es allgemein gem. § 6 Abs. 1 Nr. 2 EStG bei dauerhafter Wertminderung von Finanzanlagen ein Wahlrecht für den Teilwertansatz gibt, können hiervon KapGes bei Kapitalbeteiligungen nach § 8b Abs. 2 KStG nicht Gebrauch machen. Bei börsennotierten Aktien liegt eine dauerhafte Wertminderung dann vor, wenn der Börsenwert zum Bilanzstichtag unter die AK gesunken ist und kein Silberstreif am (Börsen-)Horizont ausfindig zu machen ist (BMF vom 26.03.2009, BStBl I 2009, 514).

4.4.4.2 Verluste aus einer Anteilsveräußerung

Nur die negative Differenz von Buchwert der Anteile und dem Veräußerungserlös (ohne Berücksichtigung der Veräußerungskosten) darf als **Substanzverlust** bei § 8b Abs. 3 KStG nicht berücksichtigt werden. Hierzu gehö-ren auch Gewinnminderungen im Zusammenhang mit Sachdividenden und sog. vergebliche AK auf eine Kapitalbeteiligung (so *Pung* in *Preißer/ Pung*, 2012, 1002).

4.4.4.3 Verluste aus der Liquidation und aus der Kapitalherabsetzung

Wenn bei einer Liquidation der Erlös geringer ist als die AK, so können diese Liquidationsverluste nach § 8b Abs. 3 Satz 3 KStG nicht berücksichtigt werden. Dies gilt ebenso für Zahlungen anlässlich einer Kapitalherabsetzung, da diese die AK bzw. den ggf. niedrigeren Teilwert mindern.

4.4.4.4 Verluste aus einer verdeckten Gewinnausschüttung bzw. verdeckten Einlage

Nach zutreffender Auffassung von *Frotscher/Maas*, KStG, § 8b, Rn. 58a, fallen Verluste bei einer vGA (z. B. Unterwert-Veräußerung einer Beteiligung) ebenso wie Verluste bei einer verdeckten Einlage unter das Abzugsverbot des § 8b Abs. 3 Satz 3 KStG.

4.4.4.5 Gewinnminderung bei Auflösung eines aktiven Ausgleichspostens (Organschaft)

Gem. § 14 Abs. 4 Satz 4 KStG ist § 8b KStG bei der Auflösung eines aktiven Ausgleichspostens anzuwenden. Diese Gewinnminderung ist beim OT steuerlich nicht zu berücksichtigen (s. auch *Hauswirth/Lademann*, § 8b, Rn. 125).

4.4.5 Verluste i.V.m. Gesellschafterdarlehen und -sicherheiten (§ 8b Abs. 3 Sätze 4–8 KStG)

4.4.5.1 Die Grundaussage des § 8b Abs. 3 Satz 4 KStG

Bei gesellschaftlicher Veranlassung der Darlehenshingabe (ebenso wie bei der Sicherheitengewährung) gelangt man – anders wie bei Einlagen (nachträgliche AK auf die Beteiligung) – bei Inanspruchnahme des Gesellschafters zu einer Gewinnminderung. Nach dem Gesetzeswortlaut ist dies bei einer **Mindestbeteiligungsquote von mehr als 25 %** der Fall.

Folgende Fälle kommen für Gewinnminderungen in Betracht:

- eine Teilwertabschreibung auf eine Darlehensforderung,

- der Ausfall der Forderung in der Insolvenz,
- die Forderungsabtretung mit Verlust,
- der Forderungsverzicht, soweit davon der nicht werthaltige Teil der Forderung betroffen ist; der werthaltige Teil ist als verdeckte Einlage zu qualifizieren,
- die Inanspruchnahme der KapGes (als Gesellschafter) aus einer Bürgschaft,
- Wechselkursänderungen bei Fremdwährungsdarlehen.

Ein Auslegungsproblem tritt bei der Frage auf, zu welchem **Zeitpunkt** die KapGes eine wesentliche nominelle Beteiligung innehaben musste. Ein Teil der Literatur (z. B. *Dötsch/Pung* in *D/P/M*, KStG, § 3b, Rz. 131 und dies. in *Preißer/Pung*, 2012, 1004) vertritt die Auffassung, dass es genüge, wenn zu irgendeinem Zeitpunkt die Mindestbeteiligung bestanden habe. Die Auffassung, wonach die Mindestbeteiligung zum Zeitpunkt der Darlehensgewährung bzw. der Gewinnminderung bestanden haben muss (so *Hauswirth/Lademann*, § 8b, Rn. 135) verdient wegen der gesellschaftlichen Veranlassung und dem Systemzusammenhang den Vorzug.

Als **Rechtsfolge** bestimmt § 8b Abs. 3 Satz 4 KStG, dass die o. g. Gewinnminderungen dem wesentlich beteiligten Anteilseigner außerbilanziell hinzugerechnet werden müssen.

Bzgl. der **Höhe** des hinzuzurechnenden Betrages ist danach zu unterscheiden, ob die Darlehenshingabe bereits zu Beginn des Schuldverhältnisses gesellschaftlich veranlasst war oder ob dies erst später eingetreten ist. Im ersten Fall ist die gesamte Gewinnminderung nicht abzugsfähig. Im zweiten Fall hängt die genaue Höhe von einem Fremdvergleich ab. Hätte ein Dritter das Darlehen zu einem Zeitpunkt gekündigt, da sich die Rückzahlungsmöglichkeiten des Darlehensnehmers verschlechtert haben, so fällt nur der Wert unter das Abzugsverbot, den das Darlehen in diesem Zeitpunkt noch hatte.

Strittig ist, in welchen der o. g. Sachverhalte ein Erlass aus Billigkeitsgründen möglich sei. Dies hat seinen Grund im Sanierungserlass des BMF vom 27.03.2003, BStBl I 2003, 240, der einen Erlass nur für den Fall vorsieht, in dem einem in der Krise befindlichen Unternehmen eine Verbindlichkeit erlassen wird, wie dies z. B. beim Ausbuchen der Verbindlichkeit als a.o. (oder sonstiger betrieblicher) Ertrag der Fall ist. Die h.M. erstreckt die Rechtsfolge des Erlasses auf alle Fälle einer ausgebuchten Forderung (gegen eine Ausweitung aber mit guten Argumenten *Neumann/Watermeyer*, Ubg 2008, 756).

4.4.5.2 Das Darlehen durch eine nahestehende Person oder durch einen rückgriffsberechtigten Dritten (§ 8b Abs. 3 Satz 5 KStG)

§ 8b Abs. 3 Satz 5 KStG dehnt die Regelung von Satz 4 auf Gewinnminderungen mit einer dem wesentlichen Gesellschafter **nahestehenden Person** i.S.d. § 1 Abs. 2 AStG aus. Hierunter fällt eine Person, die

1. mit mindestens 25 % unmittelbar oder mittelbar an dem Gesellschafter beteiligt ist oder die einen beherrschenden Einfluss auf diesen ausüben kann. Gleichfalls erfasst ist der umgekehrte Fall, in dem der Gesellschafter zu mindestens 25 % an der nahestehenden Person beteiligt ist (§ 1 Abs. 2 Nr.1 AStG),
2. als außenstehender Dritter sowohl an einer nahestehenden Person als auch an einem Gesellschafter wesentlich beteiligt ist (§ 1 Abs. 2 Nr. 2 AStG),
3. wer als Außenstehender, außerhalb der Geschäftsbeziehung, eine Möglichkeit der Einflussnahme auf den Gesellschafter hat (§ 1 Abs. 2 Nr. 3 AStG).

Nahestehende Personen sind somit **Mutter-/Tochter- und Schwester-Ges einer KapGes**, die zu **mindestens 25%** an der entsprechenden Gesellschaft beteiligt sind.

Beispiel

(nach *Meyer*, MA-Arbeit 2011, § 8b KStG)

Die GmbH I ist an der GmbH II zu 25% beteiligt. Die Bank gewährt der GmbH II ein Darlehen, das diese nicht zurückzahlen kann. Die Bank nimmt die GmbH I in Anspruch, da diese für den Fall des Darlehnsausfalles eine Bürgschaft gestellt hat.

Lösung

Die Inanspruchnahme der GmbH I führt bei dieser zu einer Gewinnminderung, die gem. § 8b Abs. 3 Satz 5 KStG steuerlich nicht abzugsfähig ist.

Hinweis

Bei Darlehensgewährungen zwischen Schwester-Ges (d.h. in der Seitenlinie) ist nach h.M. § 8 Abs. 3 Satz 2 KStG vorrangig.

4.4.5.3 Möglichkeit des Drittvergleichs (§ 8b Abs. 3 Satz 6 KStG)

Gem. § 8b Abs. 3 Satz 6 KStG wird eine Gewinnminderung steuerlich dann berücksichtigt, wenn mittels eines Drittvergleichs festgestellt wird, dass ein **fremder Dritter** das Darlehen ceterum paribus (unter sonst gleichen Umständen) auch gewährt oder zu einem bestimmten Punkt nicht gekündigt hätte. Der Drittvergleich ist entweder im Zeitpunkt der Darlehensgewährung oder zum Zeitpunkt eines nicht ausgeübten Kündigungsrechts zu führen.

Als fremder Dritter gilt eine Person, die weder Anteilseigner noch eine dem Anteilseigner nahestehende Person i.S.d. § 1 Abs. 2 AStG ist.

Der Nachweis für eine Fremdüblichkeit muss über konkrete und **verbindliche Angaben** geführt werden.

4.4.5.4 Wirtschaftlich vergleichbare Sachverhalte (§ 8b Abs. 3 Satz 7 KStG)

Für Forderungen aus Rechtshandlungen, die einer Darlehensgewährung vergleichbar sind, sind die Sätze 4 bis 6 von § 8b Abs. 3 analog anwendbar. Damit sind nach der Gesetzesbegründung Forderungen aus Lieferungen und Leistungen ebenso wie Mietforderungen gemeint. Unter Gewinnminderung kann in diesem Zusammenhang nur der **Wertverlust** gemeint sein (so auch *Pung* in *Preißer/Pung*, 2012, 1005). In subjektiver Hinsicht (wirtschaftlich vergleichbar) muss die Forderung einem wesentlich Beteiligten Gesellschafter (bzw. einer nahestehenden Person) gehören.

4.4.5.5 Steuerfreiheit eines späteren Wertaufholungsgewinnes (§ 8b Abs. 3 Satz 8 KStG)

Nach Satz 8 bleiben (Wertaufholungs-)Gewinne aus Darlehensforderungen (auf die Regressforderung gegen die GmbH insoweit außer Betracht, soweit auf die vorangegangene Teilwertabschreibung Satz 3 von § 8b Abs. 3 KStG angewandt wurde, folglich diese Gewinnminderung nicht anerkannt wurde. Es besteht folglich ein Reihenfolgeproblem.

4.5 § 8b Abs. 4 KStG a.F.: Altregelung für einbringungsgeborene Anteile

4.5.1 Die Altfassung

§ 8b Abs. 4 KStG a.F. ist mit Wirkung zum 12.12.2006 aufgehoben worden. Nach der Übergangsregelung gem. § 34 Abs. 7a KStG gilt die Altfassung allerdings noch für einbringungsgeborene Anteile sowie für Anteile i.S.d. § 8b Abs. 4 Satz 1 Nr.2 KStG, soweit diese auf einer Übertragung bis zum **12.12.2006** beruhten. Da die Altregelung nur für eine Übergangszeit von 7 Jahren gilt, **entfällt** diese mit dem Jahre **2013**.

Kursorisch werden nachfolgend die Anwendungsbereiche des § 8b Abs. 4 KStG a.F. zusammengefasst (s. hierzu Näheres bei *Pung* in *Preißer/Pung*, 2012, 1006 f., Rz. 109 ff.):

- Einschränkungen bei der Veräußerung von einbringungsgeborenen Anteilen i.S.d. § 21 UmwStG a.F.,
- Beteiligungen aus Einbringungen i.S.d. § 20 Abs. 1 Satz 1 UmwStG a.F.,
- Anteilstausch gem. § 20 Abs. 1 Satz 2 UmwStG a.F.,
- Grenzüberschreitende Umwandlung i.S.d. § 23 Abs. 1–3 UmwStG a.F.,
- Anteilstausch nach § 23 Abs. 4 UmwStG a.F.,
- Formwechsel gem. § 25 UmwStG a.F.

4.5.2 Die Neufassung

Bei Streubesitzanteilen (Beteiligung zu Beginn des Kj. unter 10 %) sind die Bezüge i.S.d. § 8b Abs. 1 Satz 1 KStG in **voller** Höhe **steuerpflichtig**. Zu **unterjährigen** Veränderungen der Beteiligungsquote vgl. *Wiese/Lay*, GmbHR 2013, 404: Keine Auswirkung bei unterjährigen Veräußerungen. Die Neuregelung (Geltung auch bei einer über eine Mitunternehmerschaft und bei einer unterjährig erworbenen Beteiligung) gilt für Bezüge, die **nach dem 28.02.2013** zufließen.

4.6 Pauschales Betriebsausgabenabzugsverbot gem. § 8b Abs. 5 KStG

4.6.1 Grundzüge

§ 8b Abs. 5 KStG fingiert ein pauschales Betriebsausgabenabzugsverbot i.H.v. 5 % für Bezüge i.S.d. § 8b Abs. 1 KStG. Folglich sind Dividendeneinkünfte nur zu **95 % steuerbefreit**. Um die volle Wirkung zu erreichen, musste § 3c Abs. 1 EStG gem. § 8b Abs. 5 Satz 2 KStG für nicht anwendbar erklärt werden. Dies bedeutet aber auch, dass ein – nach der **Logik des § 3c Abs. 1 EStG** – höherer Anteil an BA nicht abziehbar ist. Umgekehrt können die mit der Beteiligung zusammenhängenden tatsächlichen Finanzierungs- und Verwaltungskosten in tatsächlicher Höhe steuerlich geltend gemacht werden.

Beispiel

Die Y-GmbH finanziert ihre KapGes-Beteiligung mit 1.500 € Zinsen und bezieht aus der Beteiligung 5.000 € Dividende.

Lösung

Die Dividenden sind grundsätzlich steuerfrei; 5% davon sind aber außerbilanziell hinzuzurechnen (250 €). Die Finanzierungskosten (1.500 €) können hingegen in voller Höhe geltend gemacht werden.

Im Unterschied zum Abzugsverbot des § 3c EStG handelt es sich bei § 8b Abs. 5 KStG um eine pauschalierte Größe, bei der es auf den unmittelbaren wirtschaftlichen Zusammenhang nicht ankommt. Die Fiktion des § 8b Abs. 5 KStG ist seitens der empfangenden KapGes nicht widerlegbar. Wenn folglich bei Dividendeneinkünften weniger als 5% reale BA anfallen, bleibt es bei dem Ausschluss des BA-Abzugs i.H.v. 5%. Dieser Verstoß gegen das objektive Nettoprinzip wird von der Rechtsprechung (BVerfG vom 12.10.2010, Az: 1 BvL: kein Verstoß gegen die wirtschaftliche Leistungsfähigkeit) und von der h.M. (vgl. *Frotscher/Maas*, KStG, § 8b, Rn. 83: 5% = durchschnittliche Verwaltungs- und Finanzierungskosten) für verfassungskonform gehalten.

4.6.2 Folgerungen

4.6.2.1 Ausschüttungen bei Konzernen

Das pauschale Abzugsverbot wirkt sich auf jeder Beteiligungsstufe aus. In einem mehrstufigen Konzern entsteht somit ein Kaskadeneffekt, wonach die steuerliche Belastung bei jeder Beteiligungsstufe zunimmt. Die einzige Gegenwehr besteht in der Begründung von **Organschaftsstrukturen.**

4.6.2.2 Bezüge i.S.d § 8b Abs. 5 KStG

Die aktuelle Regelung gilt unterschiedslos für **in- und ausländische KapGes**, von denen Dividenden erzielt werden.

In Fällen steuerlicher Organschaft gilt die sog. Bruttomethode des § 15 Satz 1 Nr. 2 und Satz 2 KStG; danach ist die von der OG bezogene Dividende erst bei der Einkommensermittlung des OT auszuklammern.

4.6.3 Auswirkungen auf die Gewerbesteuer

Grundsätzlich wirkt sich das pauschale BA-Abzugsverbot auch auf die GewSt aus. Dies bedeutet im Einzelnen:

- Bei Nicht-Vorliegen einer Schachtelbeteiligung (unter 15%-Beteiligung gem. § 9 Nr. 2a, 7 und 8 GewStG bzw. Beteiligung nach Beginn des Erhebungszeitraums) Hinzurechnung des steuerbefreiten Dividendenertrags;
- bei einer Schachtelbeteiligung erfolgt eine gewerbesteuerliche Hinzurechnung i.H.v. 95% der Bezüge;
- in Organschaftsfällen findet wegen § 15 KStG eine gegenläufige gewerbesteuerliche Korrektur statt.

4.7 Ausdehnung der Steuerfreistellung auf mittelbare Beteiligungen (§ 8b Abs. 6 KStG)

Gem. § 8b Abs. 6 Satz 1 KStG sind die Absätze 1 – 5 von § 8b KStG anwendbar, wenn die Kapitalbeteiligung mittelbar, d. h. über eine andere **PersGes**, gehalten wird.

Satz 2 leg. cit. erweitert die Anwendung auf Bezüge von Betrieben gewerblicher Art, wenn die Beteiligung über eine juristische Person des öffentlichen Rechts gehalten wird.

4.7.1 Zwischenschaltung einer Personengesellschaft

Voraussetzung in dieser Konstellation ist, dass die KapGes Mitunternehmerin einer deutschen PersGes ist, die ihrerseits Anteile an einer deutschen oder an einer ausländischen KapGes hält.

Beispiel
(s. auch *Dötsch/Alber/Sädtler/Sell/Zenthöfer*, Körperschaftsteuer, 2012, 275):
Die D-GmbH ist zu 20 % an der Y-KG beteiligt, die ihrerseits eine Beteiligung i.H.v. 50 % an der X-GmbH hält. Die Y-KG erhält im VZ 13 eine Dividende von der X-GmbH i.H.v. 80 T€ und veräußert Ende 13 ihren Anteil an der X-GmbH zu einem Preis von 400 T€. Der Gewinnanteil der D-GmbH an der Y-KG beträgt 200 T€.

Lösung
Der stpfl. Gewinnanteil der D-GmbH im VZ 13 beträgt:

Gewinnanteil der D-GmbH an der Y-KG	200.000 €	
./. steuerfreie Dividende	./. 16.000 €	(20 % von 80.000 €)
+ nicht abzugsfähige BA (§ 8b Abs. 5 Satz 1 KStG)	+ 800 €	(5 % von 16.000 €)
./. steuerfreier Veräußerungsgewinn	./. 80.000 €	(20 % von 400.000 €)
+ nicht abzugsfähige BA (§ 8b Abs. 3 Satz 1 KStG)	+ 4.000 €	(5 % von 80.000 €)
Steuerpflichtiger Gewinnanteil	**108.800 €**	

4.7.2 Ausdehnung bei Zwischenschaltung einer juristischen Person des öffentlichen Rechts

Unter diese Regelung fallen sowohl **unmittelbare wie auch mittelbare** Beteiligungen der öffentlichen Hand. Mittelbare Beteiligungen liegen z. B. vor, wenn eine öffentlich-rechtliche Sparkasse über einen Giroverband an einer Landesbank beteiligt ist.

4.8 § 8b Abs. 7 KStG

§ 8b Abs. 7 KStG hat die nachfolgenden Minimalvoraussetzungen, die – zum besseren Verständnis der daran anschließenden Ausführungen – angesprochen werden (s. auch *Binnewies/Streck* (nachfolgend B/S), *Watermeyer* in H/H/R (letzter Stand 2011; zitiert *Watermeyer* in H/H/R) sowie *Blümich*, EStG, KStG GewStG (111. Aufl. 2011; zitiert *Blümich*) – sowie BMJ zur Einführung des § 8b KStG).

Es besteht zunächst Einigkeit darüber, dass es sich bei § 8b Abs. 7 KStG um eine Vorschrift mit dem Charakter einer **Rückausnahme** handelt (statt aller *Löffler/Hansen*, DStR 2009, 1135 und *dies.* in DStR 2011, 558) der statt der (limitierten) Steuerfreiheit (des § 8b Abs. 1 und 2 KStG) von Veräußerungsgewinnen im ausschließlichen Beteiligungsverbund von KapGes) die generelle Steuerpflicht (nach § 8 Abs. 1 und 2 KStG) angeordnet wird. Wenn schon allgemein für steuerliche Ausnahmevorschriften der Grundsatz der restriktiven Auslegung gilt (vgl. *Drüen* in *Tipke/Kruse* (2011), § 4, Rz. 224 und 364), muss dies erst Recht gelten, wenn mit einer Rückausnahme eine profiskalische (stpfl) Rechtsfolge herbeigeführt wird. Außerdem liegt mit dem (hier für Finanzunternehmen) einschlägigen Satz 2 eine **gesetzesauthentische Analogie** vor (»Gleiches gilt«). Auch in diesem Kontext ist es anerkannt, dass Analogien zu **Lasten der Stpfl.** einer besonderen Begründung bedürfen, wenn sie überhaupt für zulässig gehalten werden (*Drüen*, a.a.O., § 4, Rz. 360 f.).

Um möglichen Gegeneinwänden an dieser Stelle vorzubeugen wird darauf hingewiesen, dass es sich hierbei nicht um »eher rechtspolitische« Einwände handelt, die zu Recht vom BFH in der Grundlagenentscheidung vom 14.01.2009 als entscheidungsirrelevant abgetan wurden. Vielmehr entsprechen diese Einwände dem herrschenden Auslegungsverständnis steuerrechtlicher Normen.

Somit bedarf **§ 8b Abs. 7 KStG** im Gesamtzusammenhang (der Auslegung von Steuervorschriften) dieser Klarstellung und der Platzierung als einer **»dreifachen Ausnahmevorschrift«**.

An dieser Stelle ist ein Auszug aus der Gesetzesbegründung hilfreich. In der BT-Drucks. 14/4626 vom 16.11.2000 wird zu Art. 4 (§ 8bAbs. 7 KStG) ausgeführt:

»Die Regelung nimmt Anteile, die für den kurzfristigen Eigenhandel bei Banken [...] vorgesehen sind, aus dem Anwendungsbereich der Regelungen zur allgemeinen Veräußerungsgewinnbefreiung [...] aus. Zur Abgrenzung der »steuerfreien« und »steuerpflichtigen« Bestände knüpft das G bei Instituten i.S.d. des KWG an das nach § 1 Abs. 12 KWG zu führende Handelsbuch an. Bei Finanzunternehmen, die nicht zur Führung eines Handelsbuchs verpflichtet sind, richtet sich die Steuerpflicht danach, ob die Anteile mit dem Ziel der kurzfristigen Erzielung eines Eigenhandelserfolgs erworben werden. Mit dieser dem KWG entnommenen Terminologie ist gewährleistet, dass die im KWG genannten Institute und die übrigen Finanzunternehmen nach einheitlichen Kriterien entsprechend § 1 Abs. 12 KWG besteuert werden. Die Veräußerungsgewinne und [...], die auf Anteile aus diesen »steuerpflichtigen« Beständen entfallen, unterliegen der Besteuerung. **Veräußerungsverluste und Teilwertabschreibungen werden steuerlich berücksichtigt**. [...]«

Fazit: § 8b Abs. 7 KStG ist eine – im Jahr 2000 – (nachträglich eingefügte) lex posterior, die eigentlich die Verlustverrechnung im institutionellen Aktienhandel (!) ermöglichen sollte (statt aller *Watermeyer* in H/H/R, § 8b, Rz. 161). Für den von der Verwaltung beanspruchten umgekehrten Effekt (»Umpolung« in stpfl. Veräußerungsgewinne) hat die Rechtsordnung wegen der dreifachen Analogie hohe Hürden aufgestellt.

4.8.1 Persönlicher Anwendungsbereich

Bei Vorliegen folgender zweier Ausnahmefälle kommt es nicht zur Anwendung der Steuerfreiheit der Veräußerungsgewinne nach § 8b Abs. 1–6 KStG:

a) Kredit- und Finanzdienstleistungsinstitute, die nach § 1a KWG dem Handelsbuch zuzurechnen sind und
b) (sonstige) Finanzunternehmen i.S.d. KWG.

4.8.2 Sonstige Finanzunternehmen

Zu den besonders umstrittenen sonstigen Finanzunternehmen (i.S.v. 4.8.1 b)) s. die folgenden Ausführungen.

4.8.2.1 Erkenntnisse der Rechtsprechung

Die Rechtsprechung befasst sich in mehreren Urteilen mit der Einordnung sonstiger Finanzunternehmen:

- In der Grundlagenentscheidung vom 14.01.2009 (BStBl II 2009, 671) gelangt der I. Senat des BFH für eine »Holding«-GmbH, die zunächst sukzessive Anteile an einer anderen GmbH (bis zu 50%) erwarb und diese sodann innerhalb kurzer Zeit (innerhalb einer Jahresspanne) veräußerte, zur Erkenntnis, dass Beteiligungsgesellschaften – unter Hinweis auf § 1 Abs. 3 Satz 1 Nr. 1 KWG a.F. – Finanzunternehmen seien. Dabei werden weder die Marktbeteiligung noch die Nachhaltigkeit ausdrücklich für erforderlich gehalten; unter Beteiligung wird jede beabsichtigte Überlassung von Vermögenswerten verstanden. Es wird schließlich ausdrücklich der »kreditwesenrechtliche« Anknüpfungspunkt hervorgehoben.
- In der ersten Folgeentscheidung hierzu (BFH-Beschluss vom 15.06.2009, Az: I B 46/09) perpetuierte der gleiche I. Senat des BFH für eine »Holding«-GmbH (Arbeitstitel) die Anteile an einer isländischen KapG, die ihrerseits Anteile an einer D-AG erwarb und die Teilwertabschreibungen auf diese Beteiligung vornahm, seine zuvor aufgestellte Erkenntnis und präzisierte: Der ausschließliche Geschäftszweck, Beteiligungen zu erwerben, zu finanzieren und zu halten, führt auch dann zu einem Finanzunternehmen, wenn es sich um einen längeren Zeitraum zwischen Erwerb und Veräußerung (im Urteilsfall: 5 Jahre) handelt.
- Im vorläufig letzten Beschluss vom 12.10.2010, Az: I B 82/10 (n.v.) schloss sich der erkennende I. Senat für eine »Vorrats-Holding-GmbH«, die an einen ausländischen Erwerber (in Luxemburg) veräußert wurde, inhaltlich gänzlich den ersten beiden Entscheidungen an.

Aus der Folgezeit (nach dem Grundlagenbeschluss des BFH) liegen zwischenzeitlich – soweit ersichtlich – mehrere FG-Urteile vor, die sich mit der vergleichbaren Problematik befassen:

- Das FG Hamburg (3. Senat) orientierte sich in dem entschiedenen Fall (KapG mit Wertpapier- und Grundstückshandel; Urteil vom 14.12.2010, Beck RS 2011, 94976) an der Auslegung am KWG und subsumierte die Tätigkeit der Kläger als einen Handel mit Finanzinstrumenten (§ 1 Abs. 3 Satz 1 Nr. 5 KWG), nachdem das beklagte FA die Tätigkeit zunächst § 1 Abs. 3 Nr. 1 KWG unterordnete.
- Der 2. Senat des FG Hamburg setzte sich im Urteil vom 31.01.2011 (Beck RS 2011, 95247) ebenfalls für einen Fall von Mischaktivitäten (Wertpapierhandel und Vermittlungsleistungen) für die später zu diskutierende Frage der Haupttätigkeit mit einem Argument der Literatur auseinander, das auch auf die Ausgangsthematik (Finanzunternehmen) übertragen wurde: Sind die Beteiligungserträge (i.S.d. § 8b Abs. 2 KStG) bei der Frage des »Ob« (Finanzunternehmen ja/nein?) und bei der Frage des »Wie« (Haupttätigkeit ja/nein?) einzubeziehen?
  Das hiergegen von der Literatur vorgebrachte Gegenargument lautet: Es liegt ein (unzulässiger) Zirkelschluss vor (statt aller *Gosch*, § 8b, Rz. 566), da Rechtsfolge und Rechtsvoraussetzung miteinander korrelieren.
  Nur für die zweite Frage (Haupttätigkeit) bezog das FG die Beteiligungserträge mit ein und verneinte das Vorliegen eines Zirkelschlusses.

- Das FG München gelangt im Beschluss vom 18.05.2010 (Az: 6 V 2905/09) zur Erkenntnis, dass auch der Erwerb und die Veräußerung einer sog. Vorrats-GmbH zu einem Finanzunternehmen führen könne.

4.8.2.2 Erkenntnisse der Literatur

LITERATURHINWEISE:
Burwitz, NZG 2009, 499; *Feyerabend* in *Erle/Sauter*, § 8b, Rz. 363; *Heurung/Seidel*, GmbHR 2009, 1084; *Jacob/Scheifele*, IStR 2009, 304; *Janson/Lübbehüsen*, Ausnahme vom Beteiligungsprivileg für Finanzunternehmen, BB 2012, 2595; *Löffler/Hansen*, DStR 2009, 1135; *dies.*, in DStR 2011, 558; *Seidel/Engl*, GmbHR 2011, 358; *Stoll/Schuh*, BB 2011, 2330.

Die vorliegende Rezensionsliteratur nimmt z. T. resignierend die Hauptaussage (Holdinggesellschaften sind Finanzunternehmen) zur Kenntnis und diskutiert insbes. die Ergänzungstatbestände (Haupttätigkeit, kurzfristiger Eigenhandelserfolg etc.).

Die entscheidende Passage der kreditwesenrechtlichen Auslegung (mit einem deutlich erweiterten Anwendungsbereich) anstelle einer autonomen steuerrechtlichen Auslegung mit der ursprünglichen ratio legis (bankspezifische Zielsetzung der institutionellen Verlustverrechnung) wird von *Scheifele* a.a.O. zwar gesehen, ohne aber hieraus weitergehende Schlussfolgerungen zu ziehen. *Löffler/Hansen* weisen schließlich bei Mischaktivitäten und bei Vorratsgesellschaften auf die Möglichkeit und Notwendigkeit entsprechender bilanzieller (und sonstiger) Dokumentation hin, um im Gestaltungsbereich angesichts der noch **nicht entschiedenen Fallgruppen** auf »Nummer sicher« zu gehen. Auf die Zusatz- und Randfragen, die in der Literatur weiter diskutiert wurden, ist hier nicht weiter einzugehen.

Aus der einschlägigen Formulierung des § 1 Abs. 3 KWG entnimmt die h.M. (*Blümich* a.a.O., Rz. 441 und *Watermeyer* in *H/H/R*, Rz. 165 und *B/S* und BMJ die Formulierung, dass die **Haupttätigkeit** (bei Finanzunternehmen) darin bestehen müsse, **Beteiligungen zu erwerben und zu halten**.

In allen drei vom BFH seit 2009 entschiedenen Fällen spielte das Kriterium der Haupttätigkeit der jeweiligen GmbH keine entscheidungserhebliche Rolle. Der BFH hat aber jeweils in einem obiter dictum einfließen lassen, dass es sich beim Handel mit GmbH-Anteilen um die Haupttätigkeit des Finanzunternehmens handeln müsse. Somit ist das **ungeschriebene** Tatbestandsmerkmal für die weitere Rechtsprechung »hoffähig« geworden.

Bei der Auslegung dieses Merkmals besteht – auch bei den Vertretern der Extrempositionen (einerseits *Jacob/Scheifele*, IStR 2009, 304 (»qualitative Würdigung«); andererseits FG Hamburg (s. oben) unter Bezugnahme auf das BMF vom 25.07.2002, BStBl I 2002, 712 (quantitative Würdigung)) insoweit Einigkeit, dass es auf die Gesamtwürdigung der Umstände des Einzelfalls ankommt.

Es lassen sich in der Folge die **zwei Extrempositionen** – wie folgt – definieren:
1. Vertreter der »rein quantitativen« Betrachtungsweise und
2. Vertreter der (auch) qualitativen Beurteilung.

Zu 1.: Der »quantitative« Meinungsblock
Die FinVerw stellt im BMF vom 25.07.2002 (BStBl I 2002, 712) darauf ab, ob die Bruttoerträge des Unternehmens im Durchschnitt der **drei vorausgegangenen Jahre** i.H.v. mindestens 75% aus der einschlägigen KWG-Tätigkeit erzielt wurden.

Nach anderer (wohl mehrheitlicher) Auffassung in der Literatur (*Gosch*, KStG § 8b, 2009, Rn. 565; *Dötsch/Pung* in *D/P/M*, 2010, § 8b, Rn. 269; *Frotscher* in *Frotscher/Maas*, KStG § 8b, Rn. 111 a) soll die fragliche Tätigkeit **mehr als die Hälfte des Gesamtvolumens** ausmachen.

Zu 2.: Die »qualitative« Literaturmeinung (*Jacob/Scheifele*, IStR 2009, 304 m.w.N. (dortige Fußnoten 14–23); ähnlich *Löffler/ Hansen*, DStR 2009, 1135).

Danach kann ein Unternehmen zwar die o.g. quantitativen Kriterien erfüllen ohne aber als Finanzunternehmen qualifiziert zu werden, wenn und weil die konkrete Tätigkeit des Unternehmens zu einer anderen qualitativen Beurteilung führt. In diesem Sinne wird die Auffassung vertreten, dass z.B. eine geschäftsleitende Holding (eine Führungs- oder auch eine Funktions-)Holding oder eine Industrieholding kein Finanzunternehmen gem. § 8b Abs. 7 Satz 2 KStG darstellt.

4.8.3 Stellungnahme

Ausschließlich quantitative Kriterien – somit auch die Verwaltungsauffassung – können als Folge der BFH-Rechtsprechung wegen der kreditwesenrechtlichen Auslegung keine Allgemeingültigkeit beanspruchen. Gegen die Einbeziehung der Veräußerungsgewinne in die Berechnung nach der BMF-Formel ist immer wieder der methodische Vorwurf des Zirkelschlusses (Vermengung von Voraussetzungen und Rechtsfolgen einer »falschen« Norm) erhoben worden, der bis heute nicht widerlegt ist.

§ 1 Abs. 3 **Nr. 1** KWG bezieht sich nur auf das »Erwerben und Halten von Beteiligungen«, während § 1 Abs. 3 **Nr. 5** KWG das »Handeln mit Finanzinstrumenten« regelt.

Dies wird besonders deutlich und kann zum ersten Mal (nach der Grundlagenentscheidung des BFH) kritisch hinterfragt werden beim Vergleich der beiden erstinstanziellen Folge-Urteile des FG Hamburg. Während es sich im ersten entschiedenen Fall (2010) um Wertpapiere (im Streubesitz befindliche Aktien = Nr. 5) handelte, befand der Senat im zweiten entschiedenen Fall (2011) auf echte Beteiligungen (und damit auf Nr. 1).

Richtigerweise differenzierte das FG Hamburg im ersten terminologischen Teil der einschlägigen Entscheidungsgründe entsprechend der Vorgabe des KWG nach den beiden unterschiedlichen Varianten. Im zweiten Teil der Entscheidungsgründe des FG Hamburg ging es im »Beteiligungs-Fall« (2011) um die Kernfrage, ob bei einem Finanzunternehmen i.S.d. § 1 Abs. 3 **Nr. 1** KWG (»**Holding**«) **die Veräußerungsgewinne** in die Beurteilung der Haupttätigkeit einzubeziehen sind. Das FG erkannte die methodische Problematik des Zirkelschlusses und kam mit einer letztlich nicht überzeugenden Begründung zu dem vermittelnden Ergebnis, dass »**die Veräußerungsgewinne nicht außer Betracht bleiben müssen**«.

Methodisch richtig ist es, eine Ableitung aus dem Differenzierungsangebot des (insoweit verbindlichen) KWG vorzunehmen, wonach die unterschiedlichen Aktivitäten von Finanzunternehmen (FU) nach Nr. 1 und Nr. 5 zu divergenten Schwerpunkten bei der Ermittlung der Haupttätigkeit führen. Eine solche systematische Auslegung am Wortlaut der Ergänzungsnorm kommt sodann zwangsläufig zu dem Ergebnis, dass bei Nr. 5 die Veräußerungsgewinne unstreitig einzubeziehen sind und bei einem Fall der Nr. 1 allenfalls ein Hilfskriterium dergestalt darstellen, dass bei einer echten »**Holding**« ein etwaiger **Verkauf mit der Alternative »Halten« verglichen** werden muss und nur hieraus entscheidende qualitative Schlussfolgerungen gezogen werden können.

Widerspricht man dieser grammatikalisch und systematisch gebotenen Auslegung und stellt man somit nur auf die »alte« 75/25-Relation der Verwaltung bzw. die 50%-Relation des

Schrifttums ab, so kommt es zu einer – methodisch nicht zu verantwortenden – Vermengung der Merkmale »Haupttätigkeit des FU« und dem »kurzfristigen Eigenhandelserfolg« (s. sogleich unter C 5). Eine argumentative Vermengung ist deshalb **methodisch verfehlt**, da es sich beim TB-Merkmal »Haupttätigkeit des FU« um den personellen Anwendungsbereich des § 8b Abs. 7 KStG handelt, für den nach der aktuellen BFH-Erkenntnis allein das KWG den richtigen Auslegungsmaßstab bildet. Bei dem »kurzfristigen Eigenhandel« hingegen handelt es sich um den sachlichen Anwendungsbereich, der originär steuerrechtlich interpretiert wird (so der BFH in beiden Entscheidungen).

4.8.4 Sachlicher Anwendungsbereich

Unter diesem Aspekt werden einvernehmlich folgende Subtatbestandsmerkmale untersucht und geprüft:
a) Erwerb von
b) Anteilen zur
c) kurzfristigen Erzielung eines
d) Eigenhandelserfolgs.
(Nachfolgend werden nur die konsensfesten Umschreibungen erläutert.)

Zu a) Unter **Erwerb** wird ein rechtsgeschäftlicher Erwerbstatbestand subsumiert (Kauf, Tausch, tauschähnliche Geschäfte sowie Einlagen). In der mehrfach angesprochenen Grundlagen-Entscheidung (2009) hatte sich der BFH nicht mit dieser Frage auseinandergesetzt.

Allerdings hat sich der BFH in einer früheren Entscheidung (Urteil vom 03.05.2006, BStBl II 2007, 61) hierzu geäußert und entschieden, dass Anteile an einer selbst gegründeten KapGes nicht erworben werden. Entscheidend für den abgeleiteten Erwerb sei ein Übertragungsvorgang von einem Dritten. Offen gelassen ist bis zum heutigen Tage die Frage, ob die Einbringung von Anteilen als derivativer Erwerb anzusehen ist.

Zu b) Beim Begriff der **Anteile** ist der ursprüngliche Streit um die Zusatzqualifikation »**handelbare** Anteile« zu verzeichnen, womit letztlich die Frage nach dem »funktionsfähigen Markt« aufgeworfen wird, zwischenzeitlich obsolet. Während *Blümich* z.B. jegliche Anteile i.S.d. § 8b Abs. 1 KStG genügen lässt, verweist *Watermeyer* auf Anteile i.S.d. § 8b Abs. 2 KStG. Bis zur grundlegenden BFH-Entscheidung vom 14.01.2009 (BStBl II 2009, 672) verneinte die h.M. die Einbeziehung von GmbH-Geschäftsanteilen in den Anwendungsbereich des § 8b Abs. 7 Satz 2 KStG (*Stoschek/Lauermann/Peter*, NWB Fach 4, 4667, 4651; *Schwedhelm/Olbing/Binnewies*, GmbHR 2002, 1159; *Wagner*, StB 2002, 361; *Milatz*, BB 2001, 1066; *Eilers/Schmidt*, GmbHR 2003, 613; *Feyerabend* in *Erle/Sauter* (2. Aufl., Rn. 355; ebenso 3. Aufl., Rn. 372); *Pyszka/Brauer*, BB 2002, 1669 et al. (insb. die häufig zitierte Kommentarliteratur).

Der Streit um die Zusatzqualifikation »**handelbare** Anteile«, womit letztlich die Frage nach dem »funktionsfähigen Markt« aufgeworfen wird, ist vom BFH entschieden worden, indem **jedwede GmbH-Geschäftsanteile** in den Anwendungsbereich des § 8b Abs. 7 Satz 2 KStG einzubeziehen sind. Mit dem Wortlautargument, dass § 8b Abs. 7 Satz 2 KStG allgemein von Anteilen spreche und keinen ausdrücklichen Bezug zum KWG enthalte, wird der allgemeine Anteilsbegriff bemüht und es sei somit unbeachtlich, ob der Eigenhandel mit GmbH-Geschäftsanteilen dem KWG unterliege.

Für diese Auslegung spricht die oben bereits vorgenommene Differenzierung nach Nr. 1 und Nr. 5 von § 1 Abs. 3 KWG, wonach Nr.1 eben keinen »Handel« mit Finanzinstrumenten verlange. Außerdem sei dem kreditwesenrechtlichen Finanzunternehmen das kurzfristige Umschlagen von Beteiligungen nicht immanent (*Jacob/Scheifele*, IntStR 2009, 304).

Mit diesem »Machtanspruch« des BFH erfüllen nunmehr folgende Gesellschaften das Anteilsmerkmal:

- reine (oder auch Nur-) Holding-Gesellschaften mbH,
- Industrie-Holdings, deren Haupttätigkeit in Erwerben und Halten von Beteiligungen liegt,
- Factoring-Unternehmen (bei gleichen Voraussetzungen),
- Leasing-Unternehmen (mit identischem Gesellschaftszweck),
- Anlageberatungs- und (wohl auch) Unternehmensberatungsunternehmen,
- (wohl auch) vermögensverwaltende Kapitalgesellschaften.

Abgesehen davon, dass man dem BFH fehlende Differenzierung nach der Art **der GmbH-Geschäftsanteile** (Geltung auch für die »qualifizierten« GmbH-Geschäftsanteile nach dem MoMiG?, Geltung auch für vinkulierte GmbHG-Geschäftsanteile nach § 15 Abs. 5 GmbHG?) vorwerfen könnte, überrascht vor allem die auch in der Literatur unterlassene Vorfrage nach dem eventuellen »Wertpapier«-Charakter der Aktiva eines Finanzunternehmens. Allein hierin kann man einen sachlichen Differenzierungsgrund ausmachen, der sodann zu unterschiedlichen Rechtsfolgen führen kann.

Zu c) Beim **kurzfristigen Erzielen** besteht insoweit Einigkeit, als die Absicht im Erwerbszeitpunkt von entscheidender Bedeutung ist und als – meist – mit einem Prima-facie-Beweis dergestalt argumentiert wird, ob (und dass) die geforderte Kurzzeitaktivität zur Zweckbestimmung (Zielrichtung) des konkreten Unternehmens passe. Die Kriterien im Einzelnen sind strittig.

Zu d) Hieran schließt sich die Auslegung des **Eigenhandelserfolgs** an, die abstrakt von einem **kurzfristigen** Wiederverkauf ausgeht.

Zu c) und d) Absicht eines **kurzfristigen Eigenhandelserfolgs**: Nach einhelliger Auffassung ist der Begriff des Eigenhandelserfolgs nach den BFH-Urteilen steuerrechtlich autonom auszulegen. Anders als beim Terminus »Finanzunternehmen« erfolgt hier kein Rückgriff auf das KWG. Die paradoxe Situation besteht allerdings darin, dass der Begriff des Eigenhandelserfolgs selbst dem KWG entnommen ist und (dort) gewährleisten soll, dass die nicht zur Führung eines Handelsbuchs verpflichteten Finanzunternehmen ebenso besteuert werden wie die Kreditinstitute (und Finanzdienstleistungen).

Erforderlich ist nach der BFH-Rechtsprechung (2009/2010) lediglich eine Handelsabsicht, die auf den Erfolg aus **jeglichem Umschlag** von Anteilen auf eigene Rechnung abzielt, wobei die zu erwartenden Unterschiede zwischen Verkaufs- und Kaufpreis den Eigenhandelserfolg determinieren. Eine »abstrakte« Marktsituation« in Gestalt von Angebot und Nachfrage genüge; ein Handel im Rahmen eines organisierten bzw. staatlich überwachten Marktes ist entbehrlich.

4.8.4.1 Ansicht der Finanzverwaltung und Gegenmeinung (Literatur)

Nach dem BMF vom 25.07.2002 (BStBl I 2002, 712) ist die Eigenhandelsabsicht dann gegeben, wenn die Anteile dem **Umlaufvermögen** zuzuordnen sind (bzw. zugeordnet wurden); so auch *Frotscher* in *Frotscher/Maas*, KStG, § 8b, Rz. 111b und *Hagedorn/Matzke*, GmbHR 2009, 871.

Demgegenüber wird in der Literatur mehrheitlich die Auffassung vertreten, dass das Abstellen auf die Behandlung des Stpfl. als Umlaufvermögen nicht genüge, da der Gesetzgeber eben auf dieses Merkmal ausdrücklich verzichtet habe und weil die negative Abgrenzung gegenüber dem Anlagevermögen nicht notwendigerweise die erforderliche Absicht als finales Element beinhalte, den Anteil weiterzuveräußern und dabei einen Preissteigerungsvorteil zu erzielen (s. *Bauschatz*, DStZ 2009, 502 und *Gosch*, § 8b, Rz. 590). Danach soll die Widmung lediglich ein Indiz (unter mehreren) für das Vorliegen der erforderlichen Eigenhandelsabsicht beim Anteilserwerb sein (*Watermeyer* in *H/H/R*, § 8b, Rz. 165 und *Feyerabend* in *Erle/Sauter*, § 8b, Rz. 354).

Nach *Gosch*, § 8b, Rz. 590 soll für diese Frage, ob im Erwerbszeitpunkt eine zeitlich kurzfristige Wiederanlage beabsichtigt sei, entscheidend sein, ob die aus der Systembedingtheit des Geschäfts resultierende Marktsituation unmittelbar ausgenutzt werden soll, wozu etwa die Frage der Refinanzierung (Zahlungsziel!) gehört. Auch danach sei die (Um-)Widmung zum Umlaufvermögen lediglich ein Indiz.

Wiederum anders entnehmen *Jacob/Scheifele* und *Rengers (Blümich*, § 8b, Rz. 454) der tatsächlichen Haltedauer die entscheidende Aussage und gelangen bei einer Veräußerung binnen Jahresfrist zu einem kurzfristigen Eigenhandelserfolg.

Für *Haisch/Bindl* (Ubg 2009, 680) ist die Einschaltung von Händlern entscheidend.

4.8.4.2 Stellungnahme und (aktuelle) Ansicht der Finanzgerichtsbarkeit

Einigkeit besteht insoweit, als die **Absicht im Erwerbszeitpunkt** von entscheidender Bedeutung ist und dass – meist – mit einem Prima-facie-Beweis dergestalt argumentiert wird, ob (und dass) die geforderte Kurzzeitaktivität zur Zweckbestimmung (Zielrichtung) des konkreten Unternehmens passe. Die Kriterien im Einzelnen sind strittig.

Nach Ansicht des FG Hamburg (dort für Wertpapiere) kommt es bei diesem subjektiven Merkmal darauf an, ob der zielgerichtete Wille des Stpfl. auf den geplanten **Wiederverkauf des Anteils gerichtet ist oder primär auf das Halten des Anteils**. Die Buchung ist allenfalls ein Hilfsindiz. Entscheidend ist, dass eine unbedingte Absicht vorläge. Das Merkmal der **Kurzfristigkeit** (**Anm. des Verf.**: ein Merkmal, das häufig in die Eigenhandelsabsicht hinein interpretiert wird) stellt ein eigenes Tatbestandsmerkmal dar, das nicht an der Zuordnung zum Umlaufvermögen festgemacht werden könne. Lediglich bei **Wertpapieren** (**Aktien**) kann die Absicht zweifelsfrei der Einordnung als Anlage- oder Umlaufvermögen entnommen werden.

Das FG Hamburg gibt schließlich zu bedenken, dass für den Fall, dass der Stpfl. im Erwerbszeitpunkt »unentschieden« sei, die Erwerbsabsicht zu verneinen ist.

Nach richtiger Auffassung ist daher bei diesem subjektiven Tatbestandsmerkmal aufgrund **äußerer Umstände** festzustellen, mit welchem Ziel die Beteiligung erworben wurde.

Da weder der BFH in seiner Grundlagenentscheidung (2009) noch das FG Hamburg in den Folgeentscheidungen diskrepante Kriterien für den Prima-facie-Beweis genannt haben, ist in dieser (offenen) Frage auf eine frühere Entscheidung des FG Köln (vom 07.09.2005, Az: 13 K 6940/03) zu verweisen, in der das FG auf die Unterscheidung zwischen »Handel« und »Produktion« aufmerksam machte.

Mit Produktion ist in diesem Zusammenhang gemeint, dass der **erworbene Anteil** aufgrund wirtschaftlicher Umstrukturierungsmaßnahmen **nicht mehr** mit dem **veräußerten** Anteil identisch ist, da der erworbene Anteil mit einem eigenen Geschäftsbetrieb ausgestattet wurde.

Immer dann, wenn ein Unternehmen in beachtlichem Umfang Leistungen wie etwa Projektsteuerung und Vorbereitung weiterer Infrastrukturmaßnahmen vornimmt, ist bei dieser Sachverhaltskonstellation von einer erheblichen Veränderung der jeweiligen Objekte und damit auch der neu gegründeten Objektgesellschaften mit der veräußerten auszugehen.

In dem Zusammenhang (faktische Bedeutung der Erkenntnisquelle »BFH-Rechtsprechung«) wird hier sogleich erwähnt, dass nach dem BFH-Urteil vom 14.01.2009 (BStBl II 2009, 671) die o. g. Voraussetzungen phänomenologisch auch bei einem Holding- bzw. Beteiligungsunternehmen vorliegen.

4.8.5 Fazit

Die umfassende Anwendung der einschlägigen (dreifachen) Ausnahmevorschrift ist durch das o. g. BFH-Urteil wesentlich schwieriger geworden und bedarf bei einer häufig vorliegenden Ausnahmesituation einer sorgfältigen, **z. T. gegenläufigen** Prüfung von Einzeltatbestandsmerkmalen.

So gilt für den personellen Anwendungsbereich (Haupttätigkeit eines Finanzunternehmens) neuerdings der kreditwesenrechtliche Bezugspunkt, während für die weiteren sachlichen Voraussetzungen (insbes. für den kurzzeitigen Eigenhandelserfolg) originär steuerrechtliche Wertungen heranzuziehen sind. Jedenfalls kommt man heute allein mit dem quantitativen 75 % - 25 %-Vergleich (BMF aus dem Jahre 2002) nicht mehr weiter.

4.9 Anwendungsausschluss für Lebens- und Krankenversicherungsunternehmen und Pensionsfonds (§ 8b Abs. 8 KStG)

§ 8b Abs. 8 KStG ist vor dem Hintergrund der Regelungen für Beitragsrückerstattungen bzw. für Rückstellungen anlässlich von Beitragsrückerstattungen bei Lebens- und Krankenversicherungen auszulegen, da diese den größten Teil ihrer Kapitalerträge diesen Rückstellungen zuführen müssen.

Die Beitragsrückerstattungen selbst werden für Lebens- und Krankenversicherungen gem. § 21 Abs. 1 Nr. 1 KStG als Betriebsausgaben erfasst.

§ 8 Abs. 8 KStG ist im Einzelnen wie folgt anzuwenden:

- Keine Anwendung des § 8b Abs. 1–7 KStG auf die den Kapitalanlagen zuzurechnenden Kapitalbeteiligungen (§ 8b Abs. 8 Satz 1 KStG),
- Ausnahme bei einer vorausgegangenen Nichtanerkennung einer Teilwertabschreibung (§ 8b Abs. 8 Satz 2 KStG),
- Ausnahmeregelung für Kapitalbeteiligungen, die das Lebens- oder Krankenversicherungsunternehmen von einem i.S.d. § 15 AktG verbundenen Unternehmen erworben hat (§ 8b Abs. 8 Satz 3 KStG),
- Ansatz der Anteile mit dem für die Anwendung des § 21 KStG maßgeblichen Wert (§ 8b Abs. 8 Satz 4 KStG),
- analoge Anwendung für Pensionsfonds (§ 8b Abs. 8 Satz 5 KStG).

4.10 Nichtanwendung von § 8b Abs. 7 und 8 KStG für Bezüge i.S.d. § 8b Abs. 1 KStG, auf die die Mutter-Tochter-Richtlinie anzuwenden ist (§ 8b Abs. 9 KStG)

Gem. Art. 4 der Mutter-Tochter-Richtlinie sind die in den Anwendungsbereich der Richtlinie fallenden Dividenden steuerfrei. Die Mindestbeteiligungsquote hierfür beträgt ab VZ 2009 10 %, die Mindesthaltedauer beträgt zwei Jahre. Folge: Die Absätze 7 und 8 des § 8b KStG gelten nicht für diese Dividenden.

Erfasst sind damit die Fälle, da eine **Mutter-Ges mit EU-Sitz Bezüge von einer anderen EU-Tochter-Ges erhält.** M.a.W. fallen Beteiligungserträge von inländischen oder Drittstaaten-Tochter-Ges nicht unter diese Regelung. Die Vorschrift ist nur auf Bezüge des Abs. 1 (u.a. Dividenden) anwendbar, sodass Veräußerungsgewinne (und diesen gleichgestellte Gewinne) auch dann stpfl. sind, wenn die Absätze 7 und 8 grundsätzlich anwendbar sind oder wenn die betreffende Gesellschaft unter die Mutter-Tochter-Richtlinie fällt.

4.11 Anwendungsausschluss bei Wertpapierleihe und Wertpapierpensionsgeschäften (§ 8b Abs. 10 KStG)

Als Vorschrift zur Vermeidung steuerlichen Missbrauchs ordnet § 8b Abs. 10 KStG auf der Ebene des Entleihers an, dass die vom **Entleiher** gezahlten **Entgelte nicht abziehbar** sind.

Die Norm hat für **nach dem 28.02.2013** zufließende Gewinnanteile im Anwendungsbereich der Wertpapierleihe nur noch dann eine Bedeutung, wenn der Entleiher ohne die entliehenen Anteile bereits eine Schachtelbeteiligung an der KapGes besitzt.

4.11.1 Wertpapierleihe (§ 8b Abs. 10 Satz 1 KStG)

Im Rahmen von Wertpapierleihgeschäften überlässt ein Verleiher dem Entleiher börsengehandelte Wertpapiere. Der Entleiher verpflichtet sich, diese später wieder zurückzugeben. Hierfür erhält der Verleiher ein Nutzungsentgelt (fälschlich »Leihgebühr« genannt) und eine Dividendenausgleichszahlung (für die entgangenen Dividenden).

Diese »Leihgebühren« und Dividendenausgleichszahlungen führen beim Verleiher zu stpfl. Einkünften. Beim Entleiher sind die gezahlten Entgelte nicht abziehbare BA.

4.11.2 Erstreckung auf vergleichbare Tatbestände

Nach § 8b Abs. 10 Satz 2ff. KStG wird die Regelung zur Wertpapieranleihe auf folgende Geschäfte erstreckt:

- Überlassung von WG als Vergütung (Satz 2),
- keine Anwendung von § 8b Abs. 3 Satz 1 und 2 und § 8b Abs. 5 KStG (Satz 3),
- Anwendung auf **Wertpapierpensionsgeschäfte** (Satz 4); dies sind solche, da Wertpapiere von einem Pensionsgeber auf einen Pensionsnehmer gegen Zahlung eines Kaufpreises übertragen werden (hierzu näher *Pung* in *Preißer/Pung*, 2012, 1024, Rz. 181),
- Erfordernis der Einnahmeerzielung (Satz 5),
- analoge Anwendung bei Zwischenschaltung einer PersGes (Satz 6 und 7),
- Einschränkung für kommunale Wertpapiere (Satz 8),
- analoge Anwendung bei Investmentanteilen (Satz 9).

5 Verluste

5.1 Handelsrechtliche Beurteilung

Verluste sind nach § 266 Abs. 3 A. V. HGB als Jahresfehlbetrag auszuweisen und auf die Folgejahre vorzutragen (§ 266 Abs. 3 A. IV. HGB), bis sie mit entsprechenden Gewinnvorträgen verrechnet werden können.

Alternativ kann der Jahresfehlbetrag und ein eventueller Verlustvortrag in einem Posten »Bilanzgewinn« zusammengefasst werden (§ 268 Abs. 1 HGB).

Ist das Eigenkapital durch Verluste aufgebraucht und ergibt sich ein Überschuss der Passivposten über die Aktivposten, so ist dieser Betrag am Schluss der Bilanz auf der Aktivseite gesondert unter der Bezeichnung »nicht durch Eigenkapital gedeckter Fehlbetrag« auszuweisen (§ 268 Abs. 3 HGB).

Darüber hinaus ist im Falle anhaltender Verluste stets zu prüfen, ob die Voraussetzungen einer Insolvenz vorliegen. Nach § 17 InsO ist im Falle der Zahlungsunfähigkeit zwingend das Insolvenzverfahren zu beantragen. Ein Schuldner gilt als zahlungsunfähig, wenn er nicht in der Lage ist, die fälligen Zahlungspflichten zu erfüllen (§ 17 Abs. 2 InsO).

Beantragt der Schuldner die Eröffnung des Insolvenzverfahrens, so ist dies bereits bei drohender Zahlungsunfähigkeit möglich (§ 18 InsO).

Bei einer juristischen Person ist auch die Überschuldung (alternativ zur Zahlungsunfähigkeit) Eröffnungsgrund (§ 19 Abs. 1 InsO). Überschuldung im insolvenzrechtlichen Sinne liegt vor, wenn das Vermögen der juristischen Person die bestehenden Verbindlichkeiten nicht mehr deckt (§ 19 Abs. 2 InsO).

Unter Umständen kann sich ein Geschäftsführer durch die Nichteinleitung bzw. verspätete Einleitung eines Insolvenzverfahrens strafbar machen (vgl. §§ 283 ff. StGB).

5.2 Steuerliche Beurteilung

Die Entstehung eines Verlustes hat zum einen die Anwendung des § 8 Abs. 1 KStG sowie der §§ 2a, 10d, 15a EStG zur Folge. Zum anderen ist im Falle der Veräußerung von Anteilen § 8c KStG (partieller oder vollständiger Untergang des Verlustvortrags) zu beachten. Der Verlustvortrag kann auch im Falle der Umwandlung verloren gehen (§ 4 Abs. 2 Satz 2 UmwStG). Die ertragsteuerlichen Vorschriften werden für Zwecke der GewSt durch § 10a GewStG ergänzt.

5.2.1 § 2a EStG

§ 2a EStG, der auch für Kapitalgesellschaften gilt (§ 8 Abs. 1 KStG i.V.m. R 32 KStR), wurde 1982 eingeführt, um Steuersparmodelle mit ausländischen Beteiligungen (»Rinderfarm in Südamerika«) zu verhindern. § 2a EStG erfasste in seiner bis Veranlagungszeitraum 2008 geltenden Fassung auch Verluste, die innerhalb der Europäischen Union anfielen. Dies war im Hinblick auf die europäische Kapitalverkehrsfreiheit bedenklich. Durch das Jahressteuergesetz 2009 wurde die Vorschrift an die europäischen Vorgaben angepasst und erfasst nur noch Tatbestände, die in sog. **Drittstaaten**, d. h. außerhalb der Europäischen Union, verwirklicht werden.

Nach § 2a Abs. 1 EStG dürfen negative Einkünfte eines inländischen Steuerpflichtigen aus

- einer in einem Drittstaat belegenen land- und forstwirtschaftlichen Betriebsstätte,
- einer in einem Drittstaat belegenen gewerblichen Betriebsstätte,

- der Teilwertabschreibung einer in einem Drittstaat ansässigen Körperschaft,
- der Veräußerung oder Entnahme einer in einem Drittstaat ansässigen Körperschaft,
- der Veräußerung eines Anteils an einer Drittstaaten-KapGes nach § 17 EStG,
- der stillen Beteiligung an einem in einem Drittstaat ansässigen Handelsgewerbe,
- der Vermietung und Verpachtung von in einem Drittstaat belegenem unbeweglichem Vermögen oder Sachinbegriffen,
- der entgeltlichen Überlassung von Schiffen, die nicht ausschließlich in der Europäischen Union eingesetzt werden,
- der Veräußerung, Teilwertabschreibung, Liquidation oder Kapitalherabsetzung einer Beteiligung an einer in der Europäischen Union ansässigen KapGes, soweit die Verluste aus Tatbeständen stammen, die in einem Drittstaat verwirklicht wurden,

nur mit positiven Einkünften der jeweils selben Art aus demselben Staat ausgeglichen werden. Sie dürfen auch nicht nach § 10d EStG abgezogen werden.

Einkünfte der jeweils selben Art nach § 2a Abs. 1 EStG sind grundsätzlich alle unter einer Nummer aufgeführten Tatbestände. Die Nummern 3 und 4 sind aber zusammenzufassen (R 2a Abs. 1 EStR).

Von dem Verbot der Ausgleichsfähigkeit von Drittstaaten-Verlusten macht § 2a Abs. 2 EStG eine Ausnahme für in einem Drittstaat belegene gewerbliche Betriebsstätten, die ausschließlich oder fast ausschließlich die Herstellung oder Lieferung von Waren, außer Waffen, die Gewinnung von Bodenschätzen sowie die Bewirkung gewerblicher Leistungen zum Gegenstand haben. § 2a Abs. 1 Nr. 1, Abs. 2 EStG ist aber stets im Zusammenhang mit den Regeln der entsprechenden DBA zu beurteilen. Diese sehen in der Regel vor, dass die Gewinne aus Betriebsstätten ausschließlich in dem Staat besteuert werden, in dem die Betriebsstätte liegt (vgl. Art. 5, 7 OECD-Musterabkommen). Insoweit findet § 2a Abs. 1 Nr. 1 EStG keine Anwendung.

Beispiel 1

Die in Deutschland ansässige X-GmbH produziert in einem Drittstaat, mit dem ein DBA besteht, Maschinenbauteile. Die Produktionsstätte in dem Drittstaat ist als Betriebsstätte zu beurteilen. In dem im Drittstaat gelegenen Werk entsteht ein Verlust i.H.v. 2 Mio. €.

Lösung

Betriebsstättengewinne und -verluste sind nach Art. 7 des OECD-Musterabkommens ausschließlich im Betriebsstättenstaat zu versteuern. Da der Verlust somit die steuerliche Gewinnermittlung in Deutschland nicht berührt, kommt § 2a Abs. 1 Nr. 1, Abs. 2 EStG nicht zur Anwendung.

Beispiel 2

Die X-GmbH produziert die Maschinenteile in einem Drittstaat, mit dem kein DBA besteht.

Lösung

Gewinne und Verluste aus der in einem Drittstaat gelegenen Betriebsstätte sind – unabhängig von einer möglichen Besteuerung in dem Drittstaat – in Deutschland zu versteuern (§ 1 KStG; sog. Welteinkommensprinzip). Nach § 2a Abs. 1 Nr. 1 EStG dürfen die Verluste den Gewinn grundsätzlich nicht mindern.

Da es sich bei der Produktion aber um eine begünstigte Tätigkeit i.S.d. § 2a Abs. 2 EStG handelt, dürfen die Verluste in Deutschland angesetzt werden.

§ 2a EStG ist auch im Zusammenhang mit den Regelungen des § 8b KStG zu sehen, die grundsätzlich Vorrang haben und auch für ausländische Beteiligungen gelten. So verbietet § 2a Abs. 1 Nr. 3 Buchst. a EStG die Berücksichtigung von Verlusten aus Teilwertabschreibungen einer Beteiligung an einer in einem Drittstaat belegenen KapGes. Dieses Verbot hat aber nur Bedeutung, wenn der in Deutschland ansässige Gesellschafter eine natürliche Person oder eine PersGes ist. Ist der Gesellschafter eine in Deutschland ansässige KapGes, so hat die Teilwertabschreibung bereits wegen § 8b Abs. 3 Satz 3 KStG keine steuerliche Auswirkung.

Beispiel 1

Die in Deutschland ansässige X-GmbH hält eine 50%-ige Beteiligung an der in einem Drittstaat ansässigen B-Limited. Sie hat die Beteiligung mit den Anschaffungskosten von (umgerechnet) 500.000 € aktiviert.
Es stellt sich heraus, dass die in einem Drittstaat ansässige KapGes zahlungsunfähig ist. Die Beteiligung wird in der Handels- und Steuerbilanz auf einen Wert von 1 € abgeschrieben.

Lösung

Wegen § 8b Abs. 3 Satz 3 KStG wird die Gewinnminderung aus der Teilwertberichtigung außerbilanziell wieder neutralisiert. § 2a EStG hat somit keinen Anwendungsbereich mehr. Eine mögliche spätere Zuschreibung wäre nach § 8b Abs. 2 KStG steuerfrei.
Nach § 2a Abs. 1 Nr. 3 Buchst. b EStG ist der Verlust aus der Veräußerung eines Anteils an einer in einem Drittstaat belegenen KapGes ebenfalls steuerlich nicht abzugsfähig. Auch hier hat aber die Regelung des § 8b Abs. 2, 3 Satz 3 KStG Vorrang vor § 2a EStG.

Beispiel 2

Die in Deutschland ansässige X-GmbH hält eine 50%-ige Beteiligung an der in einem Drittstaat ansässigen B-Limited. Sie hat die Beteiligung mit den Anschaffungskosten von (umgerechnet) 500.000 € aktiviert. Die X-GmbH veräußert die ausländische Beteiligung für 1 €.

Lösung

Da § 8b Abs. 2 KStG auch auf die Veräußerung ausländischer Beteiligungen anwendbar ist, kann der Verlust den steuerlichen Gewinn in Deutschland nicht mindern.

Nach § 2a Abs. 1 Nr. 5 EStG dürfen Verluste aus typisch stiller Beteiligung an einem in einem Drittstaat gelegenen Handelsgewerbe ebenfalls in Deutschland nicht geltend gemacht werden. Diese Regelung hat auch für Kapitalgesellschaften Bedeutung, die in Deutschland ansässig sind, da § 8b Abs. 1 KStG auf typisch stille Beteiligungen nicht anwendbar ist.

Die Erträge aus typisch stillen Beteiligungen sind nach den DBA (vgl. Art. 11 Abs. 1 OECD-Musterabkommen) in Deutschland zu versteuern.

Beispiel

Die in Deutschland ansässige und damit unbeschränkt körperschaftsteuerpflichtige X-GmbH ist als typisch stille Gesellschafterin an der in einem Drittland ansässigen F-KapGes beteiligt. Für das Wj. 2012 wird ein Verlust i.H.v. 1,2 Mio. €, für das Wj. 2013 ein Gewinnanteil i.H.v. 1,5 Mio. € zugewiesen.

Lösung

Die Erträge aus typisch stillen Beteiligungen sind nach Art. 11 Abs. 1 OECD-Musterabkommen in Deutschland zu versteuern.

Handelsrechtlich sind die Verluste und Gewinne anzusetzen. Für steuerliche Zwecke darf der Verlust des Jahres 2012 nach § 2a Abs. 1 Nr. 5 EStG den Gewinn der X-GmbH nicht mindern. Nach § 2a Abs. 1 Satz 5 EStG sind die Verlustanteile gesondert festzustellen.

Der Gewinnanteil des Wj. 2013 ist ebenfalls in Deutschland zu versteuern. Er ist mit den Verlustanteilen des Jahres 2012 zu verrechnen (§ 2a Abs. 1 Satz 3 EStG). Damit ergibt sich ein verbleibender Gewinnanteil i.H.v. 300.000 €.

Nach § 2a Abs. 1 Nr. 7 EStG fallen auch Verluste aus der Teilwertberichtigung, der Veräußerung oder der Entnahme eines zu einem Betriebsvermögen gehörenden Anteils an einer in einem Mitgliedstaat der Europäischen Union ansässigen KapGes unter das Verlustabzugsverbot, wenn der Verlust auf Aktivitäten in einem Drittstaat i.S.d. § 2a Abs. 1 Nr. 1–6 EStG zurückzuführen ist. Auch hier hat aber wieder § 8b Abs. 3 KStG Vorrang.

Beispiel

Die in Deutschland ansässige X-GmbH ist zu 100 % an der ebenfalls in Deutschland ansässigen A-AG beteiligt. Diese vermietet in den USA diverse Bürogebäude. Da sich diese als Fehlkalkulation herausstellen und auf Jahre hinaus nicht rentabel vermietet werden können, sind die Anteile an der A-AG wertlos. Die X-GmbH schreibt die Anteile auf 1 € ab.

Lösung

Die Beteiligung wird sowohl in der Handels- als auch in der Steuerbilanz gewinnwirksam auf 1 € abgeschrieben. Außerbilanziell wird die Abschreibung bei der Ermittlung des Einkommens nach § 8b Abs. 3 KStG wieder neutralisiert. Für § 2a Abs. 1 Nr. 7 EStG bleibt kein Raum.

5.2.2 § 15a EStG

§ 15a EStG ist auch zu beachten, wenn eine KapGes als Kommanditistin an einer Kommanditgesellschaft beteiligt ist.

Nach § 15a Abs. 1 Satz 1 EStG darf der einem Kommanditisten zuzurechnende Anteil am Verlust der Kommanditgesellschaft nicht mit anderen Einkünften ausgeglichen werden, soweit ein negatives Kapitalkonto entsteht oder sich erhöht. Soweit der Verlust nicht mit anderen Einkünften ausgeglichen werden darf, mindert er nach § 15a Abs. 2 EStG die Gewinne, die dem Kommanditisten in späteren Wirtschaftsjahren aus seiner Beteiligung an der Kommanditgesellschaft zuzurechnen sind.

Folgt man der h.M., wonach in der Steuerbilanz die Beteiligung an einer PersGes in der Bilanz der KapGes **spiegelbildlich** zum Kapitalkonto zu aktivieren ist, so ist der Verlustanteil stets ohne Berücksichtigung des § 15a EStG zu buchen. Außerhalb der Bilanz muss dann eine Korrektur nach § 15a EStG erfolgen.

Beispiel

Die X-GmbH ist an der K-KG als Kommanditistin beteiligt. Das Kapitalkonto steht zum 31.12.2011 auf 200.000 €. Für das Wj. 2012 wird der GmbH ein Verlustanteil i.H.v. 500.000 € zugewiesen. Im Wj. 2013 ergibt sich ein Gewinnanteil von 900.000 €.

Lösung

Nach der Spiegelbildmethode aktiviert die GmbH die Beteiligung am 31.12.2011 in der Steuerbilanz mit 200.000 €. Der Verlust des Jahres 2012 führt dazu, dass die Beteiligung zum 31.12.2012 mit (200.000 € ./. 500.000 € =) ./. 300.000 € anzusetzen ist. In der Gewinn- und Verlustrechnung ist ein Verlust i.H.v. 500.000 € auszuweisen.

Unabhängig davon darf die GmbH nach § 15a Abs. 1 Satz 1 EStG bei der Ermittlung ihres Einkommens lediglich einen ausgleichsfähigen Verlust von 200.000 € (Stand des Kapitalkontos zum letzten Bilanzstichtag) berücksichtigen. Der restliche Verlustanteil i.H.v. 300.000 € ist nach § 15a Abs. 2 EStG als verrechenbarer Verlust vorzutragen.

In der Bilanz zum 31.12.2013 ist das Kapitalkonto in der Steuerbilanz mit (./. 300.000 € + 900.000 € =) 600.000 € spiegelbildlich zu aktivieren. Die Gewinn- und Verlustrechnung weist einen Gewinn i.H.v. 900.000 € aus. Außerbilanziell ist für Zwecke der Berechnung des Einkommens der Gewinnanteil von 900.000 € um den vorgetragenen verrechenbaren Verlust zu mindern, sodass sich ein Ansatz von (900.000 € ./. 300.000 € =) 600.000 € ergibt.

5.2.3 Verlustrücktrag/Verlustvortrag nach § 10d EStG

Verluste können nach § 10d EStG, der über § 8 Abs. 1 KStG auch für die Besteuerung der Kapitalgesellschaften gilt, nur in eingeschränktem Maße zurück-und vorgetragen werden, um Haushaltsrisiken für die öffentliche Hand begrenzen.

Das BVerfG hat sich bereits mehrfach zur Einschränkung des Verlustvortrags geäußert. Danach ist ein uneingeschränkter Verlustvortrag **verfassungsrechtlich nicht garantiert**. Nach der Rechtsprechung des BVerfG bestehen unter Berücksichtigung des verfassungsrechtlichen Grundsatzes der Besteuerung nach der wirtschaftlichen Leistungsfähigkeit keine verfassungsrechtlichen Bedenken gegen eine Beschränkung des Verlustabzugs auf einen einjährigen Verlustrücktrag und einen (nach damaligem Recht) fünfjährigen Verlustvortrag (BVerfG vom 22.07.1991, Az: 1 BvR 313/88, HFR 1992, 423).

Nach der Rechtsprechung des BFH (Nachweise in BFH vom 26.08.2010, BStBl II 2011, 826) bestehen im Hinblick auf Art. 3 Abs. 1 GG grundsätzlich insoweit keine Zweifel an der Verfassungsmäßigkeit einer Verlustausgleichsbeschränkung, als der Verlustausgleich nicht versagt, sondern lediglich zeitlich gestreckt wird. Es genügt nach Ansicht der Rechtsprechung, wenn die Verluste überhaupt, sei es auch in einem anderen Veranlagungszeitraum, steuerlich berücksichtigt werden.

Der BFH (Beschluss vom 26.08.2010, a.a.O.) hält aber die Regelung des § 10d EStG dann für verfassungsrechtlich bedenklich, wenn eine Verlustverrechnung in späteren Veranlagungszeiträumen endgültig ausgeschlossen ist (z. B. nach § 8c KStG). Die Verwaltung schließt sich diesen Zweifeln an (BMF vom 19.10.2011, BStBl I 2011, 974) und gewährt für folgende Fallkonstellationen Aussetzung der Vollziehung:

Untergang des Verlustvortrags im Falle

- eines schädlichen Beteiligungserwerbes nach § 8c KStG;
- der Umwandlung beim übertragenden Rechtsträger (§ 12 Abs. 3 i.V.m. § 4 Abs. 2 Satz 2 UmwStG);
- der Löschung einer Körperschaft.

Die weitere Entwicklung dieser Frage bleibt derzeit abzuwarten.

Nach der Fassung des § 10d EStG ab VZ 2004 werden Verluste bis zu einem Betrag i.H.v. 511.500 € (ab VZ 2013: 1 Mio €) grundsätzlich in den unmittelbar vorangegangenen Veranlagungszeitraum **zurückgetragen**. Nach § 10d Abs. 1 Satz 5 EStG ist auf Antrag des Steuerpflichtigen ganz oder teilweise auf den Verlustrücktrag zu verzichten. Die betragsmäßige Beschränkung des Verlustrücktrags kann mitunter Probleme bereiten, wenn z. B. im Rücktragsjahr ausländische Gewinne erzielt wurden, für die in Deutschland anrechenbare ausländische Steuer bezahlt wurde (§ 26 Abs. 1 KStG, § 34c Abs. 1 EStG).

Beispiel

Eine GmbH erzielt im VZ 2012 steuerliche Einkünfte i.H.v. 200.000 €. Darin enthalten sind in Deutschland steuerpflichtige ausländische Einkünfte i.H.v. 30.000 €, für die im Ausland eine der deutschen KSt entsprechende Ertragsteuer i.H.v. 7.500 € entrichtet wurde. Im VZ 2013 erzielt die GmbH einen steuerlichen Verlust i.H.v. 600.000 €.

Lösung

Nach § 34c Abs. 1 EStG i.V.m. § 26 Abs. 1 KStG kann die ausländische Steuer maximal bis zur Höhe der deutschen Steuer, die auf die ausländischen Einkünfte entfällt, angerechnet werden (Anmerkung: Aus Vereinfachungsgründen wird auf die Berücksichtigung des Abzugsverfahrens nach § 34c Abs. 2 EStG an dieser Stelle verzichtet).

Der Rücktrag des Verlustes aus dem VZ 2013 ist maximal i.H.d. Einkommens des VZ 2012 (200.000 €) möglich. Ein Rücktrag i.H.v. 200.000 € würde aber zu einer KSt von 0 € führen. Damit könnte die im Ausland gezahlte Steuer nicht angerechnet werden. Bei einer Beschränkung des Rücktrags auf 170.000 € verbliebe ein Einkommen i.H.v. 30.000 € und eine KSt von (30.000 € × 15 % =) 4500 €. Damit wird die maximale Anrechnung der ausländischen Steuer ermöglicht (i.H.v. 3.000 € kann die ausländische Steuer nicht angerechnet werden, da die ausländischen Steuern höher sind als die deutsche KSt; insoweit ist alternativ das Abzugsverfahren nach § 34c Abs. 2 EStG zu prüfen).

Ist für den unmittelbar vorangegangenen Veranlagungszeitraum bereits ein **Steuerbescheid** erlassen worden, so ist dieser insoweit zu ändern, als der Verlustrücktrag zu gewähren oder zu berichtigen ist (§ 10d Abs. 1 Satz 4 EStG). Dies gilt auch dann, wenn der Steuerbescheid unanfechtbar geworden ist. Die Festsetzungsfrist endet nicht, bevor die Festsetzungsfrist für den Veranlagungszeitraum abgelaufen ist, in dem die Verluste entstanden sind. In diesem Korrekturrahmen können nach § 177 AO auch sonstige Rechtsfehler berichtigt werden (BFH vom 27.09.1988, BStBl II 1989, 225).

Verluste, die im Wege des Verlustrücktrags nicht ausgeglichen werden, werden von Amts wegen in die folgenden Jahre vorgetragen. Der Verlustvortrag ist zeitlich unbeschränkt und erfolgt so lange, bis die Verluste vollständig ausgeglichen sind.

Aus haushaltstechnischen Gründen ist der **Verlustvortrag** auf **1 Mio. € pro Jahr** beschränkt. Darüber hinausgehende Verluste werden bis zu **60 %** des 1 Mio. € übersteigenden Gesamtbetrags der Einkünfte berücksichtigt (sog. **Mindestbesteuerung**). Dadurch verlängert sich der Zeitraum, in dem die Verluste vollständig ausgeglichen werden können.

Beispiel

Die A-GmbH wird in 2009 gegründet und erzielt einen Anlaufverlust i.H.v. 5 Mio. €. In den Jahren 2010-2012 ergibt sich jeweils ein positives Ergebnis i.H.v. 2,5 Mio. €.

Lösung

Es ergibt sich für die Veranlagungszeiträume 2010-2012 jeweils folgendes zu versteuerndes Einkommen:

	2010	2011	2012
Gesamtbetrag der Einkünfte	2.500.000 €	2.500.000 €	2.500.000 €
Sockelbetrag	./. 1.000.000 €	./. 1.000.000 €	./. 1.000.000 €
verbleibender Gesamtbetrag der Einkünfte	= 1.500.000 €	= 1.500.000 €	= 1.500.000 €
davon 60 %	./. 900.000 €	./. 900.000 €	./. 200.000 €
zu versteuerndes Einkommen	= **600.000 €**	= **600.000 €**	= **1.300.000 €**
verbleibender Verlustvortrag	3.100.000 €	1.200.000 €	0 €

Obgleich sich innerhalb des Zeitraums von 2009-2011 Einkünfte i.H.v. (./. 5 Mio. € + 2,5 Mio. € + 2,5 Mio. € =) 0 € ergeben, unterliegen insgesamt (600.000 € + 600.000 € =) 1,2 Mio. € der KSt. Diese sog. Mindestbesteuerung ist fiskalisch zur Verhinderung der Ausnutzung von Steuersparmodellen gewollt. Erst durch die ebenfalls hohen Einkünfte im Jahr 2012 wird der Nachteil der Vorjahre kompensiert.

Ist der Gewinn des Vortragsjahres entsprechend hoch, so bleiben die Beschränkungen des § 10d EStG ohne Auswirkung.

Entstehen **abwechselnd Verluste und Gewinne**, so gilt für jedes Verlustjahr eine gesonderte Beurteilung. Der Rücktrag bis zu 511.500 € (bzw. ab VZ 2013 1 Mio €) ist für jedes Verlustjahr möglich. Da der Rücktrag zeitlich beschränkt ist, geht er dem jeweiligen Vortrag vor. Der Vortrag unterliegt aber auch dann den Beschränkungen des § 10d EStG, wenn Verluste aus mehreren Jahren aufgelaufen sind. Es findet also keine Vervielfachung der 1-Mio.-€-Grenze statt.

Im Falle einer **Liquidation** können die Verlustvorträge i.R.d. Grenzen des § 10d EStG mit einem Liquidationsgewinn verrechnet werden. Verbleibende Verlustvorträge gehen verloren (zu den verfassungsrechtlichen Bedenken siehe BFH vom 26.08.2010, a.a.O.).

Im Falle der **Verschmelzung** einer Körperschaft auf eine PersGes gehen Verlustvorträge nach § 4 Abs. 2 Satz 2 UmwStG unter. Dies gilt auch, wenn eine Körperschaft auf eine andere Körperschaft verschmolzen wird (§ 12 Abs. 3 HS 2 i.V.m. § 4 Abs. 2 Satz 2 UmwStG).

Wird ein Betrieb, Teilbetrieb oder Mitunternehmeranteil in eine KapGes nach § 20 UmwStG eingebracht, stellt sich das Problem des Übergangs von Verlustvorträgen nicht, da die Verlustvorträge dem Einzelunternehmer bzw. Mitunternehmer nach § 10d EStG persönlich für seine Veranlagung zustehen und daher von der Umwandlung nicht berührt werden.

Bei der **Veräußerung** von Anteilen an einer KapGes mit Verlustvorträgen ist des Weiteren § 8c KStG zu beachten.

5.2.4 Verlustabzug nach § 8c KStG

Die Vorschrift des § 8c KStG wurde durch Gesetz vom 14.08.2007 eingefügt und ersetzt die bisherige Regelung des Mantelkaufs nach § 8 Abs. 4 KStG. § 8c KStG ist erstmals auf Veräußerungen anzuwenden, die nach dem 31.12.2007 erfolgen (§ 34 Abs. 7b; BMF vom 04.07.2008, BStBl I 2008, 736).

Zu den verfassungsrechtlichen Bedenken vgl. BFH vom 26.08.2010, BStBl II 2010, 826 und BMF vom 19.10.2011, BStBl I 2011, 974.

5.2.4.1 Anwendungsbereich

§ 8c KStG ist auf unbeschränkt und beschränkt steuerpflichtige Körperschaften anzuwenden. Die Abzugsbeschränkung gemäß § 8c KStG ist – wie schon § 8 Abs. 4 KStG a.F. – auf alle Verlustvorträge anwendbar und umfasst insbesondere die Verluste nach § 2a, § 10d, § 15 Abs. 4, §§ 15a und 15b EStG. § 8c KStG gilt für den Zinsvortrag nach § 4h Abs. 1 Satz 2 EStG entsprechend. Auf gewerbesteuerliche Verlustvorträge ist § 8c KStG nach § 10a Satz 9 GewStG entsprechend anzuwenden.

5.2.4.2 Grundtatbestand

Werden innerhalb von fünf Jahren **mehr** als **25%** der Anteile an einer KapGes an **einen** (!) Erwerber übertragen, so gehen bisher nicht ausgenutzte Verluste in dem Maße verloren, in dem die Übertragung stattgefunden hat.

Beispiel
Die X-GmbH verfügt über Verlustvorträge i.H.v. 3 Mio. €. Gesellschafter G veräußert 40% der Anteile an N.

Lösung
Da die Grenze von 25% überschritten ist, geht der Verlustvortrag grundsätzlich anteilig i.H.v. (3 Mio. € × 40% =) 1,2 Mio. € verloren (Anmerkung: Auf die Bedeutung der stillen Reserven nach § 8c Abs. 1 Satz 6 KStG wird an dieser Stelle aus Vereinfachungsgründen noch nicht eingegangen). Es bleibt der GmbH damit nur noch ein Verlustvortrag i.H.v. 1,8 Mio. €.

Werden innerhalb von fünf Jahren **mehr als 50%** der Anteile an **einen (!)** Erwerber übertragen, so geht der Verlustvortrag **vollständig** verloren.

Beispiel
a) Die X-GmbH verfügt über Verlustvorträge i.H.v. 3 Mio. €. Gesellschafter G veräußert seine Beteiligung i.H.v. 60% an N.
b) Wie Beispiel 1; Gesellschafter G veräußert jeweils 20% an N, O und P.

Lösung
a) Da die Grenze von 50% überschritten ist, geht der Verlustvortrag vollständig verloren.
b) Gesellschafter G veräußert zwar mehr als 50% der Anteile, diese aber nicht an einen Erwerber. Damit geht der Verlustvortrag grundsätzlich nicht verloren, da der Tatbestand des § 8c KStG nicht erfüllt ist (Anmerkung: Auf das Problem der Erwerbergruppe mit gleichgerichteten Interessen wird an dieser Stelle noch nicht eingegangen).

Ein Erwerb seitens einer natürlichen Person durch **Erbfall** einschließlich der unentgeltlichen Erbauseinandersetzung und der unentgeltlichen **vorweggenommenen Erbfolge** wird von § 8c KStG nicht erfasst. Dies gilt nicht, wenn der Erwerb in auch nur geringem Umfang entgeltlich erfolgt (BMF vom 04.07.2008, BStBl I 2008, 736, Rz. 4).

Beispiel

Erben der im Januar 2013 verstorbenen E sind die beiden Kinder T und S zu je 50%. Die Erbmasse besteht aus einer Immobilie (Wert: 500.000 €) sowie einer 90%-igen Beteiligung an der E-GmbH (Wert: 1,3 Mio. €). Die E-GmbH verfügt zum Zeitpunkt der Erbauseinandersetzung über einen Verlustvortrag i.H.v. 5 Mio. €. Die Erben setzen sich im Wege der Realteilung dahingehend auseinander, dass S die Immobilie und T die Anteile erhält. Zum Ausgleich des Mehrerwerbs zahlt T an S 400.000 €.

Lösung

Es handelt sich um eine Realteilung mit Ausgleichszahlung. Soweit eine Ausgleichszahlung geleistet wird, liegt insoweit ein Anschaffungs- und Veräußerungsgeschäft vor (vgl. BMF vom 14.03.2006, BStBl I 2006, 253, Rz. 26). Damit erwirbt T die Anteile zu (400.000 € / 1,3 Mio. € =) 31% entgeltlich und zu 69% unentgeltlich. Da 31% der 90%-igen Beteiligung und somit 27,9% des Stammkapitals entgeltlich übertragen werden, gehen die Verlustvorträge der E-GmbH i.H.v. (27,9% × 5.000.000 € =) 1.395.000 € verloren.

Zu einer schädlichen Übertragung i.R.d. § 8c KStG kann es nach dem ausdrücklichen Wortlaut der Vorschrift auch kommen, wenn lediglich **Stimmrechte** übertragen werden (vgl. § 47 Abs. 2 GmbHG).

Bei der Berechnung der Anteilshöhe bleiben **eigene Anteile** der KapGes außer Betracht.

Beispiel

G ist an der X-GmbH zu 25% beteiligt. Die X-GmbH hält eigene Anteile i.H.v. 10%. G veräußert seine Anteile an N.

Lösung

Vordergründig scheint die Veräußerung nicht unter § 8c KStG zu fallen. Da G aber zu 25% auch an den 10% eigenen Anteilen beteiligt ist, sind ihm für Zwecke des § 8c KStG (25 / 90 =) 27,78% des Stammkapitals zuzurechnen. Damit ist der Tatbestand des § 8c Abs. 1 Satz 1 KStG erfüllt.

5.2.4.3 Erwerberkreis

Veräußerer und Erwerber können sowohl natürliche als auch juristische Personen sein. Die Schädlichkeitsgrenze von > 25% bzw. > 50% bezieht sich grundsätzlich auf die Person des Erwerbers (»... an einen Erwerber«). Mehrere Veräußerungen an verschiedene Erwerber sind daher grundsätzlich nicht zusammenzurechnen.

Veräußern verschiedene Gesellschafter an einen Erwerber, so erfüllt auch dies den Tatbestand des § 8c KStG.

Mehrere Erwerber werden aber als eine Person gerechnet, wenn sie einander nahestehen (§ 8c Abs. 1 Satz 3 KStG; BMF vom 04.07.2008, a.a.O., Rz. 24 ff.). Zur Begründung des »Nahestehens« reicht jede rechtliche oder tatsächliche Beziehung zu einer anderen Person aus (vgl. H 36 [III. Kreis der nahestehenden Personen] KStH). Anders als z.B. § 8a Abs. 2 KStG a.F. verweist § 8c KStG nicht auf die Vorschrift des § 1 Abs. 2 AStG.

Als ein Erwerber gilt auch eine **Gruppe von Erwerbern mit gleichgerichteten Interessen**.

Gegenstand des gleichgerichteten Interesses kann jeder Umstand sein. Von einer Erwerbergruppe mit gleichgerichteten Interessen ist regelmäßig auszugehen, wenn eine Abstimmung zwischen den Erwerbern stattgefunden hat, wobei kein Vertrag vorliegen muss. Die Verfolgung eines gemeinsamen Zwecks i.S.d. § 705 BGB reicht zur Begründung gemeinsamer Interessen aus, ist aber nicht Voraussetzung. Die gleichgerichteten Interessen müssen sich nicht auf den Erhalt des Verlustvortrags der Körperschaft richten. Gleichgerichtete Interessen liegen z. B. vor, wenn mehrere Erwerber einer KapGes zur einheitlichen Willensbildung zusammenwirken. Indiz gleichgerichteter Interessen ist auch die gemeinsame Beherrschung der KapGes (vgl. H 36 [III. Beherrschender Gesellschafter – gleichgerichtete Interessen] KStH).

Beispiel

G ist Alleingesellschafter der X-Steuerberatung GmbH. Er veräußert seine Anteile an die Steuerberater(-innen) A, B, C und D, die die GmbH künftig gemeinsam betreiben.

Lösung

Das gemeinsame Betreiben der Steuerberatung GmbH reicht aus, um eine Gruppe mit gleichgerichteten Interessen anzunehmen. Damit geht ein möglicher Verlustvortrag mit der Veräußerung verloren.

5.2.4.4 Unmittelbarer und mittelbarer Erwerb

Maßgeblich für die Übertragungsquote sind sowohl unmittelbare als auch mittelbare Übertragungen. Damit soll eine Umgehung des § 8c KStG durch Zwischenschaltung von Gesellschaften vermieden werden.

Im Falle eines mittelbaren Beteiligungserwerbes ist die auf die Verlustgesellschaft durchgerechnete Beteiligungsquote oder sind Stimmrechtsverbote maßgeblich (BMF vom 04.07.2008, a.a.O., Rz. 12).

Beispiel 1

G ist zu 80 % an der M-GmbH beteiligt. Diese ist wiederum zu 60 % an der T-GmbH beteiligt. Die T-GmbH verfügt über Verlustvorträge. G veräußert seine Anteile an der M-GmbH an N.

Lösung

G veräußert mittelbar (80 % × 60 % =) 48 % der Anteile an der T-GmbH. Damit gehen 48 % der Verlustvorträge verloren. Dass sich am Beteiligungsverhältnis zwischen M-GmbH und T-GmbH nichts ändert, ist insoweit ohne Bedeutung (keine Konzernbetrachtung; vgl. BMF vom 04.07.2008, a.a.O., Rz. 11).

Die mittelbare Beteiligung kann auch über eine PersGes gehalten werden.

Beispiel 2

Wie Beispiel oben; G ist aber zu 80 % an der M-GmbH & Co. KG beteiligt, die ihrerseits im Gesamthandsvermögen die 60 %-ige Beteiligung an der T-GmbH hält.

Lösung

Auch bei dieser Konstellation veräußert G mittelbar 48 % der Anteile an der T-GmbH. Deren Verlustvorträge gehen nach § 8c KStG i.H.v. 48 % verloren.

5.2.4.5 Vergleichbare Sachverhalte

§ 8c KStG erfasst neben der Übertragung des gezeichneten Kapitals, der Mitgliedschaftsrechte, Beteiligungsrechte oder der Stimmrechte an einer Körperschaft auch vergleichbare Sachverhalte.

Vergleichbare Sachverhalte können insbesondere der Erwerb von Genussscheinen i.S.d. § 8 Abs. 3 Satz 2 KStG, Stimmrechtsvereinbarungen, Stimmrechtsbindungen oder Stimmrechtsverzichte sein (BMF vom 04.07.2008, a.a.O., Rz. 7).

Beispiel

G ist zu 60 % an der X-GmbH beteiligt. Die Gesellschafter der X-GmbH planen eine Kapitalerhöhung. G überträgt das Bezugsrecht auf die Kapitalerhöhung entgeltlich auf N. Nach der Kapitalerhöhung ist G nur noch zu 20 % und N zu 40 % an der GmbH beteiligt.

Lösung

Auch wenn G keine Anteile an N übertragen hat, liegt doch ein vergleichbarer Sachverhalt vor. Der Vorgang ist so zu sehen, als habe G 40 % der Anteile veräußert. Die GmbH verliert damit 40 % ihrer Verlustvorträge.

Als vergleichbarer Sachverhalt kommt insbesondere auch die **Umwandlung** auf eine Verlustgesellschaft in Frage, wenn durch die Umwandlung ein Beteiligungserwerb stattfindet (BMF vom 04.07.2008, a.a.O., Rz. 7). Dabei ist zu beachten, dass die Umwandlung einer Verlustgesellschaft bereits nach § 4 Abs. 2 Satz 2, § 12 Abs. 1 Satz 2 UmwStG zum völligen Untergang der Verlustvorträge führt.

Beispiel 1

Gesellschafter der A-GmbH sind die natürlichen Personen A und B zu je 50 %. Die A-GmbH verfügt über Verlustvorträge i.H.v. 5 Mio. €. Die A-GmbH soll auf die B-GmbH verschmolzen werden. Gesellschafter der A-GmbH sind ebenfalls A und B zu je 50 %.

Lösung

Durch die Verschmelzung gehen die Verlustvorträge nach § 12 Abs. 1 Satz 2, § 4 Abs. 2 Satz 2 UmwStG unter. § 8c Abs. 1 KStG hat daher insoweit keinen Anwendungsbereich.

Beispiel 2

Wie Beispiel 1; ausschließlich die B-GmbH verfügt über einen Verlustvortrag i.H.v. 5 Mio. €.

Lösung

Bei der Verschmelzung einer Gewinn-GmbH auf eine Verlust-GmbH ist die Vorschrift der § 12 Abs. 1 Satz 2, § 4 Abs. 2 Satz 2 UmwStG nicht anzuwenden. Damit ist zu prüfen, ob ein »vergleichbarer Sachverhalt« i.S.v. § 8c Abs. 1 KStG vorliegt. Dies ist zu verneinen, da sich die Gesellschafterstruktur nicht verändert hat.

Beispiel 3

Gesellschafter der A-GmbH sind die natürlichen Personen A und B zu je 50%. Die A-GmbH verfügt ausschließlich über Gewinnvorträge. Einziger Gesellschafter der C-GmbH, die über einen Verlustvortrag i.H.v. 5 Mio. € verfügt, ist die natürliche Person C. Die A-GmbH wird auf die C-GmbH verschmolzen. Nach der Verschmelzung sind an der C-GmbH die Gesellschafter A, B und C zu jeweils 1/3 beteiligt.

Lösung

Die Verschmelzung ist grundsätzlich ein »vergleichbarer Sachverhalt« i.S.v. § 8c Abs. 1 KStG. Da durch die Verschmelzung der Gesellschafterbestand der C-GmbH zu 2/3 ausgewechselt wird, ist dies einer Übertragung von mehr als 50% der Anteile gleichzustellen. Die Gesellschafter A und B sind als Erwerbergruppe i.S.v. § 8c Abs. 1 Satz 3 KStG anzusehen, da sie als ehemalige Gesellschafter der A-GmbH bezüglich der Verschmelzung gleichgerichtete Interessen haben.

Insbesondere bei **Abwärtsverschmelzungen** ist die Regelung in **§ 8c Abs. 1 Satz 5 KStG** zu beachten. Danach liegt ein schädlicher Beteiligungserwerb nicht vor, wenn an dem übertragenden und an dem übernehmenden Rechtsträger dieselbe Person zu jeweils 100% mittelbar oder unmittelbar beteiligt ist (**Konzernklausel**).

Beispiel

Gesellschafter der M-GmbH ist zu 100% die natürliche Person G. Die M-GmbH hält ihrerseits 100% der Anteile an der T-GmbH, die über einen Verlustvortrag i.H.v. 5 Mio. € verfügt. Die M-GmbH soll auf die T-GmbH verschmolzen werden.

Lösung

Die Verschmelzung ist ein »vergleichbarer Sachverhalt« i.S.v. § 8c Abs. 1 KStG. Durch die Verschmelzung wird auch der Gesellschafter der T-GmbH zu 100% ausgewechselt. Dabei spielt es keine Rolle, dass es mittelbar (auf der Ebene des natürlichen Gesellschafters) zu keiner Änderung der Beteiligungsquote kommt (keine Konzernbetrachtung; vgl. BMF vom 04.07.2008, a.a.O., Rz. 11).

Grundsätzlich würde damit der Verlustvortrag der T-GmbH vollständig untergehen. Dem steht aber die Begünstigung in § 8c Abs. 1 Satz 5 KStG entgegen. Da an der übertragenden M-GmbH und an der übernehmenden T-GmbH dieselbe Person (nämlich G) zu jeweils 100% mittelbar oder unmittelbar beteiligt ist, gilt die Verschmelzung nicht als schädlicher Beteiligungserwerb. Der Verlustvortrag geht nicht unter.

Schädlich kann auch die Einbringung eines **Betriebs**, **Teilbetriebs** oder **Mitunternehmeranteils** i.S.v. § 20 UmwStG sein, wenn durch die Einbringung ein Beteiligungserwerb am übernehmenden Rechtsträger stattfindet (BMF vom 04.07.2008, a.a.O., Rz. 7).

Beispiel

A ist alleiniger Inhaber eines Einzelunternehmens. B ist zu 100% Gesellschafter der B-GmbH. Diese verfügt über einen Verlustvortrag i.H.v. 5 Mio. €. Die B-GmbH soll im Wege der Kapitalerhöhung ihr Stammkapital verdoppeln. A soll sein Einzelunternehmen nach § 20 UmwStG in die GmbH einbringen und dafür die neuen Anteile erhalten, sodass A und B anschließend paritätisch beteiligt sind.

Lösung

Die Einbringung fällt unter § 20 UmwStG, da A im Gegenzug für die Einbringung seines Betriebs neue Gesellschaftsrechte erhält (Sacheinlage). Die Einbringung gilt als »vergleichbarer Sachverhalt« i.S.v. § 8c Abs. 1 KStG. Da durch die Einbringung 50 % der Anteile auf einen neuen Gesellschafter übergehen, ist der Sachverhalt so zu beurteilen, als seien 50 % der Anteile übertragen worden. Dies führt nicht zu einem vollständigen Untergang des Verlustvortrags, da exakt 50 % (und nicht mehr als 50 %) der Anteile übergehen. Allerdings gehen 50 % der Verlustvorträge verloren.

Ein vergleichbarer Sachverhalt kann auch im Falle des Erwerbs eigener Anteile und bei einer Kapitalherabsetzung vorliegen, wenn sich hierdurch die Beteiligungsquoten ändern (BMF vom 04.07.2008, a.a.O., Rz. 8).

5.2.4.6 Kapitalerhöhung

Die Kapitalerhöhung ist als eigenständiger Sachverhalt in § 8c Abs. 1 Satz 4 KStG ausdrücklich aufgeführt. Danach steht eine Kapitalerhöhung der Übertragung des gezeichneten Kapitals gleich, soweit sie zu einer Veränderung der Beteiligungsquoten am Kapital der Körperschaft führt.

Beispiel

An der X-GmbH sind die Gesellschafter A, B, C und D zu je 25 % beteiligt. Die GmbH verfügt über einen Verlustvortrag i.H.v. 5 Mio. €. Das Stammkapital wird von 100.000 € auf 1 Mio. € erhöht.

a) Alle Gesellschafter nehmen an der Kapitalerhöhung paritätisch teil;
b) A übernimmt das neue Kapital, sodass er zu (925.000 € / 1.000.000 € =) 92,5 % beteiligt ist.

Lösung

Bei a) ändern sich die Beteiligungsverhältnisse nicht. Der Verlustvortrag bleibt erhalten.
Bei b) übertragen B, C und D 67,5 % der Anteile auf A (seine Beteiligung steigt von 25 % auf 92,5 %). Da mehr als 50 % der Anteile als übertragen gelten, gehen nach § 8c Abs. 1 KStG grundsätzlich die gesamten Verlustvorträge verloren.

5.2.4.7 Zeitpunkt und Umfang des Verlustuntergangs

Der Zeitpunkt des Beteiligungserwerbes oder des vergleichbaren Sachverhalts bestimmt sich nach dem Übergang des wirtschaftlichen Eigentums. Kapitalerhöhungen werden mit ihrer Eintragung ins Handelsregister wirksam (BFH vom 14.03.2006, BStBl II 2006, 746).

Bei der Umwandlung einer Verlustgesellschaft ist für den Erwerb der Beteiligung an der Verlustgesellschaft durch den übernehmenden Rechtsträger der Übergang des wirtschaftlichen Eigentums maßgebend. Ein steuerlicher Rückbezug des Beteiligungserwerbs nach § 2 UmwStG scheidet aus.

Der Untergang des Verlustvortrags tritt in dem Wj. ein, in dem die 25 %- bzw. die 50 %-Grenze überschritten wird. Problematisch sind dabei **unterjährige Veräußerungen**. Erfolgt der schädliche Beteiligungserwerb während des laufenden Wj., unterliegt auch ein bis zu diesem Zeitpunkt erzielter Verlust der Verlustabzugsbeschränkung nach § 8c KStG (vgl. BMF vom 04.07.2008, a.a.O., Rz. 31).

Beispiel
Gesellschafter G der X-GmbH veräußert seine 60%-ige Beteiligung am 30.04.2013. Für das Wj. (= Kj.) 2013 wird ein Verlust i.H.v. 1,2 Mio. € ermittelt. Davon entfallen auf den Zeitraum bis zur Veräußerung 400.000 €.

Lösung
Durch die Veräußerung geht der Verlustvortrag und der Verlust bis zur schädlichen Übertragung der Anteile nach § 8c Abs. 1 KStG unter. Der bis zur Veräußerung entstandene Verlust (400.000 €) kann (nach Ansicht der Verwaltung) auch nicht zurückgetragen werden.

Nach Ansicht der Verwaltung ist es auch nicht möglich, einen Verlustvortrag aus einem Vorjahr mit Gewinnen, die bis zur schädlichen Veräußerung erzielt werden, zu verrechnen (BMF vom 04.07.2008, a.a.O., Rz. 31).

Beispiel
Gesellschafter G der X-GmbH veräußert seine 60%-ige Beteiligung am 30.04.2013. Für das Wj. (= Kj.) 2013 wird ein Gewinn i.H.v. 1,2 Mio. € ermittelt. Davon entfallen auf den Zeitraum bis zur schädlichen Veräußerung anteilig 400.000 €. Im Wj. 2012 erzielte die GmbH einen steuerlichen Verlust i.H.v. 2 Mio. €, der nicht zurückgetragen wurde.

Lösung
Der Verlustvortrag kann nach Verwaltungsansicht nicht mit dem bis April entstandenen Gewinn verrechnet werden. Der Verlustvortrag i.H.v. 2 Mio. € geht vollständig verloren. Der Gewinn des Wj. 2013 ist i.H.v. 1,2 Mio. € zu versteuern.

Dieser Verwaltungsansicht steht die Entscheidung des BFH vom 30.11.2011, BStBl II 2012, 360 entgegen. Nach Ansicht des BFH dürfen vortragsfähige Verluste aus Vorjahren mit den anteiligen, bis zur schädlichen Veräußerung entstandenen Gewinnen verrechnet werden. Sinn des § 8c KStG sei es, die Verluste nach einer schädlichen Veräußerung den neuen Gesellschaftern nicht mehr zur Verfügung zu stellen. Es könne aber nicht der Sinn der Regelung sein, dass der bisherige Gesellschafter seine Verluste nicht bis zur Veräußerung ausnutzen könne.

Lösung des Beispiels nach der Rechtsprechung
Der Verlustvortrag könnte mit dem bis zur schädlichen Veräußerung anteilig entstandenen Gewinn (400.000 €) verrechnet werden. Damit würde nur noch ein Verlustvortrag i.H.v. 1,6 Mio. € untergehen. Im Wj. 2013 wäre lediglich einen Gewinn i.H.v. 800.000 € zu versteuern.

Besondere Probleme bereiten die Fälle, in denen ein **sukzessiver Anteilserwerb** stattfindet. Zur Bestimmung der Grenze des § 8c Abs. 1 KStG sind alle Übertragungen an einen Erwerber oder Erwerberkreis innerhalb eines Fünfjahreszeitraums zusammenzurechnen.

Beispiel
Im Januar 01 veräußert Gesellschafter G 25% der Anteile an der X-GmbH an N. Im Januar 03 veräußert G weitere 10% an N.

Lösung
Mit der ersten Veräußerung beginnt ab 01 eine Fünfjahresfrist. Die Übertragung von 25 % des Stammkapitals ist noch nicht schädlich. Verluste gehen daher (noch) nicht verloren. Mit der Übertragung in 03 wird die Grenze des § 8cAbs. 1 KStG überschritten. Alle bis zur Übertragung in 03 entstandenen Verluste bzw. Verlustvorträge gehen zu 35 % verloren.

Nach der Gesetzesbegründung sollen weitere Erwerbe nach Überschreitung der 25 %-Grenze unschädlich sein, solange die 50 %-Grenze nicht überschritten wird.

Beispiel 1
Wie Beispiel oben; Im Januar 04 erwirbt N
a) weitere 10 %,
b) weitere 20 % von G.

Lösung
Mit der Übertragung in 03 sind die bis dahin bestehenden nicht ausgenutzten Verluste zu 35 % untergegangen (siehe oben).
a) Die Übertragung in 04 löst zwar einen neuen Fünfjahreszeitraum aus. Sie führt aber nicht dazu, dass über die 35 % hinaus weitere 10 % der Verluste verloren gehen. Die Übertragung der 10 % hat insoweit (vorläufig) keine negativen Konsequenzen.
b) Für die Bestimmung der 50 %-Grenze sind alle Veräußerungen binnen 5 Jahren zusammenzurechnen. Damit hat N innerhalb von 5 Jahren 55 % der Anteile erworben. Die bis 04 bestehenden nicht ausgenutzten Verluste gehen damit vollständig unter.

Beispiel 2
Gesellschafter G veräußert an N nacheinander folgende Anteile an der X-GmbH:
01: 25 %
03: 10 %
04: 10 %
09: 20 %

Lösung
N hat zwar mehr als 50 % der Anteile erworben. Der Erwerb erfolgte aber nicht innerhalb einer Frist von 5 Jahren (beginnend ab 01). Wie bereits dargestellt, läuft ab 01 eine Fünfjahresfrist (1. Frist), die dazu führt, dass in 03 die 25 %-Grenze überschritten wird.
Der Erwerb in 04 ist zuerst einmal unschädlich (siehe oben). Es läuft nun aber ab 04 eine neue Fünfjahresfrist (2. Frist). Da innerhalb der 2. Frist weitere 20 % erworben werden, gehen in 09 nun 30 % der bis dahin aufgelaufenen und noch nicht ausgenutzten Verluste verloren.

5.2.4.8 Berücksichtigung stiller Reserven

Die Vorschrift des § 8c KStG bedeutet für Kapitalgesellschaften eine erhebliche steuerliche Belastung, da oft nicht kalkuliert werden kann, ob und wann Gesellschafter ihre Beteiligungen veräußern. Während Gewinne stets besteuert werden, werden Verluste (die letztlich nichts anderes als ein Steuergutschein für künftige Jahre sind) einfach gestrichen. Dies hat mit der ursprünglichen Idee der Verhinderung eines Steuersparmodells (Mantelkauf) nichts mehr gemeinsam.

Aus diesem Grund entschärfte der Gesetzgeber mit Wirkung ab VZ 2010 die Vorschrift des § 8c KStG erheblich. Nach § 8c Abs. 1 Satz 6 KStG geht ein Verlust bei einer schädlichen Übertragung i.S.d. Satzes 1 nicht verloren, soweit er die **anteiligen stillen Reserven**, die auf den übertragenen Anteile entfallen, nicht übersteigt.

Beispiel

Die X-GmbH verfügt über einen Verlustvortrag i.H.v. 800.000 €. Gesellschafter G veräußert 40% der Anteile an einen Erwerber. Die stillen Reserven der GmbH betragen

a) 1 Mio. €,

b) 500.000 €.

Lösung

a) 40% des Verlustvortrags (320.000 €) gehen grundsätzlich verloren. Da aber der mit dem Untergang bedrohte Verlustvortrag geringer ist als die übertragenen stillen Reserven (1 Mio. € × 40% = 400.000 €), bleibt der Verlustvortrag vollständig erhalten.

b) Der Verlustvortrag (320.000 €) übersteigt die anteiligen stillen Reserven (500.000 € × 40% = 200.000 €) um 120.000 €. Damit gehen nach § 8c Abs. 1 Satz 1 KStG 120.000 € Verlustvorträge verloren.

Werden mehr als 50% der Anteile veräußert, ist dies nach § 8c Abs. 1 Satz 6 KStG unschädlich, wenn der Verlustvortrag geringer ist als die gesamten stillen Reserven.

Beispiel

Wie Beispiel oben; G veräußert 60% der Anteile.

Lösung

a) Die Verlustvorträge bleiben wieder erhalten, da der Verlustvortrag (800.000 €) kleiner ist als die gesamten stillen Reserven (1 Mio. €).

b) Der Verlustvortrag i.H.v. 300.000 € geht verloren, da er die gesamten stillen Reserven um diesen Betrag übersteigt.

Problematisch dürfte in der Praxis die Bestimmung der stillen Reserven sein. Das Gesetz gibt zwar in § 8c Abs. 1 Satz 7 KStG eine Legaldefinition. Danach sind die stillen Reserven die Differenz zwischen dem gemeinen Wert der übertragenen Anteile und dem anteiligen oder ganzen in der steuerlichen Gewinnermittlung ausgewiesenen Eigenkapital (Stammkapital plus Jahresüberschuss plus Gewinnvortrag plus Gewinnrücklage plus Kapitalrücklage). Zumindest bei der Veräußerung der Anteile kann der gemeine Wert aus dem Kaufpreis abgeleitet werden. Dies dürfte aber problematisch sein, wenn z.B. eine Kapitalerhöhung den Tatbestand des § 8c KStG auslöst. Zur Bestimmung der stillen Reserven bei negativem Eigenkapital siehe § 8c Abs. 1 Satz 8 KStG.

5.2.4.9 Sanierungsklausel

Mit Gesetz vom 16.07.2009 wurde Abs. 1a in § 8c KStG eingefügt. Danach soll ein nicht ausgenutzter Verlust nicht verloren gehen, wenn die Übertragung der Anteile der Sanierung des Geschäftsbetriebs der KapGes dient.

Die Europäische Kommission hat am 26.01.2011 entschieden, dass die sog. Sanierungsklausel des § 8c Abs. 1a KStG eine mit dem Binnenmarkt nicht zu vereinbarende rechtswidrige Beihilferegelung darstellt. Nach Auffassung der Europäischen Kommission begünstigt die Sanierungsklausel selektiv »Unternehmen in Schwierigkeiten«. Die Verwaltung hat daher die Anwendung des Abs. 1a bis auf Weiteres ausgesetzt (BMF vom 30.04.2010, BStBl I 2010, 482).

5.2.4.10 § 10a GewStG

Nach § 10a Satz 1 GewStG sind Gewerbeverluste auf künftige Jahre vorzutragen (einen Verlustrücktrag sieht das Gewerbesteuerrecht nicht vor). Ab dem Erhebungszeitraum 2004 ist der Vortrag aus haushaltstechnischen Gründen auf 1 Mio. € pro Jahr begrenzt. Der 1 Mio. € übersteigende maßgebende Gewerbeertrag kann bis zu 60 % mit Verlusten ausgeglichen werden (Parallele zu § 10d EStG).

Gewerbeverluste sind negative Gewerbeerträge i.S.d. §§ 7-10 GewStG. Es kommt daher auf den nach den Vorschriften des EStG/KStG ermittelten Gewinn/Verlust, vermehrt und vermindert um die Hinzurechnungen und Kürzungen nach §§ 8 und 9 GewStG an.

Die Höhe des vortragsfähigen Gewerbeverlustes ist nach § 10a Satz 6 GewStG gesondert festzustellen.

Nach § 10a Satz 9 GewStG sind die Grundsätze des § 8c KStG auch für den gewerbesteuerlichen Verlustvortrag zu beachten. Geht also ein körperschaftsteuerlicher Verlustvortrag nach § 8c KStG unter, hat dies auch den Verlust des gewerbesteuerlichen Verlustpotenzials zur Folge.

Bei Bestehen einer Organschaft kann nach § 10a Satz 3 GewStG die Organgesellschaft ab dem Erhebungszeitraum 2004 den maßgebenden Gewerbeertrag nicht um Fehlbeträge kürzen, die sich vor dem rechtswirksamen Abschluss des Gewinnabführungsvertrages ergeben haben (sog. vororganschaftliche Verluste).

6 Auslandsbeziehungen der GmbH

Durch die Globalisierung der Wirtschaft werden nicht nur in immer stärkerem Maße ausländische KapGes in Deutschland tätig, sondern auch GmbHs mit Sitz oder Ort der Geschäftsleitung in Deutschland erzielen Einkünfte im Ausland. Dabei kann eine deutsche GmbH nicht unbeschränkt stpfl. Gesellschafter bzw. eine ausländische GmbH deutsche Gesellschafter haben. In allen diesen Fällen ist zu prüfen, welchem Staat das Besteuerungsrecht für die Einkünfte der GmbH wie auch für die der Gesellschafter zusteht.

6.1 Steuerpflicht der GmbH

Die Körperschaftsteuer knüpft an persönliche und sachliche Merkmale an. Je nach Art des Inlandsbezugs der GmbH ist die Unterscheidung zwischen unbeschränkter und beschränkter Körperschaftsteuerpflicht vorzunehmen. Die unbeschränkte Körperschaftsteuerpflicht wird durch § 1 Abs. 1 KStG geregelt. Regelungen zur beschränkten Körperschaftsteuerpflicht finden sich in § 2 KStG.

6.1.1 Unbeschränkte Körperschaftsteuerpflicht

6.1.1.1 Voraussetzungen des § 1 KStG

Nach § 1 KStG ist eine Körperschaft unbeschränkt körperschaftstpfl., wenn sie ihre **Geschäftsleitung** oder ihren **Sitz** im Inland hat.

Nach § 10 AO ist der Sitz der Geschäftsleitung dort, wo sich der Mittelpunkt der geschäftlichen Oberleitung befindet. Dies ist der Ort, von dem aus das Unternehmen tatsächlich geleitet wird (BFH vom 23.06.1992, BStBl II 1992, 972) bzw. wo Entscheidungen von einigem Gewicht getroffen werden (BFH vom 17.07.1968, BStBl II 1968, 695). Dies bestimmt sich nach dem Gesamtbild der tatsächlichen Verhältnisse (BFH vom 27.12.1994, BStBl II 1995, 175). Entscheidend ist, wo die typischen Tagesgeschäfte des Unternehmens durchgeführt werden (BFH vom 12.02.2004, BStBl II, 602).

Der Ort der Geschäftsleitung erfordert nicht zwingend ein typisches Büro. Entscheidend ist, wo die unternehmerischen Entscheidungen getroffen werden. Dies kann z. B. auch in der Wohnung eines Geschäftsführers (BFH vom 23.01.1991, BStBl II 1991, 554) oder sogar in einem Baucontainer sein (BFH vom 16.12.1998, BStBl II 1999, 437).

Ist die Geschäftsführung in einen kaufmännischen und einen technischen Bereich aufgeteilt, so ist grundsätzlich der Ort der kaufmännischen Geschäftsleitung maßgeblich (BFH vom 30.01.2002, BFH/NV 2002, 1128).

Finden die maßgeblichen geschäftlichen Tätigkeiten an mehreren Orten statt, so ist der Ort entscheidend, an dem die für das Unternehmen bedeutendsten Entscheidungen getroffen werden (BFH vom 16.12.1998, BStBl II 1999, 437).

Befindet sich die Geschäftsleitung sowohl im Inland als auch im Ausland (sog. »dual-resident-companies«), kommt es für die Frage der unbeschränkten Steuerpflicht allein darauf an, inwieweit das Merkmal der geschäftlichen Oberleitung in Deutschland erfüllt ist (vgl. *Graffe* in *D/P/M*, KStG, § 1, Rz. 22).

Der maßgebende geschäftliche Wille muss nicht zwingend von den gesetzlichen Vertretern gebildet werden. Die maßgeblichen geschäftlichen Entscheidungen können auch z. B.

von einer ausländischen Managementgesellschaft getroffen werden (BFH vom 03.07.1997, BStBl II 1998, 86).

Eine »Schein-Geschäftsleitung« (z. B. über Treuhandlösungen), die die Managementaufgaben nicht tatsächlich wahrnimmt, genügt den Voraussetzungen des § 1 KStG auf keinen Fall.

6.1.1.2 Sitz der Gesellschaft

Nach § 11 AO hat eine Körperschaft ihren Sitz an dem Ort, der durch Gesetz, Gesellschaftsvertrag, Satzung o. ä. bestimmt ist. So bestimmt auch § 4a GmbHG, dass der Sitz der Gesellschaft der Ort im Inland ist, den der Gesellschaftsvertrag dazu bestimmt. Der statutarische Sitz ist damit nicht zwingend identisch mit dem Sitz der Geschäftsleitung.

Eine KapGes kann zwar die Geschäftsleitungen in mehreren Staaten haben, ein statutarischer Doppelsitz ist aber nicht möglich (offen gelassen für das damalige BerlinFördG: BFH vom 28.02.1990, BStBl II 1990, 553).

6.1.1.3 Ansässigkeit

Die DBA verwenden zunächst nicht die Begriffe »Ort der Geschäftsleitung« oder »Sitz der Gesellschaft«. Für die Anwendbarkeit des entsprechenden DBA bzw. die Zuweisung des Besteuerungsrechts ist die Ansässigkeit einer Gesellschaft maßgeblich (vgl. Art. 1 OECD-Musterabkommen 2010).

Der Begriff der Ansässigkeit muss im jeweiligen Einzelfall anhand des anzuwendenden DBA bestimmt werden (sog. tie-breaker-rule). Nach Art. 4 des OECD-MA 2010 ist eine Person in einem Vertragsstaat ansässig, wenn sie in diesem Staat aufgrund ihres Sitzes oder des Ortes ihrer Geschäftsleitung oder eines ähnlichen Merkmals stpfl. ist.

Ist eine juristische Person in **verschiedenen Staaten** ansässig, so gilt sie nach Art. 4 Abs. 3 des OECD-Musterabkommens 2010 als nur in dem Staat ansässig, in dem sich der Ort ihrer tatsächlichen Geschäftsleitung befindet.

6.1.1.4 Sitzverlegung

Zu Fragen im Zusammenhang mit grenzüberschreitenden Sitzverlegungen ist insbesondere § 12 KStG zu beachten. Nach einer Entscheidung des FG Rheinland-Pfalz vom 07.01.2011 (Az: 1 V 1217/10) unterliegt die Sofortbesteuerung stiller Reserven bei einer grenzüberschreitenden Verlegung von Sitz und Geschäftsleitung einer SE nach Österreich im Zeitpunkt des Wegzugs vor dem Hintergrund europarechtlicher Primärrechtsnormen jedenfalls im Verfahren über die Aussetzung der Vollziehung erheblichen Bedenken.

6.1.2 Ausländische Gesellschaften als Körperschaftsteuersubjekt

Bei der Frage, inwieweit KapGes mit statutarischem Sitz im Ausland der deutschen KSt unterliegen, müssen zwei Probleme streng getrennt werden.

Zum einen geht es um die Frage, ob die ausländische Körperschaft in Deutschland als rechtsfähig anzuerkennen ist. Hier vertrat die deutsche Rechtsprechung lange Zeit die sog. »**Sitztheorie**«, wonach sich die Rechtsqualität einer Gesellschaft in erster Linie nach dem Recht des Staates richtet, in dem sich ihr Verwaltungssitz, d. h. der tatsächliche Sitz der Hauptverwaltung, befindet und nicht danach, in welchem Land sie gegründet wurde bzw.

wo sich der statutarische Sitz befindet (z. B. BGH vom 21.03.1986, BGHZ 1997, 269; BFH vom 23.06.1992, BStBl II 1992, 972).

Danach galt z. B. eine englische Limited mit Sitz in London und Geschäftsleitung in Deutschland als nicht rechtsfähig, da die Limited in Deutschland nicht (wie für Körperschaften notwendig) im HR eingetragen war.

Dies hinderte aber die Rechtsprechung und die Verwaltung nicht daran, diese nicht rechtsfähige Gesellschaft als **unbeschränkt körperschaftsteuerpflichtig** zu behandeln: Nach § 1 Abs. 1 Nr. 5 KStG sind auch nicht rechtsfähige Vereine, Anstalten, Stiftungen und andere Zweckvermögen des privaten Rechts körperschaftstpfl. Nach § 3 Abs. 1 KStG sind nicht rechtsfähige Personenvereinigungen, Anstalten, Stiftungen und andere Zweckvermögen körperschaftstpfl., wenn ihr Einkommen weder nach dem KStG noch nach dem EStG unmittelbar bei einem anderen Stpfl. zu versteuern ist.

Die Rechtsprechung verlangte lediglich, dass im Einzelfall geprüft werden müsse, ob die im Ausland rechtsfähige Körperschaft, Personenvereinigung oder Vermögensmasse, die ihre Geschäftsleitung im Inland hat, dem »Typ« und der tatsächlichen Handhabung nach einer KapGes oder einer juristischen Person i.S.d. § 1 Abs. 1 Nr. 1 oder einem anderen Körperschaftsteuersubjekt i.S.d. § 1 Abs. 1 Nr. 2 bis 5 KStG entspricht und ob sie selbst den Tatbestand der Einkünfteerzielung erfüllt oder ob das Einkommen nach dem KStG oder dem EStG bei anderen Stpfl. zu versteuern ist (BFH vom 23.06.1992, a.a.O.). Danach waren z. B. die Limited, die französische S.A. (société anonyme) oder die niederländische B.V. grundsätzlich unbeschränkt körperschaftstpfl., wenn sie ihre Geschäftsleitung in Deutschland hatten.

Zahlreiche Entscheidungen des EuGH sahen in der in Deutschland und anderen EU-Staaten vertretenen Sitztheorie einen Verstoß gegen die in den Art. 43 und 48 EG-Vertrag garantierte **Niederlassungsfreiheit** (vgl. EuGH vom 09.03.1999, »Centros« DB 1999, 625; EuGH vom 05.11.2002, »Überseering« DB 2002, 2452 sowie EuGH vom 30.09.2003, »Inspire Art« DB 2003, 2219).

Nach den Grundsätzen dieser Rechtsprechung muss jeder Mitgliedstaat die Rechtsfähigkeit einer Gesellschaft anerkennen, die nach dem Recht des Mitgliedstaates, in dem sie ihren Sitz hat, gegründet wurde.

Weder fiskalische Gründe noch der Schutz von Gesellschaftern oder Arbeitnehmern können es rechtfertigen, dass einer Gesellschaft, die in einem anderen Mitgliedstaat ordnungsgemäß gegründet worden ist und dort ihren satzungsmäßigen Sitz hat, die Rechtsfähigkeit und damit die Parteifähigkeit abgesprochen wird.

Durch diese Rechtsprechung ist in Deutschland die problematische Situation entstanden, dass ausländische Gesellschaftsformen (z. B. die englische Limited), die mit wesentlich weniger Kapital und unter wesentlich einfacheren Bedingungen gegründet wurden, zu der deutschen GmbH in Konkurrenz treten. Die Möglichkeiten des deutschen Gesetzgebers zum Schutz der deutschen GmbH sind dabei angesichts der klaren Rechtsprechung des EuGH ziemlich beschränkt. Letztlich wird der Weg dahin gehen, das Recht der GmbH an den niedrigsten europäischen Level anzugleichen.

Inzwischen hat der BFH die Grundsätze der europäischen Rechtsprechung auch auf andere außereuropäische Rechtsformen ausgedehnt (BFH vom 29.01.2003, BStBl II 2004, 1043). Danach sind nach ausländischem Recht gegründete Gesellschaften in Deutschland zumindest dann als rechtsfähig anzuerkennen, wenn sich aus internationalen Verträgen (hier: Art. 24 Abs. 4 des DBA USA) ein entsprechendes Diskriminierungsverbot ergibt.

Gemäß dieser Quintessenz der neuen Rechtsprechung muss davon ausgegangen werden, dass KapGes mit statutarischem Sitz im Ausland und Geschäftsleitung im Inland nach

§ 1 Abs. 1 Nr. 1 KStG der KapGes gleichgestellt sind, wenn sie dem »Typ« und der tatsächlichen Handhabung nach KapGes sind. Bei dem Typenvergleich ist eine Gesamtwürdigung der maßgebenden ausländischen Bestimmungen über die Organisation und Struktur der Gesellschaft vorzunehmen. Dabei können folgende Beurteilungskriterien herangezogen werden:

- Rechtsfähigkeit nach ausländischem Recht;
- Aufbringung und Erhaltung eines Nennkapitals des ausländischen Rechtsträgers;
- Möglichkeit der Haftungsbeschränkung aller Anteilsinhaber;
- Ausübung von Geschäftsführung und Gesellschafterrechten durch getrennte Organe;
- Übertragbarkeit der Anteile ohne Auflösung des ausländischen Rechtsgebildes.

Einen Anhalt bietet die Rechtsformübersicht im Anhang zum sog. Betriebsstättenerlass (BMF vom 24.12.1999, BStBl I 1999, 1076 ff.).

Befindet sich sowohl der Sitz als auch die Geschäftsleitung im Ausland, so kommt eine Besteuerung in Deutschland nur in Frage, wenn die Gesellschaft beschränkt stpfl. ist (§ 2 KStG). Im Rahmen der dann notwendigen inländischen Einkünfte der ausländischen Gesellschaft nach § 49 EStG sind aber zwingend vorrangig (vgl. § 2 AO) die Regeln des entsprechenden DBA zu beachten. Eine Besteuerung in Deutschland wird insbesondere dann erfolgen, wenn die ausländische KapGes eine Betriebsstätte in Deutschland hat.

Beispiel

Eine französische KapGes repariert in Deutschland ein Kraftwerk. Die Monteure aus Frankreich halten sich dazu 14 Tage in Deutschland auf.

Lösung

Nach Art. 4 Abs. 1 des DBA Frankreich kann der Gewinn in Deutschland nur besteuert werden, wenn die französische Gesellschaft in Deutschland eine Betriebsstätte hat. Hierzu wäre aber eine feste Einrichtung (Werkstatt o. ä.) erforderlich. Damit ist der Gewinn in Frankreich zu versteuern. Die Frage der beschränkten Steuerpflicht stellt sich nicht.

6.2 Basisgesellschaften

Unter einer Basisgesellschaft oder Domizilgesellschaft versteht man eine ausländische Gesellschaft mit eigener Rechtspersönlichkeit, die häufig in einem Niedrigsteuerland ihren statutarischen Sitz hat und in der Regel dazu dient, Gewinne oder stpfl.e Erträge aus dem Hochsteuerland Deutschland in einen ausländischen Staat mit niedrigeren Steuersätzen zu verlagern.

Beispiel

Ein in Deutschland ansässiger Einzelunternehmer gründet eine Limited company auf Guernsey. Diese Gesellschaft dient als bloße »Briefkastenfirma«. Der Unternehmer veräußert ein Patent an die Limited zum Preis von 200.000 €. Die Limited vermietet ihm anschließend das Patent für 80.000 € p.a.

Lösung

Der Einzelunternehmer macht in seiner Steuererklärung einen Veräußerungsgewinn von 200.000 € und anschließend jährliche BA von 80.000 € geltend.

Derartige Basisgesellschaften, die ausschließlich der Gewinnverlagerung dienen, sind streng zu unterscheiden von ausländischen Tochtergesellschaften, für deren Gründung wirtschaftlich nachvollziehbare Gründe existieren. Beispielsweise gründet ein in Deutschland ansässiger Einzelunternehmer in Frankreich eine KapGes, die die Vermarktung und den Service für seine Produkte übernehmen soll. Rechtsprechung und Verwaltung versuchen seit Jahren mit unterschiedlichen Mitteln, die Gewinnverlagerungen mittels Basisgesellschaften zu verhindern oder zumindest einzudämmen. Der globale Steuerwettbewerb in Europa bietet dabei immer neue Anreize. Längst werden die Basisgesellschaften nicht mehr nur in den typischen »Steueroasen« gegründet. Bei einem Körperschaftsteuersatz von 19% sind bereits Gewinnverlagerungen z. B. in die Slowakei steuerlich von großem Reiz. Verschärft wurde das Problem durch die Aufgabe der »Sitztheorie« durch den EuGH.

Grundsätzlich muss aber davon ausgegangen werden, dass die Kapitalverkehrsfreiheit in Europa es nicht verbietet, Vermögen in ausländische Gesellschaften zu transferieren und die Erträge dieser Unternehmen in dem ausländischen Sitzstaat zu versteuern.

Eine Ausnahme ist jedoch dann gegeben, wenn die Verlagerung den Regeln des deutschen Steuerrechts zuwiderläuft. Im Einzelnen sind dabei folgende Punkte problematisch:

6.2.1 Unbeschränkte Steuerpflicht ausländischer Basisgesellschaften

Häufig hat die ausländische Basisgesellschaft am statutarischen Sitz keine Geschäftsführung (typische »Briefkastenfirma«) oder die Geschäftsführung wird lediglich »pro forma« von einem Rechtsanwalt oder Steuerberater wahrgenommen. In diesem Fall sind die Gewinne der Basisgesellschaft nach § 1 Abs. 1 Nr. 1 KStG in Deutschland zu versteuern, wenn sich die Geschäftsleitung in Deutschland befindet.

Beispiel

Ein in Deutschland ansässiger Stpfl. gründet eine KapGes in der Slowakei. Als Sacheinlage überführt er bei der Gründung Anteile an internationalen Investmentfonds im Wert von 2 Mio. €. In der Folgezeit fließen die Dividenden an die slowakische KapGes. Die KapGes hat keine eigenen Geschäftsräume und wird von einem Rechtsanwaltsbüro in Bratislawa treuhänderisch wahrgenommen.

Lösung

Selbst wenn man eine Geschäftsführung in beiden Staaten annimmt, werden die wesentlichen unternehmerischen Entscheidungen in Deutschland gefällt. Damit ist die KapGes in Deutschland unbeschränkt stpfl.. Die Erträge aus den Investmentfonds sind in Deutschland zu versteuern.

6.2.2 Missbräuchliche Gestaltung (§ 42 AO)

Nach ständiger Rechtsprechung (vgl. BFH vom 20.03.2002, BStBl II 2003, 50 m.w.N.) erfüllt die Zwischenschaltung von Basisgesellschaften in der Rechtsform einer KapGes im niedrig besteuernden Ausland den Tatbestand des Rechtsmissbrauchs (§ 42 AO), wenn für ihre Zwischenschaltung wirtschaftliche oder sonst beachtliche Gründe fehlen und die Basisgesellschaft keine eigene wirtschaftliche Tätigkeit entfaltet. Die Rechtsprechung ist Ausdruck des Grundsatzes, dass das Steuerrecht in der Regel die gewählte zivilrechtliche Gestaltung respektiert. Dies gilt jedoch nicht für solche Gestaltungen, die nur der Manipulation dienen. Sie können der Besteuerung nur dann zugrunde gelegt werden, wenn mit ihnen ein angemessener wirtschaftlicher Zweck verfolgt wird.

Das Erzielen einer Steuerersparnis oder die Sicherung des inländischen Vermögens für Krisenzeiten gelten dabei z. B. nicht als wirtschaftlicher Zweck (BFH vom 29.07.1989, BStBl II 1977, 261 bzw. BFH vom 24.02.1976, BStBl II 1976, 276). Eine ausreichende wirtschaftliche Betätigung ist z. B. nicht gegeben, wenn die Basisgesellschaft lediglich die Geschäftsleitung einer Tochtergesellschaft wahrnimmt (BFH vom 09.12.1980, BStBl II 1981, 339) oder lediglich Grundbesitz vermietet (BFH vom 27.08.1997, BStBl II 1998, 163).

Die **Beweislast** für das Vorliegen einer missbräuchlichen Gestaltung liegt bei der Finanzverwaltung. Es besteht keine Vermutung für einen Gestaltungsmissbrauch, die der Stpfl. zu widerlegen hätte (BFH vom 29.01.1975, BStBl II 1975, 553). Dem Stpfl. obliegt aber bei der Klärung von Auslandssachverhalten eine erhöhte Mitwirkungspflicht (§ 90 Abs. 2 AO). Er ist z. B. verpflichtet, Verträge oder ausländische Steuerbescheide beizubringen und vorzulegen.

Rechtfertigen die Ermittlungsergebnisse der deutschen Steuerbehörden die Annahme, dass ein Fall des Rechtsmissbrauchs vorliegt, so sind im steuergerichtlichen Verfahren diese Tatsachen als festgestellt anzusehen, wenn die ausländische KapGes ihre Mitwirkung bei der Aufklärung des Sachverhalts verweigert (BFH vom 21.01.1976, BStBl II 1976, 513).

Beispiel

In der Buchführung einer GmbH mit Sitz in Deutschland wird der Gewinnanteil einer typisch still beteiligten ausländischen KapGes i.H.v. 250.000 € gewinnmindernd gebucht. Bei der Betriebsprüfung verlangt die Verwaltung die Vorlage des Vertrags über die stille Beteiligung und einen HR-Auszug der ausländischen KapGes. Beides wird nicht vorgelegt.

Lösung

Die Forderung der Verwaltung war nicht unverhältnismäßig und für die Beurteilung des Sachverhalts unerlässlich, da es der deutschen Verwaltung in der Regel nicht möglich ist, ausländische Registerauszüge anzufordern.

Kommt die GmbH ihrer erhöhten Mitwirkungspflicht nicht nach, kann die Finanzverwaltung den Betriebsausgabenabzug verweigern und den Gewinn um 250.000 € erhöhen.

§ 42 AO ist aus logischen Gründen vor den §§ 7 ff. AStG zu prüfen (BFH vom 10.06.1992, BStBl II 1992, 1029), da die Zurechnung nach §§ 7 ff. AStG voraussetzt, dass die steuerliche Gestaltung unter Einsatz einer ausländischen Gesellschaft überhaupt anzuerkennen ist.

6.3 Grundzüge des AStG

6.3.1 Einkunftsabgrenzung bei international verbundenen Unternehmen (§ 1 AStG)

6.3.1.1 Problem

Unternehmen mit Sitz in Deutschland unterliegen einer im internationalen Maßstab hohen Besteuerung. Sie sind daher stets versucht, durch Gewinn- bzw. Funktionsverlagerungen in ein niedriger besteuerndes Land die deutsche Steuerlast zu mindern. In derartigen Fällen ist zu prüfen, ob nicht aufgrund des § 1 AStG eine Korrektur unangemessener Gestaltungen erreicht werden kann.

Beispiel

Die X-GmbH mit Sitz in Deutschland produziert Zulieferteile für die Automobilindustrie. Sie gründet ein Zweigwerk in Tschechien, das Grundkomponenten fertigt. Der angemessene Preis für ein Teil beträgt 12 €. Die GmbH zahlt dem tschechischen Zweigwerk aber 18 €.

Lösung

Die Zahlungen an das tschechische Werk mindern den hoch besteuerten deutschen Gewinn.

6.3.1.2 Verhältnis zu anderen Regelungen

Derartige Verträge mit ausländischen Partnern sind zuerst einmal mit den Instrumenten der **vGA** bzw. verdeckten Einlage zu korrigieren. Nach § 1 Abs. 1 Satz 1 AStG gilt § 1 AStG grundsätzlich unbeschadet anderer Vorschriften, z. B. über die verdeckte Gewinnausschüttung oder die verdeckte Einlage (§ 8 Abs. 3 KStG). Das bedeutet, dass trotz Vorliegens des Tatbestands von § 1 Abs. 1 Satz 1 AStG keine Berichtigung nach dieser Vorschrift durchzuführen ist, wenn aufgrund anderer Vorschriften Rechtsfolgen eintreten, die zu einem dem Fremdvergleichsgrundsatz i.S.d. § 1 AStG entsprechenden Ergebnis führen (zur Konkurrenz siehe auch § 1 Abs. 1 Satz 3 AStG; vgl. auch BMF vom 29.03.2011, Az: IV B 5 – S 1341/09/10004 und Tz. 8 und Tz. 9 in BMF vom 13.10.2010, BStBl I 2010, 774; vgl. dazu auch ein derzeit beim BFH unter dem Az: IR 88/12 anhängiges Verfahren, Vorinstanz EFG 2013; 279 FG Schleswig-Holstein vom 29.11.2012, 1 K 118/07).

Die Grundsätze für die Prüfung der Einkunftsabgrenzung zwischen nahestehenden Personen in Fällen von grenzüberschreitenden Funktionsverlagerungen (Verwaltungsgrundsätze Funktionsverlagerung) sind im BMF-Schreiben vom 13.10.2010, BStBl I 2010, 774 ausführlich dargestellt.

Beispiel

An der in Deutschland ansässigen Y-GmbH ist die in der Schweiz ansässige A-AG zu 75 % beteiligt. Die deutsche GmbH zahlt der A-AG für die Nutzung eines Patentes pro Jahr 1,2 Mio. €. Angemessen wären lediglich 500.000 €.

Lösung

Nach § 8 Abs. 3 KStG sind Vorteile, die eine Gesellschaft ihrem Gesellschafter zuwendet, als vGA zu werten, wenn sie ihre Ursache im Gesellschaftsverhältnis und das Vermögen der Gesellschaft gemindert haben.

Durch die zu hohe Lizenzzahlung erleidet die Y-GmbH einen Vermögensverlust, der seine Ursache im Gesellschaftsverhältnis hat, da die GmbH einem fremden Dritten die hohen Lizenzgebühren nicht bezahlt hätte.

Daher ist der Gewinn der GmbH außerbilanziell um 700.000 € zu erhöhen. Die Tatsache, dass die A-AG ihren Sitz im Ausland hat, ist insoweit ohne Bedeutung.

Des Weiteren ist zu prüfen, inwieweit DBA Fremdvergleichsklauseln enthalten. So sieht **Art. 9 Abs. 1 des OECD-MA** vor, dass die Vertragsbeziehungen zwischen verbundenen in- und ausländischen Unternehmen wie unter fremden unabhängigen Dritten gestaltet sein müssen.

Die Fremdvergleichsklauseln der DBA begründen aber unmittelbar keine Steuerpflicht (BFH vom 12.03.1980, BStBl II 1980, 531). Hierzu ist die Vorschrift des § 1 AStG notwendig.

Die DBA-Regeln erlauben es aber, dass der Maßstab des Fremdvergleichs international übereinstimmend angewendet wird. Zum Verhältnis zwischen Art. 9 Abs. 1 des OECD-MA entsprechenden DBA-Regelungen und § 1 AStG vgl. auch BMF vom 13.10.2010, a.a.O., Tz. 9.

Grundsätzlich sollen Teilwertabschreibungen auf Darlehen an verbundene Unternehmen steuerlich nur dann berücksichtigt werden, wenn die Darlehensbedingungen fremdüblich sind. Für reine Inlandssachverhalte fehlte hierfür vor Einführung des § 8b Abs. 3 Satz 4 KStG mit dem Jahressteuergesetz 2008 eine klare gesetzliche Regelung. Aus diesem Grund hat der BFH mit dem Urteil vom 14.01.2009 (Az: R 52/08) zur Rechtslage vor dem Jahressteuergesetz 2008 in einem reinen Inlandsfall entschieden, dass Teilwertabschreibungen auf eigenkapitalersetzende Darlehen steuerlich zu akzeptieren sind. Das als Reaktion auf dieses Urteil verfasste BMF-Schreiben vom 29.03.2011 befasst sich mit der steuerlichen Behandlung von Teilwertabschreibungen auf grenzüberschreitende Darlehen an verbundene Unternehmen. Nach Auffassung des BMF soll die Versagung der steuerlichen Wirkung einer eventuell bilanzsteuerrechtlich zulässigen Teilwertabschreibung auf Darlehen an verbundene ausländische Unternehmen, anders als bei reinen Inlandssachverhalten, auch unter der alten Rechtslage in vielen Fällen durch eine außerbilanzielle Hinzurechnung nach § 1 AStG ermöglicht werden.

In dem BMF-Schreiben wird die Notwendigkeit der außerbilanziellen Korrektur einer vorgenommenen Teilwertabschreibung nach § 1 AStG dem Grunde und der Höhe nach für verschiedene Fallkonstellationen aufgezeigt. Die steuerliche Behandlung einer Teilwertabschreibung soll nach Auffassung der Finanzverwaltung in direktem Zusammenhang mit der Fremdüblichkeit der vereinbarten Verzinsung des grenzüberschreitenden Darlehens und den vereinbarten Sicherheiten zwischen den verbundenen Unternehmen stehen.

6.3.1.3 Personelle Voraussetzungen

Eine Berichtigung nach § 1 AStG ist in allen Fällen der Einkunftsminderung möglich, wenn Geschäftsbeziehungen zu einer **nahestehenden** Person unterhalten werden, die dem Fremdvergleich nicht standhalten.

Was i.S.d. § 1 Abs. 1 AStG unter einer nahestehenden Person zu verstehen ist, ist abschließend in § 1 Abs. 2 AStG geregelt. Die Vorschrift ist nicht deckungsgleich mit dem Begriff der nahestehenden Person, wie er von der Rechtsprechung für den Bereich der vGA verwendet wird (vgl. BFH vom 06.08.1985, BStBl II 1986, 17 und vom 27.07.1988, BStBl II 1989, 57).

Dem Stpfl. ist eine Person nahestehend (§ 1 Abs. 2 Nr. 1 AStG), wenn die Person an dem Stpfl. unmittelbar oder mittelbar **mindestens zu einem Viertel** beteiligt ist.

Beispiel 1

An der in Deutschland ansässigen X-GmbH ist die im ausländischen Staat A ansässige A-AG zu 25 % beteiligt.

Lösung

§ 1 AStG ist grundsätzlich anwendbar.

Beispiel 2
An der in Deutschland ansässigen X-GmbH ist die im ausländischen Staat A ansässige A-AG zu 20 % beteiligt. Gesellschafterin ist außerdem die im ausländischen Staat B ansässige B-GmbH zu 40 %. Gesellschafterin der B-GmbH ist u. a. die A-AG zu 30 %.

Lösung
§ 1 AStG ist grundsätzlich anwendbar, da die A-AG unmittelbar zu 20 % und mittelbar zu (30 % von 40 % =) 12 %, zusammen also zu 32 % beteiligt ist.

Als nahestehend gilt auch eine Person, die auf den Stpfl. unmittelbar oder mittelbar einen **beherrschenden Einfluss** ausüben kann.

Beispiel 3
An der in Deutschland ansässigen X-GmbH ist die im ausländischen Staat A ansässige A-AG zu 20 % beteiligt. Die A-AG hat mit der B-AG, die zu 80 % an der X-GmbH beteiligt ist, einen Vertrag geschlossen, wonach diese sämtliche Stimmrechte auf die A-AG überträgt.

Lösung
Die Beteiligung der A-AG erreicht zwar nicht die Grenze von 25 %. Sie kann aber aufgrund der Stimmenmehrheit auf die X-GmbH einen beherrschenden Einfluss ausüben. § 1 AStG ist grundsätzlich anwendbar.

Schädlich i.S.d. § 1 Abs. 2 Nr. 1 AStG sind auch die jeweils **umgekehrten Konstellationen**.

Beispiel 4
Die in Deutschland ansässige X-GmbH ist an der im ausländischen Staat A ansässigen A-AG zu 25 % beteiligt. § 1 AStG ist grundsätzlich anwendbar.

Nach Nr. 2 werden von § 1 AStG auch die Fälle erfasst, in denen eine **dritte Person** sowohl an der ausländischen Person als auch am Stpfl. wesentlich beteiligt ist oder auf beide unmittelbar oder mittelbar einen beherrschenden Einfluss ausüben kann.

Beispiel 5
Gesellschafter G mit Wohnsitz in Deutschland ist zu 75 % an der in Deutschland ansässigen X-GmbH beteiligt. Er ist außerdem zu 35 % an der in einem ausländischen Staat ansässigen Y-Ltd. beteiligt. Die Y-Ltd. liefert Textilwaren an die X-GmbH.

Lösung
G ist als dritte Person an beiden Unternehmen wesentlich beteiligt. Die Vertragsbeziehungen zwischen der X-GmbH und der Y-Ltd. unterliegen den Regeln des § 1 AStG.

Nach Nr. 3 sind die Grundsätze des § 1 AStG auch ohne eine Beteiligung anwendbar, wenn einer der Vertragspartner dem anderen die Vertragsbedingungen »diktieren« kann oder ein eigenes Interesse an der Erzielung der Einkünfte des anderen hat.

In solchen Fällen gilt § 1 AStG nur für den Kreis von Geschäftsbeziehungen, auf die sich die Einflussmöglichkeit oder das gemeinsame Interesse bezieht. Das eigene Interesse des

Stpfl. kann ein wirtschaftliches oder ein persönliches Interesse sein (BFH vom 19.01.1994, BStBl II 1994, 725).

Beispiel

(nach BFH vom 19.01.1994, a.a.O.):
V ist zu 100% Gesellschafter der in Deutschland ansässigen X-GmbH. Seine beiden Söhne sind zu je 50% Gesellschafter einer kanadischen Ltd. Die Ltd. gewährt der GmbH ein Darlehen zu einem unangemessen hohen Zinssatz.

Lösung

§ 1 Abs. 2 Nr. 3 zweite Alternative AStG greift nur dann ein, wenn die Einkünfte eines Steuerausländers (hier: kanadische Ltd.) zu Lasten der im Inland vom Stpfl. erzielten Einnahmen künstlich erhöht werden und der Stpfl. hieran ein persönliches Interesse hat. Daraus darf jedoch nicht gefolgert werden, dass die Verlagerung dem Stpfl. wirtschaftlich zugute kommen müsse. Andernfalls würde das persönliche Interesse des Stpfl. in ein wirtschaftliches umqualifiziert. Es genügt deshalb, wenn als Grund für die eingetretene Einkünfteverlagerung ins Ausland vernünftigerweise nur die Absicht einer mittelbaren Vermögensverlagerung zwischen nahen Familienangehörigen in Betracht gezogen werden kann. In einem solchen Fall verfolgt der Stpfl. nicht nur fremde Vermögens-, sondern auch eigene persönliche Interessen. Dies reicht aus, um die Rechtsfolge des § 1 Abs. 1 AStG auszulösen.

Nicht ausreichend ist das parallele Interesse zweier Geschäftspartner, beiderseits aus einem Geschäft einen Gewinn zu ziehen. Vielmehr ist erforderlich, dass der von einem Geschäftspartner auf den anderen verlagerte Gewinn Ersterem selbst zugutekommt.

6.3.1.4 Grundsätze zur Einkunftsabgrenzung

Geschäftsbeziehungen zwischen Nahestehenden sind steuerlich danach zu beurteilen, ob sich die Beteiligten wie voneinander **unabhängige Dritte** verhalten haben (Fremdvergleich). Dabei sind die Verhältnisse des freien Wettbewerbs Maßstab. Der Einkunftsabgrenzung ist grundsätzlich das jeweilige Geschäft mit dem Nahestehenden zugrunde zu legen. Maßgebend sind die tatsächlichen Verhältnisse nach ihrem wirtschaftlichen Gehalt (BMF vom 13.10.2010, a.a.O., Rz. 1.4.2.).

Als Anhaltspunkte für die Bemessung von Fremdpreisen kommen danach vor allem in Betracht:

- Börsenpreise, branchenübliche Preise, die auf dem maßgeblichen Markt ermittelt sind (Marktpreise), sowie sonstige Informationen über den Markt;
- Preise, die der Stpfl., der ihm Nahestehende oder Dritte tatsächlich für entsprechende Lieferungen oder Leistungen auf dem maßgeblichen Markt vereinbart haben;
- Gewinnaufschläge, Kalkulationsverfahren oder sonstige betriebswirtschaftliche Grundlagen, die im freien Markt die Preisbildung beeinflussen (betriebswirtschaftliche Daten).

Die Bestimmung des angemessenen Preises bereitet in der Praxis größte Probleme, da zahlreiche – häufig nur schwer nachprüfbare Faktoren – die Preisbildung beeinflussen können (vgl. ausführlich: BMF vom 12.04.2005, BStBl I 2005, 570 und BMF vom 05.12.2006 sowie *Bächle/Rupp/Ott*, Internationales Steuerrecht, 2008, 594 ff.). Dabei trifft den Stpfl. eine erhöhte Mitwirkungspflicht (BMF vom 26.02.2004, BStBl I 2004, 270).

Der BFH hat in seinem Urteil vom 27.08.2008 (Az: I R 28/07) entschieden, eine Geschäftsbeziehung i.S.d. § 1 Abs. 1 AStG i.V.m. § 1 Abs. 4 AStG i.d.F. des StÄndG 1992 liege nicht vor und eine Gewinnberichtigung nach dieser Vorschrift komme deshalb nicht in Betracht, wenn eine inländische Obergesellschaft ihre ausländische Konzernfinanzierungsgesellschaft unzureichend mit Eigenkapital ausstatte und anstatt eines funktionsgerechten Eigenkapitals unentgeltliche Stützungsmaßnahmen zugunsten der Tochtergesellschaft treffe, die ein fremder Dritter nicht gewährt hätte. Im Streitfall ging es um eine unbedingte und unwiderrufliche Garantie (sog. harte Patronatserklärung) für eine von der Tochter(Finanzierungs-)gesellschaft begebene Anleihe, ohne die die Tochtergesellschaft ihre Funktion nicht hätte ausüben können.

Das Urteil ist zur Rechtslage vor Neufassung des § 1 Abs. 4 AStG (jetzt: § 1 Abs. 5 AStG i.d.F. des UntStReformG 2008 vom 14.08.2007, BGBl I 2007, 914) durch das StVergAbG vom 16.05.2003 (BGBl I, 660) ergangen. Der BFH bestätigt damit seine Rechtsprechung im Urteil vom 29.11.2002 (BStBl II 2002, 720) und folgt nicht dem BMF-Schreiben vom 17.10.2002 (BStBl I 2002, 1025). Die FinVerw wendet dieses Urteil für alle noch offenen Fälle an, in denen eine inländische Konzernobergesellschaft ihrer ausländischen Tochtergesellschaft eigenkapitalersetzende Stützungsmaßnahmen gewährt, z. B. eine sog. harte Patronatserklärung. Dies gilt auch für bindende eigenkapitalersetzende Kreditgarantien zugunsten einer ausländischen Tochtergesellschaft, die keine Finanzierungsgesellschaft ist.

Das Urteil ist für Veranlagungszeiträume vor 2003 auch anzuwenden, soweit Fälle der Gewährung zinsloser oder zinsgünstiger Darlehen durch eine inländische Obergesellschaft an ihre ausländische Tochtergesellschaft betroffen sind, wenn die Gewährung solcher Darlehen zu nachträglichen Anschaffungskosten auf die Beteiligung führt, weil eine (verdeckte) Zuführung von Eigenkapital vorliegt (vgl. BFH vom 30.05.1990, BStBl II 1990, 875).

Bisher sind aufgrund von § 1 AStG Verrechnungspreise für ausländische Geschäftsbeziehungen zwischen verbundenen Unternehmen wie zwischen fremden Dritten (sog. Fremdvergleichsgrundsatz) anzusetzen (vgl. oben).Im Rahmen des Jahressteuergesetzes 2013 war diesbezüglich eine gravierende Änderung vorgesehen. Die vorgesehene Änderung des § 1 AStG sollte die Anwendung des Fremdvergleichsgrundsatzes auf grenzüberschreitende Betriebsstättenfälle erweitern, wodurch die im OECD-Betriebsstättenbericht 2010 entwickelten Grundsätze zur grenzüberschreitenden Einkunftsabgrenzung zwischen Betriebsstätte und Stammhaus, der sog. Authorised OECD Approach– (kurz AOA) umgesetzt werden sollte (vgl. BR-Drucks. 302/12 vom 25.05.2012, 100). Betriebsstätten werden nach dem AOA für Zwecke der Einkunftsabgrenzung wie ein rechtlich eigenständiges und wirtschaftlich unabhängiges Unternehmen behandelt (sog. Functionally Separate Entity Approach). Rechtlich kann ein Unternehmen mit seiner (unselbständigen) Betriebsstätte zwar keine Verträge (z. B. Lizenz-, Miet- oder Dienstleistungsverträge) abschließen. Aufgrund der Selbständigkeitsfiktion sollen künftig jedoch fiktive Innentransaktionen (sog. **dealings**) für Zwecke der Einkunftsabgrenzung berücksichtigt werden. Für Verrechnungspreise aus den fiktiven Innentransaktionen soll dann ebenfalls der Fremdvergleichsgrundsatz gelten; vgl. dazu *Baldamus*, IStR 2012, 317). Nach aktueller Rechtslage ist § 1 AStG auf die Betriebsstätteneinkünfteermittlung unanwendbar (vgl. *Wassermeyer*, in *Flick/Wassermeyer/Baumhoff/Schönfeld*, AStG, 68. Lfg., 2011, § 1 AStG Rn. 223.3.

Diese geplante Neuregelung ist allerdings so oder auch in veränderter Form bislang nicht in Kraft getreten.

6.3.1.5 Rechtsfolgen

Liegen die Voraussetzungen des § 1 AStG vor, so sind die Einkünfte so anzusetzen, wie sie bei Fremdverhalten angefallen wären. Die bestehende Einkünfteermittlung wird an sich nicht berührt (BFH vom 30.05.1990, BStBl II 1990, 875). Die Berichtigung ist somit außerbilanziell vorzunehmen.

Beispiel

Die in Deutschland ansässige X-GmbH ist zu 95 % an der im Ausland ansässigen Y-AG beteiligt. Die AG liefert Textilien zum vereinbarten Preis von 3 € je Stück. Die Betriebsprüferin ist der Ansicht, dass der Fremdvergleichspreis bei 2,50 € liegt. Im Wj. 2012 veräußerte die X-GmbH 1 Mio. Stück zu einem Preis von umgerechnet 4 €.

Bei der Schlussbesprechung bringt die GmbH vor, dass sie nur deshalb einen höheren als den Weltmarktpreis bezahle, weil die AG umweltfreundlich produziere, die Arbeitsbedingungen gut seien und die Lieferungen zuverlässig erfolgten. Darauf lege man großen Wert. Man einigt sich auf angemessene 2,75 €.

Lösung

Das Beispiel zeigt deutlich, dass man Preise nicht immer mechanisch berechnen kann. Der Preis wird durch viele subjektive Elemente beeinflusst, die häufig nur schwer nachweisbar sind.

Vorliegend wird die Betriebsprüferin außerbilanziell einen Gewinnzuschlag i.H.v. (1 Mio. Stück × 0,25 € =) 250.000 € vornehmen.

Erfolgt bei dem deutschen Unternehmen ein Gewinnzuschlag nach § 1 AStG, so muss i.d.R. auch der Gewinn des ausländischen Unternehmens angepasst werden. Dies kann nicht auf der Grundlage des § 1 AStG, sondern nur unter Zugrundelegung der jeweiligen DBA erfolgen.

6.3.2 Hinzurechnungsbesteuerung (§§ 7 ff. AStG)

Wegen länderspezifisch unterschiedlicher Steuersätze und vor allen Dingen der Existenz von sog. Niedrigsteuerländern bietet es sich an, im Ausland KapGes zu gründen, auf diese ertragbringendes Vermögen (z. B. Aktien, Wertpapiere, Patente etc.) zu übertragen und die Erträge dann in dem Niedrigsteuerland zu thesaurieren.

Beispiel

Der Geschäftsmann G lebt in Stuttgart mit seiner Familie. Dort betreibt er einen Großhandel für Halbleiterprodukte und erzielt Einkünfte aus Gewerbebetrieb i.H.v. 1.8 Mio € im Veranlagungszeitraum 2011.

Er unterhält auch eine KapGes mit Sitz in Monaco, an der er zu 100 % beteiligt ist. Die Beteiligung hält er im Privatvermögen. Er belieferte im Zeitraum 2010 diese Gesellschaft mit Halbleiterprodukten zu fremdüblichen Konditionen. Die ausländische Gesellschaft sollte diese Produkte an Einzelhändler in Monaco vertreiben. Im Rahmen einer Betriebsprüfung unter Beteiligung der Auslandsfachprüfer wurde allerdings festgestellt, dass letztlich G selbst, da er sehr gute Kontakte zu den Einzelhändlern in Monaco unterhält, diese Produkte an die Einzelhändler vertrieb. Die ausländische Gesellschaft erzielte durch diese Geschäfte 650.000 € Einkünfte im VZ 2010. Davon musste sie Ertragssteuern i.H.v. 65.000 €, also 10% bezahlen. Zu Ausschüttungen an den Gesellschafter in 2010 und auch früher kam es nicht.

Derartigen Gestaltungen wollte der Gesetzgeber einen Riegel vorschieben. Er hat dies mit der Verabschiedung der **§§ 7 ff. AStG** getan. Die sog. **Hinzurechnungsbesteuerung** durchbricht mittels einer **Ausschüttungsfiktion** die Abschirmwirkung ausländischer Gesellschaften gegenüber ihren in Deutschland unbeschränkt stpfl. Gesellschaftern.

Beispiel
In obigem Beispiel muss sich der Stpfl. nach § 10 Abs. 2 AStG so behandeln lassen, als seien die Einkünfte der Gesellschaft in Monaco ihm i.R.d. § 20 Abs. 1 EStG zugeflossen. Dabei kann er sich nicht auf das Teileinkünfteverfahren bzw. auf die Regelungen der Abgeltungsteuer (§ 32d EStG) berufen.

Voraussetzungen der Hinzurechnungsbesteuerung sind:
- Mehrheitsbeteiligungen von Steuerinländern an einer ausländischen Körperschaft (Ausnahme: Kapitalanlagegesellschaften);
- Passive Einkünfte der ausländischen Körperschaft (§ 8 Abs. 1 AStG) und
- niedrige Besteuerung der ausländischen Körperschaft (§ 8 Abs. 3 KStG).

6.3.3 Mehrheitsbeteiligung

Nach § 7 Abs. 1 AStG muss der in Deutschland unbeschränkt Stpfl. an der ausländischen KapGes zu **mehr als der Hälfte** beteiligt sein. Diese Voraussetzung muss am Ende des maßgebenden Wj. der ausländischen Gesellschaft bestehen.

Eine schädliche Mehrheitsbeteiligung ist nach § 7 Abs. 2 AStG gegeben, wenn dem unbeschränkt Stpfl. **allein** oder **zusammen mit Personen**, die unter die Regelung des § 2 AStG fallen, mehr als 50% der Anteile oder der Stimmrechte zuzurechnen sind. Das Gesetz geht typisierend davon aus, dass in diesem Fall die Inlandsbeteiligten im Zusammenwirken miteinander die Ausschüttung der Zwischeneinkünfte in der Hand haben und die steuerlichen Mitwirkungspflichten für die §§ 7 bis 14 AStG erfüllen können. Die Inlandsbeteiligten müssen nicht in einem besonderen Verhältnis zueinander stehen. Insbesondere ist eine Beherrschung i.S.d. Handels- oder Steuerrechts nicht erforderlich (vgl. *Menck* in *Blümich*, § 7 AStG, Rz. 27).

Unbeschränkt Stpfl. i.S.d. § 7 Abs. 1 AStG können sowohl natürliche als auch juristische Personen sein.

Unter die Regelung des **§ 2 AStG** fallen natürliche Personen, die die deutsche Staatsbürgerschaft haben, in ein Niedrigsteuergebiet gezogen sind und innerhalb der letzten zehn Jahre vor ihrem Wegzug unbeschränkt einkommenstpfl. waren. Diese Personen müssen außerdem in Deutschland wesentliche wirtschaftliche Interessen haben (z. B. Firmenbeteiligungen, Immobilien etc.).

Beispiel 1
An einer KapGes mit Sitz in einem Niedrigsteuerland sind A zu 45% und B zu 55% beteiligt. A ist eine natürliche Person mit Wohnsitz in Deutschland. B ist eine GmbH mit Sitz und Geschäftsleitung in Deutschland.

Lösung

Die §§ 7 ff. AStG sind anwendbar, da A und B über eine aufsummierte Mehrheitsbeteiligung von über 50 % verfügen. A muss nicht Gesellschafter der B-GmbH sein. Das Gesetz unterstellt ohne Weiteres, dass A und B bezüglich der ausländischen Gesellschaft gemeinsame Interessen haben.

Beispiel 2

Sachverhalt wie Beispiel 1; die B-GmbH hat aber Sitz und Geschäftsleitung in der Schweiz.

Lösung

Da nach § 7 Abs. 1 AStG nur die Anteile von unbeschränkt stpfl. Gesellschaftern aufsummiert werden dürfen, liegen die Voraussetzungen einer Hinzurechnungsbesteuerung nicht vor.

Beispiel 3

B ist die Tochter von A. Diese ist deutsche Staatsbürgerin und hat bis zu ihrem Wegzug in ein Niedrigsteuerland 25 Jahre lang in Deutschland gelebt. Sie erzielt ausschließlich ausländische Einkünfte und verfügt über kein Vermögen in Deutschland.

Lösung

B erfüllt nicht die Voraussetzungen nach § 2 AStG. Sie war zwar mindestens zehn Jahre vor ihrem Wegzug als Deutsche mindestens fünf Jahre lang unbeschränkt stpfl.. Da sie aber weder über Einkünfte noch über Vermögen in Deutschland verfügt, hat sie keine wesentlichen wirtschaftlichen Interessen im Geltungsbereich des deutschen EStG. Die Voraussetzungen einer Hinzurechnungsbesteuerung liegen nicht vor.

Werden die Anteile ganz oder zum Teil von einem Treuhänder gehalten, so werden sie nach **§ 39 AO** dem Treugeber zugerechnet.

Die Voraussetzungen einer Hinzurechnungsbesteuerung liegen auch dann vor, wenn der unbeschränkt Stpfl. über eine oder mehrere andere KapGes über die Mehrheit der Anteile oder Stimmrechte an der ausländischen Gesellschaft verfügt (§ 7 Abs. 2 Satz 2 AStG). Da unbeschränkt stpfl. KapGes bereits unter die Regelung des § 7 Abs. 2 Satz 1 AStG fallen, erfasst § 7 Abs. 2 Satz 2 AStG KapGes mit Sitz und Geschäftsleitung im Ausland.

Nicht erforderlich ist, dass an den vermittelnden Gesellschaften selbst eine unmittelbare oder mittelbare Mehrheitsbeteiligung besteht.

Beispiel

Der in Deutschland unbeschränkt stpfl. A ist zu 40 % an der in einem Niedrigsteuerland (N) ansässigen N-AG beteiligt. A ist außerdem zu 20 % an der H-GmbH beteiligt, die in einem Hochsteuerland ansässig ist. Die H-GmbH ihrerseits hält 60 % der Anteile an der N-AG.

Lösung

A hält unmittelbar 40 % und mittelbar (20 % × 60 % =) 12 % der Anteile an der N-AG. Damit erfüllt er die Voraussetzungen für eine Hinzurechnungsbesteuerung.

6.3.4 Weisungsgebundenheit

Nach § 7 Abs. 4 AStG sind einem unbeschränkt Stpfl. für die Anwendung der §§ 7 bis 14 AStG auch Anteile oder Stimmrechte zuzurechnen, die eine Person hält, die seinen Weisungen so zu folgen hat oder so folgt, dass ihr kein eigener Ermessensspielraum bleibt. Diese Voraussetzung ist nicht schon allein dadurch erfüllt, dass der unbeschränkt Stpfl. an der Person beteiligt ist.

Es ist erforderlich, aber auch genügend, dass die Weisungsbefugnis oder das Weisungsverhalten sich auf die Beteiligung selbst bezieht (z. B. auf die Ausübung des Stimmrechts bei Hauptversammlungen).

Beispiel 1

Der in Deutschland unbeschränkt stpfl. A ist zu 40% an der in einem Niedrigsteuerland (N) ansässigen N-AG beteiligt. Weitere 20% der Anteile an der N-AG hält der in N ansässige Rechtsanwalt R treuhänderisch für A.

Lösung

Aufgrund des Treuhandverhältnisses werden die Anteile des R dem A nach § 39 AO zugerechnet. Damit hält A mehr als 50% der Anteile i.S.d. § 7 Abs. 1 AStG.

Beispiel 2

wie Beispiel 1, aber: Zwischen R und A besteht zwar kein Treuhandvertrag. A ist jedoch aufgrund eines Mandatsvertrags berechtigt, Weisungen an R zu erteilen, wie dieser die Anteile an der N-AG zu verwalten hat.

Lösung

A sind nun nach § 7 Abs. 1 AStG 40% und über Abs. 4 weitere 20% der Anteile zuzurechnen.

6.3.5 Beteiligung über Personengesellschaft

Sind unbeschränkt Stpfl. unmittelbar oder über PersGes an einer PersGes beteiligt, die ihrerseits an einer ausländischen Gesellschaft beteiligt ist, so gelten sie als an der ausländischen Gesellschaft beteiligt (§ 7 Abs. 3 AStG). Dies gilt auch für Beteiligungen, die über ausländische PersGes gehalten werden (BFH vom 30.08.1995, BStBl II 1996, 122).

6.3.6 Zwischengesellschaften mit Kapitalanlagecharakter

Neben den Fällen des § 7 Abs. 1 AStG unterliegen Einkünfte mit Kapitalanlagecharakter, für die die ausländische Gesellschaft Zwischengesellschaft ist, bereits dann der Hinzurechnungsbesteuerung, wenn ein unbeschränkt Stpfl. mindestens zu **1%** an der Zwischengesellschaft beteiligt ist.

Zwischeneinkünfte mit Kapitalanlagecharakter sind nach § 7 Abs. 6a AStG Einkünfte der ausländischen Zwischengesellschaft i.S.d. § 8 AStG, die aus dem Halten, der Verwaltung, Werterhaltung oder Werterhöhung von Zahlungsmitteln, Forderungen, Wertpapieren, Beteiligungen (mit Ausnahme der in § 8 Abs. 1 Nr. 8 und 9 genannten Einkünfte) oder ähnlichen Vermögenswerten stammen.

Beispiel 1
Der in Deutschland unbeschränkt stpfl. A ist zu 5% an der N-AG mit Sitz in einem Niedrigsteuerland beteiligt. Die N-AG hält 95% der Anteile an der X-GmbH mit Sitz in Deutschland. Die X-GmbH schüttet in 2005 1,3 Mio. € an die N-AG aus.

Lösung
Es findet keine Hinzurechnungsbesteuerung statt, da die Zwischeneinkünfte lediglich aus Gewinnausschüttungen von KapGes i.S.v. § 8 Abs. 1 Nr. 8 AStG bestehen. Da der Gewinn der X-GmbH in Deutschland der regulären Besteuerung unterliegt, besteht auch kein Bedürfnis für eine Hinzurechnungsbesteuerung.

Beispiel 2
Abwandlung Beispiel 1: Die X-GmbH zahlt der N-AG in 2005 für die Nutzung eines Patentes 1,3 Mio. €.

Lösung
Da die Zahlung den Gewinn der X-GmbH im (Hochsteuerland) Deutschland vermindert und der Gewinn der N-AG im Niedrigsteuerland besteuert wird, besteht ein Bedürfnis, derartige Gestaltungen zu verhindern. Da A zu mindestens 1% an der N-AG beteiligt ist, findet eine Hinzurechnungsbesteuerung statt.

6.3.7 Aktive und passive Einkünfte der ausländischen Körperschaft

Als Einkünfte aus passivem Erwerb gelten alle Einkünfte, die in § 8 Nr. 1 bis 9 AStG **nicht** aufgeführt sind. § 8 AStG stellt damit eine Positivliste unschädlicher Einkünfte dar.

Die Frage, welche Tätigkeiten einer ausländischen Gesellschaft zuzurechnen sind, ist nach den allgemeinen ertragsteuerlichen Grundsätzen zu beurteilen. Danach ist eine Tätigkeit demjenigen zuzurechnen, für dessen Rechnung sie ausgeübt wird (BFH vom 01.07.1992, BStBl II 1993, 222). Die Qualifizierung der Einkünfte ist nach den tatsächlichen Verhältnissen vorzunehmen. Es ist dabei ohne Bedeutung, zu welcher Einkunftsart i.S.d. § 2 Abs. 1 EStG die Einkünfte gehören (BMF vom 14.05.2004, BStBl I 2004, Sondernr. 1, Tz. 8.01).

Bei einer ausländischen Gesellschaft, die einer aktiven Tätigkeit nachgeht, können Einkünfte anfallen, die – für sich betrachtet – Einkünfte aus passivem Erwerb sind. Wirtschaftlich zusammengehörende Tätigkeiten sind dann einheitlich zu beurteilen. Dabei ist die Tätigkeit maßgebend, auf der nach allgemeiner Verkehrsauffassung das wirtschaftliche Schwergewicht liegt (BFH vom 16.05.1990, BStBl II 1990, 1049).

Beispiel
Der in Deutschland unbeschränkt stpfl. A ist zu 75% an der N-AG mit Sitz in einem Niedrigsteuerland beteiligt. Die N-AG produziert Zubehörteile für die Automobilindustrie. Einen unbedeutenden Teil des Werksgeländes vermietet die N-AG an ein anderes Unternehmen.

Lösung

Die Herstellung und Bearbeitung von Sachen stellt nach § 8 Abs. 1 Nr. 2 AStG eine aktive Tätigkeit dar. Die Vermietung und Verpachtung von Grundstücken ist nach § 8 Abs. 1 Nr. 6b AStG als passive Tätigkeit zu charakterisieren. Da diese aber von untergeordneter Bedeutung ist, liegt das wirtschaftliche Schwergewicht auf der Produktion von Zubehörteilen. Eine Hinzurechnungsbesteuerung ist nicht vorzunehmen.

Umgekehrt sind Einkünfte in vollem Umfang dem passiven Erwerb zuzurechnen, wenn sie zwar durch eine aktive Tätigkeit mit verursacht sind, die passive Tätigkeit aber nach der Verkehrsauffassung einen Bereich mit eigenständigem wirtschaftlichen Schwergewicht darstellt.

Liste der aktiven Tätigkeiten (§ 8 Abs. 1 AStG)		
Nr. 1 KStG	Land und Forstwirtschaft	Darunter fällt die gesamte Bodenbewirtschaftung nichtgewerblicher Art, die auf Gewinnung und Absatz pflanzlicher und tierischer Erzeugnisse gerichtet ist.
Nr. 2 KStG	Herstellung, Bearbeitung, Verarbeitung oder Montage von Sachen; Erzeugung von Energie sowie Aufsuchen und Gewinnen von Bodenschätzen.	Die ausländische Gesellschaft muss selbst, d. h. in einer eigenen Produktionsstätte o. ä., tätig werden. Hat die ausländische Gesellschaft Waren erworben, be- oder verarbeitet und weiterveräußert, so liegt in vollem Umfang eine aktive Tätigkeit vor, wenn durch die Be- oder Verarbeitung nach der Verkehrsauffassung ein Gegenstand anderer Marktgängigkeit entstanden ist und die Ware von der ausländischen Gesellschaft nicht nur geringfügig behandelt worden ist. Das Kennzeichnen, Umpacken, Sortieren oder Zusammenstellen von erworbenen Gegenständen zu Sachgesamtheiten und das Anbringen von Steuerzeichen gelten hierbei nicht als Be- und Verarbeitung. Sind die vorstehend genannten Voraussetzungen nicht erfüllt, so liegt in vollem Umfang Handel vor (BMF vom 14.05.2004, a.a.O., Tz. 8.1.2.2).
Nr. 3 KStG	Der Betrieb von Kreditinstituten oder Versicherungsunternehmen	
Nr. 4 KStG	Handel	Handel ist die gewerbsmäßige Anschaffung und Weiterveräußerung von Sachen oder Wertpapieren ohne wesentliche Ver- oder Bearbeitung. Der Handel wird vom Gesetz grundsätzlich als aktiv bewertet.
		Ausnahme: Wird über die ausländische Gesellschaft deutscher Export oder Import Nahestehender abgewickelt, so liegt eine aktive Tätigkeit nur dann vor, wenn der Stpfl. nachweist, dass die ausländische Gesellschaft einen für derartige Handelsgeschäfte in kaufmännischer Weise eingerichteten Geschäftsbetrieb unterhält und wenn dieser Betrieb ohne Mitwirkung Inlandsbeteiligter oder Nahestehender tätig ist (betriebliche Eigenständigkeit).

Nr. 5 KStG	Dienstleistungen	Die Erbringung von Dienstleistungen wird vom Gesetz grundsätzlich als aktiv bewertet.
		Ausnahme 1: Die Erbringung von Dienstleistungen gilt als passive Tätigkeit, soweit die Leistung dadurch erbracht wird, dass sich die ausländische Gesellschaft eines Inlandsbeteiligten oder einer nahestehenden Person (§ 1 Abs. 2 AStG) bedient.
		Ausnahme 2: Wird die Dienstleistung an einen Inlandsbeteiligten oder eine nahestehende Person (§ 1 Abs. 2 AStG) erbracht, liegt nur dann eine aktive Tätigkeit vor, wenn der Stpfl. nachweist, dass die ausländische Gesellschaft einen für das Bewirken derartiger Dienstleistungen eingerichteten Geschäftsbetrieb unterhält und die zu der Dienstleistung gehörenden Tätigkeiten ohne Mitwirkung Inlandsbeteiligter oder Nahestehender ausübt.
Nr. 6 KStG	Vermietung und Verpachtung	Auch diese Tätigkeit wird grundsätzlich als aktiv bewertet.
		Ausnahme 1: Die Überlassung der Nutzung von **Rechten**, Plänen etc. gilt nur dann als aktive Tätigkeit, wenn der Stpfl. nachweist, dass die ausländische Gesellschaft eigene Forschungs- und Entwicklungsarbeit ohne schädliche Mitwirkung Inlandsbeteiligter oder Nahestehender verwertet.
		Ausnahme 2: Die Vermietung und Verpachtung von **Grundbesitz** gilt nur dann als aktive Tätigkeit, wenn der Stpfl. nachweist, dass die Einkünfte aus der Vermietung bei unmittelbarem Bezug durch den Stpfl. aufgrund eines DBA steuerfrei wären. Dies ist nach dem in den meisten DBA geltenden Belegenheitsgrundsatz (vgl. Art. 6 Abs. 1 OECD-MA) nur dann der Fall, wenn die Immobilie im Ausland belegen ist.
		Ausnahme 3: Die Vermietung und Verpachtung von **beweglichen Sachen** stellt nur dann eine aktive Tätigkeit dar, wenn der Stpfl. nachweist, dass die Vermietung im Rahmen eines qualifizierten Geschäftsbetriebs und ohne schädliche Mitwirkung eines Inlandsbeteiligten oder Nahestehenden erfolgt.
Nr. 7 KStG	Aufnahme und Ausleihe von Auslandskapital	Kapitalaufnahme und Kapitalausleihe sind nur dann aktiver Erwerb, wenn die ausländische Gesellschaft das Kapital nachweislich ausschließlich auf ausländischen Kapitalmärkten aufgenommen und als Darlehen im Ausland gelegenen Betrieben oder Betriebsstätten gewährt hat, die (fast) ausschließlich Bruttoerträge aus aktivem Erwerb beziehen.
Nr. 8, 9 KStG	Einkünfte aus Anteilen an KapGes	Schüttet eine KapGes Dividenden an eine im Niedrigsteuerland ansässige KapGes aus, so liegen generell aktive Einkünfte vor. Eine Hinzurechnungsbesteuerung erübrigt sich hier, da die Ausschüttung – wäre sie an eine in Deutschland ansässige KapGes erfolgt – ebenfalls steuerfrei gewesen wäre (§ 8b KStG). Bei Weiterausschüttung der Gewinnausschüttung an einen einkommenstpfl. Inlandsbeteiligten greift dann das Halbeinkünfteverfahren (§ 3 Nr. 40 EStG).

6.3.8 Gemischte Tätigkeit

Erzielt die ausländische Zwischengesellschaft gemischte Einkünfte, so sind die passiven Einkünfte nach § 9 AStG außer Acht zu lassen, wenn die ihnen zugrunde liegenden Bruttoerträge nicht mehr als **10%** der gesamten Bruttoerträge der Gesellschaft betragen. Dies gilt aber nur, wenn die passiven Einkünfte **80.000 €** im Veranlagungszeitraum nicht übersteigen.

Unter Bruttoerträgen sind die Solleinnahmen ohne durchlaufende Posten und ohne eine evtl. gesondert ausgewiesene Umsatzsteuer zu verstehen. Sie sind aus der Gewinn- und Verlustrechnung der ausländischen Gesellschaft abzuleiten. Ermittelt diese ihren Gewinn nach § 4 Abs. 3 EStG, ist auf die Isteinnahmen abzustellen. Verdeckte Einlagen lösen keine Bruttoerträge aus Tätigkeiten i.S.d. § 8 Abs. 1 Nr. 1 bis 7 AStG aus (BFH vom 01.07.1992, BStBl II 1993, 222).

Die absolute Freigrenze des § 9 AStG bezieht sich auf den Hinzurechnungsbetrag i.S.d. § 10 Abs. 1 AStG, der anzusetzen wäre, wenn die Freigrenze nicht bestünde. Dabei sind Zwischeneinkünfte einer nachgeschalteten Zwischengesellschaft, die einer ausländischen Gesellschaft nach § 14 AStG zuzurechnen sind, mit zu berücksichtigen.

Die Freigrenze wird überschritten

- hinsichtlich der Gesellschaft als solcher, falls die Hinzurechnungsbeträge für sämtliche Inlandsbeteiligte den Betrag von 80.000 € übersteigen;
- hinsichtlich eines Inlandsbeteiligten, wenn die Hinzurechnungsbeträge für alle ausländischen Gesellschaften, an denen er beteiligt ist, den Betrag von 80.000 € übersteigen. Dies schließt nicht aus, dass andere Inlandsbeteiligte, die an der Gesellschaft beteiligt sind, die Freigrenze in Anspruch nehmen können.

Die absolute Freigrenze richtet sich, soweit sie sich auf die Gesellschaft bezieht, nach dem für sie maßgebenden Wj., soweit sie sich auf einen Inlandsbeteiligten bezieht, richtet sie sich nach dem Veranlagungszeitraum, in dem die in Betracht stehenden Hinzurechnungsbeträge anzusetzen sind.

6.3.9 Niedrige Besteuerung

Die Einkünfte der ausländischen Gesellschaft aus passivem Erwerb unterliegen der Hinzurechnungsbesteuerung, wenn die Gesamtbelastung durch Ertragsteuern **unter 25%** liegt (§ 8 Abs. 3 AStG). Zur Ertragsteuerbelastung gehören alle zu Lasten der ausländischen Gesellschaft im Staat ihres Sitzes, ihrer Geschäftsleitung oder einem Drittstaat (z.B. Steuern einer Betriebsstätte) erhobenen Ertragsteuern. Steuern anderer Staaten sind nicht zu berücksichtigen.

Wird bei einer Organschaft der Gewinn vom Organträger versteuert, so ist dessen Steuerbelastung für die Beurteilung der Steuerlast der Organschaft maßgeblich.

Die **Ertragsteuerbelastung** ist durch die Gegenüberstellung der nach deutschem Steuerrecht ermittelten Zwischeneinkünfte und den von der ausländischen Gesellschaft entrichteten Steuern zu ermitteln. Die Ertragsteuerbelastung entspricht in der Regel dem Satz der Ertragsteuer des Sitzstaats. Bei der Feststellung der Ertragsteuerbelastung ist nicht nur der allgemeine Tarif, sondern es sind auch in Betracht kommende Vorzugssätze und Befreiungen für Einkünfte aus passivem Erwerb oder für Gesellschaften ohne aktive Tätigkeit zu berücksichtigen.

Dabei kann sich eine niedrige Besteuerung i.S.d. § 8 Abs. 3 AStG auch in einem **Hochsteuerland** ergeben, wenn dort für passive Einkünfte Steuervergünstigungen gewährt werden (BFH vom 20.04.1988, BStBl II 1988, 983).

Die Ertragsteuerbelastung ist nicht abstrakt für einen Staat, sondern konkret für den Einzelfall zu berechnen.

Mit dem JStG 2010 vom 08.12.2010 (BGBl I 2010, 1768) wurde auch das AStG erneut geändert und hier zunächst die Definition der niedrigen Besteuerung i.S.d. § 8 Abs. 3 EStG. Gem. § 21 Abs. 19 AStG i.d.F. des JStG 2010 sind die Neufassungen von § 8 Abs. 3 Satz 2 und § 10 Abs. 1 Satz 3 AStG erstmals für den Veranlagungszeitraum/Erhebungszeitraum anzuwenden, für den Zwischeneinkünfte hinzuzurechnen sind, die in einem Wj. der Zwischengesellschaft oder der Betriebsstätte entstanden sind, das nach dem 31.12.2010 beginnt. Da der Hinzurechnungsbetrag »unmittelbar nach Ablauf des maßgebenden Wj. der ausländischen Gesellschaft als zugeflossen« gilt (§ 10 Abs. 2 Satz 1 AStG), spielen diese Änderungen in den meisten Fällen (bei kalenderjahrgleichen Wj.) erst ab 2012 (für das Wj. 2011 der ausländischen Gesellschaft) eine Rolle.

Mit den Änderungen in § 8 Abs. 3 Satz 2 AStG und § 10 Abs. 1 Satz 3 AStG soll verhindert werden, dass die Anwendung der Hinzurechnungsbesteuerung durch eine formale »Normalbesteuerung« der passiven Einkünfte vermieden wird, aber durch eine Steuererstattung auf Gesellschafterebene wirtschaftlich betrachtet eine niedrige Besteuerung vorliegt (vgl. BT-Drucks. 17/2249, 85). Diese Struktur wurde als »Doppel-Malta-Modell« bekannt, da sie auf einer Besonderheit des maltesischen Steuerrechts beruht, das bei formeller »Hochbesteuerung« aufgrund einer Steuererstattung an den Gesellschafter zu einer effektiven Steuerbelastung (auch passiver) Einkünfte von 5 % führen kann. Das unter dem Schlagwort »Doppel-Malta« bekannte Gestaltungsmodell basiert auf der einfachen Idee, dass hoch besteuerte passive Einkünfte genauso wenig der Hinzurechnungsbesteuerung unterliegen wie niedrig besteuerte aktive Einkünfte. Die Struktur eines klassischen Doppel-Malta-Modells kombiniert diese beiden Elemente.

6.3.10 Hinzurechnungsbetrag

6.3.10.1 Grundprinzip

Die Hinzurechnungsbesteuerung dient der Korrektur einer Gewinnverlagerung in ein Niedrigsteuerland, indem der Hinzurechnungsbetrag in Deutschland versteuert wird. Der Hinzurechnungsbetrag errechnet sich nach den Grundsätzen des **§ 10 AStG**.

Der Hinzurechnungsbetrag gilt unmittelbar nach Ablauf des maßgebenden Wj. der Gesellschaft als zugeflossen (§ 10 Abs. 2 Satz 1 AStG). Es erfolgt eine Gewinnerhöhung des Betriebsergebnisses des inländischen Beteiligten in dem Veranlagungszeitraum, der dem Wj. der Zwischengesellschaft folgt. Damit erfolgt die Zurechnung - wenn das Wj. der Zwischengesellschaft dem Kj. entspricht - mit einer Verschiebung um ein Jahr.

Der Hinzurechnungsbetrag gehört – wenn die Beteiligung im Privatvermögen des Steuerinländers gehalten wird – zu den Einkünften i.S.d. § 20 Abs. 1 Nr. 1 EStG oder – soweit die Beteiligung im Betriebsvermögen liegt – zu den gewerblichen Einkünften und ist voll zu versteuern. Auf den Hinzurechnungsbetrag sind **§ 3 Nr. 40 EStG, § 32d EStG** und **§ 8b Abs. 1 KStG** nämlich nicht anzuwenden (§ 10 Abs. 2 Satz 3 AStG). Damit erfolgt die Hinzurechnung immer mit dem vollen nach § 10 AStG ermittelten Betrag.

Der Hinzurechnungsbetrag und seine Verteilung auf die inländischen Gesellschafter ist nach § 18 AStG einheitlich und gesondert festzustellen. Ist ein inländischer Gesellschafter an mehreren ausländischen Zwischengesellschaften beteiligt, so muss für jede Gesellschaft eine separate Hinzurechnung festgestellt werden.

Schüttet die ausländische Zwischengesellschaft Dividenden an den inländischen Gesellschafter aus, so müssten diese grundsätzlich noch einmal nach § 20 Abs. 1 Nr. 1, § 3 Nr. 40 EStG besteuert werden, da diese Vorschriften auch für ausländische Dividenden gelten. Im Übrigen weisen die DBA das Besteuerungsrecht für Dividenden dem Staat zu, in dem der Dividendenempfänger ansässig ist (vgl. Art. 10 OECD-MA).

Damit würden die Dividenden doppelt besteuert werden, da ja die passiven Einkünfte bereits der Hinzurechnungsbesteuerung beim inländischen Gesellschafter unterlagen. Aus diesem Grund sieht **§ 3 Nr. 41 EStG** die Steuerfreiheit der Dividenden vor, soweit die ausgeschütteten Beträge bereits entsprechend der Hinzurechnungsbesteuerung unterlagen.

6.3.10.2 Ermittlung des Hinzurechnungsbetrags

Die Einkünfte der ausländischen Zwischengesellschaft sind nach **deutschem Steuerrecht** zu ermitteln (§ 10 Abs. 3 Satz 1 AStG).

Werden die Einkünfte aus passivem Erwerb zunächst in ausländischer Währung ermittelt, sind sie nach dem Kurs zu dem Zeitpunkt umzurechnen, an dem der Hinzurechnungsbetrag als zugeflossen gilt. Ist ein Kurs zu diesem Zeitpunkt nicht festzustellen, so ist von der amtlichen Kursfeststellung für den Zeitpunkt, der dem Ablauf des maßgebenden Wj. der ausländischen Gesellschaft am nächsten liegt, auszugehen. Es ist nicht zu beanstanden, wenn für die Umrechnung ein Jahresdurchschnittskurs zugrunde gelegt wird (BMF vom 14.05.2004, a.a.O., Tz. 10.1.1.4).

Nach § 10 Abs. 2 Satz 2 AStG hat die Gewinnermittlung grundsätzlich nach den Grundsätzen der **§§ 4 Abs. 1 und 5 EStG** zu erfolgen. Falls erforderlich, ist eine Hinzurechnungsbilanz zu erstellen.

Wahlweise kann die Hinzurechnungsbesteuerung auch auf der Basis einer Einnahme-Überschuss-Rechnung nach § 4 Abs. 3 EStG erfolgen. Bei mehreren Beteiligten kann das Wahlrecht für die Gesellschaft aber nur einheitlich ausgeübt werden (§ 10 Abs. 2 Satz 3 AStG).

Besondere Probleme treten auf, wenn die Zwischengesellschaft aktive und passive Einkünfte erzielt (**gemischte Gesellschaften**). Hier ist in einem ersten Schritt zu prüfen, ob durch die Freigrenzen des § 9 AStG eine Hinzurechnungsbesteuerung unterbleiben kann. Ist dies nicht möglich, so muss das Gesamtergebnis der ausländischen Gesellschaft in aktive und passive Einkünfte aufgeteilt werden. Dabei sind die Grundsätze anzuwenden, die auch für die Aufteilung von Betriebsstättengewinnen nach DBA gelten (vgl. *Menck* in *Blümich*, § 10 AStG, Rz. 46).

Erzielt die Zwischengesellschaft **Dividendeneinkünfte** aus einer Tochtergesellschaft, so ist bei der Berechnung des Hinzurechnungsbetrags § 8b Abs. 1 und 2 KStG nicht anzuwenden (§ 10 Abs. 3 Satz 4 AStG).

Hat die ausländische Gesellschaft Anteile an einer Untergesellschaft **veräußert**, so ist der Veräußerungsgewinn nach **§ 11 AStG** vom Hinzurechnungsbetrag auszunehmen, wenn die Untergesellschaft Zwischeneinkünfte mit Kapitalanlagecharakter erzielte (§ 7 Abs. 6a AStG) und diese Einkünfte bereits der Hinzurechnungsbesteuerung unterlegen haben. Damit soll eine doppelte Erfassung der Einkünfte vermieden werden.

Verluste der ausländischen Gesellschaft bei passiven Einkünften sind auf der Ermittlungsebene mit früheren oder späteren Gewinnen bei diesen Einkünften nach § 10d EStG auszugleichen (§ 10 Abs. 3 Satz 5 AStG).

Vom Hinzurechnungsbetrag sind die auf die Einkünfte der ausländischen Gesellschaft erhobenen **Steuern** abzuziehen (**§ 10 Abs. 1 AStG**). Diese Regelung dient der Vermeidung einer

Doppelbesteuerung, da der in Deutschland ansässige Gesellschafter bei seiner Besteuerung grundsätzlich keine Steuern der Zwischengesellschaft nach § 34c EStG und § 26 KStG anrechnen kann. Abzuziehen sind dabei alle Steuern, unabhängig davon, in welchem Staat sie angefallen sind (vgl. BMF vom 14.05.2004, a.a.O., Tz. 10.1.2).

Auf **Antrag** des in Deutschland ansässigen Gesellschafters werden auf seine Einkommen- oder Körperschaftsteuer die Steuern angerechnet, die bei der ausländischen Gesellschaft nach § 10 Abs. 1 AStG abziehbar sind. Die Anrechnung ist aber beschränkt auf den Betrag der Steuer, der auf den Hinzurechnungsbetrag entfällt. In diesem Fall ist der Hinzurechnungsbetrag um die angerechneten Steuern zu erhöhen (**§ 12 AStG**).

Nach § 10 Abs. 4 AStG dürfen bei der Ermittlung der Zwischeneinkünfte nur die mit diesen in wirtschaftlichem Zusammenhang stehenden **BA** abgezogen werden.

Ist der inländische Gesellschafter an einer ausländischen Gesellschaft beteiligt, die ihrerseits wieder an einer Zwischengesellschaft mit passiven Einkünften beteiligt ist (**nachgeschaltete Zwischengesellschaft**), so sind die Einkünfte der Untergesellschaft, die einer niedrigen Besteuerung unterlegen haben, der ausländischen Gesellschaft anteilig zuzurechnen (§ 14 Abs. 1 AStG). Damit soll vermieden werden, dass durch verzweigte und tief gegliederte Gesellschaftsnetze (*Vogt* in *Blümich*, § 14 AStG, Rz. 1) die Vorschriften der §§ 7 ff. AStG unterlaufen werden.

Somit ergibt sich folgendes vereinfachtes **Berechnungsschema für die §§ 7 bis 14 AStG**:

1.		Gesamtbetrag der Einkünfte der ausländischen Gesellschaft nach deutschem Steuerrecht
2.	./.	Einkünfte aus aktiver Tätigkeit
3.	=	**Einkünfte aus passivem Erwerb**
4.	./.	entrichtete Steuern der ausländischen Gesellschaft
5.	./.	Abzug der Verluste aus passiver Tätigkeit aus früheren oder späteren Wj. (§ 10 Abs. 3 AStG i.V.m. § 10d EStG)
6.	=	**Hinzurechnungsbetrag**
7.	./.	Ausschüttungen der Zwischengesellschaft (§ 11 Abs. 1 AStG)
8.	=	**Grundbetrag**
9.	+	anrechnungsfähige Steuern der Zwischengesellschaft, wenn ein entsprechender Antrag gestellt wurde (§ 12 Abs. 1 AStG)
10.	=	**Anzusetzender Hinzurechnungsbetrag**

6.4 Deutsche GmbH mit Auslandsaktivitäten

6.4.1 Problem

Wird eine in Deutschland ansässige und unbeschränkt körperschaftstpfl. GmbH im Ausland tätig, so sind bei der Prüfung, ob der im Ausland erzielte Gewinn in Deutschland stpfl. ist, mehrere Faktoren zu berücksichtigen:

- Besteht ein DBA zwischen Deutschland und dem ausländischen Staat, in dem die GmbH tätig wurde?
- Unterhält die GmbH in dem ausländischen Staat eine Betriebsstätte?
- Wenn ja, wie viel des Gewinnes entfällt auf diese Betriebsstätte?
- Wie sind die steuerfreien Gewinne in Deutschland zu behandeln, wenn der Betriebsstättengewinn im Ausland versteuert wird?

- Wie sind Verluste im Zusammenhang mit der ausländischen Aktivität zu behandeln?
- Hat die GmbH im Ausland Steuern gezahlt? Wie kann eine steuerliche Doppelbelastung vermieden werden?

6.4.2 Besteuerung bei Fehlen eines DBA

Wird eine GmbH in einem ausländischen Staat tätig, mit dem Deutschland kein DBA abgeschlossen hat, so gilt grundsätzlich das Welteinkommensprinzip. Eine in Deutschland unbeschränkt stpfl. KapGes unterliegt danach mit ihrem gesamten Welteinkommen der deutschen Besteuerung (§ 1 KStG).

Da die ausländischen Staaten die Einkünfte aber nach den Regeln der beschränkten Steuerpflicht ebenfalls erfassen, entsteht regelmäßig das Problem der Doppelbesteuerung.

Hierzu sieht das deutsche Körperschaftsteuerrecht vor, dass die ausländischen Einkünfte zwar in Deutschland versteuert werden, die ausländischen Steuern aber angerechnet werden.

6.4.3 Berücksichtigung ausländischer Steuern

Nach **§ 26 Abs. 1 und 6 KStG** i.V.m. **§ 34c EStG** kann eine im Ausland gezahlte Steuer die deutsche Steuerlast unter bestimmten Voraussetzungen mindern. Dafür sind zwei Verfahren vorgesehen.

6.4.3.1 Anrechnungsverfahren

Nach § 26 Abs. 1 KStG kann bei unbeschränkt Stpfl., die mit ausländischen Einkünften in dem Staat, aus dem die Einkünfte stammen, zu einer der deutschen KSt entsprechenden Steuer herangezogen werden, die festgesetzte und gezahlte und um einen Ermäßigungsanspruch gekürzte ausländische Steuer auf die deutsche KSt angerechnet werden, die auf die Einkünfte aus diesem Staat entfällt.

Die Einkünfte müssen aus dem Ausland stammen. Der Katalog des § 34d EStG ist über § 34c EStG, § 26 Abs. 6 Satz 1 KStG auch im Körperschaftsteuerrecht anwendbar.

> **Beispiel**
> Eine GmbH mit Sitz in Stuttgart exportiert eine Maschine in den Libanon. Die Maschine wird von drei Monteuren innerhalb einer Woche beim libanesischen Kunden montiert.

> **Lösung**
> Nach § 34d Nr. 2a EStG liegen ausländische Einkünfte nur vor, wenn sie aus einer im ausländischen Staat belegenen Betriebsstätte stammen.
> Nach § 12 AO erfordert eine Betriebsstätte grundsätzlich eine feste Geschäftseinrichtung (z. B. Werkstatt). Eine Montage fällt erst dann unter den Betriebsstättenbegriff, wenn die Montage länger als sechs Monate dauert. Daher erzielt die GmbH keine ausländischen Einkünfte.

Die ausländischen Einkünfte sind nach deutschem Steuerrecht zu ermitteln. Dies ist insbesondere bei Vorliegen einer ausländischen Betriebsstätte problematisch.

Die ausländische Steuer muss der deutschen KSt entsprechen. Eine ausländische Steuer entspricht der inländischen ESt oder KSt, wenn sie direkt auf die Besteuerung des Einkommens gerichtet ist (vgl. Anlage 6 zu den EStR). Unerheblich sind die Bezeichnung der ausländischen Steuer, die Höhe des Steuersatzes und die Erhebungsform.

Die ausländische Steuer muss **festgesetzt und gezahlt** sein **und** muss **um einen etwaigen Ermäßigungsanspruch gekürzt** sein. Festgesetzt ist die Steuer, wenn ein Steuerbescheid erlassen wurde. Festgesetzt ist die ausländische Steuer aber auch dann, wenn die Steuer nur anzumelden ist und demgemäß angemeldet wurde (BFH vom 05.02.1992, BStBl II 1992, 607). Gezahlt ist die Steuer, wenn die Geldsumme beim Stpfl. abgeflossen ist.

Beispiel
Eine GmbH mit Sitz in Deutschland betreibt eine Betriebsstätte im ausländischen Staat S, mit dem kein DBA besteht. Die GmbH erzielt einen Betriebsstättengewinn i.H.v. 3,2 Mio. €. Die Steuer wird der GmbH auf unbestimmte Zeit gestundet.

Lösung
Eine Anrechnung bei der deutschen Besteuerung ist mangels Zahlung nicht möglich. Erfolgt die Zahlung in späteren Jahren, wird die deutsche Veranlagung geändert (rückwirkendes Ereignis).

Der Stpfl. hat den Nachweis über die Höhe der ausländischen Einkünfte und über die Festsetzung und Zahlung der ausländischen Steuern gem. **§ 68b EStDV** durch Vorlage entsprechender Urkunden zu führen. Als Urkunden kommen zum Beispiel Steuerbescheide, Quittungen u. ä. in Frage. Die deutsche Finanzverwaltung kann eine beglaubigte Übersetzung der Dokumente verlangen.

Die in ausländischer Währung festgesetzte und gezahlte Steuer ist zum amtlich festgesetzten Devisenkurs des Zahlungstages in € umzurechnen. Aus Vereinfachungsgründen kann die Umrechnung auf der Grundlage der monatlich im Bundessteuerblatt veröffentlichten Umsatzsteuer-Umrechnungskurse erfolgen.

Sind die persönlichen und die sachlichen Voraussetzungen für die Anrechnung erfüllt, so ist die ausländische Steuer von der deutschen KSt abzuziehen. Die Anrechnung erfolgt ohne Antrag von **Amts wegen**.

Die Anrechnung erfolgt aber nach § 26 Abs. 6 KStG i.V.m. § 34c Abs. 1 Satz 2 EStG nur bis zu dem Betrag, mit dem die ausländischen Einkünfte mit inländischer KSt belastet sind. Der Stpfl. soll maximal von der deutschen KSt befreit werden und nicht auch noch ausländische Steuern vom deutschen Fiskus erstattet bekommen.

Ob die Berechnungsformel in § 34c Abs. 1 Satz 2 EStG mit dem Grundsatz der Freiheit des Kapitalverkehrs in der EU zu vereinbaren und ob insbesondere die »Per-Country-Limitation« europarechtswidrig ist, hätte der EuGH zu klären, da der BFH das Verfahren I R 21/11 durch Beschluss vom 16.06.2011 bis zur Entscheidung des EuGH in dem Verfahren C-168/11 ausgesetzt hat. Mit Urteil vom 28.02.2013 (Rs. C-168/11 Beker und Beker) hat der EuGH nunmehr entschieden, dass die Berechnungsmethode hinsichtlich der Anrechnung ausländischer Quellensteuer nach § 34c EStG nicht mit der Kapitalverkehrsfreiheit nach Art. 63 AEUV vereinbar ist. Eine Reaktion des Gesetzgebers oder der Finanzverwaltung gibt es bislang nicht.

Beispiel
Eine GmbH mit Sitz in Deutschland hat inländische Einkünfte von 500.000 € und ausländische aus dem Staat S von 200.000 €. Die GmbH hat hierfür im Staat S 80.000 € der deutschen KSt entsprechende Ertragsteuern gezahlt.

Lösung
Auf die ausländischen Einkünfte entfällt eine deutsche KSt von (25 % aus 200.000 € =) 50.000 €. Damit sind (80.000 € ./. 50.000 € =) 30.000 € nicht anrechenbar.

Bei der Berechnung der maximal anzurechnenden ausländischen Steuer ist gem. § 26 Abs. 6 Satz 2 KStG die KSt zugrunde zu legen, die sich ohne Anwendung der §§ 37 und 38 KStG ergibt.

Beispiel
Eine GmbH mit Sitz in Deutschland hat inländische Einkünfte von 500.000 € und ausländische aus dem Staat S von 200.000 €. Die GmbH hat hierfür im Staat S 80.000 € der deutschen KSt entsprechende Ertragsteuern gezahlt. Aufgrund einer Dividendenausschüttung hat die GmbH ein Körperschaftsteuerguthaben von 30.000 €.

Lösung
Das Körperschaftsteuerguthaben ist für die Höchstbetragsberechnung außer Acht zu lassen. Damit sind maximal 50.000 € ausländische Steuer anrechenbar.

6.4.3.2 Abzugsverfahren

Statt der Anrechnung kann der Stpfl. **beantragen**, dass die ausländische Steuer bei der Ermittlung der Einkünfte abgezogen wird. Beim Abzugsverfahren gibt es keine Höchstbetragsbegrenzung.

Der Antrag auf Abzug der ausländischen Steuer kann für jeden ausländischen Staat nur einheitlich ausgeübt werden. Bei Einkünften aus mehreren Staaten kann das Antragsrecht aber für jeden Staat getrennt ausgeübt werden.

Das Abzugsverfahren kommt insbesondere in Frage, wenn die ausländische Steuer wegen der Höchstbetragsbegrenzung nur eingeschränkt angerechnet werden kann. Das Abzugsverfahren ist aber auch in diesem Fall nicht immer günstiger. Es muss stets eine Vergleichsberechnung angestellt werden.

6.4.3.3 Abzugsverfahren ohne Antrag

Nach § 26 Abs. 6 KStG i.V.m. § 34c Abs. 3 EStG kann die im Ausland festgesetzte, gezahlte und keinem Ermäßigungsanspruch mehr unterliegende Steuer bei der Ermittlung der Einkünfte abgezogen werden, wenn die ausländische Steuer nicht der deutschen ESt entspricht **oder** nicht in dem Staat erhoben wird, aus dem die Einkünfte stammen oder weil keine ausländischen Einkünfte vorliegen.

Beispiel 1
Eine GmbH mit Sitz in Deutschland unterhält im ausländischen Staat S eine Betriebsstätte. Mit dem Staat S besteht kein DBA. Die Betriebsstätte liefert Maschinen in einen Drittstaat D. Der Gewinn aus der Maschinenlieferung wird im Staat D besteuert. Staat S rechnet bei der Ermittlung des Betriebsstättenergebnisses die ausländischen Steuern nicht an.

Lösung

Aus deutscher Sicht stammen die Gewinne aus dem Betriebsstättenstaat S, da im Staat D aufgrund einer bloßen Maschinenlieferung keine Betriebsstätte begründet wird (vgl. § 34d Nr. 2a EStG). Damit wird die Steuer nicht in dem Staat erhoben, aus dem die Einkünfte stammen.

Die im Staat D gezahlte Steuer ist in Deutschland bei der Ermittlung der Einkünfte abzuziehen.

Beispiel 2

Eine AG hat ihren Sitz in der Türkei. Ort der Geschäftsleitung ist aber Deutschland. Die Gewinne werden überwiegend in Deutschland erwirtschaftet. Die Türkei besteuert die Gewinne, da es sich um eine türkische AG handelt. Deutschland besteuert die Einkünfte, da aus deutscher Sicht zum einen eine unbeschränkte Steuerpflicht vorliegt, zum anderen inländische Einkünfte gegeben sind.

Lösung

Da keine ausländischen Einkünfte vorliegen, kommt das Verfahren nach § 34c Abs. 1 oder 2 EStG nicht in Frage. Die in der Schweiz gezahlte Steuer kann allerdings nach § 34c Abs. 3 EStG bei der Ermittlung der Einkünfte abgezogen werden.

6.4.4 Besteuerung bei Bestehen eines Doppelbesteuerungsabkommens

DBA sind völkerrechtliche Verträge, die zwischen der BRD und dem jeweiligen ausländischen Staat geschlossen wurden und die insbesondere die Frage regeln, welchem Staat das Besteuerungsrecht bei grenzüberschreitenden Sachverhalten zusteht.

Die meisten DBA orientieren sich in Aufbau und Regelungsgehalt an dem von der OECD entwickelten Musterabkommen (derzeitiger Stand: 2010).

Dabei sieht das OECD-MA mehrere unterschiedliche Techniken zur Vermeidung der Doppelbesteuerung vor:

Zum einen kann einem Staat das **ausschließliche** Besteuerungsrecht zugewiesen werden. Der andere Staat verzichtet in diesem Fall auf die Besteuerung (vgl. Art. 23 A OECD-MA). Diesen Weg wählen die viele DBA z. B. für die Besteuerung von Dividenden.

Beispiel

Ein in den USA ansässiger Stpfl. ist an einer GmbH mit Sitz in Deutschland als Gesellschafter beteiligt. Die GmbH schüttet an den Gesellschafter eine Dividende aus.

Lösung

Nach Art. 10 Abs. 1 DBA USA sind Dividenden in dem Staat zu besteuern, in dem der Dividendenempfänger ansässig ist; hier also in den USA.

Insbes. bei der Besteuerung der Dividenden sehen die DBA in der Regel vor, dass der Staat, in dem die ausschüttende Gesellschaft ihren Sitz hat, eine Quellensteuer erheben darf.

In Bezug auf das o. g. Beispiel bedeutet dies, dass Deutschland auf die Dividende nach Art. 10 Abs. 2 DBA USA eine Quellensteuer i.H.v. maximal 15% erheben darf. Da die deutsche Quellensteuer höher liegt (25%), kann der Gesellschafter eine Erstattung beim Bundesamt für Finanzen beantragen.

Bei der Besteuerung von Erträgen aus Immobilien sehen die meisten DBA das sog. **Belegenheitsprinzip** vor. Danach hat der Staat, in dem die Immobilie liegt, das ausschließliche Besteuerungsrecht (vgl. Art. 6 Abs. 1 OECD-MA).

Beispiel

Eine in Deutschland ansässige GmbH ist Eigentümer einer Immobilie in Österreich, die sie als Bürogebäude vermietet hat.

Lösung

Die Einkünfte aus der Immobilie sind nach Art. 6 Abs. 1 DBA Österreich in Österreich zu versteuern. Dies gilt grundsätzlich auch für Betriebsvermögen (Art. 6 Abs. 4 DBA Österreich). Die deutsche GmbH ist mit diesen Einkünften in Österreich beschränkt stpfl.

Vereinzelt finden sich auch Klauseln, wonach beide Staaten das Besteuerungsrecht haben. Dies gilt z. B. für Einkünfte aus Vermietung und Verpachtung nach Art. 6, 23 Abs. 1b DBA Spanien. Diese Einkünfte werden danach sowohl im Belegenheitsstaat als auch im Ansässigkeitsstaat des Eigentümers besteuert. In diesem Fall muss letzterer Staat die Steuern, die im Ausland gezahlt wurden, anrechnen (vgl. § 34c EStG bzw. § 26 KStG).

Besonders problematisch ist die Frage **internationaler Rückfallklauseln**.

Weist ein DBA einem Staat das alleinige Steuerrecht zu, so kann es geschehen, dass dieser Staat aus verschiedenen Gründen sein Besteuerungsrecht nicht wahrnimmt. Der andere Staat kann dann diese Einkünfte nicht besteuern, da ihm das Besteuerungsrecht nicht zusteht. Ohne weitere Regelungen werden die Einkünfte dann in keinem Staat besteuert (sog. weiße Einkünfte). Um weiße Einkünfte zu vermeiden, ist in einigen DBA geregelt, dass das Besteuerungsrecht an den anderen Staat zurückfällt, wenn der eigentlich zuständige Staat sein Besteuerungsrecht nicht wahrnimmt. Derartige Klauseln befinden sich derzeit z. B. in Art. 24 Abs. 3 DBA Dänemark; in Abs. 16d des Schlussprotokolls zum DBA Italien; in Art. 23 Abs. 3 DBA Kanada (bis VZ 2000); in Art. 23 Abs. 3 DBA Neuseeland; in Art. 23 Abs. 3 DBA Norwegen; in Art. 23 Abs. 1 DBA Schweden und in Art. 23 Abs. 2 DBA USA.

Einige DBA sehen Rückfallklauseln nur für einzelne Einkünfte vor (vgl. z. B. Art. 15 Abs. 4 DBA Schweiz und Art. 15 Abs. 4 DBA Österreich).

Der BFH (Urteil vom 17.12.2003, BStBl II 2004, 260) anerkennt diese Rückfallklauseln generell nicht mehr an und will nur noch die Rückfallklauseln in den DBA Italien, Schweiz und Österreich anerkennen, die sich insbesondere auch aus Protokollerklärungen zu den DBA ergeben.

Das hessische FG entschied im Rahmen einer vorläufigen Entscheidung vom 03.03.2011, Az: 10 V 204/11, dass sich aus genau einer solchen Protokollerklärung zum DBA Italien bzgl. einer Rente ein Rückfall der Besteuerung nach Deutschland ergäbe. Der BFH hat dies mit Beschluss vom 25.07.2011, Az: I B 37/11 bestätigt.

Mit Wirkung ab VZ 2004 hat Deutschland für Einkünfte aus nichtselbstständiger Arbeit eine **nationale** Rückfallklausel in **§ 50d Abs. 8 EStG** statuiert. Danach ist Arbeitslohn, der nach dem jeweiligen DBA (z. B. aufgrund der 183-Tage-Regel) ausschließlich im Ausland zu versteuern wäre, dennoch in Deutschland zu versteuern, wenn der Stpfl. nicht nachweist, dass er im Ausland einen Steuerbescheid erhalten hat und die Steuer im Ausland gezahlt hat. Diese Regelung ist in völkerrechtlicher Hinsicht bedenklich, da Deutschland sich in Widerspruch zu den eigenen DBA-Regelungen setzt, die entsprechende Rückfallklauseln nicht enthalten. Nimmt ein ausländischer Staat sein Besteuerungsrecht nicht wahr, so ist dies grundsätzlich eine innere Angelegenheit dieses Staates. Deutschland kann nicht durch einseitige Regelungen das Besteuerungsrecht wieder an sich ziehen. Hierzu bedürfte es mindestens eines Verständigungsverfahrens mit dem jeweiligen Staat (vergleichbar bei Vorliegen »weißer Einkünfte«). Mit Vorlagebeschluss vom 10.01.2012, Az: I R 66/09, BFH/NV 2012, 1056, hat der BFH seine bisherige Auffassung zur verfassungsrechtlichen Zulässigkeit des einseitigen Überschreibens von DBA (sog. treaty override) geändert. Er kommt nunmehr zu dem Ergebnis, dass eine solche Regelung nicht nur aus völkerrechtlicher Perspektive problematisch ist, sondern möglicherweise auch gegen den Gleichheitssatz des Art. 3 Abs. 1 GG verstößt.

Deshalb wird eine Entscheidung des BVerfG darüber eingeholt, ob § 50d Abs. 8 Satz 1 EStG 2002 i.d.F. des StÄndG 2003 insoweit gegen Art. 2 Abs. 1 i.V.m. Art. 20 Abs. 3 und Art. 25 sowie Art. 3 Abs. 1 GG verstößt (Az. beim BVerfG: 2 BvL 1/12). Bzgl. zweier weiterer Rückfallklauseln, nämlich § 50d Abs. 9 und § 50d Abs. 10 EStG, bestehen somit auch verfassungsrechtliche Bedenken.

6.4.5 Betriebsstättengewinne

6.4.5.1 Fehlen einer Betriebsstätte

Wird eine in Deutschland ansässige GmbH im Ausland tätig, so ist der Gewinn grundsätzlich in Deutschland zu versteuern. Bei Tätigkeit in einem Nicht-DBA-Staat ergibt sich dies bereits aus dem Welteinkommensprinzip. Bei Bestehen eines DBA sehen die zwischenstaatlichen Vereinbarungen regelmäßig eine entsprechende Regelung vor; vgl. hierzu Art. 7 Abs. 1 des OECD-MA:

»Gewinne eines Unternehmens eines Vertragsstaats können nur in diesem Staat besteuert werden, es sei denn, das Unternehmen übt seine Geschäftstätigkeit im anderen Vertragsstaat durch eine dort gelegene Betriebstätte aus. Übt das Unternehmen seine Geschäftstätigkeit auf diese Weise aus, so können die Gewinne des Unternehmens im anderen Staat besteuert werden, jedoch nur insoweit, als sie dieser Betriebstätte zugerechnet werden können.«

Beispiel

Die X-GmbH mit Sitz in Stuttgart stellt Maschinen her. Sie liefert an ein Unternehmen in Belgien eine Maschine und lässt diese durch die eigenen Monteure in Belgien aufbauen. Die Ingenieure und Monteure befinden sich hierfür drei Wochen lang in Belgien.

Lösung

Da die GmbH in Belgien weder eine feste Einrichtung unterhält noch eine Bauausführung oder Montage vorliegt (vgl. Art. 5 DBA Belgien), ist der Gewinn aus diesem Auftrag ausschließlich in Deutschland zu versteuern.

6.4.5.2 Versteuerung der Betriebsstättengewinne

Unterhält die GmbH im Ausland eine Betriebsstätte, so wird der auf die Betriebsstätte entfallende Unternehmensgewinn regelmäßig ausschließlich im Betriebsstättenstaat versteuert (Art. 7 Abs. 1 OECD-MA).

Die Einnahmen aus der ausländischen Betriebsstätte sind zwar **handelsrechtlich** in Deutschland zu erfassen und damit im Jahresüberschuss (vgl. § 266 HGB) enthalten. Aufgrund des Maßgeblichkeitsgrundsatzes sind sie auch in der **Steuerbilanz** anzusetzen. Erst bei der Ermittlung des zu versteuernden Einkommens werden sie abgezogen.

Die **BA**, die die ausländische Betriebsstätte betreffen, dürfen den steuerlichen Gewinn nicht mindern, da sie in Zusammenhang mit steuerfreien Einnahmen stehen (**§ 3c Abs. 1 EStG i.V.m. § 8 KStG**). Auch die BA sind bei der Ermittlung des Jahresüberschusses zunächst zu berücksichtigen und dann bei der Ermittlung des zu versteuernden Einkommens hinzuzurechnen.

Unter der Geltung des Anrechnungsverfahrens wurden die steuerfreien Einnahmen im sog. EK 01 erfasst. Dies war notwendig, weil bei der Ausschüttung des EK 01 keine Ausschüttungsbelastung herzustellen war. Dies ist unter der Geltung der Definitivbesteuerung nicht mehr nötig. Daher ist heute nicht mehr erkennbar, ob im ausschüttbaren Gewinn steuerfreie Einnahmen enthalten sind oder nicht.

Werden die im Ausland erzielten steuerfreien Gewinne an die Gesellschafter ausgeschüttet, so unterliegen sie beim Gesellschafter der uneingeschränkten Besteuerung. **§ 20 Abs. 1 Nr. 1 EStG** sieht nur eine Ausnahme für die Ausschüttung aus dem Einlagekonto vor. Dies ist ein erheblicher Nachteil der KapGes. Bei PersGes bleibt die Steuerfreiheit über die Gewinnzuweisung nach § 15 Abs. 1 Nr. 2 EStG erhalten. Sollte eine GmbH in erheblichem Maße steuerfreie ausländische Einkünfte erzielen, so sollte überlegt werden, ob die Steuerfreiheit nicht über eine **Organschaft** mit einer PersGes als Organträger oder über eine atypisch stille Beteiligung des Gesellschafters erhalten werden kann.

Beispiel

Die X-GmbH erzielt einen Jahresüberschuss i.H.v. 1 Mio. €. In dem Betrag sind 800.000 € steuerfreie Einnahmen aus einer ausländischen Betriebsstätte enthalten.

Schüttet die GmbH den gesamten Jahresüberschuss (nach Abzug von ca. 40% Ertragsteuern) aus, muss der Gesellschafter die gesamten 600.000 € im Halbeinkünfteverfahren versteuern (§ 20 Abs. 1 Nr. 1, § 3 Nr. 40 EStG). Damit geht ein guter Teil des DBA-Steuervorteils wieder verloren.

Ist der Gesellschafter demgegenüber atypisch still beteiligt, so erhält er seinen Gewinnanteil i.R.d. einheitlichen und gesonderten Gewinnfeststellung (§ 180 AO, § 15 Abs. 1 Nr. 2 EStG). Die 800.000 € aus der ausländischen Betriebsstätte bleiben steuerfrei erhalten.

6.4.5.3 Begriff der Betriebsstätte

Die Verwaltung hat in einem ausführlichen Schreiben zahlreiche Fragen zur Besteuerung der Betriebsstättengewinne geregelt (BMF vom 24.12.1999, BStBl I 1999, 1076).

In den DBA ist der Begriff der Betriebsstätte länderspezifisch ausführlich geregelt. Art. 5 des OECD-MA **definiert die Betriebsstätte wie folgt**:

1. Der Ausdruck »Betriebsstätte« bedeutet eine feste Geschäftseinrichtung, durch die die Geschäftstätigkeit eines Unternehmens ganz oder teilweise ausgeübt wird.
2. Der Ausdruck »Betriebsstätte« umfasst insbesondere:
   a) einen Ort der Leitung,
   b) eine Zweigniederlassung,
   c) eine Geschäftsstelle,
   d) eine Fabrikationsstätte,
   e) eine Werkstätte und
   f) ein Bergwerk, ein Öl- oder Gasvorkommen, einen Steinbruch oder eine andere Stätte der Ausbeutung von Bodenschätzen.

3. Eine Bauausführung oder Montage ist nur dann eine Betriebsstätte, wenn ihre Dauer zwölf Monate überschreitet.
4. Ungeachtet der vorstehenden Bestimmungen dieses Artikels gelten nicht als Betriebsstätten:
   a) Einrichtungen, die ausschließlich zur Lagerung, Ausstellung oder Auslieferung von Gütern oder Waren des Unternehmens benutzt werden;
   b) Bestände von Gütern oder Waren des Unternehmens, die ausschließlich zur Lagerung, Ausstellung oder Auslieferung unterhalten werden;
   c) Bestände von Gütern oder Waren des Unternehmens, die ausschließlich zu dem Zweck unterhalten werden, durch ein anderes Unternehmen bearbeitet oder verarbeitet zu werden;
   d) eine feste Geschäftseinrichtung, die ausschließlich zu dem Zweck unterhalten wird, für das Unternehmen Güter oder Waren einzukaufen oder Informationen zu beschaffen;
   e) eine feste Geschäftseinrichtung, die ausschließlich zu dem Zweck unterhalten wird, für das Unternehmen andere Tätigkeiten auszuüben, die vorbereitender Art sind oder eine Hilfstätigkeit darstellen;
   f) eine feste Geschäftseinrichtung, die ausschließlich zu dem Zweck unterhalten wird, mehrere der unter den Buchst. a bis e genannten Tätigkeiten auszuüben, vorausgesetzt, dass die sich daraus ergebende Gesamttätigkeit der festen Geschäftseinrichtung vorbereitender Art ist oder eine Hilfstätigkeit darstellt.
5. Ist eine Person – mit Ausnahme eines unabhängigen Vertreters i.S.d. Abs. 6 – für ein Unternehmen tätig und besitzt sie in einem Vertragsstaat die Vollmacht, im Namen des Unternehmens Verträge abzuschließen, und übt sie die Vollmacht dort gewöhnlich aus, so wird das Unternehmen ungeachtet der Abs. 1 und 2 so behandelt, als habe es in diesem Staat für alle von der Person für das Unternehmen ausgeübten Tätigkeiten eine Betriebsstätte, es sei denn, diese Tätigkeiten beschränken sich auf die in Abs. 4 genannten Tätigkeiten, die, würden sie durch eine feste Geschäftseinrichtung ausgeübt, diese Einrichtung nach dem genannten Abs. nicht zu einer Betriebstätte machen.
6. Ein Unternehmen wird nicht schon deshalb so behandelt, als habe es eine Betriebstätte in einem Vertragsstaat, weil es dort seine Geschäftstätigkeit durch einen Makler, Kommissionär oder einen anderen unabhängigen Vertreter ausübt, sofern diese Personen im Rahmen ihrer ordentlichen Geschäftstätigkeit handeln.
7. Allein dadurch, dass eine in einem Vertragsstaat ansässige Gesellschaft eine Gesellschaft beherrscht oder von einer Gesellschaft beherrscht wird, die im anderen Vertragsstaat ansässig ist oder dort (entweder durch eine Betriebstätte oder auf andere Weise) ihre Geschäftstätigkeit ausübt, wird keine der beiden Gesellschaften zur Betriebstätte der anderen.

Die meisten Länder folgen im Wesentlichen der Empfehlung des OECD-MA.

Beispiel 1

Die in Deutschland ansässige M-GmbH beabsichtigt, ihre ausländischen Aktivitäten auszubauen. Sie entsendet einen Mitarbeiter nach Frankreich. Dieser mietet ein Büro an, nimmt Kontakt mit französischen Kunden auf, verteilt Informationsmaterial und besucht auch Messen. Nachdem jeweils der Kontakt zum einzelnen Kunden hergestellt ist, werden die konkreten Vertragsverhandlungen von der deutschen Hauptstelle aus geführt.

Lösung
Nach Art. 4 Abs. 1 i.V.m. Art. 2 Nr. 7 b) ee) DBA Frankreich liegt hier lediglich eine Hilfstätigkeit vor. Dies genügt nicht für eine Betriebsstätte. Der Gewinn ist in Deutschland zu versteuern.

Beispiel 2
Sachverhalt wie Beispiel 1, jedoch mit folgender Variante: In Frankreich besteht nicht nur das o. g. Informationsbüro, sondern auch ein sog. Service-Niederlassung. Dort werden sowohl Maschinen zur Auslieferung gelagert als auch Ersatzteile vorgehalten. Ein weiterer Mitarbeiter der M-GmbH führt in der Niederlassung Reparaturen und Inspektionsarbeiten durch.

Lösung
Nach Art. 2 Nr. 7 a) ee) des DBA Frankreich führt das Betreiben der Werkstätte zu einer Betriebsstätte, da hier eine aktive produktionsähnliche Tätigkeit ausgeübt wird. Der Betriebsstättengewinn ist in Frankreich zu versteuern.

Beispiel 3
Sachverhalt wie Beispiel 1, jedoch mit folgender Variante: Die M-GmbH unterhält in Frankreich kein Büro. Sie ist jedoch zu 100 % an einer französischen KapGes beteiligt, deren alleiniger Geschäftszweck der Handel mit Maschinen ist.

Lösung
Die bloße Beherrschung begründet noch keine Betriebsstätte (Art. 2 DBA Frankreich). Die französische Gesellschaft ist auch kein abhängiger Vertreter, sondern eine selbstständige Gesellschaft. Die französische Gesellschaft versteuert ihren Gewinn in Frankreich. Die Dividenden der französischen Gesellschaft sind nach § 8b Abs. 1 KStG in Deutschland zu versteuern.

6.4.5.4 Ermittlung des Betriebsstättengewinns

Der Maßstab für die Gewinnzuordnung auf die Betriebsstätte folgt zwingend aus der Selbstständigkeitsfiktion der Betriebsstätte als eigenständigem Unternehmen, denn ihr sind alle Gewinne und Verluste zuzurechnen, die sie hätte erzielen können, wenn sie eine gleiche oder ähnliche Tätigkeit unter gleichen oder ähnlichen Bedingungen als selbstständiges Unternehmen ausgeübt hätte. Hierbei finden zwei Methoden Anwendung:

Nach der **indirekten Methode** ist der Gesamtgewinn des Unternehmens aufgrund eines sachgerechten Schlüssels (z. B. Umsatz) zwischen Stammhaus und Betriebsstätte aufzuteilen. Diese Methode eignet sich in der Regel nur bei einer homogenen Tätigkeitsstruktur zwischen Stammhaus und Betriebsstätte (Bsp.: Versicherungsunternehmen).

Nach der **direkten Methode** wird der Gewinn der Betriebsstätte gesondert aufgrund der Buchführung und der deutschen Gewinnermittlungsvorschriften ermittelt. Art. 7 OECD-MA und das deutsche Steuerrecht räumen der direkten Gewinnermittlung den Vorrang ein.

Wenngleich eine exakte Abgrenzung praktisch nicht möglich sein wird, ist eine verursachungsgerechte Verteilung der Aufwendungen und Erträge sowie der Vermögensteile erforderlich (grundlegend: s. BFH vom 20.07.1988, BStBl II 1989, 140).

Aufwendungen, die **ausschließlich** die Betriebsstätte betreffen (z. B. Materialeinkauf), sind dieser zuzurechnen, unabhängig davon, ob die Aufwendungen im In- oder Ausland angefallen sind und wer die Aufwendungen getragen hat. Aufwendungen des Stammhauses für die Betriebsstätte, die nicht direkt zugeordnet werden können (z. B. Finanzierungs-, Geschäftsführungs- und allgemeine Verwaltungskosten u. Ä.) werden ggf. anteilig der Betriebsstätte zugeordnet, soweit sie nicht bereits in anderweitig verrechneten Beträgen enthalten sind. Die Zuordnung erfolgt grundsätzlich auf der Basis der betrieblichen Kostenrechnung. Ist eine Produktion einer ausländischen Betriebsstätte wirtschaftlich als Lohnfertigung für das inländische Stammhaus anzusehen, stehen der ausländischen Betriebsstätte nur die Gewinne zu, die ein fremder Lohnfertiger in dem betreffenden Staat erzielt hätte.

Ist die Betriebsstätte ein eigener wirtschaftlicher Betrieb und beschränkt sich die Tätigkeit des Stammhauses auf die geschäftliche Oberleitung, so ist dem Stammhaus ein angemessener Anteil vom Gesamtergebnis zuzurechnen.

Erbringt das Stammhaus Dienstleistungen (z. B. EDV-Betreuung) an die Betriebsstätte (oder umgekehrt), so ist grundsätzlich nur eine Weiterbelastung der Aufwendungen möglich. Gehört die Dienstleistung aber zur Haupttätigkeit der Betriebsstätte (z. B. Spedition) oder des Stammhauses, so ist ein Fremdvergleichspreis anzusetzen oder ein Gewinnaufschlag von 5–10 % auf die Aufwendungen vorzunehmen. Selbst geschaffene immaterielle Wirtschaftsgüter (z. B. Patente) dürfen nicht aufgrund eines entgeltlichen Überlassungsvertrages verrechnet werden. Der Entwicklungsaufwand kann aber nach allgemeinen Kriterien verteilt werden. Arbeitet die Betriebsstätte mit Fremdkapital, so ist zu berücksichtigen, dass eine Betriebsstätte nach dem Grundsatz des Fremdvergleichs mit einem angemessenen Dotationskapital ausgestattet sein muss. Ist dies nicht der Fall, so sind die Aufwendungen für das Fremdkapital entsprechend zu kürzen.

In Zweifelsfällen kann analog auf Art. 9 OECD-MA (Abgrenzung zwischen verbundenen Unternehmen/Verrechnungspreise) zurückgegriffen werden. Bei Problemen im Zusammenhang mit sog. Funktionsverlagerungen vgl. das BMF-Schreiben vom 13.10.2010, BStBl I 2010, 714. Bzgl. der geplanten Neuregelungen sog. AOA vgl. 6.3.1.2.

6.4.5.5 Überführung von Wirtschaftsgütern des Anlagevermögens

Wirtschaftsgüter können nur entweder dem Stammhaus oder der Betriebsstätte zugeordnet werden. Der buchmäßige Ausweis kann nur Indiz für die Zuordnung sein. Ein besonderes Problem entsteht, wenn Wirtschaftsgüter vom Stammhaus auf die Betriebsstätte und umgekehrt überführt werden.

Die Rechtsprechung ging zunächst generell davon aus, dass die stillen Reserven aufzudecken sind, wenn ein Wirtschaftsgut vom inländischen Betrieb in eine ausländische Betriebsstätte verbracht wird (vgl. BFH vom 16.12.1975, BStBl II 1976, 246). Diese sog. Theorie der finalen Entnahme wurde aber mit Urteil vom 17.07.2008, BStBl II 2009, 464 aufgegeben. Der BFH entschied, die Überführung eines einzelnen Wirtschaftsgutes in eine ausländische Betriebsstätte rechtfertige nicht die Besteuerung der stillen Reserven im Zeitpunkt der Überführung des Wirtschaftsgutes. Damit war die **Theorie der finalen Entnahme** aufgegeben worden. Der Gesetzgeber versucht die Theorie der finalen Entnahme durch § 4 Abs. 1 Satz 3 EStG zu sichern. Die Auslegung dieser Regelung war jedoch streitig. Um diese Unsicherheit zu beseitigen, soll die weiterhin anzuwendende finale Entnahmetheorie durch § 4 Abs. 1 Satz 4 EStG n.F. sowie § 12 Abs. 1 KStG abgesichert werden.

Diese Bestimmung gilt nach § 52 Abs. 8b Satz 3 EStG, § 34 Abs. 8 Satz 2 bis 5 KStG in allen Fällen, in denen der entsprechende Entstrickungstatbestand (§ 4 Abs. 1 Satz 3 EStG, § 12 Abs. 1 Satz 1 KStG) anzuwenden ist, und damit **rückwirkend.**

Damit in Einklang stehend wird **§ 6 Abs. 5 Satz 1 EStG** durch den HS 2: »§ 4 Abs. 1 Satz 4 EStG ist entsprechend anzuwenden«, ergänzt. Die **Überführung** eines einzelnen Wirtschaftsgutes aus einem Betriebsvermögen in ein anderes Betriebsvermögen zu Buchwerten kommt somit insbesondere nicht in Betracht, wenn das Wirtschaftsgut einer ausländischen Betriebsstätte zuzuordnen ist.

Danach löst die Überführung von Wirtschaftsgütern des Anlage- und Umlaufvermögens in eine Betriebsstätte, die entweder in einem Nicht-DBA-Staat unterhalten wird oder für die nach einem DBA die Anrechnungsmethode gilt, **keine Besteuerung** aus, wenn die **Erfassung der stillen Reserven** gewährleistet ist.

Bei der Überführung von Wirtschaftsgütern des inländischen Stammhauses in dessen ausländische Betriebsstätte, deren Einkünfte durch ein DBA freigestellt sind, erfolgt die Aufdeckung der stillen Reserven grundsätzlich mit dem Fremdvergleichspreis im Zeitpunkt der Überführung, d. h. mit dem Preis, den unabhängige Dritte unter gleichen oder ähnlichen Bedingungen vereinbart hätten. Im Einzelnen gilt in diesen Fällen Folgendes:

Bei Wirtschaftsgütern des **AV** ist als Gewinn (Verlust) der Unterschiedsbetrag zwischen dem Fremdvergleichspreis des Wirtschaftsgutes und dem Wert zu erfassen, den das Wirtschaftsgut nach § 6 EStG (Buchwert) im Zeitpunkt seiner Überführung hat. Maßgebend sind Preis und Wert im Zeitpunkt seiner Überführung. Eingetretene voraussichtlich dauernde Wertminderungen im Zeitpunkt der Überführung sind zu beachten.

Bei einer solchen Regelung entstehen natürlich europarechtliche Bedenken. Der Gesetzgeber versucht diese durch die Regelung des § 4g EStG zu vermeiden.

Beispiel

Die X-GmbH erwirbt im Wj. 01 eine Maschine für 1 Mio. € und schreibt sie linear auf eine betriebsgewöhnliche Nutzungsdauer von zehn Jahren ab.

Am 31.12.05 steht die Maschine mit einem Betrag von 500.000 € in den Büchern. Der Teilwert beträgt zu diesem Zeitpunkt 800.000 €. Die Maschine wird zum 01.01.06 in eine Betriebsstätte in einem DBA-Land verbracht.

Lösung

Grundsätzlich müsste die X-GmbH einen Gewinn von 300.000 € versteuern, da der Vorgang wie eine Veräußerung an die ausländische Betriebsstätte zu beurteilen ist.

Nach Verwaltungsansicht kann diese Versteuerung durch einen passiven Ausgleichsposten in der Steuerbilanz vermieden werden (Buchungssatz: Ausgleichskonto Betriebsstätte 800.000 € an Maschine 500.000 € und Ausgleichsposten 300.000 €).

In der ausländischen Betriebsstätte wird die Maschine mit dem Buchwert (500.000 €) eingebucht. Die Differenz zum Teilwert wird durch Buchen eines aktiven Ausgleichspostens (300.000 €) ausgeglichen.

Beispiel

Fortführung: Im Wj. 06 wird die Maschine in der ausländischen Betriebsstätte abgeschrieben (Restnutzungsdauer: 5 Jahre). Daraus resultiert eine AfA i.H.v. 100.000 €. Zusätzlich ist der aktive Ausgleichsposten abzuschreiben (300.000 €: 5 Jahre). Dies mindert den Gewinn zusätzlich um 60.000 €.

Lösung

Im deutschen Stammbetrieb ist lediglich der aktive Ausgleichsposten über die Restnutzungsdauer abzuschreiben. Daraus resultiert (spiegelbildlich zur Betriebsstätte) ein Gewinn i.H.v. 60.000 €. Letztlich werden damit die stillen Reserven sukzessive nachversteuert.

6.4.5.6 Überführung von Wirtschaftsgütern des Umlaufvermögens

Auch bei Wirtschaftsgütern des Umlaufvermögens ist als Gewinn (Verlust) der Unterschiedsbetrag zwischen dem Fremdvergleichspreis im Zeitpunkt der Überführung des Wirtschaftsgutes und dem Wert zu erfassen, den das Wirtschaftsgut nach § 6 EStG (Buchwert) im Zeitpunkt seiner Überführung hat. Soweit die überführten Wirtschaftsgüter am Bilanzstichtag noch nachweisbar in der ausländischen Betriebsstätte vorhanden sind, ist dieser Gewinn (Verlust) im Zeitpunkt der Überführung des Wirtschaftsgutes aus Billigkeitsgründen noch nicht zu besteuern und durch einen passiven (aktiven) Merkposten in einer Nebenrechnung zu neutralisieren.

6.4.5.7 Bauausführungen und Montagen

Die meisten DBA sehen vor, dass eine Bauausführung oder Montage nach sechs bzw. zwölf Monaten zur Betriebsstätte wird. Eine Montage beginnt regelmäßig nicht schon mit der Anlieferung des Materials, sondern erst mit Eintreffen des qualifizierten Baustellenpersonals (s. BMF vom 24.12.1999, a.a.O., Tz. 4.3; BFH vom 21.04.1999, BStBl II 1999, 694).

Beispiel

Nach dem DBA soll eine Baustelle nach sechs Monaten zur Betriebsstätte werden. Das deutsche Unternehmen liefert im Januar 05 das Material für die ausländische Baustelle. Die Monteure treffen im Juli 05 auf der Baustelle ein und führen die Arbeiten bis August zu Ende.

Lösung

Es liegt keine Betriebsstätte vor, da die Lieferung des Materials unmaßgeblich ist für die Bestimmung der Sechsmonatsfrist.

6.4.6 Verlustausgleichsbeschränkungen

§ 2a EStG, der über § 8 Abs. 1 KStG auch für Körperschaften gilt, wurde 1982 eingeführt, um Steuersparmodelle mit ausländischen Beteiligungen zu verhindern. Die Vorschrift war europarechtlich höchst bedenklich. Der EuGH hat z. B. mit Urteil vom 21.02.2006 im Rechtsstreit »Coulais« (Rs. C-152/03) bezüglich der Einkünfte aus Vermietung und Verpachtung die Vorschrift für europarechtswidrig erachtet.

In der für alle noch offenen Fälle nun anzuwenden Fassung des § 2a EStG dürfen negative Einkünfte aus Drittstaaten (vgl. § 2a Abs. 2a EStG) eines inländischen Stpfl. aus

- einer im Ausland (Drittstaat) belegenen land- und forstwirtschaftlichen Betriebsstätte,
- einer im Ausland (Drittstaat) belegenen gewerblichen Betriebsstätte,
- der Teilwertabschreibung einer ausländischen Körperschaft,
- der Veräußerung oder Entnahme einer ausländischen Körperschaft,

- der Veräußerung einer ausländischen Beteiligung nach § 17 EStG,
- der stillen Beteiligung an einer ausländischen Gesellschaft,
- der Vermietung und Verpachtung von im Ausland belegenem unbeweglichem Vermögen oder Sachinbegriffen,
- der entgeltlichen Überlassung von Schiffen,
- der Teilwertabschreibung, Liquidation oder Kapitalherabsetzung einer Beteiligung im Inland, soweit die Verluste aus bestimmten Auslandstätigkeiten resultieren, sowie
- der Veräußerung einer deutschen Beteiligung, wenn der Verlust aus bestimmten Auslandstätigkeiten resultiert,

nur mit **positiven Einkünften** der jeweils **selben Art** aus demselben Staat ausgeglichen werden. Sie dürfen auch nicht nach § 10d EStG abgezogen werden.

Einkünfte der jeweils selben Art nach § 2a Abs. 1 EStG sind grundsätzlich alle unter einer Nummer aufgeführten Tatbestände. Die Nummern 3 und 4 sind aber zusammenzufassen (R 2a Abs. 1 EStR).

Von dem Verbot der Ausgleichsfähigkeit ausländischer Verluste macht **§ 2a Abs. 2 EStG** eine **Ausnahme** für ausländische gewerbliche Betriebsstätten, die ausschließlich oder fast ausschließlich die Herstellung oder Lieferung von Waren, außer Waffen, die Gewinnung von Bodenschätzen sowie die Bewirkung gewerblicher Leistungen zum Gegenstand haben (Details siehe *Zenthöfer*, Einkommensteuer, 1042 ff. sowie *Bächle/Rupp/Ott/Knies*, Internationales Steuerrecht, 99 ff.).

§ 2a Abs. 1 Nr. 2, Abs. 2 EStG ist aber stets in Zusammenhang mit den entsprechenden DBA zu beurteilen. Diese sehen in der Regel vor, dass die Gewinne aus Betriebsstätten ausschließlich in dem Staat besteuert werden, in dem die Betriebsstätte liegt (vgl. Art. 5, 7 OECD-MA). Insoweit findet § 2a Abs. 1 Nr. 1 EStG keine Anwendung.

Beispiel

Die X-GmbH produziert die Maschinenteile in Albanien, mit dem kein DBA besteht.

Lösung

Gewinne und Verluste aus der albanischen Betriebsstätte sind – unabhängig von einer möglichen Besteuerung in Albanien – in Deutschland zu versteuern (§ 1 KStG, sog. Welteinkommensprinzip). Verluste aus ausländischen Betriebsstätten dürfen nach § 2a Abs. 1 Nr. 1 EStG den Gewinn grundsätzlich nicht mindern.

Da es sich bei der Produktion aber um eine begünstigte Tätigkeit i.S.d. § 2a Abs. 2 EStG handelt, dürfen die Verluste angesetzt werden.

§ 2a EStG ist auch im Zusammenhang mit den Regelungen des **§ 8b KStG** zu sehen, die grundsätzlich Vorrang haben und auch für ausländische Beteiligungen gelten.

So verbietet § 2a Abs. 1 Nr. 3a EStG die **Teilwertabschreibung** einer ausländischen Beteiligung. Dieses Verbot hat aber nur Bedeutung, wenn der deutsche Gesellschafter eine natürliche Person oder eine PerGes ist. Ist der Gesellschafter eine in Deutschland ansässige KapGes, so kann die Teilwertabschreibung bereits wegen § 8b Abs. 3 Satz 3 KStG nicht berücksichtigt werden.

Beispiel
Die in Deutschland ansässige X-GmbH hält eine 50%-ige Beteiligung an der in London ansässigen B-Ltd. Sie hat die Beteiligung mit den AK von (umgerechnet) 500.000 € aktiviert. Es stellt sich heraus, dass die englische Beteiligung zahlungsunfähig ist. Sie wird in der Handelsbilanz auf einen Wert von 1 € abgeschrieben.

Lösung
Wegen § 8b Abs. 3 KStG kann die Gewinnminderung aus der Teilwertberichtigung steuerlich nicht geltend gemacht werden. § 2a EStG braucht nicht geprüft werden.
Eine mögliche spätere Zuschreibung wäre nach § 8b Abs. 2 KStG steuerfrei.

Nach **§ 2a Abs. 1 Nr. 3b EStG** ist der Verlust aus einer **Veräußerung** eines Anteils an einer ausländischen Körperschaft ebenfalls steuerlich nicht abzugsfähig. Auch hier hat aber die Regelung der § 8b Abs. 2, § 3 Satz 3 KStG n.F. Vorrang vor § 2a EStG.

Beispiel
Die in Deutschland ansässige X-GmbH hält eine 50%-ige Beteiligung an der in London ansässigen B-Ltd. Sie hat die Beteiligung mit den AK von (umgerechnet) 500.000 € aktiviert. Die X-GmbH veräußert die ausländische Beteiligung für 1 €.

Lösung
Da § 8b Abs. 2 KStG auch auf die Veräußerung ausländischer Beteiligungen anwendbar ist, kann der Verlust den steuerlichen Gewinn in Deutschland nicht mindern.

Nach § 2a Abs. 1 Nr. 5 EStG dürfen Verluste aus ausländischen Beteiligungen als **typisch stiller Gesellschafter** ebenfalls in Deutschland nicht geltend gemacht werden. Diese Regelung gilt grundsätzlich auch für KapGes. Hier sind aber § 20 Abs. 1 Nr. 4 Satz 2 und § 15 Abs. 4 Satz 6 ff. EStG zu beachten, die als quellenbezogene Beschränkung dem § 2a EStG vorgehen.

Die Erträge aus typisch stillen Beteiligungen sind nach den DBA (vgl. Art. 11 Abs. 1 OECD-MA) regelmäßig in Deutschland zu versteuern.

Beispiel
Die in Deutschland ansässige und damit unbeschränkt körperschaftstpfl. X-GmbH ist als typisch stille Gesellschafterin an der in Frankreich ansässigen F-KapGes (S.A.) beteiligt. Für das Wj. 2011 wird ein Verlust i.H.v. 1,2 Mio. €, für das Wj. 2012 ein Gewinnanteil i.H.v. 1,5 Mio. € zugewiesen.

Lösung
Die Erträge aus typisch stillen Beteiligungen sind nach Art. 10 Abs. 1 DBA Frankreich in Deutschland zu versteuern.
Handelsrechtlich sind die Verluste und Gewinne anzusetzen. Für steuerliche Zwecke darf der Verlust des Jahres 2011 nach § 2a Abs. 1 Nr. 5 EStG den Gewinn der X-GmbH nicht mindern. Nach § 2a Abs. 1 Satz 5 EStG sind die Verlustanteile gesondert festzustellen.
Der Gewinnanteil des Wj. 2012 ist ebenfalls in Deutschland zu versteuern. Er ist mit den Verlustanteilen des Jahres 2011 zu verrechnen (§ 2a Abs. 1 Satz 3 EStG). Damit ergibt sich ein verbleibender Gewinnanteil i.H.v. 300.000 €.

Nach **§ 2a Abs. 1 Nr. 7 EStG** fallen auch Verluste aus der **Teilwertberichtigung**, der Veräußerung oder der Entnahme eines zu einem Betriebsvermögen gehörenden Anteils an einer in Deutschland ansässigen KapGes unter das Verlustabzugsverbot, wenn der Verlust auf ausländische Aktivitäten i.S.d. § 2a Abs. 1 Nr. 1–6 EStG zurückzuführen ist. Auch hier hat aber wieder § 8b Abs. 3 KStG Vorrang.

Beispiel

Die in Deutschland ansässige X-GmbH ist zu 100 % an der ebenfalls in Deutschland ansässigen A-AG beteiligt. Diese vermietet in den USA diverse Bürogebäude. Da sich diese als Fehlkalkulation herausstellen und auf Jahre hinaus nicht rentabel vermietet werden können, sind die Anteile an der A-AG wertlos. Die X-GmbH schreibt die Anteile auf 1 € ab.

Die Teilwertabschreibung darf den Gewinn der GmbH nach § 8b Abs. 3 KStG nicht mindern. § 2a Abs. 1 Nr. 7 EStG ist insoweit nicht anzuwenden.

6.5 Beteiligung an einer ausländischen Personengesellschaft

6.5.1 Meldepflichten

Stpfl. mit Wohnsitz, gewöhnlichem Aufenthalt, Geschäftsleitung oder Sitz im Inland müssen nach § 138 Abs. 2 AO dem zuständigen Finanzamt nach amtlich vorgeschriebenem Vordruck das Folgende anzeigen:

- die Gründung und den Erwerb von Betrieben und Betriebsstätten im Ausland;
- die Beteiligung an ausländischen PersGes oder deren Aufgabe oder Änderung;
- den Erwerb von Beteiligungen an einer Körperschaft, Personenvereinigung oder Vermögensmasse i.S.d. § 2 Nr. 1 KStG, wenn damit unmittelbar eine Beteiligung von mindestens 10 % oder mittelbar eine Beteiligung von mindestens 25 % am Kapital oder am Vermögen der Körperschaft, Personenvereinigung oder Vermögensmasse erreicht wird oder wenn die Summe der AK aller Beteiligungen mehr als 150.000 € beträgt. Bei der Ermittlung der AK aller Beteiligungen sind die AK von früher erworbenen Beteiligungen einzubeziehen.

Die Mitteilungen sind innerhalb **eines Monats** nach dem meldepflichtigen Ereignis abzugeben (§ 138 Abs. 3 AO). Es bestehen keine Bedenken, wenn ein Stpfl., davon abweichend, einmal monatlich alle meldepflichtigen Ereignisse eines Kalendermonats gesammelt anzeigt.

Die Anzeigepflichten dienen der rechtzeitigen steuerlichen Erfassung und Überwachung grenzüberschreitender Sachverhalte. Auf die Erfüllung der Anzeigepflichten sollen die Finanzämter nachdrücklich achten (vgl. auch OFD Koblenz vom 22.04.2003, StED 2003, 341).

Wer vorsätzlich oder leichtfertig seiner Anzeigepflicht nach § 138 Abs. 2 AO nicht, nicht vollständig oder nicht rechtzeitig nachkommt, begeht eine **Ordnungswidrigkeit** i.S.d. § 379 Abs. 2 Nr. 1 AO, die vorbehaltlich des § 378 AO mit einer Geldbuße bis zu 5.000 € geahndet werden kann.

Bei Verstößen gegen die Anzeigepflichten sind die Finanzämter gehalten, die zuständige Bußgeld- und Strafsachenstelle einzuschalten. Die Anzeigepflicht kann auch mit Zwangsmitteln nach § 328 AO durchgesetzt werden.

Die Veranlagungsstellen der Finanzämter werten Meldungen über ausländische Beteiligungen aus und leiten sie dem Bundesamt für Finanzen (Informationszentrale Ausland) zu. Das Bundesamt für Finanzen sammelt die Informationen und wertet sie aus (§ 5 Abs. 1 Nr. 6 Finanzverwaltungsgesetz).

6.5.2 Besteuerungsrecht

Für die Frage, ob die ausländischen Gewinne in Deutschland zu versteuern sind, ist danach zu differenzieren, ob mit dem ausländischen Staat ein DBA besteht oder nicht.

6.5.2.1 Kein Doppelbesteuerungsabkommen

Hat Deutschland mit dem ausländischen Staat, in dem die PersGes ihren Sitz hat, kein DBA abgeschlossen, so ist nach § 1 KStG das sog. **Welteinkommen** zu erfassen. Der Gewinnanteil aus der ausländischen PersGes ist damit in Deutschland zu erfassen.

Besteuert der ausländische Staat ebenfalls den Gewinn der PersGes, so wird die Doppelbesteuerung durch das **Anrechnungsverfahren** nach §§ 26 KStG, 34c EStG (zumindest teilweise) beseitigt.

Ein besonderes Problem entsteht, wenn die ausländische PersGes einer KG vergleichbar ist. Nach § 15a Abs. 5 Nr. 3 EStG sind die Grundsätze des § 15a EStG anzuwenden, wenn die Gesellschafterstellung der deutschen GmbH mit der eines Kommanditisten vergleichbar ist.

Eine **Übersicht über die wichtigsten Rechtsformen ausländischer Personengesellschaften** findet sich im Anhang zum sog. Betriebsstättenerlass (s. BMF vom 24.12.1999, BStBl I 1999, 1076):

Land	Rechtsform		Vergleichbare Rechtsform
Argentinien		Sociedad de Responsabilidad Limitada Sociedad Anónima Sociedad en Commandita par acciónes Sociedad en Commandita Sociedad Colectiva Sociedad Cooperativa Sociedad Accidentale o en participación	GmbH AG KGaA KG OHG Genossenschaft Keine vergleichbare Gesellschaftsform
Australien	Pty Ltd PC Ltd	Proprietary limited Company Public Company limited by shares Limited Partnership Partnership	GmbH AG KG OHG
Belgien	SPRL oder BVBA SPRLU S.A. oder N.V.	Société privée a responsabilité limitée oder Besloten vennootschap met beperkte aansprakelijkheid Société d'une personne a responsabilité limitée Société anonyme oder Naamloze Vennootschap Société Coopérative oder Kooperative Vennootschap Société en commandite par actions Société en commandite simple oder Kommanditaire Vennootschap Société en nom collectif	GmbH Einmann-GmbH AG Keine vergleichbare Gesellschaftsform KGaA KC OHG

Brasilien	Ltda SA Compania aberta Compania fechada	Sociedade por Quotas de Responsabilidade Limitada Sociedade Anonima Sociedade Anomina de Capital Aberto Sociedade Anonima de Capital Fechada Sociedade em Comandita Sociedade em Nome Colectivo Sociedade em Conta de Participacao	GmbH AG offene AG geschl. AG KG OHG Stille Gesell-schaft
Dänemark	Aps A/S K/S I/S AmbA	Anpartsselskab Aktieslskab Kommanditselskab Kommanditselskab(mit AG als Kommanditist) Interessentskab Andelsselskab	GmbH AG KG KGaA OHG Eingetr. Genossen-schaft mbH
Finnland	OY	Osakeyhtiö Kommandittiyhiö Avoin Ightiö Osuuskunta	AG KG OHG Genossenschaft
Frankreich	SARL SA SNC GIE SP SC EURL	Société de responsabilité limitée Société anonyme Société en commandite simple Société en commandite par actions Société en nom collectif Groupement d'intérêt économique Société coopérative Société en participation Société civile Société crée de fait Entreprise unipersonnelle à responsabilité limitée	GmbH AG KG KGaA OHG ARGE Genossenschaft Stille Gesell-schaft GbR Keine vergleich-bare Gesell-schaftsform Einmann-GmbH
Griechen-land	EPE AG EE O.E.	Etairia periorismenis evthinis Anonynos Etairia Eterrorrythmos Omorrythmos	GmbH AG KG OHG
Groß-britannien	Ltd. Plc	Private company limited by shares Public company limited by shares Limited Partnership Partnership (Privat)Unlimited company Cooperative society Company limited by guarantee Statuary company	GmbH AG KG OHG KapGes Genossenschaft Gemein. Körperschaft Keine vergleich-bare Gesell-schaftsform

Irland	PrC PLC Ltd.	Private Company limited by shares Public Company limited by shares Limited Partnership Partnership Cooperative Society Company limited by Guarantees Statuary Company Chartered Company Oversea Company Unlimited Company	GmbH AG KG OHG Genossenschaft Gemein. Körperschaft Öffentl. Versor- gungsgesell- schaft KapGes
Italien	S.r.l. S.p.A. S.a. S.u.p.a.	Società a responsabilità limitata Società per azioni Società a accomandita Società a accomandita per azioni	GmbH AG KG KGaA
Japan		Mitsubishi Kaisha Kabushiki Kaisha Goshi Kaisha Gomai Kaisha	GmbH AG KG OHG
Kanada	Ltd.Inc. od. and.	Corporation Limited Partnership General Partnership	AG KG OHG
Liechten- stein	GmbH AG	Gesellschaft mit beschränkter Haftung Aktiengesellschaft Anstalt Stiftung Treuunternehmen	GmbH AG jur. Person
Luxemburg	S.a.r.l. S.A.	Societé à responsabilité limitée Societé anonyme Societé en commandite Societé en commandite par actions	GmbH AG KG KGaA
Niederlande	BV NV CVoA CV VoF	Besloten Vennootshap met beperkte aansprakeli- jkheid Naamloze Vennootschap Commanditaire Vennootschap op Andelen Commanditaire Vennootschap Vennootschap onder Firma	GmbH AG KGaA KG OHG
Österreich	GmbH oder Ges.m.b.H. AG KG OHG	Gesellschaft mit beschränkter Haftung Aktiengesellschaft Kommanditgesellschaft Offene Handelsgesellschaft	GmbH AG KG OHG

Portugal	L.da EIRL S.A. (SARL)	Sociedade por quontas (Firmenzusatz: Sociedade com responsabilidade limitdada oder limitada – lda) Estabelecimento mercantil individual de responsabilidade limitada Sociedade anonima(Sociedade anonima responsabilidade limitada) Sociedade em comandita Sociedade em nome colectivo Sociedade civil Parcarias maritimas	GmbH Einzelhandelsunternehmen mit beschränkter Haftung AG KG OHG GbR Partenreederei
Schweden	AB	Aktiebolag Handelsbolag Kommanditbolag Enkeltbolag Enskild Firma Kreditavtel med delta gande vid vinst och forlust	AG OHG KG GbR Einzelkaufmann Stille Gesellschaft
Schweiz	GmbH AG/SA KG	Gesellschaft mit beschränkter Haftung Aktiengesellschaft Kommanditaktiengesellschaft Kommanditgesellschaft Einfache Gesellschaft Genossenschaft	GmbH AG KGaA KG GbR Genossenschaft
Singapur		Private Company Limited by Shares (als Private oder Public Company möglich) Company Limited by Guarantee Unlimited Company Limited Partnership Partnership	GmbH KG OHG
Spanien	SRL SA SC SrC	Sociedad de Responsabilidad Limitada (Sociedad Limitada) Sociedad Anónima Sociedad en Comandita Sociedad Regular Colectiva Compania Sociedad commanditaria por acciónes	GmbH AG KG OHG KGaA
Südafrika	(Pty) Ltd Ltd oder BpK Partnership	Private oder Propriety Company (Limited by shares) Public Company (Limited by shares) Company limited by Guarantee OHG	GmbH AG Mitunternehmer schaft
Türkei	A.S. Kol.SrK. Kom.SrK.	Anonim Sirket Limited Sirket Kollektiv Sirket Komandit Sirket Hisseli Komandit Sirket	AG GmbH OHG KG KGaA

Ungarn	Rt. Kft Kkt Bt	Reszvenytarsasag Korlatolt felelözsegü tarsasag Közkere seti tarsasag Beteti tarsasag Ikari Szeöwetkezet	AG GmbH OHG KG Industriegenossenschaften
USA	Corp.Inc. Ltd. JSA PTLP	Business Corporation (Public Corporation, Close Corporation) Joint Stock Association(Company) Limited Partnership General Partnership Unincorporated Joint Venture Business Trust Public Traded Limited	AG Mischform KapGes/ PersGes KG KG OHG Gelegenheitsgesellschaft: GbR keine vergleichbare Gesellschaftsform KG mit Börsenzulassung (KapGes)

Osteuropäische Unternehmen können folgende Rechtsformen annehmen:

Staat und Rechtsform	**Abk.**	**Vergleichbare Rechtsform**
Polen 1. Spólka Akcyjna 2. Spólka z ograniczona odpowiedzialnoscia 3. Spólka komandytowa 4. Spólka prawa cywilnego (Spolka cywilna) 5. Spólka handlowa jawna	 S.A. Sp.z.o.o. S.K. S.c. OHG	 AG GmbH KG GbR
Tschechische/Slowakische Republik 1. Spolecnost s rucen im, omezenim oder s rucenim omezenim 2. Akiová spulecnost 3. Verejná obchodni spolecnost 4. Komanditni spolecnost	 spol.s.r.o. a.s. ver.obch.spol. oder v.o.s. kom.spol.oder k.s.	 GmbH AG OHG KG
Ungarn 1. Reszvenytarsasag 2. Korlatolt felelözsegü tarsasag 3. Közkereseli tarsasag 4. Beteti tarsasag *Industriegenossenschaften* 5. Ikari Szeöwetkezet	 R K Kkt Bt keine Abkürzung	 AG GmbH OGH KG

Bulgarien 1. Zabiratelno drushestwo 2. Komanditno drushestwo 3. Drushestwo s organitschena otgowornost 4. Aktionierno drushestwo 5. Komanditno drushestwo s. akzii	 OHG KD ocD AD KDA	 KG GmbH AG KGaA
Kroatien 1. Akzomarskoje Obtschestwo 2. Obtschestwo oder Organisazia za Organitschenom otgowomosti	 AG GmbH	
Slowenien (seit dem 10.06.1993): 1. Delniska druzba 2. Druz z omejeno odgovornostjo 3. Komanditna druzba 4. Komanditna delniska druzba 5. Tilna druzba 6. Gospordarsko interesno zdruzenje 7. Druzba z neomenjeno odgovornostjo	 d.d. d.o.o. k.d. k.d.d. t.d. g.i.z. d.n.o.	 AG GmbH KG KGaA Stille Gesellschaft. Entspricht der franz. Wirtschaftliche Interessengemeinschaft OHG
Rumänien 1. Societate pe actiuni 2. Societate cu raspundere limitada 3. Societate in comandita simpla 4. Societate in nume colectiv 5. Societate in comandita pe actiuni	 S.A. S.R.L. S.C.S. S.N.C. S.C.A.	 AG GmbH KG OHG KGaA

Ein besonderer **Besteuerungskonflikt** kann dann entstehen, wenn der ausländische Staat die ausländische Gesellschaft als KapGes, Deutschland aber als PersGes einordnet (oder umgekehrt). Die Charakterisierung der Einkünfte (Dividende oder Gewinnanteil eines Mitunternehmers) ist insoweit von Bedeutung, als ausländische Dividenden unter die Befreiungsvorschrift des § 8b KStG fallen.

Da bei der Besteuerung in Deutschland die Grundsätze des deutschen Steuerrechts anzuwenden sind, ist die deutsche Sichtweise maßgeblich.

6.5.2.2 Bestehen eines Doppelbesteuerungsabkommens

Besteht mit dem ausländischen Staat ein DBA, so gilt bei einer Beteiligung an einer PersGes diese regelmäßig als Betriebsstätte. Betriebsstättengewinne sind in dem Staat zu besteuern, in dem sich die Betriebsstätte befindet (vgl. Art. 7 Abs. 1 OECD-MA).

Damit hat Deutschland den Gewinnanteil von der deutschen Besteuerung **freizustellen** (vgl. Art. 23 A OECD-MA). Der Gewinnanteil ist in der Handelsbilanz und wegen des Maßgeblichkeitsgrundsatzes auch in der **Steuerbilanz** zu erfassen und dann **außerbilanziell** zu korrigieren (R 29 KStR).

Auch bei Bestehen eines DBA kann es zu einem Besteuerungskonflikt kommen. Dieser kann dergestalt sein, dass beide Staaten der Ansicht sind, das Besteuerungsrecht zu haben. In diesem Fall wird die Doppelbesteuerung durch die Anrechnung der ausländischen Steuern beseitigt oder zumindest gemildert.

Möglich ist aber auch ein negativer Besteuerungskonflikt mit der Folge, dass jeder der beteiligten Staaten von einem Besteuerungsrecht des jeweils anderen Staates ausgeht (sog. weiße Einkünfte).

Der BFH hat mit Urteil vom 17.10.2007 (BStBl II 2009, 356) zu einer häufigen Fallgestaltung aus dem Bereich des internationalen Steuerrechts Stellung genommen. Eine deutsche PersGes (KG) hatte von ihren in den USA lebenden Gesellschaftern Darlehen erhalten, und die dafür gezahlten Zinsen hatte das Finanzamt als in Deutschland stpfl. Einkünfte der Gesellschafter behandelt. Dagegen entschied der BFH, dass die Zinsen nach den Regelungen des DBA USA nur dort (also in den USA) besteuert werden dürfen und daher in Deutschland steuerfrei bleiben müssen. Das deutsche Besteuerungsrecht für die nach § 49 Abs. 1 Nr. 2a EStG inländischen Einkünfte wurde der BRD also durch die Anwendung der DBA-Regelungen wieder genommen.

Die Entscheidung ist aus wirtschaftlicher Sicht vor allem deshalb bedeutsam, weil ihr zufolge die von der KG gezahlten Darlehenszinsen den in Deutschland zu versteuernden Gewinn der Gesellschaft mindern, während der Zinsertrag der ausländischen Gesellschafter nur dem eventuell niedrigeren Steuersatz ihres Heimatlandes unterliegt. Zudem bezieht sich das Urteil zwar unmittelbar nur auf in den USA lebende Gesellschafter; es kann aber auf das Verhältnis zu vielen anderen Staaten übertragen werden. Davon ausgenommen sind allerdings Staaten, mit denen Deutschland kein DBA geschlossen hat (z. B. Liechtenstein und Monaco), oder mit denen in einem solchen Abkommen eine abweichende Sonderregelung vereinbart ist (z. B. Österreich, Schweiz Usbekistan, Tadschikistan, Singapur, Kasachstan, Ghana, Belarus). Dennoch hat die Entscheidung für die Steuerplanung von international ausgerichteten Personengesellschaften erhebliche Bedeutung, zumal für Dividenden und Lizenzgebühren ähnliche Regeln wie für Zinsen gelten.

Der rechtliche Hintergrund des Urteils ist dadurch gekennzeichnet, dass Deutschland bei der Besteuerung von Personengesellschaften Zinserträge aus einem Gesellschafterdarlehen als »Sondervergütungen« des Gesellschafters versteht (§ 15 Abs. 1 Satz 1 Nr. 2 EStG), die den innerhalb der Gesellschaft erzielten Gewinn erhöhen. Dagegen sehen die meisten anderen Staaten darin Zinseinkünfte, die ausschließlich bei der Besteuerung des Gesellschafters zu berücksichtigen sind. Bei grenzüberschreitenden Beteiligungsverhältnissen stellt sich deshalb die Frage, welche systematische Sicht sich durchsetzt. Dazu hat die Finanzverwaltung bisher die Ansicht vertreten, dass i.R.d. deutschen Besteuerung nur die Prinzipien des deutschen Rechts maßgeblich seien. Dagegen richtet sich die vom BFH gewählte Lösung stärker an den internationalen Gepflogenheiten aus.

Durch die Regelung des § 50d Abs. 10 EStG, die durch das JStG 2009 eingeführt wurde, hat der Gesetzgeber »das Besteuerungsrecht wieder nach Deutschland geholt«. Die Norm wird auch als Unternehmensgewinn-Qualifikationsklausel bezeichnet. Die Sondervergütungen an einen Mitunternehmer einer PersGes oder an einen Komplementär einer KGaA werden für Zwecke der DBA-Anwendung ausschließlich als Unternehmensgewinne qualifiziert und da die Gesellschaft als inländische Betriebsstätte anzusehen ist, bleibt das Besteuerungsrecht somit bei der BRD.

Diese Vorgehensweise wird auch im BMF-Schreiben vom 16.04.2010 unter Punkt 5. nochmals klargestellt.

Der BFH hat mit Beschluss vom 08.11.2010 (I R 106/09) über die Anwendung der Vorschrift des § 50d Abs. 10 EStG zu entscheiden. Der Entscheidung lag folgender vereinfacht dargestellter Sachverhalt zugrunde:

Der (1935 geborene) K. hat seinen Wohnsitz in den USA. Er war Kommanditist einer inländischen GmbH & Co. KG und eine Zeit lang auch Geschäftsführer der Komplementär-GmbH. Nach dem zwischen dem K. und der Komplementär-GmbH geschlossenen Dienstvertrag stand dem K. bei Eintritt in den Ruhestand auf Lebenszeit eine von der KG geschuldete Pension zu. K. beendete seine Tätigkeit als Geschäftsführer und übertrug seinen KG-Anteil. Nun ist streitig, ob der in den USA wohnhafte K. diese Pension i.R.d. beschränkten Steuerpflicht in der BRD zu versteuern hat.

Das FA vertrat die Auffassung, dass die an den K. gezahlten Ruhegelder als nachträgliche Sondervergütungen zu behandeln sind, die gemäß § 15 Abs. 1 Satz 1 Nr. 2 und Satz 2 (i.V.m. § 24 Nr. 2 EStG) den (nachträglichen) Einkünften aus Gewerbebetrieb zuzuordnen und als solche gemäß § 49 Abs. 1 Nr. 2 Buchst. a EStG der beschränkten Steuerpflicht zu unterwerfen sind; denn die Ruhegelder seien durch die KG und damit durch eine Betriebsstätte, die im Inland unterhalten wurde, veranlasst worden.

Das DBA USA steht nach Ansicht des FA der Besteuerung in der BRD nicht entgegen, da sog. Unternehmensgewinne nach Art. 7 DBA vorliegen, für die der Betriebsstättenstaat BRD das Besteuerungsrecht hat. Selbst wenn nach US-amerikanischer Auslegung des DBA die Einkünfte unter Art. 18 DBA USA (Ruhegehälter) zu fassen seien, was dazu führen würde, dass die USA als Ansässigkeitsstaat das Besteuerungsrecht hätten, würde hier § 50d Abs. 10 EStG greifen und die Besteuerung bei der BRD bleiben.

Anders der BFH:

§ 50d Abs. 10 Satz 1 EStG greife hier nicht ein. Die Einordnung eines Ruhegeldes als Gewinnanteil in Form von Sondervergütungen verlangt prinzipiell, dass der Empfänger der Zahlung noch Gesellschafter der PersGes ist; ein ehemaliger Gesellschafter kann keine Gewinnanteile in Gestalt von Sondervergütungen mehr beziehen (s. BFH vom 24.11.1983, BStBl II 1984, 431; vom 25.10.1984, BStBl II 1985, 212). Ohne die Geltungsfiktion des § 15 Abs. 1 Satz 2 EStG können nachträgliche Vergütungen deshalb nicht als solche i.S.v. § 15 Abs. 1 Satz 1 Nr. 2 EStG angesehen oder ihnen gleichgestellt werden und die Umqualifizierung in Sondervergütungen läuft leer. In Konsequenz dieser Regelungslage scheitert auch die entsprechende, in § 50d Abs. 10 Satz 1 EStG angeordnete abkommensrechtliche Umqualifizierung der Vergütungen (vgl. auch *Gosch* in *Kirchhof*, a.a.O., § 50d, Rz. 45).

Somit steht der BRD kein Besteuerungsrecht für diese Ruhegehälter zu.

Eine weitere Entscheidung des BFH vom 08.09.2010 (Az: I R 74/09), deren Leitsatz wie folgt lautet, befasst sich mit § 50d Abs. 10 Satz 1 EStG:

Erhält ein in den USA ansässiger Gesellschafter einer deutschen PersGes Lizenzvergütungen für von ihm der Gesellschaft eingeräumte Rechte, so dürfen diese Vergütungen nach Art. 12 Abs. 1 DBA USA nur in den USA und nicht in Deutschland besteuert werden. Die in § 50d Abs. 10 Satz 1 EStG angeordnete Umqualifizierung von Sondervergütungen i.S.v. § 15 Abs. 1 Satz 1 Nr. 2 Satz 1 HS 2 EStG in abkommensrechtliche Unternehmensgewinne ändert daran nichts (gegen BMF vom 16.04.2010, BStBl I 2010, 354, dort Tz. 2.2.1 und 5.1).

Zum Sachverhalt:

Die K. ist eine KG mit Sitz in der BRD. An ihr sind mehrere Inländer sowie eine in den USA ansässige Person als Kommanditisten und eine GmbH als Komplementärin beteiligt. Die in den USA ansässige Person (als Lizenzgeberin) gewährte der KG (als Lizenznehmerin) die Erlaubnis, ihre Produkte zu verkaufen, zu vermarkten, zu verteilen und Dienstleistungen zu erbringen sowie die Marke und den Handelsnamen der USA-Person zu benutzen. Im Gegenzug verpflichtete sich die KG zur Zahlung einer Lizenzgebühr von 8 % auf den Jahresumsatz der KG für alle Geschäfte, die sich auf Produkte oder Dienstleistungen oder die Verbindung der Marke des Handelsnamens der USA-Person beziehen.

Das FA gelangte zu der Auffassung, dass es sich bei den Lizenzzahlungen der K. an die an ihr als Gesellschafterin beteiligte USA-Person um Sondervergütungen i.S.d. § 15 Abs. 1 Satz 1 Nr. 2 Satz 1 HS 2 des EStG 1997/2002 handele, die nach § 49 Abs. 1 Nr. 2 Buchst. a EStG (i.V.m. § 2 Nr. 1 und § 8 Abs. 1 KStG) deren inländischer Betriebsstätte zuzurechnen seien. Aufgrund der Umsatzverhältnisse stehe die insoweit maßgebliche wirtschaftliche Zugehörigkeit der den Lizenzen zugrunde liegenden Rechte zum (Sonder)Betriebsvermögen der deutschen Betriebsstätte der USA-Person fest. Da das DBA USA die Einkünfteeinstufung nicht ausdrücklich regele, bestimme sich die Zugehörigkeit zur Betriebsstätte nach dem jeweiligen Steuerrecht des Anwendestaates. Danach sei aus deutscher Sicht maßgebend, dass diese Rechte der Tätigkeit der inländischen Betriebsstätte dienten. Aufgrund der Zuordnung der Lizenzen zur inländischen Betriebsstätte sei – abweichend von Art. 12 Abs. 1 DBA USA 1989 (Lizenzgebühren), wonach Lizenzgebühren im Ansässigkeitsstaat der die Lizenzgebühren beziehenden Person (hier: den USA) zu besteuern sind – über Art. 12 Abs. 3 DBA USA 1989 (sog. Betriebsstättenvorbehalt) die Vorschrift des Art. 7 DBA USA (gewerbliche Gewinne) anzuwenden. Nach Art. 7 Abs. 1 DBA USA seien die Lizenzgebühren wegen der Zurechnung zur inländischen Betriebsstätte als gewerbliche Gewinne dem Betriebsstättenstaat (Deutschland) zuzuweisen. Das FG München (war sich wohl nicht sicher und) stützte die Entscheidung des FA mit der Vorschrift des § 50d Abs. 10 EStG 2002, die gem. § 52 Abs. 59a Satz 8 EStG 2002, für die Gewerbesteuer gem. § 36 Abs. 5 Satz 2 i.V.m. § 7 Satz 1 und 6 des GewStG i.d.F. des JStG 2009 (GewStG 2002 n.F.), rückwirkend auf noch nicht bestandskräftige Bescheide anzuwenden ist.

Der BFH hingegen entschied anders:

Es ist richtig, dass die Lizenzvergütungen als Betriebsausgabe der KG berücksichtigt wurden. Es ist ebenso zutreffend, dass es sich bei den entsprechenden Vergütungen aus der Sicht der USA-Person um Sondervergütungen handelt, die gemäß § 15 Abs. 1 Satz 1 Nr. 2 EStG (i.V.m. § 49 Abs. 1 Nr. 2 Buchst. a EStG und § 2 Nr. 1, § 8 Abs. 1 KStG), für die Gewerbesteuer i.V.m. § 7 Satz 1 GewStG, den Einkünften aus Gewerbebetrieb zuzuordnen sind. Dennoch sind die Lizenzvergütungen nicht den in Deutschland zu besteuernden Einkünften der USA-Person zuzurechnen, da sie nach Art. 12 Abs. 1 DBA USA nur in den USA besteuert werden dürfen.

Art. 12 Abs. 3 DBA USA greift nicht durch, weil die besagten Rechte oder Vermögenswerte nicht zu der deutschen Betriebsstätte gehören. Der Umstand, dass die Lizenzvergütung nach Maßgabe des deutschen Steuerrechts als Sondervergütungen der USA-Person i.S.v. § 15 Abs. 1 Satz 1 Nr. 2 Satz 1 HS 2 EStG anzusehen sind, welche dem Gewinn der Gesellschaft und mithin den von ihr unterhaltenen Betriebsstätten zuzuordnen sind, widerspricht dem nicht. Ausschlaggebend ist, dass die Rechte oder Vermögenswerte nur dann in der gebotenen tatsächlich-funktionalen Weise zu der Betriebsstätte gehören können, wenn sie aus der Sicht der Betriebsstätte einen Aktivposten bilden. Auch die Voraussetzungen des § 50d Abs. 10 Satz 1 EStG erfüllt der hier zu beurteilende Sachverhalt nach Ansicht des BFH nicht. Denn wenn die Einkünfte nicht der Betriebsstätte, also der inländischen KG, zugerechnet werden können, dann können sie auch nicht i.R.d. umqualifizierten gewerblichen Einkünfte nach § 49 Abs. 1 Nr. 2a EStG erfasst werden. Die Zurechnung, wie sie das BMF vornimmt (vgl. BMF vom 16.04.2010, BStBl I 2010, 354, dort Tz. 2.2.1 und 5.1) lehnt der BFH ab.

6.6 Ausländische Tochtergesellschaft

6.6.1 Grundsatz

Ist eine in Deutschland ansässige GmbH an einer ausländischen Gesellschaft beteiligt, so ist zuerst zu prüfen, ob die ausländische Gesellschaft aus deutscher Sicht als KapGes einzustufen ist.

Des Weiteren ist wieder danach zu differenzieren, ob mit dem ausländischen Staat ein DBA existiert oder nicht. Existiert kein DBA, so gilt das Welteinkommensprinzip (§ 1 KStG). Die Dividenden sind auf jeden Fall in Deutschland zu versteuern. Sie sind aber regelmäßig auch im ausländischen Staat i.R.d. beschränkten Steuerpflicht zu versteuern. Die Doppelbesteuerung wird durch Anrechnung der ausländischen Steuern beseitigt oder gemildert (§ 26 KStG i.V.m. § 34c EStG).

Besteht mit dem Staat, in dem die Tochtergesellschaft ihren Sitz hat, ein **DBA**, so sind die Erträge aus Dividenden regelmäßig **ausschließlich** im Sitzstaat des Empfängers zu versteuern (vgl. Art. 10 OECD-MA). In Deutschland sind diese Dividenden nach den Grundsätzen des **§ 8b KStG** zu besteuern. Insoweit besteht kein Unterschied zu Dividenden aus deutschen Quellen.

Die Kürzungsvorschrift des **§ 9 Nr. 7 GewStG**, wonach Gewinnanteile aus ausländischen Beteiligungen bei einer Mindestbeteiligung von 10% zu einer entsprechenden Kürzung des Gewerbeertrags führen, hat für die deutsche GmbH keine Bedeutung. § 9 Nr. 7 GewStG greift nämlich nur, wenn die Dividenden überhaupt der Besteuerung unterliegen. Dies ist bei Dividenden ausländischer Töchter aber nicht der Fall, da § 8b Abs. 1 KStG auf diese Erträge anwendbar ist.

6.6.2 Ausländische Quellensteuern

Nahezu alle Länder haben sich in den DBA ausbedungen, eine Quellensteuer auf Dividenden zu erheben. Nach dem OECD-MA (Art. 10 Abs. 2) beträgt diese grundsätzlich 15% des Bruttobetrags der Dividenden. Die meisten DBA sehen aber ein sog. **Schachtelprivileg** vor, wonach ab einer bestimmten Beteiligungsquote ein niedrigerer Quellensteuersatz gilt. So sieht Art. 10 Abs. 2a des OECD-MA ab einer Beteiligungsquote von mindestens 25% einen Quellensteuersatz von nur noch 5% des Bruttobetrags vor.

Liegt die Quellensteuer in einem Land höher als nach dem DBA vereinbart, so muss die deutsche Gesellschafterin die Erstattung im ausländischen Staat beantragen.

Einzelne Länder sehen im Fall von Schachtelbeteiligungen auch vollständig von einer Besteuerung ab. So können Dividenden, die eine in Frankreich ansässige KapGes an eine in Deutschland ansässige KapGes ausschüttet, nicht besteuert werden, wenn die Beteiligung mindestens 10% beträgt (Art. 9 Abs. 4 DBA Frankreich). Diese Dividenden berechtigen nicht zu einer Steuergutschrift (avoir fiscal). Die bei der Zahlung der Dividenden gegebenenfalls erhobene Vorsteuer (précompte) wird der in Deutschland ansässigen Gesellschaft erstattet.

Diese Regelung entspricht im Wesentlichen der **Europäischen Mutter-Tochter-Richtlinie** vom 23.07.1990. Danach sind Dividenden, die eine europäische Tochtergesellschaft an ihre europäische Mutter ausschüttet, entweder von der Besteuerung ausgenommen (vgl. in Deutschland § 8b KStG) oder die auf die Gewinne der Tochter anfallenden Steuern werden bei der Besteuerung der Mutter angerechnet (Art. 4 der Richtlinie). Die von einer Tochtergesellschaft an die Mutter ausgeschütteten Gewinne sind vom Quellensteuerabzug auszunehmen (Art. 5 der Richtlinie).

6.7 Ausländische Muttergesellschaft

6.7.1 Allgemeines

Ist die deutsche GmbH die Tochter einer im Ausland ansässigen KapGes, so sind die Dividenden, die die deutsche Tochter an die Mutter ausschüttet, ausschließlich im Sitzstaat der Mutter zu versteuern (vgl. Art. 10 OECD-MA). Bezüglich der **Quellensteuer** gelten grundsätzlich die gleichen Regeln wie bei der Ausschüttung von einer ausländischen Tochter an eine deutsche Mutter.

Durch das EURLUmsG vom 16.12.2004 hat Deutschland in Umsetzung der Europäischen Mutter-Tochter-Richtlinie nach **§ 43b EStG** auf den (nach DBA grundsätzlich möglichen) Quellensteuerabzug vollständig verzichtet. Voraussetzung ist, dass die Muttergesellschaft ihren Sitz in der EU hat und zu mindestens einem **Viertel** an der deutschen Tochtergesellschaft beteiligt ist (Schachtelprivileg). Außerdem muss die Beteiligung nachweislich ununterbrochen **zwölf Monate** bestehen.

Stellt der ausländische Staat die an die Mutter fließenden Dividenden von der Besteuerung frei (vergleichbar § 8b KStG), so genügt nach § 43b Abs. 3 EStG bereits eine mindestens 10%-ige Beteiligung.

6.7.2 Gesellschafter-Fremdfinanzierung

Nach der bis VZ 2003 geltenden Fassung des § 8a KStG wurden Finanzierungszinsen, die eine deutsche KapGes von ihren ausländischen Gesellschaftern erhielt, bei einer Mindestbeteiligung von mehr als 25% und dem Überschreiten des sog. safe haven als vGA behandelt (Details s. BMF vom 15.12.1994, BStBl I 1995, 25, 176).

Da diese Vorschrift gegen das europäische Diskriminierungsverbot verstieß, wurde sie mit Wirkung ab VZ 2004 auch auf in Deutschland ansässige Gesellschafter ausgedehnt (Details s. BMF vom 15.07.2004, BStBl I 2004, 539). Damit wurde aber der Kreis der schädlichen Gesellschafter-Finanzierungen lediglich ausgedehnt. Die Vorschrift gilt weiterhin **auch** für ausländische Gesellschafter.

6.8 Gesellschafter ist eine natürliche Person

6.8.1 Dividendenbesteuerung

Ist an einer in Deutschland ansässigen GmbH ein Gesellschafter beteiligt, der seinen Wohnsitz im Ausland hat, so sind die Dividenden ausschließlich im Wohnsitzstaat des Dividendenempfängers zu versteuern, wenn der Gesellschafter in einem Staat wohnt, mit dem ein DBA abgeschlossen wurde (vgl. Art. 10 OECD-MA). Die GmbH, die die Dividende auszahlt, muss nach § 43 Abs. 1 Nr. 1 i.V.m. § 43a Abs. 1 Nr. 1 EStG 20% KapSt einbehalten. Sieht das entsprechende DBA einen niedrigeren Quellensteuersatz vor (z. B. nach Art. 10 DBA USA: 15%), so muss der ausländische Gesellschafter eine entsprechende Erstattung beim Bundesamt für Finanzen beantragen.

Wohnt der Gesellschafter in einem Staat, mit dem kein DBA abgeschlossen wurde, so sind die Dividenden nach § 49 Abs. 1 Nr. 5a EStG zu versteuern. Der Gesellschafter ist dann in Deutschland beschränkt geschäftsfähig. Nach § 50 Abs. 5 EStG gilt die deutsche ESt mit dem

KapSt-Abzug nach § 43 Abs. 1 Nr. 1 EStG als abgegolten. Der Gesellschafter kann dann die deutsche ESt nach dem Recht seines Wohnsitzstaates anrechnen lassen.

6.8.2 Wegzugbesteuerung

6.8.2.1 Grundprinzip

Nach **§ 6 AStG** muss ein Gesellschafter, der i.S.d. § 17 Abs. 1 Satz 1 EStG an einer in Deutschland ansässigen GmbH beteiligt ist und mindestens zehn Jahre lang in Deutschland unbeschränkt stpfl. war, bei Aufgabe der unbeschränkten Steuerpflicht einen fiktiven Veräußerungsgewinn versteuern. Anstelle eines Veräußerungspreises tritt nach § 6 Abs. 1 Satz 3 AStG der gemeine Wert der Anteile im Zeitpunkt der Beendigung der unbeschränkten Steuerpflicht.

Bei der Ermittlung der Einkünfte sind die Vorschriften des § 17 EStG und des § 53 EStDV über die Ermittlung der AK sowie **§ 9 BewG** über die Ermittlung eines gemeinen Wertes entsprechend anzuwenden (s. BMF vom 14.05.2004, BStBl I 2004, Sondernr. 1, Tz. 6.1.3.2).

Da § 6 AStG eine Rechtsgrundverweisung enthält, sind § 3 Nr. 40 und § 3c Abs. 2 EStG für die Berechnung des fiktiven Veräußerungsgewinns anzuwenden.

Beispiel

Der fünfzigjährige A wohnt seit seiner Geburt in Weinsberg. Er ist seit 1998 an der X-Wohnbau GmbH mit Sitz in Weinsberg beteiligt (AK 200.000 €). Im November 2010 verlegt A seinen Wohnsitz in die Türkei. Zu diesem Zeitpunkt ist die Beteiligung 240.000 € wert.

Lösung

Da A die unbeschränkte Steuerpflicht in Deutschland durch Wegzug aufgibt, muss er nach § 6 AStG i.V.m. § 17 Abs. 1 Satz 1 EStG einen Gewinn i.H.v. (40.000 € × 60 % =) 240.000 € versteuern.

Die Fiktivbesteuerung des § 6 AStG greift auch (vgl. § 6 Abs. 3 AStG),

- wenn die Anteile durch ganz oder teilweise unentgeltliches Rechtsgeschäft unter Lebenden auf nicht unbeschränkt stpfl. Personen übertragen werden; die Steuer wird aber auf Antrag ermäßigt oder erlassen, wenn für die Übertragung der Anteile Erbschaftsteuer zu entrichten ist, oder
- wenn in einem ausländischen Staat ein zweiter Wohnsitz begründet wird und der Gesellschafter nach einem DBA als in diesem Staat ansässig anzusehen ist, oder
- wenn die Einlage der Anteile in einen Betrieb oder eine Betriebsstätte in einem ausländischen Staat erfolgt, wenn das Besteuerungsrecht der BRD hinsichtlich des Gewinns aus der Veräußerung der Anteile durch ein Abkommen zur Vermeidung der Doppelbesteuerung ausgeschlossen wird, oder
- die Anteile an der deutschen GmbH gegen Anteile an einer ausländischen KapGes getauscht werden.

6.8.2.2 Europarechtliche Problematik

Die Kommission der Europäischen Gemeinschaften hat gem. Art. 226 des Vertrages zur Gründung der Europäischen Gemeinschaft gegen die BRD ein Vertragsverletzungsverfahren eingeleitet wegen der Besteuerung nicht realisierter Wertzuwächse wesentlicher Beteiligungen bei einem **Wegzug aus Deutschland in einen Mitgliedstaat der Europäischen Union** (EU) oder des Europäischen Wirtschaftsraums (EWR). Im Hinblick darauf wurde die Regelung des § 6 Abs. 5 AStG eingefügt, wobei in diesem Rahmen auch § 6 Abs. 6 und Abs. 7 AStG zu beachten sind.

Ist der Stpfl., der den Tatbestand des § 6 Abs. 1 AStG erfüllt, Staatsangehöriger eines Mitgliedstaates der EU oder eines anderen Staates, auf den das Abkommen über den EWR anwendbar ist (Vertragsstaat des EWR-Abkommens), und unterliegt er nach der Beendigung der unbeschränkten Steuerpflicht in einem dieser Staaten (Zuzugsstaat) einer der deutschen unbeschränkten Einkommensteuerpflicht vergleichbaren Steuerpflicht, so ist die nach Abs. 1 geschuldete Steuer zinslos und ohne Sicherheitsleistung zu stunden. Voraussetzung ist allerdings, dass die Amtshilfe und die gegenseitige Unterstützung bei der Beitreibung der geschuldeten Steuer zwischen der BRD und diesem Staat gewährleistet sind. Dies gilt entsprechend, wenn

- im Fall des Abs. 1 Satz 2 Nr. 1 der Rechtsnachfolger des Stpfl. einer der deutschen unbeschränkten Einkommensteuerpflicht vergleichbaren Steuerpflicht in einem Mitgliedstaat der EU oder einem Vertragsstaat des EWR-Abkommens unterliegt oder
- im Fall des Abs. 1 Satz 2 Nr. 2 der Stpfl. einer der deutschen unbeschränkten Einkommensteuerpflicht vergleichbaren Steuerpflicht in einem Mitgliedstaat der EU oder einem Vertragsstaat des EWR-Abkommens unterliegt und Staatsangehöriger einer dieser Staaten ist oder
- im Fall des Abs. 1 Satz 2 Nr. 3 der Stpfl. die Anteile in einen Betrieb oder eine Betriebsstätte in einem anderen Mitgliedstaat der EU oder einem anderen Vertragsstaat des EWR-Abkommens einlegt.

Zu beachten ist jedoch, dass die Stundung widerrufen wird, soweit der Stpfl. oder sein Rechtsnachfolger i.S.v. Satz 3 Nr. 1 Anteile veräußert oder verdeckt in eine Gesellschaft i.S.d. § 17 Abs. 1 Satz 1 EStG einlegt oder einer der Tatbestände des § 17 Abs. 4 EStG erfüllt wird. Gleiches gilt auch, soweit Anteile auf eine nicht unbeschränkt stpfl. Person übergehen, die nicht in einem Mitgliedstaat der EU oder einem Vertragsstaat des EWR-Abkommens einer der deutschen unbeschränkten Einkommensteuerpflicht vergleichbaren Steuerpflicht unterliegt. Oder soweit in Bezug auf die Anteile eine Entnahme oder ein anderer Vorgang verwirklicht wird, der nach inländischem Recht zum Ansatz des Teilwerts oder des gemeinen Werts führt bzw. wenn für den Stpfl. oder seinen Rechtsnachfolger i.S.v. Satz 3 Nr. 1 durch Aufgabe des Wohnsitzes oder gewöhnlichen Aufenthalts keine Steuerpflicht nach Satz 1 mehr besteht.

Ist im Fall von Abs. 5 Satz 4 Nr. 1 AStG/EStG der Veräußerungsgewinn i.S.d. § 17 Abs. 2 EStG im Zeitpunkt der Beendigung der Stundung niedriger als der Vermögenszuwachs nach Abs. 1 und wird die Wertminderung bei der Einkommensbesteuerung durch den Zuzugsstaat nicht berücksichtigt, so ist der Steuerbescheid insoweit aufzuheben oder zu ändern, hier gilt dann § 175 Abs. 1 Satz 2 AO entsprechend. Dies gilt nur, soweit der Stpfl. nachweist, dass die Wertminderung betrieblich veranlasst ist und nicht auf eine gesellschaftsrechtliche Maßnahme, insbesondere eine Gewinnausschüttung, zurückzuführen ist. Die Wertminderung ist höchstens im Umfang des Vermögenszuwachses nach § 6 Abs. 1 EStG zu berücksichtigen. Ist die Wertminderung auf eine Gewinnausschüttung zurückzuführen und wird sie bei der Einkommensbesteuerung nicht berücksichtigt, ist die auf diese Gewinnausschüttung erhobene und keinem Ermäßigungsanspruch mehr unterliegende inländische Kapitalertragsteuer auf die nach Absatz 1 geschuldete Steuer anzurechnen.

Nach § 6 Abs. 7 AStG hat der Stpfl. oder sein Gesamtrechtsnachfolger dem FA, das in dem in Abs. 1 genannten Zeitpunkt nach § 19 der AO zuständig ist, nach amtlich vorgeschriebenem Vordruck die Verwirklichung eines der Tatbestände des Abs. 5 Satz 4 mitzuteilen. Die Mitteilung ist innerhalb eines Monats nach dem meldepflichtigen Ereignis zu erstatten; sie ist vom Stpfl. eigenhändig zu unterschreiben. In den Fällen des § 6 Abs. 5 Satz 4 Nr. 1 und 2 AStG ist der Mitteilung ein schriftlicher Nachweis über das Rechtsgeschäft beizufügen. Der Stpfl. hat dem zuständigen FA jährlich bis zum Ablauf des 31.01. schriftlich seine am 31.12. des vorangegangenen Kj. geltende Anschrift mitzuteilen und zu bestätigen, dass die Anteile ihm oder im Fall der unentgeltlichen Rechtsnachfolge unter Lebenden seinem Rechtsnachfolger weiterhin zuzurechnen sind. Die Stundung nach § 6 Abs. 5 Satz 1 kann nämlich widerrufen werden, wenn der Stpfl. seine Mitwirkungspflicht nicht erfüllt.

Teil III Die GmbH im Wandel

1 Kapitalherabsetzung und Kapitalerhöhung

1.1 Kapitalherabsetzung

Die Motive für eine Kapitalherabsetzung sind vielfältig. Sie kann erfolgen, weil sich der Geschäftsumfang verringert hat und das Stammkapital in der bisherigen Höhe nicht benötigt wird und nun ausgeschüttet werden soll. Die Kapitalherabsetzung kann zu einem Erlass noch offener Einlageforderungen führen, unwirksame Übernahmen korrigieren oder verdeckte Sacheinlagen heilen. Sie kann dazu dienen, Mittel freizumachen, um ausscheidende Gesellschafter abzufinden oder eigene Gesellschaftsanteile einzuziehen.

Da den Gläubigern der GmbH letztlich nur das Stammkapital als Haftungsmasse zu Verfügung steht (vgl. §§ 30 ff. GmbHG), verringert jede Kapitalherabsetzung die Haftungsmasse. Daher stellt das GmbHG in den §§ 58 ff. strenge formale Hürden für eine Kapitalherabsetzung auf. Dabei unterscheidet das GmbHG zwischen der ordentlichen Kapitalherabsetzung (§ 58 GmbHG) und der vereinfachten Kapitalherabsetzung (§§ 58a–f GmbHG), die nur zum Ausgleich von Wertminderungen oder sonstiger Verluste zulässig ist.

1.1.1 Gesellschaftsrechtliche Voraussetzungen

1.1.1.1 Ordentliche Kapitalherabsetzung

Die Kapitalherabsetzung vollzieht sich in mehreren Schritten. In einem ersten Schritt ist stets die Satzung zu ändern. Hierzu ist ein **Gesellschafterbeschluss** erforderlich, der einer Mehrheit von drei Vierteln der abgegebenen Stimmen bedarf (§ 53 GmbHG). Der Gesellschaftsvertrag kann weiter Erfordernisse aufstellen (z. B. drei Viertel der abgegebenen Stimmen und mindestens die Hälfte der Kapitalanteile). Durch Gesellschaftsvertrag kann aber das Mehrheitserfordernis des § 53 Abs. 2 GmbHG nicht außer Kraft gesetzt werden.

Im Gesellschafterbeschluss muss das künftige Stammkapital **ziffernmäßig** festgelegt werden (z. B.: »Die Gesellschafter beschließen, das Stammkapital von bisher 500.000 € auf 100.000 € herabzusetzen …«).

Das Stammkapital muss nach der Kapitalherabsetzung mindestens 25.000 € betragen (Verweis in § 58 Abs. 2 GmbHG auf § 5 Abs. 1 GmbHG). Der Wechsel von einer GmbH in eine Unternehmergesellschaft (§ 5a GmbHG) im Wege einer Kapitalherabsetzung ist vom Gesetzgeber nicht vorgesehen.

Der Gesamtbetrag der Stammeinlagen muss auch nach der Kapitalherabsetzung mit dem Stammkapital übereinstimmen.

Es wird auch für zulässig erachtet, in dem Gesellschafterbeschluss einen **variablen** Herabsetzungsbetrag festzulegen (z. B. Herabsetzung bis zu 100.000 €), wenn dieser hinreichend bestimmt ist und nicht im Ermessen der Gesellschafter steht. Der Zweck der Kapitalherabsetzung (z. B. Erlass ausstehender Einlagen) muss im Gesellschafterbeschluss – anders als in § 222 Abs. 3 AktG – nicht genannt werden. Wird er genannt, so ist die Gesellschaft allerdings daran gebunden.

Die Herabsetzung kann für alle Gesellschafter anteilig gelten oder nur zu Lasten eines Gesellschaftsanteils ergehen. Da eine Aufhebung des Herabsetzungsbeschlusses dem Kapitalerhalt dient, kann diese formlos mit einfacher Mehrheit erfolgen. Soll allerdings der Herabsetzungsbeschluss geändert werden, so muss die Änderung mit satzungsändernder Mehrheit erfolgen. Nach einer Änderung muss eine erneute Bekanntmachung erfolgen.

Der Gesellschafterbeschluss muss **notariell** beurkundet werden (§ 53 Abs. 2 GmbHG). Enthält der Gesellschafterbeschluss Mängel, so gelten die allgemeinen Regeln über Gesellschafterbeschlüsse. Der Beschluss wird grundsätzlich wirksam, aber anfechtbar sein. Sieht der Beschluss aber eine Herabsetzung des Stammkapitals auf unter 25.000 € vor, so ist er wegen der zwingenden Regelung in § 58 Abs. 2, § 5 Abs. 1 GmbHG nichtig.

Der Beschluss auf Herabsetzung des Stammkapitals muss von den Geschäftsführern in den Gesellschaftsblättern bekannt gemacht werden; in dieser Bekanntmachung sind zugleich die Gläubiger der Gesellschaft aufzufordern, sich bei derselben zu melden; die aus den Handelsbüchern der Gesellschaft ersichtlichen oder in anderer Weise bekannten Gläubiger sind durch besondere Mitteilung zur Anmeldung aufzufordern (§ 58 Abs. 1 Nr. 1 GmbHG).

Da das GmbHG für diese Mitteilung keine besondere Form vorsieht, kann dies schriftlich, per Fax oder E-Mail oder sogar mündlich erfolgen. Die Beweislast für den Zugang der Mitteilung trägt aber die Gesellschaft. Daher wird es in der Regel empfehlenswert sein, die Gläubiger durch eingeschriebenen Brief mit Rückantwortschein in Kenntnis zu setzen.

Die Pflicht zur Gläubigerinformation obliegt den Geschäftsführern. Diese können bei einem Verstoß gegen die Sorgfaltspflichten den Gläubigern gegenüber zum **Schadensersatz** verpflichtet sein (§ 823 Abs. 2 BGB i.V.m. § 58 Abs. 1 Nr. 2 GmbHG). Eine Frist für die individuelle Information der bekannten Gläubiger ist nicht vorgesehen. Die Mitteilung muss aber unverzüglich nach der letzten Bekanntmachung erfolgen.

Melden sich Gläubiger bei der Gesellschaft und stimmen der Herabsetzung nicht zu, so sind sie zu befriedigen (§ 58 Abs. 1 Nr. 2 GmbHG). Es kann auch eine Sicherheit gestellt werden. Diese müssen die Gläubiger akzeptieren.

Die Anmeldung des Herabsetzungsbeschlusses zur Eintragung in das Handelsregister erfolgt nicht vor Ablauf eines Jahres seit dem Tage, an welchem die Aufforderung der Gläubiger in den Gesellschaftsblättern stattgefunden hat (§ 58 Abs. 1 Nr. 3 GmbHG – zur Fristberechnung siehe § 188 Abs. 2 BGB).

Nach Ablauf der Sperrfrist ist der Herabsetzungsbeschluss von sämtlichen Geschäftsführern (vgl. § 78 GmbHG) persönlich in notariell beglaubigter Form zur Eintragung ins HR anzumelden. Dabei haben die Geschäftsführer die Versicherung abzugeben, dass die Gläubiger, welche sich bei der Gesellschaft gemeldet und der Herabsetzung nicht zugestimmt haben, befriedigt oder sichergestellt sind (§ 58 Abs. 1 Nr. 4 GmbHG). Verstoßen die Geschäftsführer gegen diese Pflicht (z. B. weil sie fahrlässig davon ausgehen, ein Gläubiger sei mit einer Sicherheitsgestellung zufrieden), so entsteht den Gläubigern ein Schadensersatzanspruch.

Das **Registergericht** prüft insbesondere die formellen Voraussetzungen des Gesellschafterbeschlusses sowie die Einhaltung des Mindeststammkapitals (§ 5 Abs. 1 GmbHG). Bei der Frage, ob Gläubiger befriedigt oder sichergestellt sind, muss sich das Registergericht in der Regel an die Versicherung durch die Geschäftsführer bei der Anmeldung verlassen. Wird eine Kapitalherabsetzung unter Verstoß gegen § 58 GmbHG vom Registergericht eingetragen, so ist die Kapitalherabsetzung dennoch wirksam (keine Nichtigkeit).

Nach Eintragung ins HR haben die Geschäftsführer die Kapitalherabsetzung entsprechend dem Gesellschafterbeschluss durchzuführen (z. B. Auszahlung des Herabsetzungsbetrags, ausstehende Einlagen erlassen oder Umbuchung von Stammkapital in eine Rücklage).

1.1.1.2 Vereinfachte Kapitalherabsetzung

Die vereinfachte Kapitalherabsetzung ist eine nominelle Kapitalherabsetzung, bei der keine Mittel zur Verteilung an die Gesellschafter frei werden und die lediglich dazu dienen darf, Wertminderungen auszugleichen oder Verluste zu decken (§ 58a GmbHG).

Die vereinfachte Kapitalherabsetzung kann auch mit einer sofortigen Kapitalerhöhung verbunden werden, bei der die Gesellschafter der Gesellschaft zum Zwecke der Sanierung neues Kapital zuführen.

Nach § 58a Abs. 4 GmbHG kann das Stammkapital auf einen Betrag von unter 25.000 € herabgesetzt werden, wenn der Mindestbetrag nach § 5 Abs. 1 GmbHG durch eine Kapitalerhöhung wieder erreicht wird, die zugleich mit der Kapitalherabsetzung beschlossen ist und bei der Sacheinlagen nicht festgesetzt sind.

Die vereinfachte Kapitalherabsetzung ist nicht zulässig, solange ein **Gewinnvortrag** vorhanden ist (§ 58a Abs. 2 Satz 2 GmbHG; zum Gewinnvortrag siehe § 266 Abs. 3 A. IV. HGB). Sie ist auch nicht zulässig, solange **Gewinn**- oder **Kapitalrücklagen** (§ 272 Abs. 2 und 3 HGB) vorhanden sind, die höher sind als 10 % des Stammkapitals nach der geplanten Kapitalherabsetzung (§ 58a Abs. 2 GmbHG).

Im Beschluss über die vereinfachte Kapitalherabsetzung sind die **Nennbeträge** der Geschäftsanteile dem herabgesetzten Stammkapital anzupassen.

Im Beschluss über die vereinfachte Kapitalherabsetzung sind die Nennbeträge der Geschäftsanteile dem herabgesetzten Stammkapital anzupassen. Die Geschäftsanteile müssen auf einen Betrag gestellt werden, der auf volle Euro lautet (§ 58a Abs. 3 GmbHG).

Die Beträge, die aus der Auflösung der Kapital- oder Gewinnrücklagen und aus der Kapitalherabsetzung gewonnen werden, dürfen nur verwandt werden, um Wertminderungen auszugleichen und sonstige Verluste zu decken (§ 58b Abs. 1 GmbHG). Daneben dürfen die frei werdenden Mittel in eine **Kapitalrücklage** eingestellt werden, die maximal 10 % des herabgesetzten Stammkapitals betragen darf (§ 58b Abs. 2 GmbHG). Soweit die Mittel in eine Kapitalrücklage eingestellt wurden, dürfen diese **fünf Jahre** lang nicht für Ausschüttungen verwendet werden (§ 58b Abs. 3 GmbHG).

Eine **Gewinnausschüttung** darf innerhalb eines Zeitraums von fünf Jahren nach Herabsetzungsbeschluss nur erfolgen, wenn die Kapital- und Gewinnrücklagen zusammen 10 % des herabgesetzten Stammkapitals erreichen (§ 58d Abs. 1 GmbHG). Sinken die Rücklagen infolge von Verlusten später wieder unter die 10 %-Grenze, tritt die Sperre innerhalb der Fünfjahresfrist wieder in Kraft. Es ist ausreichend, wenn die 10 %-Grenze im selben Jahresabschluss erreicht ist, der auch den verteilbaren Gewinn ausweist.

Die Auszahlungssperre des § 58d Abs. 1 GmbHG erfasst alle Gewinnauszahlungen an die Gesellschafter (auch Vorabausschüttungen und vGA).

Da § 58d GmbHG ausdrücklich nur von Ausschüttungen spricht, wird eine Gewinnabführung im Rahmen einer Organschaft nach §§ 14 ff. KStG von der Sperre nicht erfasst.

Unabhängig von der Totalsperre des § 58d Abs. 1 GmbHG darf **zwei Jahre** nach Kapitalherabsetzungsbeschluss keine Gewinnausschüttung von mehr als **4 %** des herabgesetzten Stammkapitals erfolgen (§ 58d Abs. 2 Satz 1 GmbHG). Die Zweijahresfrist gilt nach § 58d Abs. 2 GmbHG nicht, wenn die Gesellschaft die gleichen Regeln zur Befriedigung oder Sicherstellung ihrer Gläubiger einhält, wie sie für die reguläre Kapitalherabsetzung nach § 58 Abs. 1 Nr. 2 GmbHG gelten.

Die **Durchführung** der vereinfachten Kapitalherabsetzung läuft grundsätzlich wie eine ordentliche Kapitalherabsetzung nach § 58 GmbHG ab. Die Vorschriften zum Gläubigerschutz sind aber erheblich entschärft. Es entfällt der Gläubigeraufruf, die Meldung der Gläubiger bei der Gesellschaft, der Anspruch auf Befriedigung oder Sicherheitsleistung sowie die Anmeldung des Herabsetzungsbeschlusses nicht vor Ablauf eines Jahres (vgl. § 58a Abs. 5 als lex specialis zu § 58 GmbHG). Der Herabsetzungsbeschluss muss lediglich innerhalb von drei Monaten im **HR** eingetragen sein (§ 58e Abs. 3 GmbHG).

1.1.2 Bilanzmäßige Behandlung

Der Betrag der Kapitalherabsetzung kann entweder an die Gesellschafter ausgeschüttet oder in eine Kapitalrücklage (§ 272 Abs. 2 HGB) eingestellt werden. Die Kapitalrücklage kann grundsätzlich jederzeit aufgelöst und der frei werdende Betrag an die Gesellschafter ausgeschüttet werden.

Bei der vereinfachten Kapitalherabsetzung ist die Vorschrift des § 58 b GmbHG zu beachten. Danach dürfen die Beträge, die aus der Kapitalherabsetzung gewonnen werden, nur verwendet werden, um Wertminderungen auszugleichen und sonstige Verluste zu decken. Daneben dürfen die gewonnenen Beträge in eine Kapitalrücklage eingestellt werden, soweit diese 10 % des Stammkapitals nicht übersteigt. Als Stammkapital gilt dabei der Nennbetrag, der sich durch die Herabsetzung ergibt, mindestens aber der nach § 5 Abs. 1 zulässige Mindestnennbetrag (25.000 €). Eine Ausschüttung aus einer derart gebildeten Kapitalrücklage darf erst nach Ablauf einer fünfjährigen Sperrfrist erfolgen.

1.1.3 Steuerliche Folgen für die Gesellschaft – Auswirkung auf das Einlagekonto (§ 27 KStG)

Eine Kapitalherabsetzung hat auf das Einkommen einer GmbH keinen Einfluss. Dies gilt unabhängig davon, ob eine ordentliche oder eine vereinfachte Kapitalherabsetzung durchgeführt wurde. Ebenfalls ohne Bedeutung ist die Frage, ob der Betrag der Kapitalherabsetzung an die Gesellschafter ausbezahlt wird oder nicht.

Sinn des Einlagekontos ist es, Ausschüttungen nicht als Dividende nach § 20 Abs. 1 Nr. 1 EStG zu behandeln, wenn die Ausschüttung nicht aus dem operativen Gewinn, sondern aus Einlagen des Gesellschafters stammt. Daher führt eine Kapitalherabsetzung – unabhängig davon, ob die frei werdenden Mittel an die Gesellschafter ausgeschüttet werden – zu einem Zugang im steuerlichen Einlagekonto (vgl. § 28 Abs. 2 Satz 1 HS 2 KStG; BMF vom 04.06.2003, BStBl I 2003, 366 Rz. 40), da das Stammkapital im Wege der offenen Einlage durch die Gesellschafter gefüllt wurde.

Eine Besonderheit gilt, wenn der Kapitalherabsetzung eine Kapitalerhöhung vorausgegangen ist, für die Rücklagen verwendet wurden, deren Auflösung zu stpfl. Dividenden geführt hätte (sog. Kapitalerhöhung aus Gesellschaftsmitteln). In diesem Fall ist in Höhe der Kapitalerhöhung ein sog. Sonderausweis zu bilden, der die spätere Besteuerung der Dividenden sichern soll (§ 28 Abs. 1 KStG).

Beispiel

Die Bilanz der X-GmbH sieht zum 31.12.2010 wie folgt aus:

A	Bilanz X-GmbH 31.12.2011		P
diverse Wirtschaftsgüter	100.000 €	Stammkapital	25.000 €
		Gewinnrücklage	75.000 €

Zum Bilanzstichtag 31.12.2011 wird eine Kapitalerhöhung auf 100.000 € aus Gesellschaftsmitteln durchgeführt, indem die Gewinnrücklage für die Kapitalerhöhung verwendet wird (Kapitalerhöhung aus Gesellschaftsmitteln). Die Bilanz sieht dann wie folgt aus (aus Vereinfachungsgründen wird unterstellt, dass ein Jahresüberschuss im Wirtschaftsjahr 2011 nicht entstanden ist):

A	Bilanz X-GmbH 31.12.2012		P
diverse Wirtschaftsgüter	100.000 €	Stammkapital	100.000 €
		Gewinnrücklage	0 €

Lösung

Hätte die GmbH die Gewinnrücklage aufgelöst und an die Gesellschafter ausgeschüttet, hätte dies eine stpfl. Dividende nach § 20 Abs. 1 Nr. 1 EStG zur Folge gehabt. Diese potenzielle Steuerlast will § 28 KStG konservieren, indem der Betrag der Kapitalerhöhung einem sog. Sonderausweis zugeführt wird (hier: 75.000 €).

Wird nach einer derartigen Kapitalerhöhung später das Stammkapital wieder herabgesetzt, so sieht § 28 Abs. 2 KStG die vorrangige Verwendung des Sonderausweises vor. Dies hat für den Gesellschafter zur Folge, dass im Falle der Verwendung des Sonderausweises eine stpfl. Dividende nach **§ 20 Abs. 1 Nr. 2 EStG** vorliegt.

Beispiel

Wie oben; im Wirtschaftsjahr 2013 wird das Stammkapital wieder auf 25.000 € herabgesetzt und der Herabsetzungsbetrag an die Gesellschafter ausgeschüttet.

Lösung

Da der Herabsetzungsbetrag aus einer früheren Kapitalerhöhung stammt, für die Rücklagen verwendet wurden, deren Ausschüttung beim Gesellschafter zu stpfl. Dividenden geführt hätten, sieht § 28 Abs. 2 Satz 1 KStG die vorrangige Verwendung des Sonderausweises vor. Dies führt beim Gesellschafter zu einer stpfl. Dividende von 75.000 € (§ 20 Abs. 1 Nr. 2 EStG).

1.1.4 Steuerliche Folgen für die Gesellschafter

Wird der Betrag der Kapitalherabsetzung an die Gesellschafter ausbezahlt, so gilt dies nach § **17 Abs. 4 i.V.m.** §§ **3 Nr. 40 Buchst. c, 3c Abs. 2 EStG** als Veräußerung. Im Regelfall wird dabei kein Gewinn entstehen, da der Betrag der Auszahlung dem Betrag der Einlage (= Anschaffungskosten des Gesellschafters) entspricht.

Beispiel
Das Stammkapital der X-GmbH beträgt zum 31.12.2012 500.000 €. Ein Sonderausweis nach § 28 KStG ist nicht vorhanden. Alleingesellschafter G hat die Gesellschaft gegründet. In 2013 findet eine Kapitalherabsetzung auf 100.000 € statt. Die frei werdenden Mittel i.H.v. 400.000 € werden an den Gesellschafter ausbezahlt.

Lösung
Da das herabgesetzte Kapital an den Gesellschafter ausbezahlt wurde, liegt der Tatbestand des § 17 Abs. 4 EStG vor. Als Erlös gilt der herabgesetzte Betrag (400.000 €). Dem stehen nach § 17 Abs. 2 EStG Anschaffungskosten des Gesellschafters i.H.v. 400.000 € (= Einzahlung des Stammkapitals) gegenüber, sodass für den Gesellschafter kein Gewinn nach § 17 EStG entsteht.

Hat der Gesellschafter seine Beteiligung für einen Kaufpreis erworben, der unter dem anteiligen Stammkapital liegt, so kann die Kapitalherabsetzung zu einem stpfl. Gewinn führen:

Beispiel
Wie oben; Gesellschafter G erwarb die Beteiligung für 50.000 €.

Lösung
Der Vorgang fällt wieder unter § 17 Abs. 4 EStG; der Veräußerungsgewinn berechnet sich nach § 17 Abs. 2 EStG unter Berücksichtigung des Teileinkünfteverfahrens aber wie folgt:

Erlös (= Rückzahlung des Stammkapitals); 400.000 € × 60 %	240.000 €
Anschaffungskosten; 50.000 € × 60 %	./. 30.000 €
Gewinn	210.000 €

Hat der Gesellschafter die Anteile für einen Kaufpreis erworben, der über dem anteiligen Stammkapital liegt, so will die Rechtsprechung die Anschaffungskosten vorrangig mit dem Betrag der Kapitalherabsetzung verrechnen (BFH vom 29.06.1995, BStBl II 1995, 725).

Beispiel
Wie oben; Gesellschafter G erwarb die Beteiligung für 500.000 €.

Lösung
Unter Berücksichtigung der Rechtsprechung des BFH ergibt sich folgende Lösung:

Erlös	240.000 €
Anschaffungskosten (maximal in Höhe des Erlöses; 400.000 € × 60 %)	./. 240.000 €
Gewinn	0 €
Es verbleiben für den Gesellschafter Anschaffungskosten i.H.v. (500.000 € ./. 400.000 € =)	100.000 €.

Wird der Betrag der Kapitalherabsetzung an die Gesellschafter nicht ausbezahlt, sondern in eine **Kapitalrücklage** eingestellt, so erhöht sich insoweit das steuerliche Einlagekonto (§ 27 KStG). Wird die Kapitalrücklage später aufgelöst und erfolgt eine Verwendung des steuerlichen Einlagekontos (§ 27 Abs. 1 Satz 3 KStG), so fällt die Ausschüttung wieder unter § 17 Abs. 4 EStG (siehe Wortlaut der Vorschrift). Nach § 20 Abs. 1 Nr. 1 Satz 3 EStG gelten die Bezüge nicht als Dividende. In der Regel wird daher die Auflösung der Kapitalrücklage nicht zu einem stpfl. Gewinn nach § 17 Abs. 4 EStG führen (siehe Beispiel oben).

Führt die Kapitalherabsetzung und die Auszahlung des Herabsetzungsbetrags zu einer Verwendung des **Sonderausweises** (§ 28 Abs. 2 Satz 1 EStG), so erzielt der Gesellschafter insoweit nach §§ 17 Abs. 4 Satz 3, 20 Abs. 1 Nr. 2 EStG eine stpfl. Dividende.

1.2 Kapitalerhöhung

1.2.1 Gründe für eine Kapitalerhöhung

Für eine Kapitalerhöhung kann es vielfältige Gründe geben. Zum einen kann es sein, dass das Stammkapital bereits bei der Gründung zu gering gewählt wurde. Zum anderen kann der gestiegene Geschäftsumfang und der damit verbundene Kapitalbedarf eine Erhöhung des Stammkapitals erforderlich machen. Die Erhöhung des Stammkapitals führt zu einem besseren Kreditrating. Auch der Beitritt weiterer Gesellschafter kann eine Kapitalerhöhung erforderlich machen, wenn von den Altgesellschaftern keiner zur Abgabe seiner Anteile bereit ist. In diesem Fall kann bereits das Anwartschaftsrecht auf die neuen Kapitalanteile veräußert werden. Problematisch kann eine derartige Kapitalerhöhung aber insoweit werden, als sich der relative Anteil der Altgesellschafter verändert.

Beispiel

Die X-GmbH hat bisher ein Stammkapital von 100.000 €. Die Gesellschafter A, B, C und D halten jeweils eine Stammeinlage i.H.v. 25.000 €. Es soll ein neuer Gesellschafter E aufgenommen werden. Aus diesem Grund wird das Stammkapital um 25.000 € erhöht und die Stammeinlage durch E erbracht.

Lösung

Während A, B C und D vor der Kapitalerhöhung zu jeweils 25 % beteiligt waren, vermindert sich ihr Anteil auf (25.000 €/125.000 € =) 20 %.

1.2.2 Gesellschaftsrecht

Bei der Durchführung einer Kapitalerhöhung sind zwei Wege zu unterscheiden. Bei der **effektiven Kapitalerhöhung** werden der GmbH von den Gesellschaftern neue Mittel zugeführt (vgl. § 55 Abs. 2 und 3 GmbHG). Dabei ist sowohl die Erbringung einer Bareinlage als auch einer Sacheinlage möglich. Letztlich gelten hier die gleichen Grundsätze wie bei einer Gründung.

Beispiel

In obigem Beispiel kann Neugesellschafter E die Stammeinlage in Form einer Zahlung i.H.v. 25.000 € erbringen. Denkbar ist aber auch die Überführung eines Wirtschaftsguts im Wert von 25.000 € (§ 6 Abs. 6 EStG) oder die Einbringung eines Betriebs, Teilbetriebs oder Mitunternehmeranteils. In letzterem Falle ist § 20 UmwStG anzuwenden.

Bei der Kapitalerhöhung aus **Gesellschaftsmitteln** (§§ 57c ff. GmbHG) wird kein neues Kapital zugeführt, sondern bisher ungebundenes Eigenkapital (z. B. Gewinnvortrag) in Stammkapital umgewandelt.

1.2.2.1 Effektive Kapitalerhöhung

Die effektive Kapitalerhöhung erfordert in einem ersten Schritt eine Satzungsänderung. Der Beschluss muss notariell beurkundet werden und bedarf einer Mehrheit von 3/4 der abgegebenen Stimmen (§ 53 Abs. 2 Satz 1 GmbHG). Der Gesellschaftsvertrag kann weitere Voraussetzungen statuieren (z. B. 3/4 der abgegebenen und mindestens 51 % aller Stimmen).

Problematisch ist, dass damit eine Kapitalerhöhung auch gegen die Stimmen von Minderheitsgesellschaftern beschlossen werden kann. U.U. verfügen diese nicht über ausreichend Mittel, um die neuen Stammeinlagen zu erbringen.

Der Beschluss über die Kapitalerhöhung sagt noch nichts darüber aus, wer das neue erhöhte Kapital übernimmt. Hierzu bedarf es eines besonderen **Zulassungsbeschlusses** (§ 55 Abs. 2 GmbHG), für den die einfache Mehrheit genügt. Das neue Kapital kann entweder von allen oder einzelnen bisherigen Gesellschaftern (quotal oder abweichend) oder ganz oder teilweise von den neu eintretenden Gesellschaftern übernommen werden. Eigene Anteile der GmbH können an der effektiven Kapitalerhöhung nicht teilhaben.

Wird die Kapitalerhöhung nicht von außenstehenden Dritten übernommen, so steht jedem Gesellschafter ein Bezugsrecht entsprechend seines bisherigen Anteils zu.

Der Gesellschafter kann zwar u. U. bei der Frage, ob eine Kapitalerhöhung stattfindet, überstimmt werden (vgl. § 53 Abs. 2 – 3/4-Mehrheit). Er kann aber nicht gezwungen werden, die aus der Kapitalerhöhung herrührenden Anteile zu übernehmen (§ 55 Abs. 1 GmbHG).

Hat er sich aber in einer notariell aufgenommenen oder beglaubigten Erklärung zur Übernahme der auf das erhöhte Kapital zu leistenden Stammeinlage verpflichtet (§ 55 Abs. 1 GmbHG), haftet er primär für die Erbringung der Stammeinlage. Allerdings trifft die übrigen Gesellschafter die Gefahr der **Ausfallhaftung** nach § 24 GmbHG.

Insbesondere in den Fällen, in denen eine Kapitalerhöhung durchgeführt wird, um eine Sanierung zu finanzieren, kann es notwendig werden, dass der Gesellschafter schon vor Entstehen der Einlageverpflichtung **Voreinzahlungen** auf die künftige Kapitalerhöhung leistet. Derartige Voreinzahlungen werden nur unter engen Voraussetzungen anerkannt (vgl. OLG München vom 10.08.1998, GmbHR 1999, 294). Erforderlich ist die Offenlegung der Voreinzahlung im Kapitalerhöhungsbeschluss, ein enger zeitlicher Zusammenhang zwischen Voreinzahlung und Kapitalerhöhung sowie Eilbedürftigkeit. Für den Gesellschafter kann die Voreinzahlung gefährlich werden, wenn die GmbH bei Eintritt der Einlageverpflichtung die voreingezahlten Mittel bereits verbraucht hat. Hier muss der Gesellschafter u. U. seiner Einlageverpflichtung noch einmal nachkommen.

Problematisch ist es auch, wenn der Gesellschafter die Einlageverpflichtung durch Umwandlung von Gesellschafterdarlehen erbringt. Grundsätzlich gilt eine derartige Einlage einer Forderung als **Sacheinlage**. Damit sind die strengen Regelungen für Sacheinlagen zu beachten. Im Übrigen muss stets geprüft werden, ob die Darlehensforderung im Zeitpunkt ihrer Umwandlung werthaltig ist. Ist die Forderung nicht voll werthaltig, muss der Gesellschafter den Fehlbetrag in Geld erbringen (§ 9 Abs. 1 GmbHG). Der Gesellschafter kann dieser Gefahr nicht dadurch entgehen, dass seine Forderung zunächst von der GmbH erfüllt wird und er diesen Betrag dann zur Erfüllung seiner Einlageverpflichtung wieder an die GmbH (zurück)zahlt.

Die Kapitalerhöhung wird nach § 54 Abs. 3 GmbHG erst mit **Eintragung** in das **HR** wirksam. Vor Eintragung des Kapitalerhöhungsbeschlusses in das HR kann dieser noch mit entsprechender Mehrheit geändert oder aufgehoben werden. Nach der Eintragung kann eine Kapitalerhöhung nur durch eine förmliche Kapitalherabsetzung korrigiert werden.

1.2.2.2 Kapitalerhöhung aus Gesellschaftsmitteln

Bei der Kapitalerhöhung aus Gesellschaftsmitteln wird Eigenkapital der GmbH (Gewinn- oder Kapitalrücklagen) in neues Stammkapital umgewandelt. Dadurch verändert sich die Summe des Eigenkapitals nicht. Für die Kapitalerhöhung aus Gesellschaftsmitteln gelten die speziellen Vorschriften der §§ 57c ff. GmbHG.

Auch für die Kapitalerhöhung aus Gesellschaftsmitteln ist ein notariell beurkundeter **Gesellschafterbeschluss** mit 3/4-Mehrheit erforderlich (§ 57c Abs. 4 i.V.m. § 53 GmbHG). Der Beschluss muss deutlich machen, dass eine Kapitalerhöhung aus Gesellschaftsmitteln erfolgt und in welcher Höhe die Umwandlung der Rücklagen vollzogen wird. Er muss außerdem die Angabe enthalten, auf welcher Bilanz die Umwandlung beruht (§ 57c Abs. 3 GmbHG).

Nach § 57c Abs. 2 GmbHG kann die Erhöhung des Stammkapitals erst beschlossen werden, nachdem der Jahresabschluss für das letzte vor der Kapitalerhöhung abgelaufene Wj. festgestellt und über die Verwendung des Ergebnisses ein Beschluss gefasst wurde.

Die Kapital- oder Gewinnrücklagen, die in Stammkapital umgewandelt werden sollen, müssen in der Bilanz, auf der die Umwandlung beruht (vgl. § 57f GmbHG; nicht zwingend die letzte Jahresbilanz) unter »Kapitalrücklage« oder »Gewinnrücklagen« ausgewiesen sein (§ 57d Abs. 1 GmbHG). Die Kapitalerhöhung ist auch zulässig, wenn im letzten Beschluss über die Verwendung des Jahresergebnisses eine Zuführung zu entsprechenden Rücklagen beschlossen wurde.

Ist in der zugrunde gelegten Bilanz ein Verlust oder Verlustvortrag ausgewiesen, so können die Rücklagen insoweit nicht in Stammkapital umgewandelt werden (§ 57d Abs. 2 GmbHG).

Die Kapitalerhöhung kann grundsätzlich durch Bildung neuer Geschäftsanteile oder durch Erhöhung des Nennbetrags der alten Geschäftsanteile ausgeführt werden (§ 57h GmbHG), da – im Gegensatz zur PersGes – bei der KapGes mehrere Geschäftsanteile eines Gesellschafters möglich sind. Im Erhöhungsbeschluss muss die Art der Erhöhung angegeben werden.

Im Gegensatz zur effektiven Kapitalerhöhung stehen die neuen Geschäftsanteile den Gesellschaftern im Verhältnis ihrer bisherigen Geschäftsanteile zu (§ 57j GmbHG). Diese Regelung kann nicht abbedungen werden. Werden die Nennbeträge der bisherigen Geschäftsanteile erhöht, so erfolgt die Erhöhung automatisch nur quotal. Hält die GmbH eigene Anteile, so nehmen diese an der Erhöhung des Stammkapitals teil (§ 57 l Abs. 1 GmbHG).

Werden die Nennbeträge der bisherigen Geschäftsanteile erhöht, so erhöhen sich die AK des Geschäftsanteils um den Betrag der Kapitalerhöhung. Werden neue Anteile ausgegeben, so sind die AK der alten Geschäftsanteile im Verhältnis der Anteile am Nennkapital auf die alten und neuen Geschäftsanteile zu verteilen (§ 57o GmbHG und § 3 KapErhStG). Dies hat insbesondere Bedeutung, wenn die Anteile verkauft werden und der Gewinn nach § 17 EStG zu versteuern ist.

1.2.3 Steuerliche Auswirkungen bei der Kapitalgesellschaft

Sowohl die effektive Kapitalerhöhung als auch die Kapitalerhöhung aus Gesellschaftsmitteln haben keinen Einfluss auf das Einkommen der GmbH.

Bei der effektiven Kapitalerhöhung wird der Zugang der offenen Einlage auf der Aktivseite und die Erhöhung des Stammkapitals auf der Passivseite gebucht. Zahlt ein Gesellschafter für die Übernahme der Anteile mehr als deren Nennwert (sog. **Agio**), so hat auch dies keine Auswirkung auf das Einkommen der GmbH. Die GmbH muss das Agio in eine Kapitalrücklage einstellen (§ 272 Abs. 2 HGB). Gleichzeitig erfolgt entsprechend ein Zugang im steuerlichen Einlagekonto (§ 27 KStG).

Für die anlässlich der Kapitalerhöhung einer GmbH anfallenden **Kosten** gilt das Veranlassungsprinzip. Übernimmt die GmbH die Kosten, die mit der eigentlichen Kapitalerhöhung zusammenhängen (z. B. Notarkosten, Gebühren des HR), liegt deswegen keine vGA vor, ohne dass es einer besonderen Satzungsregelung über die Kostenübernahme bedürfte. Anders verhält es sich, wenn die GmbH auch diejenigen Kosten trägt, die auf die Übernahme der neuen Kapitalanteile zurückzuführen sind (BFH vom 19.01.2000, BStBl II 2000, 545).

Eine Kapitalerhöhung kann zu einem Untergang von Verlustvorträgen nach **§ 8c KStG** führen, wenn ein Gesellschafter oder ein außenstehender Dritter die neuen Anteile übernimmt und dadurch mehr als 25 % bzw. mehr als 50 % der Anteile auf diese Person übergehen (vgl. BMF vom 04.07.2008, BStBl I 2008, 736 Rz. 9).

Beispiel 1

Das Stammkapital der X-GmbH beträgt 25.000 € und wird von den beiden Gesellschaftern A und B je zu 50 % gehalten. Die Gesellschafter beschließen eine effektive Kapitalerhöhung auf 100.000 €, wobei die neuen Anteile von C übernommen werden sollen.

Lösung

Nach der Kapitalerhöhung ist Gesellschafter C zu 75 % am Stammkapital der X-GmbH beteiligt. Damit wurden mehr als 50 % der Anteile an einen Erwerber übertragen. Unter den weiteren Voraussetzungen des § 8c KStG kann dies zu einem vollständigen Untergang des steuerlichen Verlustvortrags der X-GmbH führen.

Beispiel 2

Wie oben; die neuen Anteile werden von B übernommen.

Lösung

Auch hier sind mehr als 50 % der Anteile auf einen Erwerber übergegangen. Es spielt insoweit keine Rolle, dass B vor der Kapitalerhöhung bereits Gesellschafter war. Auch in diesem Fall treten die Rechtsfolgen des § 8c KStG ein.

Wird die Kapitalerhöhung aus Gesellschaftsmitteln durchgeführt und werden dafür Rücklagen verwendet, deren Auflösung zu einer stpfl. Dividende geführt hätte, so ist insoweit nach **§ 28 Abs. 1 KStG** ein **Sonderausweis** auszuweisen und jährlich gesondert festzustellen. Im Falle einer späteren Kapitalherabsetzung gilt dieser Sonderausweis vorrangig als verwendet und führt zu stpfl. Dividenden i.S.v. **§ 20 Abs. 1 Nr. 2 EStG**.

1.2.4 Steuerliche Auswirkungen beim Gesellschafter

Beschließen die Gesellschafter eine effektive Kapitalerhöhung, so gelten für die Leistung der Einlage die gleichen Grundsätze wie bei der Gründung. Insbesondere kann durch die Einlage ein Gewinn nach **§§ 17, 20 Abs. 2 oder 23 Abs. 1 EStG** entstehen.

Beispiel
Die Gesellschafter der X-GmbH beschließen eine effektive Kapitalerhöhung i.H.v. 100.000 €. Gesellschafter G erbringt seinen Gesellschafterbeitrag vereinbarungsgemäß im Wege der Einbringung einer Beteiligung an der Y-AG (Sacheinlage; Wert aktuell 80.000 €; AK in 1990 10.000 €).

Lösung
G realisiert mit der Einbringung einen Gewinn nach § 17 EStG im Teileinkünfteverfahren i.H.v. (48.000 € ./. 6.000 € =) 42.000 €.

Überführt der Gesellschafter i.R.d. Kapitalerhöhung einen Betrieb, Teilbetrieb oder Mitunternehmeranteil nach § 20 UmwStG zum Buchwert, so entstehen insoweit sperrfristverhaftete Anteile (§ 22 UmwStG).

Im Übrigen hat die Kapitalerhöhung für den Gesellschafter zur Folge, dass die AK seiner Beteiligung um das anteilig erbrachte neue Stammkapital steigen. Dies hat insbesondere Auswirkungen auf einen späteren Veräußerungs- oder Liquidationsgewinn (§ 17 EStG). Nach **§ 3 KapErhStG** verteilen sich die bisherigen und die neuen AK anteilig auf die bisherigen und die neuen Anteile.

Beispiel
Gesellschafter hält in 2011 20% der Anteile an der X-GmbH (Stammkapital 100.000 €). In 2012 erfolgt eine effektive Kapitalerhöhung um 50.000 €.

Lösung
Die AK des G betrugen bisher 20.000 €. Sie erhöhen sich nach der Kapitalerhöhung um (50.000 € × 20% =) 10.000 € auf 30.000 €. Die neuen und die alten Anteile haben dieselben AK.

Veräußert der Gesellschafter ein **Anwartschaftsrecht** auf eine Kapitalerhöhung, so fällt die Veräußerung unter § 17 Abs. 1 Satz 3 EStG. Der Gesellschafter muss die stillen Reserven aufdecken, die in dem Anwartschaftsrecht stecken.

Besondere Probleme entstehen, wenn **nicht alle Gesellschafter** an der Kapitalerhöhung teilnehmen. In diesem Fall gehen vorhandene stille Reserven auf einen anderen Gesellschafter über.

Beispiel
Vor der Kapitalerhöhung sind an der X-GmbH (Stammkapital 90.000 €) die Gesellschafter A, B und C zu je 1/3 beteiligt. Der Wert der GmbH beträgt vor der Kapitalerhöhung 400.000 €. Bei einer Kapitalerhöhung auf 200.000 € übernimmt ausschließlich C das neue Kapital. A und B verlangen keinen Ausgleich.

Lösung
Damit hält C künftig ein Stammkapital von (30.000 € + 110.000 € =) 140.000 €. Bezogen auf das gesamte Stammkapital sind dies (140.000 €/200.000 € =) 70%. Da C vor der Kapitalerhöhung zu 33,33% beteiligt war, sind 36,67% der stillen Reserven auf ihn übergegangen.

Der Übergang der stillen Reserven ist eine Schenkung der anderen Gesellschafter an den Gesellschafter, der an der Kapitalerhöhung teilnimmt. Eine vGA liegt nicht vor, da die Zuweisung der neuen Anteile kein Nachteil für die GmbH darstellt (BFH vom 24.09.1974, BStBl II 1975, 230).

Eine disquotale Kapitalerhöhung kann auch negative Auswirkungen auf ein **Schachtelprivileg** (z. B. § 9 Nr. 2a GewStG) oder eine **Mindestbeteiligung** (vgl. z. B. § 13a Abs. 1 ErbStG) haben.

2 Umstrukturierung/Umwandlung

LITERATURHINWEISE:
Dötsch/Patt/Pung/Möhlenbrock, Umwandlungssteuerrecht, 7. Aufl. 2011; *Habermeier* in *Staudinger*, BGB, Bd. §§ 705-740; *Haritz/Wolff*, Internationalisierung des deutschen Umwandlungsrechts, GmbHR 2006, 340; *Kallmeyer*, UmwG 2010; *Kuhlmann/Ahnis*, Konzern- und Umwandlungsrecht, 3. Aufl. 2011; *Raiser/Veil*, Recht der Kapitalgesellschaften, 2010; *Schmitt/Hörtnagel/Stratz*, UmwG/UmwStG 2009; *Schwedhelm*, Die Unternehmensumwandlung, 2010; *Semler/Stengel*, UmwG 2012; *Simon/Merkelbach*, Das Dritte Gesetz zur Änderung des UmwG, DB 2011, 1338; *Widmann/Mayer*, Umwandlungsrecht, Loseblatt-Kommentar.

2.1 Umwandlungsrechtliche Grundsätze

2.1.1 Allgemeines

Mit dem Umwandlungsbereinigungsgesetz vom 28.10.1994 (BGBl I 1994, 3210) wurde das bis dahin bestehende Umwandlungsrecht maßgeblich reformiert. Vorher waren die umwandlungsrechtlichen Normen in fünf verschiedenen Gesetzen zu finden. Nunmehr sind Verschmelzung, Spaltung, Vermögensübertragung und Formwechsel in einem Gesetz geregelt. Die Reform des Umwandlungsrechts wurde genutzt, um die Umstrukturierungsmöglichkeiten von Unternehmen zu verbessern und an die neuen wirtschaftlichen und rechtlichen Verhältnisse anzupassen. So wurden u. a. neue Möglichkeiten der Spaltung von Unternehmen eingefügt.

Bis heute wurde das Umwandlungsgesetz mehrfach geändert. Folgende Änderungsgesetze wurden in der Vergangenheit verabschiedet:
- Art. 2 des StückAktG vom 25.03.1998 (BStBl I 1998, 590),
- EURO-EG vom 09.06.1998 (BStBl I 1998),
- Art. 7 des Handelsrechtsreformgesetzes vom 22.06.1998 (BGBl I 1998, 1474),
- Gesetz zur Änderung des Umwandlungsgesetzes des Partnerschaftsgesellschaftsgesetzes vom 22.07.1998 (BGBl I 1998).

Mit dem SEStEG (vom 07.12.2006, BGBl I 2006, 2782 und 2791) wurde schließlich das UmwStG den Entscheidungen des EuGH (insbesondere »Centros«, NJW 1999, 2027; »de Lasteyrie du Saillant«, DB 2004, 686) angepasst sowie die Umsetzung der Fusionsrichtlinie vom 17.02.2005, ABlEG Nr. L 058, 90 und anderer Richtlinien vorgenommen. Damit sind für Umwandlungen, die nach dem 12.12.2006 zur Anmeldung beim Register vorgenommen wurden, diese Regelungen anzuwenden. Es erfolgten weitere Änderungen, von denen. das 3. Gesetz zur Änderung des UmwG vom 11.07.2011 hervorzuheben ist. Mit dieser Neufassung sind insb. konzernrechtliche Bedenken gegen Umwandlungen ausgeräumt worden.

2.1.2 Der Typenzwang des UmwG

Die Möglichkeiten der Umwandlungen werden im 2.-5. Buch des Umwandlungsgesetzes geregelt. Nach h.M. ist die Aufzählung der Umwandlungsarten im UmwG abschließend und somit nicht analogiefähig.

Es bleiben allerdings Möglichkeiten, die Ergebnisse von Umstrukturierungen auf anderen rechtlichen Wegen als durch die Umwandlungsarten des Umwandlungsgesetzes zu erzeugen.

So ist es ebenso denkbar, über die Einzelrechtsnachfolge oder Anwachsung von Anteilen Unternehmensumstrukturierungen durchzuführen.

2.1.3 Die (frühere) Einschränkung auf Inlandsfälle und (heutige) Ausweitung auf Auslandsfälle

Nach § 1 Abs. 1 UmwG sind Umwandlungen nach diesem Gesetz nur möglich, wenn der/die Rechtsträger ihren Sitz im Inland hat/haben. Ob mit dem Sitz i.S.d. § 1 Abs. 1 UmwG der statuarische oder der Verwaltungssitz gemeint ist, ist bis heute umstritten (vgl. *Dötsch/Patt/Pury/Möhlenbrock*, UmwStG Einf., Tz. 6)

Zu den Umwandlungen innerhalb des deutschen Territoriums, für die das UmwG unmittelbar und alleine anwendbar ist, kommen vergleichbare ausländische Vorgänge oder Verordnungen der EU als weitere Rechtsquellen hinzu, die als Grundlage für die grenzüberschreitende Umwandlung zu berücksichtigen sind. Bei den ausländischen Vorgängen soll nach der Gesetzesbegründung die Umwandlung (grenzüberschreitender oder ausländischer Vorgang) im Wesen einer deutschen Umwandlung entsprechen. Zurzeit liegen jedoch seitens der Verwaltung noch keine Aussagen vor, welche Anforderungen an die Vergleichbarkeitsprüfungen zu stellen sind. In der Praxis werden sicherlich einige Unsicherheiten bei der Gestaltung bleiben, ob denn nun wirklich alle ausländischen Vorgänge vergleichbar sind und damit das UmwStG anwendbar sein wird. Man wird sich hierbei, zumindest bei grenzüberschreitenden Verschmelzungen von PersG, auf die SEVIC-Rspr. berufen können (so auch *Sagasser*, Umwandlungen, 4. Aufl. (2011), § 2 Rz. 53).

Hinsichtlich der Umwandlungen mit Auslandsbezug sind bei den grenzüberschreitenden Verschmelzungen die folgenden Varianten möglich (vgl. *Hagemann/Jakob/Ropohl/Viebrock*, NWB Sonderheft 1/2007, 11):

- **Inlandsverschmelzung mit Auslandsbezug**
  Hier sind die an der Verschmelzung beteiligten Gesellschaften im Inland ansässig, während sich die Gesellschafter im Ausland befinden oder das von der Verschmelzung betroffene Vermögen im Ausland vorliegt.
- **Hinausverschmelzung**
  Die übertragende Gesellschaft ist im Inland und die aufnehmende Gesellschaft ist im Ausland ansässig. Die Gesellschafter können dabei sowohl im Inland als auch im Ausland ansässig sein.
- **Hineinverschmelzung** (auch »Hereinverschmelzung« genannt)
  Die übertragende Gesellschaft ist im Ausland und die aufnehmende Gesellschaft ist im Inland ansässig. Auch hier können wieder die Gesellschafter sowohl im Inland als auch im Ausland ansässig sein.
- **Auslandsverschmelzung mit Inlandsbezug**
  Die an der Verschmelzung beteiligten Rechtsträger sind im Ausland ansässig. Zumindest ein Teil der Gesellschafter muss im Inland ansässig sein oder es muss Inlandsvermögen als Gesellschaftsvermögen der verschmelzenden Gesellschaften vorliegen.

Ob innerhalb der Europäischen Union die Gründungstheorie die deutsche Sitztheorie verdrängen wird, ist offen (s. dazu II 1.1.3.1.1.3: Zuzug einer ausländischen »GmbH«)

Auch nach den EuGH-Entscheidungen zu »Centros« vom 09.03.1999, DB 1999, 625 und zu »Überseering« vom 05.11.2002, DB 2002, 2425 gelten ausländische Rechtsträger nicht als Beteiligte i.S.d. §§ 3, 124, 191 UmwG. Umgekehrt unterliegen inländische Rechtsträger mit Verwaltungssitz im EU-Ausland dem UmwG. Unabhängig vom Streit um die Vorrangigkeit der Sitz- oder der Gründungstheorie sind jedenfalls seit der Überseering-Entscheidung des EuGH EU-Rechtsträger nach der Verlegung ihres Verwaltungssitzes in einen anderen EU-Staat als Rechtsträger des Gründungsstaates zu akzeptieren. Es wird folglich keine Neugründung im aufnehmenden Staat mehr gefordert.

Damit dürften Hereinverschmelzungen nach EuGH-Rechtsprechung zulässig sein.

In Übereinstimmung mit der EU-Fusions-RL sind jedenfalls grenzüberschreitende Umwandlungen von EU-/EWR-Kapitalgesellschaften nach §§ 122a ff. UmwG durch das Gesetz vom 19.04.2007 (BGBl I 2007, 542) möglich. Es bleibt trotzdem bei den Vorbehalten und Voraussetzungen der inländischen Beteiligtenfähigkeit nach § 1 UmwG.

2.1.4 Die Umwandlungsarten des Umwandlungsgesetzes im Überblick

Im Folgenden werden die im Umwandlungsgesetz geregelten Umwandlungsarten zunächst als Übersicht und danach im Einzelnen dargestellt.

<table>
<tr><th colspan="4">Zivilrechtliche Differenzierung der Umwandlungen</th></tr>
<tr><th colspan="2">Verschmelzung</th><th colspan="2">Spaltung</th></tr>
<tr><td colspan="2">Übertragung des gesamten Vermögens eines Rechtsträgers im Wege der Gesamtrechtsnachfolge auf einen</td><td colspan="2">Übertragung des Vermögens eines Rechtsträgers im Wege der Sonderrechtsnachfolge</td></tr>
<tr><td>schon bestehenden Rechtsträger</td><td>neu gegründeten Rechtsträger</td><td>auf mindestens zwei schon bestehende Rechtsträger</td><td>auf neu gegründete Rechtsträger</td></tr>
<tr><td>Verschmelzung durch Aufnahme</td><td>Verschmelzung durch Neugründung</td><td>Aufspaltung zur Aufnahme</td><td>Aufspaltung zur Neugründung</td></tr>
<tr><td rowspan="4"></td><td rowspan="4"></td><td colspan="2">Wie Aufspaltung, jedoch bleibt der bisherige Rechtsträger mit einem Rumpfunternehmen erhalten</td></tr>
<tr><td>Abspaltung zur Aufnahme</td><td>Abspaltung zur Neugründung</td></tr>
<tr><td colspan="2">Abspaltung mit der Besonderheit, dass die für die Vermögenswerte erlangten Anteile Vermögen des Rumpfunternehmens werden</td></tr>
<tr><td>Ausgliederung zur Aufnahme</td><td>Ausgliederung zur Neugründung</td></tr>
</table>

<table>
<tr><th colspan="3">Vermögensübertragung als Formwechsel</th></tr>
<tr><th>Vollübertragung</th><th>Teilübertragung</th><td rowspan="3">Es ändert sich nur die Rechtsform,
der Rechtsträger bleibt dagegen unverändert
• innerhalb der KapGes
• innerhalb der PersGes
• von PersGes zu KapGes
• von KapGes zu PersGes</td></tr>
<tr><td>entspricht der Verschmelzung</td><td>entspricht der Spaltung</td></tr>
<tr><td colspan="2">jedoch mit der Abweichung, dass als Gegenleistung für das Vermögen nicht Anteile, sondern andere Güter gewährt werden</td></tr>
</table>

2.1.4.1 Die Verschmelzung (§§ 2–122 UmwG)

2.1.4.1.1 Allgemeine Regelungen (Arten der Verschmelzung/Beteiligte)

Bei einer Verschmelzung überträgt ein Rechtsträger sein gesamtes Vermögen durch Gesamtrechtsnachfolge auf einen anderen Rechtsträger. Dabei wird der Überträger ohne Abwicklung aufgelöst und seine Anteilsinhaber (Gesellschafter) erhalten im Wege des Anteilstausches Beteiligungen an dem übernehmenden Rechtsträger (vgl. § 2 UmwG).

Diese Verschmelzung kann zum einen auf einen bereits bestehenden Rechtsträger erfolgen: In diesem Fall handelt es sich um eine Verschmelzung durch Aufnahme (§§ 4–35 UmwG) durch Vermögensübertragung von **einem oder mehreren** Rechtsträgern als Ganzes auf **einen anderen** bestehenden Rechtsträger; z. B.:

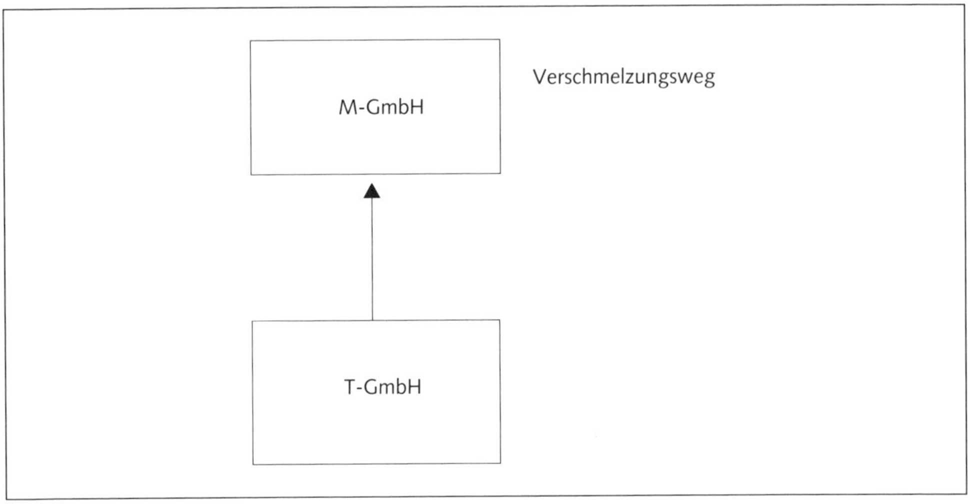

Abbildung 3: Verschmelzung einer Tochter- auf die Muttergesellschaft

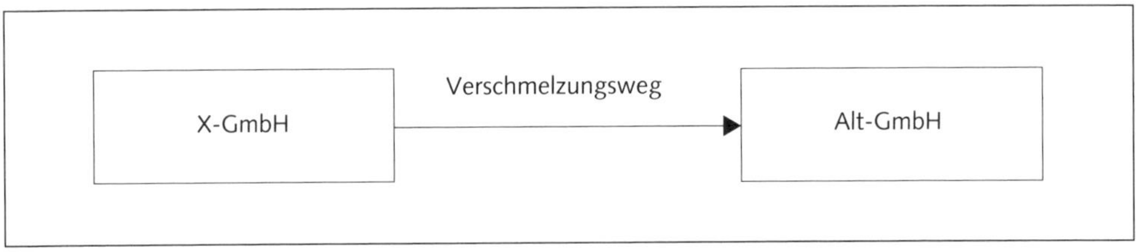

Abbildung 4: Fremdverschmelzung

Zum anderen kann die Verschmelzung auf einen neu gegründeten Rechtsträger erfolgen. In diesem Fall handelt es sich um eine **Verschmelzung durch Neugründung** (§§ 36–38 UmwG) durch Vermögensübertragung von zwei oder mehreren Rechtsträgern als Ganzes auf einen neu gegründeten Rechtsträger:

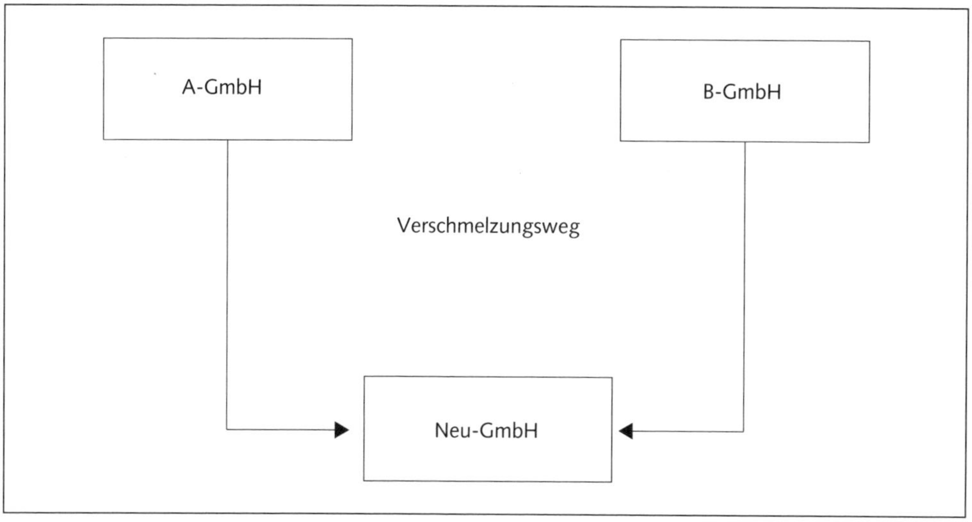

Abbildung 5: Verschmelzung durch Neugründung

§ 3 UmwG bestimmt abschließend den Kreis der verschmelzungsfähigen Rechtsträger. Eine natürliche Person kann (logischerweise) als übernehmender Rechtsträger nur dann in Betracht kommen, wenn sie Alleingesellschafter der übertragenden KapGes ist (s. auch §§ 120–122 UmwG).

Beispiel 1

Freiberufler-GbR

Freiberufs-Sozietäten in der Rechtsform einer GbR können nicht verschmolzen werden. Möglich ist insoweit nur ein Formwechsel einer GmbH in eine Sozietät (GbR). Jedoch kann eine Freiberufler-GmbH auf ihren freiberuflichen Alleingesellschafter verschmolzen werden (§ 120 UmwG).

Beispiel 2

Partnerschaftsgesellschaft

Seit 01.08.1998 können Partnerschaftsgesellschaften unter den gegebenen Voraussetzungen i.R.d. UmwG umgewandelt werden. Anteilsinhaber übertragender Rechtsträger dürfen ausschließlich natürliche Personen sein, die einen Freien Beruf (§ 1 Abs. 1 und 2 PartGG) ausüben.

Beispiel 3

Abgrenzung zu Formwechsel

Wird ein einziger Rechtsträger in einen neu gegründeten Rechtsträger umgewandelt, so geschieht dies nicht durch Verschmelzung, sondern durch Formwechsel, da in diesem Fall keine Vermögensübertragung vorliegt.

Beispiel 4
Verschmelzung auf natürliche Person
Bei Umwandlung einer GmbH in eine neue Einzelunternehmung des bisherigen Alleingesellschafters liegt eine Verschmelzung durch Aufnahme vor, da der Alleingesellschafter bereits existiert.

Im Einzelnen sind folgende Verschmelzungen nach dem UmwG möglich:

Von der Personen- und Partnerschaftsgesellschaft auf	• Personenhandelsgesellschaft • Genossenschaft • KapGes
Von der KapGes auf	• Personenhandelsgesellschaft • Partnerschaftsgesellschaft • KapGes • Genossenschaft • *natürliche Personen (als Alleingesellschafter einer KapGes)*
Von der Genossenschaft auf	• Personenhandelsgesellschaft • Partnerschaftsgesellschaft • KapGes • Genossenschaft
Vom eingetragenen Verein auf	• Personenhandelsgesellschaft • KapGes • Genossenschaft • eingetragenen Verein
Vom genossenschaftlichen Prüfungsverband auf	• genossenschaftlichen Prüfungsverband
Vom VVaG auf	• Versicherungs AG • VVaG
Vom wirtschaftlichen Verein auf	• Personenhandelsgesellschaft • KapGes • Genossenschaft • eingetragenen Verein

Die folgende Tabelle weist die betreffenden Paragraphen aus:

Übertragender Rechtsträger	**Übernehmender oder neuer Rechtsträger**			
	AG	GmbH	PersG	Natürliche Person
AG	§§ 60–77	§§ 46–59 §§ 60–77	§§ 39–45 §§ 60–77	§§ 120–122 §§ 60–77
GmbH	§§ 46–59 §§ 60–77	§§ 46–59	§§ 39–45 §§ 46–59	§§ 120–122 §§ 46–59
PersG	§§ 39–45 §§ 60–77	§§ 39–45 §§ 46–59	§§ 39–45	

2.1.4.1.2 Das Verfahren bei der Verschmelzung

Nach § 16 UmwG haben die an der Umwandlung beteiligten Rechtsträger die Verschmelzung beim Registergericht anzumelden.

Die Rückwirkungsmöglichkeit wird auf **acht Monate** befristet. Der Gesetzgeber hat diese Frist mit der Bilanz des übertragenden Rechtsträgers gekoppelt, d. h. beim Registerrichter muss als Anlage zur Anmeldung beim Gericht auch eine Bilanz beigefügt werden, die nicht älter als acht Monate sein darf. Als weitere Voraussetzung für die Bilanz sieht § 17 Abs. 2 UmwG vor, dass diese Bilanz nur nach den Vorschriften zur Erstellung einer Jahresbilanz – somit also nach handelsrechtlichen Grundsätzen – aufgestellt sein darf. Auf die Diskrepanz zwischen dem UmwG (§ 17 Abs. 2 UmwG) und dem UmwStG (§ 3 UmwStG) wird in dem steuerrechtlichen Teil eingegangen.

Als besonders wichtig sind die folgenden **Verfahrensvorschriften** hervorzuheben, die bei einer Verschmelzung zu beachten sind:

Verschmelzungsvertrag	§ 4 UmwG
Inhalt des Verschmelzungsvertrags	§ 5 UmwG
Form des Verschmelzungsvertrags	§ 6 UmwG
Verschmelzungsbericht	§ 8 UmwG
Beschlüsse über den Verschmelzungsvertrag	§ 13 UmwG
Anmeldung der Verschmelzung	§ 16 UmwG
Anlagen der Anmeldung – insb. Bilanz des übertragenden Rechtsträgers	§ 17 UmwG
Eintragung und Bekanntmachung der Verschmelzung	§ 19 UmwG
Wirkung der Eintragung	§ 20 UmwG
Wertansätze des übernehmenden Rechtsträgers	§ 24 UmwG
Abfindungsangebot im Verschmelzungsvertrag	§ 29 UmwG

Neben den formalen Vorschriften der §§ 17, 20, 24 und 29 UmwG befinden sich hierunter zentrale Regelungen zu den bilanziellen Möglichkeiten und zur Wirkung der Umwandlung. So regelt § 20 UmwG, dass mit Eintragung der Verschmelzung – bei der Spaltung gem. § 131 UmwG – der übertragende Rechtsträger sein Vermögen auf den übernehmenden Rechtsträger übertragen hat und er damit erloschen ist, **ohne** dass er **abgewickelt** werden müsste.

Der übernehmende Rechtsträger kann gem. § 24 UmwG entscheiden, wie er die WG des übertragenden Rechtsträgers in seiner **Bilanz ansetzen** will. Er ist nicht an die Wertansätze des übertragenden Rechtsträgers gebunden, sondern hat gem. § 24 UmwG ein Ansatzwahlrecht. Hintergrund dieses Ansatzwahlrechts ist, dass durch die zwingende Buchwertverknüpfung i.d.R. beim übernehmenden Rechtsträger trotz erheblicher stiller Reserven Verluste entstehen können, die den Wert der Anteile der bisherigen Gesellschafter des übernehmenden Rechtsträgers mindern, obwohl wirtschaftlich keine Wertminderung eingetreten war. Zu Übernahmeverlusten kommt es i.d.R. dann, wenn der übernehmende Rechtsträger höhere AK als den BW des übernommenen Vermögens hat oder die untergehenden Anteile einen höheren BW als das übergehende Vermögen haben.

Nach § 13 Abs. 1 UmwG wird der **Verschmelzungsvertrag** nur **wirksam**, wenn die Anteilsinhaber der beteiligten Rechtsträger zustimmen. Damit ist jedoch noch nichts über die Qualität dieser Mehrheit ausgesagt. Hinsichtlich der einzelnen Mehrheitsverhältnisse ist zwischen den Gesellschaftsformen zu unterscheiden, somit sind diese in den besonderen Vorschriften des UmwG zu finden.

Danach könnte es erscheinen, als müssten Minderheitsgesellschafter gegen ihren Willen an einer Umwandlung teilnehmen. Der Gesetzgeber hat jedoch mit § 29 UmwG das Abfindungsangebot als zwingenden Bestandteil des Verschmelzungsvertrages vorgesehen. Danach hat der übernehmende Rechtsträger jedem Gesellschafter den Erwerb seiner Anteile gegen eine angemessene Barabfindung anzubieten. Da diese Barabfindung ein zwingender Bestandteil des Verschmelzungsvertrages ist, darf der Registerrichter die Umwandlung beim Fehlen dieser Voraussetzung nicht eintragen. Sollte eine Eintragung dennoch erfolgen, ist die Umwandlung dadurch allerdings nicht gescheitert, denn hier greift die Vorschrift § 20 Abs. 2 UmwG, wonach Mängel der Verschmelzung die Wirkung der Eintragung gem. § 20 Abs. 1 UmwG unberührt lassen. Die Gesellschafter, die an der Umwandlung nicht teilnehmen wollen, können dieses Angebot gem. § 31 UmwG nur binnen zwei Monaten nach dem Tage der Eintragung der Verschmelzung annehmen.

Die Einwendungen der Gesellschafter des übertragenden Rechtsträgers können in zwei unterschiedlichen Verfahren ihre – überstimmten – Bedenken vortragen:

1. als unmittelbare Einwendungen gegen die rechtliche Zulässigkeit der konkreten Verschmelzung als Anfechtungsklage nach §§ 14 ff. UmwG, die aber durch das sog. Unbedenklichkeitsverfahren nach § 16 Abs. 3 UmwG ausgehebelt werden kann,
2. als Klage nach dem SpruchG, die sich gegen die Angemessenheit der neuen Beteiligung bzw. gegen die konkret gewährte Barabfindung richtet.

2.1.4.2 Die Spaltung (123–173 UmwG)

Die Spaltung kann als Spiegelbild der Verschmelzung betrachtet werden. Zu unterscheiden sind gem. § 123 UmwG folgende drei Formen der Spaltung:

2.1.4.2.1 Aufspaltung (§ 123 Abs. 1 UmwG)

Bei der Aufspaltung teilt ein Rechtsträger sein Vermögen auf mindestens zwei andere Rechtsträger auf. Die Vermögensteile werden im Wege der Sonderrechtsnachfolge (teilweise Gesamtrechtsnachfolge, partielle Universalsukzession, Spezialsukzession) als Gesamtheit übertragen. Dabei wird der Überträger (aufzuspaltender Rechtsträger) ohne Abwicklung aufgelöst und seine Anteilsinhaber (Gesellschafter) erhalten Beteiligungen an den übernehmenden Rechtsträgern. Die Vermögensübertragungen können entweder auf bereits bestehende Rechtsträger oder auf neu zu gründende Rechtsträger erfolgen:

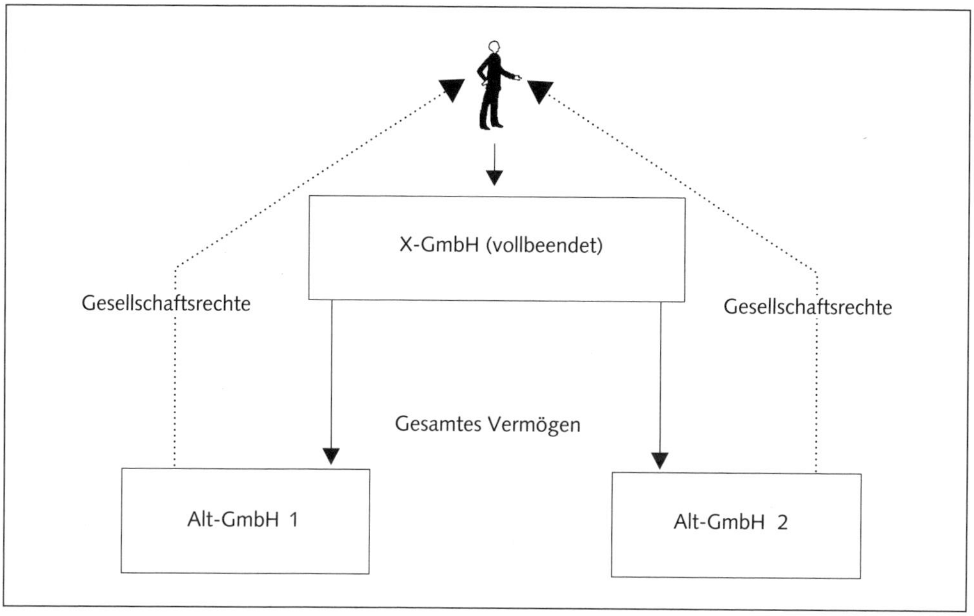

Abbildung 6: Vermögensübertragung auf bereits bestehende Rechtsträger = Aufspaltung zur Aufnahme

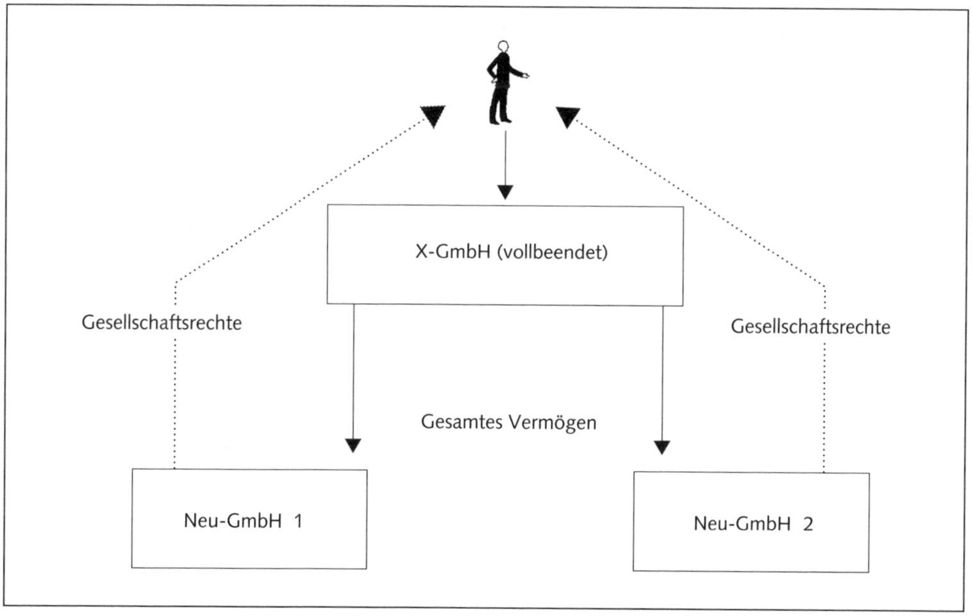

Abbildung 7: Vermögensübertragung auf neu zu gründende Rechtsträger = Aufspaltung zur Neugründung

Beispiel

Das Vermögen der A&B-GmbH wird zu je 50% aufgespalten auf die bestehende A-GmbH bzw. auf die B-GmbH. Die Anteilsinhaber A und B mit vormals je 50% Anteilen an der aufgelösten A&B-GmbH erhalten jeweils durch Kapitalerhöhung geschaffene neue Anteile an der je bereits existierenden A- bzw. B-GmbH (Aufspaltung zur Aufnahme; Die Aufnahme erfolgt bei den Zielgesellschaften durch eine **Sach-Kapitalerhöhung gegen Anteilsgewährung**).

2.1.4.2.2 Abspaltung (§ 123 Abs. 2 UmwG)

Bei der Abspaltung spaltet der übertragende Rechtsträger einen Teil oder mehrere Teile seines Vermögens ab und überträgt diesen oder diese im Wege der Sonderrechtsnachfolge als Gesamtheit auf einen oder mehrere andere (übernehmende) Rechtsträger. Im Unterschied zur Aufspaltung bleibt der übertragende Rechtsträger jedoch bestehen. Seine Anteilseigner (Gesellschafter) erhalten Beteiligungen an dem (den) übernehmenden Rechtsträger(n). Die Vermögensübertragungen können wiederum entweder auf bereits bestehende Rechtsträger oder auf neu zu gründende Rechtsträger erfolgen:

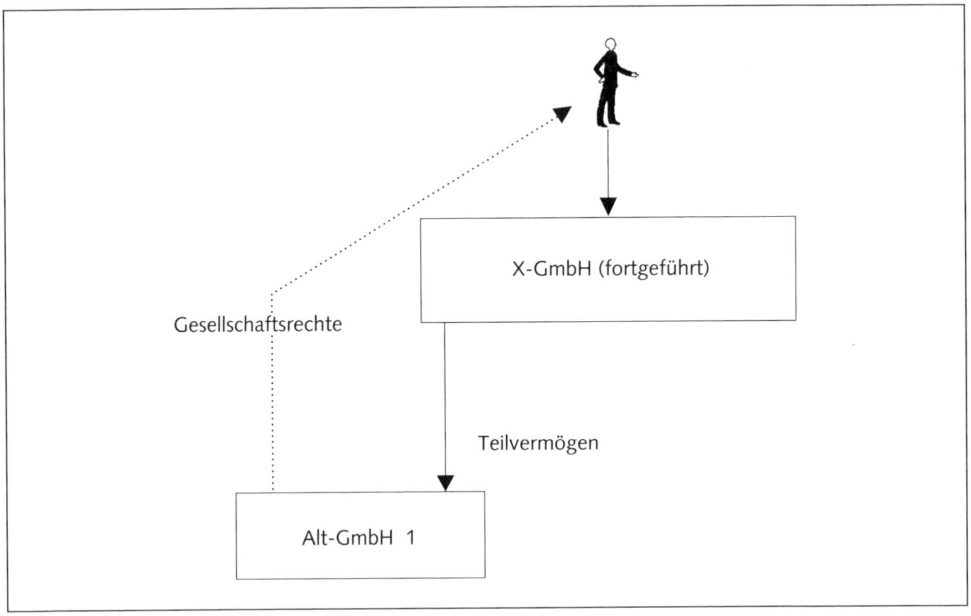

Abbildung 8: Vermögensübertragung auf bereits bestehende Rechtsträger = Abspaltung zur Aufnahme

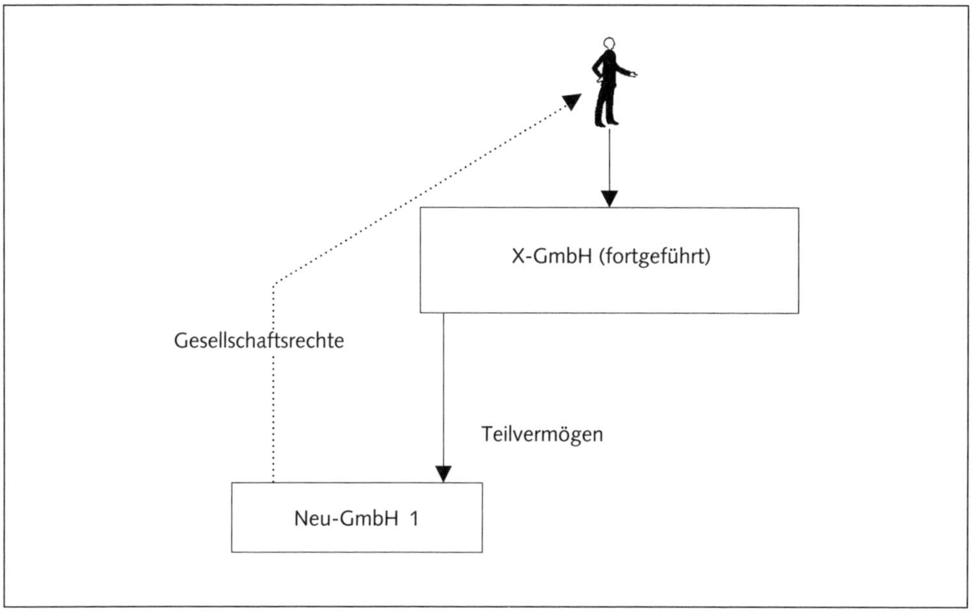

Abbildung 9: Vermögensübertragung auf neu zu gründende Rechtsträger = Abspaltung zur Neugründung

Beispiel 1
Abspaltung zur Aufnahme:
Die A&B-GmbH überträgt jeweils einen Vermögensteil – zur Wahrung der steuerlichen Möglichkeiten nach dem UmwStG soll es sich je um einen Teilbetrieb handeln – auf die bestehende A-GmbH sowie die B-GmbH. Durch Zurückbehalten eines weiteren Teilbetriebs besteht die A&B-GmbH weiter fort. Die Gesellschafter A und B erhalten jeweils durch Kapitalerhöhung die bei den aufnehmenden Gesellschaften geschaffenen neuen Anteile (Abspaltung zur Aufnahme durch Sachkapital-Erhöhung). Das Stammkapital der A&B-GmbH wird einfach herabgesetzt (vgl. § 139 UmwG).

Beispiel 2
Abspaltung zur Neugründung:
Die A&B-GmbH überträgt einen Teilbetrieb auf die neu gegründete X-GmbH. Die Anteilsinhaber A und B erhalten Anteile am Grundkapital der durch Sachgründung errichteten X-GmbH in Form von GmbH-Geschäftsanteilen. Die A&B-GmbH bleibt bestehen (Abspaltung zur Neugründung durch Sachgründung).

2.1.4.2.3 Ausgliederung (§ 123 Abs. 3 UmwG)

Auch hier gliedert der übertragende Rechtsträger – wie bei der Abspaltung – einen oder mehrere Teile aus seinem Vermögen aus und überträgt diesen oder diese im Wege der Sonderrechtsnachfolge auf einen oder mehrere andere (übernehmende) Rechtsträger. Der übertragende Rechtsträger bleibt auch weiterhin bestehen. Im Unterschied zur Abspaltung erhält hier jedoch der **übertragende Rechtsträger** (und nicht seine Anteilseigner) **Gesellschaftsrechte** an dem (den) übernehmenden Rechtsträger(n).

Die Vermögensübertragung kann entweder auf bereits bestehende Rechtsträger oder auf neu zu gründende Rechtsträger erfolgen:

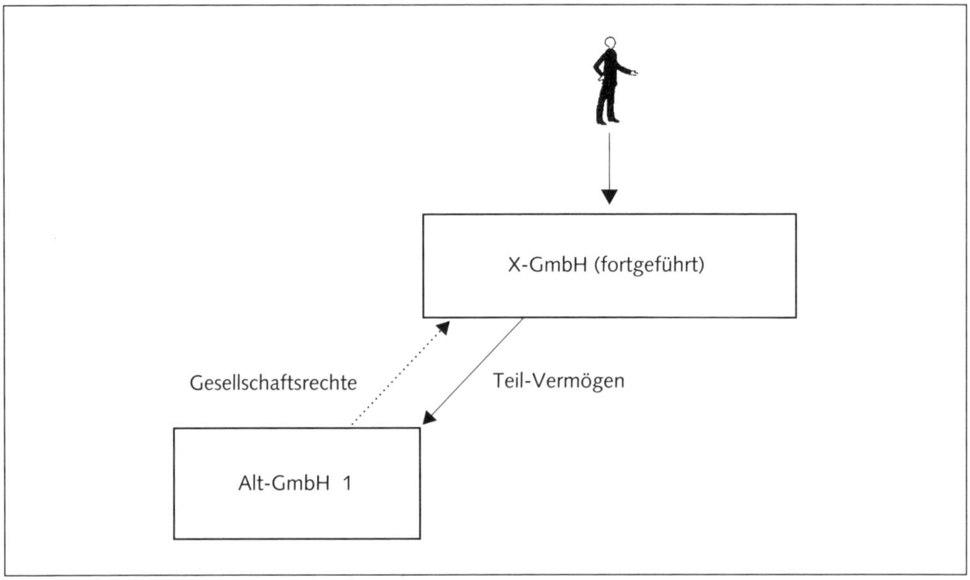

Abbildung 10: Vermögensübertragung auf bereits bestehende Rechtsträger = Ausgliederung zur Aufnahme

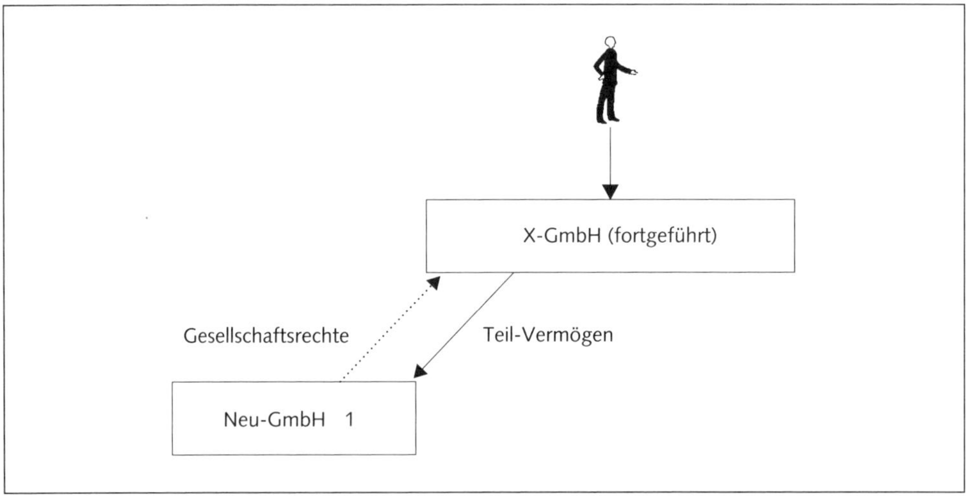

Abbildung 11: Vermögensübertragung auf neu zu gründende Rechtsträger = Ausgliederung zur Neugründung

Die Ausgliederung ist als tauschähnlicher Vorgang zu betrachten, bei dem der übertragende Rechtsträger als Gegenleistung für das übertragene Betriebsvermögen Gesellschaftsanteile an dem übernehmenden Rechtsträger erhält.

Beispiel 1

Neugründung eines Tochterunternehmens

Die A&B-GmbH gliedert einen Teilbetrieb in eine neu gegründete X-GmbH aus. An der X-GmbH sind keine weiteren Anteilseigner beteiligt, sodass die X-GmbH als 100 %ige Tochter in den Konzern-Konsolidierungskreis einzubeziehen ist. Die Situation der Gesellschafter an der A&B-GmbH wird dadurch nicht beeinflusst.

Beispiel 2

Ausgliederung aus dem Vermögen eines Einzelkaufmanns

Der Einzelkaufmann A überträgt seine Einzelunternehmung durch Ausgliederung auf eine

a) bestehende KapGes:

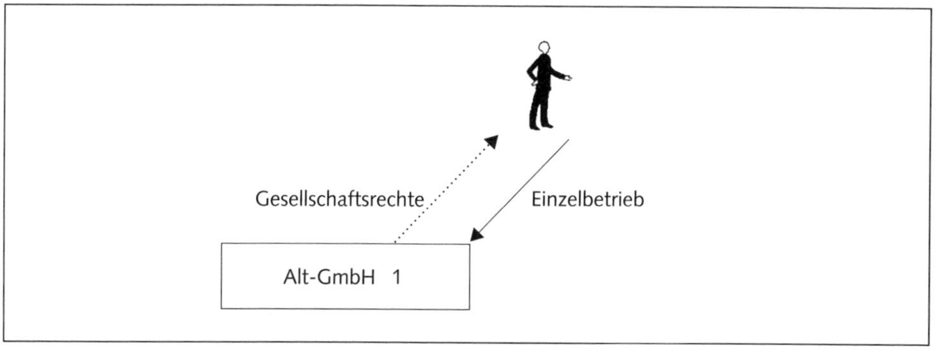

b) neu gegründete KapGes:

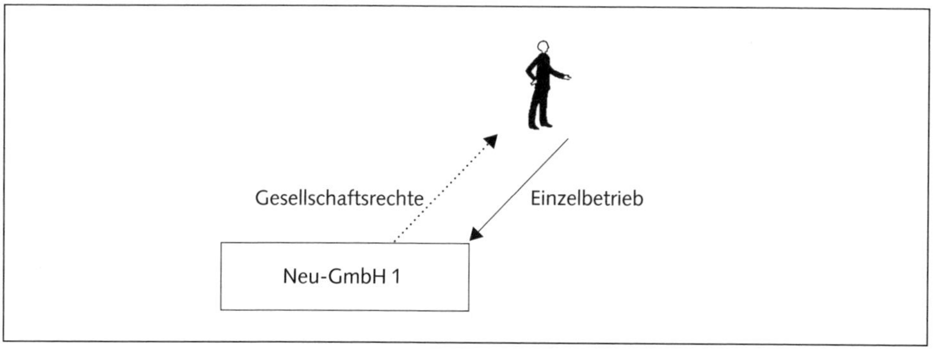

Nach § 152 UmwG sind andere Übertragungsmöglichkeiten nicht möglich, insbesondere nicht eine Ausgliederung auf eine neu gegründete Personenhandelsgesellschaft. Die Ausgliederung kann nicht erfolgen, wenn die Verbindlichkeiten des Einzelkaufmanns sein Vermögen übersteigen.

2.1.4.3 Vermögensübertragung (§§ 174–189 UmwG)

Die Vermögensübertragung i.S.d. §§ 174 bis 189 UmwG ist nur von KapGes auf die öffentliche Hand sowie von Versicherungsunternehmen in den Rechtsformen der AG, des VVaG oder des öffentlich-rechtlichen Versicherungsunternehmens zulässig. Die Durchführung ist als Vollübertragung oder als Teilübertragung möglich. Erstere entspricht der Verschmelzung, letztere der Spaltung, mit dem Unterschied, dass die Gegenleistung an die Anteilseigner für die Übertragung gerade nicht aus Anteilen an dem übernehmenden Rechtsträger, sondern in anderen Formen von Sachleistungen oder in Geldleistungen besteht.

2.1.4.4 Formwechsel

Beim Formwechsel findet keine Vermögensübertragung statt. Der Formwechsel vollzieht sich in der Regel unter Ausschluss Dritter allein im Kreis der Anteilseigner nur eines einzigen Rechtsträgers. Die Anteilseigner ändern nur die rechtliche Organisation des Unternehmensträgers; der Vermögensbestand bleibt vor und nach dem Formwechsel gleich. Der in seiner Struktur geänderte Rechtsträger ist somit rechtlich und wirtschaftlich identisch mit dem Rechtsträger vor dem Formwechsel.

Beispiel 1
Formwechsel einer Steuerberatungs-GmbH
Die A&B-Steuerberatungs-GmbH mit zwei Berufsträgern A und B, die zu je 50% Anteile halten, wird in eine A&B-Gesellschaft des bürgerlichen Rechts gem. den §§ 226 bis 237 UmwG formgewechselt.
Der umgekehrte Weg (von der GbR auf die GmbH) ist nicht möglich.

Beispiel 2
Formwechsel einer GmbH in eine Partnerschaftsgesellschaft
Eine Steuerberatungs-GmbH mit zwei Berufsträgern A und B, die zu je 50% Anteile halten, wird in eine A&B-Partnerschaftsgesellschaft gem. den §§ 225a bis 237 UmwG formgewechselt.

Beispiel 3
Formwechsel einer GmbH in eine OHG
Eine GmbH soll in eine OHG formgewechselt werden. Dies setzt nach § 228 Abs. 1 UmwG voraus, dass der Unternehmensgegenstand im Zeitpunkt des Wirksamwerdens des Formwechsels den Vorschriften zur Gründung einer OHG genügt. Andernfalls wäre die neue Rechtsform zwingend eine GbR.

2.1.4.5 Umstrukturierungen, die nicht im UmwG geregelt sind

2.1.4.5.1 Das Anwachsungsmodell

Bei dieser Art der Unternehmensumstrukturierung geht der Gesellschaftsanteil eines ausscheidenden Gesellschafters auf die anderen Gesellschafter durch Anwachsung über (§ 738 BGB). Da die anderen Gesellschafter auch eine oder mehrere KapGes sein können, ist das Anwachsungsmodell eine häufig angewandte Methode, durch Ausscheiden des **vorletzten Ge-**

sellschafters (z. B. eines Kommanditisten) aus einer PersGes (z. B. einer GmbH & Co. KG) eine KapGes (GmbH) zu generieren.

Das Anwachsungsmodell kann zum einen durch das sog. **Austrittsmodell** eine Verschmelzung von Gesellschaften ersetzen. Beim Austrittsmodell wird die Übernehmerin in der ersten Stufe Gesellschafterin der zu übertragenden Gesellschaft. In einem zweiten Schritt scheiden alle bisherigen Gesellschafter aus der Gesellschaft aus.

Zum anderen kann das **Übertragungsmodell** zur Anwendung kommen. Hierbei erwirbt z. B. eine KapGes alle Anteile an einer PersGes (s. oben: durch Ausscheiden des vorletzten Gesellschafters). Da danach nur noch ein Gesellschafter (die GmbH) vorhanden ist, erlischt die PersGes und das gesamte Vermögen ist der KapGes angewachsen.

Die wohl häufigste Anwendung des Anwachsungsmodells erfolgt bei Umwandlungen einer (klassischen) GmbH & Co. KG in eine GmbH. Hier scheiden alle Kommanditisten aus, deren Anteile der GmbH anwachsen.

2.1.4.5.2 Erleichterte Umwandlung einer GbR in eine OHG

§§ 2 i.V.m. 105 Abs. 3 HGB bieten eine Möglichkeit für Kleingewerbetreibende und Vermögen verwaltende GbR, sich in eine OHG umzuwandeln. Dies erfolgt durch die (konstitutiv = rechtsbegründend wirkende) Eintragung in das Handelsregister. Eine minderkaufmännische (oder vermögensverwaltende) GbR wird somit zur OHG, wenn sie in das Handelsregister eingetragen wird.

2.1.4.5.3 Umwandlung durch Einzelrechtsnachfolge

Schon immer konnten (und können weiterhin) betriebliche Umstrukturierungen durch die Einzelübertragung von WG herbeigeführt werden. So können – außerhalb des UmwG – die Vermögens-Übertragungen statt im Wege der Gesamtrechtsnachfolge auch durch die **Addition von Einzelübertragungen** herbeigeführt werden. Dabei müssen aber nach dem sachenrechtlichen Bestimmtheitsgrundsatz alle einzelnen WG nach den Regeln des BGB einzeln übertragen werden (z. B. jedes einzelne Grundstück durch Auflassung und Eintragung im Grundbuch). Dies deckt sich sodann mit der gesellschaftsrechtlich notwendigen **Sachwert-Überprüfung** bei Einbringung (oder Kapitalerhöhung) in eine KapGes.

Während die Gesamtrechtsnachfolge des UmwG einen enormen Rechtskomfort beinhaltet, liegt der Vorteil der Einzelrechtsnachfolge in der geringeren Formalisierung des Vorgangs sowie in der fehlenden gesamtschuldnerischen Haftung.

Der klassische Fall ist die Übertragung eines Einzelunternehmens auf eine KapGes. Dies kann sowohl im Wege der Gesamtrechtsnachfolge (durch Ausgliederung gem. § 152 ff. UmwG) als auch durch Einzelübertragung auf eine GmbH erfolgen (**Hinweis**: In beiden Fällen kommt es steuerlich zur Einbringung nach § 20 UmwStG).

2.1.4.5.4 Umwandlung durch Sitzverlegung

Als einen weiteren Weg zur Umwandlung sieht Art. 8 Abs. 1 SE-VO vor, dass eine Societas Europaea ihren Satzungssitz innerhalb der EU-Mitgliedstaaten verlegen kann, ohne dass die Gesellschaft aufgelöst ist. Die (geografische) Sitzverlegung kann somit als Unterfall der rechtlichen Umwandlung angesehen werden.

2.1.4.6 Praxisbeispiele zur Bestimmung der Umwandlungsart (inklusive steuerlicher Behandlung)

Beispiel 1
X und Y, die mit je 50% an der X-Y-OHG beteiligt sind, wollen den Betrieb der OHG auf die bereits bestehende X-GmbH (X = 100%iger Anteilseigner) übertragen und die dadurch entstehenden neuen Gesellschafterrechte an der GmbH zu gleichen Teilen übernehmen.

Lösung
Hierbei handelt es sich um eine Verschmelzung durch Aufnahme gem. § 2 Nr. 1, §§ 4–35, 39–45, 46–55 UmwG; es gelten die Vorschriften der Einbringung i.S.d. §§ 20–22 UmwStG.

Beispiel 2
Die A-GmbH (A = 100% Anteilseigner) und die B-GmbH (B = 100% Anteilseigner) wollen (kurz vor ihrer Auflösung) ihr Vermögen auf die neu zu gründende X-AG übertragen, an der A und B beteiligt sein sollen.

Lösung
a) Es handelt sich um eine Verschmelzung durch Neugründung (§ 2 Nr. 2, §§ 36–38, 56–59, 73–77 UmwG);
b) Steuerrechtlich sind die §§ 11–13 UmwStG anzuwenden.

Beispiel 3
Die X-Y-OHG möchte ihren Betrieb umfirmieren. Die neue Gesellschaft wird einen KapGes (X-Y-GmbH mit gleichen Beteiligungsverhältnissen.

Lösung
a) Es liegt ein Formwechsel vor (§§ 190–213, 214–225 UmwG);
b) Steuerrechtlich gelten die Normen § 25 i.V.m. §§ 20–22 UmwStG (Behandlung als Einbringung).

Beispiel 4
Die A-GmbH (A = 100% Anteilseigner) möchte (vor ihrer Auflösung) ihr Vermögen auf die (bereits bestehende) B-GmbH & Co. KG (bei der A als Kommanditist einsteigt) übertragen.

Lösung
a) Es liegt eine Verschmelzung durch Aufnahme vor (§ 2 Nr. 1, §§ 4–35, 39–45, 46–55 UmwG);
b) Steuerrechtlich sind die §§ 3–8 UmwStG anzwenden.

Beispiel 5
A überträgt seinen 100%-Anteil an der A-GmbH, der bisher zu seinem Betriebsvermögen gehörte, auf die (bestehende) Z-GmbH & Co. KG und erhält bei dieser eine Kommanditistenstellung.

Lösung

a) Hierbei handelt es sich um eine Spaltung in Form der Ausgliederung zur Aufnahme (§§ 123–134, 152–157 UmwG, unter der Voraussetzung, dass A Kaufmann ist);
b) Steuerrechtlich liegt eine Einbringung i.S.d. § 24 UmwStG vor (i.V.m. § 16 Abs. 1 Nr. 12 EStG).

Beispiel 6

Wie Beispiel 5, nur gehört der 100%-Anteil an der GmbH zum Privatvermögen des A.

Lösung

a) Es liegt keine Umwandlung i.S.d. UmwG vor;
b) Das UmwStG greift **nicht** (Veräußerung i.S.d. § 17 EStG).

Beispiel 7

A möchte seinen Betrieb auf die A-GmbH übertragen, die in diesem Zusammenhang ihr Stammkapital erhöht.

Lösung

a) Es handelt sich um eine Spaltung in Form der Ausgliederung zur Aufnahme (§§ 123–134, 138–140, 152–157 UmwG, unter der Voraussetzung, **dass A Kaufmann** ist);
b) Steuerrechtlich liegt eine Einbringung i.S.d. §§ 20–22 UmwStG vor.

Beispiel 8

Die A-GmbH (A = 100% Anteilseigner) möchte ihr Vermögen auf A übertragen und sodann vollbeendet sein.

Lösung

a) Es handelt sich um eine Verschmelzung durch Aufnahme (§ 2 Nr. 2, § 3 Abs. 2 Nr. 2, §§ 4–35, 120–122 UmwG);
b) Steuerrechtlich liegt ein Fall der §§ 3–10 UmwStG vor.

Beispiel 9

Wie Beispiel 8, nur ist A mit nur 80% an der GmbH beteiligt.

Lösung

b) Es liegt **keine** Umwandlung i.S.d. UmwG vor, weil A kein Alleingesellschafter der GmbH ist;
c) Das UmwStG greift **nicht** (s. § 1 Abs. 1 UmwStG, Liquidation der GmbH und §§ 20, 17 EStG).

Beispiel 10

Die A-B-GmbH möchte ihr Vermögen vor ihrer Beendigung gegen Gewährung weiterer Gesellschaftsrechte an A und B auf die A-B-GbR übertragen.

Lösung

a) Es liegt **keine** Umwandlung i.S.d. UmwG vor; GbR ist kein verschmelzungsfähiger Rechtsträger (s. § 3 UmwG);
b) Das UmwStG greift **nicht** (s. § 1 Abs. 1 UmwStG, Liquidation der GmbH und §§ 20, 17 EStG).

Beispiel 11

Die A-GmbH (A = 100% Anteilseigner) überträgt einen Teil ihres Vermögens auf die (bestehende) X-GmbH und den anderen Teil auf die (zu gründende) Y-GmbH jeweils gegen Gewährung von Gesellschaftsrechten an A und löst sich anschließend auf.

Lösung

a) Es handelt sich um eine Spaltung in Form der Aufspaltung zur Aufnahme und zur Neugründung (§§ 123 ff. UmwG);
b) Steuerrechtlich liegt ein Fall des § 15 i.V.m. den §§ 11–13 UmwStG vor (Voraussetzung: Teilbetriebe).

Beispiel 12

Die A-GmbH (A = 100% Anteilseigner) überträgt einen Teil ihres Vermögens auf die (neue) A-B-OHG, bei der A Gesellschafter wird und arbeitet mit dem Restvermögen weiter.

Lösung

a) Es handelt sich um eine Spaltung in Form der Abspaltung zur Neugründung (§§ 123–125, 135–140 UmwG);
b) Steuerrechtlich sind die §§ 16 i.V.m. 3–10 UmwStG anzuwenden (steuerrechtliche Voraussetzung: **Teilbetrieb**).

Beispiel 13

Die A-GmbH (A = 100% Anteilseigner) überträgt einen Teil ihres Vermögens auf die (bestehende) X-Y-OHG; die A-GmbH erhält dafür eine OHG-Beteiligung und arbeitet mit ihrem Restvermögen weiter.

Lösung

a) Hier handelt es sich um eine Spaltung in Form Ausgliederung zur Aufnahme (§§ 123–134, 138–140 UmwG);
b) Steuerrechtlich liegt eine Einbringung i.S.d. § 24 UmwStG vor.

Beispiel 14

Die A-B-OHG überträgt einen Teil ihres Vermögens auf die (neue) A-B-GmbH und wirtschaftet im Übrigen weiter vor sich hin. A und B werden zu je 50% Gesellschafter der GmbH.

Lösung

a) Hier handelt es sich um eine Spaltung in Form der Abspaltung zur Neugründung (§§ 123–125, 135–140 UmwG);
b) Steuerrechtlich liegt eine Einbringung i.S.d. §§ 20–22 UmwStG vor.

Beispiel 15
Die A-B-OHG überträgt einen Teil ihres Vermögens auf die (bestehende) X-Y-KG, bei der A und B eine Kommanditistenstellung erhalten.

Lösung
a) Es handelt sich um eine Spaltung in Form der Abspaltung zur Aufnahme (§§ 123 ff. UmwG);
b) Steuerrechtlich soll § 24 UmwStG (Einbringung) entsprechend anzuwenden sein.

2.2 Umwandlungssteuerrecht der GmbH

LITERATURHINWEISE:
Ausschuss Steuerrecht des Deutschen Anwaltsvereins, NZG 2011, 819; *Bauschatz*, FR 2003, 1116; *Binz/Hagedorn*, DB 2007, 765; ; *Blümich*, EStG, KStG, GewStG, Loseblatt-Kommentar; *Bodden*, FR 2007, 66; *Budde/Förschle/Winkeljohann*, Sonderbilanzen, 4. Aufl. 2008; *Dötsch/Pung*, DB 2006, 704; *Dötsch/Pung/Möhlenbrock*, Die Körperschaftsteuer, Loseblatt-Kommentar; *Figna/Fürstenau*, BB 2010, 12; *Frotscher/Maas*, Körperschaftsteuer/Gewerbesteuer/Umwandlungsteuer, Loseblatt-Kommentar; *Hagemann/Jakob/Ropohl/Viebrock*, NWB 2007, Sonderheft 1, 26; *Haritz/Menner*, Umwandlungsteuergesetz, 3. Aufl. 2010; *Hubertus/Bührer*, SteuK 2009, 106; *Kessler/Philipp*, DB 2011, 1658; *Keßler/Kühnberger*, Umwandlungsrecht, 1. Aufl. 2009; *Koch*, BB 2011, 2667; *Lüdike/Sistermann*, Unternehmenssteuerrecht, 1. Aufl. 2008; *Nagel/Thies*, GmbHR 2004, 83; *Neu/Hamacher*, DStR 2010, 1453; *von der Osten*, GmbHR 1995, 438; *Priester*, DB 1997, 560; *Pyszka/Jüngling*, BB Special 1/2011 zu Heft 35, 4; *Rogall*, NZG 2011, 810; *Schaden/Ropohl*, BB Special 1/2011 zu Heft 35, 11; *Schell*, IStR 2011, 704; *K. Schmidt*, GmbHR 1995, 693; *Schmitt/Hörtnagl/Stratz*, Umwandlungsgesetz/Umwandlungsteuergesetz, 5. Aufl. 2009; *Schönfeld*, IStR 2011, 497; *Schulze zur Wiesche*, DB 1996, 1539; *Widmann/Mayer*, Umwandlungsrecht, Loseblatt-Kommentar; *Wittkowski* GmbHR 2007, 352.

2.2.1 Anwendungsbereich des Umwandlungssteuergesetzes

Der Anwendungsbereich des Umwandlungssteuergesetzes wird durch die Vorschriften des § 1 UmwStG konkretisiert. Demnach bestimmt sich der Anwendungsbereich des UmwStG nach dem umzuwandelnden Rechtsträger. Nach § 1 Abs. 1 Nr. 1 bis 4 UmwStG sind auf Umwandlungen einer KapGes (als umzuwandelnden Rechtsträger) nur der zweite bis fünfte Teil des UmwStG anzuwenden. Dabei wird ersichtlich, dass es sich hierbei ausschließlich um Umwandlungen i.S.d. UmwG handelt. Demnach kann es sich um eine Umwandlung einer KapGes sowohl in eine andere KapGes als auch in eine PersGes handeln.

Das UmwG bietet den KapGes die Möglichkeit, im Rahmen einer Umwandlung – insbesondere durch eine Verschmelzung i.S.d. §§ 2-1221 UmwG bzw. durch eine Spaltung i.S.d. §§ 123 ff. UmwG – das Vermögen im Wege der (partiellen) Gesamtrechtsnachfolge bzw. ohne Rechtsnachfolge im Wege eines Formwechsels i.S.d. §§ 190-304 UmwG auf einen anderen Rechtsträger zu übertragen. Dabei ist zu beachten, dass, soweit es sich um eine Übertragung im Wege der Gesamtrechtsnachfolge handelt, steuerlich grundsätzlich von einem tauschähnlichen Vorgang mit der Folge der Aufdeckung von stillen Reserven ausgegangen wird. Die lediglich formwechselnde Umwandlung einer KapGes **in eine PersGes** ohne Vermögensübertragung wird steuerlich aufgrund des Wechsels der Besteuerungssystematik der übertragenden Umwandlung gleichgestellt (BFH vom 11.12.2001, BStBl II 2004, 474). Der Formwechsel einer KapGes (z.B. GmbH) in eine andere KapGes (z.B. AG) bleibt steuerlich hingegen ohne Auswirkung, da es sich lediglich um eine »Rechtskleidveränderung« handelt und kein Wechsel der Besteuerungssystematik stattfindet. Um Umstrukturierungen steuerlich nicht zusätzlich zu belasten und mithin zu erleichtern, soll das UmwStG dazu dienen Umstrukturierungen **erfolgsneutral** zu begleiten. Daraus folgt, dass das UmwStG ausschließlich die steuerlichen Folgen einer Umwandlung für die Ertragssteuern (Körperschaft-, Einkommen- und Gewerbesteuer) regelt. Andere Steuerarten wie z.B. die Umsatz-, die Grunderwerb- oder die Erbschaftsteuer regelt das UmwStG nicht (vgl. Tz. 01.01 BMF vom 11.11.2011, BStBl I 2011, 1314, »UmwSt-Erl 2011«).

Durch die Bezugnahme auf das UmwG sind gem. § 1 Abs. 1 Nr. 1 UmwStG mithin auch grenzüberschreitende Verschmelzungen von in der EU oder dem EWR ansässigen KapGes i.S.d. §§ 122a ff. i.V.m. § 2 UmwG nach den Regelungen der §§ 3 bis 9 und 18 UmwStG sowie der §§ 11 bis 13 bzw. 19 UmwStG zu beurteilen, soweit zusätzlich die **Voraussetzungen des § 1 Abs. 2 Satz 1 UmwStG** vorliegen (vgl. zu grenzüberschreitenden Verschmelzungen *Brocker*, BB 2010, 971; *Grambow/Stadler*, BB 2010, 977 sowie zu steuerlichen Praxisfragen *Figna/Fürstenau*, BB 2010, 12).

Strittig ist, inwieweit das UmwG auch auf grenzüberschreitende Spaltungen anzuwenden ist, da § 125 UmwG ausdrücklich nicht auf die Regelungen des §§ 122a ff. UmwG verweist. Nach Auffassung von *Hörtnagl* (*Schmitt/Hörtnagl/Stratz*, § 1 UmwStG Tz. 30) fallen grenzüberschreitende Spaltungen innerhalb der EU/EWR bei Beteiligung eines inländischen Rechtsträgers in den Anwendungsbereich des § 123 Abs. 1 und 2 UmwG (a.A. *Frotscher* in *Frotscher/Maas*, § 15 UmwStG Tz. 23 ff.; vgl. auch Ausführungen von *Dötsch/Pung* in *D/P/M*, § 15 UmwStG Tz. 9; *Klingberg* in *Blümich*, § 15 UmwStG Tz. 34 und 36; *Mayer* in *Widmann/Mayer*, Einf. UmwG, Tz. 225 ff.). Ebenfalls strittig ist, ob derzeit zivilrechtlich ein grenzüberschreitender Formwechsel möglich ist. So vertritt *Hörtnagl* (*Schmitt/Hörtnagl/Stratz*, § 1 UmwStG Tz. 49 und § 9 UmwStG Tz. 4 ff.) die Auffassung, dass dieser wohl nicht möglich ist (a.A. wohl *Jaensch* in *Keßler/Kühnberger*, Umwandlungsrecht, Vor §§ 190 bis 213 Tz. 12 ff.).

Weiterhin fallen in den Anwendungsbereich des § 1 Abs. 1 Nr. 1 und Nr. 2 UmwStG insbesondere auch vergleichbare ausländische Vorgänge, für die das UmwG zwar keine Anwendung findet, jedoch die Voraussetzungen des § 1 Abs. 2 Satz 1 UmwStG vorliegen und ein Inlandsbezug – z.B. durch eine inländische Betriebsstätte oder einen inländischen Gesellschafter – besteht. Ein ausländischer Vorgang ist vergleichbar, wenn er seinem Wesen nach einer Verschmelzung i.S.d. UmwG entspricht. Für Zwecke der Vergleichbarkeit ist mithin zunächst im Rahmen eines Rechtstypenvergleichs zu prüfen, ob die ausländischen Rechtsträger einem umwandlungsfähigen Rechtsträger i.S.d. UmwG entsprechen (vgl. hierzu BMF vom 24.12.1999, BStBl I 1999, 1076 sowie BMF vom 19.03.2004, BStBl I 2004, 411). Darüber hinaus ist zu prüfen, inwieweit die Umstrukturierung unter Heranziehung von sonstigen Vergleichskriterien (z.B. bare Zuzahlungen) in ihrer Rechtsnatur sowie Rechtsfolgen den Umstrukturierungen des UmwG entspricht (vgl. Tz. 01.24 ff. UmwSt-Erl 2011).

Andere Vermögensübertragungen nach den Regelungen des UmwG, darunter insbesondere Umwandlungen einer PersGes in eine KapGes im Wege der Gesamtrechtsnachfolge, Sonderrechtsnachfolge oder Formwechsel, fallen gem. § 1 Abs. 3 UmwStG in den Anwendungsbereich des sechsten bis achten Teils des UmwStG (§§ 20 bis 25 UmwStG). Hierzu zählt jedoch auch die in § 123 Abs. 3 UmwG geregelte Ausgliederung aus einer KapGes heraus. Darüber hinaus sind die Regelungen des sechsten bis achten Teils auch auf Vermögensübertragungen i.R.d. Einzelrechtsnachfolge anzuwenden, d.h. in den Fällen, in denen zivilrechtlich die Vermögensgegenstände und Schulden einzeln auf die übernehmende Person übertragen werden müssen (sog. »Einbringungsfälle«).

2.2.2 Steuerlicher Übertragungsstichtag

Nach § 20 Abs. 1 UmwG für die Verschmelzung sowie § 202 UmwG für den Formwechsel wird die Umwandlung erst mit der Eintragung in das Handelsregister rechtlich wirksam. Da in den Fällen der Verschmelzung aufgrund des Rechtsträgerwechsels eine Vermögensübertragung stattfindet und die an der Umwandlung teilnehmenden Rechtsträger auf den Tag der Eintragung ins Handelsregister nur bedingt Einfluss nehmen können, ist gem. § 5 Abs. 1 Nr. 6 UmwG der handelsrechtliche Umwandlungsstichtag festzulegen, d.h. der Tag, von dem an die Handlungen der KapGes als für Rechnung der PersGes vorgenommen **gelten**. Weiterhin hat der **übertragende Rechtsträger** gem. § 17 Abs. 2 UmwG auf den Schluss des Tages, der dem Umwandlungsstichtag vorausgeht, eine handelsrechtliche Schlussbilanz aufzustellen. Die handelsrechtliche Schlussbilanz muss dabei auf einen **höchstens 8 Monate** vor der Anmeldung der Umwandlung liegenden Stichtag aufgestellt sein (sog. Rückwirkungsfiktion). Den handelsrechtlichen Vorschriften entsprechend kennt auch das Steuerrecht für die Umwandlungen einer **KapGes** i.S.d. § 1 Abs. 1 UmwStG durch die Regelung des § 2 UmwStG eine Rückwirkungsfiktion (steuerliche Rückwirkung) und bestimmt den steuerlichen Übertragungsstichtag als den Tag, auf den die KapGes die (steuerliche) Schlussbilanz aufzustellen hat. Dieser liegt ebenfalls einen Tag vor dem handelsrechtlichen Umwandlungsstichtag und ist identisch mit dem Stichtag der handelsrechtlichen Schlussbilanz i.S.d. § 17 Abs. 2 UmwG. Da die Steuerpflicht der **KapGes** mit Ablauf des steuerlichen Übertragungsstichtags endet und die des übernehmenden Rechtsträgers beginnt, ist die Wahl des handelsrechtlichen Umwandlungsstichtags von erheblicher Bedeutung.

In Fällen des **Formwechsels** findet hingegen handelsrechtlich keine Vermögensübertragung statt, sodass eine Rückbeziehung in § 202 UmwG nicht erforderlich ist. Steuerlich hingegen ist die ergänzende Rückwirkungsregelung des § 9 UmwStG zu beachten, die inhaltlich den Regelungen des § 2 UmwStG i.V.m. § 17 Abs. 2 UmwG entspricht.

Die Rückwirkungsfiktion erfasst gemäß dem Wortlaut des § 2 Abs. 1 UmwStG nur den übertragenden und den übernehmenden Rechtsträger. Gesellschafter sind von der Rückwirkung grds. **nicht erfasst**, es sei denn die Gesellschafter stellen ihrerseits einen übernehmenden Rechtsträger dar. Mithin sind ausscheidende Gesellschafter des übertragenden Rechtsträgers (KapGes) von der Rückwirkung nicht betroffen. Darüber hinaus bestimmt § 2 Abs. 2 UmwStG eine weitere Ausnahme, dass in dem Fall, in dem es sich bei dem übernehmenden Rechtsträger um eine **PersGes** handelt, die steuerliche Rückwirkung auch für das Einkommen und das Vermögen der Gesellschafter der PersGes anzuwenden ist.

Die Folge der steuerlichen Rückwirkung ist, dass ein Übertragungsgewinn bzw. -verlust i.S.d. §§ 3, 11 UmwStG sowie ein Übernahmeergebnis i.S.d. §§ 4, 13 UmwStG sowie die offenen Rücklagen i.S.d. § 7 UmwStG grds. in dem Veranlagungszeitraum zu besteuern sind, in dem das Wj. endet, in das der steuerliche Übertragungsstichtag fällt (vgl. Tz 02.03 ff. UmwSt-Erl 2011).

Der steuerliche Übertragungsstichtag für Übertragungen i.S.d. § 1 Abs. 3 UmwStG wird hingegen in der Vorschrift des § 20 Abs. 6 UmwStG geregelt.

Beispiel

Es wird eine GmbH-1 mit einer GmbH-2 verschmolzen. Der Beschluss der Gesellschafterversammlung dazu wird am 15.03.2013 gefasst und die Umwandlungsbilanz auf den 31.12.2012 aufgestellt. Die Anmeldung der Eintragung in das Handelsregister erfolgt am 17.05.2013, die Eintragung am 04.08.2013.

Lösung

Die Voraussetzungen des § 2 Abs. 1 UmwStG sind erfüllt. Die Umwandlung findet (steuerlich) am 31.12.2012 statt (vgl. Tz. 02.03 UmwSt-Erl. 2011). Damit fallen der Übertragungs- und der Übernahmegewinn im Veranlagungszeitraum 2012 an.

2.2.2.1 Gewinnausschüttungen

Die steuerliche Rückbeziehung gilt auch für Gewinnausschüttungen. Die steuerliche Behandlung von Gewinnausschüttungen im Zusammenhang mit Umwandlungen hängt zunächst davon ab, ob es sich bei dem übernehmenden Rechtsträger um eine PersGes oder eine KapGes handelt. Darüber hinaus hängt die steuerliche Behandlung insbes. auch vom Zeitpunkt des Ausschüttungsbeschlusses bzw. der Durchführung einer vGA ab.

2.2.2.1.1 Vor dem steuerlichen Übertragungsstichtag beschlossene und abgeflossene Gewinnausschüttungen

Für Gewinnausschüttungen, die vor dem steuerlichen Übertragungsstichtag beschlossen und bereits abgeflossen sind, bestehen im Zusammenhang mit einer Umwandlung keine Besonderheiten. Durch den Beschluss und die Auszahlung wurde das voraussichtlich übergehende Vermögen bereits gemindert, sodass der Rückwirkungszeitraum hiervon nicht betroffen ist. Die Gewinnausschüttungen sind bei den Gesellschaftern in Abhängigkeit von deren Rechtsform nach den allgemeinen Grundsätzen als Einnahmen i.S.d. § 20 Abs. 1 Nr. 1 EStG zu besteuern.

2.2.2.1.2 Vor dem steuerlichen Übertragungsstichtag beschlossene, aber nach dem steuerlichen Übertragungsstichtag abgeflossene Gewinnausschüttungen

Gewinnausschüttungen, die vor dem steuerlichen Übertragungsstichtag beschlossen worden sind, jedoch erst im Rückwirkungszeitraum abfließen, sind bei der übertragenden KapGes als **Verbindlichkeiten** zu passivieren. Dies gilt für verdeckte Gewinnausschüttungen entsprechend (vgl. Tz. 02.27 UmwSt-Erl 2011).

Hinsichtlich der Behandlung der Ausschüttungen auf der Gesellschafterebene ist nochmals eine Differenzierung in Abhängigkeit von der Anwendung der Rückwirkungsfiktion vorzunehmen. Soweit die Rückwirkungsfiktion anzuwenden ist, weil es sich bei dem Gesellschafter z. B. um einen übernehmenden Rechtsträger oder einen Gesellschafter handelt, der auch künftig an der übernehmenden **PersGes** beteiligt sein wird, gilt die Ausschüttung als zum steuerlichen Übertragungsstichtag zugeflossen. Bei einem Gesellschafter in der Rechtsform einer KapGes ist die Ausschüttung nach den allgemeinen Grundsätzen des § 8b KStG zu behandeln. Handelt es sich bei dem Gesellschafter hingegen um eine natürliche Person, so ist die Ausschüttung in den Fällen, in denen die Beteiligung als solche i.S.d. § 17 EStG zu qualifizieren ist, gem. § 20 Abs. 8 EStG **stets** den Einkünften i.S.d. § 15 Abs. 1 Satz 1 Nr. 2 EStG zuzurechnen. Hintergrund dieser steuerlichen Rechtsfolge ist die in § 5 Abs. 2 UmwStG verankerte Einlagefiktion (vgl. hierzu III 2.2.3.1.2.2), die dazu führt, dass es sich bei der Beteiligung um eine solche des Betriebsvermögens handelt. Folglich ist die Ausschüttung i.R.d. Teileinkünfteverfahrens nach den Regelungen des § 3 Nr. 40 EStG zu besteuern. Liegt hingegen in diesen Fällen eine nicht unter § 17 EStG fallende Beteiligung vor, ist die Besteuerung nach den allgemeinen Grundsätzen vorzunehmen (§§ 3 Nr. 40, 32d, 43 Abs. 5 EStG). In diesem Zusammenhang sei darauf hingewiesen, dass in den Fällen, in denen der **übernehmende Rechtsträger** eine **KapGes** ist, die Rückwirkungsfiktion nur in Fällen der sog. **up-stream-merger** bzw. Aufwärtsverschmelzung (Verschmelzung der Tochter-KapGes auf die Mutter-KapGes) Anwendung findet. Folglich stellt die Ausschüttung in diesen Fällen eine steuerlich unbeachtliche Vorwegübertragung von Vermögen von Tochter- auf die Mutter-KapGes dar (vgl. Tz. 02.35 UmwSt-Erl 2011).

Bei Anwendung der Rückwirkungsfiktion ist die Ausschüttung beim übernehmenden Rechtsträger im Zeitpunkt des tatsächlichen Abflusses als Tilgung der Ausschüttungsverbindlichkeit zu behandeln, die keine Auswirkungen auf den Gewinn entfaltet. Der übernehmende Rechtsträger hat die Pflicht im Zeitpunkt des Abflusses, **spätestens** jedoch im Zeitpunkt der zivilrechtlichen Wirksamkeit der Umwandlung, die KapESt nach den Regelungen der §§ 43 EStG ff. einzubehalten und abzuführen. In Fällen des up-stream-mergers ist hingegen kein KapESt-Abzug vorzunehmen, sodass die KapESt-Anmeldung insoweit berichtigt werden kann (vgl. Tz. 02.35 UmwSt-Erl 2011).

Soweit die Rückwirkungsfiktion hingegen keine Anwendung findet, sind die Ausschüttungen nach den allgemeinen Grundsätzen als Einnahmen gem. § 20 Abs. 1 Nr. 1 EStG zu besteuern (§§ 3 Nr. 40, 32d, 43 Abs. 5 EStG, § 8b KStG). Auch in diesen Fällen ist die Auszahlung beim übernehmenden Rechtsträger als Tilgung der Ausschüttungsverbindlichkeit zu behandeln. Im **Zeitpunkt des Abflusses** ist durch den Rechtsnachfolger die KapESt nach den Vorschriften der §§ 43 EStG ff. einzubehalten und abzuführen.

Unabhängig von der Anwendung der Rückwirkungsfiktion und der Bestimmung des Zuflusszeitpunkts beim Gesellschafter, gilt für Zwecke des § 27 KStG bei der **übertragenden KapGes** die Ausschüttung stets als **zum steuerlichen Übertragungsstichtag** abgeflossen. Diese Ausschüttungen sind bereits zum steuerlichen Übertragungsstichtag in der gesonderten Feststellung des Einlagekontos zu berücksichtigen (vgl. Tz. 02.27 und 02.34 UmwSt-Erl 2011). Die Steuerbescheinigung i.S.d. § 27 Abs. 3 KStG ist ggf. durch den übernehmenden Rechtsträger als Rechtsnachfolger auszustellen (vgl. Tz. 02.27 UmwSt-Erl 2011).

2.2.2.1.3 Nach dem steuerlichen Übertragungsstichtag beschlossene und abgeflossene Gewinnausschüttungen

Soweit Gewinnausschüttungen vorliegen, die nach dem steuerlichen Übertragungsstichtag beschlossen und abgeflossen sind, ist für Zwecke der steuerlichen Beurteilung zunächst ebenfalls eine Unterscheidung in Abhängigkeit von der Anwendung der Rückwirkungsfiktion des § 2 UmwStG vorzunehmen. Kommt es zur Anwendung der Rückwirkungsfiktion, mit der Folge, dass in der Ermittlung des Einkommens beim übernehmenden Rechtsträger bereits sämtliche Geschäftsvorfälle nach dem steuerlichen Übertragungsstichtag zu berücksichtigen sind, so gilt die Ausschüttung als von diesem vorgenommen. In den Fällen, in denen es sich bei dem übernehmenden Rechtsträger um eine **PersGes oder natürliche Person** handelt, liegt demnach eine Entnahme i.S.d. § 4 Abs. 1 Satz 2 EStG vor. Handelt es sich bei dem übernehmenden Rechtsträger um eine **KapGes**, so greift die steuerliche Rückwirkung lediglich im Rahmen einer Verschmelzung der Tochter-KapGes auf die Mutter-KapGes (up-stream-merger bzw. Aufwärtsverschmelzung). Hier stellt die Ausschüttung jedoch eine steuerlich unbeachtliche Vorwegübertragung von Vermögen an die Mutter-KapGes dar (vgl. Tz. 02.35 UmwSt-Erl 2011).

Findet die Rückwirkungsfiktion hingegen keine Anwendung, so ist in der Schlussbilanz der übertragenden KapGes ein **passiver Korrekturposten** i.H.d. Ausschüttung vorzunehmen, der seinem Wesen nach einer Ausschüttungsverbindlichkeit entspricht (vgl. Tz. 02.31 UmwSt-Erl 2011). Soweit die Bildung des Postens Auswirkungen auf den Gewinn hat, ist eine außerbilanzielle Korrektur vorzunehmen. Bei den Gesellschaftern der übertragenden KapGes unterliegen die Ausschüttungen als Einnahmen gem. § 20 Abs. 1 Nr. 1 EStG der Besteuerung nach den allgemeinen Grundsätzen (§§ 3 Nr. 40, 32d, 43 Abs. 5 EStG, § 8b KStG). Im Zeitpunkt des Abflusses ist durch den Rechtsnachfolger die KapESt nach den Vorschriften der §§ 43 ff. EStG einzubehalten und abzuführen. Für Zwecke des § 27 KStG gilt die Ausschüttung jedoch als zum steuerlichen Übertragungsstichtag bei der übertragenden KapGes abgeflossen (vgl. Tz. 02.27 und 02.33 UmwSt-Erl 2011). Geht das Vermögen i.R.d. Umwandlung auf eine andere KapGes über, so kann die Gewinnausschüttung nach Ansicht der Finanzverwaltung aus Vereinfachungsgründen so behandelt werden, als hätte die übernehmende KapGes diese vorgenommen, wenn die Verpflichtung zum Einbehalt und Abführung der KapESt dadurch nicht beeinträchtigt wird (vgl. Tz. 02.34 UmwSt-Erl 2011).

Beispiel 1

Das Vermögen der A-GmbH wird auf die X-OHG übertragen. Steuerlicher Übertragungsstichtag ist der 31.12.2012. Am 12.12.2012 wurde eine Ausschüttung für 2011 i.H.v. 10.000 € beschlossen. Außerdem beschließt die Hauptversammlung am 01.04.2013, für das Jahr 2012 15.000 € auszuschütten. Die Eintragung der Umwandlung in das Handelsregister erfolgt am 15.07.2013. Am 03.09.2013 werden die beiden Dividenden ausgezahlt.

Lösung

Die A-GmbH muss in ihrer steuerlichen Schlussbilanz 10.000 € Dividendenverbindlichkeit (einschl. **KapESt**/SolZ) passivieren. Diese Verbindlichkeit wird von der OHG übernommen und erfolgsneutral bei Zahlung ausgebucht. Soweit die Rückwirkungsfiktion Anwendung findet, gilt die Ausschüttung bei den Anteilseignern als am 31.12.2012 zugeflossen und unterliegt im Veranlagungszeitraum 2012 der Besteuerung. Kommt es hingegen zu keiner Anwendung der steuerlichen Rückwirkung, ist die Ausschüttung im Zeitpunkt des tatsächlichen Zuflusses am 03.09.2013 zu erfassen und nach den allgemeinen Grundsätzen zu besteuern. Die Ausschüttung von 15.000 € ist in Abhängigkeit der Anwendung der steuerlichen Rückwirkungsfiktion bei der OHG entweder als Entnahme oder als Tilgung zu behandeln. Eine Passivierung dieses Betrags erfolgt bei der GmbH nur insoweit, wie die Rückwirkungsfiktion nicht anzuwenden ist. In Fällen der Tilgung erzielen die Anteilseigner im Zeitpunkt des Abflusses Einnahmen i.S.d. § 20 Abs. 1 Nr. 1 EStG.

Beispiel 2

Das Vermögen der A-GmbH wird auf die Z-OHG übertragen. Steuerlicher Übertragungsstichtag ist der 31.12.2012. Am 12.12.2012 wird dem Gesellschafter A ein Grundstück vergünstigt veräußert, sodass eine vGA i.H.v. 10.000 € anzunehmen ist. Am 01.05.2013 wird dem im Zuge der Umwandlung ausscheidenden Gesellschafter B ein Pkw geschenkt, sodass ebenfalls eine vGA i.H.v. 20.000 € begründet wird. Die Eintragung der Umwandlung findet am 15.07.2013 statt.

Lösung

Die vGA an den Gesellschafter A ist noch der A-GmbH zuzurechnen und ist in 2012 nach allgemeinen Grundsätzen sowohl auf Ebene der A-GmbH als auch beim Gesellschafter zu behandeln. Da der Gesellschafter im Zuge der Umwandlung ausscheidet, sodass die Rückwirkungsfiktion für ihn keine Anwendung findet, ist die vGA i.H.v. 20.000 € in der Schlussbilanz der A-GmbH als passiver Korrekturposten anzusetzen, der den Gewinn nicht mindern darf. Die vGA ist von B in 2013 nach den allgemeinen Grundsätzen zu besteuern.

2.2.2.2 Andere Rechtsgeschäfte und Rechtshandlungen

Auch hier beurteilt sich die steuerliche Behandlung von Rechtsgeschäften und Rechtshandlungen insbesondere danach, ob es zur Anwendung der steuerlichen Rückwirkungsfiktion kommt oder nicht. Von besonderer Bedeutung ist dies in den Fällen, in denen eine Umwandlung in eine PersGes stattfindet. Scheiden die Gesellschafter aus der KapGes nicht aus und bleiben bzw. werden sie Gesellschafter der übernehmenden PersGes, so unterliegen die Rechtsgeschäfte und Rechtshandlungen zwischen ihnen und der übertragenden KapGes bereits ab dem steuerlichen Übertragungsstichtag den Regelungen des § 15 Abs. 1 Satz 1 Nr. 2 EStG, sodass etwaige Vergütungen oder Überlassungen von Wirtschaftsgütern als Sondervergütungen bzw. Sonderbetriebsvermögen zu behandeln sind. Findet hingegen die Rückwirkungsfiktion keine Anwendung, ergeben sich keine Besonderheiten. Es gelten weiterhin die allgemeinen Grundsätze.

Beispiel

Die A-GmbH wird auf die Z-OHG umgewandelt. Gesellschafter der A-GmbH sind A und B, B scheidet im Zuge der Umwandlung aus der A-GmbH aus und wird auch nicht Gesellschafter der Z-OHG. Der steuerliche Übertragungsstichtag ist der 31.12.2012. Die Eintragung der Umwandlung erfolgt am 05.07.2013. Die A-GmbH weist gegenüber dem A eine Pensionsrückstellung i.H.v. 100.000 € aus. B vermietet an die A-GmbH sein Grundstück für monatlich 5.000 €.

Lösung

Die Pensionsrückstellung gegenüber dem A wird ab dem 01.01.2013 nach Maßgabe des § 6a EStG in seinem Sonderbetriebsvermögen i.S.d. § 15 Abs. 1 Satz 1 Nr. 2 EStG ausgewiesen. Bei B findet eine Umqualifizierung seiner Mieteinkünfte in solche des § 15 EStG nicht statt, da er an der Z-OHG nicht beteiligt wird. Er erzielt in 2013 weiterhin Einkünfte aus Vermietung und Verpachtung gem. § 21 EStG.

2.2.3 Umwandlungen aus der GmbH

2.2.3.1 Umwandlungen von GmbH in Personenunternehmen (§§ 3–9 und 18 UmwStG)

2.2.3.1.1 Steuerliche Behandlung des Überträgers – Ermittlung des Übertragungsgewinns

Nach dem Aufbau des UmwStG sind zunächst immer die Regelungen für den übertragenden Rechtsträger aufgeführt. Danach werden die übernehmenden Rechtsträger sowie die Anteilseigner/Gesellschafter behandelt. Mithin gelten für den übertragenden Rechtsträger, nämlich die KapGes, die Vorschriften des § 3 UmwStG, die in Abhängigkeit der Wertansätze der Ermittlung eines etwaigen Übertragungsgewinns dienen sollen.

2.2.3.1.1.1 Ansatz mit dem gemeinen Wert

Nach § 3 Abs. 1 UmwStG sind die i.R.d. Verschmelzung auf die PersGes übergehenden Wirtschaftsgüter in der steuerlichen – auf den Übertragungsstichtag i.S.d. § 2 Abs. 1 UmwStG zu erstellenden – Schlussbilanz der KapGes grds. einheitlich mit dem gemeinen Wert anzusetzen. Eine Ausnahme besteht lediglich für die Pensionsrückstellungen, die mit dem Teilwert i.S.d. § 6a EStG anzusetzen sind. Der Ansatz mit dem gemeinen Wert gilt demnach auch für nicht entgeltlich erworbene und selbstgeschaffene immaterielle Wirtschaftsgüter. In diesem Zusammenhang ist es unklar, inwieweit ein (nicht entgeltlich erworbener bzw. selbstgeschaffener) Firmenwert einen gemeinen Wert haben kann. Nach Auffassung von *Dötsch/Pung* (*D/P/M*, § 3 UmwStG Tz. 14) sowie *Bodden* (FR 2007, 66, 69) hat der Firmenwert keinen (eigenen) gemeinen Wert, sodass die Bewertung mit dem Teilwert i.S.d. § 6 Abs. 1 Nr. 1 Satz 3 EStG zu erfolgen hätte (so auch *Schnitter* in *Frotscher/Maas*, § 3 UmwStG Tz. 102). *Frotscher* (*Frotscher/Maas*, § 11 UmwStG Tz. 78) geht hingegen davon aus, dass der Firmenwert gar nicht angesetzt werden kann. Die FinVerw geht in ihrem UmwSt-Erlass vom 11.11.2011 wohl von der Existenz eines gemeinen Werts für den Firmenwert aus, ohne jedoch auf dessen Ermittlung einzugehen (vgl. Tz. 03.05 und Bsp. in Tz. 03.08 UmwSt-Erl 2011).

Nach dem Willen der Finanzverwaltung handelt es sich bei der steuerlichen Schlussbilanz um eine eigenständige, von der Gewinnermittlung nach §§ 4 Abs. 1, 5 Abs. 1 EStG unabhängige Bilanz, sodass steuerliche Ansatzverbote des § 5 EStG nicht gelten (vgl. Tz. 03.01 und Tz. 03.04 UmwSt-Erl 2011). Die Werte der handelsrechtlichen Schlussbilanz i.S.d. § 17 Abs. 2 UmwG sind dabei mangels Anwendung des Maßgeblichkeitsprinzips für Fälle des Umwandlungssteuerrechts nicht ausschlaggebend. Zur Bestimmung des gemeinen Werts ist mangels eigener Definition auf die Regelung des § 9 Abs. 2 BewG zurückzugreifen. Demnach ist der gemeine Wert der Betrag, der im gewöhnlichen Geschäftsverkehr nach der Beschaffenheit des Wirtschaftsguts bei einer Veräußerung zu erzielen wäre. Für die Ermittlung des gemeinen Werts von Wertpapieren sowie Anteilen an Tochter-KapGes gelten grds. die Regelungen des § 11 BewG. Der Ansatz der Wirtschaftsgüter mit dem gemeinen Wert führt zur Entstehung eines Übertragungsgewinns, der bei der KapGes der Besteuerung nach den allgemeinen Vorschriften unterliegt. Etwaige Gewinne aus dem Ansatz von gemeinen Werten von Wertpapieren oder Anteilen an KapGes unterliegen mithin den Regelungen des § 8b Abs. 2 und 3 KStG. Die GewSt-Pflicht ergibt sich aus § 18 Abs. 1 i.V.m. § 3 UmwStG. Soweit etwaige Verlustvorträge i.S.d. § 10d Abs. 4 i.V.m. Abs. 2 EStG vorhanden sind, können diese mit dem Übertragungsgewinn insoweit verrechnet werden.

Nach § 3 Abs. 3 UmwStG kommt in Fällen einer Verschmelzung mit Bezug zum EU-Ausland eine Anrechnung **fiktiver** ausländischer Steuern auf die durch den Übertragungsgewinn ausgelöste Körperschaftsteuer in Betracht. Die Vorschriften der § 26 KStG i.V.m. § 34c Abs. 1 EStG gelten entsprechend. Dies ist insbesondere in den Fällen von Bedeutung, in denen eine in Deutschland unbeschränkt stpfl. (umzuwandelnde) KapGes über eine Betriebsstätte im EU-Ausland verfügt und mit dem jeweiligen EU-Staat ein DBA besteht, der die Anrechnungsmethode vorsieht. Soweit die Bundesrepublik Deutschland durch die Verschmelzung das Besteuerungsrecht an den Wirtschaftsgütern der ausländischen Betriebsstätte verliert, liegen die Voraussetzungen des § 3 Abs. 2 Satz 1 UmwStG nicht vor, sodass die Wirtschaftsgüter insoweit mit dem gemeinen Wert anzusetzen sind. Folgerichtig entsteht ggf. ein körperschaftstpfl. Übertragungsgewinn.

Beispiel

Zum 31.12.2011 soll die E-GmbH auf die C&D-OHG verschmolzen werden. Ihre (laufende) Schlussbilanz weist folgende Werte aus:

A	**Schlussbilanz der E-GmbH zum 31.12.2012**		P
Grund und Boden	200.000 €	Stammkapital	50.000 €
Gebäude	500.000 €	Kapitalrücklagen	1.030.000 €
Maschinen	600.000 €	Gewinnrücklagen	20.000 €
Waren	100.000 €	Rückstellungen	200.000 €
		Verbindlichkeiten	100.000 €
	1.400.000 €		1.400.000 €

In den Aktiva sind folgende stille Reserven enthalten:

Grund und Boden:	50.000 €
Gebäude:	150.000 €
Maschinen:	10.000 €
Waren:	25.000 €
Selbstgeschaffener Firmenwert:	500.000 €

Für Zwecke der Umwandlung soll aufgrund von steuerlichen Verlustvorträgen der gemeine Wert angesetzt werden.

Lösung

Neben dem für das Jahr 2012 zu ermittelnden laufenden Ergebnis erzielt die E-GmbH vor Verrechnung mit dem Verlustvortrag einen Übertragungsgewinn, der wie folgt zu ermitteln ist:

Gemeiner Wert Grund und Boden	250.000 €
Gemeiner Wert Gebäude	650.000 €
Gemeiner Wert Maschinen	610.000 €
Gemeiner Wert Vorratsvermögen	125.000 €
Gemeiner Wert Firmenwert	500.000 €
Buchwerte sämtliche Aktiva zum 31.12.2012	1.400.000 €
=	735.000 €

Der Übertragungsgewinn ist mit den Verlustvorträgen zu verrechnen und unterliegt im Veranlagungszeitraum 2012 sowohl der KSt als auch der GewSt.

2.2.3.1.1.2 Ansatz mit dem Buchwert/Zwischenwert

Abweichend vom Grundsatz des Ansatzes mit dem gemeinen Wert nach § 3 Abs. 1 UmwStG können die WG **auf Antrag einheitlich** mit dem Buchwert oder einem Zwischenwert angesetzt werden, **soweit** die Voraussetzungen des § 3 Abs. 2 Satz 1 Nr. 1 bis 3 UmwStG vorliegen. Der Buchwert ist dabei gem. § 1 Abs. 5 Nr. 4 UmwStG der Wert, der sich nach den steuerlichen Vorschriften über die Gewinnermittlung ergibt oder ergäbe. Die **Obergrenze** bildet jedoch stets der gemeine Wert i.S.d. § 3 Abs. 1 UmwStG. Es müssen folgende Voraussetzungen kumulativ vorliegen:

- Die übergehenden WG werden Betriebsvermögen der übernehmenden PersGes; die Besteuerung der darin vorhandenen stillen Reserven ist sichergestellt,
- Das Besteuerungsrecht des Bundesrepublik Deutschland ist weiterhin gegeben,
- Eine Gegenleistung wird nicht gewährt oder besteht ausschließlich in Gesellschaftsrechten.

Die Antragsvoraussetzungen sind für jeden Mitunternehmer **der übernehmenden PersGes** gesondert zu prüfen. Dies kann unter Umständen dazu führen, dass, soweit die WG einem nicht unbeschränkt stpfl. Gesellschafter der PersGes zuzurechnen sind, anteilig mit dem gemeinen Wert anzusetzen sind (vgl. hierzu ausführlich *Schnitter* in *Frotscher/Maas*, § 3 UmwStG Tz. 150 ff. sowie Bsp. *Widmann* in *Widmann/Mayer*, § 3 UmwStG, Tz. R 63.26 ff.). Dies gilt auch, soweit einem Mitunternehmer eine Zuzahlung (die z. B. auch durch Verbuchung auf einem Darlehenskonto des jeweiligen Gesellschafters der PersGes erfolgt) oder andere Gegenleistungen gewährt werden (vgl. hierzu ausführlich *Schnitter* in *Frotscher/Maas*, § 3 UmwStG Tz. 183 ff. sowie Bsp. *Widmann* in *Widmann/Mayer*, § 3 UmwStG, Tz. R 63.29). In dem Umfang, in dem die Voraussetzungen für einen Ansatz zu Buchwerten bzw. Zwischenwerten aufgrund des Verlustes des Besteuerungsrechts nicht vorliegen, will die Finanzverwaltung für die dadurch aufgedeckten stillen Reserven für einen ausländischen Anteilseigner eine positive und für die inländischen Anteilseigner eine negative Ergänzungsbilanz bei der übernehmenden PersGes bilden (vgl. Tz. 04.24 UmwSt-Erl; kritisch hierzu *Pyszka/Jüngling*, BB Special 1/2011 zu Heft 35, 4, 8; *Schell*, IStR 2011, 704, 706).

Weiterhin ist, soweit die Voraussetzungen des § 3 Abs. 2 Nr. 1 bis 3 UmwStG nicht vorliegen, ggf. die Anwendung des § 3 Abs. 3 UmwStG zu prüfen. Dies gilt auch bei einem Ansatz mit einem Zwischenwert. Werden die Wirtschaftsgüter mit dem Buchwert angesetzt, ergibt sich bei der übertragenden KapGes **kein Übertragungsgewinn**. Es ist darauf hinzuweisen, dass ein einheitlicher Ansatz mit dem Buchwert ausscheidet, soweit der gemeine Wert der Sachgesamtheit geringer ist als die Summe der Buchwerte der übergehenden Wirtschaftsgüter, sodass insoweit eine **Abstockung** vorzunehmen ist (vgl. Tz. 03.12 UmwSt-Erl 2011).

Die Ausübung des Wahlrechts des § 3 Abs. 2 UmwStG in Richtung auf einen Zwischenwert ist für den übertragenden Rechtsträger nur sinnvoll, wenn dieser i.H.d. dadurch aufgedeckten stillen Reserven über Verlustvorträge i.S.d. § 10d Abs. 4 EStG verfügt. Diese Verlustvorträge könnten somit noch auf der Ebene des übertragenden Rechtsträgers ausgenutzt werden, da die Verlustvorträge gem. § 4 Abs. 2 Satz 2 UmwStG nicht auf die übernehmende PersGes übergehen (zur möglichen Verfassungswidrigkeit der Mindestbesteuerung nach § 10d EStG in diesem Zusammenhang vgl. BFH vom 26.08.2010, BFH/NV 2010, 2356 sowie zur Anwendung BMF vom 19.10.2011, DB 2011, 2407). Die übernehmende PersGes hätte jedoch bei einem Ansatz des gemeinen Werts bzw. Zwischenwertansatz in der Bilanz der übertragenden KapGes später die Möglichkeit, durch erhöhte Abschreibungen den Verlust nutzbar zu gestalten.

2.2.3.1.2 Steuerliche Behandlung des Übernehmers – Ermittlung des Übernahmeergebnisses bzw. eines Beteiligungskorrekturgewinns

Nach § 4 Abs. 1 Satz 1 UmwStG ist die übernehmende PersGes an die Wertansätze der übertragenden KapGes ausdrücklich gebunden. Eine Maßgeblichkeit der handelsrechtlich nach § 24 UmwG angesetzten Werte besteht nicht (mehr) (zur Maßgeblichkeit der Handelsbilanz auf die Steuerbilanz nach alter Rechtslage vgl. Tz. 03.02 im BMF vom 25.03.1998, BStBl I 1998, 268 (UmwSt-Erl 1998)). Mithin kann der gem. § 24 UmwG handelsrechtlich bei der übernehmenden PersGes vorzunehmende Wertansatz von dem nach § 4 Abs. 1 Satz 1 UmwStG abweichen und je nach Zielsetzung ein Gestaltungsinstrument darstellen. Wird bei der übertragenden Gesellschaft eine Außenprüfung bzw. Betriebsprüfung durchgeführt und ändern sich dadurch die Werte in der steuerlichen Schlussbilanz der übertragenden KapGes, sind die Werte bei der übernehmenden PersGes entsprechend anzupassen.

Nach § 4 Abs. 2 UmwStG tritt die übernehmende PersGes i.R.d. Gesamtrechtsnachfolge in die Rechtsstellung der umgewandelten KapGes ein, und zwar hinsichtlich der (Sonder-)Abschreibungen, Rücklagen sowie der Dauer der Betriebszugehörigkeit. Dies soll jedoch nicht gelten für einen etwaigen verbleibenden Verlustabzug i.S.d. § 10d EStG (zur möglichen Verfassungswidrigkeit der Mindestbesteuerung nach § 10d EStG in diesem Zusammenhang vgl. BFH vom 26.08.2010, BFH/NV 2010, 2356 sowie zur Anwendung BMF vom 19.10.2011, DB 2011, 2407), verrechenbare Verluste (§§ 2a, 15 Abs. 4 und 15a EStG), vom übertragenden Rechtsträger nicht ausgeglichene negative Einkünfte sowie für den EBITDA- bzw. Zinsvortrag i.S.d. § 4h Abs. 1 Satz 3 und 5 EStG. Weiterhin ist darauf hinzuweisen, dass nach Auffassung der Finanzverwaltung die in der steuerlichen Schlussbilanz der übertragenden KapGes entgegen dem Ansatzverbot des § 5 EStG angesetzte Wirtschaftsgüter bei der übernehmenden PersGes – abweichend von der Rechtsprechung des BFH (vgl. BFH vom 16.12.2009, BStBl II 2011, 566; BFH vom 14.12.2011, BFH/INN 2012, 635; BFH vom 12.12.2012, DStRE 2013, 575) – wieder erfolgswirksam aufzulösen sind (kritisch hierzu vgl. *Pyszka/Jüngling*, BB Special 1/2011 zu Heft 35, 4, 6; *Rogall*, NZG 2011, 810, 812). Eine Ausnahme hiervon soll lediglich für den in der Schlussbilanz der KapGes angesetzten originären Geschäfts- und Firmenwert der KapGes gelten. Vor dem Hintergrund der klaren Rechtsprechung des BFH zum Ansatz von angeschafften Verpflichtungen ist es fraglich, ob die Finanzverwaltung ihre Auffassung aufrechterhalten können wird. Daher hat der Bundesrat aktuell im Rahmen der Beratungen des Gesetzgebungsverfahrens zum Entwurf eines Gesetzes zur Entbürokratisierung des Gemeinnützigkeitsrechts die Empfehlung ausgegeben, die Anschaffung von Verpflichtungen gesondert durch einen neuen § 4 f. EStG bzw. Abs. 7 in § 5 EStG zu regeln und die Rechtsprechung des BFH gesetzlich einzuschränken (vgl. *Günkel*, BB 2013, 1001).

Hinweis

Bei GmbHs mit hohen Verlustvorträgen sollte vor einer Umwandlung in eine Personenunternehmung zunächst immer die Veräußerung der Wirtschaftsgüter aus der GmbH heraus an die übernehmende PersGes geprüft werden. Durch diese Gestaltung kann ein hoher Verlustvortrag genutzt werden; die übernehmende PersGes hat dann hohe AK auf die einzelnen erworbenen Wirtschaftsgüter.

Weiterhin zu beachten ist, dass soweit i.R.d. Verschmelzung die übertragenen Wirtschaftsgüter mit einem Zwischenwert oder gemeinen Wert angesetzt worden sind, die **AfA-Bemessungsgrundlage** nach den Vorschriften des § 4 Abs. 3 UmwStG zu bestimmen ist. Eine Besonderheit gilt demnach für Gebäude, deren Abschreibung vor der Umwandlung nach § 7 Abs. 4 Satz 1 und Abs. 5 EStG erfolgte. Eine Aufstockung der Bemessungsgrundlage um die aufgedeckten stillen Reserven findet dem Wortlaut der Regelung nach in diesen Fällen nicht statt, sodass es zu einer Verlängerung des Abschreibungszeitraums kommt (so auch *Widmann* in *Widmann/Mayer*, § 4 UmwStG, Tz. 873 ff.; *Schmitt* in *Schmitt/Hörtnagl/Stratz*, § 4 UmwStG Tz. 79 ff.). Die Finanzverwaltung will in diesen Fällen jedoch abweichend hiervon eine Aufstockung der bisherigen Bemessungsgrundlage und die Abschreibung nach dem bisherigen Prozentsatz vornehmen (vgl. Tz. 04.10 UmwSt-Erl 2011; so auch *Klingberg* in *Blümich*, § 4 UmwStG Tz. 21). Demnach kann die nach Umwandlung vorzunehmende Abschreibung wie folgt zusammenfassend dargestellt werden:

Ansatz der Wirtschaftsgüter mit einem Wert über dem bisherigen Buchwert (§ 4 Abs. 3 UmwStG)		
AfA bisher nach	AfA-Bemessungsgrundlage	AfA-Satz
• § 7 Abs. 4 Satz 1 EStG • § 7 Abs. 5 EStG	bisherige Bemessungsgrundlage + aufgedeckte stille Reserven = neue AfA-Bemesssungsgrundlage	unverändert nach dem bisherigen Prozentsatz
• § 7 Abs. 1 EStG • § 7 Abs. 2 EStG • § 7 Abs. 4 Satz 2 EStG	bisheriger Buchwert + aufgedeckte stille Reserven = neue AfA-Bemessungsgrundlage	Linear nach der neu zu schätzenden Rest-Nutzungsdauer (UmwSt-Erl Tz. 04.10)
• § 7 Abs. 1 Satz 3 EStG	bisheriger Buchwert + aufgedeckte stille Reserven = neue AfA-Bemessungsgrundlage	1/15 gem. § 7 Abs. 1 Satz 3 EStG

2.2.3.1.2.1 Beteiligungskorrekturgewinn

Befinden sich die Anteile an der übertragenden KapGes im (Sonder)Betriebsvermögen der übernehmenden PersGes (ohne die Anwendung der Einlagefiktion nach § 5 Abs. 2 und 3 UmwStG), so ist vor und für Zwecke der Ermittlung eines Übernahmeergebnisses (§ 4 Abs. 4 UmwStG) zunächst eine etwaige Beteiligungskorrektur nach § 4 Abs. 1 Satz 2 UmwStG vorzunehmen. Die Wertaufholung betrifft insbesondere etwaige in der Vergangenheit **steuerwirksam** vorgenommene TW-Abschreibungen sowie Abzüge i.S.d. § 6b EStG und ähnliche Abzüge. Die Obergrenze der Wertaufholung bildet der gemeine Wert i.S.d. § 11 BewG. In diesem Zusammenhang ist jedoch zu beachten, dass die Wertaufholung vom Buchwert ausgeht, sodass die Zuschreibung nach § 1 Abs. 5 Nr. 4 UmwStG i.V.m. § 6 Abs. 1 Nr. 2 Satz 3 i.V.m. Nr. 1 Satz 4 EStG Vorrang vor der Wertaufholung nach § 4 Abs. 1 Satz 2 UmwStG hat. Der Vorrang der Zuschreibung nach den allgemeinen Vorschriften des EStG wirkt sich insbesondere dann aus, wenn der steuerliche Übertragungsstichtag auf den regulären Bilanzstichtag fällt. Demnach ist eine Wertaufholung nach § 4 Abs. 1 Satz 2 UmwStG nur noch dann vorzunehmen, soweit in der Steuerbilanz die Zuschreibung nach § 6 Abs. 1 Nr. 2 Satz 3 i.V.m. Nr. 1 Satz 4 EStG bis zum **Teilwert** vorgenommen worden ist und der **gemeine Wert** noch nicht erreicht ist. Aus dieser Systematik heraus ergibt sich auch, dass die Wertaufholung in diesen Fällen i.H.d. Differenz zwischen dem Teilwert und dem gemeinen Wert **außerbilanziell** vorzunehmen ist. Diese erfolgt eine logische Sekunde vor der steuerlichen Verschmelzung, sodass ein etwaiger Gewinn nicht zum Übernahmeergebnis gehört und als laufender Gewinn gem. § 4 Abs. 1 Satz 3 UmwStG i.V.m. § 8b Abs. 2 Satz 4 und 5 KStG sowie § 3 Nr. 40 Satz 1 Buchst. a Satz 2 und 3 EStG in voller Höhe zu besteuern ist. Er unterliegt gem. § 18 Abs. 1 i.V.m. § 4 Abs. 1 Satz 2 UmwStG der GewSt.

Der nach der Zuschreibung bzw. Wertaufholung ermittelte Wert der Beteiligung geht in die Ermittlung des Übernahmeergebnisses nach § 4 Abs. 4 und 5 UmwStG ein.

Beispiel

Die C & D-OHG hält 100 % der Anteile an der E-GmbH. Die E-GmbH soll im Wege der Verschmelzung zur Aufnahme gem. § 2 Nr. 1 UmwG auf die C & D-OHG umgewandelt werden. Als steuerlicher Übertragungsstichtag wurde der 31.12.2012 bestimmt. Die Umwandlung wurde beim HR am 10.06.2013 angemeldet. Folgende steuerliche Schlussbilanzen liegen vor.

A	Schlussbilanz der E-GmbH zum 31.12.2012		P
Anlagevermögen	400.000 €	Stammkapital	100.000 €
Umlaufvermögen	300.000 €	Rücklagen	140.000 €
		Jahresüberschuss	75.000 €
		Verbindlichkeiten	360.000 €
		KSt-Rückstellung	25.000 €
	700.000 €		700.000 €

Die Bilanz der C & D-OHG weist zum 31.12.2012 folgende Werte aus:

A	Schlussbilanz der C & D-OHG zum 31.12.2012		P
Anlagevermögen	200.000 €	Kapital C	150.000 €
Beteiligung E-GmbH	100.000 €	Kapital D	150.000 €
Umlaufvermögen	200.000 €	Verbindlichkeiten	200.000 €
			360.000 €
	500.000 €		500.000 €

Die C & D-OHG hat die Beteiligung an der E-GmbH vor Jahren zu einem Kaufpreis von 300.000 € erworben. Seit dem Erwerb wurden eine steuerwirksame TW-Abschreibungen i.H.v. 200.000 € vorgenommen. Zum Übertragungsstichtag beträgt der Teilwert 150.000 €, der gemeine Wert hingegen 180.000 €.

Lösung

Zunächst ist eine bilanzielle Zuschreibung i.H.v. 50.000 €, nach den allgemeinen Vorschriften gem. § 6 Abs. 1 Nr. 2 Satz 3 i.V.m. Nr. 1 Satz 4 EStG bis zum Teilwert vorzunehmen, sodass die Bilanz der C & D-OHG entsprechend zu berichtigen ist. Darüber hinaus ist zusätzlich außerbilanziell eine Wertaufholung i.H.v. 30.000 € gem. § 4 Abs. 1 Satz 2 UmwStG bis zum gemeinen Wert vorzunehmen. Auf beide Hinzurechnungen sind – in Abhängigkeit der Rechtsform der Gesellschafter – die Vorschriften § 8b Abs. 2 Satz 4 und 5 KStG und § 3 Nr. 40 Satz 1 Buchst. a Satz 2 und 3 EStG anzuwenden.

2.2.3.1.2.2 Übernahmeergebnis (§§ 4 Abs. 4, 5 UmwStG)

Wird eine KapGes auf eine PersGes verschmolzen, ist gem. § 4 Abs. 4 und 5 UmwStG ein Übernahmeergebnis zu ermitteln. Die **gesellschafterbezogene** Ermittlung des Übernahmeergebnisses erfolgt in zwei Schritten (Stufe I und II). Aus der gesellschafterbezogenen Ermittlung des Übernahmeergebnisses ergibt sich, dass soweit Gesellschafter der übertragenden KapGes im Zuge der Umwandlung ausscheiden und nicht Gesellschafter der übernehmenden PersGes werden, kein Übernahmeergebnis zu ermitteln ist. Die Besteuerung der anteiligen offenen Rücklagen gem. § 7 UmwStG bleibt hiervon jedoch unberührt. Die Errechnung des Übernahmeergebnisses kann anhand folgenden Schemas dargestellt werden:

Wert, mit dem die übergegangenen Wirtschaftsgüter zu übernehmen sind (§ 4 Abs. 1 Satz 1 UmwStG)
\+ Zuschlag für neutrales Vermögen (§ 4 Abs. 4 Satz 2 UmwStG)
./. Kosten für den Vermögensübergang
./. Wert der Anteile an dem übertragenden Rechtsträger (nach etwaigen Beteiligungskorrekturen i.S.d. § 4 Abs. 1 Satz 2 UmwStG sowie ggf. nach Anwendung der Anschaffungs- bzw. Einlagefiktion des § 5 Abs. 1 bis 3 UmwStG)

= Übernahmeergebnis i.S.d. § 4 Abs. 4 UmwStG, **Stufe I**
\+ Sperrbetrag gem. § 50c Abs. 4 EStG – s. § 52 Abs. 59 EStG
./. Bezüge i.S.d. § 7 UmwStG

= Übernahmeergebnis i.S.d. § 4 Abs. 5 UmwStG, **Stufe II** (Gegenstand der gesonderten und einheitlichen Feststellung i.S.d. §§ 179, 180 AO)

2.2.3.1.2.2.1 Übernahmeergebnis Stufe I – Anschaffungs- und Einlagefiktion (§ 5 UmwStG)

Befinden sich im Zeitpunkt der Umwandlung die Anteile an der übertragenden KapGes nicht im (Sonder)Betriebsvermögen der übernehmenden PersGes, ist bei der Ermittlung des Übernahmeergebnisses Stufe I die **Anschaffungs- bzw. Einlage- und die Überführungsfiktion** des § 5 Abs. 1 bis 3 UmwStG zu beachten. So **gelten** nach § 5 Abs. 1 UmwStG insbesondere Anteile an der übertragenden KapGes, die durch die PersGes oder einem ihrer Gesellschafter (ggf. zusätzlich) nach dem steuerlichen Übertragungsstichtag angeschafft worden sind, als an diesem Stichtag angeschafft. Zu den Anschaffungen i.S.d. § 5 Abs. 1 UmwStG zählt auch die Übertragung aus dem Sonderbetriebsvermögen eines Gesellschafters heraus in das Gesamthandsvermögen der PersGes.

Wird eine Beteiligung i.S.d. § 17 EStG (d.h. mind. 1%-Beteiligung, ggf. ist gem. § 17 Abs. 1 Satz 4 EStG auf den Rechtsvorgänger abzustellen) im **Privatvermögen** eines Gesellschafters der übernehmenden PersGes gehalten, so **gilt** diese gem. § 5 Abs. 2 UmwStG als zum steuerlichen Übertragungsstichtag in das Betriebsvermögen der übernehmenden PersGes mit den AK eingelegt. Ein etwaiger unter den AK liegender Teilwert ist nicht maßgebend, sodass auch solche Anteile zu erfassen sind, deren Veräußerung zu einem Veräußerungsverlust führen würde. In diesen Fällen ist jedoch zu prüfen, ob ein etwaiger Übernahmeverlust nach § 4 Abs. 6 Satz 6 UmwStG i.V.m. § 17 Abs. 2 Satz 6 EStG auch zu berücksichtigen ist. Umkehrschluss der Regelung des § 5 Abs. 2 UmwStG ist, dass Beteiligungen, die im Zeitpunkt der Eintragung der Umwandlung ins Handelsregister die Voraussetzungen des § 17 EStG nicht erfüllen (sog. **Minderheitsgesellschafter**), für Zwecke der Ermittlung des Übernahmeergebnisses nicht zu erfassen sind. Folgerichtig schreibt § 4 Abs. 4 Satz 3 UmwStG deshalb vor, eine entsprechende anteilige Kürzung der auf die PersGes übergegangenen Wirtschaftsgüter bei der Ermittlung des Übernahmeergebnisses vorzunehmen. Für die an der PersGes weiterhin beteiligten Gesellschafter, die die Voraussetzungen des § 5 Abs. 2 UmwStG nicht erfüllen, ist ein Übernahmeergebnis, wie auch bei ausscheidenden Gesellschaftern, nicht zu ermitteln. Die Besteuerung der anteiligen offenen Rücklagen nach § 7 UmwStG bleibt hiervon jedoch unberührt.

Hält ein an der übernehmenden PersGes beteiligter Gesellschafter im Zeitpunkt des steuerlichen Übertragungsstichtags die Beteiligung an der übertragenden KapGes in einem (anderen, inl. oder ausl.) **Betriebsvermögen**, so ist für ihn die **Überführungsfiktion** des § 5 Abs. 3 UmwStG anzuwenden. Die Anteile an der umgewandelten KapGes **gelten** als zum – nach Vornahme etwaiger Zuschreibungen und Wertaufholungen erhöhten – Buchwert in das Betriebsvermögen der PersGes überführt. Es ist darauf hinzuweisen, dass in Fällen des § 5

Abs. 2 und 3 UmwStG eine tatsächliche Einlage bzw. Überführung nicht stattfindet. Die Einlage- bzw. Überführungsfiktion dient lediglich ausschließlich der Ermittlung des Übernahmeergebnisses. In der Bilanz der aufnehmenden PersGes bleiben die Fiktionen ohne Auswirkung. Vielmehr wirken sich diese (Kürzung des Übernahmeergebnisses) für jeden Gesellschafter **getrennt** und **außerhalb** der Bilanz aus.

Die Einlage- und Überführungsfiktion des § 5 UmwStG kann vereinfacht wie folgt zusammengefasst werden:

Anteile an der übertragenden KapGes gehören Gesellschafter(n) der übernehmenden PersGes und befanden sich am Übertragungsstichtag	**Einlagefiktion bzw. Überführungsfiktion**	**Vorschrift**
im Sonder-Betriebsvermögen	Kommt nicht zur Anwendung, da die Anteile an der KapGes bereits Betriebsvermögen darstellen	§ 4 Abs. 4 UmwStG
im Betriebsvermögen eines eigenen Betriebes	gelten zum Buchwert, höchstens zum gemeinen Wert als in das Betriebsvermögen der PersGes überführt	§ 5 Abs. 3 Satz 1 UmwStG (i.V.m. § 5 Abs. 1 UmwStG analog)
im Privatvermögen, die Anteile stellen solche i.S.d. § 17 EStG dar; **keine** § 17 EStG-Anteile	gelten mit den AK als in das Betriebsvermögen der PersGes eingelegt Die Einlagefiktion kommt nicht zur Anwendung; keine Ermittlung eines Übergangsgewinns; § 7 UmwStG	§ 5 Abs. 2 UmwStG

2.2.3.1.2.2.2 Übernahmeergebnis Stufe II – Besteuerung offener Rücklagen

Bei der Ermittlung des Übernahmeergebnisses Stufe II ist das Ergebnis der Stufe I gem. § 4 Abs. 5 UmwStG um einen etwaigen Sperrbetrag i.S.d. § 50c Abs. 4 EStG zu erhöhen sowie um Bezüge i.S.d. § 7 UmwStG zu mindern. Da der Sperrbetrag i.S.d. § 50c Abs. 4 EStG längstens bis zum Jahre 2011 fortbestehen und aufgrund der steuerlichen Rückwirkungsfiktion nur noch bei Umwandlungen bis zum 31.08.2012 Anwendung finden kann (vgl. § 50c Abs. 3 EStG i.d.F. des StSenkG vom 23.10.2000, BGBl I 2000, 1433 i.V.m. § 52 Abs. 59 EStG), kann seine Bedeutung an dieser Stelle vernachlässigt werden. Vielmehr liegt der Schwerpunkt bei der Ermittlung des Übernahmeergebnisses Stufe II insbesondere in der Kürzung um Bezüge nach § 7 UmwStG. Aus Gründen der Systematik bzw. der Vereinfachung der Ermittlung des Übernahmeergebnisses könnte es dabei sinnvoll sein, bereits **vor der Anwendung der §§ 4 Abs. 4 und 5 UmwStG** die Bezüge nach § 7 UmwStG zu ermitteln. Aufgrund der gesellschafterbezogenen Ermittlung des Übernahmeergebnisses scheidet die Kürzung um solche Bezüge i.S.d. § 7 UmwStG aus, die auf Gesellschafter entfallen, für die kein Übernahmeergebnis zu ermitteln ist. Dies gilt für Gesellschafter, die im Zuge der Umwandlung aus der übertragenden KapGes ausscheiden ohne an der übernehmenden PersGes beteiligt zu sein bzw. zu werden oder Gesellschafter, deren Anteile an der KapGes nicht die Voraussetzungen der § 5 Abs. 2 UmwStG i.V.m. § 17 EStG erfüllen (§ 4 Abs. 4 Satz 3 UmwStG).

Nach § 7 UmwStG sind die offenen Rücklagen anteilig auf die jeweiligen Gesellschafter **der übertragenden KapGes** zu verteilen und als Einnahmen nach § 20 Abs. 1 Nr. 1 EStG zu besteuern. Zur Ermittlung der offenen Rücklagen ergibt sich folgendes Schema:

	Eigenkapital der Steuerbilanz (ggf. nach außerbilanzieller Hinzurechnung des passiven Korrekturpostens für Gewinnausschüttungen, vgl. Tz. 02.31 UmwSt-Erl 2011)
./.	Bestand des Einlagekontos gem. § 27 KStG nach Anwendung des § 29 Abs. 1 i.V.m. § 28 Abs. 2 KStG
=	Offene Rücklagen, die im Verhältnis der Anteile zum Nennkapital der übertragenen Körperschaft aufzuteilen sind
=	Einnahmen i.S.d. § 20 Abs. 1 Nr. 1 EStG,

Die Einnahmen nach § 20 Abs. 1 Nr. 1 EStG unterliegen unabhängig davon, ob ein Gewinn oder Verlust nach den §§ 4 und 5 UmwStG ermittelt wird, der Besteuerung beim jeweiligen Anteilseigner der übertragenden KapGes. Die Besteuerung der Einnahmen erfolgt dabei aufgrund der Anwendung der Rückwirkungsfiktion des § 2 Abs. 2 UmwStG rückwirkend zum steuerlichen Übertragungsstichtag (vgl. Tz. 02.04 UmwSt-Erl 2011). Bei der Besteuerung ist jedoch zu berücksichtigen, dass, soweit für den jeweiligen Gesellschafter ein Übernahmeergebnis zu ermitteln ist, die Einnahmen nach den Regelungen des § 20 Abs. 8 i.V.m. § 3 Nr. 40 EStG bzw. § 8b Abs. 1 und 5 KStG zu besteuern sind, da die Anteile an der KapGes – ggf. nach Anwendung der Einlage- und Überführungsfiktion des § 5 Abs. 2 und 3 UmwStG – Betriebsvermögen der übernehmenden PersGes darstellen. Unterbleibt hingegen die Ermittlung des Übernahmeergebnisses, so erfolgt die Besteuerung der Einnahmen nach allgemeinen Grundsätzen und unter Beachtung der Änderung der Rechtslage ab dem 01.01.2009 (§ 52a Abs. 10 und 11 EStG). Eine GewSt fällt gem. § 18 Abs. 2 Satz 2 UmwStG nicht an.

Die Einnahmen i.S.d. § 20 Abs. 1 Nr. 1 EStG unterliegen nach § 43 Abs. 1 Nr. 1 bzw. Nr. 6 i.V.m. § 43a Abs. 1 Nr. 1 EStG der Kapitalertragsteuer. Diese ist grds. durch die übernehmende PersGes als Gesamtrechtsnachfolgerin einzubehalten und abzuführen (vgl. Tz. 07.08 UmwSt-Erl 2011), sodass auf Ebene der PersGes diese als Entnahme zu erfassen ist. In Abhängigkeit von der Besteuerung hat der KapSt-Abzug entweder abgeltende Wirkung gem. § 43 Abs. 5 Satz 1 EStG oder ist gem. § 36 Abs. 2 Nr. 2 EStG auf die Einkommen-bzw. Körperschaftsteuerschuld anzurechnen.

Das Übernahmeergebnis der Stufe I und II stellt einen laufenden Gewinn bzw. Verlust dar, der nach § 2 Abs. 1 UmwStG zum steuerlichen Übertragungsstichtag entsteht und nach der Systematik des § 4 Abs. 6 und 7 UmwStG wie ein Veräußerungsgewinn bzw. -verlust besteuert wird. Die Anwendung des § 6b Abs. 10 EStG scheidet in diesen Fällen jedoch aus.

Die Ermittlung des Übernahmeergebnisses soll anhand folgenden Beispiels verdeutlicht werden:

Beispiel

Die A & B-OHG hält 100 % der Anteile an der I-GmbH. Die Gesellschafter der OHG (A und B) sind jeweils zu 50 % an der PersGes beteiligt. Die I-GmbH soll im Wege der Verschmelzung auf die A & B-OHG umgewandelt werden. Als steuerlicher Übertragungsstichtag wurde der 31.12.2012 bestimmt. Die Voraussetzungen für eine Verschmelzung zu Buchwerten sollen vorliegen. Folgende steuerliche Schlussbilanzen liegen der Umwandlung zugrunde:

A	Schlussbilanz der I-GmbH zum 31.12.2012		P
Anlagevermögen	500.000 €	Stammkapital	50.000 €
Umlaufvermögen	200.000 €	Kapitalrücklagen	250.000 €
		Jahresüberschuss	50.000 €
		Verbindlichkeiten	320.000 €
		Rückstellung	30.000 €
	700.000 €		700.000 €

Das steuerliche Einlagekonto der I-GmbH i.S.d. § 27 KStG wurde auf 30.000 € gesondert festgestellt.

A	Schlussbilanz der A & B-OHG zum 31.12.2012		P
Anlagevermögen	200.000 €	Kapital A	175.000 €
Beteiligung I-GmbH	250.000 €	Kapital B	175.000 €
Umlaufvermögen	300.000 €	Verbindlichkeiten	400.000 €
	750.000 €		750.000 €

Die Beteiligung an der I-GmbH wird mit den AK ausgewiesen. Die Kosten der Umwandlung betragen bei der I-GmbH 1.000 € und wurden als Rückstellung bereits in der Bilanz berücksichtigt. Der A & B-OHG sind Umwandlungskosten i.H.v. ebenfalls zutreffend 1.000 € entstanden, jedoch bilanziell noch nicht erfasst.

Lösung

Die Lösung kann in 3 Schritte aufgegliedert werden:

1. Schritt: Im Rahmen der Verschmelzung hat die I-GmbH zunächst einen Übertragungsgewinn zu ermitteln. Dieser ist abhängig vom Ansatz der auf die A & B-OHG übergehenden Wirtschaftsgüter, § 3 UmwStG. Da die Voraussetzungen für einen Buchwertansatz nach § 3 Abs. 2 UmwStG gemäß der Vorgabe vorliegen sollen, entsteht bei der I-GmbH kein Übertragungsgewinn.

2. Schritt: Weiterhin hat die A & B-OHG ein Übernahmeergebnis i.S.d. § 4 Abs. 4 und 5 UmwStG zu ermitteln. Dabei bietet es sich an, im Vorwege die offenen Rücklagen gem. § 7 UmwStG für die Gesellschafter der A & B-OHG zu errechnen.

Eigenkapital der I-GmbH lt. Steuerbilanz	350.000 €
./. Einlagekontos nach Anwendung des § 29 Abs. 1 i.V.m. § 28 Abs. 2 KStG	80.000 €
= offene Rücklagen der Gesellschaft	270.000 €

Die Gesellschafter A und B haben diese offenen Rücklagen i.H. jeweils 135.000 € als Einnahmen aus Kapitalvermögen gem. § 20 Abs. 1 Nr. 1 i.V.m. § 20 Abs. 8 EStG zu 60 %, d.h. jeweils 81.000 €, nach § 3 Nr. 40 zu versteuern.

3. Schritt: Im nächsten Schritt ist das Übernahmeergebnis i.S.d. §§ 4 Abs. 4, und 5 UmwStG zu ermitteln.

Übergehendes Vermögen der I-GmbH	350.000 €
./. Umwandlungskosten, jedoch bereits als Rückstellung im übergehenden Vermögen erfasst	0 €
./. Umwandlungskosten der A & B-OHG	1.000 €
./. Wert Anteile an der übertragenden Gesellschaft	250.000 €
= Übernahmeergebnis i.S.d. § 4 Abs. 4 UmwStG, **Stufe I**	99.000 €
./. Bezüge i.S.d. § 7 UmwStG	270.000 €
= Übernahmeergebnis i.S.d. § 4 Abs. 4 UmwStG, **Stufe II**	./. 171.000 €

Der Übernahmeverlust entsteht mit Ablauf des 31.12.2012 (steuerlicher Übertragungsstichtag) und ist i.R.d. einheitlichen und gesonderten Feststellung nach §§ 179 Abs. 2, 180 Abs. 1 Nr. 2 Buchst. a AO auf A und B jeweils i.H.v../. 85.500 € zu verteilen. Zur steuerlichen Behandlung wird auf die Ausführungen unter 2.2.3.1.2.3 und 2.2.3.1.2.4 verwiesen.

Die A & B-OHG hat die Wirtschaftsgüter mit dem in der Schlussbilanz der I-GmbH angesetzten Wert zu übernehmen. Der Buchungssatz der Transaktion lautet wie folgt:

Anlagevermögen	500.000 €
Umlaufvermögen	200.000 €
Umwandlungsaufwand	1.000 €
an Verbindlichkeiten	320.000 €
an Rückstellungen	31.000 €
an Beteiligung I-GmbH	250.000 €
an Ertrag	100.000 €

Die Steuerbilanz der A & B-OHG hat zum 31.12.2012 (steuerlicher Übertragungsstichtag) unter Berücksichtigung des übergegangenen Vermögens der I-GmbH und der als Rückstellung zu erfassenden Umwandlungskosten der A & B-OHG folgendes Bild:

A Schlussbilanz der A & B-OHG zum 31.12.2012 nach Umwandlung P

A		P	
Anlagevermögen	700.000 €	Kapital A	224.500 €
Beteiligung I-GmbH	entfallen	Kapital B	224.500 €
Umlaufvermögen	500.000 €	Verbindlichkeiten	720.000 €
		Rückstellungen	31.000 €
	1.200.000 €		1.200.000 €

Der Übernahmegewinn der Stufe I wird den Gesellschaftern der OHG anteilig auf ihren Kapitalkonten zugewiesen. Der Abzug der offenen Rücklagen nach § 4 Abs. 5 i.V.m. § 7 UmwStG erfolgt außerhalb der Bilanz und hat keine Auswirkungen auf das bilanzielle Übernahmeergebnis. Die als Rückstellung auszuweisenden Umwandlungskosten der A & B OHG wirken sich im Ergebnis über § 4 Abs. 6 UmwStG max. nur i.H.v. 60% aus.

2.2.3.1.2.3 Behandlung des Übernahmeverlusts

Soweit auf einen Gesellschafter i.R.d. Ermittlung des Übernahmeergebnisses ein Verlust entfällt, hängt die Berücksichtigung des Verlustes nach § 4 Abs. 6 UmwStG von der Rechtspersönlichkeit des Mitunternehmers der übernehmenden PersGes ab. So gilt für Gesellschafter in der Rechtsform einer Körperschaft, Personenvereinigung oder Vermögensmasse gem. § 4 Abs. 6 Satz 1 UmwStG der Grundsatz, dass die Verluste nicht zu berücksichtigen sind. Eine Ausnahme gibt es nach § 4 Abs. 6 Satz 2 und 3 UmwStG für die Anteile an der übertragenden Gesellschaft, die die Voraussetzungen des § 8b Abs. 7 und 8 KStG erfüllen. Hier ist der Übernahmeverlust bis zur Höhe des Werts gem. § 7 UmwStG zu berücksichtigen. In allen anderen Fällen und mithin insbesondere in den Fällen, in denen Gesellschafter der übernehmenden PersGes eine natürliche Person sind, erfolgt gem. § 4 Abs. 6 Satz 4 UmwStG die Berücksichtigung des Verlustes zu 60%, **höchstens** jedoch 60% der jeweiligen Bezüge gem. § 7 UmwStG. Im Übrigen kann sich die Nichtberücksichtigung eines Verlustes in den Fällen des § 4 Abs. 6 Satz 6 UmwStG i.V.m. § 17 Abs. 2 Satz 6 EStG ergeben. Für Zwecke der GewSt ist ein (berücksichtigungsfähiger) Übernahmeverlust nach § 18 Abs. 2 Satz 1 UmwStG nicht zu erfassen.

2.2.3.1.2.4 Besteuerung des Übernahmegewinns

Wie die Erfassung eines Übernahmeverlustes ist die Besteuerung eines Übernahmegewinns nach § 4 Abs. 7 UmwStG von der Rechtspersönlichkeit des Mitunternehmers abhängig. Dies ist dem Umstand geschuldet, dass das Übernahmeergebnis wie ein (lfd.) Veräußerungsgewinn besteuert werden soll, der in Abhängigkeit der Rechtspersönlichkeit unterschiedlichen Besteuerungsregelungen unterliegt. Soweit der Übernahmegewinn auf eine Körperschaft, Personenvereinigung oder Vermögensmasse entfällt, gelten gem. § 4 Abs. 7 Satz 1 UmwStG die Grundsätze des § 8b Abs. 2 und 3 KStG. Zu beachten ist jedoch, dass, soweit es sich bei dem übertragenden Rechtsträger um eine Gesellschaft i.S.d. § 8b Abs. 7 und 8 KStG handelt, der Übernahmegewinn durch den Verweis des § 4 Abs. 7 Satz 1 UmwStG auf § 8b KStG in voller Höhe stpfl. ist. Entfällt ein Übernahmegewinn auf eine natürliche Person, so ist dieser gem. § 4 Abs. 7 Satz 2 UmwStG **grds**. nach den Regelungen des Teileinkünfteverfahrens gem. § 3 Nr. 40 und § 3c EStG zu besteuern. Inwieweit jedoch das Teileinkünfteverfahren durch die i.R.d. JStG 2009 erfolgte Streichung des Verweises auf S. 1 und 2 des § 3 Nr. 40 EStG a.F. auf einbringungsgeborene Anteile anzuwenden ist, ist unklar (vgl. hierzu *Widmann* in *Widmann/Mayer*, § 4 UmwStG, Tz. 578.3).

Der Übernahmegewinn unterliegt keiner Begünstigung (z.B. § 34 EStG), er wird gem. § 18 Abs. 2 Satz 1 UmwStG nicht der GewSt unterworfen. Um missbräuchliche Gestaltungen zu verhindern, hat der Gesetzgeber mit der Vorschrift des § 18 Abs. 3 UmwStG die GewSt-Freiheit gem. § 18 Abs. 2 UmwStG dergestalt eingeschränkt, dass eine **Aufgabe** oder **Veräußerung** des Einzelunternehmens oder der PersGes (§ 16 EStG), die aus derUmwandlung der KapGes entstanden sind, innerhalb von fünf Jahren nach der Umwandlung schädlich ist und eine Belastung mit GewSt nach sich zieht. Dieses gilt gem. § 18 Abs. 3 Satz 2 UmwStG auch, wenn ein Teilbetrieb oder ein Anteil an einer PersGes aufgegeben oder veräußert wird. Dabei ist eine Veräußerung innerhalb von fünf Jahren auch dann gegeben, wenn ein Verschmelzungsvertrag und ein Vertrag über die Veräußerung eines Anteils an der aufnehmenden PersGes den Zeitpunkt der Umwandlung bzw. des Vermögensübergangs und der Veräußerung einheitlich bestimmen (vgl. BFH vom 26.04.2012, BStBl II 2012, 703). Es soll damit aus der Sicht des Gesetzgebers die Umgehung der GewSt durch Umwandlung verhindert werden. Würde z.B. eine KapGes liquidiert, unterliegt der Liquidationsgewinn der GewSt. Dieses könnte man durch Umwandlung von der KapGes auf die PersGes bzw. auf das Einzelunternehmen und nachfolgender Aufgabe oder Veräußerung des Betriebs durch eine natürliche Person verhindern. Die GewSt ist nach § 18 Abs. 3 Satz 3 UmwStG auch nicht auf die ESt i.S.d. § 35 EStG anzurechnen (vgl. BMF vom 24.02.2009, BStBl I 2009, 440 Tz. 13).

Mit der Einführung des JStG 2008 unterliegt gem. § 18 Abs. 3 Satz 1 UmwStG auch der Aufgabe- bzw. Veräußerungsgewinn der GewSt, der auf das Betriebsvermögen entfällt, das bereits **vor** der Umwandlung Betriebsvermögen der übernehmenden PersGes darstellte. Hintergrund dieser Regelungen ist, dass der BFH entgegen der Verwaltungsauffassung in diesen Fällen insoweit nicht von einer GewSt-Pflicht ausging (vgl. BFH vom 16.11.2005, BStBl II 2008, 62; BFH vom 20.11.2006, BFH/NV 2007, 637 sowie 793).

Bei Veräußerung eines Unternehmens oder Mitunternehmeranteils gegen wiederkehrende Bezüge sehen *Neu* und *Hama*cher (DStR 2010, 1453) für die Fälle des § 24 Nr. 2 EStG keine Anwendung des § 18 Abs. 3 UmwStG vor.

2.2.3.1.2.5 Gewinnerhöhung und -minderung durch Vereinigung von Forderungen und Verbindlichkeiten – Übernahmefolgeergebnis

Bestehen zwischen dem übertragenden Rechtsträger (KapGes) und dem übernehmenden Rechtsträger (PersGes) am steuerlichen Übertragungsstichtag Forderungen und – ggf. als Rückstellungen ausgewiesenen ungewisse – Verbindlichkeiten, führt die Vermögensübertragung im Zuge der Umwandlung dazu, dass sich diese vereinigen und mithin zivilrechtlich erlöschen (sog. Konfusion). Soweit diese sich mit unterschiedlichen Werten gegenüberstehen (z. B. durch unterschiedliche Vornahme von Abzinsungen oder Wertberichtigungen) – **inkongruente Konfusion** – kommt es zur Entstehung eines **Übernahmefolgegewinns** bzw. eines Übernahmefolgeverlusts. Es ist darauf hinzuweisen, dass zwischen der übertragenden KapGes und den Gesellschaftern der übernehmenden PersGes bestehende Rechtsbeziehungen zivilrechtlich (mangels eines zivilrechtlichen Sonderbetriebsvermögens) zu keiner Konfusion führen. Steuerrechtlich hingegen kann es zu einer Konfusion kommen, wenn die Forderung des Gesellschafters im Zuge der steuerlichen additiven Gewinnermittlung mit korrespondierender Bilanzierung als Eigenkapital auszuweisen ist (vgl. *Schmitt* in *Schmitt/Hörtnagl/Stratz*, § 6 UmwStG Tz. 14 ff.; *Widmann* in *Widmann/Mayer*, § 6 UmwStG, Tz. 78 ff.).

Das Übernahmefolgeergebnis ist ein laufender Gewinn bzw. Verlust der übernehmenden PersGes. Auf einen etwaigen Gewinn fallen somit Einkommen-, Körperschaft- und GewSt an. Nach Auffassung der Finanzverwaltung soll ein Übernahmefolgegewinn auch dann in voller Höhe stpfl. sein, wenn sich etwaige Wertberichtigungen auf Forderungen nicht oder nur zum Teil ausgewirkt haben (vgl. Tz. 06.02 UmwSt-Erl 2011). Das Übernahme**folge**ergebnis entsteht eine logische Sekunde nach dem Ablauf des steuerlichen Übertragungsstichtags und ist somit nicht als Teil des Übernahmeergebnisses anzusehen, sodass eine Saldierung nicht vorgenommen werden kann. Soweit GewSt angefallen ist, kommt die Steuerermäßigung des § 35 EStG in Betracht.

§ 6 Abs. 1 UmwStG bietet die Möglichkeit, dass ein Gewinn mittels einer Rücklage nicht der sofortigen Besteuerung unterworfen wird. Die Rücklage ist jedoch in den folgenden drei Jahren zu mindestens einem Drittel gewinnerhöhend aufzulösen. Weiterhin zu beachten ist die Missbrauchsklausel des § 6 Abs. 3 UmwStG. Demnach entfällt die Möglichkeit der Bildung einer Rücklage rückwirkend, wenn die übernehmende PersGes den auf sie übergegangenen Betrieb innerhalb von fünf Jahren nach dem steuerlichen Übertragungsstichtag in eine KapGes einbringt oder ohne triftigen Grund veräußert oder aufgibt.

2.2.3.1.3 Sonderfall: Umwandlung von der GmbH in die GmbH & Co. KG

Die Umwandlung von der GmbH in die GmbH & Co. KG ist im Wege der Verschmelzung, Spaltung und des Formwechsels möglich. Es handelt sich hierbei um eine Umwandlung in eine PersGes, sodass grds. die allgemeinen Regelungen der §§ 3-9 UmwStG anzuwenden sind. Der umgekehrte Fall (Umwandlung einer GmbH & Co KG in eine GmbH unter gleichzeitiger Kapitalerhöhung) wird als Anwachsungsmodell bezeichnet und ist nach den Regelungen des § 20 UmwStG zu behandeln.

Bei der Verschmelzung sind die Verschmelzungen zur Neugründung und zur Aufnahme denkbar. Bei der Verschmelzung zur Neugründung wird zunächst eine weitere GmbH (Neu-GmbH) gegründet, die als Komplementärin zusammen mit den Gesellschaftern der zu übertragenden KapGes als Kommanditisten eine GmbH & Co. KG begründet. Sodann erfolgt eine Verschmelzung der KapGes auf die neu gegründete GmbH & Co. KG. Hinsichtlich der Verschmelzung zur Aufnahme ergeben sich hier keine Besonderheiten.

Als Standardfall für die Umwandlung von der GmbH auf die GmbH & Co. KG gilt jedoch in der Praxis weiterhin der Formwechsel. In diesem Fall **war** es insbesondere strittig, inwieweit die als **Komplementär-GmbH** vorgesehene GmbH aufgrund des Identitätsprinzips des Formwechsels bereits vor dem Formwechsel an der übertragenden KapGes beteiligt sein musste. Die h.M. der Literatur sprach sich für die Gesellschafterstellung der Komplementär-GmbH an der übertragenden KapGes aus (vgl. *Bauschatz*, FR 2003, 1116, 1119; *von der Osten*, GmbHR 1995, 438, 439; *Schulze zur Wiesche*, DB 1996, 1539, 1544; a.A. *Schmidt*, GmbHR 1995, 693; *Priester*, DB 1997, 560). Um diesen Unsicherheiten vorzubeugen, empfahl es sich den Formwechsel einer KapGes in eine GmbH & Co. KG in Form des sog. **Treuhand-** bzw. alternativ **Rückerwerbermodells** zu gestalten (vgl. *Bauschatz*, FR 2003, 1116, 1119); *von der Osten*, GmbHR 1995, 438, 439). Beim Treuhandmodell erfolgt zunächst die Gründung einer GmbH (Neu-GmbH), an die ein Anteil i.S.d. § 5 Abs. 1 GmbHG als Treuhänderin übertragen wird. Nach der erfolgten formwechselnden Umwandlung wird das Treuhandverhältnis aufgehoben und der Anteil auf den jeweiligen Gesellschafter rückübertragen. Anstatt der Übertragung im Wege eines Treuhandverhältnisses erfolgt die Übertragung beim Rückerwerbermodell im Rahmen einer Veräußerung bzw. Abtretung. Dabei wird gleichzeitig im Kauf- bzw. Abtretungsvertrag dem jeweiligen Gesellschafter das Recht eingeräumt, den entsprechenden Anteil an der **PersGes** nach dem erfolgten Formwechsel zum gleichen Preis zurückzuerwerben, sodass die Beteiligungsverhältnisse wie vor dem Formwechsel wieder hergestellt werden. Mit der Entscheidung des BGH vom 09.05.2005 (DB 2005, 1843; DStR 2005, 1539) wurden die Unsicherheiten hinsichtlich der Gesellschafterstellung der Komplementär-GmbH beseitigt, sodass diese i.R.d. Formwechsels nunmehr unmittelbar in die GmbH & Co. KG eintreten kann.

In Sonderfällen, insb. dann, wenn nicht das gesamte Vermögen der GmbH auf *eine* PersGes übertragen werden soll, wird eine Spaltung oder die Einbringung von einzelnen Wirtschaftgütern in eine GmbH & Co. KG in Betracht gezogen werden müssen (vgl. verschiedene Modellüberlegungen *Binz/Hagedorn*, DB 2007, 765). Die Übertragung erfolgt nach den allgemeinen Vorschriften des § 16 i.V.m. §§ 3 bis 8 und 15 UmwStG für die Auf- und Abspaltung sowie nach § 6 Abs. 5 EStG für die Übertragung von einzelnen Wirtschaftsgüter. Bei der Auf- und Abspaltung auf neu errichtete Rechtsträger ist jedoch zu beachten, dass für die Übertragung auf eine GmbH & Co. KG die Gesellschafterstellung der Komplementär-GmbH an der übertragenden KapGes (Spaltungsträger) vorausgesetzt wird. Dies ergibt sich aus den Regelungen des § 123 UmwG. Demnach liegt eine Auf- bzw. Abspaltung nur vor, wenn das jeweilige Vermögen gegen Gewährung von Gesellschaftsrechten **an die bisherigen Anteilsinhaber** der übertragenden KapGes übertragen wird. Sind an der übertragenden Gesellschaft zunächst nur natürliche Personen bzw. PersGes beteiligt, müssen diese Gesellschafter daher Bruchteile ihrer Anteile an eine zuvor neu gegründete GmbH abtreten (vgl. Bsp. *Schulze zur Wiesche*, DB 1996, 1539, 1542).

Beispiel

An der A-GmbH sind die Gesellschafter B und C (beides natürliche Personen) zu je 50% beteiligt. Die Gesellschafter planen eine Umstrukturierung ihres Unternehmens dahingehend, dass die beiden Teilbetriebe (nachfolgend TB) TB I + TB II der GmbH im Wege der Aufspaltung auf zwei GmbH & Co. KG übertragen werden sollen. Im Zuge der Vorbereitung wird von den Gesellschaftern B und C die D-GmbH gegründet. Die D-GmbH erhält von den Gesellschafter B und C durch Abtretung jeweils 5% Anteile an der A-GmbH.

Die Anteile an der A-GmbH werden nunmehr wie folgt gehalten:

B:	45%,
C:	45%,
D-GmbH:	10%.

Lösung

Durch Spaltungsvertrag werden die Teilbetriebe I und II auf die neu zu gründende PersG übertragen. Dabei reicht es aus, wenn die Übertragung der Beteiligung an der A-GmbH auf die D-GmbH unmittelbar vor Wirksamwerden der Spaltung nach § 131 Abs. 1 UmwG vollzogen wird.

2.2.3.2 Umwandlungen von GmbH in andere Kapitalgesellschaften (§§ 11–13, 19 UmwStG)

2.2.3.2.1 Allgemeines

Wie bereits eingangs unter III 2.2.1 erläutert, wird die Verschmelzung einer KapGes auf eine andere KapGes zivilrechtlich in den Vorschriften der §§ 2-122 l UmwG geregelt. Dabei stellen nach §§ 122a ff. UmwG auch grenzüberschreitende Verschmelzungen von KapGes, die in der EU oder dem EWR ansässig sind, Umwandlungen i.S.d. § 2 UmwG dar. Es handelt sich hierbei um eine Vermögensübertragung im Wege der Gesamtrechtsnachfolge. Steuerrechtlich fällt die Verschmelzung von KapGes in den Anwendungsbereich des § 1 Abs. 1 Nr. 1 i.V.m. §§ 11 bis 13 bzw. 19 UmwStG. Soweit es sich um grenzüberschreitende Verschmelzungen handelt, müssen zusätzlich die Voraussetzungen des § 1 Abs. 2 UmwStG erfüllt sein (vgl. auch *Figna/Fürstenau*, BB 2010, 12). Weiterhin fallen in den Anwendungsbereich des § 1 Abs. 1 Nr. 1 i.V.m. §§ 11 bis 13 und 19 UmwStG insbesondere auch vergleichbare ausländische Vorgänge, für die das UmwG keine Anwendung findet, jedoch die Voraussetzungen des § 1 Abs. 2 Satz 1 UmwStG vorliegen und ein Inlandsbezug besteht. Bei in den Anwendungsbereich der §§ 11 bis 13 UmwStG fallenden Verschmelzungen von KapGes sind insbesondere folgende Fälle denkbar:

- Verschmelzung einer Tochter-KapGes auf die Mutter-KapGes (**up**-stream-merger); die steuerliche Behandlung der Verschmelzung richtet sich nach § 1 Abs. 1 Nr. 1 i.V.m. §§ 11 und 12 bzw. 19 UmwStG;
- Verschmelzung einer Mutter-KapGes auf die Tochter-KapGes (**down**-stream-merger); die steuerliche Behandlung der Verschmelzung richtet sich nach § 1 Abs. 1 Nr. 1 i.V.m. §§ 11 bis 13 und 19 UmwStG;
- Verschmelzung einer Tochter-KapGes auf eine andere Tochter-KapGes, ohne dass zwischen diesen ein Beteiligungsverhältnis besteht (**side**-stream-merger); die steuerliche Behandlung der Verschmelzung richtet sich nach § 1 Abs. 1 Nr. 1 i.V.m. §§ 11 bis 13 und 19 UmwStG.

2.2.3.2.2 Steuerliche Behandlung des Überträgers – Ermittlung des Übertragungsgewinns

2.2.3.2.2.1 Ansatz mit dem gemeinen Wert

Entsprechend den Vorschriften des § 3 Abs. 1 UmwStG hat die übertragende KapGes gem. § 11 Abs. 1 UmwStG die übergehenden Wirtschaftsgüter in ihrer steuerlichen, gem. § 2 Abs. 1 UmwStG auf den Übertragungsstichtag aufzustellenden Schlussbilanz grds. einheitlich mit dem gemeinen Wert anzusetzen. Lediglich der Ansatz von Pensionsrückstellungen erfolgt mit dem Teilwert i.S.d. § 6a EStG. Die steuerliche Schlussbilanz i.S.d. § 11 Abs. 1 i.V.m. § 2 Abs. 1 UmwStG stellt nach Auffassung der Finanzverwaltung eine eigenständige von der Gewinnermittlung nach §§ 4 Abs. 1, 5 Abs. 1 EStG unabhängige Bilanz dar (vgl. Tz. 11.02 und 11.03 i.V.m. Tz. 03.01 bzw. 03.04 UmwSt-Erl 2011). Steuerliche Ansatzverbote des § 5 EStG gelten demnach nicht. Der Grundsatz der Maßgeblichkeit der Handelsbilanz für die Steuerbilanz ist durch die Änderung des UmwStG durch SEStEG aufgegeben worden. Zur Ermittlung der gemeinen Werte sind die Vorschriften der §§ 9 Abs. 2 und 11 BewG anzuwenden (vgl. Ausführungen unter III 2.2.3.1.1.1). Der aufgrund des Ansatzes der Wirtschaftsgüter mit dem gemeinen Wert zum steuerlichen Übertragungsstichtag entstehende Übertragungsgewinn unterliegt der Besteuerung nach den allgemeinen Regelungen. Die Vorschriften des § 8b Abs. 2 und 3 KStG sind anzuwenden. Ein etwaiger vorhandener Verlustvortrag i.S.d. § 10d Abs. 4 EStG kann unter Anwendung der Grundsätze der Mindestbesteuerung des § 10 Abs. 2 EStG mit diesem verrechnet werden (vgl. hierzu *Wittkowski*, GmbHR 2007, 352 sowie zur möglichen Verfassungswidrigkeit der Mindestbesteuerung nach § 10d EStG in diesem Zusammenhang BFH vom 26.08.2010, BFH/NV 2010, 2356 bzw. zur Anwendung BMF vom 19.10.2011, DB 2011, 2407). Der Übertragungsgewinn unterliegt gem. § 19 Abs. 1 i.V.m. § 11 UmwStG der GewSt. Durch den Verweis des § 11 Abs. 3 UmwStG auf die entsprechende Anwendung des § 3 Abs. 3 UmwStG kommt in Fällen einer Verschmelzung mit Bezug zum EU-Ausland eine Anrechnung **fiktiver** ausländischer Steuern auf die durch den Übertragungsgewinn ausgelöste Körperschaftsteuer in Betracht. Die Vorschriften der § 26 KStG i.V.m. § 34c Abs. 1 EStG gelten entsprechend.

2.2.3.2.2.2 Ansatz mit dem Buchwert / Zwischenwert

Nach § 11 Abs. 2 Satz 1 UmwStG können die übertragenen Wirtschaftsgüter – abweichend von § 11 Abs. 1 UmwStG – **auf Antrag einheitlich** mit dem Buchwert i.S.d. § 1 Abs. 5 Nr. 4 UmwStG oder einem Zwischenwert angesetzt werden, **soweit** die Voraussetzungen des § 11 Abs. 2 Satz 1 Nr. 1 bis 3 UmwStG vorliegen. Jedoch ist zu beachten, dass bei einem unter dem Buchwert liegenden gemeinen Wert i.S.d. § 11 Abs. 1 UmwStG, der gemeine Wert die **Obergrenze** bildet. Die Voraussetzungen sind:

- Die Sicherstellung der Besteuerung der in den übertragenen WG vorhandenen stillen Reserven,
- das Besteuerungsrecht des Bundesrepublik Deutschland ist weiterhin gegeben,
- eine Gegenleistung wird nicht gewährt oder besteht ausschließlich in Gesellschaftsrechten.

Werden die WG mit dem Buchwert angesetzt, ergibt sich bei der übertragenden KapGes **kein Übertragungsgewinn**. Liegen die Voraussetzungen nicht vor, mit der Folge, dass ein Antragswahlrecht nicht besteht, erfolgt zwingend der Ansatz mit dem gemeinen Wert i.S.d. § 11 Abs. 1 UmwStG. Dabei ist bei der Besteuerung des Übertragungsgewinns zu prüfen, ob eine Anrechnung fiktiver ausländischer Steuer nach § 11 Abs. 3 i.V.m. § 3 Abs. 3 UmwStG vorgenommen werden kann. Dies gilt auch, soweit die Antragsvoraussetzungen vorliegen, jedoch der Ansatz mit einem Zwischenwert erfolgt. Der Ansatz der Wirtschaftsgüter mit einem Zwischenwert bietet sich insbesondere in den Fällen an, in denen die übertragende KapGes insoweit über Verlustvorträge i.S.d. § 10d Abs. 4 EStG verfügt, die mit einem Übertragungsgewinn verrechnet werden können. Die Grundsätze über die Mindestbesteuerung nach § 10d Abs. 2 EStG sind dabei zu beachten (*Dötsch/Pung*, DB 2006, 704, 714; zu weiteren im Zuge der Aufstockung möglichen Schwierigkeiten vgl. *Hagemann/Jakob/Ropohl/Viebrock*, NWB 2007,

Sonderheft 1, 26). Ein dabei nach der Verrechnung noch vorhandener Übertragungsgewinn ist nach den allgemeinen Regelungen zu besteuern. Er unterliegt gem. § 19 Abs. 1 i.V.m. § 11 UmwStG der GewSt.

Die Ermittlung des Übertragungsgewinns kann schematisch **vereinfacht** wie folgt dargestellt werden:

	Übergehende Wirtschaftsgüter zu Buch-, Zwischen- oder gemeinen Werten
./.	(ggf. auf den Übertragungsstichtag fortgeschriebener) steuerbilanzieller Buchwert der übergehenden Wirtschaftsgüter
=	Buchgewinn
./.	Verschmelzungskosten
./.	außerbilanzielle Kürzungen (z. B. § 8b Abs. 2 KStG)
+	außerbilanzielle Hinzurechnungen (z. B. §§ 8b Abs. 3),
./.	Verlustvorträge i.S.d. § 10d Abs. 4 i.V.m. Abs. 2 EStG
./.	GewSt und KSt (bilanzieller Aufwand)
+	außerbilanzielle Hinzurechnung von GewSt und KSt (10 Nr. 2 KStG, § 4 Abs. 5b EStG)
=	steuerlich anzusetzender Übertragungsgewinn

Zur Ermittlung des Übertragungsgewinns wird auf das Beispiel unter 2.2.3.2.3.2 verwiesen.

2.2.3.2.2.3 Beteiligungskorrekturgewinn

In Fällen des sog. **down-stream-mergers**, d. h. der Verschmelzung der Mutter-KapGes auf die Tochter-KapGes, ist bei **Ausübung des Wahlrechts** nach § 11 Abs. 2 Satz 1 UmwStG zusätzlich die Regelung des § 11 Abs. 2 Satz 1 UmwStG zu beachten. Demnach sind Anteile der Mutter-KapGes an der Tochter-KapGes im Zuge der Verschmelzung neu zu bewerten und mindestens mit dem Buchwert anzusetzen, erhöht um die **steuerwirksam** in früheren Jahren vorgenommenen (Teilwert-)Abschreibungen sowie Abzüge i.S.d. § 6b EStG und ähnliche Abzüge, höchstens jedoch mit dem gemeinen Wert. Da Gewinne aus der Veräußerung von Anteilen an KapGes grds. der Steuerbefreiung des § 8b Abs. 2 und 3 KStG unterliegen und § 6b Abs. 10 EStG auf Körperschaften nicht anzuwenden ist, werden von der Regelung **insbesondere** die bis zum Veranlagungszeitraum 1999 (vgl. § 52 Abs. 18 EStG) nach § 6b EStG a.F. vorgenommenen Abzüge sowie die vor dem Veranlagungszeitraum 2002 (vgl. § 8b Abs. 2 und 3 i.V.m. § 34 Abs. 7 Nr. 2 KStG) steuerwirksam vorgenommenen und unter § 8b Abs. 2 Satz 4 und 5 KStG fallenden Teilwert-Abschreibungen erfasst. Entsprechend den Ausführungen unter 2.2.4.1.2.1 zum Beteiligungskorrekturgewinn i.S.d. § 4 Abs. 1 Satz 2 UmwStG ist jedoch auch hier zu beachten, dass den Ausgangswert der Buchwert i.S.d. § 1 Abs. 5 Nr. 4 UmwStG bildet, sodass etwaige Zuschreibungen nach § 6 Abs. 1 Nr. 1 Satz 4, Nr. 2 Satz 3 EStG Vorrang vor der Wertaufholung nach § 11 Abs. 2 Satz 2 UmwStG haben. Demnach kommt eine Wertaufholung im Zusammenhang mit Teilwert-Abschreibungen nur noch dann in Betracht, wenn der gemeine Wert den zum Bilanzstichtag nach der Zuschreibung anzusetzenden Teilwert übersteigt. Durch den Verweis auf § 8b Abs. 2 Satz 4 und 5 KStG unterliegt ein daraus entstehender Beteiligungskorrekturgewinn als laufender Gewinn in voller Höhe der KSt und der GewSt (vgl. Tz. 11.17 UmwSt-Erl 2011; a. A. *Dötsch* in *D/P/M*, § 11 UmwStG Tz. 85, der den Beteiligungskorrekturgewinn als Bestandteil des Übertragungsgewinns ansieht). Werden im Rahmen des down-stream-mergers die Anteile an der Tochter-KapGes als Gegenleistung für die untergehenden Anteile an der Mutter-KapGes direkt an die Gesellschafter der Mutter-KapGes ausgekehrt, gehören diese grds. nicht zu den übergehenden Wirtschaftsgütern i.S.d. § 11 Abs. 2 Satz 1 UmwStG. Es liegt ein sog. **Direkterwerb** und kein

Durchgangswerb vor (vgl. Tz. 11.18 UmwSt-Erl mit Verweis auf BFH vom 28.10.2009, BStBl II 2011, 315; *Schönfeld*, IStR 2011, 497, 501; *Schießl* in *Widmann/Mayer*, § 11 UmwStG Tz. 289 f.; *Mayer* in *Widmann/Mayer*, § 5 UmwG Tz. 35 ff.; *Sistermann/Beutel* in *Lüdike/Sistermann*, § 11 Tz. 44; *Kessler/Philipp*, DB 2011, 1658).

2.2.3.2.3 Steuerliche Behandlung des Übernehmers – Ermittlung des Übernahmeergebnisses bzw. eines Beteiligungskorrekturgewinns

Der übernehmende Rechtsträger, d. h. die KapGes, ist gem. § 12 Abs. 1 UmwStG verpflichtet, die Werte der auf sie übergegangenen Wirtschaftsgüter zu übernehmen, die die übertragende KapGes in ihrer steuerlichen Schlussbilanz i.S.d. § 2 Abs. 1 UmwStG angesetzt hat. Diese Wertverknüpfung stellt die spätere Besteuerung der stillen Reserven sicher. Demnach können die steuerlichen Werte durch die Aufgabe des Maßgeblichkeitsgrundsatzes von denen der handelsrechtlichen Schlussbilanz nach § 24 UmwG abweichen. Wird bei der übertragenden Gesellschaft eine Außenprüfung bzw. Betriebsprüfung durchgeführt und ändern sich dadurch die Werte in der steuerlichen Schlussbilanz der übertragenden KapGes, sind die Werte bei der übernehmenden KapGes entsprechend anzupassen.

Da die Verschmelzung eine Vermögensübertragung im Wege der Gesamtrechtsnachfolge darstellt, tritt die übernehmende KapGes gem. § 12 Abs. 3 HS 2 i.V.m. § 4 Abs. 2 und 3 UmwStG in die steuerliche Rechtstellung der übertragenden KapGes ein. Dies gilt insbesondere bezüglich der Bewertung, der (Sonder-)Abschreibungen, etwaige Rücklagen sowie der Besitzzeitanrechnung. Hiervon ausgenommen ist jedoch die Übertragung eines etwaigen Verlustvortrags (vgl. hierzu BFH vom 26.08.2010, BFH/NV 2010, 2356 sowie zur Anwendung BMF vom 19.10.2011, DB 2011, 2407).

Soweit die übergehenden Wirtschaftsgüter mit einem über dem Buchwert liegenden Wert angesetzt worden sind (Zwischenwert, gemeiner Wert), ist darüber hinaus in künftigen Veranlagungszeiträumen der übernehmenden KapG die **AfA-Bemessungsgrundlage** nach § 12 Abs. 3 HS 2 i.V.m. § 4 Abs. 3 UmwStG zu bestimmen (vgl. Ausführungen unter 2.2.3.1.2).

Neben den in § 12 Abs. 3 UmwStG dargestellten Rechtsfolgen der Verschmelzung sind für die übernehmende KapGes darüber hinaus die Regelungen des § 8c KStG zu beachten, da die Umwandlung u. U. einen der Anteilsübertragung vergleichbaren Sachverhalt darstellt (vgl. BMF vom 04.07.2008, BStBl I 2008, 736, Tz. 7).

2.2.3.2.3.1 Beteiligungskorrekturgewinn

Parallel zu der Vorschrift des § 11 Abs. 2 Satz 2 UmwStG für Fälle der sog. down-stream-merger verweist § 12 Abs. 1 Satz 2 UmwStG für Fälle der sog. up-stream-merger auf die Anwendung des § 4 Abs. 1 Satz 2 und 3 UmwStG. Demnach kann auf die Ausführungen unter 2.2.3.1.2.1 und 2.2.3.2.2.3 verwiesen werden, mit der Ausnahme, dass für einen etwaigen Beteiligungskorrekturgewinn ausschließlich die Vorschriften des § 8b Abs. 2 Satz 4 und 5 KStG anzuwenden sind. Die GewSt-Pflicht ergibt sich aus § 19 Abs. 1 i.V.m. § 12 UmwStG. Die Wertaufholung erfolgt eine logische Sekunde vor der steuerlichen Verschmelzung. Ein etwaiger aus der Korrektur entstandener Gewinn stellt keinen Bestandteil des Übernahmeergebnisses dar, sondern unterliegt als laufender – außerhalb der Bilanz zu berücksichtigender – Gewinn der vollen Besteuerung unterliegt.

2.2.3.2.3.2 Übernahmeergebnis und dessen Besteuerung

Durch die Verschmelzung erwirbt die übernehmende KapGes die Wirtschaftsgüter der übertragenden KapGes mit der Folge, dass ein Übernahmeergebnis zu ermitteln ist. § 12 Abs. 2

Satz 1 UmwStG definiert diesen als Unterschiedsbetrag zwischen dem Wert der auf sie übergegangenen Wirtschaftsgüter i.S.d. § 12 Abs. 1 Satz 1 UmwStG und dem Buchwert der Anteile an der übertragenden KapGes abzüglich etwaiger Umwandlungskosten. Der Abzug eines Buchwert der Anteile an der übertragenden KapGes kann lediglich in den Fällen des upstrem-merger vorgenommen werden, da diese im Zuge der Verschmelzung untergehen. Dabei ist für Anteile, die nach dem steuerlichen Übertragungsstichtag, jedoch vor der Verschmelzung angeschafft worden sind, gem. § 12 Abs. 2 Satz 3 UmwStG die Anschaffungsfiktion des § 5 Abs. 1 UmwStG anzuwenden. Nach Auffassung des BFH (Urteil vom 09.01.2013, BFH/NV 2013, 881) ist die Regelung des § 12 Abs. 1 Satz 1 UmwStG auch dann anzuwenden, wenn eine Beteiligung an der übertragenden KapGes nicht vorhanden ist. In diesen Fällen ist als Buchwert ein Betrag von 0,– anzusetzen.

Demnach kann die Ermittlung des Übernahmeergebnisses wie folgt dargestellt werden:

	Wert der übergegangenen Wirtschaftsgüter (§ 12 Abs. 1 Satz 1 UmwStG)
./.	Buchwert der Anteile (nach Anwendung des § 5 Abs. 1 sowie außerbilanzielle Korrektur i.S.d. § 12 Abs. 1 Satz 2 UmwStG)
./.	Umwandlungskosten
=	Übernahmegewinn/-verlust

Nach § 12 Abs. 2 Satz 1 UmwStG bleiben sowohl ein Übernahmegewinn als auch ein Übernahmeverlust außer Ansatz. Dies gilt gem. § 19 Abs. 1 i.V.m. § 12 Abs. 2 UmwStG auch für die GewSt. Soweit die übernehmende KapGes Anteile an der übertragenden KapGes hält (upstream-merger), sind zusätzlich im Falle eines Übernahme**gewinns** die Regelungen des § 12 Abs. 2 Satz 2 UmwStG zu beachten (Tz. 12.06 UmwSt-Erl 2011). In diesen Fällen wird der Verschmelzungsvorgang einem Veräußerungsvorgang gleichgestellt, sodass gem. § 12 Abs. 2 Satz 2 UmwStG i.V.m. § 8b Abs. 3 KStG 5 % des Übernahmegewinns als nicht abzugsfähige Betriebsausgaben gelten. Darüber hinaus sind die Einschränkungen des § 8b Abs. 7 und 8 KStG zu beachten. Soweit der Übernahmegewinn oder -verlust bilanziell entsteht und sich auf das Ergebnis der KapGes auswirkt, ist die Korrektur außerbilanziell vorzunehmen.

Beispiel

Die C-GmbH soll im Rahmen eines side-stream-merger auf die D-GmbH zum 31.12.2012 verschmolzen werden. Die Eintragung der Verschmelzung ins Handelsregister erfolgte am 30.06.2013. Gesellschafter der C-GmbH sind die X-GmbH (60 %, Buchwert: 50.000 €) und C (40 %, Anschaffungskosten: 35.000 €, Privatvermögen). Voraussetzungen für eine Übertragung zu Buchwerten bzw. Zwischenwerten sollen annahmegemäß gegeben sein. Die Bilanzen der C-GmbH und der D-GmbH sehen zum steuerlichen Übertragungsstichtag vereinfacht wie folgt aus:

A	**Schlussbilanz der C-GmbH zum 31.12.2012**		P
Anlagevermögen	400.000 €	Stammkapital	100.000 €
	(Gemeiner Wert 450.000 €)	Verlustvortrag	200.000 €
Umlaufvermögen	200.000 €	Sonstige Passiva	300.000 €
	(Gemeiner Wert 250.000 €)		
	600.000 €		600.000 €

Neben dem ausgewiesenen Vermögen verfügt die C-GmbH trotz der Verluste aufgrund von hervorragenden Zukunftsaussichten einen Firmenwert i.H.v. 50.000 €. Der in der Bilanz ausgewiesene Verlustvortrag entspricht dem Verlustvortrag i.S.d. § 10d EStG (aus Vereinfachungsgründen soll auf die GewSt nicht eingegangen werden). Der Unternehmenswert der C-GmbH beträgt zum 31.12.2012 375.000 €.

A	Schlussbilanz der D-GmbH zum 31.12.2012		P
Anlagevermögen	500.000 €	Stammkapital	100.000 €
Umlaufvermögen	600.000 €	Kapitalrücklagen	150.000 €
		Gewinnrücklagen	50.000 €
		Jahresüberschuss	120.000 €
		Sonstige Passiva	680.000 €
	1.100.000 €		1.100.000 €

Die D-GmbH hat einen Vermögenswert von 500.000 €.

Lösung

Die Lösung kann in 3 Schritte aufgegliedert werden:

1. Schritt: Zunächst ist im Zuge der Verschmelzung bei der D-GmbH eine Kapitalerhöhung für die neuen Anteile von der X-GmbH und C zu ermitteln. Diese ermittelt sich aufgrundlage des Umtauschverhältnisses der tatsächlichen Unternehmenswerte:

Umtauschverhältnis: $\frac{375.000\ €}{500.000\ €}$

Das Umtauschverhältnis beträgt 0,75, sodass das Nennkapital der D-GmbH um 75 % zu erhöhen ist: 100.000 € × 75 % = 75.000 €. Das Nennkapital der D-GmbH beträgt nach der Verschmelzung 175.000 €.

2. Schritt: Bei der C-GmbH ist gem. § 1 Abs. 1 Nr. 1, Abs. 2 i.V.m. § 11 UmwStG ein Übertragungsgewinn zu ermitteln. Laut der getroffenen Annahme liegen die Voraussetzungen für einen Buch- bzw. Zwischenwertansatz vor, sodass grds. eine Übertragung ohne Aufdeckung von stillen Reserven möglich ist. Jedoch verfügt die C-GmbH über steuerliche Verlustvorträge i.H.v. 200.000 €, sodass es sinnvoll ist, insoweit die stillen Reserven aufzudecken. Da der Verlustvortrag die stillen Reserven i.H.v. insgesamt 150.000 € (Anlagevermögen: 50.000 €; Umlaufvermögen: 50.000 €; Firmenwert: 50.000 €) übersteigt, ist es sinnvoll auf die Ausübung des Wahlrechts nach § 11 Abs. 2 UmwStG zu verzichten und die Wirtschaftsgüter mit ihrem gemeinen Wert anzusetzen. Die Übertragungsbilanz der C-GmbH sieht demnach nach Aufdeckung der stillen Reserven wie folgt aus:

A	Übertragungsbilanz der C-GmbH zum 31.12.2012		P
Firmenwert	50.000 €	Stammkapital	100.000 €
Anlagevermögen	450.000 €	Verlustvortrag	200.000 €
Umlaufvermögen	250.000 €	Übertragungsgewinn	150.000 €
		Sonstige Passiva	300.000 €
		KSt auf Übertragungsgewinn	0 €
	750.000 €		750.000 €

Der Übertragungsgewinn ermittelt sich wie folgt:

Übergehendes Vermögen	750.000 €
./. Buchwert des Vermögens	600.000 €
Buchgewinn	150.000 €
./. Verlustvortrag i.S.d. § 10d EStG	150.000 €
steuerpflichtiger Übertragungsgewinn	0 €
./. KSt 15 %	0 €
Übertragungsgewinn	0 €

3. Schritt: Die D-GmbH hat die in der steuerlichen Übertragungsbilanz der C-GmbH angesetzten Werte nach § 12 Abs. 1 UmwStG zu übernehmen. Sie tritt gem. § 12 Abs. 3 UmwStG in die steuerliche Rechtstellung der C-GmbH ein. Der nicht verbrauchte Verlustvortrag i.H.v. 50.000 € geht jedoch nicht über, § 12 Abs. 3 HS 2 i.V.m. § 4 Abs. 2 UmwStG. Die künftige AfA bemisst sich nach den Regelungen des § 12 Abs. 3 HS 2 i.V.m. § 4 Abs. 3 UmwStG.
Mit der Einbuchung des Vermögens geht mangels vorherigen Anteils keine Beteiligung an der C-GmbH unter. Soweit das übergegangene Vermögen den Wert der im Zuge der Kapitalerhöhung geschaffenen neuen Anteile übersteigt, ist dieser als Agio i.S.d. § 272 HGB in die Kapitalrücklage einzustellen.

Hinweis

In Fällen eines up-stream-merger werden mangels einer Kapitalerhöhung keine neuen Anteile ausgegeben. Die Beteiligung an der Tochter-KapGes ist in diesen Fällen gegen die übergangenen Wirtschaftsgüter auszubuchen. Die Differenz ist handelsrechtlich als Ertrag und steuerlich über einen Ausgleichsposten einzubuchen.

Ermittlung der Kapitalrücklage:

Übergegangenes Vermögen (750.000 € ./. 300.000 €)	450.000 €
./. Nennwert neue Anteile	75.000 €
Agio (= Kapitalrücklage)	375.000 €

Der Übernahmegewinn ist gem. § 12 Abs. 2 UmwStG wie folgt zu berechnen:

Übergehendes Vermögen	450.000 €
abzgl. Anteile	0 €
Übernahmegewinn	450.000 €

Der Übernahmegewinn bleibt gem. § 12 Abs. 2 Satz 1 UmwStG außer Ansatz. Eine außerbilanzielle Korrektur ist jedoch nicht vorzunehmen, da aufgrund der Einbuchung in die Kapitalrücklage kein bilanzieller Gewinn entstanden ist. Die Bilanz der D-GmbH sieht nach der Verschmelzung wie folgt aus:

A	Bilanz der D-GmbH zum 31.12.2012 nach Verschmelzung		P
Firmenwert	50.000 €	Stammkapital	175.000 €
Anlagevermögen	950.000 €	Kapitalrücklagen	525.000 €
Umlaufvermögen	850.000 €	Gewinnrücklagen	50.000 €
		Jahresüberschuss	120.000 €
		Sonstige Passiva	980.000 €
	1.850.000 €		1.850.000 €

Zu Besteuerung wird auf die Fortführung des Beispiels unter 2.2.3.2.5.3 verwiesen.

2.2.3.2.3.3 Gewinnerhöhung und -minderung durch Vereinigung von Forderungen und Verbindlichkeiten – Übernahmefolgeergebnis

Die Eintragung der Verschmelzung in das Handelsregister der übernehmenden KapGes führt dazu, dass Forderungen und (ungewisse) Verbindlichkeiten infolge der **Konfusion** erlöschen. Soweit sich diese nicht mit gleichen Werten gegenüberstehen (inkongruente Konfusion), kommt es bei der übernehmenden KapGes zu einem Übernahmefolgeergebnis, auf das gem. § 12 Abs. 4 UmwStG die Regelungen des § 6 UmwStG anzuwenden sind. Auf die Ausführungen unter 2.2.3.1.2.5 wird verwiesen. Ein etwaiger Übernahmefolgegewinn unterliegt der GewSt gem. § 19 Abs. 1 i.V.m. § 12 Abs. 4 UmwStG.

2.2.3.2.4 Auswirkungen auf den steuerlichen Eigenkapitalausweis

Nach § 29 Abs. 1 KStG **gilt** das Nennkapital der übertragenden KapGes in Fällen des § 1 UmwG als in vollem Umfang nach § 28 Abs. 2 Satz 1 KStG herabgesetzt. Soweit demnach ein Sonderausweis i.S.d. § 28 Abs. 1 KStG nicht vorhanden ist, führt die Kapitalherabsetzung zu einer Erhöhung des steuerlichen Einlagekontos der übertragenden KapGes. Dieser Bestand des Einlagekontos ist gem. § 29 Abs. 2 KStG dem steuerlichen Einlagekonto der übernehmenden KapGes hinzuzurechnen, **soweit** die übernehmende KapGes **nicht** an der übertragenden KapGes beteiligt ist. Nach Anwendung der § 29 Abs. 1 und 2 KStG ist darüber hinaus grds. die Anpassung des Nennkapitals nach § 29 Abs. 1 KStG und des Sonderausweises nach § 29 Abs. 3 KStG vorzunehmen.

Hinweis

Eine Anpassung des Nennkapitals nach § 29 Abs. 4 KStG unterbleibt in Fällen der up-stream-merger, wenn die übernehmende Mutter-KapG eine 100%-Beteiligung an der übertragenden Tochter-KapG hält. Dies ergibt sich aus den Regelungen des § 54 Abs. 1 Satz 1 Nr. 1 UmwG, der eine Kapitalerhöhung in diesen Fällen verbietet.

Demnach lassen sich die Auswirkungen **vereinfacht** wie folgt darstellen (vgl. Tz. K.01 UmwSt-Erl 2011):

1. Schritt: Fiktive Herabsetzung des Nennkapitals der übertragenden KapGes nach § 29 Abs. 1 i.V.m. § 28 Abs. 2 Satz 1 KStG.

Rechtsfolge: Minderung/Auflösung eines vorhandenen Sonderausweises und Erhöhung des steuerlichen Einlagekontos i.H.d. den Sonderausweis übersteigenden Betrags.

2. Schritt: Anpassung der steuerlichen Einlagenkonten der übertragenden bzw. übernehmenden KapGes nach § 29 Abs. 2 KStG. Für Fälle der Auf- oder Abspaltung erfolgt die Anpassung nach den Regelungen des § 29 Abs. 3 KStG.
Rechtsfolge: Soweit die übernehmende KapGes an der übertragenden KapGes nicht beteiligt ist, erfolgt eine Erhöhung des steuerlichen Einlagekontos der übernehmenden KapGes.
3. Schritt: Anpassung des Nennkapitals der beteiligten Rechtsträger nach § 29 Abs. 4 KStG auf die Verhältnisse nach der Umwandlung.

Beispiel
(vgl. auch Tz. K.08 UmwSt-Erl 2011):
Die A-GmbH soll auf die B-GmbH im Rahmen eines side-stream-merger verschmolzen werden. Das Stammkapital der aufnehmenden GmbH wird nach der Verschmelzung um 100.000 € erhöht.
Das Kapital der übertragenden A-GmbH setzt sich wie folgt zusammen:

Nennkapital	300.000 €
Davon Sonderausweis i.S.d. § 28 Abs. 1 KStG	100.000 €
Rücklagen	200.000 €

Das Kapital der übernehmenden B-GmbH sieht vor der Verschmelzung wie folgt aus:

Nennkapital	200.000 €
Rücklagen	300.000 €

Lösung
Maßgebend ist hier die Vorschrift § 29 KStG. Bei der übertragenden A-GmbH ist gem. § 29 Abs. 1 i.V.m. § 28 Abs. 2 Satz 1 KStG eine Kapitalherabsetzung vorzunehmen.

	Vorspalte	Einlagekonto	Sonderausweis
Anfangsbestand		0 €	100.000 €
Nennkapital	300.000 €		
Verringerung des Sonderausweises	./. 100.000 €		./. 100.000 €
Rest, Zugang beim Einlagekonto	200.000 €	+ 200.000 €	
Abgang aus dem Einlagekonto aufgrund der Verschmelzung	./. 200.000 €		

Das Stammkapital bei der aufnehmenden B-GmbH sieht nach der Umwandlung wie folgt aus:

	Vorspalte	Einlagekonto	Sonderausweis
Anfangsbestand		0 €	0 €
Betrag der fiktiven Kapitalherabsetzung bei der übertragenden A-GmbH und gleichzeitig Zugang im Einlagekonto der übernehmenden B-GmbH	200.000 €	+ 200.000 €	
Abgang wegen Kapitalerhöhung gem. § 28 Abs. 1 KStG	./. 100.000 €	./. 100.000 €	
Rest, Zugang beim Einlagekonto	100.000 €	+ 100.000 €	

Hinsichtlich der übergehenden Rücklagen sind keine Feststellungen zu treffen.

2.2.3.2.5 Besteuerung der Anteilseigner der übertragenden GmbH

2.2.3.2.5.1 Anwendung des § 13 UmwStG

Die Verschmelzung führt zum Erlöschen der **übertragenden** KapGes, sodass die bisherigen Anteilseigner ihre Anteile an dieser verlieren. **Soweit** für den Untergang der Anteile den Anteilseignern als Gegenleistung Anteile an der übernehmenden KapGes gewährt werden, liegt eine **fiktive** Veräußerung der Anteile an der übertragenden KapGes und Anschaffung der Anteile an der übernehmenden KapGes vor, die als tauschähnlicher Vorgang nach den Regelungen des § 13 UmwStG zu behandeln ist. Im Umkehrschluss folgt daraus, dass in Fällen der upstream-merger § 13 UmwStG keine Anwendung findet, da die übernehmende Mutter-KapGes insoweit keine Anteile erhält. Soweit die Gegenleistung für den Verlust der Anteile in anderen Werten als in Gesellschaftsrechten besteht, findet § 13 UmwStG ebenfalls keine Anwendung. Insoweit ist die Gegenleistung nach den allgemeinen Grundsätzen für die (anteilige) Veräußerung der Anteile zu behandeln. Die allgemeinen Grundsätze sind auch dann anzuwenden, **soweit** die nach der Verschmelzung vorliegenden Anteilsverhältnisse nicht die Verhältnisse vor der Verschmelzung widerspiegeln, sodass – z. B. im Wege einer verdeckten Einlage oder verdeckten Gewinnausschüttung – eine Werteverschiebung vorliegt (BFH vom 09.11.2010, BStBl II 2011, 799; Tz. 13.03 UmwSt-Erl 2011). In diesen Fällen ist nach Auffassung der FinVerw ggf. eine freigebige Zuwendung zwischen den Gesellschaftern zu prüfen. Eine freigebige Zuwendung soll insbesondere dann anzunehmen sein, wenn den Gesellschaftern der übertragenden KapGes eine Beteiligung gewährt wird, die den (anteiligen) Wert der übertragenden KapGes übersteigt (vgl. gleichlautende Erlasse vom 20.10.2010, BStBl I 2010, 1207, Tz. 2).

Darüber hinaus fallen in den Anwendungsbereich des § 13 UmwStG weder solche Anteile an der übertragenden KapGes, die **nicht steuerverhaftet** sind (z. B. eines ausländischen Anteilseigners, die nicht unter das Besteuerungsrecht Deutschlands fallen), noch die nach dem 31.12.2008 angeschafften Anteile des Privatvermögens, die die Voraussetzungen des § 17 EStG nicht erfüllen. Letztere fallen ab dem 01.01.2009 ausdrücklich vorrangig in den Regelungsbereich des § 20 Abs. 4a Satz 1 und 2 i.V.m. § 52a Abs. 10 Satz 10 EStG, sodass bei Vorliegen der Voraussetzungen der Tausch in diesen Fällen **zwingend** steuerneutral vorzunehmen ist (vgl. Tz. 13.01 UmwSt-Erl 2011). Zu einer Besteuerung kommt es demnach erst, wenn die Anteile an der übernehmenden KapGes veräußert werden.

Im Übrigen sind die Vorschriften des § 13 UmwStG auch bei **grenzüberschreitenden** Verschmelzungen sowie bei Verschmelzung in **Drittstatten** i.S.d. § 12 Abs. 2 Satz 2 KStG und unabhängig von der Ausübung des Bewertungswahlrechts nach § 11 UmwStG anzuwenden.

2.2.3.2.5.2 Bestimmung des fiktiven Veräußerungspreises

Nach § 13 Abs. 1 UmwStG gilt als fiktiver Veräußerungspreis grds. der gemeine Wert der Anteile an der übertragenden KapGes, der nach den Regelungen des § 11 BewG zu bestimmen ist. Dieser Veräußerungspreis dient der Ermittlung des Veräußerungsgewinns bzw. -verlusts nach den allgemeinen Regelungen gem. §§ 17, 23 Abs. 3 a.F. oder § 4 Abs. 1, § 5 EStG. Gleichzeitig gilt er in diesen Fällen als Anschaffungspreis der Anteile an der übernehmenden KapGes, sodass eine doppelte Erfassung etwaiger stiller Reserven unterbleibt. Abweichend hiervon sind jedoch gem. – in seinem Wortlaut missglückten – § 13 Abs. 2 Satz 1 UmwStG die Anteile an der übernehmenden KapGes mit dem Buchwert bzw. gem. § 13 Abs. 2 Satz 3 UmwStG mit den AK anzusetzen, **wenn** die Voraussetzungen der § 13 Abs. 2 Satz 1 Nr. 1 und 2 UmwStG erfüllt sind. Dabei ist zu beachten, dass der Ansatz mit einem **Zwischenwert nicht möglich** ist. Die Antragsvoraussetzungen sind erfüllt, wenn

- das deutsche Besteuerungsrecht hinsichtlich der Besteuerung der stillen Reserven der Anteile an der übernehmenden KapGes nicht beschränkt wird oder
- die Mitgliedstaaten der EU bei der Verschmelzung Art. 8 der Fusionsrichtlinie anzuwenden haben.

Liegen die Voraussetzungen vor, so treten **auf Antrag** gem. § 13 Abs. 2 Satz 2 UmwStG die Anteile an der übernehmenden KapG steuerlich an die Stelle der Anteile an der übertragenden KapG (sog. **Fußstapfentheorie**). Folglich gehen grds. sämtliche in den untergegangenen Anteilen behafteten Verpflichtungen, (Halte-)Fristen und Beteiligungsverhältnisse auf die neuen Anteile über.

2.2.3.2.5.3 Besteuerung des (fiktiven) Veräußerungsgewinns/-verlusts

Zum Entstehen eines (fiktiven) Veräußerungsgewinns bzw. -verlusts kommt es nur, wenn die Antragsvoraussetzungen des § 13 Abs. 2 Satz 1 UmwStG nicht vorliegen oder das Antragswahlrecht nicht ausgeübt wird. Der Gewinn oder Verlust entsteht im Zeitpunkt der Eintragung der Verschmelzung ins Handelsregister, da die steuerliche Rückwirkung des § 2 UmwStG seinem Wortlaut nach nicht auf die Fälle des § 13 UmwStG angewendet werden kann (vgl. Tz. 13.06 UmwSt-Erl 2011). Hinsichtlich der Besteuerung gelten die allgemeinen Grundsätze der §§ 17, 23 Abs. 3 a.F. oder § 4 Abs. 1, § 5 EStG. Die Regelungen des § 8b KStG sowie der §§ 3 Nr. 40, 3c EStG sind ebenfalls anzuwenden (vgl. hierzu tabellarische Übersicht von *Schrör* in *Haritz/Menner*, § 13 UmwStG Tz. 24 und 26). Für Anteile i.S.d. § 20 Abs. 4a EStG sind ggf. die Regelungen des § 20 Abs. 6 EStG zu beachten.

Beispiel

Das Beispiel unter 2.2.3.2.3.2 soll nun unter Hinzuziehung der Gesellschafter fortgeführt werden.
Die Gesellschafter der auf die D-GmbH verschmolzenen C-GmbH sind demnach die X-GmbH (60 %, Buchwert: 50.000 €) und C (40 %, Anschaffungskosten: 35.000 €, Privatvermögen). Die Voraussetzungen des § 13 Abs. 2 UmwStG sollen annahmegemäß vorliegen.

Lösung

Die steuerliche Behandlung der X-GmbH und des C richtet sich nach den Regelungen des § 13 UmwStG. Die Anteile des C erfüllen dabei die Voraussetzungen des § 17 EStG. Unabhängig von den Wertansätzen auf Ebene der C-GmbH nach § 11 UmwStG haben sowohl die X-GmbH als auch C ein Wahlrecht.
Bei der X-GmbH ist die Beteiligung an der C-GmbH auszubuchen und die an der D-GmbH zu bilanzieren. Übt die X-GmbH das Wahlrecht dahingehend aus, dass als Veräußerungspreis der (anteilige) gemeine Wert (375.000 € × 60 % = 225.000 €) angesetzt wird, ist der daraus entstehende Gewinn (225.000 € ./. 50.000 € = 175.000 €) nach § 8b Abs. 2 KStG steuerfrei. Es sind jedoch gem. § 8b Abs. 3 KStG 5 % des Gewinns (= 8.750 €) als nicht abzugsfähige Betriebsausgaben dem Gewinn hinzuzurechnen. Die Rechtsfolgen treten im Jahr 2013 ein. Bei einem Ansatz mit dem Buchwert ändert sich lediglich der Name der Beteiligung. Aus C-GmbH wird D-GmbH.
Für C entsteht im Falle des Ansatzes des gemeinen Werts als Veräußerungspreis (375.000 € × 40 % = 150.000 €) ist § 3 Nr. 40 Satz 1 Buchst. c EStG anzuwenden, sodass für Zwecke der Ermittlung des stpfl. Veräußerungsgewinns nach § 17 Abs. 2 EStG ein Veräußerungspreis i.H.v. 90.000 € (= 60 % von 150.000 €) anzusetzen ist. Die Anschaffungskosten sind

gem. § 3c Abs. 2 EStG i.H.v. 21.000 € (= 60 % von 35.000 €) abzuziehen. Es ergibt sich ein Veräußerungsgewinn i.H.v. 69.000 €. Ein Freibetrag i.H.v. 3.624 (= 40 % von 9.060 €) ist nicht zu gewähren, da eine Kürzung des Freibetrags nach § 17 Abs. 3 Satz 2 EStG in voller Höhe erfolgt (3.624 € ./. 40 % von 36.100 € = 14.440 €, verbleibender Freibetrag = 0 €). Der Veräußerungsgewinn ist im Jahr 2013 zu versteuern. Bei einem Ansatz mit dem Buchwert ist kein Veräußerungsgewinn zu ermitteln. In diesem Fall treten die neuen Anteile an der D-GmbH an die Stelle der Anteile an der C-GmbH.

2.2.3.3 Spaltung einer GmbH (§§ 15, 16 UmwStG)

2.2.3.3.1 Allgemeines

Die Spaltung wird zivilrechtlich in den Vorschriften des § 1 Abs. 1 Nr. 2 i.V.m. §§ 123 ff. UmwG geregelt. Die Spaltung kann dabei in Form einer **Aufspaltung**, **Abspaltung** oder **Ausgliederung** vorgenommen werden. Durch den Verweis in § 125 UmwG auf die grds. Anwendung der Regelungen zur Verschmelzung könnte die Spaltung auch als »anteilige« Verschmelzung bezeichnet werden. Insbesondere i.R.d. **Auf- und Abspaltung** ist es möglich, eine Änderung der Beteiligungsverhältnisse herbeizuführen. In diesen Fällen spricht man von der **nicht verhältniswahrenden Spaltung**, für die die Regelungen des § 128 UmwG zu beachten sind (vgl. *Gündel* in *Keßler/Kühnberger*, § 128 UmwG Tz. 5 ff.; *Hörtnagl* in *Schmitt/Hörtnagl/Stratz*, § 128 UmwG Tz. 4 ff; sowie ausführliches Beispiel *Nagel/Thies*, GmbHR 2004, 83).

Die Auf- und Abspaltung sowie diesen vergleichbare ausländische Vorgänge sind steuerrechtlich gem. § 1 Abs. 1 Nr. 1, Abs. 2 UmwStG nach den Regelungen der §§ 15 und 16 UmwStG zu behandeln. In Abhängigkeit des übernehmenden Rechtsträgers sind demnach grds. die Vorschriften der §§ 3 bis 8 bzw. §§ 11 bis 13 UmwStG entsprechend anzuwenden. Dies hat zur Folge, dass die dort genannten Voraussetzungen **neben** denen der §§ 15 und 16 UmwStG vorliegen müssen. Weiterhin führt der Verweis auf die Vorschriften der §§ 3 und 11 UmwStG zu einer entsprechenden Verpflichtung der übertragenden KapGes eine steuerliche Spaltungsbilanz auf den Spaltungsstichtag aufzustellen (vgl. Tz. 15.14 UmwSt-Erl 2011). Die in § 123 Abs. 3 UmwG geregelte Ausgliederung fällt hingegen gem. § 1 Abs. 1 Satz 2, Abs. 3 Nr. 2 UmwStG in den Anwendungsbereich der §§ 20, 24 UmwStG, sodass auf die entsprechenden Ausführungen verwiesen wird.

Weiterhin zu beachten ist, dass die Regelungen des UmwStG in Fällen einer **zivilrechtlich nicht wirksamen Spaltung** keine Anwendung finden, sodass die Regelungen der §§ 15, 16 UmwStG insgesamt nicht anzuwenden sind. Dies hat zur Folge, dass die Aufspaltung wie eine Liquidation und die Abspaltung wie eine Kapitalherabsetzung i.S.d. § 28 Abs. 2 KStG zu behandeln ist. Die Anteilseigner erzielen insoweit Einkünfte aus Kapitalvermögen und führen eine (verdeckte) Einlage zum TW nach § 6 Abs. 1 Nr. 5 EStG bei der übernehmenden KapGes bzw. PersGes durch (vgl. *Dötsch/Pung* in *Dötsch/Pung/Möhlenbrock*, a.a.O., § 15 UmwStG Tz. 210 ff.; *Schießl* in *Widmann/Mayer*, § 15 Tz. 134.). Es gelten insoweit die allgemeinen Grundsätze.

2.2.3.3.2 Steuerliche Behandlung des Überträgers – Ermittlung des Übertragungsgewinns

2.2.3.3.2.1 Ansatz mit dem gemeinen Wert

Durch den Verweis auf die Regelungen des § 11 bzw. § 3 UmwStG hat die übertragende KapGes gem. § 15 Abs. 1 Satz 1 bzw. § 16 i.V.m. § 15 UmwStG die Wirtschaftsgüter, die i.R.d. zivilrechtlich wirksamen Spaltung übertragen werden sollen, d.h. in Fällen der Aufspaltung sämtliche und in Fällen der Abspaltung nur die insoweit übergehenden Wirtschaftsgüter, grds. mit dem gemeinen Wert anzusetzen. Die i.R.d. Abspaltung zurückbehaltenen Wirtschaftsgüter sind weiterhin mit dem Buchwert zu bilanzieren. Ein daraus entstehender Übertragungsgewinn ist sowohl körperschaft- als auch gewerbesteuerpflichtig. Insoweit kann auf die Ausführungen unter 2.2.3.1.1.1 und 2.2.3.2.2.1 verwiesen werden. Der durch den Vermögensabgang entstehende **bilanzielle** Gewinn oder Verlust ist aufgrund seiner gesellschaftsrechtlichen Veranlassung bei der Einkünfteermittlung außerbilanziell zu neutralisieren (zur bilanziellen Behandlung vgl. *Klingberg* in *Budde/Förschle/Winkeljohann*, Sonderbilanzen, Tz. 330 ff.).

2.2.3.3.2.2 Ansatz mit dem Buchwert bzw. Zwischenwert

Liegen die Voraussetzungen der §§ 3 Abs. 2 und 11 Abs. 2 UmwStG vor, so können die **übertragenen** Wirtschaftsgüter mit dem Buchwert bzw. einem Zwischenwert nur dann angesetzt werden, **wenn** gem. § 15 Abs. 1 Satz 2 (i.V.m. § 16) UmwStG in Fällen der Aufspaltung auf die übernehmende(n) Körperschaft(en) (jeweils) ein **Teilbetrieb** übertragen wird. In Fällen der Abspaltung muss darüber hinaus zusätzlich bei der übertragenden KapGes ein (weiterer) Teilbetrieb verbleiben. Der Ansatz der Wirtschaftsgüter zu Buchwerten bzw. einem Zwischenwert ist weiterhin auch dann ausgeschlossen, wenn die Tatbestände des § 15 Abs. 2 (i.V.m. § 16) UmwStG erfüllt werden (sog. Missbrauchstatbestände). Unklar ist, wie weitreichend das Wahlrecht i.S.d. § 3 Abs. 2 bzw. § 11 Abs. 2 UmwStG bei Vorliegen der Voraussetzungen für eine erfolgsneutrale Spaltung ist. So vertreten einige Stimmen der Literatur die Meinung, dass das Wahlrecht für jeden übertragenen Teilbetrieb unterschiedlich ausgeübt werden kann, und zwar auch dann, wenn mehrere Teilbetriebe auf lediglich einen übernehmenden Rechtsträger übergehen (vgl. *Dötsch/Pung* in *D/P/M*, § 15 UmwStG Tz. 218; *Klingberg* in *Blümich*, § 15 UmwStG Tz. 78; *Hörtnagl* in *Schmitt/Hörtnagl/Stratz*, § 15 UmwStG Tz. 249.). Hingegen vertritt *Frotscher* (*Frotscher/Maas*, § 15 UmwStG Tz. 246) die Auffassung, dass das Wahlrecht nicht auf den jeweiligen Teilbetrieb, sondern auf alle auf einen übernehmenden Rechtsträger übergehenden Teilbetriebe einheitlich auszuüben ist.

2.2.3.3.2.2.1 Definition des Teilbetriebs

Abweichend vom Handelsrecht bzw. UmwG, in dem das Übertragen von bereits einzelnen Wirtschaftsgütern im Wege der Spaltung genügt, ist die steuerlich erfolgsneutrale Übertragung von Wirtschaftsgütern i.R.d. Spaltung zusätzlich an das Vorliegen eines Teilbetriebs geknüpft. Da § 15 UmwStG eine eigenständige Definition des Teilbetriebs nicht enthält, ist fraglich, inwieweit der Begriff des Teilbetriebs in Anlehnung an die entwickelten Grundsätze zu § 16 EStG oder gar an die Definition des Art. 2 Buchst. j der Fusionsrichtlinie (Richtlinie 90/434/EWG des Rates vom 23.07.1990, geändert durch die Richtlinie 2005/19/EG des Rates vom 17.02.2005 und die Richtlinie 2009/133/EG des Rates vom 25.11.2009) auszulegen ist.

Nach der ständigen Rechtsprechung des BFH ist unter einem Teilbetrieb ein organisch geschlossener, mit einer gewissen Selbstständigkeit ausgestatteter Teil des Gesamtbetriebs zu verstehen, der für sich allein funktions- bzw. lebensfähig ist, d.h. über die für seinen Betrieb wesentlichen Betriebsgrundlagen verfügt (BFH vom 22.06.2010, BFH/NV 2011, 10; BFH vom 07.04.2010, BStBl II 2011, 467). Abweichend von § 16 EStG, für dessen Anwendung die sog. **funktional-quantitative** Betrachtungsweise anzuwenden ist (vgl. R 16.3 Abs. 3 EStR und H 16.8 [Begriff der wesentlichen Betriebsgrundlage] EStH), gilt mithin nur die rein **funktionale** Betrachtungsweise. Weitere Voraussetzung ist, dass sämtliche zum Teilbetrieb gehörenden wesentlichen Betriebsgrundlagen auf den Erwerber übergehen, ein obligatorisches Nutzungsrecht reicht dabei nicht aus (BFH vom 07.04.2010, BStBl II 2011, 467). Inwieweit hingegen von der Übertragung eines Teilbetriebs ausgegangen werden kann, wenn der Erwerber durch das Nutzungsverhältnis wirtschaftlicher (Mit-)Eigentümer der überlassenen Wirtschaftsgüter wird, ließ der BFH hingegen offen. Zumindest die Finanzverwaltung schließt sich den Stimmen in der Literatur an (vgl. *Hörtnagl* in *Schmitt/Hörtnagl/Stratz*, § 15 UmwStG Tz. 69 und *Schießl* in *Widmann/Mayer*, § 15 Tz. 26.3), sodass die Begründung des **wirtschaftlichen Eigentums** ebenfalls ausreichend sein soll (vgl. Tz. 15.07 UmwSt-Erl 2011). In seinem Urteil vom 07.04.2010 (BStBl II 2011, 467) vertritt der BFH darüber hinaus die Auffassung, dass die Bestimmungen der Fusionsrichtlinie auf § 15 UmwStG keine Anwendung finden, um jedoch gleichwohl festzustellen, dass die Teilbetriebsbegriffe sich grds. im Wesentlichen decken. Die Finanzverwaltung geht hingegen wohl von einem Teilbetrieb i.S.d. Fusionsrichtlinie aus (vgl. Tz. 15.02 UmwSt-Er 2011). Demnach ist unter dem Begriff des Teilbetriebs die Gesamtheit der in einem Unternehmensteil einer Gesellschaft vorhandenen aktiven und passiven Wirtschaftsgüter zu verstehen, die in organisatorischer Hinsicht einen selbstständigen Betrieb, d. h. eine aus eigenen Mitteln funktionsfähige Einheit, darstellen.

Nach § 15 Abs. 1 Satz 3 UmwStG **gelten** als Teilbetriebe auch **Mitunternehmeranteile** sowie **100%ige** Beteiligungen **an einer KapGes**. Durch die Aufgabe ihrer ursprünglicher Absicht (vgl. Tz. 15.05 des Entwurfs des UmwSt-Erl. vom 05.02.2011) scheint sich die Finanzverwaltung der Rechtsprechung des BFH (vgl. BFH vom 25.02.2010, BStBl II 2010, 726) anzuschließen, sodass ein Mitunternehmeranteil auch dann einen Teilbetrieb darstellt, wenn dieser selbst als eine funktional wesentliche Betriebsgrundlage eines Teilbetriebs anzusehen ist. Weiterhin soll nach dem Verständnis der Finanzverwaltung ein Teilbetrieb in den Fällen nicht übertragen werden können, in denen eine funktional wesentliche Betriebsgrundlage von mehreren Teilbetrieben genutzt wird (sog. Spaltungshindernis). Handelt es sich bei dieser Betriebsgrundlage um ein Grundstück, so ist bis zum Zeitpunkt des Spaltungsbeschlusses eine zivilrechtliche Realteilung vorzunehmen, damit die Spaltung auch steuerlich durchgeführt werden kann. Aus Billigkeitsgründen lässt die Verwaltung eine ideelle Teilung (Bruchteilseigentum) im Verhältnis der tatsächlichen Teilung unmittelbar nach der Spaltung zu (vgl. Tz. 15.08 UmwSt-Erl 2011).

Nach dem Willen der Finanzverwaltung müssen die Teilbetriebsvoraussetzungen bereits **zum steuerlichen Übertragungsstichtag** vorliegen (Tz. 15.03 UmwSt-Erl 2011), sodass die in der Vergangenheit gegebene Möglichkeit eines **Teilbetriebs im Aufbau** (vgl. hierzu BFH vom 01.02.1989, BStBl II 1989, 458; BFH vom 22.06.2010, BFH/NV 2011, 10) nicht mehr gegeben ist. Diese neue Auffassung der Finanzverwaltung wird in der Literatur stark kritisiert (vgl. *Schießl* in *Widmann/Mayer*, § 15 Tz. 32; *Koch*, BB 2011, 2667; *Schaden/Ropohl*, BB Special 1/2011 zu Heft 35, 11, 14; *Ausschuss Steuerrecht des Deutschen Anwaltsvereins*, NZG 2011, 819, 822).

2.2.3.3.2.2.2 Missbrauchstatbestände

Wie bereits eingangs beschrieben, ist die Möglichkeit des Ansatzes der Wirtschaftsgüter zu Buchwerten bzw. Zwischenwerten nur dann gegeben, wenn zusätzlich **neben** den Voraussetzungen des § 15 Abs. 1 Satz 2 UmwStG keine der in § 15 Abs. 2 (i.V.m. § 16) UmwStG aufgeführten Missbrauchstatbestände vorliegen.

Gem. § 15 Abs. 2 **Satz 1** UmwStG liegt ein Missbrauchstatbestand vor, wenn **einzelne Wirtschaftsgüter der zu spaltenden KapGes** durch Einlage auf eine PersGes oder KapGes übertragen werden, die zum Erwerb bzw. Aufstockung der Beteiligung führen und dadurch ein Teilbetrieb i.S.d. § 15 Abs. 1 Satz 3 UmwStG geschaffen wird. Ein entgeltlicher Erwerb gegen einen Kaufpreis in Geld stellt hingegen keinen Missbrauchstatbestand dar. Es fallen jedoch nur solche Übertragungen unter die Regelung des § 15 Abs. 2 Satz 1 UmwStG, die **erfolgsneutral**, d.h. ohne Aufdeckung **vorhandener** stiller Reserven, vorgenommen werden (vgl. Tz. 15.16 und 15.20 UmwSt-Erl 2011). Darunter fallen insbesondere alle **Einbringungs- und Einlagevorgänge** des UmwStG und des EStG, die als Gegenleistung für die einzelnen Wirtschaftsgüter einen Mitunternehmeranteil bzw. Anteil an der KapGes zum Gegenstand haben. Im Falle der Abspaltung gilt § 15 Abs. 2 Satz 1 UmwStG sowohl für den übertragenen als auch den zurückbehaltenen Teilbetrieb. Mithin sind die Missbrauchstatbestände auch für den zurückbehaltenen Teilbetrieb zu beachten (vgl. Tz. 15.17 UmwSt-Erl 2011; kritisch hierzu *Ausschuss Steuerrecht des Deutschen Anwaltsvereins*, NZG 2011, 819, 823).

Beispiel 1

Die E-GmbH hält neben einem echten Teilbetrieb 70% der Anteile an der X-GmbH. In 2011 bringt die E-GmbH diese Anteile in die neu zu gründende Z-GmbH gegen Gewährung von 100% der Anteile an der Z-GmbH erfolgsneutral nach § 21 UmwStG ein. In 2012 soll die E-GmbH erfolgsneutral aufgespalten werden.

Lösung

Hinsichtlich der 100%igen Beteiligung an der Z-GmbH handelt es sich um einen Teilbetrieb i.S.d. § 15 Abs. 1 Satz 3 UmwStG, sodass grds. eine erfolgsneutrale Aufspaltung möglich ist. Jedoch greift die Missbrauchsvermeidungsnorm des § 15 Abs. 2 UmStG, da die 70%ige Beteiligung an der X-GmbH keinen Teilbetrieb i.S.d. § 15 Abs. 1 Satz 3 UmwStG darstellte und der Teilbetrieb in Form der Z-GmbH erst durch die erfolgsneutrale Einbringung dieser Beteiligung geschaffen wurde.

Weiterhin ist gem. § 15 Abs. 2 **Satz 2 bis 4** UmwStG eine steuerneutrale Spaltung nicht möglich, wenn die Spaltung nur dazu dient, eine Veräußerung von Anteilen an den beteiligten KapGes bzw. PersGes an außenstehende Personen zu vollziehen bzw. vorzubereiten. Nach der unwiderlegbaren gesetzlichen Vermutung ist dies der Fall, wenn innerhalb von fünf Jahren nach dem steuerlichen Übertragungsstichtag Anteile an den an der Spaltung beteiligten Rechtsträgern (KapGes, PersGes) **entgeltlich** übertragen werden, die mehr als 20% der vor Wirksamwerden der Spaltung **an der übertragenden Körperschaft** bestehenden Anteile ausmach(t)en (vgl. Tz. 15.22 ff. UmwSt-Erl 2011). In diesem Zusammenhang ist darauf hinzuweisen, dass Gesellschafter sowie konzernzugehörige Unternehmen i.S.d. § 271 Abs. 2 HGB keine außenstehenden Personen darstellen, sodass Übertragungen innerhalb dieses Personenkreises unschädlich sind (vgl. Tz. 15.26 UmwSt-Erl 2011).

Die Quote von 20% bezieht sich auf die **tatsächlichen Werte** im Zeitpunkt des Wirksamwerdens der Spaltung. Ein Bezug auf das Nominalkapital sowie spätere Wertentwicklungen wird durch die Vorschrift nicht hergestellt (vgl. Tz. 15.29 UmwSt-Erl 2011).

In Fällen der **Abspaltung** ist darüber hinaus zusätzlich zu beachten, dass der Missbrauchstatbestand des § 15 Abs. 2 Satz 4 UmwStG sowohl die entgeltlichen Übertragungen von Anteilen an der übertragenden KapGes als auch an der übernehmenden KapGes erfasst (vgl. Tz. 15.27 UmwSt-Erl 2011).

Beispiel 2

Die A-KapGes spaltet sich auf in die B-KapGes und in die C-KapGes, jeweils durch Einbringung eines Teilbetriebs.

Wert des Teilbetriebs 1 (KapGes B): 400.000 €
Wert des Teilbetriebs 2 (KapGes C): 600.000 €

Der Allein-Gesellschafter veräußert alternativ:

a) 40% seiner Beteiligung an der KapGes B,
b) 40% seiner Beteiligung an der KapGes C,
c) jeweils 30% seiner Beteiligung an der KapGes B + C.

Lösung

a) Es werden 40% von 400.000 € = 160.000 € veräußert, was einer Quote von 16% entspricht und somit unter der Grenze von 20% liegt. Es handelt sich um keine schädliche Veräußerung i.S.d. § 15 Abs. 2 Satz 3 und 4 UmwStG.
b) Es werden 40% von 600.000 € = 240.000 € veräußert, was einer Quote von 24% entspricht und somit über der Grenze von 20% liegt. Es handelt sich um eine schädliche Veräußerung i.S.d. § 15 Abs. 2 Satz 3 und 4 UmwStG.
c) Jede Veräußerung für sich gesehen liegt unterhalb von 20% (12% und 18%). Insgesamt beträgt die Quote jedoch 30%, da spätestens mit der zweiten Veräußerung § 15 Abs. 2 Satz 3 und 4 UmwStG greift.

Schließlich wird gem. § 15 Abs. 2 Satz 5 UmwStG ein weiterer Missbrauch mit der Folge der Versagung einer erfolgsneutralen Spaltung angenommen, wenn in Fällen der Trennung von Gesellschafterstämmen die Beteiligung an der übertragenden KapGes – unabhängig von der Höhe und der Art des Erwerbs – vor dem steuerlichen Übertragungsstichtag nicht mindestens fünf Jahre bestanden hat (vgl. Tz 15.38 ff. UmwSt-Erl 2011).

Beispiel 3

An der E-GmbH sind die Gesellschafterstämme A, B und C beteiligt. C hat die Beteiligung erst in 2011 von A erworben. Die E-GmbH hat insgesamt drei Teilbetriebe (I, II und II). Im Zuge der Abspaltung sollen der Teilbetrieb I auf die X-GmbH, der Teilbetrieb II auf die Y-GmbH übertragen werden. Alleiniger Gesellschafter der X-GmbH wird C. A und B übernehmen die Anteile an der Y-GmbH.

Lösung

Es liegt eine (nicht verhältniswahrende) Spaltung vor, bei der es zur Trennung von Gesellschafterstämmen kommt, da C nicht an der Y-GmbH und A bzw. B nicht an der X-GmbH beteiligt werden. Die Spaltung ist steuerlich nach den Regelungen des § 15 i.V.m. §§ 11 bis 13 UmwStG zu beurteilen. Soweit die Spaltung den auf die X-GmbH übergehenden Teilbetrieb betrifft, ist eine erfolgsneutrale Spaltung nach § 15 Abs. 2 Satz 5 UmwStG nicht möglich, da C nicht mehr als fünf Jahre an der E-GmbH beteiligt war.

2.2.3.3.2.3 Beteiligungskorrekturgewinn

Entsprechend einer Verschmelzung einer Mutter-KapGes auf eine Tochter-KapGes (sog. **down**-stream-merger ist im Rahmen einer **Down-stream-Spaltung** bzw. **Abwärtsspaltung**, bei der der übernehmende Rechtsträger ebenfalls eine KapGes ist, gem. § 15 Abs. 1 Satz 1 i.V.m. § 11 Abs. 2 Satz 2 UmwStG auch ein etwaiger Beteiligungskorrekturgewinn auf Ebene der übertragenden KapGes zu ermitteln. Dies setzt jedoch voraus, dass die Anteile an der übernehmenden KapGes im Zuge der Spaltung auch tatsächlich übertragen werden. Auf die weiteren Ausführungen unter 2.2.3.2.3.1 wird verwiesen.

2.2.3.3.2.4 Minderung von Steuerkapazitätspositionen

Durch den Verweis auf die Regelungen der §§ 3 bis 4 sowie §§ 11 bis 13 UmwStG finden im Rahmen einer **Auf**spaltung die Vorschriften des (§ 12 Abs. 3 HS 2 i.V.m.) § 4 Abs. 2 Satz 2 UmwStG ebenfalls Anwendung, mit der Folge, dass ungenutzte verrechenbare Verluste, verbleibende Verlustvorträge, nicht ausgeglichene negative Einkünfte sowie ein EBITDA- bzw. Zinsvortrag i.S.d. § 4h Abs. 1 Satz 3 und 5 EStG verloren gehen. Da jedoch im Rahmen einer **Ab**spaltung der übertragende Rechtsträger weiterhin bestehen bleibt, gilt dies gem. § 15 Abs. 3 UmwStG nur in dem Verhältnis, in dem bei Zugrundelegung des gemeinen Werts das Vermögen auf eine andere KapGes bzw. über § 16 UmwStG andere PersGes übergeht (vgl. Tz. 15.41 UmwSt-Erl 2011).

2.2.3.3.3 Steuerliche Behandlung des Übernehmers – Ermittlung des Übernahmeergebnisses bzw. eines Beteiligungskorrekturgewinns

Die Rechtsfolgen der Spaltung für die übernehmende PersGes bzw. KapGes ergeben sich **insoweit** aus der entsprechenden Anwendung der Regelungen §§ 4 bis 7 UmwStG sowie § 12 UmwStG. Mithin kann auf die Ausführungen unter 2.2.3.1.2 sowie 2.2.3.2.3 verwiesen werden.

2.2.3.3.4 Auswirkungen auf den steuerlichen Eigenkapitalausweis

In Fällen der Auf- und Abspaltung, bei denen es sich bei dem **aufnehmenden** Rechtsträger um eine **KapGes** handelt, sind zusätzlich die Vorschriften des § 29 Abs. 3 KStG zu beachten. Demnach ist das steuerliche Einlagekonto der übertragenden KapGes im Verhältnis der übergehenden Vermögensteile zu dem vor dem Abgang bestehenden Vermögen aufzuteilen. Das Verhältnis ist dabei grds. aus den Angaben zum Umtauschverhältnis der Anteile im Spaltungs- und Übernahmevertrag oder im Spaltungsplan zu entnehmen. In besonderen Fällen kann das Verhältnis auch anhand der gemeinen Werte der übergehenden Vermögensteile zum vorhandenen Vermögen bestimmt werden. Die Ausführungen unter 2.2.3.2.4 gelten sinngemäß.

Liegt hingegen eine Abspaltung vor, bei der es sich bei dem aufnehmenden Rechtsträger um eine **PersGes** handelt, so mindert sich das steuerliche Einlagekonto der übertragenden KapGes gem. § 29 Abs. 3 Satz 4 KStG in dem Verhältnis der übergehenden Vermögensteile zu dem vor der Spaltung bestehendem Vermögen.

2.2.3.3.5 Besteuerung der Anteilseigner der übertragenden GmbH

Die Besteuerung der Anteilseigner richtet sich nach den für die Spaltung entsprechend geltenden Vorschriften. Demnach ist im Falle eines **übernehmenden** Rechtsträgers in der Rechtsform einer **PersGes** für jeden an der PersGes beteiligten Gesellschafter insoweit ein Übernahmeergebnis nach § 16 Satz 1 i.V.m. § 4 Abs. 4 und 5 UmwStG zu ermitteln, dessen steuerliche Behandlung sich nach den Regelungen der § 4 Abs. 6 und 7 UmwStG richtet. Dabei ist zu beachten, dass für Zwecke der Ermittlung des Übernahmeergebnisses von dem Wert des übergegangenen Teilbetriebs nur der anteilige Buchwert der Anteile an der übertragenden KapGes abzuziehen ist. Darüber hinaus haben die Gesellschafter anteilig die offenen Rücklagen nach § 7 UmwStG als Einnahmen i.S.d. § 20 Abs. 1 Nr. 1 EStG zu versteuern. Als

Maßstab für die Bestimmung des anteiligen Buchwerts bzw. der anteiligen offenen Rücklagen ist grds. das Umtauschverhältnis der Anteile im Spaltungs- oder Übernahmevertrag bzw. Spaltungsplan oder das Verhältnis der gemeinen Werte der übertragenen zum gesamten vor der Spaltung vorhandenem Vermögen ausschlaggebend (vgl. Tz. 16.01 und 15.43 UmwSt-Erl 2011). Hinsichtlich weiterer Einzelheiten kann auf die Ausführungen unter 2.2.3.1.2 verwiesen werden.

Handelt es sich hingegen bei dem **übernehmenden** Rechtsträger um eine **KapGes**, gelten gem. § 15 Abs. 1 Satz 1 UmwStG die Regelungen des § 13 UmwStG. Demnach liegt in Fällen der Spaltung eine fiktive (Teil-)Veräußerung vor, im Rahmen derer die Anteile an der übertragenden KapGes grds. mit dem gemeinen Wert zu bewerten sind. Soweit i.R.d. Abspaltung nur eine fiktive Teilveräußerung anzunehmen ist, sind die AK bzw. die Buchwerte der Anteile an der übertragenden KapGes – entsprechend den Regelungen der § 16 i.V.m. §§ 3 bis 7 UmwStG – nach Maßgabe des Umtauschverhältnisses der Anteile im Spaltungs- oder Übernahmevertrag bzw. Spaltungsplan oder der gemeinen Werte des übergehenden Vermögens zum gesamten Vermögen aufzuteilen. Eine Besonderheit ist lediglich dahingehend zu beachten, dass das Wahlrecht des § 13 Abs. 2 UmwStG nach § 15 Abs. 1 Satz 2 UmwStG nur dann – bei Vorliegen entsprechender Voraussetzungen – ausgeübt werden kann, wenn es sich i.R.d. Aufspaltung bei dem übergegangenen Vermögen um einen Teilbetrieb handelt bzw. i.R.d. Abspaltung bei der übertragenden KapGes zusätzlich ein Teilbetrieb verbleibt. Darüber hinaus kann auf die Ausführungen unter 2.2.3.2.5 verwiesen werden.

2.2.4 Einbringungen in die GmbH

LITERATURHINWEISE:
s. unter Umwandlungsrecht 2.1

2.2.4.1 Allgemeines

Mit dem SEStEG (2006) hat der Gesetzgeber die wichtigsten Änderungen bei der Einbringung von Betrieben, Teilbetrieben oder Mitunternehmeranteilen vorgenommen. Zum einen sind die Vorschriften (§§ 20–23 UmwStG) europäisiert und in manchen Teilen sogar globalisiert worden. Nach § 1 Abs. 3 i.V.m. § 1 Abs. 4 UmwStG ist der 6. bis 8. Teil des UmwStG auch für grenzüberschreitende Einbringungen anzuwenden. Damit können aufnehmende Gesellschaften EU/EWR-Gesellschaften sein und Einbringende können natürliche Personen mit Ansässigkeit in der EU/EWR sein.

Im 6. und 8. Teil des UmwStG werden vom Gesetzgeber die **Einbringungsfälle** in eine KapGes behandelt. Dabei handelt es sich gleichermaßen um Fälle der Gesamtrechtsnachfolge (nach dem UmwG) wie der Einzelrechtsnachfolge. In den §§ 20–23 UmwStG finden sich Regelungen zur steuerlichen Behandlung der sog. Sacheinlage in eine KapGes. Hierunter sind Fälle zu subsumieren wie zum Beispiel die Sacheinlage bei Gründung einer KapGes (§ 5 Abs. 4 GmbHG), die Sachkapitalerhöhung aus Gesellschaftsmitteln (§ 56 GmbHG), die Einbringung eines Einzelunternehmens und der Zusammenschluss von Einzelunternehmen.

Die Vorschriften der Einbringung im Überblick:

Vorschrift	Inhalt
§ 20 UmwStG	Sacheinlage
§ 21 UmwStG	Anteilstausch
§ 22 UmwStG	Besteuerung des Anteilseigners
§ 23 UmwStG	Auswirkungen bei der übernehmenden Gesellschaft

Freiberufliche **Einzel**praxen (-kanzleien) können **nicht** nach dem **UmwG** auf eine GmbH übertragen werden. Hier kann eine Übertragung nur im Rahmen der Einzelrechtsnachfolge durchgeführt erfolgen. Das bedeutet, dass in diesem Fall stets das Eigentum der einzelnen Wirtschaftsgüter separat übertragen werden muss. Forderungsübertragungen erfolgen durch Abtretung. Verbindlichkeiten können nur mit entsprechenden Gläubigerzustimmungen auf die GmbH übertragen werden.

Hinweis 1

Soll eine **Einzelpraxis** auf eine GmbH übertragen werden, so muss der für die Eintragung zuständige Registerrichter prüfen, ob der Wert der übertragenen Wirtschaftsgüter auch die Höhe des geschaffenen Stammkapitals deckt (§ 5 Abs. 4 GmbHG). Aus diesem Grund empfiehlt es sich, den Übertragungsvorgang in zwei Schritte zu teilen. Im ersten Schritt wird eine GmbH durch Bargründung errichtet. Im zweiten Schritt wird die Einzelunternehmung oder Einzelpraxis gegen Gewährung zusätzlicher Gesellschaftsrechte (z. B. 500 €) durch Einzelrechtsnachfolge ohne Zuzahlung übertragen. Hier unterliegen der Werthaltigkeitsprüfung nur die zusätzlichen geschaffenen Anteile im (Beispiels-)Wert von 500 €.

Hinweis 2

Der im HR eingetragene **Einzelkaufmann** kann sein Einzelunternehmen im Wege der Sachgründung in eine KapG einbringen. Es handelt sich hier zivilrechtlich um eine Ausgliederung des BV aus dem gesamten Vermögen des Einzelunternehmers, also eine Unterart der Spaltung – § 152 UmwG.

2.2.4.2 Das Konzept der Einringungen nach §§ 20 ff. UmwStG

Jede Vermögensübertragung von Betrieben, Teilbetrieben oder Mitunternehmeranteilen in eine GmbH gegen Gewährung von Gesellschaftsrechten ist ein tauschähnlicher Umsatz und somit eine entgeltliche Übertragung. Diese löst grundsätzlich den Veräußerungstatbestand des § 16 EStG aus. Das Umwandlungssteuerrecht als lex specialis will die Zwangsauflösung der stillen Reserven als Regelfall verhindern. Aus diesem Grund kann der Einbringende zwischen dem Buchwert-, dem Zwischenwert- und dem gemeinen Wert wählen.

Die Voraussetzungen, nach denen eine Einbringung in eine KapGes ohne Gewinnrealisierung möglich ist, sind in § 20 Abs. 2 Satz 2 UmwStG aufgeführt. Die Einbringung eines Betriebs in eine KapG gegen Gewährung von Gesellschaftsrechten ist beispielsweise ein Tauschvorgang, der grundsätzlich zur Realisierung der stillen Reserven des eingebrachten BV führen müsste. Dies kann durch die Wahl des Wertansatzes gem. § 20 Abs. 2 Satz 2 UmwStG vermieden werden. Die Form der Ausübung des Wahlrechts wirkt in vielfacher Hinsicht auf die Steuerbelastung. Der Wertansatz der übernehmenden KapGes

- entscheidet darüber, ob und in welcher Höhe die Einbringenden einen Einbringungsgewinn zu versteuern haben,
- ist für die Bilanzierung und künftige steuerliche Gewinnermittlung maßgeblich und
- bestimmt die AK für die Anteile.

Zur Anwendung der §§ 20 ff. UmwStG ist es unabdingbar, dass zumindest teilweise neue Gesellschaftsrechte gewährt werden. Die Anwendung des Wahlrechts schließt neben der Gewährung von Gesellschaftsrechten auch die Gewährung anderer Leistungen nicht aus.

2.2.4.3 Tatbestände des § 20 Abs. 1 UmwStG im Einzelnen

§ 20 Abs. 1 UmwStG nennt folgende Tatbestandsmerkmale:

- Die Einbringung eines
  - Betriebs
  - Teilbetriebs
  - Mitunternehmeranteils
- in eine unbeschränkt körperschaftsteuerpflichtige KapGes,
- gegen Gewährung von neuen Anteilen an der übernehmenden KapGes.

2.2.4.3.1 Betriebe

Als Betrieb wird jede organisatorische Zusammenführung personeller, sachlicher und anderer Arbeitsmittel zu einer selbstständigen Einheit angesehen, die auf die Erreichung eines arbeits- bzw. produktionstechnischen Zwecks gerichtet ist,, wenn diese Aktivitäten der Erzielung von Gewinneinkünften dienen.

Im Zusammenhang mit § 20 UmwG kann es sich um land- und forstwirtschaftliche, gewerbliche und freiberufliche Betriebe handeln. Wie bei der Anwendung des § 16 EStG liegt eine Einbringung nach § 20 Abs. 1 UmwStG nur dann vor, wenn **alle wesentlichen Betriebgrundlagen** miteingebracht werden. Die Zurückbehaltung auch nur einer wesentlichen Betriebsgrundlage führt dazu, dass § 20 Abs. 1 UmwStG nicht angewendet werden kann und somit die allgemeinen Besteuerungskriterien des EStG gelten. Dies führt dann zu Vollversteuerung der stillen Reserven.

Bei der Anwendung des § 20 Abs. 1 UmwStG ist nach Auffassung der Finanzverwaltung (BMF vom 16.08.2000, BStBl I 2000, 1523) bei Buch- und Zwischenwerteinbringung eine rein **funktionale** Betrachtung bei der Abgrenzung von wesentlichen Betriebsgrundlagen zu beachten (so auch Tz. 20.06 des UmwSt-Erl 2011). Wesentliche Betriebsgrundlagen liegen demnach nur dann vor, wenn das Wirtschaftsgut aufgrund seiner Funktion im Betriebsablauf für die Erreichung des Unternehmenszwecks erforderlich und von besonderem Gewicht für die Führung des Betriebs ist.

Beispiel

A bringt sein Einzelunternehmen mit Ausnahme eines Grundstücks in die von ihm gegründete A-GmbH im Wege der Sacheinlage ein. Das bisherige Betriebsgrundstück vermietet er an die A-GmbH.

a) Bei dem Grundstück handelt es sich um eine **funktional wesentliche** Betriebsgrundlage.
b) Das Grundstück stellt **funktional keine wesentliche Betriebsgrundlage** dar.

Lösung

a) § 20 UmwStG findet keine Anwendung, da nicht sämtliche wesentlichen Betriebsgrundlagen in die GmbH eingebracht wurden. Die Übertragung der Wirtschaftsgüter auf die A-GmbH führt deshalb nach Tauschgrundsätzen (Gegenleistung = neue Gesellschaftsrechte) zu einer Aufdeckung der stillen Reserven. Übersteigt der Wert der eingebrachten WG den der erhaltenen Anteile, liegt insoweit eine verdeckte Einlage vor. Dies führt nach § 6 Abs. 6 Satz 2 EStG ebenfalls zur vollen Gewinnrealisierung.
b) Da sämtliche wesentlichen Betriebsgrundlagen in die GmbH eingebracht worden sind, sind die Voraussetzungen des § 20 UmwStG erfüllt. Die Zurückbehaltung funktional nicht wesentlicher Betriebsgrundlagen ist insoweit unschädlich. Das zurückbehaltene Grundstück gilt im Regelfall als zum steuerlichen Übertragungsstichtag in das Privatvermögen überführt mit der Folge, dass insoweit die stillen Reserven aufzudecken sind. Der entstehende Einbringungsgewinn ist bei Ansatz des gemeinen Werts grundsätzlich nach §§ 16 Abs. 4, 34 EStG begünstigt (§ 20 Abs. 4 Satz 1 und 2 UmwStG).

Hinweis

Sollen funktional wesentliche Betriebsgrundlagen nicht eingebracht werten, so können diese vor der Einbringung auf einen anderen Rechtsträger **ausgelagert** werden (s. hierzu Tz. 20.07 des UmwSt-Erl sowie BFH vom 25.11.2009, BStBl II 2010, 471 und BMF vom 29.10.2010, BStBl I 2010, 1206: Übertragung möglich auf eine beteiligungsidentische PersGes, z. B. im Rahmen einer mitunternehmerischen Betriebsaufspaltung; dabei aber Prüfung der Gesamtplanrechtsprechung, wenn mehrere zeitlich aufeinander folgende Maßnahmen als einheitliche Maßnahem zu würdigen sind. S. aber auch BFH vom 02.08.2012, Az: IV R 41/11, Absage an die Gesamtplan-Rspr.).

Werden wesentliche Betriebsgrundlagen in zeitlichem und wirtschaftlichem Zusammenhang mit der Einbringung in ein anderes Betriebsvermögen überführt (§ 6 Abs. 5 EStG), findet § 20 UmwStG keine Anwendung.

Gehören zum Betriebsvermögen des eingebrachten Betriebs oder Teilbetriebs Anteile an der bereits bestehenden übernehmenden KapGes (dies ist z. B. der Fall, wenn im Rahmen einer **Betriebsaufsaufspaltung** das Besitzunternehmen auf die Betriebs-GmbH übertragen werden soll), werden diese Anteile zu sog. **eigenen Anteilen**, wenn sie in die KapGes miteingebracht werden. Es ist jedoch auch zulässig, diese Anteile an der übernehmenden KapGes – selbst wenn es sich dabei um wesentliche Betriebsgrundlagen handeln würde – nicht miteinzubringen (Tz. 20.09 UmwSt-Erl).

Beispiel

Zwischen der AB-GbR und der AB-GmbH besteht eine Betriebsaufspaltung. A und B bringen ihre Anteile an der AB-GbR in die AB-GmbH ein und beenden damit die Betriebsaufspaltung.

Lösung

Die **Anteile** an der AB-GmbH gehören bis zur Einbringung zum notwendigen SBV II von A und B bei der AB-GbR. Werden sie eingebracht, so entstehen »Eigen-Anteile« der AB-GmbH. Diese Anteile müssen jedoch nicht mit in die AB-GmbH eingebracht werden. Die Entstehung von eigenen Anteilen kann damit vermieden werden.

Die in den zurückbehaltenen Anteilen ruhenden stillen Reserven müssen in diesem Fall, unabhängig vom Wertansatz des eingebrachten Betriebsvermögens, nicht aufgedeckt werden. Vielmehr kann der bisherige Buchwert dieser Anteile als AK fortgeführt werden.

Enthält der durch die Sacheinlage eingebrachte Betrieb auch Anteile an KapGes, sind diese unselbstständige Bestandteile des Sacheinlagegegenstands »Betrieb«. Dies gilt selbst dann, wenn es sich um eine 100%-GmbH-Beteiligung handelt. Im Zusammenhang mit einer Einbringung nach § 20 Abs. 1 Satz 1 UmwStG ist eine 100%-Beteiligung kein Teilbetrieb (wie z. B. nach § 16 EStG). Die Beteiligungen bleiben auch dann unselbstständiger Bestandteil des Betriebs, wenn es sich um mehrheitsvermittelnde Anteile handelt.

2.2.4.3.2 Teilbetriebe

Abweichend vom UmwG, in dem bereits das Übertragen von einzelnen WG (= Teile des Vermögens) im Wege der Spaltung genügt, ist die steuerlich erfolgsneutrale Übertragung von WG i.R.d. Spaltung zusätzlich an das Vorliegen eines Teilbetriebs geknüpft. Da § 15 UmwStG keine eigenständige Definition des Teilbetriebs enthält, ist fraglich, inwieweit der Begriff des Teilbetriebs in Anlehnung an die entwickelten Grundsätze zu § 16 EStG oder an die Definition des Art. 2 Buchst. j der Fusionsrichtlinie auszulegen ist.

Nach der ständigen Rechtsprechung des BFH ist unter einem Teilbetrieb ein organisch geschlossener, mit einer gewissen Selbstständigkeit ausgestatteter Teil des Gesamtbetriebs zu verstehen, der für sich allein funktions- bzw. lebensfähig ist, d. h. über die für seinen Betrieb wesentlichen Betriebsgrundlagen verfügt (BFH vom 07.04.2010, BStBl II 2011, 467). **Abweichend von § 16 EStG** gilt für die Zwecke des UmwStG zunächst nur die rein **funktionale** Betrachtungsweise. Weitere Voraussetzung ist, dass sämtliche zum Teilbetrieb gehörenden wesentlichen Betriebsgrundlagen auf den Erwerber übergehen; ein obligatorisches Nutzungsrecht reicht nach Auffassung des BFH dabei nicht aus. Nach Auffassung der FinVerw soll die Begründung des **wirtschaftlichen Eigentums** ausreichend sein (Rn. 15.07 UmwSt-Erl.). In seinem Urteil vom 07.04.2010 vertritt der BFH darüber hinaus die Auffassung, dass die Bestimmungen der Fusionsrichtlinie auf § 15 UmwStG (sog. **europäischer Teilbetriebsbegriff)** keine unmittelbare Anwendung finden; gleichwohl stellt der BFH fest, dass die Teilbetriebsbegriffe sich grds. im Wesentlichen decken. Die FinVerw geht hingegen wohl vom europäischen Teilbetriebsbegriff aus (Tz. 15.02 UmwSt-Erl). Demnach ist unter dem Begriff des Teilbetriebs die Gesamtheit der in einem Unternehmensteil einer Gesellschaft vorhandenen aktiven **und passiven** (!) WG zu verstehen, die in organisatorischer Hinsicht einen selbstständigen Betrieb, d. h. eine aus **eigenen Mitteln funktionsfähige Einheit**, darstellen.

Nach § 15 Abs. 1 Satz 3 UmwStG gelten als – **fiktive** – Teilbetriebe auch **Mitunternehmeranteile** sowie **100%ige** Beteiligungen **an einer KapG**. Ein Mitunternehmeranteil stellt auch dann einen Teilbetrieb dar, wenn dieser Anteil selbst als eine funktional wesentliche Betriebsgrundlage eines Teilbetriebs anzusehen ist (Tz. 15.08 UmwSt-Erl).

Nach dem Verständnis der FinVerw soll ein Teilbetrieb in den Fällen nicht steuerneutral übertragen werden können, in denen eine funktional wesentliche Betriebsgrundlage von **mehreren Teilbetrieben** genutzt wird (sog. Spaltungshindernis). Handelt es sich bei dieser Betriebsgrundlage um ein Grundstück, so ist bis zum Zeitpunkt des Spaltungsbeschlusses eine zivilrechtliche Realteilung vorzunehmen, damit die Spaltung auch steuerlich durchgeführt werden kann. Aus Billigkeitsgründen lässt die Verwaltung eine ideelle Teilung (Bruchteilseigentum) im Verhältnis der tatsächlichen Teilung unmittelbar nach der Spaltung zu.

Hinweis

Für diese Kategorie (**ein WG wird von mehreren Teilbetrieben genutz**t) können zurzeit zwei Möglichkeiten – im Gespräch mit der FinVerw – angeboten werden, um ein Spaltungshindernis zu vermeiden:

1. Bei nicht eindeutiger Zuordnung des WG kann es sich um **neutrales Vermögen** handeln, das **keine wesentliche Betriebsgrundlage** darstellt (Tz. 15.09 UmwSt-Erl). Dieses kann beliebig jedem Teilbetrieb zugeordnet werden.
2. Bei nicht eindeutig zuordenbaren WG, die aber wesentliche Betriebsgrundlagen mehrerer Teilbetriebe sind, kann ein Spaltungshindernis im Billigkeitswege ggf. dadurch vermieden werden, dass es – abgesehen von der ideellen Teilung – auf den Grad der (überwiegenden) Nutzung ankommt (s. auch *Frotscher*, Praxishandbuch 2011, zu Tz. 15.08 und 15.09).

Nach dem Willen der FinVerw müssen die Teilbetriebsvoraussetzungen bereits **zum steuerlichen Übertragungsstichtag** vorliegen, sodass die in der Vergangenheit gegebene Möglichkeit eines **Teilbetriebs im Aufbau** künftig nicht mehr gegeben ist (Tz. 15.03 UmwSt-Erl).

2.2.4.3.3 Mitunternehmeranteile

Bei der Einbringung von Mitunternehmeranteilen kann es sich um Anteile an gewerblichen, land- und forstwirtschaftlichen oder freiberuflichen Mitunternehmerschaften handeln. Wird z.B. eine A und B-OHG in eine A und B-GmbH im Rahmen eines Formwechsels umgewandelt, liegt steuerrechtlich die jeweils separate Einbringung des Mitunternehmeranteils des Gesellschafters A und des Gesellschafters B vor. D.h. jeder Einbringungsvorgang ist steuerrechtlich einzeln zu würdigen. Die jeweiligen Bewertungswahlrechte des Übergangs können völlig unterschiedlich ausgeübt werden. Der Gesellschafter A kann seinen Mitunternehmeranteil zum gemeinen Wert, der Gesellschafter B kann seinen Mitunternehmeranteil zum Buchwert einbringen.

Hinweis

Die unterschiedliche Ausübung des Wahlrechts ergibt immer dann Sinn, wenn einer der Gesellschafter im Zeitpunkt der Einbringung entweder die Voraussetzungen zur Anwendung des § 16 Abs. 4 und § 34 Abs. 3 EStG erfüllt oder wenn einer der Gesellschafter über einen hohen Verlustvortrag verfügt, den er mit einem hohen Einbringungsgewinn beim Teilwertansatz kompensiert. Zu beachten ist allerdings, dass beim Teilwertansatz nur eines Gesellschafters in der GmbH für die Wirtschaftsgüter zwei Abschreibungsreihen zu führen sind und dass auch der Gesellschafter, der zum Buchwert eingebracht hat, von den höheren Abschreibungsbemessungsgrundlagen künftig profitieren wird.

2.2.4.3.3.1 Einbringungen ganzer Mitunternehmeranteile

Ähnlich wie bei der Einbringung von Betrieben besteht bei der Einbringung von Mitunternehmeranteilen das Problem, dass eine Einbringung nach § 20 Abs. 1 Satz 1 UmwStG nur dann vorliegt, wenn die Mitunternehmeranteile mit allen **wesentlichen Betriebsgrundlagen** eingebracht werden. Bezogen auf die Übertragung eines Anteils am **Gesamthandsvermögen** einer Gesellschaft ergeben sich diesbezüglich grds. keine Probleme. Steuerrechtlich gehören zum Mitunterunternehmeranteil der Anteil am Gesamthandsvermögen und das **SBV.** Besteht das SBV aus wesentlichen Betriebsgrundlagen, so muss auch dieses in die GmbH eingebracht werden.

Beispiel

Die A-B-OHG soll zum 31.12.2012 in die A-B-GmbH formgewechselt werden. Das Stammkapital der A-B-GmbH soll 100.000 € betragen. Restliches Eigenkapital soll als Darlehen der Gesellschafter ausgewiesen werden.

A-B-OHG

A — Bilanz zum 31.12.2012 — P

	Buchwerte	(gemeine Werte)		
Grund und Boden 1	150.000 €	(200.000 €)	Kapital Gesellschafter A	75.000 €
Gebäude 1	90.000 €	(300.000 €)	Kapital Gesellschafter B	75.000 €
sonst. Aktiva	40.000 €	(50.000 €)	Verbindlichkeiten	130.000 €
Firmenwert	0 €	(0 €)		
	280.000 €	(550.000 €)		280.000 €

A — Sonderbilanz A zum 31.12.2012 — P

	Buchwerte	(gemeine Werte)		
Grund und Boden 2	50.000 €	(100.000 €)	Kapital Gesellschafter A	210.000 €
Gebäude 2	160.000 €	(200.000 €)		
	210.000 €	(300.000 €)		210.000 €

Lösung

Handelt es sich bei dem Grundstück in der Sonderbilanz des A um eine wesentliche Betriebsgrundlage, so muss A das Grundstück mit in die GmbH einbringen. Es ist zu beachten, dass am Formwechsel der OHG nur das Gesamthandsvermögen der OHG teilnehmen kann. Das Grundstück muss also in einem zweiten Rechtsakt auf die GmbH übertragen werden. Es ergibt sich nun das Problem, dass der Gesellschafter A mehr Vermögen auf die GmbH übertragen hat als B. Dieses Mehrvermögen muss sich in den zu gewährenden Gesellschaftsrechten oder in der Höhe der Darlehen niederschlagen.

Wert des übertragenen Vermögens des Gesellschafters B	225.000 €	= 30 %
Wert des übertragenen Vermögens des Gesellschafters A	525.000 €	= 70 %
	750.000 €	= 100 %

A-B-GmbH

A — Bilanz zum 31.12.2012 — P

	Buch-	(gemeine	gez. Kapital	100.000 €
Grund und Boden 1	werte	Werte)	(A = 70 %, B = 30 %)	
Gebäude 1	150.000 €	(200.000 €)	Darlehen A 182.000 €	
Grund und Boden 2	90.000 €	(300.000 €)	Darlehen B 78.000 €	260.000 €
Gebäude 2	50.000 €	(100.000 €)	Verbindlichkeiten	130.000 €
sonst. Aktiva	160.000 €	(200.000 €)		
Firmenwert	40.000 €	(50.000 €)		
	0 €	(0 €)		
	280.000 €	(850.000 €)		490.000 €

	Proberechnung:	
	Beteilungswert des A:	
	Gemeiner Wert	850.000 €
./.	Schulden	./. 390.000 €
=	Beteilungswert gesamt	460.000 €
	460.000 € × 70 % =	322.000 €
+	Darlehen =	182.000 €
=	**Gesamtwert nach Formwechsel**	**504.000 €**
	Beteilungswert des B:	
	gemeinerWert	850.000 €
./.	Schulden	./. 390.000 €
=	Beteilungswert gesamt	460.000 €
	460.000 € × 30 % =	138.000 €
+	Darlehen =	78.000 €
=	**Gesamtwert nach Formwechsel**	**216.000 €**

Wesentliche Betriebsgrundlagen des SBV werden sich in aller Regel im **SBV I** befinden, d. h. es sind Wirtschaftsgüter, die vom Mitunternehmer der Gesamthand zur Nutzung überlassen werden und unmittelbar dem Betrieb der Mitunternehmerschaft dienen. **SBV II** ist anzunehmen, wenn der Mitunternehmer Wirtschaftsgüter zur **Begründung** oder **Stärkung** seiner Beteiligung einsetzt. SBV II liegt insbesondere vor, wenn

- ein Wirtschaftsgut des Mitunternehmers nicht den Betrieb der Mitunternehmerschaft fördert, aber die Mitunternehmerstellung innerhalb der Gesellschaft fördert oder verbessert. Zu solchen Wirtschaftsgütern gehören z. B.
  - die GmbH-Anteile eines Kommanditisten einer GmbH und Co. KG, wenn sich die Tätigkeit der GmbH auf die Geschäftsführung beschränkt;
  - die Beteiligung des atypischen stillen Gesellschafters einer GmbH & Still an der GmbH;
- ein Wirtschaftgut des Mitunternehmers der Gesellschaft einen wirtschaftlichen Vorteil vermittelt (ohne Nutzungsüberlassung) und somit auch die Mitunternehmerstellung fördert. Solche Wirtschaftsgüter können z. B. sein
  - Beteiligungen des Mitunternehmers an einer GmbH, die an die Mitunternehmerschaft ihr AV vermietet,
  - Beteiligungen des Mitunternehmers an einer GmbH, die den Vertrieb für die Mitunternehmerschaft übernimmt.

Auch Wirtschaftsgüter des SBV II können funktional wesentliche Betriebsgrundlagen des Mitunternehmeranteils sein. Es ist jeweils nach der Eigenschaft des Einbringungsgegenstandes zu entscheiden.

Hinweis

Bei der Frage, ob WG des SBV zu den wesentlichen Betriebsgrundlagen zählen, ist die bilanzsteuerliche Behandlung als **notwendige** oder **gewillkürte** WG des SBV von entscheidender Bedeutung. Aufgrund der Definition des notwendigen SBV (WG, die unmittelbar dem Betrieb dienen = notwendiges SBV I bzw. WG, die unmittelbar der Beteiligung des Mitunternehmers dienen = notwendiges SBV II), werden **notwendige WG des SBV I immer**, solche des **SBV II grundsätzlich** zu den wesentlichen Betriebsgrundlagen der eingebrachten Mitunternehmerstellung gehören. Für die WG des gewillkürten SBV spricht die entgegengesetzte Vermutung.

2.2.4.3.3.2 Einbringungen von Teilanteilen

Auch Teilanteile von Mitunternehmeranteilen sind nach § 20 Abs. 1 Satz 1 UmwStG begünstigt. Allerdings ist zu beachten, dass seit dem 01.01.2002 die Teilanteilsübertragung zum gemeinen Wert nicht mehr nach § 16 Abs. 4 und § 34 EStG begünstigt ist.

Nach dem BFH-Urteil vom 07.04.2010 (BStBl II 2010, 1094) fällt die Einbringung eines Mitunternehmeranteils auch dann unter § 20 UmwStG, wenn sie als Auflage im Rahmen einer Bareinlage erfolgt.

Eine Teilanteilsübertragung nach § 20 Abs. 1 Satz 1 UmwStG setzt allerdings voraus, dass das SBV als wesentliche Betriebsgrundlage quotal mitübertragen werden muss. Wird bei einer Übertragung der Hälfte eines 50 %igen Anteils an der A und B-OHG auch die Hälfte des SBV (wesentliche Betriebsgrundlage) mitübertragen, so greift das Wahlrecht des § 20 Abs. 1 Satz 1 UmwStG. Bei unterquotaler Einbringung ist § 20 Abs. 1 Satz 1 nicht erfüllt, d. h. die stillen Reserven sind insgesamt aufzudecken.

Wird die Hälfte eines Anteils übertragen, das SBV aber in vollem Umfang, so ist für den Teilanteil und die Hälfte des SBV § 20 Abs. 1 Satz 1 UmwStG erfüllt. Die überschüssige Hälfte des SBV muss allerdings dann nach allgemeinen Grundsätzen behandelt werden, d. h. die stille Reserve ist insoweit nach § 6 Abs. 6 Satz 1 EStG aufzudecken und zu versteuern, als dafür Gesellschaftsrechte gewährt wurden (§ 6 Abs. 6 Satz 2 EStG) und soweit es sich um eine verdeckte Einlage handelt.

Hinweis

Der Gesetzgeber ist hier inkonsequent. Die Veräußerung eines Teilanteils führt seit 01.01.2002 nicht mehr zu einem steuerbegünstigten Gewinn (§ 16 Abs. 1 Nr. 2 EStG). Dies führt im Ergebnis dazu, dass ein Teilanteil eines Mitunternehmeranteils zu Buchwerten (gegen Gewährung von Gesellschaftsrechten) in die KapGes eingelegt werden kann. Werden danach die einbringungsgeborenen Anteile verkauft, greift sieben Jahre lang nicht das Halbeinkünfteverfahren, d. h. die Veräußerung ist in vollem Umfang stpfl. und es greift die Ermäßigung nach § 34 Abs. 2 Nr. 1 EStG i.V.m. § 34 Abs. 1 oder 3 EStG (ermäßigter Steuersatz).

2.2.4.3.4 Mehrheitsvermittelnde Anteile an Kapitalgesellschaften (§ 21 UmwStG)

Mit dem Konzeptwechsel durch das SEStEG wurde auch die bisherige Möglichkeit der Einbringung von Anteilen an Kapitalgesellschaften verlagert. Diese Möglichkeit ist nunmehr als **eigenständige Vorschrift** in § 21 UmwStG zu finden. Diese Vorschrift beinhaltet den Anteilstausch, unterschieden in **qualifizierten Anteilstausch** und normalen Anteilstausch (Minderheitsbeteiligung ohne Bildung einer Stimmenmehrheit).

Beim qualifizierten Anteilstausch hat die aufnehmende Gesellschaft nach der Einbringung nachweislich die Mehrheit der Stimmrechte (eigene und eingebrachte) an der aufgenommenen Gesellschaft. Voraussetzung für den Anteilstausch ist, dass die aufnehmende Gesellschaft eine EU/EWR-Gesellschaft ist. Als Einbringender kann jedoch jede Person angesehen werden, da die in § 1 Abs. 4 Nr. 2 UmwStG enthaltenen Einschränkungen auf den Anteilstausch i.S.d. § 1 Abs. 3 Nr. 5 UmwStG nicht anzuwenden sind.

Für die Inlandsfälle bleibt der Grundsatz der **Wertverknüpfung** – § 21 Abs. 2 UmwStG – bestehen. Bei Auslandseinbringungen – grenzüberschreitender Anteilstausch – gilt unabhängig von der Bewertung bei der übernehmenden Gesellschaft der gemeine Wert der eingebrachten Anteile als steuerliche AK der erhaltenen Anteile für den Einbringenden. Auch gibt der Gesetzgeber in § 21 Abs. 2 Satz 3 UmwStG auf Antrag wieder Ausnahmen, wenn im Grundsatz das Besteuerungsrecht der Bundesrepublik Deutschland nicht ausgeschlossen ist oder der Gewinn aus dem Anteilstausch nach Art. 8 der Richtlinie 90/434 EWG nicht besteuert werden darf.

Eine Rückwirkung – wie zuvor in § 20 Abs. 8 UmwStG a.F. – gibt es für den Anteilstausch nicht. Es gelten die allgemeinen Grundsätze, d.h. die zivilrechtliche Übertragung der Anteile ist maßgebend (Tz. 21.17 UmwSt-Erl).

Beispiel 1

Der Einzelunternehmer M hält 60% der V-GmbH in seinem Betriebsvermögen. Er überträgt die Beteiligung auf die Z-GmbH und erhält dafür GmbH-GA der Z-GmbH.

Lösung

Es liegen die Voraussetzungen des § 21 Abs. 1 Satz 2 UmwStG vor. Die Z-GmbH hat das Bewertungswahlrecht (Buchwert/Zwischenwert/gemeiner Wert) mit den daraus für M folgenden Konsequenzen.

Beispiel 2

Wie Beispiel 1, M hält aber nur 40% der V-GmbH. Die Z-GmbH besitzt außerdem seit Jahren eine Beteiligung von 20% an der V-GmbH.

Lösung

Lösung wie in Beispiel 1. Entscheidend ist nämlich, dass übertragene Anteile (40%) und bereits bei der Z-GmbH vorhandene Anteile (20%) die Mehrheit der Stimmrechte bei der V-GmbH verschaffen.

Beispiel 3

A bringt seine 100%-Beteiligung an der A-GmbH im Wege einer Sachgründung in die H-GmbH ein.

Lösung

Zwar ist eine 100%-Beteiligung ein fiktiver Teilbetrieb i.S.d. § 16 Abs. 1 Nr. 1 Satz 2 EStG. Die Einbringung fällt gleichwohl unter § 21 Abs. 1 Satz 2 UmwStG und nicht unter § 20 Abs. 1 Satz 1 UmwStG.

Von § 21 Abs. 1 Satz 2 UmwStG wird auch der Fall erfasst, in welchem die aufnehmende KapGes aufgrund der Einbringung von Anteilen **verschiedene**r Einbringender die Mehrheit der Stimmrechte erlangt. Hierbei muss die Einbringung allerdings in einem **einheitlichen** Vorgang erfolgen.

Gehören die Anteile zum Privatvermögen (s. auch Tz. 21.02 UmwSt-Erl), entspricht der Buchwert den steuerlichen AK (§ 21 Abs. 2 Satz 4 UmwStG).

2.2.4.3.5 Gegenleistung

Zur Anwendung des § 20 Abs. 1 UmwStG ist weiterhin das Tatbestandsmerkmal Voraussetzung, dass für die Sacheinlage **neue Gesellschaftsrechte** gewährt worden sind. Bei einer verschleierten (verdeckten) Sachgründung sind die Voraussetzungen des § 20 Abs. 1 UmwStG nicht erfüllt (Tz. E 20.10 UmwSt-Erl), mit der Rechtsfolge, dass in diesen Fällen die stillen Reserven in vollem Umfang aufzudecken sind.

Der Grundfall der verschleierten Sachgründung vollzieht sich in folgenden Schritten:

1. **Schritt:** Bargründung einer GmbH (diese wird im Handelsregister eingetragen).
2. **Schritt:** Veräußerung eines Betriebs, Teilbetriebs oder Mitunternehmer-Anteils zu Buchwerten.
3. **Schritt:** Verrechnung des Kaufpreisanspruchs mit der Stammeinlagenverpflichtung (bzw. Tilgung des Kaufpreises durch Rückerstattung der Stammeinlage).

Ergebnis: Die verschleierte Sachgründung bei einer GmbH kann zu einem Verstoß gegen § 5 Abs. 4 GmbHG führen. Folge der verschleierten Sachgründung war nach alter BGH-Rspr. eine zusätzliche neue Einlageverpflichtung und führt nach heutiger Rechtslage (nach dem BilMoG) zu einer **Differenz-Nachzahlung** zwischen der (fortbestehenden) Bareinlage-Verpflichtung und dem gemeinen Wert des Vermögensgegenstandes nach § 19 Abs. 4 Satz 3 GmbHG. **Steuerliche Beurteilung:** Da keine Anwendung der §§ 20 ff. UmwStG erfolgt, ist auch keine Buchwertefortführung möglich. Die Sacheinlage wurde nicht gegen Gewährung von Gesellschaftsrechten erbracht. Die Anteile wurden bereits bei der Bargründung ausgegeben.

Die Übertragung des Vermögens erfolgt somit durch eine (Teil-) Betriebsveräußerung (§ 16 EStG) bzw. verdeckte Einlage (§ 6 Abs. 6 Satz 2 EStG). Die stillen Reserven sind in vollem Umfang aufzudecken. Dazu gehört auch der selbstgeschaffene Geschäfts- oder Firmenwert (vgl. BFH vom 18.12.1990, BStBl II 1991, 512).

Der BGH hat die Möglichkeit eröffnet, die verdeckte Sacheinlage zu einer ordnungsgemäßen Sachgründung umzuwidmen. Dazu wird der Zustand hergestellt, der bei einer ordnungsgemäßen Sachgründung eingetreten wäre. Es bedarf eines entsprechenden Gesellschafterbeschlusses, eines Sacheinlageberichts und der Anmeldung der Umwidmung (vgl. BGH vom 04.03.1996, DB 1996, 872).

Es ist umstritten, ob die zivilrechtliche Möglichkeit einer Heilung der verschleierten Sachgründung zu einer Anwendung des § 20 UmwStG führt. Sowohl eine unmittelbare als auch eine analoge Anwendung des § 20 UmwStG scheidet aus.

2.2.4.3.6 Betriebsaufspaltung

Die Begründung einer Betriebsaufspaltung ist nicht nach den Grundsätzen des UmwStG zu behandeln, da kein Betrieb oder Teilbetrieb auf die Betriebsgesellschaft übertragen wird. Vielmehr werden einzelne Wirtschaftsgüter (Forderungen, Patente, Lizenzen, Verbindlichkeiten, Firmenwert) gegen Gewährung von Gesellschaftsrechten an eine KapGes übertragen.

Dieser Vorgang führt zur Gewinnrealisierung, da ein Tausch vorliegt (§ 6 Abs. 6 Satz 1 EStG). Nach § 6 Abs. 6 Satz 2 EStG erhöhen sich die AK für die Anteile an der KapGes um den Teilwert der eingebrachten Wirtschaftsgüter.

Beispiel

X betreibt ein Einzelunternehmen. Er gründet eine GmbH und bringt im Wege der Sachgründung sämtliche Wirtschaftsgüter seines Einzelunternehmens mit Ausnahme der Betriebsgrundstücke (wesentliche Betriebsgrundlagen) in die GmbH ein. Das Grundstück wird an die GmbH verpachtet.

Lösung

Die Einbringung im Wege der Sachgründung ist ein Tausch nach § 6 Abs. 6 Satz 1 EStG. Die Einbringung erfolgt zu gemeinen Werten. Im selben Umfang entstehen bei X AK für seine GmbH-Anteile (§ 6 Abs. 6 Satz 2 EStG).

Hinweise

Bei der Begründung einer Betriebsaufspaltung werden häufig lediglich Wirtschaftsgüter auf die GmbH übertragen, die keinerlei oder geringe stille Reserven in sich tragen. Steuerliche Berater gehen deshalb häufig davon aus, dass die Übertragung der Einzelwirtschaftsgüter auf die GmbH keine Veräußerungsgewinne bei der übertragenden Personenunternehmung auslöst. Es wird dabei übersehen, dass u. U. auch der Firmenwert des Personenunternehmens mit auf die GmbH übertragen wurde. Ist dies der Fall, so erhöht der Firmenwert in voller Höhe den Veräußerungsgewinn (vgl. dazu auch BFH vom 16.06.2004, BFH/NV 2004, 1701). Ob der Firmenwert auf die GmbH übergegangen ist, ist anhand der Frage zu klären, inwieweit der Firmenwert an den durch das Besitzunternehmen überlassenen Wirtschaftsgütern »klebt« oder ob er durch die hohen Ertragserwartungen der operativen GmbH verursacht ist. Letzteres spricht dafür, dass der Firmenwert in vollem Umfang aufgedeckt werden muss.

Für den Fall, dass es – wegen fehlender personeller oder sachlicher Voraussetzung – an einer Betriebsaufspaltung fehlen sollte, kommt es zur Aufdeckung sämtlicher stiller Reserven (auch der im Grundstück) nach § 16 Ab. 3 EStG.

2.2.4.4 Die Bewertung des Vermögens bei der GmbH (§ 20 Abs. 2 UmwStG)

Die **aufnehmende KapGes** hat das Recht, die übertragenen Wirtschaftsgüter mit Buchwert, mit dem Zwischenwert oder mit dem gemeinenWert anzusetzen. So wie die Wirtschaftsgüter dort bilanziell erfasst werden, muss der Einbringende den Übertragungsvorgang versteuern. Das Ansatz**wahlrecht** i.S.d. § 20 Abs. 2 Satz 2 bzw. § 21 Abs. 1 Satz 2 UmwStG für die übergehenden WG hat nicht der Einbringende, sondern die **aufnehmende KapGes**. Gem. § 20 Abs. 2 Satz 2 UmwStG hat die KapG die Wahlmöglichkeit, die WG mit dem Buchwert oder einem höheren Wert (Zwischenwert) anzusetzen.

Hinweis

Wird ein Ansatz über dem Buchwert gewählt, kann zweifelhaft sein, ob der Zwischen- oder Ansatz zum gemeinen Wert gewählt wurde. Steuerliche Berater müssen dafür Sorge tragen, dass aus den Anlagen zur Steuererklärung eindeutig hervorgeht, welcher Wertansatz gewollt war. Ein Zwischenwertansatz führt nicht zu einer steuerlichen Vergünstigung auf den Einbringungsgewinn nach §§ 16 und 34 EStG.

In den folgenden Fällen der Sacheinlage kann das Wahlrecht jeweils unterschiedlich ausgeübt werden:

- Es wird ein Betrieb eingebracht, in dessen Betriebsvermögen sich mehrere Mitunternehmeranteile befinden.
- Es wird eine PersGes eingebracht (für jeden Mitunternehmeranteil kann das Wahlrecht separat ausgeübt werden).

- Eine natürliche Person bringt neben einem Betrieb auch noch einen Anteil an einer KapGes, der Privatvermögen ist, in die GmbH ein.

Das Wahlrecht ist in folgenden Fällen einheitlich auszuüben:
- Ein Betrieb wird eingebracht, der über mehrere Teilbetriebe verfügt.
- Ein Betrieb wird eingebracht, der mehrheitsvermittelnde Anteile an KapGes im Betriebsvermögen hat (einheitliche Einbringung nach § 21 Abs. 1 Satz 1 UmwStG).

Der Maßgeblichkeitsgrundsatz der Handelsbilanz für die Steuerbilanz – § 5 Abs. 1 EStG gilt in den Einbringungsfällen nach dem SEStEG nicht mehr. So ist das Wahlrecht des § 20 Abs. 2 UmwStG ein autonomes steuerliches Bewertungswahlrecht, das unabhängig von § 5 Abs. 1 Satz 2 EStG ist (s. *Patt* in *Dötsch/Patt/Pung/Möhlenbrock*, UmwStG, § 20 Tz. 210). Die steuerliche Regelbewertung (gemeiner Wert) und das Wahlrecht (Zwischenwert) haben keine korrespondierenden handelsrechtlichen Bewertungswahlrechte.

Neben dem Grundsatz des § 20 Abs. 2 Satz 1 UmwStG bezüglich des Ansatzes der WG in der Bilanz der aufnehmenden KapG geht der Gesetzgeber in § 20 Abs. 2 Satz 2 UmwStG abweichend davon aus, dass die aufnehmende Gesellschaft das Betriebsvermögen mit dem Buchwert oder Zwischenwert (einheitlich höherer Wert) anzusetzen kann, wenn
- sichergestellt ist, dass es später bei der übernehmenden Körperschaft der Besteuerung mit Körperschaftsteuer unterliegt,
- die Passivposten des eingebrachten Betriebsvermögens die Aktivposten nicht übersteigen (vorher § 20 Abs. 2 Satz 4 UmwStG a.F.),
- das Recht der Bundesrepublik Deutschland hinsichtlich der Besteuerung des Gewinns aus der Veräußerung des eingebrachten Betriebsvermögens bei der übernehmenden Gesellschaft nicht ausgeschlossen oder beschränkt wird.

Der Antrag (s. Tz. 20.21 i.V.m. Tz. 03.29 ff. UmwSt-Erl) ist spätestens mit der Abgabe der steuerlichen Schlussbilanz bei dem Finanzamt der übernehmenden Körperschaft zu stellen.

2.2.4.4.1 Buchwertansatz

Führt die KapGes die Buchwerte fort, entsteht beim Einbringenden kein Einbringungsgewinn. Werden nicht wesentliche Betriebsgrundlagen zurückbehalten, handelt es sich bei den aufzulösenden stillen Reserven um nicht begünstigte Gewinne (keine Gewerbesteuer) nach § 20 Abs. 4 Satz 1 UmwStG.

Die KapGes tritt in die Rechtstellung des Einbringenden bezüglich der AfA, Sonderabschreibung u. a. Besteuerungsmerkmalen wie z. B. Besitzzeiten. Steuerfreie Rücklagen können von der KapGes weitergeführt werden (s. Tz. 23.06 UmwSt-Erl) Dies gilt unabhängig davon, ob die Einbringung durch Gesamtrechtsnachfolge oder Einzelrechtsnachfolge erfolgte. Der Ansatz mit dem Buchwert ist steuerlich nach dem Wegfall des Maßgeblichkeitsgrundsatzes (§ 20 Abs. 2 Satz 2 UmwStG) gerade dann angesagt, wenn in der Handelsbilanz das eingebrachte Betriebsvermögen nach handelsrechtlichen Vorschriften mit einem höheren Wert angesetzt werden muss, um z. B. die Ausgabe von neuen Gesellschaftsrechten unter dem Buchwert zu vermeiden (§ 9 AktG, § 5 Abs. 3 GmbHG).

2.2.4.4.2 Zwischenwertansatz

Die in den Wirtschaftsgütern, Schulden und steuerfreien Rücklagen enthaltenen stillen Reserven sind um einen **einheitlichen Prozentsatz** aufzulösen, der dem Verhältnis der mit dem

Zwischenwertansatz aufgedeckten stillen Reserven zum Gesamtbetrag der Reserven im eingebrachten Betriebsvermögen entspricht. Bei der Aufstockung der Buchwerte sind sowohl das AV, das UV als auch die selbstgeschaffenen immateriellen Wirtschaftsgüter zu berücksichtigen. Ein nach der Vollaufstockung dieser Wirtschaftsgüter verbleibender Betrag ist als Firmen- bzw. Geschäftswert zu aktivieren.

Beispiel

Die A-Einzelunternehmung soll in die A-GmbH eingebracht werden. Von den vorhandenen stillen Reserven sollen 100.000 € aufgestockt werden.

Das Stammkapital soll 25.000 € betragen. Für das überschießende Buchkapital sollen Darlehen gewährt werden. Die Bilanz des Einzelunternehmens hat zum 31.12.2012 folgendes Aussehen:

A-Einzelunternehmung
Bilanz zum 31.12.2012

A	Buchwerte	(Teilwerte)		P
Grund und Boden 1	150.000 €	(160.000 €)	Kapital	150.000 €
Gebäude 1	90.000 €	(195.000 €)	Verbindlichkeiten	130.000 €
sonst. Aktiva	40.000 €	(50.000 €)		
Firmenwert	0 €	(175.000 €)		
	280.000 €	(580.000 €)		280.000 €

Lösung

Aufgrund der Änderungen durch den UmwSt-Erl 2011 sind die stillen Reserven auf sämtliche WG (inkl. Firmenwert) aufzuteilen (s. Tz. 20.18 i.V.m. 3.25 UmwSt-Erl).

Stille Reserven insgesamt	300.000 €
Aufgedeckte stille Reserve	100.000 €

Es ergeben sich folgende Bilanzwerte für die A-GmbH zum 31.12.2012:

A-GmbH
Bilanz zum 31.12.2012

A	Buchwerte		P
Grund und Boden 1	160.000 €	Kapital	25.000 €
Gebäude 1	125.000 €	Verbindlichkeiten	355.000 €
sonst. Aktiva	50.000 €		
Firmenwert	45.000 €		
	380.000 €		380.000 €

Aufgrund der Änderungen durch den UmwSt-Erl 2011 sind die stillen Reserven auf sämtliche WG (inkl. selbstgeschaffener Firmenwert) aufzuteilen (s. Tz. 20.18 i.V.m. Tz 3.25 UmwSt-Erl). Dies bedeutet eine Abkehr von der bislang vertreten Stufentheorie.

2.2.4.4.3 Ansatz zum gemeinen Wert

Die übernehmende KapGes hat gemäß § 20 Abs. 2 Satz 1 UmwStG das eingebrachte Betriebsvermögen mit dem gemeinen Wert anzusetzen. Vom Ansatz zum gemeinen Wert darf auf Antrag abgewichen werden, soweit

- sichergestellt ist, dass der WG bei der übernehmenden Körperschaft der Besteuerung mit Körperschaftsteuer unterliegt,
- die Passivposten des eingebrachten Betriebsvermögens mit Ausnahme des Eigenkapitals die Aktivposten nicht übersteigen,
- das Besteuerungsrecht der Bundesrepublik Deutschland hinsichtlich des Einbringungsgewinns bei der übernehmenden Gesellschaft nicht ausgeschlossen oder beschränkt wird.

Beim Ansatz zum geimeinen Wert sind **alle stillen Reserven aufzudecken**, insbesondere alle steuerfreien Rücklagen aufzulösen und selbstgeschaffene immaterielle WG einschließlich Geschäfts- oder Firmenwert anzusetzen. Werden **nicht alle stillen** Reserven auf die bilanzierten Wirtschaftsgüter aufgedeckt oder wird ein Geschäfts- oder Firmenwert nicht ausgewiesen, so liegt im Ergebnis ein Zwischenwertansatz vor. In diesen Fällen sind die Wertansätze in Ermangelung der Möglichkeit, einen Antrag zu widerrufen, i.R.d. allgemeinen Vorschriften zu berichtigen (Tz. 20.24 UmwSt-Erl).

Mit Einführung des Halbeinkünfteverfahrens bestimmt § 27 Abs. 4c Satz 3 UmwStG und § 20 Abs. 4 Satz 2 UmwStG, dass eine Steuervergünstigung über § 34 Abs. 1 oder 3 EStG nur anzuwenden ist, soweit das Halbeinkünfteverfahren (hier § 3 Nr. 40 Satz 1 i.V.m. § 3c Abs. 2 EStG) nicht greift.

Zum begünstigten Veräußerungsgewinn (i.S.d. § 34 EStG) können auch Gewinne gehören, die sich bei der Veräußerung eines Betriebs aus der Auflösung von steuerfreien Rücklagen ergeben (BFH vom 17.10.1991, BStBl II 1992, 392).Eine Tarifermäßigung nach **§ 34 Abs. 1 oder 3 EStG** kommt **nicht zur Anwendung,** wenn

1. der Einbringende keine natürliche Person ist,
2. ein Teil eines Mitunternehmeranteils eingebracht wird,
3. die übernehmende Gesellschaft das eingebrachte Betriebsvermögen mit dem gemeinen Wert ansetzt.

Der Wert, mit dem die KapGes das eingebrachte Betriebsvermögen ansetzt, gilt für den Einbringenden als **Veräußerungspreis und als AK** der Anteile (§ 20 Abs. 3 Satz 1 UmwStG).

Beispiel

Anton bringt sein Einzelunternehmen mit einem Buchwert von 100 und einem Teilwert von 500 in eine GmbH ein. Die GmbH gibt ihm Gesellschaftsrechte im Wert von 400 und eine Barzahlung von 100. Sie setzt das eingebrachte Betriebsvermögen mit dem Teilwert an.

Lösung

Anton hat einen (nach § 34 EStG privilegierten) Gewinn von:

Teilwertansatz bei GmbH	500
abzüglich Buchwert Betriebsvermögen bei Anton	./. 100
Einbringungsgewinn	400

Seine AK der GmbH-Anteile betragen:

Ansatz des eingebrachten Betriebsvermögens	500
abzüglich Zuzahlung	./. 100
=	400

Ein Freibetrag nach § 16 Abs. 4 EStG bei Einbringung von Anteilen einer wesentlichen Beteiligung ist nur möglich, wenn die übernehmende KapGes den gemeinen Wert ansetzt und damit die Vollauflösung der stillen Reserven durchführt (§ 20 Abs. 4 Satz 1 UmwStG). Des Weiteren darf es sich nicht um die Einbringung von Teilen eines Mitunternehmeranteils handeln. Auf den Einbringungsgewinn ist auch die Vorschrift des § 6b EStG anzuwenden, soweit der Gewinn auf begünstigte WG entfällt (Tz. 20.26 UmwSt-Erl). Ferner ist § 34 EStG auf einen Einbringungsgewinn sowie ggf. einen Entnahmegewinn grundsätzlich nicht länger anwendbar, wenn die Einbringung durch eine natürliche Person nicht zum gemeinen Wert erfolgte. Nach § 34 EStG begünstigt ist weiterhin der Gewinn aus der Auflösung einer steuerfreien Rücklage (Tz. 20.27 UmwSt-Erl).

2.2.4.4.4 Zwang zur Höherbewertung – Bildung eines Luftpostens

Die handelsrechtliche Notwendigkeit, stille Reserven aufzudecken, kann steuerrechtlich dadurch vermieden werden, dass in der Steuerbilanz anstatt des Ansatzes der stillen Reserven ein »Luftposten« eingestellt wird. Die Regelung des § 20 Abs. 2 Satz 2 UmwStG a.F. (Bildung eines Luftpostens) ist mit dem SEStEG gestrichen worden. In der Literatur (*Herlinghaus* in *Rödder/Herlinghaus/van Lishaut*, UmwStG, § 20 Tz. 162 wird jedoch die Auffassung vertreten, dass die Verwaltungsauffassung der Tz. 20.27 UmwSt-Erl a.F. auch im neuen Recht anwendbar sei. In der Tz. 20.20 UmwSt-Erl ist auch im neuen Erlass der Ausgleichsposten (früher »Luftposten«) aufgeführt.

Beispiel 1

Bildung eines Luftpostens, um in der GmbH auf das Mindeststammkapital zu kommen

A möchte sein Einzelunternehmen (Buchwert = 20.000 €, gemeiner Wert = 600.000 €) in der Rechtsform der GmbH fortführen. Gem. § 5 Abs. 1 GmbHG muss die GmbH bei der Gründung mindestens ein Stammkapital von 25.000 € ausweisen.

Lösung

In der Handelsbilanz müssen mindestens 5.000 € stille Reserven aufgedeckt werden. Trotzdem ist gem. § 20 Abs. 2 Satz 2 UmwStG in der Steuerbilanz die Fortführung der Buchwerte möglich. In Höhe von 5.000 € ist ein steuerlicher Ausgleichsposten (Luftposten) zu bilden.

Der Ausgleichsposten ist kein Betriebsvermögen, sondern ein bloßer Luftposten. Mindert sich die Differenz zwischen Aktiv- und Passivseite insbesondere durch Auflösung von stillen Reserven, so fällt der Ausgleichsposten in entsprechender Höhe erfolgsneutral weg.

Beispiel 2

Bildung eines Luftpostens aufgrund zutreffender Darstellung der Beteiligungsverhältnisse

Das Stammkapital einer GmbH beträgt 10 Mio. €. Wegen stiller Reserven i.H.v. 5 Mio. € haben die Anteile insgesamt einen Wert von 15 Mio. €. In die GmbH wird ein Betrieb eingebracht. Der Buchwert der eingebrachten WG beträgt 1 Mio. €, ihr gemeiner Wert beträgt 5 Mio. €.

Lösung

Der Einbringende muss neue Geschäftsanteile mit einem Nennbetrag von 3,33 Mio. € erhalten, da nur dann das von ihm eingebrachte Betriebsvermögen im Verhältnis zu dem bereits vor der Einbringung vorhandenen Vermögen nicht zu gering bewertet ist. Die GmbH muss ihr Stammkapital um 3,33 Mio. € erhöhen und in der Handelsbilanz das Vermögen mit mindestens 3,33 Mio. € bewerten.
In der Steuerbilanz kann das Vermögen hingegen mit 1 Mio. € bewertet werden. Dieser Betrag ist maßgebend für die Anwendung des § 20 Abs. 4 UmwStG. In Höhe von 2,33 Mio. € wird ein Ausgleichsposten eingestellt.

2.2.4.4.5 Negatives Eigenkapital

Nach § 20 Abs. 2 Satz 2 Nr. 2 UmwStG hat die übertragende Unternehmung das Betriebsvermögen mit mindestens 0 € anzusetzen, wenn die Passivposten die Aktivposten übersteigen. Wenn also die Passivposten höher sind als die Aktivposten, ist in Höhe der Differenz die stille Reserve aufzudecken und zu versteuern.

Hinweis

Vor jeder Einbringung in eine KapGes ist zu prüfen, ob zum Umwandlungsstichtag ein positives Eigenkapital vorhanden ist. Der steuerliche Berater muss auch daran denken, dass Entnahmen und Einlagen im steuerlichen Rückwirkungszeitraum der GmbH noch in der letzten Schlussbilanz des Einbringenden das Eigenkapital verändern. Negative Kapitalkonten führen zur zwangsweisen Aufdeckung der stillen Reserven (= Zwischenwertansatz).

Beispiel

Hier wird die Bildung eines Luftpostens für den Fall rechnerisch dargestellt, dass die einbringende Einzelunternehmung über ein negatives Kapital verfügt.

A	Schlussbilanz Einzelunternehmen »A«			P
	Buchwerte	(gemeiner Wert)		
Grund und Boden	25.000 €	(110.000 €)	diverse Verbindlichkeiten	268.000 €
Gebäude	150.000 €	(340.000 €)		
Betriebsvorrichtungen	15.000 €	(27.000 €)		
Betriebs- und Geschäftsausstattung	45.000 €	(58.000 €)		
Vorräte	8.000 €	(8.000 €)		
Forderungen	5.000 €	(5.000 €)		
Firmenwert	0 €	(50.000 €)		
Kapital	20.000 €			
	280.000 €	(598.000 €)		268.000 €

Lösung

In Höhe des negativen Kapitals sind stille Reserven aufzudecken (= 20.000 €); die Buchwerte sind prozentual gleichmäßig aufzustocken.

A	Schlussbilanz Einzelunternehmen »A«			P
Grund und Boden	25.000 €		gezeichnetes Kapital	25.000 €
	+ 5.667 €	= 30.667 €	Verbindlichkeiten	268.000 €
Gebäude	150.000 €			
	+ 12.667 €	= 162.667 €		
Betriebsvorrichtungen	15.000 €			
	+ 800 €	= 15.800 €		
Betriebs- und Geschäftsausstattung	45.000 €			
	+ 866 €	= 45.866 €		
Vorräte		8.000 €		
Forderungen		5.000 €		
Ausgleichsposten (Luftposten)		25.000 €		
		293.000 €		293.000 €

Hinweis

Die negativen Folgen des § 20 Abs. 2 Nr. 2 UmwStG können durch die Einlage liquider Mittel ebenso wie durch die Bildung einer Forderung der GmbH gegenüber dem einbringenden Gesellschafter vermieden werden.

2.2.4.4.6 Die weitere Behandlung der eingebrachten Güter

Die Einzelheiten zu der weiteren Behandlung der eingebrachten Wirtschaftsgüter bei der KapGes (vor allem die Vorgehensweise bei der Berechnung der AfA) regelt § 23 UmwStG wie folgt:

Weitere Behandlung der eingebrachten Güter bei Ansatz zum			
Buchwert	**Zwischenwert**	**Gemeinen Wert**	
Eintritt in die Rechtsposition des Übertragenden hinsichtlich:	Eintritt in die Rechtsposition des Übertragenden hinsichtlich:	**kein** Eintritt in die Rechtsposition	
• Betriebszugehörigkeit (§ 4 Abs. 2 Satz 3 UmwStG)	Eintritt für Betriebszugehörigkeit	**kein** Eintritt für Betriebszugehörigkeit	
• steuerliche Rechtsstellung, insbesondere: - Bewertung der WG - AfA - steuerfreie Rücklagen. (§ 12 Abs. 3 Satz 1 UmwStG)	Eintritt wie links, **aber**: Besonderheiten bei den AfA (siehe Übersicht unten)	Gesamtrechtsnachfolge nach den Normen des UmwStG = Eintritt wie links (2. Spalte)	Einzelrechtsnachfolge = Erwerbsvorgang für jedes einzelne WG (Tz. 23.19 – 23.21 UmwSt-Erl)
Verweis in § 23 Abs. 1 UmwStG	Verweis in § 23 Abs. 3 UmwStG	§ 23 Abs. 4 UmwStG	

Weitere Verrechnung der AfA (§ 23 UmwStG) bei Ansatz zum		
Buchwert	**Zwischenwert**	**Gemeinen Wert**
AfA wird unverändert fortgeführt (§ 23 Abs. 1 i.V.m. § 4 Abs. 2 Satz 3 und 12 Abs. 3 Satz 1 UmwStG).	• AfA-Methode wird fortgeführt • AfA-Bemessungsgrundlage: ./. § 7 Abs. 2 EStG: angesetzter Wert ./. § 7 Abs. 1, Abs. 4–6 EStG: Anschaffungs-HK des Einbringenden + aufgedeckte stille Reserven = neue AfA-Bemessungsgrundlage • AfA-Volumen: Zwischenwert (§ 23 Abs. 2, § 12 Abs. 3 Satz 1 UmwStG)	1. Einzelrechtsnachfolge: AfA wird vorgenommen wie nach jedem anderen entgeltlichen Erwerb eines WG (§ 23 Abs. 4 UmwStG) 2. Gesamtrechtsnachfolge: Behandlung wie Zwischenwertansatz (§ 23 Abs. 3 UmwStG)

2.2.4.4.6.1 Fortführung bei Buchwertansatz

Beim Ansatz zum Buchwert tritt die übernehmende KapGes gem. § 12 Abs. 3 Satz 1 UmwStG und nach § 4 Abs. 2 Satz 3 UmwStG zusätzlich hinsichtlich der Zugehörigkeit des Wirtschaftsguts in die Rechtsposition des bisherigen Eigentümers ein. Der Verlustabzug geht jedoch nicht auf die KapGes über, sondern bleibt beim Einbringenden, denn der Verlustabzug ist dem Einbringenden persönlich zuzuordnen (Tz. 23.02 UmwSt-Erl).

2.2.4.4.6.2 Fortführung bei Ansatz »gemeiner Wert«

DerAnsatz zum gemeinen Wert i.R.d. Einzelrechtsnachfolge ist wie ein (voll-)entgeltlicher Erwerb zu behandeln. Demzufolge können z. B. degressive AfA nach § 7 Abs. 5 EStG ggf. nicht vorgenommen werden. Die übernehmende KapGes ist andererseits hinsichtlich der Nutzungsdauerschätzung sowie der Wahl der AfA-Methode (i.R.d. gesetzlichen Möglichkeiten) frei. Wird ein Teilwertansatz innerhalb einer Gesamtrechtsnachfolge nach den Vorschriften des UmwStG vorgenommen, so sind dieselben Normen anzuwenden wie für den Zwischenwertansatz (§ 23 Abs. 4 UmwStG).

2.2.4.4.6.3 Fortführung bei Zwischenwertansatz

Auch beim Zwischenwertansatz tritt die KapGes in die Rechtsstellung des Übertragenden ein. Das gilt nicht für die Frage der Betriebszugehörigkeit. Somit bestehen Besonderheiten nur für den Fall, dass ein Ansatz zwischen Buchwert und Teilwert gewählt wird (§ 23 Abs. 3 UmwStG). Die Restnutzungsdauer ist nur bei degressiver AfA nach § 7 Abs. 2 EStG neu zu schätzen. In den anderen Fällen bleibt der AfA-Satz unverändert bzw. unterliegt bei der AfA nach § 7 Abs. 5 EStG der weiteren Staffelung. Nur wenn bei linearer AfA gemäß § 7 Abs. 4 EStG eine Verteilung bis zum Ende der Nutzungsdauer nicht erreicht werden kann, kann die weitere AfA nach der neu ermittelten Restnutzungsdauer des Gebäudes bemessen werden (vgl. auch Tz. 23.14 UmwSt-Erl).

Beispiel

D betreibt ein Einzelunternehmen, das er am 31.12.09 in die P-GmbH einbringt. Das Einzelunternehmen verfügt (ausschließlich) über folgende Wirtschaftsgüter des AV:

	Erwerb	**AfA-Satz/Methode/ Nutzungsdauer**		**AK**	**Buchwert**	**gemeiner Wert**	**Zwischenwert**
Grundstück:	01.01.01			100.000 €	100.000 €	120.000 €	110.000 €
Gebäude:	01.01.01	10% degressiv	60 Jahre	200.000 €	90.000 €	160.000 €	125.000 €
Maschine:	01.01.06	20% degressiv	10 Jahre	50.000 €	20.480 €	24.480 €	22.480 €
Pkw:	01.01.08	20% linear	5 Jahre	25.000 €	15.000 €	18.000 €	16.500 €

Lösung

Die P-AG hat die Abschreibung im Jahr 10 nach der folgenden Übersicht zu berechnen:

	Vorschrift	**AfA-Satz/Methode**	**Bemessungsgrundlage**	**AfA absolut**
Gebäude:	§ 23 Abs. 3 Nr. 1 UmwStG	2,5% degressiv	200.000 € + 35.000 € = 23.5000 €	5.875 €
Maschine:	§ 23 Abs. 3 Nr. 2 UmwStG	20% degressiv	50.000 € + 2.000 € = 52.000 €	10.400 €
Pkw:	§ 23 Abs. 3 Nr. 1 UmwStG	20% linear	25.000 € + 1.500 € = 26.500 €	5.300 €

Im Jahr 10 beträgt die degressive Gebäude-AfA 2,5%, weil die ersten sieben Jahre der Abschreibungsdauer bereits abgelaufen sind. Durch die gesetzlich bestimmte Vorgehensweise wird (z. B. bei dem Pkw) der von der KapGes angesetzte Betrag nicht innerhalb der Restnutzungsdauer voll abgeschrieben. Übrig bleibt ein Betrag i.H.d. auf den Zeitraum bis zur Einbringung des Wirtschaftsguts entfallenden Anteils der aufgedeckten stillen Reserven. Dieser Betrag ist am Ende der Nutzungsdauer erfolgswirksam auszubuchen.

2.2.4.5 Zeitpunkt der Einbringung und Rückwirkung

Da § 2 UmwStG für die Einbringungsfälle nicht anwendbar ist, musste eine eigenständige Regelung für die Frage der steuerlichen Rückwirkung geschaffen werden – vgl. hierzu § 20 Abs. 5 und 6 UmwStG – vgl. auch Tz. 20.13 ff. UmwSt-Erl.

Nach § 20 Abs. 5 UmwStG darf auf Antrag die Besteuerung nach den Regeln des übernehmenden Rechtsträgers bereits zum steuerlichen Übertragungsstichtag erfolgen (steuerliche Rückwirkung). Steuerlicher Übertragungsstichtag ist nach § 20 Abs. 6 UmwStG

- bei Verschmelzungen oder Spaltungen der Stichtag der Übertragungsbilanz, die beim HR nach § 17 Abs. 2 UmwG einzureichen ist; dieser Stichtag darf höchstens acht Monate vor der Anmeldung beim HR liegen;
- in allen übrigen Fällen (z. B. Einbringung eines freiberuflichen Vermögens) ein Stichtag, der höchstens acht Monate vor dem Einbringungsvertrag liegt.

Wird der Antrag nach § 20 Abs. 5 UmwStG gestellt, sind die Besteuerungsregeln der KapGes ab dem steuerlichen Übertragungsstichtag anzuwenden; das gilt allerdings **nicht für Entnahmen und Einlagen.**

Im Interimszeitraum (Zeitraum zwischen dem steuerlichen Übertragungsstichtag und »dem Tag der Eintragung im HR« getätigte Entnahmen und Einlagen mindern das Vermögen der übertragenden PersGes bereits zum steuerlichen Übertragungsstichtag.

Bilanztechnisch werden

- die Entnahmen als Passivposten (nachlaufende Entnahmen) und
- die Einlagen als Aktivposten (nachlaufende Einlagen)

in die steuerliche Übertragungsbilanz aufgenommen und gehen über in die Bilanz der KapGes. Der Abfluss der Entnahmen bzw. der Zufluss der Einlagen ist dann entsprechend mit diesen Posten zu verrechnen.

2.2.4.6 Veräußerungspreis einerseits und Anschaffungskosten andererseits

Eine Sacheinlage stellt begrifflich eine Veräußerung von BV dar. Deshalb ist der Wert, mit dem die KapGes die Einlage ansetzt, der Veräußerungspreis des Einbringenden (§ 20 Abs. 3 Satz 1 UmwStG).

Der Veräußerungspreis ist also abhängig von dem Ansatz des gemeinen Werts – § 20 Abs. 2 Satz 1 UmwStG oder von der Wahlrechtsausübung des § 20 Abs. 2 Satz 2 UmwStG. Bei der **BW-Fortführung** ergibt sich somit ein Veräußerungsergebnis von 0 € (Aktiva abzgl. Passiva). Bei dem Ansatz mit dem BW ist die Einbringung erfolgsneutral.

Wird hingegen seitens der aufnehmenden KapG ein **Zwischenwer**t oder der Ansatz der **gemeinen** Werte gewählt, entsteht bei dem Einbringenden ein **Veräußerungsgewinn**. Dieser Veräußerungsgewinn ist nach den Regelungen des § 16 EStG zu besteuern (so eindeutig BFH vom 10.11.2004, BFH/NV 2005, 428). Ein Veräußerungsgewinn wird gem. § 34 EStG ermäßigt besteuert, wenn der Einbringende eine natürliche Person ist (§ 20 Abs. 4 Satz 1 UmwStG). Die Folgerungen der §§ 16 Abs. 4 und 17 Abs. 3 EStG gelten nur beim Ansatz mit dem gemeinen Wert (§ 20 Abs. 4 Satz 1 UmwStG).

Der Veräußerungsgewinn des jeweiligen Einbringenden ist gem. § 20 Abs. 4 UmwStG – unabhängig vom Ansatz bei der KapGes – nach § 34 Abs. 1 EStG begünstigt, wenn der Einbringende eine natürliche Person ist und der Veräußerungsgewinn nicht bereits durch § 3 Nr. 40 Buchst. b und c EStG begünstigt ist. Dies ist immer dann der Fall, wenn in dem eingebrachten Vermögen auch Anteile an anderen KapGes enthalten waren. Durch diese Regelung wird sichergestellt, dass der Einbringungsgewinn nur soweit nach § 34 Abs. 1 EStG begünstigt ist, wie er nicht der Teileinkünftebesteuerung unterliegt.

2.2.4.7 Praxisbezogene Fälle zu den §§ 20 ff. UmwStG

Fall 1

Einbringung einer Einzelunternehmung in eine neu zu gründende GmbH mit Bildung eines Ausgleichspostens.

Die Bilanz des Einzelunternehmens X hat zum 31.12.2012 folgendes Aussehen

Einzelunternehmen X zum 31.12.2012

Grund und Boden	100.000 €	Kapital	20.000 €
Gebäude	90.000 €	Verbindlichkeiten	280.000 €
Maschinen	60.000 €		
sonstige Aktiva	50.000 €		
	300.000 €		300.000 €

X bringt sein Einzelunternehmen zum 01.01.2013 im Wege der Sachgründung in die X-GmbH ein. X möchte die vorhandenen stillen Reserven (200.000 € Grund und Boden und 380.000 € Firmenwert) nicht aufdecken.

Lösung

In der Handelsbilanz kommt es zwingend zu einer Höherbewertung von 5.000 €, da die A-GmbH das Vermögen in ihrer Eröffnungsbilanz mindestens mit dem Nominalwert der ausgegebenen Stammeinlage auszuweisen hat. Diese Aufstockung braucht steuerlich gem. § 20 Abs. 2 Satz 2 UmwStG nicht nachvollzogen werden. Sollte die A-GmbH einen über 25.000 € liegenden Wertansatz wählen, müsste auch in der Steuerbilanz gemäß § 5 Abs. 1 Satz 2 EStG ein entsprechend höherer Wert angesetzt werden.

Es ergibt sich somit eine Abweichung zwischen dem Wertansatz in Handels- und Steuerbilanz von 5.000 €. In dieser Höhe ist in der Steuerbilanz ein Ausgleichsposten zu bilden.

Handelsbilanz der A-GmbH zum 01.01.2013

Grund und Boden	105.000 €	Stammkapital	25.000 €
Gebäude	90.000 €	Verbindlichkeiten	280.000 €
Maschinen	60.000 €		
sonstige Aktiva	50.000 €		
	305.000 €		305.000 €

Steuerbilanz der A-GmbH zum 01.01.2013

Grund und Boden	100.000 €	Stammkapital	25.000 €
Gebäude	90.000 €	Verbindlichkeiten	280.000 €
Maschinen	60.000 €		
sonstige Aktiva	50.000 €		
Ausgleichsposten	5.000 €		
	305.000 €		305.000 €

Bei dem Ausgleichsposten handelt es sich um einen reinen Luftposten. Dieser nimmt am Betriebsvermögensvergleich nicht teil. Der Ausgleichsposten ist in der nachfolgenden Zeit gewinnneutral aufzulösen, sofern sich die Wertdifferenz der entsprechenden Wirtschaftsgüter, die in der Eröffnungsbilanz abweichend angesetzt worden sind, durch Abschreibung oder Veräußerung verbraucht. Würde im Beispielsfall der Grund und Boden kurz nach der Einbringung für 300.000 € veräußert werden, ergäbe sich handelsrechtlich ein Veräußerungsgewinn von 195.000 € (300.000 € ./. 105.000 €), während der steuerliche Veräußerungsgewinn 200.000 € (300.000 € ./. 100.000 €) betragen würde. Der Ausgleichsposten wäre zu Lasten des Jahresüberschusses erfolgsneutral aufzulösen.

Fall 2

Einbringung einer Einzelunternehmung mit Bildung eines Ausgleichspostens

Wie Fall 1, jedoch bringt × sein Einzelunternehmen im Wege der Sachgründung in die bereits bestehende Y-GmbH ein. An der Y-GmbH, die vor dieser Sachkapitalerhöhung ein Stammkapital von 100.000 € hat, ist bisher Y zu 100 % beteiligt. Da der Wert des Vermögens der Y-GmbH 200.000 € beträgt, soll × nach der Einbringung zu 75 % an der GmbH beteiligt sein. Die Y-GmbH führt daher eine Kapitalerhöhung von 300.000 € durch. Die Bilanz der Y-GmbH zum 31.12.2012 sieht wie folgt aus:

A	Bilanz zum 31.12.2012		P
Grund und Boden	100.000 €	Stammkapital	100.000 €
Gebäude	200.000 €	Jahresüberschuss	40.000 €
Maschinen	160.000 €	Verbindlichkeiten	360.000 €
sonstige Aktiva	40.000 €		
	500.000 €		500.000 €

Lösung

Zwar setzt die Y-GmbH den eingebrachten Betrieb mit einem um 280.000 € über dem Buchwert liegenden Wert an. Diese Höherbewertung hat jedoch nur den Zweck, durch eine entsprechende Dotierung der Kapitalerhöhung diejenigen Beteiligungsverhältnisse abzubilden, die dem Wert des Altvermögens der Y-GmbH und dem Wert des eingebrachten Vermögens entsprechen. Diese handelsrechtliche Höherbewertung muss daher steuerlich gem. Tz. 20.20 UmwSt-Erl nicht nachvollzogen werden.

Handelsbilanz 01.01.2013

Grund und Boden	400.000 €	Stammkapital	400.000 €
Gebäude	290.000 €	Jahresüberschuss	40.000 €
Maschinen	220.000 €	Verbindlichkeiten	640.000 €
sonstige Aktiva	90.000 €		
Firmenwert	80.000 €		
	1.080.000 €		1.080.000 €

Fall 3

Umwandlung eines Einzelunternehmens in eine KapGes

Einzelunternehmer A gründet im April 2013 im Wege der Sachgründung die A-GmbH. Die Stammeinlage von 50.000 € ist durch Einbringung des Einzelunternehmens des A zu erbringen gewesen. I.H.d. Differenz zwischen dem Stammkapital und dem Kapital des Einzelunternehmens gewährt die A-GmbH dem A eine Darlehensforderung. Die Einbringung erfolgt mit Wirkung zum 31.12.2012. Die Eintragung der A-GmbH im Handelsregister erfolgt am 30.04.2013.

In der Zeit zwischen dem 01.01.2013 bis zur Eintragung der Sachgründung im Handelsregister hat A Entnahmen von 80.000 € und Einlagen von 25.000 € getätigt.

Die Bilanz des Einzelunternehmens zum 31.12.2012 sah wie folgt aus:

A	Bilanz zum 31.12.2012		P
Grund und Boden	150.000 €	Kapital	400.000 €
Gebäude	200.000 €	Rückstellungen	100.000 €
Maschinen	250.000 €	Verbindlichkeiten	1.000.000 €
Waren	700.000 €		
sonstige Aktiva	200.000 €		
	1.500.000 €		1.500.000 €

Am 01.05.2013 schloss A mit einer GmbH einen Anstellungsvertrag ab, nach dem er ein (dem Grunde nach angemessenes) monatliches Gehalt von 6.000 € mit Wirkung zum 01.01.2013 erhalten soll.

Lösung

Es handelt sich um eine Betriebseinbringung i.S.v. § 20 Abs. 1 Satz 1 UmwStG, die gem. § 20 Abs. 2 Satz 2 UmwStG zum Buchwert erfolgen kann. Der gemeine Wert der Gegenleistung (Gewährung einer Darlehensforderung) ist von den AK gem. § 20 Abs. 3 Satz 3 UmwStG abzuziehen.

Die Einbringung kann gem. § 20 Abs. 6 Satz 3 UmwStG mit Wirkung zum 31.12.2012 erfolgen. Das hat gem. § 20 Abs. 7 Satz 1 zur Folge, dass das Einkommen so zu ermitteln ist, als ob der Betrieb des A mit Ablauf des 31.12.2012 auf die A-GmbH übergegangen wäre. Die zwischen dem 31.12.2012 und dem zivilrechtlichen Vollzug der Einbringung getätigten Entnahmen und Einlagen sind gem. § 20 Abs. 5 Satz 2 UmwStG von der Rückwirkung nicht erfasst.

A erzielt gem. § 20 Abs. 4 Satz 1 UmwStG einen Veräußerungsgewinn i.S.v. § 16 Abs. 1 Nr. 1 EStG von 0 €. Die AK seiner einbringungsgeborenen Anteile ermitteln sich aus dem Wertansatz des eingebrachten Einzelunternehmens in der Eröffnungsbilanz der A-GmbH abzüglich der Darlehensforderung (§ 20 Abs. 3 Satz 3 UmwStG) und dem Buchwert der überschießenden Entnahmesaldi (§ 20 Abs. 5 Satz 3 UmwStG).

Soweit die A-GmbH dem A für die Zeit vom 01.01. bis 30.04.2013 rückwirkend ein Gehalt zahlt, liegt eine Entnahme vor (vgl. Tz. 20.16 UmwSt-Erl).

Die steuerliche Eröffnungsbilanz der A-GmbH zum 01.01.2013 (ohne Berücksichtigung von Anschaffungsnebenkosten wie z. B. Grunderwerbsteuer) sieht wie folgt aus:

A	Eröffnungsbilanz A-GmbH zum 01.01.2013		P
Grund und Boden	150.000 €	Stammkapital	50.000 €
Gebäude	200.000 €	Rückstellungen	100.000 €
Maschinen	250.000 €	Darlehen A	270.000 €
Waren	700.000 €	Verbindlichkeiten	1.000.000 €
sonstige Aktiva	200.000 €	Ausgleichsposten	80.000 €
	1.500.000 €		1.500.000 €

Die AK der erhaltenen Anteile an der A-GmbH ermitteln sich wie folgt:

Wertansatz des eingebrachten Vermögens	400.000 €
eingeräumte Darlehensforderung	./. 270.000 €
Entnahmen (4 × 6.000 € + 80.000 €)	./. 104.000 €
Einlagen	+ 25.000 €
AK (§ 20 Abs. 4 UmwStG)	51.000 €

Fall 4

Einbringung einer PersGes in eine KapGes

Die B-OHG wird im März 2013 auf Grundlage der Bilanz zum 31.12.2012 im Wege der Verschmelzung auf die B-GmbH verschmolzen. Beteiligt sind zu je 50 % die Gesellschafter B und A. Die Verschmelzung soll zum Buchwert erfolgen.
Die Handels- und Steuerbilanz der B-OHG zum 31.12.2012 weist folgendes Bild auf:

A	Bilanz der B-OHG zum 31.12.2012		P
Grund und Boden	900.000 €	Kapital I B	40.000 €
Gebäude	900.000 €	Kapital I A	40.000 €
Maschinen	400.000 €	Kapital II B	200.000 €
Waren	600.000 €	Kapital II A	./. 140.000 €
sonstige Aktiva	800.000 €	Rückstellungen	600.000 €
		Verbindlichkeiten	2.860.000 €
	3.600.000 €		3.600.000 €

Das Stammkapital der B-GmbH beträgt 80.000 € und entspricht den bisherigen Kapitalkonten I. Das Kapitalkonto II des Gesellschafters B soll in die Kapitalrücklagen eingestellt werden. Gesellschafter A verpflichtete sich, aus seinen zukünftigen Gewinnanteilen einen Betrag von 340.000 € in die Kapitalrücklagen einzustellen.
Das Vermögen der B-OHG enthält stille Reserven von 800.000 €, die sich wie folgt aufteilen:

Grund und Boden	160.000 €
Gebäude	240.000 €
Firmenwert	400.000 €

Lösung

B und A bringen jeweils ihren Mitunternehmeranteil gem. § 20 Abs. 1 Satz 1 UmwStG in die B-GmbH ein, d. h. es handelt sich steuerlich um zwei getrennt zu beurteilende Einbringungen i.S.v. § 20 UmwStG.
Da der Mitunternehmeranteil des B ein negatives Kapitalkonto i.H.v. 100.000 € aufweist, kommt es gem. § 20 Abs. 2 Satz 2 Nr. 4 UmwStG zwingend zu einer Aufdeckung der stillen Reserven in gleicher Höhe. Z erzielt somit einen Einbringungsgewinn i.S.v. § 16 Abs. 1 Nr. 2 EStG i.V.m. § 20 Abs. 3 Satz 1 UmwStG i.H.v. 100.000 €. Seine Einbringung erfolgt somit zum Zwischenwert. Für die weitere Abschreibung ist seitens der Y-GmbH § 23 Abs. 3 UmwStG einschlägig.
Der Aufstockungsbetrag von 100.000 € ist geringer als die anteiligen stillen Reserven einschließlich des Firmenwerts. Der Aufstockungsbetrag ist entsprechend dem Verhältnis der stillen Reserven auf die Wirtschaftsgüter aufzuteilen (s. Tz. 20.18 i.V.m. Tz. 3.25 UmwSt-Erl).
Soweit die B-GmbH das auf A entfallende Vermögen mit dem anteiligen Stammkapital von 40.000 € ausweist, ist in der steuerlichen Eröffnungsbilanz ein Ausgleichsposten i.H.v. 40.000 € auszuweisen. Die steuerliche Eröffnungsbilanz der B-GmbH zum 01.01.2013 sieht (ohne Berücksichtigung von Anschaffungsnebenkosten wie z. B. Grunderwerbsteuer) wie folgt aus:

A	Eröffnungsbilanz B-GmbH zum 01.01.2013		P
Grund und Boden	920.000 €	Stammkapital	80.000 €
Gebäude	930.000 €	Kapitalrücklagen	200.000 €
Maschinen	400.000 €	Rückstellungen	600.000 €
Waren	600.000 €	Verbindlichkeiten	2.860.000 €
sonstige Aktiva	200.000 €		
Ausgleichsposten	40.000 €		
Firmenwert	50.000 €		
	3.740.000 €		3.740.000 €

Fall 5

Einbringung einer PersGes mit SBV in eine KapGes

X ist der alleinige Kommanditist der X-GmbH & Co. KG und ist zu 100 % am Gewinn und Vermögen der X-GmbH & Co. KG beteiligt. Er ist ebenfalls zu 100 % an der Komplementär-GmbH (A-GmbH) beteiligt. A hat der KG ferner ein Grundstück (notwendiges SBV) zur Nutzung überlassen. Die Gesamthands- und Sonderbilanz zum 31.12.2012 sieht wie folgt aus:

A	Bilanz der X-GmbH & Co. KG zum 31.12.2012		P
Maschinen	800.000 €	Kapital A	375.000 €
Waren	720.000 €	Kapital A-GmbH	25.000 €
sonstige Aktiva	880.000 €	Rückstellungen	200.000 €
		Verbindlichkeiten	1.800.000 €
	2.400.000 €		2.400.000 €

A	Sonderbilanz der X-GmbH & Co. KG zum 31.12.2012		P
Grund und Boden	500.000 €	Kapital	800.000 €
Gebäude	200.000 €		
Beteiligung A-GmbH	100.000 €		
	800.000 €		800.000 €

Die X-GmbH & Co. KG beschließt im März 2013 die Verschmelzung auf die X-GmbH mit Wirkung zum 31.12.2012. Die A-GmbH soll i.R.d. Verschmelzung ihr Stammkapital von 100.000 € auf 120.000 € erhöhen. Differenzbeträge sollen in die Kapitalrücklagen eingestellt werden. Die Bilanz der X-GmbH zum 31.12.2012 sieht wie folgt aus:

A	Bilanz der X-GmbH zum 31.12.2012		P
Bank	120.000 €	Stammkapital	100.000 €
		Gewinnrücklagen	20.000 €
	120.000 €		120.000 €

Lösung

Voraussetzung zur Anwendung des § 20 Abs. 1 Satz 1 UmwStG ist, dass Mitunternehmeranteile mit all ihren wesentlichen Betriebsgrundlagen eingebracht werden. Handelt es sich bei dem Grundstück im SBV um eine funktional wesentliche Betriebsgrundlage, so muss sie zur Anwendung des § 20 Abs. 1 Satz 1 UmwStG mitübertragen werden. Eine Nutzungsüberlassung an die KapGes reicht für die Anwendung von § 20 UmwStG nicht aus.
Im vorliegenden Fall zählt sowohl das Grundstück als auch der Anteil an der Komplementär-GmbH zu den wesentlichen Betriebsgrundlagen. Nach Auffassung der FinVerw ist es nicht zu beanstanden, wenn zur Vermeidung eigener Anteile in der aufnehmenden GmbH die GmbH-Anteile nicht miteingebracht werden (vgl. Tz. 20.09 UmwSt-Erl). Das Grundstück muss in einem zweiten Rechtsakt (es nimmt als Alleineigentum des Gesellschafters nicht an der Verschmelzung teil) auf die GmbH i.R.d. Einzelrechtsnachfolge übertragen werden. Auch für die Übertragung gilt die Rückwirkung von acht Monaten nach § 20 Abs. 5 und 6 UmwStG.
Die Bilanz der X-GmbH zum 01.01.2013 würde bei entsprechender Vorgehensweise wie folgt aussehen:

A	Bilanz der X-GmbH zum 01.01.2013		P
Grund und Boden	500.000 €	Kapital A	120.000 €
Gebäude	200.000 €	Kapitalrücklagen	1.080.000 €
Maschinen	800.000 €	Gewinnrücklagen	20.000 €
Waren	720.000 €	Rückstellungen	200.000 €
sonstige Aktiva	1.000.000 €	Verbindlichkeiten	1.800.000 €
	3.740.000 €		3.220.000 €

Die AK der i.R.d. Sachkapitalerhöhung erworbenen Anteile an der A-GmbH betragen 1.100.000 € (Kapital Gesamthandsbilanz zzgl. Kapitalkonto Sonderbilanz ohne Beteiligung). Die Altanteile an der A-GmbH (AK 100.000 €) werden ebenfalls zu einbringungsgeborenen Anteilen.

Fall 6

Einbringung einer PersGes mit Ergänzungsbilanz in eine KapGes

Die XY-OHG wird im März 2013 mit steuerlicher Wirkung zum 31.12.2012 in eine GmbH umgewandelt. Gesellschafter sind zu je 50 % × (Gründungsgesellschafter) und seit 2011 Y, der infolge des Erwerbs seines Mitunternehmeranteils über eine positive Ergänzungsbilanz verfügt. Die Bilanzen weisen zum 31.12.2012 folgendes Bild auf:

A	Bilanz der XY-OHG zum 31.12.2012		P
Grund und Boden	200.000 €	Kapital I X	400.000 €
Gebäude	400.000 €	Kapital I Y	400.000 €
Maschinen	400.000 €	Kapital II X	200.000 €
Waren	1.400.000 €	Kapital II Y	60.000 €
sonstige Aktiva	600.000 €	Verbindlichkeiten	1.940.000 €
	3.000.000 €		3.000.000 €

A	Ergänzungsbilanz Y		P
Grund und Boden	100.000 €	Kapital	900.000 €
Gebäude	200.000 €		
Firmenwert	600.000 €		
	900.000 €		900.000 €

Die Umwandlung soll möglichst erfolgsneutral zu Buchwerten erfolgen. Das Stammkapital der GmbH soll 800.000 € betragen.

Lösung

Die Umwandlung der zweigliedrigen XY-OHG in eine GmbH stellt steuerlich die Einbringung der Mitunternehmeranteile durch die beiden Mitunternehmer A und B in die GmbH gemäß § 20 Abs. 1 Satz 1 UmwStG dar. Zum Buchwert des Mitunternehmeranteils des Gesellschafters B zählt auch dessen Kapital laut Ergänzungsbilanz, sodass bei Wahl des Buchwertansatzes die Werte der Ergänzungsbilanzen in die Bilanz der aufnehmenden KapGes einfließen.

Da die Ergänzungsbilanz eine rein steuerliche Bilanz ist, kommt es insoweit zu einem unterschiedlichen Wertansatz in der handelsrechtlichen und der steuerrechtlichen Eröffnungsbilanz.

Da das ehemalige Ergänzungsbilanzkapital in der Folgezeit nicht mehr dem Gesellschafter Y individuell zugeordnet werden kann, kommen die aus den Mehrabschreibungen resultierenden Steuerminderungen (KSt u. GewSt) beiden Gesellschaftern anteilig zugute. Daher wird i.R.d. Einbringung in derartigen Fällen ein Ausgleich zugunsten des Gesellschafters mit einer positiven Ergänzungsbilanz vereinbart werden. In Betracht kommen hier die Einräumung eines Gesellschafterdarlehens, die Vereinbarung disquotaler Gewinnausschüttungen sowie Wertausgleiche zwischen den Gesellschaftern.

Die Eröffnungsbilanz der XY-GmbH zum 01.01.2013 sieht wie folgt aus:

A	Eröffnungsbilanz der XY-GmbH zum 01.01.2013		P
Grund und Boden	300.000 €	Stammkapital	800.000 €
Gebäude	600.000 €	Kapitalrücklagen	1.160.000 €
Maschinen	400.000 €	Verbindlichkeiten	1.940.000 €
Waren	1.400.000 €		
sonstige Aktiva	600.000 €		
Firmenwert	600.000 €		
	3.900.000 €		3.900.000 €

Die AK der erhaltenen einbringungsgeborenen Anteile belaufen sich gem. § 20 Abs. 3 Satz 1 UmwStG für A auf 600.000 € und für B auf 1.360.000 €.

2.2.5 Besteuerung der Anteilseigner, § 22 UmwStG

2.2.5.1 Grundzüge

Die Besteuerung der Anteilseigner i.R.d. Einbringung wird in § 22 UmwStG geregelt. Die Vorschrift § 22 UmwStG tritt an die Stelle des § 21 UmwStG a.F. Die nach dem alten Recht vorliegenden »einbringungsgeborenen Anteile« sind in dem neuen Recht nicht mehr vorhanden. Bis Ende 2006 wurden die bei der Einbringung zu Buchwerten oder Zwischenwerten gewährten Anteile als einbringungsgeborene Anteile qualifiziert, mit der Folge, dass die Anteile für immer steuerverstrickt waren (sog. doppelte Buchwertverknüpfung, die vom BFH als verfassungswidrig dem BVerfG vorgelegt wurde (BStBl II 2007, 69). Die Steuerverstrickung blieb so lange, bis eine Veräußerung stattfand oder die Versteuerung beantragt wurde (sog. Entstrickung). Kam es zu einem Besteuerungsfall, waren diese Gewinne systematisch unter § 16 EStG zu subsumieren. Von diesem System hat sich der Gesetzgeber mit dem neuen Gesetz verabschiedet – allerdings bleibt die alte Regelung für »Altfälle« immer noch bestehen.

Mit Geltung des SEStEG gibt es nur noch eine zeitlich begrenzte Regelung über eine schädliche Veräußerung von Anteilen, die nicht bei der Einbringung mit dem gemeinen Wert bewertet wurden. Die Anteile werden nunmehr auch nur noch als »erhaltene Anteile« bezeichnet. Eine Besteuerung bleibt dennoch bestehen, wenn die Anteile nach der Einbringung zeitlich befristet veräußert werden.

Die Vorschrift **§ 22 UmwStG** ist wie folgt aufgebaut:

Abs. 1	Veräußerung von Anteilen, die durch eine Sacheinlage unter dem gemeinen Wert erworben wurden; Ersatztatbestände, die der Veräußerung gleichgestellt werden **Einbringungsgewinn I**
Abs. 2	Veräußerung von Anteilen durch die übernehmende Gesellschaft, die aufgrund einer Sacheinlage oder eines Anteilstausches erworben wurden **Einbringungsgewinn II**
Abs. 3	Meldepflicht des Einbringenden
Abs. 4	Besonderheiten bei juristischen Personen des öffentlichen Rechts und steuerbefreiten Gesellschaften
Abs. 5	Bescheinigung des Finanzamtes über die Höhe des zu versteuernden Einbringungsgewinns
Abs. 6	Rechtsnachfolge
Abs. 7	Mitverstrickung von Anteilen

2.2.5.2 Besteuerung nach § 22 Abs. 1 UmwStG

Werden Anteile i.S.d. § 22 Abs. 1 UmwStG veräußert oder liegt einer der fünf Veräußerungsersatztatbestände vor, also
1. unentgeltliche Übertragung der erhaltenen Anteile,
2. Buchwerteinbringung,
3. Auflösung und Kapitalrückzahlung,
4. Buchwerteinbringung mit anschließender Anteilsveräußerung (Nr. 4 und 5),
5. Verlust der Ansässigkeitsvoraussetzungen,

so findet eine Versteuerung der stillen Reserven statt, wenn die Veräußerung innerhalb von sieben Zeitjahren nach der Einbringung erfolgt. Der Gesetzgeber gibt vor, dass die Versteuerung zurückbezogen wird auf den Einbringungszeitpunkt (Hinweis in § 22 Abs. 1 Satz 2 UmwStG auf das rückwirkende Ereignis i.S.d. § 175 Abs. 1 Satz 1 Nr. 2 AO). Der zu versteuernde Gewinn wird aufgeteilt in einen Gewinn nach § 16 EStG und in einen Gewinn nach den allgemeinen Vorschriften des EStG. Die zeitliche Befristung von sieben Jahren hat aber auch noch zur Folge, dass der Gewinn i.S.d. § 16 EStG je nach Länge der Frist vermindert wird. Die Höhe des Einbringungsgewinns I ist wie folgt definiert:

	Gemeiner Wert	des eingebrachten Betriebsvermögens zum steuerlichen Zeitpunkt der Einbringung
./.	Wert	der Kosten der Vermögensübertragung des Einbringenden
./.	Buchwert oder Zwischenwert	mit dem die übernehmende Gesellschaft das eingebrachte Betriebsvermögen der Sacheinlage tatsächlich auf Antrag angesetzt hat
=	Zwischensumme	
./.	1/7 der Zwischensumme	für jedes seit dem steuerlichen Zeitpunkt der Einbringung abgelaufene Zeitjahr bis zum steuerlichen Zeitpunkt der Veräußerung bzw. dem Realisationszeitpunkt der gleichgestellten Ereignisse
=	Einbringungsgewinn I	
×	Prozentsatz	der nach §§ 22 Abs. 1 Satz 1 und 6 UmwStG übertragenden Beteiligung im Verhältnis zu der bei der Einbringung erhaltenen Beteiligung
=	**Festzusetzender Einbringungsgewinn I**	

2.2.5.3 Besteuerung im Falle des § 22 Abs. 2 UmwStG

Neben den Veräußerungsvorgängen des § 22 Abs. 1 UmwStG hat der Gesetzgeber die Veräußerung von Anteilen an einer KapGes, die i.R. einer Sacheinlage (§ 20 Abs. 1 UmwStG) oder durch Anteilstausch (§ 21 Abs. 1 UmwStG) eingebracht wurden, im § 22 Abs. 2 UmwStG gesondert geregelt (Einbringungsgewinn II). Veräußerer ist in diesen Fällen die aufnehmende KapGes, aber die Besteuerung erfolgt rückwirkend zum steuerlichen Einbringungsstichtag beim Einbringenden. Folgendes Schema ist hier zu berücksichtigen (s. *Patt*, § 22 UmwStG (SEStEG), Tz. 40.)

	Gemeiner Wert	der eingebrachten Anteile zum steuerlichen Zeitpunkt der Einbringung
./.	Wert	der Kosten der Vermögensübertragung
./.	Buchwert oder Zwischenwert	mit dem der Einbringende (ggf. abweichend vom Wertansatz der übernehmenden Gesellschaft) auf Antrag die erhaltenen Anteile tatsächlich bewertet hat
=	Zwischensumme	
./.	1/7 der Zwischensumme	für jedes seit dem steuerlichen Zeitpunkt der Einbringung abgelaufene Zeitjahr bis zum steuerlichen Zeitpunkt der Veräußerung bzw. dem Realisationszeitpunkt der gleichgestellten Ereignisse
=	Einbringungsgewinn II	
×	Prozentsatz	der nach §§ 20 Abs. 1 oder 21 Abs. 1 Satz 2 UmwStG eingebrachten Beteiligung im Verhältnis zu den von der übernehmenden Gesellschaft veräußerten Anteilen
=	**Festzusetzender Einbringungsgewinn II**	als Gewinn des Einbringenden aus der Veräußerung von Anteilen

3 Die GmbH in der Krise

LITERATURHINWEISE:

Bauer, Die GmbH in der Krise, Rechtsfragen der Unternehmenssanierung, 3. Aufl. 2010; *Brandstätter*, Die Prüfung der Sanierungsfähigkeit notleidender Unternehmen, 1993; *Buth/Hermanns*, Rekonstruierung, Sanierung und Insolvenz, 2. Aufl. 2004; *Ferslev*, Die GmbH – Haftungsfallen bei Gründung, Krise und Sanierung, 2004; *Groß*, Sanierung durch Fortführungsgesellschaften, 2. Aufl. 1988; *Hess*, Sanierungshandbuch, 5. Aufl., 2010; *Schmidt/Uhlenbruck*, Die GmbH in Krise, Sanierung und Insolvenz, 4. Aufl., 2009.

3.1 Die Entwicklung von Insolvenzen im Zeitablauf

Die Anzahl der Unternehmensinsolvenzen bleibt seit Jahren auf einem konstant hohen Niveau.

Die Hauptgründe für die hohe Zahl der Unternehmenszusammenbrüche waren und sind Managementfehler und eine zu geringe Eigenkapitalausstattung. Es ist bereits ein großes Beratungsfeld geworden, den Unternehmen Strategien vorzuschlagen, die dazu führen, dass die Eigenkapitalausstattung steigt bzw. die Relation zwischen Eigenkapital und Fremdkapital sich zum Eigenkapital hin entwickelt ohne den Gesellschaften Barmittel zuführen zu müssen.

3.2 Krisendefinition

In Literatur und Rechtsprechung (vgl. *Schmidt/Uhlenbruck*, 2009) hat sich ein betriebswirtschaftlicher und ein insolvenzrechtlicher Krisenbegriff herausgebildet. Diese Begriffe sind zunächst zu erläutern.

3.2.1 Der betriebswirtschaftliche Krisenbegriff

In der Betriebswirtschaftslehre wird unter Krise **der Zustand eines Schuldners bezeichnet, der seine wirtschaftliche Leistungsfähigkeit in Frage stellt und somit seine Existenz bedroht.** Aber eine Krise ist kein unabwendbarer Zustand, der zwingend auf die Unternehmensvernichtung hinausläuft. Der Begriff der Krise trägt somit immer eine Möglichkeit in sich, die Krise auch abwenden zu können.

Bereits vor Eintritt einer betriebswirtschaftlichen Krise, muss der Gesellschafter-Geschäftsführer einer GmbH interne und externe Sanierungsmöglichkeiten abwägen.

3.2.3 Der insolvenzrechtliche Krisenbegriff

Sowohl der betriebswirtschaftliche als auch der rechtliche Krisenbegriff lösen in erster Linie interne Pflichten der organschaftlichen Vertreter aus. Die insolvenzrechtliche Krise löst dagegen ein Insolvenzverfahren aus. Bei drohender Zahlungsunfähigkeit (§ 18 InsO) kann, bei bestehender Zahlungsunfähigkeit (§ 17 InsO) und bei Überschuldung (§ 19 InsO) muss ein Insolvenzverfahren eingeleitet werden.

3.3 Methoden der Früherkennung einer Krise

Krisen kündigen sich oft viele Monate vorher durch die Häufung bestimmter Krisenindikatoren an. Die Risikovorsorge der Unternehmen hat durch das am 01.05.1998 in Kraft getretene »Gesetz zur Kontrolle und Transparenz im Unternehmensbereich (KonTraG, BGBl I 1998, 786) einen rechtlichen Rahmen und betriebswirtschaftliche Impulse erhalten. Der Vorstand einer AG hat nach § 91 Abs. 2 AktG neben anderen geeigneten Maßnahmen ein Risiko-Überwachungssystem einzurichten. Die notwendigen Maßnahmen sind unternehmensindividuell, den Anforderungen entsprechend, durch ein wirksames Risikofrüherkennungssystem (RFS) zu unterstützen.

Hinweis

Obwohl die Vorschrift vordergründig nur AG betrifft, geht der Gesetzgeber in der Gesetzesbegründung zum § 91 Abs. 2 AktG davon aus, dass die Regelungen auf die mittelgroße GmbH und GmbH & Co. KG abstrahlen soll. Die gesetzliche Verpflichtung zur Einrichtung eines RFS geht somit auf die mittelständischen Unternehmen über. Darüber hinaus ist es mittlerweile gängige Praxis, dass die Banken bei der Kreditvergabe häufig nach der Art des RFS fragen.

Haben die Organe der Gesellschaften ein solches RFS nicht eingerichtet bzw. nicht auf seine Funktionsfähigkeit hin überprüft, machen sie sich u. U. gegenüber der Gesellschaft schadensersatzpflichtig. Bei einem Gesellschafter-Geschäftsführer würde sich die Schadensersatzpflicht aus § 43 Abs. 2 GmbHG ableiten. Je schneller solche Systeme eingerichtet und auf die jeweiligen Unternehmen zugeschnitten werden, desto mehr wird die Reaktionsschwelle vorverlagert, innerhalb derer die Unternehmenskrise bewältigt werden kann.

Nach *Schmidt/Uhlenbruck* hat ein solches Überwachungssystem zwei zentrale Aufgaben zu erfüllen:

1. **Präventivfunktion**
   Bestehende und potentielle Risiken sollen vermieden bzw. gemindert werden
2. **Korrekturfunktion**
   Die Funktionsfähigkeit der Maßnahmen des RFS soll durch umfassende Prüfungen festgestellt und, falls erforderlich, korrigiert werden.

3.3.1 Operative Frühwarnsysteme

Frühwarnsysteme operativer Art bauen auf den Informationen der klassischen Bilanzanalyse über Kennzahlenermittlung auf. Hauptkritikpunkte an dieser Art der Krisenfrüherkennung sind

- die Vergangenheitsbezogenheit der Daten,
- die Möglichkeit der Manipulation der Datenbasis durch die Ausübung rechtlicher und faktischer Bewertungs- und Bilanzierungswahlrechte,
- die Verarbeitung rein quantitativer Erkenntnisse. Eine rein bilanzielle Betrachtung kann keinerlei Erkenntnisse über das Produkt und über Chancen, es am Markt zu platzieren, liefern.

Beim Aufbau operativer Frühwarnsysteme muss zunächst darauf geachtet werden, dass das Datenmaterial betriebswirtschaftlich aufbereitet werden muss. Eine Bilanzanalyse ist nur so gut wie das vorher erstellte Datenmaterial.

Auf der Aktivseite einer zu analysierenden Bilanz müssen zunächst alle bekannten stillen Reserven hinzugerechnet werden. Weiterhin sind alle aktivischen Bilanzierungshilfen (wie latente Steuern, Ingangsetzungskosten oder aktivierte Firmenwerte) zu korrigieren. Die Gegenkorrektur erfolgt jeweils im Eigenkapital auf der Passivseite. Sonderposten mit Rücklageanteil sind zu je 1/2 dem Eigenkapital und Fremdkapital auf der Passivseite zuzuordnen.

Einzelne Beispiele wichtiger zu bildender **Kennzahlen** sind:

- **Eigenkapitalquote:**

  $$\frac{\text{Eigenkapital} \times 100}{\text{Gesamtkapital}}$$

  Je höher der Eigenkapitalanteil am Gesamtkapital ist, desto geringer ist die akute Überschuldungsgefahr. Jährlich sinkende Eigenkapitalquoten können als Krisenfrühsignale interpretiert werden.
- **Umsatzrendite:**

  $$\frac{\text{Gewinn vor Steuern} \times 100}{\text{Umsatz}}$$

  Diese Kennzahl gibt an, wie viel Prozent des Umsatzes in Gewinn vor Steuern umgewandelt werden. Je höher diese Umsatzrendite ist, desto größer sind Möglichkeiten, etwaige Rückgänge bei den Verkaufspreisen und etwaige Steigerung der Kosten aufzufangen.
- **Cashflow-Rate:**

  $$\frac{\text{Cashflow} \times 100}{\text{Umsatz}}$$
- **Cashflow (sehr vereinfacht):**

  Jahresüberschuss/-fehlbetrag
  \+ Abschreibungen
  ./. Zuschreibungen
  \+ langfristige Rückstellungen
  ./. Rückstellungsauflösung (langfristiger Rückstellung)
  = Cashflow

  Der Cashflow ist eine Bewegungsgröße, die betriebliche Netto-Zuflüsse aufzeigt. Er ist für die Bilanzanalyse sehr gut geeignet, da er durch die Anwendung von Bilanzierungs- und Bewertungswahlrechten nicht beeinflusst werden kann.
- **Liquiditätsreserve:**

  Bankguthaben + freie Kreditlinie + Kapitalanlagen + Ersparnisse

  Diese Kennzahl zeigt an, wie lange finanzielle Mittel zur Deckung von Zahlungsverpflichtungen bereit stehen.

Neben diesen Kennzahlen gibt es auch solche, die Erfolgsbeiträge zu den einzelnen Produkten aufzeigen können. Produktionsentscheidungen werden anhand von Deckungsbeitragsrechnungen getroffen.

3.3.2 Strategische Frühwarnsysteme

Strategische Frühwarnsysteme sind nicht vergangenheitsorientiert, sondern zukunftsbezogen. Sie zielen insbesondere auf die langfristige Überlebensfähigkeit des Unternehmens. Strategische Systeme beziehen das gesamte Unternehmen mit ein. Primäre Aufgabe dieser Systeme ist die frühzeitige Wahrnehmung schwacher Krisensignale.

Nach *Schmidt/Uhlenbruck* sind folgende Felder bei der **Risikoanalyse** zu betrachten:
- Strategische Risiken (z. B. akute Gefährdung wichtiger Wettbewerbsvorteile),
- Marktrisiken,
- Finanzmarktrisiken (z. B. Zins- und Währungsveränderungen),
- Rechtliche und politische Risiken (z. B. Änderungen von Steuergesetzen),
- Verhaltensrisiken (z. B. steigende Lohnkosten).

3.3.3 Überwachung durch die Geschäftsführung

Eine Pflicht zur Einrichtung und Überwachung von Kontrollsystemen obliegt dem Geschäftsführer der GmbH bzw. der GmbH & Co. KG. Diese Verpflichtung leitet sich rechtlich aus dem § 43 Abs. 1 GmbHG ab, wonach er in den Angelegenheiten der Gesellschaft die Sorgfalt eines ordentlichen Geschäftsmannes anzuwenden hat. D. h. in mittelgroßen GmbHs wird ein Gesellschafter-Geschäftsführer ein Controlling installieren, das in erster Linie die Aufgabe hat, Zahlungs- Kontroll- und Informationssysteme zu entwickeln und in das Unternehmen einzugliedern. Ab einer gewissen Unternehmensgröße wird der Geschäftsführer die Überwachungsaufgabe auf eine interne Revision übertragen müssen.

Die rechtliche Kontrollinstanz des Gesellschafter-Geschäftsführers ist die Gesellschafterversammlung. Nach § 46 Nr. 6 GmbHG werden die Regeln zur Überwachung der Geschäftsführung bestimmt.

3.3.4 Sanierungsnahmen zur Krisenbeseitigung

Aufkommenden Krisen in der Unternehmung ist mit zeitnahen Sanierungsmaßnahmen entgegenzutreten. Sanierungen können intern, extern oder als Mix aus internen und externen Maßnahmen vorgenommen werden.

Krisensymptome können sein:

Finanzwirtschaftliche Symptome	Leistungswirtschaftliche Symptome
• abnehmender Umsatz • Erhöhung des Verschuldungsgrads • sinkender Cashflow • abnehmende Liquidität	• abnehmende Marktanteile • rückläufiger Auftragseingang • Arbeitsunzufriedenheit • zunehmende Lagerdauer • abnehmende Produktivität • zunehmende Fixkostenbelastung • sinkende Investitionsquote

3.3.4.1 Interne Sanierungsmaßnahmen

Unter internen Sanierungsmaßnahmen werden leistungswirtschaftliche oder finanzwirtschaftliche Maßnahmen innerhalb des Unternehmens verstanden.

3.3.4.1.1 Kapitalerhöhung mit Kapitalherabsetzung

Nach § 58a GmbHG sind vereinfachte Kapitalherabsetzungen der GmbH nur zur Verlustdeckung (§ 58a Abs. 1, 2, § 58b Abs. 1, § 58c GmbHG) möglich, ohne dass ein Sperrjahr eingehalten werden muss oder Gläubigerzustimmung erforderlich ist. Bei einer sanierungsbedürftigen GmbH ist oftmals das Stammkapital verloren oder wesentlich gemindert. Es wird somit häufig eine Herabsetzung des Kapitals, verbunden mit der Zuführung neuer Mittel im Wege der Kapitalerhöhung notwendig. Eine vereinfachte Kapitalherabsetzung ist bei einer GmbH nur zulässig, nachdem der Teil der Kapital- und Gewinnrücklagen, der zusammen über 10% des nach der Herabsetzung verbleibenden Stammkapitals hinausgeht, vorweg aufgelöst wurde (vgl. § 58a Abs. 2 GmbHG). Eine vereinfachte Kapitalherabsetzung ist demnach nicht zulässig, solange ein Gewinnvortrag besteht.

Für in die Kapitalrücklage eingestellte Beträge besteht eine 5-jährige Ausschüttungssperre gem. § 58b Abs. 3 GmbHG

§ 58 Abs. 4 GmbHG erlaubt eine Kapitalherabsetzung unter das Mindestmaß des § 5 Abs. 1 GmbHG bis auf Null, wenn das Mindeststammkapital durch eine gleichzeitig durchgeführte Kapitalerhöhung wieder erreicht wird, wobei die Kapitalerhöhung nur als Barkapitalerhöhung zulässig ist.

Jede vereinfachte Kapitalherabsetzung ist nur sinnvoll, wenn sie mit einer Kapitalerhöhung einhergeht. Erst durch die neue Kapitalerhöhung wird neues Kapitalvolumen geschaffen, das als Überschuldungspuffer genutzt werden kann.

Hinweis

Bei jeder Kapitalerhöhung ist daran zu denken, dass die zugeführten Mittel der Geschäftsführung zur freien Verfügung stehen müssen. Problematisch ist die Überweisung der Bareinlagen auf debitorische Konten. War bei Zahlungseingang bereits die Kreditlinie des Kontos überschritten, steht der Betrag der Geschäftsführung nicht zur Verfügung. Es empfiehlt sich, die Überweisung auf ein neu eingerichtetes Konto vorzunehmen.

Gesellschaftsrechtlich außerordentlich riskant ist die Verrechnung der übernommenen Bareinlage mit gegenüber der Gesellschaft bestehenden Forderungen durch den Gesellschafter. Wird die Einlage erbracht unter gleichzeitigem Verzicht auf die Darlehensforderung, liegt hierin eine verdeckte Sacheinlage.

Liegt eine Sacheinlage vor, so ist die Werthaltigkeit der Forderung zu prüfen. In der Krisensituation der GmbH wird sich der Wert bei Null bewegen. Bei der UG – haftungsbeschränkt – ist eine Sacheinlage gem. § 5a Abs. 2 Satz 2 GmbHG nicht möglich.

3.3.4.1.2 Rechtsformwechsel durch Umwandlung

Die Verschmelzung der Krisen-GmbH in eine »gesunde« GmbH kann als Sanierungsmaßnahme durchgeführt werden. Dies kann eine Verschmelzung zur Aufnahme oder auch eine Verschmelzung zur Neugründung sein. Allerdings ist an § 22 UmwG zu denken, der den Gläubigerschutz im Rahmen von Umwandlungen regelt. Für Forderungen sind grundsätzlich Sicherheitsleistungen zu stellen. Dies kann eine Verschmelzungssperre bedeuten.

Ebenso wie die Verschmelzung kann eine Spaltung zur Sanierung der Unternehmung beitragen. Insbesondere die Aufspaltung oder die Ausgliederung können Instrumente darstellen, um »gute« Betriebsteile von »schlechten« Betriebsteilen zu trennen. Es ist allerdings darauf zu achten, dass steuerrechtlich Spaltungen nur dann zum Buchwert durchgeführt werden können, wenn mindestens Teilbetriebe gespalten werden.

3.3.4.1.3 Übertragende Sanierung

Bei übertragenden Sanierungen werden (wie bei Sanierungen durch Umwandlungen) Betriebsteile oder gar Teilbetriebe auf neu gegründete oder bereits bestehende Unternehmen übertragen. Dies kann sowohl durch Anwendung des Umwandlungsgesetzes als auch durch Einzelrechtsnachfolge erfolgen. Strategie bei jeder übertragenden Sanierung ist es, das Ertragspotenzial einer Unternehmung in eine Auffanggesellschaft zu übertragen, während sich die Gläubiger danach maximal die Zerschlagungswerte der Restunternehmung teilen. Bei jeder übertragenden Sanierung sind die Sanierungsopfer die Gläubiger. Problematisch ist bei jeder übertragenden Sanierung, ob die Abtrennung der Schulden ohne Mitwirkung der Gläubiger zulässig ist. Jedoch ist bei der übertragenden Sanierung größte Vorsicht geboten. Insbesondere sind die strafrechtlichen Risiken nicht zu unterschätzen. Es besteht die Gefahr einer Gläubigerschädigung dadurch, dass das Unternehmen oder Teile von ihm unter Wert auf den neuen Rechtsträger übertragen werden und die Gläubiger der Krisengesellschaft entweder leer ausgehen oder eine zu geringe Quote bekommen. Hier droht Strafbarkeit wegen Bankrotts gem. § 283 StGB oder Untreue gem. § 266 StGB. Auch kommen eventuell die Anfechtungstatbestände der kongruenten Deckung gem. § 130 InsO, der inkongruenten Deckung gem. § 131 InsO und der unmittelbaren Gläubigerbenachteiligung gem. § 132 InsO in Betracht. Auch ist das »Rheinmöve«-Urteil des BGH zu beachten. Danach liegt eine gemischte verdeckte Sacheinlage vor, wenn eine insolvente Gesellschaft sich zum Zwecke ihrer übertragenden Sanierung an dem erhöhten Kapital einer AG als Auffangesellschaft mit dem Ziel beteiligt, dass diese ihre Aktiva und Passiva übernimmt.

Bei jeder übertragenden Sanierung wird ebenfalls zu prüfen sein, ob § 613a BGB oder § 25 HGB zum Zuge kommt. Sind diese Vorschriften erfüllt, liegt u. U. eine Betriebsübertragung im Ganzen vor, sodass die Haftung weiterhin besteht. Zumindest § 25 HGB setzt voraus, dass die Firma durch den übernehmenden Rechtsträger fortgeführt wird. Dies kann seit 1999 (Handelsrechtsreformgesetz, BGBl I 1998, 1474) problemlos vermieden werden. § 25 HGB soll allerdings haftungsrechtlich bereits greifen, wenn bloße Firmenähnlichkeiten bestehen oder alte Produktlogos weiterhin verwendet werden. Werden ganze Unternehmensteile im Rahmen einer übertragenden Sanierung übertragen, lauert stets die Haftungsgefahr aus den Altaktivitäten.

3.3.4.2 Externe Sanierungsmaßnahmen

3.3.4.2.1 Der Forderungsverzicht

Die einfachste Form eine Unternehmenskrise zu bewältigen, deren Grund in einer Überschuldungssituation liegt, ist der vollständige oder teilweise Forderungsverzicht. Der Forderungsverzicht erfolgt durch Erlass (§ 397 BGB). Erforderlich ist ein zweiseitiger Vertrag zwischen Gläubiger und Schuldner, da ein einseitiger Verzicht auf Forderungen innerhalb des Rechts der Schuldverhältnisse ohne Wirkung ist. Auch wenn grundsätzlich für den Erlassvertrag Formfreiheit besteht, sollte in der Praxis ausnahmslos die Schriftform gewählt werden. Zu beachten ist, dass mit dem Verzicht auch die akzessorischen Sicherheiten (z. B. Bürgschaft) und auch die durch enge Zweckerklärung gebundenen Sicherheiten erlöschen.

Wollen die Gläubiger ihre Forderung nicht vollständig aufgeben, so kann ein Forderungsverzicht **mit Besserungsschein** vereinbart werden. Der Erlass steht hierbei unter der auflösenden Bedingung, dass bei Besserung der Vermögensverhältnisse der Erlass entfällt. Als Bedingung des Besserungsscheins wird häufig vereinbart, das der Erlass entfällt, wenn die Forderung aus eigenen Jahresüberschüssen (i.d.R. nach Verlustausgleich) beglichen werden kann. Zur Vermeidung von Unklarheiten sollte eindeutig geregelt sein, unter welchen Umständen der Besserungsfall eingetreten ist.

Die Forderung braucht dann bis zum Eintritt der Bedingung nicht im Überschuldungsstatus ausgewiesen zu werden.

Steuerrechtlich führt der Forderungsverzicht mit und ohne Besserungsschein zu einem »Sanierungsgewinn«, der seit 1997 in Deutschland nicht mehr steuerbefreit ist. Sollten im Rahmen von Sanierungsfällen Mehrsteuern entstehen, so ist deren Vermeidung nur durch Stundung und späteren Erlass der Steuern möglich (vgl. BMF vom 27.03.2003, DStR 2003, 690).

3.3.4.2.2 Der Rangrücktritt

Eng verbunden mit dem Forderungsverzicht gegen Besserungsschein ist der Rangrücktritt des Gläubigers. Hierbei handelt es sich um einen verfügenden Schuldänderungsvertrag gem. § 311 Abs. 1 BGB, der den Bestand der Forderung grds. unberührt lässt. Dieser kann auch die die Forderungen aus Pensionszusagen des Gesellschafter Geschäftsführers umfassen. Nach dem MoMiG sind die Anforderung an einen Rangrücktritt, welcher eine Passivierung der Verbindlichkeit im Überschuldungsstatus verhindert, nunmehr gesetzlich in § 39 Abs. 2 InsO geregelt. Danach ist für die Nichtberücksichtigung im Überschuldungsstatus ein Rangrücktritt hinter die Forderungen gem. § 39 Abs. 1 Nr. 1 bis 5 InsO erforderlich. Das gilt nach Auffassung des BGH im Urteil vom 01.03.2010 auch für Gesellschafterdarlehen, die ein Gesellschafter einer GmbH aufgrund einer Zusage im Gesellschaftsvertrag neben der Stammeinlage gewährt hat (gesplittete Einlage).

Ob diese Voraussetzungen auch bei einem Darlehen eines Dritten gelten, ist umstritten. Bis zur Klärung durch die Rechtsprechung sollte in diesen Fällen allerdings der qualifizierte Rücktritt nach BGH-Rechtsprechung verwandt werden (so *Wälzholz*, Die GmbH in Krise und Insolvenz nach dem MoMiG, GmbH-StB 2009, 75).

Der im Rang zurückgetretene Gläubiger unterwirft sich hierbei den Rechtsfolgen, wie sie für die Einlagenrückgewähr gelten. Der Gläubiger kann seine Forderung erst dann durchsetzen, wenn alle anderen Gläubiger befriedigt wurden und nun das restliche Kapital an die Eigenkapitalgeber ausgekehrt wird (qualifizierter Rangrücktritt). D. h. der im Rang Zurückgetretene stellt sich auf die Stufe der Eigenkapitalgeber. Für die Phase nach der Krise muss weiterhin geregelt werden, dass die Tilgung der zurückgetretenen Forderung erst nach Beseitigung der Überschuldungsgefahr aus künftigen Gewinnen oder sonstigem Vermögen verlangt werden kann. Zinspflichten bleiben während der Phase der Krise grundsätzlich erhalten. Zu beachten ist bei einem qualifizierten Rangrücktritt steuerrechtlich BFH vom 30.11.2011 (Az: I R 100/10, BStBl II 2012, 332) zum Thema »Keine Passivierung bei sog. qualifiziertem Rangrücktritt«. Danach darf eine Verbindlichkeit, die nur aus künftigen Gewinnen oder einem etwaigen Liquidationsüberschuss erfüllt zu werden braucht, mangels gegenwärtiger wirtschaftlicher Belastung gem. § 5 Abs. 2a EStG nicht ausgewiesen werden.

3.3.4.2.3 Umwandlung von Fremdkapital in Eigenkapital (debt-equity-swap)

Gläubiger können einen Sanierungsbeitrag auch dadurch leisten, dass Fremdkapital in Eigenkapital umgewandelt wird. Die Neugesellschafter (Altgläubiger) haben als Gesellschafter die Möglichkeit, auf den Sanierungsprozess Einfluss zu nehmen. Der dept-equity-swap wirkt wie ein Forderungsverzicht, erzeugt allerdings keinen Sanierungsgewinn (sonstigen betrieblichen Ertrag), der grds. zu versteuern ist.

Zu beachten ist allerdings, dass bei Einbringung der Forderung des Gläubigers eine Sacheinlage vorliegt, für welche die Anforderungen an eine Kapitalerhöhung mit Sacheinlagen nach § 56 GmbHG erfüllt sein müssen. Bei einer UG – haftungsbeschränkt – ist eine Sacheinlage gem. § 5a Abs. 2 Satz 2 nicht möglich. Weiterhin wird bei der Bewertung der einzubringenden Forderungen nicht auf deren Nominalbetrag, sondern auf deren wahren Wert abgestellt. Im Fall der Überschuldung wird es an der Vollwertigkeit der Forderung fehlen. Diese wird in den meisten Fällen nahezu bei Null liegen. Danach greift die Differenzhaftung gem. §§ 56 Abs. 2, 9 Abs. 1 GmbHG. Im Falle der Barkapitalerhöhung unter gleichzeitigem Verzicht auf die Forderung liegt eine verdeckte Sacheinlage vor, die in den meisten Fällen mit Null zu bewerten ist. Die Einlage gilt dann in voller Höhe nicht als erbracht, da eine Anrechnung nicht erfolgt.

4 Die GmbH im Insolvenzverfahren

Mit Wirkung zum 01.01.1999 wurde die bisherige Konkursordnung, Vergleichsordnung und die bis dahin in den neuen Bundesländern geltende Gesamtvollstreckungsordnung durch die Insolvenzordnung (InsO) abgelöst und damit ein bundeseinheitlich geltendes Insolvenzrecht geschaffen.

Aufgrund des Prioritätsprinzips des § 804 Abs. 3 ZPO, wonach eine frühere Pfändung einer späteren Pfändung vorgeht, beginnt bei Zahlungsunfähigkeit des Schuldners der Wettlauf der Gläubiger um verwertbares Vermögen des Schuldners. Die Zwangsvollstreckung können jedoch nur die Gläubiger betreiben, die bereits ein vollstreckbares Endurteil (§ 704 ZPO) bzw. einen anderen Vollstreckungstitel (§ 794 ZPO) in Händen halten. Die übrigen Gläubiger gehen dann meist leer aus. Insbesondere bei Unternehmen führt dieses »Windhundverfahren« zur Zerschlagung des Unternehmens und zum Verlust von Arbeitsplätzen.

Das Insolvenzverfahren dient demgegenüber gem. § 1 InsO dazu, die Gläubiger eines Schuldners **gemeinschaftlich** – in einem staatlichen Verfahren – zu befriedigen, indem das Vermögen des Schuldners verwertet und der Erlös verteilt oder in einem Insolvenzplan eine abweichende Regelung insbesondere zum Erhalt des Unternehmens getroffen wird. In das Insolvenzverfahren sind auch die Gläubiger einzubeziehen, die bisher keinen vollstreckbaren Titel gegen den Gläubiger haben. Das Insolvenzverfahren wird durch die Gläubigergemeinschaft mittels ihrer Organe des Gläubigerausschusses (§§ 67 bis 73 InsO) und der Gläubigerversammlung (§§ 74 bis 79 InsO) und dem Insolvenzverwalter (§§ 56 bis 66 InsO) unter Aufsicht des Insolvenzgerichts (§ 2 InsO) durchgeführt.

Die **Insolvenzordnung** selbst ist in folgende zwölf Teile gegliedert:

1. Allgemeine Vorschriften (§§ 1 bis 10 InsO),
2. Eröffnung des Insolvenzverfahrens. Erfasstes Vermögen und Verfahrensbeteiligte (§§ 11 bis 79 InsO),
3. Wirkungen der Eröffnung des Insolvenzverfahrens (§§ 80 bis 147 InsO),
4. Verwaltung und Verwertung der Insolvenzmasse (§§ 148 bis 173 InsO),
5. Befriedigung der Insolvenzgläubiger. Einstellung des Verfahrens (§§ 174 bis 216 InsO),
6. Insolvenzplan (§§ 217 bis 269 InsO),
7. Eigenverwaltung (§§ 270 bis 285 InsO),
8. Restschuldbefreiung (§§ 286 bis 303 InsO),
9. Verbraucherinsolvenzverfahren und sonstige Kleinverfahren (§§ 304 bis 314 InsO),
10. Besondere Arten des Insolvenzverfahrens (§§ 315 bis 334 InsO),
11. Internationales Insolvenzrecht (§§ 335 bis 358 InsO),
12. In-Kraft-Treten (§ 359 InsO).

Die nachfolgende Darstellung lässt die Restschuldbefreiung (§§ 286 bis 303 InsO), das Verbraucherinsolvenzverfahren (§§ 304 bis 334 InsO), das Nachlassinsolvenzverfahren (§§ 315 bis 331 InsO) und die beiden Verfahren im Zusammenhang mit der Gütergemeinschaft (§§ 332 bis 334 InsO) außer Betracht, weil diese Verfahren nur natürliche Personen (vgl. insbesondere §§ 286, 304 Abs. 1 Satz 1, § 315 InsO) betreffen.

4.1 Eröffnungsverfahren

Das Insolvenzverfahren kann über das Vermögen der GmbH als juristische Person des Privatrechts gem. § 11 Abs. 1 i.V.m. § 13 Abs. 1 InsO nur auf Antrag eröffnet werden. Antragsberechtigt sind die Gläubiger der GmbH und die GmbH selbst. Auch die Vor-GmbH ist insolvenzfähig im Sinne von § 11 Abs. 1 und 2 InsO (BGH vom 09.10.2003, NZG 2003, 1167).

Sofern die GmbH den Eröffnungsantrag selbst stellt, trifft die eigentliche Antragspflicht gem. § 15a Abs. 1 GmbHG den Geschäftsführer.

Sachlich zuständiges Insolvenzgericht ist grundsätzlich gem. § 2 Abs. 1 InsO das Amtsgericht, in dessen Bezirk ein Landgericht seinen Sitz hat. Es ist als Insolvenzgericht dann für den Bezirk dieses Landgerichts ausschließlich zuständig.

Die örtliche Zuständigkeit des Insolvenzgerichtes richtet sich gem. § 3 Abs. 1 InsO i.V.m. § 17 ZPO und § 4a GmbHG nach dem allgemeinen Gerichtsstand der GmbH; also nach dem durch den Gesellschaftsvertrag festgelegten und im Handelsregister eingetragenen Sitz der GmbH.

Das Insolvenzgericht hat in diesem Verfahrensstadium zu überprüfen, ob
- ein **zulässiger Insolvenzantrag** gestellt worden ist,
- ein **Eröffnungsgrund** gegeben ist und
- das Vermögen der GmbH die **Kosten des Verfahrens** (§ 54 InsO) decken wird.

4.1.1 Insolvenzgründe

Neben der eigenen Zuständigkeit und der Insolvenzfähigkeit wird das Gericht von Amts wegen prüfen, ob ein Insolvenzgrund gegeben ist (s. §§ 5 Abs. 1, 16 InsO).

Die Insolvenzordnung kennt folgende drei Insolvenzgründe:

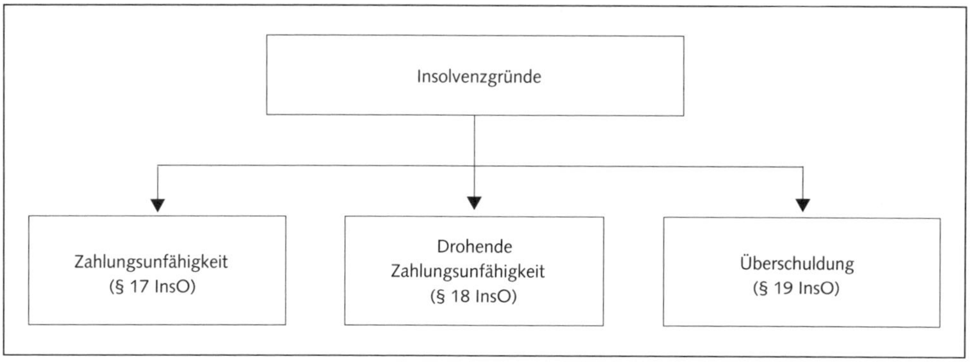

Abbildung 12: Insolvenzantragsgründe

4.1.1.1 Zahlungsunfähigkeit

Allgemeiner Eröffnungsgrund ist gem. § 17 Abs. 1 InsO die **Zahlungsunfähigkeit**. Eine GmbH ist gem. § 17 Abs. 2 InsO zahlungsunfähig, wenn sie nicht in der Lage ist, ihre fälligen Zahlungspflichten zu erfüllen. Zahlungsunfähigkeit ist in der Regel anzunehmen, wenn der Schuldner seine Zahlungen eingestellt hat.

Zu beachten ist, dass nach BGH vom 30.06.2011, Az: IX ZR 134/10; BGH vom 15.03.2012, Az: IX ZR 239/09 die Vermutung der Zahlungsunfähigkeit nicht durch den Nachweis der Zahlungsunwilligkeit des Schuldners widerlegt werden kann; erforderlich ist der Nachweis der Zahlungsfähigkeit. Nach BGH vom 24.01.2012, Az: II ZR 119/10 gelten die Voraussetzungen der Zahlungseinstellung nach den Grundsätzen der Beweisvereitelung als bewiesen, wenn der Geschäftsführer einer GmbH, der von einem Gesellschaftsgläubiger wegen Insolvenzverschleppung in Anspruch genommen wird, seine Pflicht zur Führung und Aufbewahrung von Büchern und Belegen verletzt hat und dem Gläubiger deshalb die Darlegung näherer Einzelheiten nicht möglich ist.

Nach dem BHG-Urteil vom 30.06.2011, Az: IX ZR 134/10, hat der Schuldner die Zahlungen eingestellt, wenn er einen maßgeblichen Teil der fälligen Verbindlichkeiten nicht bezahlt. Diese Feststellung kann nicht nur durch eine Gegenüberstellung der beglichenen und der offenen Verbindlichkeiten, sondern nach dem BGH auch mit Hilfe von Indiztatsachen getroffen werden:

1. Ein Indiz für eine Zahlungseinstellung ist – neben anderen Zahlungsrückständen – aus der Nichtzahlung sowie der schleppenden Zahlung von Steuerforderungen durch den Schuldner herzuleiten.
2. Eine vom Schuldner wegen Steuerverbindlichkeiten mit dem Finanzamt geschlossene Ratenzahlungsvereinbarung gestattet den Rückschluss auf die Zahlungseinstellung. Insoweit ist es ohne Bedeutung, ob die Steuerforderungen erst nach Abschluss der Stundungsvereinbarung fällig werden. Entscheidend ist vielmehr, dass sich der Schuldner im Zeitpunkt der Fälligkeit zu ihrer Zahlung außerstande sieht und deshalb vorsorglich mit dem Finanzamt eine Stundungsvereinbarung trifft.

Nach dem Urteil des BGH vom 24.05.2005, Az: IX ZR 123/04 liegt Zahlungsunfähigkeit regelmäßig vor, wenn die Liquiditätslücke des Schuldners 10% oder mehr beträgt sofern nicht ausnahmsweise mit an Sicherheit grenzender Wahrscheinlichkeit zu erwarten ist, dass die Liquiditätslücke demnächst vollständig oder fast vollständig beseitigt werden wird und den Gläubigern ein Zuwarten nach den besonderen Umständen des Einzelfalls zuzumuten ist.

Dagegen liegt Zahlungsfähigkeit regelmäßig vor, wenn eine innerhalb von drei Wochen nicht zu beseitigende Liquiditätslücke des Schuldners weniger als 10% seiner fälligen Gesamtverbindlichkeiten beträgt, es sei denn, es ist bereits absehbar, dass die Lücke demnächst mehr als 10% erreichen wird. Eine bloße Zahlungsstockung ist anzunehmen, wenn der Zeitraum nicht überschritten wird, den eine kreditwürdige Person benötigt, um sich die benötigten Mittel zu leihen. Der BGH sieht hier einen Zeitraum von drei Wochen als erforderlich, aber auch ausreichend an.

4.1.1.2 Drohende Zahlungsunfähigkeit

Beantragt der Schuldner, also die GmbH, selbst die Eröffnung des Insolvenzverfahrens im Rahmen eines Eigenantrags, so ist auch die **drohende Zahlungsunfähigkeit** gem. § 18 Abs. 1 InsO Eröffnungsgrund. Drohende Zahlungsunfähigkeit gem. § 18 InsO liegt vor, wenn der Schuldner voraussichtlich nicht in der Lage sein wird, bei Fälligkeit die bestehenden Zahlungsverpflichtungen zu erfüllen. Voraussichtlich bedeutet, dass der Eintritt der Zahlungsunfähigkeit wahrscheinlicher ist, als der Nichteintritt.

Die Fälligkeit einer Forderung ergibt sich aus Verträgen oder auch aus der Zahlungsbestimmung des Gläubigers, wenn dieser seinerseits die vereinbarte Leistung erbracht hat.

Die drohende Zahlungsunfähigkeit kann als Eröffnungsgrund nur vom Schuldner selbst, nicht aber von den Gläubigern geltend gemacht werden. Dem Schuldner soll damit die Möglichkeit gegeben werden, bereits bei Erkennbarkeit der Krise die notwendigen Schritte einzuleiten.

Stellt der GmbH-Geschäftsführer verfrüht einen Antrag ohne Prüfung von Sanierungsmöglichkeiten, führt dies zur Innenhaftung gegenüber der Gesellschaft gem. § 43 Abs. 2 GmbHG bezüglich der Schäden, die aufgrund der verfrühten Antragstellung entstehen, soweit der Geschäftsführer nicht auf ausdrückliche Weisung der Gesellschafterversammlung handelt.

Der Geschäftsführer einer Unternehmergesellschaft haftungsbeschränkt (§ 5a GmbHG) muss bei drohender Zahlungsunfähigkeit die Gesellschafterversammlung unverzüglich einberufen.

4.1.1.3 Überschuldung § 19 InsO

4.1.1.3.1 Rechtslage für die Zeit vom 01.01.1999 bis 07.10.2008

Bei einer GmbH als juristischer Person ist auch die Überschuldung gem. § 19 Abs. 1 InsO Eröffnungsgrund.

Überschuldung liegt nach § 19 Abs. 2 Satz 1 InsO a.F. vor, wenn das Vermögen des Schuldners die bestehenden Verbindlichkeiten nicht mehr deckt. Bei der Bewertung des Vermögens des Schuldners ist gem. § 19 Abs. 2 Satz 2 InsO die Fortführung des Unternehmens zugrunde zu legen, wenn diese nach den Umständen überwiegend wahrscheinlich ist.

Bezüglich der Überschuldung ergeben sich zwei bzw. max. **drei** Prüfungsschritte.

In einem **ersten Prüfungsschritt** ist zunächst eine **Überschuldungsbilanz** (Sonderbilanz) zu erstellen, bei der die Bewertung der einzelnen Vermögensgegenstände **mit Liquidationswerten** (Zerschlagungswerten) erfolgt. Die jeweiligen Wirtschaftsgüter werden dabei so bewertet, als würde das Unternehmen liquidiert. Sowohl die Handelsbilanz als auch die Steuerbilanz machen hierüber keine Aussage, da die jeweiligen Buchwerte keine Anhaltspunkte darfür geben, inwieweit in den jeweiligen Wirtschaftsgütern **stille Reserven** enthalten sind, die eine buchmäßige Überschuldung neutralisieren können (BGH vom 02.04.2001, GmbHR 2001, 473). Da der Überschuldungsstatus unter Zerschlagungsgesichtspunkten zu ermitteln ist, ist der »good will« nicht zu berücksichtigen.

Ergibt sich danach weiterhin eine Überschuldung, ist in einen **zweiten Schritt** eine **Fortführungsprognose** zu stellen. Als Prognosezeitraum geht man von einem überschaubaren Zeitraum **von zwei Jahren** aus.

Die Fortführungsprognose setzt voraus dass,

- ein schlüssiges **Unternehmenskonzept**,
- eine darauf gestützte und umsetzbare **Finanzplanung** sowie
- eine **Liquiditätsprognose** und eine
- Analyse der **Ertragskraft**

erstellt werden.

Wenn die Fortführungsprognose positiv ist, ist in einem **dritten Schritt** anhand einer **Überschuldungsbilanz mit Fortführungswerten** (ebenfalls eine Sonderbilanz) zu prüfen, ob weiterhin Überschuldung vorliegt. Die einzelnen Wirtschaftsgüter sind demnach so zu bewerten, wie sie im Rahmen eines Gesamtkaufpreises des Unternehmens in die Kaufpreisbildung einfließen würden. Im Rahmen dieser Sonderbilanz ist auch der »good will« in Ansatz zu bringen. In den meisten Fällen werden dieser und die stillen Reserven auch der wesentlichste Unterschied zwischen dem Ansatz mit Liquidationswerten und Fortführungswerten sein.

Liegt danach immer noch Überschuldung vor, ist **ebenfalls** ein Insolvenzantrag zu stellen.

4.1.1.3.2 Überschuldungsbegriff für die Zeit ab dem 18.10.2008

Durch das Finanzmarktstabilisierungsgesetz FMStG vom 17.10.2008 wurde die Definition der Überschuldung -vorübergehend – neu gefasst. Durch die Gesetzesänderung wird der alte vor Inkrafttreten der InsO geltende zweistufige Überschuldungsbegriff vorübergehend wieder eingeführt. Danach liegt Überschuldung i.S.d. InsO nur vor, wenn beide Tatbestandsmerkmale, nämlich

- rechnerische Überschuldung,
- Fehlen einer Fortführungsprognose

gegeben sind.

Dieser Überschuldungsbegriff sollte nur bis 31.12.2013 Geltung haben, wurde aber auf unbestimmte Zeit verlängert.

4.2 Antragsrecht/Antragspflicht

Bezüglich der drohenden Zahlungsunfähigkeit hat gem. § 18 Abs. 1 InsO lediglich die GmbH ein Antragsrecht, welches gem. § 15 Abs. 1 InsO durch den Geschäftsführer der GmbH oder bei Führungslosigkeit der Gesellschaft unter den Voraussetzungen des § 15a Abs. 3 GmbHG auch durch jeden Gesellschafter auszuüben ist.

Nach der Neuregelung des Schuldnerantrags nach dem ESUG gem. § 13 Abs. 1 InsO n.F. hat der Antrag des Schuldners, wenn der Geschäftsbetrieb noch nicht eingestellt ist, wie folgt zu erfolgen:

Dem Antrag des Schuldners ist ein qualifiziertes Verzeichnis der Gläubiger mit der Höhe der jeweiligen Forderungen beizufügen.
Es sollen besonders kenntlich gemacht werden:

- Die höchsten Forderungen,
- die höchsten gesicherten Forderungen,
- die Forderungen der Finanzverwaltung,
- die Forderungen der Sozialversicherungsträger sowie
- die Forderungen aus betrieblicher Altersvorsorge,

jeweils bezogen auf das vorangegangene Geschäftsjahr.

Gegebenenfalls sind die Forderungen der Höhe nach zu schätzen.

Die Angaben zur Aufschlüsselung der Forderungen sind jedoch verpflichtend und es sollte besonders kenntlich gemacht werden, wenn der Schuldner Eigenverwaltung beantragt oder die Voraussetzungen des § 22a Abs. 1 InsO n.F. vorliegen oder die Einsetzung eines vorläufigen Gläubigerausschusses beantragt wurde. Wird dagegen verstoßen, hat dies grundsätzlich die Abweisung des Antrags zur Folge.

Zudem sind grundsätzlich Angaben, bezogen auf das vorangegangene Geschäftsjahr, zu machen zur Bilanzsumme, den Umsatzerlösen und der durchschnittlichen Arbeitnehmerzahl.

Dem Verzeichnis des Schuldners über die Gläubiger und ihre Forderungen und den Angaben des Schuldners zu Bilanzsumme, Umsatzerlösen und durchschnittlicher Arbeitnehmerzahl ist eine Erklärung beizufügen, dass die enthaltenen Angaben richtig und vollständig sind.

Wenn der Geschäftsbetrieb eingestellt ist, sind dem Schuldnerantrag gem. § 13 Abs. 1 InsO n.F. ein einfaches Verzeichnis der Gläubiger und ihrer Forderungen beizufügen. Die Einreichung erfolgt gemeinsam mit dem Schuldnerantrag. Die Vorlage des Verzeichnisses ist bereits bei Insolvenzantragstellung verpflichtend.

In dem Verzeichnis sind die vorhandenen Gläubiger und die Höhe ihrer Forderungen anzugeben. Notfalls sind die Forderungen der Höhe nach zu schätzen.

Es ist eine Erklärung beizufügen, dass die in dem Verzeichnis enthaltenen Angaben richtig und vollständig sind.

Bei vollständigem Fehlen des Verzeichnisses ist i.d.R. der Eigenantrag des Schuldners fehlerhaft und es besteht die Gefahr der Zurückweisung des Antrags als unzulässig.

Das Fehlen vereinzelter Gläubiger oder einzelner Forderungen trotz gebührender Anstrengung des Schuldners hat dagegen keine Auswirkungen.

Nach dem Insolvenzantrag gibt es folgende Möglichkeiten:

- **Regelinsolvenzverfahren**
  Bei diesem Verfahren muss durch das Gericht gem. § 5 Abs. 1 InsO ermittelt werden, ob alle Umstände bekannt sind, die eine Entscheidung über den Insolvenzantrag zulassen. Danach wird entweder ein Sachverständiger mit der Erstellung eines Gutachtens beauftragt oder ein (vorläufiger) Insolvenzverwalter bestimmt.
- **Eigenverwaltungsverfahren**
  Voraussetzung dafür ist neben dem Insolvenzantrag ein Antrag auf Eigenverwaltung. Bei diesem Verfahren wird ein vorläufiger Gläubigerausschuss und danach ein vorläufiger Sachwalter gemäß § 270a InsO n.F. bestimmt.
- **Schutzschirmverfahren** für maximal 3 Monate.

Bezüglich der Zahlungsunfähigkeit (§ 17 InsO) und der Überschuldung (§ 19 InsO) hat die **GmbH eine Antragspflicht** und haben daneben die **Gläubiger der Gesellschaft ein Insolvenzantragsrecht** gem. § 14 InsO (Eigenantrag). Die Nichtbeachtung dieser Antragspflicht kann straf- und haftungsrechtliche Konsequenzen nach sich ziehen. Die Strafbarkeit kann dabei in einer Insolvenzverschleppung nach § 15a Abs. 4 InsO sowie in § 283 StGB begründet sein. Demnach stellen sich die einzelnen Antragsgründe wie folgt dar:

Der Antrag eines Gläubigers ist gem. § 14 Abs. 1 InsO zulässig, wenn der Gläubiger ein rechtliches Interesse an der Eröffnung des Insolvenzverfahrens hat und seine Forderung und den Eröffnungsgrund glaubhaft macht. Die Glaubhaftmachung erfolgt gem. § 4 InsO i.V.m. § 294 ZPO durch sämtliche präsente Beweismittel, wobei auch eine eidesstattliche Versicherung zugelassen ist. Ist der Gläubigerantrag zulässig, so hat gem. § 14 Abs. 2 InsO das Insolvenzgericht den Schuldner zu hören.

4.3 Vorläufige Sicherungsmaßnahmen

Das Insolvenzgericht hat gem. § 21 Abs. 1 InsO alle Maßnahmen zu treffen, die erforderlich erscheinen, um bis zur Entscheidung über den Antrag eine den Gläubigern nachteilige Veränderung in der Vermögenslage des Schuldners zu verhüten. Gegen die Anordnung der Maßnahme steht dem Schuldner die sofortige Beschwerde zu.

Das Insolvenzgericht kann gem. § 21 Abs. 2 InsO insbesondere

- einen **vorläufigen Insolvenzverwalter** bestellen;
- dem Schuldner ein **allgemeines Verfügungsverbot** auferlegen oder anordnen, dass Verfügungen des Schuldners nur mit Zustimmung des vorläufigen Insolvenzverwalters wirksam sind;
- Maßnahmen der **Zwangsvollstreckung gegen den Schuldner untersagen** oder einstweilen einstellen, soweit nicht unbewegliche Gegenstände betroffen sind;
- eine vorläufige **Postsperre** anordnen.

Reichen andere Maßnahmen nicht aus, so kann das Gericht die Geschäftsführer als organschaftliche Vertreter der GmbH gem. § 21 Abs. 3 InsO zwangsweise vorführen lassen.

4.3.1 Vorläufiger Insolvenzverwalter

Wie schon aus der Reihenfolge des § 21 Abs. 2 InsO hervorgeht, ist die wichtigste Sicherungsmaßnahme die Bestellung eines vorläufigen Insolvenzverwalters. Es kann sich dabei um einen starken oder einen schwachen Insolvenzverwalter handeln. In der Regel handelt es sich aufgrund der Haftungsproblematik des starken Insolvenzverwalters um einen schwachen Insolvenzverwalter. Die Rechte und Befugnisse des Insolvenzverwalters können im Hinblick auf § 22 InsO unterschiedlich stark ausgeprägt sein. Wird ein vorläufiger Insolvenzverwalter bestellt und dem Schuldner ein allgemeines Verfügungsverbot auferlegt, so geht gem. § 22 Abs. 1 InsO i.V.m. § 80 Abs. 1 InsO die Verwaltungs- und Verfügungsbefugnis über das Vermögen des Schuldners auf den vorläufigen Insolvenzverwalter über. Der Insolvenzverwalter hat in diesem Fall:

- das Vermögen der GmbH zu sichern und zu erhalten;
- die Geschäfte der GmbH bis zur Entscheidung über die Eröffnung des Insolvenzverfahrens fortzuführen, soweit nicht das Insolvenzgericht einer Stilllegung zustimmt, um eine erhebliche Verminderung des Vermögens zu vermeiden;
- zu prüfen, ob das Vermögen der GmbH die Kosten des Verfahrens decken wird;
- Aktiv- und Passivprozesse gem. § 24 Abs. 2 InsO i.V.m. §§ 85 Abs. 1 Satz 1 und 86 InsO und § 240 ZPO zu führen.

Wird ein vorläufiger Insolvenzverwalter bestellt, ohne dass der GmbH ein allgemeines Verfügungsverbot auferlegt wird, so bestimmt das Gericht die Pflichten des vorläufigen Insolvenzverwalters gem. § 22 Abs. 2 InsO. In diesem Fall spricht man von einem schwachen vorläufigen Insolvenzverwalter. In diesen Fällen ist der vorläufige Insolvenzverwalter berechtigt, die Geschäftsräume der GmbH zu betreten und dort Nachforschungen anzustellen. Die GmbH (der Geschäftsführer) hat dem vorläufigen Insolvenzverwalter Einsicht in ihre Bücher und Geschäftspapiere zu gestatten sowie erforderliche Auskünfte zu erteilen gem. § 22 Abs. 3 InsO.

4.3.2 Allgemeines Verfügungsverbot

Mit der Anordnung eines allgemeinen Verfügungsverbotes kann und darf die GmbH nicht mehr über ihr Vermögen verfügen. Die Verfügungsbefugnis geht daher auf den vorläufigen Insolvenzverwalter über. Zwischenzeitliche Verfügungen des GmbH-Geschäftsführers sind daher unwirksam (§ 24 Abs. 1 i.V.m. §§ 81, 82 InsO), können jedoch durch den Insolvenzverwalter gem. § 185 Abs. 2 BGB genehmigt werden.

Das Verfügungsverbot ist u. a. den Schuldnern der GmbH bekannt zu machen und ins Grundbuch, Schiffsregister, Schiffsbauregister und in das Register über Pfandrechte an Luftfahrzeugen einzutragen (§ 23 Abs. 3 i.V.m. §§ 32, 33 InsO). Ab dem Zeitpunkt der Bekanntmachung bzw. der Eintragung in die jeweiligen Register (z. B. Grundbuch) ist ein gutgläubiger Erwerb ausgeschlossen. Hinzuweisen ist hier auf die Verordnung zu öffentlichen Bekanntmachungen in Insolvenzverfahren im Internet vom 12.02.2002, BGBl I 2002, 677, die zuletzt durch Art. 2 des Gesetzes vom 13.02.2007, BGBl I 2007, 509, geändert worden ist und auf die Internetadresse www.insolvenzbekanntmachungen.de

4.3.3 Einstellung der Zwangsvollstreckung

Im Sicherungsinteresse der übrigen Gläubiger und zur Wahrung der Option, das Unternehmen i.R.d. Insolvenz doch fortzuführen, können Zwangsvollstreckungsmaßnahmen bereits im Eröffnungsverfahren durch das Gericht unterbunden werden, sofern eine Sanierung des Unternehmens dadurch gefährdet wäre.

Deshalb ist auf Antrag des vorläufigen Insolvenzverwalters gem. § 30d Abs. 4 ZVG die Zwangsversteigerung vor der Eröffnung des Insolvenzverfahrens einstweilen einzustellen, wenn glaubhaft gemacht wird, dass die einstweilige Einstellung zur Verhütung nachteiliger Veränderungen in der Vermögenslage der GmbH erforderlich ist. Eine Zwangsverwaltung des Grundstücks kann dagegen nicht vor der Eröffnung des Insolvenzantrages vorläufig eingestellt werden (s. § 153 ZVG).

Bei beweglichem Vermögen und Forderungen ergibt sich die Befugnis des Gerichts bereits aus § 21 Abs. 2 Nr. 3 InsO, wonach Maßnahmen der **Zwangsvollstreckung gegen den Schuldner (GmbH) untersagt** oder einstweilen eingestellt werden können.

4.3.4 Postsperre/Sonstige Sicherungsmaßnahmen

Darüber hinaus kann das Insolvenzgericht gem. § 21 Abs. 2 Nr. 4 InsO i.V.m. § 99, 101 Abs. 1 Satz 1 InsO unter den dort genannten Voraussetzungen eine Postsperre verhängen. Die Anordnung einer Postsperre ist gerechtfertigt, wenn konkrete Anhaltspunkte dafür bestehen, dass durch das Verhalten des Schuldners wesentliche Belange der Insolvenzmasse gefährdet sind und diesen bei einer Abwägung der Vorrang vor dem Schutz des Briefgeheimnisses gebührt (BGH vom 12.10.2006, Az: IX ZB 34/05).

4.3.5 Verbot der Herausgabe von Gegenständen, die mit Aus- und Absonderungsrechten belastet sind, § 21 Abs. 2 Nr. 5 InsO

Das Insolvenzgericht kann ein Verbot aussprechen, dass Gegenstände die mit Aus- oder Absonderungsrechten belastet sind, an die Gläubiger zur Verwertung herauszugeben sind. Damit wird verhindert, dass Sicherungsgläubiger dem Unternehmen im Eröffnungsverfahren Anlagevermögen oder Umlaufvermögen entziehen. Die Anordnung ist jedoch nur möglich, wenn die Gegenstände für die Unternehmensfortführung von erheblicher Bedeutung sind. Weiterhin ist es möglich, den gesicherten Gläubigern den Forderungseinzug zu untersagen. Als Ausgleich besteht eine Zinszahlungspflicht ab dem dritten Monat nach Anordnung gem. § 169 InsO.

4.3.6 Rechtsbehelfe gegen die Anordnung von Sicherungsmaßnahmen

Gem. § 21 Abs. 1 Satz 2 InsO steht dem Schuldner die sofortige Beschwerde zu.

4.3.7 Ende des Eröffnungsverfahren/Entscheidung des Insolvenzgerichts

Am Ende des Eröffnungsverfahrens wird das Insolvenzgericht den Insolvenzantrag entweder gem. § 26 Abs. 1 InsO mangels Masse abweisen, wenn nicht ein ausreichender Kostenvorschuss geleistet wurde, oder das Insolvenzverfahren eröffnen. Die Abweisung mangels Masse führt gem. § 60 Abs. 1 Nr. 5 GmbHG zwingend zur Auflösung der GmbH. Die zivilprozessuale Parteifähigkeit verliert die GmbH aber erst mit der Löschung im Handelsregister.

Liegen jedoch die Verfahrensvoraussetzungen vor und können die Verfahrenskosten durch die Insolvenzmasse gedeckt werden, wird das Insolvenzgericht mittels Beschlusses das Insolvenzverfahren eröffnen. Der Beschluss ist gem. § 30 Abs. 1 InsO sofort öffentlich bekannt zu machen. Die Bekanntmachung erfolgt unter www.insolvenzbekanntmachungen.de

Unter dieser Internetadresse sind ausschließlich öffentliche Bekanntmachungen aus Insolvenzverfahren zu finden, insbesondere
- die Anordnung und Aufhebung von Sicherungsmaßnahmen durch das Gericht,
- die Abweisung eines Insolvenzantrags mangels Masse,
- der Beschluss über die Eröffnung des Insolvenzverfahrens,
- die Entscheidung über die Aufhebung oder die Einstellung des Insolvenzverfahrens,
- Beschlüsse über die Festsetzung der Vergütung des Insolvenzverwalters, des Treuhänders und der Mitglieder des Gläubigerausschusses,
- Terminbestimmungen,
- Ankündigung der Restschuldbefreiung,
- Erteilung oder Versagung der Restschuldbefreiung.

Nicht zu finden ist jedoch die Abweisung mangels Masse.

Den Gläubigern und Schuldnern der GmbH und der GmbH selbst ist der Beschluss gem. § 30 Abs. 2 InsO eigens zuzustellen.

4.4 Hauptverfahren

Liegen sowohl Eröffnungsgrund als auch ausreichend Masse (bzw. ein entsprechender Kostenvorschuss) vor, wird das Insolvenzverfahren vom Insolvenzgericht gem. § 27 Abs. 1 InsO eröffnet.

Der Eröffnungsbeschluss enthält neben den allgemeinen Angaben des Schuldners auch den Namen und die Anschrift des Insolvenzverwalters und die Stunde der Eröffnung.

Im Eröffnungsbeschluss werden die Gläubiger gem. § 28 Abs. 1 InsO aufgefordert, ihre Forderungen innerhalb einer bestimmten Frist schriftlich beim Insolvenzverwalter einzureichen. Der Insolvenzverwalter trägt diese gem. §§ 175 f. InsO in die Gläubigertabelle ein. Der Anmeldung sollen die Urkunden, aus denen sich die Forderung ergibt, in Abdruck beigefügt werden (§ 28 Abs. 1 i.V.m. § 174 InsO). Die Frist ist auf einen Zeitraum von mindestens zwei Wochen und von höchstens drei Monaten festzusetzen.

Ebenfalls bereits i.R.d. Eröffnungsbeschlusses werden die Gläubiger gem. § 28 Abs. 2 InsO aufgefordert, dem Verwalter unverzüglich mitzuteilen, welche Sicherungsrechte sie an beweglichen Sachen oder an Rechten des Schuldners in Anspruch nehmen, damit dieser sich einen Überblick über mögliche Sicherungsrechte verschaffen kann. Die Unterlassung dieser Mitteilung kann Schadensersatzansprüche auslösen. Da Sicherungsrechte insbesondere an Grundstücken unmittelbar aus dem Grundbuch hervorgehen, bedarf es diesbezüglich keiner Mitteilung. Die Schuldner der GmbH werden gem. § 28 Abs. 3 InsO aufgefordert, nur noch an den Insolvenzverwalter zu leisten.

Des Weiteren bestimmt das Insolvenzgericht gem. § 29 Abs. 1 InsO ebenfalls im Eröffnungsbeschluss

- einen sog. **Berichtstermin** und
- einen sog. **Prüfungstermin.**
- Beide Termine können gem. § 29 Abs. 2 InsO verbunden werden; dies geschieht in der Praxis auch meist.

4.4.1 Folgen der Insolvenzeröffnung

Die Eröffnung des Insolvenzverfahrens hat insbesondere zur Konsequenz, dass die Gläubiger der GmbH nicht mehr im Wege der Einzelvollstreckung gegen diese vorgehen können, sondern auf die Gesamtvollstreckung begrenzt sind (§§ 88, 89 InsO) und das Verfügungsrecht über das Unternehmensvermögen nach § 80 Abs. 1 InsO auf den Insolvenzverwalter übergeht. Der Insolvenzverwalter hat daher das Vermögen treuhänderisch in Besitz zu nehmen (§ 148 InsO).

4.4.1.1 Rückschlagsperre (§ 88 InsO)

Hat ein Insolvenzgläubiger im letzten Monat vor dem Antrag auf Eröffnung des Insolvenzverfahrens oder nach diesem Antrag durch Zwangsvollstreckung eine Sicherung an dem zur Insolvenzmasse gehörenden Vermögen der GmbH erlangt, so wird diese Sicherung mit der Eröffnung des Verfahrens gem. § 88 InsO endgültig unwirksam (sog. **Rückschlagsperre**).

4.4.1.2 Aufrechnung (§§ 95, 96 InsO)

Das Recht des Schuldners, sich mittels **Aufrechnung** (§§ 387 ff. BGB) zu befriedigen, bleibt gem. § 94 InsO erhalten, sofern die Aufrechnungslage bereits vor der Eröffnung des Insolvenzverfahrens bestand. Andernfalls enthalten die §§ 95 und 96 InsO bezüglich der Aufrechnungsmöglichkeit detaillierte Regelungen.

4.4.1.3 Auskunfts- und Mitwirkungspflichten (§§ 97, 101 InsO)

Wie im Eröffnungsverfahren besteht auch im Hauptverfahren eine umfassende **Mitwirkungs-** und **Auskunftspflicht** insbesondere der Geschäftsführer und der Angestellten der GmbH. Diese Mitwirkungspflicht geht gem. § 97 Abs. 1 Satz 2 InsO i.V.m. § 101 InsO sogar soweit, dass die davon betroffenen Personen verpflichtet sind, Tatsachen zu offenbaren, die geeignet sind, gegen sie ein Strafverfahren bzw. Ordnungswidrigkeitsverfahren einzuleiten. Jedoch darf eine derartige Auskunft, in einem Strafverfahren oder in einem Verfahren nach dem Gesetz über Ordnungswidrigkeiten gegen die betroffenen Personen bzw. gegen in § 52 Abs. 1 StPO bezeichnete Angehörige nur mit Zustimmung der betroffenen Person verwendet werden. Wie im Eröffnungsverfahren kann auch hier mittels Haftanordnung die Mitwirkungspflicht notfalls erzwungen werden. Zur Auskunft und Mitwirkung verpflichtet sind gem. § 101 Abs. 2 InsO auch **ehemalige Geschäftsführer** bzw. **ehemalige Angestellte**, sofern diese nicht früher als zwei Jahre vor dem Eröffnungsantrag ausgeschieden sind.

4.4.1.4 Postsperre (§ 99 InsO)

Selbstverständlich besteht auch im Hauptverfahren die Möglichkeit einer Postsperre (s. § 99 InsO).

4.4.1.5 Laufende Verträge und vorhandene Rechtspositionen (§ 103 bis 123 InsO)

Die in den §§ 103 bis 123 InsO aufgeführten Vorschriften enthaltenen Regelungen bezüglich des Schicksals von laufenden Verträgen und vorhandenen Rechtspositionen. So kann der Insolvenzverwalter gem. § 103 Abs. 1 InsO bei einem zur Zeit der Eröffnung des Insolvenzverfahrens nicht oder nicht vollständig erfüllten gegenseitigen Vertrag entweder Erfüllung verlangen oder die Erfüllung seinerseits gem. § 103 Abs. 1 InsO ablehnen, mit der Konsequenz, dass der andere Teil eine Forderung wegen Nichterfüllung nur als Insolvenzgläubiger geltend machen kann. Im Einzelnen sind folgende Regelungen zu beachten:
- zu Fixgeschäfte, Finanzdienstleistungen (§ 104 InsO),
- zu Vormerkungen (§ 106 InsO),
- zum Eigentumsvorbehalt (§ 107 InsO),
- Regelungen bezüglich bestehender Dauerschuldverhältnisse; insbesondere bezüglich bestehender Miet- oder Pachtverträge und auch Arbeitsverträge (§§ 108 bis 112 InsO),
- Regelungen bezüglich bestehender Dienstverhältnisse (Kündigung und Bezüge gem. §§ 113, 114 InsO),
- zum Erlöschen von Aufträgen, zu Geschäftsbesorgungsverträgen und Vollmachten (§§ 115 bis 117 InsO),
- zu arbeitsrechtlichen Regelungen und Sondervorschriften gegenüber dem Betriebsverfassungsgesetz in §§ 121, 122 und 125 InsO.

4.4.1.6 Insolvenzanfechtung (§ 130 bis 146 InsO)

Neben der gesetzlichen Rückschlagsperre des § 88 InsO wird die Insolvenzmasse auch dadurch gestärkt, dass der Insolvenzverwalter gem. § 129 InsO die Möglichkeit hat, bestimmte Rechtshandlungen, die **vor der Eröffnung** bzw. nach der Eröffnung des Insolvenzverfahrens vorgenommen worden sind, nach Maßgabe der §§ 130 bis 146 InsO anzufechten, wenn die Insolvenzgläubiger dadurch benachteiligt wurden.

Betroffen von dieser **Insolvenzanfechtung** sind insbesondere folgende Rechtshandlungen und Leistungen:
1. Rechtshandlungen, die einem Insolvenzgläubiger eine Sicherung oder Befriedigung gewähren oder ermöglicht haben und auf die der Schuldner einen **vertraglichen Anspruch** hatte. Voraussetzung hierfür ist, dass die Rechtshandlung in den letzten drei Monaten vor dem Antrag auf Eröffnung des Insolvenzverfahrens vorgenommen worden ist, die GmbH zu diesem Zeitpunkt bereits zahlungsunfähig war **und** der Gläubiger zu dieser Zeit die Zahlungsunfähigkeit kannte, oder wenn sie nach dem Eröffnungsantrag vorgenommen worden ist und wenn der Gläubiger zur Zeit der Handlung die Zahlungsunfähigkeit oder den Eröffnungsantrag kannte. Der Kenntnis der Zahlungsunfähigkeit oder des Eröffnungs-

antrags steht die Kenntnis von Umständen gleich, die zwingend auf die Zahlungsunfähigkeit oder den Eröffnungsantrag schließen lassen. Gegenüber der GmbH nahestehenden Personen i.S.d. § 138 InsO wird die Kenntnis vermutet. (**kongruente Deckung** gem. § 130 InsO).

2. Rechtshandlungen, die einem Insolvenzgläubiger eine Sicherung oder Befriedigung gewähren oder ermöglicht haben, die er **nicht** oder **nicht in der Art** oder **nicht zu der Zeit** zu beanspruchen hatte (**inkongruente Deckung** gem. § 131 InsO).
   Bei Rechtshandlungen im letzten Monat vor dem Insolvenzeröffnungsantrag oder nach diesem Antrag ist die Anfechtung in jedem Fall möglich.
   Bei Rechtshandlungen, die innerhalb des zweiten oder dritten Monats vor dem Eröffnungsantrag vorgenommen worden sind, kommt die Anfechtung nur dann in Betracht, wenn die GmbH zur Zeit der Handlung zahlungsunfähig war oder dem Gläubiger zur Zeit der Handlung bekannt war, dass die in Rede stehende Rechtshandlung die Insolvenzgläubiger benachteiligt bzw zwingend darauf schließen konnte. Bei nahestehenden Personen wird vermutet, dass sie die Benachteiligung kannten.
3. Rechtshandlungen, die **unmittelbar** oder **vorsätzlich** die übrigen **Gläubiger benachteiligen** (§§ 132, 133 InsO).
4. **Unentgeltliche Leistung** der GmbH, wenn sie innerhalb der **letzten vier Jahre** vor dem Antrag auf Eröffnung des Insolvenzverfahrens vorgenommen wurden (§ 134 InsO).
5. Rechtshandlungen, die für die Forderung eines Gesellschafters auf Rückgewähr eines **Darlehens i.S.d. § 39 Abs. 1 Nr. 5 InsO** oder für eine gleichgestellte Forderung entweder **Sicherung** gewährt haben, wenn die Handlung in den letzten **zehn Jahren** vor dem Antrag auf Eröffnung des Insolvenzverfahrens oder nach diesem Antrag vorgenommen worden ist, oder aber Befriedigung, insbesondere **Rückzahlung, gewährt haben, wenn dies** innerhalb **des letzten Jahres** vor dem Eröffnungsantrag oder nach diesem Antrag erfolgte (§ 135 InsO).
6. Rechtshandlung, durch die einem **stillen Gesellschafter** die Einlage ganz oder teilweise zurückgewährt oder sein Anteil an dem entstandenen Verlust ganz oder teilweise erlassen wird, wenn die zugrunde liegende Vereinbarung **im letzten Jahr** vor dem Antrag auf Eröffnung des Insolvenzverfahrens oder nach diesem Antrag über das Vermögen der GmbH getroffen wurde. In diesem Fall ist die Anfechtung ausgeschlossen, wenn ein Eröffnungsgrund erst nach der Vereinbarung eingetreten ist (§ 136 InsO).

4.4.1.7 Folgen für das Besteuerungsverfahren

Aufgrund der entsprechenden Anwendung des § 240 ZPO wird das Besteuerungsverfahren mit Eröffnung des Insolvenzverfahrens unterbrochen. Die Unterbrechung tritt bereits dann ein, wenn ein starker vorläufiger Insolvenzverwalter bestellt wurde (vgl. § 240 Satz 2 ZPO). Entsprechendes gilt für Rechtsbehelfsverfahren und Rechtsbehelfsfristen. Die Unterbrechung gilt sowohl gegenüber dem Insolvenzverwalter als auch gegenüber der GmbH als Gemeinschuldnerin. Davon unberührt bleibt selbstverständlich die Befugnis des Finanzamtes, die Besteuerungsgrundlagen im Wege des Verwaltungsverfahrens (§§ 85ff., 193ff. AO) zu ermitteln. Insbesondere Steuerbescheide und Einspruchsentscheidungen zu Lasten des Gemeinschuldners (GmbH) dürfen demnach nicht mehr ergehen. Die Ansprüche aus dem Steuerschuldverhältnis hat das Finanzamt- wie andere Gläubiger auch – in die Insolvenztabelle anzumelden und den Prüfungstermin nach §§ 176, 177 InsO abzuwarten. Ggf. hat das Finanzamt weitere Forderungen zur Insolvenztabelle anzumelden bzw. berichtigen. Erlässt das Finanzamt gleichwohl einen derartigen belastenden Steuerbescheid bzw. Verwaltungsakt, ist dieser gem. § 125 AO nichtig. Mit Urteil vom 18.12.2002 hat der BFH entschieden (BStBl II 2003, 630), dass nach Eröffnung des Insolvenzverfahrens und vor Abschluss der Prüfungen gem. §§ 176, 177 InsO grundsätzlich keine Bescheide mehr erlassen werden dürfen, in denen Besteuerungsgrundlagen festgestellt oder festgesetzt werden, die die Höhe der zur Insolvenztabelle anzumeldenden Steuerforderungen (abstrakt) beeinflussen können.

4.4.2 Berichtstermin

Im Berichtstermin hat der Insolvenzverwalter gem. § 156 Abs. 1 InsO über die wirtschaftliche Lage der GmbH und ihre Ursachen zu berichten. Er hat darzulegen, ob Aussichten bestehen, das Unternehmen der GmbH im Ganzen oder in Teilen zu erhalten, welche Möglichkeiten für einen Insolvenzplan bestehen und welche Auswirkungen jeweils für die Befriedigung der Gläubiger eintreten würden.

Der GmbH als Schuldnerin, dem Gläubigerausschuss, dem Betriebsrat und dem Sprecherausschuss der leitenden Angestellten ist gem. § 156 Abs. 2 InsO im Berichtstermin Gelegenheit zu geben, zu dem Bericht des Verwalters Stellung zu nehmen.

Es ist jedoch gem. § 157 InsO Aufgabe der Gläubigerversammlung als höchstes Selbstverwaltungsorgan, i.R.d. Insolvenzverfahrens im Berichtstermin zu beschließt, ob das Unternehmen des Schuldners stillgelegt oder vorläufig fortgeführt werden soll.

Die Stimmrechtsgewichtung hängt von der Höhe der Forderung ab, wobei nachrangige Gläubiger nicht stimmberechtigt sind (vgl. hierzu §§ 76, 77 und 39 InsO). Die Beschlüsse werden mit absoluter Mehrheit der nach den Forderungsbeträgen der erschienenen Gläubiger gewichteten Stimmen gefasst (§ 76 InsO).

Die Gläubigerversammlung kann den Verwalter gem. § 157 InsO beauftragen, einen Insolvenzplan (vgl. hierzu §§ 217 ff. InsO) auszuarbeiten, und ihm das Ziel des Plans vorgeben. Sie kann ihre Entscheidungen in späteren Terminen jederzeit ändern.

Beschließt die Gläubigerversammlung die Auflösung und Liquidation der GmbH, hat der Insolvenzverwalter gem. § 159 InsO nach dem Berichtstermin unverzüglich das zur Insolvenzmasse gehörende Vermögen zu verwerten.

4.4.3 Prüfungstermin

Im Prüfungstermin werden gem. § 176 InsO die angemeldeten Forderungen **ihrem Betrag** und **ihrem Rang** nach geprüft. Die Forderungen, die vom Insolvenzverwalter, vom Schuldner oder von einem Insolvenzgläubiger bestritten werden, sind dabei einzeln zu erörtern. Im Prüfungstermin sind gem. § 177 Abs. 1 InsO auch die Forderungen zu prüfen, die nach dem Ablauf der Anmeldefrist angemeldet worden sind. Widerspricht jedoch der Insolvenzverwalter oder ein Insolvenzgläubiger dieser Prüfung oder wird eine Forderung erst nach dem Prüfungstermin angemeldet, so hat das Insolvenzgericht auf Kosten des Säumigen entweder einen besonderen Prüfungstermin zu bestimmen oder die Prüfung im schriftlichen Verfahren anzuordnen.

Wird eine angemeldete Forderung bestritten, so kann deren Inhaber das Bestehen der Forderung gem. § 179 Abs. 1 InsO im Klageweg feststellen lassen. Liegt für eine bestrittene Forderung bereits ein vollstreckbarer Schuldtitel oder ein Endurteil vor, so obliegt es gem. § 179 Abs. 2 InsO dem Bestreitenden, den Widerspruch zu verfolgen.

Alle nicht bestrittenen oder titulierten Forderungen werden vom Insolvenzverwalter in die Forderungstabelle aufgenommen und dort festgestellt. Die Eintragung in die Tabelle wirkt gem. § 178 Abs. 3 InsO für die festgestellten Forderungen ihrem Betrag und ihrem Rang nach wie ein rechtskräftiges Urteil gegenüber dem Insolvenzverwalter und allen Insolvenzgläubigern. Ihre Inhaber sind daher berechtigt, sich aus der Insolvenzmasse zu befriedigen.

4.5 Verteilung

Die Schlussverteilung erfolgt, sobald die Verwertung der Insolvenzmasse mit Ausnahme eines laufenden Einkommens der GmbH beendet ist (§ 196 InsO). Dabei werden die Gläubiger der GmbH, je nach ihrer rechtlichen Stellung in verschiedene Ränge (Rangklassen) eingeteilt.

4.5.1 Bruttovermögen des Unternehmens/Insolvenzmasse/Aussonderung

Das Insolvenzverfahren erfasst das gesamte Vermögen, das **der GmbH** als Schuldnerin zur Zeit der Eröffnung des Verfahrens **gehört** und das sie während des Verfahrens erlangt (**Insolvenzmasse**). Demnach sind vom gesamten Bruttovermögen der GmbH zunächst die Verbindlichkeiten auszuscheiden, an denen der jeweilige Gläubiger gem. § 47 InsO aufgrund eines dinglichen oder persönlichen Rechts geltend machen kann, dass ein individueller und bestimmbarer Gegenstand nicht zur Insolvenzmasse gehört (**Aussonderung**). Derartige Gläubiger sind demnach keine Insolvenzgläubiger und haben daher auch nicht ihre Forderungen gegenüber dem Insolvenzverwalter in die Tabelle anzumelden. Einer Anmeldung bedarf es jedoch insoweit, als der jeweilige Aussonderungsberechtigte keine vollständige Befriedigung aufgrund der Aussonderung erlangt. Ist ein Gegenstand, dessen Aussonderung hätte verlangt werden können, vor der Eröffnung des Insolvenzverfahrens von der GmbH oder nach der Eröffnung vom Insolvenzverwalter unberechtigt veräußert worden, so kann der Aussonderungsberechtigte gem. § 48 InsO die Abtretung des Rechts auf die Gegenleistung verlangen (**Ersatzaussonderung**), soweit diese noch aussteht. Er kann die Gegenleistung aus der Insolvenzmasse verlangen, soweit sie in der Masse **unterscheidbar** vorhanden ist.

Aussonderungsberechtigte bzw. ersatzaussonderungsberechtigte Gläubiger sind insbesondere:

- Eigentümer gem. §§ 985 BGB,
- Vorbehaltseigentümer gem. §§ 449 BGB ggf. i.V.m. § 107 InsO, nicht jedoch in den Fällen des verlängerten und erweiterten Eigentumsvorbehalts. Diese sind als Sicherungsübertragung i.S.d § 51 Nr. 1 InsO zu werten und gewähren nur ein Absonderungsrecht.
- Treugeber bei Treuhandkonten (BGH vom 24.06.2003, ZIP 2003, 1404)
- Bareinzahler, wenn die Barleistungen noch unterscheidbar (z. B. in einem Briefumschlag) vorhanden sind.

Das nach der Aussonderung verbleibende Vermögen wird als Insolvenzmasse bezeichnet.

4.5.2 Freie Aktiva/Absonderung

Gläubiger, denen ein Recht auf Befriedigung aus Gegenständen zusteht, die der Zwangsvollstreckung in das unbewegliche Vermögen unterliegen (unbewegliche Gegenstände; Immobilien), sind nach Maßgabe des Gesetzes über die Zwangsversteigerung und die Zwangsverwaltung (ZVG) gem. § 49 InsO zur abgesonderten Befriedigung berechtigt. Im Gegensatz zum Aussonderungsberechtigten, der die Nichtzugehörigkeit des Gegenstands zur Masse geltend macht, macht der Absonderungsberechtigte ein Recht auf bevorzugte Befriedigung aus einem Massegegenstand geltend. Absonderungsberechtigte sind zugleich auch Insolvenzgläubiger, soweit ihnen der Schuldner auch persönlich haftet gem. § 52 InsO.

Gläubiger, die an einem Gegenstand der Insolvenzmasse
- ein **rechtsgeschäftliches Pfandrecht** (§§ 1204 ff. BGB),
- ein durch **Pfändung erlangtes Pfandrecht** (§§ 803 ZPO) oder
- ein **gesetzliches Pfandrecht** (z. B. Werkunternehmerpfandrecht gem. § 647 BGB) haben,

sind gem. § 50 Abs. 1 InsO nach Maßgabe der §§ 166 bis 173 InsO für Hauptforderung, Zinsen und Kosten zur abgesonderten Befriedigung aus dem Pfandgegenstand berechtigt.

Das nach § 562 BGB ggf. i.V.m. § 581 Abs. 2 BGB bestehende **Vermieter- bzw. Verpächterpfandrecht** kann im Insolvenzverfahren gem. § 50 Abs. 2 InsO wegen der Miete oder Pacht für eine frühere Zeit als **die letzten zwölf Monate** vor der Eröffnung des Verfahrens sowie wegen der Entschädigung, die infolge einer Kündigung des Insolvenzverwalters zu zahlen ist, nicht geltend gemacht werden.

Folgende Gläubiger sind gem. § 51 InsO ebenfalls Absonderungsberechtigte:
- Gläubiger, denen der Schuldner zur Sicherung eines Anspruchs eine bewegliche Sache übereignet oder ein Recht übertragen hat (Sicherungseigentümer, verlängerter Eigentumsvorbehalt);
- Gläubiger, denen ein Zurückbehaltungsrecht an einer Sache zusteht, weil sie etwas zum Nutzen der Sache verwendet haben, soweit ihre Forderung aus der Verwendung den noch vorhandenen Vorteil nicht übersteigt; wobei das allgemeine Zurückbehaltungsrecht des § 273 BGB hierfür nicht ausreicht;
- Gläubiger, denen ein kaufmännisches Zurückbehaltungsrecht gem. §§ 369 ff. HGB (vgl. insbesondere § 371 Abs. 1 HGB) zusteht;
- Bund, Länder, Gemeinden und Gemeindeverbände, soweit ihnen zoll- und steuerpflichtige Sachen nach gesetzlichen Vorschriften als Sicherheit für öffentliche Abgaben dienen.

Zu berücksichtigen ist dabei jedoch, dass der Insolvenzverwalter gem. § 166 Abs. 1 InsO eine bewegliche Sache, an der ein Absonderungsrecht besteht, freihändig verwerten darf, wenn er die Sache in seinem Besitz hat. Darüber hinaus darf der Verwalter gem. § 166 Abs. 2 InsO i.d.R. eine Forderung, die der Schuldner zur Sicherung eines Anspruchs abgetreten hat, einziehen oder in anderer Weise verwerten. Nach der Verwertung einer beweglichen Sache oder einer Forderung durch den Insolvenzverwalter sind gem. § 170 Abs. 1 InsO aus dem Verwertungserlös die Kosten der Feststellung (pauschal 4% des Erlöses gem. § 171 Abs. 1 InsO) und die Kosten der Verwertung (i.d.R. pauschal 5% des Erlöses gem. § 171 Abs. 2 InsO) des Gegenstands vorweg für die Insolvenzmasse zu entnehmen. Die aussonderungsberechtigten Gläubiger erhalten daher – bei einer Pauschalierung – lediglich 91% des Verkaufserlöses.

Außerdem wird von der Insolvenzmasse der Betrag abgezogen, der durch Gläubiger, die sich der Aufrechnung gem. §§ 94 bis 96 InsO bedienen, an Forderungen verloren geht.

4.5.3 Freie Aktiva/Kritische Masse/Teilungsmasse/Restmasse

Das nach Absonderung und Aufrechnung verbleibende Vermögen wird als **freie Aktiva** bezeichnet. Aus der Insolvenzmasse sind gem. § 53 InsO die Kosten des Insolvenzverfahrens (Kosten des Insolvenzverwalters, Gerichtskosten usw.) vorweg zu berichtigen.

Der danach übrig bleibende Betrag wird als **kritische Masse** bezeichnet. Dieser Betrag muss positiv sein, damit dass Insolvenzverfahren überhaupt eröffnet wird, ansonsten wird es, wie oben dargelegt, mangels Masse abgewiesen.

Von der kritischen Masse werden dann gem. §§ 53 InsO zunächst die sonstigen Masseverbindlichkeiten i.S.d. § 55 InsO beglichen. Darunter fallen insbesondere Ansprüche aus Geschäften, die der Insolvenzverwalter im Zuge des Insolvenzverfahrens bzw. der vorläufige Insolvenzverwalter tätigt.

Der übrige Betrag ist die **Teilungsmasse** und dient nun gem. § 38 InsO zur quotenmäßigen Befriedigung der unbesicherten Insolvenzgläubiger.

Sofern danach noch eine **Restmasse** übrig bleibt, werden die nachrangigen Insolvenzgläubiger gem. § 39 InsO in folgender Rangfolge, bei gleichem Rang nach dem Verhältnis ihrer Beträge befriedigt:

- die seit der Eröffnung des Insolvenzverfahrens laufenden Zinsen der Forderungen der Insolvenzgläubiger;
- die Kosten, die den einzelnen Insolvenzgläubigern durch ihre Teilnahme am Verfahren erwachsen;
- Geldstrafen, Geldbußen, Ordnungsgelder und Zwangsgelder sowie solche Nebenfolgen einer Straftat oder Ordnungswidrigkeit, die zu einer Geldzahlung verpflichten;
- Forderungen auf eine unentgeltliche Leistung des Schuldners;
- Forderungen auf Rückgewähr eines Gesellschafterdarlehens oder Forderungen aus Rechtshandlungen, die einem solchen Darlehen wirtschaftlich entsprechen.

4.6 Eigenverwaltung

Voraussetzung für die Eigenverwaltung ist neben dem Insolvenzantrag ein Antrag auf Eigenverwaltung. Zudem dürfen keine Umstände bekannt sein, die erwarten lassen, dass die Anordnung zu Nachteilen für die Gläubiger führen gem. § 270 Abs. 2 InsO. Bei diesem Verfahren wird ein vorläufiger Gläubigerausschuss und danach ein vorläufiger Sachwalter gem. §§ 270b Abs. 2 Nr. 1, 270a InsO n.F. bestimmt.

Gem. § 270 Abs. 3 InsO ist vor der Entscheidung über den Antrag dem vorläufigen Gläubigerausschuss Gelegenheit zur Äußerung zu geben, wenn dies nicht offensichtlich zu einer nachteiligen Veränderung in der Vermögenslage des Schuldners führt. Wird der Antrag von einem einstimmigen Beschluss des vorläufigen Gläubigerausschusses unterstützt, so gilt die Anordnung nicht als nachteilig für die Gläubiger.

Wenn das Gericht den Antrag des Schuldners auf Eigenverwaltung nicht als offensichtlich aussichtslos ansieht, soll es im Eröffnungsverfahren davon absehen, dem Schuldner ein allgemeines Verfügungsverbot aufzuerlegen (§ 270a Abs. 1 Satz 1 Nr. 1 InsO n.F.) oder anzuordnen, dass Verfügungen des Schuldners nur mit Zustimmung eines vorläufigen Insolvenzverwalters wirksam sind (§ 270a Abs. 1 Satz 1 Nr. 2 InsO n.F.).

Anstelle des vorläufigen Insolvenzverwalters wird ein vorläufiger Sachwalter bestellt, auf den §§ 274, 275 InsO entsprechend anzuwenden sind (§ 270a Abs. 1 Satz 2 InsO n.F.).

Gegenüber der Altregelung wird die Eigenverwaltung häufiger anzuordnen sein.

Hat der Schuldner den Eröffnungsantrag bei drohender Zahlungsunfähigkeit gestellt sowie Eigenverwaltung beantragt und das Gericht sieht die Voraussetzungen der Eigenverwaltung als nicht gegeben an, hat das Gericht gemäß § 270a Abs. 2 InsO n.F. seine Bedenken dem Schuldner mitzuteilen und diesem Gelegenheit zu geben, den Eröffnungsantrag vor der Entscheidung über die Eröffnung zurückzunehmen.

4.7 Schutzschirmverfahren

Das Schutzschirmverfahren ist eine besondere Form der Eigenverwaltung. Ziel des Schutzschirmverfahrens ist die Eigenverwaltung und die Erstellung eines Insolvenzplans.

Die Anordnung setzt voraus, dass sie vom Schuldner beantragt worden ist und dass keine Umstände bekannt sind, die erwarten lassen, dass die Anordnung zu Nachteilen für die Gläubiger führen wird. Zudem darf nur drohende Zahlungsunfähigkeit oder Überschuldung vorliegen und die Sanierung darf nicht offensichtlich aussichtslos sein. Diese Voraussetzungen sind von einem in Insolvenzsachen erfahrenen RA, StB, WP oder einer Person mit vergleichbarer Qualifikation zu bescheinigen. Der Schuldner hat dann innerhalb von höchstens 3 Monaten einen Insolvenzplan zu erarbeiten § 270b Abs. 1 Satz 2 InsO n.F.

Bei Vorliegen der Voraussetzungen ist ein vorläufiger Sachwalter gem. §§ 270a Abs. 1, 270b Abs. 2 Satz 1 InsO n.F. zu bestellen. Vom Schuldnervorschlag darf nur bei offensichtlicher Ungeeignetheit abgewichen werden und es besteht eine Pflicht des Gerichts zur Begründung bei Abweichung. Der Sachwalter muss personenverschieden von dem Aussteller der Bescheinigung nach § 270b Abs. 1 InsO n.F. sein.

Der Sachwalter hat die wirtschaftliche Lage des Schuldners, § 274 Abs. 2 Satz 1, 1. Alt. InsO zu prüfen und die Geschäftsführung zu überwachen gem. § 274 InsO. Weiterhin stehen ihm die Rechte aus § 22 Abs. 3 InsO zu.

Das Insolvenzgericht hat eine Frist zur Vorlage des Insolvenzplans in höchstens 3 Monaten zu setzen gem. § 270b Abs. 1 InsO n.F. Auf Antrag hat das Gericht anzuordnen, dass der Schuldner Masseverbindlichkeiten begründet gem. § 270b Abs. 3 InsO n.F.

4.8 Insolvenzplanverfahren

Der Insolvenzplan nach den §§ 217 ff. InsO ist eine von dem Insolvenzgericht bestätigte Vereinbarung zwischen den am Insolvenzverfahren beteiligten Gläubigern und dem Gemeinschuldner. Je nach Ausgestaltung kann der Insolvenzplan verschiedene Intentionen haben:

1. Die Liquidation des Gemeinschuldners,
2. die Übertragung des Unternehmens auf Dritte oder
3. die Sanierung des Unternehmens.

Der Insolvenzplan besteht aus dem darstellenden Teil und aus dem gestaltenden Teil gem. § 219 InsO.

Im darstellenden Teil des Insolvenzplans wird gem. § 220 InsO beschrieben, welche Maßnahmen nach der Eröffnung des Insolvenzverfahrens getroffen worden sind oder noch getroffen werden sollen, um die Grundlagen für die geplante Gestaltung der Rechte der Beteiligten zu schaffen. Der darstellende Teil soll alle sonstigen Angaben zu den Grundlagen und den Auswirkungen des Plans enthalten, die für die Entscheidung der Beteiligten über die Zustimmung zum Plan und für dessen gerichtliche Bestätigung erheblich sind gem. § 220 Abs. 2 InsO.

Im gestaltenden Teil des Insolvenzplans wird gem. § 221 InsO festgelegt, wie die Rechtsstellung der Beteiligten durch den Plan geändert werden soll. Der Insolvenzverwalter kann durch den Plan bevollmächtigt werden, die zur Umsetzung notwendigen Maßnahmen zu ergreifen und offensichtliche Fehler des Plans zu berichtigen.

Gem. § 225a Abs. 2 Satz 1 InsO n.F. kann im gestaltenden Teil des Insolvenzplans vorgesehen werden, dass Forderungen von Gläubigern in Anteils- oder Mitgliedschaftsrechten am Schuldner umgewandelt werden. Eine Umwandlung gegen den Willen der betroffenen Gläubiger ist ausgeschlossen gem. § 225a Abs. 2 Satz 2 InsO n.F.

Der Plan kann weiterhin eine Kapitalherabsetzung oder -erhöhung, die Leistung von Sacheinlagen, den Ausschluss von Bezugsrechten oder die Zahlung von Abfindungen an ausscheidende Anteilsinhaber vorsehen (§ 225a Abs. 2 Satz 3 InsO n.F.).

Gegen den Beschluss, durch den der Insolvenzplan bestätigt oder versagt wurde, ist das Rechtsmittel der sofortigen Beschwerde nach § 253 Abs. 1 InsO n.F. gegeben. Die sofortige Beschwerde ist nur zulässig, wenn der Beschwerdeführer gem. § 253 Abs. 2 InsO n.F.

1. dem Plan spätestens im Abstimmungstermin schriftlich oder zu Protokoll widersprochen hat,
2. gegen den Plan gestimmt hat und
3. glaubhaft macht, dass er durch den Plan wesentlich schlechter gestellt wird als er ohne einen Plan stünde, und dass dieser Nachteil nicht durch eine Zahlung aus den in § 251 Abs. 3 InsO n.F. genannten Mitteln ausgeglichen werden kann.

Gem. § 253 Abs. 3 InsO n.F. gelten die Voraussetzungen des § 253 Abs. 2 Nr. 1 und 2 InsO nur, wenn in der öffentlichen Bekanntmachung des Termins (§ 235 Abs. 2 InsO) und in den Ladungen zum Termin (§ 235 Abs. 3 InsO) auf die Notwendigkeit des Widerspruchs und der Ablehnung des Plans besonders hingewiesen wurde.

Gem. § 253 Abs. 4 InsO n.F. wird auf Antrag des Insolvenzverwalters die Beschwerde unverzüglich zurückgewiesen, wenn das alsbaldige Wirksamwerden des Insolvenzplans vorrangig erscheint, weil die Nachteile einer Verzögerung des Planvollzugs nach Überzeugung des Gerichts die Nachteile für Beschwerdeführer überwiegen.

Dies gilt jedoch nicht bei besonders schwerem Rechtsverstoß.

5 Auflösung und Liquidation

Die Beendigung einer GmbH vollzieht sich grundsätzlich in drei Schritten:

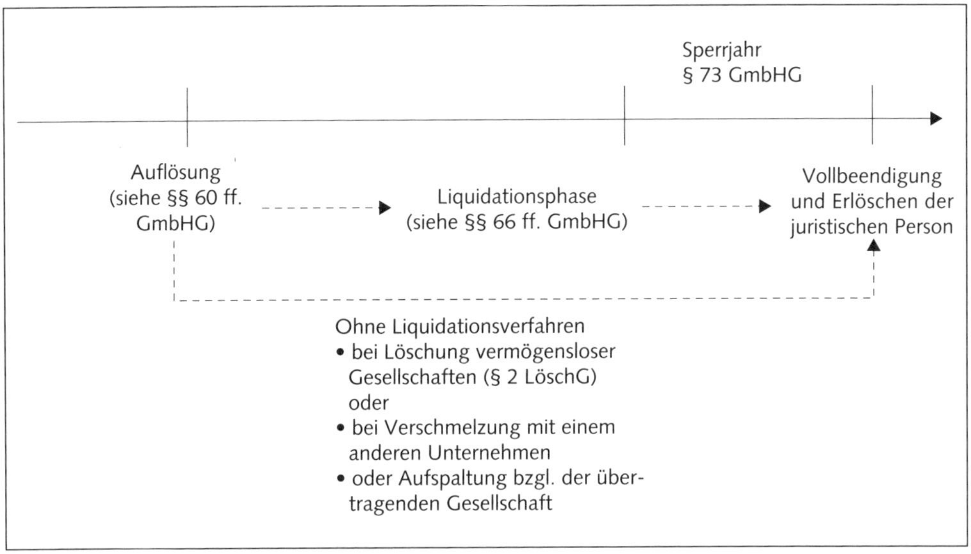

Abbildung 13: Phasen bei der Beendigung einer GmbH

5.1 Die Auflösung der GmbH

Die Auflösung der GmbH bedeutet nicht ihre Beendigung, sondern nur das Ende ihrer werbenden Tätigkeit. Mit der Auflösung tritt sie in das Stadium der Abwicklung (Liquidation) ein. Die Liquidation kann mitunter lange Zeit beanspruchen. In dieser Zeit wird die GmbH abgewickelt. Erst mit Vermögensverteilung und Löschung im Handelsregister wird die GmbH beendet.

Die Auflösung kann mehrere Ursachen haben (§ 60 GmbHG):

- Ablauf der im Gesellschaftsvertrag bestimmten Zeit (z. B. Projektgesellschaften);
- Gesellschafterbeschluss mit der Mehrheit von 3/4 der abgegebenen Stimmen;
- gerichtliches Urteil im Falle einer Auflösungsklage nach § 61 GmbHG;
- behördlicher Beschluss im Falle der Auflösung bei Gefährdung des Allgemeinwohls (§ 62 GmbHG);
- Eröffnung des Insolvenzverfahrens (§ 27 InsO); im Falle des § 213 InsO (Einstellung auf Antrag des Schuldners) und § 258 InsO (Aufhebung des Insolvenzverfahrens nach Rechtskraft des Insolvenzplans) können die Gesellschafter die Fortsetzung der Gesellschaft beschließen;
- rechtskräftiger Beschluss, wonach die Eröffnung des Insolvenzverfahrens mangels Masse abgelehnt wurde (§ 26 InsO);
- rechtskräftiger Beschluss des Registergerichts, dass der Gesellschaftsvertrag Mängel hat oder die Verpflichtungen nach § 19 Abs. 4 GmbHG nicht eingehalten wurden;
- Löschung der Gesellschaft wegen Vermögenslosigkeit (§ 394 FamFG);

- weitere im Gesellschaftsvertrag festgelegte Auflösungsgründe (§ 60 Abs. 2 GmbHG, z. B. Tod oder Insolvenz eines Gesellschafters oder Verlust einer behördlichen Erlaubnis).

Die Auflösung der GmbH ist nach § 65 Abs. 1 GmbHG zur Eintragung in das **Handelsregister** anzumelden. Im Fall der Eröffnung oder der Ablehnung der Eröffnung des Insolvenzverfahrens und der gerichtlichen Feststellung eines Mangels des Gesellschaftsvertrags oder der Nichteinhaltung der Verpflichtungen nach § 19 Abs. 4 GmbHG erfolgt die Eintragung von Amts wegen.

Die Eintragungsverpflichtung besteht nicht, wenn die Gesellschaft wegen Vermögenslosigkeit gelöscht wird.

Die Auflösung ist von den Liquidatoren in den Gesellschaftsblättern bekanntzumachen (§ 65 Abs. 2 GmbHG). In der Bekanntmachung sind die Gläubiger der GmbH aufzufordern, sich bei der GmbH zu melden.

5.2 Liquidation

Grundsätzlich ist der Geschäftsführer zum **Liquidator** berufen (§ 66 Abs. 1 GmbHG). Durch Gesellschaftsvertrag oder Beschluss der Gesellschafter können auch andere Personen als Liquidatoren bestimmt werden. Vereinigen Gesellschafter zusammen mindestens 10 % der Anteile, so können diese aus wichtigen Gründen (z. B. kein Vertrauen zum Geschäftsführer) beantragen, dass die Bestellung von Liquidatoren durch das Gericht erfolgt.

Im Falle eines **Insolvenzverfahrens** übernimmt der Insolvenzverwalter die Funktion des Liquidators (§§ 56, 80 InsO).

Da im Falle der Löschung wegen Vermögenslosigkeit (nicht zu verwechseln mit der Einstellung des Insolvenzverfahrens mangels Masse) eine Liquidation nicht stattfindet, braucht in diesem Fall auch kein Liquidator bestellt zu werden.

Die Liquidatoren haben nach § 70 GmbHG die laufenden Geschäfte zu beendigen, die Verpflichtungen der aufgelösten Gesellschaft zu erfüllen, ihre Forderungen einzuziehen und das **Vermögen** der Gesellschaft zu **verwerten**. Sie haben die Gesellschaft gerichtlich und außergerichtlich zu vertreten. Zur Beendigung schwebender Geschäfte (z. B. laufender Werkvertrag) können die Liquidatoren auch neue Geschäfte eingehen (z. B. Kaufverträge über Material). Die Liquidatoren haben unstreitige und fällige Verbindlichkeiten (Miete, Löhne etc.) zu erfüllen. Verbindlichkeiten, die umstritten, unklar oder betagt sind, sind wahlweise durch Hinterlegung beim Amtsgericht des Leistungsortes oder durch Sicherheitsleistung zu erfüllen.

Die Liquidatoren haben für den Beginn der Liquidation nach § 71 Abs. 1 GmbHG eine **Liquidations-Eröffnungsbilanz** einschließlich eines erläuternden Berichts sowie für den Schluss eines jeden Jahres einen Jahresabschluss und einen Lagebericht zu erstellen.

Auf die Eröffnungsbilanz und den erläuternden Bericht sind die Vorschriften über den Jahresabschluss entsprechend anzuwenden (vgl. §§ 264 ff. HGB). Vermögensgegenstände des Anlagevermögens sind wie Umlaufvermögen zu bewerten, soweit die Veräußerung innerhalb eines überschaubaren Zeitraums beabsichtigt ist oder diese Vermögensgegenstände nicht mehr dem Geschäftsbetrieb dienen. Dies bedeutet insbes., dass nach § 253 Abs. 4 HGB das strenge **Niederstwertprinzip** gilt.

Auf allen Geschäftsbriefen muss ein Zusatz (GmbH i.L.) auf die Liquidationsphase hinweisen (§ 71 Abs. 5 GmbHG).

Nach Tilgung der Schulden und Verbindlichkeiten ist der Liquidator verpflichtet, das **Vermögen** der Gesellschaft (Geld oder Sachwerte) unter die Gesellschafter nach dem Verhältnis ihrer Geschäftsanteile zu **verteilen** (§ 72 GmbHG). Durch den Gesellschaftsvertrag kann ein anderes Verhältnis für die Verteilung bestimmt werden.

Während der Liquidation ist eine Gewinnausschüttung unzulässig. § 72 GmbHG ist insoweit lex specialis zu § 29 GmbHG. Über § 30 GmbHG hinaus gilt dies auch für Kapital- oder Gewinnrücklagen aus der Zeit vor Auflösung.

Die Verteilung darf aber nach § 73 Abs. 1 GmbHG nicht vor Ablauf eines Jahres seit der dritten Veröffentlichung in einem öffentlichen Nachrichtenblatt erfolgen (sog. **Sperrjahr**).

Liquidatoren, die diese Vorschrift nicht beachten, sind nach § 73 Abs. 3 GmbHG gesamthänderisch zum Schadenersatz verpflichtet.

Nach Beendigung der Liquidation und Erstellung der Schlussrechnung hat der Liquidator den Schluss der Liquidation zur Eintragung in das Handelsregister anzumelden. Erst mit Löschung im Handelsregister ist die Gesellschaft voll beendet.

5.3 Liquidationsbesteuerung (§ 11 KStG)

5.3.1 Besteuerungszeitraum

Die GmbH i.L. unterliegt noch so lange der unbeschränkten KSt-Pflicht, bis die Liquidation rechtsgültig abgeschlossen ist (R 51 Abs. 2 KStR). Zum rechtsgültigen Abschluss der Liquidation gehört auch der Ablauf des Sperrjahres (§ 73 Abs. 1 GmbHG). Auch wenn die GmbH vor Ablauf des Sperrjahres ihr Gesellschaftsvermögen vollständig ausgeschüttet hat, ist sie damit noch nicht erloschen. Die Löschung im Handelsregister ist für sich allein ohne Bedeutung.

Veranlagungs- und Gewinnermittlungszeitraum ist nach § 7 Abs. 4 KStG grundsätzlich das Wj. Im Falle einer Liquidation wird von dieser Regel eine Ausnahme gemacht. In den Fällen des § 11 KStG ist nicht das Wj., sondern der »Zeitraum der Abwicklung« Besteuerungszeitraum und damit Veranlagungs- und Gewinnermittlungszeitraum. Zweck dieser Ausnahmeregelung ist es, den gesamten während der Liquidation entstandenen Gewinn einheitlich zu ermitteln und in einer einzigen Veranlagung zu erfassen und zu besteuern. Dadurch soll das Besteuerungsverfahren vereinfacht werden. Der besondere Besteuerungszeitraum soll **drei Jahre** nicht übersteigen.

Der besondere Besteuerungszeitraum **beginnt** mit dem Wj., in das die Auflösung fällt (R 51 Abs. 1 KStR). Erfolgt die Auflösung im Laufe eines Wj., so kann ein Rumpf-Wj. gebildet werden, das vom Schluss des vorangegangenen Wj. bis zur Auflösung geht.

Reicht der Dreijahreszeitraum für die Abwicklung nicht aus, sind die danach beginnenden weiteren Besteuerungszeiträume grundsätzlich jeweils auf ein Jahr begrenzt (R 51 Abs. 1 Satz 6 KStR). Dies entspricht dem Übergang zu einer regulären jährlichen KSt-Veranlagung. Damit soll verhindert werden, dass die Liquidation künstlich verzögert wird. Andererseits wird es viele Fälle geben, in denen aufgrund schwieriger Vermögensverhältnisse, Aktiv- und Passivprozessen u. ä. sich die Abwicklungsdauer erheblich verlängert.

Werden während des dreijährigen besonderen Besteuerungszeitraums handelsrechtliche Liquidationsbilanzen erstellt, haben diese für die Besteuerung keine Bedeutung.

5.3.2 Ermittlung des Liquidationsgewinns

Zur Ermittlung des Liquidationsgewinns ist das Abwicklungs-Endvermögen dem Abwicklungs-Anfangsvermögen gegenüberzustellen (§ 11 Abs. 2 KStG). Damit werden letztlich die stillen Reserven des Unternehmens sowie die Erträge im Abwicklungszeitraum besteuert.

5.3.2.1 Abwicklungs-Anfangsvermögen

Abwicklungs-Anfangsvermögen ist das Betriebsvermögen, das am Schluss des der Auflösung vorangegangenen Wj. der Veranlagung zur KSt zugrunde gelegt worden ist (§ 11 Abs. 4 KStG).

Fällt der Auflösungszeitraum in ein laufendes Wj., kann nach R 51 Abs. 1 KStR ein **Rumpf-Wirtschaftsjahr** gebildet werden, das dann nicht in den Abwicklungszeitraum einzubeziehen ist.

Beispiel 1
Das Wj. der X-GmbH ist identisch mit dem Kj. Die Gesellschafterversammlung beschließt am 20.12.2012 die Auflösung der Gesellschaft ab 01.01.2013.

Lösung
Der Abwicklungszeitraum beginnt am 01.01.2013. Der Gewinn des Jahres 2011 ist regulär zu versteuern. Als Abwicklungs-Anfangsvermögen sind die Steuerbilanzwerte zum 31.12.2012 anzusetzen.

Beispiel 2
Variante von Beispiel 1: Das Wj. der X-GmbH geht vom 01.10. bis 30.09.

Lösung
Die GmbH kann ein Rumpf-Wj. vom 01.10.2012 bis 31.12.2013 bilden. Der KSt-Veranlagung 2012 sind die Bilanz des Wj. 2011/2012 und des Rumpf-Wirtschaftsjahrs 2012 zugrunde zu legen. Die Liquidationsbesteuerung beginnt – wie im Grundfall – am 01.01.2013.

Ist für den vorangegangenen Veranlagungszeitraum eine Veranlagung nicht durchgeführt worden, so ist das Betriebsvermögen anzusetzen, das im Falle einer Veranlagung nach den steuerrechtlichen Vorschriften über die Gewinnermittlung auszuweisen gewesen wäre (§ 11 Abs. 4 Satz 2 KStG). Anzusetzen sind damit die **Buchwerte** der letzten Steuerbilanz. Dabei ist der Bilanzenzusammenhang (vgl. § 4 Abs. 1 EStG) zu wahren.

War am Schluss des vorangegangenen Veranlagungszeitraums Betriebsvermögen nicht vorhanden, so gilt als Abwicklungs-Anfangsvermögen die Summe der später geleisteten Einlagen. Dieser Fall kommt insbesondere dann vor, wenn eine GmbH im Jahr der Gründung bereits wieder liquidiert wird.

Auf die Gewinnermittlung sind im Übrigen die allgemeinen Vorschriften (also z. B. §§ 9, 10 KStG) anzuwenden.

Eigene Anteile sind – im Gegensatz zum Abwicklungsendvermögen – nach den Grundsätzen des § 272 Abs. 1a HGB anzusetzen.

5.3.2.2 Abwicklungs-Endvermögen

Die Bewertung des Abwicklungs-Endvermögens erfolgt mit dem **gemeinen Wert**, da nur so die stillen Reserven ermittelt werden können. Daher sind die §§ 5 und 6 EStG nicht maßgeblich. **Werterhellende** Umstände, die bis zum Zeitpunkt der Veranlagung bekannt werden, sind bei der Ermittlung des maßgeblichen Endvermögens zu berücksichtigen.

Ein **Firmen**- oder **Geschäftswert** ist nur anzusetzen, wenn er entgeltlich erworben wurde (BFH vom 14.02.1978, BStBl II 1979, 99).

Abwicklungs-Endvermögen ist gem. § 11 Abs. 3 KStG das zur Verteilung kommende Vermögen, vermindert um die **steuerfreien Vermögensmehrungen**, die der GmbH i.L. im Abwicklungszeitraum zugeflossen sind (z. B. § 8b KStG, nach DBA steuerfreie Einkünfte, steuerfreie Investitionszulage, § 3 EStG).

Beispiel

Das Abwicklungs-Endvermögen der X-GmbH beträgt am 31.12.2013 1,2 Mio. €. Darin enthalten sind 200.000 € aus einer Ausschüttung der A-AG im Liquidationszeitraum.

Lösung

Die Ausschüttung fällt unter § 8b Abs. 1 KStG. Danach sind die Dividenden in der Bilanz als stpfl. zu behandeln. Außerbilanziell erfolgt dann eine Kürzung um 200.000 € und eine Hinzurechnung nach § 8b Abs. 3 KStG um (5 % × 200.000 € =) 10.000 €.
Das Liquidations-Endvermögen ist sonach mit (1,2 Mio. € ./. 200.000 € + 10.000 € =) 1.010.000 € anzusetzen. Es ergibt sich letztlich dasselbe Ergebnis wie bei einer laufenden Versteuerung.

Verdeckte Einlagen der Gesellschafter sind grundsätzlich auch nach Eröffnung der Liquidation noch zulässig. Meist wird es sich um einen Forderungsverzicht der Gesellschafter handeln. Einlagen in der Liquidationsphase sind nach den allgemeinen Kriterien zu beurteilen. Anzusetzen ist daher nur der werthaltige Teil.

Beispiel

Die Y-GmbH befindet sich in Liquidation. Bei der Ermittlung des Abwicklungs-Endvermögens ist vorläufig eine Verbindlichkeit der GmbH berücksichtigt, die aus einem Darlehen des Gesellschafters G i.H.v. 50.000 € stammt. Damit beläuft sich das Endvermögen auf 10.000 €. Da die GmbH zahlungsunfähig ist, verzichtet G auf seine Forderung gegenüber der GmbH.

Lösung

Der Verzicht führt dazu, dass das Liquidations-Endvermögen um den Betrag der Verbindlichkeit steigt (also auf 60.000 €). Da der Verzicht aber auf gesellschaftsrechtlicher Grundlage erfolgte, darf er das Einkommen nicht beeinflussen (§ 8 Abs. 3 Satz 3 KStG). Daher ist grundsätzlich der Jahresüberschuss außerbilanziell um den werthaltigen Teil der Einlage zu kürzen. Da der Darlehensanspruch des Gesellschafters aber wegen der Zahlungsunfähigkeit wertlos ist, unterbleibt eine Korrektur.

Da das zur Verteilung kommende Vermögen maßgebend ist, umfasst dieses nicht nur das am Schluss der Abwicklung noch zu verteilende Vermögen, sondern auch die bereits während der laufenden Abwicklung als Vorschüsse auf das Abwicklungsergebnis verteilten Vermögenswerte.

Wird im Abwicklungszeitraum der Gewinn eines **vorangegangenen** Wj. **ausgeschüttet**, so ist das Abwicklungs-Endvermögen entsprechend zu kürzen (§ 11 Abs. 4 Satz 3 KStG). Dadurch wird sichergestellt, dass Ausschüttungen im Abwicklungszeitraum den Liquidationsgewinn nicht schmälern (Gedanke des § 8 Abs. 3 KStG).

Davon zu unterscheiden sind Gewinne des Abwicklungszeitraums. Diese dürfen – weder offen noch verdeckt – ausgeschüttet werden. Derartige Zuwendungen stellen Liquidationsraten dar und sind ebenfalls dem Endvermögen hinzuzurechnen.

Beispiel

Die X-GmbH befindet sich im Abwicklungsstadium. Am 31.12.2012 ist ein Liquidations-Endvermögen i.H.v. 70.000 € vorhanden. Am 20.02.2012 wurde im Vorgriff auf die Schlussverteilung des Vermögens an die Gesellschafter ein Betrag i.H.v. 60.000 € ausbezahlt.

Lösung

Ohne Korrektur des Endvermögens würde sich die Auszahlung gewinnmindernd auswirken. Daher ist das Endvermögen um den Betrag von 60.000 € zu erhöhen.

Für die Bewertung des Abwicklungs-Endvermögens gelten die allgemeinen Grundsätze (§ 4 Abs. 1 EStG). Allerdings sind die Sachwerte mit dem **gemeinen Wert** anzusetzen (§ 9 BewG), da es einen Teilwert mangels Fortführung des Unternehmens nicht geben kann.

5.3.3 Besteuerung des Liquidationsgewinns

5.3.3.1 Körperschaftsteuer

Der steuerliche Liquidationsgewinn errechnet sich wie folgt:

Steuerliches Abwicklungs-Endvermögen
./. steuerliches Abwicklungs-Anfangsvermögen
= steuerlicher Abwicklungsgewinn

Der Liquidationsgewinn unterliegt den allgemeinen Steuersätzen (15 % KSt zuzüglich 5,5 % SolZ und GewSt).

Ein Abwicklungsverlust ist grundsätzlich nach §§ 10d EStG, 8 Abs. 1 KStG zu behandeln.

Wird eine Organgesellschaft aufgelöst, endet ihre Verpflichtung zur Abführung des Gewinns aufgrund eines Gewinnabführungsvertrags. Der Abwicklungsgewinn ist von der Organgesellschaft zu versteuern (BFH vom 18.10.1967, BStBl II 1968, 105; vom 17.02.1971, BStBl II 1971, 411).

KSt-Veranlagungen für Besteuerungszeiträume innerhalb des Abwicklungszeitraums sind endgültige Veranlagungen. Es handelt sich nicht um bloße Zwischenveranlagungen, die nach Ablauf des Liquidationszeitraums durch eine Veranlagung für den gesamten Liquidationszeitraum zu ersetzen sind (R 51 Abs. 4 KStR).

5.3.3.2 Gewerbesteuer

Da die GmbH nach § 2 Abs. 2 GewStG einen Gewerbebetrieb kraft Rechtsform hat, bleibt die Gewerbesteuerpflicht bis zum Erlöschen bestehen. Der Eintritt der GmbH in die Liquidationsphase hat damit – im Unterschied zur PersGes – keinen Einfluss auf die Gewerbesteuerpflicht.

§ 11 KStG, wonach in der Liquidationsphase der im Abwicklungszeitraum erzielte Gewinn der Besteuerung zugrunde zu legen ist, gilt für die Gewerbesteuer nicht. Nach § 16 GewStDV ist der Gewerbeertrag, der im Zeitraum des maximal dreijährigen Abwicklungszeitraums entstanden ist, auf die Jahre des Abwicklungszeitraums zu verteilen. Für jedes Jahr des Abwicklungszeitraums ist ein einheitlicher Gewerbesteuermessbetrag festzustellen.

Dabei ist der im Abwicklungszeitraum erzielte Gewerbeertrag auf die einzelnen Jahre des Abwicklungszeitraums verhältnismäßig zu verteilen (Zahl der Kalendermonate, in denen im einzelnen Jahr die Steuerpflicht bestanden hat: Gesamtzahl der Kalendermonate des Abwicklungszeitraums).

Da der dem Gewerbesteuermessbetrag zugrunde liegende Gewinn erst nach Ablauf des Abwicklungszeitraums ermittelt werden kann, kann die Gewerbesteuerveranlagung für die einzelnen Jahre des Abwicklungszeitraums erst zu diesem späteren Zeitpunkt durchgeführt werden.

5.3.3.3 Umsatzsteuer

Die Unternehmereigenschaft einer GmbH endet erst mit dem letzten Tätigwerden (A 2.6 UStAE Tz. 2.6). Der Zeitpunkt der Einstellung oder Abmeldung eines Gewerbebetriebs ist unbeachtlich. Das Unternehmen und die Unternehmereigenschaft erlöschen erst, wenn die GmbH alle Rechtsbeziehungen abgewickelt hat, die mit dem Betrieb in Zusammenhang stehen (BFH vom 21.04.1993, BStBl II 1993, 696). Die spätere Veräußerung von Gegenständen des Betriebsvermögens oder die nachträgliche Vereinnahmung von Entgelten gehören noch zur Unternehmertätigkeit.

Eine Gesellschaft besteht als Unternehmer so lange fort, bis alle Rechtsbeziehungen, zu denen auch das Rechtsverhältnis zwischen der Gesellschaft und dem FA gehört, beendet sind (BFH vom 21.05.1971, BStBl II 1971, 540 und vom 18.11.1999, BStBl II 1999, 241). Die Unternehmereigenschaft einer GmbH ist weder von ihrem Vermögensstand noch von ihrer Eintragung im Handelsregister abhängig. Eine aufgelöste GmbH kann auch noch nach ihrer Löschung im Handelsregister Umsätze im Rahmen ihres Unternehmens ausführen (vgl. BFH vom 09.12.1993, BStBl II 1994, 483).

Der **Besteuerungszeitraum** (§ 18 Abs. 2 UStG) ändert sich durch den Eintritt in die Liquidationsphase nicht. Die GmbH muss daher bis zu ihrer Löschung weiterhin Umsatzsteuererklärungen abgeben.

Überlässt die GmbH bei der Auskehrung des Vermögens ihren Gesellschaftern Unternehmensgegenstände, so handelt es sich um steuerbare und in der Regel stpfl. Lieferungen.

5.3.4 Vermögensverteilung

5.3.4.1 Steuerliche Folgen für die Gesellschaft

Auf der Ebene der Gesellschaft ist die Schlussauskehrung letztlich wie eine Vollausschüttung des gesamten Eigenkapitals zu beurteilen.

Besteht ein **Einlagekonto**, so ist zu prüfen, inwieweit die Auskehrung des Kapitals das Einlagekonto mindert. Dies hat Bedeutung, da die Ausschüttung aus dem Einlagekonto beim Gesellschafter nach § 17 Abs. 4 EStG und nicht nach § 20 Abs. 1 Nr. 1 EStG besteuert wird.

Bei der Vermögensverteilung gilt dabei das übrige Eigenkapital als vor dem Nennkapital ausgezahlt. Die Vermögensverteilung ist, soweit sie nicht als Nennkapitalrückzahlung zu beurteilen ist, eine Leistung i.S.d. § 27 Abs. 1 Satz 3 KStG. Bei Abschlagszahlungen auf den Liquidationserlös ist auf den ausschüttbaren Gewinn zum Schluss des der Leistung vorangegangenen Besteuerungszeitraums bzw. Wj. abzustellen. Bei der Schlussauskehrung ist der ausschüttbare Gewinn maßgeblich, der sich auf den Zeitpunkt vor dieser Auskehrung ergibt. Das ist grundsätzlich der Zeitpunkt, auf den die Liquidationsschlussbilanz erstellt wird (BMF vom 26.08.2003, BStBl I 2003, 434, Rz. 12 ff.).

Ist nach einer früheren Kapitalerhöhung ein **Sonderausweis** nach **§ 28 KStG** vorhanden, so gilt bei der Rückzahlung des Stammkapitals dieser Sonderausweis als vorrangig verwendet. Dies hat für den Gesellschafter die Folge, dass insoweit stpfl. Einnahmen nach § 20 Abs. 1 Nr. 2 EStG vorliegen.

Problematisch ist die Frage, was mit dem Körperschaftsteuerguthaben nach § 37 KStG geschieht, wenn die GmbH liquidiert wird. Das Körperschaftsteuerguthaben nach § 37 KStG resultiert aus der Systemumstellung vom Anrechnungsverfahren zur Definitivbesteuerung und soll die 40 %ige Steuerbelastung des ehemaligen EK 40 kompensieren. Nach § 37 Abs. 5 KStG wird das Körperschaftsteuerguthaben innerhalb eines Auszahlungszeitraums von 2008-2017 in zehn gleichen Beträgen erstattet. Wird eine GmbH vor dem Jahr 2017 gelöscht, geht das restliche Körperschaftsteuerguthaben verloren. Häufig wird hier empfohlen, den Anspruch auf das Körperschaftsteuerguthaben gegen Erstattung abzutreten und so im Liquidationszeitraum zu realisieren. § 37 Abs. 5 KStG erscheint aus verfassungsrechtlicher Sicht höchst bedenklich, da der GmbH eine Vermögensposition ohne Entschädigung entzogen wird (Art. 14 GG).

5.3.4.2 Steuerliche Folgen für den Gesellschafter

Unabhängig von den steuerlichen Folgen auf der Ebene der Gesellschaft muss der Gesellschafter den Zufluss des ausgekehrten Vermögens entweder als Dividende nach **§ 20 Abs. 1 Nr. 1 i.V.m. Nr. 2 EStG** oder als Liquidationsgewinn nach **§ 17 Abs. 4 EStG** (BMF vom 26.08.2003, a.a.O., Rz. 19) versteuern.

§ 20 Abs. 1 Nr. 2 EStG betrifft die Ausschüttung des ausschüttbaren Gewinns (§ 27 KStG). § 17 Abs. 4 EStG erfasst die Rückzahlung des Nennkapitals und des Einlagekontos.

5.4 Verlegung des Sitzes oder der Geschäftsleitung ins Ausland

Eine GmbH muss nach § 4a GmbHG ihren statutarischen Sitz im Inland haben. Verlegt sie ihren statutarischen Sitz ins Ausland, so hat dies zwingend ihre Liquidation bzw. Löschung zur Folge. § 12 Abs. 3 KStG, der für steuerliche Zwecke die Verlegung des Sitzes innerhalb der EU als unschädlich einstuft, kommt daher aufgrund der vorrangigen Regelung des § 4a GmbHG nicht zur Anwendung. Das gleiche gilt für die Fiktion des § 17 Abs. 5 EStG, wonach die Verlegung des Sitzes innerhalb der EU nicht als fiktive Veräußerung der Anteile gilt.

Davon zu unterscheiden ist die Frage des Verwaltungssitzes (Ort der Geschäftsleitung). Dieser muss nach § 4a GmbHG nicht in Deutschland liegen. Insoweit ist eine Verlegung der Geschäftsleitung innerhalb der EU nach § 12 Abs. 3 KStG, § 17 Abs. 5 EStG grundsätzlich unschädlich, wenn gewährleistet ist, dass die Geschäftsleitung im Ausland die Pflichten nach dem GmbHG ausreichend erfüllen kann. Dies dürfte aufgrund der heutigen technischen Möglichkeiten (Internet etc.) regelmäßig kein Problem sein.

Dies gilt auch im Hinblick auf die unbeschränkte Steuerpflicht der GmbH, da es i.R.d. § 1 Abs. 1 KStG für die Begründung der unbeschränkten Steuerpflicht ausreicht, wenn der statutarische Sitz in Deutschland ist.

Es ist fraglich, ob diese Regelung mit dem europäischen Recht vereinbar ist. Der EuGH (EuGH vom 12.12.2002, DStR 2003, 25) sah im Fall des § 8a KStG a.F. einen Verstoß gegen die Niederlassungsfreiheit des Art. 43 EG-Vertrag. Art. 43 garantiert das Recht der freien Niederlassung von Staatsangehörigen eines Mitgliedstaates in einem anderen Mitgliedstaat. In Verbindung mit Art. 48 steht Gesellschaften, die ihren Sitz, ihre Hauptverwaltung oder ihre Hauptniederlassung innerhalb der Gemeinschaft haben, das gleiche Recht zu.

Der EuGH vom 12.12.2002, a.a.O., sprach zwar den einzelnen Mitgliedstaaten durchaus das Recht zu, nationale Maßnahmen zu treffen, die die Niederlassungsfreiheit beschränken, wenn diese Regelungen ein legitimes Ziel verfolgen und durch zwingende Gründe des Allgemeininteresses gerechtfertigt sind. Erforderlich ist aber, dass die Maßnahme zur Erreichung des fraglichen Zieles geeignet ist und nicht über das hinausgeht, was hierzu erforderlich ist.

Der EuGH sah aber keinen Rechtfertigungsgrund für die Andersbehandlung ausländischer Gesellschafter in § 8a KStG a.F.. Er erkannte zwar an, dass § 8a KStG a.F. die Bekämpfung von Steuerumgehungen zum Ziel hat. Er verweist aber auf seine ständige Rechtsprechung, wonach **Steuermindereinnahmen nicht** als zwingender Grund des Allgemeininteresses anzusehen sind, mit dem eine Maßnahme gerechtfertigt werden kann, die grundsätzlich einer Grundfreiheit zuwiderläuft.

Der einzige Grund für die Existenz des § 12 KStG liegt aber darin, die Versteuerung der stillen Reserven zu sichern.

Teil IV Besteuerung der Anteilseigner

1 Offene und verdeckte Gewinnausschüttungen

1.1 Einführung

Als juristische Person versteuert die GmbH ihr Einkommen (§ 7 KStG) auf der Basis der Steuerbilanz. Nach § 23 KStG beträgt die KSt 15% zzgl. 5,5% SolZ. Außerdem unterliegt das Einkommen der GewSt. Nach § 11 GewStG beträgt die Steuermesszahl 3,5%; der Hebesatz ist nach § 16 GewStG von den Gemeinden festzusetzen. Bei einem Hebesatz von z. B. 400% kann von einer Steuerbelastung von 14% ausgegangen werden.

Ausgeschüttet kann nur der Betrag werden, der nach Begleichung der Steuerschuld noch zur Verfügung steht.

Beispiel

Die X-GmbH erzielt im Wj. 2013 einen (vorläufigen) Jahresüberschuss (vgl. § 266 HGB) i.H.v. 100.000 €. Die Steuerrückstellung ist noch nicht berücksichtigt; bei einem unterstellten Hebesatz von 400% berechnet sich die Steuerrückstellung wie folgt:

Körperschaftsteuer (100.000 € × 15% =)	15.000 €
Solidaritätszuschlag (15.000 € × 5,5% =)	825 €
Gewerbesteuer (100.000 € × 3,5% × 400% =)	14.000 €
Steuerrückstellung	29.825 €

Somit kann eine Dividende i.H.v. (100.000 € abzüglich 29.825 € =) maximal 70.175 € ausgeschüttet werden.

Grundsätzlich ist es auch möglich, eine **Vorabausschüttung** für das Ergebnis des laufenden Jahres vorzunehmen. Derartige Vorabausschüttungen sind jedoch problematisch, da es im Laufe des Jahres in der Regel noch nicht absehbar ist, wie hoch der Jahresüberschuss tatsächlich sein wird. Wird es dann erforderlich, die Vorabausschüttung wieder rückgängig zu machen, bleibt es bei der Besteuerung nach § 20 Abs. 1 Nr. 1 EStG. Die Rückzahlung der Gewinnausschüttung ist keine negative Einnahme, sondern eine verdeckte Einlage (H 20.2 [Rückgängigmachung einer Gewinnausschüttung] EStH).

Wird die Beteiligung im **Privatvermögen** gehalten, so erfolgt die Besteuerung der Dividende nach § 20 Abs. 1 Nr. 1 EStG. Die Dividende unterliegt grundsätzlich der Abgeltungsteuer (§ 32d Abs. 1 EStG).

Befindet sich die Beteiligung in einem **Betriebsvermögen**, so ist zu differenzieren: Ist der Gesellschafter eine natürliche Person oder eine PersGes, bei der der Gewinn auf eine natürliche Person entfällt, so ist die Dividende nach §§ 15, 3 Nr. 40 Buchst. d, 3c Abs. 2 EStG im **Teileinkünfteverfahren** zu versteuern.

Ist der Gesellschafter eine **KapGes**, sind die Dividenden sowohl in der Handelsbilanz als auch nach dem Maßgeblichkeitsgrundsatz in der Steuerbilanz als Ertrag zu erfassen (Jahresüberschuss). Im Rahmen der Ermittlung des Einkommens nach § 8 KStG erfolgt außerbilanziell ein Abzug nach § 8b Abs. 1 KStG sowie eine Hinzurechnung von 5% der Bezüge nach § 8b Abs. 5 KStG.

1.2 Verdeckte Gewinnausschüttungen

Nach § 20 Abs. 1 Nr. 1 Satz 2 EStG werden vGA wie Dividenden besteuert. Dies gilt auch dann, wenn sich die Beteiligung im Betriebsvermögen befindet oder der Gesellschafter eine KapGes ist (siehe unten).

Eine verdeckte Gewinnausschüttung (vGA) ist eine Vermögensminderung oder verhinderte Vermögensmehrung, die durch das Gesellschaftsverhältnis veranlasst ist, sich auf die Höhe des Unterschiedsbetrags i.S.d. § 4 Abs. 1 Satz 1 EStG auswirkt und nicht auf einem den gesellschaftsrechtlichen Vorschriften entsprechenden Gewinnverteilungsbeschluss beruht (vgl. R 36 Abs. 1 KStR).

Dabei ist streng zwischen der Ebene der KapGes und der Ebene des Gesellschafters zu unterscheiden und zu berücksichtigen, dass das Rechtsinstitut der verdeckten Gewinnausschüttung nur im Steuerrecht existiert. Wird eine verdeckte Gewinnausschüttung erkannt, so hat dies auf den handelsrechtlichen Bilanzansatz keine Auswirkung. Auch der steuerliche Bilanzansatz wird davon nicht berührt (vgl. BMF vom 28.05.2002, BStBl I 2002, 603). Die Korrektur erfolgt auf Ebene der KapGes außerbilanziell nach § 8 Abs. 3 Satz 2 KStG durch eine Korrektur des Einkommens. Auf der Ebene des Gesellschafters ist die verdeckte Gewinnausschüttung nach § 20 Abs. 1 Nr. 1 Satz 2 EStG zu erfassen.

Beispiel

Der Gesellschafter einer GmbH hält die Anteile im Privatvermögen und bekommt bereits im Gründungsjahr eine Pension zugesagt. Die Gesellschaft bildet hierfür in der Steuerbilanz eine Pensionsrückstellung i.H.v. 20.000 €.

Lösung

Nach der Rechtsprechung und Verwaltungsmeinung ist eine Pensionszusage kurz nach der Gründung der Gesellschaft regelmäßig durch das Gesellschaftsverhältnis veranlasst, da noch nicht absehbar ist, wie sich die Ertragssituation entwickeln wird (ständige Rechtsprechung: BFH vom 24.04.2002, BStBl II 2002, 670). Daher ist die Zusage als vGA zu beurteilen. Auf die Bildung der Rückstellungen in der Handels- und Steuerbilanz hat dies keinen Einfluss. Die Bildung der Pensionsrückstellung vermindert das Einkommen der GmbH. Daher ist das Einkommen außerbilanziell nach § 8 Abs. 3 Satz 2 KStG um 20.000 € zu erhöhen.

Beim Gesellschafter liegt nach § 11 Abs. 1 Satz 1 EStG kein Zufluss der Pensionsansprüche vor. Insoweit führt die verdeckte Gewinnausschüttung auch nicht zu Einkünften nach § 20 Abs. 1 Nr. 1 Satz 2 EStG.

In der Vergangenheit war es stets problematisch, wenn die verdeckte Gewinnausschüttung erst in der Betriebsprüfung der KapGes entdeckt wurde und die Veranlagung des Gesellschafters bereits bestandskräftig war. In diesen Fällen konnte der Gesellschafter weder von der Abgeltungsteuer noch vom Teileinkünfteverfahren profitieren (z. B. wenn eine Tantieme vom Gesellschafter nach § 19 EStG versteuert worden war, sich in der Betriebsprüfung aber als vGA herausstellt).

Hier hat die Einfügung des **§ 32a KStG** mit Wirkung ab VZ 2007 (§ 34 Abs. 13c KStG) Abhilfe geschaffen. Danach kann eine bei der KapGes (z. B. im Rahmen einer Betriebsprüfung) festgestellte vGA beim Gesellschafter auch dann noch berücksichtigt werden, wenn dessen Einkommensteuerbescheid für den betreffenden Veranlagungszeitraum bereits bestandskräftig ist. § 32a KStG ist für den umgekehrten Fall (Betriebsprüfung beim Gesellschafter und Bestandskraft der Veranlagung der KapGes) nach dem klaren Wortlaut des Gesetzes nicht anwendbar.

Häufig enthalten die Gesellschaftsverträge Klauseln, wonach eine vGA an die Gesellschaft wieder zurückbezahlt werden muss. Derartige Rückzahlungen haben steuerlich keine Bedeutung. Es bleibt bei der Versteuerung nach § 20 Abs. 1 Nr. 1 Satz 2 EStG. Die Rückzahlung stellt eine verdeckte Einlage i.S.v. § 8 Abs. 3 Satz 3 KStG dar.

1.3 Ausschüttungen aus dem Einlagekonto

Soweit Ausschüttungen aus dem steuerlichen Einlagekonto stammen (vgl. § 27 KStG), liegen keine Dividenden i.S.v. § 20 Abs. 1 Nr. 1 EStG vor. Zuführungen zum steuerlichen Einlagekonto erfolgen in der Regel durch verdeckte Einlagen, d. h. durch Zuführung von Vermögensgegenständen an die KapGes, für die der Gesellschafter keine Gesellschaftsrechte erhält. Verdeckte Einlagen können handelsrechtlich wahlweise als **Kapitalrücklage** (vgl. § 272 Abs. 2 Nr. 4 HGB) oder als **Ertrag** ausgewiesen werden. Aufgrund des Maßgeblichkeitsgrundsatzes (§ 5 Abs. 1 EStG) erfolgt die Bilanzierung entsprechend auch in der Steuerbilanz. Soweit die verdeckte Einlage als Ertrag gebucht wurde, ist dieser bei der Ermittlung des Einkommens der KapGes nach § 8 Abs. 3 Satz 3 KStG außerbilanziell wieder zu korrigieren.

Beispiel

Gesellschafter G hat der GmbH ein Darlehen über 1,2 Mio. € gewährt. Die Darlehenskonditionen entsprechen dem Fremdvergleich. Auf Druck der Bank verzichtet der Gesellschafter auf seine Darlehensansprüche. Die Gesellschaft bucht

a) Darlehensverbindlichkeit 1,2 Mio. € an Kapitalrücklage 1,2 Mio. €;

b) Darlehensverbindlichkeit 1,2 Mio. € an Ertrag 1,2 Mio. €.

Da sich durch den Verzicht auf das Darlehen das Vermögen der GmbH erhöht hat und der Gesellschafter als Gegenleistung dafür keine Gesellschaftsrechte (in Form eines weiteren Anteils am Stammkapital) erhielt, liegt eine verdeckte Einlage vor. Lediglich in der Variante b) ist das Einkommen der GmbH außerbilanziell um 1,2 Mio. € zu reduzieren, da eine verdeckte Einlage sich nicht auf das Einkommen auswirken darf.

Sowohl bei a) als auch bei b) erfolgt eine Zuführung zum steuerlichen Einlagekonto i.H.v. 1,2 Mio. € (§ 27 KStG).

Eine Ausschüttung erfolgt erst dann aus dem steuerlichen Einlagekonto, wenn die Ausschüttung den **ausschüttbaren Gewinn** (§ 27 Abs. 1 KStG) übersteigt. Als ausschüttbarer Gewinn gilt das um das gezeichnete Kapital geminderte in der Steuerbilanz ausgewiesene Eigenkapital abzüglich des Bestands des steuerlichen Einlagekontos.

Beispiel

Eine GmbH weist zum Bilanzstichtag 31.12.2013 ein Stammkapital i.H.v. 50.000 €, einen Gewinnvortrag i.H.v. 200.000 € sowie einen Jahresüberschuss i.H.v. 20.000 € aus. Das Einlagekonto zum 31.12.2012 beläuft sich auf 30.000 €. Die Gesellschafter beschließen eine Ausschüttung

a) i.H.v. 50.000 €,

b) i.H.v. 200.000 €.

Lösung
In beiden Varianten beträgt das Eigenkapital 270.000 €; der ausschüttbare Gewinn zum 31.12.2013 beläuft sich auf (270.000 € ./. 50.000 € ./. 30.000 € =) 190.000 €. Da die Ausschüttung bei a) den ausschüttbaren Gewinn nicht übersteigt, liegt insgesamt eine Dividende i.S.v. § 20 Abs. 1 Nr. 1 EStG vor. Bei b) übersteigt die Ausschüttung den ausschüttbaren Gewinn um 10.000 €. Somit erfolgt i.H.v. 10.000 € eine Ausschüttung aus dem Einlagekonto. Diese ist nach § 17 Abs. 4 EStG zu erfassen.

Da der Gesellschafter in der Regel selbst nicht ausrechnen kann, inwieweit eine Ausschüttung aus dem steuerlichen Einlagekonto erfolgt, ist die ausschüttende Gesellschaft nach § 27 Abs. 3 KStG verpflichtet, ihren Anteilseignern die Aufteilung der Dividende (§ 20 Abs. 1 Nr. 1 EStG/ § 17 Abs. 4 EStG i.V.m. § 27 KStG) nach **amtlich vorgeschriebenem Muster** zu bescheinigen.

Ist die Minderung des Einlagekontos zu niedrig bescheinigt worden, bleibt nach § 27 Abs. 5 KStG die der Bescheinigung zugrunde gelegte Verwendung unverändert. Ist die Minderung des Einlagekontos zu hoch ausgewiesen worden, haftet die ausstellende KapGes für die insoweit zu niedrig abgeführte Kapitalertragsteuer (vgl. § 43 Abs. 1 Nr. 1 EStG).

1.4 Handels- und Gesellschaftsrecht

Die Gesellschafter der GmbH haben jährlich nach **§ 29 Abs. 2 GmbHG** über die Verwendung des Ergebnisses zu beschließen. Sie können dabei – soweit der Gesellschaftsvertrag nichts anderes bestimmt – entweder den Jahresüberschuss zzgl. eines Gewinnvortrags und abzüglich eines Verlustvortrags ganz oder teilweise ausschütten oder als Gewinn vortragen (thesaurieren).

Für die steuerliche Beurteilung spielt es keine Rolle, ob die Ausschüttung aus dem aktuellen Jahresüberschuss oder aus thesaurierten Gewinnen vergangener Wirtschaftsjahre (Auflösung von Gewinnrücklagen bzw. Kapitalrücklagen) stammt.

Für die Ausschüttung steht das gesamte Eigenkapital abzüglich des Stammkapitals zur Verfügung, soweit der Gesellschaftsvertrag nichts anderes regelt.

Beispiel
Die Bilanz einer GmbH weist zum 31.12.2011 auf der Passivseite folgende Positionen aus: Stammkapital (25.000 €), Kapitalrücklage (10.000 €), Gewinnrücklage (8.000 €), Gewinnvortrag (200.000 €) sowie Jahresüberschuss (18.000 €).

Lösung
Die Gesellschafter können 236.000 € als Dividenden ausschütten.

Hält die GmbH **eigene Anteile** (§ 33 GmbHG), so ist der Nennbetrag der eigenen Anteile nach § 272 Absatz 1a HGB offen vom gezeichneten Kapital abzusetzen. Der Unterschiedsbetrag zwischen dem Betrag und den Anschaffungskosten der eigenen Anteile ist mit den frei verfügbaren Rücklagen zu verrechnen. Dadurch entsteht faktisch eine **Ausschüttungssperre**.

Beispiel
Eine GmbH verfügt neben dem Stammkapital i.H.v. 100.000 € lediglich über einen Gewinnvortrag i.H.v. 500.000 €. Die GmbH erwirbt eigene Anteile im Nennbetrag von 20.000 € für 100.000 €.

Lösung
Nach § 272 Abs. 1a HGB ist der Nennbetrag der eigenen Anteile vom Stammkapital offen abzusetzen. Soweit die Anschaffungskosten den Nennbetrag übersteigen, sind sie mit den frei verfügbaren Rücklagen zu verrechnen. Somit vermindert sich aufgrund des Erwerbs eigener Anteile der Gewinnvortrag um 80.000 €.

Im Übrigen sind eigene Anteile nicht dividendenberechtigt (vgl. § 29 Abs. 1 Satz 1 GmbHG: »Die Gesellschafter haben Anspruch auf den Jahresüberschuss …«).

Weitere **Ausschüttungssperren** finden sich in dem durch das BilMoG eingefügten § 268 Abs. 8 HGB n.F. Danach führt die Aktivierung selbstgeschaffener immaterieller Vermögensgegenstände des Anlagevermögens (z. B. Patente) zu einer Ausschüttungssperre, soweit nicht nach der Ausschüttung frei verfügbare Rücklagen in einer Höhe übrig bleiben, die mindestens dem aktivierten Betrag abzüglich der hierfür gebildeten passiven latenten Steuern entspricht.

Das Gleiche gilt nach § 268 Abs. 2 Satz 2 HGB für (wahlweise) aktivierte latente Steuern soweit diese die in der Handelsbilanz zwingend zu bilanzierenden passiven latenten Steuern übersteigen.

Die Saldierung von Vermögensgegenständen, die ausschließlich der Erfüllung von Schulden aus Altersversorgungsverpflichtungen dienen, mit Schulden aus derartigen Altersvorsorgeverpflichtungen (§ 246 Abs. 2 Satz 2 HGB) führt nach § 268 Abs. 8 Satz 3 HGB ebenfalls zu einer entsprechenden Ausschüttungssperre.

1.5 Besteuerung von Dividenden im Privatvermögen

1.5.1 Einkünfte aus Kapitalvermögen

Dividenden und sonstige Bezüge, die eine GmbH an ihre Gesellschafter ausschüttet, gehören nach § 20 Abs. 1 Nr. 1 EStG zu den Einkünften aus Kapitalvermögen. Werden Bezüge i.R.d. Auflösung einer GmbH ausbezahlt, die bei Fortbestehen der Gesellschaft Dividende gewesen wären, so gehören diese Bezüge nach § 20 Abs. 1 Nr. 2 EStG ebenfalls zu den Einkünften aus Kapitalvermögen.

Dividenden und sonstige Bezüge werden in dem VZ besteuert, in dem sie **zufließen** (§ 11 Abs. 1 Satz 1 EStG). Der Zufluss ist regelmäßig gegeben, wenn die Dividenden und sonstige Bezüge auf dem Bankkonto des Gesellschafters gutgeschrieben werden oder er einen Scheck erhält (vgl. H 11 EStH). Werden die Dividenden und sonstige Bezüge einem Gesellschafterkonto gutgeschrieben, über das der Gesellschafter jederzeit wirtschaftlich verfügen kann, so liegt insoweit auch ein Zufluss vor. Eine Ausnahme gilt für beherrschende Gesellschafter. Gewinnausschüttungen an den beherrschenden Gesellschafter fließen in der Regel im Zeitpunkt der Beschlussfassung über die Gewinnverwendung zu (H 20.2 [Zuflusszeitpunkt bei Gewinnausschüttungen] EStH).

Werbungskosten können bei den Einkünften aus Kapitalvermögen seit VZ 2009 gem. § 20 Abs. 9 EStG nicht mehr geltend gemacht werden. Dafür wird dem Gesellschafter ein Sparer-Pauschbetrag i.H.v. 801 € bzw. 1602 € bei zusammenveranlagten Ehegatten gewährt. Verzichtet der Gesellschafter nach § 32d Abs. 2 Nr. 3 EStG auf die Anwendung der Abgeltungssteuer, greift das Abzugsverbot des § 20 Abs. 9 EStG nicht (vgl. § 32d Abs. 2 Nr. 3 Satz 2 EStG).

1.5.2 Kapitalertragsteuer

Nach § 43 Abs. 1 Nr. 1 i.V.m. § 43a Abs. 1 Nr. 1 EStG hat die ausschüttende GmbH eine **Kapitalertragsteuer** i.H.v. 25 % zzgl. 5,5 % Solidaritätszuschlag zzgl. eventuelle Kirchensteuer einzubehalten und abzuführen. Die Kapitalertragsteuer wird nach § 44 Abs. 2 EStG an dem Tag fällig, der im Ausschüttungsbeschluss als Tag der Auszahlung bestimmt ist. Da § 44a Abs. 1 EStG keine Verweisung auf § 43 Abs. 1 Nr. 1 EStG enthält, kann der Gesellschafter weder einen Freistellungsauftrag erteilen noch eine Nichtveranlagungsbescheinigung vorlegen.

Grundsätzlich ist die Einkommensteuer nach § 43 Abs. 5 EStG mit dem Kapitalertragsteuer-Abzug abgegolten.

Da für Ausschüttungen aus dem Einlagekonto keine Kapitalertragsteuer anfällt, ist die GmbH nach § 27 Abs. 3 KStG verpflichtet, ihren Gesellschaftern eine Dividendenbescheinigung nach amtlich vorgeschriebenem Muster auszustellen, aus der ersichtlich ist, ob und inwieweit eine Ausschüttung aus dem Einlagekonto erfolgt ist. Eine fehlerhafte Bescheinigung ist nach § 27 Abs. 5 KStG grundsätzlich nicht berichtigungsfähig.

1.5.3 Abgeltungsteuer

Bei Zufluss von Dividenden und sonstigen Bezügen ab 01.01.2009 (§ 52a Abs. 1 EStG) gehören die Einkünfte aus Kapitalvermögen grundsätzlich nicht mehr zu den Einkünften i.S.v. § 2 EStG, sondern unterliegen nach § 32d Abs. 1 EStG einem besonderen Steuersatz i.H.v. 25 % zzgl. 5,5 % Solidaritätszuschlag und eventuell Kirchensteuer.

Da die GmbH nach § 43 Abs. 1 Nr. 1 EStG die Kapitalertragsteuer bereits abgeführt hat, braucht der Gesellschafter die Dividenden und sonstige Bezüge i.S.v. § 20 Abs. 1 Nr. 1 EStG bei seiner Veranlagung nicht mehr geltend zu machen (vgl. § 43 Abs. 5 EStG). Eine Ausnahme gilt nach § 2 Abs. 5a EStG (z. B. für Bezieher von BAföG, Sozialhilfe u. ä.) sowie bis VZ 2011 nach § 2 Abs. 5b EStG (z. B. bei Geltendmachung von außergewöhnlichen Belastungen).

Erhält der Gesellschafter Ausschüttungen aus einer **ausländischen KapGes**, so unterliegen diese nicht der deutschen Kapitalertragsteuer. Derartige Einkünfte sind aber nach dem Doppelbesteuerungsabkommen (vgl. Art. 10 OECD-MA) regelmäßig im Wohnsitzstaat (Ansässigkeitsstaat) des Dividendenempfängers zu versteuern. Aus diesem Grund muss der Stpfl. nach § 32d Abs. 3 EStG die Kapitalerträge bei der Einkommensteuererklärung geltend machen. Auch in diesem Fall erhält der Stpfl. den 25 %igen Steuersatz gem. § 32d Abs. 1 EStG. Die ausländische Kapitalertragsteuer (**Quellensteuer**) wird in Deutschland bis maximal 25 % nach § 32d Abs. 5 EStG angerechnet.

Wurde zwar Kapitalertragsteuer einbehalten, möchte der Gesellschafter aber die Dividenden mit **Verlusten** aus sonstigen Kapitalanlagen (z. B. Zertifikaten) ausgleichen, so kann er nach § 32d Abs. 4 EStG die Kapitaleinkünfte in der Einkommensteuererklärung geltend machen.

Da der Sparer-Pauschbetrag bei der Kapitalertragsteuer i.R.d. § 43 Abs. 1 Nr. 1 EStG nicht berücksichtigt werden kann, steht es dem Gesellschafter frei, nach § 32d Abs. 4 EStG freiwillig in die Veranlagung zu gehen.

Liegt der Grenzsteuersatz des Gesellschafters unter 25 %, so können nach § 32d Abs. 6 EStG die Dividenden und sonstige Bezüge in die allgemeine Veranlagung mit einbezogen werden (**Günstigerprüfung**). Hierbei müssen aber ausnahmslos sämtliche Kapitaleinnahmen angegeben werden.

1.5.4 Ausnahmen von der Abgeltungsteuer

Der Gesellschafter kann nach § 32d Abs. 2 Nr. 3 EStG für Dividenden und sonstige Bezüge i.S.v. § 20 Abs. 1 Nr. 1 und 2 EStG auf die Anwendung der Abgeltungsteuer verzichten, wenn er unmittelbar oder mittelbar

a) zu mindestens 25 % an der KapGes beteiligt ist **oder**
b) zu mindestens 1 % an der KapGes beteiligt und beruflich für diese tätig ist (z. B. als Geschäftsführer).

Der Antrag auf Abstandnahme von der Abgeltungsteuer gilt erstmals für den VZ, für den er gestellt worden ist. Er ist spätestens zusammen mit der Einkommensteuererklärung für den jeweiligen VZ zu stellen und gilt, solange er nicht widerrufen wird, auch für die folgenden vier Veranlagungszeiträume, ohne dass die Antragsvoraussetzungen erneut zu belegen sind.

Die Widerrufserklärung muss dem FA spätestens mit der Steuererklärung für den VZ zugehen, für den die Abstandnahme von der Abgeltungsteuer erstmals nicht mehr angewandt werden soll. Nach einem Widerruf ist ein erneuter Antrag des Stpfl. für die Beteiligung, für die der Antrag gestellt wurde, nicht mehr zulässig.

Wird der Antrag nach § 32d Abs. 2 Nr. 3 EStG gestellt, finden § 20 Abs. 6 und Abs. 9 EStG keine Anwendung. Damit können Dividenden und sonstige Bezüge mit Verlusten aus anderen Einkunftsarten ausgeglichen werden. Außerdem ist zwar der Sparer-Pauschbetrag nicht mehr zu gewähren, der Gesellschafter kann aber Werbungskosten (§ 9 EStG) geltend machen. Letzteres wird der hauptsächliche Grund sein, einen Antrag nach 32d Abs. 2 Nr. 3 EStG zu stellen.

Wird der Antrag nach § 32d Abs. 2 Nr. 3 EStG gestellt, so fallen die Dividenden und sonstige Bezüge unter das **Teileinkünfteverfahren** (§ 3 Nr. 40 Buchst. d, § 3c Abs. 2 EStG).

Beispiel

Der Stpfl. G hat in 2005 eine Beteiligung an der X-GmbH für 100.000 € erworben und dem Kaufpreis über ein Darlehen (Zinssatz 6 % p.a.) finanziert. In 2013 bekommt der Stpfl. eine Dividende i.H.v. 10.000 € für das abgelaufene Wj. 2012.

Lösung

Die Geltendmachung von Finanzierungszinsen (§ 9 Abs. 1 Nr. 1 EStG) ist i.R.d. § 20 Abs. 9 EStG ausgeschlossen. Stellt der Gesellschafter aber einen Antrag nach § 32d Abs. 2 Nr. 3 EStG, so fallen die Dividenden und sonstigen Bezüge nicht mehr unter § 32d Abs. 1 EStG und müssen nach den allgemeinen Prinzipien des § 2 EStG versteuert werden (individueller Steuersatz). Im Gegenzug kann der Stpfl. aber nun die Finanzierungszinsen als Werbungskosten geltend machen.

Somit versteuert der Stpfl. in 2013 folgende Einkünfte:

§ 20 Abs. 1 Nr. 1, 3 Nr. 40 Buchst. d EStG (10.000 € × 60 % =)	6.000 €
§ 9 Abs. 1 Nr. 1 EStG i.V.m. § 3c Abs. 2 EStG (6.000 € × 60 % =)	./. 3.600 €
Einkünfte	2.400 €

Bei **vGA** ist die Anwendung der Abgeltungsteuer nach **§ 32d Abs. 2 Nr. 4 EStG** ausgeschlossen, soweit die vGA das Einkommen der leistenden Körperschaft gemindert hat. Diese Vorschrift hat nur einen geringen Anwendungsbereich, da vGA nach § 8 Abs. 3 Satz 2 KStG außerbilanziell das Einkommen der KapGes erhöhen.

Beispiel
Der Gesellschafter einer GmbH erhält in der Gesellschafterversammlung vom März 2013 rückwirkend für das abgelaufene Wirtschaftsjahr 2012 eine Tantieme i.H.v. 20.000 €.

Lösung
Da die Tantieme nicht eindeutig und klar und im Voraus vereinbart war, ist sie als vGA zu werten. Auf Ebene der Gesellschaft ist die Zahlung der Tantieme zunächst als Betriebsausgabe (Lohnaufwand) zu verbuchen. Außerbilanziell ist dann das Einkommen nach § 8 Abs. 3 Satz 2 KStG um 20.000 € wieder zu erhöhen. Damit wirkt sich die Tantieme steuerlich auf das Einkommen der leistenden Körperschaft nicht aus.
Auf der Ebene des Gesellschafters ist die Tantieme zwar grundsätzlich nach § 19 EStG zu versteuern. Da die Tantieme aber als vGA zu beurteilen ist, liegen bei dem Gesellschafter Einkünfte nach § 20 Abs. 1 Satz 2 EStG vor. Nach § 32d Abs. 1 EStG unterliegen die Einkünfte aus Kapitalvermögen grundsätzlich der Abgeltungsteuer, soweit kein Antrag nach 32d Abs. 2 Nr. 3 EStG gestellt wird. Die Abgeltungsteuer ist vorliegend auch nicht nach § 32d Abs. 2 Nr. 4 EStG ausgeschlossen, da die vGA – aufgrund der Zurechnung nach § 8 Abs. 3 Satz 2 KStG – das Einkommen der leistenden Körperschaft nicht gemindert hat.

1.6 Beteiligungen im Betriebsvermögen

Befindet sich die Beteiligung im Betriebsvermögen eines Einzelunternehmens oder einer PersGes (z. B. aufgrund einer Betriebsaufspaltung), so ist nach § 20 Abs. 8 i.V.m. § 32d Abs. 1 EStG die Abgeltungsteuer nicht anzuwenden.

Auf die Abführung der Kapitalertragsteuer hat der Ausschluss der Abgeltungsteuer keine Bedeutung, da § 43 Abs. 1 Nr. 1 EStG auf Einkünfte »im Sinne« des § 20 Abs. 1 Nr. 1 und 2 EStG anzuwenden ist.

Die Dividenden sind damit nach § 15 EStG als Einkünfte aus Gewerbebetrieb zu behandeln und unterliegen nach § 3 Nr. 40 Buchst. d EStG dem **Teileinkünfteverfahren**.

Als Betriebseinnahme ist die Bruttodividende zu erfassen. Der Anspruch auf Anrechnung der Kapitalertragsteuer (§ 36 Abs. 2 EStG) ist vom Gesellschafter in dessen persönlicher Einkommensteuererklärung geltend zu machen. Daher handelt es sich i.H.d. Anrechnungsanspruchs beim Gesellschafter um eine Entnahme.

Beispiel
Kommanditisten der A-GmbH & Co. KG sind die natürlichen Personen A und B zu je 50 %. Die Komplementär-GmbH ist am Gewinn nicht beteiligt. Im Gesamthandsvermögen befindet sich eine 80 %ige Beteiligung an der X-GmbH. Im März 2013 beschließt die Gesellschafterversammlung der X-GmbH eine Gewinnausschüttung für das abgelaufene Wj. 2012 i.H.v. 100.000 €. Im Mai 2013 erhält die A-GmbH & Co. KG die Dividende i.H.v. 58.900 € auf Ihr Geschäftskonto überwiesen. Aus der Dividendenbescheinigung ergibt sich ein Abzug von Kapitalertragsteuer i.H.v. 20.000 € und Solidaritätszuschlag i.H.v. 1.100 €.

Lösung

Die Dividende ist als Beteiligungsertrag der A-GmbH & Co. KG zu erfassen. Die A-GmbH & Co. KG bucht den Vorgang wie folgt: Bank 58.900 € und Entnahme 21.100 € an Beteiligungserträge 80.000 €. Außerbilanziell ist der Ertrag nach § 3 Nr. 40 Buchst. d EStG um (80.000 € × 40 % =) 32.000 € zu vermindern.

Die Gesellschafter A und B können bei ihrer individuellen Einkommensteuererklärung jeweils (21.100 € × 50 % =) 10.550 € als Steuervorauszahlung geltend machen.

Betriebsausgaben im Zusammenhang mit der Beteiligung unterliegen nicht der Beschränkung des § 20 Abs. 9 EStG und können i.R.d. Teileinkünfteverfahrens gem. § 3c Abs. 2 EStG geltend gemacht werden.

Fortsetzung des Beispiels

Die A-GmbH & Co. KG hat den Erwerb der Beteiligung mittels eines Darlehens finanziert. Im Wj. 2013 fallen für das Darlehen Zinsen i.H.v. 6.000 € an.

Lösung

Die Zinsen können als BA geltend gemacht werden. Außerbilanziell ist der Zinsaufwand nach § 3c Abs. 2 EStG um (6.000 € × 40 % =) 2.400 € zu vermindern (Erhöhung des Gewinns).

Für Zwecke der GewSt sind die der Einkommensteuer unterliegenden Gewinne aus Dividenden nach **§ 9 Nr. 2a GewStG** um den stpfl. Teil zu vermindern, wenn die Beteiligung zu Beginn des Erhebungszeitraums mindestens 15 % des Stammkapitals beträgt (sog. Schachtelprivileg). Beträgt die Beteiligung weniger als 15 %, so ist nach § 8 Nr. 5 GewStG der Gewerbeertrag um den nach § 3 Nr. 40 Buchst. d EStG steuerfreien Teil zu erhöhen. Für Zwecke der GewSt ist sonach das Teileinkünfteverfahren nicht anzuwenden. Dividenden gehen entweder gar nicht oder zu 100 % in den Gewerbeertrag ein.

Beispiel

Einzelunternehmer U hält in seinem Betriebsvermögen eine Beteiligung an der Z-GmbH

a) i.H.v. 10 % des Stammkapitals,
b) i.H.v. 30 % des Stammkapitals.

In 2013 schüttet die GmbH insgesamt eine Dividende i.H.v. 100.000 € aus.

Lösung

a) In der Buchführung ist die Dividende i.H.v. (100.000 € × 10 % =) 10.000 € zu erfassen. Außerbilanziell ist der Ertrag nach § 3 Nr. 40 Buchst. d EStG um (10.000 € × 40 % =) 4.000 € zu vermindern.
   Ausgangspunkt für die Ermittlung des Gewerbeertrags ist nach § 7 Abs. 1 GewStG der nach den Vorschriften des Einkommensteuergesetzes ermittelte Gewinn; hier: 6.000 €. Da die Beteiligung weniger als 15 % beträgt, erfolgt nach § 8 Nr. 5 GewStG eine Hinzurechnung i.H.v. (10.000 € × 40 % =) 4.000 €. Die Dividende geht sonach mit einem Betrag von 10.000 € in die Ermittlung des Gewerbeertrags ein.

b) Die Dividende ist in der Buchführung i.H.v. (100.000 € × 30% =) 30.000 € zu erfassen. Außerbilanziell ist der Ertrag nach § 3 Nr. 40 Buchst. d EStG um (30.000 € × 40% =) 12.000 € zu vermindern. Ausgangspunkt für die Ermittlung des Gewerbeertrags ist somit ein Gewinn i.H.v. 18.000 €.
Da die Beteiligung mindestens 15% beträgt, erfolgt nach § 9 Nr. 2a GewStG eine Kürzung um (30.000 € × 60% =) 18.000 €. Die Dividende unterliegt daher keiner GewSt.

1.7 Beteiligungen im Betriebsvermögen einer Kapitalgesellschaft

Erzielt eine KapGes aus einer Beteiligung an einer anderen KapGes Dividenden, so bleiben die Bezüge nach **§ 8b Abs. 1 KStG** bei der Ermittlung des Einkommens außer Ansatz (Details s. Kapitel II 4). Technisch erfolgt dies dadurch, dass die Dividenden in der Handels- und Steuerbilanz als Ertrag ausgewiesen werden (Jahresüberschuss). Die Korrektur nach § 8b Abs. 1 KStG erfolgt dann bei der Ermittlung des Einkommens (§ 8 KStG) **außerbilanziell**.

Nach § 8b Abs. 5 KStG gelten **5%** der Dividende als nicht abziehbare BA, die dem Einkommen außerbilanziell wieder hinzugerechnet wird. Im Gegenzug darf die KapGes nach § 8b Abs. 5 Satz 2 KStG die BA, die mit der Beteiligung zusammenhängen, ungeschmälert als BA geltend machen.

Grundsätzlich ist auch bei der Ausschüttung einer Dividende an eine KapGes nach § 43 Abs. 1 Nr. 1 EStG die 25 %ige **Kapitalertragsteuer** zzgl. 5,5% Solidaritätszuschlag einzubehalten und abzuführen. Ein Kapitalertragsteuerabzug entfällt aber, wenn die Voraussetzungen der europäischen Mutter-Tochter-Richtlinie erfüllt sind (nach Art. 3: Beteiligung i.H.v. mindestens 10%).

Bei der Ermittlung des Gewerbeertrags ist **§ 9 Nr. 2a GewStG** auch i.R.d. § 8b Abs. 1 KStG anzuwenden. Danach ist die Summe des Gewinns um die Gewinne aus Anteilen an einer KapGes zu kürzen, wenn die Beteiligung mindestens 15% beträgt. Nach § 9 Nr. 2a Satz 4 GewStG gelten die nach § 8b Abs. 5 KStG nicht abziehbaren BA (5% der Dividende) nicht als Gewinn aus Anteilen i.S.d. Vorschrift.

Beispiel

Die M-AG ist zu 80% an der T-GmbH beteiligt. Die T-GmbH schüttet an die M-AG eine Dividende von 500.000 € aus.

Lösung

Die Dividende ist zunächst im Gewinn nach § 4 Abs. 1 EStG i.H.v. 500.000 € enthalten. Nach § 8b Abs. 1 KStG ist die Dividende außerbilanziell bei der Ermittlung des Einkommens wieder herauszurechnen, sodass sich ein Ansatz von 0 € ergibt. Gleichzeitig sind aber 5% der Dividende nach § 8b Abs. 5 KStG als nicht abziehbare BA dem Einkommen wieder hinzuzurechnen. Damit ist die Dividende letztlich im Einkommen mit (500.000 € × 5% =) 25.000 € enthalten.
Für Zwecke der GewSt wird die Dividende grundsätzlich mit 0 € angesetzt. Die nach § 8b Abs. 5 KStG hinzugerechneten 5% werden aber i.R.d. § 9 Nr. 2a GewStG nicht gekürzt, sodass letztlich nur 95% der Dividende körperschaftsteuer- und gewerbesteuerfrei sind.

Nach **§ 8 Nr. 5 GewStG** ist die Dividende zu 100% gewerbesteuerpflichtig, wenn die Voraussetzungen des § 9 Nr. 2a GewStG nicht vorliegen.

Beispiel

Wie oben; aber mit folgender Variante: Die M-AG hält lediglich 10 % der Anteile an der T-GmbH. Die Dividende soll wieder mit 500.000 € angenommen werden.

Lösung

Bei der Berechnung der KSt ergeben sich gegenüber dem Grundfall keine Veränderungen. Da bei der KSt bisher lediglich 5 % der Dividende als stpfl. Einnahme erfasst wurden, die Voraussetzungen des § 9 Nr. 2a GewStG aber nicht vorliegen, erfolgt eine Erhöhung des Gewerbeertrags nach § 8 Nr. 5 GewStG um (500.000 € × 95 % =) 475.000 €. Damit ist letztlich die gesamte Dividende i.H.v. 500.000 € gewerbestpfl.

Für Bezüge, die nach dem 28.02.2013 zufließen, wurde § 8b Abs. 4 KStG geändert. Danach setzt die Körperschaftsteuerbefreiung für Dividendenerträge eine Mindestbeteiligung von 10 % voraus. Bei Beteiligungen, die die Mindestgrenze von 10 % nicht erreichen, wird somit künftig die Dividende voll besteuert (also auch keine Anwendung des Teileinkünfteverfahrens).

2 Veräußerung von Anteilen

2.1 Überblick und Systematik

Bei der Veräußerung von Anteilen an einer GmbH muss zunächst einmal danach differenziert werden, ob sich die Anteile vor der Veräußerung im

- Privatvermögen oder im
- Betriebsvermögen

befunden haben. Bei Anteilen im Privatvermögen ist des Weiteren zu unterscheiden, ob der veräußernde Gesellschafter

- mit weniger als 1% am Stammkapital beteiligt ist (dann fällt die Veräußerung unter § 20 Abs. 2 Nr. 1 EStG) oder
- zu mindestens 1% am Stammkapital beteiligt ist (dann fällt die Veräußerung unter § 17 Abs. 1 Satz 1 EStG).

Bei Anteilen im Betriebsvermögen richtet sich die Versteuerung des Veräußerungsgewinns,

- wenn der Veräußernde eine KapGes ist, nach § 8b Abs. 2 KStG (steuerfreier Veräußerungsgewinn, aber 5% des Gewinns als nicht abzugsfähige Betriebsausgabe);
- wenn der Veräußernde eine natürliche Person ist, nach § 15 i.V.m. § 3 Nr. 40 Buchst. a EStG.

Eine eigene Gruppe bilden die Tatbestände der Umwandlung (z. B. Verschmelzung, Abspaltung, Formwechsel). Auch hier werden u. U. (je nach Ausübung des Wahlrechts) die stillen Reserven von Anteilen an einer GmbH ganz oder teilweise aufgedeckt.

2.2 Gestaltungsdilemma: »asset deal« oder »share deal«

Umstrukturierungen und Unternehmens- bzw. Anteilsveräußerungen (»mergers & acquisitions«) gehören zu den äußerst anspruchsvollen Beratungsfeldern. Wenn solche Transaktionen grenzüberschreitend verlaufen, lassen sich innovative und langfristig tragfähige Lösungen nur noch mit international zusammengesetzten Expertenteams finden.

Ausgangspunkt der steuerlichen Gestaltung einer Unternehmens-bzw. Anteilsveräußerung ist der Interessengegensatz zwischen Veräußerer und Erwerber, der auf den jeweils unterschiedlichen steuerlichen Folgen beruht. Die Kunst der steuerlichen Beratung erweist sich im Einzelfall darin, die beiderseitigen Interessen zum Ausgleich zu bringen.

Der Veräußerer ist daran interessiert, den Veräußerungsgewinn möglichst von Steuern zu entlasten. Das kann er i.d.R. am besten durch einen Anteilsverkauf (»share deal«).

Das Interesse des Erwerbers ist darauf gerichtet, seine Anschaffungs-, Finanzierungs- und Transaktionskosten steuerlich möglichst ungemindert geltend machen zu können. Dies kann er regelmäßig am besten, wenn er Einzelwirtschaftsgüter erwirbt (»asset deal«), denn die AK des Erwerbers entfallen beim »asset deal« auf die einzelnen Wirtschaftsgüter, deren Bilanzwerte folglich aufgestockt werden (»step-up«). Der Kaufpreis verwandelt sich in Abschreibungspotenzial, das zwar nicht sofort, aber doch sukzessive in vollem Umfang gewinnmindernd nutzbar ist.

2.3 Veräußerung von Anteilen im Privatvermögen

2.3.1 Einkünfte aus Kapitalvermögen (§ 20 Abs. 2 Nr. 1 EStG)

Befinden sich die Anteile des Veräußerers im Privatvermögen und ist er am Stammkapital zu weniger als 1 % beteiligt, so fällt ein Veräußerungsgewinn unter die Vorschrift des § 20 Abs. 2 Nr. 1 EStG. Der Veräußerungsgewinn ist nach § 20 Abs. 4 EStG zu berechnen. Danach ist der Gewinn der Unterschied zwischen den Einnahmen aus der Veräußerung nach Abzug der Aufwendungen, die im unmittelbaren sachlichen Zusammenhang mit dem Veräußerungsgeschäft stehen (z. B. Provisionen, Beratungskosten etc.), und den AK. Für die Erfassung der Einnahmen ist das Zuflussprinzip (§ 11 Abs. 1 Satz 1 EStG) maßgebend. Ein eventuell entstehender Veräußerungsverlust darf nach § 20 Abs. 6 Satz 2 EStG nicht mit Einkünften aus anderen Einkunftsarten ausgeglichen werden. Veräußerungsverluste nach § 20 Abs. 2 Nr. 1 EStG dürfen grundsätzlich mit allen anderen Einkünften aus Kapitalvermögen verrechnet werden. Die Ausgleichsbeschränkung des § 20 Abs. 6 Satz 5 EStG ist auf die Veräußerung von Anteilen an einer GmbH nicht anwendbar, da die Regelung nur »Aktien« betrifft.

Der Gewinn unterliegt nicht dem Teileinkünfteverfahren (vgl. § 3 Nr. 40 Satz 2 EStG), sondern nach § 32d Abs. 1 EStG der 25 %igen **Abgeltungsteuer** (zzgl. 5,5 % SolZ). Dabei hat die 25 %ige **KapSt** (§ 43 Abs. 1 Nr. 9 EStG) nach § 43 Abs. 5 Satz 1 EStG abgeltende Wirkung. Befindet sich der Sitz der KapGes im Ausland, so ist dieser Gewinn nach den DBA (vgl. Art. 13 Abs. 5 OECD-MA) grundsätzlich in dem Staat zu besteuern, in dem der Veräußerer ansässig ist (vgl. Art. 4 OECD-MA). In diesem Fall muss der Veräußerer nach § 32d Abs. 3 EStG eine Einkommensteuererklärung abgeben, da der Veräußerungsgewinn im Ausland nicht der deutschen KapSt unterliegt. Eine eventuelle ausländische Quellensteuer kann nach § 32d Abs. 5 EStG bis maximal 25 % angerechnet werden.

Die Option zur Regelversteuerung nach § 32d Nr. 3 EStG findet auf Veräußerungsgewinne keine Anwendung, da die Vorschrift ausdrücklich nur auf § 20 Abs. 1 Nr. 1 und 2 EStG verweist.

Die Versteuerung des Gewinns nach § 20 Abs. 2 Nr. 1 EStG greift nur, soweit die Anteile an der GmbH nach dem **31.12.2008** erworben wurden (§ 52a Abs. 10 Satz 1 EStG). Soweit die Anteile vor dem 01.01.2009 erworben wurden, findet auf den Veräußerungsgewinn § 23 Abs. 1 Nr. 2 EStG a.F. Anwendung (§ 52a Abs. 11 Satz 4 EStG). Diese Vorschrift dürfte nur noch einen geringen Anwendungsbereich haben, da die einjährige Spekulationsfrist abgelaufen ist.

Ein Veräußerungsgewinn kann nach **§ 20 Abs. 2 Satz 2 EStG** auch entstehen, wenn die Anteile an der GmbH i.S.v. § 20 Abs. 2 Nr. 1 EStG **verdeckt** in eine KapGes eingelegt werden. Eine verdeckte Einlage liegt stets vor, wenn der Gesellschafter für die Überführung des Wirtschaftsguts keine Gesellschaftsanteile (Anteile am Stammkapital) erhält. Dies ist der Fall, wenn die Einlage in eine Kapitalrücklage (vgl. § 272 Abs. 2 Nr. 4 HGB) oder als Ertrag gebucht wird. In letzterem Fall ist das Einkommen nach § 8 Abs. 3 Satz 3 KStG außerbilanziell um den Ertrag zu vermindern.

Beispiel

Der Stpfl. erwarb in 2011 0,8 % der Anteile an der X-GmbH für 100.000 €. Er ist außerdem Gesellschafter der Y-AG. In 2013 legt er die Anteile an der X-GmbH verdeckt in die Y-AG ein (aktueller Wert: 130.000 €). Die Y-AG bucht den Vorgang wie folgt: Beteiligung 130.000 € an Kapitalrücklage 130.000 €.

Lösung

Die verdeckte Einlage löst einen Veräußerungsgewinn nach § 20 Abs. 2 Satz 2 EStG i.H.v. (130.000 € ./. 100.000 € =) 30.000 € aus. Der Gewinn unterliegt nach § 32d Abs. 1 EStG der 25 %igen Abgeltungsteuer.

Die **offene Einlage** gilt stets als Tausch (§ 6 Abs. 6 EStG) und löst damit einen Veräußerungsgewinn nach § 20 Abs. 2 Nr. 1 EStG aus. Eine offene Einlage liegt vor, wenn der Gesellschafter für die Überführung des Wirtschaftsguts im Gegenzug Gesellschaftsanteile erhält (vgl. z. B. BFH vom 06.04.2011, BFH/NV 2011, 1850). Dieser Fall ist gegeben, wenn die Gesellschaft den Vorgang in das Stammkapital bucht (nur denkbar bei Gründung oder Kapitalerhöhung).

Beispiel

Wie oben; die Y-AG bucht aber (z. B. im Rahmen einer Kapitalerhöhung): Beteiligung 130.000 € an Stammkapital 130.000 €.

Lösung

Der Gewinn ist wiederum nach § 20 Abs. 2 Nr. 1 EStG i.H.v. 30.000 € zu versteuern.

Wird die Beteiligung i.S.v. § 20 Abs. 2 Nr. 1 EStG **verdeckt** in eine **PersGes** eingelegt, so löst die Einlage keinen Veräußerungsgewinn aus. Die Einlage ist nach § 6 Abs. 1 Nr. 5 Buchst. c EStG mit den AK (und nicht mit dem Teilwert) anzusetzen. Dadurch gehen die stillen Reserven der Beteiligung in das Betriebsvermögen über. Eine verdeckte Einlage in eine PersGes liegt vor, wenn der Gesellschafter keine Gesellschaftsrechte erhält (vgl. BMF vom 11.07.2011, BStBl I 2011, 713). Der Gesellschafter erhält keine Gesellschaftsrechte, wenn die aufnehmende Gesellschaft die Überführung in eine Kapitalrücklage oder als Ertrag bucht (siehe oben).

Beispiel

Der Stpfl. erwarb in 2011 0,8 % der Anteile an der X-GmbH für 100.000 €. Er ist außerdem Gesellschafter der Y-GmbH & Co. KG. In 2013 legt er die Anteile an der X-GmbH verdeckt in die Y-GmbH & Co. KG ein (aktueller Wert: 130.000 €). Die Y-GmbH & Co. KG bucht den Vorgang wie folgt: Beteiligung 100.000 € an Kapitalrücklage 100.000 €.

Lösung

Da der Gesellschafter keine Gegenleistung für die Überführung der Anteile an der Saar-GmbH erhält, liegt eine verdeckte Einlage vor. Die Y-GmbH & Co. KG hat nach § 6 Abs. 1 Nr. 5 Buchst. c EStG die Beteiligung zu Recht mit 100.000 € eingebucht (AK des Gesellschafters). Damit gehen die stillen Reserven i.H.v. 30.000 € auf die Y-GmbH & Co. KG über.

Wird die Beteiligung i.S.v. § 20 Abs. 1 Nr. 2 EStG **offen** in eine PersGes eingelegt, so gilt dies wiederum als Tausch (§ 6 Abs. 6 EStG) und löst damit einen entsprechenden Veräußerungsgewinn aus. Eine offene Einlage in eine PersGes liegt vor, wenn der Gesellschafter im Gegenzug für die Überführung des Wirtschaftsguts Gesellschaftsrechte erhält. Gesellschaftsrechte erhält der Gesellschafter einer PersGes, wenn die Buchung in sein Kapitalkonto erfolgt (BMF vom 11.07.2011, a.a.O.).

Im Falle einer kombinierten offenen und verdeckten Einlage geht die Verwaltung (BMF vom 11.07.2011, a.a.O.) insgesamt von einem entgeltlichen Veräußerungsgeschäft aus.

Beispiel
Wie oben; die Y-GmbH & Co. KG bucht den Vorgang aber wie folgt: Beteiligung 130.000 € an Kapitalkonto Gesellschafter 100.000 € und Kapitalrücklage 30.000 €.

Lösung
Da der Vorgang insgesamt als entgeltliches Veräußerungsgeschäft zu behandeln ist, hat die Y-GmbH & Co. KG die Beteiligung zu Recht mit 130.000 € angesetzt. Für den Gesellschafter löst die kombinierte offene und verdeckte Einlage einen Veräußerungsgewinn nach § 20 Abs. 2 Nr. 1 EStG i.H.v. 30.000 € aus.

2.3.2 Einkünfte nach § 17 EStG

2.3.2.1 Grundtatbestand

Nach § 17 Abs. 1 Satz 1 EStG gehört zu den Einkünften aus Gewerbebetrieb auch der Gewinn aus der Veräußerung von Anteilen an einer KapGes, wenn der Veräußerer innerhalb der letzten fünf Jahre am Kapital der Gesellschaft unmittelbar oder mittelbar zu **mindestens 1 %** beteiligt war. § 17 EStG erfasst nur Anteile, die im **Privatvermögen** gehalten werden, da Anteile im Betriebsvermögen unabhängig von der Beteiligungshöhe bereits nach § 15 EStG besteuert werden. Es genügt, wenn die Grenze von mindestens 1 % zu irgendeinem Zeitpunkt innerhalb der letzten fünf Jahre gehalten wird.

Beispiel
Der Stpfl. erwarb in 2011 10 % der Anteile an der Z-GmbH. In 2012 veräußert er 9,5 %; in 2013 weitere 0,5 %.

Lösung
Sowohl die Veräußerung in 2012 als auch die Veräußerung in 2013 erfüllen den Tatbestand des § 17 Abs. 1 Satz 1 EStG, da der Stpfl. innerhalb der letzten fünf Jahre vor der Veräußerung zu mindestens 1 % an der Z-GmbH beteiligt war.

Unmittelbare und mittelbare Beteiligungen werden i.R.d. § 17 Abs. 1 Satz 1 EStG zusammengerechnet (vgl. H 17.2 [Mittelbare Beteiligung] EStH).

Beispiel
Der Stpfl. hält 0,5 % der Anteile an der A-GmbH im Privatvermögen. Des Weiteren ist er zu 50 % an der B-GmbH beteiligt. Diese wiederum hält 80 % der Anteile an der A-GmbH. Der Stpfl. veräußert die 0,5 % privat gehaltene Anteile.

Lösung
Die Veräußerung fällt unter § 17 Abs. 1 Satz 1 EStG, da der Gesellschafter unmittelbar zu 0,5 % und mittelbar über die B-GmbH zu (50 % × 80 % =) 40 %, somit insgesamt zu 40,5 % an der A-GmbH beteiligt ist.

Hält der Gesellschafter Anteile sowohl im Privatvermögen als auch im Betriebsvermögen, so sind die Anteile zur Berechnung der Grenze von § 17 Abs. 1 Satz 1 EStG zusammenzurechnen (vgl. H 17.2 [Anteile im Betriebsvermögen] EStH).

Beispiel
Der Stpfl. hält 0,5% der Anteile an der C-GmbH im Privatvermögen und weitere 5% der Anteile im Betriebsvermögen. Er veräußert die gesamten 5,5%.

Lösung
Die Veräußerung der 5% fällt unter § 15 EStG; die Veräußerung der 0,5% fällt unter § 17 Abs. 1 Satz 1 EStG, da der Gesellschafter insgesamt mindestens 1% der Anteile an der C-GmbH hielt.

Werden von der KapGes eigene Anteile gehalten (zur Bilanzierung siehe § 272 Abs. 1a HGB), ist bei einer Entscheidung, ob ein Stpfl. i.S.d. § 17 Abs. 1 Satz 1 EStG beteiligt ist, von dem um die eigenen Anteile verminderten Nennkapital der KapGes auszugehen (vgl. H 17.2 [Eigene Anteile] EStH).

§ 17 EStG erfasst nach Abs. 1 Satz 3 die Veräußerung von

- Aktien (einer Aktiengesellschaft oder einer Societas Europaea),
- Anteilen an einer GmbH (inkl. Unternehmergesellschaft),
- Genussscheinen oder
- ähnlichen Beteiligungen und Anwartschaften auf solche Beteiligungen.

Unter den Begriff der »ähnlichen Beteiligungen« fällt z. B. die **Vorgesellschaft**, wenn die zu gründende GmbH später tatsächlich in das Handelsregister eingetragen wird (vgl. BFH vom 12.12.2007, BStBl II 2008, 579). Ebenfalls werden Anteile an einer **ausländischen Gesellschaft** erfasst, wenn diese dem Typus nach einer deutschen KapGes entsprechen (z. B. Anteile an einer englischen Ltd.; zum Typenvergleich im Übrigen BMF vom 24.12.1999, BStBl I 1999, 1076 – Betriebsstättenerlass – Tabelle 1 im Anhang).

Die Veräußerung von **Anwartschaften** betrifft insbesondere Fälle, in denen Ansprüche auf Teilhabe an einer Kapitalerhöhung vor Eintragung der Kapitalerhöhung veräußert werden.

Hat der Veräußerer die Anteile innerhalb der letzten 5 Jahre vor der Veräußerung **unentgeltlich** erworben (durch Schenkung oder Erbfolge), ist § 17 Abs. 1 Satz 1 anzuwenden, wenn die Anteile beim Rechtsvorgänger die Voraussetzungen des § 17 Abs. 1 Satz 1 EStG erfüllten.

Beispiel
Der Erblasser erwarb in 2011 2% der Anteile an der D-GmbH. In 2013 stirbt der Erblasser. Erben werden seine 3 Kinder zu je einem Drittel. Eines der Kinder veräußert in 2013 seine Anteile an der D-GmbH.

Lösung
Obwohl der Veräußerer nur zu 0,66% an der D-GmbH beteiligt war, sind die Anteile dennoch nach § 17 Abs. 1 Satz 4 EStG steuerverhaftet. Die Veräußerung fällt unter § 17 Abs. 1 Satz 1 EStG.

2.3.2.2 Veräußerungsgewinn

Nach § 17 Abs. 2 EStG ist Veräußerungsgewinn der Betrag, um den der Veräußerungspreis nach Abzug der Veräußerungskosten (z. B. Beratungskosten) die AK übersteigt. Der Gewinn unterliegt nach § 3 Nr. 40 Buchst. c EStG i.V.m. § 3c Abs. 2 EStG dem Teileinkünfteverfahren.

Zu den AK gehören regelmäßig:
- die Einzahlung des Stammkapitals bei Gründung,
- der Kaufpreis eines Anteilserwerbs,
- Anschaffungsnebenkosten (z. B. Beratungskosten, Notarkosten oder Gebühren für die Eintragung im Handelsregister),
- nachträgliche AK, insbesondere
  - verdeckte Einlagen,
  - der Verlust eigenkapitalersetzender Darlehen oder
  - Bürgschaftszahlungen.

Da für die Berechnung des Veräußerungsgewinns Bilanzierungsgrundsätze anzuwenden sind, kommt es – im Gegensatz zu § 20 Abs. 2 Nr. 1 EStG – auf den Zufluss des Veräußerungspreises nicht an. Wird der Veräußerungspreis länger als ein Jahr **zinslos gestundet**, so ist er analog § 12 Abs. 3 BewG mit einem Zinssatz von 5,5% p.a. abzuzinsen. Dies gilt auch für einen Veräußerungspreis, der in Form von zinslos gestundeten Raten bezahlt wird.

Beispiel

Der Stpfl. erwarb in 2007 20% der Anteile an der E-GmbH für 100.000 €. Am 01.01.2013 veräußert er die Anteile für 200.000 €. Der Kaufpreis wird zinslos bis zum 31.12.2014 gestundet. Bereits in 2012 ließ sich der Stpfl. im Hinblick auf die optimale Gestaltung des Verkaufs beraten und bezahlte 1.200 € (inkl. USt).

Lösung

Die Veräußerung fällt unter § 17 Abs. 1 Satz 1 EStG, da der Stpfl. innerhalb der letzten 5 Jahre an der E-GmbH zu mindestens 1% beteiligt war. Der Veräußerungsgewinn berechnet sich nach § 17 Abs. 2 i.V.m. §§ 3 Nr. 40 Buchst. c, 3c Abs. 2 EStG und analog § 12 Abs. 3 BewG. Die Kaufpreisforderung ist abzuzinsen, da sie zinslos mehr als ein Jahr gestundet wurde. Nach der Abzinsungstabelle in Anlage 9a zu § 13 BewG ergibt sich bei einer Laufzeit von 2 Jahren ein Kapitalwert von (200.000 € × 0,898 =) 179.600 €. Das Beratungshonorar ist i.R.d. § 17 Abs. 2 EStG zu erfassen, da das Abflussprinzip des § 11 Abs. 2 EStG nicht gilt. Somit beträgt der Gewinn:

Erlös (179.600 € × 60% =)		107.760 €
Veräußerungskosten (1.200 € × 60% =)	./.	720 €
AK (100.000 € × 60% =)	./.	60.000 €
Gewinn		47.040 €

Verpflichtet sich der Erwerber zur Zahlung einer **Veräußerungsrente** (zeitlich beschränkt oder lebenslang; vgl. BMF vom 11.03.2010, BStBl I 2010, 227 Rz. 65 ff.), so hat der Veräußerer ein **Wahlrecht** (R 17 Abs. 7 Satz 2 i.V.m. R 16 Abs. 11 EStR). Der Veräußerer kann den bei der Veräußerung entstehenden Gewinn **sofort versteuern**. In diesem Fall ist § 17 EStG anzuwenden. Veräußerungsgewinn ist der Unterschiedsbetrag zwischen dem nach den Vorschriften des Bewertungsgesetzes ermittelten Barwert der Rente, vermindert um etwaige Veräußerungskosten des Stpfl. und den AK. Die in den Rentenzahlungen enthaltenen Ertragsanteile sind nach § 22 Nr. 1 Satz 3 Buchst. a Doppelbuchst. bb EStG zu versteuern.

Wählt der Veräußerer die **laufende Besteuerung**, so ist der Zinsanteil der Veräußerungsrente jährlich nach § 22 Nr. 1 Satz 3 Buchst. a Doppelbuchst. bb EStG zu ermitteln und zu versteuern (vgl. BMF vom 03.08.2004, BStBl I 2004, 1187 Tz. 1.2). Der Tilgungsanteil der Veräußerungsrente ergibt sich aus der Differenz zwischen den Rentenzahlungen und dem Zinsanteil. Der Tilgungsanteil ist erst zu versteuern, wenn die Summe der Tilgungen die AK zzgl. etwaiger Veräußerungskosten übersteigt. Der Tilgungsanteil unterliegt dann dem Teileinkünfteverfahren (§ 3 Nr. 40 Buchst. c EStG).

Der Erwerber muss – unabhängig davon, welche Wahl der Veräußerer trifft – stets die Beteiligung mit den AK (Barwert der Veräußerungsrente zzgl. Anschaffungsnebenkosten) aktivieren.

Beispiel

Der Stpfl. hat bei der Veräußerung einer Beteiligung an der XY-GmbH das 70. Lebensjahr vollendet. Die AK betrugen 20.000 €. Als Kaufpreis wird eine lebenslange Rente i.H.v. 1.000 € monatlich, beginnend zum 01.01.2013, vereinbart.

Lösung

Der Veräußerer kann wählen, ob er den Veräußerungsgewinn laufend oder sofort versteuern möchte.

a) Bei der **laufenden Versteuerung** ist in einem 1. Schritt der Zinsanteil der Veräußerungsrente nach § 22 Nr. 1 Satz 3 Buchst. a Doppelbuchst. bb EStG zu ermitteln. Hat der Empfänger der Veräußerungsrente bei Beginn der Rentenzahlungen das 70. Lebensjahr vollendet, beträgt der Ertragsanteil über die gesamte Laufzeit der Rente 15 %. Für den VZ 2013 ergeben sich somit Einnahmen i.H.v. (12.000 € × 15 % =) 1.800 € abzüglich eines Pauschbetrags nach § 9a Nr. 3 EStG i.H.v. 102 €.
   In einem 2. Schritt ist der Tilgungsanteil zu ermitteln. Der Tilgungsanteil beträgt für das Wj. 2013 (12.000 € ./. 1.800 € =) 10.200 €. Eine Versteuerung nach §§ 17, 3 Nr. 40 Buchst. c, 3c Abs. 2 EStG erfolgt erst ab dem Zeitpunkt, in dem die Summe der Tilgungen die AK übersteigt. Da die AK 20.000 € betrugen, liegt die Summe der Tilgungen noch in einem Bereich, in dem die Versteuerung noch nicht beginnt.

b) Bei der **Sofortversteuerung** muss zunächst der Barwert der Veräußerungsrente zum 01.01.2013 ermittelt werden. Dieser beträgt (vgl. BMF vom 26.10.2012, BStBl I 2012, 950) 12.000 € × 9,801 = 117.612 €. Somit ergibt sich nach §§ 17 Abs. 1 Satz 1, 3 Nr. 40 Buchst. c, 3c Abs. 2 EStG folgender Gewinn:

Kaufpreis (117.612 € × 60 % =)	70.567 €
AK (20.000 € × 60 % =)	./. 12.000 €
Summe	58.567 €

   Des Weiteren hat der Veräußerer dem Ertragsanteil der Veräußerungsrente nach § 22 Nr. 1 Satz 3 Buchst. a Doppelbuchst. bb i.H.v. 1.800 € (siehe oben) abzüglich eines Pauschbetrags nach § 9a Nr. 3 EStG i.H.v. 102 € zu versteuern.

Wird der Kaufpreis gestundet (zinslos oder verzinslich) oder Ratenzahlung vereinbart (zinslos oder verzinslich) und fallen spätere Raten aufgrund einer Zahlungsunfähigkeit des Erwerbers aus, so ist der Kaufpreis **rückwirkend** zu ändern (z. B. BFH vom 22.12.2010, Az: I R 58/10, www.bundesfinanzhof.de). Das Gleiche gilt, wenn der Kaufpreis später (z. B. aufgrund eines Rechtsstreits) herabgesetzt oder erhöht wird (vgl. BFH vom 23.06.1988, BStBl II 1989, 41 zu § 16 EStG). Fällt eine Bürgschaftszahlung später aus, verändert sich rückwirkend der Veräußerungsgewinn (BFH vom 20.11.2012, Az: IX R 34/12).

Beispiel
Der Stpfl. veräußert in 2012 eine 80%ige Beteiligung an der Z-GmbH. Als Kaufpreis werden fünf jährliche Raten zu je 100.000 € vereinbart. Die Rest-Kaufsumme ist jeweils mit (angemessenen) 6% zu verzinsen. Der Stpfl. hat die Beteiligung für 50.000 € erworben. In 2013 wendet der Käufer ein, er sei beim Kauf über die Ertragsaussichten getäuscht worden. Im Wege eines Vergleichs reduzieren die Parteien die restlichen vier Raten auf 70.000 €.

Lösung
Im VZ 2012 ergibt sich zunächst ein Gewinn nach § 17 Abs. 1 Satz 1 EStG i.H.v. (5 Raten à 100.000 € × 60% abzüglich 50.000 € × 60% =) 270.000 €. Aufgrund des späteren Vergleichs ist der Kaufpreis rückwirkend zu ändern. Im VZ 2012 ergibt sich somit nur noch ein Veräußerungsgewinn i.H.v. (1 Rate zu 100.000 € zzgl. 4 Raten je 70.000 € × 60% abzüglich 50.000 € × 60% =) 198.000 €.

Ein besonderes Problem entsteht, wenn die Parteien bei der Veräußerung von Anteilen an einer KapGes keine Vereinbarung über die Frage treffen, wem die Dividenden bis zum Veräußerungszeitpunkt zustehen. Im Zweifel stehen nach § 101 Nr. 2 BGB dem Veräußerer die Dividenden anteilig bis zum Veräußerungszeitpunkt zu. Diese Regelung steht nicht im Einklang mit dem Steuerrecht, da nach § 20 Abs. 5 Satz 2 EStG die Dividende von dem Gesellschafter zu versteuern ist, dem die Anteile im Zeitpunkt des Gewinnverteilungsbeschlusses zuzurechnen sind.

Beispiel
Der Stpfl. ist zu 50% an der A-GmbH beteiligt. Seine AK betrugen 20.000 €. Zum 31.12.2012 veräußert der Stpfl. seine Anteile für 100.000 €. Die Dividende des Wj. 2012 (= Kalenderjahr) soll vereinbarungsgemäß noch dem Veräußerer zustehen. Im März 2013 beschließt die Gesellschafterversammlung eine Ausschüttung für das abgelaufene Wj. 2012 i.H.v. 30.000 €. Die Dividende wird auf Geheiß des Erwerbers von der GmbH direkt an den Veräußerer überwiesen.

Lösung
Nach § 20 Abs. 5 Satz 2 EStG ist die Dividende vom Erwerber zu versteuern, da ihm im Zeitpunkt des Gewinnverteilungsbeschlusses die Anteile zuzurechnen sind. Da er die Dividende vereinbarungsgemäß an den Veräußerer herausgeben muss, liegt i.H.d. Dividende eine nachträgliche Erhöhung des Kaufpreises vor. Der Veräußerer erzielt somit in 2012 einen Gewinn nach § 17 Abs. 1 Satz 1 EStG i.H.v. (130.000 € × 60% abzüglich 20.000 € × 60% =) 66.000 €.

2.3.2.3 Freibetrag

Nach § 17 Abs. 3 wird der Veräußerungsgewinn zur Einkommensteuer nur herangezogen, soweit er den Teil von **9.060** € übersteigt, der dem veräußerten Anteil an der KapGes entspricht. Der Freibetrag ermäßigt sich um den Betrag, um den der Veräußerungsgewinn den Teil von **36.100** € übersteigt, der dem veräußerten Anteil an der KapGes entspricht.

Beispiel
Der Stpfl. veräußert 30% der Anteile an der C-GmbH für 50.000 €. Seine AK beliefen sich auf 30.000 €.

Lösung

Der Gewinn beläuft sich im Teileinkünfteverfahren auf (50.000 € × 60% abzüglich 30.000 € × 60% =) 12.000 €.

Der ungekürzte Freibetrag ist mit (9.060 € × 30% =) 2.718 € anzusetzen. Der Gewinn übersteigt den anteiligen Grenzbetrag (36.100 € × 30% = 10.830 €) um (12.000 € ./. 10.830 € =) 1.170 €. Somit ist der Freibetrag auf (2.718 € ./. 1.170 € =) 1.548 € zu reduzieren.

Der stpfl. Gewinn beläuft sich damit auf (12.000 € ./. 1.548 € =) 10.452 €.

2.3.2.4 Sonderproblem: Nachträgliche Anschaffungskosten

Nachträgliche AK wirken sich unmittelbar auf die Berechnung des Veräußerungsgewinns aus. Der BFH hat unter Geltung des durch das Gesetz zur Modernisierung des GmbH-Rechts (MoMiG) abgeschafften § 32a GmbHG den Verlust sog. eigenkapitalersetzender Darlehen als nachträgliche AK anerkannt (Nachweis in BMF vom 21.10.2010, BStBl I 2010, 832). Als eigenkapitalersetzende Darlehen wurden folgende Arten von Darlehen anerkannt:

- Hingabe des Darlehens in der finanziellen Krise der GmbH,
- Stehenlassen eines Darlehens bzw. Verzicht auf Kündigung eines früher gewährten Darlehens bei Eintritt der Krise,
- Krisenbestimmte Darlehen (Darlehen, bei denen der Gesellschafter für den Fall des Eintritts einer Krise im Rang hinter die übrigen Gesellschafter zurücktritt oder auf eine Rückzahlung des Darlehens ganz oder bis zum Eintritt der finanziellen Gesundung verzichtet) sowie
- Finanzplandarlehen (= Darlehen, die bei Gründung oder später wesentlicher Erweiterung der Geschäftstätigkeit von vorneherein mangelndes Eigenkapital ausgleichen sollen).

Problematisch war stets, mit welchem Wert die Darlehensansprüche anzusetzen waren. Rechtsprechung und Verwaltung gingen davon aus, dass im Falle stehengelassener Darlehen der Wert des Darlehensanspruchs bei Eintritt der finanziellen Krise maßgeblich sei, im Übrigen der Nennwert des Darlehens.

Die Regelung in § 32a GmbHG wurde durch die **§§ 39, 135 InsO** ersetzt. Danach treten alle Gesellschafterdarlehen in der Insolvenz unabhängig von ihrer vertraglichen Ausgestaltung und unabhängig vom Zeitpunkt der Hingabe an die letzte Stelle aller Gläubiger. Darüber hinaus kann nach **§ 6 AnfG** die Gestellung einer Sicherheit für ein Gesellschafterdarlehen bis zu 10 Jahren vor Eintritt der Krise bzw. die Tilgung eines Gesellschafterdarlehens im letzten Jahr vor Eintritt der Krise angefochten werden. Die Verwaltung nahm die Neuregelung in der InsO bzw. dem AnfG zum Anlass, das bisherige System der eigenkapitalersetzenden Darlehen i.R.d. § 17 EStG grundsätzlich beizubehalten (BMF vom 21.10.2010 a.a.O.).

Lediglich bei den krisenbestimmten Darlehen unterscheidet die Verwaltung nunmehr zwischen einer Krisenbestimmung aufgrund **vertraglicher Vereinbarungen** (z. B. Rangrücktritt für den Fall des Eintritts einer Krise) und einer Krisenbestimmung aufgrund der gesetzlichen Neuregelungen in **§§ 39, 135 InsO sowie § 6 AnfG**. Die nachträglichen AK bemessen sich bei der letzten Kategorie nach dem gemeinen Wert im Zeitpunkt des Beginns des Anfechtungszeitraums. Zugunsten der Stpfl. geht dabei die Verwaltung von einem Zeitraum von 10 Jahren vor Eintritt der Krise aus. Da sonach die meisten Gesellschafterdarlehen unter diese Gruppe zu subsumieren sind, haben die stehengelassenen Darlehen praktisch keine Bedeutung mehr.

Beispiel

Der Gesellschafter einer GmbH gewährt dieser in 2007 ein Darlehen über 500.000 €. Die GmbH ist zu diesem Zeitpunkt gesund und zahlungsfähig. In 2012 gerät die GmbH in die finanzielle Krise und kann ihre Verbindlichkeiten nicht mehr erfüllen. Der Gesellschafter verzichtet zu diesem Zeitpunkt auf eine Kündigung des Darlehens. In 2013 wird das Insolvenzverfahren eröffnet und die GmbH noch im selben Jahr gelöscht.

Lösung

Da das Darlehen in 2007 keine Regelung für den Fall des Eintritts einer Krise vorsah, lag insoweit kein krisenbestimmtes Darlehen aufgrund vertraglicher Vereinbarungen nur. Da der Gesellschafter bei Eintritt der Krise das Darlehen nicht kündigte, wandelte sich dieses zu einem stehengelassenen Darlehen um. Nach altem GmbH-Recht hätte der Ausfall des Darlehens in 2013 zu keinen nachträglichen AK geführt, da der gemeine Wert des Darlehensanspruchs bei Eintritt der Krise mit 0 € anzusetzen gewesen wäre.
Nach neuem Recht liegt ein krisenbestimmtes Darlehen aufgrund der §§ 39, 135 InsO sowie § 6 AnfG vor. Maßgeblich für die Bewertung des Darlehensanspruchs ist der gemeine Wert des Darlehensanspruchs maximal 10 Jahre vor Eintritt der Krise; hier: in 2007. Zu diesem Zeitpunkt war die GmbH finanziell noch gesund und damit der Anspruch voll werthaltig. Damit führt der Ausfall des Darlehensanspruchs bei dem Gesellschafter zu nachträglichen AK i.H.v. 500.000 €.

Die folgende Übersicht zeigt noch einmal die **neue Rechtslage** auf:

Darlehensart	Tatbestandsmerkmale	Nachträgliche AK i.H.d.
Krisendarlehen	Das Darlehen wird nach Eintritt der Krise gewährt	Nennwerts
Krisenbestimmtes Darlehen	Das Darlehen wird vor der Krise gewährt mit der Maßgabe, dass es im Falle einer Krise nicht gekündigt wird. Diese Krisenbestimmung ergibt sich aus • Vertrag oder	Nennwerts
	• **Nachrangigkeit im Insolvenzverfahren gem. §§ 39, 135 InsO bzw. Anfechtungsmöglichkeit nach § 6 AnfG**	**gemeinen Werts bei Beginn des Anfechtungszeitraums (10 Jahre vor Erlangung des ersten Schuldtitels gegen die Gesellschaft)**
Finanzplandarlehen	Das Darlehen wurde von vornherein in die Finanzplanung der Gesellschaft einbezogen.	Nennwerts
Stehengelassenes Darlehen	Das Darlehen wird vor der Krise gewährt. Es wird nicht gekündigt, obgleich der Gesellschafter es hätte abziehen können und erkennbar ist, dass der Rückzahlungsanspruch erkennbar gefährdet ist.	gemeinen Werts des Rückzahlungsanspruchs im Zeitpunkt des gesellschaftsrechtlich bedingten Stehenlassens

Nach § 39 Abs. 1 Nr. 5 und Abs. 4 InsO unterliegen zwar Darlehen, die zum Zwecke der Sanierung des Unternehmens hingegeben werden, nicht dem Nachranggebot (sog. **Sanierungsprivileg**). Gleichwohl behandeln Rechtsprechung (BFH vom 19.08.2008, BStBl II 2009, 5) und Verwaltung (BMF vom 21.10.2010, a.a.O.) derartige Darlehen nach den Grundsätzen eigenkapitalersetzender Darlehen.

Im Gegensatz dazu steht die Behandlung des sog. **Kleinanlegerprivilegs**. § 39 Abs. 1 Nr. 5, Abs. 5 InsO sieht vor, das Gesellschafter, die nicht Geschäftsführer sind und zu 10 % oder weniger am Stammkapital beteiligt sind, nicht unter das Nachranggebot fallen. Fallen derartige Gesellschafter mit Gesellschafterdarlehen aus, so will die Verwaltung den Ausfall der Darlehen nicht als nachträgliche AK berücksichtigen. Diese Ansicht scheint bedenklich, da die Regelung in § 39 InsO zugunsten der Gesellschafter geschaffen wurde und die Verwaltung die Intention des Gesetzgebers nunmehr i.R.d. § 17 Abs. 2 EStG umkehrt.

Leistet der Gesellschafter **Bürgschaftszahlungen** für Verbindlichkeiten der GmbH, so liegen ebenfalls nachträgliche AK vor, soweit der Gesellschafter keine werthaltige Rückgriffsforderung gegen die GmbH erhält (vgl. § 774 BGB). Dies dürfte regelmäßig der Fall sein, da der Bürge grundsätzlich erst in Anspruch genommen werden darf, wenn der Hauptschuldner zahlungsunfähig ist (vgl. § 772 BGB).

Eine weitere Gruppe nachträgliche AK bilden die **verdeckten Einlagen**.

2.3.2.5 Sonderproblem: Offene und verdeckte Einlagen

Bei der Problematik der offenen und verdeckten Einlagen ist danach zu differenzieren, ob die Einlage in das

- Betriebsvermögen eines Einzelunternehmens,
- in das Gesamthandsvermögen einer PersGes oder
- in das Betriebsvermögen einer KapGes

erfolgt.

Wie vom BFH mehrfach festgestellt, liegt eine **offene Einlage** vor, wenn der Gesellschafter im Gegenzug für die Überführung des Wirtschaftsguts Gesellschaftsrechte erhält (z. B. BFH vom 20.04.2011, BStBl II 2011, 815). Die offene Einlage wird daher als Tausch (§ 6 Abs. 6 EStG) und damit als entgeltliches Geschäft gewertet.

Eine **verdeckte Einlage** liegt vor, wenn demgegenüber der Gesellschafter keine Gesellschaftsrechte erhält. Dies ist der Fall, wenn die Gesellschaft auf der Passivseite eine Kapitalrücklage ausweist oder die Zuführung von Betriebsvermögen als Ertrag behandelt. Im Falle einer verdeckten Einlage liegt grundsätzlich kein Veräußerungsgeschäft vor. Die weitere steuerliche Behandlung hängt davon ab, ob die verdeckte Einlage in eine Gesamthand oder in eine KapGes erfolgt.

Die Verwaltung wendet die Grundsätze des BVerfG zur (teilweisen) **Verfassungswidrigkeit** des § 17 EStG auch auf Einlagen i.S.v. § 6 Abs. 1 Nr. 5 Buchst. b EStG an (BMF vom 21.12.2010, BStBl I 2011, 16 und vom 21.12.2011, BStBl I 2012, 42).

2.3.2.5.1 Einlage einer Beteiligung in ein Einzelunternehmen

Bei der Einlage einer Beteiligung i.S.v. § 17 Abs. 1 Satz 1 EStG in ein Einzelunternehmen erfolgt keine Differenzierung zwischen offenen und verdeckten Einlagen. Die Einlage löst keinen Veräußerungsgewinn aus und ist grundsätzlich nach **§ 6 Abs. 1 Nr. 5 Buchst. b EStG** zu bewerten (Ansatz der AK). Damit gehen die stillen Reserven des Gesellschafters unversteuert in das Betriebsvermögen über.

Ein besonderes Problem entsteht, wenn der Teilwert der Beteiligung im Zeitpunkt der Einlage unter die AK gesunken ist. Grundsätzlich wäre in diesem Fall nach § 6 Abs. 1 Nr. 5 EStG der niedrigere Teilwert anzusetzen. Damit würde aber bei einer späteren Veräußerung u. U. ein zu hoher Gewinn entstehen.

Beispiel

Der Stpfl. erwarb 20% der Anteile an der D-GmbH für 100.000 €. In 2011 ist der Wert der Anteile auf 20.000 € gesunken. Zu diesem Zeitpunkt legt der Gesellschafter die Anteile in das Betriebsvermögen seines Einzelunternehmens ein. In 2013 veräußert der Gesellschafter die Beteiligung – die inzwischen wieder im Wert gestiegen ist – für 120.000 €.

Lösung

Nach dem strengen Wortlaut des § 6 Abs. 1 Nr. 5 EStG müsste die Beteiligung mit einem Wert von 20.000 € eingelegt werden (Buchwert der Beteiligung im Betriebsvermögen). Bei der späteren Veräußerung entstünde nach § 15 EStG ein Gewinn i.H.v. (100.000 € × 60% =) 60.000 €. Hätte der Gesellschafter die Beteiligung nicht eingelegt, hätte sein Veräußerungsgewinn nach § 17 Abs. 1 Satz 1 EStG lediglich (20.000 € × 60% =) 12.000 € betragen.

Die Rechtsprechung (BFH vom 02.09.2008, BStBl II 2010, 162) und die Verwaltung (H 17.8 EStH) sehen darin zu Recht einen Widerspruch. Entgegen dem Wortlaut des § 6 Abs. 1 Nr. 5 EStG ist daher die Beteiligung mit den AK zu bewerten. Eine sofortige Teilwertabschreibung soll ausgeschlossen sein.

Fortsetzung Lösung

Der Buchwert der Beteiligung beträgt 100.000 €; der niedrigere Teilwert ist steuerlich ohne Bedeutung. Bei der späteren Veräußerung beläuft sich damit der Veräußerungsgewinn auf (20.000 € × 60% =) 12.000 € und ist damit nicht höher als bei einer Veräußerung aus dem Privatvermögen.

2.3.2.5.2 Einlage einer Beteiligung in eine Gesamthand

Die Behandlung dieser Fallkonstellationen war lange Zeit streitig. Der Rechtsprechung folgend differenziert die Verwaltung zwischen der offenen und der verdeckten Einlage (BMF vom 11.07.2011, BStBl I 2011, 713). Im Fall der offenen Einlage geht sie von einem tauschähnlichen Vorgang aus, der einen Veräußerungsgewinn nach **§ 17 Abs. 1 Satz 1 EStG** auslöst.

Problematisch ist, wann von einer Gewährung von Gesellschaftsrechten auszugehen ist. Entscheidend ist, dass die Gegenbuchung auf dem Kapitalkonto des Gesellschafters erfolgt. Es spielt dabei grundsätzlich keine Rolle, ob die Buchung auf dem Kapitalkonto I oder weiteren variablen Gesellschafterkonten erfolgt. Entscheidend ist lediglich, dass es sich um ein Kapitalkonto und nicht um ein Darlehenskonto handelt. Davon ist regelmäßig auszugehen, wenn auf dem Kapitalkonto auch Verluste gebucht werden (vgl. BMF vom 30.05.1997, BStBl I 1997, 627 Tz. 4 zu § 15a EStG sowie BMF vom 11.07.2011, BStBl I 2011, 713 a.a.O.).

Im Falle der verdeckten Einlage kommt demgegenüber **§ 6 Abs. 1 Nr. 5 Buchst. b EStG** zum Tragen. Danach löst die Einlage keine Aufdeckung der stillen Reserven aus. Die Bewertung der Einlage mit den AK führt zur Übertragung der stillen Reserven auf die Gesamthand.

Bei einer **Kombination** zwischen offener und verdeckter Einlage geht die Verwaltung – der Rechtsprechung folgend – insgesamt von einem voll entgeltlichen Vorgang aus (BMF vom 11.07.2011, a.a.O., Tz. 2 Buchst. a).

Beispiel

Der Stpfl. G hält im Privatvermögen eine 20 %ige Beteiligung an der E-GmbH, die er für 100.000 € erwarb. Der aktuelle Wert am 31.12.2013 beträgt 300.000 €. Der Stpfl. überführt die Beteiligung in das Gesamthandsvermögen der Y-GmbH & Co. KG, an der er zu 80% beteiligt ist. Für die Buchung des Vorgangs bestehen folgende Varianten bei der GmbH & Co. KG:

a) Anteile 300.000 € an Kapitalkonto Gesellschafter G;
b) Anteile 100.000 € an Kapitalrücklage;
c) Anteile 300.000 € an Kapitalkonto Gesellschafter G 100.000 € und Kapitalrücklage 200.000 €.

Lösung

a) Es liegt eine offene Einlage vor, da der Gesellschafter im Gegenzug Gesellschaftsrechte erhält. Dadurch realisiert der Gesellschafter einen Veräußerungsgewinn nach § 17 Abs. 1 Satz 1 EStG i.H.v. (200.000 € × 60% =) 120.000 €.
b) Es liegt eine verdeckte Einlage vor, da der Gesellschafter keine Gesellschaftsrechte erhält (die Kapitalrücklage steht der gesamten Hand zu). Die Beteiligung wurde zu Recht nach § 6 Abs. 1 Nr. 5 Buchst. b EStG mit 100.000 € (AK des Gesellschafters) eingebucht. Für den Gesellschafter ergeben sich bezüglich der Beteiligung an der E-GmbH keine weiteren steuerlichen Folgen. Die stillen Reserven i.H.v. 200.000 € sind bei einer späteren Veräußerung durch die GmbH & Co. KG von deren Mitunternehmer zu versteuern.
c) Es liegt insgesamt eine entgeltliche Veräußerung vor. Die Lösung ist daher mit der Variante a) identisch.

2.3.2.5.3 Einlage einer Beteiligung in eine KapGes

Bezüglich der Differenzierung zwischen offener und verdeckter Einlage gilt das oben Gesagte. Eine offene Einlage kann nur dann vorliegen, wenn die Gegenbuchung in das Stammkapital erfolgt. Dies ist nur möglich bei einer Gründung oder Kapitalerhöhung.

Im Fall der offenen Einlage liegt eine Veräußerung nach § 17 Abs. 1 Satz 1 EStG vor. Für den Fall der verdeckten Einlage sieht **§ 17 Abs. 1 Satz 2 EStG** die gleichen Rechtsfolgen vor. Die Behandlung ist daher nicht vergleichbar mit der verdeckten Einlage in eine Gesamthand. Der Grund liegt darin, dass ein Übergang unversteuerter stiller Reserven auf eine KapGes dazu führen würde, dass diese die Beteiligung später nach § 8b Abs. 2 KStG steuerfrei veräußern könnte.

Beispiel

Gesellschafter G ist zu 20% an der Y-GmbH beteiligt (AK 30.000 €; aktueller Wert 400.000 €). Im Zuge der Gründung der Z-AG legt der Gesellschafter die Anteile an der Y-GmbH in die Z-AG ein. Diese bucht den Vorgang wie folgt: Beteiligung Y-GmbH 400.000 € an Stammkapital 50.000 € und Kapitalrücklage 350.000 €.

Lösung

In Höhe von 50/400 liegt eine offene Einlage vor. Insofern realisiert der Gesellschafter einen Veräußerungsgewinn nach §§ 17 Abs. 1 Satz 1, 3 Nr. 40 Buchst. c, 3c Abs. 2 EStG:

Erlös (50.000 € × 60 % =)		30.000 €
AK (30.000 € × 50/400 × 60 % =)	./.	2.250 €
Gewinn		27.750 €

I.H.v. 350/400 liegt eine verdeckte Einlage vor. Der Gesellschafter hat nach § 17 Abs. 1 Satz 2 EStG zusätzlich zu versteuern:

Erlös (350.000 € × 60 % =)		210.000 €
AK (30.000 € × 350/400 × 60 % =)	./.	15.750 €
Gewinn		194.250 €

Hier eine zusammenfassende Übersicht:

Einlage einer Beteiligung an einer KapGes in ein(e)		
Einzelunternehmen		§ 6 Abs. 1 Nr. 5 Buchst. b EStG; Ansatz mit den AK; unversteuerte stille Reserven, die im Privatvermögen entstanden sind, gehen in das Betriebsvermögen über.
Gesamthandsvermögen einer PersGes	**Offene Einlage** (Gegenbuchung: Kapitalkonto des Gesellschafters)	Behandlung als Tausch; Aufdeckung der stillen Reserven nach § 17 Abs. 1 Satz 1 EStG.
	Verdeckte Einlage (Gegenbuchung: Kapitalrücklage oder Ertrag)	§ 6 Abs. 1 Nr. 5 Buchst. b EStG (im Übrigen siehe oben).
	Kombination aus offener und verdeckter Einlage	Insgesamt Behandlung als entgeltlicher Vorgang.
KapGes	**Offene Einlage** (Gegenbuchung: Stammkapital)	Veräußerung gem. § 17 Abs. 1 Satz 1 EStG.
	Verdeckte Einlage (Gegenbuchung: Kapitalrücklage oder Ertrag)	Veräußerung gem. § 17 Abs. 1 Satz 2 EStG
	Kombination aus offener und verdeckter Einlage	Trennung; § 17 Abs. 1 Satz 1 bzw. Satz 2 EStG.

2.3.2.5.4 Erbschaftsteuer

Die verdeckte (disquotale) Einlage von Geld oder Wirtschaftsgütern in das Gesamthandsvermögen einer PerGes stellt nach der Rechtsprechung (BFH vom 14.09.1994, BStBl II 1995, 81 eine Schenkung des einlegenden Mitunternehmers an die anderen Mitunternehmer dar.

Beispiel

An der A-KG sind die Gesellschafter A, B und C zu je einem Drittel beteiligt. Gesellschafter A legt verdeckt ein Grundstück (aktueller Wert: 100.000 €) in die KG ein.

Lösung

Nach Ansicht der Rechtsprechung liegt hier eine Zuwendung des A an die beiden anderen Gesellschafter i.H.v. jeweils 1/3 von 100.000 € vor.

Die Behandlung von verdeckten Einlagen in eine KapGes war bisher streitig. Nach dem BFH-Urteil vom 09.12.2009, BStBl II 2010, 566 führt eine verdeckte Einlage durch einen Gesellschafter in die KapGes grundsätzlich nicht zu einer steuerbaren Zuwendung an die anderen Gesellschafter der Gesellschaft.

Mit dem BeitrRLUmsG hat der Gesetzgeber nunmehr in **§ 7 Abs. 8 Satz 1 ErbStG** die Steuerbarkeit der verdeckten Einlagen in eine KapGes festgeschrieben.

Beispiel

An der A-GmbH sind die Gesellschafter A, B und C zu je einem Drittel beteiligt. Gesellschafter A legt verdeckt ein Grundstück (aktueller Wert: 100.000 €) in die GmbH ein.

Lösung

Die verdeckte Einlage löst Erbschaftsteuer aus; dabei geht das Gesetz davon aus, dass die Zuwendung von der GmbH an die beiden Gesellschafter B und C erfolgt (Steuerklasse III).

Nach der Gesetzesbegründung soll eine Leistung, die einer Gesellschaft aus wirtschaftlichen Gründen – z. B. zur Abwendung einer Schieflage – von einem Gesellschafter gewährt wird, nicht als eine Bereicherung der Mitgesellschafter i.S.d. Neuregelung gelten. Die Steuerbarkeit soll sich auf »echte Missbrauchsfälle« beschränken. Die Abgrenzung, wann ein »echter Missbrauchsfall« und wann eine Leistung zur Abwendung einer Schieflage vorliegt, dürfte nur schwer vorzunehmen sein und birgt ein erhebliches Streitpotenzial.

Bestehen zwischen den Gesellschaftern persönliche Beziehungen, so kann nach **§ 15 Abs. 4 ErbStG** in der Fassung des BeitrRLUmsG die Zuwendung als unmittelbar zwischen den Gesellschaftern behandelt werden. Dies hat den Vorteil, dass eine u. U. günstigere Steuerklasse angenommen werden kann.

Beispiel

Wie oben; die Gesellschafter B und C sind aber die Kinder des Gesellschafters A.

Lösung

Nach § 15 Abs. 4 ErbStG erfolgt die Zuwendung direkt von A an die beiden Gesellschafter B und C. Damit kommt die günstigere Steuerklasse I zur Anwendung.

2.3.2.6 Veräußerungsverluste

Für Veräußerungsverluste sieht **§ 17 Abs. 2 Satz 6 EStG** eine Sonderregelung vor. Die Verlustbeschränkung stammt aus Zeiten, als § 17 Abs. 1 Satz 1 EStG erst ab einer Beteiligungsquote von mehr als 25 % anwendbar war. Hier konnte durch die Wahl einer maximal 25 %igen Beteiligung die Besteuerung eines Veräußerungsgewinns vermieden werden. Im Falle eines Veräußerungsverlustes konnten durch kurzfristige Übertragung einer Splitterbeteiligung die Voraussetzungen des § 17 Abs. 1 Satz 1 EStG geschaffen werden.

Beispiel

Gesellschafter A war zu 25 % an der Y-GmbH beteiligt. Diese Beteiligungshöhe hatte er bewusst gewählt, um bei einer möglichen Veräußerung der Besteuerung des Veräußerungsgewinns zu entgehen. Als er feststellte, dass eine geplante Veräußerung seiner Anteile zu einem Verlust führen würde, erwarb er kurzfristig 1 % der Anteile von einem Mitgesellschafter. Damit erfüllte er die Voraussetzungen des § 17 Abs. 1 Satz 1, nämlich das Halten einer Beteiligung von mehr als 25 % innerhalb der letzten 5 Jahre.

Um diese Gestaltungen zu vermeiden, schuf der Gesetzgeber im StEntlG 1999 die Vorschrift des § 17 Abs. 2 Satz 6 EStG. Die Regelung hat heute praktisch keine Bedeutung mehr, da bei einer Beteiligungshöhe von mindestens 1 % Gestaltungen – wie oben dargestellt – nicht mehr möglich sind. Die Regelung sieht im Einzelnen wie folgt aus: Veräußerungsverluste werden nach § 17 Abs. 2 Satz 6 Buchst. b EStG nur anerkannt, wenn

- der Gesellschafter die Beteiligung i.S.v. § 17 Abs. 1 Satz 1 (mindestens 1 %) mindestens **5 Jahre lang** gehalten hat oder
- der Gesellschafter die Beteiligung innerhalb der letzten 5 Jahre erworben hat und der Erwerb zur Begründung einer Beteiligung i.S.v. § 17 Abs. 1 Satz 1 (mindestens 1 %) geführt hat oder
- der Gesellschafter weitere Anteile nach Begründung einer Beteiligung i.S.v. § 17 Abs. 1 Satz 1 (mindestens 1 %) erworben hat.

Beispiel 1

Gesellschafter G erwarb in 2011 20 % der Anteile an der X-GmbH für 100.000 €. In 2013 veräußert er die Anteile für 1 €, da sie mittlerweile wertlos geworden waren.

Lösung

Die Veräußerung fällt grundsätzlich unter § 17 Abs. 1 Satz 1 EStG, da der Gesellschafter innerhalb der letzten 5 Jahre zu mindestens 1 % an der GmbH beteiligt war. Davon zu unterscheiden ist die Frage, ob der Veräußerungsverlust nach § 17 Abs. 2 Satz 6 EStG anerkannt werden kann. Die 1. Alternative kommt nicht infrage, da der Gesellschafter die Beteiligung nicht über einen Zeitraum von 5 Jahren gehalten hat. Da aber der Erwerb von 20 % von Anfang an zur Begründung einer Beteiligung i.S.v. § 17 Abs. 1 Satz 1 EStG führte, sind die Voraussetzungen für die Anerkennung des Verlustes erfüllt (2. Alternative).

Beispiel 2

Gesellschafter G erwarb in 2011 0,8 % der Anteile an der Y-GmbH für 8.000 €. In 2012 erwarb er weitere 5 % der Anteile für 50.000 €. In 2013 veräußert der Gesellschafter sämtliche Anteile für 1 €, da sie mittlerweile wertlos geworden waren.

Lösung

Auch hier erfüllt der Gesellschafter die Voraussetzungen des § 17 Abs. 1 Satz 1 EStG, da er innerhalb der letzten 5 Jahre zu mindestens 1 % beteiligt war. Gesondert sind die Voraussetzungen des § 17 Abs. 2 Satz 6 EStG zu prüfen. Dabei sind die einzelnen Erwerbe getrennt zu beurteilen. Die 0,8 % wurden zwar durch den Hinzuerwerb in 2012 zu einer Beteiligung i.S.v. § 17 Abs. 1 Satz 1 EStG, sie gehörten aber nicht über einen Zeitraum von 5 Jahren zu dieser qualifizierten Beteiligung. Da der Erwerb zwar innerhalb der letzten 5 Jahre vor der Veräußerung erfolgte, der Erwerb der 0,8 % – isoliert betrachtet – aber nicht zu einer Beteiligung i.S.v. § 17 Abs. 1 Satz 1 EStG führte, ist auch die 2. Alternative nicht erfüllt. Damit kann der Verlust bezüglich der 0,8 % steuerlich nicht geltend gemacht werden. Es ist auch nicht der Tatbestand des § 20 Abs. 2 Nr. 1 EStG erfüllt, da die Beteiligung im Veräußerungszeitpunkt die Grenze von 1 % erreicht.

Die weiteren 5% haben bei ihrem Erwerb zu einer Beteiligung i.S.v. § 17 Abs. 1 Satz 1 EStG geführt. Damit ist die 2. Alternative von § 17 Abs. 2 Satz 6 EStG erfüllt und der Verlust kann insoweit berücksichtigt werden.

Streitig war in der Vergangenheit, inwieweit auf einen **Veräußerungsverlust** das **Teileinkünfteverfahren** anzuwenden sei. Mit Urteil vom 25.06.2009, BStBl II 2009, 220 hatte der BFH entschieden, dass die Vorschrift des § 3c Abs. 2 EStG nicht anzuwenden sei, wenn der Stpfl. während der gesamten Beteiligungsdauer keine Einnahmen aus dieser Beteiligung erzielte. Die Finanzverwaltung folgte dem (BMF vom 28.06.2010, BStBl I 2010, 599).

Mit Wirkung ab VZ 2011 wurde **§ 3c Abs. 2 EStG** dahingehend geändert, dass bereits die Absicht, Dividenden zu erzielen, ausreicht, um das Teileinkünfteverfahren anzuwenden. Damit fällt nun jede Veräußerung, bei der ein Verlust erzielt wird, unter das Teileinkünfteverfahren.

Eine weitere Beschränkung der Berücksichtigung von Veräußerungsverlusten kann sich aus **§ 2a Abs. 1 Nr. 4 und Nr.7 EStG** ergeben. Nach § 2a Abs. 1 Nr. 4 EStG sind Verluste, die bei der Veräußerung einer ausländischen Beteiligung i.S.v. § 17 Abs. 1 Satz 1 EStG entstehen, vom Ausgleich mit anderen Einkünften ausgeschlossen, wenn die KapGes ihren Sitz in einem Staat außerhalb der EU (sog. Drittstaat – zur Definition siehe § 2a Abs. 2a EStG) hat. Die Verluste dürfen grundsätzlich nur mit positiven Einkünften der jeweils selben Art aus demselben Staat ausgeglichen werden. Dies wird bei einer Veräußerung einer Beteiligung regelmäßig nicht mehr möglich sein.

§ 2a Abs. 2 Satz 2 EStG lässt den Verlustabzug im Falle der Nr. 4 ausnahmsweise doch zu, wenn der Stpfl. nachweist, dass die KapGes aktiv i.S.v. Abs. 2 Satz 1 tätig ist.

Beispiel

Der in Deutschland ansässige Stpfl. ist seit 2000 an einer KapGes mit Sitz in der Türkei zu 25% beteiligt. Die AK beliefen sich auf 500.000 €. Die türkische KapGes betreibt

a) eine Hotelanlage und
b) produziert Textilien.

Der Stpfl. veräußert in 2013 die Anteile an der türkischen KapGes für 100.000 € (Veräußerungsverlust).

Lösung

Der Veräußerungsgewinn ist nach Art. 13 Abs. 3 des DBA Türkei in Deutschland (Ansässigkeitsstaat des Veräußerers) zu versteuern. Der Vorgang fällt grundsätzlich unter § 17 Abs. 1 Satz 1 EStG, da diese Vorschrift nicht auf deutsche Kapitalgesellschaften beschränkt ist. Die Voraussetzungen des § 17 Abs. 2 Satz 6 EStG sind erfüllt, da der Stpfl. die Beteiligung länger als 5 Jahre hielt. Nach § 2a Abs. 1 Nr. 4 EStG wäre die Berücksichtigung des Verlustes ausgeschlossen, da es sich bei der Türkei um einen Drittstaat handelt.

a) Die türkische KapGes fällt in den Katalog schädlicher Tätigkeiten i.S.v. § 2a Abs. 2 Satz 1 EStG. Damit kann der Stpfl. die Verluste nicht mit anderen Einkunftsarten in Deutschland ausgleichen.
b) Es liegt eine begünstigte aktive Tätigkeit i.S.v. § 2a Abs. 2 Satz 1 EStG vor. Damit greift die Verlustausgleichsbeschränkung von § 2a Abs. 1 Nr. 4 EStG nicht. Der Verlust (400.000 € × 60%) kann nach § 2 EStG mit anderen positiven Einkünften ausgeglichen werden bzw. nach § 10d EStG zurückgetragen oder vorgetragen werden.

Vor der Anwendung des § 2a Abs. 1 Nr. 4 EStG ist stets zu prüfen, ob die Veräußerung der ausländischen Beteiligung in Deutschland stpfl. ist. Dies ist nach den DBA (vgl. Art. 13 Abs. 5 OECD-MA) der Fall, wenn der Veräußerer in Deutschland ansässig ist. Der Begriff der Ansässigkeit ist nicht deckungsgleich mit dem Begriff des Wohnsitzes (vgl. Art. 4 OECD-MA).

Nach § 2a Abs. 1 Nr. 7 Buchst. c EStG wird der Verlust aus der Veräußerung einer KapGes mit Sitz in der EU (anderer Staat als ein Drittstaat) vom Verlustausgleich in Deutschland ausgeschlossen, soweit der Verlust auf einen der Tatbestände der Nr. 1-6 des Abs. 1 zurückzuführen ist.

Beispiel

Der Stpfl. ist seit 2000 Gesellschafter der

a) A-GmbH mit Sitz in Deutschland,
b) A-SARL mit Sitz in Frankreich (vergleichbar der deutschen GmbH; vgl. Tabelle 1 im Anhang zu BMF vom 24.12.1999, BStBl I 1999, 1076, sog. Betriebsstättenerlass).

Die AK beliefen sich auf 500.000 €. Die A-GmbH/A-SARL ist an einer amerikanischen KapGes beteiligt, die Immobilien in den USA vermietet. Der Stpfl. veräußert in 2013 seine Anteile für 100.000 €. Der Wert der GmbH/SARL war bis zum Veräußerungszeitpunkt erheblich gesunken, da sich die amerikanische Beteiligung als Fehlinvestition herausgestellt hatte.

Lösung

Da sich sowohl in der Variante a) als auch in der Variante b) der Sitz der KapGes innerhalb der EU befindet, kommt eine Verlustausgleichsbeschränkung nach § 2a Abs. 1 Nr. 4 EStG nicht infrage. Die Veräußerung löst aber den Tatbestand des § 2a Abs. 1 Nr. 7 Buchst. c EStG aus, da der Veräußerungsverlust außerhalb der EU seine Ursache hat (die Vermietung von Immobilien ist nach § 2a Abs. 1 Nr. 6 Buchst. a EStG schädlich). Somit kann der Verlust in beiden Varianten in Deutschland nicht mit anderen Einkünften i.S.v. § 2 EStG ausgeglichen werden.

2.3.3 (Teilweise) Verfassungswidrigkeit des § 17 EStG

Das BVerfG hat mit Beschluss vom 07.07.2010 (BStBl II 2011, 86) entschieden, dass § 17 Abs. 1 Satz 4 EStG i.d.R. StEntlG 1999 (Herabsetzung der Beteiligungsgrenze von bisher > 25 % auf nunmehr ≥ 10 %) gegen die verfassungsrechtlichen Grundsätze des Vertrauensschutzes verstößt und nichtig ist, soweit in einem Veräußerungsgewinn Wertsteigerungen steuerlich erfasst werden, die bis zur Verkündung des StEntlG 1999 am **31.03.1999** entstanden sind und die nach der zuvor geltenden Rechtslage nicht der Besteuerung nach § 17 EStG unterlegen hätten. Die Verwaltung musste sich dieser Ansicht anschließen (BMF vom 20.12.2010, BStBl I 2011, 16).

Problematisch war die Ermittlung des als nicht steuerbar zu behandelnden Veräußerungsgewinns, der auf einer Wertsteigerung der Anteile bis zum 31.03.1999 beruht. Die Verwaltung hat hierzu eine pragmatische Regelung geschaffen (BMF vom 20.12.2010, a.a.O., Tz. C II Nr. 1 a), wonach die Wertsteigerung anteilig nach dem Verhältnis der Besitzzeit (in Monaten) nach dem 31.03.1999 im Verhältnis zur Gesamthaltedauer aufzuteilen ist. Angefangene Monate werden bei der Ermittlung der Gesamtbesitzzeit zu Gunsten des Stpfl. aufgerundet und bei der Ermittlung der steuerbaren Besitzzeit (01.04.1999 bis Veräußerungsdatum) abgerundet. Es steht dem Stpfl. frei, eine abweichende Wertsteigerung – z.B. durch Gutachten – nachzuweisen.

Die Rechtsprechung hat somit Bedeutung für alle Fälle, in denen ein Stpfl. eine Beteiligung i.S.v. § 17 Abs. 1 Satz 1 EStG veräußert und der Erwerb von maximal 25 % der Anteile am Stammkapital vor dem 31.03.1999 erfolgte.

Auf **Veräußerungsverluste** wendet die Verwaltung – zu Gunsten der Stpfl. – die Rechtsprechung des BVerfG nicht an.

Beispiel 1

Der Stpfl. erwarb am 20. Dezember 1995 20 % der Anteile an der Y-GmbH für (umgerechnet) 100.000 €. Er veräußert die Beteiligung am 08.08.2011 für 500.000 €.

Lösung

Der Veräußerungsgewinn fällt grundsätzlich unter §§ 17 Abs. 1 Satz 1, 3 Nr. 40 Buchst. c, 3c Abs. 2 EStG. Der Gewinn beträgt zunächst (400.000 € × 60 % =) 240.000 €. Da die Beteiligung des Stpfl. vor Verabschiedung des StEntlG 1999 den Tatbestand des § 17 Abs. 1 Satz 1 EStG nicht erfüllt hat (20 % < 25 %), muss der Stpfl. den Gewinn aus der Veräußerung insoweit nicht versteuern, als er auf eine Besitzzeit bis zum 31.03.1999 entfällt. Damit ist in einem 1. Schritt die Gesamtbesitzzeit zu ermitteln; dies sind (aufgerundet) 189 Monate. In einem 2. Schritt ist die Besitzzeit ab 01.04.1999 zu ermitteln; dies sind (abgerundet) 148 Monate. In einem 3. Schritt ist nun der Gewinn anteilig auf die Zeit nach dem 01.04.1999 aufzuteilen; auf diesen Zeitraum entfallen (148/189 × 240.000 € =) 187.937 €. Der Stpfl. erzielt sonach nach § 17 Abs. 1 Satz 1 EStG einen stpfl. Gewinn i.H.v. 187.937 €. Der restliche Gewinn ist aufgrund der Rechtsprechung des Bundesverfassungsgerichts nicht steuerbar.

Beispiel 2

Wie oben; der Veräußerungspreis beträgt lediglich 20.000 €.

Lösung

Zu Gunsten des Stpfl. ist die Rechtsprechung des Bundesverfassungsgerichts auf Verluste nicht anzuwenden. Der Verlust i.H.v. (80.000 € × 60 % =) 48.000 € ist somit nicht aufzuteilen und kann in voller Höhe geltend gemacht werden.

Zu Recht wendet die Verwaltung (BMF vom 20.12.2010, a.a.O., Tz. D) die Grundsätze des BVerfG auch auf die Absenkung der Beteiligungsgrenze auf mindestens 1 % durch das StSenkG vom 23.10.2000 an; maßgeblicher Zeitpunkt der Verkündung des Gesetzes ist hier der 26.10.2000.

Beispiel

Der Stpfl. hat in 1996 8 % der Anteile an der Z-GmbH für 100.000 € erworben. Er veräußert die Anteile in 2012 für 500.000 €.

Lösung

Nach den Grundsätzen des BVerfG konnte der Stpfl. bei Erwerb der Anteile in 1996 davon ausgehen, dass die Anteile nicht steuerverhaftet i.S.v. § 17 Abs. 1 EStG waren, da seine Beteiligung unter der damals maßgebenden Grenze von > 25 % lag. Auch nach Herabsetzung der Grenze auf ≥ 10 % (31.03.1999) konnte er weiterhin davon ausgehen, einen möglichen Veräußerungsgewinn nicht versteuern zu müssen. Erst ab 26.10.2000 musste er damit rechnen, dass ein Veräußerungsgewinn unter die Vorschrift des § 17 Abs. 1 EStG fällt, da er nun über der Grenze von ≥ 1 % lag. Somit unterliegt der Gewinn, der anteilig (monatsgenau - siehe oben) bis zum 26.10.2000 entstanden ist, nicht der Besteuerung. Lediglich der anteilige Gewinn, der auf die Zeit zwischen dem 27.10.2000 und dem Veräußerungszeitpunkt in 2012 entfällt, ist nach § 17 Abs. 1 EStG stpfl.

Mit BMF-Schreiben vom 21.12.2010, BStBl I 2012, 42 anerkennt nun die Verwaltung die Grundsätze der Rechtsprechung des BVerfG auch für Einlagen **i.S.v. § 6 Abs. 1 Nr. 5 Buchst. b EStG** und im Falle sog. sperrfristverhafteter Anteile (**§ 22 UmwStG**).

2.3.4 Auflösung, Kapitalherabsetzung und Einlagenrückgewähr

Nach § 17 Abs. 4 EStG wird die Auflösung einer KapGes, die Kapitalherabsetzung, wenn das Kapital zurückgezahlt wird, und die Ausschüttung oder Zurückzahlung von Beträgen aus dem steuerlichen Einlagekonto i.S.d. § 27 KStG der Veräußerung i.S.d. Abs. 1 gleichgestellt.

2.3.4.1 Auflösung

Eine GmbH wird aufgelöst, wenn einer der Auflösungsgründe des **§ 60 GmbHG** gegeben sind (z. B. Beschluss der Gesellschafter mit einer Mehrheit von 3/4 der abgegebenen Stimmen). Mit Verwirklichung des Tatbestandes des § 60 GmbHG tritt die GmbH in die **Liquidationsphase**, die erst mit **Löschung** der GmbH im Handelsregister endet (= Ende der GmbH; Details siehe III 1 und 5).

Nach **§ 11 KStG** ist mit Beginn der Liquidationsphase eine Liquidationsanfangsbilanz zu erstellen. Die Besteuerung des Gewinns erfolgt mit Eintritt in die Liquidationsphase nicht mehr nach dem Wj., sondern in der Regel für den gesamten Liquidationszeitraum, soweit dieser 3 Jahre nicht übersteigt. Zum Ende des Liquidationszeitraums ist eine Liquidationsschlussbilanz zu erstellen. Diese bildet die Basis für die Verteilung des Gesellschaftsvermögens an die Gesellschafter. Bei der Auskehr des Gesellschaftsvermögens ist danach zu unterscheiden, ob es sich um die Rückzahlung von Stammkapital (§ 17 Abs. 4 EStG) oder die Auflösung von Gewinnrücklagen (§ 20 Abs. 1 Nr. 2 EStG) handelt. Erfolgt die Rückzahlung aus dem Einlagekonto (§ 27 KStG), so ist ebenfalls § 17 Abs. 4 EStG anzuwenden.

Eine Besonderheit gilt, wenn dem Stammkapital in der Vergangenheit Beträge im Wege einer Kapitalerhöhung zugeführt wurden, die aus der Umwandlung von Gewinnrücklagen stammen. Die Auflösung von Gewinnrücklagen führt nämlich zu stpfl. Dividenden i.S.v. § 20 Abs. 1 Nr. 1 EStG. Werden die Gewinnrücklagen ganz oder teilweise im Wege einer Kapitalerhöhung zu Stammkapital, könnte die Versteuerung der Dividenden umgangen werden, da die Rückzahlung von Stammkapital lediglich unter § 17 Abs. 4 EStG fällt. Hierbei entsteht in der Regel kein Gewinn, da der Rückzahlung entsprechende AK gegenüberstehen.

Beispiel

Die X-GmbH weist in ihrer Steuerbilanz ein Stammkapital i.H.v. 100.000 € und Gewinnrücklagen i.H.v. 500.000 € aus. In 2010 beschließen die Gesellschafter eine Kapitalerhöhung um 300.000 €, die durch Umwandlung der Gewinnrücklagen finanziert wird (sog. Kapitalerhöhung aus Gesellschaftsmitteln).

Zur Sicherung der Besteuerung von Dividenden sieht daher **§ 28 Abs. 1 KStG** die Bildung eines steuerlichen **Sonderausweises** vor, soweit für eine Kapitalerhöhung Gewinnrücklagen verwendet werden, die bei einer Ausschüttung zu Einkünften nach § 20 Abs. 1 Nr. 1 EStG geführt hätten.

Fortsetzung des Beispiels
Die X-GmbH hat einen Sonderausweis i.H.v. 300.000 € nach § 28 Abs. 1 KStG zu bilden.

Im Falle einer Kapitalherabsetzung oder Auflösung der Körperschaftsteuer führt die Rückzahlung von Stammkapital in Höhe des Sonderausweises zu stpfl. Einnahmen i.H.v. **§ 20 Abs. 1 Nr. 2 EStG**.

Fortsetzung des Beispiels
In 2013 wird i.R.d. Liquidation das gesamte EK ausgekehrt (aus Vereinfachungsgründen ist davon auszugehen, dass sich dieses gegenüber 2010 nicht verändert hat).

Lösung
Grundsätzlich fällt die Rückzahlung des Stammkapitals unter die Vorschrift des § 17 Abs. 4 EStG. Da aber in der Vergangenheit ein Sonderausweis nach § 28 KStG gebildet wurde, liegt i.H.v. 300.000 € eine Ausschüttung nach § 20 Abs. 1 Nr. 2 i.V.m. § 32d Abs. 1 EStG vor, die grundsätzlich der 25 %igen Abgeltungsteuer unterliegt.
Die Auflösung der restlichen Gewinnrücklage führt ebenfalls zu Einnahmen nach § 20 Abs. 1 Nr. 2 EStG. Damit ist letztlich das gleiche Ergebnis erreicht, das bei Auflösung der Gewinnrücklage vor der Kapitalerhöhung erreicht worden wäre.
Die Rückzahlung des restlichen Stammkapitals (100.000 €) fällt unter § 17 Abs. 4 EStG. Dabei entsteht aber kein Gewinn, da die Einzahlung des Stammkapitals zu AK der Beteiligung führte; somit (100.000 € ./. 100.000 € =) 0 €.

Ein Gewinn entsteht i.R.d. § 17 Abs. 4 EStG nur, wenn der Gesellschafter entweder nachträgliche AK hatte, die AK das zurückgezahlten Stammkapital über- oder unterschreiten oder das Stammkapital (z. B. im Rahmen einer Insolvenz) nicht oder nur teilweise zurückgezahlt wird.

Beispiel
Die Y-GmbH weist in ihrer Liquidationsschlussbilanz ein Stammkapital i.H.v. 100.000 € aus. Alleiniger Gesellschafter ist A. Im Rahmen der Verteilung des Vermögens erhält A die 100.000 €.
a) A hat das Stammkapital bei der Gründung einbezahlt;
b) A hat die GmbH für 200.000 € erworben;
c) A hat die GmbH für 50.000 € erworben.

Lösung
In allen drei Varianten fällt die Rückzahlung des Stammkapitals unter § 17 Abs. 4 EStG i.V.m. §§ 3 Nr. 40 Buchst. c, 3c Abs. 2 EStG.
a) Es entsteht kein Auflösungsgewinn, da der Erlös mit den AK identisch ist;
b) Es entsteht ein Verlust i.H.v. (100.000 € × 60 % ./. 200.000 € × 60 % =) ./. 60.000 €.
c) Es entsteht ein Gewinn i.H.v. (100.000 € × 60 % ./. 50.000 € × 60 % =) 30.000 €.

Hat der Gesellschafter i.R.d. Auflösung persönlich Auflösungskosten getragen (z. B. Rechtsberatung), so sind diese vom gemeinen Wert des dem Stpfl. zugeteilten Vermögens abzuziehen (BFH vom 09.06.2010, BStBl II 2010, 1102). Befriedigt allerdings ein Gesellschafter einer GmbH einen Gläubiger der GmbH, obschon diese Verbindlichkeit wegen der Vollbeendigung der GmbH nicht mehr besteht, ist der entsprechende Aufwand nicht mehr durch das Gesellschaftsverhältnis veranlasst und kann daher nicht mehr i.R.d. § 17 Abs. 4 EStG berücksichtigt werden (BFH vom 09.06.2010, a.a.O.).

Der Auflösungsgewinn entsteht nicht bereits mit Auflösung der Gesellschaft (§ 60 GmbHG – siehe oben), aber auch nicht erst mit Löschung der GmbH im Handelsregister. Entscheidend ist der Abschluss der Liquidation bzw. der Zeitpunkt, zu dem gesellschaftsrechtlich der Anspruch auf Auszahlung eines Abwicklungsguthabens entsteht (BFH vom 27.11.2001, BStBl II 2002, 731). Es kommt also nicht auf die tatsächliche Auszahlung des Guthabens an. Entscheidend ist nach der Rechtsprechung der Zeitpunkt, in dem feststeht, ob und wie hoch mit einer Zuteilung von Gesellschaftsvermögen zu rechnen ist und wie hoch die nachträglichen AK bzw. Aufgabekosten sind.

Beispiel

Die Gesellschafter einer GmbH beschließen in 2011 die Auflösung der GmbH. Nachdem die Mitarbeiter entlassen, der Mietvertrag für die Geschäftsräume gekündigt, sämtliche Forderungen erfüllt und sämtliche Verbindlichkeiten beglichen wurden, stellt sich Ende 2012 heraus, dass kein Gesellschaftsvermögen mehr vorhanden ist. Die Gesellschafter können zu diesem Zeitpunkt absehen, dass ihnen keine Mittel mehr zufließen werden. Anfang 2013 wird die GmbH im Handelsregister gelöscht.

Lösung

Den Gesellschaftern entsteht ein Auflösungsverlust in Höhe ihrer AK im Teileinkünfteverfahren (§ 17 Abs. 4 EStG). Der Verlust muss im VZ 2012 geltend gemacht werden, da zu diesem Zeitpunkt feststeht, dass die Gesellschafter auf die Rückzahlung des Stammkapitals verzichten müssen.

2.3.4.2 Kapitalherabsetzung

Gesellschaftsrechtlich unterliegt die Kapitalherabsetzung den strengen Regeln der §§ 58 ff. GmbHG. Wird i.R.d. Kapitalherabsetzung das Stammkapital an die Gesellschafter ausgekehrt, so fällt dieser Vorgang unter § 17 Abs. 4 EStG. Auch bei der Kapitalherabsetzung ist zu beachten, dass ein eventuell vorhandener Sonderausweis nach § 28 KStG vorrangig zu verwenden ist und insoweit zu Einkünften nach § 20 Abs. 1 Nr. 2 EStG führt (siehe oben).

Grundsätzlich entsteht auch bei der Kapitalherabsetzung kein Gewinn nach § 17 Abs. 4 EStG, da die Einzahlung des Stammkapitals zu entsprechenden AK führte.

Beispiel

Alleingesellschafter G gründete die Z-GmbH mit einem Stammkapital von 500.000 €. In 2013 setzt er das Stammkapital auf 100.000 € herab und erhält die 400.000 € von der GmbH ausbezahlt.

Lösung
Die Kapitalherabsetzung fällt unter § 17 Abs. 4 EStG. Der gemeine Wert des dem Stpfl. zurückgezahlten Vermögens (400.000 €) entspricht den AK, soweit sie auf das herabgesetzte Stammkapital entfallen. Daher entsteht kein Gewinn.

Lagen die AK unter dem Stammkapital, will der BFH die Einlagenrückgewähr nicht nur anteilig, sondern in voller Höhe mit den AK verrechnen (BFH vom 29.06.1995, BStBl II 1995, 725).

Beispiel
Wie oben; aber mit folgender Variante: Gesellschafter G erwarb die GmbH für 100.000 €.

Lösung
Logisch wäre es hier, die AK anteilig dem herabgesetzten Betrag zuzurechnen (also: 100.000 € × 4/5 = 80.000 €). In diesem Fall entstünde ein Gewinn i.H.v. (400.000 € × 60% ./. **80.000** € × 60% =) 192.000 €.
Anders die Lösung des BFH: Danach beträgt der Gewinn gem. § 17 Abs. 4 EStG (400.000 € × 60% ./. **100.000** € × 60% =) 180.000 €.

2.3.4.3 Einlagenrückgewähr

Bei der Ausschüttung von Dividenden ist gem. § 27 Satz 5 KStG zunächst der **ausschüttbare Gewinn** zu ermitteln. Als ausschüttbarer Gewinn gilt das um das gezeichnete Kapital geminderte in der Steuerbilanz ausgewiesene EK abzüglich des Bestands des steuerlichen Einlagekontos. Soweit Ausschüttungen aus dem ausschüttbaren Gewinn erfolgen, sind sie als Dividende nach § 20 Abs. 1 Nr. 1 bzw. Nr. 2 EStG zu versteuern. **Ausschüttungen** aus dem **Einlagekonto** erfolgen erst, soweit die Ausschüttungen den ausschüttbaren Gewinn übersteigen. Ausschüttungen aus dem Einlagekonto sind nach § 17 Abs. 4 EStG im Teileinkünfteverfahren zu versteuern.

Ob eine Ausschüttung aus dem Einlagekonto erfolgt, ist für den Gesellschafter aus der Dividendenbescheinigung nach amtlich vorgeschriebenem Muster zu ersehen (vgl. § 27 Abs. 3 ff. KStG). Für Ausschüttungen aus dem Einlagekonto hat die ausschüttende Gesellschaft keine **KapSt** einzubehalten, da § 17 Abs. 4 EStG in § 43 EStG nicht aufgeführt ist.

Beispiel
Die Steuerbilanz der Y-GmbH enthält zum 31.12.2011 folgende Positionen auf der Passivseite: Stammkapital 25.000 €, Kapitalrücklage 30.000 €, Gewinnvortrag 400.000 €, Jahresüberschuss 80.000 €. Das steuerliche Einlagekonto i.S.v. § 27 KStG wurde i.H.v. 100.000 € gesondert festgestellt. Die Gesellschafter möchte eine maximale Dividende ausschütten.

Lösung
Nach § 29 GmbHG können die Gesellschafter das Eigenkapital mit Ausnahme des Stammkapitals ausschütten. Somit steht hier ein Betrag i.H.v. (535.000 € ./. 25.000 € =) 510.000 € zur Verfügung. Für die Frage der Besteuerung der Dividenden spielt es keine Rolle, welche handelsrechtliche Position für die Ausschüttung verwendet wird. Maßgeblich für die Differenzierung zwischen § 20 Abs. 1 Nr. 1 EStG und § 17 Abs. 4 EStG ist ausschließlich die Zuordnung nach § 27 KStG.

Somit ist in einem ersten Schritt die Höhe des ausschüttbaren Gewinns zu ermitteln; dies sind im vorliegenden Beispiel gem. § 27 Abs. 1 Satz 5 KStG (510.000 € ./. 100.000 € =) 410.000 €. Insoweit die Ausschüttung dem ausschüttbaren Gewinn entstammt, liegt eine Dividende i.S.v. § 20 Abs. 1 Nr. 1 EStG vor. Die ausschüttende GmbH hat nach § 43 Abs. 1 Nr. 1 i.V.m. § 43a Abs. 1 Nr. 1 EStG 25 % KapSt zzgl. 5,5 % SolZ einzubehalten (hier: 102.500 € zzgl. 5.638 €). Die Dividende unterliegt nach § 32d Abs. 1 EStG grundsätzlich der Abgeltungsteuer.
In einem zweiten Schritt sind die Einkünfte nach § 17 Abs. 4 EStG zu ermitteln. Da hier die Dividende den ausschüttbaren Gewinn um 100.000 € übersteigt, liegt insoweit eine Ausschüttung aus dem Einlagekonto nach § 27 KStG vor, die nach §§ 17 Abs. 4, 3 Nr. 40 Buchst. c, 3c Abs. 2 EStG im Teileinkünfteverfahren zu versteuern ist. Somit betragen die Einkünfte nach § 17 Abs. 4 EStG (100.000 € × 60 % =) 60.000 €. KapSt hat die GmbH für diesen Betrag nicht abzuführen. Soweit das steuerliche Einlagekonto auf einer verdeckten Einlage des Gesellschafters beruht, sind bei ihm nachträgliche AK zu berücksichtigen, so dass sich ein Gewinn von 0 € ergibt.

2.3.5 Verlegung des Sitzes der Kapitalgesellschaft

Verlegt eine GmbH ihren Sitz ins Ausland, so führt dies nach **§ 4a GmbHG** zwingend gesellschaftsrechtlich zur Auflösung der Gesellschaft mit den Rechtsfolgen der §§ 11 KStG, 17 Abs. 4 EStG.

Die Vorschrift des **§ 12 Abs. 3 KStG**, wonach lediglich eine Sitzverlegung in ein Land außerhalb der EU zur Auflösung führt, hat insoweit keine Bedeutung. Die Vorschrift ist z. B. anwendbar für die Societas Europaea, deren Sitz innerhalb der EU in ein anderes Land verlegt werden kann.

Da sonach die Sitzverlegung einer GmbH zwingend zur Auflösung führt, hat auch die Vorschrift des § 17 Abs. 5 EStG keine Bedeutung, wonach die Sitzverlegung einer Veräußerung der Anteile gleichgestellt wird. § 17 Abs. 5 EStG hat derzeit nur einen geringen Anwendungsbereich (z. B. für die Societas Europaea).

2.3.6 Wegzug des Gesellschafters

Verlegt der Gesellschafter seinen Wohnsitz ins Ausland, so unterliegt der Gewinn aus der Veräußerung von Anteilen an einer KapGes grundsätzlich nicht mehr der deutschen Besteuerung, sondern dem Besteuerungsrecht des Landes, in dem der Gesellschafter ansässig ist (vgl. Art. 10 OECD-MA).

Aus diesem Grund fingiert **§ 6 AStG** die Veräußerung der Anteile im Zeitpunkt des Wegzugs. Nachdem der europäische Gerichtshof diese Veräußerungsfiktion als Verstoß gegen die Freizügigkeit beurteilte, wurde die Vorschrift des § 6 Abs. 5 AStG eingefügt. Danach ist zwar ein Veräußerungsgewinn zu ermitteln. Die daraus resultierende Steuer ist aber nach § 6 Abs. 5 Satz 1 AStG zinslos und ohne Sicherheitsleistung **zu stunden**, bis der Stpfl. entweder die Beteiligung veräußert oder seinen Wohnsitz außerhalb der EU nimmt.

Der Stpfl. hat nach **§ 6 Abs. 7 AStG** jährlich der deutschen FinVerw **mitzuteilen**, ob er noch Gesellschafter ist und ob er sich noch in der EU aufhält.

2.4 Veräußerung von Anteilen im Betriebsvermögen von Einzelunternehmern oder Personengesellschaften

Anteile an einer KapGes können sich aus vielfältigen Gründen in einem Betriebsvermögen befinden; hervorzuheben sind insbesondere folgende Fälle:

- Im Rahmen einer **Betriebsaufspaltung** gehören die Anteile der Betriebskapitalgesellschaft zum notwendigen Sonderbetriebsvermögen II bei der Besitzpersonengesellschaft (BFH vom 16.04.1991, BStBl II 1991, 832);
- Die Anteile eines Kommanditisten an der Komplementär-GmbH einer **GmbH & Co. KG** gehören zumindest dann zum Sonderbetriebsvermögen II des Kommanditisten, wenn die GmbH außer ihrer Geschäftsführungstätigkeit keine weitere eigene Tätigkeit ausübt (H 4.2 Abs. 2 EStH);
- Hält der Gesellschafter einer PersGes gleichzeitig Anteile an einer KapGes und bestehen zwischen der PersGes und der KapGes geschäftliche Beziehungen, so stellen die Anteile an der KapGes notwendiges Sonderbetriebsvermögen II dar, wenn zwischen beiden Gesellschaften **intensive geschäftliche Beziehungen** bestehen (z. B. Verlag und Pressevertriebs-GmbH, BFH vom 03.03.1998, BStBl II 1998, 383);
- Anteile eines Freiberuflers oder eines Einzelunternehmens an einer KapGes können zum notwendigen Betriebsvermögen gehören, wenn die Beteiligung in besonderem Maße die Freiberuflerpraxis bzw. das Einzelunternehmen fördert (z. B. Anteile eines freiberuflich tätigen Zahnarztes an einer Zahnlabor-GmbH);
- Anteile an einer KapGes können auch zum **gewillkürten Betriebsvermögen** gehören, wenn eine betriebliche Veranlassung gegeben ist (vgl. H 4.2 Abs. 1 [Gewillkürtes Betriebsvermögen] EStH).

Die **Einlage** der Anteile an der KapGes in das Betriebsvermögen erfolgt nach den allgemeinen Grundsätzen (zur offenen und verdeckten Einlage siehe oben).

Muss die Beteiligung **entnommen** werden (z. B. bei Beendigung einer Betriebsaufspaltung), so sind die stillen Reserven nach § 15 bzw. § 18 EStG im Teileinkünfteverfahren (§§ 3 Nr. 40 Buchst. a, 3c Abs. 2 EStG) aufzudecken.

Wird die Beteiligung veräußert, so unterliegt der Veräußerungsgewinn ebenfalls dem **Teileinkünfteverfahren**. Veräußert eine PersGes eine Beteiligung und entfällt der Veräußerungsgewinn auf einen Gesellschafter, der eine KapGes ist, so ist das Teileinkünfteverfahren nicht anzuwenden (§ 8b KStG ist lex specialis zu § 3 Nr. 40 EStG – siehe unten).

Insoweit besteht kein wesentlicher Unterschied zu § 17 EStG (der ja den Veräußerungsgewinn auch den gewerblichen Einkünften zurechnet). Der Veräußerungsgewinn unterliegt nach **§ 7 GewStG** grundsätzlich der Gewerbesteuer. Da der Gewerbeertrag nach § 7 Abs. 1 GewStG an den nach dem EStG zu ermittelnden Gewinn anknüpft, gilt bei der Gewerbesteuer ebenfalls das Teileinkünfteverfahren. Die Hinzurechnungsvorschrift des § 8 Nr. 5 GewStG bzw. die Kürzungsvorschrift des § 9 Nr. 2a GewStG ist nur auf Dividenden, nicht auf Veräußerungsgewinne anzuwenden.

Liegen die Voraussetzungen des **§ 6b EStG** vor, so kann für den Gewinn aus der Veräußerung einer Beteiligung eine den steuerlichen Gewinn mindernde Rücklage i.H.v. bis zu 500.000 € gebildet werden (§ 6 Abs. 10 EStG). Da das Teileinkünfteverfahren nur außerbilanziell durchzuführen ist, wird die Rücklage ohne Berücksichtigung des Teileinkünfteverfahrens gebildet. Eine Rücklage kann nur gebildet werden, wenn die veräußerten Anteile mindestens 6 Jahre ununterbrochen zum Anlagevermögen einer inländischen Betriebsstätte gehört haben (§ 6b Abs. 4 Nr. 2 EStG).

Beispiel
Der bilanzierende Stpfl. erwarb in 2000 20 % der Anteile an der A-GmbH für 100.000 € und aktivierte diese im Betriebsvermögen seines Einzelunternehmens. In 2012 veräußert der Stpfl. die Anteile für 800.000 €.

Lösung
Der Gewinn aus der Veräußerung beträgt 700.000 € (BS: Geld 800.000 € an Beteiligung 100.000 € und Ertrag 700.000 €). **Außerbilanziell** ist der Gewinn gem. §§ 3 Nr. 40 Buchst. a, 3c Abs. 2 EStG um 40 % (280.000 €) zu vermindern.
Da die Beteiligung mindestens 6 Jahre zum Anlagevermögen des Einzelunternehmens gehört hat, kann der Stpfl. grundsätzlich eine Rücklage nach § 6b Abs. 10 EStG bilden. Bei der Bildung der Rücklage ist das Teileinkünfteverfahren nicht zu berücksichtigen, sodass grundsätzlich von einem Gewinn i.H.v. 700.000 € auszugehen ist. Da die Höhe der Rücklage nach § 6b Abs. 10 Satz 1 EStG aber auf 500.000 € begrenzt ist, bleibt ein Gewinn i.H.v. 200.000 € stpfl. Unter Berücksichtigung des Teileinkünfteverfahrens ist daher ein Gewinn i.H.v. 120.000 € im Veräußerungsjahr zu versteuern.

Die Rücklage kann in den folgenden zwei Wj. auf die Anschaffung von Anteilen an einer KapGes oder auf angeschaffte oder hergestellte abnutzbare bewegliche Wirtschaftsgüter oder in den folgenden vier Wj. auf angeschaffte oder hergestellte Gebäude übertragen werden.

Wird die Rücklage auf die Anschaffung von Anteilen an einer KapGes übertragen, so mindern sich die AK der Beteiligung um die Rücklage.

Fortführung des Beispiels
In 2013 erwirbt der Stpfl. eine Beteiligung an der B-GmbH für 1,2 Mio. €.

Lösung
Der Stpfl. kann die Rücklage auf die angeschafften Anteile übertragen, sodass die Beteiligung lediglich mit (1,2 Mio. € ./. 500.000 € =) 700.000 € zu aktivieren ist.

Wird die Rücklage auf die Anschaffung oder Herstellung von abnutzbaren beweglichen Wirtschaftsgütern oder Gebäuden übertragen, so ist nach § 6b Abs. 10 Satz 2 EStG die Rücklage nur i.H.d. nach § 3 Nr. 40a EStG stpfl. Teils übertragbar.

Variation des Beispiels
Wie oben; der Stpfl. erwirbt aber in 2013 ein Gebäude für 1,2 Mio. €.

Lösung
Der Stpfl. kann lediglich eine Rücklage i.H.v. (500.000 € × 60 % =) 300.000 € von den AK abziehen, sodass das Gebäude mit 900.000 € zu aktivieren ist. Die restliche Rücklage ist gewinnerhöhend aufzulösen.

Gehören die Anteile zum **Gesamthandsvermögen** einer PersGes, so kommt es nach § 6b Abs. 10 Satz 10 EStG für die Bildung der Rücklage auf die Verhältnisse beim Gesellschafter (und nicht bei der Gesellschaft) an.

Veräußert eine PersGes eine Beteiligung und entfällt der Gewinn auf eine KapGes, die Mitunternehmerin ist, so ist die Bildung einer Rücklage nach § 6b Abs. 10 Satz 1 EStG ausgeschlossen, da der Gewinn nach § 8b Abs. 2 KStG steuerfrei ist. Nach dem eindeutigen Wortlaut von Satz 1 kann auch für die 5 %, die als nicht abziehbare Betriebsausgaben nach § 8b Abs. 3 KStG dem Gewinn wieder hinzugerechnet werden, keine Rücklage nach § 6b EStG gebildet werden.

Beispiel

An der A-OHG sind die Gesellschafter A, B und C zu je 1/3 beteiligt. Gesellschafterin B ist eine Aktiengesellschaft. Gesellschafter C hat seinen Mitunternehmeranteil in 2010 erworben. Im Betriebsvermögen der OHG befindet sich eine Beteiligung an einer GmbH (BW 100.000 €). In 2013 veräußert die OHG die Beteiligung für 400.000 €.

Lösung

Der Veräußerungsgewinn beträgt (zunächst ohne Teileinkünfteverfahren) 300.000 € und entfällt zu je einem Drittel auf jeden Mitunternehmer. Gesellschafter A kann für seinen Gewinn eine Rücklage nach § 6b EStG bilden. Gesellschafterin B bekommt zunächst im Wege der einheitlichen und gesonderten Feststellung einen Gewinnanteil von 100.000 € zugewiesen. Außerbilanziell kürzt sie diesen Gewinn nach § 8b Abs. 2 KStG um 100.000 €, muss aber nach § 8b Abs. 3 KStG 5 % (5.000 €) als nicht abziehbare BA dem Gewinnanteil wieder hinzurechnen. Die Bildung einer Rücklage nach § 6b EStG ist für die Mitunternehmerin B ausgeschlossen. Gesellschafter C könnte grundsätzlich auch eine Rücklage nach § 6b Abs. 10 EStG bilden. Da er aber die Beteiligung nicht mindestens 6 Jahre im Anlagevermögen hielt (Erwerb des Betriebsvermögens erst in 2010), ist die Bildung einer Rücklage ausgeschlossen. Gesellschafter C muss daher einen Veräußerungsgewinn i.H.v. (100.000 € × 60 % =) 60.000 € versteuern.

Wurde die Beteiligung in der Vergangenheit – vor Einführung des Halbeinkünfteverfahrens/Teileinkünfteverfahrens – voll gewinnwirksam **abgeschrieben**, so unterliegt der Veräußerungsgewinn nach § 3 Nr. 40 Buchst. a Satz 2 EStG insoweit nicht dem Teileinkünfteverfahren.

Beispiel

Der Stpfl. hält in seinem Betriebsvermögen eine Beteiligung an einer GmbH. Die AK in 1990 betrugen 300.000 €.

a) Der Stpfl. schrieb die Beteiligung in 1998 voll gewinnwirksam,
b) in 2005 unter Berücksichtigung des Halbeinkünfteverfahrens auf 30.000 € ab. Eine Wertaufholung erfolgte bisher nicht. In 2013 veräußert der Stpfl. die Beteiligung für 400.000 €.

Lösung

a) Die Teilwertabschreibung wirkte sich i.H.v. 270.000 € auf den Gewinn aus (damals war das Halbeinkünfteverfahren noch nicht anwendbar). Somit ist von dem Veräußerungsgewinn i.H.v. 370.000 € ein Teilbetrag i.H.v. 270.000 € voll zu versteuern. Der restliche Gewinn unterliegt dem Teileinkünfteverfahren, sodass insgesamt ein Veräußerungsgewinn i.H.v. (270.000 € + 100.000 € × 60 % =) 330.000 € zu versteuern ist.
b) Die Teilwertabschreibung wirkte sich aufgrund des in 2005 geltenden Halbeinkünfteverfahrens i.H.v. (270.000 € × 50 % =) 135.000 € gewinnmindernd aus. Obwohl der Veräußerungsgewinn nunmehr im Teileinkünfteverfahren (und somit zu 60 %) versteuert wird, führt die damalige Teilwertabschreibung nicht zu einer Korrektur des Veräußerungsgewinns, da § 3 Nr. 40 Buchst. a Satz 2 EStG nur anzuwenden ist, wenn die Teilwertabschreibung in **vollem** Umfang gewinnwirksam war. Damit beträgt der Veräußerungsgewinn bei dieser Variante (370.000 € × 60 % =) 222.000 €.

2.5 Betriebsveräußerung (§ 16 EStG)

Nach § 16 Nr. 1 Satz 2 EStG gilt die das gesamte Nennkapital umfassende Beteiligung an einer KapGes als Teilbetrieb. Diese Regelung greift nur, wenn in einem Akt das gesamte Nennkapital veräußert wird und sich die Beteiligung in einem Betriebsvermögen befindet. Auch für diese Veräußerung ist nach § 3 Nr. 40 Buchst. b EStG das Teileinkünfteverfahren anzuwenden.

Wird ein Betrieb oder Mitunternehmeranteil veräußert und befindet sich im Betriebsvermögen eine Beteiligung, so unterliegt der Veräußerungsgewinn insoweit dem Teileinkünfteverfahren (§ 3 Nr. 40 Buchst. b EStG; siehe BMF vom 03.08.2004, BStBl I 2004, 1187). Soweit der Gewinn dem Teileinkünfteverfahren unterliegt, ist die Tarifvergünstigung des § 34 Abs. 1 oder 3 EStG ausgeschlossen (so die ausdrückliche Regelung in § 34 Abs. 2 Nr. 1 EStG).

2.6 Veräußerung von Anteilen durch eine Kapitalgesellschaft

Veräußert eine KapGes Anteile an einer anderen KapGes, so wird der Veräußerungsgewinn **außerbilanziell** nach **§ 8b Abs. 2 KStG** bei der Ermittlung des Einkommens (vgl. § 8 KStG) wieder abgezogen. Gleichzeitig werden nach § 8b Abs. 3 KStG 5% des jeweiligen Gewinns als nicht abziehbare BA dem Einkommen wieder hinzugerechnet. Im Gegenzug ist § 3c Abs. 1 EStG nicht anzuwenden (voller BA-Abzug).

Ein besonderes Problem entsteht, wenn die Anteile in der Vergangenheit teilwertberichtigt wurden. Erfolgte die Teilwertberichtigung unter der zeitlichen Geltung des § 8b Abs. 2 KStG (zur Anwendung siehe § 34 Abs. 7 KStG), so wird der Abschreibungsaufwand außerbilanziell in voller Höhe korrigiert. Bei einer späteren Veräußerung werden aufgrund von § 8b Abs. 3 Satz 1 KStG aber lediglich 95% des Veräußerungsgewinns steuerfrei gestellt. U.U. ist es daher steuerlich günstiger, in der Steuerbilanz auf eine Teilwertberichtigung zu verzichten. Dies ist möglich, da § 6 Abs. 1 Nr. 2 Satz 2 EStG ein Wahlrecht statuiert und der Grundsatz der umgekehrten Maßgeblichkeit nach dem BilMoG nicht mehr gilt.

Beispiel

Die X-AG hält eine 70%ige Beteiligung an der Y-GmbH. Der Erwerb der Anteile erfolgte in 1996 für 2 Mio. €. In 2008 ist die Beteiligung unstreitig nur noch 500.000 € wert.

a) Die X-AG schreibt die Anteile in der Steuerbilanz zulässigerweise auf 500.000 € ab.
b) Die X-AG sieht von einer Abschreibung ab.

In 2013 veräußert die X-AG die Anteile für 3 Mio. €.

Lösung

a) Die Abschreibung wirkt sich zunächst in der Steuerbilanz i.H.v. 1,5 Mio. € auf den Jahresüberschuss aus. Außerbilanziell ist das Einkommen aber nach § 8b Abs. 3 Satz 3 KStG um 1,5 Mio. € zu erhöhen. Bei der Veräußerung entsteht in der Steuerbilanz ein Gewinn i.H.v. 2,5 Mio. €. Dieser ist außerbilanziell nach § 8b Abs. 2 KStG um 2,5 Mio. € zu vermindern und ebenfalls außerbilanziell nach § 8b Abs. 3 KStG um 5% (= 125.000 €) wieder zu erhöhen.
b) Es entsteht ein Veräußerungsgewinn i.H.v. 1 Mio. €. Dieser ist nach § 8b Abs. 2 KStG außerbilanziell um 1 Mio. € zu vermindern und nach § 8b Abs. 3 KStG um 5% (= 50.000 €) wieder zu erhöhen.

Somit hat die X-AG in der Variante a) ein um 75.000 € höheres Einkommen zu versteuern.

Wurde die Beteiligung vor Einführung des § 8b Abs. 3 KStG nach damaligem Recht voll gewinnwirksam auf einen niedrigeren Teilwert abgeschrieben, so ist bei einer Veräußerung § 8b Abs. 2 KStG insoweit nicht anzuwenden.

Beispiel

Wie oben Variante a); die Abschreibung erfolgte aber in 1999 und damit noch vor der Einführung des § 8b Abs. 2 KStG.

Lösung

Der Veräußerungsgewinn beträgt – unter Berücksichtigung eines Buchwerts von 500.000 € – 2,5 Mio. €. Da sich die Abschreibung in 1999 in voller Höhe auf den Gewinn auswirkte, ist der Veräußerungsgewinn i.H.v. 1,5 Mio. € (Abschreibungsaufwand) in 2013 voll stpfl. Lediglich der restliche Gewinn i.H.v. 1 Mio. € wird außerbilanziell nach § 8b Abs. 2 KStG gekürzt und nach § 8b Abs. 3 KStG wieder um 5 % (50.000 €) erhöht.

§ 8b Abs. 2 KStG ist auch dann anzuwenden, wenn eine **PersGes** die Beteiligung veräußert und der Veräußerungsgewinn auf einen Mitunternehmer entfällt, der seinerseits eine KapGes ist (BFH vom 22.12.2010, Az: I R 58/10).

Beispiel

(nach BFH vom 22.12.2000, a.a.O.):
Gesellschafter der T-KG sind die natürliche Person M1 sowie die M2-GmbH zu gleichen Teilen. Die T-KG hält Anteile an der E-AG (BW 200.000 €). In 2012 veräußert die T-KG die Anteile an der E-AG für 2 Mio. €.

Lösung

Soweit der Veräußerungsgewinn auf die natürliche Person M1 entfällt, ist das Teileinkünfteverfahren anzuwenden; somit versteuert M1 nach § 15 Abs. 1 Nr. 2 EStG (1,8 Mio. € × 50 % × 60 % =) 540.000 €.
Soweit der Veräußerungsgewinn auf die M2-GmbH entfällt, ist er nach § 8b Abs. 2 KStG außerbilanziell zu kürzen und nach § 8b Abs. 3 KStG um 5 % (= 45.000 €) außerbilanziell zu erhöhen.

Kann die veräußernde KapGes den **Kaufpreis** nicht realisieren, weil der Erwerber zahlungsunfähig wird, so ist der Veräußerungsgewinn rückwirkend zu korrigieren (BFH vom 22.12.2000, a.a.O.).

Fortsetzung des Beispiels

In der Bilanz zum 31.12.2012 aktiviert die T-KG die Kaufpreisforderung i.H.v. 2 Mio. €. Im Laufe des Jahres 2013 stellt sich heraus, dass bezüglich der Kaufpreisforderung ein Totalausfall droht. Die T-KG nimmt daher eine Teilwertabschreibung auf die Kaufpreisforderung vor.
Strittig war, ob der Ausfall der Kaufpreisforderung zu einer rückwirkenden Korrektur des Veräußerungsgewinns im VZ 2012 führt oder ob die Teilwertabschreibung gewinnwirksam in 2013 vorgenommen werden kann.

Lösung

Nach BFH vom 22.12.2000, a.a.O. ist der Veräußerungsgewinn rückwirkend zu berichtigen und mit 0 € anzusetzen. In der Bilanz zum 31.12.2012 entfällt damit die Aktivierung der Kaufpreisforderung.

Der Veräußerungsgewinn unterliegt nach **§ 7 GewStG** der Gewerbesteuer. Da der gewerbesteuerliche Ertrag auf dem steuerlichen Einkommen aufbaut, unterliegen letztlich nur die nach § 8b Abs. 3 KStG hinzuzurechnenden 5 % der Gewerbesteuer.

Die Bildung einer Rücklage nach **§ 6b Abs. 10 EStG** ist für veräußernde Kapitalgesellschaften ausgeschlossen.

2.7 Umwandlung einer Kapitalgesellschaft in eine Personengesellschaft

Wird eine KapGes in eine PersGes umgewandelt, so sind die **§§ 3 ff. UmwStG** maßgebend. Nach § 3 UmwStG müssen die Wirtschaftsgüter in der steuerlichen Schlussbilanz der übertragenden Körperschaft grundsätzlich mit dem gemeinen Wert angesetzt werden. Auf Antrag können die übergehenden Wirtschaftsgüter mit dem Buchwert oder einem Zwischenwert angesetzt werden.

Nach § 4 UmwStG hat die übernehmende PersGes die auf sie übergegangenen Wirtschaftsgüter mit dem in der steuerlichen Schlussbilanz der übertragenden Körperschaft enthaltenen Wert zu übernehmen.

Nach § 4 Abs. 4 UmwStG ergibt sich für den Gesellschafter ein Übernahmegewinn oder Übernahmeverlust i.H.d. Unterschiedsbetrags zwischen dem Wert, mit dem die übergegangenen Wirtschaftsgüter zu übernehmen sind, und dem Wert der Anteile an der übertragenden Körperschaft.

Dabei gelten Anteile, die sich vor der Umwandlung in einem Privatvermögen befanden, nach § 5 UmwStG fiktiv als mit den AK eingelegt.

Ein Übernahmegewinn unterliegt nach § 4 Abs. 7 UmwStG dem Teileinkünfteverfahren bzw. § 8b KStG.

Beispiel

Der Stpfl. G erwarb in 2004 40 % der Anteile an der X-GmbH für 20.000 €. In 2013 soll die GmbH auf die A-KG verschmolzen werden. Die X-GmbH erstellt zum 31.12.2011 folgende Schlussbilanz (Ansatz der Buchwerte nach § 3 UmwStG):

A	**Bilanz der X-GmbH zum 31.12.2013**		**P**
Diverse Wirtschaftsgüter	200.000 €	Stammkapital	50.000 €
		Jahresüberschuss	150.000 €

Lösung

Da sich die Anteile vor der Umwandlung im Privatvermögen befanden, gelten sie als mit den Anschaffungskosten eingelegt (§ 5 Abs. 2 UmwStG).

Nach § 4 Abs. 4 UmwStG ergibt sich für den Gesellschafter G folgender Übernahmegewinn:

Buchwert der Wirtschaftsgüter Wirtschaftsgüter (200.000 € × 40% × 60% =)	48.000 €
Anschaffungskosten (20.000 € × 60% =)	./. 12.000 €
Übernahmegewinn im Teileinkünfteverfahren	36.000 €

Der Übernahmegewinn entspricht genau der Dividende, die sich ergeben hätte, wenn die GmbH den Jahresüberschuss ausgeschüttet hätte (150.000 € × 40% × 60% =) 36.000 €. Eine Verschiebung ergibt sich lediglich dadurch, dass bei einer Ausschüttung die Dividende im Rahmen der Abgeltungssteuer besteuert worden wäre. Die (fiktive) Versteuerung der Dividende ist erforderlich, da in der Bilanz der KG das Kapitalkonto des G mit (200.000 € × 40% =) 80.000 € angesetzt wird. Da die Entnahme bei einer Personengesellschaft nicht zu Einnahmen führt, würde der Jahresüberschuss der umgewandelten Kapitalgesellschaft unversteuert bleiben, wenn man nicht einen Übernahmegewinn konstruiert.

2.8 Anteilstausch (§ 21 UmwStG)

Werden Anteile an einer KapGes in eine andere KapGes gegen Gewährung neuer Anteile an der übernehmenden Gesellschaft eingebracht (Anteilstausch), sind die eingebrachten Anteile nach § 21 Abs. 1 UmwStG grundsätzlich mit dem gemeinen Wert anzusetzen. Nach § 21 Abs. 2 UmwStG gilt der Wert, mit dem die übernehmende Gesellschaft die eingebrachten Anteile angesetzt, für den Einbringenden als **Veräußerungspreis** der eingebrachten Anteile und als **AK** der erhaltenen Anteile (siehe BMF vom 11.11.2011, UmwSt-Erl, BStBl I 2011, Tz. 21.01 ff.).

Beispiel

Der Stpfl. G ist zu 40% an der X-GmbH beteiligt (AK: 100.000 €). Er hält die Beteiligung
a) im Privatvermögen
b) im Betriebsvermögen seines Einzelunternehmens.
Im Zuge der Gründung der Y-GmbH bringt G zulässigerweise (vgl. § 5 Abs. 4 GmbHG) die Beteiligung an der X-GmbH im Wege der Sacheinlage ein. Der gemeine Wert der Anteile beträgt 500.000 €.

Lösung

Die Y-GmbH hat die Anteile nach § 21 UmwStG mit dem gemeinen Wert anzusetzen (500.000 €).

a) Für den Gesellschafter G hat dies zur Folge, dass die Anteile nach §§ 17 Abs. 1 Satz 1, 3 Nr. 40 Buchst. c, 3c Abs. 2 EStG als veräußert geltend. Der Veräußerungsgewinn beträgt (400.000 € × 60% =) 240.000 €. Bezüglich des Freibetrags beachte § 21 Abs. 3 UmwStG.
b) Der Veräußerungsgewinn (ebenfalls i.H.v. 240.000 €) ist nach §§ 15, 3 Nr. 40 Buchst. a, 3c Abs. 2 EStG zu versteuern.

Hält die übernehmende Gesellschaft nach der Einbringung aufgrund ihrer Beteiligung einschließlich der eingebrachten Anteile nachweisbar unmittelbar die **Mehrheit** der **Stimmrechte** an der erworbenen Gesellschaft (sog. qualifizierter Anteilstausch), so können die eingebrachten Anteile nach § 21 Abs. 1 Satz 2 UmwStG auf Antrag auch mit dem Buchwert oder einem Zwischenwert angesetzt werden.

Beispiel
Wie oben; aber mit folgender Variante: G ist zu 80% an der X-GmbH beteiligt.

Lösung
Da nach der Einbringung die Y-GmbH die Mehrheit der Anteile an der X-GmbH hält, können die Anteile mit dem Buchwert (bzw. nach § 21 Abs. 2 Satz 5 UmwStG mit den AK) bei der übernehmenden Gesellschaft angesetzt werden. In diesem Fall entsteht weder in der Variante a) noch in der Variante b) ein Gewinn.

Die Vorschrift des § 21 UmwStG ist grundsätzlich auch auf die Einbringung von Anteilen an einer **ausländischen KapGes** anzuwenden, soweit diese KapGes ihrer Struktur nach einer deutschen KapGes vergleichbar ist (vgl. die Übersicht in Tabelle 1 im Anhang zu BMF vom 24.12.1999, BStBl I 1999, 1076, sog. Betriebsstättenerlass).

Nach § 21 Abs. 2 Satz 2 UmwStG ist der Ansatz des gemeinen Werts zwingend, wenn durch die Einbringung das Besteuerungsrecht Deutschlands am Gewinn aus der Veräußerung der eingebrachten oder der erhaltenen Anteile ausgeschlossen oder beschränkt ist. Dies ist regelmäßig der Fall bezüglich der in eine ausländische KapGes eingebrachten Anteile.

Beispiel
Der in Deutschland ansässige Stpfl. ist zu 100% Gesellschafter der X-GmbH mit Sitz in Deutschland. Im Zuge der Gründung der Y-SRL mit Sitz in Spanien (vergleichbar der deutschen GmbH) bringt der Stpfl. die Anteile an der X-GmbH in die spanische Y-SRL gegen Gewährung von Gesellschaftsrechten ein.

Lösung
Durch die Einbringung verliert Deutschland das Besteuerungsrecht bezüglich der Anteile an der X-GmbH, da der Veräußerungsgewinn bei der Y-SRL erfasst und nach Art. 7 Abs. 1 des DBA Spanien im Sitzstaat der Y-SRL besteuert wird. Damit wäre grundsätzlich der Ansatz des gemeinen Werts zwingend.

§ 21 Abs. 2 Satz 3 UmwStG macht insoweit aber eine Ausnahme, wenn Deutschland weiterhin das Recht auf die Besteuerung des Veräußerungsgewinns der erhaltenen Anteile zusteht oder der Gewinn aufgrund der europäischen Fusionsrichtlinie nicht besteuert werden darf.

Fortführung der Lösung
Da nach Art. 13 Abs. 3 des DBA Spanien der Gewinn aus der Veräußerung der Anteile an der Y-SRL im Ansässigkeitsstaat des Gesellschafters (Deutschland) versteuert wird, ist nach § 21 Abs. 2 Satz 3 UmwStG der Ansatz des Buchwerts bzw. der AK möglich.

2.9 Sacheinlage (§ 22 UmwStG)

Da die Veräußerung eines Anteils an einer KapGes grundsätzlich unter das Teileinkünfteverfahren fällt (mit Ausnahme von Anteilen i.S.v. § 20 Abs. 2 Nr. 1 EStG), die Veräußerung eines Betriebs oder Mitunternehmeranteils aber in voller Höhe besteuert wird, könnte ein Einzelunternehmer oder Mitunternehmer auf die Idee kommen, seinen Betrieb oder Mitunternehmeranteil zu Buchwerten in eine KapGes einzubringen (vgl. § 20 UmwStG) und anschließend die Anteile an der KapGes unter Ausnutzung des Teileinkünfteverfahrens zu veräußern. Diese Gestaltungsmöglichkeit soll die Vorschrift des **§ 22 UmwStG** verhindern (Bildung sog. sperrfristverhafteter Anteile).

Wird ein Betrieb, Teilbetrieb oder Mitunternehmeranteil zum Buchwert oder Zwischenwert in eine KapGes gegen Gewährung von Gesellschaftsrechten eingebracht und werden die erhaltenen Anteile innerhalb von 7 Jahren seit der Einbringung veräußert, so wird rückwirkend auf das Jahr der Einbringung ein Gewinn nach § 16 EStG festgestellt (**Veräußerungsgewinn I**). Dieser Gewinn unterliegt nicht dem Teileinkünfteverfahren. Einbringungsgewinn I ist der Betrag, um den der gemeine Wert des eingebrachten Betriebsvermögens im Einbringungszeitpunkt nach Abzug der Kosten für den Vermögensübergang den Wert, mit dem die übernehmende Gesellschaft dieses eingebrachte Betriebsvermögen angesetzt hat, übersteigt, vermindert um jeweils 1/7 für jedes seit dem Einbringungszeitpunkt abgelaufene Jahr. Der Einbringungsgewinn I gilt als nachträgliche AK der erhaltenen Anteile.

Beispiel

Ein Einzelunternehmen (Buchwert 100.000 €/Teilwert 800.000 €) wird im Jahr 01 zum Buchwert nach § 20 UmwStG in eine GmbH eingebracht. Das Stammkapital der aufnehmenden GmbH beträgt 100.000 € und steht zu 100 % dem einbringenden Einzelunternehmer zu. Dieser hält die Anteile an der GmbH anschließend im Privatvermögen. Im Jahr 06 veräußert der Gesellschafter seine Anteile an der GmbH für 900.000 €.

Lösung

Grundsätzlich würde die Veräußerung der Anteile an einer GmbH unter § 17 EStG fallen (Teileinkünfteverfahren). Aufgrund der Regelung in § 22 UmwStG wird nun aber rückwirkend auf das Jahr 01 ein Gewinn nach § 16 EStG festgestellt. Ein Freibetrag nach § 16 Abs. 4 EStG und der besondere Steuersatz des § 34 EStG werden kraft ausdrücklicher Regelung in § 22 Abs. 1 Satz 1 UmwStG nicht gewährt.

Der Einbringungsgewinn I ist rückwirkend auf das Jahr 01 zu ermitteln. Unterstellt, dass bis zur Veräußerung fünf Zeitjahre vergangen sind, ist folgender Gewinn nach § 16 EStG festzustellen:

Gemeiner Wert der eingebrachten Wirtschaftsgüter	800.000 €
Ansatz durch die GmbH (Buchwert)	./. 100.000 €
Gewinn	700.000 €
vermindert um 5/7	./. 500.000 €
Einbringungsgewinn I	200.000 €

Des Weiteren hat der veräußernde Gesellschafter im Jahr 06 einen Gewinn nach §§ 17 Abs. 1, 3 Nr. 40 Buchst. c, 3c Abs. 2 EStG zu versteuern, da er einen Anteil an einer KapGes veräußert hat und innerhalb der letzten 5 Jahre zu mindestens 1 % am Stammkapital beteiligt war. Bei der Berechnung des Veräußerungsgewinns nach § 17 Abs. 2 EStG ist zu berücksichtigen, dass der Einbringungsgewinn I als nachträgliche AK der Anteile anzusetzen ist, um eine doppelte Versteuerung zu vermeiden. Damit ergibt sich folgender weiterer Veräußerungsgewinn:

Veräußerungserlös (900.000 € × 60 % =)	540.000 €
AK (Buchwert des eingebrachten Betriebsvermögens zzgl. Einbringungsgewinn I (300.000 € × 60 % =)	./. 180.000 €
Gewinn	360.000 €

Soweit im Rahmen einer Sacheinlage (§ 20 Abs. 1 UmwStG) oder eines Anteilstausches (§ 21 Abs. 1 UmwStG) unter dem gemeinen Wert eingebrachte **Anteile an einer KapGes** innerhalb eines Zeitraums von 7 Jahren nach dem Einbringungszeitpunkt durch die übernehmende Gesellschaft veräußert werden, ist der Gewinn aus der Einbringung im Wj. der Einbringung ebenfalls rückwirkend als Gewinn des Einbringenden aus der Veräußerung von Anteilen zu versteuern (**Einbringungsgewinn II**). Diese Regelung soll verhindern, dass Anteile an einer KapGes ohne Aufdeckung der stillen Reserven in eine andere KapGes eingebracht werden und diese die Anteile dann nach § 8b Abs. 2 KStG steuerfrei veräußern kann.

Nach § 22 Abs. 2 Satz 3 UmwStG vermindert sich auch der Einbringungsgewinn II um jeweils 1/7 für jedes seit dem Einbringungszeitpunkt abgelaufene Zeitjahr.

Beispiel

Der Stpfl. ist alleiniger Gesellschafter der A-GmbH. Die AK der im Privatvermögen gehaltenen Beteiligung betrugen 100.000 €. Im Jahr 01 wird die Beteiligung im Wege der Sacheinlage gegen Gewährung von Gesellschaftsrechten in die B-GmbH eingebracht (gemeiner Wert zu diesem Zeitpunkt 800.000 €). Die B-GmbH setzt die Anteile zulässigerweise nach § 21 Abs. 1 Satz 2 UmwStG mit dem Buchwert bzw. den AK an.
Im Jahr 06 veräußert die B-GmbH die Anteile für 900.000 €.

Lösung

Grundsätzlich fällt der Veräußerungsgewinn, den eine KapGes aus der Veräußerung von Anteilen an einer anderen KapGes erzielt, unter die Steuerbefreiung des § 8b Abs. 2 KStG. Damit würden die in den Anteilen an der A-GmbH steckenden stillen Reserven zu keinem Zeitpunkt versteuert werden. Hier greift nun die Regelung des § 22 Abs. 2 Satz 1 UmwStG. Der Stpfl. hat rückwirkend auf das Jahr 01 einen Gewinn nach § 17 Abs. 1 Satz 1 EStG zu versteuern, da er im Zeitpunkt der Einbringung die Voraussetzungen der Vorschrift erfüllte (innerhalb der letzten 5 Jahre zu mindestens 1 % beteiligt). Der Einbringungsgewinn II errechnet sich wie folgt:

Gemeiner Wert der eingebrachten Beteiligung	800.000 €
Ansatz durch die B-GmbH (Buchwert)	./. 100.000 €
Gewinn	700.000 €
vermindert um 5/7	./. 500.000 €
Einbringungsgewinn II	200.000 €

Da der Einbringungsgewinn II nach § 17 Abs. 1 EStG besteuert wird, ist nach § 3 Nr. 40 Buchst. c, 3c Abs. 2 EStG das Teileinkünfteverfahren anzusetzen. Somit versteuert der Stpfl. nachträglich einen Einbringungsgewinn i.H.v. (200.000 € × 60 % =) 120.000 €.
Die B-GmbH erzielt mit der Veräußerung der Anteile an der A-GmbH einen steuerfreien Veräußerungsgewinn i.H.v. (900.000 € abzüglich 100.000 € =) 800.000 €. Sie muss jedoch nach § 8b Abs. 3 KStG 5 % des Gewinns (40.000 €) als nicht abziehbare BA wieder dem Gewinn außerbilanziell hinzurechnen.

Ein Einbringungsgewinn II ist ausgeschlossen, wenn der Einbringende einen möglichen Einbringungsgewinn nach § 8b Abs. 2 KStG steuerfrei erzielt hätte (vgl. § 22 Abs. 2 Satz 1 UmwStG).

Beispiel
Die M-GmbH ist zu 100% Gesellschafterin der T-GmbH. Im Wege der Sacheinlage bringt sie die Beteiligung an der T-GmbH in die A-AG gegen Gewährung von Gesellschaftsrechten ein. Die A-AG setzt die Beteiligung zulässigerweise nach § 21 UmwStG mit dem Buchwert an. Zwei Jahre später veräußert die A-AG die Beteiligung an der T-GmbH.

Lösung
Die Veräußerung der Anteile an der T-GmbH führt zu einem steuerfreien Veräußerungsgewinn bei der A-AG (§ 8b Abs. 2 KStG). Die rückwirkende Versteuerung eines Einbringungsgewinns II bei der M-GmbH erübrigt sich, da die M-GmbH auch bei dem Ansatz des gemeinen Werts der Beteiligung an der T-GmbH einen steuerfreien Veräußerungsgewinn nach § 8b Abs. 2 KStG erzielt hätte.

Zur Berücksichtigung der Rechtsprechung des BVerfG zur (teilweisen) Verfassungswidrigkeit des § 17 EStG auch i.R.d. § 22 UmwStG siehe BMF vom 21.12.2010, BStBl I 2011, 16 sowie vom 21.12.2011, BStBl I 2012, 42.

2.10 Übertragung von Anteilen im Wege der vorweggenommenen Erbfolge

Werden Anteile an einer KapGes im Wege der vorweggenommenen Erbfolge (also unter Lebenden) übertragen, so kommt es entscheidend darauf an, ob die Übertragung

- unentgeltlich,
- teilentgeltlich oder
- voll entgeltlich

erfolgt. Im Fall der voll entgeltlichen Übertragung bestehen keine Besonderheiten gegenüber der Veräußerung von Anteilen unter fremden Dritten.

2.10.1 Unentgeltliche Übertragung

Werden Anteile an einer KapGes im Wege der vorweggenommenen Erbfolge unentgeltlich übertragen, so tritt der Rechtsnachfolger nach **§ 17 Abs. 1 Satz 4 EStG** bzw. nach § 20 Abs. 2 Nr. 1 EStG in die »Fußstapfen« des Rechtsvorgängers.

Beispiel
M ist seit 2007 am Stammkapital der Y-GmbH zu 1,5% beteiligt. Ihre AK betrugen 100.000 €. In 2012 schenkt sie die Hälfte ihrer Beteiligung ihrer Tochter T. Diese veräußert ihre Beteiligung in 2013 für 80.000 €.

Lösung
Die Veräußerung fällt unter § 17 Abs. 1 Satz 1 EStG, da zwar nicht die T, aber deren Rechtsvorgängerin innerhalb der letzten 5 Jahre vor der Veräußerung zu mindestens 1% am Stammkapital der Y-GmbH beteiligt war. Damit sind die geschenkten Anteile bei der T steuerverhaftet.

Nach **§ 17 Abs. 2 Satz 5 EStG** sind die AK des Rechtsvorgängers maßgebend.

Fortsetzung der Lösung
Der Veräußerungsgewinn beläuft sich nach §§ 3 Nr. 40 Buchst. c, 3c Abs. 2 EStG auf (80.000 € × 60 % abzüglich 50.000 € × 60 % =) 15.000 €.

Werden die Anteile gegen eine Rente veräußert, so besteht bei einer Übertragung auf Angehörige die widerlegbare Vermutung, dass die Übertragung gegen eine **Versorgungsleistung** i.S.d. § 10 Abs. 1 Nr. 1a EStG und damit unentgeltlich erfolgt (BMF vom 11.03.2010, »Rentenerlass«, BStBl I 2010, 227 Rz. 5 sowie BMF vom 13.01.1993, »vorweggenommene Erbfolge«, BStBl I 1993, 80 Rz. 4).

Eine Übertragung gegen Versorgungsleistung ist nach § 10 Abs. 1 Nr. 1a Satz 2 Buchst. c EStG aber nur möglich, wenn mindestens 50 % der Anteile an einer GmbH übertragen werden und der Übergeber als Geschäftsführer tätig war und der Übernehmer diese Tätigkeit nach der Übertragung übernimmt (Details siehe BMF vom 11.03.2010, Rz. 2 ff.). Eine unentgeltliche Übertragung von Anteilen an einer Aktiengesellschaft gegen eine Versorgungsleistung ist nach dem klaren Wortlaut des § 10 Abs. 1 Nr. 1a EStG nicht möglich.

Die Übertragung kann auch dann nach § 10 Abs. 1 Nr. 1a EStG erfolgen, wenn Anteile an einer ausländischen KapGes übertragen werden, die ausländische KapGes einer GmbH vergleichbar ist (z. B. englische Ltd.) und ihren Sitz in der EU hat (BMF vom 11.03.2010, a.a.O., Rz. 15).

Die Übertragung muss nicht zwingend auf Abkömmlinge erfolgen. Denkbar ist eine Übertragung auf alle Personen, zu denen der Übergeber eine persönliche Beziehung hat (z. B. Neffen; BMF vom 11.03.2010, a.a.O., Rz. 4).

Die Versorgungsleistung muss nach BMF vom 11.03.2010 a.a.O., Rz. 50 an den Übergeber, dessen Ehegatten, gesetzlich erb- und pflichtteilsberechtigte Abkömmlinge oder Lebenspartner einer eingetragenen Lebenspartnerschaft geleistet werden.

Die Versorgungsleistung muss lebenslang gewährt werden und der Empfänger unbeschränkt einkommensteuerpflichtig sein (nach § 1 Abs. 1 oder Abs. 3 oder nach § 1a Abs. 1 Nr. 1a EStG). Die Versorgungsleistungen sind in vollem Umfang nach **§ 10 Abs. 1 Nr. 1a EStG** als Sonderausgaben abzugsfähig. Im Gegenzug muss der Empfänger die Versorgungsleistungen nach **§ 22 Nr. 1b EStG** versteuern.

Befinden sich die Anteile in einem Betriebsvermögen und sind die Voraussetzungen des § 6 Abs. 5 EStG nicht gegeben, so müssen die Anteile vor der unentgeltlichen Übertragung aus dem Betriebsvermögen **entnommen** werden. Der Entnahmegewinn unterliegt nach § 3 Nr. 40 Buchst. a EStG dem Teileinkünfteverfahren.

2.10.2 Teilentgeltliche Übertragung

Verpflichtet sich der Übernehmer zur Zahlung eines Geldbetrags an den Übergeber, an andere Angehörige des Übergebers oder an Dritte (Gleichstellungsgeld) oder übernimmt er Verbindlichkeiten des Übertragenden, so liegt insoweit ein Veräußerung- und Anschaffungsgeschäft vor (BMF vom 13.01.1993, a.a.O., Rz. 7 ff.).

Im Falle der teilentgeltlichen Übertragung einzelner Wirtschaftsgüter ist der Vorgang in einen entgeltlichen und einen unentgeltlichen Teil aufzuteilen (BMF vom 13.01.1993, a.a.O., Rz. 14).

Beispiel

Die M ist seit 2005 zu 20% am Stammkapital der Z-GmbH beteiligt (AK 100.000 €/gemeiner Wert der Beteiligung 300.000 €). In 2013 überträgt sie die Anteile auf die T. Diese verpflichtet sich, an die M einen Betrag i.H.v. 80.000 € zu bezahlen.

Lösung

Die Übertragung ist in einen entgeltlichen und einen unentgeltlichen Teil aufzuteilen. In Höhe von 80/300 erfolgt die Übertragung entgeltlich. Dies löst bei der M einen Veräußerungsgewinn nach § 17 Abs. 1 Satz 1 EStG aus. M realisiert folgenden Veräußerungsgewinn im Teileinkünfteverfahren:

Erlös (80.000 € × 60% =)		48.000 €
Anschaffungskosten (100.000 € × 80/300 × 60% =)	./.	16.000 €
Gewinn		32.000 €

Fortsetzung des Beispiels

Die T veräußert die Beteiligung in 2014 für 360.000 €.

Lösung

Auch bei der späteren Veräußerung ist zwischen den entgeltlich und den unentgeltlich erworbenen Anteilen zu differenzieren. Soweit die T die Anteile entgeltlich erwarb, ergibt sich nach § 17 Abs. 1 Satz 1 EStG im Teileinkünfteverfahren folgender Gewinn:

Erlös (360.000 € × 80/300 × 60% =)		57.600 €
AK (80.000 € × 60% =)	./.	48.000 €
Gewinn		9.600 €

Soweit die Anteile unentgeltlich erworben wurden, sind die AK der Rechtsvorgängerin maßgebend. Somit ergibt sich bezüglich dieser Anteile folgender Gewinn nach § 17 Abs. 1 Satz 1 EStG im Teileinkünfteverfahren:

Erlös (360.000 € × 220/300 × 60% =)		158.400 €
AK (100.000 € × 220/300 × 60% =)	./.	44.000 €
Gewinn		114.400 €

2.11 Übertragung von Anteilen im Rahmen einer Erbfolge/Erbauseinandersetzung

Mit dem Tod einer Person geht deren Vermögen ganz oder teilweise auf den oder die Erben über (§ 1922 BGB). Sind mehrere Erben vorhanden, so entsteht zunächst eine Erbengemeinschaft (§ 2032 BGB). Jeder Miterbe kann jederzeit die Auseinandersetzung der Erbengemeinschaft verlangen (§ 2042 BGB).

Wird die Erbengemeinschaft auseinandergesetzt, so werden die einzelnen Wirtschaftsgüter i.R.d. Auseinandersetzung den einzelnen Erben zugewiesen. Werden hierbei keine Ausgleichszahlungen geleistet (**Realteilung ohne Ausgleichszahlung**), so gehen die einzelnen Wirtschaftsgüter im Wege der Gesamtrechtsnachfolge auf den jeweiligen Erben über (vgl. BMF vom 14.03.2006, BStBl I 2006, 253 Rz. 22).

Beispiel

Erben des in 2012 verstorbenen V werden die beiden Kinder T und S je zur Hälfte. Im Vermögen des Erblassers befindet sich eine Beteiligung (AK 20.000 €/aktueller gemeiner Wert 80.000 €), ein PKW (aktueller Wert 30.000 €) und Anteile an einem Investmentfonds (aktueller Wert 50.000 €). Die Erben setzen sich wie folgt auseinander: T erhält die Beteiligung, S erhält die übrigen Wirtschaftsgüter.

Lösung

Da keine Ausgleichszahlungen geleistet wurden, führt die Teilung weder zu AK noch zu Veräußerungserlösen.

Fortsetzung des Beispiels

T veräußert die Beteiligung in 2013 für 90.000 €.

Lösung

Der Veräußerungsgewinn ist nach § 17 Abs. 1 Satz 1 EStG im Teileinkünfteverfahren zu versteuern. Nach § 17 Abs. 2 Satz 5 EStG sind die AK des Erblassers maßgebend. Damit ergibt sich ein Veräußerungsgewinn i.H.v. (90.000 € × 60% abzüglich 20.000 € × 60% =) 42.000 €.

Wird im Rahmen einer Erbauseinandersetzung ein Nachlass real geteilt und erhält ein Miterbe wertmäßig mehr, als ihm nach seiner Quote zusteht, und zahlt er für dieses »Mehr« an seinen Miterben eine Abfindung, liegt insoweit ein Anschaffungs- und Veräußerungsvorgang vor (**Realteilung mit Ausgleichszahlung**). Dadurch realisiert der Miterbe, der die Abfindung erhält, einen stpfl. Veräußerungsvorgang.

Beispiel

Erben des in 2012 verstorbenen V werden die beiden Kinder T und S je zur Hälfte. Im Vermögen des Erblassers befindet sich eine Beteiligung (AK 20.000 €/aktueller gemeiner Wert 80.000 €) und ein PKW (aktueller Wert 30.000 €). Die Erben setzen sich wie folgt auseinander: T erhält die Beteiligung, S erhält den PKW. Zum Ausgleich zahlt T an S 25.000 €.

Lösung

Insoweit S eine Abfindung erhält, wird er steuerlich so behandelt, als habe er 25/80 der Beteiligung an T veräußert. Dadurch realisiert er nach § 17 Abs. 1 Satz 1 EStG im Teileinkünfteverfahren einen Veräußerungsgewinn i.H.v.:

Erlös (25.000 € × 60% =)		15.000 €
AK (20.000 € × 25/80 × 60% =)	./.	3.750 €
Gewinn		11.250 €

Fortsetzung des Beispiels

T veräußert in 2013 die Beteiligung für 90.000 €.

Lösung

T muss den Gewinn aus der Veräußerung der Beteiligung nach § 17 Abs. 1 Satz 1 im Teileinkünfteverfahren besteuern. Da sie aber unterschiedliche AK hat, muss sie differenzieren:

Erlös (90.000 € × 60 % =)		54.000 €
AK des geerbten Anteils (20.000 € × 55/80 × 60 % =)	./.	8.250 €
AK der gekauften Anteile (25.000 € × 60 % =)	./.	15.000 €
Gewinn		30.750 €

3 Gesellschafternachfolge – Schenken und Vererben von Anteilen

LITERATURHINWEISE:
Balle/Gress, Eine neue Erbschaft- und Schenkungsteuer, BB 2007, 2660; *Birk*, Die Erbschaftsteuer als Mittel der Gesellschaftspolitik, StuW 2005, 346 ff.; *Geck*, Erbschaftsteuerreform: Darstellung und Empfehlungen zu den geplanten Änderungen außerhalb der vorgelagerten Bewertung, ZEV 2008, 5; *Geck/Messner*, ZEVSteuerreport, ZEV 2010, 569; *Hey*, BVerfG zur Erbschaftsteuer: Bewertungsgleichmaß und Gemeinwohlzwecke, JZ 2007, 564; *Hubner*, Die »Erleichterung« der Unternehmensnachfolge nach der Entscheidung des BVerfG, DStR 2007, 1013; *Korezkij*, Entwurf der ErbStR 2011: Klarstellungen und Verschärfungen bei Begünstigungen für Betriebsvermögen, DStR 2011, 1733 ff.; *Michel*, Europarechts(in)konformität des deutschen Erbschaft- und Schenkungsteuergesetzes, in: Transaktionen, Vermögen, Pro Bono, München 2008, 479; *Milatz/Bockhoff*, Erbschaftsteuerlicher Schuldenabzug bei begünstigtem Vermögen: Risiken und Gestaltungsmöglichkeiten, ZEV 2011, 410 ff.; *Preißer*, Die Steuerberaterprüfung, 12. Aufl. 2013, Bd. 3, Teil C, Kap II; *Richter/Welling*, Erbschaftsteuer und Unternehmensnachfolge, Berliner Steuergespräche (2006); *Röder*, Teilentgeltliche Vermögensübertragungen nach der Erbschaftsteuer-Entscheidung des BVerfG, ZEV 2007, 505 ff.; *Schulte/Pfeifer/Bornbaum*, Referentenentwurf (JStG 2010), DB 2010, 812; *Wachter*, Erbschaftsteuerfreibeträge und Europarecht, ErbStB 2005, 357; *Viskorf*, Verfassungsrechtliche Fragen der Erbschaftsteuer und der geplanten gesetzgeberischen Neuregelung, FR 2007, 624; *Zipfel*, Eckpunkte zum Referentenentwurf zur Erbschaftsteuerreform 2008, BB 2007, 2651.

3.1 Die unentgeltliche (bzw. teilunentgeltliche) Übertragung von GmbH-Geschäftsanteilen

3.1.1 Begriffsklärung

In der **Einkommensteuer** wird bei der Übertragung von WG unterschieden zwischen
- entgeltlichen und teilentgeltlichen Übertragungen sowie
- unentgeltlichen Übertragungen.

Für die erste Fallgruppe gelten die Regelungen über die Steuerentstrickungen wie z. B. § 16 EStG für das Betriebsvermögen und §§ 17, 23 EStG für das Privatvermögen. Während diese Steuerfolgen für die vollentgeltliche Übertragung in Reinform gelten und für die teilentgeltlichen Übertragungen relativiert werden, gilt für unentgeltliche Übertragungen eine diametral entgegengesetzte Rechtsfolge (§ 6 Abs. 3 und 4 EStG bzw. § 11d Abs. 1 EStDV).

Demgegenüber werden im ErbStG unentgeltliche und teilunentgeltliche Übertragungen zusammengefasst, die eine sachliche Schenkung- bzw. Erbschaftsteuerpflicht auslösen. Entgeltliche Veräußerungen hingegen lassen das Erbschaftsteuerrecht unberührt.

Es wird deutlich, dass die **gemeinsame Schnittmenge** der **teilentgeltlichen (= teilunentgeltlichen)** Transaktionen in beiden steuerlichen Teilrechtsordnungen Steuerfolgen auslösen.

Diese Sachverhalte (teilunentgeltliche Übertragungen) sind von den Steuergesetzen nicht vorgesehen, sondern erst von der Rechtsprechung entdeckt worden und erfreuen sich seither eines großen Anwendungsbereiches. Sie werden in diesem Kapitel gewürdigt. Insoweit stellen sie den Gegenfall zu den im letzten Kapitel über die Veräußerung von GmbH-Geschäftsanteilen erörterten Fällen dar.

3.1.2 Gegenstand der Übertragung: Der GmbH-Geschäftsanteil

3.1.2.1 Zivilrechtliche Vorfragen und Auswirkungen auf das Steuerrecht

Allen Beteiligungen an KapGes ist gemein, dass sie ein eigenes WG darstellen. Während sich die Beteiligungen an einer PersGes unmittelbar im Kapitalkonto des einzelnen Gesellschafters wiederfinden und dadurch dokumentieren, dass sie zusammen mit den (Kapitalkonten der) anderen Gesellschaftern eine **transparente** Einheit bilden (Kennzeichen der Gesamthandsgebilde), ist nach dem Abstraktionsprinzip die Beteiligung an der KapGes als **eigenes WG** des jeweiligen Gesellschafters zu sehen (**Trennungsprinzip**). Die Beteiligungen haben nichts mit dem Eigenvermögen der KapGes zu tun, sodass es unvorstellbar wäre, wenn in der Bilanz einer KapGes die Beteiligung der **einzelnen** Gesellschafter ausgewiesen würde.

Die Gemeinsamkeiten für die Beteiligungen an einer KapGes enden aber an dieser Stelle. Für die beiden wichtigsten KapGes und die Beteiligungen daran – die Aktien an den AGs und die Geschäftsanteile an den GmbHs – liegt der Hauptunterschied in der (Nicht-)Eigenschaft als **Wertpapier**. Ein Wertpapier ist rechtlich dadurch charakterisiert, dass das Recht aus dem Papier dem Recht am Papier folgt. M.a.W. kann der (sachenrechtlich) berechtigte Eigentümer des »Papiers« (z. B. durch eine ununterbrochene Indossamentenkette oder durch den Eintrag in das Aktienbuch nachgewiesen) das darin verbriefte Recht im Urkundenprozess erfolgreich geltend machen, ohne die Verität oder Bonität des Rechts nachzuweisen. Während die (meisten) Aktien dazu gehören, kommt den GmbH-Geschäftsanteilen diese Eigenschaft nicht zu. Die Unkenntnis über diese Unterscheidung hatte bis vor kurzer Zeit zu einem großen (weil nicht bedachten) Lapsus durch die FinVerw geführt. Im zweiten Erlass zur vorweggenommenen Erbfolge wurden nämlich u. a. Wertpapiere und stille Beteiligungen als ertragloses, nicht existenzsicherndes Vermögen behandelt, während Beteiligungen an KapGes durchaus den ertragbringenden Wirtschaftseinheiten zugeordnet wurden. Nach der strengen Auslegungsmethode (abschließender Ausschlusskatalog) wären die Aktien keine existenzsichernden Wirtschaftseinheiten gewesen. Dieses Ergebnis (GmbH-Anteile als existenzsichernde Wirtschaftseinheiten, Aktien dagegen nicht) konnte nicht richtig sein.

3.1.2.2 Der GmbH-Geschäftsanteil im Steuerrecht

Die spezifische und relative Bedeutung des steuerlichen GmbH-Geschäftsanteils wird bereits deutlich, wenn man sich nur die einkommensteuerlichen Auswirkungen vergegenwärtigt.

Beispiel

C veräußert folgende Beteiligungen an KapGes in seinem Privat- und in seinem Betriebsvermögen:

a) 25 %ige Beteiligung im PV,
b) 25 %ige Beteiligung im BV,
c) 0,5 % Beteiligung im PV,
d) 100 % aller Anteile (PV),
e) 100 % aller Anteile (BV).

Welche Einkunftsart ist jeweils betroffen?

Lösung

Voraussetzung	**Rechtsfolge**
a) 25% – KapG-Beteiligung im PV	§ 17 EStG
b) 25% – KapG-Beteiligung im BV	§ 15 EStG
c) 0,5% – KapG-Beteiligung im PV	§ 20 EStG
d) 100% – KapG-Beteiligung im PV	§ 17 EStG
e) 100% – KapG-Beteiligung im BV	§ 16 (§ 16 Abs. 1 Nr. 1 Satz 2 EStG)

Die für die Besteuerungspraxis entscheidende Frage ist weniger die nach der exakten Rechtsgrundlage als die nach der **Zuordnung zum Privat- oder zum Betriebsvermögen**.

Die Substanzverwertung von Anteilen an KapGes lässt sich – in Anlehnung an *Seltenreich* in *Preißer/Pung*, 2. Aufl. 2012, 1179 – wie folgt zusammenfassen:

Veräußerung von GmbH-Beteiligungen (**PV**)		**Veräußerung** von GmbH-Beteiligungen (im **BV**)	
Beteiligung von < 1 %	**Beteiligung von ≥ 1%** (relevante Beteiligung)	eines **Personenunternehmens** (Einzel-/ Mitunternehmer)	einer KapGes
§ 20 Abs. 2 Satz 1 Nr. 1 i.V.m. **§ 32d Abs. 1 EStG (Abgeltungsteuer)**	gewerbliche Einkünfte nach § 17 Abs. 1 Satz 1 EStG **(Teileinkünfteverfahren**, § 3 Nr. 40 Buchst. c i.V.m. § 3c Abs. 2 EStG)	gewerbliche Einkünfte **(Teileinkünfteverfahren gem. § 3 Nr. 40 Buchst. a** i.V.m. § 3c Abs. 2 EStG)	steuerfreie gewerbliche Einkünfte (**§ 8b Abs. 2 i.V.m. § 8b Abs. 3 KStG** (5% nicht abziehbare BA)

Neben der Zuordnung zu einer der Kategorien spielt, wie Beispiel und Übersicht zeigen, auch die **Beteiligungshöhe (Anteilsquote)** eine große Rolle. Dies wird besonders bei einem Blick auf das ErbStG sowie auf das AStG deutlich. Nach § 13a ErbStG ist das entscheidende Kriterium für die Aufnahme in das privilegierte Unternehmensvermögen das Überschreiten der 25%-Schwelle, die für alle KapGes gilt.

Nach dem AStG wiederum spielt bei § 1 AStG ebenfalls die »Viertel-Schwelle« (25%) eine Rolle, während es bei der Hinzurechnungsbesteuerung der §§ 7, 10, 12 AStG schon 50% sein müssen, um die entsprechenden Rechtsfolgen auszulösen.

Dies, zusammen mit der 100%-Beteiligung, die der Einmann-GmbH oder der Einmann-AG zu eigen ist, stellt die Steuergestaltungsbranche vor lösbare Aufgaben in der einzelnen Wunschrechtsfolge, aber vor fast unlösbare Aufgaben, wenn es darum geht, eine allen Steuernormen gerechte (d.h. optimale) Lösung zu finden. Das Gesellschaftsrecht beteiligt sich konstruktiv an der Lösung der gestellten Aufgabe, da es weder schwierig ist, neue Beteiligungen hinzuzuerwerben noch alte (störende) Beteiligungsgrößen durch Teilung »aufzubrechen«.

3.1.2.2.1 Der GmbH-Geschäftsanteil im Betriebsvermögen

Für den Fall, dass die Aufnahme eines GmbH-Geschäftsanteils ins Betriebsvermögen, d.h. der Erwerb aus betrieblichen Gründen, unproblematisch erfolgen kann (keine Aufnahme bei verlustträchtigen Beteiligungen!), hängen die weiteren steuerlichen Folgen wiederum von der Beteiligungshöhe ab. Bei einer Beteiligung in **einer** (betrieblichen) Hand (d.h. bei einer 100%-Beteiligung) liegt eine steuerfunktionelle Einheit »Teilbetrieb« vor, die nicht nur bei

§ 16 EStG ein eigenes Steuerleben führt, wie wenn es sich bei dem im Betriebsvermögen gehaltenen GmbH-Geschäftsanteil um ein Einzel-WG handeln würde.

Das Ertragsteuerrecht privilegiert nämlich steuerfunktionelle Einheiten wie den Betrieb, den **Teilbetrieb** oder den Mitunternehmeranteil sowohl bei der Veräußerung (§§ 16 Abs. 4, 34 EStG) als auch bei der unentgeltlichen Übertragung (§ 6 Abs. 3 EStG: Buchwertfortführung contra § 6 Abs. 4 EStG: Zwangsaufdeckung) oder der Einbringung nach §§ 20, 24 UmwStG.

Für das Erbschaftsteuerrecht ist es zwar bei der Bewertung irrelevant, ob der Anteil im Betriebsvermögen oder im Privatvermögen gehalten wird, da § 12 Abs. 2 ErbStG für beide Anwendungsfälle gilt. Die steuerfunktionelle Einheit spielt jedoch auch bei §§ 13a, 19a ErbStG eine Rolle, da »Teilbetriebe« per se als privilegiertes Vermögen gelten. In der Umsatzsteuer gelten ähnliche Wertungen (§ 1 Abs. 1a UStG vs. § 4 Nr. 8f UStG).

3.1.2.2.2 Der GmbH-Geschäftsanteil im Privatvermögen

Der Hauptunterschied zu der im Betriebsvermögen gehaltenen Beteiligung liegt bei einer im PV gehaltenen Beteiligung nicht in der Beteiligungshöhe, da seit 01.01.2009 die **Beteiligungshöhe** bei Beteiligungen im Privatvermögen bei der Frage der Substanzverwertung keine wesentliche Rolle mehr spielt, da auch bei Beteiligungen (PV) von unter 1 % eine Besteuerung gem. § 20 Abs. 2 EStG mit Abgeltungswirkung (§ 32d EStG) und Versagung des WK-Abzugs (§ 20 Abs. 9 EStG) vorgeschrieben ist.

Einkommensteuerliche Ausnahmebestimmungen regeln eine Fortgeltung der originären Steuergrößen wie z. B. die Besitz- oder Verbleibenszeit bei § 23 EStG oder die Fünfjahresfrist/1 %-Grenze bei § 17 EStG auf den **unentgeltlichen** Rechtsnachfolger an. Diese Regelungen befinden sich in der Tradition der BFH-Rechtsprechung zur Fußstapfentheorie, die den Rechtsnachfolger die materiellrechtlichen und verfahrensrechtlichen Steuerpositionen des Vorgängers fortführen lässt. Im (manchmal) problematischen Unterschied zur BFH-Rechtsprechung, die diese Grundsätze der Kontinuität bei der Gesamtrechtsnachfolge (Erbfall) entwickelt hat, hat der Gesetzgeber später die Unterscheidung zwischen Gesamtrechtsnachfolge (Erbfall) und unentgeltlicher Einzelrechtsnachfolge (Schenkung, Vermächtnis) fallen gelassen. Umgekehrt wurde sogar in Einzelfällen explizit die Einzelrechtsnachfolge (z. B. bei § 23 EStG) genannt, womit (künstliche) Zweifel gesät wurden, ob dies auch im Erbfall gelte (was natürlich der Fall ist!).

So ist in den §§ 17 Abs. 1 Satz 4 und Abs. 2 Satz 2 EStG ebenso wie bei § 23 Abs. 1 Satz 3 EStG ausdrücklich von der Fortgeltung die Rede, obwohl damit ein Bruch mit dem Grundsatz der individuellen Leistungsfähigkeit riskiert wird.

3.1.2.3 Die ertragsteuerliche »Ausnahme« der Steuerentstrickung im Privatvermögen – Fazit

Die im vorigen Kapitel aufgeführten Erkenntnisse zur Realisation im Privatvermögen werden vor der eigentlichen Diskussion der unentgeltlichen Übertragung von GmbH-Anteilen nochmals in einer »Gesamtansicht« zusammengefasst.

Bei einer Gesamtbetrachtung der Realisationstatbestände müssen für den privaten Bereich die Entstrickungsvorgänge des § 21 UmwStG a.F. bzw. § 22 UmwstG n.F. und des § 6 AStG ebenso einbezogen werden, wie dies im betrieblichen Bereich mit § 11 KStG (Liquidation der KapGes inkl. der Auswirkungen auf die Anteilseigner) der Fall ist. Besonders bei den zuerst genannten Vorschriften zur Ersatzrealisation ist zwischenzeitlich ein Umschwung in der Beurteilung der Erfassung nationalen Steuersubstrats erkennbar, der seinen Ursprung dem Gemeinschaftsrecht verdankt.

Für den privaten Bereich (§§ 17, 23 EStG inkl. der o. g. Tatbestände) war als erstes Fazit festzuhalten, dass – bezogen auf die werthaltigsten WG des Betriebsvermögens (Immobilien, KapGes-Beteiligungen) – der Dualismus der Einkunftsarten in seiner wichtigsten Ausprägung – wegen § 20 Abs. 2 Nr. 1 EStG –. nahezu zur Worthülse wird. Auch die bei § 21 UmwStG a.F. vorgesehene doppelte Steuerverstrickung (bei der KapGes wie beim Anteilseigner) gehört der Vergangenheit an. Die EG-FusionsRL vom 17.02.2005 bei grenzüberschreitenden Umwandlungsvorgängen, wonach auf die doppelte Steuerverstrickung verzichtet wurde (Art. 8 FRL n.F.), ist mit dem UmwStG n.F. auch innerstaatlich Realität geworden.

Ähnlich reduziert wurde der **Wegzugstatbestand des § 6 AStG** durch das SEStEG (2006). Zwar gelten zunächst folgende Rechtsfolgen:

- Der nach § 6 AStG ermittelte Vermögenszuwachs unterliegt der **unbeschränkten Steuerpflicht**.
- Die Freibetragsregelung des § 17 Abs. 3 EStG ist zu berücksichtigen.
- Der verbleibende stpfl. Vermögenszuwachs kann nach der Neufassung von § 34 EStG **nicht mehr** mit dem ermäßigten Steuersatz nach § 34 EStG versteuert werden.
- **Ermittlung des Vermögenszuwachses**:
  a) Der Vermögenszuwachs errechnet sich, in dem vom gemeinen Wert der Anteile zum Zeitpunkt des Wegzugs die AK abgezogen werden.
  b) Gehörten dem Stpfl. die Anteile bereits bei **erstmaliger** Begründung der unbeschränkten Steuerpflicht, ist statt der AK der in diesem Zeitpunkt zu ermittelnde gemeine Wert zum Abzug zu bringen. Auf diese Weise werden nur die stillen Reserven besteuert, die während der unbeschränkten Steuerpflicht (und nicht schon zuvor) gebildet wurden.
  c) Der gemeine Wert ist nach § 9 Abs. 2, § 11 BewG zu ermitteln. Bei börsennotierten Anteilen ist deren Kurswert zum Stichtag maßgeblich. Die Werte nichtnotierter Anteile sind zunächst an Hand von Verkäufen zu ermitteln. Liegen solche nicht vor, ist vor allem unter Berücksichtigung der Ertragsaussichten zu schätzen. Anhaltspunkte für eine Schätzung kann auch eine Berechnung nach dem »Stuttgarter Verfahren« liefern.
- Eine Realisierung von Verlusten über § 6 AStG ist allerdings nicht möglich.

Diese Rechtsfolgen des § 6 AStG werden wie folgt abgemildert:

- Kernstück der Reform der deutschen Wegzugsbesteuerung im SEStEG, um diese mit den Grundfreiheiten des EG-Rechts in Einklang zu bringen, ist die in **§ 6 Abs. 5 AStG** neu enthaltene **Stundungsregelung**. Danach ist die gem. § 6 Abs. 1 AStG festgesetzte und geschuldete Steuer von Amts wegen zinslos und ohne Sicherheitsleistung bei Vorliegen der dort genannten Voraussetzungen zu stunden
- Die Stundung ist zu widerrufen, wenn die Anteile durch den Stpfl. (Rechtsnachfolger) veräußert werden, Anteile auf eine Person in einem Drittstaat übertragen werden, eine Entnahme oder ein vergleichbarer Vorgang verwirklicht wird oder der Stpfl. (Rechtsnachfolger) in einen Drittstaat verzieht.
- Die Stundung kann bei Verletzung der Mitwirkungspflichten des § 6 Abs. 7 AStG widerrufen werden.

Umgekehrt mag es zwar bei den im **Betriebsvermögen** gehaltenen WG bei ungeschickter Gestaltung immer noch zu der »ultima ratio« der Besteuerung des Aufgabegewinnes bei § 16 Abs. 3 EStG kommen. Die Aktivitäten des Gesetzgebers bereits vor über 10 Jahren (UntStFG

2001, StÄndG 2001) lassen aber für Personenunternehmen hinreichend Raum, durch Übertragung auch von Einzel-WG Umstrukturierungen auf betrieblicher Ebene vorzunehmen, die trotz eines Rechtsträgerwechsels von der Entstrickung verschont sind. Bei funktionellen Einheiten wurde dies schon immer erleichtert; die hier erfolgten Verschärfungen (§ 16 Abs. 1 Satz 2 EStG und § 16 Abs. 2 Satz 3 EStG) lassen sich als zutreffende Korrektur von Gestaltungsfinessen beurteilen, die den Grundentscheidungen des EStG zuwiderlaufen.

Bei § 11 KStG (Liquidation von KapGes) schließlich besteht ein gänzlich anderes Interesse; es gilt dort, die wahrscheinlichen Verluste rechtzeitig in der Steuererklärung der Anteilseigner zu erfassen. Dabei lernen die Gesellschafter nunmehr die gegenläufige Wirkung des Teileinkünfteverfahrens kennen: Die Verluste sind nach neuem Recht nur noch anteilig nutzbar.

3.2 Die (voll) unentgeltliche Übertragung eines GmbH-Geschäftsanteils

3.2.1 Die einkommensteuerliche Beurteilung

3.2.1.1 GmbH-Geschäftsanteile im Betriebsvermögen

GmbH-Geschäftsanteile werden im Betriebsvermögen gehalten, wenn sie entweder aus betrieblichen Gründen erworben wurden und dem Betrieb dienen (§ 4 Abs. 4 EStG analog) oder wenn sie aufgrund der Rechtsprechung des BFH als Betriebsvermögen qualifiziert werden. Letzteres ist z. B. bei der Betriebsaufspaltung und bei der GmbH & Co. KG für die im Rahmen dieser Doppelgesellschaften gehaltenen GmbH-Geschäftsanteile regelmäßig der Fall.

Aus den bereits genannten Gründen ist danach zu differenzieren, ob es sich bei den betrieblichen GmbH-Geschäftsanteilen um solche handelt, die den **alleinigen** Besitz an der GmbH repräsentieren, oder um solche, die nur Anteile unter mehreren darstellen.

3.2.1.1.1 100 %iger GmbH-Geschäftsanteil (Betriebsvermögen)

Der Teilbetrieb ist kein spezifischer Begriff des EStG; er kehrt wieder bei den Einbringungstatbeständen der §§ 20, 24 UmwStG und wird auch als privilegierter Gegenstand der unentgeltlichen Übertragung nach §§ 13a, 19a ErbStG behandelt. Er ist weder identisch mit dem neuen Begriff des »Betriebsteils« bei § 12 UmwStG noch mit der »Betriebsstätte« bei § 12 AO.

Bedeutsamer als diese Negativabgrenzung ist jedoch die gesetzliche **Fiktion** eines **Teilbetriebes** bei einer betrieblich gehaltenen 100 %-Beteiligung an einer KapGes (§ 16 Abs. 1 Nr. 1 Satz 2 EStG). Für die hier nicht weiter einschlägige Veräußerung bedeutet dies: Während nach der Altregelung der §§ 16, 34 EStG (inkl. VZ 2001) die Besteuerung der Veräußerungserlöse an einer allumfassenden KapGes-Beteiligung uneingeschränkt zu den Tarifvorteilen des § 34 EStG führte, ist dieses Tarifprivileg bei dem Teileinkünfteverfahren nach § 34 Abs. 2 Nr. 1 EStG systemgerecht wegen § 3 Nr. 40 Satz 1 Buchst. b EStG entfallen. »Gestaltungserwerbe« zum Vollbesitz der 100 %-Beteiligung an einer KapGes werden damit der Vergangenheit angehören. Dies gilt auch für die der Veräußerung gleichgestellte Teilbetriebsaufgabe.

Für die voll **(unentgeltliche)** Übertragung kommt indessen § 6 Abs. 3 EStG zum Tragen. Aufgrund zahlreicher Anregungen aus dem Schrifttum hat der Gesetzgeber die bis 1998 in § 7 Abs. 1 EStDV beheimatete Regelung in den Corpus des EStG aufgenommen. Die Forderungen aus der Literatur hatten ihren berechtigten Grund in der Rechtsfolge von (nunmehr) § 6 Abs. 3 Satz 2 EStG, wonach bei einer unentgeltlichen Übertragung von Betrieben und – wie hier – **Teilbetrieben** der Rechtsnachfolger an die Werte der Schlussbilanz gebunden ist. Nach anderer Auffassung (vgl. *Kulosa/Schmidt* (2012) § 6 EStG, Rz. 647) erschöpft sich der Regelungsgehalt des fingierten Teilbetriebs bei einer 100%-igen Beteiligung an einer KapGes auf die Aussage des § 16 EStG, ohne Auswirkungen auf § 6 Abs. 3 EStG zu entfalten (so auch BFH vom 20.07.2005, BFH/NV 2005, 2111 sowie BStBl II, 2006,457).

Damit findet allgemein bei einer unentgeltlichen Übertragung von betrieblichen (wirtschaftlichen, steuerfunktionellen) Einheiten wie einer 100%-igen betrieblichen GmbH-Beteiligung eine **Buchwertverknüpfung** von Rechtsvorgänger und dem betrieblichen Nachfolger statt. Diese im Interesse der Unternehmenskontinuität angeordnete gesetzliche Pflichtentscheidung bedeutet eine Ausnahme von dem Individualsteuergrundsatz, dass Steuergrößen (Steuerbelastungen aufgrund stiller Reserven) grundsätzlich nicht übertragen werden dürfen.

Diese ausnahmsweise zulässige intersubjektive Übertragung stiller Reserven greift aber nur bei steuerlichen Funktionseinheiten wie bei Betrieben, Teilbetrieben und – ihnen gleichgestellten – Mitunternehmer-Anteilen. In allen Fällen des geschlossenen Übergangs (oder der geschlossenen Beendigung) von steuerfunktionalen Einheiten müssen **alle** (funktional) **wesentlichen Betriebsgrundlagen** übergehen. Dieser Vorgang muss – wie bei § 16 EStG – in einem Akt erfolgen und ebenso muss der Übergeber damit sein bisheriges unternehmerisches Engagement aufgeben (BFH vom 12.06.1996, BStBl II 1996, 527 sowie sehr instruktiv BFH vom 19.02.2004, BFH/NV 2004, 1231).

Die (subjektive) Steuerverschonung des Rechtsvorgängers bei § 6 Abs. 3 EStG knüpft an unentgeltliche Übertragungsakte an. Der prototypische Fall ist der Erbfall nach § 1922 BGB. Nachdem der Gesetzgeber (wie schon früher § 7 Abs. 1 EStDV) auf eine weitere Spezifikation der unentgeltlichen Übertragung verzichtet, unterliegen **alle Fälle** der unentgeltlichen Übertragung, also auch die der unentgeltlichen Einzelrechtsnachfolge, dem Zwang der Buchwertfortführung. Damit kommen neben dem Erben auch der Beschenkte und der Vermächtnisnehmer (bzw. deren Vorgänger) in den Genuss des § 6 Abs. 3 EStG. Ein wichtiger Aspekt aus der Praxis ist schon erläutert worden. Reine unentgeltliche Übertragungen (sog. voll-unentgeltliche) Übertragungen sind die Ausnahme, da sich der Vorgänger (der Übergeber) häufig Gegenleistungen (bzw. Kompensationszahlungen) ausbedingt, ohne dass dies einem vollwertigen Kaufpreis entspricht. In diesen Fällen spricht man von teilentgeltlichen Übertragungen, die allerdings § 16 EStG unterliegen und somit zu einer anteiligen Aufdeckung der Reserven führen.

3.2.1.1.2 Schenkung und Vererbung sonstiger betrieblicher GmbH-Geschäftsanteile (unter 100%)

Den Gegenbegriff zu den betrieblichen Einheiten bilden die betrieblichen **Einzel-WG** mit konträren Rechtsfolgen. Um solche handelt es sich in allen Fällen, in denen GmbH-Beteiligungen unterhalb der 100%-Grenze Gegenstand der Übertragung sind. In Wertungsparallele zu den entgeltlichen Übertragungen (bei der entgeltlichen Übertragung von Einzel-WG wird ein eventueller Gewinn [Veräußerungspreis./. (anteiliger) Buchwert] nicht als begünstigter Gewinn nach § 16 EStG, sondern als laufender Gewinn gem. § 15 EStG erfasst) ist bei der **unentgeltlichen,** betrieblich veranlassten Übertragung der **gemeine Wert** (§ 6 Abs. 4 EStG) anzusetzen, was zu einem Aufdeckungszwang führt.

Ebenfalls zur Aufdeckung stiller Reserven, diesmal allerdings zum Teilwert, führt die aus privaten Gründen vorgenommene Schenkung (Entnahme gem. § 6 Abs. 1 Nr. 4 EStG).

Wiederum anders ist die Rechtslage bei einer – qua Schenkung vorgenommenen – Einlage eines betrieblichen GmbH-Geschäftsanteils nach § 4 Abs. 1 Satz 5 EStG, da hier eine spezielle Bewertungsvorschrift (§ 6 Abs. 1 Nr. 5 EStG) eine grundsätzlich erfolgsneutrale Einlage »garantiert«.

3.2.1.2 GmbH-Geschäftsanteil (Privatvermögen) als Gegenstand der unentgeltlichen Übertragung (EStG)

Den umfangreichen Äußerungen des Gesetzgebers zu den oben behandelten Übertragungsvorgängen zum Trotz gibt es für die Schenkung (Vererbung) von privaten GmbH-Geschäftsanteilen nur die o. g. fragmentarischen Regelungen der §§ 17 Abs. 2 Satz 3, 23 Abs. 1 Satz 3 EStG sowie des § 21 Abs. 1 Satz 1 UmwStG, soweit diese einschlägig sind.

Demgegenüber ordnet § 11d EStDV nur für die im Privatvermögen gehaltenen abschreibungsfähigen WG eine Fortführung der Werte an und die schon besprochenen Fälle der §§ 17, 23 EStG erstrecken nur die Besitzzeit- und sonstige Tatbestandsvoraussetzungen auf den unentgeltlichen Rechtsnachfolger, während der Übertragungsvorgang als solcher nur erwähnt wird, soweit er steuerbar ist.

Aus der Gesamtschau dieser Regelungen und – vor allem aus § 2 EStG – ist daher abzuleiten, dass die unentgeltliche Übertragung von im Privatvermögen gehaltenen GmbH-Geschäftsanteilen grundsätzlich **nicht einkommensteuerbar** ist, soweit keine Ersatzrealisation ersichtlich ist (§ 6 Abs. 3 AStG bzw. § 21 Abs. 2 UmwStG a.F.). Der unentgeltliche Übertragungsvorgang fällt unter keine der sieben Einkunftsarten oder er führt – anders formuliert – nicht zu marktoffenbaren Einkünften. Nur für die späteren, sekundären Rechtsfolgen ist den zitierten §§ 17, 23 EStG die Aussage der Steuerkontinuität zwischen Rechtsvorgänger und Rechtsnachfolger zu entnehmen.

3.2.2 Die Antwort des UStG

Regelungstechnisch einfacher als das EStG behandelt das UStG unentgeltliche Übertragungen von GmbH-Geschäftsanteilen.

- Für als Teilbetriebe fingierte 100%ige GmbH-Geschäftsanteile entzieht § 1 Abs. 1a UStG auch den Fall der unentgeltlichen Übertragung der USt, soweit die Übertragung an einen Unternehmer für dessen Unternehmen erfolgt. Dieser Fall wird in § 1 Abs. 1a Satz 2 UStG als Geschäftsveräußerung (!) behandelt (vgl. R 5 Abs. 3 UStR).
- Nach Satz 3 der o. g. Bestimmung übernimmt daher der (Unternehmer-)Erwerber (Beschenkte, Erbe) den 100%igen Anteil mit den umsatzsteuerlichen Bindungen, die der Schenker (Erblasser) hinterlassen hat. Dies ist insbes. unter dem Aspekt geänderter Verwendungsverhältnisse nach § 15a Abs. 10 UStG (Fassung seit 01.01.2005; früher: § 15a Abs. 6a UStG) von Bedeutung.
- Für alle sonstigen unentgeltlichen Übertragungsvorgänge (gleich, ob sie Anteile im Privatvermögen oder im Betriebsvermögen betreffen) kommt es nach § 1 Abs. 1 Nr. 1 Satz 1 UStG zu keinem umsatzsteuerbaren Vorgang bzw. zu keinem umsatzsteuerpflichtigen Vorgang (§ 4 Nr. 8f UStG).

3.2.3 Die Sichtweise des ErbStG bei einer Schenkung von GmbH-Anteilen

3.2.3.1 Der Grundtatbestand gem. § 7 Abs. 1 Nr. 1 ErbStG

Gem. § 7 ErbStG unterliegt die unentgeltliche Übertragung von GmbH-Geschäftsanteilen unter den nachfolgenden Voraussetzungen der Schenkungsteuer.

Der Grundtatbestand nach § 7 Abs. 1 Nr. 1 i.V.m. § 1 Abs. 1 Nr. 2 ErbStG setzt voraus, dass eine **freigebige Zuwendung** vorliegt und dass der Beschenkte auf Kosten des Schenkers bereichert ist. Die freigebige Zuwendung wiederum erfordert im Steuerrecht – im Unterschied zum Zivilrecht – zunächst nur das Bewusstsein (und den Willen) des Zuwendenden über die Unentgeltlichkeit. Aufgrund der BFH-Rechtsprechung zu diesem inneren (oder subjektiven) Tatbestandsmerkmal ist der erforderliche Bereicherungswille gegeben, wenn

- **keine rechtliche Verpflichtung** zur Hingabe besteht; dies ist der Fall, wenn keine Gegenleistung vereinbart ist,
- mit der Zuwendung **keine familienrechtliche** oder sonstige Verpflichtung verbunden ist und wenn
- der **subjektive Wunsch** (nicht erforderlich sind: die direkte Absicht oder das Motiv) auf die Begründung eines Vermögensvorteils des Empfängers gerichtet ist.

Dies kann in der Rechtsanwendung zu folgenden Problemen führen:

- Mit der Übertragung eines GmbH-Geschäftsanteils an einen Angehörigen darf keine familienrechtliche Unterhaltszahlung verbunden sein.
- Die (nicht seltene) Vereinbarung der sofortigen Wiederverwendung des GmbH-Geschäftsanteils z. B. als Einlage in den Betrieb des Schenkers lässt auf ein gegenseitiges Verpflichtungsgeschäft schließen. Dies wäre etwa dann der Fall, wenn die Schenkungsvereinbarung von der Bedingung der späteren Sacheinlage in das Unternehmen des Schenkers abhängig gemacht wird oder wenn ein echter gegenseitiger Vertrag vorliegt.
- Da es sich häufig bei Schenkungen um Verträge unter Angehörigen handelt, müssen auch die speziellen Voraussetzungen der steuerlichen Anerkennung von Angehörigenverträgen (zivilrechtliche Wirksamkeit, tatsächlicher Vollzug) vorliegen.
- Bei zugewendeten **Sachgegenständen** – wie GmbH-Geschäftsanteilen – ist erst mit der **freien Verfügungsmacht** des Empfängers die Schenkung vollzogen.

3.2.3.2 Die Bedeutung der Ausführung (§ 9 ErbStG)

In unmittelbarem Anschluss an die obigen Ausführungen (freie Verfügungsmacht des Schenkers über den GmbH-Geschäftsanteil) wird § 9 ErbStG bedeutsam.

Erst mit der Ausführung der Schenkung liegt die gesetzliche Tatbestandsverwirklichung i.S.d. § 38 AO vor. Der Entstehenszeitpunkt nach § 9 ErbStG wirkt sich auf folgende Steuermerkmale aus:

- persönliche Steuerpflicht nach § 2 ErbStG,
- Stichtag der Wertermittlung gem. § 11 ErbStG,
- ggf. Zusammenrechnung mit früheren Erwerben (§ 14 ErbStG),
- Definition der Steuerklasse aufgrund des am Entstehungstag maßgeblichen Verwandtschaftsverhältnisses (§ 15 ErbStG).

Bei Schenkungen von Gesellschaftsbeteiligungen reicht der **Abschluss des Gesellschaftsvertrages** für die Entstehung der Schenkungsteuer aus (s. *Kapp/Ebeling*, § 9 Rn. 60).

3.2.4 Die Bewertung der GmbH-Geschäftsanteile nach dem ErbStG 2009

Der zuletzt genannte Aspekt (Wertermittlung gem. § 11 ErbStG) regelt nicht nur die Frage, wann, d. h. auf welchen Tag, die Bewertung der GmbH-Geschäftsanteile bei einer Schenkung zu erfolgen hat, sondern schneidet gleichzeitig das Thema an, nach welchem Bewertungsverfahren vorzugehen ist.

Gem. § 12 Abs. 2 bzw. § 12 Abs. 5 Satz 3 ErbStG ist der gemeine Wert von nicht börsennotierten Anteilen an KapGes wie den GmbH-Gesellschaftsanteilen mangels zeitnaher Verkäufe zu schätzen (§ 11 Abs. 2 Satz 2 BewG). Dies gilt allerdings nicht, soweit der gemeine Wert gem. § 11 Abs. 2 Satz 2 BewG aus dem Kaufpreis des letzten Jahres abzuleiten ist.

3.2.4.1 Historie: Das Stuttgarter Verfahren

Über die Art und Weise der Schätzung war eine (1999 in Teilen revidierte) Verwaltungsanordnung, das sog. **Stuttgarter Verfahren**, erlassen worden, die vom BFH in ständiger Rechtsprechung als geeignete und brauchbare Schätzungsmethode anerkannt wurde (BFH vom 06.02.1991, BStBl II 1991, 459).

3.2.4.1.1 Ermittlung des Vermögenswertes

Für die Ermittlung des Substanzwerts bildete die **Bilanz** der GmbH die Grundlage. Die bekannten **Ausnahmen** waren die Betriebsgrundstücke (Ansatz des Grundbesitzwertes = Bedarfswert), die Wertpapiere (Kurswert) und die Beteiligungen an anderen KapGes (gemeiner Wert, i.d.R. das Stuttgarter Verfahren), vgl. R 98 Abs. 2 Satz 3 ErbStR. Von den Bilanzposten wurden ein aktivierter Firmenwert und firmenwertähnliche WG ausgeschieden, da sie Ausdruck der Ertragskraft des Unternehmens sind und erst beim Ertragswert berücksichtigt werden (R 98 Abs. 2 Satz 3 ErbStR).

Die um diese Positionen korrigierte Steuerbilanz des letzten Abschlusszeitpunktes bildete den Ausgangswert für weitere Korrekturen, die sich aus den Vermögensänderungen zwischen Abschlusszeitpunkt und Besteuerungszeitpunkt ergaben. Die Hinzurechnungen betrafen insb. die Bilanzveränderungen, die den Bilanzposten gegolten haben, die nicht über die verlängerte Maßgeblichkeit einbezogen wurden (Korrektur der Gebäude-AfA; Korrekturen von Veräußerungsgewinnen, die sich auf diese WG – Gebäude, Wertpapiere etc. – beziehen). Daneben wurden gesellschaftsrechtliche Vorgänge wie vGA oder verdeckte Einlagen korrigiert (vgl. R 98 Abs. 3 ErbStR).

Der Vermögenswert wurde sodann auf das Nennkapital bezogen und mit folgender Formel angesetzt:

$$\text{Vermögenswert} = \frac{\text{Vermögen} \times 100}{\text{Nennkapital}}$$

3.2.4.1.2 Ermittlung des Ertragswertes

Im zweiten Schritt wurde der Ertragswert ermittelt, indem der Ertragshundertsatz errechnet wurde. Es wurden prospektivisch die in den letzten drei Jahren erzielten und gewichteten Durchschnittserträge zur Ermittlung des künftigen Durchschnittsertrages herangezogen. Grundlage dabei war das körperschaftsteuerliche Einkommen, aus dem anhand von Bereinigungen das nachhaltig erzielbare Betriebsergebnis hergeleitet wurde.

Zum Betriebsergebnis hinzugerechnet wurden insbes. Sonderabschreibungen, steuerfreie Vermögensmehrungen und ein Verlustabzug (R 99 Abs. 1 ErbStR). Abgezogen wurden insbes. die nicht abziehbaren BA (§ 10 KStG). Einmalige Vermögensänderungen wurden bei der Ermittlung von Ertrags- wie Vermögenswert korrigiert.

Um Schwankungen auszugleichen und einen Trend in der Unternehmensentwicklung diagnostizieren zu können, wurde der gewogene Durchschnitt ermittelt. Hierfür wurde das letzte Betriebsergebnis mit dem Faktor 3, das vorletzte mit dem Faktor 2 und das vorvorletzte mit dem Faktor 1 multipliziert und die Summe anschließend durch 6 dividiert. Wiederum wurde der so ermittelte Jahresertrag mit dem Nennkapital der GmbH ins Verhältnis gesetzt:

$$\text{Ertragshundertsatz} = \frac{\text{Jahresertrag} \times 100}{\text{Nennkapital}}$$

Im nächsten Schritt wurde dem Anlegergesichtspunkt Rechnung getragen. Es wurde dabei eine Rendite alternativer Kapitalanlagen i.H.d. oberen Grenzzinssatzes (Normalrendite) unterstellt, wobei von einer Normalverzinsung von 9 % ausgegangen wurde. Eine Übergewinnlaufzeit von fünf Jahren wurde gem. R 100 Abs. 1 Satz 7–9 ErbStR a.F. als überschaubar angesehen. Eine sog. »Normalverzinsung« des investierten Kapitals bildete somit den Ursprung für das Verfahren (R 100 Abs. 2 ErbStR a.F.). Bei exakter Erwirtschaftung dieser Normalverzinsung stimmten Unternehmenswert und Substanzwert überein. Liegt ein Übergewinn (Rendite höher als Normalverzinsung) vor, so wird dieser dem Substanzwert hinzugefügt.

Für die Berechnung des gemeinen Werts (K = Kaufpreis des potentiellen Käufers) bildete der Vermögenswert (V) die Ausgangsgröße. Dieser wurde gemindert oder erhöht um die Differenz zwischen dem Ertragshundertsatz (E) der Anteile, berechnet auf fünf Jahre (5 E), und der auf fünf Jahre berechneten Verzinsung des aufgewendeten Kapitals (5 × 9 % von K).

Die Formel lautete:

$K = V + 5\,(E./.\,9\,\% \times K)$; sie wird aufgelöst in:

$K = V + 5\,E./.\,0{,}45\,K$

$K + 0{,}45\,K = V + 5\,E$

$1{,}45\,K = V + 5\,E$

$K = (V + 5\,E)/1{,}45$

Letztlich: $K = 0{,}6897\,(V + 5\,E) = 0{,}68\,(V + 5\,E)$.

3.2.4.2 Die aktuelle Bewertung

Die folgenden Ausführungen sind weitgehend identisch mit *Ramb* in *Preißer/Rödl/Seltenreich*, ErbStG-Komm. (2. Aufl. 2013, § 12, Rn. 95 ff.)

GmbH-Geschäftsanteile, die nicht mit dem Kurswert bewertet werden können, sind mit dem **gemeinen Wert** anzusetzen (s. § 11 Abs. 2 Satz 1 i.V.m. § 9 BewG). Dabei wird der sog. Bedarfswert ermittelt.

Ergebnis der Bedarfsbewertung ist der Anteilswert (s. § 12 Abs. 2 ErbStG i.V.m. § 157 Abs. 4 BewG), der vom Betriebsfinanzamt der KapGes gesondert festzustellen ist (s. § 151 Abs. 1 Satz 1 Nr. 3 i.V.m. § 152 Nr. 3 BewG).

3.2.4.2.1 Bewertung durch Ableitung aus Verkäufen

Nach § 9 Abs. 2 Satz 1 BewG wird der gemeine Wert durch den Preis bestimmt, der im gewöhnlichen Geschäftsverkehr bei einer Veräußerung zu erzielen wäre. Nach § 11 Abs. 2 Satz 2 BewG wird die Ermittlung des gemeinen Werts erweitert und spezifiziert. Zum einen soll er vorrangig aus **Verkäufen** abgeleitet werden, die weniger als ein Jahr vor dem Besteuerungszeitpunkt zurückliegen (1. Alt.), oder er ist nach einem anderen Bewertungsverfahren zu ermitteln (2. und 3. Alt.). Dadurch ist auch das Rangverhältnis der Bewertungsmethoden zueinander gesetzlich normiert und nicht in das Belieben des Rechtsanwenders gestellt (s. BFH vom 22.01.2009, BStBl II 2009, 444 m.w.N.).Der gemeine Wert von nicht notierten Anteilen an KapGes ist nach § 11 Abs. 2 Satz 2 1. Alt. BewG vorrangig aus tatsächlichen Verkäufen unter fremden Dritten, die zum Bewertungsstichtag weniger als ein Jahr zurückliegen, abzuleiten. Die Anzahl der Verkäufe spielt dabei keine Rolle. Es kann auch aus einem einzigen Verkauf abgeleitet werden, wenn Gegenstand des Verkaufs nicht nur ein Zwerganteil ist oder der zu bewertende Anteil ebenfalls nur einen Zwerganteil (weniger als 10% Anteil am Stammkapital) darstellt. Es dürfen nur Verkaufserlöse berücksichtigt werden, die im gewöhnlichen Geschäftsverkehr erzielt worden sind (s. § 9 Abs. 2 Satz 2 und 3 BewG). Verkäufe nach dem Stichtag sind grundsätzlich für die Ableitung nicht mehr von Bedeutung. Auch Kaufpreisminderungen, die erst nach dem Bewertungsstichtag eingetreten sind, will der BFH berücksichtigt wissen, wenn bereits am Bewertungsstichtag die Voraussetzungen eines Minderungsrechts objektiv vorhanden waren (s. BFH vom 22.01.2009, BStBl II 2009, 444).

Überträgt ein Gesellschafter **mehr als 25%** der Anteile an einer KapGes (**Sperrminorität**), ist ein **Paketzuschlag** vorzunehmen (s. R B 11.6 Abs. 3 ErbStR 2011). Ein solcher Paketzuschlag kommt nur dann in Betracht, wenn der gemeine Wert nach § 11 Abs. 2 BewG aus Verkäufen abgeleitet (Regelfall) und bei den Verkäufen ein Preis erzielt wurde, der den Beteiligungscharakter der zu bewertenden Anteile nicht berücksichtigt.

Die Formel zur Ableitung aus Verkäufen sieht folgendermaßen aus:

./. Verkaufswert von Anteilen
\+ ggf. Paketzuschlag
abgeleiteter gemeiner Wert

3.2.4.2.2 (Vereinfachtes) Ertragswertverfahren

Zur Ermittlung des gemeinen Werts kann auch das (neue) vereinfachte Ertragswertverfahren nach dem BewG angewendet werden. Die Vorschriften für das vereinfachte Ertragswertverfahren befinden sich in einem neuen 6. Abschnitt des 12. Teils des BewG (s. § 11 Abs. 2 Satz 4 i.V.m. §§ 199 bis 203 BewG). Sind branchentypisch ertragswertorientierte Verfahren anzuwenden (Regelfall bei größeren KapGes), so ist eine Bewertung nach dem vereinfachten Ertragswertverfahren möglich (s. § 199 Abs. 1 BewG). Dies muss jedoch im Umkehrschluss nicht bedeuten, dass in den Fällen, in denen für nicht-steuerliche Bewertungszwecke regelmäßig Multiplikatoren- oder andere nicht ertragswertorientierte Verfahren zur Anwendung kommen (z.B. bei mittelständischen oder kleinen Unternehmen), das vereinfachte Ertragswertverfahren i.S.d. BewG ausgeschlossen ist.

Nach § 109 Abs. 1 Satz 1 BewG ist das Betriebsvermögen von Gewerbebetrieben i.S.d. § 95 BewG und das Betriebsvermögen von freiberuflich Tätigen i.S.d. § 96 BewG mit dem gemeinen Wert anzu- setzen. Für die Ermittlung des gemeinen Werts gilt § 11 Abs. 2 BewG entsprechend (s. § 109 Abs. 1 Satz 2 BewG). Damit ist § 11 Abs. 2 Satz 4 BewG auch i.R.d. Bewertung des Betriebsvermögens an-zuwenden. Kommt das **vereinfachte Ertragswertverfahren** zur Anwendung, so sind folgende Besonderheiten zu beachten.

Dieses kann – wie folgt – abgebildet werden:

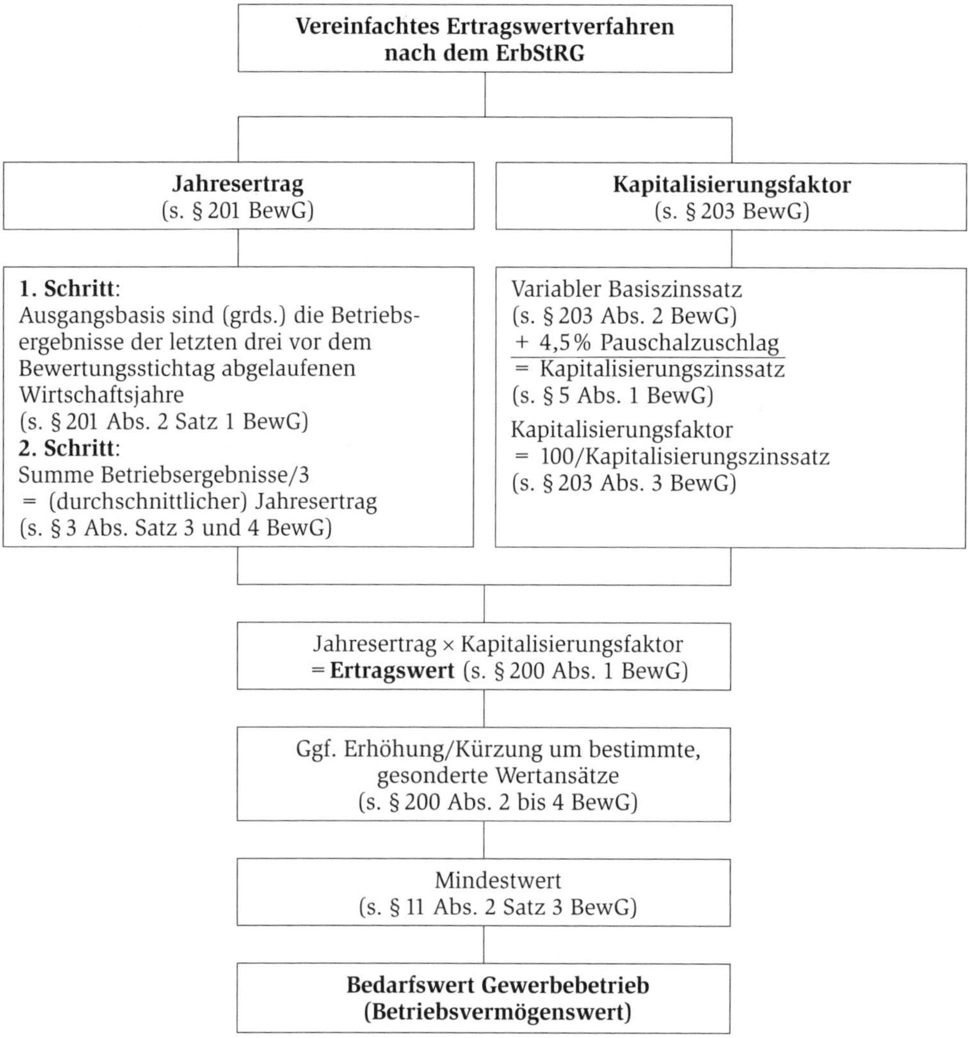

Abbildung 14: Vereinfachtes Ertragswertverfahren

Die Erläuterungen zu den einzelnen Positionen:

1) Durchschnittsertrag (§ 201 BewG)	Für die Schätzung des Durchschnittsertrags bilden die in den **letzten drei Jahren** erzielten Betriebsergebnisse des Unternehmens eine wichtige Orientierungshilfe. Es kann auch das Betriebsergebnis des Wirtschaftsjahrs in den Dreijahreszeitraum einbezogen werden, in dem der Bewertungsstichtag liegt.
1a) Orientierungsgröße: Betriebsergebnis (§ 202 BewG)	Das Betriebsergebnis orientiert sich rechtsformneutral an dem steuerlichen Bilanzgewinn (inkl. außerbilanzieller Gewinnkorrekturen). Folgende Besonderheiten sind zu berücksichtigen: • Nach § 202 Abs. 1 BewG sind Aufwand und Ertrag im Zusammenhang mit den **nicht zum betriebsnotwendigen** und den **jungen** Wirtschaftsgütern zu eliminieren. • Nach § 202 Abs. 1 Satz 2 Nr. 2 Buchst. d BewG ist ein **angemessener Unternehmerlohn** vom Ausgangswert **abzuziehen**. • Nach § 202 Abs. 1 Satz 2 Nr. 3 BewG sind z. B. die Tatbestände der verdeckten Gewinnausschüttung bei Kapitalgesellschaften, überhöhte Pachtzahlungen und Ähnliches auszugleichen. • Ein **pauschaler Ertragsteueraufwand** wird i.H.v. **30 %** von dem jeweils korrigierten Betriebergebnis abgezogen.
2) Kapitalisierungszinssatz (§ 203 BewG)	Der Kapitalisierungszinssatz setzt sich aus zwei Komponenten zusammen: • einem variablen Basiszins (für 2011 3,43 %) und • einen pauschalen Zuschlag von 4,5 %.
2a) Kapitalisierungsfaktor (§ 203 Abs. 3 BewG)	100/7,93 = **12,33 %**

Für das der **GmbH** gehörende Betriebsvermögen ergibt sich der gemeine Wert nach den §§ 200 bis 203 BewG. Es ist dabei vom ertragsteuerlichen Bilanzgewinn der KapGes auszugehen; dabei ist der Ausgangswert um (offene) Gewinnausschüttungen zu erhöhen und um Einlagen zu mindern (s. R B 202 Abs. 1 Satz 1 ErbStR 2011).

Die nach § 202 Abs. 1 Satz 2 Nr. 1 bis 3 BewG vorzunehmenden Korrekturen sind nur auf die KapGes zu beziehen. Dies bedeutet Im Einzelnen bei der **Hinzurechnung**:

- Gem. § 202 Abs. 1 Satz 2 Nr. 1 Buchst. e und Nr. 2 Buchst. e BewG sind hiervon Körperschaftsteuer, Zuschlagsteuern (z. B. SolZ) und Gewerbesteuer betroffen;
- Nach § 202 Abs. 1 Satz 2 Nr. 1 Buchst. f und Nr. 2 Buchst. f BewG i.V.m. § 200 Abs. 2 bis 4 BewG ist deren Anwendbarkeit möglich; insbesondere § 200 Abs. 2 BewG, obwohl es nur ertragsteuerlich ein notwendiges Betriebsvermögen geben kann (Beispiel: Mietwohngrundstück).
- Gem. § 202 Abs. 1 Satz 2 Nr. 2 Buchst. d BewG ist darauf zu achten, dass geschäftsführenden Gesellschaftern bereits eine als Aufwand verbuchte Tätigkeitsvergütung gezahlt wird, sodass eine Kürzung nicht in Betracht kommt.
- Nach § 202 Abs. 1 Satz 2 Nr. 3 BewG sind evtl. vGA auszugleichen. Hierzu zählen auch

vGA, die mit Angehörigen der Gesellschafter oder sonstigen diesen nahestehenden Personen im Zusammenhang stehen (s. R B 202 Abs. 3 Satz 2 Nr. 3 ErbStR 2011).

Der sich danach ergebende Wert ist auf den zu bewertenden Anteil zu beziehen. Der gemeine Wert des Anteils entspricht demnach grds. dem **Anteil am Betriebsvermögen der KapGes** und zwar im Verhältnis der Beteiligung am Grund-/Stammkapital zum Bewertungsstichtag (s. § 97 Abs. 1b Satz 1 BewG); soweit die Gesellschaft eigene Anteile hält, mindern sie das Nennkapital (s. R B 11.5 Satz 1 HS 2 ErbStR 2011).

Die Regelungen zum Paketzuschlag sind zu beachten (s. § 11 Abs. 3 BewG).

3.2.4.3 Die Verschonung bei der unentgeltlichen Übertragung, §§ 13a, 13 b ErbStG

3.2.4.3.1 Einführung und Gesamtdarstellung

Die Verschonung reicht von einem sukzessiven bis hin zu einem vollständigen Erlass der Erbschaft- bzw. Schenkungsteuer. Grundoption und Alternative werden hierbei unterschieden, dem Erwerber werden zwei Optionen eingeräumt.

- **1. Option:**
  Das Kernstück der Regelung (§§ 13a, 13b ErbStG) geht von einer pauschalierten Festlegung des **begünstigten Betriebsvermögens i.H.v. 85%** aus. 85% werden (zunächst) nicht besteuert (»Abschlag von der Bemessungsgrundlage«), während die restlichen 15% nach Berücksichtigung eines gleitenden Abzugsbetrags von 150.000 € stets der Besteuerung unterliegen.
  Die **Voraussetzungen** für verschontes Betriebsvermögen sind:
  - Das (gewillkürte) Verwaltungsvermögen darf einen Anteil von 50% des Betriebsvermögens nicht überschreiten. Das Verwaltungsvermögen muss mindestens zwei Jahre vor dem Übergang zum Betrieb gehört haben.
  - Die Lohnsumme darf in dem Zeitraum von fünf Jahren nach dem Übergang oder der Übertragung des begünstigten Vermögens nicht geringer sein als 400% der Gesamtlohnsumme.
  - Das am Bewertungsstichtag vorhandene Betriebsvermögen muss über fünf Jahre im Betrieb erhalten werden (Behaltensklausel). Verstöße gegen diese Verhaftungsregel lösen eine ratierliche Nachversteuerung aus.
  - Die Betriebsveräußerung bzw. Betriebsaufgabe oder die Teilveräußerung sowie die Veräußerung bzw. Entnahme von wesentlichen Betriebsgrundlagen innerhalb der fünf Jahre führen in dem entsprechenden Umfang zum (ratierlichen) Wegfall der Verschonung. Mittels einer Reinvestitionsklausel können jedoch Veräußerungserlöse steuerunschädlich umgepolt werden.
- **2. Option:**
  Für Betriebe mit weniger als 10% Verwaltungsvermögen und einer Behaltensfrist von sieben Jahren wird der Verschonungsabschlag bei Einhalten der Gesamtlohnsumme von 700% (auf sieben Jahre) auf 100% festgelegt. Für diesen Fall erfolgt der Übergang komplett steuerfrei, wenn die siebenjährigen Behaltensfristen inkl. der Personalkonstante eingehalten werden.

3.2.4.3.2 Das Elementar-(Verschonungs-)Vermögen (§ 13b Abs. 1 und 2 ErbStG)

Zum begünstigten Vermögen i.S.d. § 13b Abs. 1 ErbStG zählen allgemein:

Vermögens-kategorie	LuF-Vermögen	Betriebsvermögen, freiberufliches Vermögen	Anteile an Kapital-gesellschaften
Begünstigtes Vermögen	inländischer Wirtschaftsteil (LuF)	a) gewerbliches BV b) freiberufliches BV – je im Inland	Übergeber mit Mindest-Beteiligung an KapGes (Sitz oder Geschäftslei-tung im Inland)
EU-Erweite-rung	LuF-Vermögen, das einer EU-/EWR-Betriebsstätte dient	inkl. BV, das einer EU-/EWR-Betriebsstätte dient	Sitz oder Geschäftslei-tung der KapG in EU/EWR
»Technische Erfassung«	Wirtschaftsteil (ohne Stückländerei)	ganzer Betrieb Teilbetrieb **Mitunternehmeranteil**	Mindestbeteiligung > 25% Beteiligung am Nennkapital der KapGes
Erweiterung	Selbst bewirtschaftete Grundstücke	Teilanteile an Mitunternehmerschaften	Bei > 25% Beteiligung: Stimmrechtsbündel

Vergleichbar der »Altprivilegierung« nach § 13a Abs. 4 Nr. 3 ErbStG a.F. werden auch im neuen Recht **Beteiligungen an KapGes** (hier: GmbH-Geschäftsanteile) ab einer Quote **von mehr als ein Viertel** (> 25% = Mindestbeteiligung) in das begünstigte Produktivvermögen (Elementarvermögen) aufgenommen.

Der Zweck dieser Regelung ist zweierlei:

1. Ab einer Beteiligungsquote von mehr als 25% behandelt das Steuerrecht Anteile an KapGes als qualifizierte WG, die – obwohl privat gehalten – gelegentlich sogar den Status der (freilich) fingierten »Gewerblichkeit« verpasst bekamen (s. § 17 EStG in der Fassung bis 1998; § 6 AStG a.F.). Als gesetzliche Wertung wurde (und wird auch hier) angegeben: Vergleichbarkeit mit dem Mitunternehmerstatus des § 15 Abs. 1 Nr. 2 EStG.
2. Die Übertragung von Anteilen an KapGes von Todes wegen oder zu Lebzeiten beeinflusst zwar nicht die rechtliche Existenz einer KapGes, ab der »Viertel plus x«-Beteiligung wird jedoch von einer mittelbaren Betroffenheit (Reflexwirkung) der juristischen Person ausgegangen.

Die Erfassung der unternehmerischen Kapitalgesellschaftsbeteiligung hängt von zwei Voraussetzungen ab:

- Sitz **oder** Geschäftsleitung müssen sich im Inland oder in einem EU-/EWR-Staat befinden.
- Es muss sich um Kapitalgesellschaften handeln.

Bei einer **Beteiligung von weniger als 25%** muss eine einheitliche **Stimmrechtsausübung vorliegen**, wonach die Einflussnahme einzelner Anteilseigner zum Zwecke einer einheitlichen Willensbildung zurücktreten muss. Dies ist in unterschiedlicher Weise geregelt. Die Nachteile der isolierten Beurteilung der 25%-Quote in Abhängigkeit von einer Person für »Dynastie«-Kapitalgesellschaften, bei denen es im Laufe der Generationen zur Aufspaltung der Anteile kam, wurde von den Beratungsgremien gesehen und liest sich in der amtlichen Begründung (BR-Drucks. 4/08) wie folgt:

»In sog. Familien-Kapitalgesellschaften, deren Anteile über mehrere Generationen hinweg weitergegeben wurden, erreichen die Anteile der einzelnen Familiengesellschafter häufig nicht mehr die Mindestbeteiligungsquote. Die Unternehmensgründer oder die Nachfolger haben aber häufig dafür gesorgt, dass die Anteile nicht beliebig veräußert werden können und der bestimmende Einfluss der Familie erhalten bleibt. Deren Unternehmensgrundsätze und unternehmerische Praxis bilden ein deutliches Gegengewicht zu Publikumsgesellschaften und erzielen weit mehr Beschäftigungswirkung. Daher erscheint es angebracht, solche Anteile in die Verschonungsregelung einzubeziehen.

Eine **einheitliche Stimmrechtsausübung** bedeutet, dass der konkrete Anteil ein Stimmrecht einräumt. Ferner ist nicht erforderlich, dass die Einflussnahme auf die Geschicke der Gesellschaft ausschließlich durch Anteilseigner (Familienmitglieder) erfolgt. Aufgrund früherer Verfügungen werden häufig andere Personen mit unternehmerischem Sachverstand und Vertreter der Arbeitnehmer einbezogen.«

Zwei Voraussetzungen müssen für die **Poolregelung** (auch Stimmrechtsbündelung) erfüllt sein:

- die einheitliche Stimmrechtsausübung und
- die Verfügungsbeschränkung.

Bei mittelbaren und treuhänderischen Beteiligungen an KapGes zeichnet sich eine Tendenz der Verwaltung ab, treuhänderisch gehaltene Beteiligungen in die Verschonung einzubeziehen (BayFinMin vom 16.09.2010, DStR 2010, 2084), während H E 10.4. ErbStH mittelbare Beteiligungen nicht miteinbezieht (a. A. aber FG Köln vom 16.11.2011, DStRE 2012, 429, nrk.).

3.2.4.3.3 Prüfungsaufbau für die Verschonungsregeln im engeren Sinne (§§ 13a, 13b ErbStG)

Die einzelnen Prüfungsstationen bei der Vererbung bzw. bei der (teil-)unentgeltlichen Übertragung zu Lebzeiten, die bei Ermittlung der Begünstigung nach dem ErbStRG zu verwenden sind, lauten:

A) Grundoption: Die »5/15-Variante«

I.	**Tatbestandsvoraussetzungen für die Verschonungsregel:**
1.	Prüfung (§ 13b Abs. 1 ErbStG): Dem Grunde nach **begünstigtes Produktivvermögen** (sog. Elementarvermögen)
2.	Prüfung: **50%-Test** nach § 13b Abs. 2 ErbStG (und § 13b Abs. 3 ErbStG): **Verwaltungs-/Produktivvermögen**
2a)	Negativ-Prüfung: § 13a Abs. 3
II.	**Primäre Rechtsfolgen:**
3.	Erste Rechtsfolge: Verschonungsabschlag gem. § 13a Abs. 1 S. 1 i.V.m. § 13b Abs. 4 ErbStG (85%-Regel)
3a)	Bei 3. und 4. »Drittregelung« gem. § 13a Abs. 3 ErbStG beachten!
4.	Zweite Rechtsfolge: Entlastungsabzugsbetrag gem. § 13a Abs. 2 ErbStG (150.000 €)
4a)	Bei 3. und 4. »Drittregelung« gem. § 13a Abs. 3 ErbStG beachten!
5.	Ergebnis: objektive Steuerpflicht von 15% des begünstigten Vermögens bei der persönlichen Steuerpflicht gem. Steuerklasse I (ggf. gem. § 19a ErbStG)

III. Nachsorge und Sanktionen:
6a) Personal-(Beschäftigungs-)komponente (400%-Ansatz innerhalb von fünf Jahren), § 13a Abs. 1 Satz 2 i.V.m. § 13a Abs. 4 ErbStG mit der Rechtsfolge der Pro-rata-temporis-Kürzung des § 13a Abs. 1 Satz 4 ErbStG bei Verstoß 6b) Verbleibensregeln (fünfjährige Behaltensfristen), § 13a Abs. 5 Nr. 1 und 2 und Nr. 4 und 5 ErbStG mit der Folge des anteiligen Wegfalls der Verschonungsregelung (pro rata temporis) bei Verstoß; allerdings Reinvestitionsmöglichkeit beachten!
6c) Überentnahmeregelung bei Personenunternehmen (§ 13a Abs. 5 Nr. 3 Satz 1 ErbStG) bzw. bei »Überausschüttungen« bei KapG-Beteiligungen innerhalb der Fünfjahresfrist: Ganzzeitliche Sanktion bei Verstoß
IV. Verfahrensfragen/steuerliche Nebenleistungen/Sonstiges:
7. Meldepflichten gem. § 13a Abs. 6 ErbStG; Festsetzungsfrist 8. Erstreckung auf ausländisches Vermögen gem. § 13a Abs. 7 ErbStG 9. Analogie gem. § 13a Abs. 9 ErbStG (z. B. für Erbersatzsteuer)

B) Alternative: Die »7/0-Variante«

I. Tatbestandsvoraussetzungen für die Verschonungsregel:
1. Prüfung (§ 13b Abs. 1 ErbStG): Dem Grunde nach begünstigtes Produktivvermögen (sog. Elementarvermögen) 2. Prüfung: 10%-Test nach § 13b Abs. 2 und 3 ErbStG: Verwaltungs-/Produktivvermögen 2a) Negativ-Prüfung: § 13a Abs. 3 ErbStG
II. Primäre Rechtsfolgen:
3. Erste Rechtsfolge: Verschonungsabschlag gem. § 13a Abs. 1 Satz 1 i.V.m. § 13b Abs. 4 ErbStG (100%-Regel) 4. Zweite Rechtsfolge: Entlastungsabzugsbetrag gem. § 13a Abs. 2 ErbStG (150.000 €) 5. Ergebnis: keine Steuerpflicht des begünstigten Vermögens
III. Nachsorge und Sanktionen:
6a) Personal-(Beschäftigungs)komponente (700%-Ansatz innerhalb von sieben Jahren), § 13a Abs. 1 Satz 2 i.V.m. § 13a Abs. 4 ErbStG mit der Rechtsfolge der Pro-rata-Kürzung des § 13a Abs. 1 Satz 4 ErbStG bei Verstoß 6b) Verbleibensregeln (siebenjährige Behaltefristen), § 13a Abs. 5 Nr. 1 und 2 und Nr. 4 und 5 ErbStG mit der Folge des anteiligen Wegfalls der Verschonungsregelung (pro rata temporis) bei Verstoß; allerdings Reinvestitionsmöglichkeit beachten! 6c) Überentnahmeregelung bei Personenunternehmen (§ 13a Abs. 5 Nr. 3 ErbStG) bzw. »Überausschüttungen« bei KapG-Beteiligungen innerhalb der Siebenjahresfrist: umfassende Sanktion
IV. Verfahrensfragen/steuerliche Nebenleistungen/Sonstiges:
7. Melde- und Ermittlungspflichten gem. § 13a Abs. 6 ErbStG; Festsetzungsfrist 8. Erstreckung auf ausländisches Vermögen gem. § 13a Abs. 7 ErbStG 9. Analogie gem. § 13a Abs. 9 ErbStG

Hinweis

Mit dem Amtshilferichtlinie-Umsetzungsgesetz vom 26.06.2013 wurde den sog. Cash-GmbHs die Grundlage entzogen (neue Nr. 4a in § 13b Abs. 2 Satz 2 ErbStG). Im Ergebnis bedeutet die neue Regelung, dass nur dann übermäßige Finanzmittel schädlich i.S.d. §§ 13a und 13b ErbStG sind, wenn nach Abzug der in § 13b ErbStG genannten Ausnahme über 50% Verwaltungsvermögen verbleibt. Gestaltungstechnisch heißt dies, dass Finanzmittel nicht schädlich sind, soweit das »Produktivvermögen« über 30% beträgt.

3.2.5 Variantender Voll-Schenkung

3.2.5.1 Die gemischte Schenkung

Während die voll-unentgeltliche Schenkung allenfalls im Grenzbereich Abstimmungsfragen zum Schenkungsrecht der §§ 516 ff. BGB aufwirft, hat sich das Schenkungsteuerrecht bei den **teilweise unentgeltlichen** Zuwendungen vom Zivilrecht vollends gelöst.

Der Tatbestand des § 7 Abs. 1 Nr. 1 ErbStG wird nicht nur durch eine voll-unentgeltliche, sondern auch durch eine gemischte freigebige Zuwendung verwirklicht. Eine gemischte Zuwendung liegt vor, wenn einer höherwertigen Leistung (Verkehrswert des GmbH-Geschäftsanteils) eine Leistung von geringerem Wert (z. B. ein **niedriger Kaufpreis**) gegenübersteht und die höherwertige Zuwendung neben Elementen der Freigebigkeit auch Elemente eines Austauschvertrages enthält, ohne dass sich die höherwertige Leistung in zwei selbstständige Leistungen aufteilen lässt.

Eine (auch gemischt) freigebige Zuwendung setzt in subjektiver Hinsicht ein entsprechendes Bewusstsein des Zuwendenden voraus. Der Bereicherungswille setzt nicht nur das Wissen von der Vermögensverschiebung voraus, sondern auch die Einsicht, zur Vermögenshingabe weder rechtlich verpflichtet zu sein noch eine gleichwertige Gegenleistung zu erhalten. Wenn eine Übergabe »belohnungshalber« erfolgen soll, so wird bereits mit § 7 Abs. 4 ErbStG deutlich, dass die Einkleidung des Rechtsgeschäftes für das ErbStG irrelevant ist.

Schließlich führt der BFH in ständiger Rechtsprechung aus, dass ein (zu) niedriger Kaufpreis erst dann die Steuerfolgen einer gemischten Schenkung auslöst, wenn der Zuwendende den Bedeutungsgehalt der Unentgeltlichkeit »nach Laienart« zutreffend erfasst. Nach mehreren Entscheidungen jüngeren Datums wird als Aufgriffsgrenze für eine gemischte Schenkung der Fall angenommen, dass die erbrachte Gegenleistung (der Kaufpreis oder Ansatz bei einer Sacheinlage) um 25 % unterhalb des Verkehrswerts liegt (vgl. BFH vom 30.05.2001, BFH/NV 2002, 26).

3.2.5.1.1 Lösung nach altem Recht

Bei der Ermittlung des Steuerwerts der Bereicherung des Beschenkten wurde zunächst der Verkehrswert der Schenkerleistung mit dem Verkehrswert der Gegenleistung des Beschenkten verglichen. In einem zweiten steuertechnischen Schritt wurde der ermittelte Unterschied mit dem Steuerwert des Schenkungsgegenstandes multipliziert.

Somit ist der Gesamtsteuerwert nach dem Verhältnis der Verkehrswerte in einen entgeltlichen und in einen **unentgeltlichen** Teil aufgeteilt worden. Letzterer wurde als Bereicherungsvorgang besteuert.

Noch vor der besonderen Berechnung für übertragenes Produktivvermögen nach den §§ 13a, 19a ErbStG wurde i.R.d. § 7 ErbStG die **Bemessungsgrundlage** bei der gemischten Schenkung nach der folgenden Formel ermittelt:

$$\frac{\text{Steuerwert der Leistung des Schenkers} \times (\text{Verkehrswert der Schenkerleistung ./. Verkehrswert der Gegenleistung})}{\text{Verkehrswert der Schenkerleistung}}$$

Wiederum abgekürzt ergibt dies die einfachere Formel:

$$\frac{\text{Steuerwert der Leistung des Schenkers} \times \text{Verkehrswert der Bereicherung des Beschenkten}}{\text{Verkehrswert der Schenkerleistung}}$$

Nach R 17 Abs. 2 ErbStR 2003 war bei der Bereicherung des Beschenkten vom Verkehrswert der Kaufpreis abzuziehen.

Im Zusammenhang mit übertragenem Betriebsvermögen ist darauf hinzuweisen, dass die Übernahme von betrieblichen Schulden keine Gegenleistung darstellt. So hat etwa der BFH am 30.05.2001 (BFH/NV 2002, 26) entschieden, dass anteilsverbundene Verpflichtungen, die mit geschenkten Kommanditanteilen einhergehen, keine Gegenleistung darstellen

3.2.5.1.2 Lösung nach neuem Recht

R E 7.4 Abs. 1 und 2 ErbStR 2011 (und damit vergleichbar die Hinweisbeispiele in H E 7.4 ErbStH) gehen – wegen der Neuregelung zu § 10 Abs. 6 ErbStG (keine Doppelberücksichtigung von Nutzungen als Abzugsgröße) – von der Gleichbehandlung **aller** Formen von Gegenleistungen (inkl. Nutzungs- und Leistungsauflagen) und damit von der **Saldotheorie** aus (Pauschalabzug als »Gegenleistung«), soweit nicht § 10 Abs. 6 Satz 6 ErbStG entgegensteht.

Die in H E 7.4 ErbStH aufgelisteten Einzelbeispiele sind jedoch ausnahmslos zu übertragenem Grundbesitz (naheliegend wegen der Wortwahl des § 10 Abs. 6 Satz 6 ErbStG) gebildet, sodass sich der Eindruck nicht verhindern lässt, dass die Verwaltung bzgl. **anderer Übertragungsgegenstände** konform mit dem Ländererlass 2009 auf die bekannte Aufteilungsformel rekurrieren wird. Dieser Prozess (Geltung der Saldotheorie für alle Anwendungsfälle) kann jetzt als abgeschlossen beurteilt werden.

Nach allgemeiner Auffassung im Schrifttum (*Geck*, ZEV 2012, 130 ff. (132) sowie *Mannek*, ZEV 2012, 6 f.) ist die Saldotheorie, derzufolge die vom Beschenkten erbrachten (Gegen-)Leistungen mit ihrem Nominalwert vom Steuerwert abzuziehen sind, auf alle Fälle der gemischten Schenkungen anzuwenden.

3.2.5.2 Schenkungen unter Auflagen

Eine andere Form der Gestaltung der Bemessungsgrundlage bildet die Auflagenschenkung.

Beispiel

Der 80-jährige Inhaber von werthaltigen GmbH-Geschäftsanteilen (Steuerwert: 50 T€; Verkehrswert 100 T€) überlegt sich, diese gegen eine monatliche Leibrente (Kapitalwert: 10 T€) oder gegen ein Wohnrecht im Haus des Sohnes (identischer Kapitalwert) zu übertragen, das dieser sich mit dem Gegenwert der GmbH-Anteile kaufen soll.

Lösung (Altes Recht/Leibrente)

Im Falle der Leistungsauflage (monatliche Leibrente) ist die Bereicherung des Sohnes, vorbehaltlich § 25 ErbStG (der hier nicht einschlägig sein soll), nach der bekannten Zerlegungsformel zu ermitteln:

$$\frac{\text{Steuerwert der Schenkerleistung} \times \text{Verkehrswert der Bereicherung des Beschenkten}}{\text{Verkehrswert der Leistung des Schenkers}}$$

$$\text{d.h.}\quad \frac{50\ \text{T€} \times 90\ \text{T€}\ (100\ \text{T€}\ ./.\ 10\ \text{T€})}{100\ \text{T€}} = 45\ \text{T€}$$

Im umgekehrten Fall – bei der Einräumung des **Wohnrechts (Duldungsauflage)** – wird bei der Ermittlung der Bereicherung des Beschenkten L junior vom Steuerwert des Grundstücks (50 T€) der Kapitalwert des Wohnrechts (10 T€) nach § 10 ErbStG i.V.m. R 17 Abs. 3 ErbStR abgezogen. Die Bereicherung beträgt hier demnach **40 T€**.

Die soeben für gemischte Schenkungen aufgezeichneten Steuerfolgen, insbes. die Ermittlung der Bereicherung nach der Zerlegungsformel von R 17 Abs. 2 ErbStR gilt auch für sog. **Leistungsauflagen**. Darunter versteht man einen Übertragungsvorgang, bei dem der Beschenkte eine Verpflichtung zur Erbringung von Geld- oder Sachleistungen (im Beispiel die Leibrente) übernimmt.

Demgegenüber liegen **Nutzungs- oder Duldungs**auflagen vor, wenn an dem übertragenen Gegenstand zwar das Eigentum übertragen wird, die Nutzungskomponente aber beim Übergeber (Schenker) oder einer dritten Person verbleibt. In den meisten Fällen handelt es sich dabei um ein vorbehaltenes Wohnrecht oder um einen Nießbrauch an den Erträgen des übergebenen Vermögens zu Gunsten des Schenkers.

Die Behandlung nach § 7 ErbStG versucht, den unterschiedlichen Sachverhalten gerecht zu werden. Zuwendungen unter einer Leistungsauflage sind in einen unentgeltlichen und in einen entgeltlichen Part zu zerlegen. Der nach der o. g. **Zerlegungsformel** ermittelte unentgeltliche Part ist das Steuerobjekt i.S.d. **§ 7 und des § 10 ErbStG**, m.a.W. findet nach der Definition (Zerlegung) des Steuergegenstandes kein Abzug von Verbindlichkeiten und dergleichen statt.

Anders ist in den Rechtsfolgen die Behandlung der Nutzungs- und Duldungsauflagen. Dort gilt als Zuwendungsgegenstand (§ 7 ErbStG) der gesamte (ungetrübte) Vermögensanfall, wobei sodann bei der Bereicherung (§ 10 ErbStG) vom Steuerwert des Gegenstandes der Steuerwert der Nutzungs- oder Duldungslast abgezogen wird (Saldoermittlung) – vorbehaltlich der Einschränkung von § 25 ErbStG.

Lösung

(Neues Recht/Leibrente)

Nach **aktueller Regelung (R 7.4 Abs. 1 ErbStR)** werden alle Auflagen anlässlich einer Grundstücksübertragung identisch behandelt. Soweit ihr Wert (gem. §§ 14, 16 BewG) als Grundstücksbelastung bei der Bewertung des Grundvermögens gem. §§ 180 ff. BewG bereits berücksichtigt wurde (z. B. nach § 198 BewG), ist der Betrag **nicht abzugsfähig** (argum: § 10 Abs. 6 Satz 6 ErbStG). Auf eine Differenzierung nach Leistungs- oder Nutzungs-/Duldungsauflage kommt es daher nicht mehr an.

Werden die Gegenleistungen hingegen bei der Bewertung des **Grundvermögens nicht berücksichtigt** (Regelfall für das Ertrags- und Sachwertverfahren), so wird in beiden Fällen der nach § 14 oder § 16 BewG ermittelte Barwert (oder die direkte Gegenleistung) in der sich ergebenden Höhe abgezogen. Dies gilt erst recht für eine übernommene Hypothek (i.H.d. Valutierung) bzw. für eine vereinbarte sonstige Gegenleistung.

Erst **danach** wird ggf. (sofern es sich bei dem Objekt um ein Mietwohnhaus handelt) der Abzug von 10 % gem. § 13c ErbStG vorgenommen.

H E 7.4 [Übernommene Pflegeleistungen als Gegenleistung] EStH erstreckt bei Grundstücksübertragungen den Anwendungsbereich abzugsfähiger Gegenleistungen auf die übernommenen Pflegeleistungen. Dabei handelt es sich allerdings bis zum Eintritt des Pflegefalles um eine aufschiebend bedingte Last (§ 6 Abs. 1 BewG), die erst ab dem Pflegefall berücksichtigt werden kann. Erst in diesem Zeitpunkt liegt eine gemischte Schenkung vor.

3.2.5.3 Die Kettenschenkung

Wiederum anders ist die Problematik bei der Kettenschenkung gelagert.

Beispiel

Nach zehnjähriger Ehe sind endlich auch die Eltern von der richtigen Partnerwahl ihrer Tochter T überzeugt. Sie wollen daher T und dem Schwiegersohn S gemeinsam GmbH-Geschäftsanteile (Steuerwert: 0,3 Mio. €; Verkehrswert: 0,5 Mio. €; kein § 13a ErbStG) schenken. Der Notar N beurkundet folglich den Schenkungsvertrag über die GmbH-Geschäftsanteile, indem er T und S als beschenkte hälftige Miteigentümer zu je 50% in die Gesellschafterliste der GmbH eintragen lässt (bzw. die sofortige Teilung der GmbH-Geschäftsanteile anordnet). Kurze Zeit später erhält S einen Schenkungsteuerbescheid über 23.749 €. Im Bescheid wurde von einer Bereicherung des S von 139.700 € (150.000 € ./. 10.300 € – § 16 Abs. 1 Nr. 4 i.V.m. § 15 Abs. 1 StKl. II Nr. 5 ErbStG) ausgegangen, zu versteuern nach § 19 ErbStG mit 17%. S möchte nicht nur den Bescheid angreifen, sondern auch den Notar, da er am Stammtisch etwas von einer steuerfreien Kettenschenkung gehört hat, worauf ihn der Notar nicht aufmerksam gemacht hat.

Lösung

Eine Kettenschenkung mit den aufgezeigten Steuervorteilen wäre hier bei Einhaltung eines angemessenen Zeitabstandes möglich gewesen. Im ersten Übergang wäre von der Bemessungsgrundlage von 300 T€ ein der T zustehender schenkungsteuerlicher »Kinderfreibetrag« von 205 T€ (§ 16 Abs. 1 Nr. 2 ErbStG) abgezogen worden, was zu einer Bereicherung von 95 T€ und einer Steuer von 10.450 € geführt hätte (11% Steuer nach § 19 ErbStG). Die zweite Übertragung des hälftigen Eigentums von T auf ihren Mann (Wert: 150 T€) wäre schließlich wegen des Ehegattenfreibetrages nach § 16 Abs. 1 Nr. 1 ErbStG vollends steuerfrei gewesen. Der (Steuer-)Schaden beziffert sich demnach auf 13.299 € (= 23.749 € ./. 10.450 €).

Die Gestaltungsvariante der **Kettenschenkung** erfreut sich großer Beliebtheit, um mit ihr einen »Kaskadensprung« innerhalb § 19 ErbStG vorzunehmen. Es ist offensichtlich, dass bei einer Schenkung der Anteile zu 100% an die eigene Tochter und einer Weiterschenkung des hälftigen Anteilpakets der Tochter an ihren Ehemann Schenkungsteuer gespart worden wäre.

Eine **zulässige Kettenschenkung** führt zu zwei getrennten Übertragungen und wird von der FinVerw einschränkungslos akzeptiert und in dem aufgezeigten Sinne besteuert, wenn **keine begleitende Absprache** vorliegt.

In der Rechtsprechung des BFH hat sich in der Beurteilung von **Begleitabsprachen** bei mehreren hintereinander geschalteten Schenkungen ein deutlicher Wandel vollzogen.

Nach drei älteren BFH-Entscheidungen legten die in der Praxis üblichen Begleitabsprachen, sog. Weiterschenkklauseln (der schenkenden Eltern gegenüber den Erstbeschenkten), die Vermutung des Gestaltungsmissbrauchs nach § 42 AO (Disposition über Steuergröße) nahe (zuletzt BFH vom 14.07.1982, BStBl II 1982, 736).

Mit einer klarstellenden Entscheidung hat der BFH am 13.10.1993 die Anerkennung solcher Klauseln von folgenden Voraussetzungen abhängig gemacht (BStBl II 1994, 128):

- Die Mittelsperson (im Beispiel T) darf die Zuwendung **nicht in vollem Umfang** in Erfüllung einer rechtlichen Verpflichtung weitergeben (etwa bei Übertragung aller Anteile auf S) und
- der Mittelsperson muss ein **eigener Entscheidungsspielraum** verbleiben.

Nach der Entscheidungspraxis der Finanzgerichte wird die Beurteilung der vorgegebenen BFH-Kriterien vom Geschehensablauf, d. h. von äußeren Faktoren, abhängig gemacht. Bei einem **(größeren) zeitlichen Abstand** zwischen den einzelnen Schenkungsverträgen oder bei einem stärkeren Eigeninteresse der Mittelsperson an der Weitergabe als bei dem Erstschenker ist die Kettenschenkung zu akzeptieren. Jedoch kann sogar bei Vorliegen eines außersteuerlichen Motivs ein zusammengefasster Schenkungsvertrag zu einer zulässigen Kettenschenkung (und nicht zu einem Direkterwerb des Letztbedachten) führen. In diesem Sinne hätte der Notar die Eltern und T auf die schenkungsrechtliche Rückabwicklung (§ 530 BGB) und die Risikominimierung bei einer sofortigen Weiterschenkung hinweisen können.

Im AdV-Beschluss vom 15.06.2011 (BFH/NV 2012, 580) hatte sich der BFH erneut mit der Thematik befasst und lässt erkennen, dass das entscheidende Kriterium für die Anerkennung der Kettenschenkung das **Fehlen einer Weitergabeverpflichtung** ist. Liegt diese hingegen vor, gelangt man zur Direktschenkung an den Endbeschenkten. Auf die urkundenmäßige Verbindung wird nicht mehr abgestellt.

Hinweis

Auch wenn es nach der ErbStReform (2009) nicht mehr zu großen Differenzen zwischen dem Steuerwert (gemeiner Wert) und dem Verkehrswert kommt (kommen sollte), ist die Kettenschenkung gerade wegen der **Steuersatzverschärfung** in StKl. II nach wie vor ein beliebtes Gestaltungsmittel.

3.3 Die vorweggenommene Erbfolge

3.3.1 Einführung in das Rechtsinstitut unter zunächst einkommensteuerlichen Aspekten

Als zeitlich erste Übertragungsform kommt neben der klassischen Schenkung die sog. vorweggenommene Erbfolge in Betracht.

Unter vorweggenommener Erbfolge sind Vermögensübertragungen unter Lebenden mit Rücksicht auf die künftige Erbfolge zu verstehen. Als weitere Kennzeichen werden häufig genannt:

- Bei der Vermögensübertragung soll der Übernehmer wenigstens teilweise eine unentgeltliche Zuwendung erhalten;
- die Übertragung erfolgt nicht kraft Gesetzes, sondern aufgrund einzelvertraglicher Regelungen.

In der Literatur wird auch der Begriff »Generationennachfolgevertrag« verwendet.

Bis zum heutigen Tage gibt es weder eine Legaldefinition noch ein einheitliches steuerrechtliches Begriffsverständnis, aber doch einen »Begriffskern« bzw. einen hinreichend konturierten Typusbegriff. Zu diesen »Sollens-Voraussetzungen« gehören neben den bereits genannten Unterpunkten:

- Die Gegenstände der vorweggenommenen Erbfolge sind wesentlicher Teil der Existenzgrundlage der übergebenden Generation und/oder der übernehmenden Generation;
- die Versorgungsinteressen des Übergebers und ggf. weichender Angehöriger, insb. der Geschwister, sollen angemessen berücksichtigt werden und

- die Gegenleistung bei der vorweggenommenen Erbfolge sind »vorbehaltene Vermögenserträge« des Übergebers sowie
- die Art der »Gegenleistung« (besser: der »Austauschleistung«) soll charakteristisch für das Vorliegen der vorweggenommenen Erbfolge sein.

In dogmatischer Hinsicht stehen seit der Entscheidung des GrS vom 05.07.1990 zwei andere Aspekte im Vordergrund. So lautet das einkommensteuerliche Gegensatzpaar heute:

1. Liegt ein unentgeltliches oder ein (teil-)entgeltliches Übertragungsgeschäft vor? Bei jeder Erscheinungsform der vorweggenommenen Erbfolge wird es nie eine voll-entgeltliche, d.h. nie eine klassische »Veräußerung« geben. Gelangt man zur Annahme eines Teilentgelts, so wird dieser Vorgang begrifflich »wie eine Veräußerung« behandelt, folglich den entgeltlichen Geschäften zugeschlagen. Davon wird aber bei den »privaten Versorgungsleistungen« eine wichtige Ausnahme gemacht. Die Gegensätzlichkeiten der einzelnen Fallgruppen innerhalb der Generationennachfolge wird daher anders als in der Erbschaftsteuer gebildet.
2. Der zweite wichtige Anhaltspunkt liegt in der Anwendung und Fortschreibung der Einheitstheorie (besser: Einheitsprinzip) bei betrieblichen Übergängen und in der Trennungstheorie (besser: Trennungsprinzip) bei der Übertragung von Privatvermögen.

Beispiel

Trennungsprinzip versus Einheitsprinzip

Angenommen, der Verkehrswert eines WG (GmbH-Geschäftsanteil) beträgt 100 T€ und die vereinbarte Gegenleistung anlässlich einer vorweggenommenen Erbfolge wird mit 80 T€ angesetzt. Der Buchwert (bzw. der Steuerwert) der GmbH-Geschäftsanteil wird mit 50 T€ angesetzt.

Es ist zu untersuchen, welche Folgen diese Übertragung nach sich zieht, wenn

a) Anteile im PV (private GmbH-Geschäftsanteile) übertragen werden bzw.

b) betriebliche Funktionseinheiten (z.B. eine im BV gehaltene Alleinbeteiligung an einer GmbH)

den Gegenstand der Übertragung bilden.

Lösung

a) Gegenstand ist PV (private GmbH-Geschäftsanteile)

Nach dem **Trennungsprinzip** liegt zu 4/5 (80/100) ein entgeltlicher Vorgang und zu 1/5 eine unentgeltliche Übertragung vor. An zweiter Stelle wird der steuerliche Wert (historische AK von 50) aufgeteilt in einen unentgeltlichen (1/5) Teil (= 10) und in einen entgeltlichen (4/5) Teil (= 40). Bei der Berechnung eines etwaigen Veräußerungsgewinnes nimmt man die Differenz zwischen der Gegenleistung 80 und dem »Entgelt-Part« von 40 und erzielt einen Veräußerungsgewinn von **40**.

b) Gegenstand ist eine betriebliche Funktionseinheit (100% GmbH-Beteiligung, die im BV gehalten wird).

Nach dem hier geltenden **Einheitsprinzip** wird der Gegenleistung von 80 der komplette Buchwert von 50 gegenübergestellt und somit ein Veräußerungsgewinn gem. § 16 EStG von nur **30** erzielt.

Vorgreiflich wird darauf hingewiesen, dass die beiden hier angesprochenen »Theorien« nicht zu verwechseln sind mit der bei der Erbauseinandersetzung ebenfalls kursierenden Problematik um die »Einheitstheorie«. Dort handelt es sich um einen echten Theorienstreit um die Frage, ob Erbfall und Erbauseinandersetzung ein steuerrechtlicher Vorgang (sog. Einheitstheorie) sind oder zwei Vorgänge (Trennungstheorie) repräsentieren.

Vorliegend – bei der vorweggenommenen Erbfolge – geht es um zwei Prinzipien, die beide unterschiedlich angewandt werden:

- Bei der Übertragung von PV oder einzelner WG des BV greift die Trennungstheorie (begrifflich besser: das Trennungsprinzip),
- bei der Übertragung von steuerlichen Funktionseinheiten die Einheitstheorie (begrifflich besser: das Einheitsprinzip).

In diesem Sinne werden beide Begriffe zur Charakterisierung der Bewertung des Veräußerungsgewinns verwendet:

Nur für die Erbauseinandersetzung verbleibt sodann terminologisch der Theorienstreit.

Bis zu dem Beschluss aus dem Jahre 1990 wurden alle Vermögensübertragungen an die voraussichtlichen Erben als private, unentgeltliche Vorgänge behandelt (sog. echte Einheitstheorie). Aufgrund von drei Vorlagebeschlüssen des IX. Senats aus dem Jahre 1989 führte die Entscheidung des GrS des BFH vom 05.05.1990 (BStBl II 1990, 847) unterschiedslos für BV PV zu einschneidenden Änderungen. In den Kernaussagen haben sie durch das BMF-Schreiben vom 13.01.1993 zur vorweggenommenen Erbfolge (BStBl I 1993, 80; nachfolgend zitiert als BMF-vE) allgemein-verbindlichen Charakter erhalten.

Danach liegen heute **(teil-)entgeltliche** Übertragungen (Veräußerung beim Übergeber und Anschaffungsgeschäft beim Erwerber) bei folgenden Gegenleistungen vor:

- bei der Verpflichtung zu Abstandszahlungen an den Übergeber,
- bei der Zahlung von sog. »Gleichstellungsgeldern« an Angehörige, insb. Geschwister und
- bei der Übernahme privater Schulden des Übergebers.

Umgekehrt bleibt es bei einem insgesamt **voll-unentgeltlichen** Rechtsgeschäft (§ 6 Abs. 3 EStG bzw. § 11d EStDV oder die einschlägigen Regelungen in §§ 17, 23 EStG), wenn **Versorgungsleistungen** anlässlich der Generationennachfolge ausgehandelt werden. In diesem Zusammenhang wird – wegen des steuerneutralen Einkünftetransfers von einer Generation auf die andere – auch von einem Sonderrechtsinstitut gesprochen. Der innere Rechtfertigungsgrund für das Sonderrecht eines unentgeltlichen Übertragungsvorganges liegt, wie der Grundsatz in den Beschlüssen vom 12.05.2003 (BStBl II 2004, 95, 100) deutlich hervorhebt, in den zurückbehaltenen Vermögenserträgen des Übergebers, aus denen die wiederkehrenden Leistungen gespeist werden. Dies (d.h. die Vergleichbarkeit mit dem Vorbehaltsnießbrauch) allein rechtfertige die Sonderbehandlung.

Mit dieser – von der Exekutive abgesegneten – Rechtsprechung hat sich der BFH im Jahr 1990 – anders als bei der gleichzeitig entschiedenen Rechtslage zur Erbauseinandersetzung – vom Zivilrecht und von der Spruchpraxis des maßgeblichen V. Senats losgelöst. Bis dahin wurden alle vergleichbaren Übergabeverträge nach der »Herkunft« der Gegenleistung behandelt. Kam die Gegenleistung aus dem übertragenen Vermögen, so lag eine voll-unentgeltliche Auflagenschenkung vor. War dies nicht der Fall – und hat der Erwerber eigene Aufwendungen getätigt – so kam es zu einer teilentgeltlichen gemischten Schenkung.

Die steuerliche Verselbstständigung des Generationennachfolgevertrages bei relativer tatbestandlicher Unbestimmtheit und vor allem die Möglichkeit des – qua vereinbarter Versorgungsleistung – steuerneutralen Einkünftetransfers riefen die Einzelsenate des BFH (insb. den X. Senat) auf den Plan, um Korrekturen anzumelden. Diese sind zwischenzeitlich z.T.

vom GrS des BFH übernommen und partiell von der Verwaltung umgesetzt worden. Nach einem »Machtkampf« um die Erkenntnishoheit zum Sonderrechtsinstitut der vorweggenommenen Erbfolge zwischen Verwaltung und BFH liegen mit dem BMF-Schreiben vom 16.09.2004 (BStBl I 2004, 922) nunmehr weitgehend identische Rechtsansichten vor.

Die Verwaltung hat das zuletzt genannte BMF-Schreiben, in dem sie sich im entscheidenden Punkt (zur ertragbringenden Wirtschaftseinheit = »Typus 2«) der Rechtsansicht des BFH beugt, zum Anlass genommen, die bisherigen Äußerungen der 2. und 3. Gewalt zu dem Thema zusammenzufassen. Wegen dieser Bedeutung des BMF-Schreibens (einheitliches Rechtsfundament) werden nachfolgend die entsprechenden Textstellen **fett** hervorgehoben; das Schreiben wird in diesem Kontext als **BMF-wL** (»**wiederkehrende Leistungen**« von 2004) zitiert. Auf die (alten) Fundstellen der Vorgänger-Schreiben BMF-vE (1993 mit allen Ergänzungen) wird ebenso verwiesen wie auf den sog. Rentenerlass 1996/98, BMF/RE), da sie nicht nur zum Verständnis erforderlich sind, sondern wegen der umfangreichen Übergangslösungen auch für Rechtskontinuität sorgen.

In den Status eines Rechtsinstituts sind die Erkenntnisse des GrS zur vorweggenommenen Erbfolge durch die Billigung seitens des BVerfG (DStR 1993, 315) gehoben worden.

3.3.1.1 Einzelfragen im Anwendungsbereich der vorweggenommenen Erbfolge

Zwei Voraussetzungen des Typusbegriffes der vorweggenommenen Erbfolge sind seit jeher umstritten. Zum einen ist unsicher, wie und ob der »Kreis der Nachfolgebeteiligten« in der Einkommensteuer zu bilden ist, zum anderen ergeben sich Probleme bei der Definition des zulässigen Übertragungsobjekts. In objektiver Hinsicht hat die Verwaltung mit dem 1. Rentenerlass vom 23.12.1996 (BStBl I 1996, 1508 = BMF-RE) den »Gegenstand der Vermögensübergabe« präzisiert.

3.3.1.1.1 Die »geeigneten« Nachfolger bei der vorweggenommenen Erbfolge

Als taugliche Beteiligte der Generationennachfolge und damit als Nutznießer des Sonderrechtsinstituts sind als Empfänger des übertragenen Vermögens anzusehen:

- Erbanwärter der ersten Ordnung i.S.d. §§ 1924 und 1931 BGB (Ehegatten und Abkömmlinge);
- sollten diese vorverstorben sein, so kommen – mit Ausnahme der Eltern des Übergebers – die nächstgenannten Verwandten (Geschwister) in Betracht;
- wird der Kreis allerdings auf die Abkömmlinge der Geschwister (Neffen, Nichten) zu Lebzeiten eigener Abkömmlinge erstreckt, ist ein Nachweis in Form eines Testaments (wohl) unerlässlich;
- nicht erbberechtigte Fremde (wie die Verlobten und Lebensabschnittspartner) kommen nach neuerer Auffassung auch, aber nur ausnahmsweise, als Übernehmer in Betracht.
- Nach Rz. 35 BMF-wL (BStBl I 2004, 922) kommen nunmehr als Empfänger des übernommenen Vermögens auch »nahestehende Dritte« (z. B. Neffen, Nichten) in Betracht.

Umgekehrt (d. h. als Empfänger der Gegenleistung, insbes. der wiederkehrenden Leistungen) kommen nach Rz. 36 BMF-wL (2004) nur Familienmitglieder des Übergebers in Frage. Nicht zum Generationen-Nachfolgeverbund gehörende Personen (z. B. Lebensgefährte, Haushälterin, Mitarbeiter) können nicht Empfänger von Versorgungsleistungen sein.

Ein besonderes Problem tritt bei wiederkehrenden Bezügen zugunsten der Geschwister (zulässige Versorgungsbezüge zugunsten Dritter) dann auf, wenn sich der errechnete Rentenbarwert als »verkapptes Gleichstellungsgeld« herausstellen sollte. In diesem Fall wechselt die Rechtsfolge: Aus der unentgeltlichen Übergabe gegen Versorgungsleistungen (zugunsten Dritter) wird eine entgeltliche Übertragung gegen »verrentetes« Gleichstellungsgeld. Rz. 36 BMF-wL (2004) stellt hierbei eine widerlegbare Vermutung für die Gleichstellung (und gegen die Versorgung) auf.

Neu hinzu kommt (Rz. 37 ff. BMF-wL), dass die Übergabeverträge nach den allgemeinen Grundsätzen der Angehörigenverträge zu beurteilen sind.

3.3.1.1.2 Die existenzsichernde »Familien«-Grundlage (bzw. Wirtschaftseinheit)

Die bestehende Rechtsunsicherheit zur Objekttauglichkeit veranlasste die Verwaltung bereits im Jahr 1996 zu Ausführungsbestimmungen (sog. Rentenerlass des BMF vom 23.12.1996, BStBl I 1996, 1508 = BMF-RE). Diese Regelung war zwar als Spezialanwendung zur Fallgruppe der Versorgungsleistungen ergangen, hatte aber zugleich eine Indizwirkung für den pauschalen Anwendungsbereich der vorweggenommenen Erbfolge. Die Neuregelung ging von zwei Untertatbestandsmerkmalen aus:

- Dem Begriff der existenzsichernden Wirtschaftseinheit (Rz. 7–10 BMF-RE) sowie
- der weitergehenden Differenzierung danach, ob ertragbringend (ja/nein).

Für den allgemeinen Anwendungsbereich der vorweggenommenen Erbfolge hat nur das erste Kriterium unmittelbare Bedeutung, während das zweite Subkriterium dem Sonderinstitut der Versorgungsbezüge vorbehalten schien.

Unter **existenzsichernden Wirtschaftseinheiten** wurden exemplarisch erwähnt (Rz. 8 BMF-RE):

- Die steuerlichen Funktionseinheiten Betrieb, Teilbetrieb und Mitunternehmer-Anteil,
- **Anteile an KapGes**,
- Geschäfts- oder Mietwohngrundstücke,
- Einfamilienhäuser, Eigentumswohnungen und verpachtete unbebaute Grundstücke sowie
- als Sonderfall die Ablösung eines (Vorbehalts- oder Vermächtnis-)Nießbrauchs, wenn er für den Nießbraucher eine existenzsichernde Einheit dargestellt hat.

Demgegenüber wurden negativ und enumerativ (d. h. ohne Analogiemöglichkeit) ausgegrenzt (Rz. 10 BMF-RE; hier: Nicht-Wirtschaftseinheit):

- Ertragloses Vermögen wie Hausrat, Wert- und Kunstgegenstände, Sammlungen und unbebaute Grundstücke,
- **Wertpapiere** und stille Beteiligungen und
- von einem Totalnießbrauch erfasstes Vermögen (sämtliche Erträge gehören dem Übergeber = Nießbrauchsberechtigten).

Die Gemeinsamkeit dieser Ausschlusstatbestände liegt in der diesen WG offenbar eigenen Unmöglichkeit des »Wirtschaftens«.

Ein erster Widerspruch lag in der Auflistung der Wertpapiere als Nicht-Wirtschaftseinheit und der Anteile an KapGes als Wirtschaftseinheit. Aktien sind bekanntlich Wertpapiere. Gelten sie in diesem Regelungskontext als Wirtschaftseinheit oder Nicht-Wirtschaftseinheit? Nach der strengen Auslegungsmethode (abschließender Ausschlusskatalog) wären sie Nicht-Wirtschaftseinheiten gewesen. Dieses Ergebnis (GmbH-Anteile als Wirtschaftseinheiten, Aktien als Nicht-Wirtschaftseinheiten) konnte nicht richtig sein.

Losgelöst von den aufgezeigten punktuellen Abstimmungsproblemen liegt ein verlässlicher Anhaltspunkt vor, dass Funktionseinheiten und Grundstücke mit Einkunftserzielung immer existenzsichernde Wirtschaftseinheiten sind. Die Beteiligungen an KapGes sind – wie gesehen – unterschiedslos gleichgestellt. Ein Totalnießbrauch, gleich an welcher Einheit, schließt die Annahme einer Wirtschaftseinheit aus.

Diese erste lexikalische Auflistung wurde in der Folgezeit – zumindest in der Fallgruppe der Versorgungsleistungen – ersetzt durch das Kriterium, dass die Erträge der jeweiligen Wirtschaftseinheit ausreichen müssen, um die wiederkehrenden Leistungen zu erbringen. I.d.S. findet heute eine funktionale Betrachtungsweise in dieser Frage statt. Dies hat dazu geführt, dass nunmehr auch **Wertpapiere** und vergleichbare Kapitalanlagen (stille Beteiligungen etc.) als existenzsichernde WE angesehen werden, wenn die Erträge hieraus zur Abdeckung der versprochenen wiederkehrenden Leistungen genügen (vgl. Rz. 7 ff. (10) des BMF-wL).

Zwei Komplexe finden eine besondere Erwähnung:

1. Idealtypisch ertragloses Vermögen (z. B. Bargeld, unbebaute Grundstücke) stellt demnach keine existenzsicherende Wirtschaftseinheit dar. Hiervon machen Rechtsprechung (BFH vom 16.06.2004, BStBl II 2004, 1053) und Verwaltung (BMF-wL, Rz. 13 ff. und 17) eine Ausnahme: Verpflichtet sich der Übernehmer im **Übergabevertrag** zur Umschichtung in ein ertragbringendes Reinvestitionsgut (binnen drei Jahren), so kommen die Grundsätze der vorweggenommenen Erbfolge bei Versorgungsleistungen zur Anwendung. Die Umschichtung darf auch mit eigenen Mitteln finanziert sein (Rz. 15).
2. Verschiedene Auffassungen herrschen zur Frage des übertragenen Betriebs ohne ausreichenden Unternehmenswert. Nach Verwaltungsauffassung (Rz. 7 des BMF-wL) genügt das Übergabeobjekt dann den Anforderungen, wenn die Nettoerträge zur Finanzierung der Versorgungsleistungen ausreichen (a. A. BFH vom 12.05.2003, BStBl II 2004, 95).

3.3.1.2 Die Einkommensteuer-Rechtsfolgen der vorweggenommenen Erbfolge (Gliederungsschema)

3.3.1.2.1 Die Übertragung von betrieblichen Einheiten

Obwohl das BMF-vE zunächst die Übergabe des Privatvermögens regelt, steht in der Praxis eindeutig die Übergabe steuerfunktioneller Einheiten wie Betrieb, Teilbetrieb oder Mitunternehmer-Anteil im Vordergrund. Bei diesen Funktionseinheiten steht die Tauglichkeit des Übergabeobjekts als existenzsichernde Einheit außer Zweifel.

Es kommen grundsätzlich vier Übertragungsmodalitäten in Betracht:

a) eine wiederkehrende Versorgungszusage,
b) eine Abstandszahlung,
c) die Übernahme einer Privatschuld,
d) die Übernahme der Betriebsschuld.

Bei wiederkehrenden Versorgungszusagen (a) wird eine unentgeltliche Übertragung unterstellt (zu den weiteren Folgen s. BMF-wL, Teil B = Rz. 2–49).

Die Varianten Abstandszahlung (b) und Privatschuldübernahme (c) führen zu einer teilentgeltlichen Veräußerung bzw. zu einer Teilbetriebsaufgabe.

Die Übernahme der Betriebsschuld (d) schließlich stellt keine Besonderheit des entgeltlichen Übertragungsvorganges dar, da die betrieblichen Verbindlichkeiten in der Buchgröße »Kapital« ohnehin enthalten sind.

3.3.1.2.2 Die Übertragung von Privatvermögen

Folgendes Beispiel veranschaulicht die Übertragung von Privatvermögen:

> **Beispiel**
> V hat als Resultat seiner unternehmerischen Tätigkeit private GmbH-Geschäftsanteile erworben. Der Verkehrswert beträgt 1 Mio. €, der Steuerwert hingegen 100 T€. Die Übergabe erfolgt gegen Zahlung von 400 T€.

> **Lösung**
> In diesem Fall (Privatvermögen) hat T zu 40% entgeltlich (400 T€ zu 1 Mio. €) und zu 60% unentgeltlich erworben. Nach diesem Aufteilungsverhältnis bestimmt sich auch die Folgebehandlung i.S.d. § 17 EStG. V realisiert des Weiteren unter den Voraussetzungen des § 23 EStG einen stpfl. Veräußerungsgewinn, wenn also zwischen dem Erwerb (der Anschaffung) der GmbH-Geschäftsanteile und der Weitergabe an die Angehörigen nicht mehr als ein Jahr vergangen ist. Auch dieser evtl. Gewinn aus privaten Veräußerungsgeschäften ist nach der Trennungstheorie zu ermitteln.

Der Vergleich beider Grundfälle macht den Unterschied zwischen dem Einheitsprinzip und dem Trennungsprinzip besonders deutlich. Die »innere« Begründung ist darin zu sehen, dass die Übergabe einer betrieblichen Funktionseinheit die steuerrelevante Größe »Buchwert« bzw. »Buchkapital« ebenso mitumfasst wie den damit zusammenhängenden Finanzierungsaufwand, der bekanntlich als Fremdkapital abgezogen wird und als Abzugsgröße zum Terminus des Eigenkapitals (= Buchwert = Betriebsvermögen i.S.d § 4 Abs. 1 EStG) beiträgt. Dies ist bekanntlich beim Privatvermögen nicht der Fall.

3.3.1.2.3 Die Übertragung von Mischvermögen bei mehreren Nachfolgern

Im Wirtschaftsleben ist die Versorgung der ganzen Dynastie (»Sippe«) gegen entsprechende Absicherung realistischer als die nur eindimensionale Übertragung eines Gegenstandes an ein Kind. Die Übergabe unterschiedlich vorqualifizierter Gegenstände an mehrere Kinder ist daher die Realität.

Für alle diskutierten Anwendungsfälle der vorweggenommenen Erbfolge wird in den nachfolgenden »Ausgleichsmodalitäten« – zusätzlich zur Alternative der Versorgungsleistungen – keine entgeltliche Übertragung angenommen:

- Beteiligungsangebote an die weichenden Angehörigen,
- die Bestellung eines Nießbrauchs (oder allgemein: eines Nutzungsrechtes) an dem übertragenen Vermögen zugunsten des Übergebers oder einer dritten Person (z. B. Ehegatte des Übergebers) und
- erbrechtliche Abfindungen aufgrund eines Erb- oder Pflichtteilsverzichts.

3.3.2 Die vorweggenommene Erbfolge in der Erbschaftsteuer

3.3.2.1 Einführung in die spezifische Beurteilung der vorweggenommenen Erbfolge durch das ErbStG

Trotz der BFH-Erkenntnis des II. Erbschaftsteuer-Senats aus dem Jahr 1993, dass dem Begriff der »vorweggenommenen Erbfolge« kein objektiver Erklärungswert zukomme, hat sich dieses Rechtsinstitut zwischenzeitlich »eingebürgert«. So gebrauchte § 13a Abs. 1 Nr. 2 ErbStG bis zum

31.12.2001 den Terminus technicus. In den jüngeren FG-Urteilen zur Schenkungsteuer wird der Begriff ebenfalls »institutsähnlich« verwendet. In der ESt, wo der Begriff und das Erscheinungsbild (spätestens) seit dem Beschluss des GrS aus dem Jahr 1990 und der Umsetzung durch die FinVerw im Jahr 1993 vorkommt, hat es an Bedeutung längst die »klassische« Betriebsveräußerung überflügelt. Auch in den anderen Steuerarten bildet sich hierzu ein eigenes Richterrecht heraus.

Die Skepsis gegenüber dem Institut der vorweggenommenen Erbfolge in der Rechtsprechung des II. Senats des BFH ist durch eine überraschende Negativentscheidung vom 25.01.2001 genährt worden. Bei einem Sachverhalt, bei dem einem minderjährigen Kind (sieben Monate alt) eine Unterbeteiligung in Form einer atypisch stillen Beteiligung unter Kündigungs- und Rückabwicklungsvorbehalt eingeräumt wurde, hat der II. Senat – allerdings zu § 13 Abs. 2a ErbStG a.F. (Vorläufer des § 13a ErbStG n.F.) – nicht auf eine vorweggenommene Erbfolge erkannt. In der Begründung wurde insbes. ausgeführt, dass es sich nicht um eine identische Rechtstellung bei Übergeber (Kommanditistin) und Erwerber (Unterbeteiligung) gehandelt habe und außerdem die Übertragung nicht endgültig erfolgt sei.

Trotz der nahezu einhelligen Ablehnung des Urteils im Schrifttum darf das Urteil nicht überbewertet werden, da es zur Vorgängerbestimmung des § 13a ErbStG erging, während seit der Neufassung des § 13a Abs. 1 Nr. 2 ErbStG (1996) der Zusammenhang mit der Nr. 1 (»Erwerb von Todes wegen«) offensichtlich ist. Die Entscheidung zeigt aber auf, dass nicht jede Schenkung – auch unter Familienangehörigen – zu einer vorweggenommenen Erbfolge führt.

Um diesen Auslegungsschwierigkeiten vorzubeugen, ist durch das StÄndG (2001) § 13a Abs. 1 Nr. 2 ErbStG zum wiederholten Male geändert worden: Rückwirkend ab 1996 gilt nun für alle Schenkungen das Privileg des § 13a ErbStG (§ 37 Abs. 3 ErbStG).

Die Tilgung des Terminus »vorweggenommene Erbfolge« aus dem ErbStG macht auch vor den Richtlinien nicht Halt. Die früher dafür vorgesehenen R 56 und R 58 ErbStR 1999 ersetzen den Begriff durch »Schenkung unter Lebenden« (R 56 und R 58 ErbStR 2003).

Dies darf nicht darüber hinwegtäuschen, dass in der Praxis – allein wegen der Vorreiterrolle des Einkommensteuerrechts – viele Vermögensübertragungen als »vorweggenommene Erbfolge« durchgeführt werden. Allein deshalb (»Normative Kraft des Faktischen«) müssen nachfolgend die schenkungsteuerlichen Rechtsfolgen der vorweggenommenen Erbfolge geschlossen dargestellt werden. Charakteristisch für die einheitliche Begriffsverwendung ist die Rechtsprechung des BFH aus dem Jahr 2003, in welcher sowohl im Ertragsteuerrecht wie im Erbschaftsteuerrecht das begriffliche Institutsverständnis einheitlich zugrundegelegt wird. Ebenso ist die vorweggenommene Erbfolge zwischenzeitlich ein »stehender Terminus« im Zivilrecht.

Vom Erscheinungsbild der vorweggenommenen Erbfolge her – und damit aus praxisorientierter Sicht – stellt sich zurzeit eine ganz andere Frage, nämlich die der Verträglichkeit mit anderen Gestaltungsoptionen. So hatte das FG Köln (Urteil vom 07.04.2003, EFG 2003, 1025) über das Nebeneinander einer vorweggenommenen Erbfolge und einem Nießbrauchsvorbehalt (an einem Mitunternehmer-Anteil) zu befinden und dies jedenfalls dann bejaht, wenn dem Beschenkten die Mitunternehmer-Initiative nicht gänzlich abgesprochen werden kann. **Für Übertragungen ab 01.01.2008** wird auf die frühere Unterscheidung zwischen gleichmäßigen Versorgungsbezügen (Renten) und ungleichmäßigen Zahlungen (dauernde Lasten) verzichtet. Versorgungsleistungen sind somit in Zukunft beim Zahlungsverpflichteten (= Erwerber) in **voller Höhe** als Sonderausgaben abzugsfähig und beim Übergeber (= Empfänger der Versorgungsbezüge) komplett als sonstige Einkünfte zu versteuern.

Dies erlaubt eine Gruppenbildung in drei Bereiche, von denen der erste als **»vollentgeltliche«** Übertragung, der zweite als **»teilunentgeltliche«** und der dritte als **»unentgeltliche«** Übertragung bezeichnet werden kann.

3.3.2.2 Die schenkungsteuerlichen Grundzüge

Die heute h.M. differenziert zwischen folgenden vier Arten von Leistungen, die bei einem Generationennachfolgevertrag auftreten:

- Abstandszahlung an den Schenker,
- Übernahme von (privaten) Verbindlichkeiten des Schenkers,
- Gleichstellungsgelder an Angehörige des Schenkers oder Dritte,
- Versorgungsleistungen an den Schenker oder dessen Angehörige.

In allen Fällen sind von der Übergabe WG oder WG-Einheiten betroffen, die die **Existenzgrundlage** der Übergeber- (oder Übernehmer-)Familie sind (oder waren). Übernehmer sollen dabei erbberechtigte Abkömmlinge des Übergebers sein. Hierzu gehören auch GmbH-Geschäftsanteile, bei denen nach dem ErbStG (§ 13a Abs. 4 Nr. 3 ErbStG) danach zu differenzieren ist, ob sie **mehr als 25% am Stammkapital** der jeweiligen KapGes repräsentieren oder weniger.

Beispiel

U (70 Jahre) will GmbH-Geschäftsanteile (Verkehrswert von 10 Mio. €, Steuerwert von 5 Mio. €) an seine Tochter T (30 Jahre) im Wege der vorweggenommenen Erbfolge übertragen. Der gleichaltrige Sohn S kommt als Erwerber der Anteile nicht in Betracht.
Es soll geprüft werden, welche schenkungsteuerlichen Folgen des Übertragungsvorganges durch die in Betracht gezogenen Modalitäten ausgelöst werden:

a) Abstandszahlung an U i.H.v. 4 Mio. €,
b) Gleichstellungsgeld in gleicher Höhe an S,
c) monatliche Leibrente i.H.v. 20.000 € an U,
d) Nießbrauchsvorbehalt an den GmbH-Anteilen,
e) monatliche Leibrente i.H.v. 10.000 € an S,
f) Übernahme einer Privatschuld des U i.H.v. 4 Mio. €.

Die Voraussetzungen von § 13a Abs. 4 Nr. 3 ErbStG sind erfüllt.

Lösung

Vorbemerkung:
T wendet die Hauptoption (»5/15«-Option) an; Voraussetzungen liegen vor.

a) Abstandszahlung an U

aa) Lösung nach altem Recht

Die gemischte Schenkung wird nach der unter 3.2.5.1.1 bereits besprochenen Formel berechnet.
In Zahlen:

5 Mio. € × 6 Mio. € (10./. 4) / 10 Mio. €	3.000.000 €
./. Abschlag (§ 13a Abs. 1 ErbStG, § 13b Abs. 4: 85%)	./. 2.550.000 €
= Zwischensumme	450.000 €
(kein Entlastungsbetrag gem. § 13a Abs. 2 ErbStG)	
./. persönlicher Freibetrag (§ 16 Abs. 1 Nr. 2 ErbStG)	./. 400.000 €
= steuerpflichtiger Erwerb der T	**50.000 €**

Bei StKl. I (7%) sind **3.500 € Schenkungsteuer** zu zahlen.

bb) Lösung nach R E 7.4 ErbStR und H E 7.4 ErbStH (IV 3.2.5.1.2)

5 Mio. € ./. 4 Mio. €		1.000.000 €
./. Abschlag (§ 13a Abs. 1 ErbStG, § 13b Abs. 4: 85 %)	./.	850.000 €
= Zwischensumme		150.000 €
(kein Entlastungsbetrag gem. § 13a Abs. 2 ErbStG)		
./. persönlicher Freibetrag (§ 16 Abs. 1 Nr. 2 ErbStG)	./.	400.000 €
= steuerpflichtiger Erwerb der T		**0 €**

Insbesondere an diesem Rechenbeispiel wird deutlich, dass eine mögliche Abkehr der FinVerw von der in H 17 ErbStH a.F. aufgeführten Formel zugunsten der Saldotheorie für den Beschenkten günstig sein kann, sofern ein Anwendungsfall der gemischten Schenkung vorliegt.

b) Gleichstellungsgeld an S

aa) Lösung nach altem Recht

Es liegt eine Auflagenschenkung gegen Leistungsauflage vor, für die die gleichen Grundsätze wie bei einer gemischten Schenkung gelten. Die Steuer für T beträgt ebenfalls 3.500 €.

bb) Lösung nach R E 7.4 ErbStR und H E 7.4 ErbStH

Für den Fall, dass auch bei der Schenkung gegen Leistungsauflage die Saldotheorie Anwendung fände, betrüge die zu zahlende Steuer für T 0 € (vgl. Lösung zu a)).

Unabhängig von der steuerlichen Behandlung der Schenkung an T erhält S eine Zuwendung von U, die i.H.d. Auflage (4 Mio. €) nach Abzug des persönlichen Freibetrags von 400 T€ (stpfl. Wert: 3,6 Mio. €) mit 19 % zu versteuern ist.

Für Übertragungen gegen Gleichstellungsgeld hat der BFH im Urteil vom 23.10.2002 (BStBl II 2003, 162) entschieden, dass die gemischte Schenkung bereits mit Abschluss des Schenkungsvertrages gem. § 9 Abs. 1 Nr. 2 ErbStG als ausgeführt gilt. Zum gleichen Ergebnis gelangt der BFH auch bei ggf. später fällig werdendem Gleichstellungsgeld auch für die Forderungsschenkung.

c) Jährliche Leibrente i.H.v. 240.000 € zugunsten U

Bei der Übertragung gegen ein Leibrentenversprechen liegt ebenfalls eine Schenkung unter Leistungsauflage vor.

aa) Lösung nach altem Recht

Für die Ermittlung der Bereicherung nach § 7 Abs. 1 Nr. 1 ErbStG ist die Aufteilungsformel anwendbar.

Die Bereicherung beläuft sich auf:

5 Mio. €/10 Mio. € × [10 Mio. € ./. (240.000 € × Vervielfältiger 9,730)]

= 5/10 × 7.664.800 €

= **3.832.400 €**

Hinweis

Die Vervielfältiger verstehen sich gem. Bekanntmachung des BMF zur Bewertung einer lebenslänglichen Nutzung oder Leistung (s. aktuelles BMF-Schreiben zu den Vervielfältigern, BStBl I 2011, 843). In Zukunft sind die jeweils aktuellen Vervielfältiger zu beachten.

Nach Abzug des Abschlags nach den §§ 13a, 13b ErbStG (3.257.540 € = 85%) sowie des persönlichen Freibetrags (400.000 €) beträgt der stpfl. Erwerb 174.860 €, zu versteuern mit 11%. T hat 19.235 € Schenkungsteuer zu zahlen.

bb) Lösung nach R E 7.4 ErbStR und H E 7.4 ErbStH

Die Bereicherung beliefe sich auf:

5 Mio. € ./. (240.000 € × 9,730) = 2.664.800 €

Nach Abzug des Abschlags nach den §§ 13a, 13b ErbStG (2.265.080 € = 85%) sowie des persönlichen Freibetrags (400.000 €) beträgt der stpfl. Erwerb 0 €, weshalb keine Schenkungsteuer zu entrichten wäre.

d) Nießbrauchsvorbehalt zugunsten des U

Nach Abzug des kapitalisierten Nießbrauchs (kein § 25 ErbStG a.F.; § 10 Abs. 6 Satz 6 ErbStG n.F. steht nicht entgegen) ist die »Rechnung« in dieser Variante am günstigsten!

e) Jährliche Leibrente i.H.v. 120.000 € zugunsten S

- Wiederum liegt bei der Versorgungsleibrente zugunsten des S eine Schenkung gegen Leistungsauflage vor. Zunächst ist der Kapitalwert der Versorgungsrente zu berechnen: 120.000 € × 9,730 = 1.167.600 €
- Die Ermittlung der Bereicherung der T erfolgt mit diesen Zahlen nach der mehrfach aufgezeigten Aufteilungsformel (**altes Recht**) bzw. unter Abzug der (kapitalisierten) Gegenleistung vom Steuerwert der Schenkerleistung (**neues Recht**).
- Zusätzlich hat der Empfänger der Leibrente (S) diese gem. § 23 ErbStG nach seiner Wahl einmalig vom Kapitalwert oder laufend nach der Jahressteuer (unter Berücksichtigung der Aufzehrmethode) zu versteuern. Der Jahreswert begrenzt sich dabei gem. § 16 BewG auf 1/18,6 des Steuerwerts des genutzten WG. Dies ergibt im konkreten Fall eine (theoretische) Deckelung von 5 Mio. €/18,6 Mio. € = 268.817 €. Es verbleibt beim Ansatz von 120.000 € Jahreswert.
- Die weiteren Steuerfolgen richten sich nach der Ausübung des Wahlrechts.

f) Übernahme der Privatschuld von U

Die Schuldübernahme anlässlich der vorweggenommenen Erbfolge entspricht in den Rechtsfolgen der gemischten Schenkung (Lösung wie zu a).

3.3.2.3 Auslegungsfragen der vorweggenommenen Erbfolgen zu § 7 Abs. 1 Nr. 2 ErbStG

Von den FG wird die vorweggenommene Erbfolge seit Kurzem in Zusammenhang mit § 7 Abs. 1 Nr. 2 ErbStG, der Schenkung unter Auflage, »entdeckt«. Nach dieser Vorschrift wird die Vollziehung einer vom Schenker angeordneten Auflage besteuert und betrifft somit die Besteuerung des Zweiterwerbs. Darunter fallen folglich Leistungen, die Dritte von dem Auflagen-Belasteten erhalten. Der BFH hat 1993 zum Verständnis der Norm Stellung genommen: Es wird der Zweiterwerber nach seinen persönlichen Merkmalen zum Ursprungsschenker (und nicht zum Ersterwerber) besteuert. Ebenso kommt § 7 Abs. 1 Nr. 2 ErbStG nicht zur Anwendung, wenn der Zweiterwerber einen Rechtsanspruch gegen den Ersterwerber hat.

Wird nun in einem Generationennachfolgevertrag dem Übernehmer die Zahlung von Gleichstellungsgeldern auferlegt, so stellt sich aufgrund der Erkenntnisse des BFH zu § 7 Abs. 1 Nr. 2 ErbStG die Frage, ob damit ein eigenes Forderungsrecht der Geschwister begründet wird. Sollte dies im Einzelfall zutreffen, so entfällt eine Besteuerung nach § 7 Abs. 1 Nr. 2 ErbStG im Verhältnis zum Ursprungsschenker.

Einen illustrativen Fall zu wechselseitigen Gleichstellungsgeldern hatte das FG Baden-Württemberg im Jahr 2000 und ihm folgend der BFH im Urteil vom 23.10.2002, BStBl II 2003, 162 zu entscheiden, in dem zwei wertgleiche Grundstücke an je einen Empfänger unter der Auflage übertragen wurden, an den jeweils anderen ein Gleichstellungsgeld i.H.d. hälftigen Grundstückswerts zu bezahlen. In den Entscheidungsgründen führen beide Gerichte zu Recht aus, dass eine Schenkungsteuerpflicht bei den erhaltenen Gleichstellungsgeldern jedenfalls dann vorliegt, wenn die beiden Übertragungsverträge nicht rechtlich miteinander verknüpft sind. Ansonsten ließe sich auf diese Weise ein Steuersparmodell begründen.

3.3.2.4 Das Privileg des § 13a Abs. 1 Nr. 2 ErbStG a.F. (inklusive Bewertungsabschlag) – Kurzfassung des »historischen Sreits«

Bei freigebigen Zuwendungen von Produktivvermögen an sonstige Personen, die nicht der StKl. I angehören, genügte der Verwaltung eine **schriftliche Erklärung** des Übergebers, von wem und in welcher Höhe der Freibetrag und der Bewertungsabschlag nach § 13a Abs. 2 ErbStG (R 58 Abs. 1 ErbStR a.F.) in Anspruch genommen werden konnten.

Mit der Neufassung des § 13a Abs. 1 Nr. 2 ErbStG waren die Fragen zum persönlichen Anwendungsbereich entsprechend der bislang h.M. geklärt. Zunächst besteht eine personenbezogene Einschränkung. Der **Übergeber** kann über den Freibetrag bei einer Zuwendung nur insgesamt verfügen. Der Freibetrag kann auch anlässlich der konkreten vorweggenommenen Erbfolge (Schenkung) nur **einmal** – und nicht für jeden Übernehmer – in voller Höhe ausgenutzt werden. Liegt der Wert des übergebenen Vermögens unterhalb der Freibetragsgrenze, so kann der Betrag auch nur in dieser (geringeren) Höhe ausgenutzt werden. Der Rest verfällt, die Inanspruchnahme kann nicht rückgängig gemacht werden (vgl. R 58 ErbStR a.F.).

Mit Beschluss vom 20.06.2007 (BStBl II 2007, 649) hat der BFH die Streitfrage geklärt, dass bzgl. des nach § 13a Abs. 4 Nr. 1 und 2 ErbStG begünstigten Vermögens (LuF/Betriebsvermögen) auf beiden Seiten (Schenker/Erblasser wie Übernehmer) die speziellen Voraussetzungen der Norm erfüllt sein müssen. Nur so (durch die erhaltene Sozialbindung) sei die Ratio der Norm (Kontinuität) gewährleistet.

3.4 Alternativen zur Vollrechtsübertragung – Überblick

Neben den aufgezeigten Übertragungen der Schenkung (inkl. der Modalitäten der teilunentgeltlichen Übertragung) und der vorweggenommenen Erbfolge gibt es zusätzliche Gestaltungsmöglichkeiten, von denen der Nießbrauch, die Treuhand und die Trennung von Anteil und Dividendenbezugsberechtigung hervorzuheben sind.

3.4.1 Nießbrauch am GmbH-Geschäftsanteil

Die Bestellung eines Nießbrauchs an einem GmbH-Geschäftsanteil bereitet zivilrechtlich keine Probleme. Die allgemeine Zulässigkeit ergibt sich aus § 1068 BGB (Nießbrauch an Rechten), wonach wegen des Grundsatzes von § 1069 Abs. 2 BGB (keine Bestellung an unübertragbaren Rechten) nur noch darauf zu achten ist, dass im Falle der Vinkulierungsklausel nach § 15 Abs. 5 GmbHG die übrigen Gesellschafter zustimmen. Nach der wirksamen Bestellung (mit notarieller Beurkundung) ist der Nießbraucher zur Nutzung berechtigt. Nach h.M. kann bei der inhaltlichen Ausformulierung des Nießbrauchs nur ein »Ertragsnießbrauch« und kein »Vollrechtsnießbrauch« vereinbart werden, da ansonsten das Vollrecht ausgehöhlt werden könnte. Wegen des erforderlichen Ausschlusses von Mitverwaltungsrechten, die beim Inhaber des GmbH-Geschäftsanteils verbleiben, wird praxisgerecht der **Ertragsnießbrauch** mit einer **Stimmrechtsbevollmächtigung** versehen sein.

Hinweis

Die Stimmrechtsbevollmächtigung könnte – im Auszug – folgenden Wortlaut haben:
»Rechte und Pflichten der Beteiligten:

- Der Inhaber des GmbH-Geschäftsanteils (Vater V) bevollmächtigt den Nießbraucher (Sohn S) unwiderruflich zur Ausübung des Stimmrechts.
- V verpflichtet sich von seinem Stimmrecht keinen Gebrauch zu machen, ersatzweise auf Wunsch des S abzustimmen.
- Das Gewinnbezugsrecht steht uneingeschränkt dem S zu. Er kann i.R.d. GmbH-Satzung für größtmögliche Gewinnausschüttung stimmen.«

In der steuerlichen Beurteilung stellt die FinVerw immer noch auf den Nießbrauchserlass aus dem Jahr 1983 ab (BMF vom 23.11.1983, BStBl I 1983, 508). Im Unterschied zu den überarbeiteten Regelungen beim Immobiliennießbrauch (3. überarbeiteter Nießbrauchserlass) sind den ursprünglichen (1983) Aussagen im Bereich des Nießbrauchs bei Kapitalbeteiligungen keine Ergänzungen hinzugefügt worden. Im Gegenteil: In der aktuellen amtlichen Rezeption der Erkenntnisse von 1983 aus dem Jahr 1999 werden wiederum »holzschnittartig« die Ausführungen zu den Immobilien auf die Kapitaleinkünfte übertragen. Als vorläufige Ergebnisse schreiben daher Verwaltung und noch h.M. die Gewinnanteile nach § 20 Abs. 1 Nr. 1 EStG nur im Falle des **Vorbehalts- und Vermächtnisnießbrauchs** dem Nießbraucher zu.

Beim Zuwendungsnießbrauch führt der Bestellmodus (entgeltlich/unentgeltlich) zu unterschiedlichen Ergebnissen.

Beim **unentgeltlichen Zuwendungsnießbrauch** verbleiben die Einkünfte beim Besteller (Inhaber des GmbH-Geschäftsanteils). Gem. § 20 Abs. 5 Satz 3 EStG gilt der Nießbraucher nur dann als Anteilseigner, wenn ihm die Einnahmen i.S.d. § 20 Abs. 1 Nr. 1 EStG zuzurechnen sind. Der Nießbraucher hat also nach den allgemeinen Zuordnungsregeln den Tatbestand der Einkünfteerzielung erfüllt, dazu genügt jedoch nicht, dass er die Erträge einzieht.

Zum **entgeltlichen Zuwendungsnießbrauch** wird ausgeführt, dass das Entgelt für die Bestellung des Nießbrauchs zu Einkünften nach § 20 Abs. 2 Nr. 2a EStG führe und die Einziehung des Gewinnanteils durch den Nießbraucher nur eine unbeachtliche Forderungsabtretung sei und demzufolge der Nießbrauchsbesteller nach wie vor Zurechnungssubjekt für die Kapitaleinkünfte sei.

Den massiven Forderungen der Literatur für den Fall, dass beim entgeltlichen Zuwendungsnießbrauch die Dispositionsbefugnisse über den GmbH-Geschäftsanteil (Stimmrecht, Anfechtungsrecht sowie die Eigenberechtigung zur Teilhabe an der Kapitalerhöhung) auf den Nießbraucher übergehen, auch die Besteuerungsfolgen auf diesen zu übertragen, sind weder BFH noch Verwaltung gefolgt.

Tipp

Wegen der bestehenden Rechtslage ist daher der »Klausellösung« der Vorrang einzuräumen, wonach bei einer Stimmrechtsbevollmächtigung der Nießbrauch auf die »Erträge nach Abzug der Einkommensteuerbelastung« beschränkt werden soll.

3.4.2 Die Trennung des Vollrechts (GmbH-Geschäftsanteil) vom Dividendenbezugsrecht

Anders als bei § 20 Abs. 5 EStG wird hier nicht die Beteiligung übertragen, sondern – wegen der Abspaltungstheorie zulässigerweise – **nur** der Gewinn- oder **Dividendenanspruch.**

Beispiel

Der GmbH-Gesellschafter A verkauft in 12 seinen Gewinnanteilsschein auf die Jahresdividende 12 an B zu 2.000 €. In 13 entfällt auf A eine anteilige Dividende von 1.850 €.

Lösung

Gem. § 20 Abs. 2 Satz 1 Nr. 2a EStG hat A in 12 den hälftigen Kaufpreis von 2.000 € als vorgezogene Kapitaleinkünfte bezogen. KapSt fällt dabei nicht an, sodass A diese gem. § 32d Abs. 3 EStG in seiner Einkommensteuererklärung anzugeben hat Der spätere Zufluss der Dividende bei B ist für beide Personen steuerlich unbeachtlich, (vgl. § 20 Abs. 2 Satz 1 Nr. 2 Buchst. a Satz 2 EStG). Nach h.M. ist es auch unbeachtlich, ob die spätere Dividende dem Kaufpreis entspricht.

Diese mit § 21 Abs. 1 Nr. 4 EStG identische Lösung (gesetzliche Surrogation: der Kaufpreis ersetzt den späteren Dividendenzufluss) lässt sich unschwer für Übertragungsmöglichkeiten, vor allem im Familienkreis, nutzen. Um der Gefahr der Einkünfteverlagerung vorzubeugen, bleibt es daher bei einer unentgeltlichen Übertragung des isolierten Gewinnanspruches bei der Regelung des § 20 Abs. 2a EStG, wonach der GmbH-Gesellschafter (Inhaber des Stammrechts) Einkunftssubjekt bleibt.

3.4.3 Die Treuhand

Die Diskussion zum Nießbrauch zeigt auch die Nähe zur Treuhandschaft. Rein begrifflich unterscheiden sich beide Institute dadurch, dass bei der Treuhand das komplette WG (das »Treugut« wie z. B. eine gesellschaftsrechtliche Beteiligung) im Außenverhältnis vom Treuhänder wahrgenommen wird. Demgegenüber gehen auf den Nießbraucher nur Teilbefugnisse (das Nutzungsrecht) über, die dieser aber als originärer (Teil-)Rechtsinhaber wahrnimmt.

Im Hintergrund bleibt der Treugeber – bei erfolgtem Nachweis (§ 159 AO) – steuerlicher Inhaber des WG (vgl. § 39 Abs. 2 Nr. 1 Satz 2 AO). Bezogen auf gesellschaftsrechtliche Mitgliedschaftsrechte ist der Treuhänder zwar der (im Register eingetragene) Gesellschafter, der Treugeber ist (und bleibt) aber steuerliches Zurechnungssubjekt.

Rein bildlich sieht die Treuhandkonstellation bei einer A-GmbH mit D als Treuhänder für C wie folgt aus:

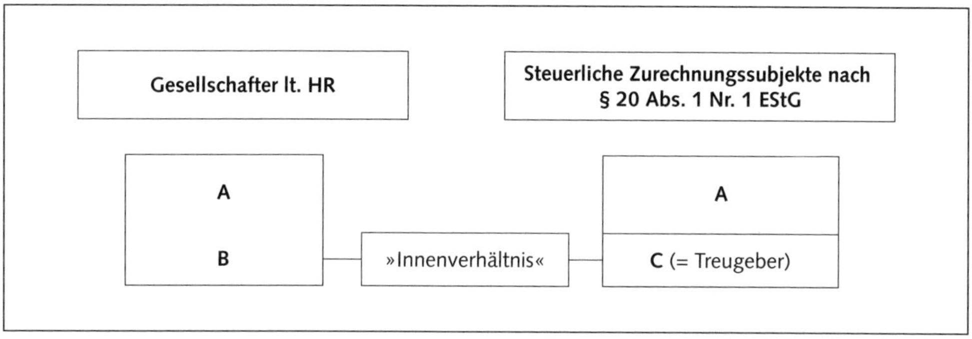

Abbidung 15: Treuhandkonstellation

Losgelöst von den vielfältigen Erscheinungsformen der Treuhandschaft (fiduziarische und Ermächtigungstreuhand; eigennützige und fremdnützige Treuhand; Übertragungs-, Vereinbarungs- oder Erwerbstreuhand; offene oder verdeckte Treuhand) sind trotz der grundsätzlichen Aussage von § 39 Abs. 2 Nr. 1 Satz 2 AO auch hier Fallkonstellationen denkbar, in denen der Treuhänder zum zusätzlichen steuerlichen Zurechnungssubjekt wird. Dies kann aber nur dann der Fall sein, wenn der Treuhänder nicht nur die Interessen des Treugebers wahrnimmt, folglich eine eigennützige Treuhand vorliegt, und wenn der Gesellschafter (Treuhänder) im Außenverhältnis uneingeschränkt haftet (Umkehrschluss zu BFH vom 12.10.1999, BFH/NV 2000, 427). M.E. müsste in diesem Fall (doppelte Zurechnung) noch hinzukommen, dass die Vertretungs- und Geschäftsführungsbefugnis des Treuhänders nicht aufgrund von Satzungsklauseln beliebig entzogen werden kann. Als Folge sind die Vergütungen, die der Treuhänder für die Geschäftsbesorgung vom Treugeber erhält, Einkünfte nach § 15 Abs. 1 Nr. 2 EStG, während der Gewinnanteil vom Treugeber gem. § 20 Abs. 1 Nr. 1 EStG versteuert wird. I.d.S. hat auch der BFH entschieden (BFH vom 04.11.2004, BStBl II 2005, 168 und BFH vom 10.12.2009, BFH/NV 2010, 601: Eine Ausnahme der direkten steuerlichen Zurechnung bei einem persönlich haftenden Treuhänder kommt nur bei Handelsvertretungen mit geringem Risiko in Betracht).

3.5 Der (Allein-)Erbfall

Die Präzisierung auf den Allein-Erbfall soll verdeutlichen, dass es bei mehreren Erben immer zu dem Sonderinstitut der Erbauseinandersetzung (s. 4.6) kommt.

3.5.1 Der Erbfall in der Einkommensteuer

In der zeitlichen Reihung der Generationennachfolge liegt zwischen der vorweggenommenen Erbfolge und der Erbauseinandersetzung der Erbfall. Die Beurteilung des Erbfalls ist zugleich die steuerliche »Endstation« im Alleinerbfall.

Der Erbfall bildet trotz des UmwStG (1995) im Steuerrecht immer noch das Paradigma der Gesamtrechtsnachfolge. An der erbrechtlichen Gesamtrechtsnachfolge haben sich seit der ersten Entscheidung des BFH im Jahr 1965 (BFH vom 15.01.1965, BStBl III 1965, 252) steuerliche Streitfragen entzündet. Die zitierte BFH-Rechtsprechung operierte mit einem materiellrechtlichen Verständnis zu § 45 AO (bzw. damals § 8 Abs. 1 StAnpG), wonach der Erbe neben der verfahrensrechtlichen Position auch die materielle Rechtslage des Erblassers übernehme. Nach dieser sog. »Fußstapfentheorie« gingen die steuerlichen Rechtspositionen des Erblassers (Buchwerte bei Betriebsübergang, Besitzzeiten bei §§ 6, 17 und 23 EStG und auch der Verlustausgleich nach § 10d EStG) unbesehen auf den Erben über. Die Nachfolgeeuphorie der BFH-Rechtsprechung erzeugte zunächst in der Literatur aufgrund der geltenden Besteuerungsmaxime nach der individuellen Leistungsfähigkeit Widerspruch, dem sich zwischenzeitlich in Einzelfragen auch die Rechtsprechung anzuschließen scheint. Das steuerlich-erbrechtliche Grundverständnis wird nach heute h.M. mit der **»Doppeltatbestandstheorie«** am besten wiedergegeben: Danach realisieren Erblasser wie Erbe jeweils **eigene Steuertatbestände**. Dies bedeutet konkret, dass etwa der Erbe eines GmbH-Geschäftsanteils mit (bzw. ab) dem Todeszeitpunkt in seiner Person die Voraussetzungen eines Gesellschafters einer KapGes erfüllt (erfüllen muss).

Zum besseren Verständnis der Übergangsthematik von Todes wegen bietet sich folgende Gruppenbildung an:

- Die Steuerpositionen, die von der Übertragung unmittelbar betroffen sind (z. B. der Betrieb, der GmbH-Geschäftsanteil). Man kann dafür auch den Begriff der »externen Steuernachfolge« bilden.
- Die mit dem o. g. Kompetenzobjekt (GmbH-GA etc.) übergehenden akzessorischen Steuerpositionen (wie Besitzzeiten, ggf. AfA-Methoden und dgl.) gehören bereits zum Anwendungsbereich der »internen Steuernachfolge«.
- Völlig losgelöst von einem übergehenden (zivilistischen) Kompetenzobjekt ist die Frage des Übergangs »originärer (oder besser: genuiner) Steuerpositionen« wie z. B. die Frage eines nicht verbrauchten Verlustausgleichs zu diskutieren.

3.5.1.1 Externe Steuernachfolge (Auswirkungen auf das Übergangsobjekt)

Der Erbfall – betrachtet als externer Vorgang – ist und bleibt nach absolut h.M. nicht ertragsteuerbar. So führt der (Allein-)Erbe die Buchwerte des Erblassers nach § 6 Abs. 3 EStG bzw. die Steuerwerte nach § 11d EStDV fort, ohne dass hierin ein Akt der Gewinnrealisation gesehen wird. Der Subjektwechsel von Todes wegen allein löst – in Übereinstimmung mit dem Zivilrecht – keine Steuerfolgen aus. Der nahtlose Übergang im Wege der Gesamtrechtsnachfolge findet sein steuerliches Pendant in der Buchwert-(Restwert-)fortführung. Die Kontinuität ist das bestimmende verfahrens- und materiellrechtliche Moment. Die dortige gesetzestechnische Umschreibung als »unentgeltliche« Übertragung wird der Behandlung gerecht, auch wenn weitere Vorgänge (wie die Schenkung) hierunter subsumierbar sind. Die für den betrieblichen Bereich weitergehende Unterscheidung in § 6 Abs. 3 EStG (»Buchwertübergang« bei steuerfunktionellen Einheiten) und die divergierende Anordnung in § 6 Abs. 4 EStG (»Realisationszwang« bei Einzel-WG) ist nur ein scheinbarer Widerspruch. Konform mit dem erbrechtlichen Moment der Gesamtrechtsnachfolge gehen auch nur die steuerlichen geschlossenen Funktionseinheiten auf den Erben über. Das Konzept der mit § 6 Abs. 3 EStG einhergehenden »sachlichen Verschonungssubvention« (interpersonaler Übergang der stillen Reserven) wird zu Recht als Grundsatz der Rechtseinheit von der Rechtsprechung und der h. L. geduldet.

3.5.1.2 Die (interne) Steuernachfolge bei akzessorischen Positionen

Zur Verdeutlichung der Fallgruppenbildung werden zunächst exemplarisch die verschiedenen Positionen bei der Gesamtrechtsnachfolge in einen GmbH-Geschäftsanteil aufgelistet, die hierunter fallen:

- Fortführung der Einkunftsart, insb. bei § 24 Nr. 2 EStG;
- Besitzzeiten und sonstige Identitätsvorstellungen (§§ 17, 23 EStG);
- Einzelfragen zu § 11d EStDV etc.

Alle aufgelisteten Positionen verbindet der gleichzeitige Übergang eines zivilrechtlichen Kompetenzobjekts nach § 1922 BGB. Die angesprochene Frage der Kontinuität von Steuermerkmalen wird gelegentlich vom Gesetzgeber gesehen und i.d.R. mit einer neutralen Formulierung (Rechtsnachfolger – vgl. § 24 Nr. 2 EStG – bzw. Rechtsvorgänger – vgl. § 17 Abs. 1 Satz 4 EStG) rechtlich bejaht. Die meisten aufgeworfenen Fragen sind aber häufig versteckt in Verwaltungsschreiben oder in Urteilen angesprochen, ohne einer grundsätzlichen Lösung zugeführt zu sein.

Als Ergebnis eines Quervergleichs kann Folgendes für den Übergang der GmbH-Geschäftsanteile von Todes wegen festgehalten werden:

Auch bei den akzessorischen Positionen (Steuermerkmale, die untrennbar mit dem Übergangsobjekt verbunden sind wie z. B. die Besitzzeit bei einem GmbH-Geschäftsanteil) kommt es zu der erbrechtlichen Steuernachfolge (der Erbe übernimmt die Steuermerkmale des Rechtsvorgängers).

Anders hingegen ist die Situation, wenn man sich das Merkmal wegdenken kann und der rechtliche Charakter der Hauptposition (des Kompetenzobjekts) bestehen bleibt; sodann liegt keine akzessorische Eigenschaft im hier gebrauchten Sinne vor. Dies ist etwa bei § 24 Nr. 2 EStG der Fall.

Der (Gesamt-)Rechtsnachfolger realisiert beim Dividendeneinzug der ererbten GmbH-Geschäftsanteile dann eigene Kapitaleinkünfte nach § 20 Abs. 1 Nr. 1 EStG, wenn der Gewinnerverwendungsbeschluss nach dem Erbfall getroffen wurde. Ansonsten hat er die Dividenden als nachträgliche Einkünfte in der Eigenschaft als Rechtsnachfolger gem. § 24 Nr. 2 zweiter Tatbestand EStG zu versteuern.

Zweitens gilt die Aussage für alle Fälle der im Wege der Gesamtrechtsnachfolge bzw. nach § 6 Abs. 3 EStG übergehenden steuerfunktionellen Einheiten, z. B. auch bei Teilbetrieben wie einer 100 %igen, im Betriebsvermögen gehaltenen Beteiligung an einer GmbH.

3.5.2 Der Erbfall in der Erbschaftsteuer

3.5.2.1 Die Rechtsnachfolge im Erbrecht und im Erbschaftsteuerrecht

Nicht nur bei strittigen Auslegungsfragen zum aktuellen Text des ErbStG spielt die systematische Stellung und die steuerliche Standortbestimmung eine große Rolle. Auch im »offensiven Steuerbereich«, d. h. in der Steuerrechtsgestaltung, stößt der Steuerbelastungsvergleich schnell an seine Grenzen, wenn man nicht die Funktions- und Wirkweise einer Einzelsteuer als Gestaltungsvariable einzusetzen versteht. Nach der herrschenden Steuerverfassungsdoktrin ist die Erbschaftsteuer keine achte Einkommensteuerart, da sie eben nicht den Einkommenszuwachs besteuert, sondern den Reinvermögenszugang nach der Übertragung von Vermögen. Die Vermögensübertragung (oder noch allgemeiner: die Rechtsübertragung) ist der logische Anknüpfungspunkt. Konsequent ist sie rechtstechnisch als Erbanfallsteuer und nicht als letzte Vermögensteuer des Zuwendenden ausgestattet. Ihr logisches Komplement, die Schenkungsteuer, verzichtet auf den Anknüpfungspunkt des Gesamterwerbs und nimmt sich als kleine Schwester der einzelnen (teil-)unentgeltlich zugewendeten Gegenstände und Vermögensmassen an. Von den Gesamtaspekten der Rechtsnachfolge erfasst die Erbschaft- (und die Schenkung-)steuer nur die Bereicherung in der Person des Erwerbers an. Nicht geregelt wird z. B. der Übergang von Rechtspositionen, wie er für die Diskussion der Nachfolge im öffentlichen Recht, aber auch im USt-Recht und im ESt-Recht, charakteristisch ist.

Demgegenüber regelt das 5. Buch des BGB umfassend den Erbfall als Prototyp der Gesamtrechtsnachfolge, während die §§ 516 ff. BGB nur andeutungsweise die unentgeltliche Einzelrechtsnachfolge behandeln. Die Auswirkungen der Unterscheidung zwischen dem ganzheitlichen Erbfall und der singulären Schenkung für die Erbschaftsteuer kann besonders deutlich bei der Wertermittlung der Bereicherung nach § 10 ErbStG aufgezeigt werden. Dort werden etwaige Schulden im Erbfall (Nachlassverbindlichkeiten) komplett zum Abzug zugelassen (Netto-Vermögensanfall), während bei der Schenkung nur die auf das jeweilige Übergangsobjekt bezogenen Verbindlichkeiten zu berücksichtigen sind.

3.5.2.2 Der Unterschied in der erbrechtlichen und erbschaftsteuerlichen Behandlung von Beteiligungen an Personengesellschaften und Kapitalgesellschaften

Das Erbrecht fußt auf dem Prinzip der Gesamtrechtsnachfolge (§ 1922 BGB): Das ganze Vermögen geht von Gesetzes wegen (d. h. ohne weitere Voraussetzungen) auf den (die) Nachfolger über. Für vererbte Beteiligungen an PersGes wird dieses Prinzip bei mehreren Erben allerdings durchbrochen: Dort geht die Beteiligung an einer KG (OHG) im Wege der Sonderrechtsnachfolge auf die einzelnen Miterben über.

Beispiel

Zum Nachlass des Industriellen T gehören u. a.:
- Inhaberaktien der börsennotierten Nürnberger Tycoon-T-AG,
- eine Komplementärbeteiligung an der Münchner Tycoon-M-KG,
- eine Kommanditistenbeteiligung an der Passauer Tycoon-P-KG,
- eine 50 %ige Beteiligung an der Regensburger Tycoon-GmbH,
- ein Immobilienpark in Passau, der von der P-KG angemietet ist,
- eine Baugenehmigung für ein vergleichbares Areal in Regensburg.

Der geschiedene T hinterlässt bei einem Flugzeugabsturz drei Kinder A, B und C. Seine Ehefrau hat bei früheren Scheidungsfolgeverhandlungen wirksam einen Erbverzicht erklärt. Für eine Testamentserrichtung fehlte ihm die Zeit.

Lösung

Die Immobilien in Passau gehen auf die Erbengemeinschaft ohne notarielle Auflassung über, können dabei jedoch enorme einkommensteuerliche Folgen auslösen, wenn eine Aufnahme der Kinder in die P-KG aus irgendwelchen Gründen scheitern sollte, etwa bei Ausschlagung der Erbschaft. Werden die (oder nur eines der) Kinder jedoch nicht Nachfolger in der P-KG, so liegt insoweit eine Entnahme des SBV (des Erblassers an der P-KG) vor (§ 6 Abs. 1 Nr. 4 EStG).

Ebenso problemlos und kostenlos, d. h. ohne Notargebühren, gestaltet sich die Nachfolge in die Beteiligungen an den beiden KapGes. Dabei spielt es zunächst keine Rolle, ob es

sich bei den Beteiligungen um Wertpapiere (Aktien) oder nur um bloße verbriefte GmbH-Geschäftsanteile handelt. Die Nachfolge in Kapitalbeteiligungen folgt – bei fehlendem Satzungsausschluss – ausnahmslos dem Grundsatz der §§ 1922, 2032 ff. BGB. A, B und C beerben den T mit sofortiger Wirkung, allerdings bis zur Auseinandersetzung gesamthänderisch gebunden, als Gesellschafter der Nürnberger AG und der Regensburger GmbH.
Die Kommanditisten-Stellung wird für Zwecke des erbrechtlichen Überganges aufgeteilt und den einzelnen Erben entweder direkt und allein (sog. qualifizierte Nachfolgeklausel) zugewiesen oder ihnen anteilig nach der Erbquote, aber aufgeteilt (und nicht als geschlossenes Objekt) zugewiesen (sog. einfache Nachfolgeklausel).
Die Vererbung der Komplementärbeteiligung vollzieht sich hingegen nach § 131 Abs. 3 Nr. 1 HGB wie folgt: Die M-KG wird unter den übrigen Gesellschaftern fortgesetzt und die Erbengemeinschaft hat einen Abfindungsanspruch gegen die M-KG.

Gem. § 1922 BGB i.V.m. §§ 2032 ff. BGB gehen alle Vermögensbestandteile von Gesetzes wegen als Ganzes auf die Erbengemeinschaft A, B und C über. Gesonderte Übertragungsakte (wie etwa notarielle Auflassung für das Grundstück) sind nicht erforderlich.

Den Gegenpol dazu bildet jedoch im Steuerrecht § 39 Abs. 2 Nr. 2 AO. Danach kommt jedes der drei Kinder – nach Abzug aller Freibeträge – für 1/3 der Erbschaftsteuer in Betracht, ggf. haftet der Nachlass gem. § 20 Abs. 3 ErbStG (bzw. § 1967 BGB bzw. § 45 Abs. 2 Satz 1 AO) für die komplette Steuer.

Bereits bei der Frage der nach § 1922 BGB übergangsfähigen (und damit steuerbaren) Positionen können Zweifel bei der Baugenehmigung bestehen, da es sich um eine öffentlich-rechtliche Rechtsposition handelt. Nach gefestigter Rechtsprechung der Verwaltungsgerichte bzw. nach den meisten landesrechtlichen Bestimmungen gehen bestandskräftige Baugenehmigungen als sog. dingliche Verwaltungsakte auf den (die) Rechtsnachfolger über. Darüber hinaus ist ebenso gesichert, dass öffentlich-rechtliche Rechtspositionen mit Vermögenscharakter an der Gesamtrechtsnachfolge des § 1922 BGB teilhaben.

Eine Zwitterstellung bei der Frage übergangsfähiger Vermögenspositionen kommt den Beteiligungen an PersGes zu. Diese gehen im Wege der Sonderrechtsnachfolge auf die einzelnen Erben über (Regelfall bei dem Übergang der Kommanditistenstellung). Eine andere Lösung sieht § 131 HGB für den erbrechtlichen Übergang der Komplementärbeteiligung vor (sog. Fortsetzungsklausel): Die Komplementärstellung wächst den anderen Gesellschaftern zu und diese haben im Gegenzug die Erben abzufinden.

3.6 Die GmbH-Geschäftsanteile in der Erbauseinandersetzung

Der letzte Akt der Zuteilung von Nachlassvermögen ist die Erbauseinandersetzung unter den Miterben. Oftmals ist sie auch die ultima ratio, wenn es der Erblasser nicht verstanden hat, zu Lebzeiten eine psychologisch befriedigende, rechtlich klare und steuerlich optimale Aufteilung vorzunehmen. Dann obliegt es den Miterben, sich der angebotenen Lösungen zu bedienen. Schwierigkeiten treten immer dann auf, wenn von der Auseinandersetzung steuerliche »Funktionseinheiten« wie der (Teil-)Betrieb (z. B. der betriebliche 100 %-Anteil an einer GmbH) betroffen sind.

3.6.1 Grundzüge zur Erbauseinandersetzung

Wie der Beschluss des GrS des BFH vom 05.07.1990 (BStBl II 1990, 837) zeigt, kann die steuerliche Diskussion bereits in den Grundzügen nur dann nachvollzogen werden, wenn auch die erbrechtlichen Aspekte miteinbezogen werden. Die bis dahin festzustellende (Fehl-)Entwicklung in der Rechtsprechung des BFH (und davor in der des RFH) war nur auf eine Ignoranz des Erbrechts zurückzuführen. In die Rechtsprechungshektik der 1990er-Jahre ist zwischenzeitlich etwas Ruhe eingekehrt.

Bei mehreren Miterben liegt nach §§ 2032 ff. BGB eine Gesamthandsgemeinschaft vor. Der entscheidende Unterschied zum sonstigen Recht der Gesamthandsgemeinschaft liegt in der erbrechtlichen »Geburtsstunde« der Miterbengemeinschaft durch den Tod des Erblassers, die insoweit als Zufallsgemeinschaft charakterisiert werden kann. Die Hauptaufgabe dieser Gesamthandsgemeinschaft besteht darin, den ungeteilten Nachlass nur bis zu seiner Abwicklung am Rechtsverkehr teilhaben zu lassen. Mit der Auseinandersetzung, auf deren sofortige Durchführung jeder Erbe einen Anspruch hat (§ 2040 BGB), ist ihre Aufgabe erfüllt.

Es handelt sich bei der Miterbengemeinschaft um eine Zwischenherrschaft – bezogen auf den Nachlass –, die sich allerdings in der Praxis nicht selten einer (unerwünscht) langen Lebensdauer erfreut. An dieser Stelle (Interregnum) beginnen die steuerrechtlichen Probleme der Miterbengemeinschaft und ihrer Auseinandersetzung. Das Hauptproblem lag bis zum Jahr 1990 in der Beurteilung der Auseinandersetzung der Miterbengemeinschaft. Je nachdem, ob man in der Schlusszuordnung der einzelnen Nachlassgegenstände noch eine letzte private Ableitung vom Erblasser annahm oder diese schon als rechtsgeschäftlichen Übertragungsakt der Erben begriff, lag ein unentgeltliches Rechtsgeschäft (erste Vorstellung) oder ein entgeltlicher Erwerb vor. Dies hing (hängt) mit der Stellung der Miterbengemeinschaft und der einzelnen Erben im steuerlichen Gesamtkontext der Personenmehrheiten zusammen.

Zusätzlich spielt die erbrechtliche Subsumtion in der Beurteilung des Erbanfalles des einzelnen Miterben eine wichtige Rolle. In der Einzelzuwendung seitens des Erblassers kann einmal ein Vorausvermächtnis und ein anderes Mal eine Teilungsanordnung angenommen werden.

Beispiel

A und B sind Miterben zu je 50 %. Zum Nachlass gehören zwei gleichwertige Betriebe (je 1 Mio. € Verkehrswert) und ein GmbH-Geschäftsanteil im Wert von 100 T€. Das Testament sieht vor, dass jeder der Erben einen Betrieb erhalten soll und A zusätzlich den GmbH-Geschäftsanteil, wofür er an B 50 T€ zu zahlen hat.

Lösung

Rein gesetzestechnisch ist der Unterschied einfach:

- Beim Vorausvermächtnis (§ 2150 BGB) erhält der Erbe zusätzlich zu seinem Erbteil einen Vermögensvorteil vom Erblasser;
- bei der Teilungsanordnung (§ 2048 BGB) nimmt der Erblasser Einfluss auf die Aufteilung des Nachlassvermögens.

In der Auslegung hat sich nachfolgendes Kriterium als nützlich erwiesen:

Nur, wenn einer der Erben einen zusätzlichen Zuwendungsgegenstand (Aktienpaket) ohne Anrechnung auf die Quote erhält, liegt ein Vorausvermächtnis (§ 2150 BGB) vor. Andererseits, bei interner Ausgleichverpflichtung (vorliegender Fall), wird nur eine Teilungsanordnung angenommen.

Heute bereiten vor allem die Fragen der Auseinandersetzung von Steuerfunktionseinheiten Schwierigkeiten, wenn sie in Übereinstimmung mit den allgemeinen Regelungen gelöst werden (müssen).

Die Bedeutung einer Teilungsanordnung ist erst kürzlich wieder in das Blickfeld der Fachöffentlichkeit geraten (BMF vom 05.12.2002, BStBl I 2002, 1392). Speziell in der erbschaftsteuerlichen Behandlung ist der Unterschied zwischen Teilungsanordnung und Vorausvermächtnis bedeutsam.

3.6.1.1 Der Meinungswandel in der Rechtsprechung des Bundesfinanzhofs (Reichsfinanzhofs)

Der RFH hatte in ständiger Rechtsprechung die Erbauseinandersetzung als letzten Bestandteil eines einheitlichen privaten (und damit unentgeltlichen) Erbvorgangs betrachtet (sog. Einheitstheorie). Seit dem Jahr 1957 hat der BFH vorübergehend – zur Auseinandersetzung von Privatvermögen – die Einzelübertragung als entgeltlichen Vorgang behandelt, wobei dieser Entgeltstatbestand sogar über die Abfindungen hinaus ausgedehnt wurde.

Für den betrieblichen Teil kehrte der BFH 1963 für weitere zweieinhalb Jahrzehnte zur Einheitsbetrachtung des RFH zurück und der einzelne Miterbe wurde nach der Auseinandersetzung als unmittelbarer Nachfolger des Erblassers angesehen. Für den Regelfall der »schlichten« Miterbengemeinschaft wurden die Miterben nicht als Mitunternehmer behandelt. Erst 1976 hat der BFH diese Rechtsprechung auf das Privatvermögen übertragen (BFH vom 02.12.1976, BStBl II 1977, 209).

Widersprüchlich wurde das Konzept mit einem BFH-Urteil vom 24.04.1974 (BStBl II 1975, 580), als dem Miterben einer »schlichten« Miterbengemeinschaft zwar laufende gewerbliche Einkünfte nach § 15 Abs. 1 Nr. 2 EStG zugewiesen wurden (kein Regelfall), dieser aber als weichender Erbe bei Abfindungszahlungen keinen Veräußerungsgewinn nach § 16 EStG zu versteuern hatte.

Eine erste – von den Auswirkungen her noch unproblematische – Kehrtwendung trat mit einem Urteil aus dem Jahr 1985 (BFH vom 09.07.1985, BStBl II 1985, 722) ein, als der IX. Senat für das Privatvermögen die These von der Unentgeltlichkeit der Abfindungszahlungen aufgab und diese als Aufwendungen für den Erwerb des Alleineigentums deklarierte. Diese – als »Abfindungs-Rechtsprechung« in der Literatur bezeichnete – neue Betrachtungsweise brachte allenfalls für den Erwerber erhöhtes AfA-Potenzial mit sich, ohne für den weichenden Erben zu Steuerfolgen (PV) zu führen.

Damit war jedoch der Boden bereitet für den Beschluss des GrS am 05.07.1990, der in Fällen von übertragenem BV eine Gleichbehandlung von PV und BV einforderte und vor allem – konform mit dem Erbrecht – entschied, dass zukünftig von zwei verschiedenen Vorgängen ausgegangen werden sollte.

Diese bereits vom vorlegenden VIII. Senat formulierte **Trennungstheorie** wurde vom GrS übernommen: Erbfall und Erbauseinandersetzung sind danach zwei getrennte Vorgänge und stellen keine rechtliche Einheit dar (1. Petitum). Weitere Folge ist, dass die Miterben in ihrer gesamthänderischen Verbundenheit selbstständig je einen Einkünftetatbestand erfüllen. Gehört folglich zum Nachlass ein Betrieb, so sind die Miterben als »geborene Mitunternehmer« nach § 15 Abs. 1 Nr. 2 EStG anzusehen. Es gibt danach keinen Unterschied mehr zwischen »schlichter« und fortgesetzter Miterbengemeinschaft.

Im zweiten, schwierigeren Teil der Entscheidung hat der GrS die Erbauseinandersetzung aus dem Rechtsinstitut der Realteilung entwickelt. Dabei sind zwei Phasen zu unterscheiden:

1. Die Trennung des einzelnen Miterben von der Miterbengemeinschaft mit Vermögensübertragung wird als rechtsgeschäftliche Loslösung behandelt (mit den Folgen von § 16 Abs. 1 Nr. 2 bzw. § 6 Abs. 3 EStG im betrieblichen Bereich und § 11d EStDV bei Privatvermögen).
2. Für die im Fall unterschiedlicher Teilungsmassen anfallende Ausgleichszahlung (sog. »Spitzenausgleich«) sieht der BFH nur in dem »Mehr-Betrag«, der geleistet wird, einen Anschaffungstatbestand. Für den »Sockel-Tatbestand« der getrennt zugewiesenen WG ohne Ausgleichszahlung wird nach BFH-Auffassung nur der gesetzliche Auseinandersetzungsanspruch nach § 2140 BGB »konkretisiert« und es liegt insoweit keine Veräußerung/Anschaffung vor.

Von besonderer Bedeutung war nun, dass es der BFH zuließ, dass in den gespaltenen Abrechnungsvorgang Verbindlichkeiten einbezogen werden konnten, ohne dass daraus ein Entgeltstatbestand wurde (anders als bei der vorweggenommenen Erbfolge).

Mit zwei Entscheidungen aus den Jahren 1998 und 2000 scheint der IV. Senat des BFH das Rad wieder zurückdrehen zu wollen und deutet zumindest bei einer auf einer Teilungsanordnung (ohne Ausgleichsverpflichtung) beruhenden Erbauseinandersetzung eine Rückbeziehung auf den Erbfall an. Von Bedeutung ist dabei, dass der BFH den von der Verwaltung für eine zulässige Rückwirkung geöffneten Zeitkorridor von sechs Monaten (Tz. 8 des BMF-ErbA, BStBl I 2002, 1392) deutlich überzieht; im Urteil betrug der Zeitraum zwischen Erbfall und Auseinandersetzung zwei Jahre und drei Monate. Hierauf hat die Verwaltung zwischenzeitlich reagiert.

Der Sachverhalt des IV. Senats (Erbauseinandersetzung bei einfacher Nachfolgeklausel ohne Veräußerungsgewinn) wie die Entscheidungsgründe (bei materieller Prüfung lag beim »verzichtenden« Miterben keine Mitunternehmer-Stellung mangels Gewinnbeteiligung vor) ergeben m. E. nicht die Substanz für eine Missachtung der Trennungstheorie. Allenfalls der amtliche Zeitrahmen einer zulässigen Rückbeziehung der einvernehmlichen Auseinandersetzung auf den Erbfall, die (ohnehin nur) hinsichtlich der laufenden Einkünfte möglich ist, wird als zu eng empfunden. Während die Trennungstheorie nicht angegriffen wird, hat das Urteil die Fallgruppe der einfachen Nachfolgeklausel mit (unentgeltlicher) Teilungsanordnung in die Nähe der »qualifizierten Nachfolgeklausel« gerückt, bei welcher auch nur der qualifizierte Erbe alleiniger Gesellschafter (und damit Mitunternehmer) wird. Man könnte für diesen Anwendungsfall auch die Figur der »scheingeborenen« Mitunternehmerschaft kreieren, wenn sich im Nachlass eine Mitunternehmerschaft befindet.

Ein ähnlicher methodischer Vorwurf (mangelnde Kristallisationsmasse des vorgelegten Sachverhalts für die Entscheidungssätze) bleibt auch der Leitentscheidung des GrS aus 1990 nicht erspart. Die dortige Erkenntnis der rein rechtsgeschäftlichen Erbauseinandersetzung – verglichen mit dem unentgeltlichen Erbfall – wurde gewonnen bei einem Lebenssachverhalt, bei dem ein Erwerb unter Miterben aufgrund des gesetzlichen Vorkaufsrechts nach § 2034 ff. BGB vorlag.

3.6.1.2 Die (steuerliche) Rechtsstellung der einzelnen Miterben

In zivilrechtlicher Hinsicht haften die einzelnen Miterben für die gemeinschaftlichen Nachlassverbindlichkeiten bis zur Teilung als Gesamtschuldner (§ 2058 BGB). Daneben besteht für den Gläubiger der Miterbengemeinschaft die Möglichkeit der Inanspruchnahme der Miterben in ihrer gesamthänderischen Verbundenheit (§ 2059 Abs. 2 BGB). Nach § 45 Abs. 2 AO gelten diese Haftungsgrundsätze in gleicher Weise für Steueransprüche.

Unter verfahrensrechtlichen Gesichtspunkten geht nach § 45 Abs. 1 AO das Schuldverhältnis mit dem Tod des Erblassers auf die Erben über. Die weitere Frage, wie davon der einzelne Miterbe betroffen ist, richtet sich nach §§ 2032 ff. BGB, insbes. nach den dortigen Verwaltungsbefugnissen (§ 2038 BGB mit der Verweisung auf das Recht der Bruchteilsgemeinschaft). Umgekehrt ergeben sich für den Gläubiger aufgrund der gesamtschuldnerischen Verbundenheit der Miterben erleichterte Zugriffsmöglichkeiten – (wie etwa der Erlass eines zusammengefassten Bescheides nach § 155 Abs. 3 AO). Dabei trifft § 171 Abs. 12 AO eine gesetzliche Wertentscheidung zugunsten einer »Individualschuld« des einzelnen Miterben, wenn der Fristenlauf für dessen Inanspruchnahme von der Annahme seiner Erbschaft abhängt.

Die schwierige Frage, inwieweit der einzelne Miterbe auch die materielle Steuerschuld des Erblassers übernimmt, wird dogmatisch mit dem Stichwort »Doppeltatbestandstheorie« umschrieben. Danach verwirklichen Erblasser und (der/die) Erben jeweils eigene Steuertatbestände. Dieser für laufende Steuern (ESt) geltende Grundsatz bedeutet, dass vom Erblasser überlassene »unfertige Steuerrechtslagen« (Beispiel: AfA bei einem noch nicht abgeschriebenen Objekt) in der Person des/der Erben neu begründet (besser: realisiert) werden. Für bereits vom Erblasser realisierte Steuerschulden gilt das bereits dargestellte Haftungsszenario nach § 45 Abs. 2 AO. Bei der Erbschaftsteuerschuld nach § 20 Abs. 3 ErbStG, die die h.M. im Steuerrecht als Erbfall- und Eigenschuld und nicht als Nachlassverbindlichkeit einordnet, handelt es sich um die Schuld des einzelnen Miterben. Der spätere interne Ausgleich ändert nichts an dieser Charakterisierung.

3.6.2 Erben und übergehendes Kompetenzobjekt – laufende Besteuerung

Die Zwischenherrschaft der Miterbengemeinschaft und ihre Besteuerung eignen sich nicht für pauschale Betrachtungen. Das Steuerrecht regelt dies in Abhängigkeit von dem jeweils übergehenden Objekt (»Zustandstatbestand«).

3.6.2.1 Miterbengemeinschaft und (reines) Privatvermögen

Bei gemeinschaftlich eingesetztem Privatvermögen verzichtet das Ertragsteuerrecht auf eine Zusatzqualifikation, wie dies beim Betriebsvermögen mit dem Typusmerkmal der Mitunternehmer der Fall ist. Die Ergebnisse aus der gemeinschaftlichen Vermietung bzw. Kapitalanlage werden einheitlich ermittelt und erbquotal aufgeteilt (§ 39 Abs. 2 Nr. 2 AO bzw. Tz. 6 des BMF-ErbA). Eine individuelle Einnahmeerzielungsabsicht wird nicht gefordert, eine gemeinschaftliche Betätigung wird unterstellt.

Beispiel

EL erwirbt im März 08 einen 20 %igen GmbH-Geschäftsanteil. Nach seinem Tode im Januar 09 veräußern die Kinder K1 und K2 im Februar 09 den Anteil. Liegt ein Fall des § 23 EStG vor?

Lösung

Während nach alter Auffassung (BFH vom 12.07.1988, BStBl II 1988, 942) ein Erbe (Gesamtrechtsnachfolger) unstreitig die Spekulationsfrist »fortführte«, regelt sich die Besteuerung für Veräußerungen ab 1999 nach § 23 Abs. 1 Satz 3 EStG. Nach dem ausdrücklichen Wortlaut ist nur dem unentgeltlichen Einzelrechtsnachfolger (Beschenkter, Vermächtnis-

nehmer) die Anschaffung durch den Vorgänger zuzurechnen; er setzt die vom Schenker in Gang gesetzte Spekulationsfrist fort. Strittig ist derzeit, ob § 23 Abs. 1 Satz 3 EStG eine Gleichstellung mit der Gesamtrechtsnachfolge oder eine Klarstellung verfolgt, wonach nur noch die unentgeltliche Einzelnachfolge erfasst ist. Die h.M. geht von der Kontinuität bei § 23 EStG im Falle der Gesamtrechtsnachfolge aus. § 23 Abs. 1 Satz 3 EStG ist auch (erst Recht) für die Gesamtrechtsnachfolge anwendbar.
Ebenso sicher ist, dass weder der Erbfall noch die »einfache« Erbauseinandersetzung eine Anschaffung i.S.d. § 23 Abs. 1 Satz 1 EStG darstellen. Etwas anderes gilt nur, wenn einer der Erben das »Spekulationsobjekt« entgeltlich (Spitzenausgleich) erworben hat.

Mit der Verlängerung der »Spekulationsfrist« auf ein Jahr droht auch den Erben die Steuererfassung i.R.d. § 23 EStG.

3.6.2.2 Die »wesentlichen« Beteiligungen an Kapitalgesellschaften

Auch im Anwendungsbereich von § 17 EStG können Erben (bzw. die Miterbengemeinschaft) vermehrt in die Steuerpflicht »hineinwachsen«.

Beispiel

EL (16 Kinder) war im Jahre 1999 mit 15 % an der X-GmbH beteiligt. Nach seinem Tod (2000) veräußert K16 seine Beteiligung in 2002, die er in 2001 i.R.d. Erbauseinandersetzung zugestanden bekam.

Lösung

Mit einem Schlussanteil von 0,9375 am Stammkapital der X-GmbH erfüllt K16 in seiner Person nicht die subjektiven Merkmale des § 17 EStG. Ein entgeltlicher Ausgleichserwerb ist ebenfalls nicht ersichtlich. Nach § 17 Abs. 1 Satz 4 i.V.m. Abs. 2 Satz 3 EStG liegt allerdings ein erweiterter Besteuerungstatbestand vor. Danach hat die Miterbengemeinschaft (K1-K16) unentgeltlich von EL und K16 wiederum unentgeltlich von der Miterbengemeinschaft erworben. Damit kann K16 erst ab 2007 steuerfrei veräußern.

Befindet sich im Nachlass eine (wesentliche) Beteiligung und übernimmt ein Erbe diese i.R.d. Realteilung, so liegt hierin keine Anschaffung. Dieselbe Folge gilt in der Zuwendung der Beteiligung ohne Ausgleichszahlung. Fraglich ist nur, inwieweit Erben (die Miterbengemeinschaft?) die Besitzzeiten des Vorgängers fortführen.

Eine identische Lösung (Kontinuität zwischen Erblasser, Miterbengemeinschaft und Schlusserbe) ergibt sich für einbringungsgeborene Anteile i.S.d. § 21 UmwStG a.F.

3.6.3 Die Abwicklung der Miterbengemeinschaft

3.6.3.1 Beendigung der Gesellschaften im Allgemeinen und der Miterbengemeinschaft im Speziellen

Im gesellschaftsrechtlichen Idealfall folgt der rechtlichen Auflösung die faktische Abwicklung (Liquidation) der Gesellschaft. Danach ist die Gesellschaft handelsrechtlich beendigt.

Allein für **KapGes** ist die Liquidation ausdrücklich in § 11 KStG geregelt. Danach wird zunächst auf der Ebene der KapGes der Abwicklungsgewinn, der alle bislang gebildeten stillen

Reserven umfasst, bei dieser erfasst. In einem zweiten Schritt werden auf der Ebene der Gesellschafter die Liquidationserlöse – je nach Beteiligungshöhe – als Einnahmen nach § 20 Abs. 1 Nr. 2 bzw. § 17 Abs. 4 EStG erfasst. Mit Ausnahme der nur hälftigen Erfassung der Einkünfte (§ 3 Nr. 40 Satz 1 Buchst. c, e EStG) hat sich an der Systematik durch das StSenkG ab 2001 nichts geändert. Bekanntlich können die Steuerfolgen durch eine steuerfreie **Spaltung** vermieden werden.

Für die **PersGes** hingegen gibt es keine explizite Regelung, sodass auf § 16 Abs. 3 EStG rekurriert wird. In seltenen Fällen kann es anlässlich der Abwicklung zu einem Unternehmensverkauf nach § 16 Abs. 1 Nr. 1 EStG kommen. Wegen des Transparenzgrundsatzes bei PersGes lassen sich die Steuerfolgen auf einer (d. h. der Gesellschafter-)Ebene darstellen. Der halbe Steuersatz nach § 34 EStG wird – entsprechend den allgemeinen Rechtsgrundsätzen zu § 16 Abs. 3 EStG – nur dann gewährt, wenn die Abwicklung **uno actu** erfolgt. Ähnlich wie bei der Spaltung können die Steuerfolgen durch eine erfolgsneutrale **Realteilung** gem. § 16 Abs. 3 Satz 2 i.V.m. § 6 Abs. 3 EStG vermieden werden.

Die **Miterbengemeinschaft** nimmt im herkömmlichen Abwicklungssystem der PersGes allein deshalb eine Sonderstellung ein, weil es dort während der **noch bestehenden Miterbengemeinschaft** zu personellen Veränderungen kommen kann, die entweder zum Ausscheiden oder zum Verkauf des Anteils führen. Bei der Beurteilung der Abwicklung sind drei Grundüberlegungen vorweg und in der laufenden Diskussion zu berücksichtigen:

1. Die eigentliche Auseinandersetzung der Miterbengemeinschaft ist vom BFH im Jahr 1990 am (damals noch nicht kodifizierten) Rechtsinstitut der Realteilung entwickelt worden.
2. Zwischenzeitlich hat die Realteilung nicht nur ihren gesetzlichen »Niederschlag« (§ 16 Abs. 3 Satz 2 EStG) gefunden, sondern auch mehrere Änderungen erfahren.
3. Der sich mit der Einführung von § 6 Abs. 5 Satz 3 EStG (ab 2001) ergebende offene **normative Widerspruch** zu § 16 Abs. 3 Satz 2 EStG (»Buchwertzwang nur bei Binnentransfers zwischen Mitunternehmer und in der Mitunternehmerschaft« nach § 16 Abs. 3 Satz 2 EStG) ist durch das UntStFG (2001) rückwirkend beigelegt.

3.6.3.2 Personenbestandsveränderungen bei bestehender Miterbengemeinschaft

Die Verwaltung erwähnt zwei Formen der personellen Veränderung bei bestehen bleibender Miterbengemeinschaft:

1. Die Übertragung des Anteils (lt. Tz. 40 ff. des BMF-ErbA: »Veräußerung«);
2. das Ausscheiden, insbes. gegen Sachwertabfindung (Tz. 51 ff., insbes. 54 f. BMF-ErbA).

Letzteres wird hier – da nicht einschlägig – nicht weiter behandelt.

Nachdem im Regelfall jeder Erbe eines Nachlassbetriebes »geborener Mitunternehmer« und der Miterbe von Privatvermögen »gemeinschaftlicher Einkunftserzieler« wird, kann er sich auch rechtsgeschäftlich durch Schenkung oder durch Verkauf von diesem Erbanteil trennen.

- Für den Fall der **Schenkung** des Erbanteils gelten dabei die allgemeinen Grundsätze, denen zufolge der Übernehmer gem. § 6 Abs. 3 EStG das Kapitalkonto des Übergebers (beim Nachlassbetrieb) bzw. nach § 11d EStDV die anteiligen Steuerwerte (bei einem Mietshaus) fortführt. Ansonsten ist auf die Kontinuitätslösung bei §§ 17, 23 EStG zu achten, wonach der Beschenkte in **doppelt unentgeltlicher Nachfolge** die Vorbesitzzeiten des Erblassers (Erblasser – Miterbengemeinschaft – Beschenkter) fortführt.
- Im Fall des **Verkaufs** des Erbanteils kommt der »Einkünftedualismus« zum Tragen. Beim Verkauf des **Mitunternehmer-Anteils** liegt eine Anteilsveräußerung nach § 16 Abs. 1 Nr. 2

EStG vor. Selbst beim Erwerb durch einen anderen Miterben (so auch der Originalsachverhalt des GrS vom 05.07.1990, BStBl II 1990, 837) gelten die bekannten Grundsätze für den entgeltlichen Erwerb eines Mitunternehmer-Anteils, nach denen die AK, soweit sie das Buchkapital übersteigen, in eine positive Ergänzungsbilanz des Erwerbers einzustellen sind.

- Beim **Verkauf von Privatvermögen** liegt ein Anschaffungstatbestand mit allen Konsequenzen vor. Hierzu gehören zum einen beim Veräußerer die »Aufdeckungsfolgen« der §§ 17, 23 EStG und des § 21 UmwStG, wenn die zusätzlichen Voraussetzungen erfüllt sind. Zum anderen löst die entgeltliche Anschaffung beim Erwerber den »Neueintritt« in die o. g. Bestimmungen aus. Bei einem Mietshaus etwa wird die historische AfA des Erblassers, die bislang erbquotal gem. § 11d EStDV aufgeteilt wurde, aufgebrochen und nur noch anteilig von den verbleibenden Miterben fortgeführt. Der neue Miteigentümer begründet mit seinen AK nach § 7 Abs. 4 EStG eine neue AfA-Bemessungsgrundlage und ein neues AfA-Volumen.

Wegen der unterschiedlichen Steuerfolgen geht Tz. 49 des BMF-ErbA bei einem verkauften Mischnachlass von der Notwendigkeit der Aufteilung des Kaufpreises aus.

3.6.3.3 Die Beendigung der Miterbengemeinschaft in Form der »Naturalteilung«

In der einfachsten Form der Beendigung kann die Miterbengemeinschaft durch Veräußerung der Aktiva und anschließende Erfüllung der restlichen (hier: Nachlass-)Verbindlichkeiten beendet werden. Der verbleibende Resterlös wird sodann unter den Miterben verteilt. Dieser der gesetzlichen Liquidation der §§ 145 ff. HGB nachempfundenen Naturalteilung folgt den allgemeinen Grundsätzen. Bei einem Nachlassbetrieb hängt dabei die Vergünstigung gem. §§ 16, 34 EStG vom Zeitmoment ab. Geschieht die Beendigung des unternehmerischen Engagements nicht in »einem Akt« oder unterliegen die einzelnen Vorgänge nicht dem Veräußerungsvorgang, so droht die Versteuerung als laufender Gewinn nach § 15 Abs. 1 Nr. 2 EStG (s. Tz. 56 ff.).

3.6.3.4 Die (eigentliche) Realteilung der Miterbengemeinschaft

3.6.3.4.1 Dogmatische Grundzüge

Wie schon mehrfach ausgeführt, hat der BFH die Miterbengemeinschaft und vor allem ihre Auseinandersetzung am Leitbild der Realteilung entwickelt. Die zurzeit diskutierten Verwaltungsgrundsätze zur Realteilung (2006) bestätigen für die vorliegende Fallgruppe die bisherige Handhabung. Dies galt uneingeschränkt, solange im Nachlass ein Betrieb war und die Miterben als Mitunternehmer fungierten. Bereits bei einem Privatvermögen-Nachlass »krankte« die Orientierung an der Realteilung mangels tatbestandlicher Vergleichbarkeit. Die neutrale Realteilung wurde in der Rechtsprechung des BFH auf die analog reziproke Anwendung des § 24 UmwStG gestützt, wonach der neutrale »Buchwert«-Weg **aus der PersGes** genauso möglich sein sollte wie der **neutrale Weg in die PersGes**.

Zwischenzeitlich erstreckte der BFH die Anwendung des abgeleiteten Buchwert-Wahlrechts auch auf **Einzel-WG** als Teilungsmassen. Dieser extensiven Auslegung hat der Gesetzgeber mit § 16 Abs. 3 Satz 2 HS 1 EStG zunächst einen Riegel vorgeschoben, indem er den Vorgang der Realteilung mit Einzel-WG zu einem Anwendungsfall der Aufgabe des Mitunternehmer-Anteils nach § 16 Abs. 1 Nr. 2 EStG erklärt. Nur bei steuerfunktionellen Einheiten führt die Realteilung nach HS 2 zu einer **Buchwertfortführungspflicht** (1999).

Zwei Jahre später legte der Gesetzgeber des StSenkG und StSenkErgG (2001) eine geschlossene Regelung zur Übertragung von steuerfunktionellen Einheiten (Sachgesamtheiten) mit § 6 Abs. 5 Satz 3 EStG vor. Er distanzierte sich dabei deutlich von der zwei Jahre zuvor eingeführten **rechtsträgerbezogenen** Betrachtungsweise, die bei jedwedem Wechsel des Rechtssubjekts von Einzel-WG innerhalb einer PersGes Gewinnrealisation annahm. Im Gegenteil: Unter dem Gesichtspunkt der Abschaffung von Wahlrechten führen nunmehr Transaktionen von **Einzel-WG** im (weitesten) Rechtskreis von § 15 Abs. 1 Nr. 2 EStG, zu der auch die Miterbengemeinschaft gehört, zum **Buchwertzwang**. Der Regelungswiderspruch hätte nicht offensichtlicher sein können.

Das UntStFG vom 20.12.2001 hat dem Spuk mit rückwirkender Regelung (ab 01.01.2001) ein Ende bereitet, sodass eine neutrale Realteilung mit **Einzel-WG** wieder **bedenkenfrei möglich** ist, wobei aber die neu eingeführte Sperrfrist zu beachten ist.

Darüber hinaus – und dies führt zu den Anfängen des Rechtsinstituts zurück – hat man sich bei den Folgefragen der Erbauseinandersetzung immer wieder die Grundsätze der BFH-Leitentscheidung zu vergegenwärtigen, denen zufolge

- die Auseinandersetzung in **Höhe der Erbquote** nur den gesetzlichen Auseinandersetzungsanspruch nach § 2042 BGB konkretisiert und insoweit **unentgeltlich** erfolgt (Tz. 10 des BMF-ErbA sowie BFH vom 05.07.1990, BStBl II 1990, 837);
- **Abfindungszahlungen** nur dann (und insoweit) als **entgeltliche** Anschaffung (Veräußerung) zu werten sind, als sie das »Mehr« ausgleichen, das der einzelne Miterbe an gegenständlicher Zuwendung erhalten hat(Tz. 14 des BMF-ErbA);
- in die Entgeltsberechnung die Übernahme von **Nachlassverbindlichkeiten nicht** einzubeziehen ist (Tz. 14 des BMF-ErbA).

Von diesen »ehernen« Grundsätzen scheint der BFH (IX. Senat) im Urteil vom 14.12.2004 (BB 2005, 600) abweichen zu wollen. Im Streitfall übernahm der Kläger (Mitglied der Erbengemeinschaft) ein zusätzliches Grundstück gegen ausschließliche Übernahme von Verbindlichkeiten, die auf dem Grundstück lasteten. Sein Bruder (der zweite Partner der Miterbengemeinschaft) wurde von den Schulden freigestellt. Bezüglich der anderen Nachlassobjekte erfolgte eine adäquate erbquotale Aufteilung zu je 1/2. Der IX. Senat bezog die Schulden in die AfA-Bemessungsgrundlage nach § 7 Abs. 4 EStG mit ein und bezog sich dabei u. a. auf § 255 HGB. Den Unterschied zur bisherigen o. g. Rechtsauffassung begründete der IX. Senat damit, dass mit einer **überquotalen** Schuldübernahme die **überquotale** Vorteilszuwendung verbunden sei.

M.E. kann der Entscheidung gefolgt werden, aber unter einem anderen rechtlichen Blickwinkel. Im vorliegenden Fall scheinen sich die Erben über die Teilungsanordnung einvernehmlich hinweggesetzt zu haben. Insoweit kann von einem entgeltlichen Anschaffungsvorgang beim Objekterwerber gesprochen werden, der in der Person des weichenden Miterben, der von der Schuld freigestellt wurde, wegen § 11d EStDV (keine Realisation bei Privatvermögen; Ausnahme: § 23 EStG) zu keiner Steuer führt.

3.6.3.4.2 Realteilung (Privatvermögen) ohne Abfindungszahlung

Obwohl rein terminologisch der aus dem Recht der PersGes entlehnte Begriff der Realteilung auf die Erbauseinandersetzung mit ausschließlichem Privatvermögen nicht passt, wird er auch hier als funktionstechnischer Begriff verwendet.

Beispiel
E1 und E2 erhalten i.R.d. Auseinandersetzung je ein Mietshaus;
E1 bekommt den privaten Grundbesitz und E2 einen 20%igen GmbH-Geschäftsanteil.
Beiden Fällen ist gemein, dass kein steuerverhaftetes Betriebsvermögen zugeteilt wird.

Lösung
E1 und E2 führen jeweils die Steuerwerte der Miterbengemeinschaft bzw. des Erblassers (doppelt unentgeltlicher Erwerb) nach § 11d EStDV fort. Dabei sind auch die GmbH-Anteile nach § 11d EStDV »steuerverhaftet« i.S.d. § 17 bzw. § 23 EStG, da § 16 Abs. 3 Satz 2 EStG nur das Betriebsvermögen erfasst. Es liegen mit der Übernahme auch keine Anschaffungsvorgänge i.S.d. vorgenannten Bestimmungen vor, die eine spätere potenzielle Steuer auslösen können.

3.6.3.4.3 Realteilung (Privatvermögen) mit Abfindungszahlung

Auch im Privatvermögen werden die Teilungsobjekte nur selten den identischen Wert haben oder immer mit der Erbquote übereinstimmen. Nur i.H.d. Abfindungszahlungen entstehen AK; insoweit liegt ein Anschaffungsvorgang vor, der einen neuen Lauf der Besitzzeiten i.S.d §§ 17, 23 EStG auslöst.

Hinsichtlich der erbquotal übernommen Werte kommt es zur Kontinuität nach § 17 Abs. 1 Satz 4 EStG sowie § 23 Abs. 1 Satz 3 EStG.

3.7 Fazit/Gestaltungshinweise

Die Ausgangslage bei der (teil-)unentgeltlichen Übertragung von GmbH-Geschäftsanteilen ist identisch mit der bei Generationennachfolge im Allgemeinen: Einerseits gibt es Vermögen mit einer unterschiedlichen steuerlichen Vor- und Nachbelastung (Betrieb, betriebliche Einzel-WG und Privatvermögen) und andererseits sind mehrere potenzielle Übernehmer vorhanden.

Die Idealvorstellung des BGB (einheitlicher Übergang des Gesamtvermögens auf alle Nachkommen) und das steuerliche Optimum des steuerneutralen Übergangs lassen sich aus zeitlichen und psychologischen Gründen selten realisieren. Der verantwortliche bisherige Vermögensträger (»pater familias« oder – immer häufiger – »mater familias«) überträgt daher noch zu Lebzeiten das werthaltige Vermögen an den (oder die) geeigneten Übernehmer. Die »zu kurz« gekommenen Abkömmlinge werden zu Lebzeiten abgefunden (vorweggenommene Erbfolge). Kann der »alte« Vermögensträger nicht »loslassen«, nimmt ihm das Gesetz im Erbfall die Entscheidung nur vorläufig ab. In einem nächsten Schritt werden die Nachlassgegenstände entweder sofort (gegenständliche und personelle Teilerbauseinandersetzung) oder mit Beendigung der Erbengemeinschaft »auseinandergesetzt«.

Von der Rechtsordnung werden verschiedene Instrumente für die Wunschvorstellung der Kontinuität des Übergangs bereitgehalten. Dies beginnt bei § 1922 (§ 1967) BGB, der Einzelübertragungen überflüssig macht. Steuerverfahrensrechtlich wird mit § 45 AO ebenfalls die Identität zwischen Vorgänger und Nachfolger beschworen. In materieller Hinsicht ermöglichen § 6 Abs. 3 EStG und § 11d EStDV undramatische Übergänge.

Die ersten Bruchstellen treten bei vereinbarten Kompensationsleistungen zugunsten der ausgeschlossenen Familienmitglieder auf (»Geld gegen Verantwortung«). In dem Augenblick, da den Ausgleichszahlungen steuerlicher Anschaffungscharakter zukommt, löst dies erstmalig Steuerfolgen aus. Die ursprüngliche Idylle im Bereich des Privatvermögens ist bei kurzfristigem Gestaltungsbedarf (fünf Jahre bei § 17 EStG und ein bzw. zehn Jahre bei § 23 EStG für die wichtigsten Güter) seit 2001 empfindlich gestört und in den Folgen der Übertragung im betrieblichen Bereich angenähert.

Im Bereich der vorweggenommenen Erbfolge bieten sich wiederkehrende Versorgungsleistungen als Gestaltungsinstrument zur Vermeidung der Realisation, d. h. der Aufdeckung etwaiger stiller Reserven, an. Eine etwaige Schuldübernahme (ausgenommen: Betriebsschulden bei übernommenen Funktionseinheiten) löst, ähnlich wie Direktzahlungen, bereits einen Anschaffungsvorgang aus. Die Soll-Bruchstelle der privaten wiederkehrenden Versorgungsleistungen als ein teilentgeltlicher oder ein teilunentgeltlicher Übertragungsvorgang hat die Verwaltung mit der Übertragungs-Gruppe »Typus 2« zu kitten versucht. Dem Lösungsansatz ist der GrS mit zwei Entscheidungen aus dem Jahr 2003 nicht gefolgt. Die Verwaltung hat ihn ebenfalls im Jahr 2004 abgelehnt.

Im Erbfall bleibt es nur im konfliktfreien Alleinerbfall bei der o. g. Kontinuitätslösung. Dies betrifft jedoch uneingeschränkt nur das »Hauptkompetenzobjekt« und die unmittelbar anknüpfenden Steuergrößen.

Bei der später erfolgenden Aufteilung des Nachlassvermögens steht bei einem Nachlassbetrieb die »geborene Unternehmerschaft« aller Miterben seit 1990 (durch BFH-Entscheidung bzw. seit 1993 durch BMF-Schreiben) im Vordergrund. Damit unterliegt das marktwirtschaftliche Ausscheiden eines der Miterben immer dem Realisationszwang (§ 16 Abs. 1 Nr. 2 EStG). Eine steuerschonende Ausnahme bildet dabei nur die Aufteilung der Nachlassmasse in betriebliche Einheiten (wie z. B. den zu 100 % betrieblichen GmbH-Geschäftsanteilen) nach dem Vorbild der Realteilung. Der ursprünglich wegen des Dualismus der Einkunftsarten gravierende Nachfolgenachteil für betriebliche Einheiten ist durch die Anwendung des Einheitsprinzips (hier verwendet für »Einheitstheorie«) in den Rechtsfolgen gemildert worden. Einen gewissen Ausgleich – gegenüber der grundsätzlichen Bevorzugung – leistet im Privatvermögen (Regelfall der übertragenen GmbH-Geschäftsanteile, die sich im Privatvermögen befinden) das Trennungsprinzip. Beide Prinzipien spielen im quantifizierenden Teil der Rechtsnachfolge vor allem wegen der grundsätzlich teilentgeltlichen Ausgleichsleistungen eine große Rolle und führen der Höhe nach zu unterschiedlichen Ergebnissen, je nachdem ob Betriebs- oder Privatvermögen betroffen ist. Der noch im Jahre 1990 erhobene Vorwurf der Rechtsfolgendivergenz, wonach bei größerer zeitlicher Entfernung vom eigentlichen Erbfall (d. h. bei der vorweggenommenen Erbfolge sowie bei der Schlusserbauseinandersetzung) eher das neutrale Kontinuum erreicht werden konnte als beim Erbfall unmittelbar bzw. bei sofortiger Personenstandsveränderung bei bestehender Miterbengemeinschaft, greift heute nicht mehr.

Teil V Die GmbH im Unternehmensverbund

1 Organschaft

1.1 Begriff

Bei der Organschaft ist zunächst einmal zwischen der umsatzsteuerlichen und der ertragsteuerlichen Organschaft zu unterscheiden. Im Folgenden soll ausschließlich auf die ertragsteuerliche Organschaft (§§ 14 ff. KStG) eingegangen werden.

Im Ertragsteuerrecht liegt eine Organschaft vor, wenn sich eine KapGes (sog. Organgesellschaft) verpflichtet, ihren gesamten Gewinn an eine beherrschende Muttergesellschaft (sog. Organträger) abzuführen. In der Folge ist das Einkommen der Organgesellschaft vom Organträger als eigenes Einkommen zu versteuern.

1.2 Die Organschaft im Körperschaftsteuerrecht

1.2.1 Allgemeines

Nach dem im deutschen Einkommen- und Körperschaftsteuerrecht herrschenden Subjektsteuerprinzip muss das Einkommen von demjenigen versteuert werden, der dieses erzielt hat. Eine Ausnahme von diesem Grundsatz besteht jedoch bei einer Organschaft. Durch das Rechtsinstitut der Organschaft wird das von einer Organgesellschaft erzielte (positive oder negative) Einkommen dem Organträger unmittelbar zugerechnet und unterliegt ausschließlich bei diesem – ggf. nach Verrechnung mit eigenem Einkommen – der Besteuerung.

Daher können z. B. Verluste der Organgesellschaft phasengleich beim Organträger ausgenutzt werden und müssen nicht nach § 10d EStG zurück- oder vorgetragen werden. Ein weiterer Vorteil der Organschaft liegt z. B. darin, dass die Gesellschafter eines Organträgers, der eine PersGes ist, nach § 35 EStG die GewSt bei ihrer persönlichen ESt anrechnen lassen können.

Die organschaftsteuerlichen Regelungen befinden sich in §§ 14–19 KStG. Darüber hinaus existieren ergänzende Regelungen in § 27 Abs. 6 KStG, § 37 Abs. 3 Satz 2 und 3 KStG, § 3c Abs. 2 Satz 3 EStG, § 32b Abs. 1a EStG sowie in § 44 Abs. 7 EStG.

1.2.2 Persönliche Voraussetzungen

1.2.2.1 Die Organgesellschaft

1.2.2.1.1 Person

Die §§ 14 und 17 KStG regeln abschließend, welche Gesellschaftsform eine Organgesellschaft haben muss. Nach § 14 Abs. 1 Satz 1 KStG kommen nur die Europäische Gesellschaft (Societas Europea), die Aktiengesellschaft oder die Kommanditgesellschaft auf Aktien in Frage. § 17 KStG erweitert den Kreis auf »andere Kapitalgesellschaften«, also insbesondere die GmbH. Gesellschaftsformen eines Mitgliedstaats der EU, die einer deutschen KapGes vergleichbar sind und im Übrigen die Voraussetzungen des § 14 Abs. 1 Satz 1 KStG erfüllen, müssen aufgrund des europäischen Diskriminierungsverbots als Organgesellschaft ebenfalls anerkannt werden. Einen Überblick über europäische Rechtsformen, die einer deutschen KapGes vergleichbar sind, gibt das BMF in den Tabellen 1 und 2 im Anhang zu dem sog. Betriebsstättenerlass (BMF vom 24.12.1999, BStBl I 1999, 1076).

Problematisch ist, ob die Unternehmergesellschaft (§ 5a GmbHG) Organgesellschaft sein kann. Dafür spricht, dass die Unternehmergesellschaft unzweifelhaft eine »andere KapGes« i.S.d. § 17 KStG darstellt. Dagegen spricht aber, dass die Unternehmergesellschaft nach § 5a Abs. 3 GmbHG ein Viertel ihres Jahresüberschusses in eine gesetzliche Rücklage einstellen muss und daher nicht ihren gesamten Gewinn abführen kann (ausdrückliches Erfordernis des § 14 KStG). Demgegenüber lässt sich einwenden, dass auch die Aktiengesellschaft nach § 150 AktG eine gesetzliche Rücklage bilden muss. Dieses Argument scheint uns aber insoweit nicht entscheidend, weil die Aktiengesellschaft (im Gegensatz zur Unternehmergesellschaft) in § 14 KStG ausdrücklich aufgeführt ist. Man wird daher die Unternehmergesellschaft nach derzeitigem Recht nicht als Organgesellschaft anerkennen können.

Unstreitig kommen nach dem eindeutigen Wortlaut des § 17 KStG alle anderen juristischen Personen als Organgesellschaft nicht in Betracht. Daher kann z. B. weder eine Genossenschaft, noch ein Versicherungsverein auf Gegenseitigkeit, noch ein eingetragener Verein oder eine Stiftung Organgesellschaft sein. Als Organgesellschaften sind ebenfalls alle PersGes (auch die GmbH & Co. KG) ausgeschlossen.

Bis zum Unternehmensteuerreformgesetz 2013 musste die Organgesellschaft nach § 14 Abs. 1 KStG Geschäftsleitung **und** Sitz im Inland haben. Diese Regelung war europarechtlich höchst umstritten (vgl. den mittlerweile überholten Erlass des BMF vom 28.03.2011, BStBl I 2011, 300 m.w.N.).

Durch das Unternehmensteuerreformgesetz 2013 wurde § 14 Abs. 1 KStG geändert. Die Organgesellschaft muss nun die **Geschäftsleitung** im Inland haben (damit ist sie nach § 1 KStG unbeschränkt körperschaftsteuerpflichtig). Der **Sitz** der Organgesellschaft kann sich auch in einem Mitgliedstaat der Europäischen Union oder in einem Vertragsstaat des Abkommens über den europäischen Wirtschaftsraum befinden. Die Neuregelung ist nach § 34 Abs. 9 Nr. 8 KStG auf alle noch offenen Fälle anzuwenden.

1.2.2.1.2 Art der Tätigkeit

Grundsätzlich ist die Art der Tätigkeit der Organgesellschaft irrelevant. Dementsprechend können sowohl vermögensverwaltend tätige als auch reine Komplementär- KapGes als Organgesellschaft fungieren.

1.2.2.2 Der Organträger

1.2.2.2.1 Person

Organträger kann nach § 14 Abs. 1 Nr. 2 KStG sowohl eine natürliche Person als auch eine Personengesellschaft oder eine nicht von der KSt befreite Körperschaft, Personenvereinigung oder Vermögensmasse sein. Der Organträger muss über eine inländische Betriebsstätte verfügen, der das Einkommen der Organgesellschaft zugerechnet werden kann (Verhinderung der Verlagerung von Gewinnen ins Ausland).

1.2.2.2.2 Art der Tätigkeit

Der Organträger muss ein einziges »gewerbliches Unternehmen« sein. Ein gewerbliches Unternehmen liegt vor, wenn die Voraussetzungen des § 2 GewStG erfüllt sind (BMF vom 26.08.2003, BStBl I 2003, 437, Rz. 2).

Eine GmbH ist kraft Rechtsform unabhängig von ihrer Tätigkeit stets ein Gewerbebetrieb (§ 2 Abs. 2 Satz 1 GewStG).

Bei einer PersGes ist zu beachten, dass diese nur dann Organträger sein kann, wenn sie selbst eine eigene gewerbliche Tätigkeit i.S.d. § 15 Abs. 1 Nr. 1 EStG ausübt (§ 14 Abs. 1 Satz 1 Nr. 2 Satz 2 KStG). Eine geringfügige, aber nicht untergeordnete gewerbliche Tätigkeit ist dabei ausreichend (vgl. BMF-Schreiben vom 10.11.2005, BStBl I 2005, 1038, Rz. 17). Eine gewerblich geprägte PersGes i.S.d. § 15 Abs. 3 Nr. 2 EStG kann nach dem eindeutigen Wortlaut des § 14 Abs. 1 Nr. 2 KStG nicht als Organträger fungieren (vgl. BMF vom 10.11.2005, BStBl I 2005, 1038, Rz. 15).

Eine Organschaft zu mehreren Organträgern ist ausgeschlossen, da Organträger nur ein »einziges« Unternehmen sein kann. Damit soll die Bildung von Mehrmütterorganschaften vermieden werden, die in der Vergangenheit zulässig waren. Eine Mehrmütterorganschaft lag vor, wenn sich mehrere Unternehmen zu einer Willensbildungs-GbR zusammengeschlossen haben, um ein Organschaftsverhältnis zu einer Organgesellschaft zu begründen.

Eine atypische stille Gesellschaft kann nach strittiger Auffassung ebenfalls nicht Organträger sein, denn die finanzielle Eingliederung setzt voraus, dass sich die Anteile an der Organgesellschaft im Gesamthandsvermögen der PersGes befinden (BMF vom 10.11.2005, BStBl I 2005, 1038, Rz. 13). Bei dieser Innengesellschaft besteht jedoch keine gesamthänderische Bindung des Vermögens.

1.2.3 Sachliche Voraussetzungen

1.2.3.1 Finanzielle Eingliederung

1.2.3.1.1 Grundsatz

Die Organgesellschaft muss in das Unternehmen des Organträgers finanziell eingegliedert sein. Dem Organträger muss die Mehrheit der Stimmrechte an der Organgesellschaft zustehen, sodass der Organträger seinen Willen in der Haupt- bzw. Gesellschafterversammlung der Organgesellschaft durchsetzen kann (vgl. § 14 Abs. 1 Nr. 1 KStG).

Die finanzielle Eingliederung muss jedoch nicht zwingend aufgrund einer unmittelbaren Beteiligung erfüllt sein. Auch mittelbare Beteiligungen sind zu berücksichtigen, wenn die Beteiligung an jeder vermittelnden Gesellschaft die Mehrheit der Stimmrechte gewährt (Additionsgebot). Eine Organschaft ist danach auch möglich, wenn der Organträger keine unmittelbare Beteiligung hält, sondern lediglich mittelbar beteiligt ist (sog. mittelbare Organschaft). Nach Auffassung der Finanzverwaltung wird bei der mittelbaren Beteiligung aber nur die »durchgerechnete« Quote berücksichtigt (vgl. R 57 KStR Beispiel 3). Dementsprechend soll nur dann eine finanzielle Eingliederung vorliegen können, wenn die »durchgerechnete Quote« zzgl. der Quote an der unmittelbaren Beteiligung mehr als 50 % der Stimmrechte vermittelt.

Beispiel

Die MG ist zu 60 % an der TG beteiligt. Die TG ist an der EG zu 75 % beteiligt. Die Stimmrechte entsprechen der Beteiligungsquote.

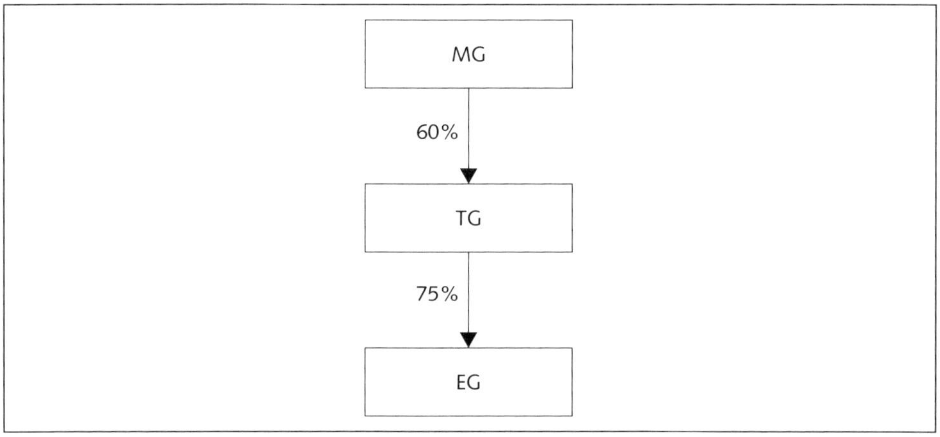

Lösung

Es sind die EG in die TG aufgrund der unmittelbaren Beteiligung der TG sowie die TG in die MG aufgrund der unmittelbaren Beteiligung der MG finanziell eingegliedert. Dementsprechend wäre jeweils eine Organschaft möglich (sog. doppelstöckige Organschaft bzw. oder Organschaftskette).

Eine Organschaft zwischen der EG und der MG ist dagegen nicht möglich, da die EG nicht in die MG finanziell eingegliedert ist. Zwar kann die MG ihren Willen über die TG durchsetzen, jedoch hält die MG nur eine mittelbare »durchgerechnete« Quote i.H.v. (60 % von 75 % =) 45 %.

Hinweis

Im vorliegenden Sachverhalt ließe sich das erwünschte Ergebnis über eine doppelstöckige Organschaft (Organschaft zwischen EG und TG sowie zwischen TG und MG) erreichen. Alternativ könnte die TG an die MG einen 15 %igen Anteil an der EG veräußern. Dieser Veräußerungsgewinn wäre vorbehaltlich des § 8b Abs. 4 KStG nach § 8b Abs. 2, 3 KStG zu 95 % steuerfrei.

Der Organträger muss lediglich über die Mehrheit der Stimmrechte an den vermittelnden Beteiligungen verfügen. Die Beteiligungsquote an der Organschaft ist insoweit irrelevant.

Beispiel

Die MG ist zu 100% an der TG 1 und TG 2 EG beteiligt. Die TG 1 ist an der EG zu 40% beteiligt. Die TG 2 ist an der EG zu 30%. Die Stimmrechte entsprechen der Beteiligungsquote.

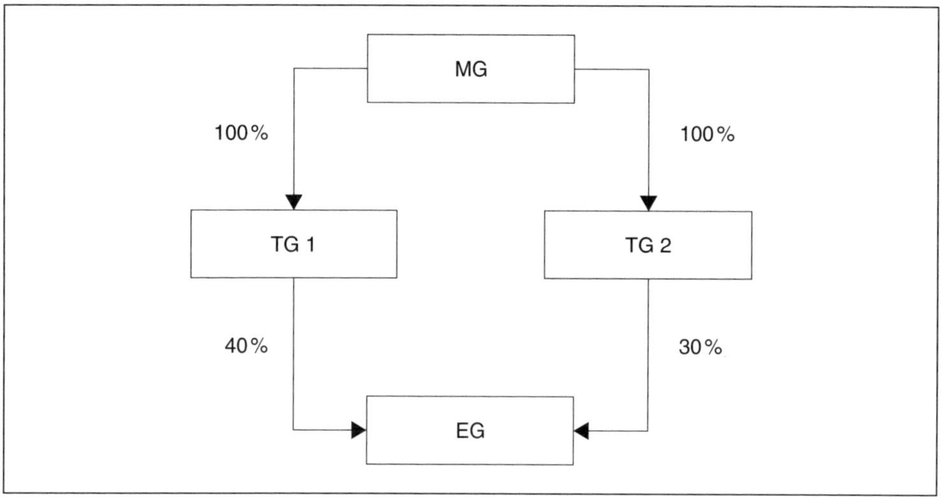

Lösung

Die MG hat die Mehrheit der Stimmrechte an der TG 1 und an der TG 2. Daher sind diese mittelbaren Beteiligungen zu berücksichtigen. Die MG ist mittelbar zu (40% + 30% =) 70% beteiligt. Damit ist die EG finanziell in die MG eingegliedert.

Die mittelbare Beteiligung ist auch dann zu berücksichtigen, wenn die vermittelnde Gesellschaft selbst nicht die Voraussetzungen einer Organschaft erfüllt (H 57 [Mittelbare Beteiligung] KStH).

Beispiel

Die MG ist an der ausländischen TG zu 100% beteiligt. Die TG ist an der EG zu 100% beteiligt.

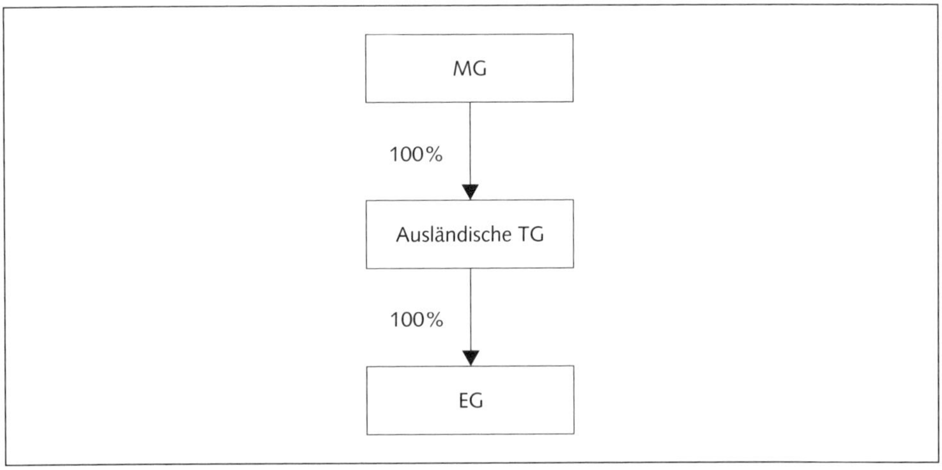

Lösung

Die MG hat die Mehrheit der Stimmrechte an der ausländischen TG, die grds. nicht Organgesellschaft sein kann. Daher ist diese mittelbare Beteiligung zu berücksichtigen. Die MG ist mittelbar zu 100% an der EG beteiligt. Damit ist die EG finanziell in die MG eingegliedert.

1.2.3.1.2 Finanzielle Eingliederung zu einer Personengesellschaft

Die finanzielle Eingliederung muss im Verhältnis zur PersGes bestehen (§ 14 Abs. 1 Satz 1 Nr. 2 Satz 3 KStG). Dementsprechend können nur solche Anteile berücksichtigt werden, die sich im Gesamthandsvermögen der PersGes befinden. Dabei kann es sich um unmittelbare oder um mittelbare Beteiligungen handeln. Anteile, die sich im SBV der Mitunternehmer befinden, bleiben unberücksichtigt (vgl. R 58 Satz 4 KStR).

Beispiel

Die PersGes ist an der TG zu 50% beteiligt. Ferner ist ein Mitunternehmer zu 50% an der TG beteiligt. Die Anteile dieses Mitunternehmers gehören zu seinem SBV.

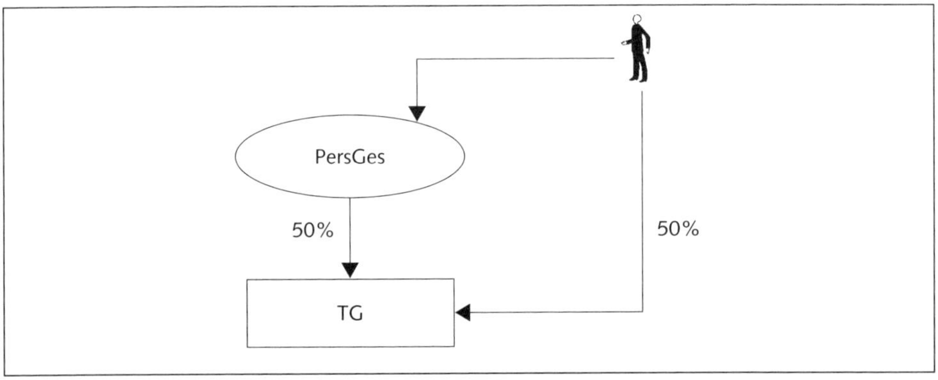

Lösung

Die PersGes ist zu 50% unmittelbar beteiligt. Die Anteile des Mitunternehmers sind nicht zu berücksichtigen. Dementsprechend liegt keine finanzielle Eingliederung vor.

Hinweis

In diesem Beispiel ließe sich die finanzielle Eingliederung steuerneutral nach § 6 Abs. 5 Satz 3 Nr. 2 EStG durch Übertragung von einem geringfügigen Anteil an der TG aus dem SBV in das Gesamthandsvermögen erreichen.

Da der PersGes eine gewisse Selbstständigkeit zugebilligt wird, berührt der Wechsel in der Gesellschafterstruktur die finanzielle Eingliederung nicht.

Beispiel

Die MG (PersGes) ist zu 100% an der TG beteiligt. An der MG sind A (60%) und B (40%) beteiligt. A veräußert im laufenden Wj. seinen Mitunternehmeranteil an C.

Lösung

Die finanzielle Eingliederung der TG in die MG wird durch den Gesellschafterwechsel nicht beeinflusst.

1.2.3.1.3 Zeitliche Voraussetzung

Die finanzielle Eingliederung muss vom Beginn des Wj. der Organgesellschaft ununterbrochen bestehen. Dies bedeutet, dass während des gesamten Wj. der Organgesellschaft die finanzielle Eingliederung bestehen muss. Es reicht aus, wenn die Voraussetzungen lediglich in einem Rumpf-Wj. vorliegen (R 59 Abs. 1 KStR).

Veräußert der Organträger die Anteile an der Organgesellschaft im Laufe des Wj., kann eine Organschaft frühestens ab dem nächsten Wj. steuerlich anerkannt werden, da die ununterbrochene finanzielle Eingliederung im laufenden Wj. nicht erfüllt werden kann. Um die Organschaft dennoch frühzeitig – in der Praxis häufig zum Zeitpunkt der Veräußerung – zu ermöglichen, kann die Organgesellschaft das Wj. auf ein abweichendes Wj. umstellen (R 59 Abs. 2 Satz 3 KStR). Die nach § 7 Abs. 4 Satz 3 KStG notwendige Zustimmung des FA ist uneingeschränkt zu erteilen (R 59 Abs. 3 Satz 1 KStR).

Hinweis

Die steuerliche Anerkennung der Umstellung des Wj. setzt voraus, dass die Umstellung handelsrechtlich wirksam ist. Die Änderung des Gesellschaftsvertrags der Organgesellschaft muss daher vor Beginn des neuen Wj. (d. h. vor dem Ende des entstehenden Rumpf-Wj.) notariell beurkundet und in das HR eingetragen werden. Verzögerungen des Eintragungsverfahrens gehen grds. zu Lasten der beteiligten Personen. Häufig sind die FA aber großzügig und lassen es ausreichen, wenn die notwendigen Unterlagen nachweislich zeitnah vor dem Ende des Rumpf-Wj. dem Handelsregister eingereicht wurden.

1.2.3.2 Der Gewinnabführungsvertrag

1.2.3.2.1 Zivilrechtliche Wirksamkeit

Die Organschaft setzt einen zivilrechtlich wirksamen Gewinnabführungsvertrag voraus. Hinsichtlich der zivilrechtlichen Wirksamkeit ist danach zu differenzieren, welche Rechtsform die Organgesellschaft hat:

- **AG oder KGaA**
  Für AG bzw. KGaA existiert ein umfassendes Gewinnabführungsvertragsrecht (§§ 291 ff. AktG). Es sind folgende Formalien zu beachten:
  - der Gewinnabführungsvertrag (§ 291 Abs. 1 Satz 1 AktG) bedarf der Schriftform (§ 293 Abs. 2 AktG);
  - er bedarf der Zustimmung der Hauptversammlung der Untergesellschaft (Organgesellschaft) mit einer Mehrheit von 3/4 des bei Beschlussfassung vertretenen Grundkapitals (§ 293 Abs. 1 Satz 1 AktG);
  - der Gewinnabführungsvertrag muss einen angemessenen Ausgleich für außenstehende Gesellschafter (sog. Ausgleichszahlung) vorsehen (§ 304 Abs. 1 Satz 1 AktG);
  - der Zustimmungsbeschluss der Hauptversammlung der Untergesellschaft bedarf der notariellen Beurkundung (§ 130 Abs. 1 AktG);
  - es bedarf zusätzlich der Zustimmung der Hauptversammlung der Hauptgesellschaft (Organträger) mit einer Mehrheit von 3/4 des bei Beschlussfassung vertretenen Grundkapitals (§ 293 Abs. 2 AktG); dies gilt nach der BGH-Rechtsprechung auch für eine GmbH als Hauptgesellschaft;
  - der Gewinnabführungsvertrag wird mit Eintragung in das HR der Untergesellschaft zivilrechtlich wirksam (§ 294 Abs. 2 AktG). Nicht notwendig ist die Eintragung in das HR der Hauptgesellschaft.

Vereinfachungen bestehen bei einer eingegliederten AG (§ 324 AktG).

- **GmbH**
  Das GmbHG enthält keine vergleichbaren Vorschriften zum Gewinnabführungsvertrag. Dennoch ist anerkannt, dass sich auch eine GmbH verpflichten kann, ihren Gewinn an ein anderes Unternehmen abzuführen. In der zivilrechtlichen Lehre und Rechtsprechung haben sich folgende formale Grundsätze herausgebildet:
  - der Gewinnabführungsvertrag bedarf der Schriftform;
  - es bedarf der Zustimmung der Gesellschafterversammlung der Untergesellschaft mit einer Mehrheit von 3/4 (§ 53 Abs. 2 GmbHG);
  - der Zustimmungsbeschluss der Untergesellschaft bedarf der notariellen Beurkundung (§ 53 Abs. 2 Satz 1 GmbHG);
  - es bedarf zusätzlich der Zustimmung der Hauptversammlung der Hauptgesellschaft mit einer 3/4-Mehrheit;
  - der Gewinnabführungsvertrag wird mit Eintragung in das HR der Untergesellschaft zivilrechtlich wirksam (§ 54 Abs. 1, 3 GmbHG, R 66 Abs. 1 Satz 1 KStR 2004).

Hinweis

Liegt kein zivilrechtlich wirksamer Vertrag vor, kann die Organschaft steuerlich nicht anerkannt werden. § 41 Abs. 1 Satz 1 AO greift hier nicht (H 66 [Zivilrechtlich unwirksamer Gewinnabführungsvertrag] KStH).

1.2.3.2.2 Umfang der Gewinnabführung bzw. Verlustübernahme

Die Organgesellschaft muss sich zur steuerlichen Anerkennung der Organschaft verpflichten, ihren »ganzen Gewinn« abzuführen (§ 14 Abs. 1 Satz 1, § 17 Satz 1 KStG). Gemeint ist hiermit der handelsrechtliche Bilanzgewinn. Der Umfang der Abführungsverpflichtung richtet sich teilweise nach dem AktG (für die AG und die KGaA) und teilweise nach dem KStG:

- **AG oder KGaA**

  Bei einer AG bzw. KGaA ergibt sich der Umfang der Abführungsverpflichtung aus § 301 AktG:

  Jahresüberschuss
  ./. Verlustvortrag aus vorvertraglicher Zeit
  ./. Zuführung zur gesetzlichen Rücklage (§ 300 AktG)
  \+ Auflösung in vertraglicher Zeit gebildeter Gewinnrücklagen
  = **Höchstbetrag der Gewinnabführung**

Aus Gründen des Minderheitenschutzes dürfen weder Rücklagen noch der Gewinnvortrag aus vorvertraglicher Zeit abgeführt werden. Die entsprechenden Beträge können nur ausgeschüttet werden (R 60 Abs. 4 KStR). Gleiches gilt für in der vertraglichen Zeit gebildete Kapitalrücklagen (BFH vom 08.08.2001, BStBl II 2003, 923 sowie BMF vom 27.11.2003, BStBl I 2003, 647).

Besteht ein Gewinnabführungsvertrag, führt dieser zwingend zu einer Verlustausgleichsverpflichtung des Organträgers (§ 302 AktG).

Bei einer eingegliederten AG gelten Sondervorschriften (§ 324 Abs. 2 AktG).

- **GmbH**

  Hinsichtlich des Umfanges der Abführungsverpflichtung existieren keine Regelungen im GmbHG. § 17 KStG setzt daher den aus steuerlicher Sicht notwendigen Umfang der Abführungsverpflichtung, der sich an den aktienrechtlichen Regelungen orientiert, in sehr formaler Weise fest. Insbesondere setzt ein wirksamer Gewinnabführungsvertrag auch die Vereinbarung der Verjährungsregelung des § 302 Abs. 4 AktG voraus (BFH vom 28.7.2010, I B 27/10, BStBl II 2010, 932).

  Die Organgesellschaft muss sich wirksam verpflichten, ihren »ganzen Gewinn i.S.d. § 14 KStG« abzuführen (§ 17 Satz 1 KStG), wobei die Gewinnabführung den in § 301 AktG genannten Betrag nicht überschreiten darf (§ 17 Satz 2 Nr. 1 KStG). Dementsprechend ermittelt sich der Höchstbetrag der Abführungsverpflichtung entsprechend dem der AG bzw. KGaA:

  Jahresüberschuss
  ./. Verlustvortrag aus vorvertraglicher Zeit
  \+ Auflösung in vertraglicher Zeit gebildete Gewinnrücklagen
  = **Höchstbetrag der Gewinnabführung**

  Es ist nicht notwendig, die Begrenzung der Gewinnabführung ausdrücklich in dem Gewinnabführungsvertrag aufzunehmen, da diese Begrenzung nur beim Vollzug des Gewinnabführungsvertrages zu beachten ist. Dagegen ist die Verlustübernahmeverpflichtung ausdrücklich zu vereinbaren (§ 17 Satz 2 Nr. 2 KStG). Nach § 17 Satz 2 Nr. 2 KStG in der Fassung des Unternehmensteuerreformgesetzes 2013 muss die Verlustübernahme durch Verweis auf die Vorschriften des § 302 AktG in seiner jeweils gültigen Fassung (dynamischer Verweis) vereinbart werden.

  Nach der bisherigen Fassung genügte eine Verlustübernahme entsprechend den Vorschriften des § 302 AktG (hierzu: BMF vom 19.10.2010, BStBl I 2010, 836). Die neue Regelung des § 17 Satz 2 Nr. 2 KStG ist nach § 34 Abs. 10b Satz 1 KStG auf Gewinnabführungsverträge anzuwenden, die nach dem 26.02.2013 abgeschlossen oder geändert wurden (Neuverträge). Für Altverträge gilt § 17 Satz 2 Nr. 2 KStG a.F. damit unverändert fort; ein Änderungsbedarf besteht für Altverträge daher grundsätzlich nicht.

Im Übrigen sieht § 34 Abs. 10b Satz 2 KStG für bestehende Gewinnabführungsverträge eine Amnestieregelung vor. Verträge, bei denen der Verweis auf § 302 AktG bereits nach der alten Fassung des § 17 Satz 2 Nr. 2 KStG nicht den steuerlichen Anforderungen entsprach, können durch eine bis zum 31.12.2014 erfolgende, § 17 Satz 2 Nr. 2 KStG n.F. Rechnung tragende Vertragsänderung mit Wirkung für Veranlagungszeiträume bis 2013 geheilt werden.

Da sich die Organgesellschaft verpflichten muss, ihren »ganzen Gewinn« abzuführen, darf aus steuerlichen Gründen der »Höchstbetrag der Gewinnabführung« nicht unterschritten werden. Eine Ausnahme ist lediglich für die Einstellung von Beträgen in die Gewinnrücklagen zulässig, soweit dies nach kaufmännischer Beurteilung wirtschaftlich begründet ist (§ 14 Abs. 1 Satz 1 Nr. 4 KStG). Für die Bildung dieser Gewinnrücklagen muss ein konkreter Anlass vorliegen, z. B. eine Betriebsverlegung, eine Kapazitätserweiterung oder Kapazitätsausweitung (R 60 Abs. 5 Nr. 3 KStR). Damit ermittelt sich der steuerlich notwendige Umfang der Gewinnabführung wie folgt:

Jahresüberschuss
./. Verlustvortrag aus vorvertraglicher Zeit
./. Zuführung zur gesetzlichen Rücklage (bei einer AG bzw. KGaA)
./. Zuführung zur Gewinnrücklage (§ 14 Abs. 1 Satz 1 Nr. 4 KStG)
\+ Auflösung in vertraglicher Zeit gebildeter Gewinnrücklagen
= Umfang der Gewinnabführung

1.2.3.2.3 Mindestvertragsdauer

Der Gewinnabführungsvertrag muss für mindestens fünf Zeitjahre abgeschlossen werden (§ 14 Abs. 1 Satz 1 Nr. 3 Satz 1 KStG, R 60 Abs. 2 KStR; BFH vom 12.11.2011, BStBl II 2011, 727). Diese Mindestvertragszeit muss ausdrücklich in dem Gewinnabführungsvertrag geregelt sein.

Die Mindestvertragszeit beginnt mit dem Anfang des Wj., in dem erstmals die Rechtsfolgen der Organschaft eintreten (R 60 Abs. 2 KStR). Dies kann frühestens das Wj. sein, in dem der Gewinnabführungsvertrag wirksam wird (§ 14 Abs. 1 Satz 2 KStG).

Beispiel

Ein Gewinnabführungsvertrag wird im Jahr 2011 abgeschlossen und in 2012 in das HR eingetragen.

Lösung

Bei kalendergleichem Wj. der Organgesellschaft ist die Organschaft erst ab dem Wj. 2012 steuerlich anzuerkennen. Daher muss der Gewinnabführungsvertrag eine Mindestvertragsdauer bis zum 31.12.2016 beinhalten.

1.2.3.2.4 Durchführungsgebot

Innerhalb der Mindestvertragsdauer muss der Gewinnabführungsvertrag auch tatsächlich durchgeführt werden (§ 14 Abs. 1 Satz 1 Nr. 3 Satz 1 KStG). Dies bedeutet insbesondere, dass der handelsrechtlich zulässige Höchstbetrag als »gesamter Gewinn« tatsächlich abführt wird. Wenn weniger oder mehr als der zulässige Höchstbetrag abgeführt wird, liegt ein Verstoß gegen das Durchführungsgebot vor. Entsprechendes gilt hinsichtlich der Verlustübernahme. Ein Verstoß gegen das Durchführungsgebot liegt z. B. in den folgenden Fällen vor:

- Unterlassen des Ausgleichs eines vorvertraglichen Verlustvortrags mit dem laufenden Jahresüberschuss,
- Auflösung und Abführung vorvertraglicher Gewinnrücklagen,
- Verrechnung eines Aufwands mit einer vorvertraglichen Gewinnrücklage oder einem Gewinnvortrag,
- (steuerlich) unzulässige Bildung von Gewinnrücklagen,
- Verzicht auf die Gewinnabführung bzw. Verlustübernahme.

1.2.3.2.5 Beendigung

Die Beendigung des Gewinnabführungsvertrags nach Ablauf der Mindestvertragsdauer ist hinsichtlich der vorangegangen Veranlagungszeiträume unschädlich (R 60 Abs. 7 KStR). Eine vorzeitige Beendigung führt dagegen dazu, dass der Gewinnabführungsvertrag auch für die vorangegangenen Jahre als steuerlich nicht wirksam angesehen wird, es sei denn, für die Vertragskündigung liegt ein **wichtiger Grund** vor (§ 14 Abs. 1 Satz 1 Nr. 3 Satz 2 KStG, R 60 Abs. 6 Satz 5 KStR).

1.2.4 Grundzüge der Einkommensermittlung

1.2.4.1 Allgemeines

Die Organgesellschaft bleibt weiterhin ein eigenständiges Steuerrechtssubjekt. Die Organschaft führt lediglich dazu, dass das Einkommen der Organgesellschaft und des Organträgers beim Organträger zusammengerechnet wird. Daher ist das Einkommen jeweils getrennt nach allgemeinen Grundsätzen zu ermitteln, soweit keine speziellen Regelungen existieren (§ 15 KStG). Eine einzige Einkommensermittlung für alle im Organkreis beteiligten Personen erfolgt nicht. Dementsprechend kommt es auch nicht zu einer Aufwands- und Ertragskonsolidierung bzw. Zwischenergebniseliminierung. Folglich gehen auch die Ergebnisse aus Rechtsgeschäften zwischen der Organgesellschaft und dem Organträger vollumfänglich in die Besteuerung bei dem Organträger ein.

Beispiel

Die Organgesellschaft hat dem Organträger ein unbebautes Grundstück veräußert. Der entsprechende Veräußerungsgewinn ist in dem abzuführenden Jahresüberschuss enthalten.

Lösung
Maßgeblich für die Einkommensermittlung der Organgesellschaft ist das handelsbilanzielle Ergebnis, welches auch den Veräußerungsgewinn beinhaltet. Eine Korrektur bei der Einkommensermittlung erfolgt nicht. Dementsprechend hat der Organträger den Veräußerungsgewinn zu versteuern, obgleich sich im Organkreis vermögensmäßig nichts geändert hat.

1.2.4.2 Handelsbilanzielle Auswirkungen

In der Handelsbilanz ist die entsprechende Verbindlichkeit aufwandswirksam zu passivieren bzw. die Forderung ertragswirksam zu aktivieren (§ 266 Abs. 3 C Nr. 6, Abs. 2 B II Nr. 2 HGB). Die Forderung bzw. die Verbindlichkeit aus dem Gewinnabführungsvertrag entsteht mit Ablauf des Stichtags der Handelsbilanz der Organgesellschaft. Bei der Organgesellschaft ergibt sich aufgrund der Gewinnabführung bzw. der Verlustübernahme regelmäßig ein Jahresüberschuss von 0 €.

1.2.4.3 Getrennte Einkommensermittlung

Maßgeblich für die Gewinnermittlung der Organgesellschaft und des Organträgers ist das Ergebnis (Jahresüberschuss/Jahresfehlbetrag) lt. Handelsbilanz (§ 5 Abs. 1 EStG), welches ggf. noch an steuerbilanzielle Abweichungen anzupassen ist. Der Aufwand aus der Abführungsverpflichtung bzw. der Ertrag wird abweichend vom Handelsrecht steuerlich nicht anerkannt, sondern außerbilanziell korrigiert (R 61 Abs. 1 Satz 1 KStR), da ansonsten dem Organträger ein zu geringes Einkommen zugewiesen würde.

Bei dem Organträger wurde der Jahresüberschuss aufgrund der Gewinnabführung bzw. der Verlustübernahme beeinflusst. Bei der Einkommensermittlung des Organträgers wird das Einkommen der Organgesellschaft hinzugerechnet, welches ebenfalls den Betrag der Gewinnabführung bzw. der Verlustübernahme beinhaltet. Zur Vermeidung einer doppelten Erfassung diese Betrages muss der entsprechende Ertrag bzw. der Aufwand außerbilanziell korrigiert werden (R 61 Abs. 1 Satz 2 KStR).

Beispiel
Die Organgesellschaft erzielt einen Jahresüberschuss i.H.v. 0 €. Darin enthalten sind nicht abziehbare BA i.H.v. 10.000 € sowie eine steuerfreie Einnahme (Investitionszulage) i.H.v. 30.000 €. Die entsprechende Verbindlichkeit aus dem Gewinnabführungsvertrag i.H.v. 120.000 € wurde ertragswirksam passiviert.
Der Organträger (GmbH) erzielt einen Jahresüberschuss i.H.v. 150.000 €. Darin enthalten ist ein Ertrag i.H.v. 120.000 €, der aus der Buchung der Forderung aus dem Gewinnabführungsvertrag resultiert.

Lösung

Es ergeben sich folgende Einkommensermittlungen (vereinfachende Darstellung):

1. Organgesellschaft

Jahresüberschuss	0 €
Gewinnabführungsverpflichtung	+ 120.000 €
Nichtabziehbare BA	+ 10.000 €
Steuerfreie Einnahmen	./. 30.000 €
Einkommen	100.000 €
Dem Organträger zuzurechnendes Einkommen	./. 100.000 €
Einkommen/zvE	**0**

2. Organträger

Jahresüberschuss	150.000 €
Gewinnabführung	./. 120.000 €
Zuzurechnendes Einkommen	+ 100.000 €
Einkommen/zvE	**130.000 €**

1.2.4.4 Ermittlungsschema

1.2.4.4.1 Ermittlungsschema bei der Organgesellschaft

Das Einkommen der Organgesellschaft ermittelt sich nach folgendem Schema:

Ergebnis lt. Handelsbilanz (im Regelfall 0 €)			....
Vermögensänderungen in der Steuerbilanz			+/./. ....
Ergebnis lt. Steuerbilanz			= ....
Aufwand wegen Gewinnabführung (bei Jahresüberschuss)			+ ....
Ertrag wegen Gewinnabführung (bei Jahresfehlbetrag)			....
Ausgleichszahlung			+ ....
Sonstige außerbilanzielle Korrekturen (s. R 29 KStR)			+/./. ....
Steuerlicher Gewinn/Summe der Einkünfte			= ....
Abzugsfähige Spenden			./. ....
Zwischenwert		....	....
Ausgleichszahlung	....		
20/17 Ausgleichszahlung	=		
Eigenes Einkommen	=	./.	
Dem Organträger zuzurechnendes Einkommen.	=	./.	
Gesamtbetrag der Einkünfte		=	
Einkommen			= ....
Zu versteuerndes Einkommen		=	

(Regelmäßig 0 €, Ausnahme bei Ausgleichszahlungen)

1.2.4.4.2 Ermittlungsschema beim Organträger

Das Einkommen des Organträgers (in der Rechtsform einer GmbH) ermittelt sich nach folgendem Schema:

Ergebnis lt. Handelsbilanz		....
Bildung von Ausgleichsposten in der Steuerbilanz (R 63 KStR)	+ /./.	....
Sonstige Vermögensänderungen in der Steuerbilanz	+ /./.	....
Ergebnis lt. Steuerbilanz	=	....
Ertrag wegen Gewinnabführung (bei Gewinnübernahme)	./.	....
Aufwand wegen Gewinnabführung (bei Ausgleich eines Jahresfehlbetrags)	+	....
Neutralisation Ausgleichsposten	+ /./.	....
Neutralisation vGA der Organgesellschaft (R 62 Abs. 2 KStR)	./.	....
Sonstige außerbilanzielle Korrekturen (s. R 29 KStR)	+ /./.	....
Steuerlicher Gewinn/Summe der Einkünfte	=	....
Abzugsfähige Spenden	./.	....
Einkommen der Organgesellschaft	+ /./.	....
Gesamtbetrag der Einkünfte	=	....
Einkommen	=	....
zu versteuerndes Einkommen	=	....

1.2.4.5 Verfahrensrecht

Nach bisherigem Recht wurde das Einkommen der Organgesellschaft nicht im Rahmen eines Grundlagenbescheids festgestellt. Die Übermittlung des Einkommens erfolgte vielmehr formlos vom Finanzamt des Organträgers. Dementsprechend konnten Einwendungen gegen die Höhe des Einkommens nur bei dem Finanzamt des Organträgers geltend gemacht werden (R 61 Abs. 6 Satz 1 KStR). War die Veranlagung des Organträgers bestandkräftig, konnten sich Änderungen des Einkommens aufgrund einer Betriebsprüfung bei der Organgesellschaft im Regelfall nicht mehr auf den Organträger auswirken (vgl. BFH vom 28.01.2004, BStBl II 2004, 539).

Mit Wirkung ab VZ 2014 wurde durch das Unternehmensteuerreformgesetz 2013 eine **gesonderte und einheitliche Feststellung** des dem Organträger zuzurechnenden Einkommens der Organgesellschaft eingeführt (§ 14 Abs. 5 KStG n.F.).

1.2.4.6 Zeitliche Zuordnung

Das Einkommen der Organgesellschaft ist dem Organträger unabhängig von der bilanziellen Erfassung der entsprechenden Forderung bzw. Verbindlichkeit aus dem Gewinnabführungsvertrag in dem Veranlagungszeitraum zuzurechnen, in dem das Wj. der Organgesellschaft endet (§ 14 Abs. 1 Satz 2 KStG, H 62 [Veranlagungszeitraum der Zurechnung] KStH). Es ist daher empfehlenswert, wenn im Organkreis ein einheitlicher Bilanzstichtag besteht.

Hinweis

In der Praxis wird regelmäßig darauf geachtet, dass im Organkreis ein einheitlicher Bilanzstichtag besteht, sodass ein zeitlicher Gleichlauf zwischen bilanzieller Ergebniszurechnung und steuerlicher Einkommenszurechnung besteht.

1.2.5 Besondere Problemfelder

1.2.5.1 Verlustvortrag/Verlustrücktrag

Verfügt die Organgesellschaft aus vororganschaftlicher Zeit über einen Verlustvortrag i.S.d. § 10d EStG, ist ein Verlustabzug nach § 10d EStG bei der Einkommensermittlung nicht zulässig (§ 15 Satz 1 Nr. 1 KStG). Dies bedeutet, dass der Verlustvortrag für die Zeit der Organschaft eingefroren bleibt. Dementsprechend wird dem Organträger ein höheres Einkommen zugerechnet, als ermittelt worden wäre, wenn es keine Organschaft gäbe.

Hinweis

Dieses für die beteiligten Personen nachteilige Ergebnis kann auch nicht durch Abschluss eines aufschiebend bedingten Gewinnabführungsvertrags erreicht werden. Die Registergerichte lehnen die Eintragung solcher Verträge ab, da der Gewinnabführungsvertrag einer Satzungsänderung gleichkommt und bedingte Satzungsänderungen nicht zulässig sind. Als Alternative bietet sich daher lediglich ein Hinausschieben durch Abwarten bis zum Verbrauch des Verlustvortrags an.

Das Ausgleichsverbot gilt nicht nur für die Fälle des § 10d EStG, sondern für alle Arten von Verlusten (z. B. §§ 2a EStG, 15 Abs. 4, 15a EStG).

Beispiel

Die Organgesellschaft hat eine Betriebsstätte im Staat X, aus der sich ein Verlust i.H.v. 100.000 € ergibt. Der Verlust ist nach § 2a Abs. 1 Satz 1 Nr. 2, Abs. 2 EStG nicht ausgleichsfähig. Der Organträger hat in demselben Staat ebenfalls eine Betriebsstätte, aus der sich ein Gewinn i.H.v. 150.000 € ergibt.

Lösung

Es erfolgt bei der Organgesellschaft und dem Organträger eine getrennte Einkommensermittlung. Bei der Einkommensermittlung der Organgesellschaft greift das Verlustausgleichsverbot des § 2a Abs. 1 Satz 1 Nr. 2, Abs. 2 EStG. Es erfolgt eine Verlustfeststellung nach § 2a Abs. 1 Satz 5 EStG für die Organgesellschaft i.H.v. 100.000 €.

Erzielt die Organgesellschaft nach Beendigung der Organschaft Verluste, so kann sie diese nur i.R.d. § 10d EStG in das Vorjahr rücktragen (BFH vom 12.12.2012, Az: I R 69/11).

Beispiel

Zwischen der OG-GmbH und der OT-KG bestand in den Jahren 02–05 eine Organschaft. Der Organschaftsvertrag wurde vorzeitig aus wichtigem Grund gekündigt. Im Jahr 06 erzielte die OG-GmbH einen Verlust. Die OG-GmbH wollte diesen Verlust in das Jahr 01 rücktragen (= letztes Jahr vor der Organschaft), da ein Rücktrag in das Jahr 05 keine Verrechnungsmöglichkeit bot (aufgrund der Organschaft war das Einkommen der Jahre 02–05 jeweils 0 €).

Der BFH sah aufgrund des eindeutigen Wortlauts des § 10d EStG keine Möglichkeit, dem Begehren der OG-GmbH nachzukommen. Ein Rücktrag war sonach nur in das Jahr 05 möglich, auch wenn dies steuerlich keine Vorteile bietet. Im Übrigen blieb der OG-GmbH der Verlustvortrag in künftige Wirtschaftsjahre.

1.2.5.2 Anteile an Kapitalgesellschaften

1.2.5.2.1 § 8b KStG

Die Regelungen des § 8b KStG sind bei der Ermittlung des Einkommens der Organgesellschaft nicht anzuwenden (§ 15 Satz 1 Nr. 2 KStG). Die entsprechenden Beträge gehen vielmehr in voller Höhe in die Einkommensermittlung der Organgesellschaft ein (sog. **Bruttomethode**). Das zugerechnete Einkommen ist daher nur ein Zwischenwert. Die endgültige Höhe des Einkommens hängt von der Rechtsform der empfangenden Person ab.

Beispiel

Die Organgesellschaft erzielt einen Jahresüberschuss i.H.v. 0 €. Der Jahresüberschuss wurde aufgrund der Buchung der Abführungsverpflichtung um 100.000 € gemindert. In dem Jahresüberschuss wurde ein Ertrag aus einer Gewinnausschüttung einer GmbH i.H.v. 60.000 € berücksichtigt. Die entsprechende GmbH-Beteiligung wurde fremdfinanziert. Insoweit sind Aufwendungen i.H.v. 20.000 € angefallen.

Der Organträger ist

a) eine GmbH,
b) eine natürliche Person,
c) eine PersGes, an der zu 60 % eine KapGes und zu 40 % eine natürliche Person beteiligt ist.

Lösung

Unabhängig von der Rechtsform des Organträgers ergibt sich bei der Organgesellschaft folgende Einkommensermittlung:

Ergebnis lt. Handelsbilanz/Steuerbilanz	0 €
Aufwand wg. Gewinnabführung	+ 100.000 €
Steuerlicher Gewinn/Summe der Einkünfte	100.000 €
Dem Organträger zuzurechnendes Einkommen	./. 100.000 €
Gesamtbetrag der Einkünfte	0 €
Einkommen/zu versteuerndes Einkommen	**0 €**

Gleichzeitig erfolgt eine Mitteilung darüber, dass in dem Einkommen i.H.v. 100.000 € Gewinnausschüttungen i.H.v. 60.000 enthalten sind, die zur Anwendung des § 8b Abs. 1, Abs. 5 KStG (bei KapGes) bzw. § 3 Nr. 40 Buchst. d EStG führen. Darüber hinaus werden auch die Beträge i.S.d. § 3c Abs. 2 EStG i.H.v. 20.000 € mitgeteilt.

Bei der Ermittlung des Gesamtbetrags der Einkünfte ist das zugerechnete Einkommen der Organgesellschaft anzusetzen und entsprechend zu modifizieren.

a) **GmbH**

zugerechnetes Einkommen		100.000 €
Anwendung des § 8b Abs. 1 KStG	./.	60.000 €
Anwendung des § 8b Abs. 5 KStG (5 % von 60.000 €)	+	3.000 €
verbleibendes zuzurechnendes Einkommen		**43.000 €**

b) **Natürliche Person**

zugerechnetes Einkommen		100.000 €
Anwendung des § 3 Nr. 40 Buchst. d EStG (60 % von 60.000 €)	./.	36.000 €
Anwendung des § 3c Abs. 2 EStG (60 % von 20.000 €)	+	12.000 €
verbleibendes zuzurechnendes Einkommen		**76.000 €**

c) **PersGes**

Bei der einheitlichen und gesonderten Gewinnfeststellung ist nach Auffassung der Finanzverwaltung ebenfalls die Bruttomethode anzuwenden. Dementsprechend erfolgt hier noch keine Korrektur, sondern erst auf der nachfolgenden Ebene der Mitunternehmer.

1.2.5.2.2 DBA-Schachteldividenden

Das Einkommen der Organgesellschaft wird vorbehaltlich organschaftlicher Sondervorschriften nach den allgemeinen körperschaftlichen Gewinnermittlungsgrundsätzen festgestellt. Dieses ermittelte Einkommen wird dem Organträger zugewiesen. Die entsprechenden Einkommensteile werden mit den »Merkmalen« der Organgesellschaft dem Organträger zugerechnet.

Da § 8b KStG bei der Einkommensermittlung nicht anwendbar ist (§ 15 Satz 1 Nr. 2 KStG), würden DBA-Regelungen hinsichtlich Gewinnausschüttungen wieder aufleben. Sieht ein DBA die Steuerfreiheit von Gewinnausschüttungen vor (sog. Internationales Schachtelprivileg), wären die entsprechenden Gewinnausschüttungen ohne Sondervorschrift bei der Einkommensermittlung der Organgesellschaft abzuziehen. Diese Steuerfreiheit könnte so auf den Organträger übertragen werden, was bei natürlichen Personen systemwidrig wäre. Zur Vermeidung dieses Ergebnisses wird die Anwendung des Schachtelprivilegs auf der Ebene der Organgesellschaft ausgeschlossen (§ 15 Satz 2 KStG). Dementsprechend können solche Schachteldividenden nicht steuerfrei weitergeleitet werden. Vielmehr sind die weitergeleiteten Gewinnausschüttungen beim Organträger nach § 8b Abs. 1, Abs. 5 KStG bzw. nach § 3 Nr. 40 Buchst. d EStG zu behandeln.

1.2.5.2.3 Körperschaftsteuer-Guthaben

KapGes, die bei der Systemumstellung der KSt über sog. EK 40 verfügten, erlangten einen Anspruch auf Minderung der KSt nach § 37 KStG. Der Anspruch war ursprünglich an die Ausschüttung von Dividenden geknüpft. Mit Gesetz vom 07.12.2006 wurde festgelegt, dass das Körperschaftsteuerguthaben letztmalig auf den 31.12.2006 ermittelt wird (§ 37 Abs. 4 KStG). Die Auszahlung des Guthabens erfolgt nach § 37 Abs. 5 KStG innerhalb eines Zeitraums von 2008-2017 in gleichen Jahresbeträgen.

Der Anspruch auf Auszahlung des KSt-Guthabens steht der Organgesellschaft – nicht dem Organträger – zu, weil das Guthaben nur aus vorvertraglichen Rücklagen der Organgesellschaft stammen kann (während des Bestehens einer Organschaft beträgt das Einkommen 0 €). Das KSt-Guthaben ist in der Handels-und Steuerbilanz zu aktivieren (BMF vom 14.01.2008, BStBl I 2008, 280). Der Anspruch auf Auszahlung des Körperschaftsteuerguthabens ist bei der jeweiligen Organgesellschaft zu erfassen. Ein durch die Aktivierung des abgezinsten Anspruchs erhöhtes handelsrechtliches Ergebnis der Organgesellschaft ist i.R.d. Ergebnisabführungsvertrags ebenso an den Organträger abzuführen wie Erträge aus einer späteren Aufzinsung und der Auszahlung der jährlichen Raten (Differenz zwischen der tatsächlichen Auszahlung und der Verringerung der abgezinsten Forderung).

1.2.5.3 Spenden

Der Spendenabzug ist bei der Organgesellschaft und dem Organträger selbstständig zu ermitteln. Bei Anwendung der einkommensbezogenen bzw. umsatz-, lohn- und gehaltsbezogenen Grenze i.S.d. § 9 Abs. 1 Nr. 2 KStG bzw. § 10b Abs. 1 EStG sind ausschließlich das eigene Einkommen bzw. die eigenen Umsätze, Löhne und Gehälter anzusetzen. Soweit die Spenden bei der Organgesellschaft wegen Überschreitung der Grenzen nicht abzugsfähig sind (sog. Spendenüberhang), kann der Betrag nicht beim Organträger abgezogen werden. Gleiches gilt für den Spendenüberhang beim Organträger. Zur Vermeidung einer doppelten Berücksichtigung des Einkommens der Organgesellschaft ist bei dem Organträger nur das eigene Einkommen anzusetzen (R 47 Abs. 5 Satz 2 KStR).

Hinweis

Da bei der Einkommensermittlung der Organgesellschaft § 8b KStG nicht zur Anwendung kommt, ergibt sich regelmäßig ein höheres Einkommen, als sich ohne Organschaft ergeben würde bzw. als tatsächlich beim Organträger der Besteuerung unterliegt. Damit könnte sich ein erhöhter Spendenabzug ergeben.

1.2.5.4 Ausgleichszahlungen

1.2.5.4.1 Zivilrechtliche Vorgaben

Durch die Verpflichtung der abhängigen Gesellschaft (Organgesellschaft), ihren ganzen Gewinn abzuführen, würden Gesellschafter außerhalb des Organkreises keinen Gewinnanteil in Form einer Dividende mehr erhalten. Zum Schutz der außenstehenden Gesellschafter sieht § 304 AktG vor, dass in dem Gewinnabführungsvertrag mit einer AG bzw. KGaA als abhängige Gesellschaft (Organgesellschaft) ein angemessener Ausgleich in Form einer Ausgleichszahlung aufzunehmen ist. Davon kann nur dann abgesehen werden, wenn im Zeitpunkt der Beschlussfassung der Hauptversammlung der abhängigen Gesellschaft (Organgesellschaft) kein außenstehender Aktionär existiert. Ein Gewinnabführungsvertrag ohne eine Regelung über eine Ausgleichszahlung ist nichtig (§ 304 Abs. 3 Satz 1 AktG).

Dabei ist zu beachten, dass nicht sämtliche Aktionäre außer dem, mit dem der Gewinnabführungsvertrag abgeschlossen wird, zu den außenstehenden Aktionären zählen. Vielmehr sind die Aktionäre der abhängigen Gesellschaft (Organgesellschaft) auszusondern, die zum herrschenden Unternehmen (Organträger) rechtlich und wirtschaftlich verbunden sind und somit von den Vorteilen des Gewinnabführungsvertrags partizipieren. Hierzu gehören Aktionäre, die zu 100% an dem herrschenden Unternehmen beteiligt sind bzw. an dem das herrschende Unternehmen zu 100% beteiligt ist sowie solche, mit denen ein Gewinnabführungsvertrag mit dem herrschenden Unternehmen geschlossen ist.

Noch nicht abschließend geklärt ist, ob ein Ausgleichsanspruch analog § 304 AktG bei einer GmbH als abhängige Gesellschaft (Organgesellschaft) in den Gewinnabführungsvertrag zwingend aufzunehmen ist. Die Rechtsprechung geht von einem Wahlrecht aus (vgl. BFH vom 04.03.2009, BStBl II 2010, 407). Wird mit einer GmbH als Organgesellschaft eine Ausgleichszahlung vereinbart, so unterliegt diese uneingeschränkt § 16 KStG.

Hinweis

Um die steuerliche Anerkennung der Organschaft nicht zu gefährden, sollte eine Regelung über die Ausgleichszahlung in den Gewinnabführungsvertrag aufgenommen werden oder es sollte, soweit es nur um die steuerliche Anerkennung geht, jeweils eine verbindliche Auskunft bei den zuständigen FA der Organgesellschaft und des Organträgers eingeholt werden.

1.2.5.4.2 Bemessung der Ausgleichszahlung

Die Höhe der jährlichen Ausgleichszahlung wird durch § 304 Abs. 2 AktG festgelegt. Grundsätzlich ist dabei von einem festen Ausgleich in Höhe eines voraussichtlichen durchschnittlichen Gewinnanteils je Aktie auszugehen (§ 304 Abs. 2 Satz 1 AktG). Ist der Organträger eine Aktiengesellschaft oder eine Kommanditgesellschaft auf Aktien, so kann gemäß § 304 Abs. 2 Satz 2 AktG auch eine Ausgleichszahlung in Höhe eines Prozentsatzes des Gewinns des Organträgers vereinbart werden.

Wird neben einem bestimmten Festbetrag ein zusätzlicher Ausgleich in der Höhe vereinbart, um die der hypothetische Gewinnanspruch des Außenstehenden ohne die Gewinnabführung den Festbetrag übersteigen würde, steht dies der körperschaftsteuerlichen Anerkennung eines Gewinnabführungsvertrags entgegen (BFH vom 04.03.2009, BStBl II 2010, 407). Eine derartige Orientierung am tatsächlichen Gewinn der Organschaft komme nach Ansicht des BFH einer hypothetischen Dividende gleich. Damit werde nicht der »ganze Gewinn« der Organgesellschaft i.S.d. § 14 Abs. 1 Satz 1 KStG an den Organträger abgeführt. Durch eine derartige Vereinbarung würden letztlich die Wirkungen des Gewinnabführungsvertrags wieder aufgehoben.

Diese Grundsätze hinsichtlich der Bemessung der Ausgleichszahlung gelten bei einer GmbH als Organgesellschaft gleichermaßen (BMF vom 16.04.1991, DB 1991, 1049 sowie vom 13.09.1991, DB 1991, 2110).

1.2.5.4.3 Fälligkeit und Anspruchsberechtigter

Die Ausgleichszahlung wird im Zeitpunkt der Feststellung des Jahresabschlusses der abhängigen Gesellschaft (Organgesellschaft) fällig. Hängt die Ausgleichszahlung dagegen vom Gewinn des herrschenden Unternehmens (Organträger) ab (§ 304 Abs. 2 Satz 2 AktG), wird die Ausgleichszahlung erst im Zeitpunkt des Gewinnverwendungsbeschlusses fällig, da erst zu diesem Zeitpunkt die Höhe des Gewinns feststeht.

Anspruchsberechtigt sind nur solche Personen, die im Zeitpunkt der Fälligkeit als außenstehende Gesellschafter anzusehen sind. Erwirbt z. B. ein nicht außenstehender Gesellschafter nach dem Ende des Wj. und vor dem Fälligkeitstag von einem außenstehenden Gesellschafter die Anteile, so hat der Erwerber keinen Anspruch auf eine Ausgleichszahlung. Erwirbt dagegen ein außenstehender Gesellschafter die Anteile von einem nicht außenstehenden Gesellschafter, hat der Erwerber einen Anspruch auf eine Ausgleichszahlung.

1.2.5.4.4 Handelsbilanzielle Auswirkungen

Hat die Organgesellschaft die Ausgleichszahlung zu leisten, ist in der Handelsbilanz der Organgesellschaft aufwandswirksam eine Rückstellung zu bilden. Maßgeblich für die Höhe sind die zum Bilanzstichtag vorhandenen außenstehenden Gesellschafter. Etwaige Änderungen der Anzahl der außenstehenden Gesellschafter bis zum Fälligkeitstag der Ausgleichszahlung berühren erst den nachfolgenden Jahresabschluss. Der Aufwand mindert den Betrag der Gewinnabführung bzw. erhöht den Betrag der Verlustübernahme.

Leistet der Organgesellschafter in der Rechtsform einer AG oder KGaA die Ausgleichszahlung, ist die Rückstellung ebenfalls erfolgswirksam zu bilden. Dabei ist aber zu beachten, dass eine Saldierung mit dem Ertrag aus der Gewinnabführung erfolgt (§ 158 Abs. 2 AktG).

Spezielle Vorschriften für eine GmbH für die Abbildung der Ausgleichszahlungen in der Handelsbilanz bestehen nicht.

1.2.5.4.5 Steuerliche Behandlung

Die Ausgleichszahlungen stellen einen Ersatz für die wegfallende Dividende dar. Wirtschaftlich handelt es sich dabei um von der Organgesellschaft erzielte Gewinne, die ausgeschüttet werden. Daher werden diese Ausgleichszahlungen steuerlich wie Gewinnausschüttungen behandelt.

Steuerrechtlich wird der Aufwand aufgrund der Ausgleichszahlung als nicht abzugsfähige Betriebsausgabe außerbilanziell bei der Einkommensermittlung hinzugerechnet (§ 4 Abs. 5 Nr. 9 EStG).

Die Organgesellschaft hat als eigenes Einkommen die »geleistete Ausgleichszahlung« zzgl. der Tarifbelastung i.S.d. § 23 Abs. 1 KStG (i.H.v. 15 % des zvE) zu versteuern. Dieses eigene Einkommen beträgt daher 20/17 der Ausgleichszahlung (§ 16 KStG). Ausgleichszahlungen sind in dem Wj. anzusetzen, für das sie gezahlt werden. Unerheblich ist, in welchem Wj. die Ausgleichszahlung tatsächlich geleistet wird.

Beispiel

Im Wj. 2013 wird die Ausgleichszahlung für das Wj. 2012 i.H.v. 6.000 € gezahlt. Für das Wj. 2013 fällt aufgrund des Wegfalls des einzigen außenstehenden Gesellschafters keine Ausgleichszahlung mehr an.

Lösung

Bei der KSt-Veranlagung 2012 der Organgesellschaft ergibt sich ein zvE i.H.v. (20/17 × 6.000 € =) 7.059 €. Bei der KSt-Veranlagung 2013 ergibt sich ein zvE i.H.v. 0 €.

Ist das dem Organträger zuzurechnende Einkommen negativ, erhöht sich der negative Betrag um das eigene Einkommen der Organgesellschaft. Verfügt die Organgesellschaft über einen Verlustvortrag i.S.d. § 10d EStG, kann das eigene Einkommen nicht um den Verlustvortrag gekürzt werden (§ 15 Satz 1 Nr. 1 KStG).

Beispiel

Die Organgesellschaft erzielt einen Jahresüberschuss i.H.v. 0 €. Der Jahresüberschuss wurde aufgrund der Buchung der Abführungsverpflichtung um 91.824 € gemindert. In dem Jahresüberschuss wurde ein Aufwand (Ausgleichszahlung) i.H.v. 6.000 € berücksichtigt. Ferner sind ein KSt-Aufwand i.H.v. 1.059 € sowie ein SolZ-Aufwand i.H.v. 58 € enthalten.

Lösung

Die Ausgleichszahlung muss nach § 16 KStG als eigenes Einkommen versteuert werden; dies sind hier (20/17 × 6.000 € =) 7.059 €. Darauf entfällt eine KSt i.H.v. 15%, somit (7.059 € × 15% =) 1.059 € und ein SolZ i.H.v. (1.059 € × 5,5% =) 58 €.

Somit ergibt sich ein Einkommen der Organgesellschaft i.H.v.:

Jahresüberschuss	0 €
Hinzurechnung der als Aufwand gebuchten Gewinnabführung	91.824 €
Hinzurechnung der als Aufwand gebuchten Ausgleichszahlung (§ 4 Abs. 5 Nr. 9 EStG)	6.000 €
Hinzurechnung der als Aufwand gebuchten KSt (§ 10 Nr. 2 KStG)	1.059 €
Hinzurechnung des SolZ	58 €
Einkommen	98.941 €

Dieses Einkommen wird i.H.v. 91.824 € dem Organträger zugerechnet. Somit verbleibt bei der Organgesellschaft ein Einkommen i.H.v. (98.941 € ./. 91.824 € =) 7.117 €. Nach Abzug der KSt (1.059 €) und des SolZ (58 €) steht der Organgesellschaft die Ausgleichszahlung i.H.v. 6.000 € zur Verfügung.

Diese Grundsätze gelten auch dann, wenn der Organträger die Ausgleichszahlung leistet (§ 16 Satz 2 KStG). Dementsprechend hat auch in diesem Fall die Organgesellschaft ein eigenes Einkommen i.H.v. 20/17 der Ausgleichszahlung zu versteuern (R 65 Abs. 2 Satz 3 KStR).

Die Ausgleichszahlung wird auf der **Ebene des Gesellschafters** wie eine Gewinnausschüttung (sonstige Leistung) behandelt und führt bei ihm zu Einnahmen nach § 20 Abs. 1 Nr. 1 EStG, die nach § 32d Abs. 1 EStG grundsätzlich der Abgeltungsteuer unterliegen. Die Organgesellschaft hat nach § 43 Abs. 1 Nr. 1 EStG i.V.m. § 43a Abs. 1 Nr. 1 EStG Kapitalertragsteuer i.H.v. 25% der Ausgleichszahlung zzgl. 5,5% SolZ und eventuelle Kirchensteuer einzubehalten. Die Kapitalertragsteuer ist nach § 44 Abs. 1 Satz 5 EStG in dem Zeitpunkt abzuführen, in dem die Kapitalerträge (Ausgleichszahlung) dem Gläubiger zufließen. Der nach § 44 Abs. 2 EStG abweichende Zuflusszeitpunkt gilt nur für Gewinnanteile, deren Ausschüttung beschlossen wurde, somit nicht für die im Voraus im Gewinnabführungsvertrag vereinbarten Ausgleichszahlungen.

1.2.5.5 Verdeckte Gewinnausschüttungen

1.2.5.5.1 Verdeckte Gewinnausschüttungen an den Organträger

Auch im Rahmen einer Organschaft kann eine vGA zwischen der Organgesellschaft und dem Organträger auftreten. Diese vGA führt jedoch nicht zu den normalen Besteuerungsfolgen, sondern wird als vorweggenommene Gewinnabführung behandelt (R 61 Abs. 4 Satz 1 KStR). Diese vorweggenommene Gewinnabführung ist als Einkommensverwendung bei der Einkommensermittlung der Organgesellschaft außerbilanziell hinzuzurechnen. Damit ergibt sich ein höheres, dem Organträger zuzurechnendes Einkommen. Zur Vermeidung einer Doppelerfassung erfolgt beim Organträger eine gegenläufige außerbilanzielle Korrektur, wenn die Vorteilszuwendung den Jahresüberschuss erhöht hat (R 62 Abs. 2 KStR).

Beispiel

Der Jahresüberschuss lt. Handelsbilanz der Organgesellschaft beträgt vor Buchung der Gewinnabführungsverpflichtung 100.000 €. Der Organträger hat der Organgesellschaft ein Darlehen i.H.v. 1 Mio. € zu einem Zinssatz von 10% überlassen, obgleich der angemessen Zinssatz 7% beträgt.

Lösung

Organgesellschaft

Es liegt eine vGA vor, die mit 30.000 € zu bewerten ist. Die vGA stellt eine vorweggenommene Gewinnabführung dar. Bei der Einkommensermittlung erfolgt eine außerbilanzielle Hinzurechnung um 30.000 €, sodass dem Organträger ein Einkommen i.H.v. 130.000 € zugerechnet wird.

Organträger

Bei der Einkommensermittlung erfolgt neben der Kürzung des Ertrags aus der Gewinnabführung i.H.v. 100.000 € eine Hinzurechnung des Einkommens der Organgesellschaft i.H.v. 130.000 €. Dabei ist aber zu beachten, dass der Jahresüberschuss des Organträgers um den Zinsertrag, der eine vGA darstellt, erhöht wurde. Damit wäre der Betrag i.H.v. 30.000 € doppelt erfasst. Daher erfolgt eine Kürzung des Einkommens um 30.000 €. Insgesamt ergibt sich aus der vGA keine »steuerbelastende« Einkommensauswirkung.

VGA, die im Zusammenhang mit Nutzungsüberlassungen, Dienstleistungen oder sofort abschreibungsfähigen WG stehen, führen im Organkreis zu keiner Einkommenserhöhung. Es wird lediglich das Einkommen der Organgesellschaft erhöht und das Einkommen des Organträgers gegenläufig verringert. Folglich können sich nur Auswirkungen auf den Spendenabzug ergeben, falls die Anwendung der einkommensbezogenen Grenze des § 9 Abs. 1 Nr. 2 KStG bzw. § 10b Abs. 1 EStG zu einem höheren Spendenabzug führt als die Anwendung der umsatz-, lohn- und gehaltsbezogenen Grenzen (was in der Praxis bei Gewerbetreibenden aber der Ausnahmefall ist). Da sich keine (nennenswerten) Auswirkungen ergeben, werden diese vGA-Fälle in der Betriebsprüfungspraxis regelmäßig nicht aufgegriffen.

Etwas anderes gilt aber, wenn die vGA im Zusammenhang mit einem nicht sofort abschreibbaren WG steht, welches von der Organgesellschaft veräußert wurde. Insgesamt ergibt sich beim Organträger ein um die vGA höheres Einkommen. Das höhere Einkommen wird erst in der Zukunft infolge der Abschreibungen oder der Veräußerung des WG beim Organträger ausgeglichen.

Beispiel

Der Jahresüberschuss lt. Handelsbilanz der Organgesellschaft beträgt vor Buchung der Gewinnabführungsverpflichtung 100.000 €. Die Organgesellschaft hat dem Organträger ein unbebautes Grundstück zu einem Kaufpreis i.H.v. 20.000 € verkauft, obgleich der angemessene Preis 50.000 € beträgt.

Lösung

Organgesellschaft

Es liegt eine vGA vor, die mit 30.000 € zu bewerten ist. Die vGA stellt eine vorweggenommene Gewinnabführung dar. Bei der Einkommensermittlung erfolgt eine außerbilanzielle Hinzurechnung um 30.000 €, sodass dem Organträger ein Einkommen i.H.v. 130.000 € zugerechnet wird.

Organträger
In der Steuerbilanz ist das unbebaute Grundstück mit 50.000 € anzusetzen. Es erfolgt eine erfolgswirksame Buchung, sodass sich der Jahresüberschuss lt. Steuerbilanz um 30.000 € erhöht. Bei der Einkommensermittlung erfolgt neben der Kürzung des Ertrags aus der Gewinnabführung i.H.v. 100.000 € eine Hinzurechnung des Einkommens der Organgesellschaft i.H.v. 130.000 €. Dabei ist aber zu beachten, dass der Jahresüberschuss des Organträgers um den vGA-Betrag erhöht wurde. Damit wäre der Betrag i.H.v. 30.000 € doppelt erfasst. Daher erfolgt eine Kürzung des Einkommens um 30.000 €. Insgesamt ergibt sich aus der vGA eine Einkommensauswirkung i.H.v. + 30.000 €:

Einkommenserhöhung der Organgesellschaft	+ 30.000 €
Innerbilanzielle Korrektur Organträger	+ 30.000 €
Einkommenskorrektur Organträger	./. 30.000 €
Gesamtauswirkung	+ 30.000 €

Liegt die vGA dagegen im Zusammenhang mit einem von der Organgesellschaft erworbenen WG, ergibt sich eine gegenläufige Auswirkung. Insgesamt ergibt sich daher ein um die vGA niedrigeres Einkommen. Darüber hinaus ist zu beachten, dass sich aufgrund der unterschiedlichen Bilanzierung in der Handels- und Steuerbilanz eine Mehrabführung ergeben kann.

Beispiel
Der Jahresüberschuss lt. Handelsbilanz der Organgesellschaft beträgt vor Buchung der Gewinnabführungsverpflichtung 100.000 €. Der Organträger hat der Organgesellschaft ein unbebautes Grundstück zu einem Kaufpreis i.H.v. 50.000 € verkauft, obgleich der angemessene Preis 20.000 € beträgt. Das Grundstück wurde mit 50.000 € aktiviert. Der Organträger ist zu 90% an der Organgesellschaft beteiligt.

Lösung
Organgesellschaft
Als AK darf nur der angemessene Wert aktiviert werden (vgl. BMF vom 28.05.2002, BStBl I 2002, 603, Rz. 42). Dementsprechend ergibt sich eine innerbilanzielle Korrektur in der Steuerbilanz um 30.000 €. Der Jahresüberschuss lt. Handelsbilanz ist um 30.000 € höher. Es liegt daher eine Mehrabführung vor. Das Einlagekonto ist um 30.000 € zu verringern (§ 27 Abs. 6 Satz 1 KStG).
Es liegt eine vGA vor, die mit 30.000 € zu bewerten ist. Die vGA stellt eine vorweggenommene Gewinnabführung dar. Bei der Einkommensermittlung erfolgt eine außerbilanzielle Hinzurechnung um 30.000 €, sodass dem Organträger ein Einkommen i.H.v. 130.000 € zugerechnet wird.
Organträger
Bei der Einkommensermittlung erfolgt neben der Kürzung des Ertrags aus der Gewinnabführung i.H.v. 100.000 € eine Hinzurechnung des Einkommens der Organgesellschaft i.H.v. 130.000 €. Dabei ist aber zu beachten, dass der Jahresüberschuss des Organträgers um überhöhten Veräußerungsgewinn erhöht wurde. Damit wäre der Betrag i.H.v. 30.000 € doppelt erfasst. Daher erfolgt eine Kürzung des Einkommens um 30.000 €. Insgesamt ergibt sich aus der vGA eine Einkommensauswirkung i.H.v. ./. 30.000 €:

Innerbilanzielle Korrektur Organgesellschaft ./. 30.000 €
Einkommenserhöhung der Organgesellschaft + 30.000 €
Einkommenskorrektur Organträger ./. 30.000 €
Gesamtauswirkung ./. 30.000 €

Darüber hinaus ist ein passiver Ausgleichsposten i.H.v. (90% von 30.000 € =) 27.000 € zu bilden.

Hinweis

Der passive Ausgleichsposten ist in der Zukunft aufzulösen, wenn entweder auch in der Handelsbilanz der Organgesellschaft ein verminderter Wert angesetzt wird oder das unbebaute Grundstück verkauft wird.

1.2.5.5.2 Verdeckte Gewinnausschüttungen an außen stehende Gesellschafter

VGA an den Minderheitsgesellschafter der Organgesellschaft (regelmäßig ist dieser auch außenstehender Gesellschafter) sind wie Ausgleichszahlungen an den außenstehenden Gesellschafter zu behandeln (R 61 Abs. 4 Satz 2 KStR). Dementsprechend verbleibt auch in diesen Fällen ein eigenes Einkommen i.H.v. 20/17 der vGA.

Beispiel

Der Jahresüberschuss lt. vorläufiger Handelsbilanz der Organgesellschaft beträgt vor Buchung der Gewinnabführungsverpflichtung 100.000 €. Der außenstehende Gesellschafter hat der Organgesellschaft ein Darlehen i.H.v. 1.000.000 € zu einem Zinssatz von 10% überlassen, obgleich der angemessene Zinssatz 7% beträgt.

Lösung:

Organgesellschaft

Es liegt eine vGA vor, die mit 30.000 € zu bewerten ist. Die vGA ist wie eine Ausgleichszahlung zu behandeln. Bei der Einkommensermittlung erfolgt eine außerbilanzielle Hinzurechnung um 40.000 € (§ 4 Abs. 5 Nr. 9 EStG). Als eigenes Einkommen verbleibt ein Einkommen i.H.v. (20/17 × 30.000 =) 35.294 €, welches zu einer KSt i.H.v. (15% von 35.294 € =) 5.294 € und SolZ i.H.v. (5.294 € × 5,5% =) 291 € führt. Daher ist in der Handels- und Steuerbilanz noch die KSt i.H.v. 5.294 € sowie SolZ i.H.v. 291 € nachzubuchen. Es ergibt sich daher eine Gewinnabführungsverpflichtung i.H.v. (100.000 € ./. 5.585 € =) 94.415 €. Das Einkommen ermittelt sich daher wie folgt:

Ergebnis lt. Handelsbilanz/Steuerbilanz			0 €
Aufwand wg. Gewinnabführung			+ 94.415 €
KSt-Aufwand			+ 5.294 €
SolZ-Aufwand			+ 291 €
vGA			+ 30.000 €
Steuerlicher Gewinn/Summe der Einkünfte		130.000 €	130.000 €
Ausgleichszahlung	30.000 €		
20/17 Ausgleichszahlung	= 35.294 €		
Eigenes Einkommen	= 35.294 €	./. 35.294 €	
Dem Organträger zuzurechnendes Einkommen		94.706 €	./. 94.706 €
Gesamtbetrag der Einkünfte			35.294 €
Einkommen/zu versteuerndes Einkommen			**35.294 €**

Organträger
Bei der Einkommensermittlung erfolgt neben der Kürzung des Ertrags aus der Gewinnabführung i.H.v. 94.415 € eine Hinzurechnung des Einkommens der Organgesellschaft i.H.v. 94.415 €. Besonderheiten sind hier nicht zu berücksichtigen.
Außenstehender Gesellschafter
Der außenstehende Gesellschafter erzielt Einnahmen i.S.d. § 20 Abs. 1 Nr. 1 EStG i.H.v. 300.000 €.

Hinweis

Üblicherweise wird die vGA erst im Rahmen einer Betriebsprüfung entdeckt, sodass die KSt-Rückstellung lediglich in der Steuerbilanz (nach Betriebsprüfung) gebucht wird. Dies führt daher zu einer Mehrabführung. Die gegenläufige Wirkung erfolgt in der Zukunft, wenn in der Handelsbilanz der KSt-Rückstellungsbetrag nachgebucht wird.

Die gleichen Auswirkungen ergeben sich auch bei einer Unter-Preis-Veräußerung von WG der Organgesellschaft an den außenstehenden Gesellschafter. Besonderheiten ergeben sich bei vGA im Zusammenhang mit WG nur dann, wenn die Organgesellschaft das WG zu einem überhöhten Preis von dem außenstehenden Gesellschafter erwirbt.

Beispiel
Der Jahresüberschuss lt. vorläufiger Handelsbilanz der Organgesellschaft beträgt vor Buchung der Gewinnabführungsverpflichtung 100.000 €. Der außenstehende Gesellschafter hat der Organgesellschaft ein unbebautes Grundstück zu einem Kaufpreis i.H.v. 50.000 € verkauft, obgleich der angemessene Preis 20.000 € beträgt. Das Grundstück wurde mit 50.000 € aktiviert. Der Organträger ist zu 90 % an der Organgesellschaft beteiligt.

Lösung
Organgesellschaft
In der Handelsbilanz ist das Grundstück mit den tatsächlichen Anschaffungskosten (50.000 €) zu aktivieren (§ 253 HGB). In der Steuerbilanz ist demgegenüber der angemessene Wert zu aktivieren (20.000 €; vgl. BMF vom 28.05.2002, BStBl I 2002, 603, Rz. 42). Da sich die Gewinnabführung an der Handelsbilanz orientiert, liegt nun eine sog. Mehrabführung vor, die zu einer Verminderung des Einlagekontos führt (§ 27 Abs. 6 Satz 1 KStG). Es liegt eine vGA vor, die mit 30.000 € zu bewerten ist. Die vGA ist wie eine Ausgleichszahlung zu behandeln. Bei der Einkommensermittlung erfolgt eine außerbilanzielle Hinzurechnung um 30.000 € (§ 4 Abs. 5 Nr. 9 EStG). Es verbleibt ein eigenes Einkommen i.H.v. (20/17 × 30.000 =) 35.294 €, welches zu einer KSt i.H.v. (15 % von 35.294 =) 5.294 € und einem SolZ i.H.v. (5.294 € × 5,5 % =) 291 € führt. Daher ist in der Handels- und Steuerbilanz noch die KSt i.H.v. 5.294 € und der SolZ i.H.v. 291 € nachzubuchen. Es ergibt sich daher eine Gewinnabführungsverpflichtung i.H.v. (100.000 € ./. 5.585 € =) 94.415 €. Das Einkommen ermittelt sich daher wie folgt:

Ergebnis lt. Handelsbilanz	0 €	
Steuerbilanzielle Abweichung	./. 30.000 €	
Ergebnis lt. Steuerbilanz	./. 30.000 €	./. 30.000 €
Aufwand wg. Gewinnabführung		+ 94.415 €
KSt-Aufwand		+ 5.294 €
SolZ-Aufwand		+ 291 €
VGA		+ 30.000 €
Steuerlicher Gewinn/Summe der Einkünfte		100.000 €
Ausgleichszahlung	30.000 €	
20/17 Ausgleichszahlung	= 35.294 €	
Eigenes Einkommen	= 35.294 €	./. 35.294 €
Dem Organträger zuzurechnendes Einkommen		64.706 €

Organträger

Bei der Einkommensermittlung erfolgt neben der Kürzung des Ertrags aus der Gewinnabführung i.H.v. 94.415 € eine Hinzurechnung des Einkommens der Organgesellschaft i.H.v. 64.706 €. Darüber hinaus ist ein passiver Ausgleichsposten i.H.v. (94.415 € ./. 64.706 € =) 29.709 € zu bilden.

Außenstehender Gesellschafter

Der außenstehende Gesellschafter erzielt Einnahmen i.S.d. § 20 Abs. 1 Nr. 1 EStG i.H.v. 30.000 €.

1.2.5.6 (Verdeckte) Einlagen

1.2.5.6.1 (Verdeckte) Einlagen durch den Organträger

(Verdeckte) Einlagen des Organträgers müssen auch im Rahmen einer Organschaft nach den allgemeinen steuerlichen Grundsätzen behandelt werden (vgl. R 40 KStR sowie § 8 Abs. 3 Satz 3 KStG):

- Erfassung als nachträgliche AK beim Organträger (Hinzuaktivierung beim Bilanzposten »Beteiligung«);
- außerbilanzielle Kürzung bei der Organgesellschaft, soweit die verdeckte Einlage Auswirkungen auf das Einkommen hatte (§ 8 Abs. 3 KStG);
- Erhöhung des Einlagekontos der Organgesellschaft (§ 27 KStG).
- Verdeckte Einlagen können in der Handelsbilanz wahlweise in eine Kapitalrücklage (vgl. § 272 Abs. 2 Nr. 4 HGB) oder als Ertrag gebucht werden. Aufgrund der Maßgeblichkeit (§ 5 Abs. 1 EStG) wirkt sich das handelsrechtliche Wahlrecht auch auf die Steuerbilanz aus. Da aber eine verdeckte Einlage das steuerliche Einkommen nicht beeinflussen darf, sieht § 8 Abs. 3 Satz 3 KStG eine außerbilanzielle Kürzung des Einkommens vor, wenn die Einlage ertragswirksam gebucht wurde. Wird die verdeckte Einlage in eine Kapitalrücklage gebucht, so stimmen das Ergebnis der Handelsbilanz und das steuerliche Einkommen überein.

Beispiel

Der Organträger leistet eine Einlage in die Organgesellschaft i.H.v. 100.000 €, die in die Kapitalrücklage gebucht wird.

Lösung

Organgesellschaft

Bei der Organgesellschaft ergeben sich mangels Gewinnauswirkung der verdeckten Einlage keine außerbilanziellen Korrekturen. Es wird lediglich das Einlagekonto um 100.000 € erhöht.

Organträger

Beim Organträger ergeben sich nachträgliche AK auf die Organschaftsbeteiligung i.H.v. 100.000 €.

Problematisch ist der Fall, dass die verdeckte Einlage ertragswirksam gebucht wird. Der handelsrechtliche Ertrag erhöht die Gewinnabführung. Somit erhält der Organträger letztlich die Einlage wieder zurück. Dieser Konflikt kann nur dadurch gelöst werden, dass in diesem Fall weder nachträgliche AK beim Organträger gebucht werden noch die verdeckte Einlage bei der Organgesellschaft zu einer Erhöhung des Einlagekontos führt.

Beispiel

Der Jahresüberschuss des Organträgers beträgt vor Berücksichtigung der verdeckten Einlage 100.000 €. Der Organträger legt verdeckt 500.000 € ein und bucht den Vorgang ertragswirksam (Geld 500.000 € an außerordentliche Erträge 500.000 €).

Lösung

Unter Berücksichtigung der verdeckten Einlage erhöht sich damit der Jahresüberschuss und die Gewinnabführung auf 600.000 €. Das steuerliche Einkommen wird demgegenüber von der verdeckten Einlage nicht beeinflusst und beträgt nach § 8 Abs. 3 Satz 3 KStG aufgrund einer außerbilanziellen Korrektur 100.000 €. Damit bekommt der Organträger faktisch seine verdeckte Einlage wieder zurück, muss aber lediglich ein Einkommen i.H.v. 100.000 € versteuern. Da er somit keinen Aufwand auf seine Beteiligung hatte, können auch keine nachträglichen Anschaffungskosten angenommen werden.

1.2.5.6.2 (Verdeckte) Einlagen durch außenstehende Gesellschafter

Erfolgt die (verdeckte) Einlage durch einen außenstehenden Gesellschafter, ergeben sich bei diesem keine Besonderheiten. Seine Ausgleichszahlung wird durch die verdeckte Einlage grundsätzlich nicht beeinflusst. Zu beachten ist hier aber, dass bei erfolgswirksamer Buchung der (verdeckten) Einlage diese die Gewinnabführung erhöht. Letztlich kommt damit die verdeckte Einlage dem Organträger zugute. Da sich das zuzurechnende Einkommen durch eine verdeckte Einlage nicht erhöht (§ 8 Abs. 3 Satz 3 KStG), führt dies zu einer Mehrabführung.

Beispiel

Der Jahresüberschuss der Organgesellschaft beträgt (vor Berücksichtigung der verdeckten Einlage) 100.000 €. Der Organträger ist an der Organgesellschaft zu 95 % beteiligt. Der außenstehende Gesellschafter legt verdeckt 500.000 € ein. Die Organgesellschaft verbucht den Vorgang wie folgt: Geld 500.000 € an außerordentliche Erträge 500.000 €.

Lösung

Die verdeckte Einlage führt somit zu einem Jahresüberschuss i.H.v. 600.000 €. Damit fließt die verdeckte Einlage über die Gewinnabführung direkt an den Organträger. Das steuerliche Einkommen der Organgesellschaft beträgt demgegenüber lediglich 100.000 €, da die verdeckte Einlage nach § 8 Abs. 3 Satz 3 KStG außerbilanziell bei der Ermittlung des Einkommens abzuziehen ist.

Für den außenstehenden Gesellschafter hat die verdeckte Einlage lediglich zur Folge, dass die Anschaffungskosten seiner Beteiligung um 500.000 € steigen.

1.2.5.7 Tarifvorschriften

Erzielt die Organgesellschaft Einkünfte, die zur Steuerermäßigung führen, würde sich diese Steuerermäßigung im Regelfall nicht auswirken, da die Organgesellschaft regelmäßig ein Einkommen von 0 € erzielt (Ausnahme bei Ausgleichszahlungen). Die Steuerermäßigung ist daher beim Organträger anzuwenden (§ 19 Abs. 1 und Abs. 2 KStG), wenn diese Steuerermäßigung auch diesen Rechtsformen gewährt wird (sog. Doppelgleisigkeit). Soweit der Organträger eine PersGes ist, gilt dies für die dahinterstehenden Personen (§ 19 Abs. 3 KStG).

Zu den relevanten Tarifvorschriften gehören

- § 26 Abs. 1, Abs. 6 KStG, § 34c EStG (R 67 Abs. 1 KStR),
- § 12 AStG.

Eine Ausnahme besteht für ausländische Steuern, bei denen die Organgesellschaft vom Wahlrecht nach § 34c Abs. 2 EStG Gebrauch gemacht hat. Wenn die Organgesellschaft in der KSt-Erklärung den Abzug der ausländischen Steuern nach § 34c Abs. 2 EStG beantragt hat, ist der Organträger an diese Wahlrechtsausübung gebunden. Dies gilt unabhängig davon, dass keine verbindliche Feststellung des Einkommens bei der Organgesellschaft erfolgt.

1.2.5.8 Steuerabzug

Sind in dem Einkommen der Organgesellschaft Einnahmen enthalten, die einem Steuerabzug (z. B. Kapitalertragsteuer und SolZ) unterlegen haben, kann die Organgesellschaft den Steuerabzug nicht anrechnen. Vielmehr erfolgt die Anrechnung beim Organträger (§ 19 Abs. 5 KStG). Bei einer PersGes als Organträger gilt dies anteilig für die dahinterstehenden Mitunternehmer.

1.2.5.9 Einlagekonto, Körperschaftsteuer-Guthaben, EK 02-Bestand

Die Organgesellschaft führt auch während des Bestehens der Organschaft das Einlagekonto (§ 27 KStG) weiter. Veränderungen des Einlagekontos können sich z. B. durch verdeckte Einlagen, Ausschüttungen vororganschaftlicher Gewinnrücklagen, Ausschüttungen organschaftlicher Kapitalrücklagen, Mehr- und Minderabführungen oder Ausgleichszahlungen ergeben.

Weitergeführt wird auch das Körperschaftsteuerguthaben nach § 37 KStG, wobei die Auszahlung des Körperschaftsteuerguthabens nach § 37 Abs. 5 KStG an die Organgesellschaft erfolgt. Dies gilt umgekehrt auch für die Körperschaftsteuererhöhung nach § 38 KStG (ehemaliges EK 02).

1.2.5.10 Mehr- und Minderabführungen

1.2.5.10.1 In organschaftlicher Zeit verursachte Mehr- und Minderabführungen

1.2.5.10.1.1 Begriff

Handelsrechtlich unterliegt der Jahresüberschuss zzgl. der Auflösung vertraglicher Gewinnrücklagen und abzüglich des Ausgleichs eines vororganschaftlichen Verlustvortrages sowie abzüglich der Zuführung zu den Gewinnrücklagen der Gewinnabführungsverpflichtung. Steuerlich wird demgegenüber das Einkommen der Organgesellschaft dem Organträger zugerechnet. Maßgeblich für die Einkommensermittlung ist jedoch der Jahresüberschuss lt. Steuerbilanz (vor eventuellen Verwendungen). Daher können Differenzen zwischen dem Umfang der Abführungsverpflichtung sowie dem im Einkommen berücksichtigten Vermögen (Jahresergebnis lt. Steuerbilanz) eintreten. Diese Differenzen werden als Mehr- bzw. Minderabführung bezeichnet (vgl. BMF vom 26.08.2003, BStBl I 2003, 437).

Eine Mehr- bzw. Minderabführung kann nur dann vorliegen, wenn sich zwischen der Gewinnabführungsverpflichtung (Basis: Handelsbilanz) und dem Jahresergebnis laut Steuerbilanz eine Abweichung ergibt (siehe § 14 Abs. 4 Satz 6 KStG; unklar insoweit BMF vom 26.08.2003, a.a.O. Rz. 40). Dementsprechend können außerbilanzielle Korrekturen (z. B. § 4 Abs. 5 EStG) nicht zu einer Mehr- oder Minderabführung führen.

Beispiel

Der handels- und steuerbilanzielle Jahresüberschuss beträgt 100.000 €. In dem Jahresüberschuss sind nicht abzugsfähige BA i.H.v. 30.000 € enthalten.

Lösung

Es ergibt sich ein dem Organträger zuzurechnendes Einkommen i.H.v. 130.000 €. Ausgangspunkt der Einkommensermittlung ist der Jahresüberschuss i.H.v. 100.000 €, der auch dem Betrag der Gewinnabführung entspricht. Dementsprechend kann keine Mehr- bzw. Minderabführung vorliegen.

Eine **Mehrabführung** liegt dann vor, wenn das abgeführte Vermögen lt. Handelsbilanz **höher** als das steuerbilanzielle Vermögen ist; eine **Minderabführung** liegt dann vor, wenn das abgeführte Vermögen lt. Handelsbilanz **niedriger** als das steuerbilanzielle Vermögen ist. Diese Mehr- bzw. Minderabführung kann folgendermaßen entstehen:

- **Mehrabführung**
  - Auflösung einer in organschaftlicher Zeit gebildeten Gewinnrücklage
  - Ansatz eines Aktivpostens nur in der Handelsbilanz (z. B. Aktivierung selbst geschaffener immaterieller WG nach § 248 Abs. 2 HGB)
  - Ansatz eines Passivpostens nur in der Steuerbilanz (z. B. Bilanzierung einer Pensionsrückstellung nach § 6a EStG und Verzicht auf die Passivierung nach Art. 28 EGHGB)
- **Minderabführung**
  - Einstellung von Gewinnrücklagen (s. 1.2.5.10.1.5)
  - Ausgleich eines vororganschaftlichen Verlustvortrags (s. 1.2.5.10.1.6)
  - Ansatz eines Passivpostens nur in der Handelsbilanz (z. B. Drohverlustrückstellung nach § 249 Abs. 1 HGB und Verbot nach § 5 Abs. 4a EStG)
  - Ansatz eines Aktivpostens nur in der Steuerbilanz (z. B. wahlweiser Verzicht auf die Aktivierung von Bauzeitzinsen gemäß § 255 Abs. 3 Satz 2 HGB und Aktivierungspflicht nach Maßgeblichkeitsgrundsatz in der Steuerbilanz)

Da die Abweichung auf einem Bilanzposten beruht, wird eine Mehrabführung regelmäßig zu einer Minderabführung (und umgekehrt) in der Zukunft führen (können). Eine Ausnahme besteht lediglich für den Fall des vororganschaftlichen Verlustausgleichs (s. 1.2.5.10.1.6).

Eine Mehr- bzw. Minderabführung kann ausschließlich nur durch eine bilanzielle Auswirkung verursacht werden. Die ggf. nachfolgende außerbilanzielle Korrektur bei der Einkommensermittlung ist irrelevant. Dementsprechend führen auch solche bilanziellen Abweichungen zur Mehr- bzw. Minderabführung, die auf einer vGA beruhen (s. Beispiele in 1.2.5.5).

1.2.5.10.1.2 Ebene der Organgesellschaft

Die Relevanz der Mehr- und Minderabführungen bei der Organgesellschaft ist ausschließlich im Einlagekonto zu finden (§ 27 Abs. 6 KStG), da für die Einkommensermittlung die Höhe der Gewinnabführung irrelevant und nur das steuerbilanzielle Ergebnis maßgeblich ist. Im Einlagekonto soll lediglich der vermögensmäßige Unterschied zwischen der Gewinnabführung und dem Steuerbilanzergebnis abgebildet werden (§ 27 Abs. 6 Satz 1 KStG):

- Mehrabführungen mindern das Einlagekonto, es kann auch negativ werden (streitig; bejahend: BMF vom 04.06.2003, BStBl I 2003, 366, Rz. 28);
- Minderabführungen erhöhen das Einlagekonto.

Beispiel

Der Jahresüberschuss lt. Handelsbilanz 2013 beträgt 100.000 €. In der Handelsbilanz wurde eine Drohverlustrückstellung i.H.v. 30.000 € gebildet.

Lösung

In der Steuerbilanz ist nach § 5 Abs. 4a EStG die Bildung einer Drohverlustrückstellung nicht zulässig. Anstelle der Drohverlustrückstellung ist ein passiver steuerlicher Ausgleichsposten zu bilden, da der Jahresüberschuss aufgrund des Maßgeblichkeitsgrundsatzes nicht verändert werden kann. Damit beträgt der steuerliche Gewinn (Jahresüberschuss zuzüglich steuerlicher Ausgleichsposten =) 130.000 €. Auf der Basis der Handelsbilanz ergibt sich aber lediglich eine Abführungsverpflichtung i.H.v. 100.000 €. Dementsprechend liegt eine Minderabführung vor. In der Steuerbilanz verbleibt bei einer Gewinnabführungsverpflichtung i.H.v. 100.000 € ein Vermögen i.H.v. 30.000 €. Die Minderabführung führt zu einer Erhöhung des Einlagekontos i.H.v. 30.000 € (§ 27 Abs. 6 KStG).

1.2.5.10.1.3 Ebene des Organträgers

Bei einer Minderabführung wird dem Organträger handelsbilanzielles Vermögen einkommensmäßig zugerechnet, welches sich noch im Vermögen der Organgesellschaft befindet. Würde der Organträger die Organschaftsbeteiligung verkaufen, würde das entsprechende Vermögen bei der Kaufpreisfindung berücksichtigt werden, sodass über die entsprechende Veräußerungsgewinnbesteuerung das Vermögen erneut der Besteuerung unterliegen würde. Bei einer Mehrabführung könnte eine Keinmalbesteuerung eintreten. Zur Vermeidung der virtuellen Doppel- bzw. Keinmalbesteuerung muss ein Erinnerungsposten die Minder- bzw. Mehrabführung festhalten. Dies geschieht durch die steuerneutrale Erfassung von aktiven bzw. passiven Ausgleichsposten in der Steuerbilanz (R 63 Abs. 1 und 2 KStR):

- eine Mehrabführung führt zur Bildung eines passiven Ausgleichspostens;
- eine Minderabführung führt zur Bildung eines aktiven Ausgleichspostens.

Beispiel
Der Jahresüberschuss lt. Handelsbilanz 2013 beträgt 100.000 €. In der Handelsbilanz wurde eine Drohverlustrückstellung i.H.v. 30.000 € gebildet.

Lösung
Aufgrund der Minderabführung ist in der Steuerbilanz des Organträgers ist ein aktiver Ausgleichsposten i.H.v. 30.000 € zu bilden. Bei der Einkommensermittlung ergibt sich eine außerbilanzielle Korrektur in gleicher Höhe, sodass die Bildung insgesamt steuerneutral ist.

Der Ausgleichsposten ist lediglich ein Korrekturposten zur aktivierten Organschaftsbeteiligung. Er ist nicht abschreibungsfähig. Da eine mögliche Doppel- bzw. Nichtbesteuerung nur i.H.d. auf dem Organträger entfallenden Beteiligungsquote eintreten kann, darf der Ausgleichsposten nur i.H.d. Beteiligungsquote des Organträgers gebildet werden (BMF vom 26.08.2003, BStBl I 2003, 437, Rz. 43).

Der Ausgleichsposten ist gewinnwirksam aufzulösen, soweit sich durch die Auflösung des entsprechenden Bilanzpostens bei der Organschaft eine gegenläufige Wirkung ergibt.

Die besonderen Ausgleichsposten sind bei Beendigung des Gewinnabführungsvertrags nicht gewinnwirksam aufzulösen (R 63 Abs. 3 Satz 1 KStR). Im Zeitpunkt der Veräußerung der Organbeteiligung sind die besonderen Ausgleichsposten gewinnwirksam aufzulösen (§ 14 Abs. 4 Satz 2 ff. KStG). Durch die Gesetzesänderung mit Gesetz vom 20.12.2007 ist das Urteil des BFH vom 07.02.2007 (BStBl II 2007, 796) überholt, das mangels einer entsprechenden gesetzlichen Regelung die Auflösung passiver Ausgleichsposten für unzulässig erachtete.

Der Veräußerung gleichgestellt sind insbesondere die Umwandlung der Organgesellschaft auf eine PersGes oder eine natürliche Person, die verdeckte Einlage der Beteiligung an der Organgesellschaft und die Auflösung der Organgesellschaft (§ 14 Abs. 4 Satz 5 KStG).

1.2.5.10.1.4 Zusammentreffen von Mehr- und Minderabführungen

Denkbar ist, dass eine Mehr- und eine Minderabführung gleichzeitig auftreten. Es reicht grds. aus, nur den Saldo als Mehr- bzw. Minderabführung anzusetzen. Entsprechendes gilt auch für den Ausgleichsposten. Aus Gründen der Nachvollziehbarkeit sollte aber für jeden einzelnen Sachverhalt ein Ausgleichsposten gebildet werden. Dabei reicht es aus, wenn zwar in der Steuerbilanz nur ein Ausgleichsposten gebildet wird, die Zusammensetzung aber in einer Nebenrechnung (außerhalb der Steuerbilanz) festgehalten wird.

1.2.5.10.1.5 Sonderfall: Bildung von Gewinnrücklagen

Nach § 272 Abs. 3 HGB können in der Handelsbilanz Gewinnrücklagen gebildet werden. Aufgrund der Maßgeblichkeit (§ 5 Abs. 1 EStG) können diese Rücklagen auch in der Steuerbilanz gebildet werden. Allerdings haben diese Rücklagen keinen Einfluss auf das steuerliche Einkommen, da sie eine Einkommensverwendung darstellen. Nach § 14 Abs. 1 Nr. 4 KStG darf die Organgesellschaft derartige Gewinnrücklagen ebenfalls bilden.

Da die Gewinnrücklagen handelsrechtlich die Höhe der Gewinnabführung mindern, steuerlich aber keinen Einfluss auf das Einkommen haben, führt die Bildung derartiger Gewinnrücklagen zu einer Minderabführung.

Beispiel

Der handelsrechtliche Gewinn des Jahres 2013 beträgt 200.000 €. Es wird eine handelsrechtlich zulässige Gewinnrücklage i.H.v. 50.000 € gebildet.

Lösung

Dementsprechend erfolgt eine Gewinnabführung lediglich i.H.v. 150.000 €. In der Steuerbilanz ist die Bildung der Gewinnrücklage nach § 14 Abs. 1 Nr. 4 KStG ebenfalls zulässig. Die Bildung der Gewinnrücklage hat aber keinen Einfluss auf das steuerliche Einkommen, sodass das steuerliche Einkommen (200.000 €) von der Gewinnabführung (150.000 €) abweicht; dementsprechend liegt eine Minderabführung vor. Beim Organträger ist steuerneutral ein aktiver Ausgleichsposten in der Steuerbilanz zu bilden.
Die spätere Auflösung und Abführung der Gewinnrücklage führt dann spiegelbildlich zu einer Mehrabführung. Beim Organträger ist dann der aktiven Ausgleichsposten aufzulösen.

1.2.5.10.1.6 Sonderfall: Ausgleich eines vorvertraglichen Verlustvortrages

Nach § 301 AktG muss ein vororganschaftlicher Verlustvortrag (in der Handelsbilanz) mit organschaftlichen Gewinnen ausgeglichen werden. Dementsprechend wird eine Gewinnabführung durch diesen Ausgleich gemindert. Bei der Einkommensermittlung ist jedoch die Anwendung des § 10d EStG nach § 15 Abs. 1 Nr. 1 KStG ausgeschlossen. Damit ist die Gewinnabführung geringer als das steuerliche Einkommen. Es liegt daher eine Minderabführung vor.

Beispiel

In der Handelsbilanz der Organgesellschaft befindet sich ein (vororganschaftlicher) Verlustvortrag i.H.v. 50.000 €. Der Jahresüberschuss 2013 beträgt 200.000 €. Aufgrund der Berücksichtigung des Verlustvortrags nach § 301 AktG wird lediglich eine Gewinnabführung i.H.v. 150.000 € passiviert. Der Organträger ist zu 90% an der Organgesellschaft beteiligt.

Lösung

Die Abführungsverpflichtung auf Basis der Handelsbilanz beträgt 150.000 €. Steuerlich kann darauf der Verlustvortrag nach § 15 Abs. 1 Nr. 1 KStG nicht berücksichtigt werden; damit beträgt das steuerliche Einkommen 200.000 €. Dementsprechend liegt eine Minderabführung vor.
Bei dem Organträger ist ein aktiver Ausgleichsposten i.H.v. (90% von 50.000 € =) 45.000 € zu bilden. Bei der Einkommensermittlung erfolgt eine außerbilanzielle Kürzung um 45.000 €.

Abzugrenzen von dem Ausgleich i.R.d. § 301 AktG sind die Fälle, in denen der Organträger entsprechende Beträge leistet, um den Verlustvortrag auszugleichen. In diesem Fall liegt eine verdeckte Einlage vor, die beim Organträger zu nachträglichen AK in voller Höhe führt (R 60 Abs. 5 Nr. 1 KStR, H 64 [Verlustausgleich durch den Organträger] KStH).

Hinweis

Soweit der Organträger zu den Personen gehört, bei denen die Veräußerung der Anteile an der Organgesellschaft stpfl. (bzw. bei einer Organträger-PersGes die dahinterstehenden Mitunternehmer) und der Organträger nicht zu 100% beteiligt sind, ist es sinnvoll, den Verlustausgleich durch eine Einlage herbeizuführen, da sich dann nachträgliche AK in voller Höhe ergeben, während sich ansonsten nur ein quotaler aktiver Ausgleichsposten ergibt.

1.2.5.10.2 In vororganschaftlicher Zeit verursachte Mehr- und Minderabführungen

1.2.5.10.2.1 Begriff

Eine vororganschaftlich verursachte Mehr- bzw. Minderabführung liegt vor, wenn diese eine gegenläufige Folge einer Bilanzierung aus vororganschaftlicher Zeit ist. Eine vororganschaftliche Mehrabführung liegt daher dann vor, wenn bei Existenz einer Organschaft in der vororganschaftlichen Zeit die entsprechende Bilanzierung zu einer Minderabführung geführt hätte. Für eine vororganschaftlich verursachte Minderabführung gilt Entsprechendes.

Beispiel

Im Jahr 2012 wurde in der Handelsbilanz eine Rückstellung i.H.v. 100.000 € passiviert, die steuerlich nicht anerkannt wurde, da sie erst im Jahr 2013 gebildet hätte werden können. Seit 2013 liegt eine Organschaft vor.

Lösung

In der Handelsbilanz 2013 ergibt sich ein um 100.000 € höherer Jahresüberschuss. Dementsprechend ergibt sich eine Mehrabführung i.H.v. 100.000 €. Bei einer Organschaft im Jahr 2012 hätte sich aus der Bilanzierung in der Handelsbilanz und Nichtanerkennung der Steuerbilanz eine Minderabführung ergeben. Dementsprechend handelt es sich 2013 um eine vororganschaftlich verursachte Mehrabführung.

Problematisch ist die Nachbuchung von KSt für vororganschaftliche Zeiträume, die typischerweise nach einer Betriebsprüfung auftritt. Die Nachbuchung eines KSt-Aufwands kann zu einer vororganschaftlichen Minderabführung, die Nachbuchung eines KSt-Ertrags zu einer vororganschaftlichen Mehrabführung führen.

Beispiel

Für die Jahre bis 2012 hat eine Betriebsprüfung stattgefunden. Aufgrund der Feststellungen der Betriebsprüfung wurde in der Steuerbilanz (nach Betriebsprüfung) eine KSt-Rückstellung i.H.v. 100.000 € passiviert. In der Handelsbilanz 2013 wurde die KSt-Rückstellung nachgebucht. Seit 2013 liegt eine Organschaft vor.

Lösung

In der Handelsbilanz 2013 ergibt sich ein um 100.000 € niedrigerer Jahresüberschuss. Dementsprechend ergibt sich eine Minderabführung i.H.v. 100.000 €. Bei einer Organschaft im Jahr 2012 hätte sich aus der Bilanzierung in der Steuerbilanz eine Mehrabführung ergeben. Dementsprechend handelt es sich 2013 um eine vororganschaftlich verursachte Minderabführung.

Hinweis

Dieses Ergebnis ließe sich vermeiden, wenn auch die Handelsbilanz für den Betriebsprüfungszeitraum berichtigt würde (sog. Rückwärtsberichtigung). Diese Berichtigung würde zu einer Verringerung der Gewinnrücklagen oder des Verlustvortrages bzw. zu einer Erhöhung des Verlustvertrags führen. Eine unmittelbare Buchung über die Gewinnrücklage bzw. des Verlustvortrags in der Handelsbilanz 2013 dürfte nach Auffassung der Finanzverwaltung wohl nicht zulässig sein (R 60 Abs. 4 Satz 3 KStR).

Davon abzugrenzen sind die Fälle, in denen in organschaftlicher Zeit KSt-Aufwand bzw. KSt-Ertrag für vororganschaftliche Zeit einheitlich in der Handels- und Steuerbilanz nachgebucht wird. Diese Nachbuchung hat mangels bilanzieller Abweichungen zwischen Handels- und Steuerbilanz keine besonderen Auswirkungen.

1.2.5.10.2.2 Steuerliche Behandlung der in der vororganschaftlichen Zeit verursachten Mehrabführungen

Eine vororganschaftlich verursachte Mehrabführung gilt als Gewinnausschüttung der Organgesellschaft an den Organträger (§ 14 Abs. 3 Satz 1 KStG). Sie gilt als zum Ende des Wj. der Organgesellschaft erfolgt (§ 14 Abs. 3 Satz 3 KStG).

Für diese (fiktive) Gewinnausschüttung ist nach § 43 Abs. 1 Nr. 1 EStG Kapitalertragsteuer einzubehalten. Die Kapitalertragsteuer entsteht im Zeitpunkt der Feststellung der Handelsbilanz, spätestens acht Monate nach Ablauf des Wj. (§ 44 Abs. 7 EStG). Häufig werden die Mehrabführungen erst nach einer Betriebsprüfung erkannt. In diesen Fällen ist von einem nachträglichen KapESt-Abzug abzusehen (Vorrang des Veranlagungsverfahrens, vgl. BFH vom 03.07.1968, BStBl II 1969, 4).

Hinweis

Der BFH ist mit seinem Urteil vom 26.02.2003, DStRE 2003, 985 von dem BFH-Urteil vom 03.07.1968 abgewichen. Dieses Urteil wurde jedoch nicht im BStBl veröffentlicht, sodass es nach Auffassung der FinVerw beim Vorrang des Veranlagungsverfahrens bleibt.

Die vororganschaftlich verursachte Mehrabführung wird beim Organträger als Gewinnausschüttung i.S.d. § 20 Abs. 1 Nr. 1 EStG erfasst, obgleich hinsichtlich der fiktiven Gewinnausschüttung keine konkrete Gesetzesnorm existiert. § 8b Abs. 1 KStG bzw. § 3 Nr. 40d EStG sind folgerichtig anzuwenden.

1.2.5.10.2.3 Behandlung der in der vororganschaftlichen Zeit verursachten Minderabführungen

Minderabführungen, die ihre Ursache in vororganschaftlicher Zeit haben, sind als Einlagen des Organträgers an die Organgesellschaft zu behandeln (§ 14 Abs. 3 Satz 2 KStG). Auch diese Einlagen gelten als zum Ende des Wj. der Organgesellschaft erfolgt.

1.2.5.10.2.4 Zusammentreffen von vororganschaftlichen Mehr- und Minderabführungen

Treffen Mehr- und Minderabführungen zusammen, findet **keine Saldierung** statt (BMF vom 28.10.1997, BStBl I 1997, 939 unter III.).

1.2.5.10.3 Zusammenfassende Übersicht

	Mehrabführung	Minderabführung
Sachverhalt	Gewinnabführung ist größer als Jahresergebnis lt. Steuerbilanz	Gewinnabführung ist kleiner als Jahresergebnis lt. Steuerbilanz
Behandlung bei der Organgesellschaft (§ 27 Abs. 6 KStG)	Verringerung des Einlagekontos	Erhöhung des Einlagekontos
Behandlung beim Organträger (R 63 KStR)	Bildung eines passiven Ausgleichspostens (bzw. Verringerung eines aktiven Ausgleichspostens)	Bildung eines aktiven Ausgleichspostens (bzw. Verringerung eines passiven Ausgleichspostens)
Ursache in vorvertraglicher Zeit (§ 14 Abs. 3 KStG)	Gewinnausschüttung	Einlage

1.2.5.11 Ausschüttung vorvertraglicher Rücklagen

Verfügt die Organgesellschaft über in vorvertraglicher Zeit gebildete Rücklagen, dürfen diese nicht abgeführt werden. Zulässig ist aber die Ausschüttung der vorvertraglichen Rücklagen. Insoweit gelten die allgemeinen Grundsätze (R 60 Abs. 4 Satz 4 und 5 KStR). Dementsprechend kann die Gewinnausschüttung zur Verwendung des Einlagekontos (§ 27 KStG) führen.

1.2.5.12 Ausschüttung von in organschaftlicher Zeit gebildeter Kapitalrücklagen

Anders als in vertraglicher Zeit gebildete Gewinnrücklagen können in vertraglicher Zeit gebildete Kapitalrücklagen ausgeschüttet werden (BMF vom 27.11.2003, BStBl I 2003, 647).

1.2.6 Verunglückte Organschaft

1.2.6.1 Begriff und Gründe

Wird einer (vermeintlichen) Organschaft die steuerliche Anerkennung versagt, weil ein Tatbestandsmerkmal (gewollt oder ungewollt) wegfällt oder niemals vorhanden war, so handelt es sich um eine sog. »verunglückte Organschaft«. Die Ursachen können im Zivilrecht und/oder im Steuerrecht liegen:

- mangelnde zivilrechtliche Wirksamkeit des Gewinnabführungsvertrags;
- mangelnde steuerrechtliche Wirksamkeit des Gewinnabführungsvertrags;
- Beendigung des Gewinnabführungsvertrags innerhalb der Fünfjahresfrist ohne wichtigen Grund;
- Wegfall der finanziellen Eingliederung;
- fehlerhafte Durchführung des Gewinnabführungsvertrags;
- Beendigung des Gewinnabführungsvertrags im Fünfjahreszeitraum.

1.2.6.2 Handelsrechtliche Folgen

Ist die Organschaft lediglich deshalb als verunglückt anzusehen, weil ein ausschließlich steuerliches Tatbestandsmerkmal wegfällt (z. B. Wegfall der finanziellen Eingliederung), dann wird die Wirksamkeit des Gewinnabführungsvertrags nicht berührt. Dementsprechend ergeben sich auch keine Auswirkungen auf die Handelsbilanz.

Ist der Gewinnabführungsvertrag zivilrechtlich nicht wirksam, kann ebenfalls eine verunglückte Organschaft vorliegen. Wurde der Gewinnabführungsvertrag in der Vergangenheit gleichwohl vollzogen, wird der Vollzug von den Zivilgerichten nach den Grundsätzen der fehlerhaften Gesellschaft behandelt. Dementsprechend müssen erfüllte Gewinnabführungs- und Verlustübernahmeverpflichtungen nicht rückabgewickelt werden. Lediglich für die Zukunft können sich die beteiligten Vertragsparteien auf die Unwirksamkeit berufen. Es ergeben sich daher auch für diesen Fall keine Auswirkungen auf die Handelsbilanzen für abgelaufene Wj.

Soweit sich infolge der rückwirkenden steuerlichen Unwirksamkeit bei der Organgesellschaft eigene Steuerbelastungen ergeben, führt dies zu entsprechenden Nachforderungen der Organgesellschaft gegenüber dem Organträger, da insoweit zuviel abgeführt wurde.

1.2.6.3 Steuerrechtliche Folgen

1.2.6.3.1 Behandlung der Gewinnabführung bzw. Verlustübernahme

Fehlt mindestens eine Voraussetzung für das Vorliegen einer Organschaft, können die Rechtsfolgen einer Organschaft nicht eintreten. Dementsprechend kann auch keine Einkommenszurechnung erfolgen. Die Organgesellschaft ist vielmehr nach normalen Regeln zu besteuern (vgl. R 60 Abs. 8 Satz 2 KStR).

Die Organgesellschaft muss ihr gesamtes Einkommen selbst versteuern. Die aufwandswirksam gebuchte Gewinnabführung stellt eine verdeckte Gewinnausschüttung dar und ist nach § 8 Abs. 3 Satz 2 KStG außerbilanziell hinzuzurechnen. Die ertragswirksam gebuchte Verlustübernahme stellt eine verdeckte Einlage dar und ist daher nach § 8 Abs. 3 Satz 3 KStG i.V.m. § 4 Abs. 1 Satz 1 EStG außerbilanziell zu kürzen. Ferner erhöht sich das Einlagekonto (§ 27 KStG). Das Einlagekonto erhöht sich aber erst im Zeitpunkt des tatsächlichen Zuflusses, die Bilanzierung ist irrelevant (BMF vom 04.06.2003, BStBl I 2003, 366, Rz. 26). Dementsprechend ergibt sich eine Erhöhung des Einlagekontos regelmäßig erst im folgenden Veranlagungszeitraum.

Da die (vermeintliche) Organgesellschaft nunmehr eigenes Einkommen zu versteuern hat, führt dies zu einer eigenen KSt. Diese KSt sowie die KSt-Erhöhung führen dazu, dass die (vermeintliche) Organgesellschaft zuviel Gewinn an den Organträger abgeführt hat. Der entsprechende Rückforderungsanspruch an den Organträger ist als Einlageforderung zu werten und berührt die Höhe der vGA nicht.

1.2.6.3.2 Zeitliche Wirkungen

Die steuerlichen Folgen einer verunglückten Organschaft treten je nach ihren Ursachen teilweise rückwirkend ein:

- **Mangelnde zivilrechtliche Wirksamkeit des Gewinnabführungsvertrags**
  War der Gewinnabführungsvertrag zivilrechtlich von Anfang an nicht wirksam, so treten die steuerlichen Folgen für den gesamten Zeitraum der vermeintlichen Organschaft ein.

- **Mangelnde steuerrechtliche Wirksamkeit des Gewinnabführungsvertrags**
  Steuerrechtlich werden über das Zivilrecht hinausgehende Anforderungen gestellt (z.B. Vereinbarung einer Fünfjahresfrist nach § 14 Abs. 1 Satz 1 Nr. 3 Satz 1 KStG oder eines Höchstbetrags nach § 17 Satz 2 Nr. 1 KStG). Fehlt eine entsprechende Vereinbarung, ist der Gewinnabführungsvertrag steuerlich unwirksam. Die steuerlichen Folgen treten für den gesamten Zeitraum der vermeintlichen Organschaft ein (R 60 Abs. 8 Satz 2 KStR).
- **Wegfall der finanziellen Eingliederung**
  Die steuerlichen Folgen treten unabhängig von der bisherigen Dauer des Gewinnabführungsvertrags erstmals für das Wj. ein, in dem die finanzielle Eingliederung wegfällt (§ 14 Abs. 1 Satz 1 Nr. 1 KStG).

Hinweis

Fällt die finanzielle Eingliederung im Lauf eines Wj. weg (z.B. durch Veräußerung von Anteilen), so ist die Organschaft vom Beginn des entsprechenden Wj. nicht anzuerkennen. Sollte das bis zum Wegfall der finanziellen Eingliederung erzielte Einkommen noch dem Organträger zugerechnet werden, kann ein Rumpf-Wj. mit Zustimmung des FA gebildet werden (vgl. R 59 Abs. 2, Abs. 3 KStR für den Fall der Veräußerung der Anteile an der Organschaft). Dieser Grundsatz muss m.E. auch im Fall des Wegfalls der finanziellen Eingliederung ohne Veräußerung der Organschaftsbeteiligung gelten. Zu den zivilrechtlichen Voraussetzungen s. 1.2.3.1.3.

Auswirkungen auf rückwirkende Veranlagungszeiträume ergeben sich aus dem Wegfall der finanziellen Eingliederung nicht. Jedoch wird regelmäßig mit Wegfall der finanziellen Eingliederung (im Regelfall durch Veräußerung der entsprechenden Anteile) der Gewinnabführungsvertrag beendet, sodass sich aus der Beendigung rückwirkende Auswirkungen ergeben können.

- **Fehlerhafte Durchführung des Gewinnabführungsvertrags**
  Wird gegen das steuerliche Durchführungsgebot verstoßen (s. 1.2.3.2.4), ist wie folgt zu unterscheiden:
  - Verstoß gegen das steuerliche Durchführungsgebot **innerhalb der Fünfjahresfrist**: Die steuerlichen Folgen treten für den gesamten Zeitraum der vermeintlichen Organschaft ein (R 60 Abs. 8 Satz 1 Nr. 1 KStR).
  - Verstoß gegen das steuerliche Durchführungsgebot **nach Ablauf der Fünfjahresfrist**: Die steuerlichen Folgen treten erst für den Zeitraum ein, für den gegen das Durchführungsgebot verstoßen wird (R 60 Abs. 8 Satz 1 Nr. 2 KStR).
- **Beendigung des Gewinnabführungsvertrags**
  Wird der Gewinnabführungsvertrag durch Kündigung oder im gegenseitigen Einvernehmen zivilrechtlich wirksam im Laufe eines Wj. beendet, wirkt diese Beendigung steuerlich auf den Beginn des Wj. der Organgesellschaft zurück (§ 14 Abs. 1 Satz 1 Nr. 3 Satz 3 KStG).

Hinweis

Sollte bis zur Kündigung erzieltes Einkommen noch dem Organträger zugerechnet werden, kann ein Rumpf-Wj. mit Zustimmung des FA gebildet werden (vgl. R 59 Abs. 2, Abs. 3 KStR für den Fall der Veräußerung der Anteile an der Organschaft. Dieser Grundsatz muss m.E. auch für den Fall der Kündigung gelten).

Ist der Fünfjahreszeitraum bereits abgelaufen, ergeben sich keine Auswirkungen auf die vergangenen Veranlagungszeiträume (R 60 Abs. 7 KStR). War der Fünfjahreszeitraum noch nicht abgelaufen, treten die steuerlichen Folgen für die gesamte Zeit der Organschaft ein (R 60 Abs. 6 Satz 5 KStR). Dies gilt jedoch nicht, wenn ein wichtiger Grund vorliegt (§ 14 Abs. 1 Satz 1 Nr. 3 Satz 2 KStG). Ein wichtiger Grund liegt insbesondere in den folgenden Fällen vor (R 60 Abs. 6 Satz 2 KStR):

- Veräußerung oder Einbringung der Organbeteiligung;
- Verschmelzung oder Spaltung des Organträgers oder der Organgesellschaft;
- Liquidation des Organträgers oder der Organgesellschaft.

Beim Formwechsel des Organträgers oder der Organgesellschaft gilt Entsprechendes, es sei denn, es findet kein Rechtsformkreiswechsel statt (BMF vom 11.11.2011, BStBl I 2011, 1314 – Umwandlungssteuererlass – Org. 11 und Org. 20).
Ein wichtiger Grund soll dagegen nicht vorliegen, wenn bereits im Zeitpunkt des Vertragsabschlusses feststand, dass der Gewinnabführungsvertrag vor Ablauf der fünf Jahre beendet sein würde, es sei denn, die Beendigung erfolgt im Rahmen einer Verschmelzung, Spaltung oder einer Liquidation der Organgesellschaft (R 60 Abs. 6 Satz 3 und 4 KStR).

Erfolgt nach steuerlich zulässiger Beendigung der Organschaft noch eine Gewinnabführung für organschaftliche Zeiträume, gelten die organschaftlichen Grundsätze, denn hier wirkt die Organschaft lediglich nach.

Sind die Veranlagungen bei der Organgesellschaft und/oder dem Organträger bestandskräftig, erfolgt eine Korrektur der Steuerbescheide gem. § 175 Abs. 1 Satz 1 Nr. 2 AO.

1.2.6.3.3 Ausgleichszahlungen

Soweit die Organschaft rückwirkend steuerlich unwirksam wird, gilt dies auch für die Ausgleichszahlungen. Die Ausgleichszahlung ist als verdeckte Gewinnausschüttung der Organgesellschaft zu behandeln. Abweichungen zur organschaftlichen Behandlung ergeben sich im Ergebnis nicht. Hat der Organträger die Ausgleichszahlung geleistet, gilt Entsprechendes. D.h. es liegt auch hier eine verdeckte Gewinnausschüttung i.H.d. Ausgleichszahlung an den außenstehenden Gesellschafter sowie eine weitere vGA i.H.d. Gewinnabführung an den vermeintlichen Organträger vor. Der Organträger erfüllt ergebnisneutral die Zahlungsverpflichtung an den außenstehenden Gesellschafter.

1.2.6.4 Fehlerhafter Jahresabschluss

Durch das Unternehmenssteuerreformgesetz 2013 wurde in § 10 Abs. 1 Nr. 3 Satz 4 KStG eine Regelung eingeführt, wonach der Gewinnabführungsvertrag auch dann als durchgeführt gilt, wenn der abgeführte Gewinn oder ausgeglichene Verlust auf einem Jahresabschluss beruht, der **fehlerhafte Bilanzansätze** enthält. Voraussetzung ist aber, dass

a) der Jahresabschluss wirksam festgestellt ist und
b) die Fehlerhaftigkeit bei Erstellung des Jahresabschlusses unter Anwendung der Sorgfalt eines ordentlichen Kaufmanns nicht hätte erkannt werden müssen und
c) ein von der Finanzverwaltung beanstandeter Fehler spätestens in dem nächsten nach dem Zeitpunkt der Beanstandung des Fehlers aufzustellenden Jahresabschluss der Organgesellschaft und des Organträgers korrigiert und das Ergebnis entsprechend abgeführt oder ausgeglichen wird, soweit es sich um einen Fehler handelt, der in der Handelsbilanz zu korrigieren ist.

Die Regelung gilt nicht für alle bestandskräftig veranlagten Fälle.

1.2.7 Ausschluss einer doppelten Verlustberücksichtigung

Eine ausländische KapGes mit Sitz im Ausland und Geschäftsleitung im Inland (doppelansässige Gesellschaft) kann Organträger sein (§ 14 Abs. 1 Satz 1 Nr. 2 Satz 1 KStG). Aufgrund der Doppelansässigkeit kann sie auch im ausländischen Sitzstaat als Steuersubjekt geführt werden. Erzielt der Organträger ein negatives Einkommen, darf dieses bei der inländischen Besteuerung nicht angesetzt werden, »soweit es im Ausland im Rahmen einer der deutschen Besteuerung des Organträgers entsprechenden Besteuerung berücksichtig wird« (§ 14 Abs. 1 Satz 1 Nr. 5 KStG). Vermieden werden soll ausschließlich für Organträger die doppelte Verlustnutzung (sog. »**double dip**«). Gegen diese Regelung werden verfassungsrechtliche, europarechtliche und DBA-rechtliche Bedenken vorgetragen.

1.2.8 Besondere Probleme bei natürlichen Personen

1.2.8.1 Fremdfinanzierte Organschaftsbeteiligung (§ 3c Abs. 2 EStG)

Nach § 3c Abs. 2 EStG dürfen BA, die mit den nach § 3 Nr. 40 EStG zugrunde liegenden Betriebsvermögensmehrungen in einem wirtschaftlichen Zusammenhang stehen, unabhängig von deren Anfall nur zu 60% abgezogen werden. Dementsprechend sind Zinsaufwendungen, die im Zusammenhang mit einem fremdfinanzierten Erwerb einer KapGes-Beteiligung stehen, nur zu 60% abzugsfähig, da die entsprechenden Gewinnausschüttungen nur zu 60% angesetzt werden (§ 3 Nr. 40 Buchst. d EStG).

Wird dagegen eine Beteiligung an einer Organgesellschaft fremdfinanziert, ist fraglich, ob die Aufwendungen in voller Höhe abzugsfähig sind, da die Aufwendungen mit Gewinnabführungen im Zusammenhang stehen. Für die KapGes als Organträger hat die FinVerw den vollen Abzug grds. bejaht (BMF vom 26.08.2003, BStBl I 2003, 437, Rz. 24 sowie R 62 Abs. 1 KStR). Dies liegt aber an den besonderen Regelungen für KapGes (§ 8b Abs. 5 KStG). Gegen den vollen Abzug des Zinsaufwands sprechen neben der zeitlich unbegrenzten periodenübergreifenden Anwendung des § 3c Abs. 2 EStG auch die 60%ige Steuerpflicht des Veräußerungsgewinns (§ 3 Nr. 40 Buchst. a EStG), das 40%ige Abzugsverbot für »sonstige« Wertminderungen (§ 3c Abs. 2 Satz 2 EStG) sowie die Fälle, in denen die Organgesellschaft zulässigerweise Gewinne ausschüttet.

Befindet sich die Beteiligung im Privatvermögen, schließt § 20 Abs. 9 EStG die Geltendmachung von Finanzierungsaufwendungen aus, soweit kein Antrag nach § 32d Abs. 2 Nr. 3 EStG gestellt wird.

Hinweis

Es sprechen gute Gründe für die Anwendung des § 3c Abs. 2 EStG bei fremdfinanziertem Beteiligungserwerb. Eine Entscheidung durch die FinVerw steht noch aus. Da die Ausgaben bei einer KapGes als Organträger vollumfänglich abzugsfähig sind, sollte die Fremdfinanzierung über eine KapGes erfolgen.

1.2.8.2 Ausländische steuerbefreite Einkünfte (§ 32b EStG)

Die Einkommensteile der Organgesellschaft werden mit den »Merkmalen« der Organgesellschaft dem Organträger zugerechnet (s. 1.2.5.2.2). Sind in dem Einkommen der Organgesellschaft Einkommensteile enthalten, die nach dem einschlägigen DBA von der inländischen Besteuerung freizustellen sind, können diese Einkünfte ohne organschaftliche Sondervorschrift steuerfrei weitergeleitet werden. Da für KapGes der Progressionsvorbehalt nicht zur Anwendung kommt (vgl. R 32 Abs. 1 Nr. 1 KStR), fehlt auch ein entsprechendes Merkmal auf diese steuerfreien Einkünfte. Die Einkünfte könnten demnach, soweit sie auf eine natürliche Person entfallen, gänzlich steuerfrei vereinnahmt werden, obgleich sie bei Direktbezug unter den Progressionsvorbehalt fallen würden (§ 32b Abs. 1 Nr. 3 EStG). Aufgrund der Sondervorschrift des § 32b Abs. 1a EStG unterfallen diese Einkommensteile dennoch dem Progressionsvorbehalt.

1.2.8.3 Außerordentliche Einkünfte (§ 34 EStG)

§§ 16 und 34 EStG sind bei KapGes nicht anwendbar (vgl. R 32 Abs. 1 Nr. 1 KStR). Daher können solche Merkmale auch nicht weitergeleitet werden. Dementsprechend können die entsprechenden Einkommensteile, soweit sie auf natürliche Personen entfallen, auch nicht nach diesen Vorschriften begünstigt werden (R 67 Abs. 2 KStR, BFH vom 09.11.2003, BStBl II 2004, 515).

1.2.9 Haftung

Die Organgesellschaft haftet verschuldensunabhängig für Steuerschulden des Organträgers (§ 73 AO). Damit sollen steuerliche Risiken, die bei Zahlungsunfähigkeit des Organträgers infolge von Vermögensverlagerungen innerhalb des Organkreises entstehen könnten, zu Lasten des Fiskus ausgeglichen werden. Die Haftung gilt nur für Steuern, nicht aber für steuerliche Nebenleistungen (BFH vom 05.10.2004, BStBl II 2006, 6).

1.3 Die Organschaft im Gewerbesteuerrecht

1.3.1 Voraussetzungen

Die gewerbesteuerliche Organschaft knüpft vollumfänglich an die körperschaftsteuerliche Organschaft an (§ 2 Abs. 2 Satz 2 GewStG). Dementsprechend liegt nur dann eine gewerbesteuerliche Organschaft vor, wenn auch eine körperschaftsteuerliche Organschaft vorliegt. Ein nur-gewerbesteuerliche Organschaft ist nicht möglich. Zu den Voraussetzungen s. 1.2.2 und 1.2.3.

1.3.2 Wirkungen

Liegt eine gewerbesteuerliche Organschaft vor, gilt die Organgesellschaft als **Betriebsstätte** des Organträgers (§ 2 Abs. 2 Satz 2 GewStG). Die Organgesellschaft ist daher selbst nicht gewerbesteuerpflichtig. Vielmehr wird für die Zeit der Organschaft die subjektive – nicht aber die objektive – Steuerpflicht dem Organträger zugerechnet. Verfahrensrechtlich ist damit lediglich der Organträger zur Abgabe von Steuererklärungen verpflichtet. Durch die Betriebsstättenfiktion entsteht jedoch kein einheitliches Unternehmen. Vielmehr ist der Gewerbeertrag der Organgesellschaft getrennt zu ermitteln und dem Organträger zur Berechnung seines Messbetrags zuzurechnen (R 14 Abs. 1 GewStR, sog. **eingeschränkte Einheitstheorie**).

1.3.3 Grundzüge der Gewerbeertragsermittlung

Grundsätzlich werden die Gewerbeerträge getrennt ermittelt. Zu beachten ist aber, dass die Organgesellschaft als Betriebsstätte des Organträgers gilt. Dementsprechend sind solche Beträge auszusondern, die zu einer Doppelerfassung führen, die es bei Vorliegen einer Betriebsstätte nicht gäbe (Gleichlautender Ländererlass zu § 8 Nr. 1 GewStG vom 02.07.2012, www.bundesfinanzministerium.de, Tz. II 6b und R 7.1 Abs. 5 GewStR).

Beispiel

Die Organgesellschaft hat von dem Organträger einen Kredit erhalten. Der entsprechende Finanzierungsaufwand unterfällt dem § 8 Nr. 1 GewStG.

Lösung

Bei der getrennten Gewerbeertragsermittlung der Organgesellschaft erfolgt eine Hinzurechnung gem. § 8 Nr. 1 GewStG. Zu beachten ist aber, dass die entsprechenden Erträge beim Organträger gewerbeertragserhöhend berücksichtigt wurden, sodass sich bei der Zusammenrechnung der Gewerbeerträge eine partielle Doppelerfassung ergeben würde. Dementsprechend erfolgt keine Hinzurechnung nach § 8 Nr. 1 GewStG (R 41 Abs. 1 Satz 6 GewStR).

Ein besonderes Problem entsteht, wenn der Organträger von der Organgesellschaft Dividenden erhält. Da die Anwendung des § 8b KStG bzw. von § 3 Nr. 40 und § 3c EStG bei der Gewinnermittlung der Organgesellschaft ausgeschlossen ist (§ 15 Satz 1 Nr. 2 KStG), ergibt sich ein zu hoher Gewerbeertrag (§ 7 Satz 1 GewStG). Die Anwendung dieser Vorschriften erfolgt grds. erst auf Ebene des Organträgers.
Die Gewerbeertragsermittlung erfolgt somit dreistufig:
1. Stufe: Ermittlung nach normalen Grundsätzen,
2. Stufe: Korrekturen gem. § 2 Abs. 2 Satz 2 GewStG,
3. Stufe: Anwendung des § 15 Satz 1 Nr. 2 KStG.

1.3.4 Einzelne Problemfelder

1.3.4.1 Vororganschaftlicher Verlust

Entsprechend den körperschaftsteuerlichen Regelungen können vorvertragliche Verluste bei der Ermittlung des Gewerbeertrages nicht abgezogen werden (§ 10a Satz 3 GewStG).

1.3.4.2 Ausgleichszahlungen

Anders als im Bereich des KStG unterliegt die Ausgleichszahlung beim Organträger der Gewerbesteuer.

1.3.4.3 Anteile an Kapitalgesellschaften

Bei der Ermittlung des Gewinns als Ausgangswert für den Gewerbeertrag (§ 7 Satz 1 GewStG) wurden die **Gewinnausschüttungen** noch nicht ausgesondert, sie sind daher noch in voller Höhe enthalten (§ 15 Satz 1 Nr. 2 KStG, Bruttomethode). Daher kann § 9 Nr. 2a bzw. § 9 Nr. 7

GewStG (sog. gewerbesteuerliches Schachtelprivileg) zur Anwendung kommen. Dabei ist zu beachten, dass auf der Ebene des Organträgers noch eine weitere Korrektur vorzunehmen ist.

Beispiel

Im Gewinn der Organgesellschaft i.H.v. 100.000 € ist eine Gewinnausschüttung i.H.v. 10.000 € enthalten. Die Voraussetzungen des gewerbesteuerlichen Schachtelprivilegs (§ 9 Nr. 2a GewStG) sind erfüllt.

Lösung

Bei der Gewerbeertragsermittlung erfolgt eine Kürzung um 10.000 €, sodass dem Organträger ein Gewerbeertrag i.H.v. 90.000 € mitgeteilt wird. Bei der Ermittlung des Gewerbeertrags des Organträgers erfolgt eine Hinzurechnung i.H.v. 500 € (§ 8b Abs. 5 KStG), wenn der Organträger eine KapGes ist. Ohne Organschaft ergäbe sich (nach Auffassung der FinVerw) ebenfalls ein Gewerbeertrag i.H.v. 90.500 €.

Hinweis

Ob eine Schachteldividende vorliegt, ist jeweils getrennt beim Organträger und der Organgesellschaft zu prüfen. Eine Addition der Beteiligungsquoten beim Organträger kann daher nicht vorgenommen werden (BMF vom 23.08.2003, BStBl I 2003, 437, Rz. 31).

1.3.4.4 Veräußerungen von Anteilen an Kapitalgesellschaften

Bei der Ermittlung des Gewerbeertrags der Organgesellschaft sind § 8b KStG bzw. § 3 Nr. 40 und § 3c EStG nicht anzuwenden, soweit in dem Gewinn entsprechende Ergebnisse aus der Veräußerung von Anteilen an KapGes enthalten sind. Die entsprechende Berücksichtigung erfolgt erst auf der dritten Stufe beim Organträger (BMF vom 26.08.2003, BStBl I 2003, 437, Rz. 29).

1.3.5 Verfahrensrecht

Anders als im Körperschaftsteuerrecht erfolgt keine Steuerfestsetzung bei der Organgesellschaft. Da nur der Organträger Schuldner der Gewerbesteuer ist, kann auch nur dieser zur Abgabe der Steuererklärungen verpflichtet sein (§§ 14a, 5 GewStG, § 25 Abs. 1 Nr. 2 GewStDV). Dies gilt auch für die GewSt-Erklärung der Organgesellschaft, wobei ungeklärt ist, ob überhaupt eine GewSt-Erklärung für die Organgesellschaft einzureichen ist und welche verfahrensrechtlichen Wirkungen sich daraus ergeben. In der Praxis wird jedoch regelmäßig eine GewSt-Erklärung (zusammen mit der KSt-Erklärung) durch die Organgesellschaft dem für die Organgesellschaft zuständigen FA eingereicht. Dieses FA ermittelt den Gewerbeertrag der Organgesellschaft und teilt ihn dem FA des Organträgers sowie dem Organträger und der Organgesellschaft mit. Der so ermittelte Gewerbeertrag geht in den Gewerbeertrag des Organträgers ein. Einwendungen können daher nur gegen den GewSt-Messbescheid des Organträgers erhoben werden.

Für die Feststellung des Verlustvortrags (§ 10a Satz 4 GewStG) gilt hinsichtlich der Erklärungspflicht und der tatsächlichen Praxis Entsprechendes. Das für die Organgesellschaft zuständige FA muss eine verbindliche Verlustfeststellung (jeweils in konstanter Höhe) vornehmen und bekannt geben (vgl. FinMin Bayern, Erlass vom 20.10.1993, DB 1993, 2262). Da aber (seit

2004) der Verlustvortrag der Organgesellschaft während der Organschaft eingefroren bleibt und dementsprechend den Gewerbeertrag des Organträgers nicht berühren kann, wird der Verlustfeststellungsbescheid ausschließlich gegenüber der Organgesellschaft bekannt gegeben.

1.3.6 Haftung

Zur Haftung s. 1.2.9.

1.4 Die Organschaft im Umsatzsteuerrecht

1.4.1 Allgemeines

Eine umsatzsteuerliche Organschaft liegt vor, wenn eine juristische Person nach dem Gesamtbild der tatsächlichen Verhältnisse in ein Unternehmen eingegliedert ist (§ 2 Abs. 2 Nr. 2 UStG). Bei einer umsatzsteuerlichen Organschaft verliert die Organgesellschaft ihre Unternehmereigenschaft. Die Organgesellschaft ist unselbstständiger Teil des Organträgers. Im Organkreis können sich mehrere Organgesellschaften befinden. Die Umsätze im Organkreis stellen nichtsteuerbare Innenumsätze dar. Umsätze gegenüber Dritten gelten als Umsätze des Organträgers.

Vorteile können sich dann ergeben, wenn ein Beteiligter des Organkreises nicht zum Vorsteuerabzug berechtigt ist. Sind alle Beteiligten zum Vorsteuerabzug berechtigt, können sich Liquiditätsvorteile ergeben.

Beispiel
Ein Bauunternehmen liefert ein Wohngebäude für 1 Mio. € zzgl. 19 % USt an eine GmbH, die Wohnraum vermietet.

Lösung
Liegt keine Organschaft vor, entstehen bei der GmbH Kosten i.H.v. 190.000 €, da sie nicht zum Vorsteuerabzug berechtigt ist (§ 15 Abs. 2 i.V.m. 4 Nr. 12 UStG). Liegt dagegen eine Organschaft zwischen dem Bauunternehmen und der GmbH vor, fällt keine Umsatzsteuer an.

1.4.2 Voraussetzungen

1.4.2.1 Persönliche Voraussetzungen

1.4.2.1.1 Organgesellschaft

Als Organgesellschaft kommt nur juristische Personen in Betracht. Dies können nur solche des Zivil- und Handelsrechts, nicht aber des öffentlichen Rechts sein (A 2.8 Abs. 2 Satz 1 UStAE).

1.4.2.1.2 Organträger

Organträger kann jeder Unternehmer sein (A 2.8 Abs. 2 Satz 2 UStAE). Hat der Organträger seine Geschäftsleitung im Ausland, gilt der wirtschaftlich bedeutendste Unternehmensteil im Inland als der Unternehmer (§ 2 Abs. 2 Nr. 2 Satz 4 UStG).

1.4.2.2 Sachliche Voraussetzungen

1.4.2.2.1 Allgemeines

Die Organgesellschaft muss nach dem Gesamtbild der tatsächlichen Verhältnisse finanziell, wirtschaftlich und organisatorisch eingegliedert sein. Daher müssen die drei Eingliederungsvoraussetzungen nicht gleich stark ausgeprägt sein (A 2.8 Abs. 1 Satz 2 UStAE). Ist eine Eingliederungsvoraussetzung schwach ausgeprägt, die anderen aber desto stärker, kann eine Organschaft vorliegen. Fehlt dagegen eine Eingliederungsvoraussetzung gänzlich, kann keine Organschaft vorliegen. Eine umsatzsteuerliche Organschaft liegt dann vor, wenn sämtliche Tatbestandsmerkmale vorliegen. Dies kann auch ein Zeitpunkt im Veranlagungszeitraum sein.

Hinweis

In der Praxis wird häufig die umsatzsteuerliche Organschaft erst im Nachhinein (im Rahmen einer Betriebsprüfung) erkannt. Im Regelfall werden die Wirklungen erst für die Zukunft gezogen, wenn Organschaft und Organträger zum vollen Vorsteuerabzug berechtigt sind, sodass sich insgesamt keine Änderung des Steueraufkommens ergibt. Anderenfalls können sich erhebliche Auswirkungen auf die Zinsfestsetzungen nach § 233a AO ergeben (vgl. FG Berlin vom 17.06.2003, DStR 2004, 354).

1.4.2.2.2 Finanzielle Eingliederung

Die finanzielle Eingliederung ist dann erfüllt, wenn der Organträger die Mehrheit der Anteile hält, die es ihm ermöglicht, Beschlüsse in der Organgesellschaft durchzusetzen. Eine Mehrheit liegt dann vor, wenn er mehr als 50 % der Stimmrechte hält (A 2.8 Abs. 5 Satz 2 UStAE). Die finanzielle Eingliederung kann auch im Laufe des Wj. eintreten.

1.4.2.2.3 Wirtschaftliche Eingliederung

Die wirtschaftliche Eingliederung ist dann gegeben, wenn die Organgesellschaft die Tätigkeit des Unternehmens des Organträgers ergänzt und fördert (A 2.8 Abs. 6 UStAE).

1.4.2.2.4 Organisatorische Eingliederung

Die organisatorische Eingliederung ist dann erfüllt, wenn der Organträger durch organisatorische Maßnahmen sichergestellt hat, dass in der Organgesellschaft sein Wille tatsächlich ausgeübt wird (A 2.8 Abs. 7 UStAE).

1.4.3 Inlandsbeschränkung

Die Wirkungen der Organschaft sind grundsätzlich auf das Inland beschränkt (Details siehe A 2.9 UStAE).

1.4.4 Wirkungen

Die umsatzsteuerliche Organschaft wirkt sich im Wesentlichen auf folgende Bereiche aus:

- **Nichtsteuerbare Innenumsätze**
  Sämtliche Umsätze stellen nichtsteuerbare Innenumsätze dar. Abrechnungen – auch mit Umsatzsteuerausweis – haben keine umsatzsteuerliche Wirkung. Insbesondere greift insoweit § 14 Abs. 2, Abs. 3 UStG nicht.

- **Vorsteuerabzug**
  Vorsteuerabzugsberechtigt ist ausschließlich der Organträger. Dies gilt auch für Rechnungen, bei denen die Organgesellschaft Rechnungsempfänger ist.
- **Rechnungsausweis**
  Die Organgesellschaft muss in ihren Rechnungen die Steuernummer des Organträgers aufnehmen (§ 14 Abs. 4 UStG).

1.4.5 Einzelne Problemfelder

1.4.5.1 Umsatzsteuer-Identifikationsnummer

Auch wenn die Organgesellschaft selbst als umsatzsteuerlich unselbstständig anzusehen ist, kann einer Organgesellschaft eine Umsatzsteuer-Identifikationsnummer erteilt werden (§ 27a Abs. 1 UStG). Antragsberechtigt ist der Organträger.

1.4.5.2 Zusammenfassende Meldung

Die Organgesellschaft muss für die von ihr ausgeführten innergemeinschaftlichen Lieferungen eine zusammenfassende Meldung abgeben (§ 18a UStG).

1.4.6 Haftung

Zur Haftung s. 1.2.9.

2 GmbH & Co. KG

LITERATURHINWEISE:
Binz/Sorg/Mayer, Die GmbH & Co. KG, 11. Aufl. 2011; *Heidemann*, Die GmbH & Co. KG als steuerliche Gestaltungsalternative, INF 2005, 427; *Hesselmann/Tillmann/Müller-Thuns*, Handbuch der GmbH & Co. KG, 20. Aufl. 2009; *Preißer/Pung*, Die Besteuerung der Personen- und Kapitalgesellschaften, 2. Aufl. 2012; *Preißer/von Rönn*, Die KG und die GmbH & Co. KG, 2. Aufl., 2010; *Schmidt*, EStG-Komm, 31. Aufl. 2012, § 15 Rz. 700–787; *Wagner/Rux*, Die GmbH & Co. KG, 11. Aufl. 2009; *Westermann u. a.*, Handbuch der PersGes (Loseblatt), III. Teil §§ 1–3, 8 und 9.

2.1 Vorzüge der GmbH & Co. KG

Die Rechtsform der GmbH & Co. KG ermöglicht es, die Vorzüge der PersGes mit denen der KapGes zu kombinieren.

Als Kommanditgesellschaft i.S.d. § 161 Abs. 1 HGB ist die GmbH & Co. KG eine PersGes. Wenigstens einer ihrer persönlich haftenden Gesellschafter (Komplementäre) ist eine Körperschaft, nämlich die Komplementär-GmbH. Insofern ist die GmbH & Co. KG eine **hybride** Rechtsform, die Elemente der PersGes und der KapGes in sich vereinigt. Exakter: Bei der GmbH & Co KG liegt eine **Typenkombination** vor, bei der eine KapGes als juristische Person die Rolle der Komplementärin in der PersGes KG übernimmt. Im Unterschied zur Betriebsaufspaltung (ebenfalls eine sog. Doppelgesellschaft), ist die Vermengung beider gesellschaftsrechtlichen Grundformen hier **gesellschaftsrechtlich integriert,** während sie bei der Betriebsaufspaltung aus betriebswirtschaftlichen Gründen erfolgt.

Die GmbH & Co. KG als (zivilrechtliche) **PersGes** findet ihr steuerrechtliches Pendant in der Mitunternehmerschaft ihrer Gesellschafter. Es gilt der aus dem Recht der PersGes stammende Grundsatz der **Selbstorganschaft**: nur Gesellschafter sind organbefugt; nur diese dürfen die Rolle eines (intern agierenden) Geschäftsführers bzw. eines (extern) vertretungsbefugten Organs übernehmen. Dies findet unter dem Gesichtspunkt der **Mitunternehmerschaft** seine steuerliche Ergänzung in den Sub-Tatbestandsmerkmalen des Mitunternehmerrisikos bzw. der Mitunternehmerinitiative. Es gilt für beide Teilrechtsordnungen das Transparenzprinzip.

Demgegenüber ist die körperschaftlich strukturierte KapGes (hier: die GmbH) durch das Trennungsprinzip charakterisiert. So sind steuerrechtlich die Ebenen der Gesellschaft und der Gesellschafter (Anteilseigner) hermetisch getrennt.

Wie die positiven Seiten der KapGes für die PersGes nutzbar gemacht werden können, zeigt sich u. a. in der **zivilrechtlichen** Ausstattung der GmbH & Co. KG. Insbesondere im Außenverhältnis besetzt die Komplementär-GmbH mit Haftung und Vertretung die zentrale Position der KG.

Vor allem die Ausgestaltung der Haftung gibt immer wieder Anlass, sich für die Rechtsform der GmbH & Co. KG zu entscheiden. Die Komplementär-GmbH **haftet** gem. § 161 Abs. 2, § 128 HGB in vollem Umfang unmittelbar und persönlich. Aber sie haftet nur mit ihrem eigenen Vermögen, das sich bekanntlich gering halten lässt. Ihre Gesellschafter dagegen schirmt sie gem. § 13 Abs. 2 GmbHG weitgehend von der Haftung ab. Die Haftung der Kommanditisten ist gem. §§ 171, 172 HGB auf die im HR eingetragene Haftsumme bzw. die tatsächlich geleistete Einlage begrenzt. Deshalb sollte anlässlich der Gründung einer PersGes stets an die Rechtsform der GmbH & Co. KG gedacht werden.

Das gestalterische Potenzial der GmbH & Co. KG zeigt sich auch in den Regelungen zu Vertretung und Geschäftsführung der KG.

Die Kommanditisten sind zwingend von der **Vertretung** der KG ausgeschlossen (§ 170 HGB). Sie können aber z. B. Prokura bzw. Handlungsvollmacht erhalten, handeln insoweit jedoch – aus zivilrechtlicher Perspektive – nicht als Gesellschafter, sondern z. B. als Arbeitnehmer. Demgegenüber ist jeder Komplementär für sich allein zur Vertretung der Gesellschaft bevollmächtigt (§ 125 Abs. 1 HGB), es gilt hier der Grundsatz der Einzelvertretungsbefugnis.

Häufig sind die Kommanditisten der KG zugleich auch Gesellschafter der Komplementär-GmbH und üben auf der Basis eines zusätzlichen Anstellungsvertrags mit der GmbH deren Geschäftsführung aus. Auf diese Weise werden die Kommanditisten als Geschäftsführer der Komplementär-GmbH **mittelbar** doch zu Geschäftsführern und Vertretern der KG. Auch Vorteile der PersGes gegenüber der KapGes lassen sich in der GmbH & Co. KG nutzen. Die **Geschäftsführung** der KG (Auftreten im Inneren) kann beispielsweise durch Gesellschaftsvertrag auch den Kommanditisten übertragen werden (§§ 163, 164 HGB). Gesellschaftsrechtlich macht das zwar wenig Sinn, aber als steuerliche Stellschraube ist es außerordentlich bedeutsam. Hier entscheidet sich nämlich nach § 15 Abs. 3 Nr. 2 EStG, ob eine ansonsten vermögensverwaltende KG gewerblich geprägt wird oder nicht. Die gewerbliche Prägung kann sogar dadurch verhindert werden, dass eine GmbH mit Kommanditistenstellung neben der Komplementär-GmbH gesellschaftsrechtliche Geschäftsführungsbefugnis erhält (R 15.8 Abs. 6 EStR). Die GmbH & Co. KG bietet damit einen **Fluchtweg aus der Gewerblichkeit**, der einer GmbH wegen § 8 Abs. 2 KStG verschlossen bleibt.

Umgekehrt lässt sich mit Hilfe des § 15 Abs. 3 Nr. 2 EStG eine eigentlich vermögensverwaltend tätige GmbH & Co. KG zuverlässig und dauerhaft **gewerblich prägen**, sodass sie als Personenunternehmen gewerbliche Einkünfte erzielt. Das kann – insbesondere wenn die Gewerbesteuer aufgrund möglicher Kürzungen des Gewerbeertrags gem. § 9 GewStG oder wegen der Gewerbesteueranrechnung gem. § 35 EStG von untergeordneter Bedeutung ist – außer für Sonderabschreibungen und Investitionszulagen auch für umfassende Verlustverrechnungen vorteilhaft sein.

Die GmbH & Co. KG ermöglicht damit Gestaltungen, die weder der GmbH noch der einfachen PersGes offen stehen. Die Zuverlässigkeit der gewerblichen Prägung macht die GmbH & Co. KG als **Auffanggesellschaft** für betriebliche Vermögensgegenstände interessant. So lässt sich z. B. das Besitzpersonenunternehmen in einer **Betriebsaufspaltung** vor den existenzbedrohenden Folgen der Betriebsaufgabe bei Wegfall der personellen oder sachlichen Verflechtung schützen, indem es als gewerblich geprägte GmbH & Co. KG organisiert wird.

Ebenso lassen sich bei Veräußerung, Vererbung oder Aufgabe eines Mitunternehmeranteils mittels einer GmbH & Co. KG die steuerlichen Vorteile aus § 6 Abs. 3, § 16 Abs. 4, § 34 EStG sichern, auch wenn das SBV überhaupt nicht (oder nur disquotal) auf den Erwerber übergeht, wenn sich der Veräußerer im Zeitpunkt des Ausscheidens aus der PersGes noch nicht von seinem SBV trennen will. In anderen Fällen scheitert die Synchronisation der Vermögenstransfers an rechtlichen Hürden. Als Ausweg werden die Wirtschaftsgüter des SBV vorsorglich gem. § 6 Abs. 5 Satz 3 Nr. 2 EStG ohne Änderung der bisherigen Nutzung zu Buchwerten erfolgsneutral in das betriebliche Gesamthandsvermögen einer u. U. eigens dafür gegründeten Einmann-GmbH & Co. KG übertragen (»**Ausgliederungsmodell**«).

Tipp

Bei einer Ausgliederung sollten die gekennzeichneten Wege des § 6 Abs. 5 Satz 3 EStG nie verlassen und die wenig konkretisierte »Gesamtplanrechtsprechung« des BFH (BFH vom 06.09.2000, BStBl II 2001, 229 stets beachtet werden; s. aber BFH vom 25.11.2009, BStBl II 2010, 471: restriktive Anwendung der Gesamtplanrechtsprechung).

Wegen der Körperschaftsklausel des § 6 Abs. 5 Satz 5 EStG sollte die Komplementär-GmbH zudem nicht am Vermögen der KG beteiligt sein.

Entsprechendes gilt nach dem Gesetz für die **qualifizierte Nachfolgeklausel**. Im Erbfall werden die KG-Beteiligung, die einer Sondererbfolge unterliegt, und das SBV, das die gesetzliche Erbfolge zwingend der Erbengemeinschaft zuweist, auseinandergerissen. Die FinVerw (BMF vom 03.03.2005, BStBl I 2005, 458, Tz. 23) hat allerdings inzwischen zu erkennen gegeben, dass sie sich insoweit nicht am Wortlaut der Vorschrift orientieren will.

Die Ergebnisse des Ausgliederungsmodells lassen sich weder mit der GmbH noch mit einer einfachen PersGes erreichen. Die unentgeltliche Übertragung von SBV auf eine KapGes stellt eine verdeckte Einlage dar, die gem. § 6 Abs. 6 Satz 2 EStG zur Aufdeckung der stillen Reserven führt. Mit einer unentgeltlichen Übertragung von SBV auf eine einfache PersGes lassen sich die gewollten Ergebnisse nicht einmal im Ansatz erreichen, schon weil das übertragene WG partiell in fremde Hände geraten würde. Darüber hinaus wäre die aufnehmende PersGes regelmäßig vermögensverwaltend tätig und könnte, soweit der Einbringende an ihr beteiligt ist, gegenüber den Ansprüchen des § 15 Abs. 1 Satz 1 Nr. 2 EStG keine Abschirmwirkung entfalten.

Die **wichtigsten steuerrechtlichen Unterschiede zwischen PersGes** (z. B. GmbH & Co. KG) **und KapGes** (z. B. GmbH) fasst die folgende Tabelle zusammen:

	PersGes (z. B. GmbH & Co. KG)		**KapGes (z. B. GmbH)**	
	Gesellschaft	**Gesellschafter**	**Gesellschaft**	**Gesellschafter**
ESt/KSt	• kein Steuersubjekt • Subjekt der Einkünfteerzielung und -ermittlung • Gesamthandsbilanz sowie Ergänzungs- und Sonderbilanzen	• Gewinne und Verluste der Gesellschaft wirken sich in vollem Umfang aus • Sonderbetriebseinnahmen werden hinzugerechnet • individueller Steuersatz	• Steuersubjekt • vGA und verdeckte Einlage beachten • Vergütung und Pensionsrückstellung für Gesellschafter-Geschäftsführer als BA • Steuersatz 25 %	• Verluste wirken sich nicht aus • thesaurierte Gewinne wirken sich nicht aus • oGA und vGA unterliegen entweder dem Teileinkünfteverfahren (Beteiligung im BV) oder der Abgeltungsteuer (Beteiligung im PV)
GewSt	• Steuersubjekt • Sonderbetriebseinnahmen gehen in den Gewerbeertrag ein • Freibetrag • Staffeltarif	• Anrechnung nach § 35 EStG (nur für Gesellschafter, die natürliche Personen sind)	• Steuersubjekt • viele Besonderheiten beim Gewerbeertrag • Freibetrag und Staffeltarif entfallen • kein § 35 EStG	• kein § 35 EStG

	PersGes (z. B. GmbH & Co. KG)		KapGes (z. B. GmbH)	
	Gesellschaft	Gesellschafter	Gesellschaft	Gesellschafter
ErbStG		• grds. gemeiner Wert (im Ertragswertverfahren ermittelt) • weitreichende Verschonungsregelung		• gemeiner Wert • § 13a ErbStG nur bei Beteiligungen über 25 % (bzw. Pool-Vereinbarung) • Weitreichende Verschonungsregelungen

Steuerrechtliche Vorteile der PersGes gegenüber der KapGes sind insbesondere:

- der grds. mögliche Ausgleich oder Abzug von Verlusten der Gesellschaft mit positiven Einkünften der Gesellschafter, jedenfalls in den Grenzen von § 15 Abs. 4, § 15a und § 15b EStG;
- der Freibetrag gem. § 11 GewStG bei der Gewerbesteuer sowie die Gewerbesteueranrechnung beim Gesellschafter gem. § 35 EStG.

Die GmbH & Co. KG bietet die Möglichkeit, diese Vorteile der PersGes zu nutzen, ohne auf die Vorteile der KapGes zu verzichten. Auch von den Vorteilen der Haftungsbeschränkung und Fremdorganschaft profitiert sie.

Exkurs

Auch wenn die GmbH & Co KG häufig als sog. **Publikums-KG** vorgefunden wird, sind beide Erscheinungsformen streng zu trennen. Beispiele für Publikumsgesellschaften waren früher sog. Abschreibungsgesellschaften und sind heute (geschlossene) Immobilienfonds, Leasingfonds, Medienfonds, Schiffsbeteiligungsgesellschaften und neuerdings sog. Equity Fonds.

Kennzeichen der Publikumsgesellschaften ist, dass der Gesellschaftsvertrag der Publikums-KG auf die Kapitalsammlung und Mitgliedschaft einer unbestimmten Vielzahl von Kommanditisten angelegt ist, die in der Öffentlichkeit geworben werden und die auf die Ausgestaltung des vorformulierten Gesellschaftsvertrags keinen Einfluss haben.

Die Entwicklung eines Sonderrechts durch die Rechtsprechung des BGH wurde notwendig, da – von Rechts wegen – die o. g. Ziele vom Gesellschaftsrecht eigentlich den KapGes, und dort insbes. den Aktiengesellschaften, vorbehalten sind, hier aber de facto von einer PersGes – einer KG – wahrgenommen werden. Diese Soll-Bruchstelle versucht(e) der BGH durch Anleihen am Recht der KapGes und am Kapitalmarktrecht zu kitten. Ziele sind dabei einerseits der Anlegerschutz (umschrieben mit dem Begriff der **Prospekthaftung)** und andererseits die Funktionserhaltung der Massengesellschaft. In Anlehnung an und in Ergänzung zur spezialgesetzlichen Prospekthaftung (insb. im Bereich der Börsen- und Investmenthaftung) hat der BGH eine allgemeine Prospekthaftung entwickelt. Diese an § 347 HGB angelehnte Haftung wurde später kodifiziert (VerkProspG 2005; zu Detailfragen s. *Grüneberg* in *Palandt*, 2009, § 311 Rz. 68 ff.). Es kommt bei Verletzung der o. g. Pflichten zu zwei Möglichkeiten des **Schadenersatzes**:

1. Festhalten am Vertrag (inkl. Ersatz der schuldhaft verursachten Mehraufwendungen) oder
2. Rückgängigmachen des Vertrags (Schaden: Einlageverlust inkl. entgangener Zinsvorteile gegen Rückübertragung des Gesellschaftsanteils).

Der **Anspruchsgegner** (»Prospekthaftpflichtige«) ist der unmittelbar Schadensverursachende, d. h. der Gesprächs- und Verhandlungspartner für den Vertragsabschluss. Handelt es sich dabei um eine GmbH & Co. KG, wird dies der Geschäftsführer (GF) oder der Prokurist sein. Die KG selbst ist im Regelfall nicht zu belangen.

2.1.1 Handelsrechtliche Besonderheiten der GmbH & Co KG

2.1.1.1 Die Firmierung (§ 19 Abs. 2 HGB)

Wenn in einer KG keine natürliche Person haftet, muss die Firma eine Bezeichnung enthalten, welche die Haftungsbeschränkung kennzeichnet. Dies gilt unabhängig davon, ob die Firma neu gegründet wurde oder ob das Handelsgeschäft fortgeführt wurde.

2.1.1.2 Angabe auf Geschäftsbriefen (§§ 125a, 177a HGB)

Auf Geschäftsbriefen einer GmbH & Co. KG ist gem. § 125a Satz 2 i.V.m. § 177a HGB neben den Angaben zur Rechtsform (KG) auch die Firma der Komplementärin (GmbH) anzugeben.

2.1.1.3 Pflichten in der Insolvenz

Gemäß §§ 130a, 130b, 177a HGB gibt es für die GmbH & Co. KG zwei Insolvenzgründe:
- die Zahlungsunfähigkeit (wie ganz allgemein bei der KG, vgl. § 17 InsO) und zusätzlich
- die Überschuldung (§ 19 Abs. 3 S. 1 InsO).

2.1.1.4 Die Haftungsrestriktion des § 172 Abs. 6 HGB

Bei einer Einheits-GmbH & Co. KG, bei der ein Kommanditist seiner Einlageverpflichtung in die KG durch die Abtretung der von ihm gehaltenen GmbH-Anteile nachkommt, wird fingiert, dass die Einlage nicht geleistet ist. Dies hat über § 172 Abs. 1 HGB zur Folge, dass dieser Kommanditist persönlich bis zur Höhe seiner versprochenen Einlage haftet.

2.1.1.5 Eigenkapitalersetzende Darlehen (und vergleichbare Rechtshandlungen)

Gemäß § 172a HGB a.F. waren die Grundsätze des eigenkapitalersetzenden Darlehens (§§ 32a und § 32b GmbHG a.F.) auch bei einer GmbH & Co. KG anzuwenden. Dies bedeutet, dass ein Kommanditist, der der GmbH & Co. KG ein Darlehen in der Krisensituation der KG gewährt, in der Insolvenz der KG die Darlehensforderung nur als nachrangiger Insolvenzgläubiger geltend machen kann. Das Darlehen wird folglich wie EK behandelt.

Der Darlehensgewährung werden Sicherheitsleistungen und sonstige darlehensähnliche Geschäfte (Beteiligung als stiller Gesellschafter etc.) gleichgestellt.

Bei der Auslegung sind allerdings das Sanierungsprivileg des § 32a Abs. 3 GmbH a.F.(für sanierende Banken gilt § 32a a.F.nicht) und die Kleinbeteiligungsgrenze zu beachten (§ 32a GmbHG a.F. und damit § 172a HGB a.F. greifen erst ab einer Beteiligung von mehr als 10 %).

Während mit dem MoMiG (2009) die Rechtsgrundlagen aus dem HGB (§ 172a HGB) und aus dem GmbHG (§ 32a f. GmbHG) weggefallen sind, sind Thematik und Rechtsfolge beibehalten worden und befinden sich nunmehr in **§ 39 Abs. 4 Satz 1 InSO**.

2.2 Grundlagen der steuerrechtlichen Betrachtung

2.2.1 Gewerbliche oder vermögensverwaltende GmbH & Co. KG?

2.2.1.1 GmbH & Co. KG als Subjekt der Einkünfteerzielung

Als PersGes unterliegt die GmbH & Co. KG weder der ESt noch der KSt, wohl aber der GewSt und der USt. Sie ist nicht Subjekt der ESt, weil sie keine natürliche Person i.S.d. § 1 EStG ist. Sie ist ebenso wenig Subjekt der KSt i.S.d. § 1 Abs. 1 Nr. 5 KStG, weil ihr Einkommen unmittelbar von ihren Gesellschaftern versteuert wird. Soweit die Gesellschafter natürliche Personen sind – i.d.R. die Kommanditisten –, unterliegen diese mit ihrem Anteil an den Einkünften der GmbH & Co. KG unmittelbar dem EStG. Handelt es sich bei den Gesellschaftern um Körperschaften – i.d.R. gilt dies nur für die Komplementär-GmbH –, werden unmittelbar diese zur KSt veranlagt. Wegen der gemeinschaftlichen Einkünfteerzielung der Gesellschafter erfolgt gem. § 180 Abs. 1 Nr. 2a AO eine gesonderte Feststellung der Besteuerungsgrundlagen. Nach § 179 Abs. 2 Satz 2 AO gilt diese einheitlich für alle Beteiligten und zwar gem. § 182 Abs. 1 AO als Grundlagenbescheid mit verbindlicher Wirkung für die Folgebescheide zur ESt und zur KSt.

Gleichwohl kann die PersGes i.R.d. steuerrechtlichen Überlegungen nicht einfach weggedacht werden. Die Einkunftsart, die für die Gesellschafter maßgeblich ist, bestimmt sich nämlich grundsätzlich nach der Tätigkeit der Gesellschaft. Sie ist **Einkünfteerzielungssubjekt.** Außerdem ist die Einkünfteermittlung der Gesellschaft maßgeblich dafür, wie hoch der Anteil der Gesellschafter ausfällt. So ist die PersGes nach § 5 Abs. 1, § 238 HGB zur Buchführung verpflichtet und nicht etwa ihre Gesellschafter. Entsprechend kommt das Steuerrecht grundsätzlich nicht umhin, i.R.d. § 5 Abs. 1 Satz 1 EStG auf die Bilanz der Gesellschaft zurückzugreifen, um die Einkünfte der Gesellschafter zu ermitteln. Die Gesellschaft ist deshalb zwangsläufig Subjekt der Einkünfteermittlung für die Gesellschafter.

Selbst wenn der Wortlaut des § 15 Abs. 1 Nr. 2 Satz 1 HS 1 EStG den Eindruck vermittelt, als hätten die Gesellschafter einer Kommanditgesellschaft stets gewerbliche Einkünfte, ist dies keineswegs der Fall. Grundsätzlich stehen jeder Kommanditgesellschaft – und damit auch der GmbH & Co KG – alle Einkunftsarten offen. §§ 18 Abs. 4 Satz 2 und 13 Abs. 7 EStG zeigen bereits, dass auch freiberufliche sowie land- und forstwirtschaftliche Einkünfte im Rahmen einer Mitunternehmerschaft erbracht werden können. Indirekt erschließt sich aus § 21 Abs. 1 Satz 2 EStG, der die entsprechende Anwendung der für Kommanditgesellschaften konzipierten Vorschrift des § 15a EStG i.R.d. Einkünfte aus Vermietung und Verpachtung anordnet, dass der Kommanditgesellschaft auch Einkünfte aus Vermietung und Verpachtung offenstehen. Auch die Regelung des § 23 Abs. 1 Satz 4 EStG, in der es um Veräußerungen aus dem Privatvermögen geht, belegt die steuerrechtliche Existenz der vermögensverwaltenden PersGes.

Ein ähnlicher Gedanke, wenn auch auf einer etwas anderen Ebene, folgt aus § 20 Abs. 1 Nr. 4 EStG. Hier wird der stille Gesellschafter, also ein Personengesellschafter i.S.d. §§ 230 ff. HGB, wie ein Kapitalanleger mit privaten Einkünften aus Kapitalvermögen eingestuft. Auch für ihn gilt infolge der speziellen Verweisung in § 20 Abs. 1 Nr. 4 Satz 2 EStG die Begrenzung des Verlustausgleichs gem. § 15a EStG entsprechend. Gleichwohl geht das Steuerrecht abweichend vom Handelsrecht davon aus, dass sich zwischen dem typisch stillen Gesellschafter und dem Inhaber des Handelsgeschäfts ein Leistungsaustausch vollzieht. Insoweit findet weder eine gemeinsame Einkünfteerzielung noch eine gesonderte Feststellung der Besteuerungsgrundlagen, sondern eine einseitige private Kapitalanlage statt. Entsprechend wird auch ein Kommanditist, dessen Stellung der eines typisch stillen Gesellschafters angenähert ist, ebenso wie dieser behandelt: Gegen den Wortlaut des Gesetzes erzielt er dann Einkünfte gem. § 20 Abs. 1 Nr. 4 EStG (BFH vom 29.04.1981, BStBl II 1981, 663). Wenn sich umgekehrt der stille Gesellschafter atypisch als Mitunternehmer i.S.d. § 15 Abs. 1 Satz 1 Nr. 2 EStG engagiert, geht das Steuerrecht explizit von einer Leistungsvereinigung aus, nämlich von einer gemeinsamen gewerblichen Einkünfteerzielung der Mitunternehmer. Die folgende Übersicht verdeutlicht noch einmal, dass der PersGes – mit Ausnahme der Einkünfte aus nichtselbstständiger Arbeit nach § 19 EStG – grundsätzlich alle Einkunftsarten offen stehen:

1. § 13 EStG: = § 13 Abs. 7 EStG
2. § 15 EStG: = § 15 Abs. 1 Satz 1 Nr. 2 EStG
3. § 18 EStG: = § 18 Abs. 4 Satz 2 EStG

---

4. § 19 EStG: = h.M.: nicht möglich (Gesellschafter sind selbstständig)

---

5. § 20 EStG: = vgl. z.B. § 20 Abs. 1 Nr. 4 Satz 1 EStG
6. § 21 EStG: = vgl. z.B. § 21 Abs. 1 Satz 2 EStG
7. § 22 EStG: = vgl. z.B. § 23 Abs. 1 Satz 4 EStG

Die Gesellschaft kann nur dann steuerrechtlich Mitunternehmerschaft und die Gesellschafter können nur dann Mitunternehmer sein, wenn die Gesellschaft betriebliche Einkünfte i.S.d. §§ 13, 15 oder 18 EStG erwirtschaftet. Bei einer vermögensverwaltenden PersGes, die ausschließlich private Einkünfte i.S.d. §§ 20, 21 und 22 EStG bezieht, kommt keine Mitunternehmerschaft in Betracht.

Grundsätzlich erfolgt die Qualifikation der Einkünfte bei PersGes nach allgemeinen Kriterien. Vor allem zwei Besonderheiten sind zu beachten: Zum einen ist die **Einkünfteerzielungsabsicht** sowohl auf der **Ebene der Gesellschaft als auch auf der Ebene der Gesellschafter** zu prüfen. An dieser Stelle erfolgt die Abgrenzung zur steuerirrelevanten Liebhaberei.

Zum anderen wird der Kreis der Gewerblichkeit wesentlich weiter gezogen. Was unter einem Gewerbebetrieb zu verstehen ist, regelt für natürliche Personen allein § 15 Abs. 2 EStG. Bei PersGes nimmt § 15 Abs. 3 EStG wesentliche Ergänzungen vor: Nr. 1 führt zur gewerblichen Infektion, Nr. 2 zur gewerblichen Prägung. Die Abgrenzungen sind folglich in drei Stufen vorzunehmen.

2.2.1.2 Gewerbliche Tätigkeit

Auf der ersten Stufe findet § 15 Abs. 2 EStG Anwendung, der eine rein tätigkeitsbezogene Abgrenzung verlangt. Dabei ist neben den sechs ausdrücklich genannten Voraussetzungen zusätzlich ein ungeschriebenes Tatbestandsmerkmal von Bedeutung: Es darf **keine reine Vermögensverwaltung** vorliegen.

Die Rechtfertigung für die »Erfindung« dieses ungeschriebenen Tatbestandsmerkmals liegt im Gesamtsystem des Einkommensteuerrechts begründet. Anderenfalls kämen nämlich §§ 20, 21 EStG wegen der darin enthaltenen Subsidiaritätsklauseln nie zur Anwendung, weil die geschriebenen Voraussetzungen für einen Gewerbebetrieb auch beim Vermieter oder beim Kapitalanleger stets vorliegen. Kriterium für Vermögensverwaltung ist die Fruchtziehung aus zu erhaltendem Bestand. Kennzeichnend für den Gewerbebetrieb ist die Umschichtung vorhandenen Vermögens.

Beispiel 1
V hat umfangreichen Grundbesitz und tritt ausschließlich als Vermieter auf.

Lösung
Es liegen Einkünfte aus Vermietung und Verpachtung vor, weil lediglich die Früchte (Mietzins) aus dem zu erhaltenden Grundvermögen gezogen werden.

Beispiel 2
G kauft und verkauft in kurzen Abständen zahlreiche bebaute und unbebaute Grundstücke.

Lösung
Weil die Umschichtung des Vermögens im Vordergrund steht, liegen Einkünfte aus Gewerbebetrieb vor (gewerblicher Grundstückshandel).

Soweit ein Einzelunternehmer gemischte Tätigkeiten erbringt, ist nach Möglichkeit zu trennen. Im Ergebnis werden dann mehrere Einkunftsquellen bewirtschaftet: Ein **Einzelunternehmer** kann – **anders als eine PersGes – mehrere Betriebe** führen, sogar mehrere Gewerbebetriebe, z. B. ein Bauunternehmen und eine Metzgerei. Wenn eine Trennung der Tätigkeiten nicht möglich ist, wird die Einkunftsquelle der Einkunftsart zugeordnet, die der überwiegenden oder dominierenden Tätigkeit entspricht.

Beispiel 3
A ist Augenarzt und verkauft außerdem Kontaktlinsen.

Lösung
Es ist denkbar, dass zwei Betriebe vorliegen; die Beurteilung erfolgt nach den Verhältnissen des Einzelfalls.

Beispiel 4
Der gemeinsame Aufgabenkatalog der AB-GbR umfasst:
a) die Holznutzung des eigenen gemeinschaftlichen Waldbesitzes,
b) das Erstellen von forstwissenschaftlichen Gutachten und
c) den gewerblichen Holzhandel.

§ 15 Abs. 3 Nr. 1 EStG (sog. »Abfärbetheorie«) hat sich in der mehrfach entschiedenen Fallgruppe der **teilweise gewerblichen Tätigkeit** einer PersGes für manche Freiberufler-Sozietät als steuerlicher Bumerang erwiesen, da für den Zusammenschluss von Freiberuflern über § 18 Abs. 4 Satz 2 EStG die Ausführungen zu § 15 Abs. 1 Nr. 2 EStG entsprechend gelten. Der eindeutigen Subsumtion als gemeinschaftlich betriebene selbstständige Arbeit nach § 18 EStG (Beispiel 4 Fall b) bei zusätzlichen gewerblichen Aktivitäten (Beispiel 4 Fall c); weiteres Beispiel: Medikamentenhandel einer gemeinschaftlichen Tierarztpraxis) steht der Wortlaut des § 15 Abs. 3 Nr. 1 EStG entgegen. Mit dem Tatbestandsmerkmal »auch« in Nr. 1 und der Rechtsfolge »in vollem Umfang« im Einleitungssatz entnahm die Rechtsprechung bis vor kurzem immer eine **voll umfängliche Infektion** der sonstigen Einkünfte durch die (auch minimalen) gewerblichen Einkünfte dieser PersGes. Es lagen somit komplett gewerbliche Einkünfte vor (BFH vom 05.05.1999, BFH/NV 1999, 1328).

Lösung

Prüfung der Einkunftsarten:

Die AB-GbR erzielt – isoliert betrachtet – drei verschiedene Einkünfte. Die Nutzung des eigenen Waldbesitzes a), wozu auch der Verkauf des Holzes gehört, führt zu forstwirtschaftlichen Einkünften nach § 13 EStG. Bei entsprechender Vorbildung der beiden Gesellschafter ist die Gutachtertätigkeit b) § 18 EStG zuzurechnen. Der (offensichtlich durch Ankauf fremder Hölzer) durchgeführte Holzhandel c) erfüllt alle Merkmale gewerblicher Betätigung.

Gesamtprüfung:

Nach der Segmentprüfung hat der BFH in früheren Urteilen zunächst darauf abgestellt, ob bei fehlender Trennbarkeit der Einzelsegmente die gewerbliche Tätigkeit den anderen nicht ohnehin schon das Gepräge gibt.

Ist das – wie vorliegend – nicht der Fall und können die Segmente neben der abstrakten steuerlichen Prüfung auch betriebswirtschaftlich getrennt werden, so liegen nach der neueren BFH-Erkenntnis, die die Verwaltung übernommen hat (bestätigt durch H 15.8 Abs. 5 EStH), insgesamt gewerbliche Tätigkeiten der AB-GbR vor, wenn die Einnahmen aus dem gewerblichen Holzhandel c) 1,25 % der Gesamtumsätze übersteigen (s. 2.2.1.3).

2.2.1.3 Gewerbliche Infektion

Bei PersGes kommt es – anders als beim Einzelunternehmer – zu einer zweiten Stufe der Prüfung, nämlich zur Anwendung der »Abfärbetheorie« oder »**Infektionstheorie**« des § 15 Abs. 3 Nr. 1 EStG. Danach können gewerblich tätige PersGes nur einen einheitlichen Tätigkeitsbereich entfalten. Eine Aufteilung auf mehrere Betriebe oder auf betriebliche und private Einkunftsquellen dieser PersGes ist nicht möglich.

Nach § 15 Abs. 3 Nr. 1 EStG wird die Einkunftsart auch nicht nach der überwiegenden oder dominanten Tätigkeit bestimmt. Stattdessen gilt, dass selbst ein kleiner gewerblicher Anteil in der Gesamttätigkeit diese bereits vollständig mit der Gewerblichkeit infiziert. Eine gewisse Schwierigkeit besteht darin, dass sich die freiberufliche Tätigkeit u. a. durch die Breite des Tätigkeitsspektrums von der gewerblichen Tätigkeit abgrenzt.

Beispiel 1

Die Steuerberater A und B schließen sich zu einer BGB-Gesellschaft zusammen. Sie übernehmen für ihre Mandanten Buchführungsarbeiten, Jahresabschlüsse und die Erstellung von Steuererklärungen.

Lösung

Isoliert gesehen ist eine selbstständige Buchführungstätigkeit für andere gewerblicher Natur. Im Rahmen eines Steuerberatungsbüros kommt dieser Tätigkeit jedoch keine eigenständige Bedeutung zu. Sie schafft erst die Basis für die eigentliche Steuerberatungstätigkeit. Deshalb ist die Tätigkeit insgesamt freiberuflich.

Beispiel 2
Die Steuerberater C und D schließen sich zu einer »BGB-Gesellschaft« zusammen. Sie übernehmen für ihre Mandanten außer Buchführungsarbeiten, Jahresabschlüssen und Erstellung von Steuererklärungen auch Beratungsleistungen für günstige Kapitalanlagen.

Lösung
Die Tätigkeit wird insgesamt gewerblich.

Die Infektionstheorie will PersGes stärker als Einzelunternehmer in die Gewerblichkeit hineindrängen und damit der Gewerbesteuer unterstellen. Damit etabliert der Gesetzgeber eine deutliche Abstufung zwischen Einzelunternehmern, die gem. § 15 Abs. 2 EStG lediglich nach ihrer konkreten Tätigkeit zu beurteilen sind, PersGes, die zusätzlich nach § 15 Abs. 3 EStG zum Gewerbetrieb werden können, und KapGes, die gem. § 8 Abs. 2 KStG ausschließlich gewerbliche Einkünfte erzielen. Verfassungsrechtlich bestehen dagegen keine Bedenken (BVerfG vom 26.10.2004, HFR 2005, 56).

Ein gewisser Bedeutungsverlust der Infektionstheorie ist allerdings schon durch die Steuerermäßigung des § 35 EStG mit seiner typisierenden Anrechnung der Gewerbesteuer eingetreten. Die Rechtsprechung des BFH hat die Bedeutung des § 15 Abs. 3 Nr. 1 EStG darüber hinaus erheblich relativiert. So hat er (BFH vom 11.08.1999, BStBl II 2000, 229) die Infektionstheorie dahingehend eingeschränkt, dass der gewerbliche Anteil **nicht von völlig untergeordneter Bedeutung** sein darf, im Streitfall **1,25% der Umsätze** übersteigen muss. Die Tendenz des BFH, die **Abfärbetheorie einzudämmen**, zeigt sich im Folgebeschluss vom 08.03.2004 (BFH/NV 2004, 954), in dem der BFH – allerdings zu einem Abgrenzungsfall gegenüber **LuF** – die Unbeachtlichkeitsgrenze auf **2,81%** anteiliger gewerblicher Umsätze an den Gesamtumsätzen festgesetzt hat (H 15.8 Abs. 5 EStH 2010). Noch bedeutsamer ist allerdings der textliche Hinweis, dass nunmehr bereits gewerbliche Umsätze im **»geringen Umfang«** unschädlich seien.

Für den gewerblichen Bereich belässt es die Verwaltung allerdings bei der Grenze von 1,25%.

Die **Verwaltung** folgt dieser Tendenz konsequent. So stellt das BMF in seinem Schreiben vom 01.06.2006 für Ärzte, deren Vergütung durch die Krankenkassen sowohl die medizinische Betreuung als auch die Darreichung von Medikamenten und Hilfsmitteln abdeckt (sog. Fallpauschalen) klar, dass in diesen Fällen eine gewerbliche Infizierung bereits bei Überschreiten der Geringfügigkeitsgrenze von **1,25%** vorliegt (BMF vom 01.06.2006, DStR 2006, 1891). Eine weitere Einschränkung der Infektionstheorie ergibt sich im Falle der »**Segmentierung**« im Gefolge partiell fehlender Einkünfteerzielungsabsicht.

Beispiel 1
E und F schließen sich zu einer BGB-Gesellschaft zusammen; in diesem Rahmen sind sie als Tanzlehrer tätig und verkaufen auch Getränke mit Gewinn.

Lösung
Hier liegt ein Betrieb mit zwei Teilbetrieben vor. Die Tätigkeit als Tanzlehrer ist für sich genommen freiberuflich (1. Teilbetrieb), der Getränkeverkauf gewerblich (2. Teilbetrieb). Infolge der Abfärbetheorie ist der gesamte Betrieb mit seinen beiden Teilbetrieben insgesamt als Gewerbebetrieb zu qualifizieren.

Beispiel 1a

Abwandlung von Beispiel 1: Wenn die Getränke allerdings unter Einbeziehung anteiliger Raumkosten etc. mit Verlust verkauft werden, wird der Getränkeverkauf ohne Einkünfteerzielungsabsicht betrieben.

Lösung

In diesem Fall scheidet Teilbetrieb 2 aus dem Bereich der Einkünfteerzielung aus (»Segmentierung«). Eine Abfärbung scheidet insoweit aus (BFH vom 18.05.1995, BStBl II 1995, 718). Die Tanzlehrertätigkeit bleibt freiberuflich.

Unsicher bleibt, ob die Rechtsprechung zur »Segmentierung« angesichts neuerer Tendenzen zur Beurteilung der Einkünfteerzielungsabsicht noch aufrechterhalten werden kann, denn fehlende Einkünfteerzielungsabsicht wird heute zunehmend von persönlichen Gründen und Neigungen abhängig gemacht, die hier nicht zu erkennen sind.

Ein Bedeutungsverlust der Infektionstheorie ist ferner durch die neuere Rechtsprechung zur **Gewerbesteuer** eingetreten. Danach sind die infizierten Tätigkeitsbereiche u. U. über den Wortlaut des § 3 GewStG hinaus von der Gewerbesteuer befreit.

Beispiel 2

G und H schließen sich zu einer »BGB-Gesellschaft« zusammen; in diesem Rahmen sind sie als Augenärzte tätig und betreiben eine Augenklinik.

Lösung

Hier liegt insgesamt nur ein Betrieb vor, der als Gewerbebetrieb zu qualifizieren ist. Allerdings ist die Klinik gem. § 3 Nr. 20 GewStG von der Gewerbesteuer befreit. Diese Befreiung färbt auf den für sich genommen freiberuflichen Teil ab (BFH vom 30.08.2001, BStBl II 2002, 152).

Bei **doppelstöckigen PersGes** hat der IX. Senat mit Zustimmung des VIII. und des IV. Senats den Wortlaut des § 15 Abs. 3 Nr. 1 EStG ernst genommen und dadurch u. U. eine weitere Einschränkung herbeigeführt. Der IV. Senat hat immerhin einige Vorbehalte geäußert. Die FinVerw hat die Entscheidung gänzlich mit einem Nichtanwendungserlass belegt (BMF vom 18.05.2005, BStBl I 2005, 698).

Beispiel 3

I und J schließen sich zu einer »BGB-Gesellschaft« zusammen; diese vermietet Wohnungen und hält eine Kommanditbeteiligung an einer Makler GmbH & Co. KG.

Lösung

Die Gesellschaft bürgerlichen Rechts erzielt nach Auffassung des BFH Einkünfte aus Vermietung und Verpachtung und zusätzlich als Mitunternehmerin Einkünfte aus Gewerbebetrieb. Die Abfärbung tritt danach nicht ein, wenn eine vermögensverwaltende Handelsgesellschaft, die lediglich Einkünfte aus Vermietung und Verpachtung erzielt, an einer gewerblich tätigen anderen PersGes beteiligt ist. Obwohl sie selbst Mitunternehmerin ist, übt sie keine Tätigkeit i.S.d. § 15 Abs. 1 Nr. 1 EStG aus, sondern erzielt Einkünfte aus Gewerbebetrieb nach § 15 Abs. 1 Nr. 2 EStG (BFH vom 06.10.2004, BStBl II 2005, 383).

Entgegen R 15.8 Abs. 5 Satz 4 EStR 2005 entschied der BFH, dass dies **nicht** zur Folge hat, dass diese Einkünfte damit per se als **gewerblich** gelten. Die Ablehnung dieses Urteils durch die Verwaltung – zunächst durch einen Nichtanwendungserlass zum Ausdruck gebracht (BMF vom 18.05.2005, BStBl I 2005, 698 [= Nr. 1, § 15/13]) – führte schlussendlich zur **Änderung des § 15 Abs. 3 EStG**. Seit Inkrafttreten des JStG 2007 findet sich nun in **§ 15 Abs. 3 Nr. 1 EStG ein zweiter Halbsatz**, welcher auch die Einkünfte einer vermögensverwaltenden PersGes durch das (bloße mitunternehmerische) Halten einer Beteiligung an einer PersHG insgesamt zu gewerblichen Einkünften umqualifiziert.

Nach Auffassung der FinVerw erzielt die BGB-Gesellschaft aufgrund der Infektionstheorie insgesamt Einkünfte aus Gewerbebetrieb.

Beispiel 4

Abwandlung von Beispiel 2: K und L schließen sich zu einer »BGB-Gesellschaft« zusammen; in diesem Rahmen sind sie als Augenärzte tätig; die Gesellschaft bürgerlichen Rechts ist Kommanditistin einer GmbH & Co. KG, die eine Augenklinik betreibt.

Lösung

Hier war lange Zeit ungeklärt, ob eine Infektion stattfindet. Gem. § 15 Abs. 3 Nr. 1 Satz 2 EStG liegen nunmehr in diesem Fall insgesamt Einkünfte aus Gewerbebetrieb vor.

Es gibt Anzeichen dafür, dass sich der BFH von der Argumentation der FinVerw beeindrucken lassen könnte. Es ist kaum einzusehen, warum im Falle der Gleichordnung (Betriebsaufspaltung) einheitlich gewerbliche Einkünfte erzielt werden, während im Fall der Unterordnung (doppelstöckige PersGes) trotz des mitunternehmerischen Engagements der Obergesellschaft segmentiert wird. Vor allem führt die neue Rechtsprechung zu gravierenden Übergangsproblemen: Organschaften fallen in sich zusammen, weil die originär gewerbliche Tätigkeit der Organmutter von Beginn an entfällt; Vermögenstransfers in die Obergesellschaft und aus ihr heraus könnten rückwirkend nicht mehr erfolgsneutral gestaltet werden.

In weiteren Fällen lässt sich die Infektionstheorie durch Gründung einer zweiten, **beteiligungsidentischen PersGes** relativ sicher ausschließen. Wenn nämlich die gewerbliche Tätigkeit ausschließlich und unmissverständlich von der einen PersGes ausgeübt wird und die nicht gewerbliche Tätigkeit der anderen PersGes davon unbeeinflusst ist, lässt sich die Gefahr der Infektion bannen. Allerdings muss die nicht gewerbliche Gesellschaft sehr penibel auf eine saubere Trennung der Bereiche achten.

BFH (Urteil vom 12.06.2002, BFH/NV 2002, 1554) und FinVerw folgen aber dann **nicht** der **Ausgliederungstheorie**, wenn der Wille der Gesellschafter gar nicht auf die Begründung eines eigenständigen zweiten Gesellschaftsvermögen gerichtet ist. Häufig wird daher die Behauptung einer zweiten gewerblichen Gesellschaft (im Urteilsfall: Saunabetrieb-GbR) neben der freiberuflichen GbR (im Urteilsfall: Massagepraxis-GbR) bereits am fehlenden Willen der beteiligten Gesellschafter scheitern, überhaupt eine eigenständige Gesellschaft zu gründen.

Zur gestaltungstechnischen Ausgliederung gesellt sich an dieser Stelle eine weitere Tendenz in der BFH-Rechtsprechung (Urteil vom 04.11.2004, DStR 2005, 705 »Restauratorenfall«), wenn irgend möglich, ein vorhandenes Konglomerat von gewerblichen, handwerklichen und künstlerischen Aktivitäten bei einer PersGes aufzuteilen und zu einer getrennten Beurteilung zu gelangen. Überspitzt formuliert lässt sich von einer »richterlichen Ausgliederung« sprechen.

Tipp

Die gewerbliche Infektion lässt sich mit zwei beteiligungsidentischen PersGes vermeiden, die getrennt tätig sind (Ausgliederung).

Beispiel 5

M und N schließen sich zu zwei BGB-Gesellschaften zusammen. In der ersten Gesellschaft sind sie ausschließlich als Tanzlehrer tätig. In der zweiten Gesellschaft verkaufen sie ausschließlich Getränke mit Gewinn.

a) Die Getränke werden an der Tanzfläche angeboten/berechnet oder zusammen mit den Tanzkursen abgerechnet.
b) Der Getränkeverkauf mietet vom Tanzlehrerbetrieb einen Raum an, um sich ordnungsgemäß abgrenzen zu können.

Lösung

Jede PersGes hält einen Betrieb. Die Tätigkeit als Tanzlehrer ist freiberuflich, der Getränkeverkauf ist gewerblich.

a) Trotz der Aufteilung in zwei beteiligungsidentische Gesellschaften kommt es zur gewerblichen Infektion. Auf eine exakte Abgrenzung der Bereiche ist deshalb zu achten.
b) Damit dürfte es sich bereits um eine funktional wesentliche Betriebsgrundlage handeln. Wegen personeller und sachlicher Verflechtung wäre deshalb eine mitunternehmerische Betriebsaufspaltung anzunehmen, die den Tanzlehrerbetrieb als Besitzunternehmen gewerblich infiziert. Es wäre deshalb gegebenenfalls sicherer, die Räumlichkeiten der gewerblich tätigen PersGes zuzuordnen und eine Nutzungsüberlassung an die nicht gewerbliche Gesellschaft vorzusehen.

§ 15 Abs. 3 Nr. 1 EStG lässt sich nicht nur durch Gestaltungen vermeiden. Er wird auch gelegentlich als aktives **Gestaltungsinstrument** genutzt. Mitunter ist es nämlich vorteilhaft, gewerbliche Einkünfte zu erzielen, etwa um eine Betriebsaufgabe zu vermeiden oder um drohende Verluste berücksichtigen zu können. In solchen Fällen bedürfte es lediglich der Aufnahme einer gewerblichen Tätigkeit, um den gesamten Betrieb der PersGes gewerblich werden zu lassen. Dieser Weg ist allerdings mühsam und riskant. Es müssen dauerhaft weitere Tätigkeiten aufgenommen werden und im Hinblick auf die Einschränkungen des § 15 Abs. 3 Nr. 1 EStG ist es fraglich, ob die Gestaltung zuverlässig gelingt. Der GmbH & Co. KG bieten sich mit § 15 Abs. 3 Nr. 2 EStG wesentlich bessere Gestaltungsmöglichkeiten.

Tipp

Gestaltungen, die auf der Infektionstheorie basieren, sind unsicher und i.R.d. GmbH & Co. KG verzichtbar.

Trotz aller Relativierungen bleibt § 15 Abs. 3 Nr. 1 EStG als **Zwangsinstrument** des Fiskus bedeutsam. Dies gilt in besonderem Maße für die GmbH & Co. KG. Zum einen gilt hier § 35 EStG für die KapGes nicht. Zum anderen ist hier gerade in der Abgrenzung des Gewerbebetriebs zu den freien Berufen zu beachten, dass es der GmbH an jeglicher Tätigkeitsqualifikation mangelt.

Beispiel 6
O und P sind Steuerberater. Sie bieten ihre Leistungen in der Rechtsform der KG an.

Lösung
Auf der Grundlage von § 161 Abs. 2, § 105 Abs. 2 HGB wird von einigen Registergerichten die Auffassung vertreten, die Eintragung einer Freiberufler-KG in das HR sei handelsrechtlich zulässig. Die Rechtsform einer PersGes entscheidet jedoch nicht über die Einkunftsart. Wenn in diesem Rechtskleid ausschließlich Steuerberaterleistungen angeboten werden, dann liegen freiberufliche Einkünfte i.S.d. § 18 Abs. 1 EStG vor. Eine gewerbliche Infektion erfolgt nicht.

Beispiel 7
Abwandlung von Beispiel 6: Sowohl O als auch P wollen die Risiken der Komplementär-Stellung vermeiden und zu diesem Zweck eine beteiligungsidentische Komplementär-GmbH einsetzen.

Lösung
Die gewerbliche Infektion lässt sich damit nicht mehr vermeiden. Die GmbH ist als Komplementärin Gesellschafterin und Mitunternehmerin. Ihr fehlt die Tätigkeitsqualifikation zur Steuerberatung. Das gilt sogar dann, wenn ihre Gesellschafter und Geschäftsführer sämtlich zugelassene Steuerberater sind. Die GmbH wird im Rahmen ihrer betrieblichen Tätigkeit für die GmbH & Co. KG unvermeidlich gewerblich tätig. Die gewerbliche Tätigkeit eines Gesellschafters infiziert die Tätigkeiten aller anderen.

Gleichwohl betätigt sich eine GmbH nicht immer gewerblich. Zwar kann eine GmbH gem. § 8 Abs. 2 KStG nur gewerbliche Einkünfte erzielen, aber diese rechtliche Qualifikation sagt nichts über den tatsächlichen Charakter ihrer Aktivitäten aus. § 15 Abs. 3 Nr. 1 EStG setzt eine gewerbliche Tätigkeit voraus. Andere Tätigkeiten reichen dazu nicht, selbst wenn sie rechtlich als gewerblich qualifiziert werden.

Beispiel 8
Q und R sind alleinige Gesellschafter einer GmbH. Mit dieser gründen sie eine Vermietungs-GmbH & Co. KG. Die KG wird ausschließlich vermietend tätig.

Lösung
Es kommt nicht zur gewerblichen Infektion. Alle Gesellschafter – einschließlich der Komplementär-GmbH – sind ausschließlich vermögensverwaltend tätig. Im Gegensatz zur freiberuflichen Tätigkeit verlangt die Vermögensverwaltung keine besondere Tätigkeitsqualifikation. § 8 Abs. 2 KStG, der die tatsächlich vermögensverwaltende Tätigkeit der GmbH rechtlich als gewerblich einstuft, reicht für eine Infektionswirkung nicht aus. Eine andere Frage ist, ob eine gewerbliche Prägung i.S.d. Nr. 2 erfolgt.

Beispiel 9
An einer Freiberufler-GbR ist vermögensmäßig eine KapGes beteiligt.

Lösung

Zur Abrundung der Thematik ist darauf hinzuweisen, dass die Beteiligung eines **Berufsfremden** an einer Freiberufler-GbR nach § 18 Abs. 4 Satz 2 EStG i.V.m. § 15 Abs. 1 Nr. 2 EStG in (noch) geltender BFH-Rechtsprechung zu gesamtgewerblichen Einkünften der Sozietät führt. Dies ist schon der Fall, wenn sich ein Minder- oder Andersqualifizierter (Beispiel: Steuerfachangestellter) an einer Berufsträger-Sozietät (Beispiel: StB-GbR) beteiligt. Der BFH bestätigte in seinem Urteil vom 10.08.2010 (BFH/NV 2011, 20) erneut, dass eine Mitunternehmerschaft gewerbliche Einkünfte erzielt, wenn ein Angehöriger eines freien Berufs i.S.d. § 18 Abs. 1 Nr. 1 EStG mit einem Berufsfremden eine Mitunternehmerschaft eingeht. Die genannten Grundsätze (gewerbliche Infektion) gelten auch bei einer mittelbaren Beteiligung (Beteiligung an einer Unter-PersGes über eine Ober-PersGes, bei der ein Berufsfremder Gesellschafter ist, vgl. BFH vom 28.10.2008, BStBl II 2009, 642); dies gilt selbst bei einem geringen Beteiligungsumfang (im Beispiel: 3,35% Beteiligung eines Berufsfremden).

Für eine bedeutsame Fallgruppe – **gewerbliche Einkünfte** des Partners einer freiberuflichen Mitunternehmerschaft im **Sonderbetriebsbereich** – setzte der BFH seine restriktive Rechtsprechung zur Abfärbetheorie weiter fort, indem er auch hier eine **Infektion** der individuellen gewerblichen Sondereinkünfte eines Partners auf die Einkunftsart der freiberuflichen Hauptbeschäftigung **ablehnte** (BFH vom 28.06.2006, BStBl II 2007, 378). Im entschiedenen Fall hat eine von Eheleuten paritätisch (50/50) betriebene Zahnarzt-GbR Räume an eine Dentallabor-GmbH vermietet, an der (nur) der Ehemann zu 52% beteiligt war. Nachdem hier – mangels personeller Verflechtung – keine Betriebsaufspaltung vorlag, waren die von der GbR erzielten Mieteinnahmen, soweit sie auf den Ehemann entfallen, als gewerblich zu erfassen. Eine Umqualifizierung der freiberuflichen Haupteinkunftsart lehnte der BFH jedoch ab.

Hinweis

Bei der gewerblichen Tätigkeit spielt häufig die Abgrenzungsfrage zur vermögensverwaltenden Tätigkeit eine große Rolle. Von besonderer Bedeutung ist dabei die Fallgruppe des gewerblichen Grundstückshandel, und dort wiederum das Thema der **Beteiligung** eines einzelnen Stpfl. an einer gewerblichen Grundstücksgesellschaft.
Für den Fall, dass ein Beteiligter **in eigener Person** überhaupt **kein Grundstück veräußert**, hat der BFH am 22.08.2012 (DB 2012, 2378 = BB 2012, 2657) entschieden, dass der Beteiligte allein durch die Zurechnung der Grundstücksverkäufe der gewerblichen Grundstücksgesellschaft entsprechend Rn. 13 f., 17 und 26 des BMF-Schreibens vom 26.03.2004 (BStBl I 2004, 434) einen gewerblichen Grundstückshandel betreiben kann.

2.2.1.4 Gewerbliche Prägung

Wenn die Tätigkeit einer PersGes weder nach § 15 Abs. 2 EStG gewerblicher Natur noch nach § 15 Abs. 3 Nr. 1 EStG gewerblich infiziert ist, dann stellt sich – ganz besonders bei der GmbH & Co. KG – auf der dritten Stufe der Prüfung noch immer die Frage, ob die »**Geprägetheorie**« des § 15 Abs. 3 Nr. 2 EStG anzuwenden ist.

Die Geprägetheorie gewährt den Gesellschaftern ein **wichtiges Gestaltungsinstrument**. Damit kann eine GmbH & Co. KG, die keinerlei gewerbliche Tätigkeit entfaltet, frei entscheiden, ob sie einen Gewerbebetrieb führen möchte oder nicht, vorausgesetzt, dass sie zumindest eine Einkünfteerzielungsabsicht nachweisen kann. § 15 Abs. 3 Nr. 2 EStG bietet letztlich den Gewerbebetrieb auf Wunsch. Deshalb hat diese Vorschrift eine ganz andere Bedeutung als § 15 Abs. 3 Nr. 1 EStG, der mit seiner Infektionstheorie manche GmbH & Co. KG in die Gewerblichkeit zu zwingen vermag.

§ 15 Abs. 3 Nr. 2 EStG ist weder leicht verständlich noch zweifelsfrei in der Auslegung. Er wirkt nach derzeitigem Verständnis aber relativ **zuverlässig** in der Handhabung. **Eine PersGes ist gewerblich geprägt, wenn**

- ihre Tätigkeit mit Einkünfteerzielungsabsicht unternommen wird und
- sie keine gewerbliche Tätigkeit i.S.d. § 15 Abs. 1 Satz 1 Nr. 1 EStG ausübt und
- ausschließlich eine oder mehrere KapGes persönlich haftende Gesellschafter sind und
- nur diese oder Personen, die nicht Gesellschafter sind, zur Geschäftsführung befugt sind.

Die **Gestaltungsoption** setzt voraus, dass die Gesellschaft keine gewerbliche Tätigkeit ausübt. Die Vorstellung einer Handelsgesellschaft ohne gewerbliche Tätigkeit bereitet heute gem. § 161 Abs. 2, § 105 Abs. 2 HGB keine Schwierigkeiten mehr. Die vermögensverwaltende Personenhandelsgesellschaft ist – auch in der Rechtsform einer GmbH & Co. KG – ausdrücklich zugelassen. Einige Registergerichte erkennen sogar die Freiberufler-GmbH & Co. KG an. Steuerrechtlich aber ist die Freiberufler-GmbH & Co. KG regelmäßig gewerblich infiziert. Das Wahlrecht des § 15 Abs. 3 Nr. 2 EStG steht ihr deshalb nicht mehr offen. Es bezieht sich vor allem auf die vermögensverwaltende GmbH & Co. KG.

Voraussetzung einer gewerblichen Prägung ist ferner, dass ausschließlich eine oder mehrere KapGes **persönlich haftende Gesellschafter** sind. Der Wortlaut der Vorschrift ist irritierend. Denn auch die Kommanditisten haften gem. § 171 Abs. 1 HGB persönlich für die Verbindlichkeiten der Gesellschaft. Bei ihnen ist aber die Haftung auf die eingetragene Haftsumme beschränkt und nur ausgeschlossen, soweit eine Einlage tatsächlich geleistet ist. Gemeint ist eigentlich – unter Bezugnahme auf die Legaldefinition in § 161 Abs. 1 HGB – die summenmäßig und gegenständlich unbeschränkte persönliche Haftung des Komplementärs nach § 161 Abs. 2 und § 128 HGB. Die gewerbliche Prägung findet deshalb nur dann statt, wenn als Komplementäre ausschließlich KapGes fungieren. Da mit der GmbH & Co. KG zumeist eine Haftungsbegrenzung für natürliche Personen angestrebt wird, dürfte diese Voraussetzung der gewerblichen Prägung regelmäßig erfüllt sein.

Die letzte Voraussetzung der gewerblichen Prägung bietet die eigentliche »Stellschraube« zur Ausübung des Gestaltungsrechts. Nur die KapGes, die die Komplementärstellung bekleiden, oder Personen, die nicht Gesellschafter sind, dürfen zur **Geschäftsführung** befugt sein. Auch hier ist der Wortlaut unglücklich. Nach dem Grundsatz der Selbstorganschaft können Personen, die nicht Gesellschafter sind, gar keine gesellschaftsrechtlich fundierte Geschäftsführung übernehmen. Gemeint ist etwas anderes: Die gewerbliche Prägung wird gesprengt, wenn einer der Kommanditisten in seiner Eigenschaft als Kommanditist die Geschäftsführung übernimmt. Dabei reicht es aus, wenn er neben den Komplementären zum Geschäftsführer bestellt wird.

Wichtig ist, dass der Kommanditist die Geschäftsführung auf gesellschaftsrechtlicher Grundlage, nämlich als Kommanditist übernimmt. Der Kommanditist einer GmbH & Co. KG, der lediglich zum Geschäftsführer der Komplementär-GmbH bestellt ist, führt zwar auf diese Weise mittelbar auch die Geschäfte der KG, aber eben nur als Geschäftsführer der GmbH. Ein Kommanditist, dem im Rahmen eines Anstellungsvertrages Prokura oder Generalvollmacht erteilt wurde, mag tatsächlich die Geschäfte der KG führen, aber eben nicht auf gesellschaftsrechtlicher Grundlage als Kommanditist.

Die Geschäftsführungsbefugnis, auf die die Geprägetheorie abstellt, bezieht sich allein auf das Innenverhältnis. Die Geschäftsführung beschränkt sich auf die interne Lenkungsbefugnis. Die davon zu unterscheidende Vertretungsbefugnis wirkt dagegen im Außenverhältnis. Nur der Vertreter kann rechtlich wirksame Erklärungen für die Gesellschaft abgeben. Ein Geschäftsführer ohne Vertretungsmacht wirkt deshalb wie ein zahnloser Tiger auf Samtpfoten. Ihm fehlt es an der Macht, die intern getroffenen Entscheidungen mit Konsequenzen zu versehen und nach außen umzusetzen. Wirtschaftlich weitaus bedeutsamer ist die Stellung als Vertreter, die zudem regelmäßig mit einer Geschäftsführungsbefugnis unterfüttert sein dürfte. § 15 Abs. 3 Nr. 2 EStG stellt also an entscheidender Stelle auf eine wirtschaftlich relativ unbedeutende und leicht zu manipulierende Eigenschaft des Kommanditisten ab.

Auf den ersten Blick wirkt es nun etwas irritierend, dass das HGB den Kommanditisten in § 170 HGB von der Vertretung und in § 164 HGB sogar von der Geschäftsführung der Gesellschaft ausschließt. Damit wird der Geprägetheorie jedoch keineswegs der Boden entzogen. Des Rätsels Lösung findet sich in § 163 HGB. Danach können die §§ 164 bis 169 HGB durch Gesellschaftsvertrag ausgeschlossen werden. Es ist daher möglich, den Kommanditisten mit gesellschaftsrechtlicher Geschäftsführung zu betrauen, nicht dagegen, ihn auf gesellschaftsrechtlicher Basis zum Vertreter zu bestellen. Deshalb ist es durchaus folgerichtig, wenn der Gesetzgeber in § 15 Abs. 3 Nr. 2 EStG auf die Geschäftsführungsbefugnis abstellt.

Beispiel 1

V (Kommanditist) und die V-GmbH (Komplementär) schließen sich zu einer GmbH & Co. KG zusammen. Die Geschäftsführung für die KG obliegt der V-GmbH. Die GmbH & Co. KG vermietet mehrere Mehrfamilienhäuser.

Lösung

Die vermögensverwaltende KG ist handelsrechtlich ausdrücklich zugelassen: § 161 Abs. 1, § 105 Abs. 2 HGB. Die Tätigkeit der GmbH & Co. KG ist ausschließlich vermögensverwaltend. Dennoch erzielt sie gem. § 15 Abs. 3 Nr. 2 EStG Einkünfte aus Gewerbebetrieb, weil die GmbH der KG das Gepräge gibt (nur diese trägt die volle Haftung und nur diese ist zur Geschäftsführung der KG befugt).

Beispiel 2

X (Kommanditist) und die X-GmbH (Komplementär) schließen sich zu einer GmbH & Co. KG zusammen. Auch X ist zum Geschäftsführer der KG bestellt. Die Tätigkeit der GmbH & Co. KG beschränkt sich darauf, Mehrfamilienhäuser zu vermieten.

Lösung

Die Bestellung des Kommanditisten zum Geschäftsführer ist gem. §§ 163, 164 HGB möglich. Damit entfällt die gewerbliche Prägung. Die GmbH & Co. KG erzielt Einkünfte aus Vermietung und Verpachtung.

Als Kommanditistin, die mit ihrer gesellschaftsrechtlich fundierten Geschäftsführungsbefugnis die gewerbliche Prägung sprengt, kommt auch eine KapGes in Frage. Das ist nach dem Wortlaut der Vorschrift eindeutig, wird aber gleichwohl nach dem Sinn und Zweck der Vorschrift in der Literatur gelegentlich angezweifelt. Die FinVerw hat sich mit Zustimmung des Bundesrats zur Auslegung nach dem Wortlaut entschlossen (s. R 15.8 Abs. 6 EStR). Insofern lässt sich heute als gesichert festhalten: Eine Kommanditisten-GmbH, der gesellschaftsvertraglich Geschäftsführungsbefugnis eingeräumt ist, sprengt die gewerbliche Prägung der GmbH & Co. KG und zwar sogar dann, wenn die Komplementär-GmbH ebenfalls zur Geschäftsführung befugt bleibt.

Auf diese Weise lässt sich eine vermögensverwaltende GmbH & Co. KG auf eine stabile Grundlage stellen. Die allein haftende Komplementär-GmbH und die zur Geschäftsführung berufene Kommanditisten-GmbH können weder sterben noch plötzlich andere Interessen entwickeln. Mit ihnen lässt sich zuverlässig der Bestand der Gesellschaft sichern und die drohende Gewerblichkeit verhindern.

Tipp

Zum zuverlässigen Ausschluss einer gewerblichen Prägung sollte neben der Komplementär-GmbH eine geschäftsführende Kommanditisten-GmbH eingesetzt werden.
Sinnvoll ist das aber nur dann, wenn der Ausschluss einer gewerblichen Infektion sichergestellt ist. Hier ist es in der Vergangenheit gelegentlich zu unliebsamen Überraschungen gekommen.

Exkurs

Die gewerblich geprägte doppelstöckige PersGes gem. § 15 Abs. 3 Nr. 2 EStG
Ohne dass es sich bei der Obergesellschaft um eine KapGes handelt, führt die Implementierung einer Komplementär-GmbH bei der Obergesellschaft dazu, dass die Untergesellschaft gem. § 15 Abs. 3 Nr. 2 Satz 2 EStG als gewerblich geprägt zu bezeichnen ist.

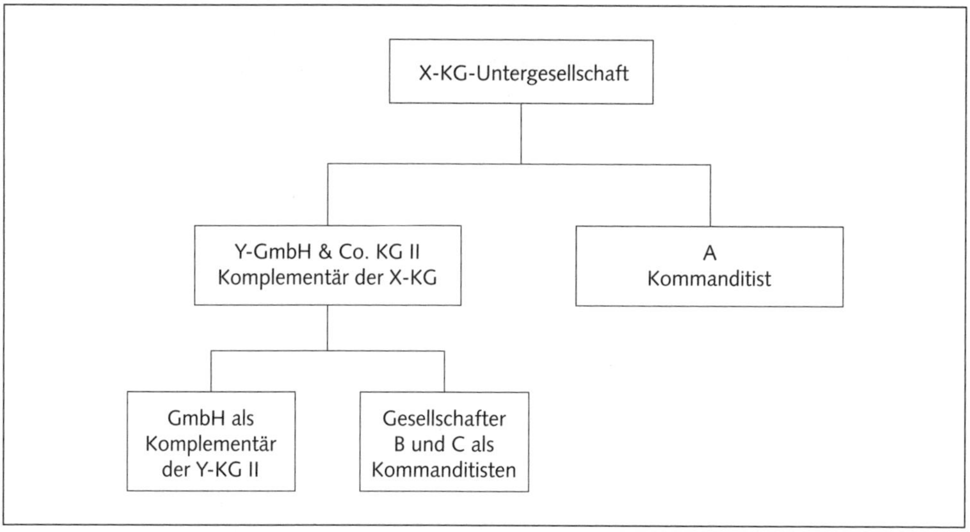

Abbildung 16: Gewerblich geprägte doppelstöckige PersGes

2.2.2 Vermögensverwaltende GmbH & Co. KG (sog. Zebra-Gesellschaft)

LITERATURHINWEIS:
Wacker, Vermögensverwaltende Gesamthand und Bruchteilsbetrachtung – eine Zwischenbilanz, DStR 2005, 2014.

2.2.2.1 Grundzüge, insbesondere zum Verfahrensrecht

Die vermögensverwaltende GmbH & Co. KG ist selbst nicht gewerblich tätig; ihre Einkünfte sind weder gewerblich infiziert noch gewerblich geprägt. Grundsätzlich erzielen ihre Gesellschafter damit private Einkünfte. Das gilt jedoch nicht zwingend für alle ihre Gesellschafter.

Eine Ausnahme gilt insbesondere für jede beteiligte GmbH, weil diese als KapGes nur gewerbliche Einkünfte haben kann (§ 8 Abs. 2 KStG und § 2 Abs. 1 GewStG). Eine weitere Ausnahme gilt für solche Gesellschafter, die ihre KG-Anteile im Betriebsvermögen eines anderen Betriebs halten; auch diese Gesellschafter erzielen aus der vermögensverwaltenden GmbH & Co. KG zwingend betriebliche Einkünfte.

Die vermögensverwaltende GmbH & Co. KG wird damit zur »**Zebra-Gesellschaft**«. Während einige Gesellschafter private Einkünfte aus ihr beziehen (»weiße Streifen«), leiten andere Gesellschafter betriebliche Einkünfte (»schwarze Streifen«) aus ihr ab. Ausgangspunkt der Verfahrens-Problematik ist die komplizierte Einkünfteermittlung der vermögensverwaltenden GmbH & Co. KG. Als Personenhandelsgesellschaft ist sie nach Handelsrecht gem. § 6 Abs. 1, § 328 HGB zur Buchführung verpflichtet. Steuerrechtlich dagegen muss sie als Subjekt der Einkünfteermittlung ihre privaten Einkünfte gem. § 2 Abs. 2 Nr. 2 EStG durch Gegenüberstellung von Einnahmen und Werbungskosten ermitteln. Veräußerungsgewinne der Gesellschaft(er) sind nur in den zeitlichen Grenzen des § 23 EStG steuerbar. Einnahmen und Werbungskosten sind gem. § 11 EStG grundsätzlich erst im Zeitpunkt des Zuflusses oder der Leistung realisiert. Die Handelsbilanz der KG ist der Besteuerung nicht zugrunde zu legen. Auch § 140 AO ändert daran nichts, weil die Handelsbilanz für die Ermittlung privater Einkünfte eben gerade nicht von Bedeutung ist.

Für die Gesellschafter aber, die betriebliche Einkünfte aus der vermögensverwaltenden GmbH & Co. KG beziehen, stellt sich die Situation ganz anders dar. Diese müssen ihre betrieblichen Einkünfte nach § 2 Abs. 2 Nr. 1 EStG als Gewinn ermitteln. Damit gelten gänzlich andere Bedingungen der sachlichen und zeitlichen Zurechnung. Alle Veräußerungsgewinne der KG sind hier steuerbar, auch wenn die zeitlichen Grenzen des § 23 EStG längst verstrichen sind. Die Realisation der Einkünfte bestimmt sich, soweit diese Gesellschafter selbst buchführungspflichtig sind, nach dem Aufwands- und Ertragsprinzip des § 252 Abs. 1 Nr. 5 HGB.

Damit stellt sich die Frage, in welchem **Verfahren** die Umqualifikation und Neuberechnung für die Gesellschafter mit betrieblichen Einkünften erfolgt. Die Verwaltungsauffassung geht schon lange – trotz entgegenstehender höchstrichterlicher Rechtsprechung – davon aus, dass die Umqualifizierung und Neuberechnung grundsätzlich nicht in der gesonderten Feststellung auf Ebene der Gesellschaft, sondern i.R.d. Veranlagung der betroffenen Gesellschafter stattfindet (BMF vom 29.04.1994, BStBl I 1994, 282; s. auch BMF vom 27.12.1996, BStBl I 1996, 1521 und BMF vom 08.06.1999, BStBl I 1999, 592). Inzwischen hat sich der GrS (BFH GrS vom 11.04.2005, BStBl II 2005, 679) der Verwaltungsauffassung und dem Vorlagebeschluss des IX. Senats (BFH vom 30.10.2002, BStBl II 2003, 167 [m.w.N. zur Rechtsentwicklung]) angeschlossen. Die Bindungswirkung des Grundlagenbescheids beschränkt sich auf die Art, Höhe und Verteilung der Einkünfte der vermögensverwaltenden PersGes nach deren Tätigkeitsmerkmalen. Ob und wie auf dieser nicht anzutastenden Grundlage wegen besonderer Bedingungen beim Gesellschafter eine Umqualifikation und Neuberechnung stattfinden muss, ist dann verbindlich im Veranlagungsverfahren zu entscheiden.

Die Zweifelsfrage ist damit entschieden.

2.2.2.2 Materiell-rechtliche Konsequenzen

2.2.2.2.1 Konsequenzen für die privaten Gesellschafter

Für die nicht betrieblich Beteiligten gelten ausnahmslos die Zuflussbestimmungen der §§ 8, 9 und 11 EStG und – vor allem – nicht § 15 Abs. 1 Satz 2 EStG, sodass Tätigkeitsvergütungen und dergleichen i.R.d. ursprünglichen Einkunftsart zu erfassen sind. Das Soll-Prinzip (Ausweis von Forderungen etc.) kommt nicht zur Anwendung.

2.2.2.2.2 Konsequenzen für die betrieblich Beteiligten (KapGes)

Sämtliche Gewinnermittlungsvorschriften (Soll-Prinzip, Teilwertabschreibung, Bewertungsvorschriften des § 6 EStG) sind anteilig für den betrieblich beteiligten Gesellschafter anzuwenden.

Auf der Ebene der PersGes sind dessen WG anteilig zu erfassen und fortzuschreiben.

Diese quotalen Ergebnisse hat der betrieblich Beteiligte in seine Steuerbilanz zu übernehmen. Die Aktivierung der Beteiligung an der vermögensverwaltenden KG selbst folgt den allgemeinen bilanziellen Regeln (spiegelbildliche Übernahme des Kapitalkontos, so wie es in der KG-Bilanz erfasst wird).

Es gilt § 15 Abs. 1 Nr. 2 EStG, der allerdings wegen § 8 Abs. 2 KStG ohnehin greift (Austauschbeziehungen zur KG werden als gewerbliche Einkünfte erfasst).

2.2.2.2.3 Das Betriebsvermögen

Die Differenzierung bei der Einkünfteermittlung setzt sich bei der Erfassung des BV fort. Nur der Anteil des betrieblich beteiligten Gesellschafters unterliegt der Qualifikation des BV, womit die Steuerverstrickung hinsichtlich des laufenden Gewinns ebenso wie die des Veräußerungsgewinns (§ 16 Abs. 1 Nr. 2 EStG kommt nach Mindermeinung zur Anwendung) betroffen ist.

Für den privat Beteiligten ergeben sich allenfalls Konsequenzen aus §§ 17, 22, 23 EStG.

Für die Frage der **Übertragung von WG** fehlt es bei der Zebra-KG an der Eigenschaft der Mitunternehmerschaft (und damit bei der betrieblich beteiligten GmbH an der Qualifikation als Mitunternehmer). Damit ist für Übertragungen von WG zwischen der KG und der GmbH der Buchwert gem. § 6 Abs. 5 Satz 1 EStG anzusetzen. Satz 3 ist nicht einschlägig.

Im Urteil vom 26.04.2012 (DStR 2012, 1497) hat der BFH diese Erkenntnis (**Buchwertfortführung** bei Übertragung eines Einzel-WG) auch auf die Konstellation eines **Gesellschafters (nicht KapGes) zu seiner Zebra-KG** übertragen, soweit die Beteiligung betrieblich gehalten wird. Diese Rechtsfolge wurde mit § 39 Abs. 2 Nr.2 AO begründet (§ 6 Abs. 5 EStG war im Beurteilungszeitraum noch nicht kodifiziert).

Folgerichtig (anteiliges BV) ist die Rücklagenbildung gem. § 6b EStG für das anteilige BV des betrieblich beteiligten Gesellschafters (GmbH) bei der Zebragesellschaft in beide Richtungen (Rücklagenbildung wie Reinvestition) möglich.

Eine eventuelle GewSt-Anrechnung nach § 35 EStG kommt für alle Beteiligten einer Zebragesellschaft nicht in Betracht.

2.2.2.2.4 Weiterführende Betrachtung

Grundsätzlich stehen der vermögensverwaltenden GmbH & Co. KG für ihre private Einkünfteermittlung – abgesehen von § 19 EStG – **alle privaten Einkunftsarten** offen. Das gilt allerdings nicht für § 17 EStG, obwohl die veräußerten Anteile nach einem ungeschriebenen Tatbestandsmerkmal des § 17 EStG zwingend im PV gehalten werden müssen. Vielmehr erfolgt ein Durchgriff durch die Gesellschaft. Die Gesellschafter der vermögensverwaltenden PersGes werden so behandelt, als ob sie zu Bruchteilen an den im Gesamthandsvermögen befindlichen Aktien oder GmbH-Anteilen berechtigt wären (BFH vom 09.05.2000, BStBl II 2000, 686). Für die Ermittlung der Anteilsquote des Steuerpflichtigen stellt § 17 EStG nämlich unmittelbare und mittelbare Anteilsrechte gleich. Das hat zur Folge, dass den Personengesellschaftern nicht nur die Veräußerung der zum Gesamthandsvermögen gehörenden Anteile, sondern auch die den Veräußerungsgewinn bestimmenden Umstände, nämlich Veräußerungspreis, Anschaffungs- und Veräußerungskosten, nach § 39 Abs. 2 Nr. 2 AO anteilig zuzurechnen sind (Bruchteilsbetrachtung). Aus diesem Blickwinkel liegt keine gemeinsame Einkünfteerzielung der Gesellschafter vor. Stattdessen verwirklicht jeder Gesellschafter den § 17 EStG eigenständig.

Entsprechendes gilt für private Veräußerungsgewinne der vermögensverwaltenden PersGes (z. B. BFH vom 06.10.2004, BFH/NV 2005, 131). § 23 Abs. 1 Satz 4 EStG hat deshalb nur deklaratorische Bedeutung. Die Bruchteilsbetrachtung erstreckt sich auf die gesamte Vermögensebene der Gesellschaft. Anschaffungsvorgänge zwischen einer Bruchteilsgemeinschaft und einer personenidentischen vermögensverwaltenden PersGes sind deshalb nicht anzuerkennen.

Auch bei der vermögensverwaltenden PersGes werden die Einkünfte der Gesellschafter **zweistufig ermittelt**. Dabei kann aber § 15 Abs. 1 Satz 1 Nr. 2 EStG naturgemäß keine Rolle spielen. Es gibt weder SBV noch Sonderbetriebseinnahmen noch Sonderbetriebsausgaben.

Auf der **ersten Stufe** der Einkünfteermittlung sind die Einkünfte der vermögensverwaltenden GmbH & Co. KG zu ermitteln und auf die Gesellschafter zu verteilen. Die Einkünfte ermitteln sich gem. § 2 Abs. 2 Nr. 2 EStG als Überschuss der Einnahmen über die Werbungskosten, welche die KG erzielt. Grundlage für die Ermittlung des KG-Überschusses ist nicht die Handelsbilanz der KG, sondern eine Zusammenstellung der Einnahmen und der Werbungskosten, die bei der KG zu- und abgeflossen sind (§§ 8, 9, 11 EStG). Der Überschuss ist den einzelnen Gesellschaftern nach dem gesellschaftsvertraglich vereinbarten Verteilungsschlüssel zuzurechnen. Dazu bedarf es keiner Zurechnung der einzelnen Geschäftsvorfälle der KG an die Gesellschafter. Für die Besteuerung erforderlich ist nur die Zurechnung der steuerrechtlich erheblichen Merkmale, welche die KG verwirklicht hat, an ihre Gesellschafter, also der Überschuss zugeflossener Einnahmen über abgeflossene Werbungskosten (BFH GrS vom 25.06.1984, BStBl II 1984, 751).

Bei der Ermittlung der gemeinsam erzielten Einkünfte sind Zahlungen der GmbH & Co. KG an ihre Gesellschafter aufgrund eines schuldrechtlichen **Leistungsaustausches** – sofern es sich nicht um AK oder HK handelt – in vollem Umfang als Werbungskosten der Gesellschaft abzuziehen und beim Gesellschafter als Einnahmen i.R.d. für seine Tätigkeit maßgeblichen Einkunftsart anzusetzen (BFH vom 07.04.1987, BStBl II 1987, 707; BFH vom 07.08.2001, BFH/NV 2001, 1401). Auf diese Bezüge aus einem schuldrechtlichen Leistungsaustausch § 15 Abs. 1 Satz 1 Nr. 2 Satz 1 HS 2 EStG entsprechend anzuwenden, kommt bei den Überschusseinkünften nicht in Betracht.

Der Werbungskostenabzug bei der Gesellschaft gilt wegen der auf der Ertragsebene gebotenen »Einheitsbetrachtung« auch insoweit, als die Werbungskosten im Innenverhältnis anteilig auf den leistenden Gesellschafter entfallen (BFH vom 07.04.1987, BStBl II 1987, 707; erneut bestätigt durch BFH vom 07.08.2001, BFH/NV 2001, 1401). Der Leistungsaustausch vollzieht sich handelsrechtlich zwischen dem Gesellschafter und der Gesellschaft als solcher (§ 161 Abs. 2, § 124 Abs. 1 HGB); davon hat grundsätzlich auch das Steuerrecht auszugehen.

Ein schuldrechtlicher Leistungsaustausch ist im Allgemeinen dann zu bejahen, wenn sich ein Gesellschafter von der Gesellschaft eine bestimmte Vergütung für eine bestimmte Leistung versprechen lässt, selbst wenn der schuldrechtliche Leistungsaustausch in dem Gesellschaftsvertrag geregelt ist. Schuldrechtliche Leistungen kommen vornehmlich dann in Betracht, wenn ein Gesellschafter derartige Leistungen im Rahmen seines eigenen Betriebes auch Dritten erbringt (BFH vom 07.04.1987, BStBl II 1987, 707). Ein wichtiges Indiz für den schuldrechtlichen Charakter einer Tätigkeitsvergütung an den Gesellschafter ist es ferner, wenn diese auch dann gezahlt werden soll, wenn die Gesellschaft Verluste erwirtschaftet.

Wenn eine vermögensverwaltende PersGes allerdings ihrem Gesellschafter ein Grundstück vermietet, ist der Mietvertrag steuerrechtlich nicht anzuerkennen, wenn und soweit dem Gesellschafter das Grundstück anteilig zuzurechnen ist (BFH vom 18.05.2004, BStBl II 2004, 898; zur Bruchteilsgemeinschaft: BFH vom 18.05.2004, BStBl II 2004, 929). Hierbei handelt es sich um einen Ausfluss der Bruchteilsbetrachtung auf der Vermögensebene: Was dem Gesellschafter ohnehin schon zuzurechnen ist, kann er nicht zusätzlich noch anmieten. Außerdem soll die Beantwortung der Frage, ob überhaupt Einkünfte erzielt werden und gegebenenfalls durch wen, nicht davon abhängen, ob eine PersGes zwischengeschaltet ist oder nicht.

Aufwendungen, die die Gesellschaft als solche betreffen bzw. durch diese veranlasst sind, sind stets in die Einkünfteermittlung der Gesellschaft einzubeziehen und i.R.d. Einkünfteverteilung grundsätzlich entsprechend dem Miteigentumsanteil anteilig sämtlichen Miteigentümern zuzurechnen. Zu den Werbungskosten der Gesellschaft gehören auch AfA-Beträge gem. § 9 Abs. 1 Satz 3 Nr. 7 EStG, obwohl die AK auf der Vermögensebene den Gesellschaftern unmittelbar zuzurechnen sind.

Die anteilige Zurechnung auch der Werbungskosten gilt im Grundsatz sogar dann, wenn die Aufwendungen von einem Miteigentümer aus Eigenmitteln beglichen wurden. Gleichwohl kann es ausnahmsweise bereits auf der ersten Stufe der Einkünfteermittlung zu einem **gesellschafterbezogenen Abzug** von Werbungskosten kommen.

Ein gesellschafterbezogener Abzug von Werbungskosten auf der ersten Stufe wird möglich, wenn (BFH vom 23.11.2004, BStBl II 2005, 454)

- vorab eine Vereinbarung über eine vom Miteigentumsanteil abweichende Zurechnung von Aufwendungen getroffen wurde und die Vereinbarung keine Einkommensverwendung darstellt (unter nahen Angehörigen findet hier ein Fremdvergleich statt) oder
- ein bürgerlich-rechtlicher Ausgleichsanspruch gegen Mitgesellschafter nach § 426 BGB tatsächlich nicht durchgesetzt werden kann. Es kommt nicht darauf an, dass der leistende Gesellschafter Kenntnis von der konkreten Vermögenssituation des ausgleichspflichtigen Mitgesellschafters hat (insoweit überholt: OFD Frankfurt vom 26.02.2002, FR 2002, 593). Entscheidend ist die objektive Unmöglichkeit, den Ausgleichsanspruch durchzusetzen.

Auf der **zweiten Stufe** der Einkünfteermittlung treten die persönlichen Sondereinnahmen und Sonderwerbungskosten der Gesellschafter noch zu den Anteilen an den Einkünften der Gesellschaft hinzu. Sonderwerbungskosten sind Aufwendungen auf den eigenen Anteil des Gesellschafters, insbesondere Zinszahlungen. Auch besondere Abschreibungen auf Investitionen zum nachträglichen Eintritt in die Gesellschaft können zu Sonderwerbungskosten führen (BFH vom 15.01.2002, BStBl II 2002, 309). Sondereinnahmen liegen insbes. dann vor, wenn Sonderwerbungskosten in einem späteren Jahr zurückgezahlt werden.

Sondereinnahmen und Sonderwerbungskosten bleiben bei der entsprechenden Anwendung des § 15a EStG gem. § 21 Abs. 1 Satz 2 EStG außer Betracht. Sie sind aber in die gesonderte und einheitliche Feststellung der Einkünfte einzubeziehen. Bei der Veranlagung der Gesellschafter lassen sich fehlende Angaben insoweit nicht mehr nachholen. Allenfalls kommt ein Ergänzungsbescheid gem. § 179 Abs. 3 AO in Betracht.

2.2.3 Mitunternehmerschaft in der GmbH & Co. KG

Wenn eine GmbH & Co. KG betriebliche Einkünfte erzielt, findet § 15 Abs. 1 Satz 1 Nr. 2 EStG Anwendung, der den zivilrechtlichen Begriffen Gesellschaft und Gesellschafter die spezifisch steuerrechtlichen Gegenbegriffe der Mitunternehmerschaft und des Mitunternehmers gegenüberstellt. Das zivilrechtliche Begriffspaar ist einerseits weiter als sein steuerrechtliches Pendant, weil das Steuerrecht die Mitunternehmerstellung eines Gesellschafters erst noch überprüft, andererseits aber auch enger, weil ein der Gesellschaft entsprechendes Gemeinschaftsverhältnis zur Begründung der Mitunternehmerschaft ausreicht.

2.2.3.1 Mitunternehmerschaft in der GmbH & Co. KG allgemein

LITERATURHINWEIS:
Rödder, Gewerbesteuerliche Behandlung einer PersGes i.R.d. sog. Treuhandmodells – Zugleich Anmerkung zur Verfügung der OFD Münster vom 16.03.2005, DStR 2005, 955.

Nicht jeder, der nach Zivilrecht die Stellung eines Kommanditisten in einer betrieblich tätigen KG hat, ist deshalb schon zwingend Mitunternehmer. Er muss auch Mitunternehmerinitiative ausüben können und Mitunternehmerrisiko tragen. Im Einzelfall können diese Merkmale mehr oder weniger ausgeprägt sein. Beide müssen jedoch vorliegen. Ein hohes Maß an Mitunternehmerrisiko kann aber eine geringer ausgeprägte Mitunternehmerinitiative ausgleichen und umgekehrt (BFH vom 10.11.1987, BStBl II 1989, 758).

Mitunternehmerinitiative bedeutet vor allem Teilhabe an unternehmerischen Entscheidungen. Der Gesellschafter muss nach dem Gesellschaftsvertrag annähernd so mit Stimm-, Kontroll- und Widerspruchsrechten ausgestattet sein, wie dies nach dem Regelstatut des HGB vorgesehen ist (BFH vom 01.08.1996, BStBl II 1997, 272). Unerheblich ist, ob und in welchem Maße ein Gesellschafter diese Rechte tatsächlich ausübt.

Mitunternehmerrisiko verlangt gesellschaftsrechtliche Teilhabe am Erfolg oder Misserfolg eines Unternehmens. Ein solches Risiko trägt regelmäßig ein Gesellschafter, der am Gewinn und Verlust sowie an den stillen Reserven des Gesellschaftsvermögens einschließlich des Geschäftswerts beteiligt ist. Im Falle seines Ausscheidens muss der Gesellschafter grundsätzlich mit dem vollen Wert der Beteiligung unter Berücksichtigung sämtlicher Vermögenswerte der Gesellschaft einschließlich ihres Geschäftswerts abgefunden werden (BFH vom 15.10.1981, BStBl II 1982, 342). Unschädlich ist es allerdings, wenn ein Gesellschafter im Falle eigener Kündigung von den stillen Reserven und vom Geschäftswert des Unternehmens ausgeschlossen wird (BFH vom 07.11.2000, BStBl II 2001, 186).

Die **Komplementär-GmbH** ist stets Mitunternehmer i.S.d. § 15 Abs. 1 Nr. 2 EStG. Mitunternehmerinitiative liegt hier schon deshalb vor, weil die Komplementärin regelmäßig die Geschäfte der KG führt und ihr die Außenvertretung nicht entzogen werden kann. Die übliche Formel zur Bestimmung des Mitunternehmerrisikos passt allerdings nicht für eine Komplementär-GmbH, die – wie vielfach praktiziert – keine Kapitaleinlage erbringt und statt eines quotalen Anteils am Restgewinn lediglich Kostenersatz sowie eine Haftungsprämie erhält. In diesen Fällen fehlt nämlich die Beteiligung am Gewinn und Verlust sowie an den stillen Reserven einschließlich eines Geschäftswerts. Als ausreichend wird erachtet, dass die Komplementär-GmbH zwingend das Verlustrisiko aus einer möglichen Haftungsinanspruchnahme gem. § 161 Abs. 2, § 128 HGB trägt (BFH vom 11.06.1985, BStBl II 1987, 33).

Auch die **Kommanditisten** sind nach der Wertung des § 15 Abs. 1 Nr. 2 EStG regelmäßig Mitunternehmer. Im Einzelfall kann ihre Mitunternehmerstellung aber durchaus problematisch werden. Ein Kommanditist, der ein verringertes Mitunternehmerrisiko trägt, weil er nicht am laufenden Gewinn oder nicht an den stillen Reserven der Gesellschaft beteiligt ist, ist nicht Mitunternehmer, es sei denn, seine gesellschaftsrechtlichen Mitwirkungsrechte gehen weit über die eines normalen Kommanditisten hinaus. Je mehr sich die Stellung des Kommanditisten der eines typischen stillen Gesellschafters i.S.d. §§ 230 ff. HGB oder der eines Darlehensgebers nähert, desto mehr wird seine Mitunternehmerschaft in Frage gestellt. Wenn die Mitunternehmerschaft unter Abwägung aller Umstände zu verneinen ist, dann bleibt sein Kapitalkonto in der Handelsbilanz zwar erhalten, in der Steuerbilanz der KG aber wandelt es sich zu Fremdkapital. Der gesellschaftsrechtliche Gewinnanteil des Kommanditisten wird aus der Sicht des Steuerrechts zur BA der KG. Der Kommanditist selbst muss seinen Gewinnanteil im Zeitpunkt der Auszahlung gem. § 20 Abs. 1 Nr. 4 EStG versteuern (BFH vom 28.10.1999, BStBl II 2000, 183). Das bedeutet, dass im Wege des Steuerabzugs an der Quelle zunächst KapSt und SolZ zu erheben sind.

Beispiel

Der Kommanditist K ist mit einer Haftsumme von 50.000 € eingetragen. Dies entspricht seiner geleisteten Einlage. Er ist mit 10 % am Gewinn und Verlust beteiligt. Nach dem Gesellschaftsvertrag erhält er jährlich seinen Anteil am Gewinn ausgezahlt; Verlustanteile werden mit späteren Gewinnanteilen zunächst verrechnet, bevor es wieder zu Auszahlungen kommt. K hat nur Einsichtsrechte in die Buchführung und keine Widerspruchsrechte gegen Entscheidungen der Geschäftsführung. Im Falle seines Ausscheidens wird er mit dem Nominalbetrag seiner geleisteten Einlage abgefunden, soweit dieser nicht durch Verluste gemindert ist.

Die Handelsbilanz zum 31.12.2011 zeigt (stark vereinfacht) folgendes Bild:

Handelsbilanz KG zum 31.12.2011

A			P
WG 1	300.000 €	Kapital GmbH	0 €
WG 2	700.000 €	Kapital A	350.000 €
		Kapital K	50.000 €
		Jahresüberschuss	100.000 €
		Verbindlichkeiten	500.000 €
	1.000.000 €		1.000.000 €

Lösung

K ist kein Mitunternehmer, weil ihm abweichend von § 161 Abs. 2, § 105 Abs. 3 HGB, § 738 Abs. 1 Satz 2 BGB kein Anteil an den stillen Reserven der KG zusteht. Damit ist sein Mitunternehmerrisiko entscheidend gemindert. Weil keine Kompensation durch eine besonders hohe Mitunternehmerinitiative erkennbar ist, wird er steuerrechtlich wie ein bloßer Kapitalgeber behandelt. Seine Einlage stellt aus steuerrechtlicher Sicht Fremdkapital dar. Sein Gewinnanteil wird steuerrechtlich als BA der KG behandelt, für die bis zur Auszahlung eine Rückstellung gebildet wird.

Die Steuerbilanz erhält entsprechend folgendes Aussehen:

A	Handelsbilanz KG zum 31.12.2011		P
WG 1	300.000 €	Kapital GmbH	0 €
WG 2	700.000 €	Kapital A	350.000 €
		Jahresüberschuss	90.000 €
		Rückstellung K (»Gewinnanteil«)	10.000 €
		Verbindlichkeiten K (»Einlage«)	50.000 €
		Verbindlichkeiten	500.000 €
	1.000.000 €		1.000.000 €

K nimmt als Nicht-Mitunternehmer nicht an dem Verfahren zur gesonderten und einheitlichen Feststellung des Gewinns teil. Der BA-Abzug der KG wegen des Gewinnanteils des K wird zwar im gesonderten Feststellungsverfahren berücksichtigt, aber der steuerliche Gewinn aus Gewerbebetrieb von 90.000 € wird im Grundlagenbescheid nur zwischen der GmbH und A aufgeteilt.

Der »Gewinnanteil« des K von 10.000 € ist i.R.d. Einkünfte aus Kapitalvermögen gem. § 20 Abs. 1 Nr. 4 EStG (analog) als Einnahme zu erfassen. Vorab ist jedoch gem. § 43 Abs. 1 Nr. 3, § 43a Abs. 1 Nr. 2 EStG eine KapSt von 25 % (2.500 €) und darauf gem. § 3 Abs. 1 Nr. 5, § 4 SolZG ein SolZ von 5 % (137,50 €) einzubehalten und an das FA abzuführen. K kann daher nur eine Zahlung der KG von 7.362,50 € erwarten. Die einbehaltene Quellensteuer wird bei Vorlage einer Steuerbescheinigung gem. § 36 Abs. 2 Nr. 2 EStG auf die ESt des K angerechnet.

Für K ergeht kein Grundlagenbescheid.

Wenn dem einzigen Kommanditisten einer GmbH & Co. KG keine Mitunternehmerstellung zuerkannt werden kann, dann liegt zwar gesellschaftsrechtlich eine PersGes, steuerrechtlich aber keine Mitunternehmerschaft vor. In diesem Fall führt allein die Komplementär-GmbH das Unternehmen. Eine gesonderte Feststellung des Gewinns entfällt. Über den gewerblichen Gewinn der GmbH wird i.R.d. Körperschaftsteuerveranlagung, über den nach § 20 Abs. 1 Nr. 4 EStG zu versteuernden »Gewinnanteil« des Kommanditisten in der Einkommensteuerveranlagung entschieden. Schuldner der Gewerbesteuer bleibt gleichwohl die GmbH & Co. KG, die zivilrechtlich Trägerin des Unternehmens bleibt (OFD Hannover vom 22.03.2005, GewStK § 2 GewStG Fach 1 Karte 2). Die steuerlichen Vorteile der GmbH & Co. KG können wegen der fehlenden Mitunternehmerstellung u. U. nicht ausgeschöpft werden.

Das Auseinanderfallen von zivilrechtlicher Gesellschafterstellung und steuerrechtlicher Stellung als Mitunternehmer ist Ausgangspunkt des aktuell sehr kontrovers diskutierten »**Treuhandmodells**«. In dieser Gestaltung beteiligt sich eine Kommanditisten-GmbH in geringem Umfang treuhänderisch für die unverändert allein herrschende Komplementär-GmbH pro forma an einer GmbH & Co. KG. Damit wird versucht, einzelne Unternehmensteile der Komplementär-GmbH zivilrechtlich auszugliedern, ohne steuerrechtliche Restriktionen beachten zu müssen.

Zivilrechtlich wird die Kommanditisten-GmbH Gesellschafterin, ertragsteuerrechtlich aber gem. § 39 Abs. 2 Nr. 1 Satz 2 AO nicht Mitunternehmerin. Auf diese Weise verbleibt das zivilrechtlich verselbstständigte Vermögen der Kommanditgesellschaft körperschaftsteuersteuerrechtlich im Vermögen der GmbH, wenn auch in einem abgesonderten Betrieb. Aus Sicht der KSt findet weder ein Vermögenstransfer auf die KG noch eine gemeinschaftliche Einkünfteerzielung durch die KG statt.

Das **Gewerbesteuerrecht** sieht den Fall – jedenfalls nach Verwaltungsauffassung – ganz anders. Verständlich wird die gewerbesteuerliche Situation, wenn man sie als Umkehrung der GmbH & atypisch Still begreift:

- Das Gewerbesteuerrecht bestimmt den Steuerschuldner und Unternehmensträger nach Zivilrecht. An die zivilrechtliche Rechtsfähigkeit, Handlungsfähigkeit und Vermögenszuordnung ist auch das steuerliche Verfahrensrecht gebunden. In diesem **formell-rechtlichen Sinne ist die GmbH & Co. KG Steuersubjekt** i.S.d. § 5 Abs. 1 Satz 3 GewStG und Unternehmensträgerin. Das korrespondiert damit, dass die PersGes zunächst Subjekt der Einkünfteerzielung ist.
- Erst auf dieser Grundlage lässt sich die weitere Frage beantworten, in welchem Umfang die GmbH & Co. KG ein **Steuerobjekt** i.S.d. § 2 GewStG betreibt. Der Gewerbebetrieb ist als Handlungskomplex des Unternehmers nur dann bestimmbar, wenn zuvor der Unternehmensträger als Handlungssubjekt bekannt ist. In diesem Sinne geht das Zivilrecht dem Steuerrecht voran.
- Der Gewerbebetrieb wird nun in einer materiell-rechtlichen Wende den dahinterstehenden (Mit-)Unternehmern zugeordnet (z. B. BFH GrS vom 03.05.1993, BStBl II 1993, 616). Weil **materiell-rechtlich nur die GmbH als Unternehmerin** verbleibt, ist der Gewerbebetrieb der GmbH & Co. KG nach materiell-rechtlichem Verständnis ein Gewerbebetrieb der GmbH, also ein Gewerbebetrieb i.S.d. § 2 Abs. 2 GewStG.
- Daraus folgt die **weitere gewerbesteuerrechtliche Behandlung**: Die mitunternehmerschaftlich ausgerichtete Bilanz der GmbH & Co. KG ist materiell-rechtlich in eine körperschaftlich ausgerichtete Steuerbilanz für den entsprechenden Betrieb der GmbH zu transformieren. Der Vermögenstransfer zwischen den Betrieben der GmbH erfolgt gem. § 6 Abs. 5 Satz 1 EStG zum Buchwert. SBV gibt es nicht. Freibetrag und Staffeltarif kommen nicht in Betracht. Eine gewerbesteuerrechtliche Verlustkompensation zwischen den Betrieben der GmbH ist gem. § 10a GewStG ausgeschlossen.

2.2.3.2 Mitunternehmerschaft in der Familienpersonengesellschaft

Die GmbH & Co. KG ist häufig zugleich Familien-PersGes. Die Gründe dafür sind vielfältig. In manchen Fällen kommt die GmbH & Co. KG als Ergebnis einer Erbauseinandersetzung zustande, in der das bisherige Einzelunternehmen des Erblassers mit vollem Haftungsrisiko nunmehr unter den Erben als PersGes mit beschränktem Haftungsrisiko unter angemessener Beteiligung der verschiedenen Familienstämme fortgeführt wird. Eher zu empfehlen ist es allerdings, die Kinder bereits zu Lebzeiten der Unternehmergeneration im Wege der »vorweggenommenen Erbfolge« in das Unternehmen der Eltern aufzunehmen, um die Nachkommen frühzeitig für das Unternehmen zu interessieren und an dieses zu binden. Insoweit hilft die

Aufnahme der Kinder, die **Unternehmensnachfolge** vorzubereiten und den Bestand des Unternehmens zu sichern. Dieser Schritt ist allerdings nicht ohne Risiko, weil die Kinder unwiderruflich Rechte am Unternehmen erwerben, die sie mit dem Erreichen der Volljährigkeit ggf. veräußern, verpfänden oder auf andere unvorhergesehene Weise verwenden können.

Besonders gut verdienende Unternehmer werden vom Steuerrecht großzügig belohnt, wenn sie dieses Risiko eingehen. Die wirksame Übertragung der Einkunftsquelle auf ein minderjähriges Kind hat zur Folge, dass das damit verbundene Einkommen den Eltern nicht mehr zugerechnet wird. Damit wird dieses Einkommen dem Spitzensteuersatz der Eltern entzogen. Stattdessen erfolgt die Zurechnung beim Kind, das seinerseits von unten in die Steuerpflicht hineinwächst. Allein die tariflichen Wirkungen, die mit dieser Art des faktischen **Familiensplittings** verbunden sind, können für jedes Kind alljährlich einen Vorteil herbeiführen, dessen Maximalbetrag sich in § 32a Abs. 1 Satz 1 Nr. 4 EStG ablesen lässt. In 2005 beträgt er 8.845 €. Hinzu kommen Vorteile, die sich bei der Berechnung der Bemessungsgrundlage ergeben. Das in die Steuerpflicht hineinwachsende Kind kann nun seinerseits Sonderausgaben – zumindest die Pauschalen – und außergewöhnliche Belastungen geltend machen.

Die Übertragung einer Einkunftsquelle auf bisher nicht verdienende volljährige Kinder beschert grundsätzlich die gleichen steuerlichen Vorteile. Allerdings wird der **Familienleistungsausgleich** – Kindergeld bzw. Kinderfreibetrag und damit verknüpfte Abzugsbeträge – gem. § 32 Abs. 4 EStG in Mitleidenschaft gezogen, wenn die Kinder mit dem geschenkten Mitunternehmeranteil nunmehr eigene Einkünfte und Bezüge erwirtschaften. Dadurch relativiert sich der Vorteil, ohne indes gänzlich verloren zu gehen.

Es darf daher nicht verwundern, wenn die Finanzbehörden seit jeher sorgfältig prüfen, ob solche Steuervorteile zu Recht in Anspruch genommen werden. Die **Anerkennung** der Familien-PersGes bzw. der Übertragung der Einkunftsquelle auf Angehörige setzt zusätzlich zu den allgemeinen Voraussetzungen der Mitunternehmerschaft stets voraus, dass der Gesellschaftsvertrag zivilrechtlich wirksam ist, den aufgenommenen Familienangehörigen volle Gesellschafterrechte gewährt und grundsätzlich wie unter fremden Dritten vollzogen wird (BFH vom 08.08.1979, BStBl II 1979, 768).

Der 2. Senat des BVerfG hielt es am 07.11.1995 (BStBl II 1996, 34) für erforderlich, grundsätzliche Ausführungen zur steuerlichen Anerkennung von Angehörigenverträgen zu machen. Angehörigenverträge werden bekanntlich auch zur faktischen Umverteilung einer Erwerbsquelle eingesetzt, um auf diese Weise Angehörige (Kinder) an der erdienten Marktposition (der Eltern) teilhaben zu lassen. Das plakative Stichwort hierfür heißt: »Faktisches Familiensplitting«, wenn damit gleichzeitig die Progressionskappung und die mehrfache Nutzung der Grundfreibeträge (Mehrfachveranlagung!) verbunden ist. Andererseits unterstreicht das BVerfG in der genannten Entscheidung einmal mehr die Bedeutung von Art. 6 GG (Schutz von Ehe und Familie), die nicht dazu führen darf, Angehörigenverträgen per se die steuerliche Anerkennung zu versagen. Die Rechtsprechung des BFH und die Verwaltung haben in der Vergangenheit versucht, zwischen Skylla (wegen § 12 Nr. 1 bzw. 2 EStG keine Anerkennung) und Charybdis (generelle Berücksichtigung der Verträge aufgrund des – betrieblichen – Veranlassungsprinzips) einen Weg zu finden. Dabei ist die ursprünglich (sehr) restriktive Erkenntnispraxis heute einer interessensgerechten Betrachtungsweise gewichen. Trotz dieses Wandels in der Rechtsprechung des BFH sind die Prüfungsstationen – auch für die Verwaltung – für die Anerkennung immer identisch geblieben. In den beiden Hauptgruppen der Angehörigenverträge (Ehegattenarbeitsverträge und Familien-PersGes) sind dies:

1. zivilrechtliche Wirksamkeit des Vertrags (eindeutige und ernsthafte Vereinbarung) – nachträgliche Vereinbarungen sind steuerschädlich;

2. tatsächlicher Vollzug;
3. (erfolgreicher) Fremdvergleich;
4. (ggf. zusätzliche) steuerliche Qualifikationsmerkmale, die mit der beabsichtigten Rechtsstellung verknüpft sind.

Diese Prüfungsreihenfolge ist ständiger »Wegbegleiter« in der Beurteilung von Angehörigenverträgen (beispielhaft: BFH vom 27.06.2002, BFH/NV 2002, 1443 sowie BFH vom 25.10.2004, BFH/NV 2005, 339 für nachträgliche Mehrarbeitsvergütung mitarbeitender Angehöriger).

Auf den ersten Blick wirken diese besonderen Voraussetzungen, die die FinVerw zur Anerkennung von Familien-PersGes im Steuerrecht prüft, gesetzeswidrig. Sie scheinen schon gegen § 41 Abs. 1 Satz 1 AO zu verstoßen, der unwirksame Rechtsgeschäfte als Grundlage der Besteuerung ausdrücklich akzeptiert. Zusätzlich stellt Art. 6 GG Ehe und Familie unter den besonderen Schutz des Staates. Bei näherem Hinsehen stellt sich indes heraus, dass sich solche Bedenken kaum aufrechterhalten lassen. § 41 AO erlaubt die Besteuerung von Vermögensmehrungen, wenn die zugrunde liegenden Rechtsgeschäfte z. B. wegen Sittenwidrigkeit oder wegen eines Gesetzesverstoßes zivilrechtlich unwirksam sind. Wenn keine wirksame Rechtsgrundlage vorhanden ist, dann soll wenigstens das unwirksame Rechtsgeschäft zur Beurteilung des Vorgangs herangezogen werden können. § 41 AO akzeptiert ein unwirksames Rechtsverhältnis als Grundlage der Besteuerung aber nur dann, wenn sonst keine Alternative zur Erklärung eines Vermögenstransfers zur Verfügung steht.

Ganz anders liegen die Verhältnisse bei der Beurteilung eines Vermögenstransfers in der Familie. Hier kommen zwei Rechtsgrundlagen in Betracht, die jeweils zu unterschiedlichen Ergebnissen führen. Für die Beurteilung von Vermögensverschiebungen innerhalb der Familie kommen zunächst einmal und vor allem familienrechtliche Rechtsgrundlagen, insbesondere Unterhalt und unentgeltliche Zuwendungen, in Betracht, die gem. § 12 Nr. 2 EStG für die Besteuerung ohne Belang sind. Der Zuwendende kann keine Abzüge geltend machen, der Empfangende muss nichts versteuern. Alternativ dazu können allerdings auch Familienangehörige Vereinbarungen treffen, mit denen sie ihre Beziehungen auf eine besondere rechtliche Basis stellen. So können sie beispielsweise einen Gesellschaftsvertrag abschließen oder auch durch Vertrag miteinander in Leistungsaustausch treten. Solche Verträge sind in der Lage, die primäre familienrechtliche Grundlage partiell zu verdrängen, aber nur dann, wenn diese Verträge zivilrechtlich wirksam und ernstlich gewollt sind. Anderenfalls dominieren die umfassenden familienrechtlichen Beziehungen.

Auch verfassungsrechtlich ist gegen diese Sichtweise kaum etwas einzuwenden. Das Steuerrecht stellt bewusst nur das Ehegattensplitting oder das Realsplitting bei dauerhaft getrennt lebenden oder geschiedenen Ehegatten zur Verfügung. Der Kindesunterhalt wird im Familienleistungsausgleich in Übereinstimmung mit dem Bundesverfassungsgericht nur mit dem Existenzminimum des Kindes berücksichtigt. Ein Familiensplitting ist nach deutschem Steuerrecht eigentlich ausgeschlossen. Wenn es Unternehmerfamilien gleichwohl in der Hand haben, durch Übertragung von Einkunftsquellen ein faktisches Familiensplitting herbeizuführen, dann ist es verfassungsrechtlich zur Wahrung der Gleichmäßigkeit der Besteuerung sogar geboten, diese Vorgänge von Unterhaltszahlungen und familiären Zuwendungen abzugrenzen. Einer Familien-PersGes kann die steuerliche Anerkennung aber nicht mit der Begründung versagt werden, steuerliche und familienrechtliche Gründe hätten den Abschluss des Gesellschaftsvertrags veranlasst.

Die zivilrechtliche Wirksamkeit des Gesellschaftsvertrags wird deshalb häufig zu einer der Schlüsselfragen der Anerkennung. Auch wenn ein Gesellschaftsvertrag – anders als bei Kap-

Ges – grundsätzlich formfrei zustande kommen kann, sind gelegentlich doch Formerfordernisse zu beachten. Der Gesellschaftsvertrag bedarf **notarieller Beurkundung**, wenn er z. B. die Verpflichtung enthält, ein Grundstück in die Gesellschaft einzubringen (§ 311b BGB), oder wenn er eine Schenkung enthält (§ 518 BGB). In beiden Fällen sieht das BGB jedoch eine Heilung des Mangels vor, wenn der formlos abgeschlossene Vertrag tatsächlich vollzogen wird.

Wenn ein minderjähriges Kind an einem Unternehmen beteiligt werden soll, dann sind einige zusätzliche Voraussetzungen zu beachten. Gem. § 107, § 1626 Abs. 1, § 1629 Abs. 1 und 2, § 1795 Abs. 2, § 181, § 1909, § 1915 Abs. 1, § 1793 BGB bedarf es zunächst einmal eines **Ergänzungspflegers**. Darüber hinaus hängt die steuerliche Anerkennung des Vertrags gem. § 1643 Abs. 1, § 1915 Abs. 1, § 1822 Nr. 3 BGB auch noch von der **vormundschaftsgerichtlichen Genehmigung** (heute: Genehmigung des **Familiengerichts)** ab. Wenn die vormundschaftsgerichtliche Genehmigung unverzüglich nach Abschluss des Gesellschaftsvertrags beantragt und in angemessener Frist erteilt wird, kann die zivilrechtliche Rückwirkung der vormundschaftsgerichtlichen Genehmigung ausnahmsweise auch steuerrechtlich berücksichtigt werden. Eine rückwirkende Genehmigung durch das inzwischen volljährig gewordene Kind ist allenfalls sehr eingeschränkt möglich (BFH vom 05.03.1981, BStBl II 1981, 435).

Wenn der Vertrag zivilrechtlich wirksam, klar formuliert und ernstlich gewollt ist, ist die Übertragung der Einkunftsquelle aber noch immer nicht gelungen. Gerade dann, wenn einem Familienmitglied die Beteiligung geschenkt wird oder unter Bedingungen gewährt wird, die einer Schenkung nahekommen, wird die **Mitunternehmerstellung** des Beschenkten intensiv geprüft. Mitunternehmer kann nur sein, wer wenigstens annäherungsweise die Rechte erhalten hat, die einem Kommanditisten nach dem HGB zustehen (BFH vom 24.07.1986, BStBl II 1987, 54). Wenn die Rechtsstellung eines beschenkten Kindes zugunsten der Eltern in einer zwischen Fremden unüblichen Weise beschränkt ist, liegt keine Mitunternehmerschaft des Kindes vor. In diesen Fällen entspricht der wirtschaftliche Gehalt der schenkweise begründeten Rechtsstellung aus Sicht der FinVerw eher dem Versprechen einer erst künftigen Kapitalübertragung.

In Grenzfällen können bei der Beurteilung der Mitunternehmerstellung eines beschenkten Kindes im Vergleich zu fremden Dritten sogar geringere Anforderungen gestellt werden. Hier ist nämlich u. U. zu berücksichtigen, dass das Kind erst allmählich an das Unternehmen herangeführt werden soll. Dieses Argument kann aber nur dann greifen, wenn das Kind dafür die erforderliche Reife besitzt. Bei einem zwölfjährigen Kind ist diese Reife jedenfalls noch nicht vorhanden (BFH vom 05.07.1979, BStBl II 1979, 670).

Die Rechtsfolgen der Nichtanerkennung ergeben sich regelmäßig aus § 12 Nr. 2 EStG. Die Übertragung der Einkunftsquelle wird nicht anerkannt. Das Kind erhält keine Einkünfte, sondern Unterhalt oder andere innerfamiliäre Zuwendungen. Die Anteile am Gewinn der GmbH & Co. KG werden weiterhin dem Übertragenden zugerechnet.

Ausnahmsweise kann allerdings, wenn die Einräumung der Gesellschafterstellung zivilrechtlich gelungen, die steuerrechtliche Mitunternehmerschaft aber gescheitert ist, die Anwendung des § 20 Abs. 1 Nr. 4 EStG in Betracht kommen. Voraussetzung dafür ist, dass der Kommanditist im Innenverhältnis wenigstens die Stellung eines stillen Gesellschafters erlangt. Auf der Ebene der GmbH & Co. KG liegen dann BA vor (BFH vom 29.04.1981, BStBl II 1981, 663).

Schließlich müssen unter dem Gesichtspunkt des Drittvergleichs auch die **zugesprochenen Gewinnanteile** einem Fremdvergleich standhalten.

Bei schenkweiser Übertragung einer Mitunternehmerstellung (KG-Beteiligung, atypisch stille Beteiligung etc.) wird nach der Rechtsprechung von einer angemessenen **Durch-**

schnittsrendite von 15% ausgegangen (BFH vom 24.07.1986, BStBl II 1987, 54). Bei Verlustausschluss wird die Rendite auf 12% gesenkt. Der Prozentsatz wird auf den **tatsächlichen Wert der Beteiligung** bezogen, ein nicht mitarbeitendes Kind wird dabei unterstellt. Genauer wird ausgeführt, dass sich die Angemessenheit der Gewinnverteilungsabrede nach den Verhältnissen bei Vertragsschluss orientiert und dabei auf einen Zeitraum von **fünf Jahren** abzustellen ist (H 15.9 Abs. 3 [Allgemeines] EStH).

Der tatsächliche Wert der Beteiligung ist aus dem gesamten Unternehmenswert abzuleiten und berücksichtigt somit auch den Geschäftswert im Zeitpunkt des Vertragsabschlusses sowie entsprechende (günstige wie unvorteilhafte) Abfindungsregelungen. Bei der Prüfung, ob der 15%ige Anteil überschritten wird, ist auf den künftig zu erwartenden Restgewinnanteil (d. h. nach Abzug von Sondervergütungen für die Geschäftsführung) abzustellen. Der errechnete Wert bleibt grundsätzlich so lange maßgeblich, bis eine Veränderung eintritt, die auch unter Dritten zu einer geänderten Gewinnverteilung führen würde. Durch den ursprünglichen Prognosezeitraum von fünf Jahren ist indirekt auch ein Zeitrahmen für die Überprüfung der getroffenen Verteilung mitgeteilt.

Diese immer schon von der Literatur und von den FG angegriffene Grenze von 15%, die bei einem entgeltlichen Erwerb der Beteiligung nicht anzuwenden sind, ist **erstmalig** im Urteil vom 09.10.2001 auch vom **BFH nicht** mehr als allein verbindliche Größe akzeptiert worden (BStBl II 2002, 460). Im dortigen Fall schenkte der Vater seinem Kind eine atypische Unterbeteiligung von 10% an seinem Kommanditanteil, wobei sich für das Kind aufgrund der quotalen Gewinnbeteiligung von 10% ein Gewinn ergab, der über der Grenze von 15% des Wertes der Unterbeteiligung lag. Zu einer Korrektur der Gewinnverteilung sah sich der BFH außerstande, soweit mit dem Gewinnanteil des Hauptgesellschafters nur dessen Haftungskapital abgegolten werden sollte (s. auch – dem BFH folgend – H 15.9 Abs. 3 [Unterbeteiligung] EStG).

Es bleibt abzuwarten, ob die Verwaltung bereit ist, den Automatismus von R 15.9 Abs. 3 EStR zu lockern. Zu ergänzen ist noch, dass die Renditemerkmale bei allen gesellschaftsrechtlichen Beteiligungsformen gelten. Für Beteiligungen als typisch stiller Gesellschafter differenziert die Verwaltung danach, ob der Angehörige die Einlagen geschenkt bekam (Maßstab s. oben, vgl. H 15.9 Abs. 5 [Eigene Mittel] und [Schenkweise eingeräumte stille Beteiligung] EStH) oder ob die Beteiligung aus eigenen Mitteln des stillen Gesellschafters stammt. In diesem Fall legt die Verwaltung die Messlatte der angemessenen Rendite auf 25%, wenn der stille Angehörige nur gewinnbeteiligt ist, und auf 35%, wenn er auch verlustbeteiligt ist. Die Wiedergabe der älteren BFH-Urteile, denen diese differenzierende Erkenntnis zu entnehmen ist, stößt auf doppelte Skepsis und – im Ergebnis – auf Ablehnung. Bei wirklich eigenen Einlagemitteln z. B. volljähriger Angehöriger ist es dem Interessensausgleich der Beteiligten zu überlassen, die Quote festzulegen. Woher stammt die Erkenntnis über die jeweiligen Prozentsätze? Diese speziellen Probleme der Familien-GmbH & Co. KG schließlich werden im Anschluss an die Doppelgesellschaft besprochen.

2.2.3.3 Die verdeckte Mitunternehmerschaft

Noch einen Schritt weiter als bei der atypischen Unterbeteiligung, bei der immerhin ein (Innen-)Gesellschaftsvertrag zwischen den beteiligten Personen vorliegt, ging die Rechtsprechung in einzelnen Konstellationen **ohne gesellschaftsrechtlichen Zusammenschluss**. Dort führte allein die konzentrierte Machtfülle eines Nicht-Gesellschafters zur Annahme einer »verdeckten« Mitunternehmerschaft.

Beispiel

S führt die Geschäfte seines bisherigen Einzelunternehmens in der Weise fort, dass er i.R.d. von seiner Ehefrau und seiner Schwester gegründeten GmbH & Co. KG folgende Geschäftsvorfälle tätigt:

- Er verpachtet das AV seines früheren Einzelunternehmens an die GmbH & Co. KG,
- S verkauft an die KG sein Umlaufvermögen und
- er wird alleiniger GF der Komplementär-GmbH.

Lösung

In diesem am 22.01.1985 entschiedenen Fall stellte der BFH (BStBl II 1985, 363) die Weichen für die grundsätzliche Anerkennung bzw. Ablehnung der »verdeckten« Mitunternehmerschaft. Es ist offensichtlich, dass S mit der GmbH & Co. KG kein gesellschaftsrechtlicher Status verbindet; er ist lediglich Angestellter der GmbH und Verpächter an die KG.
Der BFH führte aus, dass zwar keine formale zivilrechtliche Betrachtungsweise (Vorliegen einer Gesellschaft im zivilrechtlichen Sinne) gefordert wird und somit auch Angestellte, Darlehensgläubiger oder Verpächter als Mitunternehmer in Betracht kämen. Voraussetzung müsse aber immer sein, dass ein **gemeinschaftliches** Handeln zur **gemeinsamen Zweckverfolgung** vorliege. Als Anhaltspunkt hierfür gilt nicht nur die Mitarbeit (nicht einmal die hauptsächliche Arbeit) in dem Unternehmen, sondern die Tatsache, dass eine **unangemessen hohe Vergütung** für die erbrachte Leistung vereinbart wurde und dass sich die betreffende Person dabei wie ein Unternehmer verhalte.
Im damaligen, vom BFH a.a.O. entschiedenen Fall war dies noch nicht der Fall und die Mitunternehmerschaft des S war folglich zu versagen.
In mehreren Folgeentscheidungen nahm der BFH bei unüblich hohen Vergütungen (90% Arbeitslohn des Angestellten gegenüber 10% verbleibendem Gewinn der Unternehmer-Ehefrau – BFH vom 02.09.1985, BStBl II 1986, 10 – oder eine Tantieme i.H.v. 56% des Reingewinns – BFH vom 21.09.1995, BStBl II 1996, 66) eine Mitunternehmerschaft des angestellten Ehegatten an.

Es ist offensichtlich, dass der BFH in seinen Entscheidungen zur verdeckten Mitunternehmerschaft bemüht war (ist), mit einem Drittvergleichsmaßstab Leistungsaustauschbeziehungen unter Ehegatten wieder »geradezuziehen«, die ansonsten wegen des BA-Abzugs, der sich bei der GewSt definitiv auswirkt, als (Gewerbe-)Steuersparmodell gehandelt worden wären.

2.2.4 Gewinnermittlung und -verteilung in der GmbH & Co. KG

Eine GmbH & Co. KG enthält zumindest zwei selbstständige Gesellschaften, nämlich die GmbH & Co. KG als PersGes und ihre Komplementär-GmbH als KapGes. Für jede der beteiligten Handelsgesellschaften ist gem. § 6 Abs. 1, § 238, §§ 264 ff. HGB eine eigene Buchführung einzurichten; jede Gesellschaft ermittelt ihren eigenen Gewinn.

Die **GmbH & Co. KG** durchläuft bei der Ermittlung ihres laufenden Gewinns ein durch § 15 Abs. 1 Satz 1 Nr. 2 Satz 1 EStG gesteuertes zweistufiges Verfahren. Auf der ersten Stufe der Gewinnermittlung – »Gewinnanteile« i.S.d. § 15 Abs. 1 Satz 1 Nr. 2 Satz 1 HS 1 EStG – sind zunächst die Gesamthandsbilanz der Gesellschaft (Handelsbilanz/Steuerbilanz) und anschließend die gesetzlich hier gar nicht erwähnten Ergänzungsbilanzen der Gesellschafter auszuwerten. Für die zweite Stufe der Gewinnermittlung – »Vergütungen« i.S.d. § 15 Abs. 1 Satz 1 Nr. 2 Satz 1 HS 2 EStG – verbleibt dann noch die Auswertung der Sonderbilanzen der

Gesellschafter, oder genauer, die Erfassung aller Sonderbetriebseinnahmen und Sonderbetriebsausgaben. Das Ergebnis dieser additiven Ermittlung ist – ggf. noch erhöht um Veräußerungsgewinne ausscheidender Gesellschafter – der steuerliche Gesamtgewinn der Mitunternehmerschaft. Dieser wird quasi rückwärts auf die einzelnen Mitunternehmer verteilt.

Die **Komplementär-GmbH** weist in ihrer Steuerbilanz ihren Anteil am steuerlichen Gesamtgewinn der GmbH & Co. KG sowie die Summe ihrer Kapitalkonten in der Gesamthandsbilanz, ihrer Ergänzungsbilanz und ihrer Sonderbilanz der GmbH & Co. KG spiegelbildlich aus (»Spiegelbildtheorie«). Zusätzlich erfasst sie eigene Erträge und Aufwendungen, insbes. ihre Steuerberatungskosten und IHK-Beiträge.

2.2.4.1 Gewinnermittlung der GmbH & Co. KG (Stufe 1)

Auf der ersten Stufe der Gewinnermittlung i.S.d. § 15 Abs. 1 Nr. 2 Satz 1 HS 1 EStG ermittelt die GmbH & Co. KG die »Gewinnanteile« der Gesellschafter. Diese ergeben sich grundsätzlich aus der Gesamthandsbilanz (HB/StB) der GmbH & Co. KG. Speziell für diese Rechtsform gelten besondere Vorschriften zur Rechnungslegung und Publizität. Ansonsten unterscheiden sich die Handels- und Steuerbilanzen der PersGes kaum von denen der Einzelunternehmer. Es gibt aber wichtige Besonderheiten, die beim Einzelunternehmer nicht auftreten. Bedeutsam sind zum einen die Vielzahl der Kapitalkonten für die Gesellschafter und zum anderen die Rechtsbeziehungen zwischen Gesellschaft und Gesellschaftern. Schließlich sind – immer noch auf Stufe 1 der Gewinnermittlung – die Ergebnisse von Ergänzungsbilanzen auszuwerten.

2.2.4.1.1 Gesamthandsbilanz der GmbH & Co. KG – Rechnungslegung und Publizität

LITERATURHINWEISE:
Carlé, Strategien im Hinblick auf die erweiterte Prüfungs- und Publizitätspflicht im KapCoRiLiG, KOESDI 2000, 12563; *Farr*, Aufstellung, Prüfung und Offenlegung des Anhangs im Jahresabschluß der GmbH & Co. KG, GmbHR 2000, 543 und 605; *Hoffmann*, Eigenkapitalausweis und Ergebnisverteilung bei Personenhandelsgesellschaften nach Maßgabe des KapCoRiLiG, DStR 2000, 837; *Naujok*, Gemeinschaftsrechtswidrigkeit der Offenlegungspflichten der GmbH & Co. KG, GmbHR 2003, 263; *Röhrig/Doege*, Das Kapital der Personengesellschaften im Handels- und Ertragsteuerrecht – Begriff, Bedeutung, Gestaltungen, DStR 2006, 489; *Schmidt*, Jahresabschlußpublizität bei der GmbH & Co. KG – Luxemburg locusta, causa finita, GmbHR 2004, 1512; *Strobel*, Die Neuerungen des KapCoRiLiG für den Einzel- und Konzernabschluß, DB 2000, 53.

Für die Handelsbilanz der GmbH & Co. KG gelten mit Blick auf die Haftungsbegrenzung, die mit der Komplementär-GmbH erreicht werden kann, über die allgemeinen Bilanzierungsvorschriften nach §§ 238 bis 263 HGB hinaus gem. § 264a bis § 264c HGB auch die **Jahres- und Konzernabschlussregelungen** der §§ 264 ff. HGB sowie das **Publizitätsgesetz**, die eigentlich für KapGes konzipiert sind. Die Bilanz der GmbH & Co. KG wird so mit einer GmbH-Bilanz annähernd vergleichbar.

Durch das KapCoRiLiG vom 24.02.2000 wurden die §§ 264a–264c HGB nachträglich in das Handelsgesetzbuch eingefügt. Seither ist gem. § 264a HGB insbesondere auch die GmbH & Co. KG grundsätzlich verpflichtet, die Jahres- und Konzernabschlussregelungen zu beachten, die bis dahin nur für KapGes galten. Eine Befreiung für die GmbH & Co. KG im Konzern enthält § 264b HGB. § 264c HGB nimmt notwendige Anpassungen vor, weil die GmbH & Co. KG keine KapGes ist, sondern PersGes bleibt. Die Pflichten sind nach Größenklassen i.S.d. § 267 HGB gestuft. Jahresabschluss und Lagebericht sind nach §§ 264 ff. HGB differenziert zu erstellen und zu erläutern. Von der Pflicht zur Prüfung (§§ 316 ff. HGB) sind nur die kleinen Gesellschaften ausgenommen. Die Offenlegungspflichten ergeben sich aus § 325 ff. HGB i.V.m. § 9 PublG. Die Sanktionen, die bei der Verletzung von Offenlegungspflichten drohen, wurden gem. § 335b HGB auf die GmbH & Co. KG ausgedehnt.

Der **Umfang der Publizitätspflichten** ergibt sich aus folgender Übersicht:

Publizität der GmbH & Co. KG		**kleine Gesellschaft**	**mittelgroße Gesellschaft**	**große Gesellschaft**
Voraussetzungen (2 von 3 Merkmalen)	Bilanzsumme	bis zu 4.840.000 €	bis zu 19.250.000 €	mehr
	Umsatzerlöse	bis zu 9.680.000 €	bis zu 38.500.000 €	mehr
	Arbeitnehmer	bis zu 50 Arbeitnehmer	bis zu 250 Arbeitnehmer	mehr
Publizität	Bilanz	HR	HR	Bundesanzeiger/HR
	GuV	–	HR	Bundesanzeiger/HR
	Anhang	HR	HR	Bundesanzeiger/HR
	Bestätigungsvermerk des Prüfers	–	HR	Bundesanzeiger/HR
	Lagebericht	–	HR	Bundesanzeiger/HR
	Aufsichtsratsbericht	–	HR	Bundesanzeiger/HR
	Ergebnisverwendungsbeschluss	–	HR	Bundesanzeiger/HR
	Jahresergebnis	–	HR	Bundesanzeiger/HR

Als Vermeidungsstrategien bieten sich an:

- § 264a HGB: Natürliche Person als zusätzlicher Komplementär;
- § 264b HGB: Einbeziehung der KG-Bilanz in eine Konzernbilanz der GmbH;
- § 267 HGB: Beeinflussung der Größenklasse durch:
  - Ausgliederung einzelner Geschäftsbereiche;
  - Betriebsaufspaltung;
  - Bilanzpolitik.

Als nicht kapitalmarktorientiertes Unternehmen unterliegt die GmbH & Co. KG dem § 315a Abs. 3 HGB: Sie ist deshalb weder beim Einzelabschluss noch beim Konzernabschluss zur Anwendung der internationalen Rechnungslegungsstandards verpflichtet. Der Konzernabschluss kann aber nach IAS/IFRS aufgestellt werden. Dann allerdings muss dieser die vorgesehenen Standards vollständig befolgen. Keinesfalls kann ein Abschluss nach IAS/IFRS den Abschluss nach dem HGB ersetzen oder gar die Steuerbilanz beeinflussen. Entsprechendes gilt für die Komplementär-GmbH.

2.2.4.1.2 Kapitalkonten der Gesellschafter

LITERATURHINWEISE:

Carlé/Bauschatz, Die durch Kapitalkonten abgebildete Beteiligung an einer PersGes im Gesellschafts- und Steuerrecht, FR 2002, 1153; *Ley*, Zur steuerlichen Behandlung der Gesellschafterkapitalkonten sowie der Forderungen und Verbindlichkeiten zwischen einer gewerblichen PersGes und ihren Gesellschaftern, KÖSDI 2002, 13459.

Die Regelungen des HGB über die Kapitalkonten in §§ 167, 264c Abs. 2 HGB und die Gewinnverteilung in § 168 HGB sind für die **Bedürfnisse der Praxis** unzureichend. Das gesetzliche Konzept sieht für jeden Gesellschafter nämlich nur ein einziges Kapitalkonto vor. Dieses wird den gestellten Anforderungen nicht gerecht, wenn die Gesellschafterkonten Beteiligungsverhältnisse darstellen, gesellschaftsrechtlich gebundenes Kapital und entnahmefähige Beträge ausweisen sowie Verlustverrechnungen ermöglichen sollen. Zur besseren Differenzierung schreiben die Gesellschaftsverträge mindestens zwei, oft aber auch vier und mehr »Kapitalkonten« für jeden Gesellschafter vor. Die genaue Analyse solcher Kontensysteme ist aus steuerrechtlicher Sicht insbes. für die Anwendung des § 15a EStG unerlässlich (vgl. BMF vom 30.05.1997, BStBl I 1997, 627). Auch zur Abgrenzung von Veräußerungen und offenen Sacheinlagen aus dem PV einerseits gegenüber der steuerneutralen verdeckten Einlage andererseits kommt es auf die genaue Abgrenzung der Konten an (BMF vom 26.11.2004, BStBl I 2004, 1190).

In der Grundform der KG wird das Eigenkapital bei einer KG so aufgeführt:

A)	**Eigenkapital**
I.	**Komplementärkapital**
1.	Festkapital
2.	übriges Kapital
1.	**Alternative:**
A)	Eigenkapital
I)	Gesellschafterkapital
1.	Festkapital
2.	übriges oder bewegliches Kapital
II)	Rücklagen
1.	vertragsmäßige Rücklagen
2.	andere Rücklagen
2.	**Alternative:**
A)	Eigenkapital
I)	Gesellschafterkapital
1.	Festkapital
./.	ausstehende Einlagen
=	eingezahltes Festkapital
2.	übriges oder bewegliches Kapital
II)	Rücklagen

II.	**Kommanditkapital**
1.	Haftkapital
2.	übriges Kapital
III.	**Rücklagen**
1.	vertragsgemäße Rücklagen
2.	andere Rücklagen.

Zum Ausweis der Kapitalkonten stellt § 264c HGB sicher, dass im Jahresabschluss der GmbH & Co. KG die **Besonderheiten der PersGes** erkennbar bleiben, auch wenn sich das Bilanzbild weitgehend dem der GmbH angenähert hat. Insbesondere verbleibt es bei der Führung von Kapitalkonten für jeden einzelnen Gesellschafter, obwohl eine Zusammenfassung von Kapitalkonten im Jahresabschluss vorgesehen ist. Anliegen des § 264c Abs. 2 Satz 1 HGB ist es, eine Basis zu schaffen, von der aus die für KapGes formulierten Vorschriften auch für die GmbH & Co. KG als PersGes sinnvoll verstanden werden können. Es geht nicht darum, der GmbH & Co. KG Bilanzpositionen aufzuzwingen, die bei ihr eigentlich gar nicht anfallen.

Der Umfang der gesellschaftsrechtlichen Beteiligung der **Komplementär-GmbH** in der GmbH & Co. KG spiegelt sich grundsätzlich in den für sie geführten Kapital- und Verrechnungskonten. Bei fehlender Kapitaleinlage der GmbH entfällt allerdings schon das Festkapitalkonto. In diesem in der Praxis häufig vorkommenden Fall ist die Komplementär-GmbH außerdem regelmäßig von einer quotalen Gewinnbeteiligung ausgeschlossen. Wenn zusätzlich die Haftprämie und die Geschäftsführervergütung als Aufwand der KG gebucht werden, dann entfällt sogar die Zuweisung eines Vorabgewinns, sodass die Komplementär-GmbH überhaupt nicht mehr am handelsrechtlichen Gewinn der KG partizipiert. Stattdessen bezieht sie ausschließlich Leistungsvergütungen, die noch nicht in der Handelsbilanz/Steuerbilanz der KG als Gewinn in Erscheinung treten, sondern erst in der 2. Stufe der steuerlichen Gewinnermittlung. Vielfach fallen Kapital- und Verrechnungskonten der Komplementär-GmbH in der Handelsbilanz/Steuerbilanz der GmbH & Co. KG deshalb gar nicht erst an.

Für die Kommanditisten sind stets **Kapital- und Verrechnungskonten** zu führen, deren Anzahl allerdings vom Gesellschaftsvertrag abhängt. Im Jahresabschluss werden die **Pflichteinlagen** der Kommanditisten gem. § 264c Abs. 2 Satz 6 HGB »insgesamt gesondert« den Kapitalanteilen (soweit vorhanden) der persönlich haftenden Gesellschafter gegenübergestellt. Die **ausstehenden Einlagen** der Kommanditisten bedürfen gem. § 272 Abs. 1 Satz 2 und 3 HGB eines besonderen Ausweises, wobei eingeforderte und nicht eingeforderte ausstehende Einlagen erkennbar sein müssen. Die **Haftsumme** ist gem. § 264c Abs. 2 Satz 9 HGB im Anhang anzugeben, wenn sie nicht durch geleistete Einlagen gedeckt ist.

Die Bildung von **Rücklagen** ist handelsrechtlich nicht vorgesehen. Wenn aber im Gesellschaftsvertrag Gewinnrücklagen vereinbart werden, dann sind sie gem. § 264c Abs. 2 Satz 1 HGB gesondert auszuweisen. Die Rücklagen lassen sich dann ebenso wie der Gewinnvortrag/Verlustvortrag für alle Gesellschafter in einem Betrag angeben, weil sie sich quotal (nicht zwingend nach dem Verhältnis der Festkapitalkonten) auf die einzelnen Gesellschafter verteilen lassen.

§ 264c Abs. 2 Satz 1 HGB sieht den Ausweis eines Jahresüberschusses/Jahresfehlbetrags vor. An dessen Stelle tritt bei der GmbH & Co. KG aber regelmäßig der **Bilanzgewinn** i.S.d. § 268 Abs. 1 HGB, denn die Bilanz ist unter Berücksichtigung der vollständigen oder teilweisen Verwendung des Jahresergebnisses aufzustellen, soweit am Bilanzstichtag die Verwendung des Gewinns bekannt ist. Festlegungen können sich aus dem Gesellschaftsvertrag, aus dem Gesetz oder aus Beschlüssen der Gesellschafter ergeben. So sind Verlustanteile gem.

§ 264c Abs. 2 Satz 3 und 6 HGB direkt vom jeweiligen Kapitalanteil abzuschreiben. Auch ein Vorabgewinn berechtigt regelmäßig schon während des Geschäftsjahres zur Entnahme, sodass der vollständige Gewinn am Jahresende gar nicht mehr vorhanden ist. Damit entfällt gem. § 268 Abs. 1 HGB auch der gesonderte Posten »Gewinnvortrag/Verlustvortrag«.

Der Bilanzgewinn i.S.d. § 268 Abs. 1 HGB ist als Grundlage der Besteuerung nicht geeignet, eben weil er unter Berücksichtigung der Verwendung des Jahresergebnisses ermittelt ist. Ausgangspunkt der Ertragsbesteuerung ist das erzielte, nicht das verwendete Einkommen. Sofern die Bilanz der GmbH & Co. KG den Bilanzgewinn ausweist, ist der für die Besteuerung maßgebliche **Jahresüberschuss**/Jahresfehlbetrag daraus abzuleiten. Der Jahresüberschuss ist die handelsrechtliche Ausgangsgröße, die gem. § 60 Abs. 2 EStDV in den steuerrechtlich maßgeblichen Gesamthandgewinn (vor Berücksichtigung der Ergänzungsbilanzen) transformiert wird. Soweit in der Praxis – gelegentlich über das handelsrechtlich zulässige Maß hinaus – Einheitsbilanzen (Handelsbilanz = Steuerbilanz) erstellt werden, erübrigt sich dieser Schritt regelmäßig, wenn nicht gerade einem Gesellschafter der Status des Mitunternehmers verweigert wird.

Ein Konto, das ausschließlich dazu dient, eine **Forderung des Gesellschafters** gegenüber der Gesellschaft auszuweisen, gehört nicht zu den Kapitalkonten. Das gilt auch dann, wenn das Darlehen des Gesellschafters gem. § 172a HGB eigenkapitalersetzend ist oder der Rangrücktritt erklärt ist.

Beispiel

Gesellschafter der A-GmbH & Co. KG sind die A-GmbH als Komplementärin sowie A und K als Kommanditisten. Die A-GmbH, die keine Einlage erbracht hat, bezieht für Geschäftsführung und Haftung jährlich einen Vorabgewinn von 60.000 €, der ihr in monatlichen Teilbeträgen ausgezahlt wird. Der Restgewinn verteilt sich auf die Gesellschafter A und K nach dem Verhältnis ihrer Festkapitalkonten. K hat seine längst eingeforderte Einlage aber noch immer nicht voll erbracht. Ein Teil des Gewinns wird alljährlich in die Gewinnrücklage eingestellt. Darüber hinausgehende Gewinne werden, wenn das Festkapital eingezahlt ist, nach Feststellung der Bilanz auf die variablen Kapitalkonten der Kommanditisten verteilt und dort mit etwaigen Verlustanteilen verrechnet. Entnahmen der Kommanditisten sind nur zulässig, soweit das variable Kapitalkonto einen positiven Saldo ausweist.
Die Handelsbilanz der A-GmbH & Co. KG könnte zum 31.12.2012 (vereinfacht) wie folgt aussehen:

A		Handelsbilanz A-GmbH & Co. KG zum 31.12.2012		P
WG 1	300.000 €	A. Kapital GmbH		
WG 2	690.000 €	I. Kapitalanteile		
Ausstehende Einlage K	10.000 €	1. A-GmbH		
davon eingefordert 10.000 €		Stand 01.01.12	0 €	
		Vorabgewinn 12	60.000 €	
		Entnahmen 12 ./.	60.000 €	
		Komplementär 31.12.12		0 €
		2. Kommanditisten		
		Festkapital A	270.000 €	
		Variables Kapital A	30.000 €	
		Festkapital K	30.000 €	
		Kommanditisten insgesamt 31.12.12	330.000 €	
		II. Gewinnrücklagen		20.000 €
		III. Bilanzgewinn		100.000 €
		B. Verbindlichkeiten		550.000 €
	1.000.000 €			1.000.000 €

Welchen Charakter haben die für die Gesellschafter geführten Konten?

Lösung

Für die **A-GmbH** wird kein Festkapitalkonto geführt, weil sie keine Einlage zu erbringen hat. Für sie wird lediglich ein variables Verrechnungskonto geführt, auf dem der sofort entnahmefähige Vorabgewinn erfasst wird. Da dieses Konto kein gesellschaftsrechtlich gebundenes Kapital enthält und auch nicht der Verlustverrechnung dient, handelt es sich nicht um ein Kapitalkonto. Immerhin dient dieses Verrechnungskonto dem Ausweis des auf die A-GmbH entfallenden Gewinns, sodass der Ausweis als Eigenkapital im Jahresabschluss der GmbH & Co. KG gerechtfertigt ist.

Die **Kapitalkonten der Kommanditisten** differenzieren grundsätzlich zwischen Festkapital und variablem Kapital, auch wenn K wegen der ausstehenden Einlage noch kein variables Kapital aufbauen konnte. Diese Konten haben im vorliegenden Fall sämtlich Kapitalkontencharakter. Die Festkapitalkonten enthalten gesellschaftsrechtlich gebundenes Kapital, die variablen Kapitalkonten dienen auch der Verlustverrechnung. Hätte der Gesellschaftsvertrag ein zusätzliches Verlustverrechnungskonto vorgesehen, dann wäre dieses zwar selbst ein Kapitalkonto, aber das Verrechnungskonto zum Ausweis entnahmefähiger Beträge würde diesen Charakter verlieren.

Der hier vorgenommene Ausweis einer **Gewinnrücklage** ist nur aufgrund einer vom Gesetz abweichenden Regelung im Gesellschaftsvertrag möglich. Eine Aufteilung auf die Gesellschafter ist nicht erforderlich, weil der allgemeine Gewinnverteilungsschlüssel maßgeblich ist (A mit 90 %: 18 000 €; K mit 10 %: 2 000 €). Die A-GmbH hat ihren Vorabgewinn (60.000 €) sofort entnehmen müssen, um die Kosten für ihre eigene Geschäftsführung tragen zu können. Dieser Teil des Gewinns ist im Zeitpunkt des Jahresabschlusses der GmbH & Co. KG folglich gar nicht mehr vorhanden. Damit wird ein Ausweis des Jahresüber-

schusses unmöglich. Folgerichtig wird der **Bilanzgewinn** ausgewiesen, dem das Gesetz vor der Verteilung ebenfalls Kapitalcharakter beimisst.
Aus dem Bilanzgewinn lässt sich der **Jahresüberschuss** ableiten. Dieser beträgt (60.000 € + 100.000 € =) 160.000 €. Er bildet den Ausgangspunkt der steuerlichen Berechnungen zur Ermittlung der Gewinnanteile i.S.d. § 15 Abs. 1 Nr. 2 Satz 1 HS 1 EStG. Auf die A-GmbH entfallen vorab 60.000 €. Der Restgewinn (hier identisch mit dem Bilanzgewinn) verteilt sich quotal auf die Kommanditisten A (90.000 €) und K (10.000 €). Seinen Gewinnanteil kann K nicht entnehmen; er muss damit vorrangig seine Einlageverpflichtung erfüllen. Die **ausstehende Einlage des K** weist vordergründig eine Forderung der Gesellschaft gegenüber ihrem Gesellschafter aus. Letztlich dient die Bilanzposition aber der Wertkorrektur des mit der Pflichteinlage überhöht ausgewiesenen Kapitalkontos, hat also ebenfalls Kapitalkontencharakter.
Insgesamt zeigt die Bilanz der A-GmbH & Co. KG für den Kommanditisten A »ein« Eigenkapital von **408.000** € (= 270.000 € + 30.000 € + 18.000 € + 90.000 €), für den Kommanditisten K von **32.000** € (= 30.000 € + 2.000 € + 10.000 € ./. 10.000 €). Das auf der Passivseite insgesamt mit 450.000 € ausgewiesene Eigenkapital korrigiert sich durch den Korrekturposten auf der Aktivseite um 10.000 €.

2.2.4.1.3 Beitrag oder Leistung des Gesellschafters?

LITERATURHINWEIS:
Altfelder, Beitrag oder Leistung? – Eine Orientierungshilfe für Personengesellschafter im Dickicht aktueller Vorschriften zu Umsatzsteuer, Private-Equity-Fonds und Halbeinkünfteverfahren, FR 2005, 6.

Besondere Schwierigkeiten bereitet regelmäßig die Frage der **Gesellschafterleistungen** an die PersGes. Wenn die Gesellschaft solche Leistungen honoriert, dann ist bereits auf der ersten Stufe der Gewinnermittlung zu prüfen, ob das Honorar an den Gesellschafter den Gewinn der Gesellschaft mindert. Die Beteiligten haben es nämlich durch die Gestaltung ihrer Rechtsbeziehungen in der Hand, darüber frei zu entscheiden:

Sie können zum einen die **gesellschaftsrechtliche Variante** wählen, indem sie vereinbaren, dass der Gesellschafter für seinen besonderen **Beitrag** i.S.d. § 161 Abs. 2, § 105 Abs. 3 HGB, § 705, 706 BGB zur Förderung des gemeinsamen Zwecks einen **Vorabgewinn** erhält; dann liegt natürlich keine BA der Gesellschaft vor.

Stattdessen können sich Gesellschaft und Gesellschafter auch für die zweite Variante entscheiden, nämlich untereinander **wie fremde Dritte** zu handeln. In diesem Fall vereinbaren sie über den Gesellschaftsvertrag hinaus einen zusätzlichen **Leistungsaustausch.** Dann erhält der Gesellschafter keinen Vorabgewinn für einen Gesellschafterbeitrag, sondern ein **Entgelt** für seine Leistung. Bei der PersGes führt das i.d.R. zum BA-Abzug.

Grundsätzlich ist von einem Beitrag auszugehen. Eine Leistung i.S.d. Ertragsteuerrechts liegt nur dann vor, wenn die Beteiligten dies ausdrücklich vereinbart haben. So können die Gesellschafter den Leistungscharakter betonen, indem sie zusätzlich zum Gesellschaftsvertrag noch gesonderte Austauschverträge mit der Gesellschaft abschließen. Sie können stattdessen auch im Gesellschaftsvertrag (genauer: in der gleichen Urkunde) bestimmen, dass für besondere Leistungen des Gesellschafters ein Entgelt gezahlt wird, das für die Gesellschaft **Kostencharakter** haben soll; selbst in diesem Fall kann aber noch ein Beitrag gegen Vorabgewinn vorliegen, wenn das »Entgelt« nur **aus dem Gewinn** geleistet werden soll, im Verlustfall also nicht gezahlt wird (BFH vom 13.07.1993, BStBl II 1994, 282; BFH vom 13.10.1998, BStBl II 1999, 284).

Die gesellschaftsrechtliche Praxis bewegt sich gelegentlich in einem noch ungeklärten Grenzbereich zwischen Leistung und Beitrag. Wenn die Gesellschaft zunächst einen Aufwand bucht, diesen bei der Gewinnverteilung aber außerbilanziell wieder hinzurechnet, dürfte es sich wohl um einen Beitrag handeln (FG Münster vom 31.03.2004, EFG 2004, 1750). Wenn dagegen der Gesellschaftsvertrag vorsieht, dass die Zahlung an den Gesellschafter »im Innenverhältnis der Gesellschafter zueinander« Aufwandscharakter haben soll, dann ist wohl eher ein Leistungsaustausch anzunehmen. Empfehlenswert ist es nicht, sich in derartige Grauzonen zu begeben. Eine klare Entscheidung für die eine oder andere Variante ist allemal vorzuziehen.

Diese Grundsätze zur Bestimmung eines Leistungsaustauschs dürfen nicht auf das Umsatzsteuerrecht übertragen werden. Dieses ist wegen seiner europarechtlichen Fundierung nicht an die Sichtweisen des deutschen Gesellschafts- und Ertragsteuerrechts gebunden. Auf der Basis der neueren EuGH-Rechtsprechung hat der V. Senat des BFH immer dann einen Leistungsaustausch i.S.d. Umsatzsteuerrechts angenommen, wenn sich eine Leistung und eine Gegenleistung identifizierbar gegenüberstehen, also auch dann, wenn ertragsteuerrechtlich von einem Beitrag gegen Vorabgewinn auszugehen ist (BFH vom 06.06.2002, BStBl II 2003, 36).

Nach Handels- und Ertragsteuerrecht jedenfalls lässt der Vorabgewinn für einen Beitrag den Jahresüberschuss in Handels- und Steuerbilanz der Gesellschaft unberührt, während das Leistungsentgelt für den Gesellschafter das Ergebnis auf der ersten Stufe der Gewinnermittlung mindert.

2.2.4.1.4 Ergänzungsbilanzen

LITERATURHINWEIS:
Ley, Ergänzungsbilanzen beim Erwerb von Personengesellschaftsanteilen, bei Einbringungen nach § 24 UmwStG und bei Übertragungen nach § 6 Abs. 5 Satz 3 EStG, KÖSDI 2001, 12982.

Ergänzungsbilanzen sind gesetzlich mehrfach erwähnt, aber weder definiert noch erläutert oder gar geregelt. Sie sind Wertkorrekturbilanzen, die im Interesse einer zutreffenden Besteuerung einzelner Gesellschafter erforderlich werden. Sie korrigieren die Wertansätze in der Steuerbilanz der PersGes für die Wirtschaftsgüter des Gesellschaftsvermögens. Sie enthalten alle notwendigen **individuellen Abweichungen** eines **Gesellschafters** von den Werten der **Gesamthandsbilanz**. Trotz des Dogmas von der Mitunternehmerschaft als »Gewinnermittlungssubjekt« gibt es zahlreiche in der Person des einzelnen Mitunternehmers liegende Normabweichungen, die in der Ergänzungsbilanz zu berücksichtigen sind. Dies können personenbezogene Steuervergünstigungen sein, die nur einem (nicht allen) Gesellschafter zu gewähren sind.

Der Hauptanwendungsfall für Ergänzungsbilanzen tritt bei der **Veräußerung einer Beteiligung** an einer PersGes ein: Der Kaufpreis stellt immer AK für den Erwerb einer Beteiligung an einer PersGes dar und wird im Zweifel höher als das entsprechende Kapitalkonto des veräußernden Alt-Gesellschafters ausfallen.

Damit unterscheiden sich Ergänzungsbilanzen deutlich von den ebenfalls für einzelne Gesellschafter geführten Sonderbilanzen. Sonderbilanzen erfassen WG, die nicht der Gesellschaft, sondern einzelnen Gesellschaftern gehören. Sie stellen Bestandskorrekturbilanzen dar. Ihre Auswertung erfolgt auf der zweiten Stufe der Gewinnermittlung nach § 15 Abs. 1 Satz 1 Nr. 2 HS 2 EStG.

Ergänzungsbilanzen weisen nur solche Wirtschaftsgüter aus, die als **Gesamthandsvermögen** grundsätzlich auch schon in der Gesamthandsbilanz (Handelsbilanz/Steuerbilanz) der Gesellschaft zu erfassen sind. Mit dem Abgang oder Verbrauch dieser WG sind die Korrekturen gewinnwirksam aufzulösen. Dabei sind grundsätzlich sowohl Aufstockungen in einer positiven Ergänzungsbilanz als auch Abstockungen in einer negativen Ergänzungsbilanz einzubeziehen. Auf diese Weise führen die Ergebnisse aus einer Ergänzungsbilanz bereits auf der ersten Stufe der Gewinnermittlung zur Korrektur des Gewinnanteils des Gesellschafters gem. § 15 Abs. 1 Satz 1 Nr. 2 HS 1 EStG (BFH vom 28 09.1995, BStBl II 1996, 68).

Die Unterscheidung zwischen Ergänzungs- und Sonderbilanz ist insbesondere für die Verlustausgleichs- und -abzugsbeschränkung des § 15a EStG von Bedeutung, die nur die erste Stufe der Gewinnermittlung erfasst. Kapitalkonten und Gewinne/Verluste aus **Ergänzungsbilanzen** sind bei der Anwendung des **§ 15a EStG** miteinzubeziehen. Kapitalkonten und Gewinne/Verluste aus Sonderbilanzen bleiben dagegen bei der Anwendung des § 15a EStG unberücksichtigt. Sonderverluste der Gesellschafter unterliegen im Gegensatz zu den Ergänzungsverlusten nicht der Ausgleichs- bzw. Abzugsbeschränkung des § 15a EStG.

Die besondere Schwierigkeit, Ergänzungsbilanzen rechtlich in den Griff zu bekommen, liegt u. a. darin begründet, dass sie aus unterschiedlichen Gründen erforderlich werden können. Einer dieser Gründe besteht darin, abweichende AK einzelner Gesellschafter zu reflektieren. In diesen Fällen kommt die Bruchteilsbetrachtung des § 39 Abs. 2 Nr. 2 AO zum Zuge.

Beispiel

A und B sind Kommanditisten der A & B GmbH & Co. KG. Die Komplementär-GmbH ist weder am Vermögen noch am Gewinn der KG beteiligt. A scheidet zum 01.01.2012 aus der KG aus. Er verkauft seinen KG-Anteil zu einem angemessenen Preis an X. Die nachfolgende Bilanz gibt die Verhältnisse unmittelbar vor dem Ausscheiden des A wieder.

Teilwerte	**A**	**Bilanz A & B GmbH & Co. KG 31.12.2011**			**P**
200.000 €	WG 1	100.000 €	Kapital A	100.000 €	(50 %)
300.000 €	WG 2	700.000 €	Kapital B	100.000 €	(50 %)
100.000 €	Geschäftswert	–	Verbindlichkeiten	100.000 €	
600.000 €		300.000 €		300.000 €	

a) Welche stillen Reserven enthält die GmbH & Co. KG?
b) Welchen Preis muss X zahlen?
c) Wie setzt sich der Preis zusammen?
d) Welchen Veräußerungsgewinn muss A versteuern?
e) Ist eine Ergänzungsbilanz für X zu erstellen und wie sieht diese aus?
f) Welchen Veräußerungsgewinn erzielt X, wenn er seine Beteiligung sofort für 250.000 € weiterveräußert?

Lösung

a) Die stillen Reserven der A & B GmbH & Co. KG betragen 300.000 €. In den WG 1, in den WG 2 und im Geschäftswert sind jeweils 100.000 € stille Reserven enthalten.

b X muss 250.000 € für den KG-Anteil zahlen. Er erwirbt 50% eines Unternehmens, das einen Wert von (600.000 € [Teilwerte der Aktiva]./. 100.000 € [Verbindlichkeiten] =) 500.000 € hat.

c) Der Preis setzt sich aus zwei Komponenten zusammen: 100.000 € (Buchwert des Kapitalkontos A) und 150.000 € (Zahlung auf stille Reserven im Anteil des A = 50% von 300.000 €).

d) A muss einen Veräußerungsgewinn von 150.000 € versteuern. Dem Veräußerungspreis von 250.000 € steht ein (bereits versteuerter) Buchwert des Kapitalkontos von 100.000 € gegenüber. Es kann hier dahinstehen, ob die Besteuerung nach §§ 16, 34 EStG begünstigt erfolgt.

e) Für X muss eine Ergänzungsbilanz erstellt werden. Durch das Ausscheiden des A und den Eintritt des X bleiben die AK der A & B GmbH & Co. KG unverändert. In der Gesamthandsbilanz der A & B GmbH & Co. KG ändert sich lediglich die Zuweisung des Kapitalkontos. Das bisher für A geführte Kapitalkonto wird nunmehr dem X zugewiesen.

Damit sich die AK des X – auch soweit sie über den Buchwert seines Kapitalkontos hinausgehen – z. B. im Wege der AfA als BA auswirken können, weist er seine zusätzlichen AK von 150.000 € in einer Ergänzungsbilanz aus:

A	Ergänzungsbilanz für X zum 01.01.2012		P
WG 1	50.000 €	Mehrkapital X	150.000 €
WG 2	50.000 €		
Geschäftswert (GW)	50.000 €		
	150.000 €		150.000 €

Die Ergänzungsbilanz enthält also nur die bisherigen **stillen Reserven** des A, die X mit der Zahlung des Preises aufgedeckt hat (1/2 von 300.000 € = 150.000 €). Zusätzlich übernimmt X den bisherigen Buchwert des Kapitalkontos des A in der Gesamthandsbilanz von 100.000 €. Der Gesamtbetrag von 250.000 € entspricht den AK, die X für die Wirtschaftsgüter der KG anteilig aus bereits versteuerten Mitteln aufbringen muss. Auf der Grundlage des § 39 Abs. 2 Nr. 2 AO (Bruchteilsbetrachtung) wird X so behandelt, als ob er nicht den Gesellschaftsanteil des A, sondern die anteiligen Wirtschaftsgüter der A & B GmbH & Co. KG erworben hätte.

f) Wenn X nun seinen KG-Anteil sofort für 250.000 € weiterveräußert, erzielt er zutreffend einen Veräußerungsgewinn von 0 €, denn dem Veräußerungspreis von 250.000 € steht der (bereits versteuerte) Buchwert der Kapitalkonten aus der Gesamthandsbilanz (100.000 €) und der Ergänzungsbilanz (150.000 €) gegenüber. Ohne den Ausweis des Mehrkapitals in der Ergänzungsbilanz hätte die zutreffende Besteuerung des X nicht hergestellt werden können.

Der Ausweis der stillen Reserven in der Ergänzungsbilanz kann allerdings auch auf andere Weise erreicht werden, nämlich durch eine Art **Bruttoausweis**, bei dem die vollständigen AK des X für die anteiligen WG (Aktivseite) und deren anteiligen Buchwerte (Passivseite) dargestellt werden.

A	Ergänzungsbilanz für X zum 01.01.2012		P
WG 1 (AK des X)	100.000 €	Mehrkapital X	150.000 €
WG 2 (AK des X)	150.000 €	WG 1 (1/2 BW)	50.000 €
Geschäftswert	50.000 €	WG 2 (1/2 BW)	100.000 €
	300.000 €		300.000 €

Diese Art der Darstellung ist zu empfehlen, wenn die Abschreibung in der Handelsbilanz/Steuerbilanz der Gesellschaft wegen der gebotenen Bruchteilsbetrachtung nach anderen Berechnungsfaktoren erfolgt als dies für den Gesellschafter unter Berücksichtigung seiner AfA-Bemessungsgrundlage und seines AfA-Satzes maßgeblich ist. Solche Fälle treten insbes. bei Gebäuden, vor allem im Zusammenhang mit § 7 Abs. 5 und Abs. 4 Satz 1 Nr. 1 EStG oder mit Sonderabschreibungen auf.

Wenn das WG 1 aus dem Beispielsfall z. B. ein Gebäude ist, das die Gesellschaft für umgerechnet 130.000 € erworben hat und von dieser nach § 7 Abs. 4 Satz 1 Nr. 1 EStG noch mit 4% abgeschrieben werden kann, vom Gesellschafter wegen seines späteren Eintrittsdatums aber nur mit 3% auf seine AK von 100.000 € für das anteilige Gebäude abgeschrieben werden kann, dann ist die Ergänzungsbilanz wie folgt fortzuschreiben:

A	Ergänzungsbilanz für X zum 01.01.2012		P
WG 1 (Gebäude)	97.000 €	Mehrkapital X	146.297 €
WG 2 (Grund und Boden)	150.000 €	WG 1 (1/2 BW Gebäude)	47.400 €
Geschäftswert	46.667 €	WG 2 (1/2 Grund und Boden)	100.000 €
	293.667 €		293.667 €

Damit ergibt sich aus der Ergänzungsbilanz ein Verlust des X von 3.733 €, der sich aus der AfA des Geschäftswerts gem. § 7 Abs. 1 Satz 3 EStG (3.333 €) und seiner 3% AfA auf seinen Gebäudeteil (3.000 €) abzüglich der Rückabwicklung seiner anteiligen Gebäude-AfA in Handelsbilanz/Steuerbilanz (2.600 €) zusammensetzt.

Es ist aber immer wieder darauf hinzuweisen, dass nicht alle Ergänzungsbilanzen auf den gleichen Prinzipien beruhen. Der Leitgedanke, nämlich eine zutreffende Besteuerung der Gesellschafter herzustellen, ist allen Ergänzungsbilanzen gemeinsam, aber die Gründe, die eine zutreffende Besteuerung gefährden, sind unterschiedlich. Das gilt beispielsweise für Ergänzungsbilanzen auf der Grundlage des § 24 Abs. 2 Satz 1 UmwStG oder des § 6 Abs. 5 Satz 4 HS 1 EStG. Insbesondere die in der letztgenannten Vorschrift erwähnten Ergänzungsbilanzen beruhen nicht auf der Bruchteilsbetrachtung und wollen nicht die zutreffenden AK des Gesellschafters ausweisen. Sie wollen vielmehr i.R.d. Buchwertfortführung eine zutreffende persönliche Zuordnung nicht aufgedeckter stiller Reserven ermöglichen. Für Argumente der Bruchteilsbetrachtung sowie für einen Bruttoausweis in der Ergänzungsbilanz und die damit bezweckten anteiligen Korrekturen der in der Gesamthandsbilanz vorgenommenen Abschreibungen ist hier kein Raum.

2.2.4.2 Gewinnermittlung der GmbH & Co. KG (Stufe 2)

Die Prinzipien der Gewinnermittlung auf der Stufe zwei hat der Gesetzgeber nur sehr zaghaft angedeutet. Die Vergütungen, die der Gesellschafter für bestimmte Leistungen an die Gesellschaft bezogen hat, sind den gewerblichen Einkünften aus der Mitunternehmerschaft hinzuzurechnen. Dabei geht es ausschließlich um solche Vergütungen, die dem Gesellschafter aufgrund eines besonderen **Leistungsaustauschs** mit der Gesellschaft außerhalb der gesellschaftsrechtlichen Leistungsvereinigung zustehen. Entgelte an den Gesellschafter, die die Gesellschaft in ihrer Buchführung deshalb zutreffend als Aufwand abgezogen hat, sollen auf der zweiten Stufe der Gewinnermittlung wieder hinzugerechnet werden. Nach Auffassung des deutschen Gesetzgebers sind auch diese Vergütungen Ausfluss der gewerblichen Betätigung des Gesellschafters.

Daran knüpft sich sogleich die Frage, wie dieser Gewinn der zweiten Stufe denn nun zu ermitteln ist. In der Handels- und Steuerbilanz der Gesellschaft wird die Vergütung nur als Aufwand behandelt. Für die Tätigkeit, die zur Vergütung führt, verlangt das Handelsrecht i.d.R. keine Bilanzierung.

Die steuerrechtliche Buchführungspflicht der GmbH & Co. KG erstreckt sich dagegen auch auf das SBV ihrer Gesellschafter. Aufgrund der handelsrechtlichen Buchführungsverpflichtung bezüglich des Gesamthandsvermögens ist die GmbH & Co. KG gem. § 5 Abs. 1 Satz 1 EStG verpflichtet, **für ihren gesamten Betrieb**, einschließlich der Gewinnermittlungsstufe 2, Bücher zu führen und Abschlüsse zu machen (BFH vom 23.10.1990, BStBl II 1991, 401 zur entsprechenden Problematik bei Buchführung gem. § 141 AO). Zum Betrieb der GmbH & Co. KG gehört ihr gesamtes steuerliches Betriebsvermögen, also auch das SBV ihrer Gesellschafter.

Das bedeutet weit mehr als die Hinzurechnung der Vergütungen nach bilanziellen Grundsätzen. Zusätzlich zu den Gesamthandsbilanzen (Handelsbilanz/Steuerbilanz) sind auch **Sonderbilanzen** aufzustellen. Darin sind die WG zu erfassen, die einzelnen Gesellschaftern gehören, aber mit der Gesellschaft in Zusammenhang stehen.

Daraus lässt sich weiter folgern, dass Vermögensmehrungen im Zusammenhang mit den WG des SBV über die vom Gesetz angesprochenen Vergütungen hinaus zu **Sonderbetriebseinnahmen** führen. Umgekehrt müssen Vermögensminderungen im Zusammenhang mit diesen Wirtschaftsgütern **Sonderbetriebsausgaben** darstellen, auch wenn diese in § 15 Abs. 1 Satz 1 Nr. 2 Satz 1 HS 2 EStG nicht einmal erwähnt sind.

Auf der zweiten Stufe der Gewinnermittlung sind die Vergütungen, die der Gesellschafter für seine Leistungen erhält, gewinnerhöhend zu erfassen. Dies geschieht nach dem Grundsatz der **korrespondierenden Bilanzierung** grundsätzlich zeitgleich und betragsgleich mit der Gewinnminderung, die durch den Abzug dieser Aufwendungen auf der ersten Stufe der Gewinnermittlung entstanden ist (BFH vom 16.12.1992, BStBl II 1993, 792).

Ein Vorabgewinn, der auf der ersten Stufe der Gewinnermittlung den Gewinn der GmbH & Co. KG nicht mindert, wird dagegen in der Sonderbilanz bzw. in der Sonder-GuV-Rechnung nicht ausgewiesen. Deshalb kommt es, selbst wenn in der diffizilen Unterscheidung zwischen Beitrag und Leistung ein Irrtum unterlaufen ist, im Regelfall doch für alle Beteiligten zum gleichen Gesamtergebnis.

2.2.4.2.1 Tätigkeitsvergütung, Pensionszusage und Haftungsprämie

LITERATURHINWEIS:
Jachmann, Sondervergütungen i.S.v. § 15 Abs. 1 Satz 1 Nr. 2 EStG für Leistungen im Dienste der Gesellschaft, DStR 2005, 2019.

Die Honorierung der von der Komplementär-GmbH übernommenen unbeschränkten **Haftung** sowie der **Geschäftsführungs**- und Vertretungstätigkeit wirft in der GmbH & Co. KG stets schwierige Abgrenzungsfragen auf.

Dabei werden **Dienstleistungsentgelte** – ohne Beeinflussung des Kapitalkontos – als schuldrechtlich vereinbarte Tätigkeitsvergütungen behandelt, die bei der PersGes zu betrieblich veranlasstem Aufwand und beim Gesellschafter zu **Sonderbetriebseinnahmen** führen.

Sonder-Betriebseinnahmen liegen vor bei

a) Vereinbarungen in einem besonderen Dienstvertrag
oder
b) Regelungen im Gesellschaftsvertrag, wenn die Vergütung handelsrechtlich als Kosten zu behandeln und auch dann zu zahlen ist, wenn kein Gewinn erwirtschaftet wird.

Hat der Kommanditist hingegen Anspruch auf die Berücksichtigung der Tätigkeitsvergütung als Gewinnvorab, so beeinflusst dies lediglich den ihm zuzurechnenden Ergebnisanteil in Form eines höheren Gewinnanteils oder eines geringeren – und ggf. nur nach § 15a EStG zu berücksichtigenden – Verlustanteils.

Ein Gewinnvorab liegt vor, wenn die Tätigkeitsvergütungen

a) handelsrechtlich nicht als Kosten zu behandeln sind und
b) nur bei Erwirtschaftung eines ausreichenden Gewinnes gezahlt werden.

Wenn der **Kommanditist die Geschäfte der Komplementär-GmbH führt**, wie dies in der typischen GmbH & Co. KG regelmäßig zu beobachten ist, dann stehen grundsätzlich zwei Modelle zur Auswahl:

Modell 1: Die GmbH leistet einen **Gesellschafterbeitrag** gem. §§ 705, 706 BGB mit folgenden Wirkungen:

- Auf der Ebene der GmbH & Co. KG entsteht **kein Aufwand**.
- Entsprechend erhält die GmbH ihre Haftungsprämie und die Honorierung der Geschäftsführertätigkeit als **Gewinnvorab** (Stufe 1), nicht etwa als Sonderbetriebseinnahmen.
- Das Geschäftsführergehalt, das die Komplementär-GmbH ihrem Geschäftsführer entrichten muss, ist einschließlich der Nebenkosten **Sonderbetriebsausgabe der GmbH**, soweit sie keinen eigenen Geschäftsbetrieb unterhält.
- Sofern der GmbH-Geschäftsführer zugleich Kommanditist der GmbH & Co. KG ist, wird er mittelbar auch im Dienste seiner PersGes tätig; soweit die GmbH keinen eigenen Geschäftsbetrieb unterhält, ist das Gehalt einschließlich aller Nebenkosten **Sonderbetriebseinnahme des Kommanditisten**.

Modell 2: Die GmbH leistet im Rahmen eines Leistungsaustauschs gegen Entgelt mit folgenden Wirkungen:

- Auf der Ebene der GmbH & Co. KG (Stufe 1) entsteht **Aufwand**.

- Entsprechend erhält die GmbH ihre Haftungsprämie und die Honorierung der Geschäftsführertätigkeit als **Sondervergütung** (Stufe 2), nicht etwa als Vorabgewinn.
- Das Geschäftsführergehalt, das die Komplementär-GmbH ihrem Geschäftsführer entrichten muss, bleibt **Sonderbetriebsausgabe der GmbH**.
- Das Geschäftsführergehalt bleibt **Sonderbetriebseinnahme des Kommanditisten**.

Beispiel 1

Gesellschafterbeitrag der Komplementär-GmbH

Gesellschafter der X&Y-GmbH & Co. KG sind die XY-GmbH (Komplementärin) sowie X und Y (Kommanditisten). X und Y sind mit je 1/2 auch an der GmbH beteiligt. Alleingeschäftsführer der GmbH ist X, der von der GmbH ein Geschäftsführergehalt von 100 T€ bezieht. Die GmbH erhält vorab einen vollen Ersatz ihrer Geschäftsführungsaufwendungen (100 T€) sowie eine angemessene Prämie zur Abgeltung ihres erhöhten Haftungsrisikos (10 T€). Nach dem Gesellschaftsvertrag der KG werden diese Zahlungen an die GmbH ausdrücklich nicht als BA, sondern als Vorabgewinn behandelt. Der verbleibende Gewinn soll je zur Hälfte auf X und Y entfallen. Die KG erzielt einen Jahresüberschuss von 310 T€.

Lösung

Die nicht über GuV gebuchten Gesellschaftsvergütungen sind Teil der Gewinnverteilungsabrede; sie betreffen folglich »nur« die Gewinnverteilung und dürfen weder die handelsrechtliche noch die steuerrechtliche Gewinnermittlung beeinflussen (BFH vom 13.07.1993, BStBl II 1994, 282). Da die GmbH die Geschäftsführervergütung allerdings auch bekommt, wenn die KG Verluste erleidet, ist umsatzsteuerrechtlich ein Leistungsaustausch anzunehmen. Ertragsteuerrechtlich liegt dagegen kein Leistungsaustausch vor, weil der Abzug als BA im Gesellschaftsvertrag ausgeschlossen wurde.

Der Jahresüberschuss der KG von 310 T€ stellt zugleich den Steuerbilanzgewinn der 1. Stufe dar (i.S.d. § 15 Abs. 1 Satz 1 Nr. 2 Satz 1 HS 1 EStG). In der 2. Stufe bleiben aber die von der GmbH getätigten Sonderbetriebsausgaben (Gehalt X) zu erfassen. Auch das Gehalt des Kommanditisten X stellt eine Sonderbetriebseinnahme gem. § 15 Abs. 1 Satz 1 Nr. 2 Satz 1 HS 2 EStG dar.

1. Additive Gewinnermittlung der GmbH & Co. KG (Beträge in T€)

Jahresüberschuss GmbH & Co. KG	310
./. Sonderbetriebsausgaben GmbH (Gehalt an X)	./. 100
+ Sonderbetriebseinnahme X (Gehalt)	100
gesondert und einheitlich festzustellender Gewinn (§ 180 Abs. 1 Nr. 2a AO)	310

2. Gewinnverteilung (Beträge in T€)

	Vorspalte	KG	X	Y	GmbH
Gesamtgewinn	310	310			
Sonderbetriebsausgaben (Gehalt an X)	+ 100				GmbH ./. 100
Sonderbetriebseinnahmen (Gehalt)	./. 100	100			X
Steuerbilanzgewinn	310				
a) vorab:	./. 110				110
b) Restgewinn	200				
Verteilung (50 : 50 : 0)	./. 200		100	100	
Gesamtgewinn/-anteile	0	310	200	100	10

Beispiel 2

Entgeltliche Leistungen der Komplementär-GmbH

Wie im Beispiel zuvor sind die XY-GmbH (Komplementärin) sowie X und Y (Kommanditisten) Gesellschafter der X&Y-GmbH & Co. KG. X und Y sind wieder mit je 1/2 auch an der GmbH beteiligt. Alleingeschäftsführer der GmbH ist X, der von der GmbH ein Geschäftsführergehalt von 100 T€ bezieht. Die GmbH erhält einen vollen Ersatz ihrer Geschäftsführungsaufwendungen (100 T€) sowie eine angemessene Prämie zur Abgeltung ihres erhöhten Haftungsrisikos (10 T€). Nach dem Gesellschaftsvertrag der KG werden die Zahlungen an die GmbH aber diesmal als BA behandelt. Der verbleibende Jahresüberschuss beträgt folglich nur 200 T€. Er soll je zur Hälfte auf X und Y entfallen.

Lösung

Die über GuV gebuchten Gesellschaftervergütungen sind im Rahmen eines Leistungsaustauschs zwischen der GmbH & Co. KG und ihrer Komplementärin angefallen, weil die Leistungsvergütungen auch im Verlustfall zu erbringen ist und der Abzug als BA vereinbart wurde (BFH vom 13.10.1998, BStBl II 1999, 284). Umsatzsteuerrechtlich wäre hier ebenfalls Leistungsaustausch anzunehmen, weil die GmbH gewinnunabhängige Vergütungen erhält. Im Bezugsrahmen des § 15 Abs. 1 Satz 1 Nr. 2 EStG wirken sich die Vergütungen wie folgt aus:

1. Additive Gewinnermittlung der GmbH & Co. KG (Beträge in T€)

Jahresüberschuss GmbH & Co. KG	200
+ Sonderbetriebseinnahmen GmbH (Aufwendungsersatz)	100
+ Sonderbetriebseinnahmen GmbH (Haftungsvergütung)	10
./. Sonderbetriebsausgaben GmbH (Gehalt an X)	./. 100
+ Sonderbetriebseinnahmen X (Gehalt)	100
gesondert und einheitlich festzustellender Gewinn (§ 180 Abs. 1 Nr. 2a AO)	310

2. Gewinnverteilung (Beträge in T€)

	Vorspalte	KG	X	Y	GmbH
Gesamtgewinn	310	310			
Sonderbetriebseinnahmen GmbH (Aufwendungsersatz)	./. 100				100
Sonderbetriebseinnahmen GmbH (Haftung)	./. 10				10
Sonderbetriebsausgaben GmbH (Gehalt an X)	+ 100				./. 100
Sonderbetriebseinnahmen X (Gehalt)	./. 100	100			
Steuerbilanzgewinn	200				
a) vorab:	–				
b) Restgewinn	200				
Verteilung (50 : 50 : 0)	./. 200	100	100		
Gesamtgewinn/-anteile	0	310	200	100	10

Hinweis

Sondervergütungen setzen nach dem Urteil des BFH vom 24.01.2008 (BStBl II 2008, 428) allerdings eine (Vor-)Leistung des Gesellschafters voraus, die abgegolten wurde. Fehlt es hingegen an einer Gegenleistung für die kaufmännische oder technische Geschäftsführung, so liegt in der Bezahlung des Gesellschafters eine Entnahme vor. Im vorliegenden Fall sollte der Gesellschafter an noch nicht realisierten Gewinnen der PersGes beteiligt werden.

Die beiden Beispiele zeigen auf, dass es im Regelfall trotz völlig unterschiedlicher Ermittlungstechnik und Begründung letztlich doch zum gleichen Ergebnis kommt. Es gibt aber durchaus Fälle, in denen die Unterscheidung auch für das Ergebnis relevant wird.

- **§ 15a EStG** beispielsweise zwingt zur methodischen Sauberkeit, weil weder die Kapitalkonten noch die Ergebnisse der Sonderbilanz von seinem Anwendungsbereich erfasst werden (BMF vom 15.12.1993, BStBl I 1993, 976; BFH vom 14.05.1991, BStBl II 1992, 167).
- Unterschiede ergeben sich auch dann, wenn ausnahmsweise der Grundsatz einer **korrespondierenden Bilanzierung** von Vergütungen in der Steuerbilanz der Gesellschaft einerseits und der Sonderbilanz des Gesellschafters andererseits **durchbrochen** wird. Wenn nämlich die Leistung des Gesellschafters bei der Gesellschaft zur Herstellung eines WG dient, dann kann die Gesellschaft keinen sofortigen Abzug als BA vornehmen, während der leistende Gesellschafter seine Sondervergütung sofort versteuern muss (BFH vom 11.12.1986, BStBl II 1987, 553).
- Es ist derzeit noch ungeklärt, welche Auswirkungen sich im **Teileinkünfteverfahren** ergeben, wenn die GmbH & Co. KG Anteile an KapGes im Gesamthandsvermögen hält. Falls die GmbH & Co. KG in solchen Fällen Leistungsvergütungen an die Komplementär-GmbH als BA behandelt, entfällt dieser Aufwand anteilig auch auf die gehaltenen Beteiligungen. Für diesen Anteil gestattet § 3c Abs. 2 Satz 1 EStG den Abzug nur anteilig, soweit der KG-Gewinn natürlichen Personen (zu 60%) zuzurechnen ist. Solche Konsequenzen werden bei einer gewerblich tätigen GmbH & Co. KG aber noch nicht gezogen. Für die Komplementär-GmbH stellt sich im Falle des Vorabgewinns die Frage, ob ein Teil davon einen Dividendenanteil enthält, der gem. § 8b KStG steuerbefreit ist.

Tipp

Der Beitrag gegen Vorabgewinn zeigt in diesen Fällen regelmäßig günstigere Steuerwirkungen als der Leistungsaustausch gegen Entgelt. Im Insolvenzfall der GmbH & Co. KG erweist sich dagegen aus zivilrechtlichen Gründen ein Leistungsaustausch für die Gesellschafter (Gläubiger) als günstiger.

Erhält der Geschäftsführer der GmbH, der zugleich auch Kommanditist der KG ist und deren Geschäfte führt, von der GmbH eine **Pensionszusage**, ist für Neuzusagen ab dem 01.01.1987 in der Handelsbilanz der GmbH eine Pensionsrückstellung zu bilden; Gleiches gilt unter den Voraussetzungen des § 6a EStG auch für die Steuerbilanz, allerdings evtl. mit geringerem Wertansatz. Für Altzusagen gilt ein Passivierungswahlrecht.

Die Pensionszusage gehört zu der Vergütung, die der Geschäftsführer für seine Tätigkeit im Dienste der GmbH & Co. KG bezieht. Deshalb ist der Aufwand, der sich durch die Einstellung in die Rückstellung ergibt, als Sonder-BA der GmbH zu erfassen. Wegen des Gebots korrespondierender Bilanzierung muss nach der h.M. zugleich ein identischer Pensionsanspruch in der Sonderbilanz des Kommanditisten-Geschäftsführers oder in den Sonderbilanzen aller Kommanditisten gewinnwirksam aktiviert werden (BFH vom 16.12.1992, BStBl II 1993, 792). Die Pensionsrückstellung nimmt deshalb keinen Einfluss auf den steuerlichen Gesamtgewinn der GmbH & Co. KG.

Wenn die GmbH ihre Aufwendungen für die Pensionsrückstellung aus einem entsprechend dotierten Vorabgewinn speist, dann entsteht der GmbH & Co. KG kein Aufwand (BFH vom 16.12.1992, BStBl II 1993, 792). Soweit die GmbH dagegen ihre Geschäftsführertätigkeit für die GmbH & Co. KG im Rahmen eines Leistungsaustausches erbringt und die GmbH & Co. KG die Aufwendungen für die Pensionsrückstellung zu Lasten ihres Gewinns erstattet, bildet sie ebenfalls eine Pensionsrückstellung und zwar zeit- und betragsgleich mit der GmbH (BFH vom 07.02.2002, BStBl II 2005, 88 [im Falle eines Fremdgeschäftsführers]). Dies führt zu einem Aufwand der GmbH & Co. KG und zu einer korrespondierenden Sonderbetriebseinnahme der GmbH. Auch in diesem Fall neutralisiert sich die Pensionszusage für den steuerlichen Gesamtgewinn der GmbH & Co. KG.

Auch wenn die Neutralität der Pensionsrückstellung auf den steuerlichen Gesamtgewinn immer wieder betont wird, so nimmt sie doch erheblichen Einfluss auf die **Verteilung** innerhalb der Gesellschaft und damit auf die Besteuerung der Gesellschafter. Es ist derzeit noch nicht abschließend geklärt, ob eine Aktivierung allein in der Sonderbilanz des »begünstigten« Gesellschafters oder in den Sonderbilanzen aller Kommanditisten erfolgt (ausdrücklich offen gelassen in BFH vom 16.12.1992, BStBl II 1993, 792 und BFH vom 02.12.1997, GmbHR 1998, 533).

Im BMF-Schreiben vom 29.01.2008 (BStBl I 2008, 317) schließt sich die Finanzverwaltung unzweideutig der Rspr. an und betont dabei, dass die **aktivische Korrektur nur beim begünstigten Gesellschafter** stattfindet (ebenso BFH vom 05.05.2010, BStBl II 2010, 923, zwar zu § 13a ErbStG, aber mit unmittelbarer Geltung für § 15 Abs. 1 Nr. 2 EStG).

Folgt man der h.M, die den Sonderaufwand der GmbH durch eine Sonderbetriebseinnahme **allein beim begünstigten Gesellschafter** neutralisiert, so führt dies zu einer **vorgelagerten Besteuerung** seiner Alterseinkünfte. Die Sonder-BA muss er in vollem Umfang sofort und allein versteuern. Die Entlastung durch einen geminderten Gewinnanteil aus der GmbH & Co. KG wirkt für ihn dagegen nur anteilig. Das gilt unabhängig davon, ob die GmbH ihre Aufwendungen durch Vorabgewinn oder durch Leistungsentgelt finanziert, weil sich in beiden Fällen der quotal zu verteilende Restgewinn gleichermaßen mindert. Der »begünstigte« Gesellschafter muss den in seiner Sonderbilanz aktivierten ungewissen Pensionsanspruch selbst dann als Sonder-BA versteuern, wenn die GmbH & Co. KG nur Verluste erwirtschaftet, sogar wenn sein Verlustanteil nach § 15a EStG vom Verlustausgleich und -abzug ausgeschlossen ist.

Gravierende Folgen für alle Gesellschafter treten auf, wenn zunächst nach der Mindermeinung (**alle** Gesellschafter versteuern anteilige Sonderbetriebseinnahmen) verfahren wurde und später auf das Verfahren nach der h.M. **umgestellt** wird. Die aktivierten Positionen in den Sonderbilanzen der nicht begünstigten Gesellschafter sind auf einen Schlag gewinnwirksam aufzulösen, führen also zu einem geballten Sonderverlust aus mehreren Jahren. Umgekehrt hat der »begünstigte« Gesellschafter seine Sonderbilanz gewinnwirksam aufzustocken, also einen nicht durch Liquidität gedeckten Gewinn vieler Jahre sofort zu versteuern. Es gibt gegenwärtig Hinweise, dass die FinVerw eine derartige Umstellung beabsichtigt. Übergangs- und Billigkeitsregelungen – Verteilung des Gewinns auf zehn Jahre – sind grundsätzlich geplant.

Eine **Rückdeckungsversicherung** für Mitunternehmer unterliegt nicht den allgemeinen Grundsätzen (dazu: BFH vom 25.02.2004, BStBl II 2004, 654). Stattdessen gehört der Versicherungsanspruch zum steuerlichen Privatvermögen der PersGes (BFH vom 28.06.2001, BStBl II 2002, 724). Die Beitragszahlungen der GmbH & Co. KG sind Entnahmen aller Gesellschafter. Entsprechend sind spätere Leistungen der Rückdeckungsversicherung steuerfrei.

Spätere **Pensionszahlungen** der GmbH an den ausgeschiedenen Mitunternehmer führen zu Sonderbetriebsausgaben der GmbH und zu nachträglichen Sonderbetriebseinnahmen des Gesellschafters gem. § 15 Abs. 1 Satz 2 i.V.m. § 24 Nr. 2 EStG. Korrespondierend mindern sich die Pensionsrückstellung der GmbH und der Pensionsanspruch, der in der fortgeführten Sonderbilanz des ausgeschiedenen Gesellschafters erfasst ist. Der ausgeschiedene Gesellschafter nimmt also weiterhin am Verfahren der gesonderten und einheitlichen Feststellung teil. Hierfür kann eine besondere gesonderte Feststellung beantragt werden.

2.2.4.2.2 Sonderbetriebsvermögen

Allen WG des SBV ist gemeinsam, dass sie im Eigentum einzelner Mitunternehmer stehen. Anderenfalls wären sie entweder als Gesellschaftsvermögen in der Gesamthandsbilanz (Handelsbilanz/Steuerbilanz) der Gesellschaft oder aber als Fremdvermögen gar nicht auszuweisen. Zum notwendigen SBV werden diese WG einzelner Gesellschafter aber erst dadurch, dass sie in einem besonderen Zusammenhang mit der GmbH & Co. KG stehen, der sie zum BV der PersGes qualifiziert. Dieser Zusammenhang kann **auf zweierlei Weise** hergestellt werden. WG des SBV I dienen der KG unmittelbar für deren betriebliche Zwecke. Wirtschaftsgüter des SBV II dienen unmittelbar zur Begründung oder Stärkung der Beteiligung an der PersGes. Daneben kann es auch gewillkürtes BV geben.

Bedingt durch zahlreiche BFH-Entscheidungen, die von der Verwaltung punktuell übernommen wurden (R 4.2 Abs. 2 EStR 2008, H 5.1 und H 15.8 Abs. 4 EStH 2010), hat sich folgende Klassifizierung des SBV durchgesetzt.

SBV I		**SBV II**	
»WG, deren **Nutzung** betrieblichen Zwecken der **Mitunternehmerschaft** zugutekommt«		»WG im Zusammenhang mit der **Beteiligung** des Gesellschafters«	
notwendiges SBV I	**gewillkürtes** SBV I	**notwendiges** SBV II	**gewillkürtes** SBV II
»unmittelbare Nutzung für Mitunternehmerschaft«	objektiv geeignet und subjektiv für die Mitunternehmerschaft bestimmt	unmittelbarer Zusammenhang mit der Beteiligung	objektiv geeignet und subjektiv für die Beteiligung bestimmt

Zur Komplettierung der Übersicht wird hinzugefügt, dass in beiden Kategorien aktive wie passive WG vertreten sind.

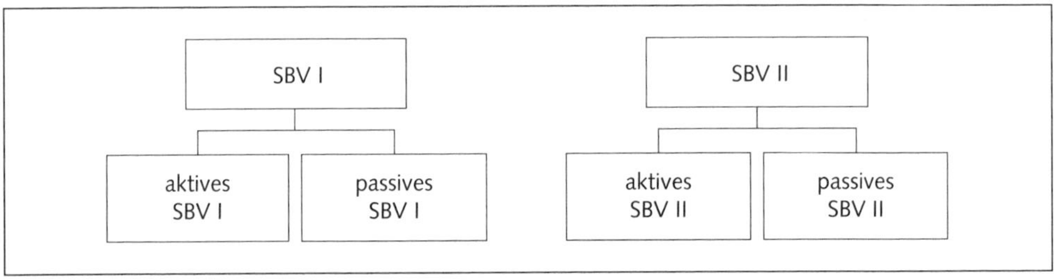

Abbildung 17: Aktives/passives SBV I und II

Hinweis

Die Trennung in die Kategorien SBV I und SBV II wird in der Praxis häufig unterlassen, hat aber enorme Bedeutung für das Verständnis der isolierten Buchungskreise und ist dringend zu empfehlen.

Hauptsächlich für vier Bereiche sind die Unterschiede praxisrelevant:
1. für die Frage der Bilanzierungskonkurrenz (s. **nächstes Beispiel**),
2. für das **gewillkürte** BV (hängt kraft Definition von der Vorfrage ab),
3. für die Frage der **wesentlichen Betriebsgrundlage** (immer das notwendige SBV I; meist das notw. SBV II) und
4. für die korrespondierende Bilanzierung mit der Hauptbilanz (nur im Verhältnis **SBV I zur Gesamthandsbilanz).**

Beispiel (zur Bilanzkonkurrenz)

K, der als Einzelunternehmer eine Kfz-Vertragswerkstatt betreibt, ist zusätzlich als Kommanditist an der Y-KG (Geschäftszweig: Taxigewerbe) beteiligt. K schließt mit der Y-KG einen Jahresmietvertrag über einen Mercedes 220 CDI, den er bis vor kurzem als Firmenwagen gefahren hat und nach Ablauf des Mietvertrags wieder entsprechend nutzen möchte. Ist die AfA für den Mercedes als BA bei der Vertragswerkstatt oder als Sonder-BA bei der Y-KG zu erfassen?

Danach kommt § 15 Abs. 1 Nr. 2, HS 2 EStG nicht nur der Charakter einer Qualifikationsnorm zu (aus Überschusseinkünften werden gewerbliche Einkünfte). Vielmehr hat diese Norm auch eine **Zuordnungsfunktion** dergestalt, dass WG im Doppel-Einsatz im Zweifel der Mitunternehmerschaft zugewiesen werden. Die AfA, aber auch die Mieterträge sind im Sonder-BV des K und nicht in dessen Einzelbetrieb zu erfassen. Die steuerliche Übertragung des PKW aus dem BV des Einzelunternehmens in das SBV der KG erfolgt nach den Regelungen des § 6 Abs. 5 Satz 2 EStG zum Buchwert. Mangels Rechtsträgerwechsel entstehen in der Handelsbilanz keine neuen AK für die Beteiligung. Wird hingegen die Stellung als Mitunternehmer aufgegeben (z. B. durch Veräußerung des Anteils) und dabei das WG jedoch zurückbehalten, ist das WG wieder in der Bilanz des Einzelunternehmens zu erfassen (s. BFH vom 06.03.2002, BStBl II 2002, 737).

Lösung

Entgegen der ursprünglichen Verwaltungsauffassung (so noch der Mitunternehmer-Erlass 1977: sog. »Subsidiaritätsthese«) hat heute bei der Bilanzierungskonkurrenz von Sonderbetrieb und Eigenbetrieb **§ 15 Abs. 1 Nr. 2 EStG Vorrang** vor der Erfassung im Einzelunternehmen (s. aber unten Hinweise).
Von diesem Vorrang wird nur bei Leistungen i.R.d. **laufenden Geschäftsverkehrs eine Ausnahme** gemacht, wenn ein zufälliges Zusammentreffen stattfindet. Diese aus § 97 Abs. 1 Nr. 5 Satz 2 HS 2 BewG abgeleitete Auffassung, wonach bewertungsrechtlich gegenseitige Forderungen aus dem regelmäßigen Geschäftsverkehr zwischen Gesellschafter und PersGes nicht anzusetzen sind, wird durch den BFH vom 26.03.1987 (BStBl II 1987, 564) auf das Ertragsteuerrecht übertragen.

Handelt es sich bei der das WG überlassenden Person wiederum um eine (Schwester-)PersGes, so kommen die besonderen Grundsätze der mitunternehmerischen Betriebsaufspaltung zum Tragen (s. BMF vom 28.04.1998, BStBlI 1998, 583). Demnach haben die Grundsätze der Betriebsaufspaltung und die Behandlung als eigenes BV der vermietenden PersGes in Fällen einer entgeltlichen Nutzungsüberlassung Vorrang vor der Anwendung des § 15 Abs. 1 Satz 1 Nr.2 Satz 1 HS 2 EStG.

Hinweise

1) Für den Spezialfall einer Betriebsaufspaltung (das Grundstück des Gesellschafters der Besitzgesellschaft war für die Betriebs-GmbH geeignet) hat der BFH im Urteil vom 17.12.2008 (BStBl II 2009, 371) jedoch entschieden, dass es für die Gesellschafter neben dem gesellschaftsrechtlichen Interessensbereich noch einen **gleichrangigen** privaten (besser: außerbetrieblichen) Bereich gäbe. Jedoch vermag man in dem Urteil noch keinen Rekurs zur (alten) Verwaltungsauffassung zu erkennen, da es sich (wohl) um ein gewillkürtes Sonder-BV (nur »geeignetes Grundstück«) handelte und es letztlich um die allgemeine Frage des Ausweises von gewillkürtem BV ging.
2) Für den Fall einer **teilentgeltlichen** Übertragung eines WG des SBV in das Gesamthandsvermögen entschied der BFH am 19.09.2012 (BFH/NV 2012, 1880), dass diese Übertragung dann nicht zu einer Gewinnrealisation führt, wenn das Entgelt den Buchwert nicht übersteigt (red. Anm.: der Verkehrswert war ungleich höher als das Teilentgelt).

2.2.4.2.2.1 Sonderbetriebsvermögen I

Zum **SBV I** gehört beispielsweise ein **Grundstück**, das der Kommanditist der GmbH & Co. KG zur betrieblichen Nutzung überlässt. Wenn dies aufgrund eines Mietvertrags geschieht, dann stellen die angefallenen Mieten auf der ersten Stufe der Gewinnermittlung BA der KG dar. Auf der Stufe zwei der Gewinnermittlung sind die Mietzahlungen zusätzlich als Sondervergütungen zu erfassen und zwar nach dem Grundsatz korrespondierender Bilanzierung zeit- und betragsgleich mit den BA der Gesellschaft. Zusätzlich stellen alle Grundstücksaufwendungen – einschließlich Zinsen und Gebäude-AfA – Sonder-BA dar. Diese sind bilanziell zu ermitteln, zeitlich also nach dem Aufwands- und Ertragsprinzip des § 255 Abs. 1 Nr. 5 HGB zu erfassen. Der Kredit zur Grundstücksfinanzierung stellt negatives SBV I dar, weil er der Finanzierung eines Gegenstands des SBV I dient.

Der Gesellschafter muss seiner PersGes das ihm gehörige Grundstück aber nicht zwingend vermieten. Er kann es ihr auch im Wege des Beitrags auf gesellschaftsrechtlicher Grundlage gegen Gewährung eines Vorabgewinns zur Nutzung überlassen. Auch dann gehört das Grundstück, das dem Gesellschafter und nicht der Gesellschaft gehört, zum SBV I, weil es den betrieblichen Zwecken der Gesellschaft dient. Miete fällt in diesem Falle nicht an. Die Gesellschaft hat keine BA; der Gesellschafter erhält keine Sondervergütung. Stattdessen erhöhen sich auf der ersten Stufe der Gewinnermittlung der Gewinn der PersGes und der Gewinnanteil des überlassenden Gesellschafters. Aber die Grundstücksaufwendungen, die der Gesellschafter zu leisten hat, bleiben unverändert Sonder-BA, weil sie mit dem WG des SBV zusammenhängen.

Zum SBV I rechnet ebenso ein **Kredit**, den der Kommanditist der GmbH & Co. KG eingeräumt hat. Die Kreditzinsen können – je nach Vereinbarung – Vorabgewinn oder Leistungsvergütung darstellen. Verzichtet der Gesellschafter aus Gründen, die im Gesellschaftsverhältnis liegen, auf seine Forderung, dann liegt ein Vermögenstransfer aus dem SBV in das Gesamthandsvermögen gem. § 6 Abs. 5 Satz 3 Nr. 2 EStG vor. Einer erfolgsneutralen buchtechnischen Entnahme zum Buchwert aus dem SBV auf Stufe 2 der Gewinnermittlung folgt die erfolgsneutrale buchtechnische Einlage in das Gesamthandsvermögen zum selben Wert auf Stufe 1 der Gewinnermittlung. Dies gilt unabhängig davon, welchen Wert die Forderung im Zeitpunkt des Verzichts tatsächlich noch hat. Etwas anderes kann u. U. gelten, wenn der Kommanditist ausnahmsweise im eigenen wirtschaftlichen Interesse auf seine Forderung verzichtet. Der Wortlaut des § 6 Abs. 5 Satz 3 Nr. 2 EStG steht einer solche Differenzierung allerdings entgegen.

Weitere entschiedene Fälle (SBV I: ja/nein):

Entschiedene Fälle			
Notwendiges SBV I		**Gewillkürtes SBV I**	
Sachverhalt	**Zugehörigkeit**	**Sachverhalt**	**Zugehörigkeit**
Grundstücksüberlassung zur (teilweisen) Weitervermietung durch PersGes	Ja	Grundstücksüberlassung zur ausschließlichen Fremdvermietung durch PersGes	Ja
Darlehensforderungen gegen PersGes	Ja	Unbebautes Grundstück als Tauschobjekt	Ja
Vermietung des Pkw an PersGes bei einer betrieblichen Nutzung von > 50 %	Ja	Vermietung des Pkw an PersGes bei einer betrieblichen Nutzung > 10 % und < 50 %	Ja
Gesellschafter nutzt eigenen Pkw zu > 50 % für betriebliche Zwecke	Nein; es liegt SBV II vor	Vermietung des Pkw an PersGes bei einer betrieblichen Nutzung von < 10 %	Nein; es liegt PV vor
Überlassung einer wesentlichen Betriebsgrundlage an eine PersGes durch einen Einzelgewerbetreibenden, an der er beherrschend beteiligt ist (s. BFH vom 18.08.2005, BStBl II 2005, 830) (mitunternehmerische Betriebsaufspaltung)	Ja, Zuordnung zum notwendigen SBV I bei der Besitzgesellschaft geht der Zuordnung zum SBV II bei der Betriebsgesellschaft vor	Grundstück des Gesellschafters ohne entsprechende Widmung, um dem Betrieb der PersGes zu dienen (fehlender Ausweis in der Buchführung, in einer Sonderbilanz, in der Gesamtbilanz der KG)	Nein (s. BFH vom 06.05.1986, BStBl II 1986, 838)
Erwerb eines Grundstückes in der Absicht, es später an die KG zu veräußern, die noch nicht werbend tätig ist	Nein (s. BFH vom 06.05.1986, BStBl II 1986, 838)	Anteile der Mitunternehmer an einer KapGes	Im Einzelfall ja (s. FG Rheinland-Pfalz vom 12.09.1994, EFG 1995, 108 f.)

2.2.4.2.2.2 Sonderbetriebsvermögen II

Der **Anteil eines Kommanditisten an der Komplementär-GmbH** gehört in der typischen GmbH & Co. KG zum notwendigen **SBV II**, weil das Halten des Anteils an der Komplementär-GmbH die Stellung des Kommanditisten in der GmbH & Co. KG stärkt (BFH vom 11.12.1990, BStBl II 1991, 510; weitere Beispiele in BFH vom 23.01.2001, BStBl II 2001, 825). Eine Ausnahme besteht dann, wenn die GmbH einen eigenen Geschäftsbetrieb unterhält, der nicht von untergeordneter Bedeutung ist. Selbst in diesem Fall kommt aber noch eine Einbeziehung der GmbH-Anteile in das gewillkürte SBV in Betracht.

Soweit Anteile an der Komplementär-GmbH zum SBV der Kommanditisten rechnen, sind offene und vGA der GmbH an die Kommanditisten als deren Sonderbetriebseinnahmen nach den Regeln des Teileinkünfteverfahrens zu erfassen. Für offene Gewinnausschüttungen ist der Zeitpunkt des Gewinnverwendungsbeschlusses, nicht der Zeitpunkt der Überweisung oder Gutschrift maßgeblich. KapSt und SolZ sind einzubehalten. Anders als bei im PV gehaltenen Anteilen ist hier ein Freistellungsauftrag gem. § 44b Abs. 1, § 44a Abs. 1 EStG in Höhe des Sparerpauschbetrags nicht möglich.

Von nicht zu unterschätzender Bedeutung ist die gelegentlich kontrovers, zumeist aber gar nicht diskutierte Frage, ob die zum SBV II gehörigen Anteile an der Komplementär-GmbH zu den funktional wesentlichen Grundlagen eines Mitunternehmeranteils gehören können. Denn eine begünstigte Veräußerung i.S.d. § 16 Abs. 1 Satz 1 Nr. 2 EStG liegt z. B. nur dann vor, wenn alle funktional oder quantitativ wesentlichen Grundlagen des Mitunternehmeranteils mitveräußert wurden. Solche wesentlichen Grundlagen können sich auch im SBV befinden (BFH vom 06.12.2000, BStBl II 2003, 194). Auch die unentgeltliche Übertragung eines Mitunternehmeranteils zum Buchwert setzt grundsätzlich voraus, dass funktional wesentliches SBV anteilig mit übertragen wird.

Gelegentlich wird zwar behauptet, die GmbH-Anteile könnten in der GmbH & Co. KG schon deshalb nicht zu den funktional wesentlichen Grundlagen des Betriebs gehören, weil sie »nur« zum SBV II gehören. Richtig ist, dass das SBV II im Gegensatz zum SBV I nicht dem täglichen Betrieb der GmbH & Co. KG dient. Das schließt aber eine funktionale Bedeutung der Anteile keineswegs aus (vgl. OFD Münster vom 10.09.2002, DStR 2002, 1860), denn die GmbH-Anteile sind wesentlich für das Funktionieren und die Struktur des Unternehmens insgesamt sowie für die mitunternehmerschaftliche Beteiligung ihrer Gesellschafter. So hat der BFH bereits 1967 betont, die Anteile des Kommanditisten an der Komplementär-GmbH seien für den Betrieb der KG nicht nur förderlich, sondern sogar unerlässlich (BFH vom 15.11.1967, BStBl II 1968, 152). Es ist daher ratsam, sich bei der Formulierung von Nachfolgeklauseln, bei Erbauseinandersetzungen oder bei der Gestaltung vorweggenommener Erbfolgen wenigstens darauf einzurichten, dass die Anteile an der Komplementär-GmbH zu den funktional wesentlichen Grundlagen gerechnet werden könnten.

Zum negativen SBV II rechnen regelmäßig auch **Kredite** zur Finanzierung der KG-Beteiligung oder der GmbH-Anteile. Die Kreditzinsen stellen dann Sonder-BA dar.

Anders als die unternehmensführende GmbH bei der GmbH & Still kann die **Komplementär-GmbH** der GmbH & Co. KG problemlos ebenfalls SBV haben. Wenn sie der KG WG zur betrieblichen Nutzung überlässt, dann sind diese als SBV I der GmbH bei der KG zu erfassen; ein Ausweis dieser WG in der Handelsbilanz/Steuerbilanz der GmbH kommt dann nicht in Betracht. Entsprechendes gilt, wenn die Komplementär-GmbH etwa einen Kredit zur Finanzierung ihrer KG-Beteiligung aufgenommen hat; dieser stellt notwendiges SBV II der GmbH dar, das von der KG in ihrer Sonderbilanz für die GmbH zu erfassen ist.

Weitere entschiedene Anwendungsfälle zu SBV II			
Notwendiges SBV II		**Gewillkürtes SBV II**	
Sachverhalt	**Zugehörigkeit**	**Sachverhalt**	**Zugehörigkeit**
Anteile an der Komplementär-GmbH, die vom Kommanditisten einer GmbH & Co. 10% und < 50% gehalten werden (s. BFH vom 30.03.1993, BStBl II 1993, 706); die GmbH darf keinen eigenen Geschäftsbetrieb unterhalten	Ja	Anteile eines Kommanditisten einer GmbH & Co. an der Komplementär-GmbH mit einem eigenen Geschäftsbetrieb von nicht ganz untergeordneter Bedeutung	Ja
KapGes-Anteile bei der Betriebsaufspaltung	Ja	Vorratsgrundstück (s. BFH vom 19.03.1981, BStBl II 1981, 731)	Ja
Sonstige KapGes-Anteile, wenn zur PersGes eine enge Beziehung (z. B. GmbH & atypisch still) besteht	Ja	Pkw des Gesellschafters mit einer betrieblichen Nutzung von > 10% und < 50 %	Ja
Bei Bürgschaften (passives SBV II), Auswirkung als Sonder-BA, aber erst bei Inanspruchnahme (s. BFH vom 24.03.1999, BStBl II 2000, 399 und vom 27.06.2006, BStBl II 2006, 874)	Ja	Darlehensforderung des Kommanditisten einer KG gegenüber dem Geschäftspartner der KG, wenn dieser keine wesentliche wirtschaftliche Funktion der KG innehat (s. FG München vom 25.10.2005, Az: 6 K 4031/04)	Nein
Beteiligung eines Kommanditisten an der Alleingesellschafterin der Komplementär-GmbH bei eigenem Geschäftsbetrieb der Alleingesellschafterin (s. FG Berlin-Brandenburg vom 14.10.2008, Az: 6 K 10256/04 B)	Nein	–	–

2.2.4.2.3 Rückwirkung von Ergänzungs- und Sondergewinnen auf den Steuerbilanzgewinn

Ausgangsbetrag zur Bestimmung des maßgeblichen Gewerbeertrags einer GmbH & Co. KG i.S.d. § 7 GewStG ist der steuerliche Gesamtgewinn der Mitunternehmerschaft. Dazu gehört auch der Gewinn zweiter Stufe. Gewinne aus Ergänzungs- und Sonderbilanzen, die nur einzelnen Gesellschaftern zugutekommen, führen daher zur **Gewerbesteuerbelastung** für die Gesellschaft, also für alle Gesellschafter. Umgekehrt vermindern Verluste aus Ergänzungs- und Sonderbilanzen, die nur einzelne Gesellschafter belasten, die Gewerbesteuerlast für alle.

Manche Gesellschaftsverträge enthalten deshalb **Gewerbesteuerklauseln**, mit deren Hilfe die von einzelnen Gesellschaftern verursachte Gewerbesteuer neutralisiert werden soll. Für einen gerechten Ausgleich zwischen den Gesellschaftern müsste dann konsequenterweise auch die gegenläufige Steuerermäßigung des § 35 EStG berücksichtigt werden. Damit wird die Ermittlungsformel allerdings so kompliziert, dass es sich i.d.R. eher empfiehlt, auf eine Gewerbesteuerklausel zu verzichten.

Die **Gewerbesteuerrückstellung** ist in der Handelsbilanz/Steuerbilanz der PersGes zu bilden, also bereits auf Stufe 1 der Gewinnermittlung. Auf diese Weise ergibt sich eine gewisse Rückkopplung.

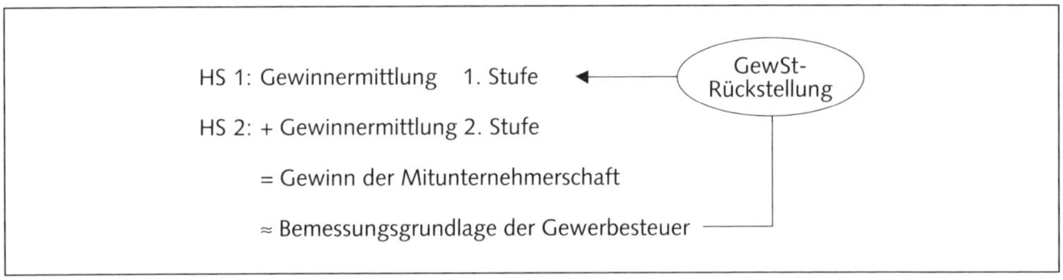

Abbildung 18: Rückkopplung in der Gewinnermittlung

Der Handelsbilanz/Steuerbilanz-Gewinn einer gewerblichen GmbH & Co. KG lässt sich erst dann ermitteln, wenn zuvor die Ergänzungs- und Sonderbilanzen für alle Gesellschafter ausgewertet sind. Das Gleiche gilt für den Gewinnanteil des einzelnen Gesellschafters.

In den hier vorgestellten Beispielsfällen werden diese Zusammenhänge ignoriert.

2.2.4.3 Angemessenheit der Gewinnverteilung in der GmbH & Co. KG

Der steuerliche Gewinn einer GmbH & Co. KG ist grundsätzlich in der Weise zu verteilen, dass zunächst Veräußerungs-, Sonder-, Ergänzungs- und Vorabgewinne individuell zugeordnet werden, bevor der verbleibende Restgewinn nach der gesellschaftsvertraglich vereinbarten Quote verteilt wird. Bei PersGes unter fremden Dritten findet regelmäßig keine Angemessenheitsprüfung statt. Insbesondere aber bei fehlendem Interessengegensatz zwischen den Beteiligten oder bei Beeinträchtigung schutzwürdiger Gläubigerinteressen muss die Gewinnverteilung der PersGes einem gewissen Fremdvergleich standhalten. Das gilt insbesondere für die GmbH & Co. KG, bei der keine natürliche Person unbeschränkt persönlich haftet (Gläubigerschutzaspekt) und bei der die Kommanditisten ihre Komplementär-GmbH beherrschen (Aspekt des verminderten Interessengegensatzes). Im Interesse des Gläubigerschutzes ist bereits handelsrechtlich zu prüfen, ob im Falle überhöhter Zahlungen an die Kommanditisten eine Einlagenrückgewähr i.S.d. § 172 Abs. 4, § 171 Abs. 1 HGB vorliegt (»verdeckte Entnahme«). Das Steuerrecht schließt sich der zivilrechtlichen Behandlung grundsätzlich an. Hier dient der Fremdvergleich zusätzlich auch dazu, bei konkurrierenden Rechtsverhältnissen zwischen den Beteiligten diejenige Rechtsgrundlage herauszufiltern, auf der die Vermögensverschiebungen zwischen den beteiligten Personen in der steuerrechtlichen Betrachtung trotz gegenteiliger Beteuerungen maßgeblich beruhen.

2.2.4.3.1 Verdeckte Gewinnausschüttung, verdeckte Einlage und verdeckte Entnahme

Auch das Institut der vGA verlangt die steuerrechtliche Prüfung, ob ein vordergründig vereinbartes zusätzliches Rechtsgeschäft zwischen einer KapGes und ihrem Gesellschafter den vorgenommenen Vermögenstransfer wirklich in vollem Umfang erklärt oder ob nicht doch das dahinter liegende Gesellschaftsverhältnis den wahren Rechtsgrund abgibt. Solche Prüfungen dürfen selbstverständlich auch vor einer GmbH & Co. KG nicht Halt machen.

Wenn dabei aufgedeckt wird, dass die vereinbarten Verträge nicht den wahren Rechtsgrund abgeben, dann steht auch die Gewinnermittlung und -verteilung der GmbH & Co. KG insgesamt in Frage. Die Komplexität der Falllösung wird dadurch beträchtlich erhöht.

In der typischen GmbH & Co. KG sind neben der GmbH als Komplementärin auch deren Gesellschafter als Kommanditisten beteiligt. Wegen der gesellschaftsrechtlichen Verbundenheit zwischen der GmbH und ihren Gesellschaftern ist ein Interessengegensatz zwischen den Beteiligten wie unter fremden Dritten nicht unbedingt gewährleistet. § 8 Abs. 3 Satz 2 KStG und § 20 Abs. 1 Satz 2 EStG zwingen deshalb dazu, Vermögensverschiebungen zwischen der GmbH und ihren Gesellschaftern daraufhin zu überprüfen, ob nicht verdeckt eine Gewinnausschüttung zugrunde liegt. Dazu ist nach allgemeinen Grundsätzen insbesondere die Angemessenheit von Leistung und Gegenleistung zu hinterfragen. Bei beherrschenden Gesellschaftern fällt diese Prüfung noch strenger aus.

Die Rechtsprechung des BFH hat bereits einige Kriterien zur Überprüfung der Angemessenheit der Gewinnanteile der Komplementär-GmbH entwickelt (Grundsatzurteil: BFH vom 15.11.1967, BStBl II 1968, 152). Danach ist stets eine Gesamtwürdigung anzustellen. Eine isolierende Betrachtung einzelner Faktoren oder Jahre ist unzulässig. Es ist unerheblich, ob die GmbH über Leistungsvergütungen, Vorabgewinne, quotale Anteile am Restgewinn oder eine Kombination aus allem am Gewinn der GmbH & Co. KG partizipiert.

Ist die GmbH **nicht kapitalmäßig beteiligt**, muss sie neben dem

- Auslagenersatz insbes. für die Geschäftsführung auch eine
- angemessene Haftungsvergütung

erhalten.

Wenn sich die GmbH **kapitalmäßig an der KG beteiligt**, dann ist ihr Gewinnanteil nur dann angemessen, wenn ihre berechtigten wirtschaftlichen Interessen ausreichend berücksichtigt sind, nämlich:

- Rendite für Kapitaleinsatz,
- Auslagenersatz,
- Prämie für das Haftungsrisiko.

Eine Haftungsvergütung muss nicht gewährt werden, wenn die GmbH lediglich mit ihrem in die KG eingelegten Kapital haftet; die Haftungsprämie bemisst sich nach einer üblichen Avalprovision (derzeit etwa 1–3 %) auf den tatsächlichen Wert des nicht in der KG gebundenen Kapitals.

Zusätzlich zum Auslagenersatz und zur Haftungsprämie kann die GmbH also eine Gewinnbeteiligung für den Kapitaleinsatz erhalten. Wie hoch dieser ausfallen soll, lässt sich über die Kapitalbeteiligung der GmbH an der KG bedarfsgerecht einstellen. Häufig wird die GmbH nicht am Vermögen der KG beteiligt; in diesen Fällen entfällt eine quotale Beteiligung am Restgewinn. Mit steigendem Kapitaleinsatz steht der GmbH auch ein zunehmender Gewinnanteil zu.

Tipp

Sollen Gewinnanteile zum günstigeren Steuersatz des KStG thesauriert werden, kann es sich empfehlen, die GmbH kapitalmäßig an der KG zu beteiligen. Werden die Gewinne dagegen für die private Lebensführung der Gesellschafter und ihrer Familien benötigt, dann sollte von einer Beteiligung der GmbH am Kapital der KG eher Abstand genommen werden.

Wenn eine Komplementär-GmbH eine unangemessen hohe Gewinnbeteiligung erhält, dann liegt eine **verdeckte Einlage** der Kommanditisten in die GmbH vor, deren Gesellschafter sie ebenfalls sind. Der Verzicht der Kommanditisten auf einen angemessenen Gewinnanteil ist einlagefähig, weil der Gewinnanteil die Teilnahme am hinzugewonnenen Vermögen der PersGes beinhaltet. Es handelt sich nicht um eine bloße Zuwendung von Nutzungen oder Leistungen (BFH vom 23.08.1990, BStBl II 1991, 172). Als Rechtsfolge erhöht sich zunächst der KG-Gewinnanteil der Kommanditisten zu Lasten des Anteils der GmbH. Der den Kommanditisten zusätzlich zugerechnete Betrag ist von diesen als erzieltes Einkommen zu versteuern. Unter dem Aspekt der Verwendung führt der Erhöhungsbetrag bei den Kommanditisten zu nachträglichen AK auf die Beteiligung, i.d.R. also zu einem erhöhten Bilanzansatz im SBV II. Auf der Ebene der GmbH ist die verdeckte Einlage gem. § 8 Abs. 1 KStG, § 4 Abs. 1 Satz 1 und 5 EStG erfolgsneutral.

Wenn eine Komplementär-GmbH eine unangemessen niedrige Gewinnbeteiligung akzeptiert, dann liegt insoweit eine **vGA** der GmbH vor. Als Rechtsfolge erhöht sich – im Vollzug des § 8 Abs. 3 Satz 2 KStG – zunächst der KG-Gewinnanteil der GmbH zu Lasten des Anteils der Kommanditisten. Weiterhin führt die vGA regelmäßig, nämlich wenn die GmbH-Anteile zum SBV gehören, bei ihren Gesellschaftern zu Sonderbetriebseinnahmen i.S.v. § 20 Abs. 3, Abs. 1 Nr. 1 Satz 2, § 3 Nr. 40 Satz 1 Buchst. d und Satz 2 EStG.

In der Praxis wäre es geradezu unsinnig, der GmbH keinen ausreichenden Auslagenersatz zukommen zu lassen, weil das die GmbH in die Insolvenz treiben und das ganze Unternehmen gefährden könnte. Eine angemessene Haftungsprämie benötigt die GmbH zusätzlich, damit sie ihre eigenen Kosten, insbesondere IHK-Beiträge sowie Steuerberatungskosten (Bilanzen, Steuererklärungen), tragen kann. In der Literatur sind die vorgestellten Beispiele zur vGA in der GmbH & Co. KG überwiegend auf diese Weise konstruiert, weil sie zwar schwierig, vergleichsweise aber noch leicht verständlich sind.

Beispiel 1

A und B sind als Kommanditisten zu je 50 % am Kapital sowie am Gewinn und Verlust der AB-GmbH & Co. KG beteiligt. Diese weist einen Gewinn von 200.000 € aus. Komplementärin ist die AB-GmbH, deren Gesellschafter ebenfalls A und B sind. Die GmbH ist am Kapital der KG nicht beteiligt. Ihr Stammkapital beträgt 25.000 €. Die Geschäftsführer-Gehälter von A und B, die nicht sozialversicherungspflichtig sind, betragen jährlich jeweils angemessene 50.000 €. Die GmbH erhält lediglich einen jährlichen Vorabgewinn von 80.000 € von der KG (zur Bezahlung der Geschäftsführergehälter).

Lösung

Der Vorabgewinn der GmbH für die Übernahme der Geschäftsführung fällt um 20.000 € zu niedrig aus: Während sich ihre Gesamtkosten für die Gehälter von A und B auf 100.000 € belaufen, erhält sie nur 80.000 € erstattet. Die Differenz von 20.000 € stellt eine vGA dar. Es liegt eine verhinderte Vermögensmehrung zugunsten der GmbH-Gesellschafter A und B vor, die ihren wahren Rechtsgrund im Gesellschaftsverhältnis zur GmbH findet.

Außerdem hat die nicht am Kapital der KG beteiligte GmbH keine angemessene Haftungsvergütung erhalten. Auch insoweit handelt es sich um eine vGA. Diese beträgt 250 € (mindestens 1 % des nicht in der KG gebundenen Unternehmenswerts der GmbH).

Der KG-Gewinnanteil (Vorabgewinn auf Stufe 1) der GmbH ist daher in Übereinstimmung mit § 8 Abs. 3 Satz 2 KStG um 20.250 € auf 100.250 € zu erhöhen.

Entsprechend kürzt sich der quotal verteilte Restgewinnanteil der Kommanditisten A und B auf der ersten Stufe der KG-Gewinnermittlung um jeweils 10.125 €. Auf der zweiten Stufe der Gewinnermittlung ist ihnen allerdings der gleiche Betrag als Sonderbetriebseinnahme (vGA) wieder zuzurechnen, wenn die GmbH-Anteile zum SBV gehören. Halten die Gesellschafter ihre Anteile dagegen im PV, erzielen sie insoweit Einnahmen aus Kapitalvermögen. In beiden Varianten kommt für die vGA dasTeileinkünfteverfahren zur Anwendung.

a) Additive Gewinnermittlung der GmbH & Co. KG

Jahresüberschuss		200.000 €
./. angemessene Sonderbetriebsausgaben GmbH	./. 100.000 €	
+ angemessene Sonderbetriebseinnahmen A und B (Gehalt)	100.000 €	
+ Sonderbetriebseinnahmen A und B (vGA)	20.250 €	20.250 €
gesondert und einheitlich festzustellender Gewinn (§ 180 Abs. 1 Nr. 2a AO)		220.250 €

b) Gewinnverteilung

	Vorspalte	KG	A	B	GmbH
Gesamtgewinn	220.250 €	220.250 €			
angemessene Sonderbetriebsausgaben GmbH	+ 100.000 €				./. 100.000 €
angemessene Sonderbetriebseinnahmen A und B (Gehalt)	./. 100.000 €		50.000 €	50.000 €	
Sonderbetriebseinnahmen an A und B (vGA)	./. 20.250 €		10.125 €	10.125 €	
Steuerbilanzgewinn	200.000 €				
a) **vorab**:	./. 100.250 €				100.250 €
b) **Restgewinn:**	99.750 €				
(50 : 50)	./. 99.750 €		49.875 €	49.875 €	–
Anteile am Gesamtgewinn	0 €		110.000 €	110.000 €	250 €

Die von A und B im Wege der vGA empfangene Sonderbetriebseinnahme (je 10.125 €) unterliegt dem Teileinkünfteverfahren. Die GmbH wird den überhöhten Mittelabfluss kaum durchhalten können (wahrscheinliche Folge: Insolvenz.)

Die steuerrechtliche Betrachtung des Falles erklärt den faktisch erfolgten Vermögenstransfer, stellt dabei aber nicht auf den vorgeblichen, sondern auf den wahren Rechtsgrund ab. Diese Grundgedanken sind auch anzuwenden, wenn die Fälle realistischer, aber eben auch komplexer werden. Das kann z. B. so aussehen, dass das Geschäftsführergehalt des Kommanditisten überhöht ist (verdeckte Entnahme), nicht alle Kommanditisten gleichermaßen betroffen sind und die am quotal zu verteilenden Restgewinn der KG beteiligte GmbH sich ihre Auslagen voll erstatten lässt.

Beispiel 2

Am Gewinn der A & B GmbH & Co. KG sind die AB-GmbH als Komplementärin zu 10% und A und B als Kommanditisten zu je 45% beteiligt. Damit werden Kapitalkontenverzinsung und Haftungsrisiko der GmbH angemessen abgegolten. Für ihre Geschäftsführungstätigkeit erhält die GmbH ein Entgelt von 100.000 €, das sie als Gehalt an ihren Geschäftsführer A weiterleitet. Der Jahresüberschuss der KG wurde mit 246.000 € ausgewiesen. Das angemessene Geschäftsführergehalt beträgt aber nur 60.000 €.

Lösung

Der überhöhte Teil des Geschäftsführergehalts stellt sich gesellschafts- und handelsrechtlich als Einlagenrückgewähr i.S.d. § 172 Abs. 4 HGB und damit handels- und steuerrechtlich als »**verdeckte Entnahme**« dar. Aufwandswirksam wird lediglich der angemessene Teil des Gehalts. Damit ist der ausgewiesene Jahresüberschuss in der Handelsbilanz/Steuerbilanz der GmbH & Co. KG um 40.000 € auf 286.000 € zu erhöhen.

Allerdings hat das Institut der **vGA** Vorrang, weil es zur zweimaligen steuerlichen Erfassung zwingt, nämlich einmal bei der GmbH und ein weiteres Mal bei ihrem Anteilseigner (BFH vom 06.08.1985, BStBl II 1986, 17). Der überhöhte Teil des Geschäftsführergehalts stellt sich zu 10 % als vGA dar, weil die GmbH insoweit im Interesse ihres Gesellschafters A auf Betriebseinnahmen verzichtet. Die Vereinbarung eines um 40.000 € überhöhten Geschäftsführergehaltes an den GmbH-Gesellschafter A führt nicht unmittelbar zur vGA, weil die GmbH in vollem Umfang Ersatzansprüche gegenüber der KG hat. Insoweit liegt per Saldo weder eine Vermögensminderung noch eine verhinderte Vermögensmehrung der GmbH vor. Der GmbH-Gewinn ist nur wegen ihres geringeren Anteils am Restgewinn gemindert, also um 4.000 € (10 % von 40.000 €). Nur insoweit kommt es zur vGA.

Entsprechend erhöht sich für die **GmbH** der Gewinnanteil in Stufe 1 an der KG gem. § 8 Abs. 3 Satz 2 KStG. Die steuerrechtliche Behandlung geht davon aus, dass die GmbH die angemessenen 4.000 € i.R.d. Gewinnverteilung erhalten und unmittelbar an A ausgeschüttet hat.

Im Übrigen, d. h. im Betrag von 36.000 €, verbleibt es bei der verdeckten Entnahme. Problematisch ist nun die Klärung der Frage, ob eine **Entnahme nur des A oder aber beider Kommanditisten** vorliegt (bei entsprechender Problematik [Pensionsrückstellung] ausdrücklich offen gelassen von BFH vom 16.12.1992, BStBl II 1993, 792). Soweit B freiwillig akzeptiert, dass A ein unangemessen hohes Geschäftsführergehalt erhält oder gegebene Erstattungsansprüche nicht geltend macht, hat er in steuerrechtlicher Sicht seinen angemessenen Anteil am Restgewinn teilweise dafür verwendet, A etwas zuzuwenden. Zuwenden kann man aber nur, was man zuvor versteuert hat.

Legt man diese Betrachtungsweise zugrunde, dann hat auch B den Gewinnanteil zu versteuern, der bei einem angemessenen Geschäftsführergehalt des A anfallen würde (wohl h.M.). Die Differenz zwischen dem tatsächlich ausgewiesenen Gewinnanteil einerseits und dem handels- und steuerrechtlich maßgeblichen angemessenen Gewinnanteil andererseits haben die GmbH mit 4.000 € (10 % von 40.000 €) sowie A und B mit je 18.000 € (45 % von 40.000 €) entnommen. Anschließend hat die GmbH ihre 4.000 € verdeckt an A ausgeschüttet und B hat dem A 18.000 € gem. § 12 Nr. 2 EStG zugewendet.

Bei der Verteilung des Gewinns der 1. Stufe ist deshalb nicht nur für die GmbH von einem angemessenen Geschäftsführergehalt auszugehen, sondern auch für A und B. Bei der GmbH muss darauf geachtet werden, dass die gleiche Hinzurechnung nicht zweimal erfolgt; die Hinzurechnung der vGA gem. § 8 Abs. 3 Satz 2 KStG ist in der Zuweisung des angemessenen Gewinnanteils bereits enthalten.

Bei **A** erhöht sich der Gewinnanteil auf der 1. Stufe um 18.000 € (45 % von 40.000 €), weil sich der Restgewinn infolge der Korrektur des BA-Abzugs für das Geschäftsführergehalt erhöht.

Auf der 2. Stufe der Gewinnermittlung stellt zunächst die vGA i.H.v. 4.000 € eine zusätzliche Sonderbetriebseinnahme des A dar (§ 20 Abs. 1 Nr. 1 und Abs. 3 i.V.m. § 15 EStG) weil der Geschäftsanteil an der Komplementär-GmbH zum notwendigen SBV II gehört. Das Geschäftsführergehalt des A stellt ebenfalls eine Sonderbetriebseinnahme dar, aber – ent-

sprechend der Behandlung auf Stufe 1 – nur mit dem angemessenen Teil. Diese Sonderbetriebseinnahme kürzt sich daher um 40.000 €.
Per Saldo hat A 18.000 € weniger zu versteuern als er tatsächlich erhalten hat (18.000 € + 4.000 € ./. 40.000 €). Das erklärt sich durch die gem. § 12 Nr. 2 EStG nicht steuerbare Zuwendung, die A in dieser Höhe von B erhält. Die vGA von 4.000 € ist demgegenüber gem. § 15 Abs. 1 Nr. 2 und § 20 Abs. 1 Nr. 1 Satz 2 und Abs. 3 EStG als Sonderbetriebseinnahme des A zu erfassen.
Für **B** ändert sich die steuerrechtliche Gewinnverteilung ebenfalls. Auch bei ihm erhöht sich der Gewinnanteil in Stufe 1 um 18.000 € (45 % von 40.000 €), weil sich der Restgewinn infolge der Korrektur des vorab zugerechneten Geschäftsführergehalts erhöht.

Additive Gewinnermittlung der GmbH & Co. KG (in €)

Jahresüberschuss (korrigiert)	286.000 €		
+ angemessene Sonderbetriebseinnahme GmbH	60.000 €		
./. angemessene Sonderbetriebsausgabe GmbH	./. 60.000 €		
+ angemessene Sonderbetriebseinnahme A	60.000 €		
+ Sonderbetriebseinnahme A (vGA)	4.000 €	64.000 €	
gesondert und einheitlich festzustellender Gewinn (§ 180 Abs. 1 Nr. 2a AO)			350.000 €

Gewinnverteilung (in €)

	Vorspalte	KG	A	B	GmbH
Gesamtgewinn	350.000	350.000			
angemessene Sonderbetriebseinnahme GmbH	./. 60.000				60.000
angemessene Sonderbetriebsausgabe GmbH	+ 60.000				./. 60.000
angemessene Sonderbetriebseinnahme A	./. 60.000		60.000		
vGA an A (Sonderbetriebseinnahme)	./. 4.000		4.000		
Steuerbilanzgewinn (korrigiert)	286.000				
a) **vorab:**	–				
b) **Restgewinn**	286.000				
(45 : 45 : 10)	./. 286.000		128.700	128.700	28.600
Anteile am Gesamtgewinn	0		192.700	128.700	28.600

Die von A im Wege der vGA empfangene Sonderbetriebseinnahme (4.000 €) unterliegt dem Teileinkünfteverfahren.

Nach der hier vertretenen Ansicht hat B als fremder Dritter allerdings keinen Grund, dem A etwas zuzuwenden. Da die Verträge im Vorfeld für angemessen gehalten wurden, kann dem B nach Aufdecken der vGA allenfalls entgegengehalten werden, dass er im Zivilrechtsweg mit Kostenrisiko einen Erstattungsanspruch geltend machen könnte (BFH vom 23.06.1999, BFH/NV 2000, 29). Wenn er darauf verzichtet, um die persönlichen Verhältnisse in der Gesellschaft nicht zu belasten oder weil er das Prozessrisiko scheut, liegt darin nicht unbedingt eine freiwillige Zuwendung an A. Der Vorteil ist allein A zugute gekommen. Es gibt aus dieser Sicht keinen überzeugenden Grund, B dafür zu besteuern. Unter dieser Prämisse ergibt sich abweichend von der h.M. folgende Gewinnverteilung:

Gewinnverteilung (in €)

	Vorspalte	KG	A	B	GmbH
Gesamtgewinn	350.000	350.000			
angemessene Sonderbetriebseinnahme GmbH	./. 60.000				60.000
angemessene Sonderbetriebsausgabe GmbH	+ 60.000				./. 60.000
angemessene Sonderbetriebseinnahme A	./. 60.000		60.000		
vGA an A (Sonderbetriebseinnahme)	./. 4.000		4.000		
Steuerbilanzgewinn (korrigiert)	286.000				
a) **vorab:**	./. 40.000		36.000		4.000
b) **Restgewinn**	246.000				
(45 : 45 : 10)	./. 246.000		110.700	110.700	24.600
Anteile am Gesamtgewinn	0		210.700	110.700	28.600

Bei **Änderung der Gewinnverteilung** zu Lasten der GmbH ist ebenfalls eine vGA zu prüfen. War die Gewinnverteilung vorher angemessen und erfolgt nun eine Änderung zugunsten der Kommanditisten, liegt regelmäßig eine vGA vor. Werden Gewinnverteilungsabreden rückwirkend geändert, ist dies steuerrechtlich ebenfalls nicht anzuerkennen (BFH vom 12.06.1980, BStBl II 1980, 723).

Ebenfalls eine **Kombination** von **vGA** und **Entnahme** kann bei einem Leistungsaustausch zwischen dem Gesellschafter und »seiner« GmbH & Co KG vorkommen.

Beispiel 3

A, Einmann-Gesellschafter und Allein-Geschäftsführer der A-GmbH, gründet mit dieser eine GmbH & Co. KG (Beteiligungsverhältnisse = Gewinnbezugsrechte nach Kapitalkonten: GmbH 75 %, A als Kommanditist 25 %). Die A-GmbH erbringt ihre Einlage u. a. durch die Übereignung eines Grundstücks mit dem Teilwert (§ 5 Abs. 4 GmbHG) im Einlagezeitpunkt von 55 T€.

A	Die Eröffnungsbilanz der KG		P
Grundstück	55.000 €	Kapital A-GmbH	75.0000 €
Liquide Mittel	45.000 €	Kapital A	25.000 €
	100.000 €		100.000 €

Die KG verkaufte nach der Einlage das Grundstück ihres Gesamthandsvermögens an A für 82.500 €, nachdem kurz davor ein Bebauungsplan bestandskräftig wurde und die Immobilie dadurch eine Wertsteigerung um 100 % auf 110.000 € erfuhr. Die KG buchte:

BS: Bank	82.500 €
an Grundstück	55.000 €
an sonstiger betrieblicher Ertrag	27.500 €

A hat sofort nach der Übertragung mit dem Bau eines EFH begonnen.

Lösung

Bei der Übertragung eines WG aus dem Gesamthandsvermögen in das PV eines Gesellschafters liegt grundsätzlich eine Entnahme vor (anders, falls das WG in das BV eines Gesellschafters übertragen wird, vgl. § 6 Abs. 5 Satz 3 EStG).

Wird – wie vorliegend – ein Entgelt vereinbart, das niedriger als der TW des WG ist, so wird die Differenz zwischen dem Entgelt und dem TW als **Sachentnahme** des Gesellschafters angesetzt (BMF vom 06.02.1981, BStBl I 1981, 76).

Verkauft jedoch eine **GmbH & Co. KG** WG des Gesamthandsvermögens an den Gesellschafter unter dem erzielbaren Marktpreis, so stellt der verdeckte **Wertabfluss i.H.d. Beteiligungsquote** der GmbH an der KG eine **vGA** dar (hier: zu 75 % beteiligt).

I.Ü. ist der (weitere) Wertabfluss als (verdeckte) **Entnahme** (hier: 25 %) anzusehen, die mangels abweichender Gewinnabsprachen den Gewinnanteil des Kommanditisten erhöht.

Lösung in Zahlen:

- vGA zu 75 % von der Differenz i.H.v. 27.500 € = 20.625 €; davon 60 % stpfl.,
- Sachentnahme (Mehrgewinnanteil A zu 25 %) = 6.875 €.

Übertragen auf die zweistufige Gewinnermittlung der GmbH & Co. KG bedeutet dies, dass sich der Gewinnanteil des A i.S.d. § 15 Abs. 1 Satz 1 Nr. 2 **HS 1** EStG um 6.875 € erhöht und dass zusätzlich Sonderbetriebseinnahmen nach § 15 Abs. 1 Satz 1 Nr. 2 **HS 2** EStG i.H.v. 20.625 € vorliegen (die außerbilanziell – Teileinkünfteverfahren – um 40 % zu kürzen sind), da die GmbH-Beteiligung des A im SBV gehalten wird (notwendiges SBV II).

2.2.4.3.2 Gewinnverteilung in der Familienpersonengesellschaft

Die Schenkung einer Gesellschaftsbeteiligung an eigene Kinder führt dem Betrieb regelmäßig weder neues Kapital noch andere wesentliche Gesellschafterbeiträge zu. Eine solche Konstellation kommt unter fremden Dritten kaum vor. Deshalb entzieht sich die quotale Gewinnverteilung in einer solchen Familien-PersGes dem unmittelbaren Fremdvergleich. Eine überhöhte Gewinnbeteiligung des beschenkten Kindes ist gem. § 42 AO rechtsmissbräuchlich. Eine Prüfung der Angemessenheit der Gewinnbeteiligung der Höhe nach ist allerdings nur dann erforderlich, wenn steuerrechtlich die Übertragung der Einkunftsquelle auf das Kind dem Grunde nach anerkannt werden kann.

Im Falle der schenkweisen Übertragung eines Kommanditanteils an enge Familienangehörige hat der GrS des BFH (BFH GrS vom 29.05.1972, BStBl II 1973, 5) die **Angemessenheitsgrenze** dahingehend konkretisiert, dass die Rendite nicht mehr als 15 % des realen Wertes der geschenkten Beteiligung betragen darf.

Dabei gilt der Grundsatz der bestmöglichen Praktikabilität. Deshalb ist der **reale Wert** der Beteiligung nur überschlägig zu ermitteln (BFH vom 29.03.1973, BStBl II 1973, 489). Substanzwert und Ertragswert des Unternehmens sind gleichermaßen zu berücksichtigen; zur Beurteilung des anteiligen Werts des Gesellschaftsanteils sind je nach Ausstattung Zu- und Abschläge vorzunehmen. Wenn keine Beteiligung an den stillen Reserven vorgesehen ist, ist der Nennwert als realer Wert der Beteiligung anzusehen.

Allgemeine Formel: $$\frac{\text{tatsächlicher Wert des Anteils} \times \text{angemessene Rendite}}{\text{künftiger verteilungsfähiger Restgewinn}}$$

Welche **Rendite** ein Anteil an einer Familien-PersGes angemessenerweise noch haben kann, hängt nach Auffassung von Rechtsprechung und Verwaltung davon ab, ob es um eine stille Beteiligung oder einen KG-Anteil geht, ob der Anteil geschenkt oder aus eigenen Mitteln erworben wurde und ob nur eine Gewinnbeteiligung oder auch eine Verlustbeteiligung besteht.

Angemessene Rendite bei ...		stiller Gesellschaft	KG
geschenktem Anteil	nur Gewinnbeteiligung	12%	15%
	auch Verlustbeteiligung	15%	
Beteiligung aus eigenen Mitteln	nur Gewinnbeteiligung	25%	Drittvergleich
	auch Verlustbeteiligung	35%	

Formel für geschenkten KG-Anteil:

$$\text{Gewinnanteil} = \frac{\text{tatsächlicher Wert des Anteils} \times 15\,\%}{\text{künftiger verteilungsfähiger Restgewinn}}$$

Der **künftige verteilungsfähige Restgewinn** bestimmt sich nach den durchschnittlichen Gewinnerwartungen der fünf kommenden Jahre, die regelmäßig aus der durchschnittlichen Rendite der vergangenen fünf Jahre abgeleitet werden. Dabei sind alle zukünftig sicher oder wahrscheinlich eintretenden Entwicklungen zu berücksichtigen, soweit diese bei Vertragsschluss bereits bekannt sind. Die danach bestimmte Beteiligungsquote bleibt grundsätzlich dauerhaft bestehen, auch wenn sich die Zukunftserwartungen nicht bestätigen sollten.

Die Entscheidung des GrS wurde in zahlreichen Folgeentscheidungen weiter konkretisiert. So stellte der BFH klar (BFH vom 29.03.1973, BStBl II 1973, 489), dass der GrS lediglich die Verteilung des »Restgewinns«, d. h. des »nach angemessener Abgeltung der Geschäftsführertätigkeit und der Übernahme des Haftungsrisikos« verbleibenden Gewinns behandelt. Der GrS setze voraus, dass Sonderleistungen der Gesellschafter (Arbeitsleistung, Übernahme des Haftungsrisikos etc.) entsprechend honoriert sein müssen. Auf der Basis dieser Rechtsprechung ist es aber nicht möglich, nicht oder zu gering angesetzte Sonder- oder Vorabgewinne unmittelbar in die Angemessenheitsprüfung nach der 15%-Rechtsprechung einzubeziehen. Der Vorabgewinn geht der Verteilung des Restgewinns voraus und entzieht sich dem für ihn bestimmten Maßstab.

Selbst wenn Sonderleistungen des Schenkenden nach den getroffenen Vereinbarungen weder im Wege der Sondervergütung noch in Gestalt eines Vorabgewinns angemessene Berücksichtigung gefunden haben, darf kein fiktiver Ansatz dafür vorgenommen werden, auch nicht zur Herstellung einer angemessenen Gewinnverteilung. Stattdessen kommt es zu einer weiteren **Kontrollüberlegung**, deren Auswirkung sich auf die erneute Korrektur der Quote beschränkt (BFH vom 29.03.1973, BStBl II 1973, 489). Es ist nämlich überschlägig zu prüfen, ob der Gewinnsatz, der dem beschenkten Familienmitglied nach dem Gewinnverteilungsschlüssel zukommt, dem Schenker einen angemessenen Gewinnsatz belässt. Neben einer gleich hohen Rendite aus dem Kapitalanteil, wie sie dem Beschenkten zugebilligt wurde, muss ihm noch ein angemessener Gewinn zur Abgeltung seiner Sonderleistungen verbleiben. Abzustellen ist auf die berechtigten Gewinnerwartungen im Zeitpunkt des Schenkungsversprechens. Wenn dem Schenkenden kein angemessener Gewinn in diesem Sinne verbleibt, erfolgt eine weitere Korrektur des Gewinnverteilungsschlüssels zuungunsten des Beschenkten.

Die Differenz zwischen Handelsbilanz- und Steuerbilanzgewinnanteil ist Zuwendung i.S.d. § 12 Nr. 2 EStG; auch die Anteilsübertragung erfolgt regelmäßig unentgeltlich nach § 6 Abs. 3 EStG. Entsprechend fällt Erbschafts- u. Schenkungssteuer gem. § 7 Abs. 1 Nr. 1, § 12 Abs. 1 ErbStG auf die Anteilsschenkung sowie gem. § 7 Abs. 6, § 14 ErbStG auf das Übermaß an Gewinnbeteiligung an.

Die Auffassung des GrS und die konkretisierende Folgerechtsprechung des BFH sind in der Literatur weitgehend auf Ablehnung gestoßen. Ein Kritikpunkt ist, dass eine Angemessenheitsprüfung, die zu einer von der Kapitalbeteiligung abweichenden Gewinnverteilung führt, bei KapGes nicht vorgenommen wird. Im Gegenteil: bei KapGes ist der FinVerw jede disquotale Gewinnverteilung suspekt, die bei PersGes mit der Angemessenheitsprüfung gerade erst hergestellt wird. Eine weitere wesentliche Schwäche der BFH-Rechtsprechung zur Angemessenheitsprüfung ist ihre Abhängigkeit von der Vertragsgestaltung. Es besteht derzeit jedoch wenig Aussicht, etwas an der gefestigten Rechtsprechung des BFH ändern zu können. Immerhin werden aber die Grundsätze der Familien-PersGes nicht angewendet, wenn an der Gesellschaft auch fremde Dritte beteiligt sind und das beschenkte Familienmitglied die gleichen Beiträge (Kapitalüberlassung) leistet wie der Schenkende (BFH vom 09.10.2001, BStBl II 2002, 460).

Tipp

Nutzen Sie die Schwächen der Angemessenheitsprüfung schon bei der Vertragsgestaltung. Ein Verzicht auf Sondervergütungen und Vorabgewinne kann den angemessenen Gewinnanteil des Beschenkten erhöhen.

2.2.4.4 Gewinnermittlung der Komplementär-GmbH

Für die Komplementär-GmbH ist ein eigener Jahresabschluss aufzustellen und ein eigener Jahresüberschuss zu ermitteln (§ 264 HGB). Eine Vermischung der Buchführungen von KG und GmbH birgt die Gefahr einer vGA.

Tipp

Achten Sie auf eine sorgfältige Trennung der Buchführungssysteme.

Eine typische Komplementär-GmbH, die keinen eigenen Geschäftsbetrieb unterhält, kennt allerdings nur wenige Geschäftsvorfälle. Hierbei handelt es sich regelmäßig um die Erfassung des Kostenersatzes, die Geschäftsführervergütung oder die Haftungsprämie durch die KG. Die GmbH hat aber auch eigene Aufwendungen außerhalb der KG, wie etwa Steuerberaterkosten und IHK-Beiträge.

Handelsrechtlich wird sich die Komplementär-GmbH regelmäßig als kleine KapGes darstellen, die zahlreiche Erleichterungen in Anspruch nehmen kann. Eine evtl. Einlage in die GmbH Co. KG muss die Komplementär-GmbH als KG-Beteiligung mit ihren AK ansetzen. Bei dauernder Wertminderung sind außerplanmäßige Abschreibungen gem. § 253 Abs. 2 Satz 3 HGB zulässig.

Steuerrechtlich ist demgegenüber zu berücksichtigen, dass der GmbH-Gewinnanteil aus der KG-Beteiligung Gegenstand der gesonderten und einheitlichen Feststellung des Gewinns der KG ist. Die KG-Beteiligung stellt sich aus dieser Sicht nicht als eigenständiges Wirtschaftsgut dar. Stattdessen sind die Kapitalkonten der GmbH aus Gesamthands-, Ergänzungs- und Sonderbilanz der GmbH in der KG gem. § 182 Abs. 1 AO auf der Aktivseite der Steuerbilanz der GmbH spiegelbildlich zu erfassen. Teilwertabschreibungen sind nicht möglich. Mit der gesonderten Feststellung wird auch verbindlich über Gesamthands-, Ergänzungs- und Sondergewinne der GmbH in der KG entschieden, sodass die Geschäftsvorfälle aus der KG nicht unabhängig dargestellt werden dürfen. In der Steuerbilanz der GmbH werden folglich nur noch die eigenen Aufwendungen der GmbH, Steuerberaterkosten und IHK-Beiträge, eigenständig erfasst.

2.2.5 Verlustausgleichs- und -abzugsbeschränkungen

LITERATURHINWEISE:
Claudy/Steger, Einlagen und § 15a EStG – Zur Notwendigkeit eines außerbilanziellen Korrekturpostens, DStR 2004, 1504; *Kempermann*, Neue Rechtsprechung zu § 15a EStG: Einlagen bei negativem Kapitalkonto und Wechsel der Gesellschafterstellung, DStR 2004, 1515; *Ley*, Anwendbarkeit von § 15a EStG auf doppelstöckige Personengesellschaften, KÖSDI 2005, 14486; *Ley*, Die Anwendung von § 15a EStG auf doppelstöckige Personengesellschaften, DStR 2004, 1498.

2.2.5.1 Der Grundtatbestand des § 15a EStG

Das Einkommensteuerrecht unterscheidet zwischen dem Verlustausgleich gem. § 2 Abs. 3 EStG, dem Verlustabzug gem. § 10d EStG und der Verlustverrechnung nach § 15a EStG. Der **Verlustausgleich** führt bei der Ermittlung der Summe der Einkünfte zur Kompensation der Verluste mit positiven Einkünften desselben Veranlagungszeitraums (intraperiodische Verlustkompensation). Ein negativer Gesamtbetrag der Einkünfte führt im Wege des **Verlustabzugs** gem. § 10d EStG zur Übertragung des Verlusts auf andere Veranlagungszeiträume, nämlich zum Verlustrücktrag oder zum Verlustvortrag (interperiodische Verlustkompensation).

Wenn aber die **Verlustverrechnung** gem. § 15a EStG zum Zuge kommt, dann sind gem. § 15a Abs. 1 Satz 1 EStG Verlustausgleich und Verlustabzug ausgeschlossen. Stattdessen kommt es zur Begründung eines besonderen Verlustkreises, der gem. § 15a Abs. 2 EStG nur noch die Verrechnung des Verlustanteils des Kommanditisten mit künftigen Gewinnanteilen dieses Kommanditisten aus derselben KG zulässt. Der als verrechenbar festgestellte Verlust mindert die Gewinne, die der Kommanditist in derselben KG in späteren Jahren erzielt. Der (laufende) Verlust ist also nur für diese einzige Einkunftsquelle verfügbar und mindert evtl. bei einem späteren Ausscheiden des Kommanditisten seinen (eigentlich begünstigten) Veräußerungsgewinn.

Um die notwendigen Berechnungen verfahrensrechtlich abzusichern, werden gem. § 15a Abs. 4 Satz 1 und 2 EStG die verbleibenden Verluste gesondert festgestellt und alljährlich fortgeschrieben.

Die **Bedeutung** des § 15a EStG geht weit über die gewerblich aktive KG hinaus. Die Verlustausgleichs- und -abzugsbegrenzung kommt bei anderen Gesellschaftsformen und nahezu in allen Einkunftsarten zum Tragen: § 15a Abs. 5, § 18 Abs. 4 Satz 2, § 13 Abs. 7, § 20 Abs. 1 Nr. 4 Satz 2, § 21 Abs. 1 Satz 2 EStG. So ist § 15a EStG selbst bei der vermögensverwaltenden GmbH & Co. KG zu beachten, ebenso wie bei der typischen oder atypischen GmbH & Still.

Den **Grundtatbestand** bilden § 15a Abs. 1 Satz 1, Abs. 2 und Abs. 4 Satz 1 EStG. Verlustausgleich und -abzug werden danach beschränkt, inwieweit ein negatives Kapitalkonto

- entsteht (1. Alternative) oder
- sich erhöht (2. Alternative).

Der Grund für diese Ausgleichsbeschränkung besteht darin, dass der Kommanditist den ihm zugerechneten Verlustanteil wirtschaftlich regelmäßig nicht tragen muss. Er ist wegen seiner handelsrechtlichen Haftungsbegrenzung gem. § 171 Abs. 1 HGB vor Ansprüchen der Gläubiger geschützt und nicht zum Nachschuss verpflichtet.

Zur **Bestimmung des Kapitalkontos** i.S.d. § 15a EStG sind zunächst alle Kapitalkonten des Gesellschafters aus der Steuerbilanz der Gesellschaft zu berücksichtigen, nicht also Darlehens- oder Verrechnungskonten des Gesellschafters, die weder gesellschaftsrechtlich gebundenes Kapital ausweisen noch der Verlustverrechnung dienen. Wegen der besonderen Ausrichtung des § 15a EStG auf die Haftung gem. § 171 Abs. 1 HGB kommt es für § 15a EStG nur auf den steuerlichen Ausweis des Gesamthandsvermögens an. Deshalb sind auch die Kapitalkonten aus Ergänzungsbilanzen zu berücksichtigen, nicht dagegen solche aus Sonderbilanzen (BFH vom 14.05.1991, BStBl II 1992, 167; BMF vom 30.05.1997, BStBl I 1997, 627).

Beispiel 1

Das Kapitalkonto (Handelsbilanz/Steuerbilanz) des Kommanditisten K

beträgt zum 01.01.11	100 T€
Seine im HR eingetragene Haftsumme beträgt	80 T€
Er hat bislang als Einlage geleistet:	80 T€
Sein Verlustanteil 11 beträgt	135 T€
Sein Verlustanteil 12 beträgt	65 T€
Die Finanzierungskosten für seine Beteiligung betragen in 11 und 12 zusätzlich jeweils	15 T€

Lösung

Der Kredit zur Finanzierung der Beteiligung stellt SBV II dar, die Finanzierungskosten sind Sonderbetriebsausgaben. Das Kapital im SBV und die Sonderbetriebsausgaben werden durch § 15a EStG nicht erfasst.

Kapitalkonto zum 01.01.11 (ohne SBV/Sonderbetriebsausgaben):	100 T€
Verlust 11	./. 135 T€
Kapitalkonto zum 31.12.11:	./. 35 T€

[insoweit **entsteht** ein negatives Kapitalkonto]

135 T€	Verlustanteil 11, davon	100 T€ ausgleichsfähig	35 T€ verrechenbar (§ 15a Abs. 4 EStG)
15 T€	Finanzierungskosten als Sonderbetriebsausgaben	15 T€ ausgleichsfähig	
150 T€	Summe 11	115 T€ ausgleichsfähig	35 T€ verrechenbar (aus 11)

Kapitalkonto zum 01.01.12 (ohne SBV/Sonderbetriebsausgaben):	./. 35 T€
Verlust 02	./. 65 T€
Kapitalkonto zum 31.12.12:	./. 100 T€

[das negative Kapitalkonto **erhöht sich** um 65 T€]

65 T€	Verlustanteil 12, davon	0 T€ ausgleichsfähig	65 T€ verrechenbar (§ 15a Abs. 1 EStG)
15 T€	Finanzierungskosten als Sonderbetriebsausgaben	15 T€ ausgleichsfähig	
80 T€	Summe 12	15 T€ ausgleichsfähig	65 T€ verrechenbar (aus 12)

Zum 31.12.11 wird gem. § 15a Abs. 4 Satz 1 EStG ein verrechenbarer Verlust von 35 T€ festgestellt.

Zum 31.12.12 wird gem. § 15a Abs. 4 Satz 2 EStG der verrechenbare Verlust auf 100 T€ fortgeschrieben.

Der als nur verrechenbar erfasste Verlustanteil des jeweiligen Jahres geht nicht in die Einkünfteermittlung der Jahre 11 und 12 ein. Er vermindert gem. § 15a Abs. 2 EStG die Gewinne, die dem Kommanditisten in späteren Wj. aus seiner Beteiligung an der Kommanditgesellschaft zuzurechnen sind.

Beispiel 2

Das Kapitalkonto (Handelsbilanz/Steuerbilanz) des Kommanditisten K

beträgt zum 01.01.11	100 T€
Seine im HR eingetragene Haftsumme beträgt	80 T€
Er hat bislang als Einlage geleistet:	80 T€
Sein Verlustanteil 11 beträgt	235 T€
Kapital laut Ergänzungsbilanz zum 01.01.11	100 T€
Die AfA aus der Ergänzungsbilanz betrugen	15 T€

Lösung

Das Kapital laut Ergänzungsbilanz gehört zum Kapitalkonto i.S.d. § 15a EStG; auch die AfA aus der Ergänzungsbilanz erhöht den von § 15a EStG erfassten Verlust.

Kapitalkonto zum 01.01.11 (mit Ergänzungsbilanz):	200 T€
Verlust 01	./. 250 T€
Kapitalkonto zum 31.12.11:	./. 50 T€

[es **entsteht** ein negatives Kapitalkonto]

250 T€ Verlustanteil 11, davon 200 T€ ausgleichsfähig 50 T€ verrechenbar (§ 15a Abs. 4 EStG)

Auf einige aktuelle Sonderprobleme des § 15a EStG soll an dieser Stelle lediglich hingewiesen werden. Der Statuswechsel zum Kommanditisten (dazu BFH vom 14.10.2003, BStBl II 2004, 118) oder zum persönlich haftenden Gesellschafter (dazu BFH vom 14.10.2003, BStBl II 2004, 115) findet bereits zum Zeitpunkt des Gesellschafterbeschlusses statt (BFH vom 12.02.2004, BStBl II 2004, 423). Eine brillant begründete Entscheidung des BFH, nach der nicht sofort verbrauchte nachträgliche Einlagen mittels eines Merkpostens zusätzliches Ausgleichspotenzial verschaffen (BFH vom 14.10.2003, BStBl II 2004, 359), hat das BMF ohne jede Begründung mit einem Nichtanwendungserlass bedacht (BMF vom 14.04.2004, BStBl I 2004, 463). Bei mehrstufigen KG ist § 15a EStG ebenfalls anzuwenden (BFH vom 18.12.2003, BStBl II 2004, 231). Hier tritt die Verlustausgleichsbeschränkung mittelbar über die Obergesellschaft ein. Die Minderung des Kapitalkontos in der Untergesellschaft darf in der Obergesellschaft nicht erneut die Anwendung des § 15a EStG auslösen (dazu OFD Chemnitz vom 05.02.1998, FR 1998, 289).

2.2.5.2 Erweiterter Verlustausgleich und -abzug nach § 15a Abs. 1 Satz 2 und 3 EStG

Soweit den Kommanditisten eine **überschießende Außenhaftung** gem. § 171 Abs. 1 HGB trifft, erweitert sich gem. § 15a Abs. 1 Satz 2 und 3 EStG der Verlustausgleich oder -abzug. Während § 15a Abs. 1 Satz 1 EStG nur den Verbrauch der geleisteten Einlage als »echten« Verlust anerkennt, nimmt Satz 2 nun eine Erweiterung vor, indem er eine über die geleistete Einlage hinaus bestehende Haftung des Kommanditisten zusätzlich als beachtliches Verlustrisiko einstuft.

Zu beachten ist, dass § 15a EStG nicht jede zivilrechtliche Haftung des Kommanditisten akzeptiert. Ausschließlich eine Haftung nach § 171 Abs. 1 HGB wird berücksichtigt. Haftet der Kommanditist nach einer anderen Vorschrift, etwa nach § 172 Abs. 2 HGB oder nach § 176 HGB, dann findet § 15a Abs. 1 Satz 2 EStG keine Anwendung. Der Gesetzgeber ignoriert damit bewusst erhebliche Risiken, die ein Kommanditist im Einzelfall zu tragen hat. Dieser »rechtspolitische Fehler« kann jedoch nach Auffassung des BFH nicht zu einer entsprechenden Anwendung des § 15a Abs. 1 Satz 2 EStG führen (BFH vom 28.05.1993, BStBl II 1993, 665). Verfassungsrechtliche Bedenken hat der BFH insoweit nicht (BFH vom 14.12.1999, BStBl II 2000, 265).

Zum Verständnis des § 171 Abs. 1 HGB ist es erforderlich, die misslungene Wortwahl des HGB zu beachten. Der im Gesetz verwendete Begriff der Einlage hat nämlich zumindest drei Bedeutungen. Er kann zum ersten die im HR eingetragene **Haftsumme** ansprechen, die den Betrag angibt, auf den die Haftung des Kommanditisten im Außenverhältnis gegenüber den Gläubigern der KG begrenzt ist. Zum zweiten kann er die **Pflichteinlage** bezeichnen, die der Kommanditist im Verhältnis der Gesellschafter untereinander einzulegen verpflichtet ist. Zum dritten kann Einlage auch einfach nur die **tatsächlich geleistete Einlage** meinen. Ein Kommanditist, der mit einer Haftsumme von 300 T€ eingetragen ist, den Gläubigern also bis zu diesem Betrag geradestehen muss, kann im Innenverhältnis der Gesellschafter nur zu einer Einlage von 200 T€ verpflichtet sein, tatsächlich aber erst 100 T€ eingelegt haben.

In § 171 Abs. 1 HGB spricht der 1. HS die im HR eingetragene Haftsumme an, während sich der 2. HS auf die tatsächlich geleistete Einlage bezieht. Die Pflichteinlage ist für § 171 Abs. 1 HGB ohne Bedeutung. Daraus ergibt sich, dass der Kommanditist, der mit einer Haftsumme von 300 T€ eingetragen ist und eine Einlage von 100 T€ tatsächlich geleistet hat, den Gläubigern gegenüber noch mit maximal 200 T€ haftet. Er hat also eine seine Einlage überschießende Außenhaftung von 200 T€.

Der Verbrauch der Einlage von 100 T€ führt dann bereits nach § 15a Abs. 1 Satz 1 EStG zum Verlustausgleich oder -abzug. § 15a Abs. 1 Satz 2 und 3 EStG regelt ausschließlich den zusätzlichen Verlustausgleich oder -abzug infolge der überschießenden Außenhaftung von 200 T€. Hat der Kommanditist bereits im Jahr der Einlage einen Verlustanteil von 400 T€ zu tragen, kann er 100 T€ nach § 15a Abs. 1 Satz 1 EStG mit anderen positiven Einkünften des gleichen Jahres ausgleichen und nach § 15a Abs. 1 Satz 2 und 3 EStG weitere 200 T€. Die verbleibenden 100 T€ werden nach § 15a Abs. 4 Satz 1 EStG als verrechenbarer Verlust gesondert festgestellt und gem. § 15a Abs. 2 EStG mit den Gewinnanteilen künftiger Jahre verrechnet.

Voraussetzung des erweiterten Verlustausgleichs i.S.d. § 15a Abs. 1 Satz 2 EStG ist, dass die zusätzlichen Kriterien des § 15a Abs. 1 Satz 3 EStG erfüllt sind. Der Kommanditist muss im HR eingetragen sein, das Bestehen seiner Haftung muss nachgewiesen sein und seine Vermögensminderung auf Grund der Haftung darf nicht durch Vertrag ausgeschlossen oder nach Art und Weise des Geschäftsbetriebs unwahrscheinlich sein.

Bei der Anwendung des § 171 Abs. 1 HGB ist eine **Einlagenrückgewähr** gem. § 172 Abs. 4 HGB zu beachten. Sobald einem Kommanditisten eine bereits geleistete Einlage zurückgewährt wird, gilt diese als den Gläubigern gegenüber nicht geleistet. Damit lebt die eigentlich schon ausgeschlossene Haftung nach § 171 Abs. 1 HGB wieder auf. Dies geschieht beispielsweise dann, wenn ein Kommanditist bei seinem Ausscheiden abgefunden wird. Aber auch laufende Entnahmen des Kommanditisten können dieses Ergebnis herbeiführen.

Beispiel

Das Kapitalkonto (Handelsbilanz/Steuerbilanz) des Kommanditisten K

beträgt zum 01.01.11	200 T€
Seine im HR eingetragene Haftsumme beträgt	200 T€
Er hat bislang als Einlage geleistet:	200 T€
Er entnimmt in 11	100 T€
Sein Verlustanteil 11 beträgt	150 T€
Sein Verlustanteil 12 beträgt	150 T€

Lösung

Die Entnahme in 11 stellt sich als Einlagenrückgewähr i.S.d. § 172 Abs. 4 HGB dar, die die überschießende Außenhaftung gem. § 171 Abs. 1 HGB i.H.v. 100 € wieder aufleben lässt. Das hat gem. § 15a Abs. 1 Satz 2 und 3 EStG einen erweiterten Verlustausgleich zur Folge.

Kapitalkonto zum 01.01.11:	200 T€
Entnahmen 11	./. 100 T€
Verlust 11	./. 150 T€
Kapitalkonto zum 31.12.11:	./. 50 T€

[insoweit **entsteht** ein negatives Kapitalkonto]

150 T€	Verlustanteil 11, davon	100 T€	ausgleichsfähig (Satz 1)	
		50 T€	ausgleichsfähig (Satz 2)	0 T€ verrechenbar (§ 15a Abs. 4 EStG)
	Summe 11	150 T€	ausgleichsfähig	0 T€ verrechenbar (aus 01)

Kapitalkonto zum 01.01.12:	./. 50 T€
Verlust 02	./. 150 T€
Kapitalkonto zum 31.12.12:	./. 200 T€

[das negative Kapitalkonto **erhöht sich** um 150]

150 T€	Verlustanteil 12, davon	0 T€	ausgleichsfähig (Satz 1)	
		50 T€	ausgleichsfähig (Satz 2)	100 T€ verrechenbar (§ 15a Abs. 4 EStG)
	Summe 12	50 T€	ausgleichsfähig	100 T€ verrechenbar (aus 12)

Im Jahr 12 stehen nur noch 50 T€ für den erweiterten Verlustausgleich zur Verfügung, weil die übrigen 50 T€ bereits in 11 verbraucht wurden. Der erweiterte Verlustausgleich kann insgesamt nur einmal gewährt werden (BFH vom 26.08.1993, BStBl II 1994, 627).

Wenn ein Kommanditist eine Einlage leistet, nachdem er zuvor den erweiterten Verlustausgleich des § 15a Abs. 1 Satz 2 EStG in Anspruch genommen hat, dann muss § 15a Abs. 1 Satz 1 EStG u. U. im Anschluss entgegen seinem Wortlaut ausgelegt werden. Wenn K im Beispielsfall die entnommenen 100 T€ in 03 wieder einlegt und einen Verlustanteil 03 von 50 T€ zugewiesen bekommt, dann wäre nach dem Wortlaut des § 15a Abs. 1 Satz 1 EStG der volle Verlustausgleich möglich, weil ein negatives Kapitalkonto weder entsteht noch sich erhöht. Das negative Kapitalkonto mindert sich durch die Einlage und den Verlust von ./. 200 T€ auf ./. 150 T€. Es ist aber zu berücksichtigen, dass infolge der Einlage von 100 T€ die erweiterte Außenhaftung wegfällt, die bisher zu einem erweiterten Verlustausgleich von 100 T€ geführt hat. Die tatsächlich geleistete Einlage ist also nur an die Stelle der erweiterten Außenhaftung getreten und kann deshalb kein zusätzliches Verlustausgleichspotenzial herbeiführen (R 15a Abs. 3 Satz 8 EStR).

Beispiel

Das Kapitalkonto (Handelsbilanz/Steuerbilanz) des Kommanditisten K

beträgt zum 01.01.01	50 T€
Seine im Handelsregister eingetragene Haftsumme beträgt	100 T€
Er hat bislang als Einlage geleistet:	50 T€
Sein Verlustanteil 01 beträgt	100 T€
In 02 legt er ein	70 T€
Sein Verlustanteil 02 beträgt	100 T€

Lösung

Die Entnahme in 01 stellt sich als Einlagenrückgewähr i.S.d. § 172 Abs. 4 HGB dar, die die überschießende Außenhaftung gem. § 171 Abs. 1 HGB i.H.v. 100 T€ wieder aufleben lässt. Das hat gem. § 15a Abs. 1 Satz 2 und 3 EStG einen erweiterten Verlustausgleich zur Folge.

Kapitalkonto zum 01.01.01:			50 T€
Verlust 01			./. 100 T€
Kapitalkonto zum 31.12.01:			./. 50 T€
			[insoweit **entsteht** ein negatives Kapitalkonto]
100 T€ Verlustanteil 01, davon	50 T€ ausgleichsfähig (S. 1)		
	50 T€ ausgleichsfähig (S. 2)	0 verrechenbar (§ 15a Abs. 4 EStG)	
Summe 01	100 T€ ausgleichsfähig	0 verrechenbar (aus 01)	
Kapitalkonto zum 01.01.02:			./. 50 T€
Einlage 02			70 T€
Verlust 02			./. 100 T€
Kapitalkonto zum 31.12.02:			./. 80 T€
			[das negative Kapitalkonto **erhöht sich** um 30 T€]
100 T€ Verlustanteil 02, davon	20 T€ ausgleichsfähig (Satz 1 gegen den Wortlaut)		
0 T€ ausgleichsfähig (Satz 2)	80 T€ verrechenbar (§ 15a Abs. 4 EStG)		
Summe 02	20 T€ ausgleichsfähig	80 T€ verrechenbar (aus 02)	

Weil infolge der Einlage der Grund für den in 01 gewährten erweiterten Verlustausgleich entfällt, ist gem. § 15a Abs. 1 Satz 1 EStG kein Verlustausgleich von 70 T€ (Wortlaut), sondern nur von 20 T€ (= 70 T€ ./. 50 T€) möglich.

Hinweis

Mit einer **rechtzeitigen** Einlage im Jahr des sich abzeichnenden Verlustes konnte der Verlust **ausgleichsfähig** gestellt werden. Durch die Einführung des § 15 Abs. 1a EStG durch das JStG 2009 gilt dies gem. § 52 Abs. 33 Satz 6 EStG jedoch nur noch für Einlagen, die vor dem 25.12.2008 geleistet wurden.

Nachträgliche Einlagen ab dem 24.12.2008 führen gem. § 15a Abs. 1a EStG weder zu einer Ausgleichs- oder Abzugsfähigkeit eines vorhandenen verrechenbaren Verlustes in diesem Verlustjahr noch im künftigen Wj., soweit durch den Verlust ein negatives Kapitalkonto entsteht oder sich erhöht.

Definition der »nachträglichen Einlagen«: Es handelt sich um diejenigen Einlagen, die **nach Ablauf** eines Wj. geleistet werden, in dem ein nicht ausgleichs- oder abzugsfähiger Verlust entstanden oder ein Gewinn nach § 15a Abs. 3 Satz 1 EStG zugerechnet worden ist.

Die nachträgliche Einlage führt außer im Jahr der Einlage selbst nur noch im Falle der Veräußerung des Mitunternehmeranteils bzw. der Betriebsaufgabe zu einer Umpolung von verrechenbaren in **ausgleichs- bzw. abzugsfähige Verluste**.

Beispiel

Einem Kommanditisten (K) mit einer voll eingezahlten Einlage von 10 T€ wird im Jahr 2011 ein laufender Verlust i.H.v. 50 T€ zugewiesen. Ausgleichsfähig sind 10 T€, ein verrechenbarer Verlust von 40 T€ wird zum 31.12.2011 festgestellt. Zum Ende des Jahres 2012 zeichnet sich ein weiterer Verlust i.H.v. 40 T€ ab, den K mit einer Einlage von 50 T€ zum Verlustausgleich (40 T€) verhelfen kann.

Lösung

Somit hätte K (nach BFH vom 14.10.2003, BStBl II 2004, 359; vom 13.09.2007, BFH/NV 2008, 39) im folgenden Jahr 2013 noch 10 T€ ausgleichsfähigen Verlust gut gehabt. Dem Nichtanwendungserlass (BMF vom 19.11.2007, BStBl I 2007, 823) folgte nun der Gesetzgeber: Die 10 T€ sind im Verlustjahr 2013 nur verrechenbare Verluste.

2.2.5.3 Einlage- und Haftungsminderung

Nicht jede Entnahme führt zu einer Einlageminderung i.S.d. § 15a Abs. 3 Satz 1 EStG. Die Einlageminderung i.S.d. § 15a Abs. 3 Satz 1 EStG setzt vielmehr voraus, dass

- ein negatives Kapitalkonto des Kommanditisten **durch Entnahmen** entsteht oder sich erhöht
- und aufgrund der Entnahmen **keine überschießende Außenhaftung** i.S.d. § 15a Abs. 1 Satz 2 EStG besteht oder entsteht.

Eine Entnahme, die als Einlageminderung i.S.d. § 172 Abs. 4 HGB die erweiterte Außenhaftung gem. § 171 Abs. 1 HGB herstellt, kommt daher für § 15a Abs. 3 EStG nicht in Betracht. Damit verbleiben nur solche Entnahmen, die keine erweiterte Außenhaftung auslösen. Es geht also um die Fälle, in denen der Kommanditist zunächst einen Betrag oberhalb der eingetragenen Haftsumme eingelegt und anschließend wieder bis zum Betrag der Haftsumme entnommen hat.

Die Einlageminderung löst zwei Rechtsfolgen aus:

- Zum Ersten ist dem Kommanditisten gem. § 15a Abs. 3 Satz 1 und 2 EStG der Betrag dieser Einlageminderung als **Gewinn** zuzurechnen. Damit wird ein Verlust, der wegen der hohen Einlage in früheren Jahren ausgleichsfähig war, nachträglich (aber nicht rückwirkend) als nicht ausgleichsfähig behandelt. Insoweit besteht nach § 15a Abs. 3 Satz 2 EStG eine zeitliche Begrenzung von elf Jahren.
- Zum Zweiten mindert der als Gewinn zuzurechnende Betrag gem. § 15a Abs. 3 Satz 4 EStG die Gewinne, die dem Kommanditisten im Wj. der Zurechnung oder in späteren Wj. aus seiner Beteiligung an der KG zuzurechnen sind. Auf diese Weise behandelt der Gesetzgeber den nachträglich aberkannten Verlustausgleich als **verrechenbaren Verlust**.

In der Gesamtsicht wird der Gesellschafter annähernd so behandelt, als hätte er die wieder entnommene Einlage oberhalb der Haftsumme nicht geleistet.

Beispiel

Das Kapitalkonto (Handelsbilanz/Steuerbilanz) des Kommanditisten K

beträgt zum 01.01.11	50 T€
Seine im HR eingetragene Haftsumme beträgt	50 T€
Er hat bislang als Einlage geleistet	50 T€
In 11 leistet er eine zusätzliche Einlage	100 T€
Sein Verlustanteil 11 beträgt	150 T€
Seine Entnahmen 12 betragen	100 T€
Sein Verlustanteil 12 beträgt	50 T€

Lösung

Die Entnahme in 12 von 100 T€ lässt die überschießende Außenhaftung gem. § 171 Abs. 1 HGB nicht wieder aufleben, weil die tatsächlich geleistete Einlage insgesamt 150 T€, die Haftsumme aber nur 50 T€ beträgt. Deshalb liegt, weil die Entnahme zum negativen Kapitalkonto führt, eine Einlageminderung i.S.d. § 15a Abs. 3 EStG vor.

Kapitalkonto zum 01.01.11:	50 T€
Einlage 11	100 T€
Verlust 11	./. 150 T€
Kapitalkonto zum 31.12.11:	0 T€

[insoweit entsteht kein negatives Kapitalkonto]

150 € Verlustanteil 11, davon 150 T€ ausgleichsfähig (Satz 1)

Kapitalkonto zum 01.01.12:	0 T€
Entnahme 12	./. 100 T€
Verlust 12	./. 50 T€
Kapitalkonto zum 31.12.12:	./. 150 T€

[insoweit **entsteht** ein negatives Kapitalkonto]

50 T€ **Verlustanteil** 12, davon 0 T€ ausgleichsfähig (Satz 1)

0 T€ ausgleichsfähig (Satz 2) 50 T€ verrechenbar

Einlageminderung (Abs. 3)

a) Satz 1:	100 T€	Gewinn 12				
b) Satz 4:	100 T€	verrechenbar				
Summe 12:	100 T€	Gewinn 12	0 T€	ausgleichsfähig	150 T€	verrechenbar

Im Ergebnis wird K so gestellt, als habe er die zusätzliche Einlage weder geleistet noch später entnommen, allerdings mit einer zeitlich abweichenden Verteilung. Der ausgleichsfähige Verlust in 11 von 150 T€ kam in dieser Höhe nur infolge der zusätzlichen Einlage von 100 T€ zustande. Ohne die Einlage, die mit der Entnahme in 12 rückgängig gemacht wurde, hätten in 11 nur 50 T€ ausgeglichen werden können und 100 T€ wären verrechenbar gewesen. Die Zurechnung eines Gewinns von 100 T€ in 12 kompensiert deshalb den überhöhten Verlustausgleich 11. Damit der wiederhergestellte Verlust dem K nicht gänzlich verloren geht, werden diese 100 T€ als künftig verrechenbarer Verlust behandelt.

Die Haftungsminderung gem. § 15a Abs. 3 Satz 3 EStG beruht auf denselben Prinzipien und einem vergleichbaren Grundgedanken. Hier wird die erweiterte Außenhaftung, die bisher zur erweiterten Anerkennung ausgleichsfähiger Verluste geführt hat, im Nachhinein beseitigt, indem die Haftsumme im HR herabgesetzt wird. Auch hier reagiert der Gesetzgeber damit, dass früherer Verlustausgleich durch spätere Gewinnzurechnung kompensiert und ergänzend verrechenbarer Verlust zuerkannt wird.

2.2.6 Gründung und Beendigung der GmbH & Co. KG

LITERATURHINWEISE:
Carlé/Strahl, Gestaltungspraxis: Formwechsel der GmbH in die GmbH & Co. KG im Zivil- und Steuerrecht, KÖSDI 2005, 14830; *Gassmann*, Wege aus der GbR in die GmbH & Co. KG in handels- und steuerbilanzieller Sicht, DB 2004, 2066.

2.2.6.1 Wege in die GmbH & Co. KG

Aus einem **Einzelunternehmen** oder aus einer **PersGes** führt der einfachste Weg in die GmbH & Co. KG über den Eintritt der GmbH in das bestehende Unternehmen, z. B. §§ 28, 160 Abs. 3 HGB. Umwandlungen dieser Art werden durch § 1 UmwG nicht ausgeschlossen, weil sie durch das HGB ausdrücklich zugelassen sind. Gesellschaftsrechtlich bedarf es dazu lediglich eines KG-Vertrags mit der beitretenden Komplementär-GmbH, die zu diesem Zweck u. U. ebenfalls erst gegründet werden muss, sowie der Eintragung der Kommanditisten im HR, damit die Haftungsbegrenzung von Beginn an wirksam wird (§ 176 HGB). Die GmbH kann bereits vor ihrer Eintragung als Vorgesellschaft die Komplementärstellung einnehmen; dann haften jedoch ihre Gesellschafter gem. § 11 Abs. 2 GmbHG persönlich als Gesamtschuldner. Steuerrechtlich sind solche Vorgänge als Einbringung i.S.d. § 24 UmwStG zu behandeln.

Anders verhält es sich, wenn eine **GmbH** in eine GmbH & Co. KG umgewandelt werden soll. Hier muss die Umwandlung nach dem UmwG erfolgen. Konstruktiv kommen

- die Verschmelzung (§ 2, § 3 Abs. 1 Nr. 2 und Nr. 1 UmwG),
- die Spaltung (§ 123, § 124 Abs. 1 UmwG) oder
- der Formwechsel (§ 190, § 191 Abs. 1 Nr. 2 und Abs. 2 Nr. 2, § 226 UmwG)

in Betracht.

Weil beim Formwechsel zivilrechtlich keine Vermögensübertragung auf einen anderen Rechtsträger herbeizuführen ist, lässt sich die beabsichtigte Wirkung am einfachsten durch den **Formwechsel** erreichen. Dabei wird die GmbH gem. § 202 Abs. 1 Nr. 2 UmwG in eine beteiligungsidentische KG umgewandelt. Damit auf diesem Wege eine GmbH & Co. KG entstehen kann, ist deshalb vorab eine eventuell neu zu gründende GmbH mit einer Mindeststammeinlage an der umzuwandelnden GmbH zu beteiligen.

Zum Formwechsel sind erforderlich:

- der Umwandlungsbericht mit Vermögensaufstellung und Entwurf des Gesellschaftsvertrags oder die notarielle Verzichtserklärung gem. § 192 Abs. 3 UmwG;
- die rechtzeitige Zuleitung des Entwurfs des Umwandlungsbeschlusses an den Betriebsrat gem. § 194 Abs. 2 UmwG;
- der notariell beurkundete Umwandlungsbeschluss mit Abfindungsangebot i.S.d. § 193, § 194 UmwG (erforderliche 3/4-Mehrheit in der Gesellschafterversammlung, § 233 Abs. 2 UmwG);
- die Anmeldung zur Eintragung ins HR gem. § 198 UmwG.

Ertragsteuerrechtlich vollzieht sich der Formwechsel nach § 14 UmwStG unter der Fiktion einer Vermögensübertragung des alten auf den neuen Rechtsträger. Dabei werden die Wirtschaftsgüter i.d.R. steuerneutral zu Buchwerten »übertragen«. Bei der GmbH entsteht deshalb regelmäßig kein Gewinn; allerdings sind die KSt-Änderungen gem. § 10 UmwStG zu beachten. Ein eventueller Verlustvortrag der GmbH geht gem. § 4 Abs. 2 Satz 2 UmwStG unter.

Die KG »übernimmt« die Wirtschaftsgüter mit den Werten, die von der GmbH angesetzt wurden (Wertverknüpfung). Gem. § 5 Abs. 2 UmwStG wird ferner unterstellt, dass die im Privatvermögen gehaltenen relevanten GmbH-Anteile vorab mit ihren AK in die KG eingelegt werden. In der Differenz zwischen den AK dieser untergehenden GmbH-Anteile und dem Wert des dafür von der GmbH »übernommenen« Vermögens entsteht bei der KG ein Übernahmegewinn oder -verlust gem. § 4 Abs. 4 UmwStG. Ein Übernahmeverlust bleibt gem. § 4 Abs. 6 UmwStG außer Ansatz; der früher vorgesehene Step-Up unterbleibt. Ein Übernahmegewinn wird gem. § 4 Abs. 7 Satz 2 UmwStG zur Hälfte angesetzt, soweit er auf natürliche Personen entfällt. Der Übernahmegewinn unterliegt gem. § 18 Abs. 2 UmwStG nicht der Gewerbesteuer.

2.2.6.2 Wege aus der GmbH & Co. KG

Wenn der Betrieb der GmbH & Co. KG künftig durch die Komplementär-GmbH einheitlich weitergeführt werden soll, kommen als Wege aus der GmbH & Co. KG insbesondere in Betracht:
- das Ausscheiden der übrigen Gesellschafter unter »Anwachsung« und Abfindung gem. § 161 Abs. 2, § 105 Abs. 3 HGB, § 738 Abs. 1 Satz 1 und 2 BGB,
- die Verschmelzung im Wege der Aufnahme durch die GmbH (§ 2 Nr. 1, § 3 Abs. 1 Nr. 1 und Nr. 2 UmwG).

Theoretisch möglich sind auch Spaltungen (§§ 123, 124 Abs. 1 UmwG) oder Formwechsel (§ 190, § 191 Abs. 1 Nr. 1 und Abs. 2 Nr. 3, § 214 UmwG). Die Spaltung aber mündet stets in die Existenz mehrerer Rechtsträger, die hier nicht erwünscht sind. Das Gleiche gilt für den Formwechsel einer GmbH & Co. KG in eine GmbH, weil dabei die bisherige Komplementär-GmbH funktionslos übrig bleibt. Ebenfalls gangbar, wenn auch zu umständlich, wäre die Sachgründung einer GmbH unter Übertragung des bisherigen Vermögens der GmbH & Co. KG im Wege der Einzelrechtsnachfolge und anschließender Liquidation von KG sowie bisheriger Komplementär-GmbH.

Am einfachsten umsetzbar ist das **Ausscheiden** der übrigen Gesellschafter. Wenn dieses so gestaltet wird, dass die ausscheidenden KG-Gesellschafter ihre bisherigen Mitunternehmeranteile in die Komplementär-GmbH einbringen und dafür neue GmbH-Anteile erhalten, dann lässt sich der Vorgang gem. § 20 UmwStG steuerneutral gestalten. Dabei ist es in wirtschaftlicher Betrachtungsweise unschädlich, dass die KG-Anteile durch die »Einbringung« untergehen, weil sich die KG ohne Liquidation auflöst (BMF vom 25.03.1998, BStBl I 1998, 268 und BMF vom 21.08.2001, BStBl I 2001, 543, Tz. 20.05). Unschädlich ist es ausnahmsweise ferner, wenn die GmbH-Anteile nicht mit eingebracht werden, weil die GmbH sonst alte eigene Anteile gegen neue Anteile erwerben müsste. Mit der Vermeidung von Steuern sind allerdings zwei Nachteile verbunden: Zum einen ist die Kapitalerhöhung gegen Einbringung von Sacheinlagen aufwändig und riskant; zum anderen ist mit der Verdopplung der stillen Reserven in den einbringungsgeborenen Anteilen die aktuell steuerneutrale Gestaltung u. U. mittelfristig teuer bezahlt. Zu den einbringungsgeborenen Anteilen gehören auch die nicht eingebrachten Alt-Anteile (BMF vom 25.03.1998, BStBl I 1998, 268 und BMF vom 21.08.2001, BStBl I 2001, 543, Tz. 20.11).

Auch die **Verschmelzung** im Wege der Aufnahme durch die GmbH führt steuerrechtlich zur (analogen) Anwendung des § 20 UmwStG.

2.3 Erscheinungsformen der GmbH & Co. KG

LITERATURHINWEISE:
Schmidt, Gesellschaftsrecht, 4. Aufl. 2002, § 56 II 3; *Wagner/Rux*, Die GmbH & Co. KG, 10. Aufl. 2004.

Die GmbH & Co. KG ist erstaunlich flexibel einsetzbar. Es darf daher kaum verwundern, dass sie in vielen Varianten in Erscheinung tritt. Die nachfolgende Beschreibung einzelner Erscheinungsformen bietet einen gewissen Überblick, ist aber keineswegs abschließend.

2.3.1 Typische GmbH & Co. KG

Die **typische GmbH & Co. KG** ist dadurch gekennzeichnet, dass die GmbH einziger Komplementär der KG ist und ihre Tätigkeit auf die Geschäftsführung und Vertretung in der KG beschränkt.

2.3.1.1 Einmann-GmbH & Co. KG

Bei der Einpersonen-GmbH & Co. KG gibt es nur eine natürliche Person als Gesellschafter sowohl der GmbH als auch der KG. In klassischer Umschreibung ist es eine typische GmbH & Co. KG als Organisationsform, bei der die psychologische Motivation eines Einzelunternehmers mit der Haftung einer GmbH und den steuerlichen Transparenz-Vorteilen einer KG (Verlustberücksichtigung) verbunden werden können. Sie hat darüber hinaus noch weitere Vorteile (Diversifizierung der Nachfolgegestaltung).

In diesen Fällen ist es besonders wichtig, eine wirksame Befreiung vom Selbstkontrahierungsverbot zu erreichen. Das setzt nach h.M. die Eintragung im HR voraus. Zur Pensionsrückstellung (einschl. Witwenversorgung) für den mitarbeitenden Ehegatten der alleinigen Gesellschafterin vgl. BFH vom 21.04.1988, BStBl II 1988, 883.

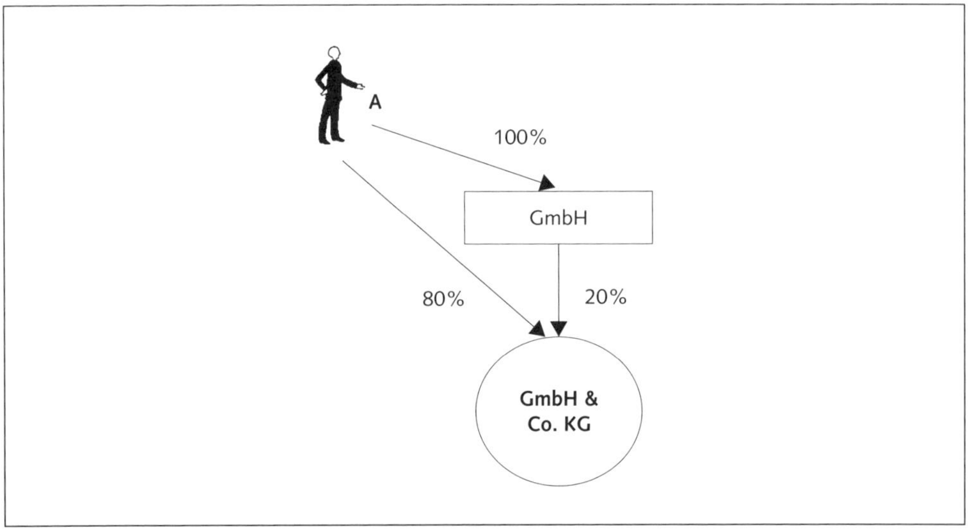

Abbildung 19: Einmann-GmbH & Co. KG

Die Einmann-GmbH & Co. KG wäre vielfach die geeignetere Rechtsform für heutige Einzelunternehmer. Abgesehen von dem Haftungsvorteil, den die GmbH & Co. KG bietet, kann sie auch der Vorbereitung einer allmählichen Nachfolge dienen. Ideal ist die Einmann-GmbH & Co. KG auch als Auffangbecken für einzelne WG oder zur Abschirmung von SBV anderer PersGes.

2.3.1.2 Personengleiche »echte« GmbH & Co. KG

Bei der **personengleichen »echten« GmbH & Co. KG** sind die Gesellschafter der Komplementär-GmbH mit gleicher Beteiligungsrelation auch die Kommanditisten der KG. Hier lassen sich Interessenkonflikte zwischen den beiden Gesellschaften besonders gut vermeiden. Diese Form findet sich insbesondere bei Familien-PersGes ab der zweiten Generation, wenn die gleichmäßige Aufteilung eines vormaligen Einzelunternehmens oder einer Einmann-GmbH & Co. KG auf Familienstämme angestrebt wird.

Hier besteht ohnehin schon die Gefahr von Interessenkonflikten zwischen den Familienstämmen. Solche Konflikte können sich aber unangemessen zuspitzen, wenn die Machtverhältnisse in GmbH und KG unterschiedlich verteilt sind.

Der angestrebte Gleichlauf zwischen beiden Gesellschaften bedarf der doppelten Absicherung: zum einen müssen die Regelungen über die Willensbildung in beiden Gesellschaften (HGB vs. GmbHG) gesellschaftsvertraglich synchronisiert werden, zum anderen ist die Harmonisierung ins bes. in Fällen der Gesellschafternachfolge oder des Gesellschafterwechsels in beiden Gesellschaften abzusichern.

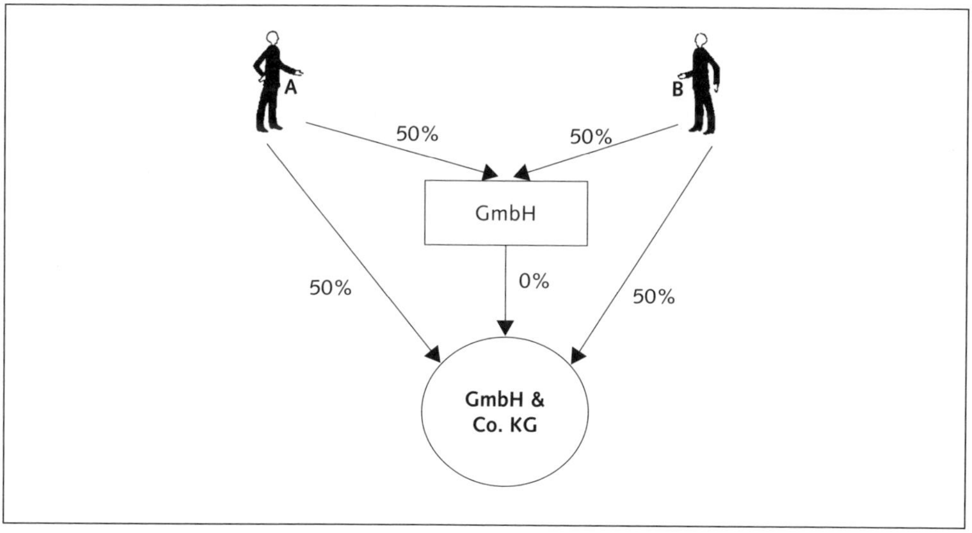

Abbildung 20: »Echte« GmbH & Co. KG

Angemessene Nachfolgeregelungen bereiten besondere Schwierigkeiten. Der GmbH-Anteil ist – wenn auch nur in notarieller Form – grundsätzlich frei übertragbar, während die Veräußerung des KG-Anteils grundsätzlich der Zustimmung der übrigen Gesellschafter bedarf. Die Gesellschafterstellung bei einer PersGes kann zudem im Wege der qualifizierten Nachfolgeklausel außerhalb der Erbmasse an einzelne Nachfolger übertragen werden. Die Anteile an einer GmbH fallen dagegen zwingend in die Erbmasse und sind alsdann Gegenstand der Erbauseinandersetzung. Wenn hier keine besonderen Vorkehrungen getroffen werden, etwa durch sanktionsbewehrte Vorausverfügungen, dann kann die gleichmäßige Aufteilung der Beteiligungen kaum über mehrere Generationen aufrechterhalten werden.

Das äußere Erscheinungsbild einer personenidentischen GmbH & Co. KG ist häufig auch dadurch geprägt, dass die GmbH trotz ihrer Komplementärfunktion weder am Vermögen der KG noch am quotal zu verteilenden Gewinn beteiligt ist. Für ihre Geschäftsführung, Vertretung und Haftung erhält sie stattdessen entweder Sondervergütungen oder einen Vorabgewinn. Gesellschaftsrechtlich ist dies heute unproblematisch. Auch steuerrechtlich ist die Mitunternehmerschaft der Komplementär-GmbH im Hinblick auf die unbeschränkte Haftung gem. § 128 HGB unzweifelhaft.

Tipp

Bei einer personenidentischen GmbH & Co. KG sollte von Anfang an für eine Synchronisation der beiden Gesellschaften Sorge getragen werden.

2.3.1.3 Einheits-GmbH & Co. KG

LITERATURHINWEIS:
Binz/Sorg, Die GmbH & Co. KG, 10. Aufl. 2005, § 8.

Auch die **Einheits-GmbH & Co. KG** ist eine Sonderform der typischen GmbH & Co. KG. Bei ihr hält die KG alle Anteile an ihrer Komplementär-GmbH, die ihrerseits nur über ihre KG-Beteiligung verfügt. Diese Konstruktion wurde geschaffen, um die Harmonisierungsprobleme zwischen GmbH und KG einfacher lösen zu können. Weil die GmbH-Anteile allein von der KG gehalten werden, ist die Gefahr eines Auseinanderdriftens von KG-Beteiligungen einerseits und GmbH-Beteiligungen andererseits mit dieser Gestaltung gebannt.

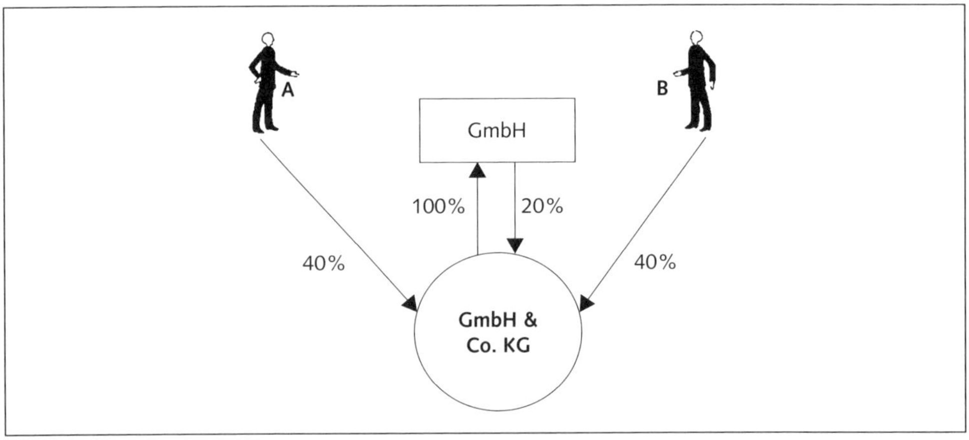

Abbildung 21: Einheits-GmbH & Co. KG

Mit der wechselseitigen Beteiligung von GmbH und KG wurden aber neue und schwer lösbare Haftungs- und Willensbildungsprobleme erzeugt. Vielfach wird deshalb von einer derartigen Gestaltung abgeraten. Genau so oft wird sie uneingeschränkt empfohlen. Das zentrale

Problem der wechselseitigen Steuerung – einerseits steuert die GmbH als Komplementärin die KG, andererseits die KG als Alleingesellschafterin die GmbH – hat die Kautelarpraxis jedenfalls weitgehend gelöst: In beiden Gesellschaftsverträgen wird verankert, dass das Stimmrecht in der Gesellschafterversammlung der GmbH von den Kommanditisten nach Maßgabe ihrer KG-Beteiligung ausgeübt wird. Man spricht deshalb von einer »Kommanditisten-Versammlung«.

Der BFH hat die Einheits-GmbH & Co. KG seit langem grundsätzlich anerkannt (BFH vom 09.05.1985, BStBl II 1985, 683). In dieser Entscheidung hat der BFH eine vGA angenommen, wenn alle Anteile an einer Einheits-GmbH & Co. KG an denselben Erwerber veräußert werden, ohne dass die GmbH eine angemessene Gegenleistung für ihren Komplementäranteil erhält.

Tipp

Eine Einheits-GmbH & Co. KG sollte nur gründen, wer bereit ist, sich mit den zahlreichen Problemen auseinanderzusetzen.

2.3.2 Sonderformen der GmbH & Co. KG

2.3.2.1 Nicht personenidentische (»unechte«) GmbH & Co. KG

Die **nicht personenidentische (»unechte«) GmbH & Co. KG** tritt ebenfalls in zahlreichen Varianten auf und ist entsprechend weit verbreitet. Auch mit ihr lassen sich sehr unterschiedliche Ziele verfolgen.

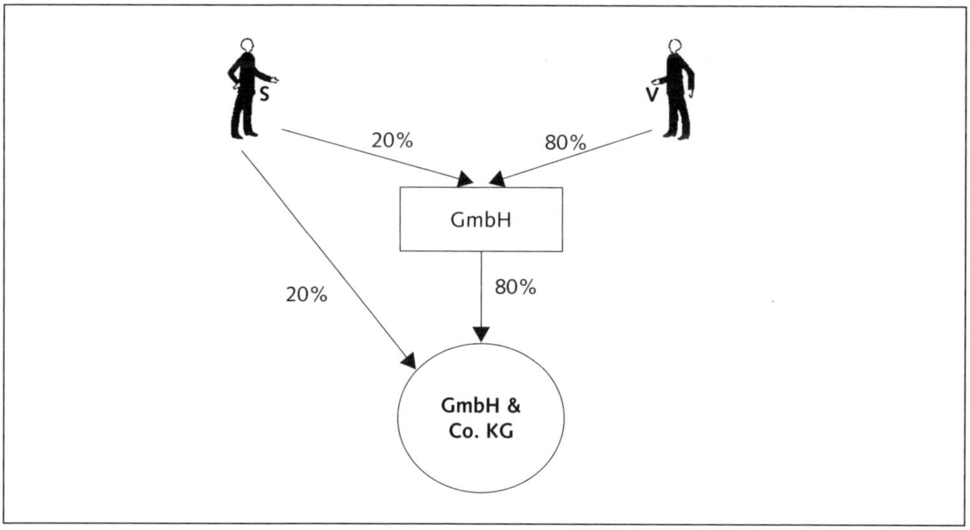

Abbildung 22: »Unechte« GmbH & Co. KG (Variante 1)

Beispielsweise kann der an der KG nicht beteiligte, das Unternehmen aber über die GmbH dominierende Vater (V) in der Komplementär-GmbH als Geschäftsführer auftreten, ohne dass sein Geschäftsführergehalt als Sondervergütung hinzugerechnet werden müsste. Auf diese Weise lassen sich für V sogar steuerlich wirksame Pensionsrückstellungen bilden.

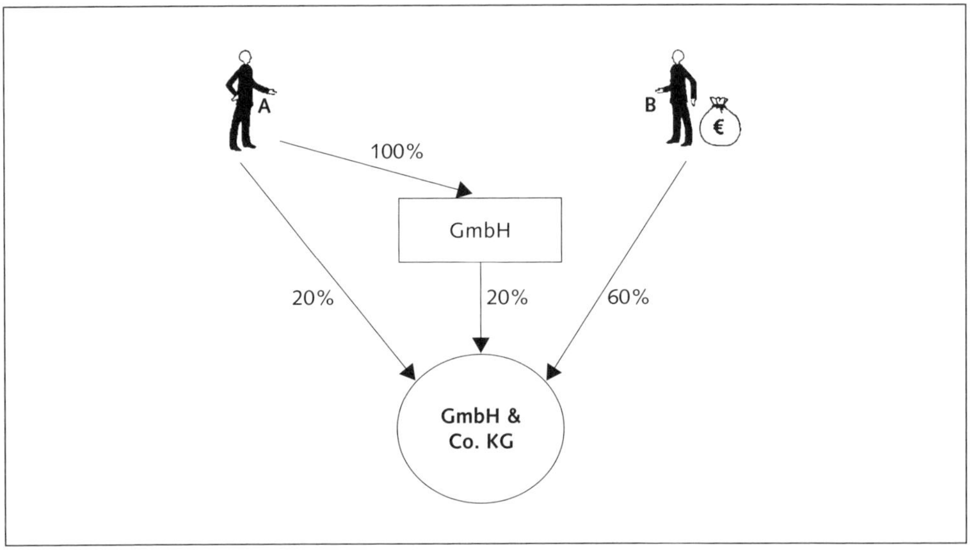

Abbildung 23: »Unechte« GmbH & Co. KG (Variante 2)

In anderen Fällen sollen einzelne Kommanditisten lediglich als Kapitalgeber fungieren, auf die Willensbildung des Unternehmens also keinen Einfluss haben. Dann kann es sich empfehlen, diese Kommanditisten nicht an der GmbH zu beteiligen. Die gleiche Gestaltung bietet sich an, wenn die nachfolgende Generation allmählich an das Unternehmen herangeführt werden soll.

2.3.2.2 Mehrstufige GmbH & Co. KG

Die **mehrstufige GmbH & Co. KG** schaltet in der Beteiligungsstruktur mehrere PersGes hintereinander. Eine GmbH & Co. KG wird als Obergesellschaft zum Komplementär einer anderen GmbH & Co. KG als Untergesellschaft. Bereits in ihrer einfachsten Form – als doppelstöckige GmbH & Co. KG – enthält sie mindestens drei Gesellschaften: die GmbH als Komplementärin der Obergesellschaft und zwei KG, nämlich eine Obergesellschaft und eine Untergesellschaft. Die Erscheinungsformen sind außerordentlich variantenreich. Die Komplementär-GmbH & Co. KG ist nicht zwingend am Vermögen und Gewinn der Untergesellschaft beteiligt. Sie kann einen eigenen Geschäftsbetrieb unterhalten. Die KG können beteiligungsidentisch gestaltet sein. Die nachfolgende Skizze zeigt stattdessen eine Variante der nicht beteiligungsidentischen doppelstöckigen GmbH & Co. KG.

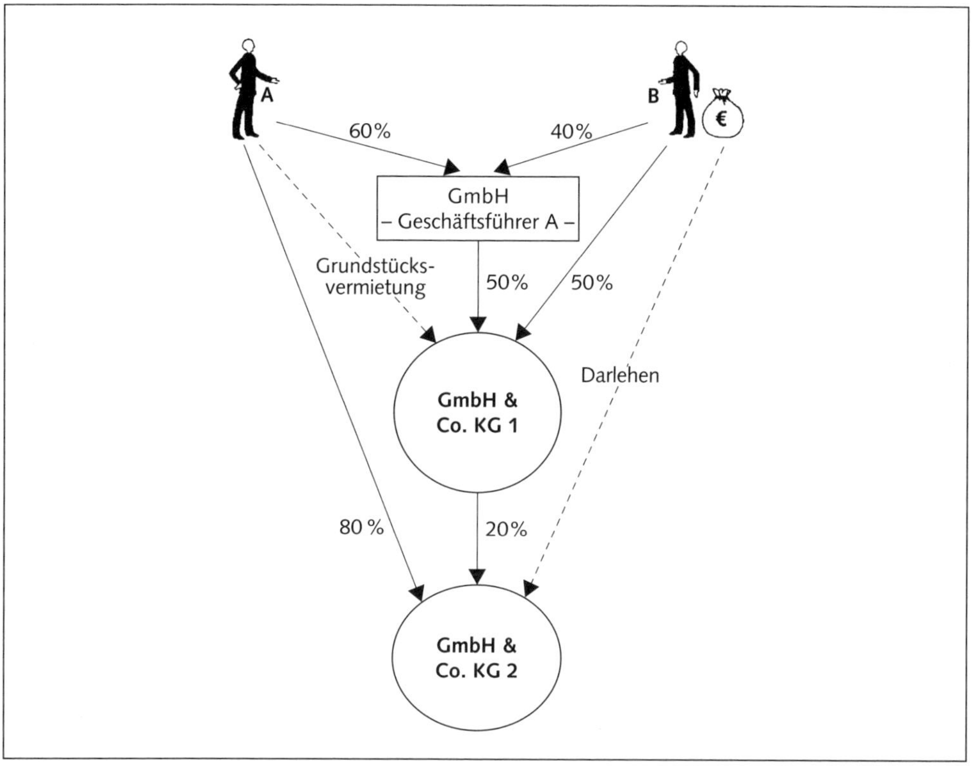

Abbildung 24: Doppelstöckige GmbH & Co. KG ohne Beteiligungsidentität

In der skizzierten Struktur stellt die nicht beteiligungsidentische **GmbH & Co. KG 1** (Obergesellschaft) eine gesellschaftsrechtlich ganz normal strukturierte GmbH & Co. KG dar. Ihre Komplementärin ist eine GmbH; einziger Kommanditist ist B. Es fällt allerdings schon etwas aus dem üblichen Rahmen, dass der Nichtgesellschafter A in der GmbH & Co. KG 1 offenbar eine beherrschende Stellung einnimmt.

Dazu reicht zwar seine Mehrheit der Stimmrechte in der Komplementär-GmbH nicht aus, weil die Komplementär-GmbH ihrerseits nicht die Stimmenmehrheit in der GmbH & Co. KG 1 hält, aber A ist zusätzlich auch Alleingeschäftsführer der GmbH und in dieser Eigenschaft in der GmbH & Co. KG 1 allein vertretungsberechtigt. Ohne dass es noch darauf ankäme, wird im vorliegenden Falle die Stellung des A u. U. weiter dadurch gefestigt, dass er gegenüber der Obergesellschaft als Grundstücksvermieter auftritt.

Dennoch ist A kein Gesellschafter der GmbH & Co. KG 1 und folglich auch kein Mitunternehmer. Entsprechend gehört das von ihm vermietete Grundstück nicht zum SBV der GmbH & Co. KG 1. Allerdings kommt eine Betriebsaufspaltung in Betracht, wenn das Grundstück eine wesentliche Grundlage eines gewerblichen Betriebs der GmbH & Co. KG 1 darstellt. Soweit A als Geschäftsführer der GmbH für den Betrieb der GmbH oder der GmbH & Co. KG 1 tätig wird, erzielt er Einkünfte als Arbeitnehmer gem. § 19 EStG.

Wenn die GmbH & Co. KG 1 lediglich als zwischengeschaltete Beteiligungs-KG auftritt oder zusätzlich ausschließlich vermögensverwaltende Aktivitäten entfaltet, betreibt sie aus handelsrechtlicher Sicht kein eigenes Handelsgewerbe. Dieser Umstand bereitet heute keine

Schwierigkeiten mehr. Sie kann gem. § 161 Abs. 2, § 105 Abs. 2 HGB problemlos als KG eingetragen werden.

Wenn die GmbH & Co. KG 1 als vermögensverwaltende PersGes in Erscheinung tritt, die mit eigener Tätigkeit ausschließlich Einkünfte aus Vermietung und Verpachtung erzielt, sich zusätzlich aber an einer gewerblich tätigen anderen PersGes (GmbH & Co. KG 2) beteiligt, dann kommt, wenn man dem BFH folgt, auch in der steuerrechtlichen Betrachtung die »**Infektionstheorie**« des § 15 Abs. 3 Nr. 1 EStG nicht zur Anwendung (BFH vom 06.10.2004, BStBl II 2005, 383). Der Wortlaut des § 15 Abs. 3 Nr. 1 EStG setzt für die Abfärbung eine Tätigkeit i.S.d. § 15 Abs. 1 Satz 1 Nr. 1 EStG voraus. Die GmbH & Co. KG 1 erbringt als Mitunternehmerin ihrer Untergesellschaft stattdessen jedoch eine Tätigkeit i.S.d. § 15 Abs. 1 Satz 1 Nr. 2 EStG. Der VIII. Senat des BFH hat dieser Sichtweise in vollem Umfang, der IV. Senat nur für vermögensverwaltende PersGes als Obergesellschaft zugestimmt (BFH vom 06.11.2003, BStBl II 2005, 376). Die FinVerw wendet die neue Rechtsprechung des BFH nicht an. Sie geht unverändert davon aus, dass die GmbH & Co. KG 1 insgesamt gewerblich infiziert wird (BMF vom 18.05.2005, BStBl I 2005, 698).

Die **GmbH & Co. KG 2** (Untergesellschaft) entspricht nicht mehr dem Normalbild einer GmbH & Co. KG. Ihre Komplementärin ist keine GmbH, sondern ihrerseits eine GmbH & Co. KG. Handels- und gesellschaftsrechtlich bereitet dieser Umstand keine besonderen Schwierigkeiten.

Steuerrechtlich stellt sich zunächst die Frage, ob und inwieweit die »**Geprägetheorie**« gelten kann, wenn statt einer KapGes eine PersGes als Komplementärin auftritt. § 15 Abs. 3 Nr. 2 Satz 2 EStG stellt grundsätzlich sicher, dass die gewerblich geprägte GmbH & Co. KG 1 insoweit ebenfalls als KapGes gilt.

Wenn die GmbH & Co. KG 1 allerdings selbst einen originären Gewerbebetrieb i.S.d. § 15 Abs. 1 Satz 1 Nr. 1 EStG führt, dann kann sie nach dem Wortlaut des § 15 Abs. 3 Nr. 2 Satz 1 EStG nicht gewerblich geprägt sein. Gleichwohl kann die GmbH & Co. KG 1 auch in diesem Fall eine ausschließlich vermögensverwaltend tätige GmbH & Co. KG 2 gewerblich prägen (BFH vom 08.06.2000, BStBl 2001, 162). Es wäre sinnwidrig, wenn ein »Mehr« an Gewerblichkeit bei KG 1 der gewerblichen Prägung der KG 2 entgegenstünde.

Weitere Fragen stellen sich hinsichtlich des **SBV**, der Sonderbetriebseinnahmen und der Sonderbetriebsausgaben bei der GmbH & Co. KG 2.

Der Gesellschafter A stellt der GmbH & Co. KG 2 keine WG zur Verfügung. Gleichwohl verfügt er über SBV II, weil die **GmbH-Anteile** seine Stellung in der Untergesellschaft stärken (BFH vom 11.12.1990, BStBl II 1991, 510). Bei einer doppelstöckigen GmbH und Co. KG wird die Stellung eines Kommanditisten der Untergesellschaft durch seine Beteiligung an der Komplementär-GmbH der Obergesellschaft allerdings nur dann verstärkt, wenn der betreffende Kommanditist in der Obergesellschaft einen beherrschenden Einfluss ausüben kann. Dies ist bei A der Fall. Offene und verdeckte Gewinnausschüttungen der GmbH führen deshalb zu Sonderbetriebseinnahmen des A auf Ebene der GmbH & Co. KG 2. Auch das Geschäftsführergehalt des A führt zur Sonderbetriebseinnahme, soweit es auf die Geschäftsführung bei der GmbH & Co. KG 2 entfällt (vgl. auch BFH vom 07.12.2004, BStBl II 2005, 390).

Wenn Nichtgesellschafter B der GmbH & Co. KG 2 ein Darlehen gibt, dann ist B unter der Voraussetzung einer geschlossenen Mitunternehmerkette **mittelbarer Mitunternehmer** i.S.d. § 15 Abs. 1 Satz 1 Nr. 2 Satz 2 EStG. In diesem Fall stellt die Darlehensforderung des B notwendiges SBV I in der GmbH & Co. KG 2 dar und der Zinsanspruch führt zur Sonderbetriebseinnahme, die i.R.d. gesonderten Feststellungen für die KG 2 zu erfassen ist. Wenn das unterblieben ist, dann kann der fehlende Ansatz der Zinsen nicht i.R.d. Veranlagung des B, sondern nur im Rahmen eines Ergänzungsbescheids gem. § 179 Abs. 3 AO nachgeholt werden.

Ist die GmbH & Co. KG 1 allerdings originär vermögensverwaltend tätig, dann findet nach der neuen Rechtsprechung zur »Infektionstheorie« keine Abfärbung der gewerblichen Tätigkeit durch die Obergesellschaft auf die Untergesellschaft statt. B wird nach dieser Auffassung nicht Mitunternehmer der vermögensverwaltenden GmbH & Co. KG 1. Es liegt dann keine geschlossene Mitunternehmerkette zwischen B und der GmbH & Co. KG 2 vor. Folglich ist er auch nicht mittelbarer Mitunternehmer der GmbH & Co. KG 2 i.S.d. § 15 Abs. 1 Satz 1 Nr. 2 Satz 2 EStG, obwohl die vermögensverwaltende GmbH & Co. KG 1 Mitunternehmerin ihrer gewerblich tätigen Untergesellschaft ist und dem B diese Einkünfte anteilig zugerechnet werden. Die Darlehensforderung und der Zinsanspruch des B gehören in diesem Falle zum Privatvermögen des B. Eine Einbeziehung in die GmbH & Co. KG 2 findet nicht mehr statt.

Die FinVerw, die die neue Rechtsprechung zur »Infektionstheorie« nicht anwendet, sieht dies anders. Aus ihrem Blickwinkel erzielt die GmbH & Co. KG 1 insgesamt gewerbliche Einkünfte. Ihre Gesellschafter sind entsprechend Mitunternehmer. Damit wird die Mitunternehmerkette zwischen B und GmbH & Co. KG 2 geschlossen. Die Darlehensforderung und der Zinsanspruch des B gehören nach diesem Verständnis zum SBV des B in der GmbH & Co. KG 2.

Im Rahmen der mehrstufigen PersGes ist eine **Vielzahl weiterer Probleme** zu bewältigen, die längst nicht abschließend geklärt sind. Dazu gehören die mehrstufige Anwendung des § 15a EStG (dazu OFD Chemnitz vom 05.02.1998, FR 1998, 289), die Erstellung und Fortführung von Ergänzungsbilanzen für Obergesellschafter in Bezug auf WG der Untergesellschaft, die Anwendung des Halbeinkünfteverfahrens bei Intransparenz der Beteiligungsstruktur auf oberster Ebene etc.

Die **Gewinnermittlung und -verteilung** erfolgt bei mehrstufigen PersGes stets von unten nach oben. Die Gewinnfeststellung für die Untergesellschaft ist für die Obergesellschaft verbindlich.

Beispiel

A ist Gesellschafter der GmbH & Co. KG 1 (Obergesellschaft), an der er mit B zu je 1/2 beteiligt ist. Die O-GmbH als Komplementärin ist am Gewinn nicht beteiligt. Sie erhält 200.000 € als Sondervergütung. Davon zahlt sie 190.000 € an den Fremdgeschäftsführer X. Die GmbH & Co. KG 1 ist am Gewinn der GmbH & Co. KG 2 (Untergesellschaft) mit 90% beteiligt. Weitere 10% hält deren Komplementärin, die U-GmbH.
Der Handelsbilanzgewinn der GmbH & Co. KG 2 beträgt 1 Mio. €. Der Handelsbilanzgewinn der GmbH & Co. KG 1 beträgt 600.000 €; ihr Gewinnanteil aus der GmbH & Co. KG 2 ist darin bereits enthalten; die GmbH & Co. KG 1 hat also eigene Verluste von 300.000 €.
A hat der GmbH & Co. KG 2 ein Grundstück vermietet und insgesamt 120.000 € erhalten. Der GmbH & Co. KG 1 hat er ein Darlehen gegeben und insgesamt 12.000 € Zinsen erhalten.
Welche Einkünfte erzielen die Beteiligten?

Lösung

Gewinnfeststellung der GmbH & Co. KG 2

	KG 2	**U-GmbH**	**KG 1**	**A**
	Gesamt	(10%)	(90%)	–
Gewinn Handels-/Steuerbilanz	1.000.000 €	100.000 €	900.000 €	–
+ Sonderbetriebseinnahmen	+ 120.000 €	–	–	120.000 €
steuerlicher Gewinn	1.120.000 €	100.000 €	900.000 €	120.000 €

Gewinnfeststellung der GmbH & Co. KG 1

	KG 1	O-GmbH	B	A
Gewinn Steuerbilanz	600.000 €		30.000 €	300.000 €
+ Sonderbetriebseinnahmen	+ 212.000 €	200.000 €	–	12.000 €
./. Sonderbetriebsausgaben	./. 190.000 €	./. 190.000 €	–	–
steuerlicher Gewinn	62.2000 €	10.000 €	30.000 €	312.000 €

A erzielt insgesamt (120.000 € + 312.000 € =) 432.000 €. Aus der KG 2 erzielt er ausschließlich Sonderbetriebseinnahmen. Weil er nicht Gesellschafter ist, kann er in der KG 2 keinen Gewinnanteil Stufe 1 erzielen. Die KG 1 ist an die Gewinnfeststellung für KG 2 gebunden.

2.3.2.3 Sternförmige GmbH & Co. KG

Bei der **sternförmigen GmbH & Co. KG** übernimmt die GmbH für mehrere KG die Komplementärsfunktion. Die Beteiligungsverhältnisse an den KG können ihrerseits sehr unterschiedlich ausgestaltet sein. Denkbar sind z. B. personengleiche und personenverschiedene Gestaltungen.

Wenn die GmbH Komplementärin mehrerer Kommanditgesellschaften ist und sich ihre Tätigkeit auf die Geschäftsführung dieser Gesellschaften beschränkt, dann sind die GmbH-Anteile dem notwendigen SBV II der Kommanditisten der **zuerst gegründeten** GmbH & Co. KG zuzuordnen.

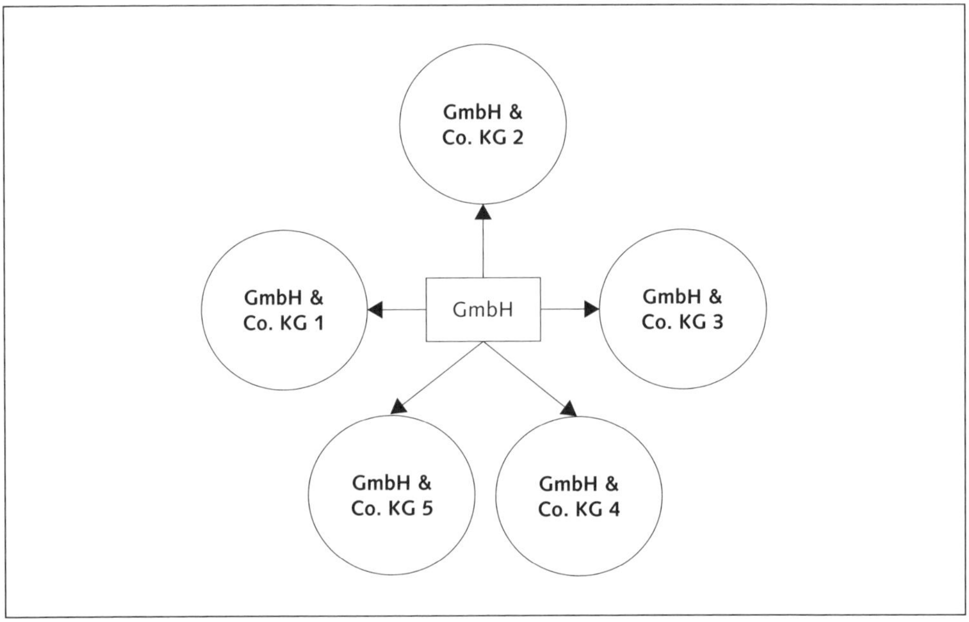

Abbildung 25: Sternförmige GmbH & Co. KG

Das gilt **ausnahmsweise** dann nicht, wenn die GmbH als Komplementärin mehrerer Kommanditgesellschaften einen eigenen Geschäftsbetrieb von nicht ganz untergeordneter Bedeutung unterhält. Eine **Gegenausnahme** gilt wiederum, wenn die GmbH zu einer GmbH & Co.

KG, deren Komplementärin sie ist, Geschäftsbeziehungen unterhält und diese aus Sicht der GmbH & Co. KG von nicht geringer Bedeutung sind. In diesem Falle gehören die GmbH-Anteile zum SBV II der Kommanditisten dieser GmbH & Co. KG. Bestehen solche Geschäftsbeziehungen zu mehr als einer GmbH & Co. KG, die für diese jeweils von nicht geringer Bedeutung sind, so sind die GmbH-Anteile dem SBV II der Kommanditisten der davon zuerst gegründeten GmbH & Co. KG zuzuordnen (OFD Frankfurt vom 25.11.1994, BB 1995, 197).

2.3.2.4 Publikums-GmbH & Co. KG

Die **Publikums-GmbH & Co. KG** ist eine PersGes mit körperschaftlicher Struktur. Hier ist von den Charakteristika der PersGes außer dem Rechtskleid der KG nichts mehr übrig geblieben. Eine Vielzahl von Kapitalanlegern beteiligt sich auf der Grundlage standardisierter Verträge als Kommanditisten an einem Anlageprojekt (Fonds).

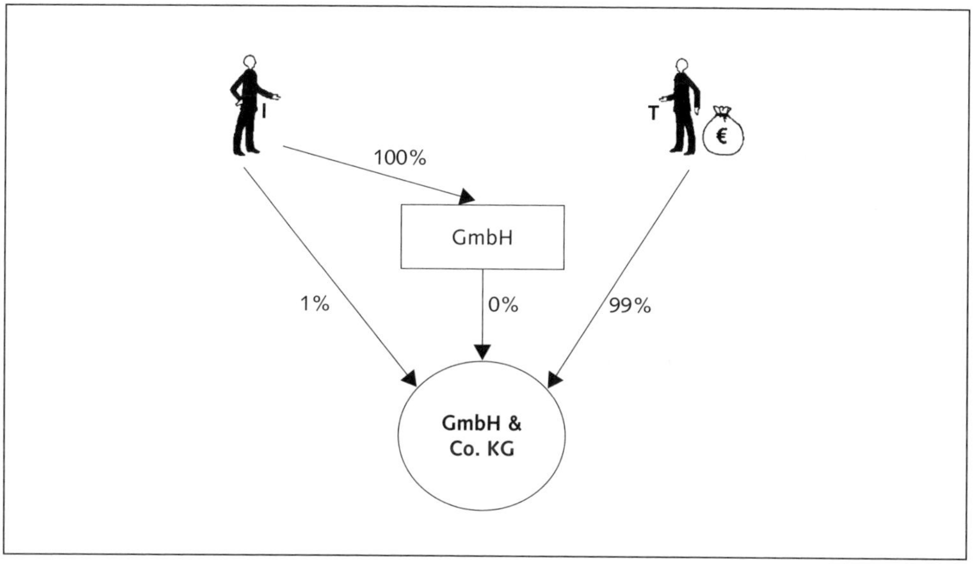

Abbildung 26: Publikums-GmbH & Co. KG

Die Initiatoren (I) beherrschen die Komplementär-GmbH, beteiligen sich aber i.d.R. allenfalls marginal an der KG. In der Regel wird eine weitere GmbH als Kommanditisten-GmbH beteiligt, die dann als zusätzliche Geschäftsführerin auftritt, um die gewerbliche Prägung zu verhindern. Dann allerdings ist umso mehr darauf zu achten, dass keine gewerbliche Infektion stattfindet. Um die Abwicklung zu erleichtern, übernimmt häufig ein Treuhänder (T) alle Kommanditanteile. Dieser ist dann in einer zusätzlichen Innengesellschaft mit den eigentlichen Kapitalanlegern verbunden.

Zur Publikums-GmbH & Co. KG hat sich ein umfangreiches Sonderrecht entwickelt. Zum Steuerrecht vgl. BFH GrS vom 25.06.1984, BStBl II 1984, 751.

2.3.2.5 Private Equity Fonds

»Private Equity Fonds« bieten der GmbH in vielfacher Weise Unterstützung in besonderen Phasen ihrer Entwicklung (z. B. Börsengang, Innovationen, Krise) und stellen dabei eine Alternative zum Kapitalangebot des Banken- und Börsensektors dar. Die **Initiatoren** eines Fonds sind zumeist Persönlichkeiten mit bester Reputation, wirtschaftlicher Kompetenz und internationalen Kontakten. Diese schließen sich mit kapitalstarken **Investoren** i.d.R. zu einer vermögensverwaltenden PersGes (Fonds) zusammen und wählen passende Unternehmen für eine zeitlich begrenzte Kapitalanlage aus, die oft als Anteilserwerb ausgestaltet wird.

Den ersten Kontakt stellt das betroffene Unternehmen selbst her. Wenn eine Einigung zustande kommt, dann versorgt der Fonds das Unternehmen, das er in sein Portfolio aufnimmt, nicht nur mit Eigenkapital. Die Initiatoren begleiten das Management in der schwierigen Phase auch mit ihrer Kompetenz und mit ihren Kontakten. Danach beendet der Fonds sein Engagement für dieses Unternehmen. Die Anteile an der Portfoliogesellschaft werden, wenn die Zusammenarbeit erfolgreich verlaufen ist, mit hohem Gewinn veräußert.

Weil die Initiatoren entscheidend zum Erfolg beitragen, beanspruchen sie eine Gewinnbeteiligung, die deutlich ihre Kapitalbeteiligung am Fonds übersteigt. Üblich sind zusätzliche Gewinnanteile (»Carried Interest«) zwischen 20 und 30%, die aber nur dann gewährt werden, wenn die Investoren ihr eingezahltes Kapital – u. U. zuzüglich einer kleinen Verzinsung – vollständig zurückerhalten haben.

Mit dem **Gesetz zur Förderung von Wagniskapital** gilt für derartige Fonds rückwirkend ein Sonderrecht, das den »Carried Interest« einem neuen § 18 Abs. 1 Nr. 4 EStG zuordnet und ebenfalls der Teileinkünftebesteuerung nach § 3 Nr. 40a EStG unterstellt.

Beispiel

A gehört zu den Initiatoren eines Private-Equity-Fonds, der in der Rechtsform einer GmbH & Co. KG betrieben wird. Die Initiatoren (sog. Carry-Holder) haben sich ebenfalls zu einer GmbH & Co. KG zusammengeschlossen. An dieser ist A mit 30% beteiligt. Die Carry-Holder-KG hält als Kommanditistin des Fonds einen Vorzugskapitalanteil von nominal 1%. Sie erhält aber einen Anteil von 20% am Gewinn des Fonds, der nur dann ausgezahlt wird, wenn die übrigen Kommanditisten ihr eingezahltes Kapital vollständig zurückerhalten haben (»Carried Interest«). Die verbleibenden 80% werden an alle Gesellschafter (einschließlich der Carry-Holder) nach dem Verhältnis der nominalen Kapitalanteile verteilt.
Der Fonds veräußert seine 30%-Beteiligung an der P-GmbH nach Ablauf von drei Jahren mit einem Gewinn von 4 Mio. €.
Es ergibt sich folgende Beteiligungsstruktur (s. Abb. 27):

Lösung

Die Carry-Holder beziehen mit dem »Carried Interest« gemeinsam Betriebseinnahmen aus selbstständiger Tätigkeit i.S.d. § 18 Abs. 1 Nr. 4 und Abs. 4 Satz 2, § 15 Abs. 1 Satz 1 Nr. 2 EStG. Die auf A entfallende Betriebseinnahme von 240.000 € ist außerdem gem. § 3 Nr. 40a EStG zur Hälfte steuerbefreit. Die stpfl. Betriebseinnahmen des A betragen daher nur noch 120.000 €. Weiterhin sind die Initiatoren mit 1% am Restgewinn beteiligt, also mit 32.000 €. Auch daran ist A mit 30% beteiligt. Diese 9.600 € sind jedoch – so wohl die Absicht – nicht steuerbar. Anteilige Dividenden der P-GmbH sowie damit zusammenhängende Werbungskosten wären auch auf der Ebene der Initiatoren (hier also sogar i.R.d. Carry-Holder-KG) gem. § 20 Abs. 1 Nr. 1, § 3 Nr. 40 Satz 1d und § 3c Abs. 2 EStG zu erfassen.

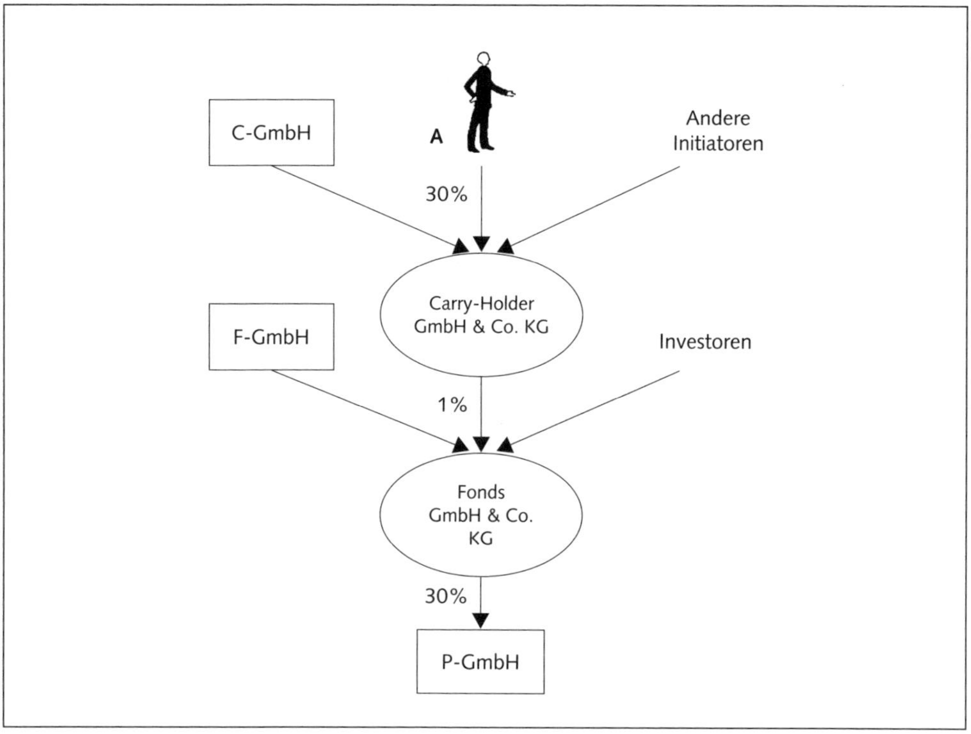

Abbildung 27: Private Equity Fonds

2.3.3 Ergänzende Gestaltungen und alternative Rechtsformen

LITERATURHINWEISE:
Zur wirtschaftlichen Relevanz zusammengesetzter Rechtsformen: *Binz/Mayer*, Die ausländische KapGes & Co. KG im Aufwind?, GmbHR 2003, 249; *Hansen*, Der gestiegene wirtschaftliche Stellenwert der GmbH, GmbHR 2004, 39; zur Ltd. & Co KG: *Werner*, Der gestiegene wirtschaftliche Stellenwert der GmbH, GmbHR 2005, 288; zur KGaA: *Winkemann*, Die KGaA als Alternative zur Mehrmütterorganschaft? BB 2003, 1649.
Zur Stiftung: *Freundl*, Die Stiftung – das Gestaltungsinstrument der Unternehmensnachfolge, DStR 2004, 1509.

Als **ergänzende Gestaltungen** zu fast allen Varianten der GmbH & Co. KG bieten sich typische und atypische stille Gesellschaften, Unterbeteiligungen, Nießbrauch oder Treuhandlösungen an.

Auch **alternative Rechtsformen** stehen reichhaltig zur Verfügung. Die atypische GmbH & Still hat in der aktuellen wissenschaftlichen Diskussion der GmbH & Co. KG fast den Rang abgelaufen, ohne allerdings die wirtschaftliche Bedeutung zu erreichen. Aktuell ist ein gewisser Trend zur Ltd. & Co KG zu beobachten, auch wenn diese Gestaltung wegen rechtlicher Unsicherheiten, überraschender Nebenkosten und Schwierigkeiten im Prozedere nicht uneingeschränkt zu empfehlen ist. Die AG & Co. KG oder die Stiftung & Co. KG zeigen ähnliche

Strukturmerkmale wie die der GmbH & Co. KG, sind aber in der Beratungspraxis von weitaus geringerer Bedeutung. Die Vorteile der Familienstiftung als Instrument der Unternehmensnachfolge sollten nicht vernachlässigt werden. In jüngster Zeit wird auch zunehmend auf die Vorteile der KG auf Aktien (KGaA) verwiesen; diese ist aber trotz beeindruckender Zuwachsraten in Deutschland noch immer recht selten.

2.3.3.1 Die Limited & Co. KG

Die Einkünfte der Ltd. & Co. KG werden gem. §§ 179, 180 Abs. 1 Nr. 2 Buchst. a AO einheitlich und gesondert festgestellt und unterliegen bei den an der KG beteiligten Gesellschaftern – je nach Rechtsform – der ESt bzw KSt.

Die Ltd. & Co. KG ist einkommensteuerrechtlich **kein Steuersubjekt**; auf ihrer Ebene erfolgen jedoch die Qualifizierung und Ermittlung der den Gesellschaftern zuzurechnenden Einkünfte (sog. Gewinnermittlungssubjekt).

Übt die Ltd. & Co. KG gem. § 15 Abs. 2 EStG eine selbstständige und nachhaltige Betätigung unter Beteiligung am allgemeinen wirtschaftlichen Verkehr mit Gewinnerzielungsabsicht aus und handelt es sich bei dieser Tätigkeit weder um LuF noch um eine selbstständige Tätigkeit gem. § 18 EStG oder Vermögensverwaltung, erzielen die Gesellschafter der Ltd. & Co. KG Einkünfte aus Gewerbebetrieb gem. § 15 Abs. 1 Satz 1 Nr. 2 Satz 1 EStG.

Gem. § 15 Abs. 3 Nr. 2 Satz 1 EStG erzielt außerdem eine Ltd. & Co. KG, die keine originär gewerbliche Tätigkeit i.S.v. § 15 Abs. 2 EStG ausübt, in vollem Umfang Einkünfte aus Gewerbebetrieb, wenn ausschließlich die Ltd. persönlich haftende Komplementärin ist und nur diese oder Personen, die keine Kommanditisten der PersGes sind, zur Geschäftsführung befugt sind (**gewerblich geprägte PersGes**).

Ist **neben** der Ltd. ein Kommanditist zur Geschäftsführung befugt, erzielt eine Ltd. & Co. KG Einkünfte derjenigen Einkunftsart, deren Voraussetzungen durch die tatsächliche Tätigkeit erfüllt werden. Dies werden im Regelfall Einkünfte aus Kapitalvermögen bzw. Vermietungseinkünfte gem. §§ 20 und 21 EStG sein. Zu beachten ist in diesen Fällen die **Abfärbetheorie** des § 15 Abs. 3 Nr. 1 EStG: Danach gelten die Einkünfte einer Ltd. & Co. KG in vollem Umfang als gewerblich, wenn sie neben einer anderen Tätigkeit **auch** eine gewerbliche Tätigkeit ausübt, es sei denn, der Anteil der gewerblichen Tätigkeit ist äußerst geringfügig (1,25 % der Gesamtumsätze, BFH vom 11.08.1999 BStBl II 2000, 229 f.).

2.3.3.2 Die Unternehmergesellschaft & Co. KG

Ertragsteuerlich ist die UG (haftungsbeschränkt) als KapGes grundsätzlich wie eine »normale« GmbH zu behandeln. Hinsichtlich der steuerlichen Behandlung der UG & Co. KG wird daher voll inhaltlich auf die Ausführungen zur GmbH & Co. KG verwiesen.

2.3.3.3 Die GmbH & Co. KGaA

Die **KGaA** führt zu Unrecht in der Beratungspraxis ein Schattendasein. Dies mag an ihrer Zwitterstellung als Körperschaft einerseits und der partiellen Besteuerung der Komplementäre nach dem Modell der Mitunternehmerschaft (§ 15 Abs. 1 Nr. 3 EStG) andererseits liegen. Wahrscheinlicher ist jedoch, dass die bei der KGaA bestehende persönliche Haftung des Komplementärs kaum zu Gestaltungsanreizen geführt hat. Besteht hingegen bei einem Familienunternehmen die Notwendigkeit oder der Wunsch nach stärkerer Eigenkapitalausstattung und erfüllt das Unternehmen die Voraussetzungen für eine Aktienemission, so ergeben sich seit dem BGH-Beschluss vom 24.02.1997 (ZIP 1997, 1027) interessante Möglichkeiten. Mit dieser Entscheidung ist die Zulässigkeit einer **GmbH & Co. KGaA** bejaht worden. Die für Kommanditgesellschaften immer schon bestehende Möglichkeit der Haftungsbegrenzung durch Implementierung einer KapGes ist auf die KGaA erstreckt worden; gleichzeitig ist die Praxis der Registergerichte sanktioniert worden, **KapGes** als **persönlich haftende** Gesellschafter zuzulassen.

Verbunden mit der exklusiven Möglichkeit einer KGaA (zusammen mit der AG), sich Geld an der Börse zu besorgen, ergeben sich neue Optionen speziell für börsenfähige Familienunternehmen, ohne dabei die Nachteile der AG (Überfremdung und limitierte Gestaltungsfreiheit, § 23 Abs. 5 AktG) in Kauf zu nehmen.

Für die Besteuerungspraxis einer KapGes-KGaA bleibt es bei den bekannten Grundsätzen, dass die KGaA als KSt-Subjekt von ihrem Einkommen gem. § 9 Abs. 1 Nr. 1 KStG GF-Vergütungen und die sonstigen Gewinn-Vorteile als BA abziehen darf, die **nicht** auf die **Einlage** entfallen.

Umgekehrt stellen diese Gewinnanteile bzw. Sondervergütungen immer gewerbliche Einkünfte des Komplementärs dar. Bei einer natürlichen Person folgt dies aus § 15 Abs. 1 Nr. 3 EStG, bei juristischen Personen aus § 8 Abs. 2 KStG und bei – auch neuerdings möglichen – gewerblich geprägten PersGes aus § 15 Abs. 3 Nr. 2 EStG.

Abgesehen von einem (allerdings) rechtskräftigen Urteil des FG München vom 10.07.2003 (EFG 2003, 1691: keine Ergänzungsbilanzen für Komplementäre) gelten für die Komplementäre einer KGaA die identischen Rechtsfolgen wie für die anderen Mitunternehmer auch (Sonder-BV; korrespondierende Bilanzierung etc.).

2.3.3.4 Die Stiftung & Co. KG

2.3.3.4.1 Allgemeines

Die Stiftung & Co. KG besteht aus einer privatnützigen Stiftung – eingesetzt als Komplementärin – sowie natürlichen Personen (Familienmitgliedern oder anderen Personen) als Kommanditisten der KG. Die Stiftung tritt dabei als sog. **Beteiligungsträgerstiftung** auf, d. h. sie ist nicht selbst Unternehmerin, sondern an einem Unternehmen in der Rechtsform der KG beteiligt. Derzeit gibt es in Deutschland etwa 100 Stiftungen & Co. KG (s. *Spiegelberger*, ErbStB 2005, 43), darunter bedeutende Beispiele wie die »Schwarz/Lidl Stiftung & Co. KG« oder die »Schickedanz Holding Stiftung & Co. KG«. Zum Ganzen vgl. ausführlich *Preißer/Pung*, 2012, Teil B, Kap. XIV 3.).

2.3.3.4.2 Ertragsteuerliche Behandlung der Stiftung & Co. KG

Ertragsteuerlich wie zivilrechtlich ist die Stiftung & Co. KG als PersGes zu beurteilen. Ihre Einkünfte werden gem. §§ 179, 180 Abs. 1 Nr. 2 Buchst. a AO einheitlich und gesondert festgestellt und unterliegen bei den an der KG beteiligten Gesellschaftern – je nach Rechtsform – der Einkommensteuer bzw. Körperschaftsteuer.

Die Stiftung & Co. KG ist einkommensteuerrechtlich kein Steuersubjekt, jedoch ein Gewinnermittlungssubjekt. Auf ihrer Ebene erfolgen die Qualifizierung und Ermittlung der den Gesellschaftern zuzurechnenden Einkünfte.

3 GmbH & Still

LITERATURHINWEISE:
Blaurock, Handbuch der stillen Gesellschaft, 6. Aufl. 2003; *Hottmann u.a.*, Die GmbH im Steuerrecht, 3. Aufl. 2011, Abschnitt O; *Schmidt*, Gesellschaftsrecht, 4. Aufl. 2002, § 62; *Schmidt/Wacker*, EStG, 31. Aufl. 2012, § 15 Rz. 340–362; *Schmidt/Weber-Grellet*, EStG (2012), § 20 Rz. 76 – 87; *Schoor/Natschke*, Die GmbH & Still im Steuerrecht, 4. Aufl. 2005; *Schulze zur Wiesche*, Die GmbH & Still, 5. Aufl. 2009.

3.1 Die GmbH & Still als Innengesellschaft

LITERATURHINWEIS:
Schmidt, Gesellschaftsrecht, 4. Aufl. 2002, § 62.

3.1.1 Vorzüge der GmbH & Still

LITERATURHINWEISE:
Blaurock, Handbuch der stillen Gesellschaft, 6. Aufl. 2003, § 1, § 2 und § 21 III 1; *Mertens*, GmbH & Still, Die stille Beteiligung an der GmbH als Steuergestaltungsinstrument, 2. Aufl. 2009.

Die GmbH & Still ist eine nach außen hin unsichtbare PersGes, an der eine KapGes als Unternehmensträger beteiligt ist. Wie die GmbH & Co. KG stellt sie eine **hybride** Rechtsform dar, die Elemente der PersGes mit denen einer KapGes verbindet. Insofern sind die Vorzüge und Gestaltungschancen der GmbH & Still im Grundsatz denen der GmbH & Co. KG vergleichbar, wenn auch im Einzelnen erhebliche Unterschiede bestehen.

Als stille Gesellschaft i.S.d. §§ 230 ff. HGB ist die GmbH & Still eine reine **Innengesellschaft**. Als solche besitzt sie weder Gesamthandsvermögen noch tritt sie nach außen in Erscheinung. Ihr kommt keine Kaufmannseigenschaft zu. Die GmbH trägt – zumindest im Außenverhältnis – das Unternehmen allein. Der stille Gesellschafter leistet seine Einlage nicht in ein Gesamthandsvermögen, sondern in das Vermögen der GmbH. Auf diese Weise steht er mit der GmbH in einem qualifizierten Kreditverhältnis. Dafür erhält er eine Beteiligung am Unternehmensgewinn. Im Zweifel nimmt er auch am Verlust teil.

Die **Anonymität** der stillen Gesellschaft wird gerne genutzt, wenn Unternehmensverbindungen mit Rücksicht auf öffentliche Meinung, Kunden oder Geschäftspartner nicht publik werden sollen, zumal im Innenverhältnis erhebliche Informations- und Einflussrechte vereinbart werden können.

Üblicherweise steht dieser Aspekt aber nicht im Vordergrund. Eine der wichtigsten Ausgestaltungen der GmbH & Still, die stille Beteiligung des GmbH-Gesellschafters, bietet nämlich keine Chance der Anonymisierung. § 42 Abs. 3 GmbHG zwingt zur Offenlegung der Finanzbeziehung zwischen Gesellschaft und Gesellschafter. In der Bilanz, zumindest aber im Anhang, werden klarstellende Angaben erforderlich.

Die GmbH & Still ist mehr als **risikoarme, kostengünstige und einfache** Alternative zur aufwändigen GmbH-Kapitalerhöhung gefragt. Die Kosten der Rechtsform sind – sofern man der h.M. folgt – äußerst gering. Anders als der GmbH-Gesellschafter oder der Kommanditist trägt der stille Gesellschafter keine Haftungsrisiken. Im Falle einer GmbH-Insolvenz bieten sich zusätzliche Vorteile. Auch **steuerlich** ist die GmbH & Still attraktiv. Vor allem der in den Grenzen der §§ 15a, 15 Abs. 4 Satz 6 bis 8 EStG steuerwirksame **Verlusttransfer** auf den stillen Gesellschafter (als natürliche Person) spielt in Gestaltungsüberlegungen oft eine wesentliche Rolle. Im Falle des Gewinntransfers auf den stillen Gesellschafter fällt die definitive Steuerbelastung niedriger aus als bei einer entsprechenden Ausschüttung an den GmbH-Gesellschafter, weil das Teileinkünfteverfahren die körperschaftsteuerliche Vorbelastung nur unvollständig kompensiert. Für geschäftsführende Gesellschafter ist allerdings Vorsicht geboten.

Dem **Darlehen** ist die stille Beteiligung in mancherlei Hinsicht »überlegen«. Ein festverzinsliches Gesellschafterdarlehen würde der GmbH auch dann Mittel entziehen, wenn diese aufgrund niedriger Gewinne nicht zur Verfügung stünden. Dem Gesellschafter bietet die Gewinnbeteiligung in ertragsstärkeren Jahren höhere Ertragschancen und eine gegenüber der Gewinnausschüttung günstigere Gesamtbesteuerung. Mit einem partiarischen Darlehen könnten zwar vergleichbare Wirkungen auch hergestellt werden, aber dieses offenbart in Verlustjahren Schwächen. Nur mit der stillen Gesellschaft lassen sich aus der GmbH abgesaugte Verlustanteile des Gesellschafters wenigstens begrenzt mit dessen positiven Einkünften ausgleichen, ohne dass dazu ein über das Ausfallrisiko hinausgehendes Haftungsrisiko einzugehen ist.

Das Recht der Innengesellschaften ist weitestgehend dispositiv. Das erlaubt eine besondere **Vielfalt** der Gestaltungsmöglichkeiten. So kann die stille Beteiligung typisch oder atypisch konzipiert, zweigliedrig oder mehrgliedrig organisiert sein. Sie kann sich auf das gesamte Unternehmen der GmbH erstrecken, auf Teile davon begrenzen oder sogar auf die Förderung einzelner Projekte konzentrieren (»tracking stocks« vergleichbar). Eine stille Beteiligung kann am Unternehmen einer GmbH, an einer GmbH & Co. KG und in einem weiteren Sinne auch am GmbH-Anteil oder am KG-Anteil (»Unterbeteiligung«) eingeräumt werden. Diese Flexibilität und Vielfalt prädestiniert die stille Gesellschaft auch zu einem ergänzenden Gestaltungsmedium, das in einfachen und komplexen Unternehmensformen bedarfsgerecht Akzente zu setzen vermag. Überlegungen zur Generationennachfolge in Familienunternehmen sollten die stille Beteiligung nicht außer Acht lassen.

Die Flexibilität der Innengesellschaft kann so weit gehen, dass sich die Beteiligten in einem (Innen-)Gesellschaftsverhältnis wiederfinden, ohne dessen Abschluss wahrgenommen zu haben (»verdeckte Gesellschaft«), dass sie Mitunternehmer werden, obwohl sie eigentlich nur einen Kredit gewähren wollten. In diesem Falle werden die **Nachteile** etwa der GmbH & atypisch Still als besonders schmerzlich empfunden, nämlich die Umdeutung des Geschäftsführergehalts in eine Sondervergütung und die vorgelagerte Besteuerung einer Pensionszusage.

3.1.2 Formerfordernisse und Eintrag ins Handelsregister?

LITERATURHINWEISE:

Schmitt-Ott, Nochmals: Publizität und stille Beteiligung am Unternehmen einer GmbH, GmbHR 2002, 784; *Schmitt-Ott*, Publizitätserfordernisse bei atypisch stillen Beteiligungen an dem Unternehmen einer GmbH?, GmbHR 2001, 182; *Weigl*, Zur Eintragungspflicht einer GmbH & Still im Handelsregister, GmbHR 2002, 778.

Der Vertrag zum Abschluss einer stillen Gesellschaft ist gem. §§ 230 ff. HGB und § 705 BBG an **keine Form** gebunden. Die Innengesellschaft kann schriftlich, mündlich oder konkludent durch schlüssiges Handeln zustande kommen (BFH vom 01.08.1996, BStBl II 1997, 272; BFH vom 16.12.1997, BStBl II 1998, 480).

Formvorschriften oder Vollzugserfordernisse sind dagegen stets zu beachten, wenn der stille Gesellschafter Grundstücke oder GmbH-Anteile einlegen soll oder minderjährig ist. In diesen Fällen kann eine notarielle Beurkundung, ein Ergänzungspfleger bzw. eine vormundschaftsgerichtliche Genehmigung erforderlich werden. Ob sich die Rechtsprechung zur schenkweise begründeten typisch stillen Beteiligung eines Kindes am Unternehmen eines Elternteils auf die GmbH & Still übertragen lässt, ist noch nicht geklärt. Danach wäre z. B. der Gewinnanteil eines minderjährigen stillen Gesellschafters steuerrechtlich nicht anzuerkennen, wenn ihm der eingelegte Geldbetrag mit entsprechender Auflage zugewendet und eine Verlustbeteiligung ausgeschlossen wurde (BFH vom 21.10.1992, BStBl II 1993, 289). Im Falle der GmbH & Still gibt das von den Eltern beschenkte Kind den erhaltenen Betrag nicht an diese zurück. Die Einlage erhält stattdessen die GmbH. Ein Grund, die steuerrechtliche Anerkennung zu versagen, liegt in diesem Fall nicht vor. Auch die Heilung einer nicht notariell beurkundeten Schenkung des Einlagegegenstands durch einen außenwirksamen Vollzug gem. § 518 Abs. 2 BGB dürfte bei der GmbH & Still möglich sein.

Nach einer in der Literatur vertretenen **Mindermeinung** gilt die grundsätzliche Formfreiheit der stillen Gesellschaft nicht für die GmbH & Still. Danach bedarf der Vertrag der Schriftform, der notariell beurkundeten Zustimmung der Gesellschafterversammlung und des Eintrags in das HR. Die GmbH & Still basiere nämlich auf einem Unternehmensvertrag (Teilgewinnabführungsvertrag), der in entsprechender Anwendung der §§ 292, 294 AktG erst mit dem Handelsregistereintrag wirksam werde. Alternativ wird das gleiche Ergebnis mit einer entsprechenden Anwendung der §§ 53, 54, 10 GmbHG begründet, weil der Abschluss des stillen Gesellschaftsvertrags tief in die Satzungsautonomie der GmbH-Gesellschafter eingreife.

Diese Auffassung ist abzulehnen. Ihr Ansinnen, die reine Innengesellschaft GmbH & Still ohne ausreichende Grundlage zur Publizität im HR zu zwingen, wirkt absurd. Gleichwohl tendieren manche Rechtsanwender zur Vorsicht, zumal der BGH (BGH vom 29.11.2004, DB 2005, 332) zur AG & Still entsprechend entscheidet, wenn auch unter Anwendung der Grundsätze zur faktischen Gesellschaft. Der Praxis sind vorsorgliche Eintragungen der GmbH & Still in das HR inzwischen jedenfalls geläufig.

Wer den sicheren Weg beschreiten möchte, der sollte dies konsequent tun. Dazu sind insbesondere erforderlich:

- die **Schriftform** für den Vertrag über die stille Gesellschaft (§ 293 Abs. 3 AktG analog),
- die **Zustimmung** der Gesellschafterversammlung, grundsätzlich mit 3/4-Mehrheit (§ 293 Abs. 1 Satz 1 und 2 AktG; § 53 Abs. 1 und 2 GmbHG analog),
- die **notarielle** Beurkundung der Zustimmung (§ 53 Abs. 2 GmbHG analog) sowie
- die Eintragung in das **HR** (§§ 292, 294 AktG; §§ 10, 54 GmbHG analog).

Tipp

Wenn Sie den Weg der Mindermeinung einschlagen wollen, prüfen Sie zur Kostenbegrenzung vorab, ob das Registergericht, die Gesellschafterversammlung und der Notar Ihnen folgen werden.

Die Wahrscheinlichkeit, dass sich die Mindermeinung durchsetzt, ist gering. Nach der zutreffenden h.M. bedarf die Vereinbarung einer GmbH & Still grundsätzlich weder der Eintragung noch einer besonderen Form. Davon gehen erkennbar sowohl der BFH als auch die FinVerw aus, die entsprechende Prüfungen trotz zahlreicher Gelegenheiten bislang weder vorgenommen noch verlangt haben. Auf dem Gebiet des Steuerrechts ist deshalb mit Vertrauensschutz zu rechnen, falls sich die Mindermeinung überraschenderweise durchsetzen sollte.

Gerade weil die stille Gesellschaft grundsätzlich formfrei vereinbart werden kann, fällt ihr Anwendungsbereich mitunter überraschend weit aus. So können Verträge, die die Beteiligten als Darlehensvertrag, Mietvertrag oder Arbeitsvertrag konzipiert haben, stattdessen ein **verdecktes Gesellschaftsverhältnis** begründen. § 230 Abs. 1 HGB verlangt zwar, dass sich der stille Gesellschafter mit einer Vermögenseinlage beteiligt, die in das Vermögen des Inhabers des Handelsgeschäfts übergeht. Zur stillen Gesellschaft führen aber schon handelsrechtlich nicht nur Geldeinlagen, sondern auch Sacheinlagen sowie Nutzungen und Leistungen. Jede Art von Gesellschafterbeitrag reicht zur Begründung der stillen Gesellschaft aus.

3.1.3 Abgrenzung gegenüber partiarischen Rechtsverhältnissen

Handelsrechtlich ist heute wohl davon auszugehen, dass der stille Gesellschafter zwar keine Einlage leisten, aber nach § 230 Abs. 1 HGB wenigstens doch eine Einlage halten muss. Anderenfalls liegt keine stille Gesellschaft, sondern eine Gesellschaft bürgerlichen Rechts vor. Denn § 705 BGB lässt jede Art von Gesellschaftsverhältnis zu, Innen- wie Außengesellschaften, Gesellschaftsverhältnisse mit und ohne Einlage. Auf eine reine Innengesellschaft, die nicht die Voraussetzungen der stillen Gesellschaft erfüllt, dieser aber ähnlich ist, finden handelsrechtlich die §§ 230 ff. HGB weitgehend entsprechende Anwendung.

Im **Ertragsteuerrecht** gelten für reine Innengesellschaften, die der stillen Gesellschaft vergleichbar sind, stets die Vorschriften über die stille Gesellschaft. Hier kann es deshalb dahingestellt bleiben, ob eine Innengesellschaft aus handelsrechtlicher Sicht stille Gesellschaft ist oder nur so behandelt wird (BFH vom 16.12.2003, BFH/NV 2004, 1080 [zur Mitunternehmerschaft]; BFH vom 28.11.1990, BStBl II 1991, 313 [zur typischen Unterbeteiligung]). Steuerrechtlich ist es insbesondere unerheblich, ob der Innengesellschafter eine Einlage hält oder nicht. Wenn eine Kapitalüberlassung, die Nutzungsüberlassung eines Grundstücks oder sogar eine Arbeitsleistung im Einzelfall als Beitrag zur Förderung des gemeinsamen Zwecks einer Innengesellschaft anzusehen sind, dann erzielt der Beitragsleistende auch ohne eigene Einlage entweder Einkünfte aus einer typischen stillen Beteiligung gem. § 20 Abs. 1 Nr. 4 EStG oder Einkünfte aus einer atypischen stillen Beteiligung i.S.d. § 15 Abs. 1 Satz 1 Nr. 2 EStG. Für Einkünfte gem. § 20 Abs. 1 Nr. 7, § 21, § 19 EStG, die einen Leistungstausch voraussetzen, ist dann kein Raum.

Ob die Beteiligten einen Leistungsaustausch oder eine **Leistungsvereinigung (Gesellschaftsvertrag)** vereinbart haben, entscheidet sich gem. § 133 BGB nach dem wirklichen Willen der Parteien und nicht nach dem Wortlaut ihrer Vereinbarung. Dabei sind alle Umstände des Einzelfalls zu würdigen, auch soweit sie außerhalb des eigentlichen Vertrags liegen.

Insbesondere die Abgrenzung eines stillen Gesellschaftsverhältnisses vom **partiarischen Rechtsverhältnis** kann sehr problematisch werden (s. Abb. 34). Ein partiarisches Rechtsverhältnis basiert auf einem Austauschvertrag (Darlehen, Miete, Arbeitsvertrag), der statt eines ausschließlich festen Entgelts ganz oder zum Teil eine Beteiligung am Gewinn oder Umsatz vorsieht. Entgegen verbreiteter Ansicht ist diese Abgrenzung ertragsteuerlich von erheblicher Bedeutung.

Die **Relevanz** dieser Abgrenzung beschränkt sich nicht auf die Gewerbesteuer, die Kosten eines partiarischen Darlehens gem. § 8 Nr. 1 GewStG nur zur Hälfte, den Gewinnanteil des stillen Gesellschafters gem. § 8 Nr. 3 GewStG jedoch in voller Höhe zurechnet. Zusätzlich ist zu beachten, dass § 20 Abs. 1 Nr. 4 EStG nur das partiarische Darlehen, nicht aber andere partiarische Rechtsverhältnisse der stillen Gesellschaft gleichstellt. Das partiarische Mietverhältnis führt also zu Einkünften aus § 21 EStG, das partiarische Arbeitsverhältnis zu Einkünften aus § 19 EStG. Damit ist der wichtigste Grund der steuerrechtlichen Unterscheidung noch nicht einmal benannt: Nur auf der Grundlage einer gesellschaftsrechtlichen Beteiligung ist eine atypisch stille Beteiligung i.S. einer Mitunternehmerschaft möglich. Ein Austauschvertrag kann, auch wenn er partiarisch ausgestaltet ist, niemals Basis einer steuerrechtlichen Mitunternehmerschaft sein.

Eine weitere Folge der Unterscheidung schlägt aus dem Gesellschaftsrecht auf das Steuerrecht durch. Ein Gesellschafter nämlich ist regelmäßig auch am Verlust beteiligt, wenn dies nicht durch Gesellschaftsvertrag ausgeschlossen wird. Die Vereinbarung einer Beteiligung des Innengesellschafters am Gewinn des Geschäftsinhabers gilt gem. § 231 Abs. 2 HGB und § 722 Abs. 2 BGB im Zweifel auch für seine Beteiligung am Verlust (BFH vom 23.07.2002, BStBl II 2002, 858). Diese Verlustbeteiligung ist i.R.d. § 15a EStG auch steuerrechtlich anzuerkennen.

Neben einem stillen Gesellschaftsverhältnis können **parallel** dazu auch partiarische Rechtsverhältnisse und einfache Austauschverhältnisse vereinbart werden. Beispielsweise kann der stille Gesellschafter eine Geldeinlage i.S.d. § 230 HGB erbringen und nebenher noch einen partiarischen Mietvertrag und einen Arbeitsvertrag mit Festgehalt abschließen. Denkbar ist allerdings auch, dass Grundstücksüberlassung und Arbeitsleistung als weitere Beiträge des stillen Gesellschafters i.S.d. §§ 705, 706 BGB anzusehen sind. Zumindest i.R.d. typischen stillen Gesellschaft ist eine sorgfältige zivilrechtliche Analyse auch für Zwecke des Steuerrechts erforderlich.

Die Prüfung, ob ein Gesellschaftsvertrag oder ein partiarisch ausgestalteter Leistungsaustausch vereinbart wurde, stellt zuerst einmal darauf ab, ob die Vertragspartner zum Ausdruck gebracht haben, dass sie einen **gemeinsamen Zweck** fördern wollen, ohne dass die Begleitumstände dem widersprechen.

Die tiefergehende Differenzierung kommt zu dem Ergebnis, dass nur bei **gemeinsamer** Zweckverfolgung (§ 705 BGB) eine stille Gesellschaft vorliegt und dass bei primär eigenen Interessen ein partiarisches Darlehen gegeben ist. Ein verlässliches Unterscheidungsmerkmal liegt jedoch allein in der Tatsache, dass ein partiarisches Rechtsverhältnis keine **Verlustbeteiligung** kennt, während dies bei einer stillen Gesellschaft möglich ist (§ 231 Abs. 2 HGB). Immer dann, wenn – wie hier (»Unterstützung in der Talsohle«) – auch eine Verlustbeteiligung möglich ist und vereinbart wird, liegt eine stille Gesellschaft vor.

Ein Vertrag, der als Gesellschaftsvertrag bezeichnet ist oder die Absicht **gemeinsamer Zweckverfolgung** betont, ist anzuerkennen, solange der übrige Vertragsinhalt und die Vertragsdurchführung dem entsprechen.

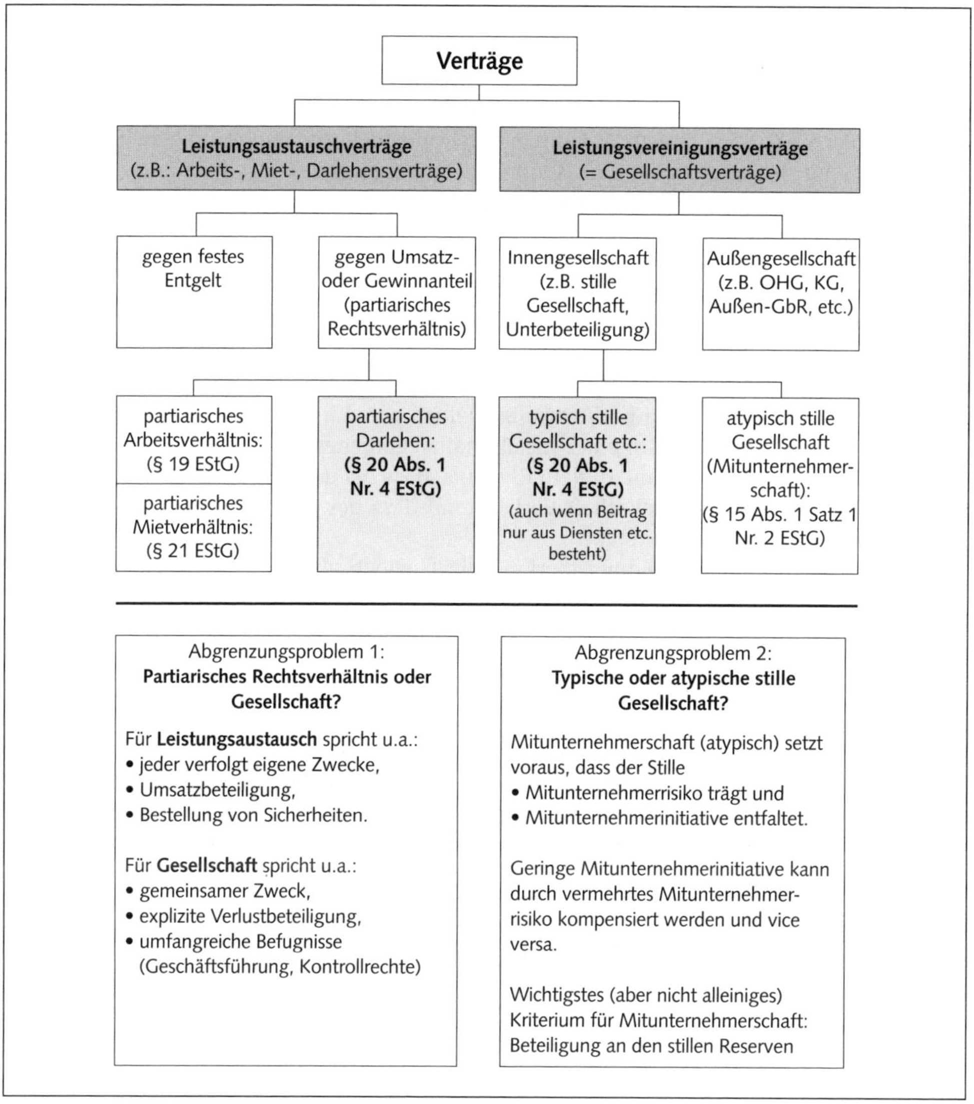

Abbildung 28: Stille Beteiligung vs. partiarische Rechtsverhältnisse

Beispiel

Im Wohnhaus des Rentners (R) befindet sich das Büro des Newcomers (N). R will N finanziell unterstützen, ohne dass sich dabei steuerliche Nachteile oder Haftungsprobleme ergeben sollen. Da er vom geschäftlichen Erfolg des N überzeugt ist, soll die finanzielle Unterstützung mehr erwirtschaften als eine Anlage »auf der Bank«. R ist bewusst, dass sich beim Berufsstart des N auch Durststrecken ergeben können und möchte G auch in dieser Phase begleiten.

Lösung

In nahezu »klassischer« Form bietet sich für R die Unterstützung des N in der Form einer typisch stillen Beteiligung an. Auf alle Fälle soll eine Haftungs- und Steuerverstrickung des privaten Grundstücks vermieden werden. Bei einer offenen gesellschaftsrechtlichen Beteiligung (PersGes) wird das an N vermietete Grundstück zum notwendigen (Sonder-)BV und ist damit steuerverstrickt; eine Kommanditbeteiligung scheidet daher aus.

Von den verbleibenden Beteiligungsmöglichkeiten kommen noch das »klassische« Darlehen und das »partiarische« Darlehen in Betracht.

Das klassische Darlehen mit einer festen prozentualen Verzinsung scheidet ebenfalls aus, da R ein riskantes Engagement tätigen will.

Rein theoretisch ist die Abgrenzung der stillen Gesellschaft vom **partiarischen Darlehen**, bei dem sich der Darlehensgeber die Valuta nicht fest, sondern ebenfalls durch eine Gewinnbeteiligung verzinsen lässt, einfach. Bei gleicher Modalität (Gewinnbeteiligung) fußt das partiarische Darlehen auf einem allgemeinen schuldrechtlichen Rechtsgrund, während die stille Gesellschaft auf einer gesellschaftsrechtlichen Causa aufbaut. Die weitergehende Differenzierung kommt zu dem Ergebnis, dass bei **gemeinsamer** Zweckverfolgung (§ 705 BGB) eine stille Gesellschaft vorliegt und dass bei primär eigenen Interessen ein partiarisches Darlehen gegeben ist.

Ein verlässliches Unterscheidungsmerkmal liegt jedoch allein in der Tatsache, dass ein partiarisches Rechtsverhältnis keine **Verlustbeteiligung** kennt, während dies bei einer stillen Gesellschaft möglich ist (§ 231 Abs. 2 HGB). Immer dann, wenn – wie hier (»Unterstützung in der Talsohle«) – auch eine Verlustbeteiligung möglich ist und vereinbart wird, liegt eine stille Gesellschaft vor.

Rein steuerlich und bilanzrechtlich unterscheiden sich die stille Gesellschaft und das partiarische Darlehen nicht, da die jeweiligen jährlichen **Gewinnanteile** zu Einkünften nach § 20 Abs. 1 Nr. 4 EStG führen und in der Bilanz des tätigen Unternehmers als **BA** zu erfassen sind. Von dieser Grundaussage (Gewinnanteile des Stillen = BA des Inhabers) hat der BFH in einem allseits beachteten Urteil vom 06.03.2003 (BStBl II 2003, 656) eine wichtige Ausnahme gemacht:

- Die Rechtsprechung des BFH vom 05.02.2002, BFH/NV 2002, 908 zur privaten Veranlassung einer Darlehensverbindlichkeit – und damit der Eliminierung aus dem BA-Bereich – wurde auf die stille Beteiligung erstreckt und
- damit sind Gewinnanteile des Stillen, soweit dessen Vermögenseinlage zur Finanzierung privater Aufwendungen verwendet wird (im Urteil: zur Deckung einer Zugewinnausgleichsforderung), nicht länger als BA anzusetzen.

Die Einlage (das Darlehen) selbst (Fremdkapital) und die Rückzahlung sind gewinnneutral.

Als Ergebnis bleibt festzuhalten, dass B mit seiner Einlage als **typisch stiller** Gesellschafter anzusehen ist, der Überschusseinkünfte nach § 20 EStG erzielt.

3.1.4 Verdeckte Gesellschaftsverhältnisse

Schwieriger wird die Abgrenzung zwischen Gesellschaftsvertrag und partiarischem Rechtsverhältnis, wenn der Vertrag nicht zum Ausdruck bringt, ob er der Leistungsvereinigung oder dem Leistungsaustausch dienen soll, oder wenn die von den Beteiligten gewählte Vertragsbezeichnung vom Vertragsinhalt bzw. von der Vertragsdurchführung abweicht. Immerhin gibt es für häufig vorkommende Fallgruppen **relativ eindeutige Abgrenzungskriterien**. Ein Gesellschaftsverhältnis verlangt als notwendiges, aber nicht hinreichendes Indiz der Leistungsvereinigung stets eine Gewinnbeteiligung. Eine Umsatzbeteiligung dagegen führt regelmäßig zum partiarischen Rechtsverhältnis, weil der Leistungsempfänger auch im Verlustfall ein Entgelt entrichten muss. Eine ausdrückliche Beteiligung am Gewinn und Verlust dagegen lässt stets auf eine Leistungsvereinigung schließen.

Beispiel

Nichtgesellschafter S hat der A-GmbH für anstehende Investitionen 100.000 € zur Verfügung gestellt. Der schriftliche Vertrag zwischen S und der A-GmbH ist ausdrücklich als »Darlehensvertrag« bezeichnet. Nach diesem Vertrag erhält S keinen festen Zinssatz. Stattdessen ist er mit angemessenen 20 % am Jahresüberschuss bzw. am Jahresfehlbetrag der A-GmbH vor Abzug der Personensteuern und des »Darlehenszinses« beteiligt.

Lösung

Auch wenn der zwischen der A-GmbH und S abgeschlossene Vertrag von den Parteien ausdrücklich als »Darlehensvertrag« bezeichnet worden ist, handelt es sich um einen (verdeckten) Gesellschaftsvertrag i.S.d. §§ 230 ff. HGB und § 705 BGB. Der Umstand, dass sich S auch an einem etwaigen Jahresfehlbetrag beteiligt, belegt eindeutig, dass kein Leistungsaustausch in Gestalt eines partiarischen Darlehensvertrages gem. § 488 BGB gewollt ist. Stattdessen wird eine gesellschaftsrechtliche Leistungsvereinigung angestrebt. Eine Beteiligung am Verlust des Vertragspartners ist dem Leistungsaustausch fremd.
Da S dabei nur eine Einlage leistet, die in das Vermögen der A-GmbH übergeht, und da das Gesellschaftsverhältnis zwischen den Vertragsbeteiligten nicht nach außen hervortritt, handelt es sich um eine reine Innengesellschaft in Gestalt der stillen Gesellschaft gem. §§ 230 ff. HGB. S beteiligt sich mit seiner Einlage am Handelsgewerbe der A-GmbH. Ein Gesamthandsvermögen entsteht nicht.

Darüber hinaus zieht der BFH (BFH vom 01.08.1996, BStBl II 1997, 272; BFH vom 18.06.1998 BFH/NV 1999, 295) zur **Aufdeckung verdeckter Gesellschaftsverhältnisse** als aussagekräftige Indizien insbesondere heran:

- die Höhe der Gesamtbezüge des Geschäftsführers, wenn sie im Fremdvergleich unangemessen sind (insbes. wenn neben einem angemessenem Festgehalt zusätzlich eine ungewöhnlich hohe Gewinntantieme gewährt wird, die den überwiegenden Teil des Jahresgewinns absaugt (vgl. auch BFH vom 21.09.1995, BStBl II 1996, 66);
- Inanspruchnahme von Befugnissen wie ein Gesellschafter (Verhalten nicht wie ein weisungsgebundener Geschäftsführer, sondern wie der Alleininhaber des Unternehmens);
- Unangemessenheit eines »Austauschvertrags« (fehlende wirtschaftliche Veranlassung oder unter fremden Vertragspartnern unübliche Art der Durchführung);
- Entstehungsgeschichte und Eigenart des Unternehmens, wenn dessen geschäftlicher Erfolg nahezu ausschließlich durch die persönlichen Leistungen des potenziellen Innengesellschafters bestimmt worden sind.

Auch ein **GmbH-Gesellschafter** kann mit seiner GmbH ein stilles Beteiligungsverhältnis eingehen. Er kann stattdessen aber auch einen gesellschaftsrechtlichen Beitrag als GmbH-Gesellschafter leisten. Ein zusätzliches Gesellschaftsverhältnis muss deshalb im Voraus klar und eindeutig vereinbart sein. Anderenfalls sind – insbesondere unentgeltliche – Gesellschafterleistungen u. U. vorrangig als gesellschaftsrechtliche Beiträge der GmbH-Gesellschafter anzusehen (BFH vom 09.12.1976, BStBl II 1977, 155). Verdeckte Gesellschaftsverhältnisse finden deshalb beim GmbH-Gesellschafter insoweit einen eingeschränkten Anwendungsbereich. Entsprechendes dürfte für Personen gelten, die dem GmbH-Gesellschafter nahestehen. Deshalb hat jedoch nicht jeder verunglückte Vertrag über Gesellschafterleistungen gleich dessen steuerrechtliche Unwirksamkeit zur Folge.

Beispiel

Alleingesellschafter A hat der A-GmbH für anstehende Investitionen 100.000 € zur Verfügung gestellt. Der schriftliche Vertrag zwischen S und der A-GmbH ist ausdrücklich als »Darlehensvertrag« bezeichnet. Danach erhält A keinen festen Zinssatz. Stattdessen ist er mit angemessenen 20 % am Jahresüberschuss bzw. am Jahresfehlbetrag der A-GmbH vor Abzug der Personensteuern und des »Darlehenszinses« beteiligt.

Lösung

A erzielt entweder private Einkünfte aus einer typischen stillen Beteiligung gem. § 20 Abs. 1 Nr. 4 EStG oder gewerbliche Einkünfte aus einer atypischen stillen Beteiligung i.S.d. § 15 Abs. 1 Satz 1 Nr. 2 EStG. Zur vGA kommt es nicht.

Es liegt ein verdecktes Gesellschaftsverhältnis i.S.d. § 230 ff. HGB und § 705 BGB vor. Die Absicht, den Beitrag nicht als GmbH-Gesellschafter leisten zu wollen, ist durch den Abschluss eines gesonderten Vertrags eindeutig dokumentiert. Die falsche Bezeichnung dieses Vertrags ändert nichts an der Eindeutigkeit seines Inhalts. Das Gesellschaftsverhältnis folgt zwingend aus der Verlustbeteiligung; auf die Erheblichkeit der Kapitalzufuhr und der Gewinnbeteiligung kommt es nicht an. Die Annahme, es handele sich um einen Beitrag zur GmbH, könnte im Übrigen die Verlustbeteiligung kaum erklären. Üblicherweise hat der Gesellschafterbeitrag nach dem Recht der GmbH keine Beteiligung an einem Jahresfehlbetrag zur Folge. (Zum verdeckten Gesellschaftsverhältnis bei unangemessener gewinnabhängiger Vergütung eines GmbH-Gesellschafter-Geschäftsführers bei GmbH & Co. KG vgl. auch BFH vom 21.09.1995, BStBl II 1996, 66.)

In der Abgrenzung gegenüber dem partiarischen Darlehen liegt die Annahme eines stillen Gesellschaftsverhältnisses bei einem beherrschenden GmbH-Gesellschafter sogar näher als bei einem gesellschaftsfremden Dritten. Der Wille zur Verfolgung eines gemeinsamen Zieles zeigt sich hier bereits in der Vereinbarung einer bedeutenden Kapitalzuführung und einer entsprechend hohen Gewinnbeteiligung (BFH vom 21.06.1983, BStBl II 1983, 563). Der beherrschende GmbH-Gesellschafter ist selbst dann in der Lage, Einfluss auf die GmbH auszuüben, wenn seine Kontrollrechte als Stiller gegenüber § 233 HGB stark eingeschränkt sind. Zusätzlich spricht es in diesen Fällen für eine gemeinsame Zweckverfolgung, wenn eine erhebliche Kapitalgewährung ohne entsprechende Sicherheiten erfolgt.

Tipp

Achten Sie bei Leistungsbeziehungen zwischen der GmbH und ihren Gesellschaftern nicht nur auf vGA, sondern auch auf verdeckte Gesellschaftsverhältnisse.

3.2 Grundlagen der Besteuerung der GmbH & Still

LITERATURHINWEISE:
Blaurock, Handbuch der stillen Gesellschaft, 6. Aufl. 2003; *Hottmann u. a.*, Die GmbH im Steuerrecht, 3. Aufl. 2011, Abschnitt O; *Schmidt/Wacker*, EStG, § 15 Rz. 340–362; *Schmidt/Weber-Grellet*, EStG, § 20 Rz. 130–148; *Schoor/Natschke*, Die GmbH & Still im Steuerrecht, 4. Aufl. 2005; *Schulze zur Wiesche*, Die GmbH & Still, 5. Aufl. 2009.

3.2.1 Typische oder atypische GmbH & Still?

Die stille Gesellschaft sowie die BGB-Innengesellschaft unterliegen dem Grundsatz der **Vertragsfreiheit**. Eine Innengesellschaft kann den gesetzlichen Vorschriften der §§ 230 ff. HGB vollständig entsprechen oder auch in erheblichem Maße davon abweichen. Aus handelsrechtlicher Sicht führen nennenswerte Abweichungen vom gesetzlichen Modell der stillen Gesellschaft zu einer atypischen Gestaltung.

Wenn im Steuerrecht von einer atypisch stillen Gesellschaft die Rede ist, ist etwas anderes gemeint. Hier steht die Frage im Vordergrund, ob der stille Gesellschafter im Innenverhältnis gegenüber dem Inhaber des Handelsgewerbes als Mitunternehmer auftritt. Ist der stille Gesellschafter kein Mitunternehmer, dann wird die Gesellschaft als typisch stille Gesellschaft angesehen, auch wenn sie aus handelsrechtlicher Sicht durchaus atypische Züge tragen mag. Ist der stille Gesellschafter dagegen Mitunternehmer, dann liegt aus der Perspektive des Steuerrechts stets eine atypische stille Gesellschaft vor.

Der **typisch** stille Gesellschafter, dessen Stellung dem Normalbild eines stillen Gesellschafters i.S.d. §§ 230 ff. HGB entspricht, soll nach der Wertung des § 20 Abs. 1 Nr. 4 EStG trotz seiner Gesellschafterstellung steuerrechtlich als Kapitalanleger behandelt werden. In diesem Rahmen bleibt er allerdings als Gesellschafter mit Beteiligungsbezügen deutlich vom bloßen Kreditgeber i.S.d. § 20 Abs. 1 Nr. 7 EStG abgehoben.

Geht die unternehmerische Stellung des **atypisch** stillen Gesellschafters deutlich über dieses gesetzlich definierte Maß hinaus, etwa wenn ihm im Innenverhältnis schuldrechtlich eine dem normalen Kommanditisten vergleichbare Position eingeräumt wird, dann wird er zum Mitunternehmer und er bezieht Einkünfte gem. § 15 Abs. 1 Satz 1 Nr. 2 EStG.

Mitunternehmer i.S.d. § 15 Abs. 1 Satz 1 Nr. 2 EStG kann nach der ständigen Rechtsprechung des BFH nur sein, wer **zivilrechtlich Gesellschafter** einer PersGes ist oder im Rahmen eines vergleichbaren Gemeinschaftsverhältnisses Unternehmerrisiko trägt und Unternehmerinitiative entfalten kann. Es reicht nicht aus, wenn sich entsprechende Risiken und Initiativrechte auf einzelne Austauschverhältnisse zurückführen lassen. Die verschiedenen Vertragsbeziehungen müssen insoweit auch steuerrechtlich strikt auseinander gehalten und eigenständig gewürdigt werden (BFH vom 01.07.2003, BStBl II 2003, 1564). Die bloße Bündelung von Risiken aus Leistungsaustauschverhältnissen führt nicht zu einem gesellschaftsrechtlichen Risiko. Die unverzichtbare Grundvoraussetzung der steuerrechtlichen Mitunternehmerschaft, nämlich die zivilrechtliche Gesellschafterstellung, kann nicht durch eine Gesamtschau schuldrechtlicher Kompetenzen anderer Art ersetzt werden. Ein verdecktes Gesellschaftsverhältnis reicht als Grundlage der Mitunternehmerschaft aus, nicht dagegen ein Bündel partiarischer Rechtsverhältnisse.

Liegt aber ein zivilrechtliches Gesellschaftsverhältnis erst einmal vor, dann stellt sich die weitere Frage nach der **steuerrechtlichen Mitunternehmerschaft**. Diese ist nun – ebenfalls nach ständiger Rechtsprechung des BFH – aufgrund einer Gesamtbetrachtung unter Berücksichtigung aller Umstände des Einzelfalls zu entscheiden, also nicht nur anhand des Vertrags über die stille Gesellschaft. Auf dieser Ebene sind zusätzliche Geschäftsführungs-, Miet- und Darlehensverträge einzubeziehen (BFH vom 14.10.2003, BFH/NV 2004, 188). Bei der GmbH & Still bekommt darüber hinaus der Umstand Bedeutung, ob der stille Gesellschafter zugleich auch GmbH-Gesellschafter ist.

Ein stiller Gesellschafter ist dann Mitunternehmer, wenn er **Mitunternehmerrisiko** trägt und **Mitunternehmerinitiative** entfalten kann. Für die Annahme einer Mitunternehmerschaft müssen zwar beide Merkmale vorliegen, können aber mehr oder weniger ausgeprägt sein. Eine schwach ausgeprägte Mitunternehmerinitiative reicht für die Annahme einer Mitunternehmerstellung aus, wenn das Mitunternehmerrisiko besonders stark ausgeprägt ist und umgekehrt (BFH vom 16 12.2003, BFH/NV 2004, 1080).

Mitunternehmerrisiko bedeutet Teilnahme am Erfolg oder Misserfolg des Unternehmens. Es umfasst die Beteiligung am laufenden Gewinn und Verlust sowie an den stillen Reserven einschließlich des Geschäftswerts. Der Geschäftswert muss nach einer gebräuchlichen Methode der Unternehmensbewertung ermittelt werden, also unter Berücksichtigung von Substanz- und Ertragswert.

Die Beteiligung des stillen Gesellschafters am Verlust indiziert für sich genommen noch kein Mitunternehmerrisiko. Das Verlustrisiko trifft nach § 231 Abs. 2 HGB gerade den typischen stillen Gesellschafter, dessen Stellung sich ausschließlich nach dem Regelstatut des HGB richtet. Es ist deshalb entsprechend der dem § 20 Abs. 1 Nr. 4 EStG zugrunde liegenden Wertung noch als Risiko des Kapitalgebers einzustufen. Wenn allerdings die Verlustbeteiligung vertraglich ausgeschlossen wird, dann indiziert dies fehlendes Mitunternehmerrisiko.

Weil der stille Gesellschafter nicht mit dinglicher Wirkung am Unternehmensvermögen beteiligt ist, kann sein Mitunternehmerrisiko nur auf schuldrechtlicher Grundlage basieren. Im Innenverhältnis können der Geschäftsinhaber und sein stiller Gesellschafter das Unternehmen durchaus auf gemeinsame Rechnung und Gefahr führen. Dann kommt die Stellung des stillen Gesellschafters der eines Kommanditisten sehr nahe, auch wenn keine unmittelbare Beteiligung am Unternehmensvermögen besteht (BFH vom 09.12.2002, BFH/NV 2003, 601). Ohnehin realisiert sich die Beteiligung an den stillen Reserven regelmäßig erst im Zeitpunkt des Ausscheidens oder der Beendigung der Gesellschaft. Hier ist sogar der Abfindungsanspruch des ausscheidenden Kommanditisten gem. § 738 Abs. 1 Satz 2 BGB, §§ 155, 161 Abs. 2 und § 105 Abs. 3 HGB nur schuldrechtlicher Natur.

Mitunternehmerinitiative verlangt Einsichts- und Kontrollrechte i.S.d. § 233 HGB. Ist ein stiller Gesellschafter am Gewinn und Verlust sowie an den stillen Reserven und am Geschäftswert beteiligt, so ist er bereits dann Mitunternehmer, wenn er annähernd die Rechte hat, die einem stillen Gesellschafter nach dem HGB zustehen. Der Beteiligung an den stillen Reserven kommt damit grundsätzlich eine Schlüsselrolle für die Begründung einer Mitunternehmerschaft zu.

Ist das Mitunternehmerrisiko nur gering ausgeprägt, kann dies durch eine verstärkte Mitunternehmerinitiative ausgeglichen werden. Die Beteiligung am Verlust, an den stillen Reserven und am Geschäftswert wird nach der Rechtsprechung des BFH für die Annahme einer Mitunternehmerschaft entbehrlich, wenn die Möglichkeit zur Entfaltung der Mitunternehmerinitiative besonders stark ausgeprägt ist.

Die Abgrenzung zwischen typisch stiller und atypisch stiller Gesellschaft verdeutlicht die folgende Übersicht:

<table>
<tr><th>Die Mitunternehmerschaft ist zu bejahen,</th><th>Die Mitunternehmerschaft ist zu verneinen</th></tr>
<tr><td>

- wenn der stille Gesellschafter am laufenden Gewinn **und** Verlust beteiligt ist. Darüber hinaus soll er bei Auflösung der Gesellschaft neben seiner Einlage auch einen Anteil an den Wertsteigerungen des BV einschließlich des Geschäftswerts erhalten (s. BFH vom 09.12.2002, BFH/NV 2003, 601);
- wenn das Mitunternehmerrisiko besonders stark ausgeprägt ist, sodass bereits die Informations- und Kontrollrechte eines stillen Gesellschafters i.S.d. § 233 HGB für eine Mitunternehmerinitiative ausreichen (s. BFH vom 11.12.1990, BFHE 163, 346; BFH vom 07.11.2006, BFH/NV 2007, 906);
- wenn die Beteiligung an den stillen Reserven für den Fall eines vorzeitigen Ausscheidens des Stillen ausgeschlossen ist, steht dies – wie auch bei einem Kommanditisten – **nicht** der Annahme einer Mitunternehmerschaft entgegen (s. BFH vom 18.02.1993, BFH/NV 1993, 647);
- wenn der stille Gesellschafter als Geschäftsführer oder Prokurist bzw. leitender Angestellter des Handelsgewerbes tätig ist.
- wenn die Mitunternehmerinitiative besonders stark ausgeprägt ist.

Der Ausschluss bzw. die Beschränkung seiner Beteiligung an den Wertsteigerungen des BV **allein** ist für die Annahme einer Mitunternehmerschaft unschädlich (s. BFH vom 09.12.2002, BFH/NV 2003, 601; BFH vom 07.11.2006, BFH/NV 2007, 906).

Letzteres gilt auch für den Fall, in dem der stille Gesellschafter in seiner Funktion als Geschäftsführer des Handelsgeschäfts sich mit einer Vermögenseinlage in erheblichem Umfang – und damit mit einem erheblichen Gewinnanspruch – beteiligt (s. BFH vom 14.10.2003, BFH/NV 2004, 188).

</td><td>

- bei Ausschluss der Gewinnbeteiligung, da die Voraussetzungen aus § 230 HGB nicht erfüllt werden (s. BFH vom 09.07.1969, BStBl II 1969, 690);
- bei Fehlen der **Gewinnerzielungsabsicht** des Inhabers des Handelsgeschäfts oder des stillen Gesellschafters, da diese gem. § 15 Abs 2 EStG als Grundvoraussetzung für die Erzielung von gewerblichen Einkünften gilt (s. BFH vom 14.07.1998, BFH/NV 1999, 169; BFH vom 24.01.2001, BFH/NV 2001, 895).
Dies gilt auch für eine GmbH & Still, bei der die GmbH ausschließlich eine vermögensverwaltende Tätigkeit ausübt (dabei ist § 8 Abs. 2 KStG für die Innen-Gesellschaft GmbH & Still unbeachtlich (s. BFH vom 14.07.1998, BFH/NV 1999, 169, Tz. 49 ff.).
- bei einer Beteiligung am Umsatz oder bei einer festen Vergütung (s. BFH vom 26.06.1990, BStBl II 1994, 645);
- bei Vereinbarung einer festen Verzinsung mit der Option auf Gewinnbeteiligung (s. BFH vom 27.05.1993, BStBl II 1994, 700);
- bei Vereinbarung einer Beteiligung an den stillen Reserven bzw. am Geschäftswert, wenn davon ausgegangen werden kann, dass sich keine stillen Reserven bzw. Geschäftswerte bilden können (s. BFH vom 18.02.1993, BFH/NV 1993, 647).

</td></tr>
</table>

Diese Abgrenzung und Unterscheidung gilt auch für den **beherrschenden Gesellschafter** und **alleinigen Geschäftsführer** einer GmbH. Wenn dieser mit der GmbH zusätzlich ein stilles Gesellschaftsverhältnis mit einer erheblichen Vermögenseinlage sowie einem hohen Gewinnanteil eingeht, dann liegt eine atypisch stille Gesellschaft vor, selbst wenn eine Verlustbeteiligung als stiller Gesellschafter ausgeschlossen und eine Abfindung zum Nennwert der Einlage vereinbart ist (BFH vom 15.12.1992, BStBl II 1994, 702). Der Ausschluss des Verlustrisikos in der stillen Gesellschaft fällt nicht ins Gewicht, weil über die Stammeinlage bei der GmbH eine gewisse Beteiligung am Verlust des Unternehmens besteht (BFH vom 26.11.2003, BFH/NV 2004, 631 m.w.N.).

Eine stille Einlage in nahezu zweifacher Höhe der Stammeinlage (zugleich i.H.d. gesamten Stammkapitals der GmbH) hat der BFH als **erhebliche** Vermögenseinlage angesehen. In der gleichen Entscheidung wurde als hohe Gewinnbeteiligung des Stillen eingestuft, dass diese ca. 66% seines Gesamtgewinnanspruchs ausmachte, also etwa **doppelt so hoch** ausfiel wie der Gewinnanteil als GmbH-Gesellschafter (BFH vom 26.11.2003, BFH/NV 2004, 631). In einer anderen Entscheidung wurde es als ausreichend erachtet, dass die Einlage als stiller Gesellschafter das Stammkapital der GmbH überstieg und seine Gewinnbeteiligung mehr als 50% des GmbH-Gewinns betrug (BFH vom 14.10.2003, BFH/NV 2004, 188). Mit unterschiedlichen Berechnungsweisen kommen die beiden Entscheidungen zu übereinstimmenden Ergebnissen. Gleichwohl wird es zur genaueren Bestimmung der Grenzen noch einiger Entscheidungen bedürfen.

Selbst für den beherrschenden Gesellschafter einer KapGes bleibt es grundsätzlich möglich, mit dieser eine typische stille Gesellschaft zu begründen. Wenn der beherrschende Gesellschafter allerdings zugleich Alleingeschäftsführer ist, bleiben nur noch die Fälle einer unerheblichen Kapitalzufuhr. Ist der beherrschende Gesellschafter nicht in die Geschäftsführung der GmbH einbezogen, liegt grundsätzlich auch bei einer erheblichen Vermögenseinlage und einem hohen Gewinnanteil eine typisch stille Gesellschaft vor (BFH vom 21.06.1983, BStBl II 1983, 563). Etwas anderes kann wieder gelten, wenn sich aus dem Vertrag über die stille Gesellschaft eine Weisungsbefugnis des stillen Gesellschafters gegenüber der GmbH ergibt (BFH vom 15.10.1998, BStBl II 1999, 286).

Tipp

Beachten Sie die Gefahr einer ungewollten Aufgabe des Mitunternehmeranteils, die zur Zwangsrealisierung der stillen Reserven führt. Die Mitunternehmerschaft kann genauso unvermutet enden, wie sie entsteht, etwa durch Beendigung eines verdeckten Gesellschaftsverhältnisses oder durch Beendigung der Geschäftsführertätigkeit des beherrschenden Gesellschafters.

Die Gesellschafter einer atypisch stillen Gesellschaft sind aus der Sicht des Ertragsteuerrechts Mitunternehmer. Im Außenverhältnis tritt zwar die GmbH allein als Unternehmer auf, im Innenverhältnis aber führen die Gesellschafter der stillen Gesellschaft das Unternehmen gemeinsam. Auf diese Weise wird die eigentlich unsichtbare Innengesellschaft – so wie jede andere Mitunternehmerschaft – zum **Subjekt der Einkünfteerzielung** und der Einkünfteermittlung. Es bestimmt sich daher nach dem Tätigkeitsbild der stillen Gesellschaft, welche Einkünfte die Gesellschafter erzielen. Die Tätigkeiten, die die Innengesellschaft entfaltet, sind identisch mit den Aktivitäten, mit denen die GmbH nach außen in Erscheinung tritt.

Tritt die GmbH lediglich vermögensverwaltend in Erscheinung, gilt dies auch für die Innengesellschaft. Gleichwohl erzielt die GmbH & Still gewerbliche Einkünfte, weil die GmbH die stille Gesellschaft, an der sie beteiligt ist, gem. § 15 Abs. 3 Nr. 2 EStG **gewerblich prägt**. Die GmbH steht dem in § 15 Abs. 3 Nr. 2 EStG genannten, zur Geschäftsführung befugten »persönlich haftenden Gesellschafter« gleich. Im Außenverhältnis kann sie zwar für die Innengesellschaft keine »Gesellschaftsverbindlichkeiten« begründen. Nach der Rechtsprechung des BFH genügt es aber, dass die Verbindlichkeiten der GmbH im Innenverhältnis allen Gesellschaftern entsprechend ihrem Beteiligungsverhältnis zugerechnet werden (BFH vom 15.10.1998, BStBl II 1999, 286 m.w.N.).

Umstritten ist, ob die gewerbliche Prägung durch eine Geschäftsführungsbefugnis des stillen Gesellschafters beseitigt werden kann. Die Führung der Geschäfte der Innengesellschaft – also des Unternehmens des Geschäftsinhabers – ist bei der GmbH & Still ausschließlich Sache der GmbH. Im Hinblick darauf, dass die §§ 230 ff. HGB keine organschaftliche Geschäftsführung des stillen Gesellschafters vorsehen, lässt die FinVerw **keine Flucht aus der Gewerblichkeit** zu. Nach ihrer Auffassung ist die GmbH & atypisch Still, wenn sie nicht bereits gewerblich tätig oder infiziert ist, stets gewerblich geprägt (BMF vom 26.11.1987, BStBl I 1987, 765; OFD Erfurt vom 23.10.2003, FR 2003, 1299). Dem werden in der Literatur allerdings zunehmend Zweifel entgegengebracht. Der Gesellschaftsvertrag könne zwar keine organschaftliche Vertretungsmacht, wohl aber eine entsprechende Geschäftsführungsbefugnis des stillen Gesellschafters vorsehen. Auf den Ausgang der Diskussion darf man gespannt sein.

3.2.2 GmbH & typisch Still

Nach den Wertungen des § 20 Abs. 1 Nr. 4 EStG überlässt der typisch stille Gesellschafter der GmbH im Rahmen eines gesellschaftsrechtlichen Beteiligungsverhältnisses Kapital zur Nutzung. Er erzielt daher **Einkünfte aus Kapitalvermögen** gem. § 20 Abs. 1 Nr. 4 EStG, selbst wenn er gar kein Kapital überlässt, sondern als gesellschaftsrechtlichen Beitrag zur Innengesellschaft stattdessen etwa Dienstleistungen erbringt. Seine Einkünfte realisiert der typisch stille Gesellschafter im Zeitpunkt des Zuflusses. Soweit eine stille Beteiligung allerdings zu einem Betrieb des Stillen gehört, erzielt dieser betriebliche Einkünfte. In einem bilanzierungspflichtigen Betrieb bestimmt sich der Realisationszeitpunkt nach dem Aufwands- und Ertragsprinzip.

Die Einnahmen unterliegen gem. § 43 Abs. 1 Nr. 3 und § 43a Abs. 1 Satz 1 Nr. 1 EStG grundsätzlich einem **Steuerabzug** von 25 %; gem. § 43 Abs. 4 EStG gilt dies auch für die im BV gehaltene stille Beteiligung. Die Zuflussfiktion des § 44 Abs. 3 EStG gilt nur für Zwecke der KapSt. Zusätzlich ist gem. § 3 Abs. 1 Nr. 5 und § 4 SolZG ein SolZ von 5,5 % der KapSt einzubehalten.

Aus Sicht der **GmbH**, die auch im Innenverhältnis Alleinunternehmerin bleibt, führt die Einlage des typisch Stillen auch in deren Steuerbilanz zu einer Verbindlichkeit, der Gewinnanteil zu einer den Gewinn mindernden Rückstellung, die bereits am Bilanzstichtag zu erfassen ist.

Rein steuerlich und bilanzrechtlich unterscheiden sich die stille Gesellschaft und das partiarische Darlehen auf der Ebene der GmbH nicht, da die ausbezahlten jährlichen **Gewinnanteile** in der Bilanz des tätigen Unternehmers (GmbH) als **BA** zu erfassen sind. Von dieser Grundaussage (Gewinnanteile des Stillen = BA des Inhabers) hat der BFH in einem allseits beachteten Urteil vom 06.03.2003 (BStBl II 2003, 656) eine wichtige Ausnahme gemacht:

- Die Rechtsprechung des BFH vom 05.02.2002, BFH/NV 2002, 908 zur privaten Veranlassung einer Darlehensverbindlichkeit – und damit der Eliminierung aus dem BA-Bereich – wurde auf die stille Beteiligung erstreckt und
- damit sind Gewinnanteile des Stillen, soweit dessen Vermögenseinlage zur Finanzierung privater Aufwendungen verwendet wird (im Urteil: zur Deckung einer Zugewinnausgleichsforderung), nicht als BA anzusetzen.

Die Einlage (das Darlehen) selbst (Fremdkapital) und die Rückzahlung sind gewinnneutral.

Die **typisch stille Gesellschaft** tritt ertragsteuerrechtlich nicht in Erscheinung. Für sie ist weder eine Steuerbilanz zu erstellen noch werden Erklärungen zur gesonderten und einheitlichen Feststellung von Einkünften verlangt. Lediglich die GmbH als Inhaberin des Handelsgewerbes unterliegt der **Gewerbesteuer**. Bei der Ermittlung ihres Gewerbeertrags ist der Gewinnanteil des typisch Stillen gem. § 8 Nr. 1c GewStG zu einem Viertel wieder hinzuzurechnen, soweit die Summe aller Aufwendungen i.S.d. § 8 Nr. 1 GewStG 100.000 € übersteigt.

Beispiel
A beteiligt sich bzw. erzielt am GmbH-Anteil des B
- einen Verlustanteil aus seiner stillen Beteiligung;
- nach Beendigung der stillen Gesellschaft eine gewinnabhängige Vergütung für das abgelaufene Geschäftsjahr.

Lösung (vgl. H 8.1 Abs. 3 GewStH 2009)
- Die Gewinnanteile des stillen Gesellschafters an einem GmbH-GA unterliegen der Hinzurechnung.
- Bei der Ermittlung der Summe der nach § 8 Nr. 1 GewStG hinzuzurechnenden Finanzierungsanteile ist auch ein Verlustanteil des stillen Gesellschafters zu berücksichtigen, soweit dieser Verlustanteil den Verlust aus Gewerbebetrieb gemindert hat. Wird die Summe allerdings negativ, kommt eine »negative Hinzurechnung« nicht in Betracht.
- Der Bezug nach Ende der stillen Gesellschaft ist ebenfalls Gegenstand der Hinzurechnung.

Bei der **Veräußerung** von stillen Beteiligungen kommt der Einkunftsarten-Dualismus zum Tragen. Grundsätzlich (vorbehaltlich §§ 17, 23 EStG) kommt es nur bei betrieblichen atypisch stillen Beteiligungen zu steuerbaren Veräußerungsgewinnen nach § 16 Abs. 1 Nr. 2 (bzw. § 16 Abs. 3) EStG.

Die Veräußerung einer im PV gehaltenen typisch stillen Beteiligung ist nur i.R.d. § 23 EStG steuerbar.

Zu einer praxisrelevanten Frage hat der BFH am 06.03.2002 (BStBl II 2002, 737) in Abweichung der sonstigen Ermittlungsgrundsätze Stellung bezogen. Im vorliegenden Fall wurde die Einlageforderung des atypisch Stillen, der die Beteiligung im BV gehalten hat, bei der Veräußerung der Beteiligung zurückbehalten und – wider Erwarten – später getilgt. Die Frage war nun, ob es sich bei der späteren Begleichung der (früher wertberichtigten) Forderung um ein rückwirkendes Ereignis i.S.d. § 175 Abs. 1 Satz 1 Nr. 2 AO handelt mit der Folge, dass der gewinnwirksame Vorfall rückwirkend bei der Ermittlung des steuerbegünstigten Aufgabegewinnes zu erfassen wäre. Diese sonst vorgesehene Rechtsfolge hat der BFH dem Beteiligten jedoch vorenthalten, da davon auszugehen ist, dass nach dem Verlust der Mitunternehmerstellung die ursprüngliche gesellschaftliche Einlageforderung einer regulären Kapitalforderung Platz gemacht hat. Für diese gelten sodann die regulären Bilanzierungsgrundsätze, wonach die spätere Begleichung der abgeschriebenen Forderung zu laufendem Ertrag ohne die Steuervergünstigungen der §§ 16, 34 EStG führt.

3.2.3 GmbH & atypisch Still

3.2.3.1 Gewinnermittlung und -verteilung in der GmbH & atypisch Still

Der steuerliche Gesamtgewinn der GmbH & atypisch Still ergibt sich – ähnlich wie bei der GmbH & Co. KG – aus der Addition der Ergebnisse einer mitunternehmerschaftlich strukturierten Steuerbilanz der GmbH, der Ergänzungsbilanzen und etwaiger Sonderbilanzen der Mitunternehmer, jeweils unter Berücksichtigung außerbilanzieller Korrekturen.

3.2.3.1.1 Handels- und Steuerbilanz

LITERATURHINWEIS:
Suchanek/Hagedorn, Steuerpraxisfragen der GmbH & atypisch Still, FR 2004, 1149.

Nach **Handelsrecht** ist die GmbH Unternehmensträgerin. Nur diese ist zur Buchführung verpflichtet. Selbst die atypisch stille Gesellschaft tritt als Innengesellschaft nicht nach außen in Erscheinung. Weder betreibt sie ein Unternehmen, noch hat sie Bücher zu führen. Das Einlageverhältnis wird handelsrechtlich als qualifiziertes Kreditverhältnis interpretiert. Entsprechend weist die GmbH die Beteiligung ihres atypisch stillen Gesellschafters in der Handelsbilanz grundsätzlich als Fremdkapital, evtl. auch als Sonderposten mit Rücklageanteil, aus. Der Gewinnanteil des Stillen hängt der Höhe nach vom Jahresabschluss der GmbH ab. Er wird gewinnmindernd gebucht. Stehen gebliebene Gewinnanteile können der Einlage zugeführt, u. U. aber auch gesondert verzinst werden.

Tipp

Der Vertrag über eine stille Gesellschaft sollte stets ausführliche Regelungen über die Gewinnermittlung treffen: z. B. Handelsbilanz oder Steuerbilanz als Basis? Vor oder nach KSt/SolZ, GewSt, Gewinnanteil des Stillen? Einfluss außerbilanzieller Korrekturen? Einfluss nachträglicher Korrekturen durch BP.

Im Innenverhältnis aber wird die atypisch stille Gesellschaft zur Unternehmensträgerin. Darauf stützt sich die Mitunternehmerstellung des atypisch stillen Gesellschafters gem. § 15 Abs. 1 Satz 1 Nr. 2 EStG. Das Unternehmen, das aus handelsrechtlicher Perspektive der GmbH zuzuordnen ist, wird aus der Sicht des **Einkommensteuerrechts** zum Unternehmen der atypisch stillen Gesellschaft. Nach diesem Verständnis nimmt die atypisch stille Gesellschaft selbst am Wirtschaftsleben teil. Sie wird zum selbstständigen »Subjekt der Gewinnerzielung, Gewinnermittlung und Einkünftequalifikation« (GrS des BFH vom 03.07.1995, BStBl II 1995, 617; BFH vom 26.11.1996, BStBl II 1998, 328).

Der nach § 15 Abs. 1 Nr. 2 EStG zu ermittelnde Gewinnanteil des stillen Gesellschafters ist deshalb nicht auf der Ebene der GmbH, sondern auf der Ebene der GmbH & atypisch Still zu ermitteln. Diese Ermittlung führt materiell-rechtlich zu einer **Steuerbilanz der atypisch stillen Gesellschaft**. Formell-rechtlich handelt es sich dabei um eine Steuerbilanz der GmbH, weil sich Verfahrensrecht zwingend am Außenrecht orientiert. Aber inhaltlich ist sie die Bilanz einer PersGes, nicht die einer KapGes. In dieser verwandelt sich die Einlage des stillen Gesellschafters in Eigenkapital, sein Gewinnanteil stellt keinen Aufwand dar. Die Zahlung persönlicher Steuern (KSt und SolZ) führt statt zu BA zu Entnahmen. Rückstellungen für KSt oder SolZ sind als persönliche Steuerschulden eines Gesellschafters nicht ansetzbar. Sogar § 6 Abs. 5 Satz 2 ff. EStG findet Anwendung (OFD Erfurt vom 23.10.2003, FR 2003, 1299).

Die eigentliche **Steuerbilanz der GmbH** folgt – wie bei der GmbH & Co. KG – der Spiegelbildtheorie. Auf der Aktivseite erscheint anstelle der WG des Unternehmens lediglich die Summe ihrer Kapitalkonten aus den steuerlichen Bilanzen der GmbH & Still. Auf der Passivseite treten – neben dem Kapital der GmbH – nunmehr die Rückstellungen für KSt und SolZ in Erscheinung. Die Einlage sowie der Gewinnanteil des stillen Gesellschafters entfallen ganz. Anders als bei der Komplementär-GmbH einer GmbH & Co. KG fallen nicht einmal eigene

Steuerberatungskosten oder IHK-Beiträge der GmbH an. Diese wirken sich bereits in der GmbH & Still aus. Der materiell-rechtlichen Steuerbilanz der GmbH kommt daher so wenig Relevanz zu, dass sie in der Praxis – im Regelfall zu Recht – völlig vernachlässigt wird.

Wenn sich die stille Gesellschaft auf das gesamte Unternehmen der GmbH bezieht, reicht die Handelsbilanz der Geschäftsinhaberin als Grundlage der gesonderten und einheitlichen Feststellung für die GmbH & atypisch Still aus. Auch wenn der Besteuerung der Doppelgesellschaft gedanklich sogar zwei Steuerbilanzen der GmbH zugrunde liegen, muss die GmbH regelmäßig **keine Steuerbilanz** aufstellen oder gar vorlegen. § 60 Abs. 1 EStDV verlangt von der unternehmensführenden GmbH lediglich die Vorlage ihrer Handelsbilanz. Um auf der Grundlage der GmbH-Bilanz den Steuerbilanzgewinn der Mitunternehmerschaft zu ermitteln, fordert § 60 Abs. 2 Satz 1 EStDV nur Anpassungen durch Zusätze und Anmerkungen. Selbst die Vorlage einer eigenständigen Steuerbilanz der GmbH nach den materiell-rechtlichen Verhältnissen der stillen Gesellschaft wäre gem. § 60 Abs. 2 Satz 2 EStDV freiwillig.

Ob das alles auch noch gilt, wenn sich die GmbH & atypisch Still auf einen Teilbetrieb der GmbH oder eine Betriebssparte bezieht (so wohl OFD Erfurt vom 23.10.2003, FR 2003, 1299), ist allerdings fraglich. In diesen Fällen wird das Unternehmen der GmbH in mehrere Betriebe aufgespalten. Für jeden dieser Betriebe ist gem. § 2 Abs. 2 Nr. 1 EStG eine steuerrechtliche Gewinnermittlung erforderlich. Die Handelsbilanz bildet aber nur das Gesamtunternehmen der GmbH ab. Hier wird man schon aus praktischen Gründen erwarten, dass die GmbH tatsächlich zwei Steuerbilanzen erstellt, eine für die GmbH & atypisch Still und eine weitere für die GmbH unter partieller Beachtung der Spiegelbildtheorie.

Die GmbH & atypisch Still ist an das **Wj.** der unternehmenstragenden GmbH gebunden. Während die GmbH & Co. KG ein Wj. wählen kann, das von dem ihrer Komplementär-GmbH abweicht, ist dies im Rahmen einer GmbH & atypisch Still nicht möglich. Der nicht ins HR eingetragenen stillen Gesellschaft steht gem. § 4a Abs. 1 Nr. 2 EStG eigentlich kein abweichendes Wj. zu. Als Innengesellschaft wäre sie ohnehin nicht in der Lage, entsprechende Wahlrechte auszuüben. Die Wahrnehmung von Rechten und Pflichten geschieht durch die im Außenverhältnis unternehmensführende GmbH. Diese ist ihrerseits gem. § 7 Abs. 4 KStG berechtigt, sich für ein abweichendes Wj. zu entscheiden. Das Wj. der GmbH ist im Außenverhältnis für das Unternehmen der GmbH und im Innenverhältnis zugleich für das identische Unternehmen der atypisch stillen Gesellschaft maßgeblich. Die Abhängigkeit der Gewinnermittlung und -verteilung in der stillen Gesellschaft von der Gewinnermittlung der GmbH lässt kein anderes Ergebnis zu.

3.2.3.1.2 Ergänzungsbilanz

Die Gewinnermittlung der ersten Stufe gem. § 15 Abs. 1 Satz 1 Nr. 2 Satz 1 HS 2 EStG ist auch bei der GmbH & atypisch Still erst abgeschlossen, wenn die Ergänzungsbilanzen ausgewertet sind. Allerdings fallen üblicherweise keine Ergänzungsbilanzen an.

Eine Ergänzungsbilanz kann aber erforderlich werden, wenn der atypisch stille Gesellschafter im Innenverhältnis an den stillen Reserven im Unternehmen der GmbH beteiligt ist. Er ist dann schuldrechtlich so gestellt, als gäbe es ein Gesamthandsvermögen. Aus dem Blickwinkel der Bruchteilsbetrachtung des § 39 Abs. 2 Nr. 2 AO stellt sich seine Einlage als Anschaffung anteiliger WG dar. Bei der Gründung der GmbH & atypisch Still könnte die Ergänzungsbilanz aber nur den Teil der AK des eintretenden Stillen als Mehrkapital erfassen, der den Ansatz der Einlage in der Unternehmensbilanz übersteigt. Da die Einlage in der GmbH-Bilanz regelmäßig in vollem Umfang auszuweisen ist, kommt kein Mehrkapital zustande. Die Ergänzungsbilanz entfällt.

Aus der steuerrechtlichen Gleichbehandlung des Geschäftsvermögens der GmbH als Inhaberin des Unternehmens mit einem Gesamthandsvermögen hat der BFH jedoch weitere Folgerungen gezogen. Wenn es für den Ansatz bestimmter WG auf persönliche Eigenschaften »des Steuerpflichtigen« ankommt, dann sind nicht nur die Verhältnisse bei der GmbH entscheidend, sondern – anteilig – auch die Verhältnisse des atypisch Stillen als Mitunternehmer (BFH vom 13.07.1993, BStBl II 1994, 243). Die Beendigung einer atypisch stillen Gesellschaft löst dann hinsichtlich der Besteuerung des atypisch Stillen die gleichen Folgen aus wie bei anderen Mitunternehmern auch. Der ausscheidende atypisch still Beteiligte erzielt einen Veräußerungsgewinn i.S.d. § 16 Abs. 1 Nr. 2 EStG, soweit sein Auseinandersetzungsanspruch den schuldrechtlichen Anteil am Betriebsvermögen – das Einlage- oder »Kapitalkonto« – übersteigt (BFH vom 13.07.1993, BStBl II 1994, 243). Zahlt die GmbH dem ausscheidenden atypisch stillen Gesellschafter eine Abfindung, die das Einlagekonto übersteigt, dann hat sie in entsprechendem Umfang ihre Bilanzansätze aufzustocken. Das gilt auch für den selbst geschaffenen, bisher nicht bilanzierten Geschäftswert (BFH vom 16.05.2002, BStBl II 2003, 10).

Daraus ist zu folgern, dass in der **mehrgliedrigen** GmbH & atypisch Still Ergänzungsbilanzen anfallen, wenn einer der Stillen seinen Gesellschaftsanteil an einen der übrigen oder an einen neuen stillen Gesellschafter veräußert. Wenn die unternehmensführende GmbH den ausscheidenden Gesellschafter abfindet, ist sogar für die GmbH eine Ergänzungsbilanz zu erstellen.

Selbst in der **zweigliedrigen** GmbH & atypisch Still können Ergänzungsbilanzen erforderlich werden, sogar wenn zunächst kein Mehrkapital zu erfassen ist. Wenn die GmbH z. B. ein Gebäude nach § 7 Abs. 4 Satz 1 Nr. 1, § 52 Abs. 21b EStG noch mit 4% abschreibt, der nachträglich eingetretene atypisch stille Gesellschafter jedoch nur zu einer Abschreibung von 3% berechtigt ist, dann ist im Zeitpunkt des Eintritts eine Ergänzungsbilanz nach der Bruttomethode zu erstellen. Diese weist dann weder ein Mehr- noch ein Minderkapital aus. Ein Minderkapital ergibt sich aber im Zeitablauf durch unterschiedliche Abschreibung auf der Aktivseite (3%) einerseits und auf der Passivseite (4%) andererseits.

Ergänzungsbilanzen können ferner zur Realisierung des **Buchwertansatzes** gem. § 6 Abs. 5 Satz 3, § 16 Abs. 3 Satz 2 EStG und § 24 UmwStG erforderlich werden.

3.2.3.1.3 Sonderbilanzen

Auch die GmbH & atypisch Still durchläuft eine zweite Stufe der Gewinnermittlung i.S.d. § 15 Abs. 1 Satz 1 Nr. 2 Satz 1 HS 2 EStG. Diese reflektiert nach ihrem Wortlaut nur die Vergütungen, die der Mitunternehmer für Leistungen an die Mitunternehmerschaft bezieht. In der konsequenten Fortführung dieses Gedankens werden auf der zweite Stufe aber Sonderbilanzen für die Mitunternehmer erstellt und über die Sondervergütungen hinaus alle Arten betrieblich veranlasster Vermögensänderungen der Mitunternehmer als Sonderbetriebseinnahmen und Sonderbetriebsausgaben erfasst.

Allerdings kann die unternehmenstragende GmbH der GmbH & atypisch Still grundsätzlich kein Vermögen mehr zur Nutzung überlassen, weil ihr gesamtes Unternehmensvermögen bereits auf der ersten Stufe der Gewinnermittlung als Gesamthandsvermögen der Mitunternehmerschaft behandelt wird (BFH vom 02.05.1984, BStBl II 1984, 820). Die Verwaltungsauffassung geht daher davon aus, dass die GmbH als Geschäftsinhaberin kein SBV haben kann (OFD Erfurt vom 23.10.2003, FR 2003, 1299). SBV der GmbH ist nach zutreffender Ansicht gleichwohl möglich, wenn sich die stille Gesellschaft nur auf einen Teil des Unternehmens der GmbH erstreckt.

Besondere Schwierigkeiten bereitet die Analyse der Rechtsbeziehungen zwischen dem stillen Gesellschafter, der GmbH und der GmbH & Still. Auch hier gilt es, Beiträge und Leistungen auseinander zu halten. Es kommt erschwerend hinzu, dass zwischen Handelsrecht und Ertragsteuerrecht ein Perspektivwechsel stattfindet.

Wenn sich etwa ein Nichtgesellschafter an einer Einmann-GmbH **typisch** still beteiligt, dann tritt handelsrechtlich und ertragsteuerrechtlich das qualifizierte Kreditverhältnis stark in den Vordergrund, während das Gesellschaftsverhältnis eher in den Hintergrund rückt. Insbesondere folgende Beteiligungs- und Leistungsbeziehungen fallen ins Gewicht:

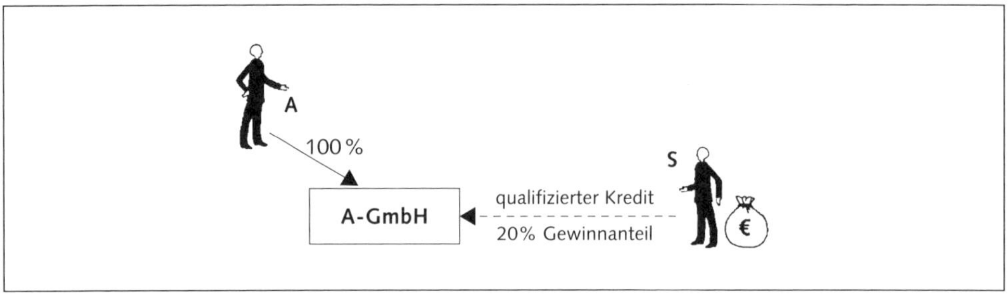

Abbildung 29: Typisch stille Beteiligung

Wird stattdessen eine **atypisch** stille Beteiligung vereinbart, entsteht in ertragsteuerrechtlicher Sicht eine Mitunternehmerschaft. Die gesellschaftsrechtliche Beteiligungsstruktur, die weitgehend einer GmbH & Co. KG entspricht, rückt nunmehr ins Zentrum.

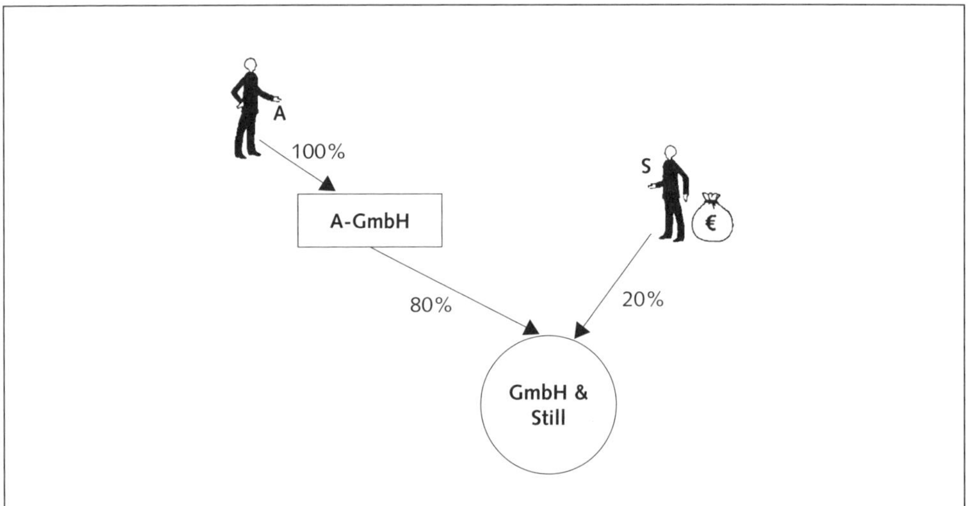

Abbildung 30: Atypisch stille Beteiligung im Steuerrecht

Für die Analyse der Leistungsbeziehungen ist der dabei stattfindende Perspektivwechsel zwischen Handelsrecht und Ertragsteuerrecht von besonderer Bedeutung. Während das Handelsrecht die GmbH als Unternehmensträgerin sieht, verlagert das Ertragsteuerrecht das Unternehmen auf die GmbH & Still.

Wenn der atypisch stille Gesellschafter zusätzlich zu seiner gesellschaftsrechtlichen Beteiligung mit dem Unternehmen auch noch in Leistungsaustausch treten möchte, dann kann er dies **handelsrechtlich** nur durch einen entsprechenden Vertrag mit der GmbH verwirklichen. Die handelsrechtliche Analyse nimmt dabei das Beteiligungsverhältnis an der stillen Gesellschaft durchaus wahr, interpretiert es aber – annähernd wie bei einer typisch stillen Gesellschaft – in erster Linie als qualifizierten Kredit an die GmbH. Vermietet beispielsweise der atypisch Stille dem Unternehmen zusätzlich ein Grundstück, dann haben die Beteiligungs- und Vertragsbeziehungen aus zivilrechtlicher Sicht folgendes Aussehen:

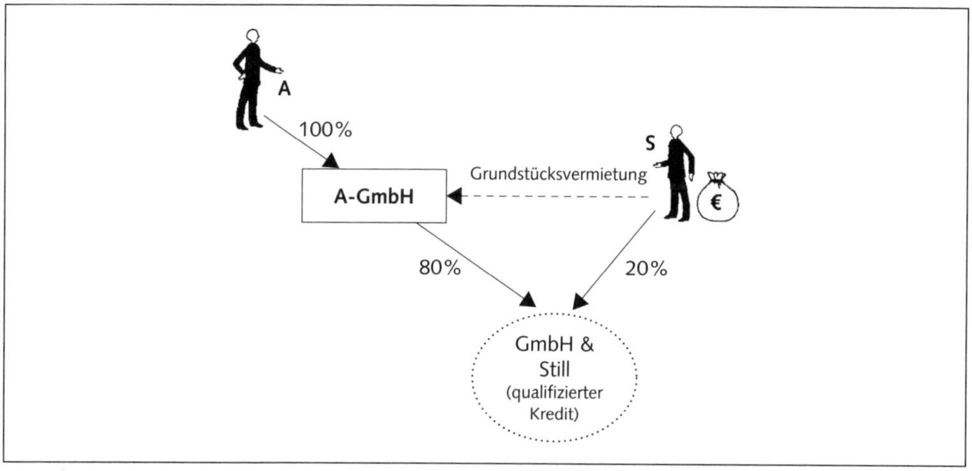

Abbildung 31: Leistung des Stillen an die GmbH im Handelsrecht

Das **Ertragsteuerrecht** sieht den gleichen Vorgang völlig anderes. Hier rückt die GmbH & Still als Unternehmensträgerin in den Mittelpunkt der Analyse. Nunmehr vermietet der Stille, der das Grundstück dem Unternehmen zur Verfügung stellt, in wirtschaftlicher Betrachtung an die GmbH & Still. Der zivilrechtlich mit der GmbH abgeschlossene Vertag führt in der ertragsteuerrechtlichen Wertung zum Leistungsaustausch mit der GmbH & Still. Die Verlagerung des Unternehmens von der GmbH auf die Innengesellschaft zieht eine Verlagerung der Leistungsbeziehungen nach sich. Die Beteiligungs- und Vertragsbeziehungen erhalten in der ertragsteuerrechtlichen Beurteilung eine fundamentale Umdeutung:

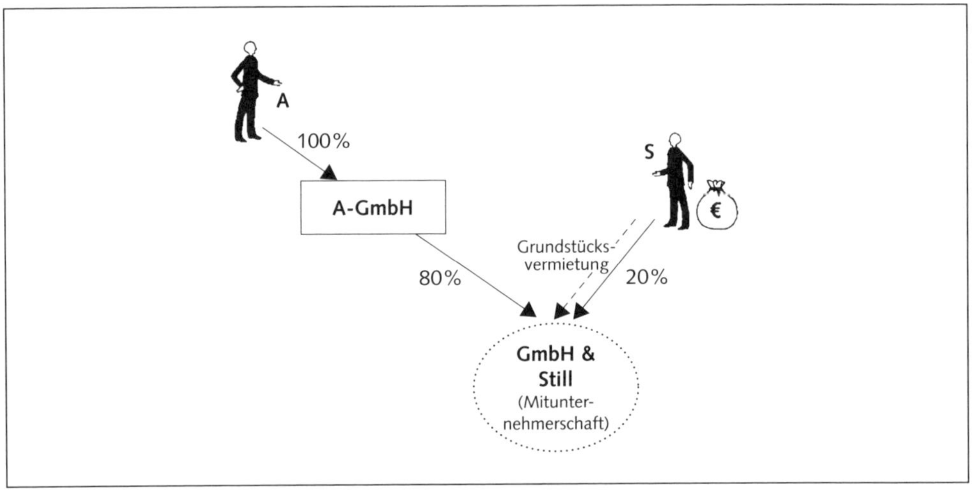

Abbildung 32: Leistung des Stillen an die Stille Gesellschaft im Steuerrecht

Das Grundstück wird zum notwendigen SBV I, weil es einem Mitunternehmer gehört und dem Unternehmen der GmbH & Still dient. Die Mietzahlungen der GmbH sind auf der zweiten Stufe der Gewinnermittlung als Sondervergütungen den gewerblichen Einkünften der Mitunternehmerschaft hinzuzurechnen. Die Grundstücksaufwendungen einschließlich der Absetzungen für Abnutzung des Gebäudes stellen Sonderbetriebsausgaben dar.

Etwas anderes gilt allerdings dann, wenn der Stille die Grundstücksüberlassung zur Nutzung nicht auf der Grundlage eines Leistungsaustauschs (Mietvertrags), sondern auf gesellschaftsvertraglicher Basis als Beitrag zur Innengesellschaft bewirkt. In diesem Fall bezieht der Stille mit der gewinnabhängigen »Miete« einen Gewinnanteil, der bereits auf der ersten Stufe der Gewinnermittlung berücksichtigt wird. Das Grundstück, das auch in diesem Fall dem Stillen allein gehört, bleibt aber SBV I. Die Grundstücksaufwendungen werden unverändert als Sonderbetriebsausgaben auf der zweiten Stufe der Gewinnermittlung angesetzt.

Entsprechende Überlegungen gelten, wenn der Stille Dienstleistungen für das Unternehmen erbringt, z. B. als GmbH-Geschäftsführer auftritt. Das Geschäftsführergehalt wird zur Sonderbetriebseinnahme. Die Pensionszusage für einen GmbH-Geschäftsführer, der zugleich atypisch stiller Gesellschafter ist, ist in dessen Sonderbilanz zu aktivieren. Die Pension wird einer vorgelagerten Besteuerung unterworfen. Es treten die gleichen Probleme auf wie bei der GmbH & Co. KG.

Ist der atypisch stille Gesellschafter zugleich Gesellschafter der GmbH, stellen seine GmbH-Anteile regelmäßig SBV II dar, weil sie die Stellung des Stillen in der GmbH & Still fördern (BFH vom 15.10.1998, BStBl II 1999, 286). Offene und verdeckte Gewinnausschüttungen der GmbH werden zu Sonderbetriebseinnahmen des atypisch Stillen.

Beispiel

An der X-GmbH sind X mit 90 % und Y mit 10 % beteiligt. Aufgrund eines zusätzlichen Vertrags zwischen Y und der X-GmbH haben sich diese »zum gemeinsamen Betrieb« eines Unternehmens zusammengeschlossen. Die X-GmbH soll nach außen, vertreten durch ihren Mehrheitsgesellschafter und -geschäftsführer X, als alleinige Inhaberin des Unternehmens auftreten. Im Innenverhältnis dagegen werden alle wesentlichen Entscheidungen einvernehmlich getroffen. Im Übrigen stellt Y ausschließlich seine Arbeitskraft, sein technologisches Wissen und seine Kontakte zur Verfügung. Er erhält dafür ein »festes Gehalt« von monatlich 1.000 € sowie einen »Gewinnanteil von 30 %«, der monatlich zu ermitteln und vollständig auszuzahlen ist. Der für die Berechnung des »Gewinnanteils« maßgebliche Gewinn 01 beträgt 100.000 € (Jahresüberschuss lt. Handelsbilanz vor Berücksichtigung persönlicher Steuern und des variablen Gewinnanteils des Y). Bei Beendigung des »Arbeitsverhältnisses« wird Y an den stillen Reserven einschließlich des Geschäftswerts beteiligt, soweit diese während der Zeit der Zusammenarbeit entstanden sind.

Ferner vermietet Y der X-GmbH ein Grundstück, das Y bisher im Rahmen privater Vermietung vollständig abgeschrieben hatte. Die monatliche Miete beträgt 1.000 €, die Grundstücksaufwendungen 01 insgesamt (ohne AfA) 2.000 €.

In 01 schüttet die X-GmbH 10.000 € offen als Gewinn aus.

Lösung

Die X-GmbH und Y haben eine Innengesellschaft gegründet. Es kann dahingestellt bleiben, ob eine stille Gesellschaft i.S.d. §§ 230 ff. HGB oder eine vergleichbare BGB-Gesellschaft (§ 705 BGB) vorliegt. Die X-GmbH und Y verfolgen nach dem Vertag ausdrücklich einen gemeinsamen Zweck. Im Innenverhältnis verfügt Y über erhebliche Mitspracherechte. Darüber hinaus ist Y am Gewinn sowie im vollen Umfang an den stillen Reserven des Unternehmens beteiligt. Angesichts dessen fällt es nicht ins Gewicht, dass die Vertragspartner irrig die Bezeichnung »Arbeitsverhältnis« gewählt haben.

Y erzielt Einkünfte aus einer atypischen stillen Beteiligung i.S.d. § 15 Abs. 1 Satz 1 Nr. 2 EStG. Er hat Mitunternehmerstatus, weil er an den stillen Reserven des Unternehmens beteiligt ist. Seine erheblichen Mitspracherechte im Innenverhältnis unterstreichen dies, ohne dass es hierauf noch ankäme. Mitunternehmer ist ferner die X-GmbH, nicht dagegen X. Y erbringt seine Arbeitsleistung als gesellschaftsrechtlichen Beitrag zur Innengesellschaft. Weder das »feste Gehalt« noch der »Gewinnanteil« haben daher Entgeltcharakter. Das in der Handelsbilanz als Aufwand der GmbH behandelte »feste Gehalt« 01 von 12.000 € ist daher dem Steuerbilanzgewinn der Mitunternehmerschaft wieder hinzuzurechnen. Der Gewinn erster Stufe i.S.d. § 15 Abs. 1 Satz 1 Nr. 2 Satz 1 HS 1 EStG beträgt deshalb 112.000 €.

Eine Ergänzungsbilanz für Y fällt nicht an. Weder hat er eine Einlage geleistet noch sind ihm AK der Beteiligung entstanden.

Auf der 2. Stufe der Gewinnermittlung ist die Sonderbilanz des Y auszuwerten. Das Grundstück, das Y dem Unternehmen zur betrieblichen Nutzung überlässt, stellt SBV I dar. Die Anteile des Y an der X-GmbH gehören zum SBV II. Folglich sind gem. § 15 Abs. 1 Satz 1 Nr. 2 Satz 1 HS 2 EStG die Mieteinnahmen des Y sowie die oGA als Sonderbetriebseinnahmen, die Grundstücksaufwendungen des Y als Sonderbetriebsausgaben zu erfassen. Wegen § 7 Abs. 4 Satz 1 HS 2 Abs. 1 Satz 5 EStG kann keine Gebäude-AfA mehr angesetzt werden.

1. Additive Gewinnermittlung der X-GmbH & Still (in)

Jahresüberschuss GmbH & Still	112.000
+ Sonderbetriebseinnahme Y (oGA)	+ 1.000
+ Sonderbetriebseinnahme Y (Mieten)	+ 12.000
./. Sonderbetriebsausgabe Y (Grundstücksaufwendungen)	./. 2.000
gesondert und einheitlich festzustellender Gewinn (§ 180 Abs. 1 Nr. 2a AO)	123.000

2. Gewinnverteilung (in €)

	Vorspalte	GmbH & Still	Y	X-GmbH
Gesamtgewinn	123.000	123.000		
Sonderbetriebseinnahme Y (oGA)	./. 1.000		1.000	
Sonderbetriebseinnahme Y (Miete)	./. 12.000		12.000	
Sonderbetriebsausgabe Y (Grundstück)	+ 2.000		./. 2.000	
Steuerbilanzgewinn	112.000			
a) vorab (»festes Gehalt«):	./. 12.000		12.000	
b) Restgewinn	100.000			
Verteilung (70 : 30)	./. 100.000		30.000	70.000
Gesamtgewinn/-anteile	0	123.000	53.000	70.000

3.2.3.1.4 Verdeckte Gewinnausschüttungen in der GmbH & atypisch Still

Die Angemessenheit der Gewinnanteile eines stillen Gesellschafters ist nach der Rechtsprechung des BFH (BFH vom 06.02.1980, BStBl II 1980, 477) insbesondere von folgenden Faktoren abhängig:

- erbrachte Kapitalleistungen und deren Verzinsung,
- eingegangene Risiken,
- Arbeitseinsatz,
- vorhandene Geschäftsbeziehungen,
- Ertragsaussichten des Unternehmens,
- Dringlichkeit des Kapitalbedarfs und wirtschaftliche Bedeutung der Kapitalzuführung.

Maßgebend sind die tatsächlichen Wertverhältnisse in dem Zeitpunkt, in dem der Maßstab der Gewinnverteilung von den Gesellschaftern vereinbart worden ist. Sofern Familienangehörige als stille Gesellschafter beteiligt sind, gelten zusätzlich auch die für die Angemessenheit der Gewinnverteilung in der Familien-PersGes maßgeblichen Grundsätze.

Fällt der Gewinnanteil des atypisch Stillen zu hoch aus, liegt eine vGA vor. Aber auch vGA anderer Art wirken sich auf die Gewinnermittlung der atypisch stillen Gesellschaft aus. Die Folgen entsprechen weitgehend denen, die auch bei der GmbH & Co. KG eintreten. Allerdings ist zu beachten, dass die unternehmensführende GmbH stets am Gewinn der GmbH & atypisch Still beteiligt ist, während die Komplementär-GmbH regelmäßig weder am Vermögen noch am Gewinn der GmbH & Co. KG teilhat. Die Bewältigung der vGA ist deshalb bei der GmbH & atypisch Still meist etwas komplexer.

3.2.3.1.5 Die Einmann-GmbH & atpypisch Still

Bei der GmbH kann es sich dabei auch um eine Einmann-GmbH handeln, an der der »Einmann« als atypisch Stiller beteiligt ist. Rein begrifflich bereitet dies keine Probleme, da § 230 Abs. 1 HGB eine stille Beteiligung an dem Handelsgewerbe eines »anderen« zulässt und nach einhelliger Auffassung als »anderer« – wegen der Abschottungswirkung der juristischen Person – jede GmbH zu verstehen ist. Der Grund für die »eigene« GmbH & atypisch still ist weitgehend ein steuerlicher, da mit ihr – neben der Organschaft – die einzige Möglichkeit besteht, auch am Misserfolg der GmbH als atypisch Stiller mit gewerblichen Verlusten steuerlich partizipieren zu können.

Insoweit stellt die GmbH & atypisch still die (gelungene) **Quadratur des Kreises** dar. Anders formuliert: Eine Person wird aus steuerlichen Gründen aufgespalten in zwei Funktionen, einmal in die des GmbH-Gesellschafters und zum zweiten in die des Innen-Gesellschafters. Die Annahme einer »aufgespaltenen Person« des GmbH & Innen-Gesellschafters wurde durch zwei BFH-Urteile zur Mitunternehmerschaft bei der GmbH & Co. KG erleichtert BFH vom 20.11.1990 (DB 1991, 1052) und vom 11.12.1990 (BStBl II 1991, 390).

Die dortigen Grundsätze zur Mitunternehmerinitiative und zum Mitunternehmerrisiko wurden auf die Innengesellschaft übertragen. Damit war der Weg frei für die Anerkennung der GmbH & atypischen still bei einem beherrschenden GmbH-Gesellschafter (BFH vom 05.12.1992, BStBl II 1994, 702). Nachdem der BFH in diesem Zusammenhang auch die Einmann-GmbH & typisch still abgesegnet hat, steht der Anerkennung einer Einmann-GmbH & atypisch still nichts mehr im Wege.

Wegen der – nach wie vor bestehenden – Eigentümlichkeit dieses Gebildes sind Hürden für die Anerkennung einer GmbH & atypisch still zu überwinden. Als Mindestvoraussetzung sind die jeweils auslösenden Vermögensgegenstände (die Einlage bei der GmbH und die stille Einlage bei der Innengesellschaft) getrennt und transparent zu handhaben.

Beispiel 1

D ist mit 100.000 € an der D-GmbH als Alleingesellschafter beteiligt. Er leistet gleichzeitig (später) mit 103.000 € eine Einlage als stiller Gesellschafter. Die Rückzahlung erfolgt unter Einbeziehung der zwischenzeitlichen anteiligen stillen Reserven. D erhält aufgrund eines Anstellungsvertrages als Geschäftsführer eine Vergütung von 50.000 €. Bei der Bestellung zum Organ hat man vergessen, die Befreiung vom Selbstkontrahierungsverbot in das HR einzutragen. Für die Einlage als Stiller gibt es folgende Alternativen:

a) D soll auch am Verlust beteiligt sein.
b) Die Einlage soll zwei Jahre im Unternehmen stehen bleiben.
c) Die Rückzahlung der Einlage soll gleichberechtigt mit den Forderungen anderer Gläubiger geltend gemacht werden.
d) Es wird eine erfolgsabhängige Vergütung vereinbart.

Wie bei jeder atypischen Innengesellschaft, muss der präsumtive Mitunternehmer zunächst alle dort bekannten Voraussetzungen (Mitunternehmerinitiative und Mitunternehmerrisiko; gewerbliche Qualifikation nach § 15 Abs. 2 EStG) in seiner Person erfüllen. Wegen der Gefahr der Vermengung der verschiedenen Funktionen (GmbH-Gesellschafter einerseits und atypisch Stiller andererseits) wird zusätzlich gefordert, dass der Kapitaleinsatz des Stillen über dem Beitrag als GmbH-Gesellschafter liegt, um auf diese Weise das gesteigerte Interesse zu dokumentieren. Selbstredend sollen wegen der drohenden Interessensvermengung eindeutige und klare vorherige Absprachen über die Aufgabengebiete vorliegen.

Eine der Barrieren zum Gesamtverständnis der GmbH & atypisch Still liegt im Auseinanderfallen des Vermögensträgers in handelsrechtlicher und in steuerrechtlicher Hinsicht. Handelsrechtlich bleibt es immer bei einem Vermögensträger (GmbH als Inhaber des Handelsgewerbes), obwohl das nicht die Bildung von EK in der HB ausschließt. In steuerlicher Hinsicht führt die Annahme der Mitunternehmerschaft nicht nur zu steuerlichem Eigenkapital, sondern auch zu einem einheitlichen Gewinnermittlungssubjekt, an dem der tätige und der stille Teilhaber beteiligt sind (BFH vom 26.11.1996, BStBl II 1998, 328). Eingedenk dieser statusimmanenten Unterscheidung kann der Fall beantwortet werden.

Lösung

1. Steuerliche Vorfragen

Alle Steuermerkmale für eine Mitunternehmerschaft (GmbH & atypisch still) liegen vor bzw. sind zu unterstellen (kein Gegenbeweis):

- höherer Kapitaleinsatz des Stillen (103.000 €), verglichen mit der Stammeinlage (100.000 €),
- Trennung der Aufgabengebiete (Tatfrage),
- Mitunternehmerrisiko (Abfindungsanspruch),
- Mitunternehmerinitiative (Allein-Geschäftsführer).

2. Handelsbilanzielle Konsequenzen

Handelsrechtlich geht die h.M. von einem materiellen Kapitalbegriff aus mit der Folge, dass bei kumulativem Vorliegen von zwei Voraussetzungen (Dauerhaftes zur-Verfügung-Stellen und Nachrangigkeit der Einlage im Insolvenzfall) auch dort die Einlage als EK behandelt wird.

Vorliegend ist dies bei den Varianten a) und d) der Fall, wenn die Nachrangigkeit hinzukommt, hingegen nicht bei der Variante c) (Fremdkapital).

Bei Variante b) ist entscheidend, in welchem Bereich die GmbH & atypisch still agiert. Unterliegt sie – z.B. als Finanzierungsinstitut – den Bestimmungen des KWG, so wäre die Haltedauer von zwei Jahren zu kurz. Ansonsten genügt ein zweijähriger Mindestverbleib den Dauerhaftigkeitskriterien der InsO.

3. Steuerliche Folgen:

- In der Steuerbilanz sind die Anteile des atypisch Stillen an der GmbH in einer Sonderbilanz (notwendiges SBV II) zu erfassen. Losgelöst von der »Gepräge-Frage« des § 15 Abs. 3 Nr. 2 EStG lässt der BFH eine Hintertür für die Qualifizierung der GmbH-Beteiligung als SBV II offen. Notwendiges SBV II liegt nämlich dann nicht vor, wenn die GmbH noch einer anderen Geschäftstätigkeit (von nicht untergeordneter Bedeutung) nachgeht (BFH vom 31.08.1999, BFH/NV 2000, 420).
- Die jährliche Geschäftsführer-Vergütung i.H.v. 50.000 € ist bei einem beherrschenden GmbH-Gesellschafter-Geschäftsführer – wie hier bei D – dann eine vGA, wenn der Anstellungsvertrag irreparable Fehler (wie hier: Verstoß gegen § 35 Abs. 4 GmbHG und § 181 BGB) aufweist. Auf keinen Fall darf die auch angemessene Geschäftsführer-Vergütung des atypisch Stillen, für die § 15 Abs. 1 Nr. 2 EStG gilt, den Gewerbeertrag der Gesellschaft schmälern (nochmals bekräftigt durch BFH vom 28.03.2003, BFH/NV 2003, 1308).
- Wegen § 20 Abs. 3 EStG (sonderbetriebliche GmbH-Beteiligung) ist die vGA als gewerblich einzustufen und löst damit zusätzlich GewSt aus.

Beispiel 2

S ist seit dem 01.01.11 mit einer Einlage von 1 Mio. € und einem angemessenen Gewinnanteil von 50% stiller Gesellschafter der S-GmbH, deren alleiniger Gesellschafter und Geschäftsführer er seit Jahren ist.

Als Geschäftsführer bezieht S einen angemessenen Brutto-Jahresarbeitslohn von 120.000 €. Zusätzlich bezieht er erstmals für das Geschäftsjahr 11 eine der Höhe nach an-

gemessene Gewinntantieme, die am 31.12.11 zivilrechtlich wirksam vereinbart wurde. Die Auszahlung von 10.000 € soll vereinbarungsgemäß im März 12 erfolgen.
KSt/SolZ-Vorauszahlungen sind nicht angefallen. Die Handelsbilanz der S-GmbH zum 31.12.11 hat folgendes Aussehen:

A		**Handelsbilanz S-GmbH 31.12.11**	P
Diverse Aktiva	3.000.000 €	Eigenkapital	
		Gezeichnetes Kapital	700.000 €
		Gewinnrücklagen	300.000 €
		Jahresüberschuss	105.000 €
		Rückstellungen	
		KSt/SolZ-Rückstellung für 11	35.000 €
		Gewinntantieme S	10.000 €
		Gewinntanteil S	60.000 €
		Verbindlichkeiten	
		Darlehen S	1.000.000 €
		Sonstige Verbindlichkeiten	790.000 €
	3.000.000 €		3.000.000 €

Wie hoch ist der steuerliche Gesamtgewinn der S-GmbH & Still, und wie ist dieser zu verteilen?

Lösung

Weil sich S als Alleingesellschafter und alleiniger Geschäftsführer zusätzlich als stiller Gesellschafter mit einer erheblichen Vermögenseinlage sowie einem hohen Gewinnanteil seiner GmbH beteiligt, liegt eine atypisch stille Gesellschaft vor. Diese ist Subjekt der Einkünfteerzielung und -ermittlung.
Die Handelsbilanz der S-GmbH ist materiell-rechtlich in die **Steuerbilanz** einer Mitunternehmerschaft (S-GmbH & atypisch Still) zu transformieren, die allerdings formell-rechtlich eine Steuerbilanz der S-GmbH darstellt. Der Jahresüberschuss erhöht sich durch Wegfall des Ansatzes für Personensteuern (KSt/SolZ) und durch Einbeziehung des Gewinnanteils des stillen Gesellschafters. Die handelsrechtliche Verbindlichkeit des S verwandelt sich in dieser Steuerbilanz in den Kapitalanteil des S. Die Steuerbilanz erhält damit zum 31.12.11 folgendes Aussehen:

A		**Steuerbilanz S-GmbH 31.12.11**	P
Diverse Aktiva	3.000.000 €	Eigenkapital	
		Kapital GmbH	700.000 €
		Kapital S	1.000.000 €
		Gewinnrücklage	300.000 €
		Jahresüberschuss	200.000 €
		Rückstellungen	
		Gewinntantieme S	10.000 €
		Verbindlichkeiten	
		Sonstige Verbindlichkeiten	790.000 €
	3.000.000 €		3.000.000 €

Der bilanziell ausgewiesene Jahresüberschuss der Mitunternehmerschaft beträgt 200.000 €.
Der Gewinn der Mitunternehmerschaft erster Stufe erhöht sich außerbilanziell noch um die rückwirkend gewährte Gewinntantieme von 10.000 €. Insoweit liegt grundsätzlich eine »verdeckte Entnahme« durch S vor.
Diese ist aber – wegen der damit verbundenen doppelten Erfassung bei der S-GmbH und bei S – vorrangig als **vGA** i.S.d. § 8 Abs. 3 Satz 2 KStG anzusehen, soweit eine Vermögensminderung der GmbH vorliegt. Da hier die Gewinntantieme für den Alleingesellschafter S erst zum Ende des Wj. vereinbart wurde, liegt eine vGA vor (Rückwirkungsverbot). Allerdings ist die GmbH nur mit 70 % der Gewinntantieme belastet, weil S als stiller Gesellschafter die übrigen 30 % selbst trägt. Insofern stellt sich die außerbilanzielle Hinzurechnung mit (70 % von 10.000 € =) 7.000 € als vGA dar, die auf der ersten Stufe den Gesamtgewinn der Mitunternehmerschaft und – gem. § 8 Abs. 3 Satz 2 KStG – den Gewinnanteil der S-GmbH erhöht.
Die übrigen 30 % der Gewinntantieme hat S im Wege der gewinnrealisierenden **»verdeckten Entnahme«** direkt aus der Mitunternehmerschaft bezogen (vgl. BFH 06.08.1985, BStBl II, 1986, 17 zur GmbH & Co. KG). Insofern ist der BA-Abzug der GmbH (Mitunternehmerschaft) außerhalb der Bilanz gewinnerhöhend rückgängig zu machen und der handelsrechtlich als zusätzliches Entgelt für die Geschäftsführerleistung des S vereinbarte Betrag steuerrechtlich als Gewinnanteil des S aus der Mitunternehmerschaft zu behandeln.
Damit ergibt sich auf der ersten Stufe der Gewinnermittlung ein Gewinn von **210.000 €**.
Das laufende Geschäftsführergehalt des S von 120.000 € (Tätigkeit im Dienste der Mitunternehmerschaft) sowie die vGA von 7.000 € (die GmbH-Anteile gehören zum SBV II) sind auf der **zweiten Stufe** der Gewinnermittlung als Sonderbetriebseinnahmen zu erfassen.

a) Gesondert und einheitlich festzustellender Gewinn der S-GmbH & Still (in €)

Gewinn Stufe	1.210.000
+ Sonderbetriebseinnahme S (Geschäftsführer-Gehalt)	120.000
+ Sonderbetriebseinnahme S (vGA = 70 % der Gewinntantieme)	7.000
gesondert und einheitlich festzustellender Gewinn (§ 180 Abs. 1 Nr. 2a AO)	337.000

b) Gewinnverteilung (in €)

	Vorspalte	S-GmbH & Still	S-GmbH	S
steuerlicher Gesamtgewinn	337.000	337.000		
Sonderbetriebseinnahme S (festes Geschäftsführergehalt)	./. 120.000			120.000
Sonderbetriebseinnahme S (vGA)	./. 7.000			7.000
Gewinn Stufe 1	210.000			
– **vorab:** vGA (§ 8 Abs. 3 Satz 2 KStG	./. 7.000	7.000		
– »verdeckte Entnahme« S	./. 3.000			3.000
– **Restgewinn**	200.000			
(50 : 50)	./. 200.000		100.000	100.000
Gesamtgewinn/-anteile	0	337.000	107.000	230.000

Das gleiche Ergebnis stellt sich ein, wenn die vGA und die »verdeckte Entnahme« nicht vorab verteilt, sondern in den quotal zu verteilenden Restgewinn einbezogen werden.
In dem Anteil des S am steuerlichen Gesamtgewinn sind 7.000 € enthalten, die dem Teileinkünfteverfahren unterliegen.

Die Diskussion über die GmbH & atypisch Still ist noch nicht abgeschlossen.

Losgelöst vom Geschäftszweig der GmbH ist die weitere Frage, ob § 15 Abs. 3 Nr. 2 EStG **(Geprägetheorie)** auch auf eine Innengesellschaft anzuwenden ist mit der Folge, dass sodann bei negativen Gesamtergebnissen der Mitunternehmerschaft **immer** gewerbliche Verluste beim atypisch Stillen vorliegen. Der BFH hat in zwei Entscheidungen (BFH vom 26.11.1996, BStBl II 1998, 328 und BFH vom 15.10.1998, BStBl II 1999, 286) diese Frage bejaht, wenn der stille Gesellschafter im Innenverhältnis dem tätigen Gesellschafter gleichgestellt ist, somit also Mitunternehmerinitiative und Mitunternehmerrisiko bei ihm vorliegen. Dies wurde für den Fall angenommen, dass sich der Stille bei Krediten für die GmbH persönlich verbürgt.

Grenzüberschreitend nimmt die Bedeutung **der internationalen GmbH & atypisch Still** immer stärker zu. S. Hierzu BFH vom 21.07.1999, BStBl II 1999, 812 (Gewinneinkünfte sind keine Zinseinkünfte, sondern Unternehmensgewinne nach Art. 7 OECD-MA mit Freistellung); anders BMF vom 28.12.1999 (BStBl I 1999, 1121); EStG-Kartei NW § 2a EStG Nr. 800: Quellenstaatbeurteilung ist entscheidend.

3.2.3.1.6 Die Verlust-Option und Verlustausgleichs- und Abzugsbeschränkungen

Verluste bleiben hier – anders als bei der GmbH – nicht eingesperrt. Trotz der Gefahr des § 15a EStG (die Einbeziehung der GmbH-Anteile als Sonder-BV erhöht nicht das Kapitalkonto) kann durch die konkrete Einlageleistung aus einer nur virtuellen Verrechnungsgröße sogleich ein **aktueller Verlustausgleich** für eine **natürliche Person als stiller Gesellschafter** erzielt werden.

§ 15a Abs. 1 Satz 1 EStG ist für den typisch stillen Gesellschafter gem. § 20 Abs. 1 Nr. 4 Satz 2 EStG sowie direkt für den atypisch stillen Gesellschafter gem. § 15 Abs. 3 Nr. 1 EStG anwendbar. Allerdings kommt es nicht zum erweiterten Verlustausgleich gem. § 15a Abs. 1 Satz 2 und 3 EStG. Der Gesichtspunkt einer erweiterten Außenhaftung gem. § 171 HGB ist auf den stillen Gesellschafter nicht anwendbar, weil dieser – selbst wenn man der Mindermeinung zum HR-Eintrag der GmbH & Still folgt – nicht mit einer Haftsumme in das HR eingetragen wird (BFH vom 16.12.1997, BFH/NV 1998, 576).

§ 15a EStG findet insgesamt keine Anwendung, wenn der **stille Gesellschafter eine KapGes** ist. In diesem Fall ist der Verlustausgleich bzw. -abzug gem. § 15 Abs. 4 Satz 6 bis 8 und § 20 Abs. 1 Nr. 4 Satz 2 EStG gänzlich ausgeschlossen. Der Gesetzgeber will damit – außer in Fällen der Organschaft – das Absaugen von Verlusten aus einer KapGes in eine andere KapGes verhindern. Alternativ darf allerdings die verlustträchtige KapGes weiterhin ungehindert Gewinne aus einer anderen KapGes absaugen. Wenn die verlustbringende GmbH sich still an der gewinnbringenden KapGes beteiligt, lassen sich u. U. Effekte erzielen, die der Verlustabsaugung sehr nahe kommen.

Tipp

Die verlustbringende GmbH muss nicht unbedingt eine Einlage leisten, um sich still an der gewinnbringenden GmbH zu beteiligen. Ein gesellschaftsrechtlicher Beitrag (z. B. Dienstleistung, Nutzungsüberlassung) reicht für das Zustandekommen einer Innengesellschaft aus.

Die Rückwirkung des § 15 Abs. 4 Satz 6 bis 8 EStG hat der BFH als verfassungsrechtlich bedenklich eingestuft (BFH vom 03.02.2005, BStBl II 2005, 351). Zur (möglichen) Aussetzung der Vollziehung s. BFH Beschluss vom 20.10.2010, DStR 2010, 2619.

3.2.3.2 Umsatzsteuer und Gewerbesteuer der GmbH & atypisch Still

Die stille Gesellschaft tritt als Innengesellschaft nicht im allgemeinen Geschäftsverkehr in Erscheinung. Sie ist deshalb **umsatzsteuerlich** nicht Unternehmer. Dies ist bei der GmbH & Still ausschließlich die GmbH als Inhaberin des Handelsgeschäfts.

Die atypisch stille Gesellschaft ist, soweit sie sich als gewerbliche Mitunternehmerschaft darstellt, gem. § 2 Abs. 1 GewStG sachlich **gewerbesteuerpflichtig** (BFH vom 25.07.1995, BStBl II 1995, 794). Als bloße Innengesellschaft ohne eigenes Betriebsvermögen kann sie aber nicht der persönlichen Steuerpflicht unterliegen. Steuerschuldner i.S.d. § 5 Abs. 1 GewStG und Adressat der Gewerbesteuer(mess)bescheide ist die im Außenverhältnis unternehmenstragende GmbH (BFH vom 12.11.1985, BStBl II 1986, 311).

Der Freibetrag für den Gewerbeertrag nach § 11 Abs. 1 Nr. 1 GewStG und der Staffeltarif nach § 11 Abs. 2 GewStG stehen der GmbH & atypisch Still zu, weil sie eine PersGes ist. Der Freibetrag kann auch bei der Beteiligung mehrerer atypisch stiller Gesellschafter nur einmal in Anspruch genommen werden (BFH vom 08.02.1995, BStBl II 1995, 764). Bezieht sich die Beteiligung des atypisch Stillen dagegen nur auf einen Teil des Unternehmens der GmbH, dann ist dieser als eigenständiger Gewerbebetrieb anzusehen (BFH vom 06.12.1995, BStBl II 1998, 685). Wenn sich mehrere Personen atypisch Still jeweils an einem anderen Teil des Unternehmens beteiligen, sind Freibetrag und Staffeltarif für jeden der Betriebe anzuwenden.

Ausgangsgröße für die Ermittlung des Gewerbeertrages ist der für die Mitunternehmerschaft ermittelte und einheitlich und gesondert festgestellte Gesamtgewinn der GmbH & atypisch Still.

4 Die Betriebsaufspaltung

LITERATURHINWEISE:
Carlé, Die Betriebsaufspaltung, 2008; *Preißer*, Bd. 2, Die Steuerberaterprüfung 2012, Kap. B III.4; *Reiß* in Kirchhof (kompakt), 2012, § 15, Rz. 75–113; *Rupp*, Die klassische Betriebsaufspaltung zwischen wirtschaftlicher Einheit und rechtlicher Selbständigkeit, 2013; *Söffing/Micker*, Die Betriebsaufspaltung, 4. Aufl. 2008; *Strahl*, Betriebsaufspaltung, KÖSDI 08, 16027 und Festschrift Schaumburg 2009, 493; *Wacker/Schmidt*, EStG-Kommentar 2012, § 15, Rz. 800–879. OFD Frankfurt vom 07.04.2004, StEK EStG § 15/356.

4.1 Kennzeichen der Betriebsaufspaltung und Gestaltungsmöglichkeiten

Weder der sächsische Rechtsanwalt Walther als angeblicher Begründer der Betriebsaufspaltung in den 1920er-Jahren noch der RFH in seiner ersten amtlichen Einlassung am 03.12.1924 (RFHE 16, 15) konnten ahnen, in welcher Vielfalt diese **Doppelgesellschaft** einmal vertreten sein würde. Auch das BVerfG machte sich in der Entscheidung vom 14.01.1969 (BStBl II 1969, 389) zur Verfassungskonformität der Betriebsaufspaltung noch wenig Gedanken über den späteren »epidemischen« Verbreitungsgrad dieses Rechtsgebildes.

Dabei handelt es sich in der Grundform nur um die – wirtschaftliche – Ausgliederung eines unternehmerischen Außenbereichs (Produktion/Vertrieb/Export etc.) in eine andere Gesellschaft, meistens in eine KapGes, die »Betriebsgesellschaft« (oder noch allgemeiner: Betriebsunternehmen) genannt wird. Wesentliche Vermögensteile bleiben dabei im Eigentum der ursprünglichen Gesellschafter bzw. des ursprünglichen Inhabers zurück, im sog. Besitzunternehmen. Je nach Erscheinungsform hat man es mit einem Besitz-Einzelunternehmen oder mit einer Besitzgesellschaft zu tun.

Beide Unternehmen (beide Gesellschaften) bleiben dabei **rechtlich selbstständig**. Die »Ausgliederung« hat man sich organisatorisch so vorzustellen, dass das Besitzunternehmen einzelne werthaltige WG (wie z. B. im Hauptfall Immobilien) an die Betriebsgesellschaft verpachtet, die ansonsten zusätzliches eigenes Vermögen haben kann.

Im Unterschied zur GmbH & Co. KG steht dabei nicht eine gesellschaftsrechtliche Regelung im Vordergrund, sondern eine **betriebswirtschaftliche Um- oder Neuorganisation**. Sie geht einher mit einer **zivilrechtlichen Haftungsbegrenzung**, da nunmehr allein die Betriebsgesellschaft (die Betriebs-GmbH) als Vertragspartner den Ansprüchen ausgesetzt ist. Damit werden die werthaltigen WG vor dem Gläubigerzugriff der Geschäftspartner (aus Produkthaftung, aus Gewährleistungsansprüchen oder aus deliktischer Haftung) abgeschottet. Dieses Ergebnis lässt sich mit der bloßen Gründung einer Einzel-KapGes (einer GmbH) nicht erzielen, da bekanntlich deren ganzes Vermögen, also auch die kraft Sacheinlage eingebrachten WG den Gläubigeransprüchen zur Verfügung stehen. Mit der zivilrechtlichen Trennung werden die (betriebsnotwendigen) Produktionsanlagen aufgeteilt und zugeordnet in das Eigentum bei der Besitzgesellschaft und in die Nutzung bei der Besitzgesellschaft.

Der engere Begriff der Betriebsaufspaltung hat sich gebildet, weil idealtypisch ursprünglich ein Einzelunternehmen oder eine PersGes am Markt beteiligt war, deren Funktion jetzt die GmbH wahrnimmt. Anstelle der Zerschlagung der ursprünglichen wirtschaftlichen Einheit (mit der möglichen Folge eines stpfl. Aufgabegewinnes gem. § 16 EStG!) wird das unternehmerische Engagement von nun an rechtlich auf zwei Schultern verlagert.

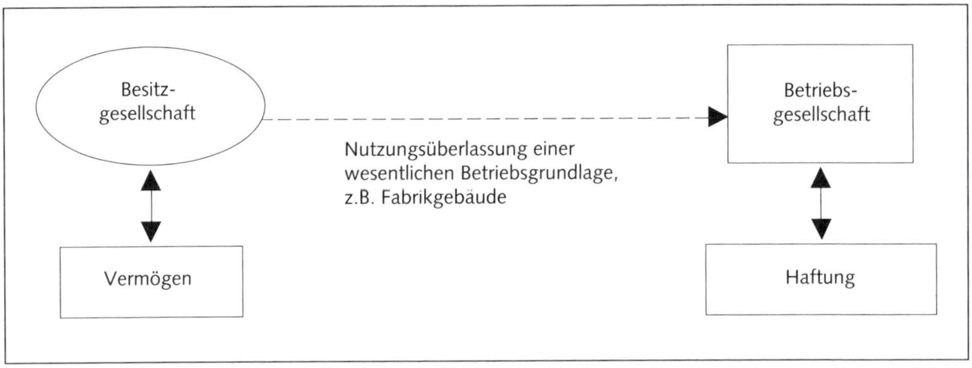

Abbildung 33: Gründe für eine Betriebsaufspaltung

Im Unterschied zu den rechtstechnischen Begriffen der Ausgliederung bzw. der Auf- und Abspaltung nach §§ 123 ff. UmwG wird der Terminus der Betriebsaufspaltung als phänomenologische Bezeichnung im o. g. betriebswirtschaftlichen Sinn gebraucht.

Es wurde in der Vergangenheit immer wieder die Frage aufgeworfen, ob es sich bei der gesetzlich nicht geregelten Betriebsaufspaltung um ein Rechtsinstitut oder zumindest um einen Typusbegriff handelt. Die kritischen Stimmen (statt aller *Knobbe-Keuk* m.w.N., Bilanz- und Unternehmenssteuerrecht, § 22 IX 2a) konnten jedoch nichts daran ändern, dass die Betriebsaufspaltung ein von der Rechtsprechung des BFH gebilligtes steuerliches Instrument der Unternehmensbetätigung ist (BStBl II 1969, 389) und zumindest als (Arbeits-)Begriff mit einer eigenen Fachterminologie aufwartet.

Unter diesem Terminus mit identischen Rechtsfolgen werden ihrem Erscheinungsbild nach sehr unterschiedliche Phänomene (Doppelunternehmen) erfasst. So versteht man unter dem Begriff der »umgekehrten« Betriebsaufspaltung die Fälle, in denen das Besitzunternehmen eine KapGes und das Betriebsunternehmen eine PersGes ist. Des Weiteren haben sich die »mitunternehmerische« Betriebsaufspaltung und die »kapitalistische« Betriebsaufspaltung herausgebildet. Diese Erscheinungsformen sind dadurch gekennzeichnet, dass im ersten Fall ausschließlich PersGes und im zweiten Fall nur KapGes beteiligt sind. Die nachfolgende Darstellung basiert jedoch auf dem klassischen – und weiter verbreiteten – Modell einer Trennung in ein personalistisches Besitzunternehmen und in eine kapitalistische Betriebsgesellschaft.

Entgegen dem Begriff der Betriebs»**aufspaltung**« werden heute vermehrt synchron Doppelgesellschaften **gegründet**, die die Vorteile der Betriebsaufspaltung von Anfang an in sich vereinen (sog. unechte Betriebsaufspaltung).

Damit lassen sich idealtypisch die Vorteile beider Gesellschaftsformen (KapGes und PersGes) **kombinieren**.

Haupt-Steuervorteile der jeweiligen Gesellschaftsform

Kriterien/Sachverhalt	Personengesellschaft	Kapitalgesellschaft
I. ESt/KSt		
1. Allgemein	Verlusterfassung bei den Gesellschaftern	–
	–	Steuerpflicht bei den Gesellschaftern nur bei Ausschüttung
2. Austauschbeziehung Gesellschafter zu Gesellschaft	–	Keine Steuerverstrickung der WG
	keine Angemessenheitsprüfung	–
	Steuerprivilegierte Übertragung der WG	–
	–	Entgelte/Vergütungen sind BA bei der KapGes
3. Steuersatz	– (progressiver Steuersatz)	Gleicher Steuersatz (KapGes) Abgeltungsteuer (ab 2009) sowie Teileinkünftebesteuerung beim Gesellschafter
	Anrechnung der GewSt	–
II. GewSt		
1. Bemessungsgrundlagen	–	Entgelte der Gesellschafter sind nicht Teil der Bemessungsgrundlage
2. Steuersatz	Freibetrag	–
	Anrechnung auf ESt	–
III. ErbSt		
1. Bemessungsgrundlage	Gemeiner Wert	Gemeiner Wert
2. Steuersatz	§ 13a,b ErbStG uneingeschränkt, falls kein (überwiegendes) Verwaltungsvermögen	(§§ 13a,b ErbStG, falls > 25% oder Pool-Regelung)

Die wichtigste Rechtsfolge der Betriebsaufspaltung liegt im Fortbestand (bzw. in der Begründung) eines **gewerblichen Besitzunternehmen,** auch wenn dessen ursprüngliche operative (betriebliche) Aktivitäten nicht mehr ausgeübt werden. In dem gleichen Sinne wie somit in der ESt eine Aufdeckung der Reserven vermieden wird, ist die GewSt-Pflicht des Besitzunternehmens festgeschrieben (BFH vom 12.11.1985, BStBl II 1986, 296). Für steuerliche Zwecke wird die Besitzgesellschaft, deren eigentliche Tätigkeit sich prototypisch nur noch auf die Verpachtung von WG an die Betriebsgesellschaft beschränkt, über das Medium der Betriebsgesellschaft als Marktteilnehmer fingiert. Die gesetzlichen Grundaussagen zur Gewerblichkeit nach § 15 Abs. 2 EStG (hier: »die Beteiligung am allgemeinen wirtschaftlichen Verkehr«) sowie deren Ausschluss bei § 14 Satz 3 AO (»private Vermögensverwaltung«) werden bei diesem Rechtsinstitut nach einhelliger Auffassung überlagert durch eine wirtschaftliche Betrachtungsweise: Danach liegt eine **gewerblich qualifizierte Vermietung/Verpachtung** vor.

Bei der klassischen Betriebsaufspaltung ist Garant für den Fortbestand des gewerblichen Besitzunternehmens – und damit für das Fehlen einer Betriebsaufgabe nach § 16 Abs. 3 EStG – die Figur des **»einheitlichen geschäftlichen Betätigungswillens«** (auch als personelle Verflechtung bezeichnet).

So wenig die Kritik in der Literatur daran verstummt ist, so wenig haben sich auch Rechtsprechung und Verwaltung verleiten lassen, die fehlende gesetzliche Grundlage zum Anlass für die Aberkennung dieser Rechtsfigur zu nehmen. Durch die **Unternehmensteuerreform 2001** sind einige Steuermotive aktueller denn je:

- Reduzierung des GewSt-Aufwands bei den KapGes durch die Abzugsmöglichkeit verschiedener »persönlicher« Steuergrößen wie z. B. des »Unternehmerlohns« (als Geschäftsführer-Gehalt oder als Pensionsrückstellung).
- Die Anrechnungsmöglichkeit der GewSt gem. § 35 EStG für die Gesellschafter von PersGes hält den gewerbesteuerlichen Nachteil für PersGes in Grenzen.

Tipp

Die Betriebsaufspaltung stellt auch für **Nachfolgeregelungen** von Todes wegen bei mehreren Nachkommen einen Vorteil dar, da die Vergünstigungen der §§ 13a, 19a ErbStG mehrfach in Anspruch genommen werden können. Vor allem erlaubt die **Diversifikation** der Anteile bessere Personalentscheidungen für den (die) Unternehmensgründer. So können die echten Unternehmensnachfolger ihren persönlichen Fähigkeiten entsprechend z. B. als GmbH-Gesellschafter mit einer stärkeren Beteiligungsquote berücksichtigt werden, ohne dass die weniger talentierten Nachfolger sogleich auf Pflichtteilsansprüche verwiesen werden müssen.

4.2 Steuerrechtliche Gestaltungsparameter (Voraussetzungen) bei der Betriebsaufspaltung

Voraussetzung für eine Betriebsaufspaltung sind die personelle Verflechtung (der einheitliche Geschäftswille) der Besitz- und Betriebsgesellschaft und die sachliche Verflechtung.

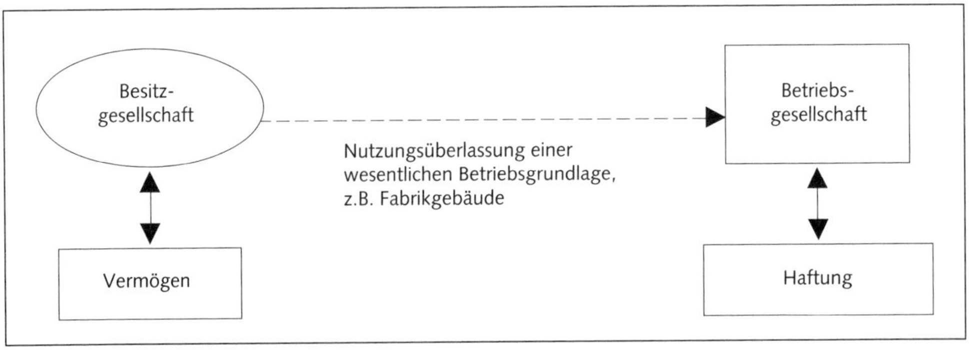

Abbildung 34: Voraussetzungen einer Betriebsaufspaltung

4.2.1 Die erste Voraussetzung: Die sachliche Verflechtung

Für die sachliche Verflechtung (objektive Verklammerung des einheitlichen Geschäftswillens) lässt es die Rechtsprechung des BFH genügen, dass nur **eine** der für die Betriebsgesellschaft **wesentlichen Betriebsgrundlagen** an diese zur Nutzung überlassen wird. Während es nach der früheren BFH-Rechtsprechung noch erforderlich war, dass die Besitzgesellschaft Eigentümerin der überlassenen wesentlichen Betriebsgrundlage war, kommt es seit der Entscheidung vom 12.10.1988 (BStBl II 1989, 152) hierauf nicht mehr an. Ebenso bedeutungslos wurde die Frage, auf welcher exakten Rechtsgrundlage (Miete, Pacht, unentgeltliche Leihe, dinglicher Nießbrauch) die **Nutzungsüberlassung** erfolgt (BFH vom 24.04.1991, BStBl II 1991, 713). Während aus diesem Grund die Höhe der Nutzungsvergütung für das Vorliegen einer Betriebsaufspaltung keine Rolle spielt, kommt dieser Frage aber i.R.d. vGA-Diskussion eine gewisse Bedeutung zu. Von einer Ausnahme abgesehen, ist die **funktionale Notwendigkeit** des überlassenen WG für die Betriebsgesellschaft von entscheidender Bedeutung für die Annahme und Begründung der sachlichen Verflechtung (»betriebsnotwendiges WG«).

Beispiel

B betreibt zunächst als Einzelunternehmer ein Bauunternehmen. Er überträgt den Fuhrpark und die Maschinen auf die ihm zu 100% gehörende B-GmbH (Geschäftszweck: Errichtung und Verkauf von Eigentumswohnungen). B behält als Eigentümer folgende WG (alternativ) zurück, die er der GmbH zur Nutzung überlässt:

a) eine **Wiese** als Vorratsgrundstück für einen künftigen Anbau,
b) das **Fabrikationsgebäude**, auf dem die Anlagen für die Erstellung von Fertigbeton untergebracht sind,
c) das **Bürogebäude**,
d) ein besonderes **Patent** für Bauvorhaben in der Winterzeit, das der GmbH auch Bauten in der Frostperiode ermöglicht.
e) B leiht der GmbH **Geld**.

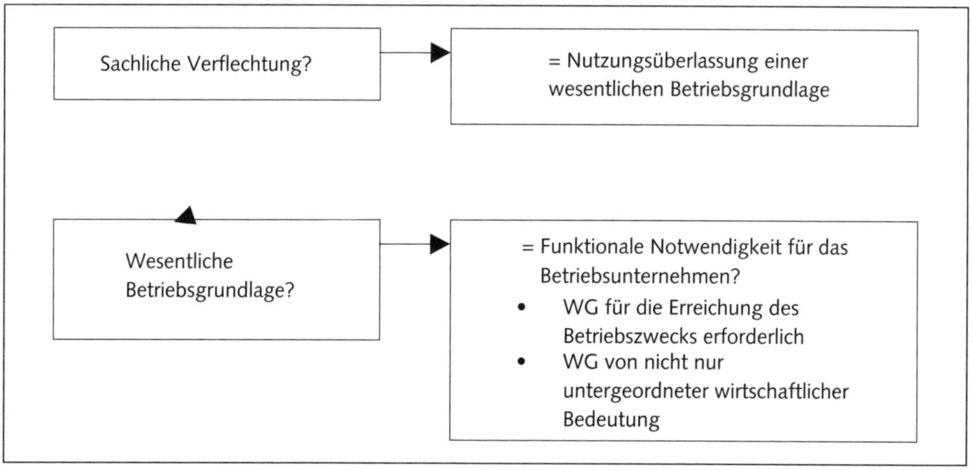

Abbildung 35: Sachliche Verflechtung?

Die BFH-Rechtsprechung zur sachlichen Verflechtung lässt sich einerseits als Kasuistik (Fallgruppen-Rechtsprechung) und andererseits als das Bemühen um Kriterienfindung charakterisieren. Anhand des Beispiels lassen sich die Entwicklung der BFH-Rechtsprechung und der heutige Rechtsstand exemplarisch verdeutlichen.

Das **unbebaute Grundstück (a)** stellt eine wesentliche Betriebsgrundlage dar, wenn es nach den Bedürfnissen der Betriebsgesellschaft bebaut werden kann und in einem Funktionszusammenhang mit dem Geschäftszweck steht (BFH vom 26.03.1992, BStBl II 1992, 830). Dies soll nach BFH-Beschluss vom 11.09.2003 (BFH/NV 2004, 180) selbst dann gelten, wenn es sich um ein unbebautes Grundstück handelt und dieses nur zur Überbrückung bis zum Bezug eines angemessenen Grundstücks erforderlich war. Für Parkplätze hat der BFH die Frage **offen** gelassen (BFH/NV 2005, 1774).

Unter dem Begriff »Grundstück« ist in diesem Kontext der zusammenhängende Grundbesitz und nicht die katastermäßige Parzelle zu verstehen.

Fehlt es hingegen an der unmittelbaren Zweckbestimmung oder ist das Grundstück für das Betriebsunternehmen entbehrlich (die Unentbehrlichkeit ist vom BFH als eine »Auffangklausel« eingebaut worden), stellen verpachtete unbebaute Grundstücke keine wesentliche Betriebsgrundlage dar.

Tipp

Je nach Zielsetzung des Unternehmens stellt ein unbebautes Grundstück eine Gestaltungsoption für/gegen die Betriebsaufspaltung dar. Mit der dauerhaften Widmung (z. B. durch Asphaltierung) als Kfz-Abstellfläche kann eine Betriebsaufspaltung begründet werden. Bei einer gelegentlichen Nutzung als Parkplatz sind diese Rechtsfolgen zwingend noch nicht zu ziehen.

Lösung

Überlassene **Fabrikationsgrundstücke (b)** begründen immer eine Betriebsaufspaltung, wenn die Betriebsgesellschaft darauf angewiesen ist (so auch die zitierte Rechtsprechung in H 15.7 Abs. 5 EStH 2005). Dabei ist es nach den jüngsten BFH-Urteilen sogar unerheblich, ob auch andere Firmen die Fabrikationshalle nutzen könnten oder ob sich die konkrete Betriebsgesellschaft anderweitig am Markt hätte bedienen können.

Bei **Büro- und Verwaltungsgebäuden (c)** war die Rechtsprechung restriktiv und verneinte früher grundsätzlich wegen des fehlenden Geschäftsbezugs die Eignung für eine sachliche Verflechtung (BFH vom 02.04.1997, BStBl II 1997, 565). Eine Ausnahme wurde – im Dienstleistungsbereich (z. B. für Steuerberater) – zugelassen, wenn ein besonderer Zuschnitt für die Belange der Betriebsgesellschaft vorlag.

Nach dem Grundsatz-Urteil vom 23.05.2000, BStBl II 2000, 621 (bestätigt am 23.01.2001, BFH/NV 2001, 894), genügt es allerdings, dass das Bürogebäude den **räumlichen und funktionalen Mittelpunkt** der Betriebsgesellschaft bildet. Die Verwaltung hat zwischenzeitlich das Urteil übernommen, lässt aber im BMF-Schreiben vom 11.06. 002 (BStBl I 2002, 626) die Rechtsfolgen erst ab 01.01.2003 eintreten.

Tipp

Man wird bei der vorliegenden, von der Verwaltung rezipierten Rechtsprechung bei überlassenen Bürogebäuden nur noch dann eine sachliche Verflechtung – vorbehaltlich der quantitativen Aufgriffsgrenze – verneinen können, wenn es sich um Fälle rein büromäßiger Tätigkeit handelt, bei denen kein besonderer Gebäudezuschnitt erforderlich ist und die GmbH nicht freiberuflich tätig ist.

Diese Rechtsentwicklung hat jedoch ihren Fortgang in zwei Urteilen aus dem Jahr 2003 (BFH vom 11.02.2003, BFH/NV 2003, 910 sowie BFH vom 03.06.2003, BFH/NV 2003, 1321) genommen. Dort verzichtet der BFH auch auf jedweden branchenspezifischen Zuschnitt der Gebäude und nimmt die wesentliche Betriebsgrundlage – in Übereinstimmung mit den o.g. Urteilen aus den Jahren 2000/2001 – bereits dann an, wenn das Gebäude den räumlichen und funktionalen Mittelpunkt der Betriebsgesellschaft bildet.

Hinweis

Trotz der immer großzügigeren BFH-Rechtsprechung zur sachlichen Verflechtung, wonach auch bewegliche WG und sogar Umlaufvermögen der Besitzgesellschaft die wesentliche Betriebsgrundlage darstellen können, ist bei **Gebäuden/Grundstücken** auf zwei Besonderheiten hinzuweisen. Diese stellen dann keine wesentliche Betriebsgrundlage dar, wenn sie entweder nicht gewerblich gewidmet sind (Schulgebäude) oder wenn sie unter **quantitativen** Gesichtspunkten im »Immobilienpark« der Betriebsgesellschaft von **untergeordneter** Bedeutung sind. Eine exakte Größe sind sowohl der BFH als auch die Verwaltung schuldig geblieben. Keine sachliche Verflechtung liegt bei einem Anteil der von der Besitzgesellschaft angemieteten »Immobilienmasse« von weniger als 10% – verglichen mit den sonst einschlägig genutzten Grundstücken der Betriebsgesellschaft. Bei einer Fläche von mehr als 22% befindet man sich im sicheren Bereich (BFH vom 04.11.1992, BStBl II 1993, 245 sowie OFD Frankfurt vom 02.07.2004, Tz. 2.1.1 a.E.).

Die sachliche Verflechtung liegt vor:

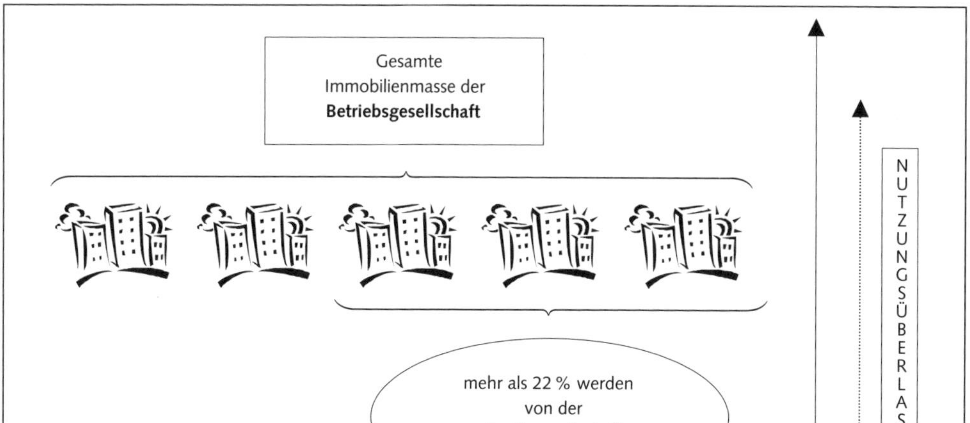

Abbildung 36: Sachliche Verflechtung bei Grundbesitz als wesentliche Betriebsgrundlage; der quantitative Gesichtspunkt (Betriebsaufspaltung)

Die sachliche Verflechtung liegt nicht vor, mithin auch keine Betriebsaufspaltung:

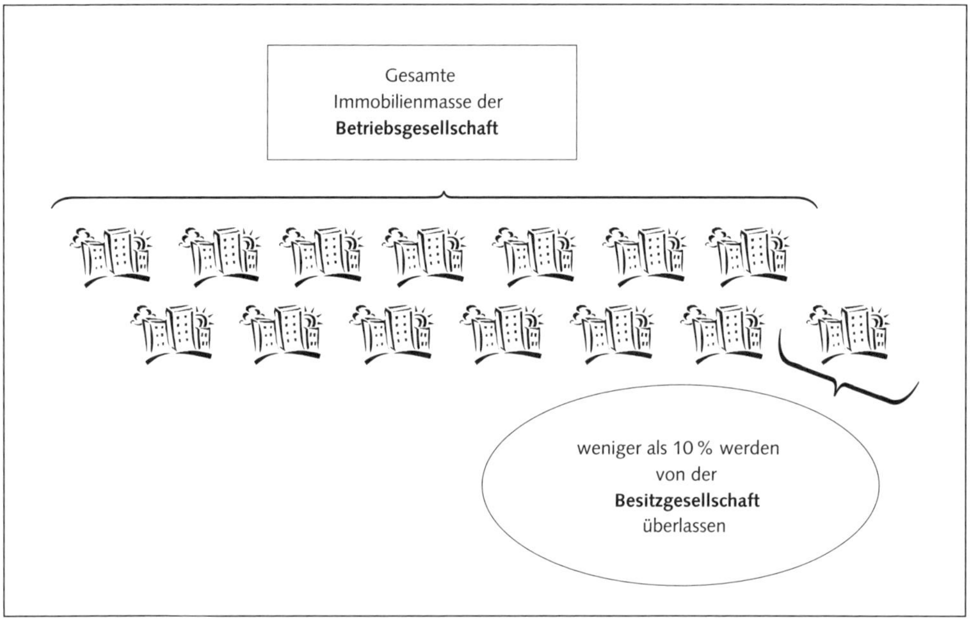

Abbildung 37: Sachliche Verflechtung bei Grundbesitz als wesentliche Betriebsgrundlage; der quantitative Gesichtspunkt (keine Betriebsaufspaltung)

Kritisch – und demzufolge nur mittels einer verbindlichen Auskunft des FA im Einzelfall klärbar – ist der Bereich zwischen **10% und 22%** der angemieteten Fläche, verglichen mit der gesamten genutzten Fläche des Betriebsunternehmens.

Die weiteren Kriterien **für** das Vorliegen einer Betriebsaufspaltung lauten sodann:

1. räumlicher und funktionaler Mittelpunkt für die Betriebsgesellschaft und/oder
2. Unentbehrlichkeit für das Betriebsunternehmen.

Umgekehrt kann eine Betriebsaufspaltung ceterum paribus, also bei ansonsten gleichen Gegebenheiten, in den Fällen »geringwertiger Bürogebäude« **vermieden** werden.

In einem **Ausnahmefall** entschied der BFH (Urteil vom 19.03.2009, BStBl II 2009, 803), dass auch bei einem **Unterschreiten der 10%-Marke** im Einzelfall eine wesentliche Betriebsgrundlage vorliegen könne (im konkreten Sachverhalt war dies ein einzelner Filialraum mit unter 10% der gesamten Nutzfläche der GmbH).

Hinweis: Eine (vorsichtige) Klärung in der quantitativen Frage der **hinreichenden »Immobilienmasse«** brachte das BFH-Urteil vom 13.07.2006 (BStBl II 2006, 804). Für den Fall, dass die Besitzgesellschaft (paritätische Eheleute-GbR) an ihre Betriebs-GmbH (Beteiligungsidentität) ein **Einfamilienhaus** vermietet, nahm der BFH selbst dann die sachliche Verflechtung an, wenn das EFH nicht für Zwecke der Betriebs-GmbH besonders hergerichtet und gestaltet war. Noch hat der BFH die Prüfungshürde aufgebaut, dass die Geschäftsleitung der GmbH ihren Mittelpunkt in diesen Räumen haben müsse, wobei die Rezensionsliteratur davon ausgeht, dass auch diese Hürde demnächst fällt. Von besonderer (Gestaltungs-)Bedeutung ist allerdings der letzte Satz im Urteilstenor, dass dies nur dann gelte, wenn der überlassene Gebäudeteil die in **§ 8 EStDV** genannten Grenzen unterschreitet. Für den Fall, dass die überlassenen Räume **weniger als 1/5** des gemeinen Werts des gesamten Gebäudes oder dieser weniger als **20.500 €** beträgt, ist wohl eine sachliche Verflechtung vermeidbar.

Immaterielle Wirtschaftsgüter (d) wie Patente oder Erfindungen stellen dann eine wesentliche Betriebsgrundlage dar, wenn sie unmittelbar von der Betriebsgesellschaft genutzt werden können.

Eine **Kapitalüberlassung** (Darlehen = **(e)**) alleine begründet keine Betriebsaufspaltung.

Lösung

Die unter a), b) und d) genannten überlassenen WG führen zu einer Betriebsaufspaltung; beim Bürogebäude (c) hängt es von der relativen Größe im Verhältnis zu dem ganzen genutzten Grundstücksareal ab; allein das Darlehensverhältnis (e) ist nicht geeignet, eine sachliche Verflechtung herbeizuführen.

Hinweis

Auch die Bestellung eines **Erbbaurechts** kann – vergleichbar der Überlassung eines unbebauten Grundstücks – eine sachliche Verflechtung begründen. Dies ist dann der Fall, wenn das Grundstück vom Betriebsunternehmen unter Zustimmung des Besitzunternehmens für die besonderen Bedürfnisse des Betriebsunternehmens bebaut wurde (BFH vom 19.03.2002, BStBl II 2002, 662).

4.2.2 Die personelle Verflechtung

Mit dem Begriff des einheitlichen geschäftlichen Betätigungswillen (hier: der personellen Verflechtung) ist untrennbar die sog. **Beherrschungsidentität** verbunden. Damit ist als Mindestvoraussetzung für die »personelle Klammer« zu beiden Gesellschaften definiert, dass in **beiden** Gesellschaften **eine Person** oder **eine Personengruppe mehrheitlich beteiligt** sein muss, damit diese in beiden Unternehmen ihren entscheidenden Willen durchsetzen kann. Vorbehaltlich vertraglicher oder gesetzlicher Stimmrechtserfordernisse erfüllt zunächst eine mehrheitliche Beteiligung sowohl an der Besitz-PersGes als auch an den Geschäftsanteilen der Betriebs-GmbH diese Voraussetzung. Eine darüber hinaus gehende **Beteiligungsidentität** in dem Sinne, dass in beiden Gesellschaften gleich-anteilige (d. h. paritätische) Beteiligungen vorliegen müssen, wird **nicht** gefordert.

4.2.2.1 Grundzüge, insbesondere die Stimmrechtserfordernisse

Nachdem die Beteiligungsverhältnisse alleine keine Durchsetzung des geschäftlichen Betätigungswillen vermitteln können, hält der BFH die **Stimmrechte** der einzelnen Gesellschafter für die ausschlaggebende Größe (BFH vom 27.08.1992, BStBl II 1993, 134). Diese bestimmen sich nach den entsprechenden gesetzlichen Vorgaben (§ 709 BGB für die GbR, § 119 HGB für die OHG bzw. gem. § 161 HGB auch für die KG, sowie § 47 GmbHG und §§ 133 ff. AktG). Da es sich hierbei um dispositives Recht handelt, sind im Zweifel einzelvertragliche Absprachen vorrangig.

Beispiel

Die aus M und F bestehende Grundstücksgemeinschaft (M zu 60%; F zu 40%) verpachtet an die M-GmbH (M als 100%-Gesellschafter) als wesentliche Betriebsgrundlage ein Gebäude. Folgende Stimmrechtskonstellationen sind zu beurteilen:

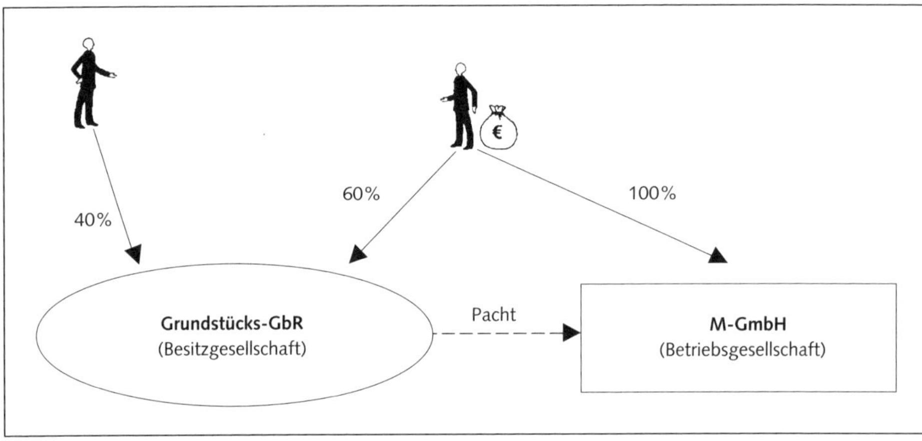

a) Über die Geschäftsführung/Vertretung in der GbR ist nichts vereinbart.
b) Es handelt sich um eine OHG (bzw. eine KG).

Wann liegt eine personelle Verflechtung vor?

Lösung

a) Ein Blick in die Regelungen des BGB zur Geschäftsführung/Vertretung weist den Weg. Nachdem §§ 709, 714 BGB für die **GbR** gemeinschaftliches Handeln vorsehen und außerdem § 709 Abs. 2 BGB von der gleichen Stimmberechtigung aller Gesellschafter ausgeht, kann M mangels dispositiver vertraglicher Regelungen seinen Willen in der GbR rechtlich nicht durchsetzen. Vorbehaltlich der Ausnahmetatbestände der faktischen Beherrschung und der Stimmrechtsbindungsverträge liegt keine Betriebsaufspaltung vor.
b) Es gilt zwar grundsätzlich die »Einzelvertretungs- und Geschäftsführungsbefugnis« (§§ 114, 125 HGB) eines jeden Gesellschafters. Nur bei Grundlagengeschäften und außergewöhnlichen Geschäften bedarf es der Zustimmung aller Gesellschafter (§ 116 Abs. 2 HGB); dies ist auch die gesetzliche Antwort für die Beschlussfassung in der OHG (§ 119 Abs. 1 HGB). Die vertragliche Stimmrechtswertigkeit selbst bestimmt sich gem. § 119 Abs. 2 HGB nach »Köpfen«, wird aber in den meisten Verträgen in Abhängigkeit von der Einlageleistung definiert. In diesen (praxisrelevanten) Fällen gibt das Kapitalkonto I (auch festes Kapital genannt) Aufschluss über die Wertigkeit der Beteiligung.

Bei einer **KG** wiederum kann nur der Komplementär wirksam die **KG** vertreten (§§ 164, 171 HGB) und ist auch nur er lt. Gesetz geschäftsführungsbefugt; für außergewöhnliche Geschäfte ist aber auch bei der KG die Zustimmung aller Gesellschafter erforderlich. Auch hier kann nur über den Gesellschaftsvertrag und über das Kapitalkonto I (kautelarjuristischer Regelfall) eine verlässliche Aussage zur personellen Verflechtung gewonnen werden.

Hinweis

Ohne Einsichtnahme in die Gesellschaftsverträge kann im Zweifel die Frage der personellen Verflechtung nicht entschieden werden.

4.2.2.2 Die Gruppentheorie

Während die sachliche Verflechtung wegen der tendenziellen und kalkulierbaren Rechtsprechung keine großen Probleme – weder für das Begründen noch für das Vermeiden einer Betriebsaufspaltung – bereitet, ist die personelle Verflechtung zumindest in der zweiten Hälfte der 1980er-Jahre zu einem Gestaltungsrisiko in der Praxis geworden. Später kamen gesellschaftsrechtliche Besonderheiten hinzu, die das Kriterium der personellen Verflechtung gelegentlich zu einem Vabanque-Spiel werden ließ (und teilweise noch werden lässt). Eine Einführung liefert das nachfolgende Beispiel.

Beispiel

a) Max M und Felix F sind Gesellschafter einer GmbH mit je 50 % Geschäftsanteilen. Das Grundstück, von dem aus das Unternehmen betrieben wird, ist auf die Belange der GmbH ausgerichtet und von der M und F zu gleichen Teilen gehörenden Grundstücksgemeinschaft gepachtet worden.

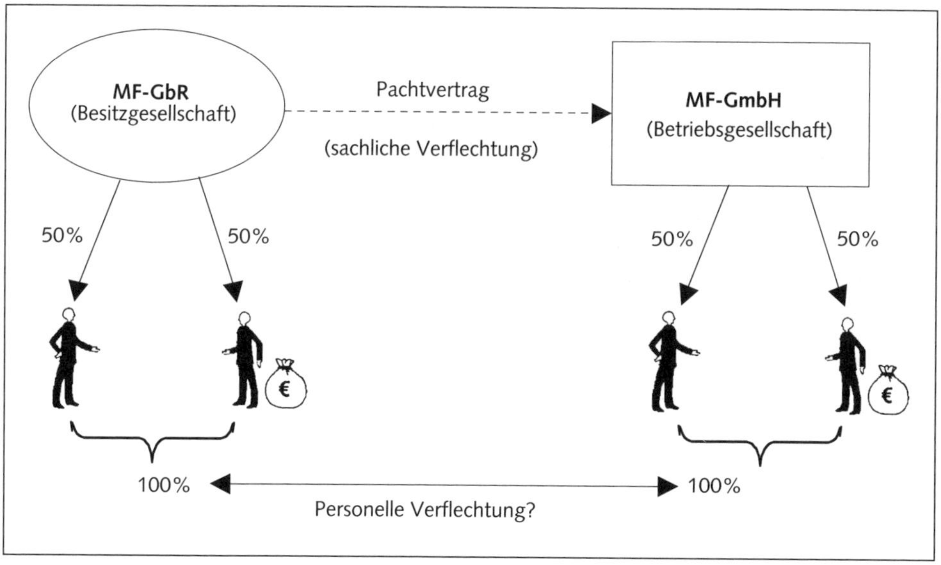

b) An der Grundstücksgemeinschaft sind diesmal Max (M) und Xaver (X) zu je 50 % beteiligt.

Liegen die Voraussetzungen der personellen Verflechtung vor und ist dadurch die jeweilige Besitzgesellschaft gewerbesteuerpflichtig?

Lösung

Weder bei a) noch bei b) verfügt eine Einzelperson über die Mehrheit der Anteile. Mit dem Urteil des BFH vom 08.11.1971 (BStBl II 1972, 63) ist das Mehrheitserfordernis auf die mitgliederidentische **Personengruppe** erstreckt worden.

Bei a) bilden M und F diese Gruppe, die zu 100% an beiden Unternehmen beteiligt ist. Die personelle Verflechtung liegt vor. Die Voraussetzungen für eine Betriebsaufspaltung sind erfüllt. Die Grundstücksgemeinschaft M-F erzielt gewerbliche und gewerbesteuerpflichtige Einkünfte.

In b) gibt es keine mitgliederidentische Gruppe, die über die Mehrheit der Anteile an beiden Gesellschaften verfügt. M und X erzielen für die Immobilienüberlassung Einkünfte nach § 21 EStG.

Zwanzig Jahre später dehnte der BFH aufgrund einer notwendigen Neuinterpretation der personellen Verflechtung, die durch eine Entscheidung des BVerfG erforderlich wurde, die Gruppentheorie auch auf Familienangehörige, insbesondere auf Ehegatten aus (BFH vom 28.05.1991, BStBl II 1991, 801).

Hinweis

Auch eine **mittelbare** Beteiligung kann die personelle Verflechtung herbeiführen (BFH vom 22.01.1988, BStBl II 1988, 53). So hat der BFH im Urteil vom 28.11.2001 (BFH/NV 2002, 453) eine mittelbare personelle Verflechtung genügen lassen, wenn eine GmbH als Hauptmieterin eines Grundstücks zwischengeschaltet wird (Untermieter: Betriebs-GmbH) und ansonsten die Voraussetzungen für eine Beherrschung beider Gesellschaften vorliegen. In diesem Fall war der Alleineigentümer des Grundstücks gleichzeitig der Mehrheitsgesellschafter der Betriebs-GmbH. Man spricht hier auch von einer »mittelbaren Vermietung«.

4.2.2.3 Die Ehegatten- (und Familien-)Betriebsaufspaltung

In der Diskussion der personellen Verflechtung nehmen die **Angehörigen** eine Sonderstellung ein.

Beispiel

Zu beurteilen sind folgende Konstellationen einer Ehegatten-Betriebsaufspaltung (X und Y als Ehegatten; K ist das gemeinsame Kind):

Alternative	**Besitzunternehmen**		**Betriebsgesellschaft**	
a)	X 60 %	Y 40 %	X 40 %	Y 60 %
b)	X 60 %	C 40 %	D 60 %	Y 40 %
c)	X 60%	Y 40 %	Y 60 %	B 40 %
d)	X 48% K 4 %	Y 48 %	X 100 %	

Lösung

Mit der Übernahme der Gruppentheorie auf Eheleute ist bei a) eine personelle Verflechtung gegeben, da X und Y eine »Gruppe« bilden, die in beiden Unternehmen die alleinige Mehrheit der Anteile innehat; Beteiligungsidentität wird nicht gefordert. Die Tatsache schließlich, dass beide Personen je wechselseitig mehrheitlich beteiligt sind, steht einer Zusammenrechnung und damit einer personellen Verflechtung nicht entgegen.

Fall b) und c) leiten zur Entscheidungspraxis des BVerfG (und später des BFH) zur Ehegatten-Betriebsaufspaltung über. Bis zum Jahr 1985 rechneten der BFH und die Verwaltung Ehegattenanteile automatisch zusammen, wenn es galt, über die Gruppenbildung eine Betriebsaufspaltung zu begründen. So hätte im Fall c) das Ehepaar XY alleine (bzw. zusammen mit B) die Beherrschungsidentität in beiden Gesellschaften gehabt. In der **Automatik** der Zusammenrechnung erblickte das BVerfG im Beschluss vom 12.03.1985 (BStBl II 1985, 475) einen **Verstoß gegen Art. 3 GG und vor allem gegen Art. 6 GG**, da bekanntlich das Steuerrecht die Ehe nicht benachteiligen dürfe. Der steuerliche Nachteil lag nach der Erkenntnis des BVerfG in der für die Annahme einer Betriebsaufspaltung »gesetzesimmanenten« GewSt-Pflicht der Besitzgesellschaft begründet.

Liegen die Voraussetzungen der »ultraeherechtlichen« wirtschaftlichen Interessensgemeinschaft bei X und Y (z. B. durch Stimmrechtsgestaltungen) vor, ist im Fall c) eine Betriebsaufspaltung gegeben.

Im Fall d) setzt eine **Familien-Betriebsaufspaltung** zwischen X und (dem **minderjährigen**) K nach R 15.7 Abs. 8 Satz 4 EStR 2008 voraus, dass X das alleinige Vermögenssorgerecht für das Kind hat (Ausnahmefall). Ansonsten, bei gemeinsamem Sorgerecht der Eltern (gesetzlicher Regelfall), können die Anteile von X und K jedenfalls alleine nicht zusammengerechnet werden. Es existiert sodann keine personelle Verflechtung und damit keine Betriebsaufspaltung.

Die auf den BVerfG-Beschluss hin eintretende Rechtsunsicherheit (Betriebsaufgabe bei nicht mehr konformer Ehegatten-Betriebsaufspaltung?/echte versus unechte Entnahme) wurde mit dem BMF-Schreiben vom 18.11.1986 (BStBl I 1986, 537) beseitigt.

Seit dem BMF-Schreiben von 1986 werden Anteile von **Ehegatten**, die an beiden Gesellschaften beteiligt sind, nur noch dann **zusammengerechnet**, wenn es Beweisanzeichen für **gleichgerichtete wirtschaftliche Interessen** der Eheleute gibt, die über den familienrechtlichen Interessenskanon der ehelichen Lebensgemeinschaft **hinausgehen**. Indikatoren dafür sind etwa eine unwiderrufliche Stimmrechtsvollmacht (BMF vom 18.11.1986, a.a.O.). Der BFH hält diesen Nachweis allein aufgrund faktischer Umstände für nicht gegeben, sondern verlangt Mittel des Gesellschaftsrechts (BFH vom 15.10.1998, BStBl II 1999, 445). Den BFH-Entscheidungen lässt sich entnehmen, dass der Ausnahmefall der ehelichen Zweck- und Wirtschaftsgemeinschaft immer vom Vorliegen einer Ehegatten-Innengesellschaft abhängig ist.

So wird bei Ehegatten, die gemeinschaftlich ein Grundstück erwerben, um es im Rahmen einer Ehegatten-Betriebsaufspaltung zu verpachten, neuerdings vom BFH unterstellt (Urteil vom 29.08.2001; BFH/NV 2002, 185), dass für das Besitzgrundstück eine GbR gebildet wird, um den hervorgehobenen wirtschaftlichen Willen zu begründen. Soweit dies vom BFH auch bei einem ausdrücklichen Bruchteilserwerb von Ehegatten angenommen wird, wird allerdings damit gegen das Verbot der Besteuerung hypothetischer Sachverhalte verstoßen.

4.2.2.4 Stimmrechtsvereinbarungen und personelle Verflechtung

LITERATURHINWEISE:
Neufang, Einstimmigkeits- und Mehrheitsbeschluss bei der Betriebsaufspaltung, DB 2004, 730; *Neumann*, Die Einstimmigkeit bei der Betriebsaufspaltung, DB 2003, 2356; *Söffing*, Betriebsaufspaltung: Beherrschung einer GbR durch Geschäftsführer, BB 2004, 1303.

Die personelle Verflechtung kann mit Mitteln des **Gesellschaftsrechts** bei Ehegatten begründet oder verneint werden. Die Thematik der personellen Verflechtung kann jedoch auch unter Dritten durch gesellschaftsrechtliche Stimmrechtsvereinbarungen überlagert sein.

Beispiel
Die aus M und F bestehende PersGes (M zu 60%; F zu 40%) verpachtet an die M-GmbH (M als 100%-Gesellschafter) als wesentliche Betriebsgrundlage ein Gebäude. Folgende Stimmrechtskonstellationen sind zu beurteilen:

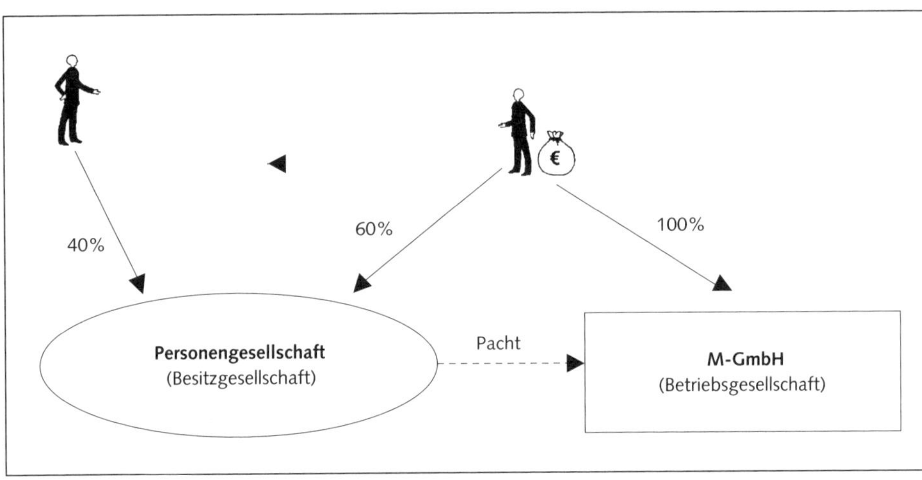

1. In der PersGes ist Einstimmigkeit vereinbart.
2. Für Geschäfte zwischen der PersGes und der GmbH soll M wegen Interessenskonflikts nicht stimmberechtigt sein.
3. In der GmbH ist M zusammen mit dem Dritten D Geschäftsführer. Auch hier ist vereinbart, dass D für die Geschäfte der GmbH/PersGes alleine zuständig sein soll (§ 47 Abs. 4 GmbHG).

Lösung
Immer dann, wenn seitens der Besitzgesellschaft das **Einstimmigkeitsprinzip** (1. Variante) satzungs- bzw. vertragsgemäß festgeschrieben ist oder wenn es kraft Gesetzes gilt, verneint der BFH zu Recht die personelle Verflechtung, da M eben alleine seinen Geschäftswillen nicht in beiden Unternehmen durchsetzen kann (BFH vom 29.10.1987, BStBl II 1989, 96).

Die Verwaltung lässt zwei **Ausnahmen** zu:

- Das Einstimmigkeitsprinzip bezieht sich konkret nicht auf die laufende Verwaltung der vermieteten WG (sog. Geschäfte des täglichen Lebens), sondern nur auf Geschäfte außerhalb des täglichen Lebens (Tz. III des BMF-Schreibens vom 07.10.2002, BStBl I 2002, 1028, sowie BFH vom 23.12.2003, Az: IV B 45/02) und die
- **faktische Beherrschung**. Eine faktische Beherrschung wird dann angenommen, wenn ein Gesellschafter ohne entsprechenden Anteilsbesitz in der Betriebsgesellschaft eine solche Machtposition innehat, dass sich die anderen Gesellschafter seinem Willen unterwerfen (BFH vom 27.02.1991, BFH/NV 1991, 454). Dies ist etwa dann der Fall, wenn der betreffende (faktische Macht-)Gesellschafter der Betriebs-GmbH unverzichtbare WG zur Nutzung überlässt und sie ihr ohne weiteres wieder entziehen kann.
  Dies ist etwa dann der Fall, wenn der betreffende (faktische Macht-)Gesellschafter der Betriebs-GmbH unverzichtbare WG zur Nutzung überlässt und sie ihr ohne weiteres wieder entziehen kann. Auch die Anordnung einer (Dauer-)**Testamentsvollstreckung** ändert nach dem BFH-Urteil vom 05.06.2008 (BStBl II 2008, 858) nichts am einheitlichen geschäftlichen Betätigungswillen des Erben und führt nicht zwangsläufig zur Betriebsaufgabe.
- Eine dritte Ausnahme hat der BFH im Urteil vom 01.07.2003 (BStBl II 2003, 757) trotz einer Einstimmigkeitsabrede dann zugelassen, wenn die Geschäftsführung einem einzelnen beherrschenden Gesellschafter überlassen wurde.

In der 2. und 3. Variante liegt der vom BFH mehrfach entschiedene Fall des **Stimmrechtsausschlusses** vor. Kann die an sich »beherrschende« Person bei Rechtsgeschäften der Besitzgesellschaft mit der Betriebsgesellschaft nicht abstimmen, so wird ebenfalls eine personelle Verflechtung verneint. Umgekehrt, bei einem Stimmrechtsausschluss bei der Betriebs-GmbH für laufende Geschäfte mit der Besitzgesellschaft, ist dies wegen dem gegenüber einer PersGes abgeschwächten Geschäftsführer-Status bei der GmbH allerdings nicht der Fall (BFH vom 26.01.1989, BStBl II 1989, 455).

Aufgrund der wirtschaftlichen Betrachtungsweise belässt es die Rechtsprechung nicht nur bei einer numerischen Prüfung zur Frage der Mehrheitsbeteiligung, sondern unterzieht die reinnominale Beteiligungsfrage einer rechtlichen Qualitätsprüfung, um den einheitlichen geschäftlichen Betätigungswillen zu untermauern. In die Wertigkeit der Nominalanteile werden gesellschaftsrechtliche **Stimmrechtsabreden** mit einbezogen. Die Verwaltung hatte sich nach langem Zögern der Rechtsprechung wie folgt angeschlossen (BMF vom 07.10.2002, BStBl I 2002, 1028):

In allen Fällen, in denen es hiernach zur Ablehnung der personellen Verflechtung kommt (Varianten 2., 3. und bei entsprechender Handhabung auch 1.) ist als letzte Prüfungsstation noch zu prüfen, ob nicht der »Mehrheits-Gesellschafter ohne Stimmrecht« aufgrund **faktischer Beherrschung** beide Gesellschaften dominiert. Diese ursprünglich für den Fall des fehlenden Anteilsbesitzes geschaffene Rechtsfigur ist in der BFH-Rechtsprechung zwar häufig angesprochen, aber selten erfolgreich reklamiert worden. In den meisten Entscheidungen (zumal jüngeren Datums) hat sich der BFH sehr reserviert und im Ergebnis ablehnend zu dieser Rechtsfigur geäußert. Jedenfalls genügen dem BFH wirtschaftlicher Druck oder intellektuelle Kompetenzen alleine nicht, um eine tatsächliche Beherrschung zu begründen (anders aber die Verwaltung, BMF vom 07.10.2002, a.a.O., Tz. IV). Nur eine faktische Einwirkung auf die zur Beherrschung führenden Stimmrechte ist in der Lage, eine tatsächliche Beherrschung herbeizuführen (so das Urteil des BFH vom 29.08.2001, BFH/NV 2002, 185 und zuletzt vom 02.03.2004, BFH/NV 2004, 1109).

Hinweis

Im o. g. BMF-Schreiben vom 07.10.2002 werden die Rechtsfolgen einer auch aus Verwaltungssicht fehlenden personellen Verflechtung, d. h. die Beendigung der bestehenden Betriebsaufspaltung, aufgehoben bzw. relativiert.

Die neue Verwaltungsauffassung führt aber nicht alleine unmittelbar zur Zwangsbetriebsaufgabe des Besitzunternehmens gem. § 16 Abs. 3 EStG. Vielmehr ist zu prüfen, ob die der Betriebsgesellschaft überlassenen WG aus anderen Gründen zum Betriebsvermögen der Besitzgesellschaft gehören können. In Betracht kommen:

- das sog. Verpächterwahlrecht (H 16 Abs. 5 EStH und R 16 Abs. 5 EStR 2008),
- die Grundsätze des ruhenden Gewerbebetriebs,
- die Anwendung von § 15 Abs. 3 Nr. 1 und Nr. 2 EStG.

Tipp

Um die Folgen einer drohenden Betriebsaufgabe wegen Annullierung der personellen Verflechtung zu vermeiden, kann über die Implementierung einer GmbH als Geschäftsführerin bei der Besitzgesellschaft (§ 15 Abs. 3 Nr. 2 EStG) oder über eine zusätzlich gewerblich qualifizierende Tätigkeit die Aufdeckung der Reserven (§ 16 Abs. 3 EStG) vermieden werden. Durch die Erweiterung des Kreises der an die GmbH überlassenen WG auf alle betriebsnotwendigen WG können die Vorteile des Verpächterwahlrechts geltend gemacht werden.

4.3 Die steuerlichen Folgen der Betriebsaufspaltung

4.3.1 Begründung der Betriebsaufspaltung

S. zu diesem Sachverhalt bes. OFD Frankfurt vom 07.04.2004, StEK EStG § 15/356 und BMF-Schreiben vom 03.03.2005, BB 2005, 1046 (Stellungnahme).

Die **echte Betriebsaufspaltung**, d. h. die Auslagerung des operativen Geschäfts auf eine Betriebsgesellschaft, geht aus einem ehemaligen aktiven Personenunternehmen (Einzelunternehmen oder PersGes) hervor.

Bei der **unechten Betriebsaufspaltung** hingegen werden beide Gesellschaften **gleichzeitig errichtet** oder die Voraussetzungen einer Betriebsaufspaltung stellen sich erst ein, wenn durch Übertragungsvorgänge im betrieblichen oder im privaten Bereich (!) die tatbestandliche »Weichenstellung« erfolgt. Manchmal geschieht dies sogar ohne willentliches Zutun der Gesellschafter. Die treffendere Bezeichnung hierfür wäre: »originäre« Betriebsaufspaltung.

4.3.1.1 Die echte Betriebsaufspaltung

Noch vor der Verpachtung einer wesentlichen Betriebsgrundlage wird das Einzelunternehmen (bzw. die PersGes) der (späteren) **Betriebs-GmbH einzelne WG** übereignen, damit diese mit ihrem Geschäftsbetrieb beginnen kann. Soweit es sich dabei um Vorgänge handelt, bei denen aus dem Betriebsvermögen des Ausgangsunternehmens WG in eine Betriebs-KapGes eingebracht werden, liegt keine Einbringung nach § 20 UmwStG vor, da kein kompletter Betrieb eingelegt wird. Es geht beim betriebsinternen Transfer von WG bekanntlich immer um die Frage der möglichen **Buchwertverknüpfung**.

Soweit mit der Übereignung von Einzel-WG eine Sacheinlage in die GmbH getätigt wird, liegt gem. § 6 Abs. 6 Satz 1 EStG ein Tausch vor (Übertragung gegen Gewährung von Anteilen), bei dem der gemeine Wert anzusetzen ist.

Die (bloße) Übertragung einzelner WG in die Betriebs-KapGes wurde bis Ende 1998 zu Buchwerten zugelassen, wenngleich es hierfür keinen eindeutigen gesetzlichen Beleg gab. Mit der seit 01.01.1999 geltenden »Rechtsträger-Ideologie«, wonach es bei der Übertragung von WG auf einen anderen Rechtsträger gem. § 6 Abs. 6 Satz 2 und Satz 3 EStG immer zu einer Steuerentstrickung kommt (Ansatz des Teilwerts), werden bei diesen Gründungsvorgängen jetzt die stillen Reserven aufgedeckt. Der Vorgang der Sacheinlage (oder der bloßen Übertragung) eines WG aus einem Personenunternehmen in eine KapGes wird als offene (bzw. bei der bloßen Übertragung als verdeckte) Einlage gewertet. Damit verbunden ist die Erhöhung der Anteile an der Betriebs-KapGes um den eingelegten Teilwert. Dies wiederum führt kraft Gesetzes zu einem Aufdeckungstatbestand bei dem Personenunternehmen.

Tipp

Zwei **Auswege** aus der Zwangsaufdeckung bestehen:
1. Die übertragenen WG stellen einen Teilbetrieb dar;
2. Wegen § 6 Abs. 1 Nr. 5a EStG werden junge (allenfalls drei Jahre alte) WG übertragen und

im Einzelnen:
1. Soweit es sich bei den übertragenen WG um einen selbstständigen lebensfähigen Organismus des (alten) Besitzunternehmens handelt, ist mit der Übertragung zumindest der Tarifvorteil der § 16 Abs. 1 Nr. 1 (»Teilbetrieb«), 34 EStG verbunden. Noch besser wird es, wenn der – sodann existierende – Teilbetrieb zum Gegenstand einer steuerneutralen Einbringung nach § 20 UmwStG in die Betriebs-KapGes gemacht wird.
2. Bei der Übertragung »junger« WG sind ggf. niedrigere historische (fortgeführte) AK anzusetzen.

Soweit Einzel-WG auf das **Besitzunternehmen** übertragen werden (z. B. weil es sich beim Ausgangsunternehmen um ein Einzelunternehmen gehandelt hat), ist bei entsprechender Beteiligung des vormaligen Einzelunternehmers an der Besitz-PersGes gem. § 6 Abs. 5 Satz 3 EStG zwingend der Buchwert anzusetzen.

Die Streitfrage, ob bei der Entstehung einer Betriebsaufspaltung auch der **Geschäftswert** vom bisherigen Einzelunternehmen (bzw. der PersGes) auf die Betriebsgesellschaft entgeltlich übergehen kann, ist vom BFH im Urteil vom 27.03.2001 (BStBl II 2001, 771) grundsätzlich bejaht worden.

Dabei muss man sich vergegenwärtigen, dass die maßgeblichen Kriterien für den Geschäftswert (z. B. Kundenstamm und betriebswirtschaftliches Know-how) zumeist beim operativen Geschäft der GmbH anzusiedeln sind. Einen Verbleib bei der PersGes (beim jetzigen Besitzunternehmen) wird man sich nur dann vorstellen können, wenn nur das Umlaufvermögen auf die Betriebs-GmbH übertragen wird und das gesamte AV bei dem Besitzunternehmen verbleibt (so auch der BFH vom 14.01.1998, BFHE 185, 230).

Wird hingegen nur das Grundstück zurückbehalten, während Umlauf- und bewegliches AV sowie immaterielle WG auf die Betriebsgesellschaft übertragen werden, so folgt der Geschäftswert diesen WG und ist in der Konsequenz der Betriebsgesellschaft zuzurechnen (BFH vom 28.06.1989, BStBl II 1989, 982).

Im letzten Urteil vom 27.03.2001 (BStBl II 2002, 771) hat der BFH klargestellt, dass der Geschäftswert bei der Betriebsaufspaltung denjenigen geschäftswertbildenden Faktoren folgt, die durch ihn verkörpert werden. Er nannte dabei insbes. die besonders qualifizierte Arbeitnehmerschaft sowie eine spezielle betriebliche Organisation.

Einen gewissen Abschluss brachte das Urteil vom 16.06.2004, BStBl II 2005, 378: Werden bei der Begründung einer Betriebsaufspaltung sämtliche Aktiva und Passiva einschließlich der Firma – mit Ausnahme des Immobilienvermögens (= Gegenstand der Nutzungsüberlassung) – auf die Betriebs-KapGes übertragen, so geht der im bisherigen (Einzel-)Unternehmen entstandene originäre Geschäftswert grundsätzlich auf die Betriebs-KapGes über.

4.3.1.2 Die unechte Betriebsaufspaltung im Gründungsstadium

Die Rechtsfolge hier ist identisch mit der bei der Begründung einer Betriebsaufspaltung: Erstellen einer Eröffnungsbilanz für das gewerbliche Besitzunternehmen mit den sich aus § 6 Abs. 1 Nr. 6 i.V.m. § 6 Abs. 1 Nr. 5 EStG ergebenden Teilwerten (bzw. mit den fortgeführten AK).

Die Auswirkungen bei der unechten Betriebsaufspaltung, bei der erstmalig ein betriebliches Besitzunternehmen mit WG des PV begründet werden, lassen sich am besten anhand eines Kurzfalles aufzeigen.

Beispiel

Anton P (AP), zusammenveranlagt mit Berta P (BP), macht in der Anlage »V« seiner Steuererklärung für das Jahr 08 folgende Angaben:

Angaben zu Vermietung und Verpachtung:

- Grundstück X in, P-Stadt, angeschafft in 01 vom verstorbenen Onkel Josef P (JP).
- Eigentümer: seit 01.07.08 AP zu 100%, Erbfall nach JP (AP ist einziger Erbe).
- Mieteinnahmen: 01.01.08 bis 31.12.08: 18.000 €.
- Allgemeine Angaben:
  - Grund und Boden: 2.500 qm erworben durch JP mit Kaufvertrag vom 17.03.01 für 100 T€; heutiger Wert: 260 T€.
  - Gebäude: bis 03 unbebaut; in 05 Bau eines Lagerhauses für 150 T€; Fertigstellung 01.01.06; derzeitiger Wert: 140 T€.
  - AfA seit 01.01.06: § 7 Abs. 4 Nr. 2 EStG: 2%.
  - Verpachtung 01.04.01 bis Ende 05 an Baufirma XY und ab 01.06.01 an AP-Spielwaren-GmbH (Auslieferungslager).
  - Werbungskosten: AfA (wie Vorjahre): 3.000 € und Grundsteuer (vierteljährlich i.H.v. 500 €): 2.000 €.
  - folglich beträgt die Summe der Werbungskosten: 5.000 €.

Sonstige Erklärungen:

a) AP und BP sind Gesellschafter der AP-GmbH (Gründung: 01.01.06) mit Sitz in P-Stadt. Die AP-GmbH vertreibt Spielwaren aller Art (Stichtag: 31.12.).

b) Die Beteiligungsverhältnisse im Einzelnen:
AP: 64.000 €,
BP: 20.000 €,
H. Flick (F): 16.000 €.

c) Die GmbH zahlte am 01.09.08 eine Dividende i.H.v. 10 %, bezogen auf das Nominalkapital.

Die ertragsteuerlichen Folgen für das Ehepaar P sind aus dem Sachverhalt zu ziehen.

Lösung

1. Ganzjahresvermietung?
In der ersten Jahreshälfte erzielt JP bis zum Todestag (01.07.08) Einkünfte nach Vermietung und Verpachtung i.H.v. 9.000 €, entsprechende Werbungskosten können in der 1. Jahreshälfte abgezogen werden. Die Einkünfte werden nach den persönlichen Steuermerkmalen des JP besteuert. Die ermittelte ESt-Schuld des JP geht gem. § 45 AO, § 1922 BGB auf AP als Nachlassverbindlichkeit über.
2. Vermietung ab 01.07.08 durch AP
Ab 01.07.08 liegt eine (**unechte) Betriebsaufspaltung** vor. Das Auslieferungslager ist eine wesentliche Betriebsgrundlage für die AP-GmbH (sachliche Verflechtung). Gleichzeitig ist jetzt die personelle Verflechtung gegeben, da das Lager zu 100 % AP gehört und dieser zu 64 % an der GmbH beteiligt ist.
Dies hat zur Konsequenz, dass für das Besitzunternehmen ein gewerblicher Gewinn festzustellen ist. In der Praxis geschieht dies durch das Aufstellen einer Eröffnungsbilanz und durch die Gewinnermittlung mittels Betriebsvermögensvergleich (§ 4 Abs. 1 EStG). In den meisten Fällen würde jedoch bereits eine Einnahme-Überschussrechnung gem. § 4 Abs. 3 EStG genügen, um den Anforderungen der gewerblichen Gewinnermittlung gerecht zu werden. Die Frage, welche Gewinnermittlungstechnik anzuwenden ist, hängt allein von § 141 AO und den dortigen Aufgriffsgrößen ab, da sich mit dem Vorliegen einer Besitzgesellschaft allein im Rahmen einer Betriebsaufspaltung noch kein kaufmännisches Handelsgewerbe (und damit keine Kaufmannseigenschaft) begründen lässt.
3. Die Begründung einer unechten Betriebsaufspaltung steht einer Betriebseröffnung gem. § 6 Abs. 1 Nr. 6 EStG gleich. Damit sind die nach § 6 Abs. 1 Nr. 5 EStG maßgeblichen Einlage-Werte anzusetzen:
   a) Einlage des Grundstücks in das Betriebsvermögen mit dem Teilwert: 260.000 €
   b) Einlage des Gebäudes mit dem Teilwert: 140.000 €
   c) Einlage der Beteiligung an der GmbH, da notwendiges Betriebsvermögen: Gem. § 6 Abs. 1 Nr. 5b EStG sind die GmbH-Geschäftsanteile des AP mit den historischen AK anzusetzen: 64.000 €

4. Ermittlung der Einkünfte im 2. Halbjahr 08

a) Mieteinnahmen als gewerbliche Einkünfte:	9.000 €
b) Dividendeneinnahmen (§ 20 Abs. 3 EStG i.V.m. § 3 Nr. 40d EStG):	3.840 €
Summe Betriebseinnahmen:	12.840 €
c) BA:	
aa) Grundsteuer:	1.000,00 €
bb) AfA:	2.100 €

Die vom verstorbenen JP gem. § 7 Abs. 4 Nr. 2 EStG gebildete 2 %ige lineare AfA ist nach der Einlage nicht mehr zulässig (R 7.4 Abs. 11 EStR). Nach der Einlage müssen die neuen Verhältnisse zugrunde gelegt werden, PersGes nunmehr gem. § 7 Abs. 4 Nr. 1 EStG die »betriebliche« AfA von 3 % (bezogen auf die AfA-Bemessungs-Grundlage von 142,5 T€, fortgeführte AK, vgl. R 7.3 Abs. 6 Satz 1 EStR) zu bilden ist; AfA daher: 4.200 € × 6/12 = 2.100 €

Summe BA:	3.100 €

Die aus der Betriebsaufspaltung im 2. Halbjahr 08 erzielten gewerblichen

Die Einkünfte des AP betragen:	9.740 €

Im ersten Halbjahr 08 stehen den Mieteinnahmen i.H.v. 9.000 € Werbungskosten von 2.500 € (1.500 € AfA und 1.000 € Grundsteuer) gegenüber; die Einkünfte aus Vermietung und Verpachtung gem. § 21 EStG betragen 6.500 €.

Hinweis

Ebenso wichtig wie das Steuerschicksal der übertragenen WG ist auch die Frage, was bei der erstmaligen **Begründung** einer Betriebsaufspaltung zu geschehen hat. Diese Situation liegt dann vor, wenn mit dem tatbestandlichen Vorliegen einer Betriebsaufspaltung erstmalig ein gewerbliches Besitzunternehmen geschaffen wird (sog. »unechte Betriebsaufspaltung«). In diesem Fall liegt eine »Eröffnung« eines Betriebes i.S.d. § 6 Abs. 1 Nr. 6 EStG vor, mit dessen Verweis auf § 6 Abs. 1 Nr. 5 EStG die Werte für die Eröffnungsbilanz festgeschrieben werden: Grundsätzlicher Ansatz der Teilwerte.

4.3.2 Laufende Besteuerung – Chancen und Gefahren

Der Frage nach den Konsequenzen aus einer angenommenen Betriebsaufspaltung gilt in den letzten Jahren die volle Aufmerksamkeit der Rechtsprechung Ausgangspunkt aller Rechtsfolgen ist die Erkenntnis des BFH, dass mit der Besitzgesellschaft und der Betriebsgesellschaft **zwei** rechtlich selbstständige **Gewerbebetriebe** bestehen, die beide **gewerbesteuerpflichtig** sind (BFH vom 02.02.2000, BFH/NV 2000, 1135).

4.3.2.1 Das Betriebsvermögen bei der Betriebsaufspaltung, insbesondere bei der Besitzgesellschaft

Zum **notwendigen Betriebsvermögen** der **Besitzgesellschaft (Einzelunternehmen)** zählen zunächst WG, die der Betriebsgesellschaft zur Nutzung überlassen werden. Da sie den eigentlichen Geschäftsbetrieb der Besitzgesellschaft abbilden, wäre eine Bilanz falsch, wenn diese WG nicht bilanziert wären. In der Praxis geschieht dies durch das Aufstellen einer Eröffnungsbilanz und durch die Gewinnermittlung mittels Betriebsvermögensvergleich (§ 4

Abs. 1 EStG). In den meisten Fällen würde jedoch bereits eine Einnahme-Überschussrechnung gem. § 4 Abs. 3 EStG genügen, um den Anforderungen der gewerblichen Gewinnermittlung gerecht zu werden. Die Frage, welche Gewinnermittlungstechnik anzuwenden ist, hängt allein von § 141 AO und den dortigen Aufgriffsgrößen ab, da sich mit dem Vorliegen einer Besitzgesellschaft allein im Rahmen einer Betriebsaufspaltung noch kein kaufmännisches Handelsgewerbe (und damit keine Kaufmannseigenschaft) begründen lässt.

Damit verbunden ist wegen § 15 Abs. 3 Nr. 1 EStG (Allgewerblichkeit oder Abfärbetheorie) die Einbeziehung aller WG des Gesamthandsvermögen der Besitzgesellschaft, wenn es sich dabei um eine **PersGes** handelt (BFH vom 24.11.1998, BStBl II 1999, 483 sowie BMF vom 08.06.1999, BStBl I 1999, 454). Damit werden auch die WG, die als nicht wesentliche Betriebsgrundlagen an das Betriebsunternehmen vermietet werden, zum notwendigen Betriebsvermögen des Besitzunternehmens.

Bei einem Einzelunternehmen greift bekanntlich die Infektionstheorie nicht.

Vor allem gehören die **Anteile** an der **Betriebs-GmbH** zum notwendigen Betriebsvermögen (Einzelunternehmen bzw. wenn die GmbH-Geschäftsanteile unmittelbar der PersGes gehören – etwa nach einer Sacheinlage –). Vorrangige Folge ist die Umqualifizierung erhaltener Gewinnausschüttungen seitens der GmbH in gewerbliche Beteiligungserträge gem. § 20 Abs. 3 EStG. Nach neuerer Erkenntnis des BFH (Urteil vom 31.10.2000, BFH/NV 2001, 447) führt dies aber nicht zur phasengleichen Aktivierung der Gewinnansprüche bei der Besitzgesellschaft in dem VZ der Gewinnerzielung der GmbH. Vielmehr ist für die Aktivierung der Ansprüche als Beteiligungsertrag erst ein wirksamer Gesellschafterbeschluss gem. § 46 Nr. 1, § 47 GmbHG erforderlich.

Mit Urteil vom 25.11.2004 (BFH/NV 2005, 610) hat der BFH ein Darlehen der Besitz-PersGes an **Geschäftspartner** der Betriebs-GmbH als notwendiges BV behandelt. Dies gilt auch, wenn nur einer der Gesellschafter der PersGes an der Darlehensnehmerin beteiligt ist.

Bei **Einzelunternehmen** als Besitzunternehmen kann auch **gewillkürtes BV** gebildet werden. Davon betroffen sind WG, die objektiv den Einfluss auf die Betriebsgesellschaft stärken können und subjektiv dazu bestimmt sind, wie z. B. gegenseitige und wechselbezügliche Darlehensforderungen und -verbindlichkeiten.

Bei einer Besitz**personen**gesellschaft stellen die einzelnen (und unterschiedlichen) Anteile der Gesellschafter an der Betriebs-GmbH **notwendiges SBV II** dar, da die Geschäftsanteile unmittelbar der Beteiligung an der Besitzgesellschaft zugutekommen. Vom SBV II ist des Weiteren auch bei WG auszugehen, die zu Bedingungen überlassen werden, die einem Fremdvergleich nicht standhalten. Dies wurde vom BFH im Urteil vom 19.10.2000, BStBl II 2001, 335, etwa für den Fall eines ungesicherten und unkündbaren Darlehens mit einer 16-jährigen Laufzeit angenommen, wenn die Zinsen erst am Ende der Laufzeit gezahlt werden. Ist die Überlassung hingegen durch eine andere betriebliche oder private Tätigkeit des Gesellschafters veranlasst, so liegt kein SBV II vor. Ist die Überlassung hingegen durch eine andere betriebliche oder private Tätigkeit des Gesellschafters veranlasst, so liegt kein SBV II vor (so auch BFH vom 17.12.2008, BStBl II 2009, 371: »gleichrangige« außerbetriebliche Interessen).

Für einen möglichen Konkurrenzfall bei einer **mitunternehmerischen Betriebsaufspaltung** mit Beteiligung des Besitz-Gesellschafters und einem überlassenen WG (SBV I bei der Betriebs-PersGes oder SBV II bei der Besitz-PersGes?) hat sich der BFH im Urteil vom 18.08.2005 (BStBl II 2005, 830) eindeutig für den Vorrang von SBV I entschieden.

Daneben besteht für die Gesellschafter der Besitzgesellschaft die Möglichkeit, gewillkürtes Sonder-BV zu bilden. Dies wird nach der Verfügung der OFD Frankfurt vom 07.04.2004,

Tz. 3.3.4., für den Fall angenommen, wenn ein Gesellschafter der Besitzpersonengesellschaft eigene WG unmittelbar an Dritte vermietet, sofern die Überlassung in einem gewissen objektiven Zusammenhang mit dem Betrieb der PersGes steht.

§ 8 Abs. 2 KStG schließlich beantwortet für die **Betriebs-GmbH** die Frage nach dem Umfang der bilanzierungspflichtigen WG allumfassend: Es sind alle WG betroffen.

4.3.2.2 Die Ermittlung des laufenden Gewinns

Naheliegend handelt es sich bei den Einnahmen der Besitz-PersGes um gewerbliche Einkünfte der Gesellschafter der Besitzgesellschaft. Nicht ganz naheliegend ist diese Rechtsfolge auch für die »Nur-Besitz-Gesellschafter«, die nicht an der Betriebs-GmbH beteiligt sind. Dies liegt an der »Allgewerblichkeit« von § 15 Abs. 3 Nr. 1 EStG. M.a.W. gibt es **keine Zebragesellschaft mit umgekehrtem Vorzeichen**.

Bei der Bilanzierung gilt nach der Rechtsprechung für gegenseitige Pachtansprüche/-verbindlichkeiten immer noch der Grundsatz der **korrespondierenden Bilanzierung**. So müssen die Werte für die Rückstellung bei bestehender Substanzerhaltungspflicht des Pächters mit den aktivierten Ansprüchen (!) des Verpächters übereinstimmen: I.d.R. werden die Wiederbeschaffungskosten angesetzt (BFH vom 23.06.1966, BStBl III 1966, 589 und vom 26.06.1975, BStBl II 1975, 700).

Die **Pachtzahlungen** selbst sind bei der Besitzgesellschaft Betriebseinnahmen und bei der Betriebs-GmbH BA. Dies hat zur Folge, dass überhöhte Pachtzahlungen als (gewerbliche) vGA (§ 20 Abs. 1 Nr. 1 Satz 2 i.V.m. § 20 Abs. 3 EStG) zu beurteilen sind; umgekehrt stellt der Verzicht auf eine werthaltige Pachtforderung eine verdeckte Einlage (Einlagenkonto i.S.d. § 27 KStG) dar. Dies hat nichts damit zu tun, dass Nutzungen und Leistungen für sich betrachtet nicht einlagefähig sind.

Anders als bei der GmbH & Co. KG bleiben **Geschäftsführervergütungen** eines Besitz-Gesellschafters für Dienste bei der Betriebsgesellschaft nichtselbstständige Einkünfte nach § 19 EStG (BFH vom 09.07.1970, BStBl II 1970, 722).

Ein besonderes Problem stellt die Behandlung von **Darlehensverlusten** und die Inanspruchnahme bei **Bürgschaften** dar.

Ein Darlehen des Gesellschafters des Besitzunternehmens, das dieser zur Verbesserung der Ertrags- und Vermögenssituation der Betriebs-KapGes gewährt, gehört zum notwendigen SBV der Besitzgesellschaft (BFH vom 10.11.1994, BStBl II 1995, 452). Die erforderliche **betriebliche** Veranlassung ist dann anzunehmen, wenn das Darlehen in einem engen zeitlichen Zusammenhang mit der Begründung der Betriebsaufspaltung oder zu **fremd- oder marktunüblichen** Konditionen gewährt wurde (BFH vom 19.10.2000, BStBl II 2001, 335). Dies wird insbes. bei **kapitalersetzenden** Gesellschafterdarlehen wie z. B. Krisendarlehen oder Finanzplandarlehen angenommen (BMF vom 08.06.1999, BStBl I 1999, 545).

Zur Abgrenzung von marktüblichen zu marktunüblichen Darlehen hat die OFD Frankfurt in ihrer Verfügung vom 07.04.2004 folgende Kriterien aufgestellt:

- Das Fehlen einer Sicherheit bei geringen Darlehen bis zu 25.000 € spricht allein noch nicht gegen die Marktüblichkeit, denn eine Bank würde in diesem Fall zum Risikoausgleich einen entsprechenden Zinszuschlag verlangen.
- Ist eine Darlehensgewährung durch eine Bank nicht möglich, spricht dies für ein Finanzplandarlehen.
- Allein die Verwendung des Darlehens zum Erwerb von AV bei der Betriebsgesellschaft spricht noch nicht für eine betriebliche Veranlassung.

- Das Stehenlassen des Darlehens bei Eintritt der Krise spricht nicht gegen eine zunächst gegebene private Veranlassung der Darlehenshingabe.

Hinweis

Darlehen, die in guten Zeiten der GmbH zu fremdüblichen Bedingungen gegeben werden, gehören zunächst zum PV des Gesellschafters. Durch den Kriseneintritt der GmbH wird das Darlehen kapitalersetzend und ist ab diesem Zeitpunkt dem SBV II zuzuordnen. Es liegt eine Einlage vor, die mit dem Teilwert zu bewerten ist. Soweit dieser 0 € beträgt (Regelfall), wirkt sich ein Darlehensausfall nicht gewinnmindernd aus.

Bürgschaften schließlich, die zu marktunüblichen Bedingungen der Betriebs-GmbH gegeben werden, sind ebenfalls passives SBV II. Die **Inanspruchnahme** aus der Bürgschaft führt – anders als bei § 17 EStG – nicht zu nachträglichen AK der im SBV II gehaltenen Anteile an der GmbH (BFH vom 18.12.2001, BStBl II 2002, 733). Von daher (keine nachträglichen AK) könnten auch Rückstellungen wegen drohender Inanspruchnahme gebildet werden.

Für die Anwendung der Zinsschranke (§ 4h EStG) führt BR-Drucks. 16/4841, 50 aus, dass im Falle der Betriebsaufspaltung kein Konzern i.S.d. § 4h Abs. 3 Satz 6 EStG vorliegt.

Bei der Anwendung der § 6b-Rücklage in den Fällen der Betriebsaufspaltung wird jeder Betrieb für sich einzeln betrachtet. Darüber hinaus sind aber die Besitzzeiten des »früheren« Personenunternehmens und der nach der Aufspaltung entstandenen Besitzgesellschaft zu addieren.

Für die Frage der Betriebsmerkmale bei § 7 g EStG wird ebenfalls auf die Merkmale der Einzelbetriebe abgestellt (R 7 g Abs. 4 Satz 4 EStR).

4.3.2.3 Gewerbesteuerliche Konsequenzen

Unter gewerbesteuerlichen Gesichtspunkten überrascht zunächst die Versagung der erweiterten Kürzung nach § 9 Nr. 1 Satz 2 GewStG durch den BFH (Urteil vom 29.03.1973, BStBl II 1973, 686 und vom 28.06.1973, BStBl II 1973, 688). Der Gewerbeertrag der Besitzgesellschaft kann also nicht um die erhaltenen Mieten/Pachtzinsen gekürzt werden, wie dies ansonsten bei einer exklusiv vermögensverwaltenden Gesellschaft der Fall ist.

Die Ablehnung dieser faktischen Gewerbesteuerbefreiung stellt aber die »Kehrseite der Medaille« dar. Wenn schon ertragsteuerlich der gewerbliche Fortbestand der Besitzgesellschaft über das Medium der Betriebsgesellschaft fingiert wird, verdient die Rechtsprechung des BFH in diesem Punkt unter dem Gesichtspunkt der Rechtsfolgenkonsistenz Zustimmung. Die frühere Unterscheidung bei § 8 Nr. 1 GewStG a.F. bzgl. der an die »Partnergesellschaft« bezahlten Darlehensentgelte nach Sachwertdarlehen (Dauerschulden) und solchen Darlehen mit bloßer Pflicht zur Substanzerhaltung (keine Dauerschulden) ist mit der Neufassung des § 8 Nr. 1a GewStG hinfällig geworden. Es werden nunmehr immer 25 % Zinsanteil hinzugerechnet.

Aus dem gleichen Grund ändert sich für die von der Betriebsgesellschaft angepachteten WG (nicht mehr Teil-/Betrieb) die Hinzurechnungsregel von § 8 Nr. 7 GewStG a.F. Nunmehr führen gem. § 8 Nr. 1d GewStG immer 1/20 der Mietzinsen zur Hinzurechnung, ohne dass es bei der Besitzgesellschaft zur Kürzung kommt (§ 9 Nr. 4 GewStG a.F. ist aufgehoben).

Bei der Besitzgesellschaft kommt es gem. § 9 Nr. 2a GewStG zu einer Kürzung um die nicht steuerbefreite Dividende (§ 3 Nr. 40d EStG) der Betriebsgesellschaft. Geändert hat sich dabei die **Beteiligungsquote, die nunmehr 15%** beträgt (sog. gewerbesteuerliches Schachtelprivileg).

Die gewerbesteuerliche Selbstständigkeit beider Gesellschaften der Betriebsaufspaltung wird schließlich durch BFH vom 19.03.2002 (DB 2002, 1085) unterstrichen, wo darauf erkannt wurde, dass sich eine **GewSt-Befreiung** bei der Betriebsgesellschaft (dort: § 3 Nr. 20 GewStG) nicht auf die Besitzgesellschaft **erstreckt** (so auch noch die OFD Frankfurt in der Verfügung vom 07.04.2004, [StEK EStG § 15/356, Tz. 7). Gegen diese Entscheidung richtet sich der X. Senat mit seiner Anfrage an den GrS vom 12.05.2004 (BStBl II 2004, 607), wo er von der bisherigen Rechtsprechung abweichen will. Für den Fall eines in der Form einer Betriebsaufspaltung betriebenen Wohn- und Pflegeheimes wird die Erstreckung des § 3 Nr. 20c GewStG auf das Besitzunternehmen gefordert. Mit dem hypothetischen Argument, dass ein als Alternative gedachtes Einheitsunternehmen auch komplett von der GewSt befreit wäre, versucht der BFH die Trendwende herbeizuführen. ME sind die eher rechtspolitischen Gründe nicht überzeugend genug, um zu einer Änderung der (zugegeben) formalen Rechtsprechung zu gelangen.

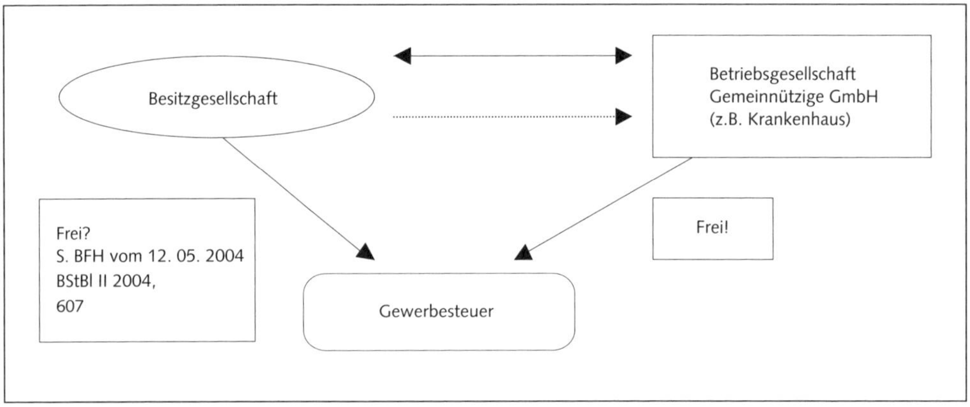

Abbildung 38: Besitz- und Betriebsgesellschaft? Zwei selbstständige Gesellschaften oder ein Einheitsunternehmen?

Hinweis

In den Urteilen vom 29.03.2006 (BStBl II 2006, 61) und vom 19.10.2006 (BFH/NV 2007, 149) schließen sich der IV. und VIII. Senat der Auffassung des X. Senats (Einheitstheorie = Befreiung auch für die Besitzgesellschaft) an.

4.3.2.4 Die Investitionszulage bei der Betriebsaufspaltung

Anders als (noch) bei der GewSt gehen Rechtsprechung und Verwaltung (BMF vom 19.03.1999, BStBl I 1999, 839) für Fragen der Investitionszulage von der wirtschaftlichen Einheit bei der Betriebsaufspaltung aus. Dies bedeutet, dass es für die Kriterien der Zugehörigkeit und der Behaltefrist zu einer »Merkmalübertragung« auf die Besitzgesellschaft kommt. Man spricht in diesem Zusammenhang von der sog. »**Einheitsbetrachtung**«.

4.3.2.5 Betriebsaufspaltung und Organschaft

LITERATURHINWEIS:
Rödder/Schuhmacher, Organschaft und Betriebsaufspaltung, DStR 2002, 105.

Im Unterschied zur USt wurde bis 2000 eine gewerbesteuerliche und körperschaftssteuerliche Organschaft zwischen der Besitzgesellschaft als Organträger und der Betriebs-KapGes als Organtochter wegen fehlender wirtschaftlicher Eingliederung versagt. Nachdem seit dem Jahr 2001 nur noch die finanzielle Eingliederung (inkl. einem Ergebnisabführungsvertrag) gefordert ist, steht einer umfassenden Betriebsaufspaltungs-Organschaft nichts mehr im Weg.

Andererseits gibt es wegen § 2 Abs. 2 Satz 2 und 3 GewStG ab 2002 keine reine GewSt-Organschaft mehr.

Zur Organschaft bei einer Betriebsaufspaltung hat der BFH am 28.08.2003 (BStBl II 2004, 216) grundsätzlich Stellung bezogen. Danach stellen die Anteile von Beteiligten (Mitunternehmer) der Organträger-PersGes an der Organgesellschaft (GmbH) notwendiges SBV II dar. Dies gilt aber dann nicht, wenn die Anteile weniger als 1 % vom Kapital der GmbH ausmachen und die GmbH auch anderen (eigenen) Geschäften nachgeht. Unter diesen (Negativ-) Voraussetzungen sind die Eingliederungsvoraussetzungen der GmbH nicht gegeben und deren Ergebnisse können nicht direkt in die Ergebnisermittlung der Organträger-PersGes eingespielt werden.

4.3.3 Beendigung der Betriebsaufspaltung

LITERATURHINWEIS:
Tiedtke/Szczesny, Gesetzlicher Vertrauensschutz bei Beendigung einer Betriebsaufspaltung, DStR 2003, 757.

Wie bereits in der Kritik an der BVerfG-Entscheidung zur »Ehegatten-Betriebsaufspaltung« verdeutlicht wurde, können auch externe Umstände das Ende einer Betriebsaufspaltung herbeiführen. Die steuerliche Entflechtung ist z. B. gegeben, wenn die personellen Voraussetzungen (Beispiel: Unterschreiten der 50 %-Grenze – nach der Gruppentheorie – durch Eintritt eines neuen Gesellschafters) oder die sachlichen Voraussetzungen (Beispiel: die Kündigung des Pachtvertrags oder die Veräußerung des betriebsnotwendigen Grundstücks) entfallen.

Für alle Fälle der Beendigung einer Betriebsaufspaltung, gleich ob sie bewusst herbeigeführt wird oder ob sie ungewollt eintritt, wenden Rechtsprechung und Verwaltung mit einer Ausnahme die Grundsätze der Betriebsaufgabe gem. § 16 Abs. 3 EStG an (zuletzt BFH vom 22.09.1999, BFH/NV 2000, 559). Danach kommt es – von den bei § 16 Abs. 3 EStG anerkannten Ausnahmen abgesehen (z. B. Strukturwandel) – immer zur kompletten Aufdeckung der stillen Reserven im BV der Besitzgesellschaft. Wenn es danach nicht gelingen sollte, die Besitzgesellschaft als gewerblich tätige oder gewerblich geprägte PersGes am »Leben zu halten« – oder die Voraussetzungen der Betriebsverpachtung vorliegen –, so können die nachfolgend aufgelisteten Fälle zur Steuerentstrickung führen, wenn damit die **personelle oder sachliche Entflechtung** verbunden ist:

- Ehescheidung bei (ausnahmsweise zusammengerechneten) Ehegattenanteilen,
- Übertragung von Todes wegen oder i.R.d. Generationennachfolge,
- Anteilsveräußerung (BFH vom 06.03.1997, BStBl II 1997, 460),
- Wohnsitzverlegung des (der) Besitzgesellschafter(s) in das Ausland,

- Insolvenz der Betriebsgesellschaft (BFH vom 06.03.1997, BStBl II 1997, 460). Der Grund liegt im Wegfall der personellen Verflechtung, da gem. § 81 InsO nunmehr der Insolvenzverwalter die alleinige Verwaltungs- und Verfügungsbefugnis über das Gesellschaftsvermögen erlangt.
- In diesem Zusammenhang ist derzeit ungeklärt, was in den (immer häufigeren) Fällen der eigenkapitalersetzenden Nutzungsüberlassung nach § 32a GmbHG gilt, wenn die Besitzgesellschaft gezwungen ist, der Betriebsgesellschaft das Grundstück etc. auch im Zeitpunkt der Insolvenz zu überlassen,
- Grundstücksveräußerung der Besitzgesellschaft bzw. eine Neuinvestition der Betriebsgesellschaft können zur sachlichen Entflechtung führen.

Einzig in den Fällen, in denen es bei der (zulässigen) Zusammenrechnung der Elternanteile mit minderjährigen Kindern im Zeitpunkt der **Volljährigkeit** zur personellen Entflechtung kommt, gewährt die Verwaltung in R 16 Abs. 2 Satz 4 EStR 2008 der Besitzgesellschaft das Verpächterwahlrecht. Dabei müssen die sonstigen Voraussetzungen des Verpächterwahlrechts (Verpachtung aller wesentlichen Betriebsgrundlagen) nicht vorliegen, da die Betriebsaufspaltung nur die Überlassung einer wesentlichen Betriebsgrundlage erfordert.

Im Anschluss hieran hat sich die Literatur für eine Generalisierung dieser Ausnahme auch für die anderen Fälle ausgesprochen. Man sieht die innere Rechtfertigung für den Aufschub der Besteuerung insbes. darin, dass die Aufdeckung **nicht handlungsbedingt** herbeigeführt wird. Im Urteil vom 11.05.1999 (BFHE 188, 397) hat der BFH den Gedanken aufgenommen. Er schlägt dabei den Weg ein, trotz der Verpachtung nicht aller wesentlichen Betriebsgrundlagen bei Wegfall der persönlichen Voraussetzungen von einem »ruhenden Betrieb« auszugehen, der in diesem Zeitpunkt noch nicht die Zwangsrealisation bedeutet. Solange ein ruhender Gewerbebetrieb angenommen werden kann, tritt die Rechtsfolge der Betriebsaufgabe erst durch eine eindeutige Aufgabeerklärung gegenüber dem FA ein.

Eine erste Reaktion auf die Kritik zeigt die Verwaltung im bereits zitierten BMF-Schreiben vom 07.10.2002 (BStBl I 2002, 1028), wonach die Suspendierung der strengen Rechtsfolgen der Betriebsaufspaltung auch im Falle des steuerschädlichen **Einstimmigkeitsprinzips** gilt.

Tipp

In einem Rechtsmittel (bei einem vergleichbaren, aber ausdrücklich nicht geregelten Fall der Beendigung der Betriebsaufspaltung) kann man mit dem Argument der nur exemplarischen (und nicht abschließenden) Verwaltungsauffassung die Erstreckung der o. g. Grundsätze beanspruchen.

4.4 Besondere Erscheinungsformen der Betriebsaufspaltung

4.4.1 Die umgekehrte Betriebsaufspaltung

Eine »umgekehrte« Betriebsaufspaltung liegt vor, wenn die Umstrukturierung nicht von der PersGes (bzw. dem Einzelunternehmer) ausgelöst wurde, sondern von der KapGes.

Beispiel

Die Gesellschafter einer unternehmensaktiven GmbH gründen eine PersGes, die nunmehr mit von der KapGes gepachteten WG die Geschäfte betreibt.

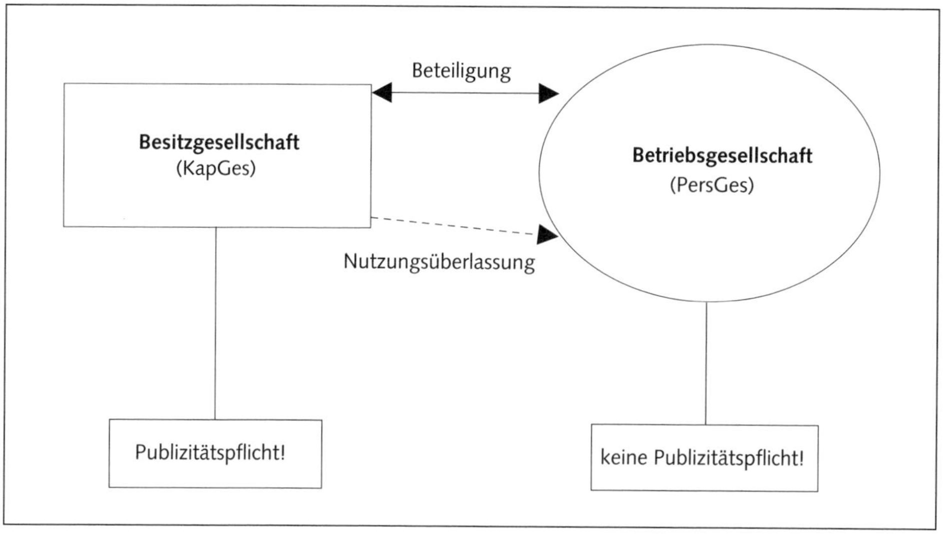

Lösung

Hier werden Aktiv- und Passivpart in der Unternehmensgruppe umgekehrt zugewiesen. Die jeweilige Gestaltungspriorität hängt nicht selten von gerade geltenden handelsrechtlichen Rahmenbedingungen (zur Bilanzierung, Publizität und Prüfung) ab.

Soweit die Betriebsgesellschaft allerdings – wie so häufig – eine GmbH & Co KG ist, gelten gem. §§ 264a–264c HGB die Jahres- und Konzernabschlussregelungen der §§ 264 ff. HGB und das Publizitätsgesetz.

4.4.2 Die Kapitalistische Betriebsaufspaltung

Die »kapitalistische« Betriebsaufspaltung ist durch das **ausschließliche** Auftreten **zweier KapGes** gekennzeichnet. Der Grund hierfür kann in der Vermeidung der Mitbestimmung liegen, wonach auf diese Weise die Belegschaft »halbiert« wird.

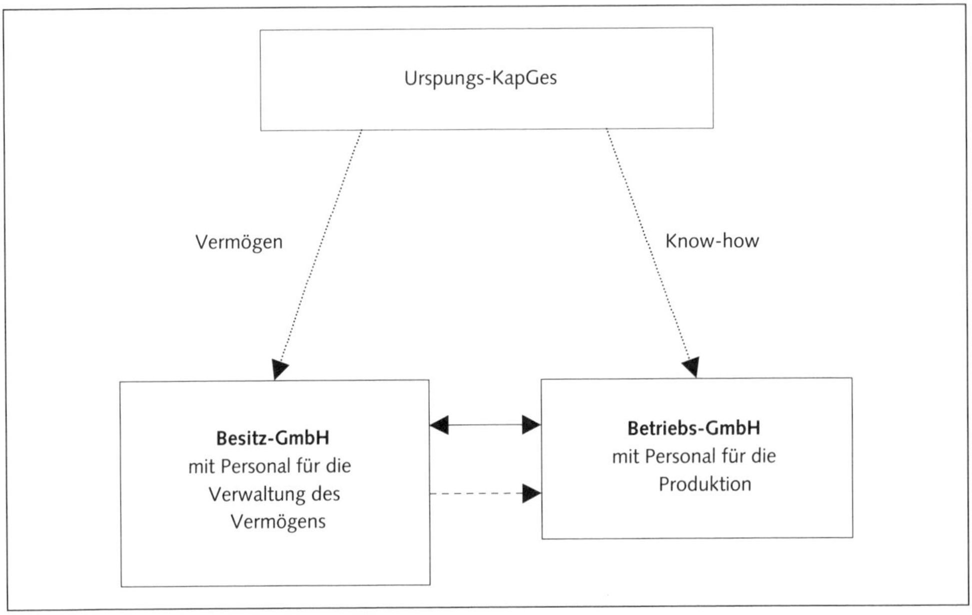

Abbildung 39: Die Kapitalistische Betriebsaufspaltung

4.4.3 Die mitunternehmerische Betriebsaufspaltung

Bei zwei PersGes als Beteiligte einer Betriebsaufspaltung kollidieren das gesetzliche Konzept der Besteuerung nach § 15 Abs. 1 Nr. 2 EStG und das Richterrechtsinstitut der Betriebsaufspaltung.

Beispiel

Die M/F-GbR (M zu 60 %, F zu 40 %) verpachtet an die M/X-OHG (M zu 60 %, X zu 40 %; die OHG ist eine sog. Schwester-PersGes) als eine wesentliche Betriebsgrundlage eine Immobilie.

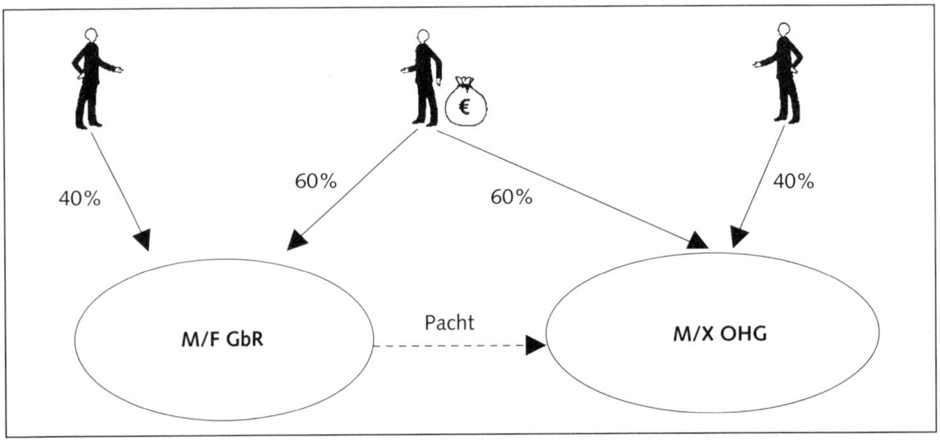

Lösung

Der Sachverhalt kann zwei rechtstechnisch korrekten, aber divergierenden Lösungen zugeführt werden:

- Entweder (1. Alt.) wendet man die Grundsätze der Betriebsaufspaltung an mit der Folge, dass die M/F-GbR eine gewerbliche Besitzgesellschaft ist und zu 100% gewerbliche Einkünfte erzielt oder
- (2. Alt.) man orientiert sich primär an der OHG und weist sodann nur (!) dem M einen 60%igen Anteil am Grundstück als dessen SBV I bei der OHG zu (§ 15 Abs. 1 Satz 1 Nr. 2 Satz 1 HS 2 EStG); F würde dabei Vermietungseinkünfte erzielen.

Während nach der früheren Rechtsprechung des BFH die Konkurrenzfrage zugunsten des gesetzlichen Mitunternehmer-Konzepts (2. Alt.) beantwortet wurde (BFH vom 25.04.1985, BStBl II 1985, 622), kam mit den Urteilen vom 23.04.1996 (BStBl II 1998, 325) und vom 24.11.1998 (BStBl II 1999, 483) die **Kehrtwende.** Danach gelten vorrangig die Grundsätze der Betriebsaufspaltung, wenn – wie im Beispiel 5 – die PersGes (bzw. eine Bruchteilsgemeinschaft) einer Schwester-PersGes Grundstücke zur Nutzung überlässt (BStBl I 1998, 583).

Mit BMF-Schreiben vom 28.04.1998, BStBL I 1998, 583 hat die Verwaltung das Urteil des BFH mit folgenden Modifikationen übernommen: Der **Vorrang der Betriebsaufspaltung** (1. Alt.) wird davon abhängig gemacht, ob die Besitzgesellschaft mit Gewinnerzielungsabsicht (d. h. gewerblich) verpachtet.

Andererseits bleibt es beim Vorrang des **Mitunternehmer-Konzepts** (§ 15 Abs. 1 Nr. 2 EStG = 2. Alt.), wenn sich das überlassene Grundstück im Alleineigentum eines Gesellschafters befindet oder wenn die Grundstücksgesellschaft der Schwester-PersGes die Immobilie **unentgeltlich** überlässt (d. h. verleiht), da hier die Gewinnabsicht fehlt.

Für einen möglichen Konkurrenzfall bei einer **mitunternehmerischen Bet**riebsaufspaltung mit Beteiligung des Besitz-Gesellschafters und einem überlassenen WG (SBV I bei der Betriebs-PersGes oder SBV II bei der Besitz-PersGes?) hat sich der BFH im Urteil vom 18.08.2005 (BStBl II 2005, 830) eindeutig für den Vorrang von SBV I entschieden.

Zwei weitere, hier nur in ihrem Tenor wiedergegebene Urteile runden die Rechtsprechung des BFH zur mitunternehmerischen Betriebsaufspaltung ab:

- Für den Fall, dass die Miteigentümer einer **Bruchteilsgemeinschaft** ein Grundstück als wesentliche Betriebsgrundlage an eine von ihnen beherrschte Betriebs-PersGes vermietet haben, unterstellt der BFH, dass sich die Bruchteilseigentümer zumindest konkludent zu einer **GbR** und damit zu einer **Besitz-PersGes** zusammengeschlossen haben (Urteil vom 18.08.2005, BStBl II 2005, 830). Mit Schreiben vom 07.12.2006 (BStBl I 2006, 766) hat die Verwaltung die Rechtsprechung (»konkludente Willlensbildungs-GbR«) übernommen und gleichzeitig Tz. 22 f. des BMF-Schreibens vom 03.03.2005 (BStBl I 2005, 458) neu geschrieben.
- Umgekehrt soll die Überlassung eines **Praxisgrundstücks** seitens einer ganz oder teilweise personenidentischen Miteigentümergemeinschaft an eine **Freiberufler-GbR** keine mitunternehmerische Betriebsaufspaltung begründen (BFH vom 10.11.2005, BStBl II 2006, 173).

4.4.4 Sonstige Fälle

Darüber hinaus kursieren zahlreiche Modebegriffe wie das »Wiesbadener Modell« oder die »mehrstufige« Betriebsaufspaltung oder die »überlagerte« Betriebsaufspaltung, bei der die Besitzgesellschaft einen eigenen Gewerbebetrieb unterhält.

Beim Wiesbadener Modell ist jeweils nur ein Ehegatte (bzw. sind beide mit extrem unterschiedlichen Beteiligungsverhältnissen) an der einzelnen Gesellschaft beteiligt. Das Wiesbadener Modell erfüllt nach Verwaltungsauffassung (H 15.7 Abs. 7 EStH) nicht die Voraussetzungen einer Betriebsaufspaltung.

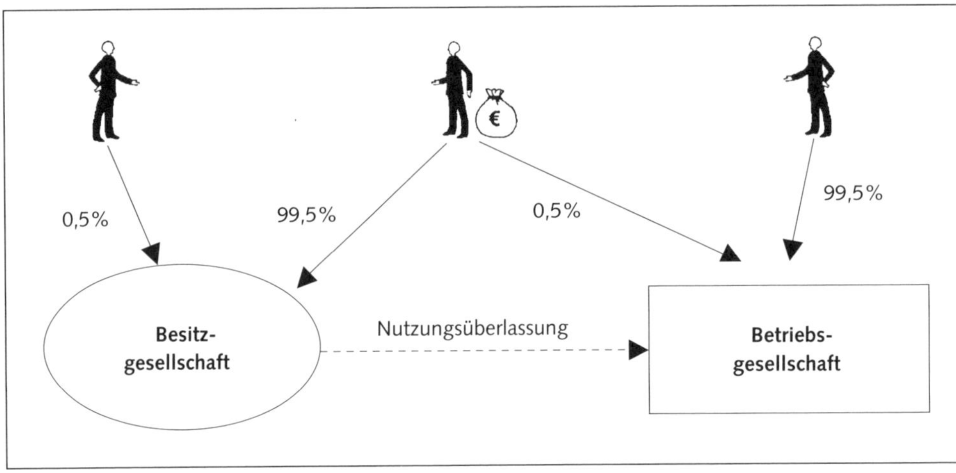

Abbildung 40: Das Wiesbadener Modell

Eine mehrstufige (echte) Betriebsaufspaltung ist durch ineinander geschachtelte Doppelgesellschaften charakterisiert.

4.4.5 Die unerkannte Betriebsaufspaltung und die Betriebsaufspaltung in der Außenprüfung

Ein Kuriosum stellt die »unerkannte« Betriebsaufspaltung dar.

Bedingt durch die Organisationsform der FinVerw und durch die Zufälligkeit von Lebensumständen existieren nicht selten im »wahren Wirtschaftsleben« Doppelgesellschaften, ohne dass die Beteiligten (Steuerbürger wie FinVerw) davon Kenntnis haben.

Dieses Beispiel, das in anderer Form auch Gegenstand einer Prüfungsfeststellung anlässlich einer Außenprüfung sein kann, verdeutlicht einmal mehr die Konsequenzen der Betriebsaufspaltung, in dem sie zur **Steuerverstrickung** von WG führt, die ohne dieses Rechtsinstitut PV wäre. Insoweit kann man die Betriebsaufspaltung als den **»gelebten und praktizierten Dualismus des Einkommensteuerrechts«** bezeichnen.

Wurde eine Betriebsaufspaltung in der Vergangenheit nicht als solche erkannt, so hat das Besitzunternehmen die überlassenen WG und die Anteile an der Betriebs-KapGes mit den fortgeführten AK bzw. HK zu aktivieren, sofern eine Eröffnungsbilanz wegen bereits eingetretener Bestandskraft nicht mehr erstellt werden kann (BFH vom 30.10.1997, BFH/NV 1998, 578).

4.4.6 Betriebsaufspaltung über die Grenze?

Nicht selten kommt es vor, dass eine grenzüberschreitende Doppelgesellschaft vorliegt. Dies ist etwa dann der Fall, wenn der Patentinhaber aus Deutschland wegzieht, qua Lizenzvertrag einer von ihm beherrschten inländischen GmbH die Nutzung und Verwertung der Erfindungen überlässt. Ebenso denkbar ist auch, dass die deutsche Immobilie ausländischen GmbHs bei Vorliegen der personellen und sachlichen Verflechtung zur Nutzung überlassen wird.

Für die **Inlandsbesteuerung** ist es in beiden Fallkonstellationen (1. Fall: Inländische Besitzgesellschaft und ausländische Betriebsgesellschaften und 2. Fall: Ausländische Besitzgesellschaft und inländische Betriebsgesellschaft) erforderlich, dass sich die jeweilige Geschäftsleitung (§ 10 AO) bzw. Betriebsstätte im Inland befindet.

Von einer echten **Betriebsaufspaltung über die Grenze** (mit der Folge inländischer gewerblicher und gewerbesteuerpflichtiger Einkünfte der **Besitzgesellschaft = 1. Fall**) kann daher nur gesprochen werden, wenn der Inhaber (oder die Gruppenmitglieder) des Besitzunternehmens unbeschränkt stpfl. ist oder wenn er als beschränkt stpfl. im Inland einen ständigen Vertreter (§ 49 Abs. 1 Nr. 2a. 2. Fall EStG) hat.

Ist dies nicht der Fall (der Inhaber der wesentlichen Betriebsgrundlage ist Steuerausländer ohne stpfl. gewerbliche Inlandseinkünfte), so führt dies auch nicht zur (deutschen) Steuerverstrickung der im Inland belegenen wesentlichen Betriebsgrundlage (!). Die isolierende Betrachtungsweise gem. § 49 Abs. 2 EStG vermag zu keinen anderen Erkenntnissen führen, da in diesem Fall immerhin noch Einkünfte aus Vermietung und Verpachtung gem. § 49 Abs. 1 Nr. 6 EStG oder sonstige Inlandseinkünfte gem. § 49 Abs. 1 Nr. 9 EStG angenommen werden können.

Beide Tatbestände (§ 49 Abs. 1 Nr. 6 und § 49 Abs. 1 Nr. 9 EStG) werden durch ein ggf. bestehendes DBA nicht berührt.

Im umgekehrten Fall (Fall 2) kann die inländische GmbH in keinem Fall eine inländische Gewerbesteuerpflicht der ausländischen Besitzgesellschaft indizieren.

Die identische Rechtsfolge (in Deutschland verbleibendes Steuersubstrat, das vom DBA nicht berührt wird), gilt auch für den Fall, da nach der Betriebsaufgabe Grundstücke veräußert werden (§ 49 Abs. 1 Nr. 8 EStG), da auch hier die Inlandsbesteuerung nicht durch ein DBA berührt wird.

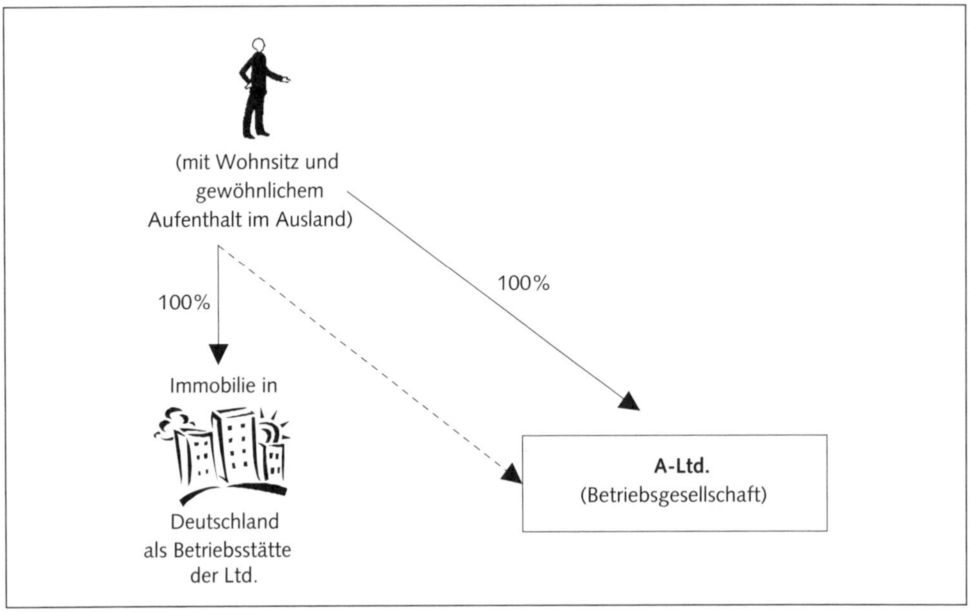

Abbildung 41: Betriebsaufspaltung über die Grenze

4.4.7 Der Weg aus der Betriebsaufspaltung

Die Wege aus der Betriebsaufspaltung führen einmal bei der Besitzgesellschaft zur Betriebsaufgabe gem. § 16 Abs. 3 EStG und im umgekehrten Fall – bei Einstellung der unternehmerischen Aktivitäten der Betriebsgesellschaft – zu einem stpfl. Liquidationsgewinn gem. § 11 KStG.

Beide Rechtsfolgen stellen die unerwünschte »ultima ratio« der Beendigung unternehmerischer Aktivitäten dar. Sie können bei beiden Gesellschaften vermieden werden:

- auf der Ebene der Besitzgesellschaft sind hier schon vielfältige Alternativen (gewerblich geprägte PersGes; anderweitig gewerblich qualifizierte Verpachtung oder Herbeiführen der Voraussetzungen für das Verpächterwahlrecht) aufgezeigt worden;
- auf der Ebene der Betriebs-KapGes verbleibt u. a. als Restrukturierungsmaßnahme die steuerneutrale Verschmelzung auf die Besitz-PersGes gem. §§ 3 ff. UmwStG.

Teil VI Verfahrensrecht und Steuerstrafrecht

1 Haftung

Grundsätzlich haftet den Gläubigern der GmbH gem. § 13 Abs. 2 GmbHG für die Verbindlichkeiten der Gesellschaft nur das Gesellschaftsvermögen. Gleichwohl kennt das GmbH-Recht zum Schutze der Gläubiger eine Vielzahl von Ausnahmen, die sich teils aus dem Gesetz ergeben und teils über das Gesetz hinaus entwickelt wurden. Die Rechtsentwicklung zum GmbH-Haftungsrecht ist längst nicht abgeschlossen. Brisant werden die Haftungsfragen vor allem im Fall der Insolvenz der GmbH.

Grundlegend für das Verständnis der Haftungsnormen ist die Unterscheidung zwischen zivilrechtlichen und spezifisch steuerrechtlichen Haftungsnormen. Auf die **zivilrechtlichen** Haftungstatbestände aus dem GmbHG, aus dem HGB, aus dem BGB oder aus allgemeinen Rechtsgrundsätzen des Privatrechts kann sich grundsätzlich jedermann berufen, also auch das Finanzamt. Es ist hier aber zu beachten, dass die Haftungstatbestände regelmäßig zu einer unmittelbaren Anspruchsberechtigung nur der GmbH führen; Gläubiger der GmbH können aber durch Pfändung mittelbar auf den Anspruch der GmbH zugreifen. Die spezifisch **steuerrechtlichen** Haftungstatbestände, die sich teilweise aus der AO, teilweise aus den Einzelsteuergesetzen ergeben, begründen demgegenüber eine unmittelbare Haftung. Darauf lassen sich indes allein die Ansprüche der Finanzbehörden stützen. Während Haftungsansprüche Privater regelmäßig im Klageweg geltend zu machen sind, machen die Finanzbehörden ihre zivilrechtlich und steuerrechtlich fundierten Haftungsansprüche i.d.R. durch Haftungsbescheide und eigene Pfändungsmaßnahmen geltend.

Die Haftungstatbestände unterscheiden sich nicht nur danach, wer und in welchem Verfahren Ansprüche geltend machen kann. Weitere wesentliche Differenzierungen ergeben sich daraus,

- wer in Anspruch genommen werden kann, nämlich u. U.
  - die Gesellschafter (z. B. § 9 GmbHG),
  - die Geschäftsführer (z. B. § 43 GmbHG),
  - die Handelnden (z. B. § 11 Abs. 2 GmbHG),
  - die »Hintermänner« (z. B. § 9a Abs. 4 GmbHG);
- welche Voraussetzungen im Einzelnen vorliegen müssen, insbesondere ob die Haftung
  - verschuldensabhängig oder
  - verschuldensunabhängig ausgestaltet ist;
- welche Rechtsfolgen eintreten, insbesondere
  - nach dem Umfang der Haftung und
  - nach dem Zeitpunkt der Verjährung.

Wenn im Einzelfall mehrere Haftungstatbestände greifen, dann kann sich der Gläubiger im Regelfall auf den für ihn günstigsten stützen.

Die folgende Darstellung gibt eine Übersicht über die wichtigsten zivilrechtlichen und steuerlichen Haftungstatbestände.

1.1 Zivilrechtliche Haftungsnormen

Die zivilrechtliche Haftung der **Gesellschafter** beruht vor allem darauf, dass diese das zugesicherte Kapital der Gesellschaft aufbringen und erhalten müssen. Diese Haftung ist in ihrem Kern verschuldensunabhängig; ergänzend kann aber eine verschuldensabhängige Schadensersatzpflicht hinzutreten. Besondere Beachtung verdienen die haftungsähnlichen Wirkungen der Vorschriften zum Kapitalersatz.

Auch die **Geschäftsführer** sind dafür verantwortlich, dass das Kapital der Gesellschaft dem Zugriff der Gläubiger erhalten bleibt. Daneben trifft die Geschäftsführer eine Vielzahl von Handlungs- und Überwachungspflichten, die im Falle der Pflichtverletzung zur Haftung auch gegenüber Dritten führen kann. Dabei ist es unerheblich, ob ein Geschäftsführer im Einzelfall von seinem pflichtwidrigen Verhalten profitiert hat oder nicht. Gerade in Insolvenzfällen treffen die Geschäftsführer gesteigerte Sorgfalts-, Organisations- und Überwachungspflichten. Es hilft ihnen regelmäßig wenig, dass ihre Haftung im Grundsatz verschuldensabhängig ist. Im Zweifel ist von einem Verschulden auszugehen.

1.1.1 Differenzhaftung (§ 9 GmbHG)/Gründerhaftung (§ 9a GmbHG)

1.1.1.1 Differenzhaftung gem. § 9 GmbHG

Erreicht der Wert einer Sacheinlage im Zeitpunkt der Anmeldung der Gesellschaft zur Eintragung in das HR nicht den Nennbetrag des dafür übernommenen Geschäftsanteils, hat der Gesellschafter gem. § 9 Abs. 1 GmbHG i.H.d. Fehlbetrags eine Einlage in Geld zu leisten. Mit Hilfe dieser **verschuldensunabhängigen Differenzhaftung für überbewertete Sacheinlagen** ist die Aufbringung des Anfangskapitals der Gesellschaft gesichert. Der jeweilige Gesellschafter trägt demnach das Risiko der Wertminderung einer von ihm zu erbringenden Sacheinlage und zwar bis zu dem Zeitpunkt der Anmeldung der Gesellschaft zur Eintragung in das HR. Wird die Überbewertung seitens des Registergerichtes erkannt, darf die Gesellschaft gem. § 9c Abs. 1 Satz 2 GmbHG nicht eingetragen werden, bis der Differenzbetrag in voller Höhe an die Gesellschaft zur freien Verfügung der Geschäftsführer entrichtet wurde.

I.d.R. wird die Differenzhaftung des § 9 Abs. 1 GmbHG erst nach Eintragung der Gesellschaft relevant. Da die Differenzhaftung an die Stelle der Sacheinlageverpflichtung tritt, ist diese im Hinblick auf den Rechtsgedanken des § 7 Abs. 3 GmbHG, zumindest wenn die Gesellschaft bereits im HR eingetragen ist, sofort fällig.

Der Anspruch verjährt gem. § 9 Abs. 2 GmbHG in zehn Jahren. Fristbeginn ist gem. § 187 Abs. 2 BGB der Tag, der auf die Eintragung folgt.

1.1.1.2 Gründerhaftung gem. § 9a GmbHG

Werden zum Zweck der Errichtung der Gesellschaft falsche Angaben gemacht, so haben die Gesellschafter und Geschäftsführer der Gesellschaft als Gesamtschuldner gem. § 9a Abs. 1 GmbHG fehlende Einzahlungen zu leisten, eine Vergütung, die nicht unter den Gründungsaufwand aufgenommen ist, zu ersetzen und für den sonst entstehenden Schaden Ersatz zu leisten. Mit dieser Regelung sollen die Gründungsbeteiligten gezwungen werden, die Gründungsvorschriften einzuhalten. Ferner sind gem. § 9a Abs. 2 GmbHG alle Gesellschafter als Gesamtschuldner der Gesellschaft gegenüber zum Schadenersatz verpflichtet, wenn die Gesellschaft von Gesellschaftern durch Einlagen oder Gründungsaufwand vorsätzlich oder aus grober Fahrlässigkeit geschädigt wird. Die Gründungshaftung des § 9a GmbHG ist im Hinblick auf § 9a Abs. 3 GmbHG als vermutetes Verschulden ausgestaltet. Demnach wird ein Gesellschafter bzw. ein Geschäftsführer von der Schadenersatzpflicht befreit, wenn ihm der Entlastungsbeweis gelingt.

Über § 9a Abs. 4 GmbHG werden die Hintermänner im Rahmen einer Strohmanngründung in die Haftung des § 9a GmbHG einbezogen. Dabei wird dem Hintermann das Verschulden des für ihre Rechnung handelnden Gesellschafters zugerechnet.

Zu beachten ist zudem noch, dass dieser Anspruch vom Geschäftsführer bzw. einem Gesellschafter der Gesellschaft nur geltend gemacht werden kann, wenn ein entsprechender Gesellschafterbeschluss gemäß § 46 Nr. 8 GmbHG vorliegt oder im Fall der Gesellschafterklage die Voraussetzungen der actio pro socio bejaht werden können.

1.1.2 Verlustdeckungshaftung und Vorbelastungshaftung/Unterbilanzhaftung

Nach der früheren Rechtsprechung hafteten die Gesellschafter für Verbindlichkeiten der Vor-GmbH, die nicht in das HR eingetragen, sondern liquidiert wurde, grundsätzlich nur bis zur Höhe ihrer Einlageverpflichtung. Diese Rechtsprechung wurde seitens des BGH am 27.01.1997 (NJW 1997, 1507) ausdrücklich aufgegeben, da eine beschränkte Haftung der Vor-GmbH sich nicht mehr begründen lässt. Der BGH begründet dies damit, dass die Vorschrift des § 13 Abs. 2 GmbHG, die eine beschränkte Haftung der Gesellschafter beinhaltet, wegen § 11 Abs. 1 GmbHG nicht auf die Vor-GmbH übertragbar ist. Da nach letztgenannter Vorschrift die Gesellschaft vor Eintragung im HR als solche nicht besteht, kann folglich auch keine beschränkte Haftung der Gesellschafter in Frage kommen, zumal dies auch der Handelndenhaftung des § 11 Abs. 2 GmbHG widersprechen würde. Für die Verbindlichkeiten der Vorgesellschaft haften die Gründungsgesellschafter daher unbeschränkt entsprechend ihrem Beteiligungsverhältnis. Die Haftung ist grds als Innenhaftung ausgestaltet, d. h. Anspruchsberechtigte ist grds die Gesellschaft.

Eine dem § 9 GmbHG für Sachgründungen vergleichbare Regelung sucht man für Bargründungen im GmbHG vergeblich. Dem GmbH-Recht ist jedoch der Grundsatz der Kapitalaufbringung, der Kapitalerhaltung und des Gläubigerschutzes aufgrund der – grundsätzlichen – Nichtrückgriffsmöglichkeit auf das Privatvermögen der beteiligten Gesellschafter immanent.

Der Grundsatz der Kapitalaufbringung kommt namentlich in den zwingenden Vorschriften der §§ 19, 21 ff. GmbHG, und der Grundsatz der Kapitalerhaltung und des Gläubigerschutzes in den §§ 30, 31 GmbHG ebenso zum Ausdruck, wie in den Haftungsbestimmungen (z. B. §§ 43 Abs. 3, 64 GmbHG). Aus diesem Grund hat der BGH (vom 03.09.1981, BGHZ 80, 129 ff.) eine sog. Unterbilanzhaftung entwickelt, die den in § 9 GmbHG zum Ausdruck kommenden Rechtsgedanken auch für Bargründungen zur Geltung kommen lässt. Dies bedeutet, dass die Gesellschafter auch bei einer Bargründung der GmbH gegenüber anteilig für die Differenz zwischen dem Stammkapital (abzüglich solcher Gründungskosten, die der Sache nach zu Lasten der GmbH gehen, wie insbesondere Eintragungsgebühren und Bekanntmachungsgebühren) und dem Wert des Gesellschaftsvermögens im Zeitpunkt der Eintragung haften, was gegebenenfalls eine Ausfallhaftung gemäß § 24 GmbHG einschließt. Auf diese Weise kann also eine beschränkte anteilige Nachschusspflicht der Gesellschafter entstehen. Die Haftung ist nicht in ihrer Höhe, auch nicht auf die Höhe der Stammkapitalziffer, beschränkt. Da es im Kern um den Rechtsgedanken des § 9 GmbHG geht, ist auch die Unterbilanzhaftung grds. eine auf das Innenverhältnis gerichtete Einstandspflicht, die ab dem Zeitpunkt der Eintragung der Gesellschaft im HR eingreift.

Bei der Frage, ob eine Unterbilanz vorliegt, sind die Vermögenswerte der Gesellschaft grundsätzlich mit ihrem objektiven Wert zu bilanzieren, also unter Aufdeckung der stillen Reserven. Umstritten ist, ob als Vermögenswert auch der Firmenwert berücksichtigt werden darf. Der BGH (BGH vom 09.11.1998, NJW 1999, 283) hat dies im Grundsatz bejaht. Dagegen dürfen die notwendigen und satzungsgemäß festgelegten Gründungskosten nicht als Vermögensgegenstand aktiviert werden.

Es besteht demnach eine einheitliche Gründerhaftung in Form einer bis zur Eintragung der Gesellschaft andauernden Verlustdeckungshaftung und einer an die Eintragung geknüpften Vorbelastungs-(Unterbilanz-)haftung (BGH vom 27.01.1997, NJW 1997, 1507).

Beispiel

A, B und C schließen in notarieller Form am 11.11.2010 einen Gesellschaftsvertrag zur Gründung der ABC-GmbH, mit einem Stammkapital von 60.000 €. Jeder der drei Gesellschafter übernimmt hierbei jeweils eine Stammeinlage i.H.v. 20.000 €. Alle drei werden am gleichen Tag zum jeweils alleinvertretungsberechtigten Geschäftsführer bestellt. Unter Zustimmung sämtlicher Gesellschafter nimmt die ABC-GmbH i.Gr. ihre Geschäfte am 12.11.2010 auf. Bereits am 14.11.2010 wurden von sämtlichen Gesellschaftern ihre

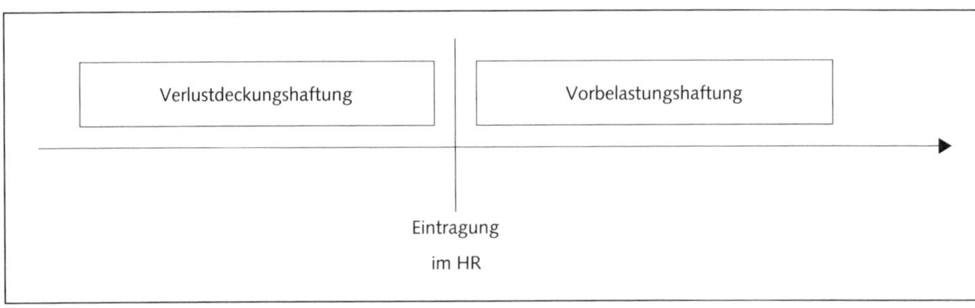

Einlagen in voller Höhe erbracht. Daraufhin erwirbt die ABC-GmbH i.Gr. für 60.000 € Waren. Ein Drittel der Waren kann für 27.000 € bereits Anfang Januar verkauft werden. Aufgrund eines Blitzschlages wird der verbleibende nicht versicherte Warenbestand am 15.03.2011 völlig zerstört. Aus diesem Grund kann die verbleibende Restkaufschuld i.H.v. 33.000 € nicht bezahlt werden.

Welche haftungsrechtlichen Folgen treten für die Gesellschafter ein, wenn

a) die Eintragung im HR am 18.03.2011 erfolgt?
b) die Eintragung im HR wegen Überschuldung der Vor-GmbH nicht mehr erfolgt?
c) einer der Gesellschafter im Zeitpunkt möglicher Schadensersatzansprüche insolvent ist?

Lösung

a) Vorbelastungshaftung

1. Anwendbarkeit: HR-Eintragung

Die Vorbelastungshaftung kommt erst ab Eintragung der Gesellschaft zur Anwendung. Vor Eintragung gilt dagegen die sog. Verlustdeckungshaftung. Da die ABC-GmbH bereits in das HR eingetragen ist, ist hier die Vorbelastungshaftung grundsätzlich anwendbar.

2. Bestehen einer Unterbilanz

Ein Anspruch aus der Rechtsfigur der Vorbelastungshaftung ist nur zu bejahen, wenn im Zeitpunkt der Eintragung eine sog. Unterbilanz der ABC-GmbH bestand. Eine Unterbilanz liegt vor, wenn das Vermögen der Gesellschaft das Stammkapital der Gesellschaft nicht deckt. Hier bestand laut Sachverhalt zum Zeitpunkt der Eintragung eine Unterdeckung – aufgrund des Blitzschlages – des Stammkapitals von 33.000 €. Die Voraussetzungen für das Eingreifen der Vorbelastungshaftung sind deshalb zu bejahen.

3. Inhalt der Haftung

Die Rechtsfolge der Vorbelastungshaftung besteht in der Pflicht der Gesellschafter, die Differenz zwischen dem Wert des Vermögens der GmbH und dem Stammkapital der Gesellschaft durch Geldzahlung aufzufüllen.

Da hier eine Unterdeckung i.H.v. 33.000 € besteht, haben somit die Gesellschafter A, B und C diese Differenz nach den Regeln der Vorbelastungshaftung auszugleichen. Die Gesellschafter haften dabei nicht als Gesamtschuldner (§ 421 BGB), sondern nur anteilig (pro rata) entsprechend ihrer Beteiligung an der Gesellschaft. Die jeweilige Haftung beläuft sich demnach auf jeweils 11.000 €. Denn die Vorbelastungshaftung bezweckt lediglich, die von den Gesellschaftern im Gesellschaftsvertrag übernommene Verpflichtung, das Stammkapital der Gesellschaft aufzubringen, effektiv durchzusetzen. Im Gesellschaftsvertrag (vgl. § 3 Abs. 1 Nr. 4 GmbHG) verpflichten sich nämlich die Gesellschafter einer GmbH nicht gesamtschuldnerisch, sondern nur anteilig zur Aufbringung des Stammkapitals. Gleiches muss für den Inhalt der Vorbelastungshaftung gelten.

b) Verlustdeckungshaftung

In diesem Fall kommen die Rechtsgrundsätze der Verlustdeckungshaftung zur Anwendung. Der Anspruchsinhalt und die Anspruchsvoraussetzungen, sind die wie bei der Vorbelastungshaftung. Im Gegensatz zur Vorbelastungshaftung kommt eine Verlustdeckungshaftung nur dann in Frage, wenn die Gesellschaft noch nicht ins HR eingetragen wurde, was hier der Fall ist. Der vom Insolvenzverwalter (vgl. § 80 Abs. 1 InsO) geltend zu machende Anspruch zugunsten der Gesellschaft gegen die Gesellschafter beläuft sich ebenfalls auf jeweils 11.000 €.

c) Ausfall eines Gesellschafters

Kommt einer der Gesellschafter seiner Haftungsverpflichtung aufgrund der bestehenden Vorbelastungshaftung bzw. der Verlustdeckungshaftung nicht nach, so haben die verbleibenden Gesellschafter gem. § 24 GmbHG für den jeweiligen Fehlbetrag nach dem Verhältnis ihrer Gesellschaftsanteile aufzukommen. Pro verbleibender Gesellschafter wären dann jeweils 16.500 € nachzuentrichten.

1.1.3 Haftung des Geschäftsführers in der Gründungsphase der Gesellschaft (§ 128 HGB analog, § 11 Abs. 2 GmbHG)

Werden bereits in der Vorgründungsphase, also in der Phase vor Abschluss des notariellen Gesellschaftsvertrages, Geschäfte getätigt, so haften die Gesellschafter auch, nach den für die GbR bzw. OHG bestehenden allgemeinen Grundsätzen. Sofern die Vorgründungsgesellschaft eine Gesellschaft bürgerlichen Rechts nach §§ 705 ff. BGB ist, treffen die Gesellschafter die Haftungsfolgen des § 128 HGB analog. Hat die Vorgründungsgesellschaft die Größenmerkmale des § 1 Abs. 2 HGB überschritten und ist demnach eine OHG entstanden, tritt die Rechtsfolge des § 128 HGB unmittelbar ein, einer analogen Anwendung bedarf es in diesen Fällen nicht. Die Haftung ist daher unbeschränkt mit dem gesamten Vermögen, unbeschränkbar, unmittelbar und persönlich.

Werden in der Phase der Vor-GmbH, oder GmbH i.Gr. Geschäfte getätigt, so haftet der so genannte Handelnde i.S.d. § 11 Abs. 2 GmbHG den Gläubigern gegenüber ebenfalls unbeschränkt persönlich. Handelnder i.S.d. § 11 Abs. 2 GmbHG ist nur der Geschäftsführer und wer wie ein solcher für die Gesellschaft auftritt. Dies gilt jedoch nur bis zur Eintragung der Gesellschaft ins HR. Mit der Eintragung im HR erlischt die Handelndenhaftung – auch die bereits entstandene –, da dann der Schutzzweck des § 11 Abs. 2 GmbHG, nämlich die Geschäftsführer zu einer raschen Eintragung ins HR anzuhalten, erfüllt ist. Die Haftung stellt sich demnach wie folgt dar:

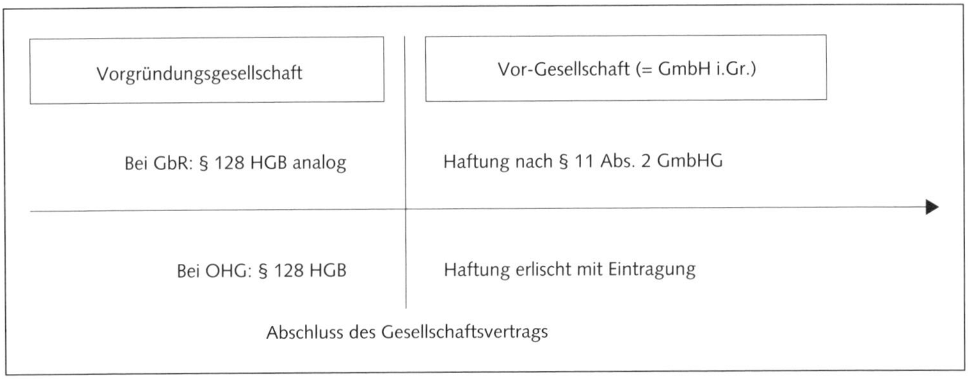

Abbildung 42: Haftung: § 128 HGB vs § 11 Abs. 2 GmbHG

1.1.4 Haftung des Geschäftsführers bei Mantelkauf – Handelndenhaftung analog § 11 Abs. 2 GmbHG

Als GmbH-Mantel bezeichnet man eine im Handelsregister eingetragene GmbH, die sich jedoch außer der Verwaltung des eigenen Vermögens nicht wirtschaftlich betätigt. Sie entsteht
- durch Vorratsgründung oder
- dadurch, dass eine bislang werbende GmbH ihre unternehmerische Tätigkeit einstellt und damit bloß noch unternehmensloser Rechtsträger ist.

Gerade beim zweiten Fall, also dem Kauf einer bereits werbend tätig gewesenen GmbH ist jedoch zu unterscheiden, ob es sich um einen sog. Mantelkauf/Mantelverwendung handelt oder eine bloße Umorganisation. Für die Abgrenzung der Mantelverwendung von der Umorganisation oder Sanierung einer aktiven GmbH ist entscheidend, ob die Gesellschaft noch ein aktives Unternehmen betrieb, an das die Fortführung des Geschäftsbetriebes – sei es auch unter wesentlicher Umgestaltung, Einschränkung oder Erweiterung seines Tätigkeitsgebietes – in irgendeiner wirtschaftlich noch gewichtbaren Weise anknüpft oder ob es sich tatsächlich um einen leer gewordenen Gesellschaftsmantel ohne Geschäftsbetrieb handelt, der seinen – neuen oder alten – Gesellschaftern nur dazu dient, unter Vermeidung der rechtlichen Neugründung einer die beschränkte Haftung gewährleistenden KapGes eine gänzlich neue Geschäftstätigkeit wieder aufzunehmen (BGH vom 07.07.2003, NJW 2003, 3198).

Die Gründe für den Kauf einer GmbH, welche bereits ihren Geschäftsbetrieb eingestellt hat, liegen zum einen in der Möglichkeit, die Verlustvorträge zu nutzen (hier ist jedoch § 8 Abs. 4 KStG zu beachten), und zum anderen in der Verkürzung des mit einer Neugründung einhergehenden besonders haftungsintensiven Zeitabschnitts bis zur Eintragung im Handelsregister.

Sowohl für Vorratsgesellschaften (BGH vom 09.12.2002, NJW 2003, 892) als auch alte Mäntel (BGH vom 07.07.2003, NJW 2003, 3198) gilt Folgendes:

Da die Verwendung eines alten Gesellschaftsmantels – nicht anders als diejenige einer Vorrats-GmbH – als wirtschaftliche Neugründung anzusehen ist, ist sie der registergerichtlichen Kontrolle zu unterwerfen. Das bedeutet, dass die Tatsache der Wiederverwendung eines zwischenzeitlich leer gewordenen Gesellschaftsmantels gegenüber dem Registergericht offen zu legen ist; diese Offenlegung der wirtschaftlichen Neugründung ist mit der Versicherung gem. § 8 Abs. 2 GmbHG zu verbinden, dass die in § 7 Abs. 2 und 3 GmbHG bezeichneten Leistungen auf die Stammeinlagen bewirkt sind und dass der Gegenstand der Leistungen sich zu diesem Zeitpunkt endgültig in der freien Verfügung der Geschäftsführer befindet.

Neben der Unterbilanzhaftung ist auch eine Handelndenhaftung also eine Haftung des Geschäftsführers analog § 11 Abs. 2 GmbHG in Betracht zu ziehen, wenn vor Offenlegung der wirtschaftlichen Neugründung die Geschäfte aufgenommen werden, ohne dass dem alle Gesellschafter zugestimmt haben.

1.1.5 Haftung nach § 21 bis 25 GmbHG

Die Vorschriften der §§ 21 bis 24 GmbHG sehen für den Fall des Verzugs bzw. Nichtentrichtung der übernommenen Stammeinlage ebenfalls Haftungssanktionen für den säumigen Gesellschafter vor, von denen gem. § 25 GmbHG nicht abgewichen werden kann. So ist die Einlageforderung zwingend gem. § 20 GmbHG zu verzinsen (Verzugszinsen). Kommt der Gesellschafter seinen Einlagepflichten, trotz Nachfristsetzung nicht nach, ist der Geschäftsanteil und bereits geleistete Teilzahlungen des säumigen Gesellschafters zugunsten der Gesellschaft (entschädigungslos) für verlustig zu erklären (Kaduzierung). Zusätzlich haftet der ausgeschlossene Gesellschafter für den daraus entstandenen Schaden gem. § 21 Abs. 3 GmbHG, wobei diese Haftung gem. § 22 GmbHG auch auf mögliche Rechtsvorgänger ausgedehnt wird. Unter den Voraussetzungen des § 23 GmbHG kann der Geschäftsanteil des ausgeschlossenen Gesellschafters verwertet werden. Dies hat i.d.R. im Wege einer öffentlichen Versteigerung zu erfolgen. Für einen dennoch verbleibenden Schaden haben die übrigen Gesellschafter aufzukommen gem. § 24 GmbHG.

1.1.6 Haftung gem. §§ 30, 31 GmbHG

Das zur Erhaltung des Stammkapitals erforderliche Vermögen der Gesellschaft darf gem. § 30 Abs. 1 GmbHG an die Gesellschafter nicht ausgezahlt werden. Ein Verstoß hiergegen führt zur sofortigen Rückzahlungs- bzw. Rückübertragungspflicht gem. § 31 Abs. 1 GmbHG. Insofern sind die §§ 30, 31 GmbHG eine gesetzliche Ausprägung des für das GmbH-Recht fundamentalen Gebots der Kapitalerhaltung. Aus diesem Grund ist der Begriff der Auszahlung weit zu fassen. Das Auszahlungsverbot des § 30 GmbHG betrifft demnach nicht bloß Geldleistungen, sondern Leistungen aller Art an Gesellschafter.

Von einer die GmbH beeinträchtigenden Auszahlung kann nicht mehr gesprochen werden, wenn der Gesellschafter eine angemessene Gegenleistung erbringt. Eine Gegenleistung in diesem Sinne ist dann angemessen, wenn die Gesellschaft das Geschäft auch mit einem fremden Dritten zu den gleichen Bedingungen abgeschlossen hätte (sog. Dritt- bzw. Fremdvergleich).

Weitere Voraussetzung ist, dass die Leistung auf Kosten des Stammkapitals geht. Diese Voraussetzung ist gegeben, wenn (soweit) das zur Erhaltung des Stammkapitals erforderliche Gesellschaftsvermögen angegriffen wird. Das ist der Fall, wenn (soweit) infolge der Leistung an den Gesellschafter das Reinvermögen der Gesellschaft nicht mehr die Ziffer des Stammkapitals erreicht (BGH vom 14.12.1957, BGHZ 31, 258). Mit anderen Worten sind Zuwendungen der Gesellschaft an die Gesellschafter dann von § 30 Abs. 1 GmbHG erfasst, wenn im Zeitpunkt der Zuwendung eine Unterbilanz herbeigeführt oder verstärkt wird. Eine vGA im gesellschaftsrechtlichen Sinne setzt demnach im Gegensatz zu § 8 Abs. 3 Satz 2 KStG i.V.m. R 36 Abs. 1 KStR einen unmittelbaren »Angriff« auf das Stammkapital voraus. In diesem Zusammenhang ist auch § 43a GmbHG zu berücksichtigen.

Ein Verstoß gegen § 30 Abs. 1 GmbHG führt zur sofortigen Rückzahlungsverpflichtung des begünstigten Gesellschafters nach § 31 Abs. 1 GmbHG. Darüber hinaus haftet der Geschäftsführer gem. §§ 43 Abs. 1, 3 GmbHG für den entstandenen Schaden. Eine Haftung aus § 31 Abs. 1 GmbHG wird im Hinblick auf § 31 Abs. 2 GmbHG dann nicht ausgelöst, wenn der Gesellschafter bei Empfang der Zuwendung im guten Glauben war. Der Begriff der Gutgläubigkeit ist dabei entsprechend der Regelung des § 932 Abs. 2 BGB auszulegen. Danach ist der Gesellschafter nicht mehr gutgläubig, wenn er den Eintritt einer Unterbilanz kannte oder grob fahrlässig nicht kannte. Ist die Erstattung von dem Empfänger nicht zu erlangen, so haften gem. § 31 Abs. 3 GmbHG für den zu erstattenden Betrag, soweit er zur Befriedigung der Gesellschaftsgläubiger erforderlich ist, die übrigen Gesellschafter nach Verhältnis ihrer Geschäftsanteile. Um eine uferlose Ausfallhaftung der Gesellschafter zu vermeiden, wird diese durch den BGH (BGHZ 60, 324, 331) auf die Stammkapitalziffer begrenzt. Den übrigen Gesellschaftern steht jedoch unter Maßgabe des § 31 Abs. 6 GmbHG ein Regressanspruch gegen den/die Geschäftsführer zu.

Die Zahlungsverpflichtung des Empfängers bzw. der übrigen Gesellschafter kann gem. § 30 Abs. 4 GmbHG nicht erlassen werden. Darüber hinaus kann aufgrund einer Entscheidung des BGH vom 27.11.2000 (NJW 2001, 830, 831) der Gesellschafter einer GmbH gegen eine Rückzahlungsforderung der Gesellschaft aus § 31 Abs. 1 GmbHG nicht aufrechnen (Dies wurde damals noch mit einer Analogie zu § 19 Abs. 2 Satz 2 GmbHG a.F. begründet, ist jedoch wohl weiterhin anzunehmen). Das Auszahlungsverbot des § 30 GmbHG richtet sich nur gegen Geschäftsführer, nicht gegen Prokuristen oder sonstige verfügungsbefugte Angestellte der GmbH (BGH vom 25.06.2001, NJW 2001, 3123). Dies schließt jedoch bei den vorgenannten Personen im Einzelfall eine Haftung aus § 280 BGB i.V.m. dem Anstellungsvertrag nicht gänzlich aus.

Die Ansprüche gegen den empfangenen Gesellschafter verjähren gem. § 31 Abs. 5 Satz 1, 1. Alt. GmbHG in zehn Jahren. Die Verjährung beginnt gem. § 31 Abs. 5 Satz 2 GmbHG mit dem Ablauf des Tages, an welchem die Zahlung, deren Erstattung beansprucht wird, geleistet ist. Wird das Insolvenzverfahren über das Vermögen der Gesellschaft eröffnet, so tritt gem. § 31 Abs. 5 Satz 3 i.V.m. § 19 Abs. 6 Satz 2 GmbHG die Verjährung nicht vor Ablauf von sechs Monaten ab dem Zeitpunkt der Eröffnung ein. Ist § 31 Abs. 3 GmbHG Anspruchsgrundlage, so verjährt der Anspruch gem. § 31 Abs. 5 Satz 1, 2. Alt. GmbHG in fünf Jahren. Auch in diesem Fall beginnt die Verjährung mit Ablauf des Tages, an welchem die Zahlung, deren Erstattung beansprucht wird, geleistet wird. Die Eröffnung des Insolvenzverfahrens hat in diesen Fällen keinen Einfluss auf den Ablauf der Verjährung.

1.1.7 Gesellschafterdarlehen

Mit dem MoMiG wurden die Vorschriften §§ 32a, b GmbHG gestrichen. Weiterhin wurde die Regelung des § 30 Abs. 1 Satz 3 GmbHG eingefügt, welche die Anwendung des Grundsatzes der Kapitalerhaltung auf Gesellschafterdarlehen ausschließt. Die Regelungen der Gesellschafterdarlehen, §§ 39, 44a, 135, 143 InsO wurden in die Insolvenzordnung verlagert.

Das alte Recht des eigenkapitalersetzenden Darlehens ist weiterhin in Insolvenzverfahren anzuwenden, die vor Inkrafttreten des MoMiG, also vor dem 01.11 2008 eröffnet worden sind gem. Art. 103d EG-InsO.

1.1.8 Eigenkapitalersetzende Gesellschafterdarlehen in der Krise (§§ 32a, b GmbHG a.F.)

Ein eigenkapitalersetzendes Darlehen war nach alter Rechtslage das Darlehen eines Gesellschafters, das dieser der Gesellschaft anstelle der eigentlich gebotenen Eigenkapitalzufuhr zur Verfügung stellt. Diese Vorgehensweise kam nicht selten in Krisensituationen zur Anwendung, wenn die Gesellschafter hoffen, dadurch im Vergleich zu neuen Einlagen ihr Risiko zu minimieren. Um dies im Interesse des Gläubigerschutzes zu verhindern, stellten die Regelungen über den Eigenkapitalersatz das gegebene Fremdkapital dem Eigenkapital gleich. Eine Umqualifizierung in Eigenkapital i.S.d. Insolvenzbilanz erfolgte jedoch erst, wenn eine Rangrücktrittserklärung abgegeben wird. Ohne diese blieb es auch insolvenzrechtlich Fremdkapital.

Der Anspruch aus §§ 32a, b GmbHG hatte folgende Voraussetzungen:

- die Gesellschaft befindet sich in der Krise,
- der Gesellschaft wird ein Darlehen gewährt bzw. andere Rechtshandlungen, die einer Darlehensgewährung wirtschaftlich entsprechen,
- die Darlehensgewährung erfolgt von einem Gesellschafter der Gesellschaft oder einem Dritten, der einem solchen Gesellschafter gleichgestellt wird,
- der Gesellschafter bzw. der Dritte hat Finanzierungsverantwortung.

1.1.8.1 Krise der Gesellschaft

1.1.8.1.1 Kreditwürdigkeit

Eine auf Kreditunwürdigkeit beruhende Krise der Gesellschaft, in der ein ihr gewährtes Darlehen ihres Gesellschafters die Funktion von Eigenkapitalersatz erlangt, liegt nach der Rechtsprechung des Bundesgerichtshofs vor, wenn die Gesellschaft von dritter Seite den zur Fortführung ihres Unternehmens benötigten Kredit zu marktüblichen Bedingungen nicht erhält und deshalb liquidiert werden müsste, wenn nicht der Gesellschafter mit seiner Leistung einspringt oder eingesprungen wäre (vgl. BGH vom 24.03.1980, BGHZ 76, 326, 330 und präzisierend mit Urteil des 2. Senates des BGH vom 09.10.1986, WM 1986, 1554, 1555 und vom 28.09.1987, WM 1988, 1488 m.w.N.). Die Kreditwürdigkeit der Gesellschaft als Kriterium dafür, ob eine Leistung ihrer Gesellschafter Eigenkapital ersetzt, war nicht rückblickend, sondern vielmehr allein anhand der Umstände im Zeitpunkt der Gewährung oder Belassung der möglicherweise eigenkapitalersetzenden Leistung zu beurteilen (BGH vom 28.09.1987, WM 1987, 1488, 1489).

1.1.8.1.2 Überlassungsunwürdigkeit

Das Kriterium der Kreditunwürdigkeit hat grundsätzlich auch für Fälle der **Gebrauchsüberlassung** Bedeutung. Ob die Vermietung oder Verpachtung des Wirtschaftsguts auch, wenn es keinen Markt dafür gibt, mit den Gepflogenheiten eines ordentlichen Kaufmanns zu vereinbaren ist, hängt davon ab, ob ein vernünftig handelnder Vermieter oder Verpächter, der nicht an der Gesellschaft beteiligt ist und sich auch nicht an ihr beteiligen will, der Gesellschaft die Gegenstände unter denselben Verhältnissen und zu denselben Bedingungen überlassen hätte (BGH vom 16.09.1989, BGHZ 109, 55, 64; ebenso bereits für Darlehensgewährungen und Gesellschaftersicherheiten Urteil des 2. Senats des BGH vom 28.09.1987, WM 1987, 1488).

1.1.8.2 Gesellschafter oder Dritter i.S.d. § 32a GmbHG

Es muss sich dabei um einen Gesellschafter mit Finanzierungsverantwortung handeln, also um jemanden, der die Geschicke der Gesellschaft in den Händen hält. Ausgeschlossen sind nach § 32a Abs. 3 Satz 2 GmbHG demzufolge Gesellschafter mit so genannten Zwerganteilen, also Gesellschafter, die mit zehn Prozent oder weniger Stammkapital beteiligt sind, sofern es sich bei ihnen nicht gleichzeitig um Geschäftsführer der GmbH handelt.

Über den Kreis der Gesellschafter hinaus finden die Bestimmungen über eigenkapitalersetzende Darlehen auch auf Darlehen Dritter Anwendung, wenn diese den Gesellschaftern gleichgestellt werden können (§ 32a Abs. 3 GmbHG). Maßgeblich kommt es darauf an, ob der betreffende Dritte sich wegen seiner besonderen wirtschaftlichen Nähe zum Gesellschafter gesellschaftsrechtlich vermittelte Vorteile von dem Fortbestehen der Gesellschaft verspricht. So unterliegen sogar Pfandgläubiger oder Unterbeteiligte den Regeln über eigenkapitalersetzende Darlehen, wenn ihnen dadurch Befugnisse eingeräumt werden, die es ihnen ermöglichen, die Geschicke der Gesellschaft mitzubestimmen.

Darlehen von Familienangehörigen und nahen Verwandten sind nicht schon deshalb eigenkapitalersetzend, weil es sich um nahe Angehörige handelt. Wenn etwa die Ehefrau eines Gesellschafters der Gesellschaft ein Darlehen gewährt, dann erhält dieses Darlehen nicht zwingend eigenkapitalersetzenden Charakter. Es kommt auch hier wieder auf einen Drittvergleich und eine objektive Betrachtungsweise an, etwa wenn der Gesellschafter als gesetzlicher Vertreter seines als Darlehensgeber fungierenden minderjährigen Kindes auftritt (BGH vom 28.09.1981, BGHZ 81, 365) oder der Ehegatte eines Gesellschafters der Gesellschaft in der Krise ein Darlehen gewährt, ohne dass ein Grund ersichtlich wäre, den auch ein gesellschaftsfremder Dritter zum Anlass für die Gewährung eines solchen Darlehens genommen hätte (vgl. BGH vom 26.06.2000, DB 2000, 1756).

Im Falle der Betriebsaufspaltung werden sowohl die Gesellschafter der als Betriebsunternehmen tätigen GmbH als auch das in der Rechtsform der PersGes betriebene Besitzunternehmen als den Gesellschaftern der GmbH nahestehende Person in den Anwendungsbereich der Kapitalerhaltungsregeln einbezogen (BGH vom 14.12.1992, BGHZ 121, 138).

1.1.8.3 Darlehen oder wirtschaftlich entsprechende Rechtshandlungen in der Krise

1.1.8.3.1 Darlehen in der Krise

Von den Eigenkapitalersatzregeln erfasst sind insbesondere auch die so genannten stehen gelassenen Darlehen. Hierunter sind Darlehen zu verstehen, die der Gesellschafter der Gesellschaft **vor der Krise** gewährt hat und in der Krise nicht abzieht.

Vom Eigenkapitalersatz ist nicht nur das Darlehen selbst, sondern es sind auch Zins- und Nebenforderungen erfasst.

1.1.8.3.2 Gleichgestellte Rechtshandlungen in der Krise

Die Vorschriften über die eigenkapitalersetzenden Darlehen gelten gem. § 32a Abs. 3 Satz 1 GmbHG sinngemäß für andere Rechtshandlungen eines Gesellschafters oder eines Dritten, die der Darlehensgewährung i.S.d. §§ 32a Abs. 1 und 2 GmbHG wirtschaftlich entsprechen.

Eine eigenkapitalersetzende Gebrauchsüberlassung liegt auch dann vor, wenn ein Gesellschafter oder ein ihm gleichgestellter Dritter der Gesellschaft vor oder in der Krise Sachen zum Gebrauch gewährt, so zum Beispiel bei Miete oder Pacht. Auch hier führt eine trotz Krise fortgesetzte Gebrauchsüberlassung zur Folge des Eigenkapitalersatzes. Miet- und Pachtzinsen sind dann gebunden, wenn sie der Gesellschaft gestundet wurden. Der eigenkapitalersetzende Charakter ergibt sich insoweit bereits aus der Stundungsabrede, ohne dass besondere auf die eigenkapitalersetzende Gebrauchsüberlassung ausgerichtete Überlegungen erforderlich sind.

Auch die Nutzung des Grundstücks selbst hat eigenkapitalersetzenden Charakter. Jedoch führt dies nicht zu einer Enteignung, sondern zu einer Blockade des Kündigungsrechts.

Wird das Nutzungsrecht der Gesellschaft entgegen ihrem Willen entzogen, wandelt sich der Überlassungsanspruch in einen Wertersatzanspruch um, wobei der Wert des Nutzungsrechts (nicht: Wert der Sache selbst) zu ersetzen ist (vgl. hierzu eingehend BGH vom 11.07.1994, BGHZ 127, 17 und BGH vom 07.12.1998, NJW 1999, 577).

1.1.8.4 Sonderfall: gesellschafterbesicherte Darlehen Dritter (§ 32a Abs. 2 GmbHG)

Hat ein Dritter der Gesellschaft in einem Zeitpunkt, in dem ihr die Gesellschafter als ordentliche Kaufleute Eigenkapital zugeführt hätten, stattdessen ein Darlehen gewährt und hat ihm ein Gesellschafter für die Rückgewähr des Darlehens eine Sicherung bestellt oder hat er sich dafür verbürgt, so kann der Dritte im Insolvenzverfahren über das Vermögen der Gesellschaft gem. § 32a Abs. 2 GmbHG nur für den Betrag verhältnismäßige Befriedigung verlangen, mit dem er bei der Inanspruchnahme der Sicherung oder des Bürgen ausgefallen ist.

Dritter kann insoweit jeder sein mit Ausnahme der Gesellschafter oder der ihnen gleichgestellten Personen. Dritte sind insbesondere Banken oder Lieferanten, die Waren auf Kredit liefern oder Dienstleistungen erbringen und hierfür Sicherheiten von dem oder den Gesellschaftern erhalten haben. Als Sicherheiten kommen alle Real- und Personalsicherheiten in Betracht, die der Gesellschafter für das der Gesellschaft gewährte Darlehen zur Verfügung gestellt hat. Demnach kommen insbesondere Grundpfandrechte, wie Hypothek (§§ 1113 ff. BGB) oder Grundschulden (§§ 1191 ff. BGB), Bürgschaften (§§ 765 ff. BGB) und Garantieversprechen (BGH vom 13.07.1981, BGHZ 81, 252), Kautionen (BGH vom 12.12.1988, BB 1989,

316) oder auch eine Schuld(mit)übernahme in Frage (vgl. LG Hamburg vom 05.06.1981, ZIP 1981, 730).

Neben dem Gesellschafter kann Sicherungsgeber nach § 32a Abs. 3 GmbHG auch eine Mittelsperson oder ein nahestehender Dritter sein.

Als Rechtsfolge kann der Dritte im Insolvenzverfahren über das Vermögen der Gesellschaft nur für den Betrag verhältnismäßige Befriedigung verlangen, mit dem er bei der Inanspruchnahme der Sicherung oder des Bürgen ausgefallen ist.

1.1.8.5 Besondere Fälle des Eigenkapitalersatzes

Sanierungskredite, die von einem Gesellschafter oder einem ihm gleichgestellten Dritten einer überschuldeten oder zahlungsunfähigen Gesellschaft zum Zwecke der Abwendung eines Insolvenzverfahrens gewährt werden, sind mit Ausnahme ganz kurzfristiger Gesellschafterkredite grundsätzlich eigenkapitalersetzend.

1.1.8.5.1 Sanierungsprivileg

Erwirbt ein Darlehensgeber gem. § 32a Abs. 3 Satz 2 GmbHG in der Krise der Gesellschaft Geschäftsanteile zum Zweck der Überwindung der Krise, führt dies für seine bestehenden oder neu gewährten Kredite nicht zur Anwendung der Regeln über den Eigenkapitalersatz.

Der Anteilserwerb muss nicht die einzige Maßnahme zur Überwindung der Krise sein. Es genügt, wenn er Teil eines Gesamtplans zur Überwindung der Krise ist. Es ist aber erforderlich, dass die Sanierung noch objektiv möglich ist und die gewählten Maßnahmen in ihrer Gesamtschau zur Sanierung der Gesellschaft im konkreten Fall objektiv geeignet sind. Als subjektive Komponente muss der Wille des Anteilserwerbers zur Sanierung der Gesellschaft gegeben sein.

1.1.8.5.2 Finanzplankredite

Der Eigenkapitalersatz ergibt sich auch bei so genannten Finanzplankrediten. Diese Kredite zeichnen sich dadurch aus, dass die Gesellschafter neben ihrer Einlage der Gesellschaft Darlehensbeträge zur Verfügung stellen und die Gesellschaft im Rahmen ihrer Finanzplanung dringend auf diese Darlehen angewiesen ist, weil ihre Finanzierung auf einer Kombination von Eigen- und Fremdfinanzierung durch die Gesellschafter beruht (vgl. BGH vom 14.12.1992, BGHZ 121, 31).

1.1.8.6 Rechtsfolgen des Eigenkapitalersatzes

Außerhalb des Insolvenzverfahrens finden die Rechtsprechungsgrundsätze Anwendung. Hierbei werden die §§ 30, 31 GmbHG analog angewendet. Danach erstreckt sich die Bindung des eigenkapitalersetzenden Gesellschafterdarlehens dem Umfang nach auf den Betrag, der zur Beseitigung einer Unterbilanz erforderlich ist. Eigenkapitalersetzende Gesellschafterdarlehen unterliegen dem Rückgewährverbot also nur insoweit, als ihre Rückzahlung bei der Gesellschaft zu einer Unterbilanz führen würde bzw. geführt hat, also das Stammkapital angegriffen wird.

Wird dennoch das Darlehen zurückgezahlt bzw. gegen das Rückgewährverbot verstoßen, sind die zugrunde liegenden Rechtsgeschäfte zwar wirksam, der Gesellschaft stehen jedoch Rückgewähransprüche zu (§ 31 Abs. 1 GmbHG). Daneben kann eine Anfechtung des Gläubigers gem. § 6 AnfG in Betracht kommen.

Im Falle eines Insolvenzverfahrens kann der Darlehensgeber seinen Rückzahlungsanspruch nur als nachrangiger Insolvenzgläubiger geltend machen (§ 32a Abs. 1 GmbHG; § 39 Abs. 1 Nr. 5 InsO).

Weiterhin bestimmt § 135 InsO, dass eine Rechtshandlung anfechtbar ist, die für die Forderung eines Gesellschafters auf Rückgewähr eines kapitalersetzenden Darlehens oder für eine gleichgestellte Forderung Sicherung gewährt hat, wenn die Handlung in den letzten zehn Jahren vor dem Antrag auf Eröffnung des Insolvenzverfahrens oder nach diesem Antrag vorgenommen worden ist oder Befriedigung gewährt hat, wenn die Handlung im letzten Jahr vor dem Eröffnungsantrag oder nach diesem Antrag vorgenommen worden ist.

1.1.8.7 Rechtslage nach dem MoMiG

Das Recht der Gesellschafterdarlehen wird im MoMiG im Insolvenzrecht für alle Kapitalgesellschaften, auch ausländische, wie die Ltd. einheitlich neu geregelt. Im Fall der Rückzahlung durch die Gesellschaft im Jahr vor der Insolvenz kann der Betrag durch Insolvenzanfechtung wieder in die Masse gezogen werden über §§ 143 Abs. 1, 135 Nr. 2, 39 Abs. 1 Nr. 5 InsO. Es gibt also künftig keine Unterscheidung zwischen »kapitalersetzenden« und »normalen« Gesellschafterdarlehen. Die Merkmale der »Krise« und »in der Krise gegeben bzw. stehen gelassen« entfallen völlig.

Als Voraussetzungen des Gesellschafterdarlehens gem. § 39 Abs. 1 Nr. 5 InsO muss es sich handeln um Darlehen

- oder Forderungen aus Rechtshandlungen, die einem solchen Darlehen wirtschaftlich entsprechen,
- eines Gesellschafters oder Dritten, welcher die Voraussetzungen des § 39 Abs. 5 InsO nicht erfüllt.

Rechtsfolgen:

- **Nachrangigkeit der Gesellschafterforderung in der Insolvenz,**
- **anfechtbare Rechtshandlung in der Insolvenz** (§§ 143 Abs. 1, 135 Nr. 2, 39 Abs. 1 Nr. 5 InsO).

Darlehen und gleichgestellte Forderungen

Es muss sich um ein Darlehen oder eine gleichgestellte Forderung handeln. Bei Nutzungsüberlassungen sind Miet- und Pachtzinsforderungen nachrangig und somit anfechtbar.

Darlehen Gesellschafter oder Dritter i.S.d. § 39 Abs. 1 Nr. 5 InsO

Zumeist wird das Darlehen von einem Gesellschafter gegeben. Ausgeschlossen sind nach § 39 Abs. 5 InsO demzufolge Gesellschafter mit sog. Zwergenanteilen, also Gesellschafter, die mit zehn Prozent oder weniger Stammkapital beteiligt sind, sofern es sich bei ihnen nicht gleichzeitig um Geschäftsführer der GmbH handelt.

Über den Kreis der Gesellschafter hinaus finden die Bestimmungen über Gesellschafterdarlehen auch auf Darlehen Dritter Anwendung, wenn diese den Gesellschaftern gleichgestellt werden können. Dies steht so zwar jetzt nicht mehr im Gesetz, dort wird nur von Forderungen aus Rechtshandlungen gesprochen, die einem Gesellschafterdarlehen wirtschaftlich entsprechen, wird jedoch der begründenden RegE zum MoMiG, BT-Drucks. 16/6140, S. 56 entnommen. Unter wirtschaftlich einem Gesellschafterdarlehen entsprechende Rechtshandlungen fallen danach Darlehen Dritter nach den schon für § 32a Abs. 3 Satz 1 GmbHG a.F.

aufgestellten Grundsätzen. Maßgeblich kommt es darauf an, ob der betreffende Dritte sich wegen seiner besonderen wirtschaftlichen Nähe zum Gesellschafter gesellschaftsrechtlich vermittelte Vorteile von dem Fortbestehen der Gesellschaft verspricht. Die heutige Rechtslage entspricht diesbezüglich weitestgehend der alten Rechtslage. Familienangehörige werden nur dann einem Gesellschafter gleichgestellt, wenn das Darlehen aus Mitteln des Gesellschafters stammt.

Allerdings hat der BGH im Urteil vom 17.02.2011, Az: IX ZR 131/10 entschieden, dass bei Darlehensgewährung seitens einer nahestehenden Person i.S.v. § 138 InsO ohne Sicherheiten nicht der erste Anschein für eine wirtschaftliche Gleichstellung mit einem Gesellschafterdarlehen spricht.

Sanierungsprivileg gem. § 39 Abs. 4 Satz 2 InsO

Das Sanierungsprivileg greift ein, wenn bei drohender bzw. eingetretener Zahlungsunfähigkeit ein Gläubiger Anteile zum Zweck der Sanierung erwirbt.

Rechtsfolgen

Nach § 39 Abs. 1 Nr. 5 InsO ist der Gesellschafter mit seiner Forderung gegenüber der GmbH nur nachrangiger Insolvenzgläubiger. Es handelt sich um einen gesetzlichen Rangrücktritt. Zwar wird der Zinslauf dadurch nicht gehindert, jedoch werden auch diese gem. § 39 Abs. 3 InsO nur nachrangig befriedigt.

In der Insolvenz handelt es sich um eine anfechtbare Rechtshandlung nach § 143 Abs. 1, § 135 Nr. 2, § 39 Abs. 1 Nr. 5 InsO, wenn die Rückzahlung des Darlehens im letzten Jahr vor dem Eröffnungsantrag oder danach vorgenommen wurde.

Gesicherte Darlehen gem. § 44a InsO

Hat ein Dritter der Gesellschaft ein Darlehen gewährt, und hat ihm ein Gesellschafter für die Rückgewähr des Darlehens eine Sicherung bestellt, oder hat er sich dafür verbürgt, so kann der Dritte im Insolvenzverfahren über das Vermögen der Gesellschaft gem. § 44a InsO nur für den Betrag verhältnismäßige Befriedigung verlangen, mit dem er bei der Inanspruchnahme der Sicherung oder des Bürgen ausgefallen ist.

Dritter kann insoweit jeder sein, mit Ausnahme der Gesellschafter oder der ihnen gleichgestellten Personen. Dritte sind insbesondere Banken oder Lieferanten, die Waren auf Kredit liefern oder Dienstleistungen erbringen und hierfür Sicherheiten von dem oder den Gesellschaftern erhalten haben. Als Sicherheiten kommen alle Real- und Personalsicherheiten in Betracht, die der Gesellschafter für das der Gesellschaft gewährte Darlehen zur Verfügung gestellt hat. Demnach kommen insbesondere Grundpfandrechte wie Hypothek (§§ 1113 ff. BGB) oder Grundschulden (§§ 1191 ff. BGB), Bürgschaften (§§ 765 ff. BGB) und Garantieversprechen (BGH vom 13.07.1981, BGHZ 81, 252), Kautionen (BGH vom 12.12.1988, BB 1989, 316) oder auch eine Schuld(mit)übernahme in Frage (vgl. LG Hamburg vom 05.06.1981, ZIP 1981, 730).

Als Rechtsfolge kann der Dritte im Insolvenzverfahren über das Vermögen der Gesellschaft nur für den Betrag verhältnismäßige Befriedigung verlangen, mit dem er bei der Inanspruchnahme der Sicherung oder des Bürgen ausgefallen ist.

Nutzungsüberlassung

Wurde dem Schuldner von einem Gesellschafter ein Gegenstand zum Gebrauch oder zur Ausübung überlassen, so kann gem. § 135 Abs. 3 Satz 1 InsO der Aussonderungsanspruch während der Dauer des Insolvenzverfahrens, höchstens aber für eine Zeit von einem Jahr ab der Eröffnung des Insolvenzverfahrens nicht geltend gemacht werden, wenn der Gegenstand für die Fortführung des Unternehmens des Schuldners von erheblicher Bedeutung ist. Da hier von Gegenstand die Rede ist, sind nicht nur körperliche Gegenstände, sondern auch Rechte umfasst. Typischer Anwendungsfall ist die Betriebsaufspaltung.

Für den Gebrauch oder die Ausübung des Gegenstandes gebührt dem Gesellschafter jedoch ein Ausgleich gem. § 135 Abs. 3 Satz 2 InsO; bei der Berechnung ist der Durchschnitt der im letzten Jahr vor Verfahrenseröffnung geleisteten Vergütung in Ansatz zu bringen, bei kürzerer Dauer der Überlassung ist der Durchschnitt während dieses Zeitraums maßgebend.

Der Ausgleich ist Masseverbindlichkeit gem §§ 53, 55 InsO und damit vorrangig zu befriedigen.

Gem. § 135 Abs. 4 InsO gilt § 39 Abs. 5 InsO entsprechend. Ausgeschlossen sind demzufolge auch bei der Nutzungsüberlassung Gesellschafter mit sogenannten Zwergenanteilen, also Gesellschafter, die mit zehn Prozent oder weniger Stammkapital beteiligt sind, sofern es sich bei ihnen nicht gleichzeitig um Geschäftsführer der GmbH handelt.

Keine Anwendbarkeit des Grundsatzes der Kapitalerhaltung auf Gesellschafterdarlehen
Zugleich wird die parallele Anwendung des Rechts der Kapitalerhaltung §§ 30, 31 GmbHG auf Gesellschafterdarlehen durch § 30 Abs. 1 Satz 3 GmbHG MoMiG blockiert. Als Fremdkapital gegebene Beträge sind nicht dem Eigenkapital zuzurechnen. Auf diese Weise wird das Nebeneinander der sog. Rechtsprechungsregelungen und der Novellen-Regelungen über die eigenkapitalersetzenden Gesellschafterdarlehen beseitigt. Geschäftsführer und Gesellschafter fallen damit grundsätzlich aus der Haftung heraus.

In § 64 Abs. 2 Satz 3 GmbHG wurde folgende Formulierung aufgenommen:

»Die gleiche Verpflichtung trifft die Geschäftsführer für Zahlungen an Gesellschafter, soweit diese zur Zahlungsunfähigkeit der Gesellschaft führen mussten, es sei denn, dies war auch bei Beachtung der in Satz 2 bezeichneten Sorgfalt nicht erkennbar."

Dies ist die Geschäftsführerhaftung bei der Rückgewähr von Gesellschafterdarlehen, wenn diese zur Insolvenz führen.

Rangrücktritt
Zur Wahrung der Interessen außenstehender Gläubiger ist eine Passivierung gesetzlich subordinierter Gesellschafterdarlehen (§ 39 Abs. 1 Nr. 5) grundsätzlich nicht notwendig, da ihre Interessen bereits durch die nachrangige Befriedigung der Gesellschafter gewahrt werden. Der BGH verlangt bisher aber für eine Ausklammerung aus der Überschuldungsbilanz einen sog. »qualifizierten Rangrücktritt«. An einer ausdrücklichen Rangrücktrittserklärung des Gesellschafter-Kreditgebers als Voraussetzung für die Befreiung von der Passivierungspflicht wird im MoMiG festgehalten. Die Bundesregierung geht davon aus, dass mit der Erklärung des Rangrücktritts durch den Gesellschafter (ggf. nach Aufforderung durch den Geschäftsführer) eine Warnfunktion verbunden ist, die sich bewährt hat.

Bilanziell ist die Entscheidung, ob die Forderung in der Überschuldungsbilanz zu passivieren ist, für den Geschäftsführer sehr einfach und rechtssicher zu treffen. Nur Forderungen, die mit einem ausdrücklichen Rangrücktritt i.S.d. § 39 Abs. 2 InsO versehen sind, darf er in der Überschuldungsbilanz außer Betracht lassen. Der Inhalt der Rangrücktrittserklärung ist vom Gesetz vorgegeben. Durch die Abgabe der Rangrücktrittserklärung rückt der Gesellschafter-Kreditgeber gem. § 39 Abs. 2 aber noch einen Rang hinter den Gesellschafter-Kreditgeber der keine Rangrücktrittserklärung abgeben hat (§ 39 Abs. 1 Nr. 5). Da § 39 Abs. 2 eine

Auslegungsregel enthält, ist ausdrücklich der Rücktritt hinter die gesetzlich subordinierten Ansprüche § 39 Abs. 1 Nr. 1 bis 5 zu erklären.

Durch das MoMiG entstehen Risiken für den Gesellschafter. Er muss sicherstellen, dass zwischen Rükzahlung des Darlehens (Zins und Tilgung) und der etwaigen Stellung eines Insolvenzantrages mehr als zwöf Monate liegen. Denn alle innerhalb dieser Jahresfrist zurückgezahlten Gesellschafterdarlehen unterliegen den Anfechtungsregeln gem. §§ 143, 135 Nr. 2 InsO, also auch solche, die sich der Gesellschafter in Zeiten zurückzahlen lässt, zu welchen das Unternehmen noch »kerngesund« ist.

Für den Geschäftsführer ist insbesondere die dadurch entstehende Drucksituation zu beachten. Es besteht die Gefahr, dass die Gesellschafter Druck ausüben den Insolvenzantrag absichtlich hinauszuzögern, um über die Jahresfrist zu kommen. Dies würde mit einer Verschlechterung des Gläubigerschutzes einhergehen, was aber absehbar von den Gerichten nicht ohne weiteres akzeptiert werden wird. Weiterhin ist der Geschäftsführer in der Strafbarkeit und Haftung bei Insolvenzverschleppung.

1.1.9 Haftung des Geschäftsführers nach § 43 GmbHG

§ 43 Abs. 2 GmbHG betrifft die Innenhaftung des Geschäftsführers gegenüber der Gesellschaft. Nach § 43 Abs. 1 GmbHG haben die Geschäftsführer in den Angelegenheiten der Gesellschaft die Sorgfalt eines ordentlichen Geschäftsmannes anzuwenden. Geschäftsführer, welche ihre Obliegenheiten verletzen, haften der Gesellschaft solidarisch für den entstandenen Schaden.

Man beachte die Gesetzesformulierung »eines ordentlichen Geschäftsmannes«. Es wird hier nicht der Geschäftsführer selbst mit eventuell mangelnder Berufserfahrung oder kaufmännischer Erfahrung betrachtet, sondern ein objektiver Sorgfaltsmaßstab angewendet. Es wird abgestellt auf die von einem ordentlichen Geschäftsmann objektiv zu erwartende Befähigung (BGH vom 14.03.1983, NJW 1983, 1856). Die Sorgfaltspflichtverletzung muss auch nicht bewusst und gewollt geschehen, sondern es reicht Fahrlässigkeit aus. Letztlich ist es eine Frage des Einzelfalls. Als Faktoren sind hier insbesondere der Unternehmensgegenstand, die Unternehmensgröße, der Geschäftszweig sowie die konkrete Entscheidungssituation zu berücksichtigen.

In folgenden Fällen wurde eine Haftung z. B. bejaht:

- Kassenfehlbestand (BGH vom 08.07.1985, NJW 1986, 54),
- zweckwidrige Verwendung von Firmengeldern (OLG Stuttgart vom 30.05.2000, GmbHR 2000, 1048),
- Warenlieferung auf Kredit ohne Sicherheiten (BGH vom 16.02.1981, GmbHR 1981, 191),
- Verjährenlassen von Gesellschaftsforderungen (KG Berlin vom 05.05.1959, GmbHR 1959, 257),
- Organisationsfehler wie fehlende Warenbestandskontrolle (BGH vom 09.06.1980, GmbHR 1980, 298),
- Unterlassung einer Rentabilitätskalkulation bei Angeboten mit hoher Auftragssumme (BGH vom 28.10.1971, WM 1971, 1548),
- Wahrnehmung von Geschäftschancen der Gesellschaft für sich selbst (BGH NJW 1986, 585).

Keine Haftung trifft den Geschäftsführer jedoch, der den Weisungen der Gesellschafter folgt. Die Weisung muss nicht notwendig auf einem Beschluss der Gesellschafterversammlung beruhen. Es genügt die Weisung durch einzelne Gesellschafter, wenn die anderen informiert und einverstanden waren (BGH vom 07.04.2003, NZG 2003, 528). Voraussetzung ist jedoch, dass die Weisung ihrerseits wirksam und verbindlich ist. Rechtswidrige Weisungen, die zu einem gesetzwidrigen Verhalten auffordern oder gegen gläubigerschützende Vorschriften verstoßen, entlasten den Geschäftsführer nicht gem. § 43 Abs. 3 Satz 3 GmbHG.

So zum Beispiel

- die Weisung, die Bilanz unter Missachtung handelsrechtlicher Vorschriften für die Bank aufzustellen;
- die Weisung, trotz Vorliegens der Voraussetzungen keinen Insolvenzantrag zu stellen.

Ebenso kann eine Haftung verhindert werden, wenn die Gesellschafter das Verhalten des Geschäftsführers nachträglich billigen. Dies kann dadurch passieren, dass sich die Gesellschafter mit der Maßnahme einverstanden erklären bzw. diese den Geschäftsführer durch Beschluss entlasten, § 46 Nr. 5 GmbHG.

Zur Geltendmachung des Anspruchs bedarf es eines Gesellschafterbeschlusses gem. § 46 Nr. 8 GmbHG.

Die Ansprüche verjähren gem. § 43 Abs. 4 GmbHG in fünf Jahren.

1.1.10 Haftung des Geschäftsführers nach § 43 Abs. 3 Satz 1 HS 1 GmbHG

Nach § 43 Abs. 3 GmbHG sind die Geschäftsführer zum Ersatz verpflichtet, wenn den Bestimmungen des § 30 GmbHG zuwider Zahlungen aus dem zur Erhaltung des Stammkapitals erforderlichen Vermögen der Gesellschaft gemacht werden. Obwohl der/die Geschäftsführer keinerlei Auszahlungen erhalten haben, haften sie über § 43 Abs. 3 GmbHG wie derjenige Gesellschafter, dem die Auszahlung zugeflossen ist, in der Höhe, in der das Stammkapital angegriffen wurde. Der Begriff der Auszahlung ist dabei extensiv auszulegen. Daher führt jedes ungünstige Geschäft für die Gesellschaft mit einem Gesellschafter, welches eine vGA im gesellschaftsrechtlichen Sinn erfüllt und gleichzeitig das Stammkapital angreift, zu einem Regress des Geschäftsführers. Die Ansprüche verjähren gem. § 43 Abs. 4 GmbHG in fünf Jahren.

1.1.11 Haftung des Geschäftsführers nach § 43 Abs. 3 Satz 1 HS 2 GmbHG

Genauso sind die Geschäftsführer schadenersatzpflichtig, wenn den Bestimmungen des § 33 GmbHG zuwider eigene Geschäftsanteile der Gesellschaft erworben worden sind. Nach § 33 GmbHG kann die Gesellschaft eigene Geschäftsanteile, auf welche die Einlagen noch nicht vollständig geleistet sind, nicht erwerben oder als Pfand nehmen. Tut sie es dennoch, so haftet der Geschäftsführer der Gesellschaft gegenüber in voller Höhe.

Die Ansprüche der Gesellschaft gegenüber dem Geschäftsführer verjähren gem. § 43 Abs. 4 GmbHG in fünf Jahren.

1.1.12 Haftung bei Insolvenzverschleppung

Besteht gem. § 15a Abs. 1 InsO die Pflicht zur Stellung des Insolvenzantrags, so ist dieser ohne schuldhaftes Zögern, spätestens aber drei Wochen nach Eintritt des Insolvenzgrunds zu stellen. Diese Antragsfrist kann unter keinen Umständen verlängert werden. Dies gilt selbst dann, wenn alle Gesellschaftsgläubiger zustimmen oder wenn weitere Sanierungsversuche unternommen würden. Insofern handelt es sich um eine Ausschlussfrist. In dieser Zeit muss alles getan werden, um die Gesellschaft eventuell doch noch zu sanieren. Das Risiko des Geschäftsführers, in dieser Phase in die Haftung zu geraten, wird noch durch die Rechtsprechung dadurch verschärft, dass nicht auf die persönlichen Kenntnisse des Geschäftsführers abgestellt wird, sondern es auf die Sicht eines ordentlichen Geschäftsleiters ankommt, der sich notfalls fachkundig beraten lassen muss (BGH vom 06.06.1994, BGHZ 126, 181).

Wird die Frist nicht gewahrt, so drohen dem Geschäftsführer neben der strafrechtlichen Sanktion (Freiheitsstrafe bis zu drei Jahren oder Geldstrafe gem. § 15a Abs. 4 InsO) insbesondere folgende Haftungstatbestände bei Insolvenzverschleppung:

- Haftung nach §§ 823 Abs. 2 BGB i.V.m. § 15a Abs. 1 InsO,
- Haftung nach § 64 GmbH.

Gem. § 15a Abs. 3 GmbHG müssen die Gesellschafter nach der Rechtslage nach MoMiG bei Zahlungsunfähigkeit bzw. Überschuldung und Führungslosigkeit der Gesellschaft einen Insolvenzantrag stellen.

Eine Umgehung der Insolvenzantragspflicht nach § 15a Abs. 1 Satz 1 InsO soll durch die Neuregelung verhindert werden. Daneben soll ein Anreiz geschaffen werden, wieder Vertreter für die juristische Person zu bestellen, da die Verpflichtung zur Antragstellung für die Gesellschafter lediglich subsidiär ist. Sobald für die Gesellschaft wieder ein Geschäftsführer wirksam bestellt worden ist, geht die Antragspflicht auf diesen über.

Die **Antragspflicht besteht** für den Gesellschafter dann **nicht**, wenn er

- von der Zahlungsunfähigkeit und der Überschuldung
  oder
- der Führungslosigkeit keine Kenntnis hat.

Den Gesellschafter trifft hierfür die volle Beweislast.

Die Antragspflicht des Gesellschafters entfällt, wenn der Gesellschafter nur eines der beiden Elemente – entweder den Insolvenzgrund oder die Führungslosigkeit – nicht kennt. Eine ausufernde Nachforschungspflicht wird dem einzelnen Gesellschafter hiermit nicht auferlegt. Hat der Gesellschafter oder das Aufsichtsratsmitglied Kenntnis vom Insolvenzgrund, so ist dies für ihn freilich Anlass nachzuforschen, warum der Geschäftsführer keinen Insolvenzantrag stellt. Der Gesellschafter wird dann meist die Führungslosigkeit erkennen. Umgekehrt hat der Gesellschafter, der die Führungslosigkeit kennt, Anlass nachzuforschen, wie es um die Vermögensverhältnisse der Gesellschaft steht. Dabei hat naturgemäß der kleinbeteiligte Gesellschafter (10%) weniger oder keinen Anlass zu solchen Überlegungen, weshalb ihm die Entlastung regelmäßig und ohne Schwierigkeiten gelingen wird. Kenntnis heißt in diesem Fall positive Kenntnis (RegE MoMiG, BT-Drucks. 16/6140, 56). Die Rechtsprechung lässt es genügen, dass sich die Person, auf deren Kenntnis es ankommt, sich bewusst der Kenntnis verschlossen hat. Weiterhin anwendbar bleiben die Regelungen zu der Fallgruppe der führungslosen Gesellschaft und zum faktischen Geschäftsführer.

Jeder Gesellschafter hat persönlich das Recht zur Stellung des Insolvenzantrags nach § 15 Abs. 1 Satz 1 GmbHG.

1.1.12.1 Haftung nach § 823 Abs. 2 BGB i.V.m. § 15 a Abs. 1 InsO

Bei der Schadenersatzpflicht gegenüber den Gläubigern der Gesellschaft ist hinsichtlich Höhe und Geltendmachung des Anspruchs zwischen den Alt- und Neugläubigern zu unterscheiden.

Als **Altgläubiger** bezeichnet man die Gläubiger, deren Ansprüche bereits vor Insolvenzreife entstanden sind, also bevor ein Insolvenzgrund und damit eine Antragspflicht vorlagen. Diese haben einen Anspruch auf Ersatz des Quotenschadens.

Nach der Differenzhypothese des § 249 Abs. 1 BGB ist als so genannter Quotenschaden der Schaden zu ersetzen, den die Altgläubiger dadurch erleiden, dass sich infolge der Verschleppung des Insolvenzantrags die Insolvenzmasse durch Eingehung neuer Verbindlichkeiten vermindert. Es wird die Differenz gebildet, zwischen der Quote, welche bei rechtzeitiger Antragstellung erzielt worden wäre, und der Quote, die jetzt erzielt wird. Dieser Quotenschaden kann grundsätzlich nur vom Insolvenzverwalter als Gesamtschaden nach § 92 InsO für die Masse geltend gemacht werden.

Neugläubiger sind solche, die erst nach Insolvenzreife, also nachdem ein Insolvenzgrund und damit eine Antragspflicht vorlag, mit dem Unternehmen kontrahiert haben. Auch hier ergibt sich der Schaden aus der konsequenten Anwendung der Differenzhypothese. Die Neugläubiger wären nicht Gläubiger geworden, wenn der Geschäftsführer seiner Pflicht zur Antragstellung rechtzeitig nachgekommen wäre. Sie haben deshalb Anspruch auf Ersatz ihres vollen Schadens, also des Schadens, der ihnen dadurch entstanden ist, dass sie in Rechtsbeziehung zu einem überschuldeten oder zahlungsunfähigen Unternehmen getreten sind. Dieser Individualschaden eines Neugläubigers kann auf verschiedene Weise berechnet werden.

Zum einen kommt ein sog. Quotenschaden in Betracht. Dieser Schaden ist für jeden Neugläubiger gesondert zu ermitteln. Er ergibt sich aus der Verringerung von dessen Quote ab dem Zeitpunkt der Begründung seiner Forderung durch die weitere Insolvenzverschleppung.

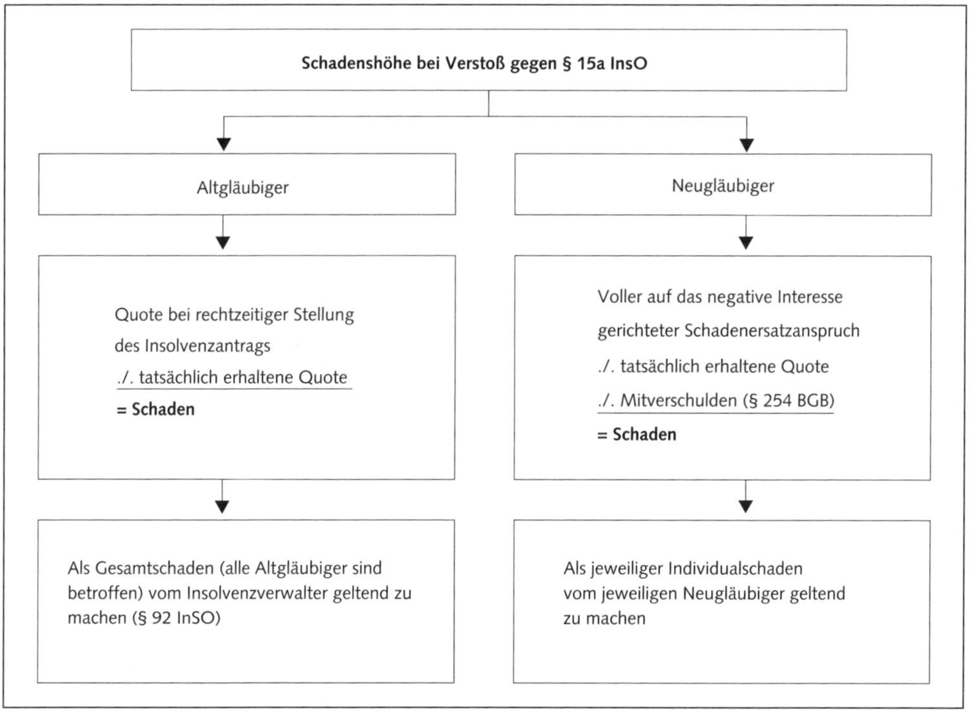

Abbildung 43: Schadenshöhe bei Verstoß gegen § 15a InsO

Zum anderen kann der Neugläubiger nach der Entscheidung des BGH vom 06.06.1994 (BGHZ 126, 181) einen Anspruch auf Ausgleich des vollen Schadens geltend machen, der ihm dadurch entsteht, dass er in Rechtsbeziehungen zu einer überschuldeten oder zahlungsunfähigen GmbH getreten ist.

Der Insolvenzverwalter darf weder den Anspruch auf Ersatz des negativen Interesses der jeweiligen Neugläubiger geltend machen noch deren Quotenschaden. Dies hat der BGH in der Entscheidung vom 30.03.1998 (BGHZ 138, 211) obiter auch für § 92 InsO ausgesprochen.

Zu kürzen ist der Individualschaden um die erhaltene Quote und ein eventuelles Mitverschulden des Gläubigers nach § 254 BGB, da man ihm zumutet, sich über die Liquidität des Vertragspartners zu informieren.

1.1.12.2 Haftung nach § 64 GmbHG

Nach § 64 GmbHG sind die Geschäftsführer der Gesellschaft zum Ersatz von Zahlungen verpflichtet, die nach Eintritt der Zahlungsunfähigkeit der Gesellschaft oder nach Feststellung ihrer Überschuldung geleistet werden. Nach Eintritt der Insolvenzreife ist die Masse quasi zusammenzuhalten. Jede einseitige Zahlung führt zu einer Verminderung der Masse zu Gunsten einer Partei und zu Lasten aller anderen Gläubiger.

Für den Beginn des mit der Ersatzpflicht des Geschäftsführers bewehrten Zahlungsverbots gem. § 64 GmbHG genügt die ihm erkennbare Überschuldung oder Zahlungsunfähigkeit der Gesellschaft. Eine positive Feststellung der Überschuldung seitens des Geschäftsführers ist entgegen dem irreführenden Wortlaut der Vorschrift nicht erforderlich (BGH vom 29.11.1999, NJW 2000, 668). Zu Lasten des Geschäftsführers wird also vermutet, dass er hierbei schuldhaft, nämlich nicht mit der von einem Vertretungsorgan einer GmbH zu fordernden Sorgfalt gehandelt hat. Die Beweislast für fehlende Erkennbarkeit trifft demnach den Geschäftsführer. Nach § 64 Satz 2 GmbHG kann er diese Vermutung durch den Nachweis widerlegen, dass die von ihm in der Insolvenzsituation bewirkte Leistung mit der Sorgfalt eines ordentlichen Geschäftsmanns vereinbar war. Der hierfür anzulegende Maßstab ist an dem besonderen Zweck des § 64 Satz 2 GmbHG auszurichten, die verteilungsfähige Vermögensmasse einer insolvenzreifen GmbH im Interesse der Gesamtheit ihrer Gläubiger zu erhalten und eine zu ihrem Nachteil gereichende, bevorzugte Befriedigung einzelner Gläubiger zu verhindern. Soweit Leistungen des Geschäftsführers in der Insolvenzsituation eine Masseverkürzung nicht zur Folge haben oder soweit durch sie im Einzelfall größere Nachteile für die Masse abgewendet werden, kann das Verschulden nach § 64 Satz 2 GmbHG ausnahmsweise zu verneinen sein (vgl. BGH vom 08.01.2001, NJW 2001, 1280). Dies wären beispielsweise Zahlungen zur Erfüllung vorteilhafter Verträge, welche letztendlich zu einer Vermehrung der »Masse« führen, oder Zahlungen, welche geleistet werden, um eine Schmälerung der »Masse« zu verhindern, wie Zahlungen zur Vermeidung höherer Schäden. Der Begriff Zahlung i.S.d. § 64 Satz 2 GmbHG ist extensiv auszulegen. So fällt darunter auch die Scheckeinlösung auf ein debitorisches Bankkonto.

§ 64 Satz 2 GmbHG ist keine Schadensersatznorm, sondern enthält einen Ersatzanspruch eigener Art. Er ist seiner Natur nach darauf gerichtet, das Gesellschaftsvermögen wieder aufzufüllen, damit es im Insolvenzverfahren zur ranggerechten und gleichmäßigen Befriedigung aller Gesellschaftsgläubiger zur Verfügung steht. Der Zweck der Vorschrift gebietet es, dass der Geschäftsführer ausgezahlte Beträge ungekürzt erstattet. Damit es nicht zu einer Bereicherung der Masse kommt, ist ihm allerdings vorzubehalten, nach Erstattung an die Masse seine Rechte gegen den Insolvenzverwalter zu verfolgen (vgl. BGH vom 08.01.2001, NJW 2001, 1280).

1.1.12.2.1 Haftung aus § 823 Abs. 2 BGB i.V.m. den Grundsätzen des existenzvernichtenden Eingriffs

Der BGH gibt in der Entscheidung »Trihotel« (BGH vom 16.07.2007, Az: II ZR 3/04) das bisherige Konzept einer eigenständigen Haftungsfigur, die an den Missbrauch der Rechtsform anknüpft und als Durchgriffs(außen)haftung des Gesellschafters gegenüber den Gesellschaftsgläubigern ausgestaltet, aber mit einer Subsidiaritätsklausel im Verhältnis zu den §§ 30, 31 GmbHG versehen ist, auf.

An dem Erfordernis einer als »Existenzvernichtungshaftung« bezeichneten Haftung des Gesellschafters für missbräuchliche, zur Insolvenz der GmbH führende oder diese vertiefende kompensationslose Eingriffe in das der Zweckbindung zur vorrangigen Befriedigung der Gesellschaftsgläubiger dienende Gesellschaftsvermögen wird allerdings vom BGH festgehalten. Stattdessen knüpft er die Existenzvernichtungshaftung des Gesellschafters an die missbräuchliche Schädigung des im Gläubigerinteresse zweckgebundenen Gesellschaftsvermögens an und ordnet sie – in Gestalt einer schadensersatzrechtlichen Innenhaftung gegenüber der Gesellschaft – allein in § 826 BGB als eine besondere Fallgruppe der sittenwidrigen vorsätzlichen Schädigung ein.

Schadenersatzansprüche aus Existenzvernichtungshaftung gemäß § 826 BGB sind gegenüber Erstattungsansprüchen aus §§ 31, 30 GmbHG nicht subsidiär; vielmehr besteht zwischen ihnen – soweit sie sich überschneiden – Anspruchsgrundlagenkonkurrenz.

Die Voraussetzungen für einen existenzvernichtenden Eingriff werden von der Rechtsprechung seit Jahren fortentwickelt. Es können sich daher künftig noch Veränderungen der Voraussetzungen ergeben.

Die Voraussetzungen des § 826 BGB i.V.m dem existenzvernichtenden Eingriff stellen sich derzeit wie folgt dar:

Es muss ein Entzug von Vermögenswerten der GmbH durch ihre Gesellschafter vorliegen ohne entsprechende Gegenleistung (kompensationslos).

Als entzogene Vermögenswerte kommen in Betracht:

- Abzug liquider Mittel,
- Entzug von Geschäftschancen,
- Entzug von Patenten und Lizenzen,
- Bestellung von Sicherheiten für Gesellschafter bei absehbarem Ausfall.

Der Entzug dieser Vermögenswerte muss zur Insolvenz geführt haben bzw. diese vertieft haben. Dies muss kompensationslos, also ohne eine entsprechende Gegenleistung, erfolgt sein. Der Eingriff muss weiterhin betriebsfremd sein. An einem betriebsfremden Eingriff fehlt es, wenn die Minderung des Gesellschaftsvermögens Folge einer unternehmerischen Fehlentscheidung ist.

Der Eingriff in das Gesellschaftsvermögen muss sittenwidrig sein. Dies ist der Fall, wenn der Eingriff planmäßig zum unmittelbaren oder mittelbaren Vorteil des Gesellschafters erfolgt und damit die Mindestmaßstäbe eines ordentlichen kaufmännischen Verhaltens verletzt. Der Eingriff muss also von der Verfolgung des Gesellschaftszwecks abweichenden Individualinteressen des Gesellschafters dienen. Es muss dem Gesellschafter jedoch nicht darauf ankommen, das Gesellschaftsvermögen den Gläubigern zu entziehen.

Erforderlich ist i.R.d. § 826 BGB ein doppelter Vorsatz. Dieser muss sich zum einen auf die schädigende Handlung und zum anderen auf die Folgen beziehen. Dem Vorsatzerfordernis ist genügt, wenn dem handelnden Gesellschafter bewusst ist, dass durch von ihm selbst oder mit seiner Zustimmung veranlasste Maßnahmen das Gesellschaftsvermögen sittenwidrig geschädigt wird; dafür reicht es aus, dass ihm die Tatsachen bewusst sind, die den Eingriff sittenwidrig machen, während ein Bewusstsein der Sittenwidrigkeit nicht erforderlich ist. Eine derartige Sittenwidrigkeit betrifft nicht nur die Fälle, in denen die Vermögensentziehung geschieht, um den Zugriff der Gläubiger auf dieses Vermögen zu verhindern, sondern ist auch dann anzunehmen, wenn die faktische dauerhafte Beeinträchtigung der Erfüllung der Verbindlichkeiten die voraussehbare Folge des Eingriffs ist und der Gesellschafter diese Rechtsfolge in Erkenntnis ihres möglichen Eintritts billigend in Kauf genommen hat (BGH vom 16.07.2007, Az: II ZR 3/04). Nicht erforderlich ist jedoch das Bewusstsein, sittenwidrig zu handeln, oder die Absicht Gläubiger zu schädigen.

Die Beweislast trägt die Gesellschaft, in der Regel vertreten durch den Insolvenzverwalter.

Der ersatzfähige Schaden ist der kausal und zurechenbar durch den Eingriff herbeigeführte Schaden für die Gesellschaft. Dieser besteht zum einen aus dem Wert der entzogenen Gegenstände und zum anderen aus den Folgeschäden aus dem Vermögensentzug.

1.1.12.2.2 Kein Durchgriff gegen Gesellschafter bei Unterkapitalisierung der Gesellschaft

Im Urteil vom 28.04.2008, Az: II ZR 264/06, entschied der BGH in der »GAMMA«-Entscheidung, dass die Gesellschafter einer unterkapitalisierten GmbH nicht zur Zahlung der ausgefallenen »Remanenzkosten« an die Gesellschaft verpflichtet sind. Die Unterkapitalisierung allein führt also zu keiner Haftung der GmbH-Gesellschafter, da diese kein Fall der Existenzvernichtungshaftung ist und kein eigenständiges Haftungsinstitut begründet.

1.2 Steuerrechtliche Haftungsnormen

Im Gegensatz zum Zivilrecht, wonach Haftung das Einstehen für eine eigene oder fremde Schuld aus einem Schuldverhältnis ist, bedeutet Haftung im steuerlichen Sinne das Einstehenmüssen für eine fremde Schuld aus dem Steuerschuldverhältnis. Voraussetzung für jeden steuerlichen Haftungstatbestand ist daher grundsätzlich das Bestehen einer fremden steuerlichen Hauptschuld (**Grundsatz der Akzessorietät der Haftung**).

Lediglich bei der Lohnsteuer oder der Kapitalertragsteuer kann der Steuerschuldner (Arbeitnehmer; Anteilsinhaber) zugleich als Haftender in Anspruch genommen werden, z. B. wenn der GmbH-Geschäftsführer seine eigene Lohnsteuer/Kapitalertragsteuer nicht oder nicht ordnungsgemäß an das Finanzamt abführt. In derartigen Fällen ist er Schuldner der Lohnsteuer (§ 38 Abs. 2 EStG) bzw. der Kapitalertragsteuer (§ 44 Abs. 1 Satz 1 i.V.m. § 43 Abs. 1 Nr. 1 EStG) und kann für diese Beträge auch als Haftender nach der AO in Anspruch genommen werden.

Des Weiteren darf, wenn nichts anderes bestimmt ist (z. B. in § 25d Abs. 5 UStG), der Haftungsschuldner gem. § 219 Satz 1 AO auf Zahlung nur in Anspruch genommen werden, soweit die Vollstreckung in das bewegliche Vermögen des Steuerschuldners ohne Erfolg geblieben oder anzunehmen ist, dass die Vollstreckung aussichtslos sein würde (**Grundsatz der Subsidiarität der Haftung**). Von diesem Grundsatz gibt es jedoch gem. § 219 Satz 2 AO Ausnahmen.

Das steuerliche Haftungsrecht differenziert zwischen dem materiellen und formellen Haftungsrecht. Das **materielle Haftungsrecht** beantwortet die Frage, aus welcher gesetzlichen Norm eine Haftung begründet werden kann. Hierzu zählen sämtliche zivilrechtliche und öffentlich-rechtliche Haftungstatbestände. Die hier in Rede stehenden öffentlich-rechtlichen Haftungstatbestände ergeben sich nicht allein aus der AO, sondern auch aus den jeweiligen Einzelsteuergesetzen. Im Umfeld einer GmbH können sich daher z. B. folgende Haftungsvorschriften aus dem jeweiligen Einzelsteuergesetz ergeben:

Aus dem **EStG**:
- Lohnsteuerhaftung des Arbeitgebers gem. § 42d EStG,
- Lohnsteuerhaftung des Entleihers von Arbeitskräften gem. § 42d Abs. 6 und 7 EStG,
- Kapitalertragsteuerhaftung des Schuldners von Kapitalerträge gem. § 44 Abs. 5 EStG,
- Haftung für die Ausstellung einer unrichtigen Kapitalertragsteuer-Bescheinigung gem. § 45a Abs. 7 EStG,
- Haftung des Leistungsempfängers beim Steuerabzug von Bauleistungen gem. § 48a Abs. 3 EStG,
- Haftung für Zahlungen an beschränkt stpfl. Aufsichtsratsmitglieder gem. § 50a Abs. 5 Satz 5 EStG.

Aus dem **UStG**:
- Haftung gem. § 13c UStG bei Abtretung, Verpfändung oder Pfändung von Forderungen,
- Haftung gem. § 25d UStG für schuldhaft nicht abgeführte Steuern.

Das materielle Haftungsrecht der **AO** ist in den **§§ 69 bis 77 AO** geregelt und umfasst folgende Haftungstatbestände:
- Haftung der Vertreter (§ 69 AO),
- Haftung des Vertretenen (§ 70 AO),
- Haftung des Steuerhinterziehers und des Steuerhehlers (§ 71 AO),
- Haftung bei Verletzung der Pflicht zur Kontenwahrheit (§ 72 AO),
- Haftung bei Organschaft (§ 73 AO),
- Haftung des Eigentümers von Gegenständen (§ 74 AO),
- Haftung des Betriebsübernehmer (§ 75 AO),
- Sachhaftung (§ 76 AO),
- Duldungspflicht (§ 77 AO).

Das **formelle Haftungsrecht** hingegen beantwortet die Frage, wie das FA bzw. die Finanzbehörde den materiellen Haftungsanspruch gegenüber dem Bürger durchzusetzen hat.

Wer **kraft Gesetzes** für eine Steuer haftet (Haftungsschuldner), kann gem. § 191 Abs. 1 Satz 1 AO durch Haftungsbescheid in Anspruch genommen werden. Gesetz in dem vorgenannten Sinne sind natürlich nicht nur steuerliche Gesetze sondern auch zivilrechtliche Vorschriften, also vorliegend insbesondere das GmbHG und die AO.

Das FA hat daher die Möglichkeit, unter den Voraussetzungen des § 219 AO den Haftungsschuldner zur Zahlung aufzufordern (Zahlungsaufforderung) und kann ihren Anspruch notfalls mittels der verfahrensrechtlichen Vollstreckungsmöglichkeiten der §§ 249 ff. AO zwangsweise durchsetzen.

Besteht die Haftung für die Steuer eines anderen dagegen **nur** aufgrund eines **Vertrages** (z. B. Bürgschaft gem. §§ 765 ff. BGB), kann der Haftende gem. § 192 AO nur nach den Vorschriften des bürgerlichen Rechts in Anspruch genommen werden. Ein Rückgriff auf einen Haftungsbescheid nach § 191 AO ist ebenso wenig zulässig wie ein Rückgriff auf die in der AO vorgesehenen Zwangsvollstreckungsmöglichkeiten der §§ 249 ff. AO. Die Forderung des FA kann daher nur nach den Vorschriften der Zivilprozessordnung mittels Klageerhebung vor den ordentlichen Gerichten und Zwangsvollstreckung gem. §§ 704 ff. ZPO durchgesetzt werden.

1.2.1 Materielles Haftungsrecht

1.2.1.1 Haftung gem. § 69 AO

Da die Handlungsfähigkeit der GmbH gegenüber dem FA gem. § 79 Abs. 1 Nr. 3 AO durch ihre Geschäftsführer erfolgt, haben diese gem. § 34 AO die steuerrechtlichen Pflichten für die GmbH zu erfüllen. Kommt ein GmbH-Geschäftsführer den ihm gem. § 34 AO auferlegten Pflichten vorsätzlich oder grob schuldhaft nicht oder nicht vollständig nach, kann dies eine Haftung gem. § 69 Satz 1 AO gegenüber dem FA für den daraus resultierenden Schaden auslösen.

Nach § 69 Satz 1 AO haften die in den §§ 34 und 35 AO bezeichneten Personen, soweit Ansprüche aus dem Steuerschuldverhältnis (§ 37 AO) infolge vorsätzlicher oder grob fahrlässiger Verletzung der ihnen auferlegten Pflichten nicht oder nicht rechtzeitig festgesetzt oder erfüllt oder soweit infolgedessen Steuervergütungen oder Steuererstattungen ohne rechtlichen Grund gezahlt werden. Die Haftung umfasst gem. § 69 Satz 2 AO auch die infolge der Pflichtverletzung gem. § 240 AO zu zahlenden Säumniszuschläge.

1.2.1.1.1 Personenkreis der Haftung

Da die GmbH-Geschäftsführer gem. § 35 Abs. 1 GmbHG die gesetzlichen Vertreter der GmbH sind, sind sie gem. § 34 Abs. 1 Satz 1 AO verpflichtet, die steuerlichen Pflichten der GmbH zu erfüllen.

Dabei kommt es auf die Eintragung der Geschäftsführerbestellung in das HR nach einer Entscheidung des BFH vom 19.11.2002 (BFH/NV 2003, 442) nicht an. Ausreichend ist vielmehr, dass ein wirksamer (formfreier) Beschluss der Gesellschafterversammlung vorliegt.

Aus diesem Grund unterliegt auch ein »Strohmann«-Geschäftsführer der Haftung des § 69 AO.

Nach einer Amtsniederlegung durch den einzigen bzw. letzten Geschäftsführer einer GmbH wird die GmbH nicht mehr gesetzlich vertreten (BFH vom 27.11.1990, BStBl II 1991, 284). Dabei ist jedoch zu berücksichtigen, dass eine ohne wichtigen Grund erklärte Amtsniederlegung rechtsmissbräuchlich und damit unwirksam sein kann, wenn es sich bei dem Amtsniederlegenden um den alleinigen Gesellschafter der GmbH handelt und dieser nicht gleichzeitig einen oder mehrere neue Geschäftsführer bestellt (BayObLG vom 06.08.1981, DB 1981, 2219, vgl. auch AEAO zu § 34 Nr. 3).

Unabhängig davon werden demjenigen, der als Verfügungsberechtigter im eigenen oder fremden Namen auftritt, die Pflichten eines gesetzlichen Vertreters aus § 34 Abs. 1 AO, soweit er sie rechtlich und tatsächlich erfüllen kann, gem. § 35 AO auferlegt.

Aus diesem Grund hat zwar der faktische GmbH-Geschäftsführer nicht die steuerlichen Pflichten unmittelbar aus § 34 AO zu erfüllen, wird jedoch über § 35 AO dem GmbH-Geschäftsführer gleichgestellt. Im Anwendungsbereich des § 35 AO kann auch der Alleingesellschafter einer GmbH ohne Geschäftsführer sein (BFH vom 27.11.1990, BStBl II 1991, 284; vgl. AEAO zu § 35 Nr. 1). Rechtlich ist zur Erfüllung von Pflichten in der Lage, wer im Außenverhältnis rechtswirksam handeln kann. Auf etwaige Beschränkungen im Innenverhältnis (Auftrag, Vollmacht, Anstellungsvertrag) kommt es nicht an. Bevollmächtigte werden von der Bestimmung des § 35 AO daher nur betroffen, wenn sie tatsächlich und rechtlich verfügungsberechtigt sind. Aus diesem Grund können zu dem Personenkreis des § 69 AO auch Generalbevollmächtigte, Prokuristen und Handlungsbevollmächtigte gehören.

Im Weiteren wird aus Vereinfachungsgründen lediglich auf den GmbH-Geschäftsführer als möglichen Haftungsschuldner abgestellt.

1.2.1.1.2 Pflichtverletzung/Schaden/Kausalität

1.2.1.1.2.1 Pflichtverletzung – Allgemeines

Eine Haftung aus § 69 Satz 1 AO trifft den GmbH-Geschäftsführer nur dann, wenn er eine ihm auferlegte Pflicht vorsätzlich oder zumindest grob fahrlässig verletzt hat.

Dazu gehören z. B.

- die Buchführungs- und Aufzeichnungspflichten (§§ 140 bis 148 AO),
- Erklärungspflichten (§ 149 AO),
- Berichtigungspflichten (§ 153 AO),
- Mitwirkungspflichten (§ 90 AO),
- Auskunftspflichten (§ 93 AO),
- Vorlagepflichten (§§ 97, 100 Abs. 1 AO),
- Anzeigepflichten (§§ 137–139 AO),
- Einbehaltungs- und Abführungspflichten (z. B. § 38 Abs. 3 EStG für die Lohnsteuer, § 44 Abs. 1 Satz 3 EStG für die Kapitalertragsteuer) und
- neben weiteren steuerlichen Pflichten die Verpflichtung, die Vollstreckung in das Vermögen der GmbH zu dulden (§ 77 AO).

Die Geschäftsführer haben gem. § 34 Abs. 1 Satz 2 AO insbesondere dafür zu sorgen, dass die Steuern aus den Mitteln entrichtet werden, die sie verwalten. Eine Haftung nach § 69 Satz 1 AO tritt selbst dann ein, wenn ein vorläufiger (schwacher) Insolvenzverwalter mit Zustimmungsvorbehalt bestellt wurde, da die Verwaltungs- und Verfügungsbefugnis beim Schuldner verbleibt. Deshalb werden die steuerlichen Pflichten eines allein vertretungsberechtigten Vorstandes einer AG bzw. Geschäftsführers einer GmbH durch die Bestellung eines solchen Insolvenzverwalters nicht berührt (BFH vom 30.12.2004, BFH/NV 2005, 665).

Des Weiteren muss die Pflichtverletzung zu einem steuerlichen Haftungsschaden geführt haben. In § 69 AO sind mehrere voneinander unabhängige Haftungstatbestände aufgeführt, wobei diese durch ein positives Tun oder durch Unterlassen verwirklicht werden können, nämlich durch

- **Nichtabgabe** bzw. **verspätete Abgabe** der Steuererklärung mit der Folge, dass Steuern nicht bzw. nicht rechtzeitig festgesetzt und bezahlt wurden;
- Abgabe einer **unrichtigen Steuererklärung** mit der Folge, dass Steuern nicht in der korrekten Höhe festgesetzt und bezahlt wurden;
- schuldhafte und **pflichtwidrige Nichtbezahlung** von fälligen Steuerschulden, obwohl zum Fälligkeitszeitpunkt noch liquide Mittel vorhanden waren und der GmbH-Geschäftsführer noch Verfügungsberechtigter war;
- pflichtwidriges und schuldhaftes Bewirken der Auszahlung einer Steuervergütung oder Steuererstattung ohne rechtlichen Grund.

Im Falle des sog. starken vorläufigen Insolvenzverwalters bzw. beim endgültigen Insolvenzverwalter hat der GmbH-Geschäftsführer im Hinblick auf § 24 Abs. 1 InsO bzw. § 80 Abs. 1 InsO bereits rechtlich keine Möglichkeit, über das Vermögen der GmbH zu verfügen, da die Verfügungsmöglichkeit auf den vorläufigen bzw. endgültigen Insolvenzverwalter übergegangen ist. Aus diesem Grund treffen ihn ab dem Zeitpunkt, in dem die Verfügungsmacht auf den vorläufigen bzw. endgültigen Insolvenzverwalter übergegangen ist, auch grundsätzlich keine Pflichten gem. § 34 Abs. 1 AO.

Das pflichtwidrige Verhalten kann auch vor Fälligkeit, ggf. auch vor Entstehung der später verkürzten Steueransprüche liegen.

Beispiel 1

Der Geschäftsführer der A-GmbH überweist die Nettolöhne an die Arbeitnehmer der GmbH, obwohl er genau weiß, dass ihm dann nicht mehr ausreichende Mittel für die Entrichtung der darauf entfallenden Lohnsteuer zur Verfügung stehen.

Lösung

Die Pflichtverletzung liegt vor der Entstehung der Lohnsteuer. Die Pflichtverletzung liegt darin, dass der Geschäftsführer vor Überweisung der Löhne die Mittel für die Bezahlung der Lohnsteuer hätte sicherstellen müssen. Stehen ihm für die Auszahlung der Nettolöhne nicht ausreichend Mittel zur Verfügung, hätte er die Verpflichtung gehabt, entsprechend geringere Nettolohnzahlungen zu veranlassen.

Beispiel 2

Der Geschäftsführer weiß, dass die GmbH für den Monat Juli ca. 100.000 € an Umsatzsteuer wird entrichten müssen. Trotzdem befriedigt er gegen Ende des Monats in vollem Umfang die übrigen Gläubiger der GmbH – auch soweit deren Forderungen noch nicht fällig waren –, sodass ihm für die Tilgung der Steuerschuld keine Mittel mehr zur Verfügung stehen.

Lösung

Die Pflichtverletzung (ausschließliche Befriedigung der übrigen Gläubiger) liegt vor der Entstehung der Umsatzsteuerschuld, da diese gem. § 13 Abs. 1 Nr. 1 i.V.m. § 16 Abs. 1 UStG erst mit Ablauf des Voranmeldungszeitraumes Juli entsteht und gem. § 18 Abs. 1 Satz 3 UStG erst zum 10.08. fällig wird. Gleichwohl ist es grob pflichtwidrig, die übrigen Gläubiger einseitig zu befriedigen, obwohl man genau weiß, dass eine beträchtliche Umsatzsteuerschuld auf die GmbH zukommen wird.

Maßstab der Pflichten eines Geschäftsführers ist die Sorgfalt eines ordentlichen Geschäftsmannes (§ 43 Abs. 1 GmbHG), unabhängig von der Person des jeweiligen Geschäftsführers (BFH vom 26.04.1984, BStBl II 1984, 776).

1.2.1.1.2.2 Pflichtverletzung – Grundsatz der Gesamtverantwortung

Sind in einer GmbH mehrere Gesellschafter bestellt, sind nach dem **Grundsatz der Gesamtverantwortung** (vgl. § 77 Abs. 1 AktG, § 115 Abs. 1 HGB und § 43 Abs. 2 GmbHG) alle Geschäftsführer verpflichtet, die steuerlichen Pflichten der GmbH zu erfüllen.

Hat der Gesellschaftsvertrag oder ein förmlicher Beschluss der Gesellschafter die Wahrnehmung der steuerlichen Belange der Gesellschaft einem von mehreren Geschäftsführern zugewiesen (§ 37 Abs. 1 GmbHG) oder ist dies kraft Zulassung in dem Gesellschaftsvertrag oder durch Beschluss der Gesellschafter in einer Geschäftsordnung der Geschäftsführer festgelegt (vgl. § 77 Abs. 2 AktG), treffen die steuerlichen Pflichten in erster Linie diesen Geschäftsführer (BFH vom 26.04.1984, BStBl II 1984, 776). Entscheidend ist jedoch, dass die jeweilige Vereinbarung im **voraus, schriftlich und klar** niederlegt, welche der Aufgabenbereiche dem jeweiligen Geschäftsführer zugewiesen sind.

Eine gänzliche Freistellung von dem Grundsatz der Gesamtverantwortung ist insbesondere im Hinblick auf die Gläubigerschutzvorschriften der §§ 6, 35, 37 Abs. 2 Satz 2, 64 und 84 GmbHG nicht möglich. Ein Geschäftsführer hat sich demnach wieder um die Gesamtbelange der Gesellschaft zu kümmern, wenn es Anzeichen dafür gibt, dass der eigentlich verantwortliche Geschäftsführer seinen Pflichten nicht oder nicht mit der Sorgfalt eines ordentlichen Geschäftsmannes nachkommt. Auch wenn sich die nahende Zahlungsunfähigkeit oder Überschuldung der Gesellschaft abzeichnet, gebietet allein schon die jeden Geschäftsführer treffende Insolvenzantragspflicht des § 15a Abs. 1 InsO, sich um die Gesamtbelange der Gesellschaft zu kümmern. Im Verhältnis der Geschäftsführer untereinander spielt der alte Grundsatz: »Vertrauen ist gut, Kontrolle ist besser« für die Haftung gem. § 69 AO demnach eine wesentliche Rolle.

Beispiel

Hans Haus (H) und Bernd Blau (B) sind Geschäftsführer der Haus-Bau-GmbH. Ab dem 01.01.2010 hat die GmbH weder USt beim Finanzamt angemeldet noch an das Finanzamt bezahlt. Am 01.10.2010 stellte H einen Insolvenzeröffnungsantrag. Dieser Antrag wurde jedoch gem. § 26 InsO mangels Masse abgewiesen. Bernd Blau setzte sich in der Folgezeit ins Ausland ab.

Im Jahr 2011 erhält Hans Haus einen Haftungsbescheid, mit dem er gem. § 69 AO für die Umsatzsteuerschulden für die Veranlagungszeiträume Januar bis September 2010 der GmbH gem. § 69 AO in Anspruch genommen wird. Dagegen legt Hans Haus Einspruch ein. Er verweist darauf, dass im Gesellschaftsvertrag die Wahrnehmung der steuerlichen Belange der Gesellschaft dem Bernd Blau zugewiesen worden war. Er habe zwar zu Beginn des Jahres 2010 erfahren, dass Bernd Blau in 2010 diese Verpflichtungen »nicht immer sorgfältig« erfüllt habe; Bernd Blau habe ihm aber versichert, er werde schon alles in Ordnung bringen.

Lösung

Der Geschäftsführer Hans Haus haftet gem. § 69 AO für die Umsatzsteuerverbindlichkeiten für die Voranmeldungszeiträume Januar bis September 2010. Da der Gesellschaftsvertrag die Wahrnehmung der steuerlichen Belange schriftlich, klar und im Voraus dem Bernd Blau zuwies, trafen die steuerlichen Pflichten in erster Linie den Bernd Blau. Die Verantwortung des Hans Haus wurde dadurch allerdings nicht gänzlich aufgehoben. Vielmehr trat der Umfang dieser Pflichten nur so lange zurück, wie für Hans Haus unter den Maßstäben der Sorgfalt eines ordentlichen Geschäftsmannes kein Anlass bestand anzunehmen, die steuerlichen Verpflichtungen würden nicht **exakt** erfüllt. Da Hans Haus von Unregelmäßigkeiten in der Steuererklärung und Erfüllung der Steuerschulden Kenntnis hatte, war er ab diesem Zeitpunkt verpflichtet, sich um die Gesamtbelange der Gesellschaft zu kümmern. Diese Verpflichtung hat er zumindest grob fahrlässig verletzt (vgl. BFH vom 26.04.1984, BStBl II 1984, 776 und vom 04.03.1986, BStBl II 1986, 384).

1.2.1.1.2.3 Pflichtverletzung – Grundsatz der anteiligen Tilgung

Zu diesem Themenkomplex hat sich das FinMin Nordrhein Westfalen (07.12.2010, S 0190) auszugsweise wie folgt geäußert:

Werden einzubehaltende Lohnsteuerabzugsbeträge, für die der Arbeitgeber nach den einkommensteuerlichen Bestimmungen haftet (also nicht die pauschalierte Lohnsteuer; siehe unter II.1.), nicht oder nicht rechtzeitig an das FA abgeführt, liegt nach den vom BFH aufgestellten Grundsätzen (siehe z. B. Urteil vom 26.07.1988, BStBl 1988 II, 859) regelmäßig eine zumindest grob fahrlässige Pflichtverletzung vor.

Vom Arbeitgeber einbehaltene und abzuführende Lohnsteuern (vgl. § 41a Abs. 1 EStG) werden gleichsam treuhänderisch für den Arbeitnehmer als Steuerschuldner (§ 38 Abs. 2 EStG) und den Fiskus als Gläubiger vereinnahmt und sind deshalb auch und gerade bei angespannter finanzieller Lage in voller Höhe an das FA abzuführen. Die einbehaltenen Lohnsteuerabzugsbeträge sind für den Arbeitgeber fremde Gelder, die er nicht sach- und zweckwidrig verwenden darf, und zwar auch nicht im Vertrauen darauf, diese Beträge später aus noch eingehenden Außenständen begleichen zu können. Die Nichtabführung einbehaltener Lohnsteuern verletzt daher ohne weiteres die in § 34 Abs. 1 Satz 2 AO normierte Pflicht des für den Arbeitgeber verantwortlich Handelnden, die Steuern aus den von ihm verwalteten Mitteln des Arbeitgebers zu entrichten (BFH vom 26.07.1988, BStBl 1988 II, 859).

Reichen die zur Verfügung stehenden Mittel nicht zur Zahlung der vereinbarten Löhne aus, darf ein verantwortungsbewusst handelnder Geschäftsführer die Löhne nur gekürzt als Vorschuss oder Teilbetrag auszahlen; aus den dann verbleibenden Mitteln hat er die entsprechende Lohnsteuer an das FA abzuführen (BFH vom 26.07.1988, a.a.O. sowie vom 17.10.1980, BStBl II 1981, 138, vom 20.04.1982, BStBl II 1982, 521 und vom 12.07.1983, BStBl II 1983, 653).

Diese Rechtsansicht führt aber nicht dazu, dass eine Haftung nur in der Höhe in Betracht kommt, in der bei Zugrundelegung des ausgezahlten Nettolohnes als Bruttolohn Lohnsteuer angefallen wäre. Vielmehr kann der für die Einhaltung und Abführung der Lohnsteuern Verantwortliche grundsätzlich unabhängig von der Liquiditätslage des Unternehmens **in vollem Umfang** als Haftender in Anspruch genommen werden.

Nur in wenigen Ausnahmefällen kann eine Haftungsbeschränkung im Rahmen eines längeren Haftungszeitraums für den bzw. die letzten Lohnsteueranmeldungszeiträume in Betracht kommen, wobei allerdings dem Haftenden die objektive Feststellungslast dafür obliegt, dass ihm ab dem Zeitpunkt der letzten Lohnzahlung **nur** Mittel in Höhe der ausbezahlten Nettolöhne zur Verfügung standen (BFH vom 26.07.1988, BStBl II 1988, 859, 861 Ziff. 3).

Gleiches gilt für andere Steuerabzugsbeträge, die der Arbeitgeber einzubehalten und abzuführen hat; hierzu gehören insbes. die Kirchenlohnsteuer und der Solidaritätszuschlag (§ 51a Abs. 1 EStG).

Bei der rechtlichen Beurteilung der Frage, inwieweit die in §§ 34, 35 AO bezeichneten Personen für sonstige Betriebssteuern und damit in Zusammenhang stehende Nebenleistungen haften, ist davon auszugehen, dass beim Fehlen ausreichender Mittel zur Tilgung sämtlicher Verbindlichkeiten die rückständigen Steuerbeträge in etwa dem gleichen Verhältnis zu tilgen sind, wie die Verbindlichkeiten gegenüber anderen Gläubigern (BFH vom 26.04.1984, BStBl II 1984, 776). Benachteiligt der Haftungsschuldner das FA bei der Verteilung der verwalteten Mittel, verletzt er diese Pflicht zumindest grob fahrlässig und haftet deshalb im Umfang des die durchschnittliche Tilgungsquote unterschreitenden Differenzbetrages. Dies ist die Haftungssumme.

Der Grundsatz gleichrangiger Tilgung aller Schulden ist insbes. bei der Haftung für Umsatzsteuerrückstände von praktischer Bedeutung; da sich Liquiditätsschwierigkeiten in der Regel in nachlassenden Erträgen niederschlagen, werden ertragsabhängige Steuern nur selten haftungsrelevant. Gleichwohl gilt dieser Grundsatz auch für andere Betriebssteuern und die damit in Zusammenhang stehenden steuerlichen Nebenleistungen, so für die Körperschaftsteuer (BFH vom 17.07.1985, BStBl II 1985, 702) und die **pauschalierte** Lohnsteuer (BFH vom 03.05.1990, BStBl II 1990, 767). Bei der Gewerbesteuer ist die Rechtslage ebenso zu beurteilen.

Die Haftung erstreckt sich ebenfalls auf die aufgrund der Pflichtverletzung **bei der Gesellschaft auf die Steuerschulden** angefallenen Säumniszuschläge, ggf. begrenzt auf die für die zugrundeliegenden Steuern ermittelte Tilgungsquote. Das gilt selbst dann, wenn die den Säumniszuschlägen zugrundeliegenden Steuerschulden später auf 0 € herabgesetzt werden (FG Saarland vom 27.09.1990, EFG 1991, 294).

Der Haftungszeitraum wird wie folgt abgegrenzt:

Er beginnt grundsätzlich mit dem Tag der ältesten Fälligkeit der für die Haftung in Betracht kommenden Ansprüche.

Er **endet** an dem Zeitpunkt, an dem sichergestellt ist, dass eine Benachteiligung (durch Zahlungen an andere Gläubiger) des Fiskus ausscheidet.

Grundsätzlich endet der Haftungszeitraum mit dem Zeitpunkt, ab dem durch die Steuerschuldnerin keine Gläubiger mehr befriedigt worden sind. Dies **kann** z. B. der Tag der Antragstellung auf Eröffnung eines Insolvenzverfahrens sein.

Es **kann** aber auch ein späterer Zeitpunkt sein, wenn nämlich Sachverhalte festgestellt werden, in denen z. B. nach dem Insolvenzantrag noch andere Gläubiger befriedigt wurden.

Ist es dadurch zum Steuerausfall gekommen, dass der Steueranspruch gem. § 69 Satz 1, 1. Alt. AO infolge schuldhaften Verhaltens nicht oder nicht rechtzeitig festgesetzt wurde, kann hinsichtlich des Beginns des Haftungszeitraums nicht auf die Fälligkeit der Jahressteuernachzahlung abgestellt werden. Vielmehr ist dann der Zeitpunkt maßgebend, zu dem der Anspruch bei ordnungsgemäßer Erfüllung der Erklärungspflicht fällig geworden wäre (BFH vom 12.04.1988, BStBl II 1988, 742). Insoweit ist auf das Urteil des BFH vom 12.07.1988 (BStBl II 1988, 980, 981) hinzuweisen, in dem als maßgebender Zeitpunkt für die Beurteilung der Liquidität nicht auf die Fälligkeit der Nachzahlungsschuld aufgrund der Umsatzsteuerjahreserklärung, sondern auf den drei Jahre früheren Fälligkeitszeitpunkt aufgrund der fehlerhaften Umsatzsteuervoranmeldung abgestellt wurde.

Ein früherer Beginn des Haftungszeitraums muss dann festgelegt werden, wenn die Jahressteuererklärung schuldhaft zu spät abgegeben worden ist und die Steuerfestsetzung und deren Fälligkeit dadurch in eine Zeit fällt, in der die Liquiditätslage sich gegenüber dem Zeitpunkt verschlechtert hat, zu dem die Abschlusszahlung bei gebührender Erfüllung der Erklärungspflicht voraussichtlich fällig geworden wäre. In diesem Zusammenhang ist zu beachten, dass der Haftungsschuldner die dem Steuergläubiger gegenüber bestehenden Pflichten bereits dann verletzt, wenn er sich durch Vorwegbefriedigung oder in sonstiger Weise vorsätzlich oder grob fahrlässig außerstande setzt, eine bereits entstandene, aber erst künftig fällig werdende Steuerforderung im Zeitpunkt der Fälligkeit zu tilgen. Dann haftet der Verantwortliche insoweit, als der Steuergläubiger bei pflichtgemäßem Verhalten im Fälligkeitszeitpunkt befriedigt worden wäre (BFH vom 26.04.1984, BStBl II 1984, 776).

Eine Haftung entfällt jedoch, wenn zwischen Verletzung der Steuererklärungspflicht und dem eingetretenen Steuerausfall ein ursächlicher Zusammenhang nicht besteht. Das ist der Fall, wenn mangels ausreichender Zahlungsmittel und vollstreckbaren Vermögens auch bei fristgerechter Abgabe der Steuererklärung die geschuldete Steuer nicht hätte beglichen werden können (BFH vom 26.08.1992, BStBl II 1993, 8). Hingegen haftet der Haftungsschuldner ohne Rücksicht auf die Verfügbarkeit von Geldmitteln für den eingetretenen Steuerausfall, wenn durch die unterlassene oder verspätete Steueranmeldung aussichtsreiche Vollstreckungsmöglichkeiten des Finanzamts vereitelt worden sind (BFH vom 05.03.1991, BStBl II 1991, 678, 681). Die Haftung besteht dann unabhängig vom Umfang der sonstigen Gläubigerbefriedigung jedenfalls insoweit uneingeschränkt, als bei ordnungsgemäßer rechtzeitiger

Voranmeldung die verkürzten Steuern vom FA ohne weiteres hätten beigetrieben werden können (BFH vom 08.10.1991, BFH/NV 1992, 79).

Im Übrigen ist die Berechnung der durchschnittlichen Tilgungsquote nur **überschlägig** vorzunehmen. Besonderheiten des Einzelfalles (z.B. außergewöhnliche Liquiditätsschwankungen im Haftungszeitraum; Unvollständigkeit der Buchführungsunterlagen) zur Feststellung der durchschnittlichen Tilgungsquote können durch einen Pauschalabschlag auf dieselbe haftungsmindernd berücksichtigt werden (BFH vom 14.07.1987, BStBl II 1988, 172).

Bei der Ermittlung der Haftungsquote sind die im Haftungszeitraum getilgten Lohnsteuern weder bei den Gesamtverbindlichkeiten noch bei den geleisteten Zahlungen zu berücksichtigen (BFH vom 27.02.2007, BStBl II 2008, 508).

Nach der BFH-Rechtsprechung sind in die Berechnung der anteiligen Tilgungsquote grundsätzlich alle Verbindlichkeiten einzubeziehen, ungeachtet ihres Rechtsgrundes und ihrer Bedeutung für die Fortführung des Unternehmens. Eine Tilgungsvordringlichkeit ist grundsätzlich nicht gegeben.

Ausgenommen davon sind jedoch Zahlungen auf die vorrangig zu tilgenden Lohnsteuerbeträge (vgl. BFH-Entscheidungen in BFH/NV 2000, 1322; vom 26.03.1985, Az: VII R 139/81, BStBl II 1985, 539; vom 14.07.1987, Az: VII R 188/82, BStBl II 1988, 172).

Damit sind Lohnsteuern, soweit sie getilgt sind, **weder bei den Verbindlichkeiten noch bei den** im Haftungszeitraum **geleisteten Zahlungen zu berücksichtigen.**

Geschäftsführer, die sich dieser Pflicht entsprechend verhalten, verhalten sich dem Fiskus gegenüber gerade nicht pflichtwidrig. Es muss deshalb sichergestellt werden, dass die – im Verhältnis zu sonstigen Zahlungen – überproportionale Tilgung der Lohnsteuer nicht dazu führt, dass sich die **Haftungsquote** hinsichtlich der übrigen Steuerverbindlichkeiten zu Lasten des Haftungsschuldners erhöht.

Im Hinblick auf diese vorrangige Tilgungspflicht der Lohnsteuerbeträge (vgl. BFH vom 27.02.2007, Az: VII R 60/05) sind Lohnsteuern i.R.d. Vergleichsberechnung **nicht** zu berücksichtigen.

Bei Ermittlung der auf die Steuerrückstände geleisteten Zahlungen sind auch die vom FA verrechneten Vorsteuerüberschüsse als Zahlungen auf die Umsatzsteuerschulden anzusetzen (BFH vom 07.11.1989, BStBl II 1990, 201; vgl. FinMin Nordrhein Westfalen vom 07.12.2010, Az: S 0190 mit weiteren Musterformularen)

Berechnungsbogen zur Ermittlung der Haftungssumme

1.	Berechnung der Gesamtverbindlichkeiten	
1.1	Schuldenstand zu Beginn des Haftungszeitraumes	
	(einschließlich der Löhne und Sozialabgaben / ohne Steuern)	€
	+ Zugänge bis zum Ende des Haftungszeitraumes	€
	./. Abgänge ohne Berücksichtigung geleisteter Zahlungen	
	(z.B. Rabatte, Boni, Skonti, Forderungsverzicht)	
	bis zum Ende des Haftungszeitraumes	€
	Zu tilgen waren in diesem Zeitraum insgesamt	€

1.2	Steuerschulden (ohne Lohnsteuer) zu Beginn des Haftungszeitraumes, darunter nicht nur die fälligen, sondern auch die bereits entstandenen (BFH vom 26.04.1984, BStBl II 1984, 776, 779), soweit diesbezüglich Pflichtverletzungen vorliegen	€
	+ Zugänge	€
	./. Abgänge ohne Berücksichtigung geleisteter Zahlungen bis zum Ende des Haftungszeitraumes	€
	Rückständige Steuern (ohne Lohnsteuer) insgesamt	€
1.3	Die Gesamtverbindlichkeiten (Nrn. 1.1 und 1.2) betragen	€
2.	Berechnung der Mittelverwendung	
2.1	Summe der bezahlten Schulden i.S.v. Nr. 1.1 bis zum Ende des Haftungszeitraumes	€
2.2	Summe der bezahlten Steuerverbindlichkeiten i.S.v. Nr. 1.2 (einschließlich Umbuchungen) bis zum Ende des Haftungszeitraumes	€
2.3	Gesamtsumme der bezahlten Verbindlichkeiten (Nrn. 2.1 und 2.2)	€
3.	Berechnung der Haftungsquote	
	$\frac{\text{Gesamtsumme der bezahlten Verbindlichkeiten gem. Nr. 2.3}}{\text{Gesamtverbindlichkeiten gem. Nr. 1.3}}$ ______ × 100 =	%
4.	Berechnung der Haftungssumme	
4.1	Bei pflichtgemäßer anteiliger Tilgung wären zu zahlen gewesen: Steuerschulden gem. Nr. 1.2 × ______% gem. Nr. 3 =	€
4.2	./. Betrag, der tatsächlich auf diese Steuerrückstände gezahlt worden ist (einschließlich Umbuchungen) lt. 2.2	€
4.3	Ergebnis: Die Haftungssumme beläuft sich auf	€

Beispiel

Gustav Gans (G) ist Geschäftsführer der Gans-GmbH. Zum 31.12.2010 hatte die GmbH folgende Schulden:

a) Schulden ohne Steuerschulden	8.000.000 €
b) USt-Rückstände	2.000.000 €

In der Zeit vom 01.01.2011 bis zum 01.07.2011 (Haftungszeitraum) kamen folgende Verbindlichkeiten hinzu:

a) Schulden ohne Steuerschulden	7.000.000 €
b) USt-Rückstände	3.000.000 €

In diesem Zeitraum hat die GmbH Schulden in folgender Höhe bezahlt:

a) Schulden ohne Steuerschulden	2.800.000 €
b) USt-Rückstände	200.000 €

Am 01.07.2011 stellt G den Antrag auf Insolvenzeröffnung, die aber mangels Masse abgelehnt wurde.
Haftet G für die Steuerschulden der Gesellschaft?

Lösung

Ein Haftung des G könnte sich insbesondere aus § 69 Satz 1 i.V.m. § 34 Abs. 1 AO und § 35 GmbHG ergeben, wenn er gegen den Grundsatz der anteiligen Tilgung verstoßen hätte. Danach ergibt sich folgende Berechnung.

1. **Berechnung der Gesamtverbindlichkeiten**

Schuldenstand zu Beginn des Haftungszeitraums (ohne USt)	8.000.000 €
+ Zugang bis zum 01.07.2011 (ohne USt)	7.000.000 €
Allgemeine Verbindlichkeiten insgesamt	15.000.000 €
Steuerschulden zu Beginn des Haftungszeitraumes	2.000.000 €
+ Zugang bis zum 01.07.2011	3.000.000 €
rückständige Steuern insgesamt	5.000.000 €
Gesamtverbindlichkeiten (15.000.000 € + 5.000.000 € =)	20.000.000 €
Anteil USt-Rückstände20 %	

2. **Berechnung der Mittelverwendung:**

Summe der bezahlten Verbindlichkeiten inkl. Steuerzahlungen	3.000.000 €

3. **Ermittlung der Zahlungsverpflichtung und der Haftungssumme**

Bei anteiliger Haftungsquote von 20 % hätten auf die USt-Rückstände entrichtet werden müssen (20 % von 3.000.000 € =)	600.000 €
tatsächlich sind nur gezahlt worden	./. 200.000 €
Haftungssumme:	400.000 €

Ergebnis: Da G gegen den Grundsatz der anteiligen Gläubigerbefriedigung verstoßen hat, haftet er als Geschäftsführer gem. § 69 Satz 1 AO für die Umsatzsteuer i.H.v. 400.000 €. Eine darüber hinausgehende Haftung scheidet aus, da auch bei Beachtung der Sorgfalt eines ordnungsgemäßen Geschäftsmannes lediglich eine anteilige Befriedigung der jeweiligen Gläubiger in Betracht gekommen wäre (vgl. hierzu auch Kausalität).

1.2.1.1.2.3.1 Weitere Pflichtverletzungen

Die OFD Hannover hat mit Verfügung vom 22.01.1998 (Az: S 0370-28 - StO 321/S 0370-37 - StH 551) ausführlich zur Haftung des GmbH-Geschäftsführers für Steuern der GmbH Stellung genommen.

I. Einwendungen betreffend Funktion bzw. Aufgaben als Geschäftsführer

1. Dem Geschäftsführer fehlte zur Wahrnehmung seiner Tätigkeit die erforderliche Zeit bzw. der Überblick
   Verschulden besteht darin, dass der Haftungsschuldner es unterlassen hat, sich die erforderliche Übersicht zu verschaffen oder einen sachkundigen Berater mit der Wahrnehmung der steuerlichen Belange des Steuerschuldners zu betrauen oder zumindest in dem benötigten Umfang zuzuziehen; BFH vom 02.07.1987, BFH/NV 1988, 220.
2. Geschäftsführer befand sich in der Einarbeitungsphase. Die eigentlichen Entscheidungen wurden noch von dem Vorgänger getroffen.
   Geschäftsführer durfte nicht tatenlos zusehen. Keine Entlastung des eigentlichen Geschäftsführers; BFH vom 09.02.1988, BFH/NV 1988, 64.
3. Geschäftsführer hat keine Kenntnisse über steuerliche Pflichten (Verpflichtung zur gekürzten Auszahlung der Löhne, Verpflichtung zur anteiligen Befriedigung des Finanzamtes)
   Bei Übernahme der Geschäftsführertätigkeit besteht die Pflicht zur Aneignung von Kenntnissen über elementarste handelsrechtliche und steuerrechtliche Pflichten und zur Einholung entsprechender Informationen. Dies gilt auch für den Nichtkaufmann-Geschäftsführer, vgl. u. a. BFH vom 16.03.1993, VII R 57/92, BFH/NV 1993, 707.

4. Der Haftungsschuldner hat das Amt als Geschäftsführer vor Fälligkeit des Steueranspruchs wirksam niedergelegt.
   Für Steuerforderungen, die nach Niederlegung des Amts als Geschäftsführer fällig geworden sind, kommt eine Haftung in der Regel nicht in Betracht. Der Geschäftsführer kann in diesem Fall aber seine Pflichten durch Vorwegbefriedigung anderer Gläubiger verletzt haben, vgl. u. a. BFH vom 16.03.1993, VII R 57/92, BFH/NV 1993, 707.
5. Haftungsschuldner war gegenüber dem anderen Gesellschafter-Geschäftsführer nur zu einem geringen Prozentsatz an der Gesellschaft beteiligt.
   Bei der Ausübung des Auswahlermessens darf nicht vordergründig auf die Beteiligungsverhältnisse der Geschäftsführer am Gesellschaftskapital abgestellt werden; BFH vom 29.05.1990, BStBl II 1990, 1008.
6. Die Geschäfte der Gesellschaft wurden unter Ausschaltung des Geschäftsführer-Haftungsschuldners tatsächlich von einer anderen Person geführt bzw. der Haftungsschuldner war lediglich in der Funktion als Strohmann für die Gesellschaft tätig.
   Geschäftsführer darf die Geschäftsführung durch einen anderen nicht dulden. Bei mangelnder Durchsetzungsfähigkeit und fehlender Handlungsmöglichkeit entsprechend seiner Rechtsstellung hatte der Haftungsschuldner die Pflicht zum Rücktritt vom Amt als Geschäftsführer. Er darf nicht den Eindruck erwecken, als sorge er für die ordnungsgemäße Abwicklung der Geschäfte der Gesellschaft. Dies gilt auch für Kinder und Angehörige der den Steuerschuldner tatsächlich beherrschenden Person, selbst wenn ihnen das Amt gegen ihren Willen aufgedrängt worden ist. Erst für die Zeit nach dem Rücktritt entfällt die Haftung, ständige Rechtsprechung vgl. u. a. BFH vom 09.01.1996, BFH/NV 1996, 589.
7. Ein Gesellschafter hat die Geschäftsführungsbefugnisse aufgrund Erteilung einer Generalvollmacht übernommen und den bestellten Geschäftsführer aus dessen Aufgabenbereich verdrängt.
   Bei Duldung der tatsächlichen Geschäftsführung durch einen anderen, muss der nominell bestellte Geschäftsführer durch geeignete Aufsichtsmaßnahmen dafür sorgen, dass jener die steuerlichen Verpflichtungen ordnungsgemäß erfüllt. Öffentlich-rechtliche Pflichten können nicht durch privatrechtliche Vereinbarungen beseitigt werden; BFH vom 19.03.1985, BFH/NV 1986, 650.
8. Bevollmächtigung eines anderen Geschäftsführers hinsichtlich der Wahrnehmung der Pflichten als Mitgeschäftsführer.
   Auch hier gilt der Grundsatz, dass die öffentlich-rechtlichen Pflichten des gesetzlichen Vertreters nicht durch privatrechtliche Vereinbarungen eingeschränkt oder beseitigt werden können; BFH vom 21.05.1969, BStBl II 1969, 539.
9. Der Haftungsschuldner ist zwar Geschäftsführer, aber nicht für den kaufmännischen Bereich zuständig gewesen bzw. der Haftungsschuldner ist zwar für den kaufmännischen Bereich zuständig gewesen, aber auch der (technische) Mitgeschäftsführer hat sich um die steuerlichen Angelegenheiten gekümmert. Das FA müsse auch ihn zur Haftung heranziehen.
   In der Regel solidarische Verantwortung aller Geschäftsführer und Pflicht zur Überwachung der Geschäftsführung im Ganzen. Interne Geschäftsverteilung ist bei der Haftungsinanspruchnahme nur zu beachten, wenn eine schriftliche Vereinbarung vorliegt. Ist dies der Fall, kann es ermessensgerecht sein, den für den technischen Bereich zuständigen Geschäftsführer zu Lasten des kaufmännischen Geschäftsführers von der Haftung freizustellen. Bei erkennbaren Unregelmäßigkeiten wird jedoch die Gesamtverantwortung aller Geschäftsführer wieder wirksam, ständige Rechtsprechung vgl. u. a. BFH vom 12.05.1992, BFH/NV 1993, 143.

10. Angestellter, Buchhalter, Hilfskräfte, Prokurist, Steuerberater oder ein anderer Gesellschafter wurden mit der Erledigung steuerlicher Angelegenheiten betraut
Pflicht zur laufenden Überwachung. Bei unterlassener Überwachung eines Mitarbeiters, dem die Erfüllung steuerlicher Pflichten übertragen worden ist, kommt allerdings ein haftungsbegründendes grob fahrlässiges Verhalten in der Regel nur dann in Betracht, wenn die Überwachungsmaßnahmen, zu deren Vornahme im Einzelfall Anlass bestand, auch geeignet gewesen wären, die Beanstandungen zu verhindern. Nach Hinweis des Finanzamts auf steuerliche Unregelmäßigkeiten und/oder bei Kenntnis von erheblichen Liquiditätsschwierigkeiten des Unternehmens muss sich der Geschäftsführer selbst um die steuerlichen Belange kümmern; ständige Rechtsprechung vgl. u. a. BFH vom 30.06.1995, BFH/NV 1996, 2

II. Sonstige Einwendungen

11. Berücksichtigung der Einkommens- und Vermögensverhältnisse des Haftungsschuldners.
Die Einkommens- und Vermögensverhältnisse des Haftungsschuldners sind nicht bereits im Festsetzungsverfahren der Haftungsschuld zu berücksichtigen. Sie können erst im Erhebungsverfahren Bedeutung erlangen, vgl. u. a. BFH vom 09.01.1996, BFH/NV 1966, 589.
12. Der steuerliche Berater hat falsche Erklärungen erstellt bzw. unzutreffende Auskünfte erteilt
Dem Geschäftsführer einer Gesellschaft als Haftungsschuldner kann ein Verschulden des steuerlichen Beraters der Gesellschaft nicht zugerechnet werden. Trifft ihn persönlich kein Auswahl- oder Überwachungsverschulden und hat er keinen Anlass, die inhaltliche Richtigkeit der vom steuerlichen Berater gefertigten Steuererklärung der Gesellschaft bzw. der erteilten Auskunft zu überprüfen, kommt eine Haftungsinanspruchnahme nicht in Betracht, vgl. ua. BFH vom 30.08.1994, BStBl II 1995, 278.
13. Mitverschulden des FA durch unterlassene oder unzureichende Maßnahmen gegenüber Steuerschuldner
Mitverschulden des FA gehört nicht zu den Tatbestandsmerkmalen des § 69 AO. Allerdings kann das Mitverschulden bei der Ermessensausübung – nicht bei der Rechtsentscheidung – dann berücksichtigt werden, wenn die Beitreibung der Steuerforderungen wegen einer groben Pflichtverletzung des Finanzamts fehlgeschlagen ist. Unterlassene Beitreibungsmaßnahmen führen nicht zu einem Mitverschulden des FA, ständige Rechtsprechung u. a. BFH vom 09.01.1996, BFH/NV 1996, 589.
14. Die dem Haftungsbescheid zugrundeliegende Steuer ist bisher nicht festgestellt worden.
Ein Haftungsbescheid kann auch vor Festsetzung der Steuerschuld ergehen. Nur der Ablauf der Festsetzungsfrist der Steuerschuld vor Ergehen des Haftungsbescheids kann der Einbeziehung der nicht festgesetzten Steuerschuld in den Haftungsbescheid entgegenstehen (§ 191 Abs. 5 Nr. 1 AO), vgl. BFH vom 17.03.1988, BFH/NV 1989, 81.
15. Die dem Haftungsbescheid zugrunde liegenden Steuerbescheide sind unzutreffend.
Einwendungen gegen unanfechtbare Steuerbescheide sind dem Haftenden nach AO abgeschnitten, wenn er als Vertreter Festsetzungen hätte angreifen können und hierzu rechtlich in der Lage war, u. a. BFH vom 06.06.1994, BFH/NV 1995, 281.
16. Der Haftungsschuldner hat keine Regressmöglichkeit gegenüber dem Steuerschuldner.
Der Haftungsschuldner muss in Kauf nehmen, dass er seine auf die Haftungsschuld geleisteten Zahlungen u. U. nicht vom Steuerschuldner erstattet erhält; BFH vom 21.02.1989, VII R 165/ 85, BStBl II 1989, 491.

17. Möglichkeit der Verrechnung von Steuerforderungen mit bestehenden Erstattungsansprüchen des Steuerschuldners.
    Der Haftungsschuldner kann sich nicht auf eine generelle Verrechnungsabrede und eine entsprechende Verrechnungspraxis berufen. Er muss ausdrücklich die Verrechnung vereinbaren oder einseitig die Aufrechnung erklären; BFH vom 02.08.1988, VII R 60/85, BFH/NV 1989, 150.
    Anders bei ausdrücklichem Antrag auf Verrechnung; BFH vom 29.07.1986, VII R 132/83, BFH/NV 1987, 74.

III. Einwendungen unter Berufung auf Tätigkeit der kreditgebenden Bank bzw. mit dem Hinweis auf Vereinbarungen mit anderen Gläubigern zu Lasten des Finanzamts

18. Globalzessionsvertrag zugunsten anderer Gläubiger (z. B. Bank).
    Geschäftsführer hat sich schuldhaft außerstande gesetzt, vorhersehbare Steuerforderungen zu tilgen, ständige Rechtsprechung vgl. u. a. BFH vom 05.03.1991, BStBl II 1991, 678.
19. Vereinbarung von Sicherungsrechten zugunsten privater Gläubiger.
    Geschäftsführer hat sich auch in diesen Fällen schuldhaft außerstande gesetzt, vorhersehbare Steuerforderungen zu tilgen; BFH vom 05.03.1991, BStBl II 1991, 678.
20. ausschließender Wirkung der zur Befriedigung des Finanzamts benötigten Mittel entledigen; BFH vom 13.09.1988, VII R 35/85, BFH/NV 1989, 139.
21. Auswahl der erteilten Überweisungsaufträge durch die Bank.
    Verletzung der öffentlich-rechtlichen Pflicht zur Entrichtung fälliger Steuern bei stillschweigendem Einverständnis gegenüber der Bank in Bezug auf Auswahl der Überweisungsaufträge. Pflicht zur Anmahnung der Überweisung bei kreditgebender Bank. Entweder Rücktritt oder Niederlegung des Amts als Geschäftsführer bzw. Konkursantrag bei »Knebelungs«situation; BFH vom 05.11.1991, BFH/NV 1992, 575.
22. Vereinbarung mit der Bank wegen bevorzugter Befriedigung bestimmter privater Gläubiger.
    Geschäftsführer darf nicht Zustimmung zu einer Vereinbarung mit der Bank geben, die den Fiskus einseitig schlechter stellt; BFH vom 05.11.1991, BFH/NV 1992, 575.

IV. Einwendungen insbesondere gegen Haftung für rückständige Lohnsteuer

23. Finanzielle Schwierigkeiten im Zeitpunkt der Lohnzahlung, Haftungsschuldner vertraute auf bis zum Fälligkeitstag oder später eingehende Mittel zur Abführung einbehaltener Lohnsteuerabzugsbeträge.
    Bei aktuellen Zahlungsschwierigkeiten Auszahlung der Löhne nur als Vorschuss oder Teilbetrag und Abführung der Lohnsteuer aus den verbleibenden Mitteln. Dies gilt auch dann, wenn die Lohnzahlungen aus Kreditmitteln erfolgen. Vorsätzliche Tatbestandsverwirklichung; ständige Rechtsprechung u. a. BFH vom 20.04.1993, BFH/NV 1994, 142.
24. Bemühungen um Fortbestand des Unternehmens (Verhinderung Betriebsstilllegung). Deshalb vorrangige Tilgung von Verbindlichkeiten privater Gläubiger.
    Vorsätzliche Erfüllung des Haftungstatbestands, vgl. u. a. BFH vom 09.01.1990, BFH/NV 1990, 412.
25. Benachteiligung des Finanzamts aus sozialen Gründen (z. B. Erhaltung von Arbeitsplätzen). Kein Ermessen hinsichtlich der Entscheidung über bevorzugte Befriedigung; BFH vom 12.05.1992, BFH/NV 1992, 785.
26. Bei Kürzung der Löhne nach Maßgabe der verfügbaren Mittel war Arbeitsniederlegung zu befürchten.

Das natürliche Bestreben des Geschäftsführers zur Erhaltung des Betriebs und seiner Arbeitsplätze rechtfertigt nicht die Zurückstellung der Abführung der auf die ausgezahlten Löhne entfallenden Lohnsteuern; BFH vom 09.01.1990, BFH/NV 1990, 412.

27. Der Konkursantrag wurde nach dem Zeitpunkt der Lohnzahlung und vor dem Fälligkeitszeitpunkt der darauf entfallenden Lohnsteuer gestellt. Der Haftungsschuldner durfte deshalb die Lohnsteuer nicht mehr entrichten. Der Konkursantrag wurde mangels Masse abgelehnt (Zusatz: ein gerichtlich angeordnetes Verfügungsverbot bestand nicht).
Da es nicht zur Eröffnung des Konkursverfahrens und damit nicht zu einem Verlust des Verwaltungs- und Verfügungsrechts über das Vermögen des Steuerschuldners gekommen ist, blieb der Haftungsschuldner weiterhin zur Entrichtung der rückständigen Steuern verpflichtet; BFH vom 20.04.1993, BFH/NV 1994, 142.
28. Nach dem Zeitpunkt der Lohnzahlung, aber vor bzw. zum Zeitpunkt der Fälligkeit der Steuerforderung bestand ein gerichtlich angeordnetes allgemeines Verfügungsverbot über das Vermögen des Steuerschuldners (wegen Anordnung der Sequestration oder Eröffnung des Konkursverfahrens).
Der Haftungsschuldner war zwar zur Einbehaltung der Lohnsteuerabzugsbeträge im Lohnzahlungszeitpunkt verpflichtet, aber auch wenn er diese Pflicht verletzt hat, war dies Pflichtverletzung für den Haftungsschaden nicht ursächlich. Der Steuerausfall wäre auch ohne die Pflichtverletzung eingetreten. Insoweit keine Haftung; BFH vom 17.11.1992, BStBl II 1993, 471.
29. Der Haftungsschuldner konnte im Zeitpunkt der Lohnzahlung davon ausgehen, dass er die Lohnsteuerabzugsbeträge aus ihm zur Verfügung stehenden Mitteln entrichten kann. Die Liquiditätsschwierigkeiten sind zwischen dem Zeitpunkt der Lohnzahlung und dem Fälligkeitszeitpunkt der darauf entfallenden Lohnsteuerbeträge akut geworden.
Trifft dieser Sachverhalt zu, kann dem Haftungsschuldner die Verletzung der Pflicht zur Lohnkürzung nicht vorgeworfen werden, denn er ist in Zeiten liquider Geschäftstätigkeit nicht zur Kürzung der Löhne und zur gesonderten Bereithaltung der darauf entfallenden Steuern verpflichtet. Dies gilt nicht, wenn er nicht bis zum Fälligkeitstag zahlt und die Zahlungsunfähigkeit innerhalb der Schonfrist des § 240 Abs. 3 AO eingetreten ist; BFH vom 20.04.1993, BFH/NV 1994, 142.
30. Der Geschäftsführer hat einen Stundungsantrag gestellt und im Vertrauen auf dessen Befürwortung die Zahlung der Lohnsteurabzugsbeträge hinausgeschoben.
Der Geschäftsführer darf die schlichte Stundung eines Stundungsantrags ohne irgendwelche vorherigen Zusagen nicht zum Anlass nehmen, den Fälligkeitstermin zu missachten. Sogar eine später ausgesprochene rückwirkende Stundung kann die nicht rechtzeitige Abführung der Lohnsteuer nicht entschuldigen. Nur eine vor dem Zahlungstermin gewährte Stundung oder eine mündliche Stundungszusage kann den für die Zahlung Verantwortlichen entlasten; BFH vom 26.02.1991, BFH/NV 1991, 578.
31. Keine Haftung für die Lohnsteuer, die auf den eigenen Arbeitslohn des Geschäftsführers entfällt.
Der Geschäftsführer als Arbeitnehmer ist zwar Steuerschuldner der Lohnsteuer, er haftet aber nicht für die eigene Steuerschuld, sondern für die aus seiner eigenen Sicht fremde Haftungsschuld der Gesellschaft, d.h. er kann für nicht abgeführte Lohnsteuer auch insoweit in Anspruch genommen werden, als die Steuer auf seinen eigenen Arbeitslohn entfällt, u.a. BFH vom 14.12.1988, BFH/NV 1989, 549.
32. Die Steuerschuldnerin verfügte zur Lohnzahlung nur über Mittel in Höhe der ausgezahlten Nettolöhne.

Haftungsbeschränkung auf diejenigen Lohnsteuerbeträge, die bei der Behandlung der zur Verfügung stehenden, an die Arbeitnehmer ausgezahlten Gelder als Bruttolöhne und der gebotenen anteiligen Befriedigung der Arbeitnehmer und des Finanzamts als Steuerabzugsbeträge angefallen wären, in Ausnahmefällen möglich. Hat der Haftungsschuldner über mehrere Monate hinweg die Löhne immer wieder ungekürzt ausgezahlt, ist anzunehmen, dass er jedenfalls über ausreichende Mittel verfügte, um jeweils die für den vorangegangenen Kalendermonat angemeldete und rückständige Lohnsteuer in voller Höhe an das FA zu entrichten. Beschränkung allenfalls für den letzten oder die letzten Monate eines Haftungszeitraums. Beweislast liegt insoweit beim Haftungsschuldner; BFH vom 09.01.1996, BFH/NV 1996, 589.

33. Der Entrichtungspflichtige rechnete bei Fälligkeit der Lohnsteuerabzugsbeträge mit der Erstattung anderer Steuern.
    Die Lohnsteuerabzugsbeträge sind innerhalb der durch § 41a Abs. 1 EStG vorgegebenen Frist ohne Rücksicht darauf zu entrichten, ob dem Entrichtungspflichtigen in Zukunft ein Anspruch auf Erstattung einer anderen Steuer zusteht; BFH vom 02.08.1988, BFH/NV 1989, 150.
34. Der Haftungsschuldner verhandelte mit der Bank über einen weiteren Kredit. Die Verhandlungen waren zum Zeitpunkt der Lohnzahlungen noch nicht abgeschlossen. Der Haftungsschuldner rechnete aber mit einem erfolgreichen Abschluss.
    Der Haftungsschuldner musste bei dieser Sachlage nach der allgemeinen Lebenserfahrung damit rechnen, dass der Kreditantrag abgelehnt wird. Eine Kürzung der Löhne um die darauf entfallenden Lohnsteuern war somit erforderlich; BFH vom 20.04.1993, VII R 67/92, BFH/NV 1994, 142.
35. Auch bei anteiliger Kürzung der Löhne nach Maßgabe der verfügbaren Mittel hätte die kreditgebende Bank den Überweisungsauftrag für Lohnsteuer nicht erfüllt.
    Der Geschäftsführer muss in diesem Fall die Bank – ggf. unter Einschaltung und mit Unterstützung des Finanzamts – auf seine lohnsteuerlichen Verpflichtungen als Geschäftsführer hinweisen und auf eine gleichmäßige Erfüllung der Verbindlichkeiten gegenüber den Arbeitnehmern und dem FA drängen; BFH vom 17.09.1987, VII R 101/84, BFH/NV 1988, 34.

V. Einwendungen insbesondere gegen Haftung für rückständige Umsatzsteuer

36. Die verfügbaren Mittel reichten nicht zur Befriedigung aller Gläubiger.
    Verpflichtung zur Befriedigung des Finanzamts entsprechend dem Tilgungsverhalten gegenüber anderen Gläubigern. Haftung in Höhe der Benachteiligungsquote; ständige Rechtsprechung vgl. ua. BFH vom 12.05.1992, BFH/NV 1992, 785.
37. Der leistungsempfangende Unternehmer kann die Umsatzsteuer mangels gesonderter Inrechnungstellung nicht als Vorsteuerabzugsbetrag geltend machen.
    Der Haftungsschuldner kann sich gegenüber entstandenen Umsatzsteuer-Haftungsansprüchen nicht darauf berufen, der vorsteuerabzugsberechtigte Unternehmer werde/habe keinen Vorsteuerabzugsanspruch geltend gemacht; BFH vom 07.07.1983, BStBl II 1984, 70.

12.1.1.2.3.2 Kausalität

Zwischen Pflichtverletzung einerseits und Haftungsschaden anderseits muss, aufgrund der Formulierung »**infolge**« in § 69 Satz 1 AO ein Kausalzusammenhang bestehen. Eine Kausalität i.S.d. – auch hier geltenden – Adäquanztheorie liegt demnach nicht vor, wenn bei pflichtgemäßem Verhalten des GmbH-Geschäftsführers ein entsprechender Steuerschaden ebenfalls eingetreten wäre.

12.1.1.2.3.3 Verschulden
Darüber hinaus muss der jeweilige Geschäftsführer auch schuldhaft gehandelt haben. Der jeweilige Geschäftsführer handelt schuldhaft, wenn er vorsätzlich bzw. grob fahrlässig seine Pflichten aus dem Steuerschuldverhältnis vernachlässig hat. Vorsatz bedeutet Wissen und Wollen der gesetzlichen Tatbestandsmerkmale. Demnach begeht der Geschäftsführer eine Pflichtverletzung vorsätzlich, wenn er den Handlungserfolg kennt und ihn auch will (direkter Vorsatz) bzw. billigend in Kauf nimmt (Eventualvorsatz).

Grobe Fahrlässigkeit ist anzunehmen, wenn der Geschäftsführer die ihm nach seinen persönlichen Verhältnissen zumutbare Sorgfalt in ungewöhnlichem Maße und in nicht entschuldbarer Weise verletzt (BFH vom 03.02.1983, BStBl II 1983, 324, und vom 18.05.1988, BStBl II 1988, 713). Eine grobe Fahrlässigkeit liegt in der Regel dann bereits vor, wenn ein Geschäftsführer es bei Übernahme der Geschäftsführertätigkeit unterlässt, sich mit den elementarsten handels- und steuerrechtlichen Pflichten eines Geschäftsführers einer GmbH vertraut zu machen und keine Erkundigungen hierüber einzieht (BFH vom 12.05.1992, BFH/NV 1992, 785).

1.2.1.1.3 Haftungsumfang

Die Haftung aus § 69 Satz 1 AO besteht für sämtliche Ansprüche aus dem Steuerschuldverhältnis. Zu den Ansprüchen aus dem Steuerschuldverhältnis gehören gem. § 37 Abs. 1 AO auch die Ansprüche auf die steuerlichen Nebenleistungen i.S.v. § 3 Abs. 4 AO. Demnach umfasst die Haftung aus § 69 Satz 1 AO auch:
- Verspätungszuschläge (§ 152 AO),
- Zuschläge gem. § 162 Abs. 4 AO im Zusammenhang mit Schätzungen mit Auslandsbezug,
- Zinsen (§§ 233 bis 237 AO),
- Säumniszuschläge (§ 240 AO),
- Zwangsgelder (§ 329 AO) und
- Kosten (§ 178, §§ 337 bis 345 AO) sowie
- Zinsen i.S.d. Zollkodexes.

Die Vorschrift des § 69 Satz 2 AO hat demnach lediglich deklaratorische Bedeutung und stellt klar, dass die Säumniszuschläge kraft Gesetzes entstehen und sie keine eigene Pflichtverletzung voraussetzt.

1.2.1.2 Haftung gem. § 71 AO

Wer eine Steuerhinterziehung (§ 370 AO) oder eine Steuerhehlerei (§ 374 AO) begeht oder an einer solchen Tat teilnimmt, haftet gem. § 71 AO für die verkürzten Steuern und die zu Unrecht gewährten Steuervorteile sowie für die Hinterziehungszinsen nach § 235 AO.

1.2.1.2.1 Personenkreis der Haftung

Im Hinblick auf § 369 Abs. 2 AO i.V.m. **§ 25 StGB** gehören zum Personenkreis zunächst der **Täter**, der **Mittäter** oder der **Nebentäter**.

Aufgrund der ausdrücklichen Bestimmung der Vorschrift gehört aber auch der **Teilnehmer** der Tat zu den Haftenden. Teilnehmer sind nach § 28 Abs. 1 StGB der **Anstifter** (§ 26 StGB) und der **Gehilfe** (§ 27 StGB).

Da sowohl Täterschaft als auch Teilnehmer als Haftungsschuldner in Frage kommen, ist es aus Sicht des § 71 AO unerheblich, ob der Haftungsschuldner nun als Täter oder als Teilnehmer gehandelt hat. Aus diesem Grund ist eine Wahlfeststellung für die Haftung aus § 71 AO ausreichend.

1.2.1.2.2 Pflichtverletzung/Schaden/Kausalität

Die Steuerhinterziehung bzw. die Steuerhehlerei muss tatbestandsmäßig, vorsätzlich, rechtswidrig und schuldhaft begangen worden sein. Eine Steuerhinterziehung kann durch positives Tun (§ 370 Abs. 1 Nr. 1, Abs. 4 AO) aber auch durch pflichtwidriges Unterlassen (§§ 370 Abs. 1 Nr. 2 und 2 und Abs. 4 AO) als sog. unechtes Unterlassungsdelikt begangen werden. Trotz Tatbestandsverwirklichung tritt jedoch keine volle Haftung gem. § 71 AO ein, wenn z. B. der GmbH-Geschäftsführer unrichtige USt-Voranmeldungen einreicht, die angemeldeten Steuern seitens der GmbH aber nicht bezahlt werden können. In diesem Zusammenhang betont der BFH (BFH vom 16.03.1993, BFH/NV 1994, 359), dass die Vorschrift des § 71 AO wie § 69 AO Schadenersatz-Charakter hat. Folglich sind die Grundsätze der anteiligen Haftung, die der BFH für die Haftung nach § 69 AO entwickelt hat, auch dann anwendbar, wenn der Geschäftsführer einer GmbH zugleich den Haftungstatbestand des § 71 AO verwirklicht (BFH vom 26.08.1992, BStBl II 1993, 8).

Da die Haftung aus § 71 AO vorsätzliche, rechtswidrige und schuldhafte Tatbestandsverwirklichung einer Steuerhinterziehung bzw. einer Steuerhehlerei des Täters bzw. Teilnehmers voraussetzt, ist die Haftung des Täters bzw. Teilnehmers durch dessen Vorsatz begrenzt. Dabei ist jedoch bedingter Vorsatz ausreichend, d. h. dass der Täter/Teilnehmer eine entsprechende Steuerstraftat billigend in Kauf nimmt. Grobe Fahrlässigkeit in Form der Leichtfertigkeit begründet demgegenüber keine Haftung aus § 71 AO.

Zu berücksichtigen ist in diesem Zusammenhang noch, dass eine Selbstanzeige gem. § 371 AO sich lediglich auf die Strafbarkeit und nicht zugleich auch auf eine Haftung aus § 71 AO auswirkt. Aus diesem Grund haftet z. B. ein GmbH-Geschäftsführer, der zugunsten der GmbH eine Steuerhinterziehung begangen hat, nach § 71 AO für die hinterzogenen Steuern, obwohl er gem. § 371 AO eine wirksame Selbstanzeige erstattet hat. Denkbar sind demnach auch Fälle, in denen der Angeklagte seitens des Strafgerichts freigesprochen wird und die FinVerw eine Haftung aus § 71 AO bejaht, da die Finanzbehörde an Entscheidungen im strafrechtlichen Verfahren nicht gebunden ist (BFH vom 10.10.1972, BStBl II 1973, 68).

1.2.1.2.3 Haftungsumfang

Im Gegensatz zu § 69 AO beschränkt sich der Haftungsumfang des § 71 AO nur auf die verkürzten Steuern, die zu Unrecht gewährten Steuervorteile sowie auf die Hinterziehungszinsen nach § 235 AO. Folglich wird für die übrigen steuerlichen Nebenleistungen eine Haftung aus § 71 AO nicht begründet. Dies macht auch Sinn, da die Haftung aus § 71 AO die Unrechtsfolgen des Täters/ Teilnehmers der Steuerhinterziehung bzw. der Steuerhehlerei beseitigen soll. Da im Hinblick auf § 169 Abs. 2 Satz 2 AO die Festsetzungsfrist für hinterzogene Steuern zehn Jahre beträgt, sieht gem. § 191 Abs. 3 Satz 2 AO das formale Haftungsrecht für die Inanspruchnahme des Haftenden eine entsprechende Haftungsfestsetzungsfrist vor.

1.2.1.3 Haftung gem. § 73 AO

Eine Organgesellschaft haftet gem. § 73 AO für solche Steuern des Organträgers, für welche die Organschaft zwischen ihnen steuerlich von Bedeutung ist. Den Steuern stehen die Ansprüche auf Erstattung von Steuervergütungen gleich.

Die Haftung aus § 73 AO kommt demnach in folgenden Organschaftsverhältnissen in Betracht:

- umsatzsteuerliche Organschaft gem. § 2 Abs. 2 Nr. 1 UStG,
- gewerbesteuerliche Organschaft gem. § 2 Abs. 2 Nr. 2 Satz 2 GewStG,
- körperschaftsteuerliche Organschaft gem. §§ 14 bis 19 KStG.

Wann eine Organschaft vorliegt, ergibt sich aus den Einzelsteuergesetzen. Eine einheitliche Antwort für die Umsatzsteuer einerseits sowie für die KSt und Gewerbesteuer andererseits ist nicht möglich. Im Wesentlichen geht es darum, dass eine juristische Person nach dem Gesamtbild der tatsächlichen Verhältnisse finanziell, u. U. auch wirtschaftlich und organisatorisch in das Unternehmen des Organträgers eingegliedert ist. Auf diese Weise wird die Organgesellschaft in steuerrechtlicher Sicht gewissermaßen zur »Betriebsstätte« degradiert, während sie ihre zivilrechtliche Selbstständigkeit als juristische Person behält. Daraus folgt, dass die Organgesellschaft selbst zwar die steuerrechtlich relevanten Tatbestandsverwirklichungen erfüllt, da sie die Umsätze tätigt bzw. einen Gewinn erzielt, aufgrund der bestehenden Organschaft jedoch in der Regel nicht selbst Steuerschuldnerin ist. Im Falle der Zahlungsunfähigkeit des Organträgers kann, aufgrund der privatrechtlichen Selbstständigkeit der Organgesellschaft und des Organträgers nicht ohne weiteres auf das Vermögen der Organgesellschaft zugegriffen werden. Die Haftung aus § 73 AO soll genau dies verhindern.

Eine Haftung des Organträgers für Schulden der Organgesellschaft wird durch § 73 AO nicht begründet.

Besonders praxisrelevant ist die Vorschrift des § 73 AO für die Fälle der Betriebsaufspaltung, da in diesen Fällen zumeist eine umsatzsteuerliche Organschaft und vereinzelt auch eine gewerbesteuerliche Organschaft vorliegen können.

Beispiel 1

Zwischen der X-GmbH als Organträger und der A-GmbH als Organgesellschaft besteht ein umsatzsteuerliches Organschaftsverhältnis. Beide Unternehmen haben stpfl. Ausgangsumsätze getätigt. Die daraus resultierende Umsatzsteuer beträgt für die X-GmbH 40.000 € und für die A-GmbH 20.000 €.

Lösung

Unternehmer i.S.v. § 2 Abs. 2 Nr. 2 UStG ist die X-GmbH als Organträger. Aus diesem Grund ist sie gem. § 13a Abs. 1 Nr. 1 UStG Steuerschuldner der im Organkreis verwirklichten Umsatzsteuer i.H.v. 60.000 €. Da A-GmbH selbst nicht Steuerschuldner der Umsatzsteuer ist, haftet sie gem. § 73 AO für die Umsatzsteuer des **Organkreises**, also ebenfalls i.H.v. 60.000 €.

Beispiel 2

Zwischen der Y-AG als Organträger und der B-GmbH als Organgesellschaft besteht ein körperschaftsteuerliches Organschaftsverhältnis. Das zu versteuernde Einkommen der Y-AG beträgt 1.000.000 € und das dem Organträger zuzurechnende zu versteuernde Einkommen der B-GmbH beträgt 200.000 €.

Lösung

Da die Y-AG als Organträger Steuerschuldner der KSt ist, hat sie die KSt i.H.v. 180.000 € (15 % von 1.200.000 €) zu entrichten. Da die B-GmbH selbst nicht Steuerschuldner der KSt ist, haftet sie gem. § 73 AO für die KSt des Organkreises, also ebenfalls i.H.v. 180.000 €.

Beispiel 3

Wie Beispiel 2, jedoch hat die B-GmbH i.H.v. 30.000 € Ausgleichszahlungen an außenstehende Gesellschafter bezahlt.

Lösung
Die B-GmbH hat gem. § 16 Satz 1, § 17 KStG die KSt i.H.v. 20/17 der geleisteten Ausgleichszahlungen selbst zu versteuern. Das von der B-GmbH selbst zu versteuernde Einkommen beläuft sich daher auf 35.294 € (20/17 × 30.000 €). Aus diesem Grund schuldet sie als Stpfl. die KSt i.H.v. 5.294 € (15 % von 35.294 €).
Der Y-AG werden daher lediglich 164.706 € (= 200.000./. 35.294 €) zu ihrem eigenen zu versteuernden Einkommen hinzugerechnet. Die von der Y-AG zu entrichtende KSt beläuft sich daher auf 174.706 € (15 % von 1.164.706 €). Die B-GmbH haftet demnach gem. § 73 AO für diesen Betrag.
Eine Haftung der Y-AG als Organträger für die Steuerschulden der B-GmbH wird von § 73 AO nicht begründet.

Beispiel 4
Der Gewerbetreibende Hans Maier hat als Organträger mit seiner Hans Maier GmbH eine wirksame körperschaftsteuerliche Organschaft gem. §§ 14, 17 KStG begründet. Die GmbH hat ein zu versteuerndes Einkommen i.H.v. 200.000 €. Ausgleichszahlungen werden nicht geleistet. Das zu versteuernde Einkommen des Hans Maier beträgt vor Berücksichtigung des zvE der Hans Maier GmbH 200.000 €. (Unterstellter Durchschnittssteuersatz von 42 %)

Lösung
Da keine Ausgleichszahlungen geleistet werden, hat die Hans Maier GmbH als Organgesellschaft keine KSt zu entrichten. Ihr zu versteuerndes Einkommen ist gem. § 14 Abs. 1 Satz 1 KStG dem Hans Maier zuzurechnen. Das der ESt unterliegende zu versteuernde Einkommen des Hans Maier beläuft sich daher auf 320.000 €. Die ESt (ohne Berücksichtigung von § 35 EStG) beläuft sich daher auf 131.038 € (320.000 € ./. 8.004 €) × 0,42. Die Hans Maier GmbH haftet demnach für diese ESt gem. § 73 AO.

1.2.1.4 Haftung gem. § 74 AO

Personen, die an einer GmbH wesentlich beteiligt sind, haften nach Maßgabe des § 74 Abs. 1 AO für die betriebsbedingten Steuern der GmbH. Insbesondere im Rahmen einer Betriebsaufspaltung sind die Haftungsfolgen des § 74 AO zu berücksichtigen.

1.2.1.4.1 Voraussetzungen

Wesentliche Beteiligung:
Ein Gesellschafter ist an einer GmbH gem. § 74 Abs. 2 AO wesentlich beteiligt, wenn er unmittelbar oder mittelbar zu mehr als einem Viertel am Stammkapital oder am Vermögen der GmbH beteiligt ist.

Beispiel
Der Haftungsschuldner Hans Haft (H) ist zu 10 % unmittelbar an der Schuld-GmbH beteiligt. Zugleich ist er Gesellschafter der Y-OHG mit einem Anteil von 70 %. Die Y-OHG besitzt ihrerseits 30 % des Stammkapitals der Schuld-GmbH.

Lösung
H ist also zu 10 % unmittelbar und zu 21 % (= 70 % × 30 %) mittelbar, insgesamt mit 31 % an der Haft-GmbH beteiligt.

Als wesentlich beteiligt gilt gem. § 74 Abs. 2 Satz 2 AO auch, wer auf die GmbH einen beherrschenden Einfluss ausübt und durch sein Verhalten dazu beiträgt, dass fällige Betriebssteuern nicht entrichtet werden. Hierdurch werden tatsächliche Beherrschungsverhältnisse in die Haftung des § 74 AO einbezogen, obwohl entsprechende Vermögensverhältnisse nicht gegeben sind. Eine derartige Einflussmöglichkeit kann rechtlicher, wirtschaftlicher, gesellschaftsrechtlicher oder familiärer Natur sein. Die abstrakte Möglichkeit der Beherrschung reicht jedoch für eine Haftung aus § 74 AO nicht aus. Es muss stets hinzukommen, dass das Verhalten des Beherrschenden dazu beigetragen hat, dass betriebsbedingte Steuern nicht entrichtet wurden.

Beispiel

An einer Familien-GmbH ist der Gesellschafter-Geschäftsführer mit 20 % beteiligt. Die verbleibenden 80 % werden zu 20 % von der nichtfachkundigen Ehefrau und zu je 30 % von den beiden minderjährigen Kindern K1 und K2 gehalten.

Lösung

Der Gesellschafter-Geschäftsführer hat als gesetzlicher Vertreter seiner Kinder (im Rahmen einer Gesamtvertretung gem. § 1629 Abs. 1 BGB) einen beherrschenden Einfluss auf die GmbH, da er auch die Stimmrechte seiner Kinder (mit)ausüben kann. Entscheidend ist demnach, welchen tatsächlichen Einfluss er auf das Stimmrechtverhalten seiner Kinder hat. Wurde für die Ausübung der Gesellschaftsrechte der Kinder ein Pfleger bestellt, hat der Gesellschafter-Geschäftsführer auf keinen Fall einen Einfluss auf die Gesellschaft.

Der Gegenstand muss dem Unternehmen dienen: Unter Gegenstände in diesem Sinne sind im Hinblick auf §§ 90, 90a BGB nur Sachen und Tiere, jedoch nicht Rechte oder andere immaterielle Wirtschaftsgüter zu verstehen (vgl. auch AEAO zu § 74 Nr. 1). Der Gegenstand muss für die GmbH von wirtschaftlicher Bedeutung sein und darf ihr nicht nur vorübergehend zur Verfügung gestellt werden.

Allein aus vollstreckungsrechtlichen Gründen heraus richtet sich der **Eigentumsbegriff** des § 74 AO nicht nach dem wirtschaftlichen Eigentumsbegriff des § 39 Abs. 2 AO, sondern ausschließlich nach zivilrechtlichen Verhältnissen. Der zivilrechtliche Eigentümer könnte im Hinblick auf § 262 AO Drittwiderspruchsklage gegen die eingeleitete Vollstreckung und Verwertung seines Eigentums geltend machen. Die Rechtsauffassungen, die hier wirtschaftliches Eigentum nach § 39 Abs. 2 AO für ausreichend erachten, verkennen, dass dies für den wahren zivilrechtlichen Eigentümer einer entschädigungslosen Enteignung gleichkommt. Gehaftet wird nicht nur mit Gegenständen, die dem Beteiligten allein, sondern auch mit solchen, die ihnen zur gesamten Hand, z. B. als Vermögen einer GbR gehören. In diesem Fall müssen aber alle Gesamthänder wesentlich beteiligt sein, sonst ist der Gegenstand nicht pfändbar.

1.2.1.4.2 Haftungsumfang

Der Umfang der Haftung ist in dreierlei Hinsicht beschränkt. Zunächst wird nur für die Steuern gehaftet, bei denen sich die Steuerpflicht auf den Betrieb eines Unternehmens gründet (sog. **Betriebssteuern**). Hierzu gehören die Steuern, für die der in den Einzelsteuergesetzen bezeichnete Tatbestand an den Betrieb eines Unternehmens geknüpft ist (z. B. Umsatzsteuer, Gewerbesteuer, Verbrauchsteuer bei Herstellungsbetrieben, Rückforderung von Investitionszulage), nicht dagegen Personensteuern (z. B. die KSt). Ebenfalls nicht erfasst werden Zölle, Abschöpfungen oder Steuerabzugsbeträge wie die Lohnsteuer (vgl. auch AEAO zu § 74

Nr. 2). Da § 74 AO ausdrücklich nur von einer Haftung für Steuern spricht, ist damit auch klar gestellt, dass für steuerliche Nebenleistungen (§ 3 Abs. 4 AO) keine Haftung begründet werden kann.

Eine weitere Beschränkung ergibt sich aus der Tatsache, dass der Eigentümer nur »mit diesen« Gegenständen haftet. Die Haftung aus § 74 AO ist zwar eine persönliche Haftung, aber eine grundsätzlich auf den überlassenen Gegenstand beschränkbare. Die Beschränkung ist erst i.R.d. Vollstreckung gem. § 266 Abs. 1 AO i.V.m. §§ 786, 781 ZPO geltend zu machen. Insofern kann von einer **gegenständlichen Haftungsbeschränkung** gesprochen werden. Die Haftung des an einem Unternehmen wesentlich beteiligten Eigentümers nach § 74 AO erstreckt sich jedoch nicht nur auf die dem Unternehmen überlassenen und diesem dienenden Gegenstände. Sie erfasst in Fällen der Weggabe oder des Verlustes von Gegenständen nach der Haftungsinanspruchnahme auch die Surrogate, wie z. B. Veräußerungserlöse oder Schadenersatzzahlungen (BFH vom 22.11.2011, Az: VII R 63/10). In dem entschiedenen Fall wurden zwei Grundstücke von einer GbR an eine GmbH & Co KG überlassen. Der Kläger war mit 75% als Kommanditist an der GmbH & Co KG beteiligt und mit 50% an der GbR. Während des Insolvenzeröffnungsverfahrens über das Vermögen der KG verkaufte die GbR im März 2007 die beiden Grundstücke und Teile des verpachteten beweglichen Anlagevermögens. Im April 2007 wurde das Insolvenzverfahren über das Vermögen der KG eröffnet. Der Eigentumsübergang der Grundstücke wurde am 20.06.2007 im Grundbuch eingetragen. Bereits am 21.05.2007 hatte das Finanzamt Haftungsbescheide gegen den Kläger und S wegen Umsatzsteuerverbindlichkeiten der KG gemäß § 74 AO erlassen.

Der BFH hat die Haftung in diesem Fall auch auf die Surrogate erstreckt. Der BFH sieht den tieferen Grund für die Haftung des wesentlich beteiligten Gesellschafters mit den ihm gehörenden Gegenständen in der Parallelität des Einflusses auf die unternehmerische Tätigkeit des Unternehmens und des Einsatzes des eigenen Vermögens für diese Tätigkeit (BFH vom 10.11.1983, Az: V R 18/79). Unter Berücksichtigung dieser Gesichtspunkte ist das Haftungsobjekt des § 74 AO nicht auf den (im Zeitpunkt der Haftungsinanspruchnahme noch) im Eigentum des Beteiligten stehenden Gegenstand beschränkt, sondern umfasst ein dafür ggf. erhaltenes Surrogat (Veräußerungserlös, Schadenersatz, Tauschgegenstand o. Ä.), wenn der Gegenstand in dem Zeitraum der Steuerschuldentstehung dem Unternehmen gedient hat.

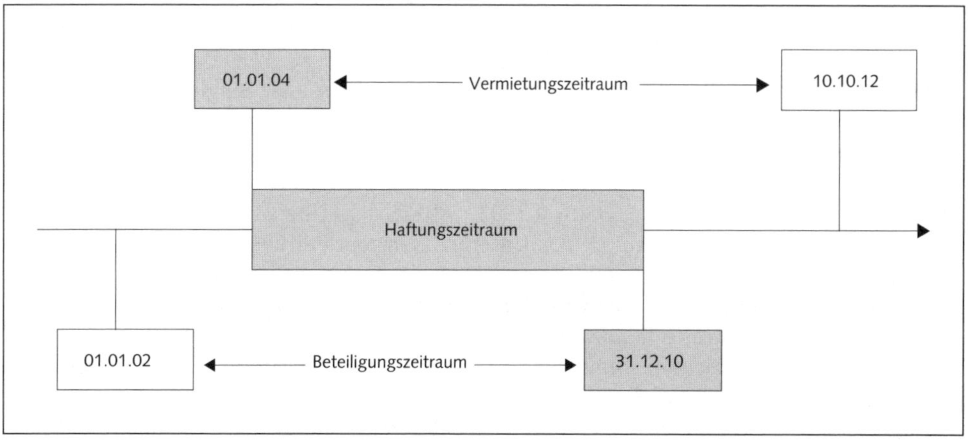

Abbildung 44: Zeitlicher Umfang der Haftung aus § 74 AO

Neben dieser gegenständlichen besteht jedoch auch eine **zeitliche Haftungsbeschränkung**. Zeitlich beschränkt sich die Haftung auf die Steuern, die während des Bestehens der wesentlichen Beteiligung entstanden sind, sofern der Gegenstand während dieser Zeit der GmbH gedient hat. Auf die Fälligkeit der einzelnen Steuern kommt es nicht an. Insbesondere im Umsatzsteuerrecht führt ein sog. Dauerfristverlängerungsantrag nach §§ 46 bis 48 UStDV nicht zu einer Verschiebung des Haftungszeitraumes.

Beispiel

E war vom 01.01.02 bis zum 31.12.10 mit 30 % an der E-GmbH beteiligt. Vom 01.01.04 bis zum 10.10.12 hat E der GmbH ein Grundstück als wesentliche Betriebsgrundlage verpachtet.

Lösung

E haftet lediglich für die Betriebssteuern, die im Haftungszeitraum vom 01.01.2004 (Beginn der Überlassung des Grundstücks, als wesentliche Betriebsgrundlage) bis zum 31.12.2010 (Ende der wesentlichen Beteiligung) entstanden sind.

1.2.1.5 Haftung gem. § 75 AO

Der Erwerber eines Unternehmens im Ganzen oder ein in der Gliederung eines Unternehmens gesondert geführter Betrieb im Ganzen haftet gem. § 75 Abs. 1 AO für Betriebssteuern und für Steuerabzugsbeträge. Wie § 74 AO enthält auch § 75 AO sachliche und zeitliche Haftungsgrenzen. Darüber hinaus ist auch die Haftung des § 75 AO gegenständlich beschränkbar.

Der Erwerber kann sich dieser öffentlich-rechtlichen Haftungsnorm nicht entziehen. Ein vertraglich vereinbarter Haftungsausschluss ist, im Gegensatz zu § 25 HGB, gegenüber dem Finanzamt unbeachtlich. Auch die Unkenntnis des Erwerbes in Bezug auf die Steuerschulden ist für die Haftung nach § 75 AO ohne Bedeutung.

1.2.1.5.1 Voraussetzungen

Lebendes Unternehmen oder lebender Teilbetrieb:

Unternehmen ist jede wirtschaftliche Einheit oder organisatorische Zusammenfassung persönlicher oder sachlicher Mittel zur Verfolgung wirtschaftlicher Zwecke, d. h. ein Unternehmen i.S.d. § 2 Abs. 1 UStG (BFH vom 07.03.1996, BFH/NV 1996, 726). Für den Begriff des **Teilbetriebs**, kann auch i.R.d. § 75 AO auf die Grundsätze zu § 16 EStG zurückgegriffen werden. Ein Teilbetrieb liegt vor, wenn ein organisch geschlossener Teil des gesamten Unternehmens mit einer gewissen Selbstständigkeit ausgestattet und für sich allein lebensfähig ist (R 16 Abs. 3 EStR).

Die Übereignung eines Unternehmens im Ganzen besteht nach der Rechtsprechung des BFH (vgl. Urteil vom 11.05.1993, BStBl II 1993, 700) in dem Übergang des **gesamten lebenden Unternehmens**, d. h. der durch das Unternehmen repräsentierten organischen Zusammenfassung von Einrichtungen und dauernden Maßnahmen, die dem Unternehmen dienen oder zumindest seine wesentlichen Grundlagen ausmachen, sodass der Erwerber das Unternehmen ohne nennenswerte finanzielle Aufwendungen fortführen kann. Voraussetzung ist, dass alle wesentlichen Betriebsgrundlagen von dem Veräußerer auf den Erwerber dergestalt übergehen, dass dieser in der Lage ist, wirtschaftlich wie ein Eigentümer darüber zu verfügen und so das Unternehmen fortzuführen. Welche Wirtschaftsgüter wesentliche Betriebsgrundlage sind, hängt letztendlich von den Umständen des Einzelfalls ab. Im Einzelfall kommen z. B. in Betracht Geschäftsgrundstücke, -räume und -einrichtung, das Warenlager, Maschinen, Nutzungs- und Gebrauchsrechte oder der Kundenstamm. Eine Haftung kommt nicht in Betracht, sofern der frühere Betriebsinhaber eine wesentliche Betriebsgrundlage zurückbehält und später übereignet (BFH vom 06.08.1985, BStBl II 1985, 651).

Beispiel

Die Nylon GmbH betreibt im Großraum Köln ein Bekleidungsgeschäft mit zehn Filialen. Einkauf, Kalkulation, Buchführung und Personalpolitik werden zentral im Stammhaus in Köln durchgeführt. Am 20.01.2005 verkauft die Nylon GmbH eine Filiale an die Zwirn GmbH.

Lösung

Die einzelne Filiale kann nicht als einzelnes Unternehmen fortgeführt werden, da sie über keinen eigenen Einkauf, keine eigene Kalkulation und keine eigene Buchführung verfügt und zudem keine eigenen Personalentscheidungen treffen kann. Aus diesem Grund stellt der Verkauf für die Nylon GmbH auch keine Veräußerung eines Teilbetriebes dar. Die Zwirn GmbH haftet demnach nicht aus § 75 AO.

Übereignung des Unternehmens:
Wie bereits erwähnt, reicht es für die Haftung aus § 75 AO aus, dass der Erwerber wie ein Eigentümer über das Unternehmen verfügen kann. Im Gegensatz zu § 74 AO reicht wirtschaftliches Eigentum i.S.d. § 39 Abs. 2 AO aus (vgl. BFH vom 18.03.1986, BStBl II 1986, 589). Da die Haftung aus § 75 AO einen **Übertragungsakt** voraussetzt, kommt eine Haftung u. a. in folgenden Fällen nicht in Betracht:

- Erwerb kraft Gesetzes (z. B. gem. §§ 1922 BGB als Erbe),
- langfristige Verpachtung des Unternehmens (anders bei § 25 HGB),
- Erwerb kraft Anwachsung gem. § 738 BGB,
- Erwerb im Rahmen einer Sicherungsübereignung nach §§ 929, 930, 868 BGB, weil der Sicherungsnehmer aufgrund der Sicherungsabrede in seinen Rechten beschränkt ist,
- kraft ausdrücklicher Bestimmung nach § 75 Abs. 2 AO, wenn aus einer Insolvenzmasse oder im Rahmen eines Vollstreckungsverfahrens das Unternehmen erworben wird. Ist die Eröffnung des Insolvenzverfahrens mangels Masse abgelehnt worden, so greift der Haftungsausschluss nach § 75 Abs. 2 nicht ein (vgl. BFH vom 23.07.1998, BStBl II 1998, 765).

Eine Haftung nach § 75 AO liegt aber dann vor, wenn ein Einzelunternehmer sein Einzelunternehmen in eine GmbH einbringt. Die GmbH haftet dann nach § 75 AO für Betriebssteuern.

Beispiel 1

Norbert Koch betreibt neben einer Gaststätte noch eine Metzgerei. Mit Wirkung vom 01.04.2011 überträgt er die als selbstständig geführte Gaststätte in Rahmen einer Spaltung in Form der Ausgliederung zur Neugründung auf die Gastro-GmbH (§ 123 Abs. 3 Nr. 3, § 124 Abs. 1, §§ 135, 138 ff. und §§ 152 ff. UmwG).

Lösung
Die Umwandlung der Gaststätte in eine GmbH im Rahmen einer Sachgründung mittels des Umwandlungsgesetztes erfüllt gleichzeitig auch die Vorschrift der Unternehmensübernahme nach § 75 AO. Die GmbH als Erwerber haftet daher für die betriebsbedingten Steuern des Norbert Koch.

Beispiel 2
Die Schwarz GmbH ist Herstellerin von Autorückspiegeln. Im Mai 2011 erwirbt die Schwarz GmbH das Konkurrenzunternehmen Weiß AG, um ihre Marktposition auszubauen. Unmittelbar nach dem Erwerb der Weiß-AG werden deren Mitarbeiter gekündigt und die Produktion des florierenden Unternehmens eingestellt.

Lösung
Auch wenn unmittelbar nach dem Erwerb die werbende Tätigkeit eingestellt wird, ändert dies nichts daran, dass ein lebendes Unternehmen erworben wird. Die Schwarz GmbH haftet daher für die betriebsbedingten Steuern der Weiß AG.

1.2.1.5.2 Haftungsumfang

Die Haftung des Erwerbers ist in dreierlei Hinsicht eingeschränkt.

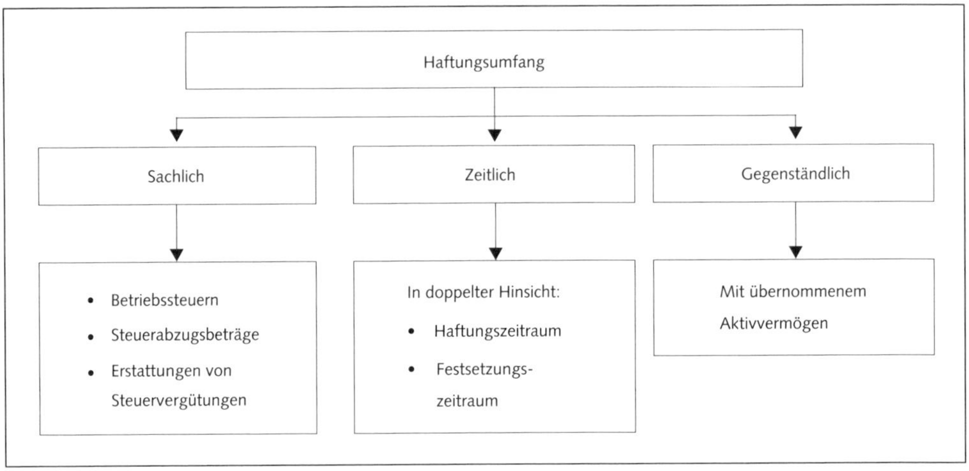

Abbildung 45: Haftungsbeschränkungen

1.2.1.5.2.1 Sachliche Haftungsbeschränkung

In sachlicher Hinsicht haftet der Übernehmer eines Unternehmens oder gesondert geführten Betriebes nur für folgende Steuerschulden:

- für die **im Betrieb begründeten Steuern** (z. B. Umsatzsteuer – ausschließlich der Einfuhrumsatzsteuer gemäß § 1 Abs. 1 Nr. 4 UStG und der Umsatzsteuer wegen unberechtigten Steuerausweises gemäß § 14c Abs. 2 UStG –, pauschalierte Lohnsteuer, Gewerbesteuer); er haftet dagegen insbesondere nicht für ESt, KSt, Erbschaftsteuer, Grundsteuer, Grunderwerbsteuer und Kraftfahrzeugsteuer;
- für **Ansprüche auf Erstattung von Steuervergütungen** sowie Prämien und Zulagen, auf die die Vorschriften für Steuervergütungen entsprechend anwendbar sind, wobei der Erstattungsanspruch aus einer betriebsbedingten Steuervergütung bzw. Prämie oder Zulage resultieren muss (insbesondere Rückforderung der Investitionszulage);
- für **Steuerabzugsbeträge**, insbesondere Lohnsteuer, Kapitalertragsteuer, Abzugsbeträge für Bauleistungen gem. § 48 EStG bzw. für Aufsichtsrats- und Künstlersteuern gem. § 50a EStG.

Nach dem BFH-Urteil vom 28.01.1982, BStBl II 1982, 490, umfasst die Haftung auch die durch die Unternehmensveräußerung entstandene Umsatzsteuerschuld. Zwar unterliegt eine Unternehmensveräußerung gemäß § 1 Abs. 1a UStG nicht mehr der Umsatzsteuer. Die Haftung umfasst aber auch die in diesen Fällen unberechtigt ausgewiesene nach § 14c Abs. 1 UStG geschuldete Umsatzsteuer.

Da § 75 AO lediglich eine Haftung für Steuerbeträge erfasst, sind steuerliche Nebenleistungen (§ 3 Abs. 4 AO), wie Verspätungszuschläge, Zinsen, Säumniszuschläge, oder Kosten von der Haftung ebenso ausgenommen wie Zölle.

1.2.1.5.2.2 Zeitliche Grenzen

Voraussetzung für die Haftung aus § 75 AO ist in zeitlicher Hinsicht, dass

- die Steuern und Erstattungsansprüche seit dem **Beginn** des **letzten vor** der wirtschaftlichen Übereignung liegenden Kj. entstanden (§ 38 AO) sind (**Haftungszeitraum**) und
- innerhalb eines Jahres nach Anmeldung (§ 138 AO) des Betriebes bei der zuständigen Finanzbehörde durch den Erwerber festgesetzt oder angemeldet worden sind (**Anmeldungs- und Festsetzungszeitraum**).

Beispiel 1

Mit Vertrag vom 23.05.11 wurde ein Einzelunternehmen verkauft. Der Übergang von Nutzen und Lasten erfolgte am 01.07.11. Die nach § 138 AO erforderliche Meldung erfolgte am 10.08.11 Von wann bis wann dauert der Haftungszeitraum bzw. der Anmelde- und Festsetzungszeitraum?

Lösung

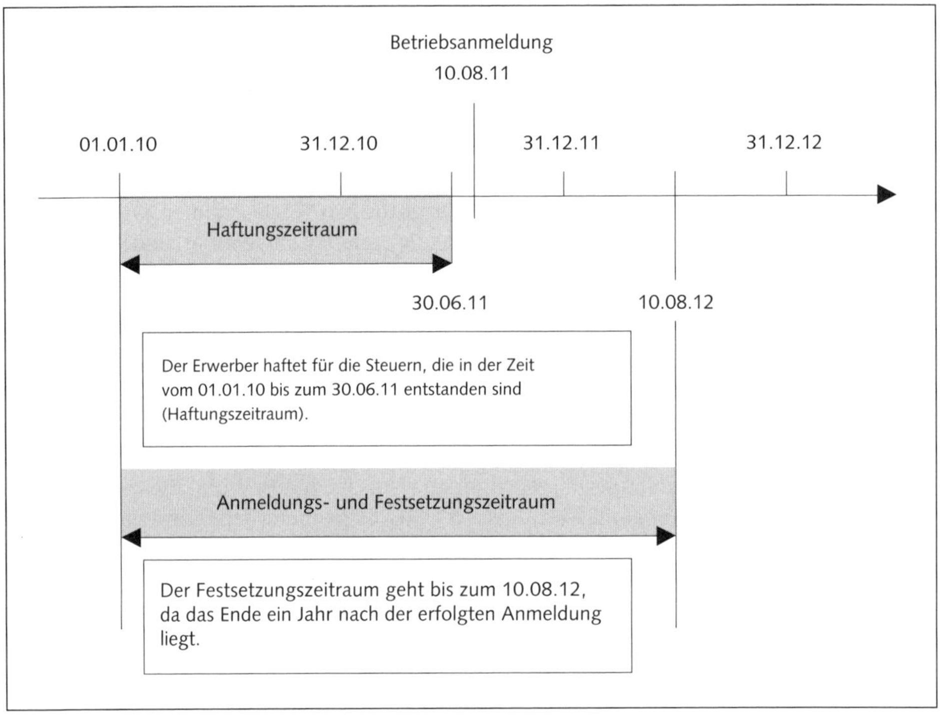

Haftungszeitraum
Der Steuerentstehungszeitpunkt ist in § 38 AO bzw. in den Einzelsteuergesetzen geregelt. Eine Haftung aus § 75 AO kann demnach dann angenommen werden, wenn der Zeitpunkt der Entstehung in die Zeit seit Beginn des letzten Jahres vor der Übertragung des Unternehmens oder Teilbetriebes fällt. Übertragung in diesem Sinne ist der Übergang des wirtschaftlichen Eigentums gem. § 39 AO und nicht der zugrunde liegende schuldrechtliche Vertragsabschluss. Der Haftungszeitraum endet in dem Zeitpunkt, in dem der Erwerber aufgrund eigener Verwirklichung des jeweiligen Tatbestandes selbst Steuerschuldner der jeweiligen Betriebsteuern wird. Eine Haftung ist demnach auch dann gegeben, wenn der Veräußerer den Tatbestand, der zur Besteuerung führt, bereits verwirklicht hat, die Steuer aber gesetzestechnisch erst nach dem Übertragungstag entsteht, wie dies insbesondere bei § 13 UStG der Fall ist (vgl. BFH vom 28.01.1982, BStBl II 1982, 490). Die Fälligkeit der Steuern ist unerheblich.

Festsetzungszeitraum
Eine weitere zeitliche Grenze bildet die Anmeldung des Betriebs, die der Erwerber nach § 138 AO vorzunehmen hat. Gehaftet wird nur für die Beträge, die bis zum Ablauf eines Jahres nach Anmeldung des Betriebs durch den Erwerber festgesetzt oder angemeldet werden. Diese Jahresfrist beginnt frühestens mit dem Zeitpunkt der Betriebsübernahme. Dabei reicht es aus, wenn die Steuern gegenüber dem Veräußerer innerhalb der Jahresfrist festgesetzt worden sind, der Haftungsbescheid kann später erlassen werden. Bei der Haf-

tung aus § 75 AO ist daher die vorherige Festsetzung der Steuern vor Erlass eines Haftungsbescheides erforderlich. Die Jahresfrist bewirkt daher auch, dass nach Ablauf der Jahresfrist eine höher festgesetzte Steuer nicht mehr auf den Haftungsschuldner durchschlägt. Reduziert sich jedoch die festgesetzte Steuer nach Ablauf der Jahresfrist, mindert dies wegen des Grundsatzes der Akzessorietät der Haftung auch die Haftungsschuld.

Gegenständliche Haftungsbeschränkung

Bei der Haftung aus § 75 AO handelt es sich um eine persönliche, aber auf das übernommene Vermögen (einschließlich Surrogate) beschränkte Haftung. Die Haftung ist daher vergleichbar mit der Erbenhaftung gem. § 45 Abs. 2 AO i.V.m. §§ 1975 bis 1990 BGB.
Die Haftungsbeschränkung bezieht sich nur auf das übernommene Aktivvermögen. Schulden sind dabei nicht abzuziehen. Der Haftungsschuldner haftet nicht in Höhe des Wertes des übernommenen Vermögens, sondern mit diesem Vermögen. Die Beschränkung erfolgt in der Weise, dass der Erwerber gem. § 266 AO i.V.m. §§ 781ff. ZPO i.R.d. Vollstreckung die Vollstreckung in das übernommene Vermögen dulden muss. Diese gegenständliche Haftungsbeschränkung ist bereits im Haftungsbescheid sowohl unter dem Blickwinkel des Bestimmtheitsgebot des § 119 Abs. 1 AO, als auch aufgrund des Begründungsgebots des § 121 AO aufzunehmen. Der Umfang der Haftung ist ausreichend bestimmt i.S.d. § 119 Abs. 1 AO, wenn im Haftungsbescheid der Vermögenswert angegeben wird, auf den die Haftung beschränkt ist (BFH-Urteil vom 22.09.1992, BFH/NV 1993, 215). Alternativ können die einzelnen übernommenen Gegenstände aufgeführt werden. Handelt es sich um eine größere Anzahl von Gegenständen, können diese in einer besonderen Anlage zum Haftungsbescheid angegeben werden. Es genügt jedoch auch, im Haftungsbescheid auf den Übergabevertrag Bezug zu nehmen, sofern sich aus diesem die übernommenen Gegenstände in eindeutig abgrenzbarer Weise ergeben.

Beispiel 2

Haftung nach § 75 AO

Die Maibaum GmbH erwirbt mit Kaufvertrag vom 15.12.2010 das Einzelunternehmen des Gerd Kohl. Der Übergang des Unternehmens erfolgt am 01.04.2011. Die Maibaum GmbH meldet gem. § 138 Abs. 1 AO (vgl. hierzu AEAO zu § 75 Nr. 1) am 31.05.2011 dem Finanzamt die Eröffnung bzw. die Fortführung des Unternehmens.
Gerd Kohl hat folgende Abgabenrückstände:

	angemeldet am	
USt Abschlusszahlung 2009	10.04.2010	50.000 €
USt Abschlusszahlung 2010	10.06.2011	45.000 €
USt für die Voranmeldungszeiträume Januar bis März 2011	weder angemeldet noch festgesetzt	25.000 €
Verspätungszuschlag bez. USt 2010		200 €
Lohnsteuer Dezember 2010 bis März 2011	zum gesetzlichen Zeitpunkt	12.000 €
ESt 2009	festgesetzt am 22.05.2011	46.700 €
Säumniszuschläge zur ESt-Abschlusszahlung 2009		250 €
gesamt		**179.150 €**

Die Maibaum GmbH hatte mit Kohl einen Haftungsausschluss für die Steuerschulden von Kohl vereinbart. Dies hat die Maibaum GmbH dem Finanzamt ebenfalls am 31.05.2011 mitgeteilt.
Haftet die Maibaum GmbH für die Steuerrückstände des Gerd Kohl? Tag der Entscheidung soll der 10.06.2012 sein.

Lösung

Nach § 75 AO haftet der Erwerber, der einen lebenden Betrieb im Ganzen erwirbt, für betriebsbedingte Steuern und für die Steuerabzugsbeträge des Veräußerers. Die Maibaum GmbH haftet demnach grundsätzlich für die Umsatzsteuern und die Lohnsteuern. Eine Haftung für die ESt 2009 oder für die steuerlichen Nebenleistungen, wie Säumniszuschläge zur ESt 2009 bzw. der Verspätungszuschlag bezüglich der Umsatzsteuer 2010 scheiden demnach aus.
Voraussetzung ist u. a., dass die Steuern seit dem Beginn des letzten, vor der Übereignung liegenden Kj. entstanden sind. Dieser Haftungszeitraum beginnt demnach am 01.01.2010 und endet am 31.03.2011.
In diesem Zeitraum sind die Lohnsteuer für die Voranmeldungen Dezember 2010 bis März 2011 gem. § 38 Abs. 1 AO i.V.m. § 38 Abs. 2 Satz 2 EStG und auch die Umsatzsteuer für die Voranmeldungszeiträume Januar bis März 2011 gem. § 13 Abs. 1 Nr. 1a UStG entstanden.
Die Umsatzsteuer 2009 ist spätestens mit Ablauf des Kj. 2009 entstanden, somit vor Beginn des Haftungszeitraums.
Der Festsetzungs- bzw. Anmeldungszeitraum endet ein Jahr, nachdem der Erwerber dem Finanzamt den Erwerb angezeigt hat, also mit Ablauf des 31.05.2012.
Da die Umsatzsteuervoranmeldungen Januar bis März 2005 bis zum Stichtag (31.05.2012) noch nicht erfolgt sind, haftet die Maibaum GmbH für diese nicht. Der Haftungsausschluss ist für die Haftung gem. § 75 AO, im Gegensatz zu der Haftung aus § 25 HGB ohne Bedeutung. Da ein wirksamer Haftungsausschluss vereinbart wurde und dem Finanzamt als Gläubiger dies auch mitgeteilt wurde, kommt eine weitere Haftung des Erwerbers gem. § 25 Abs. 2 HGB nicht in Betracht.

Ergebnis:

	angemeldet am		
USt Abschlusszahlung 2009	10.04.2010	Steuerentstehung vor Haftungszeitraum (01. 01. 2010)	
USt Abschlusszahlung 2010	10.06.2011		45.000 €
USt für die VZ 01–03 2011	weder angemeldet noch festgesetzt	nicht innerhalb des Festsetzungszeitraumes angemeldet bzw. festgesetzt	
Verspätungszuschlag bezüglich USt 2010		keine Haftung für Nebenleistungen	
Lohnsteuer 12/10 bis 03/11	zum gesetzlichen Zeitpunkt		12.000 €
ESt 2009	festgesetzt am 22.05.2011	keine betriebsbedingte Steuer	
Säumniszuschläge zur ESt Abschlusszahlung 2009		keine Haftung für Nebenleistungen	
gesamt			**57.000 €**

1.2.1.6 Haftung nach § 76 AO

Eine Sachhaftung für Zölle und Verbrauchsteuern, also insbesondere in Bezug auf die Mineralölsteuer, Tabaksteuer, Schaumweinsteuer, Kaffeesteuer oder Biersteuer enthält (§ 76 AO). Diese Sachhaftung tritt unabhängig von den zivilrechtlichen Eigentumsverhältnissen ein und erfasst bereits das noch nicht fertige Produkt. Eine Haftung nach § 76 AO tritt gem. § 76 Abs. 5 AO nicht ein, wenn dies im Einzelfall unbillig wäre.

1.2.2 Formelles Haftungsrecht (Haftungsverfahren)

1.2.2.1 Allgemeines

Bei der Durchsetzung des Haftungsanspruches ist i.R.d. Haftungsverfahrens zunächst zu unterscheiden:

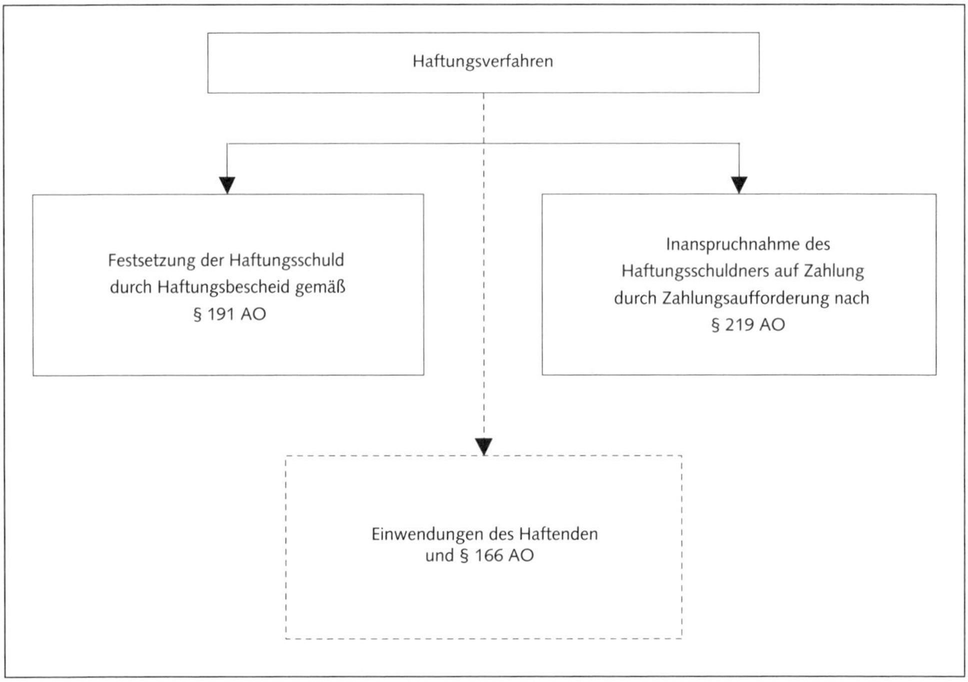

Abbildung 46: Haftungsverfahren

Nach dem Grundsatz der Akzessorität darf die Steuerschuld als Erstschuld bei Erlass des Haftungsbescheides noch nicht erloschen sein. Haftungsschuldner und Steuerschuldner sind sog. unechte Gesamtschuldner nach § 44 AO. Die Festsetzung des Steueranspruchs ist – abgesehen von dem Fall des § 75 AO – jedoch nicht erforderlich. Die Haftungsschuld darf nicht höher als die objektiv entstandene Steuerschuld, für die gehaftet wird, festgesetzt werden.

Mit dem Zeitpunkt, in dem die Haftungsschuld unanfechtbar festgesetzt ist, ist die Haftungsschuld in ihrer Höhe aber verselbstständigt. Dies bedeutet, dass Korrekturen des Steuerbescheides sich nicht automatisch auf die Höhe der Haftungsschuld auswirken. Der Steuerbescheid ist kein Grundlagenbescheid für den Haftungsbescheid. Da der Haftungsbescheid nicht einen einem Steuerbescheid gleichgestellten Bescheid darstellt, muss der Haftungsbescheid demnach vielmehr selbstständig daraufhin überprüft werden, ob er nach den allgemeinen Regelen über Änderung und Rücknahme von Verwaltungsakten gem. §§ 129, 130 oder 131 AO korrigiert werden kann.

Die Finanzbehörde hat auch vor Erlass eines Haftungsbescheids zu prüfen, ob überhaupt noch ein Haftungsbescheid ergehen darf oder ob er schon ergangen ist. Das FA hat natürlich auch zu prüfen, ob der Haftende in Anspruch genommen werden darf (vgl. § 191 Abs. 5 AO).

1.2.2.2 Gesamtschuldnerschaft gemäß § 44 AO

Steuerschuldner und der Haftungsschuldner sind (unechte) Gesamtschuldner nach § 44 Abs. 1 Satz 1 AO, da sie dieselbe Leistung aus dem Steuerschuldverhältnis nebeneinander schulden bzw. für sie haften. Soweit nichts anderes bestimmt ist, schuldet jeder Gesamtschuldner gem. § 44 Abs. 1 Satz 2 AO die gesamte Leistung.

Nach § 44 Abs. 2 Satz 1 AO wirkt die Erfüllung (Zahlung, gem. §§ 224–225 AO) durch einen Gesamtschuldner auch für die übrigen Schuldner. Zahlt demnach der Haftungsschuldner, wirkt sich die Zahlung auch zugunsten des Steuerschuldners aus. Die Steuerschuld ist demnach erloschen (vgl. § 47 AO). Dies gilt natürlich auch umgekehrt. D. h., wenn der Steuerschuldner seine Steuerschulden bezahlt hat, kann und darf der Haftungsschuldner nicht mehr in Anspruch genommen werden. Das Gleiche gilt für die Aufrechnung nach § 226 AO i. V. m. §§ 387 ff. BGB und für eine geleistete Sicherheit.

Andere Tatsachen wirken gem. § 44 Abs. 2 Satz 3 AO nur für und gegen den Gesamtschuldner, in dessen Person sie eintreten. Dies bedeutet, dass bei Festsetzungs- und Zahlungsverjährung (vgl. § 47 AO i. V. m. §§ 169 ff. und 228 ff. AO) sowie bei Erlass (§ 47 AO i. V. m. § 163 bzw. 227 AO) sich diese Erlöschungstatbestände nur zugunsten desjenigen auswirken, bei dem sie eingetreten sind.

Beispiel

Die Steuerschuld ist gegenüber der GmbH als Steuerschuldnerin gem. § 227 AO erlassen worden. Dies hat im Hinblick auf § 47 AO das Erlöschen der Steuerschuld zur Folge. Da sich diese Tatsache jedoch gem. § 44 Abs. 2 Satz 3 AO nur zugunsten der GmbH auswirkt, ist ein Haftungsanspruch z. B. gem. § 69 AO gegenüber dem GmbH-Geschäftsführer dadurch nicht erloschen. Eine ganz andere Frage ist, ob ein Haftungsbescheid im Hinblick auf § 191 Abs. 5 AO gleichwohl noch erteilt werden darf.

1.2.2.3 Kein Haftungsbescheid in den Fällen des § 191 Abs. 5 AO

Fraglich ist letztlich, ob die Rechtsfolgen des § 44 Abs. 2 Satz 3 AO als »billig und gerecht« erscheinen, zumal wenn man bedenkt, dass der Haftungsschuldner für eine fremde Schuld einzustehen hat. Zur Abmilderung der Folgen aus § 44 Abs. 2 Satz 3 AO enthält das formale Haftungsrecht in § 191 Abs. 5 AO demnach Ausnahmen.

Nach § 191 Abs. 5 AO darf ein Haftungsbescheid in folgenden Fällen nicht mehr ergehen:

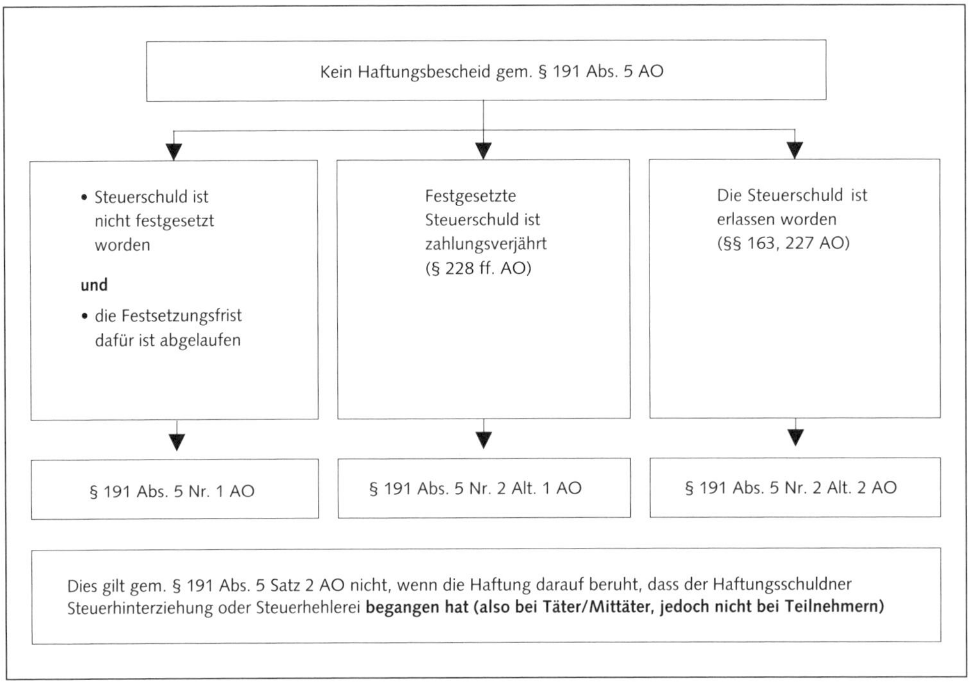

Abbildung 47: Grenzen beim Erlass des Haftungsbescheides

Nach § 191 Abs. 5 Nr. 1 AO darf ein erstmaliger Haftungsbescheid nicht mehr ergehen, wenn die Steuerschuld nicht festgesetzt worden ist und zudem die Festsetzungsfrist dafür abgelaufen ist. Dies gilt gem. § 191 Abs. 5 Satz 2 AO nicht, wenn der Haftungsschuldner eine Steuerhinterziehung oder Steuerhehlerei begangen hat. Demnach greift die Ausnahme nur für den Täter bzw. Mittäter der Steuerhinterziehung bzw. der Steuerhehlerei. Sofern der Haftungsschuldner lediglich Teilnehmer, also Anstifter bzw. Gehilfe einer Steuerhinterziehung ist, bleibt es demnach dabei, dass – sofern die Voraussetzungen des § 191 Abs. 5 Nr. 1 bis 3 AO vorliegen – kein Haftungsbescheid mehr erlassen werden darf. Gleiches gilt, wenn der Haftungsschuldner »lediglich« eine leichtfertige Steuerverkürzung gem. § 378 AO begangen hat.

Ein Haftungsbescheid darf grundsätzlich gem. § 191 Abs. 5 Nr. 2 Alt. 1 AO auch dann nicht mehr ergehen, wenn die festgesetzte Steuerschuld gem. §§ 228 ff. AO zahlungsverjährt ist. Der Eintritt der Zahlungsverjährung für den Steueranspruch (Primärschuld) berührt aber die Rechtmäßigkeit eines vor Ablauf der Zahlungsverjährung erlassenen Haftungsbescheides nicht (BFH vom 11.07.2001, BFH/NV 2001, 1467).

Des Weiteren darf, vorbehaltlich der Regelung des § 191 Abs. 5 Satz 2 AO gem. § 191 Abs. 5 Nr. 2 Alt. 2 AO ein Haftungsbescheid nicht mehr ergehen, wenn die Steuerschuld gem. §§ 163, 227 AO erlassen wurde.

1.2.2.4 Erlass des Haftungsbescheids – Ermessensausübung

Wer kraft Gesetzes für eine Steuer haftet (Haftungsschuldner), **kann** gem. § 191 Abs. 1 Satz 1 AO durch Haftungsbescheid, wer kraft Gesetzes verpflichtet ist, die Vollstreckung zu dulden, **kann** durch Duldungsbescheid in Anspruch genommen werden. Aufgrund dieser Formulierung des § 191 Abs. 1 Satz 1 AO steht der Erlass eines Haftungsbescheides im pflichtgemäßen Ermessen (vgl. § 5 AO) der Finanzbehörde. Das Ermessen stellt sich demnach wie folgt dar:

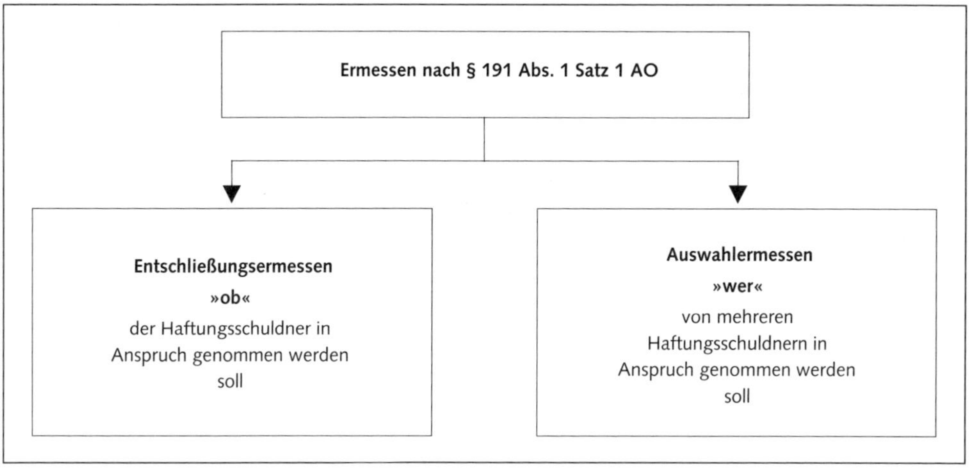

Abbildung 48: Ermessensausübung

Im Gegensatz zum allgemeinen Besteuerungsverfahren, nach dem die Finanzbehörde gem. §§ 85, 88 AO die Steuern des Stpfl. festzusetzen hat, steht der Finanzbehörde i.R.d. formellen Haftungsverfahren ein Ermessen zu. Sie hat daher im Rahmen ihres Ermessen zu entscheiden, ob sie den Haftungsschuldner überhaupt in Anspruch nehmen möchte (Entschließungsermessen) und wer von mehreren Haftungsschuldnern in Anspruch genommen werden soll (Auswahlermessen).

Die Entscheidung der Inanspruchnahme eines Haftungsschuldners ist nach ständiger Rechtsprechung des BFH demnach zweigliedrig aufgebaut (vgl. BFH vom 13.04.1978, BFHE 125, 126, und BFH vom 04.10.1988, BFH/NV 1989, 274, 275):

1. Das FA hat i.R.d. 1. Stufe zunächst zu prüfen, ob in der Person oder den Personen, die es heranziehen will, die tatbestandlichen Voraussetzungen der Haftungsvorschrift (z.B. §§ 69 ff. AO), überhaupt erfüllt sind. Dabei handelt es sich um eine vom Gericht in vollem Umfang überprüfbare Rechtsentscheidung.
2. Erst in einer 2. Stufe schließt sich die nach § 191 Abs. 1 AO zu treffende Ermessensentscheidung des Finanzamtes an, ob und wen es als Haftenden in Anspruch nehmen will. Diese auf der zweiten Stufe zu treffende Entscheidung ist gerichtlich nur i.R.d. § 102 Satz 1 FGO auf Ermessensfehler (Ermessensüberschreitung, Ermessensunterschreitung, Ermessensfehlgebrauch, Ermessensnichtgebrauch) überprüfbar (vgl. BFH vom 11.03.2004, BStBl II 2004, 579).

Im Rahmen der Ermessensentscheidung sind auch die Grundsätze der Gleichmäßigkeit der Besteuerung, der Verhältnismäßigkeit der Mittel, der Erforderlichkeit, der Zumutbarkeit, der Billigkeit, Treu und Glauben sowie das Willkürverbot und das Übermaßverbot zu beachten (vgl. AEAO zu § 5 Nr. 1). Es ist demnach nicht zu beanstanden, wenn die Finanzbehörde sich davon leiten lässt, mit welcher Erfolgsaussicht die Haftungsschuld am effektivsten durchgesetzt werden kann. Insbesondere bei Steuerhinterziehungsdelikten billigt der BFH der FinVerw zu, dass eine Inanspruchnahme des Täters/Teilnehmers einer Steuerstraftat dem Grunde und der Höhe nach »vorgeprägt« ist (BFH vom 26.02.1991, BFH/NV 1991, 504). Sofern eine eindeutige, im Voraus klar getroffene Vereinbarung über die interne Geschäftsverteilung zwischen mehreren Geschäftsführern vorliegt, kann dies für eine Haftungsinanspruchnahme von Bedeutung sein.

Eine Inhaftungnahme des nominell bestellten Geschäftsführers für die Steuerschulden der GmbH ist auch dann von der Finanzbehörde in Betracht zu ziehen, wenn dieser lediglich als »Strohmann« eingesetzt worden ist (BFH vom 11.03.2004, BStBl II 2004, 579).

Die Festsetzung der Steuer gegenüber dem Steuerschuldner ist, abgesehen von der Haftung nach § 75 AO, nicht Voraussetzung für den Erlass eines Haftungsbescheids. Aus diesem Grund ist es auch nicht ermessensfehlerhaft, unmittelbar einen Haftungsbescheid zu erlassen, sofern die Steuerschuld noch nicht erloschen ist (vgl. § 44 Abs. 2 AO) oder sich in anderer Weise erledigt hat (vgl. § 124 Abs. 2 AO).

Der Haftungsschuldner kann auch nach Ergehen des Umsatzsteuer-Jahresbescheids gegenüber dem Steuerschuldner noch durch Haftungsbescheid für rückständige Umsatzsteuer-Vorauszahlungen in Anspruch genommen werden, wenn die Haftungsvoraussetzungen (nur) bezüglich der Umsatzsteuer-Vorauszahlungen vorlagen (BFH vom 12.10.1999, BStBl II 2000, 486).

1.2.2.5 Haftungsbescheid gegen Rechtsanwälte und Steuerberater (§ 191 Abs. 2 AO)

Bevor gegen einen Rechtsanwalt, Patentanwalt, Notar, Steuerberater, Steuerbevollmächtigten, Wirtschaftsprüfer oder vereidigten Buchprüfer wegen einer Handlung i.S.d. **§ 69 AO**, die er in Ausübung seines Berufs vorgenommen hat, ein Haftungsbescheid erlassen wird, gibt die Finanzbehörde gem. § 191 Abs. 2 AO der zuständigen Berufskammer Gelegenheit, die Gesichtspunkte vorzubringen, die von ihrem Standpunkt für die Entscheidung von Bedeutung sind. Die Vorschrift gilt auch dann, wenn der Berufsträger sich im Rahmen einer Steuerberater-GmbH oder Rechtsanwalts-GmbH organisiert hat.

In den Fällen des § 191 Abs. 2 AO soll die Frist für die Abgabe einer Stellungnahme der zuständigen Berufskammer im Allgemeinen zwei Monate betragen (vgl. AEAO zu § 191 Nr. 7). Die Stellungnahme kann in dringenden Fällen auch fernmündlich eingeholt werden. Eine versehentlich unterlassene Anhörung kann nachgeholt werden. Wird innerhalb der von der Finanzbehörde zu setzenden Frist keine Stellungnahme abgegeben, kann gleichwohl ein Haftungsbescheid ergehen.

Einer Stellungnahme bedarf es demnach nicht, wenn die Haftung aus anderen Gründen erfolgt, z. B. aus § 71 AO.

Da der als Testamentsvollstrecker tätige Rechtsanwalt in Ausübung seines Berufs handelt, ist eine Stellungnahme nach § 191 Abs. 2 AO demnach erforderlich (vgl. BFH vom 13.05.1998, BStBl II 1998, 760).

1.2.2.6 Haftungsverjährung (§ 191 Abs. 3 und 4 AO)

Die Vorschriften über die Festsetzungsfrist (vgl. §§ 169 bis 171 AO) sind auf den erstmaligen Erlass von Haftungsbescheiden gem. § 193 Abs. 1 Satz 1 AO entsprechend anzuwenden. Die Vorschriften über die Festsetzungsverjährung sind demnach nur auf den »Erlass« von Haftungs-bescheiden entsprechend anzuwenden. Haftungsbescheide können folglich auch nach Ablauf der Festsetzungsfrist zugunsten des Haftungsschuldners korrigiert werden (BFH vom 12.08.1997, BStBl II 1998, 131). Die jeweiligen Haftungsfestsetzungsfristen betragen:

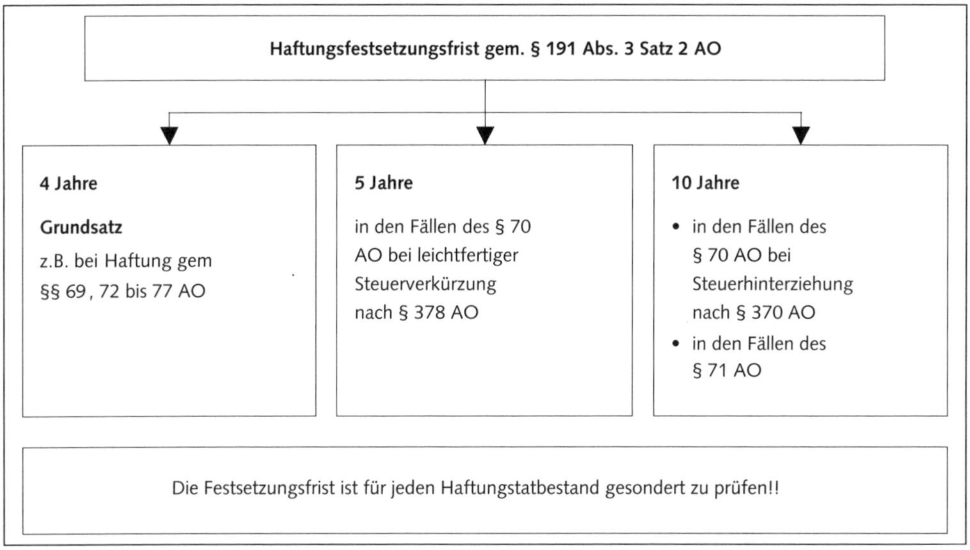

Abbildung 49: Haftungsfestsetzungsfristen

Nach Ablauf der Haftungsverjährungsfrist darf ein (erstmaliger) Haftungsbescheid gem. § 191 Abs. 3 Satz 1 i.V.m. § 169 Abs. 1 Satz 1 AO nicht mehr ergehen. Ein (erstmaliger) Haftungsbescheid, der nach Ablauf der Festsetzungsfrist erlassen worden ist, ist jedoch nicht nach § 125 AO nichtig, sondern lediglich rechtswidrig und auf Anfechtung hin aufzuheben.

Die Festsetzungsfrist beginnt gem. § 191 Abs. 3 Satz 3 AO mit Ablauf des Kj., in dem der Tatbestand verwirklicht worden ist, an den das Gesetz die Haftungsfolge knüpft.

Die Festsetzungsfrist **beginnt** mit Ablauf des Kj., in dem der Tatbestand verwirklicht worden ist, an den das Gesetz die Haftungsfolge knüpft.

Der Haftungsanspruch des Finanzamtes entsteht, sobald die gesetzlichen Voraussetzungen des Haftungstatbestandes erfüllt sind; es bedarf hierzu nicht des Erlasses eines Haftungsbescheids (BFH vom 15.12.1996, BStBl II 1997, 171).

Die Festsetzungsfrist beträgt 4 Jahre gem. § 191 Abs. 3 Satz 2 AO. Die Festsetzungsfrist für den Erlass eines Haftungsbescheids ist gem. § 191 Abs. 3 Satz 2 HS 2 AO bei leichtfertiger Steuerverkürzung nur in den Fällen auf fünf Jahre verlängert, in denen die Haftungsinanspruchnahme auf § 70 AO beruht, nicht aber für jeden Fall der Haftung, dem eine leichtfertige Steuerverkürzung zugrunde liegt, also auch nicht bei der Haftung gem. § 69 AO (BFH vom 22.04.2008, Az: VII R 21/07, Klarstellung der Rechtsprechung). Nur in den Fällen des § 71 AO, also bei der Haftung des Steuerhinterziehers, beträgt diese zehn Jahre.

Für die Festsetzungsfrist können sich spezielle **Ablaufhemmungen** ergeben:

- Ist die **Steuer**, für die gehaftet wird, **noch nicht festgesetzt** worden, so endet die Festsetzungsfrist für den Haftungsbescheid gem. § 191 Abs. 3 Satz 4 HS 1 AO nicht vor Ablauf der für die Steuerfestsetzung geltenden Festsetzungsfrist.
- Ist die Steuer, für die gehaftet wird, bereits festgesetzt worden, so endet aufgrund der entsprechenden Anwendung des § 171 Abs. 10 AO (vgl. § 191 Abs. 3 Satz 4 HS 2 AO) die Festsetzungsfrist für den Haftungsbescheid nicht vor Ablauf von zwei Jahren nach Bekanntgabe des Steuerbescheids. Der Steuerbescheid übernimmt insoweit die Funktion eines Quasi-Grundlagenbescheides. Das gilt allerdings nur, wenn die Steuer vor Ablauf der für sie geltenden Festsetzungsfrist festgesetzt worden ist.
- In den Fällen der §§ 73 und 74 AO endet gem. § 191 Abs. 3 Satz 5 AO die Festsetzungsfrist nicht, bevor die gegen den Steuerschuldner festgesetzte Steuer Zahlungsverjährung nach § 228 AO eingetreten ist.

Beispiel 1

Ein GmbH Geschäftsführer gibt die Umsatzsteuerjahreserklärung für das Jahr 2010 grob fahrlässig nicht ab. Er hat demnach leichtfertig Steuern verkürzt (vgl. § 378 AO). Bis zu welchem Zeitpunkt kann ein Haftungsbescheid gegen den Geschäftsführer erlassen werden?

Lösung

a) **Materielles Haftungsrecht**

Aufgrund der Nichtabgabe der Umsatzsteuerjahreserklärung bis zum 31.05.2011 hat der Geschäftsführer seine steuerlichen Pflichten aus § 34 Abs. 1 AO im Jahr 2005 grob fahrlässig nicht erfüllt. Er haftet demnach nach § 69 Satz 1 AO. Da lt. Vorgabe eine Steuerhinterziehung nicht gegeben sein soll, kommt eine Haftung nach § 71 AO nicht in Betracht.

b) **Formales Haftungsrecht**

Ein Haftungsbescheid kann gem. § 191 Abs. 1 Satz 1 AO gegen den Haftungsschuldner noch erlassen werden, wenn u. a. die Haftungsfestsetzungsfrist des § 193 Abs. 3 AO noch nicht abgelaufen ist.

Die Festsetzungsfrist beginnt gem. § 193 Abs. 3 Satz 3 AO mit Ablauf des Kj., in dem der Tatbestand verwirklicht worden ist, an den das Gesetz die Haftungsfolge knüpft. Aufgrund der Nichtbeachtung der Steuererklärungspflicht beginnt demnach die Festsetzungsfrist mit Ablauf des 31.12.2011 und dauert gem. § 191 Abs. 3 Satz 2 AO grundsätzlich vier Jahre. Die reguläre Festsetzungsfrist endet folglich mit Ablauf des 31.12.2015. Zwar hat der Geschäftsführer eine leichtfertige Steuerverkürzung begangen, gleichwohl verlängert sich die Festsetzungsfrist nicht gem. § 191 Abs. 3 Satz 2 AO von vier auf fünf Jahre, da kein Fall des § 70 AO oder 71 AO gegeben ist.

Die Haftungsfestsetzungsfrist endet jedoch gem. § 191 Abs. 3 Satz 4 HS 1 AO nicht vor Ablauf der für die Steuerfestsetzung geltenden Festsetzungsfrist. Da die Umsatzsteuererklärung des Jahres 2010 nicht abgegeben wurde beginnt die Festsetzungsfrist für die Umsatzsteuer 2010 abweichend von § 170 Abs. 1 AO nach § 170 Abs. 2 Nr. 1 Alt. 2 AO mit Ablauf des dritten Kj., das auf das Kj. folgt, in dem die Steuer entstanden ist, also mit Ablauf des 31.12.2007. Aufgrund der leichtfertigen Steuerverkürzung beträgt die Festsetzungsfirst für die Umsatzsteuer fünr Jahre (vgl. § 169 Abs. 2 Satz 2 AO) und endet demnach mit Ablauf des 31.12.2018. Bis zu diesem Zeitpunkt kann demnach der Geschäftsführer mittels eines Haftungsbescheides in Anspruch genommen werden.

Beispiel 2
Wie Beispiel 1, jedoch schätzt das Finanzamt die Umsatzsteuer für das Jahr 2004. Der Steuerbescheid wird der GmbH
a) am 12.11.2005
b) am 12.11.2008
bekannt gegeben.

Lösung
Wurde die Steuer gegen den Steuerschuldner festgesetzt, gilt für den Erlass des Haftungsbescheides gem. § 191 Abs. 3 Satz 4 HS 2 AO die Vorschrift des § 171 Abs. 10 AO sinngemäß. Die Festsetzungsfrist für den Haftungsbescheid (»als gedachter Folgebescheid«) endet demnach **nicht vor Ablauf von zwei Jahren** nach Bekanntgabe des Umsatzsteuerbescheides (»als gedachter Grundlagenbescheid«).

a) Im Fall a) geht der Verweis auf § 171 Abs. 10 AO ins »Leere«, da zwei Jahre nach Bekanntgabe des Steuerbescheides, also am 12.11.2007 die reguläre Festsetzungsfrist für den Haftungsbescheid (31.12.2009) nicht abgelaufen ist.
b) Da der Umsatzsteuerbescheid vor Ablauf der Festsetzungsfrist (31.12.2012) am 12.11.2008 bekannt gegeben wurde, endet die Festsetzungsfrist für den Haftungsbescheid zwei Jahre nach Bekanntgabe des Umsatzsteuerbescheides, also am 12.11.2010. Die Haftungsfestsetzungsfrist verlängert sich daher vom 31.12.2009 auf den 12.11.2010.

Beispiel 3
Ein GmbH-Geschäftsführer gab in der Umsatzsteuerjahreserklärung für das Jahr 1999 vorsätzlich unvollständige Umsätze an, die zu einer Herabsetzung der Umsatzsteuerschuld geführt haben, da das Finanzamt der Umsatzsteuerrückerstattung am 20.02.2000 zugestimmt hatte. Die Tat wird im Jahr 2005 entdeckt.
Kann gegen den GmbH-Geschäftsführer im Jahr 2005 noch ein Haftungsbescheid erlassen werden?

Lösung
Gegen den GmbH-Geschäftsführer kann im Jahr 2005 ein Haftungsbescheid erlassen werden, wenn eine materielle Haftungsnorm gegeben ist und für diese noch keine Haftungsfestsetzungsverjährung eingetreten ist.

a) **Haftung aus § 69 AO**

1. Materielle Haftungsnorm
Durch die falsche Erklärung in der Umsatzsteuerjahreserklärung hat der Geschäftsführer, als gesetzlicher Vertreter der GmbH (vgl. § 35 GmbHG) seine steuerliche Pflicht zur Abgabe korrekter Steuererklärungen vorsätzlich verletzt. Aufgrund dieser Pflichtverletzung wurde die Umsatzsteuer für das Jahr 1999 nicht in korrekter Höhe festgesetzt. Der Geschäftsführer haftet daher nach § 69 Satz 1 i.V.m. § 34 Abs. 1 AO.

2. Formelle Haftungsvoraussetzungen
Ein Haftung aus § 69 Satz 1 AO kommt im Hinblick auf § 193 Abs. 3 Satz 1 i.V.m. § 169 Abs. 1 Satz 1 AO im Jahr 2005 nur noch dann in Betracht, wenn für diese Haftung noch keine Haftungsfestsetzungsverjährung eingetreten ist, da ein erstmaliger Haftungsbescheid erlassen werden soll. Die reguläre Festsetzungsfrist beträgt gem. § 191 Abs. 3 Satz 2 AO vier Jahre und beginnt gem. § 193 Abs. 3 Satz 3 AO mit Ablauf des Kj., in dem der Tatbestand verwirklicht worden ist, an den das Gesetz die Haftungsfolge knüpft. Aufgrund

der Abgabe der unrichtigen Steuererklärung wurde die Umsatzsteuer im Hinblick auf § 168 AO im Jahr 2000 nicht in korrekter Höhe festgesetzt. Die Festsetzungsfrist beginnt demnach mit Ablauf des 31.12.2000 und endet mit Ablauf des 31.12.2004. Da es vorliegend um eine Haftung aus § 69 Satz 1 AO geht, kommt bezüglich dieser Haftungsnorm keine verlängerte Festsetzungsfrist in Frage. Da die Steuer zwei Jahre vor Ablauf der Haf-tungsfestsetzungsfrist erlassen wurde, kommt auch keine Ablaufhemmung gem. § 191 Abs. 3 Satz 4 HS 2 i.V.m. § 171 Abs. 10 AO in Frage.
Eine Inanspruchnahme aus § 69 Satz 1 AO scheidet demnach aus.

b) **Haftung aus § 71 AO**

1. Materielle Haftungsnorm

Der Geschäftsführer hat mit der falschen Umsatzsteuerjahreserklärung eine vorsätzliche Steuerhinterziehung gem. §§ 370 Abs. 1 Nr. 1, Abs. 4 Satz 1 AO i.V.m. §§ 369 Abs. 2 AO und §§ 15, 25 Abs. 1 StGB begangen. Aus diesem Grund haftet der Geschäftsführer gem. § 71 AO für die hinterzogenen Steuern und für die Hinterziehungszinsen.

2. Formelles Haftungsrecht

Auch in diesem Fall beginnt die Haftungsfestsetzungsfrist gem. § 191 Abs. 3 Satz 3 AO mit Ablauf des 31.12.2000. Aufgrund der Steuerhinterziehung beträgt die Festsetzungsfrist jedoch zehn Jahre, da ein Fall des § 71 AO gegeben ist. Die Haftungsfestsetzungsfrist läuft daher mit Ablauf des 31.12.2010 ab.

c) **Ergebnis**

Der Geschäftsführer haftet daher (lediglich) aus § 71 AO für die verkürzte Umsatzsteuer und der damit verbundenen Hinterziehungszinsen.

1.2.2.7 Form, Inhalt und Begründung des Haftungsbescheids

Da Haftungsbescheide gem. § 191 Abs. 1 Satz 3 AO schriftlich zu erteilen sind, kommt die allgemeine Vorschrift des § 119 Abs. 2 AO, wonach Verwaltungsakte der Finanzbehörde auch mündlich ergehen können, nicht in Betracht. Im Hinblick auf § 119 Abs. 1 AO müssen sie inhaltlich hinreichend bestimmt sein.

Die hinreichende Bestimmtheit eines Haftungsbescheides setzt voraus, dass die ihn erlassende Behörde (vgl. § 119 Abs. 3 AO), den Haftungsschuldner, die Haftungsschuld und/oder die Art der Steuer angibt, für die der Haftungsschuldner haften soll.

Die Angabe des Steuerschuldners ist kein zwingendes Begründungselement, solange die Haftungsschuld in tatsächlicher und rechtlicher Hinsicht in anderer Weise ausreichend konkretisiert werden kann (vgl. BFH vom 03.12.1996, BStBl II 1997, 306).

Die jeweilige Steuerart muss jedoch in Betrag und Zeitraum aufgegliedert sein (BFH vom 22.11.1988, BStBl II 1989, 220). Die notwendige Aufgliederung der Haftungsschuld hat aus einer dem Bescheid beigefügten Anlage (ggfs. Prüfungsbericht) hervorzugehen, falls sie sich nicht schon aus dem Bescheid selbst ergibt. Fehlt die notwendige Aufgliederung, ist der Mangel nicht so evident, dass dies zur Nichtigkeit (§ 125 Abs. 1 AO) des Haftungsbescheides führt. Der Haftungsbescheid ist daher »lediglich« rechtswidrig, aber nicht nichtig.

Ein Haftungsbescheid ist nur dann nichtig (§ 125 Abs. 1 AO), wenn er nicht die ihn erlassende Behörde, den Haftungsschuldner und/oder die Art der Steuer angibt, für die der Haftungsschuldner haften soll (vgl. BFH vom 03.12.1996, BStBl II 1997, 306).

Fordert das FA in einem Haftungsbescheid vom Arbeitgeber Lohnsteuer wegen Zuwendungen von Arbeitslohn in einer Vielzahl von Fällen nach, so ist die Höhe der Lohnsteuer trotz des damit verbundenen Arbeitsaufwandes grundsätzlich individuell zu ermitteln und nicht mit einem durchschnittlichen Steuersatz zu schätzen. Etwas anderes gilt dann, wenn entweder die Voraussetzungen des § 162 AO für eine Schätzung der Lohnsteuer vorliegen oder der Arbeitgeber mit der Berechnung der Haftungsschuld mit einem durchschnittlichen Steuersatz einverstanden ist (BFH vom 17.03.1994, BStBl II 1994, 536).

Da der Haftungsbescheid gem. § 191 Abs. 1 Satz 3 AO der Schriftform bedarf, hat gem. § 121 Abs. 1 AO auch die Begründung schriftlich zu erfolgen. Notwendig ist danach

- die Angabe der Haftungsvorschrift,
- der haftungsbegründende Sachverhalt,
- die Angabe der zur Haftung führenden Besteuerungsgrundlagen und die Steuerberechnung (ggf. als Anlage),
- der Haftungsgegenstand bei gegenständlich beschränkter Haftung (vgl. § 74 oder § 75 AO) und
- Darlegungen zur Ermessensausübung, insbes. beim Auswahlermessen.

Eine fehlende oder unvollständige Begründung kann geheilt werden (vgl. § 126 Abs. 1 Nr. 2 und Abs. 2 AO). Dabei ist zu berücksichtigen, dass im Hinblick auf § 102 FGO ein vollständiges Nachholen von Ermessenserwägungen im finanzgerichtlichen Verfahren nicht möglich ist. Bis zum Abschluss der Tatsacheninstanz sind lediglich Ergänzungen zur Ermessenausübung möglich.

1.2.2.8 Rechtsbehelfe

Gegen Haftungsbescheide ist der Einspruch (§ 347 Abs. 1 Nr. 1 AO) statthaft. Im Klageverfahren kann Anfechtungsklage nach § 40 Abs. 1 FGO erhoben werden. Sofern der Haftungsbescheid an evidenten Rechtsmängeln leidet, die zu seiner Nichtigkeit führen, ist gem. § 41 Abs. 1 AO Feststellungsklage zu erheben.

Vorläufiger Rechtsschutz kommt in Form der Aussetzung der Vollziehung nach § 361 AO und § 69 FGO in Betracht. Hat ein Einspruch endgültig keinen Erfolg, können allerdings Aussetzungszinsen nach § 237 AO **nicht** festgesetzt werden (siehe Wortlaut des § 237 Abs. 1 AO).

1.2.2.9 Korrektur von Haftungsbescheiden

Haftungsbescheide sind den Steuerbescheiden nicht gleichgestellt. Es handelt sich um sonstige Verwaltungsakte, die nach § 130 AO zurückgenommen oder nach § 131 AO widerrufen werden können. Die Vorschrift des § 129 AO gilt für alle Verwaltungsakte, also auch für Haftungsbescheide (AEAO zu § 191 Nr. 3).

Der Steuerbescheid ist kein Grundlagenbescheid für den Haftungsbescheid. Minderungen der dem Haftungsbescheid zugrundeliegenden Steuerschuld durch Zahlungen des Steuerschuldners oder durch Änderung der Steuerfestsetzung berühren den Haftungsbescheid nicht. Ein (rechtmäßiger) Haftungsbescheid ist aber zugunsten des Haftungsschuldners zu widerrufen, soweit die ihm zugrundeliegende Steuerschuld später gemindert wird (AEAO zu § 191 Nr. 3).

Bei Haftungserweiterung (z. B. bisher Haftung für USt, FA will auch Haftung für LSt) ist keine Korrektur erforderlich. §§ 130, 131 AO finden keine Anwendung.

Fraglich ist ob ein ergänzender Haftungsbescheid nach bestandskräftig gewordenem Haftungsbescheid ergehen darf.

Hat das FA einen Haftungsgegenstand durch einen bestandskräftig gewordenen Haftungsbescheid geregelt, steht dessen Bestandskraft bei unveränderter Sach- und Rechtslage der erneuten Regelung des gleichen Sachverhaltes durch Erlass eines ergänzenden, neben den ersten Haftungsbescheid tretenden Haftungsbescheides entgegen. Hiervon unberührt bleibt die Korrektur des vorangegangenen Haftungsbescheides nach den Vorschriften der §§ 129, 130 und 131 AO 1977 (BFH vom 25.05.2004, Az: VII R 29/02).

In dem entschiedenen Fall war der Gesellschafter-Geschäftsführer in einem ersten Haftungsbescheid nur hinsichtlich eines Teilbetrags der festgesetzten Umsatzsteuer, der nicht von der Vollziehung ausgesetzt war, in Haftung genommen worden. Mit dem zweiten Haftungsbescheid wurde der bei Erlass des ersten Haftungsbescheids von der Vollziehung ausgesetzte Restbetrag der Gesamtrückstände eingefordert. Bei dieser Sachverhaltskonstellation hat der Senat den Erlass eines ergänzenden Haftungsbescheids für unzulässig angesehen, weil der erste Bescheid über denselben Sachverhalt entschieden hat wie auch der zweite und die Inanspruchnahme auf eine zu niedrige Haftungssumme auf einer rechtsirrtümlichen Beurteilung des Sachverhalts oder einer fehlenden Ermessensentscheidung beruhte.

Das Finanzamt ist dagegen zum Erlass eines ergänzenden Haftungsbescheids berechtigt, wenn die Erhöhung der dem ersten Haftungsbescheid zu Grunde liegenden Lohnsteuerschuld auf neuen im Rahmen einer Außenprüfung festgestellten Tatsachen beruht. Dass die Lohnsteuerschuld und damit der Haftungsanspruch im Zeitpunkt des Erlasses des ersten Haftungsbescheids bereits materiell-rechtlich entstanden waren, steht einer weiteren Haftungsinanspruchnahme nicht entgegen (Fortentwicklung der Rechtsprechung; BFH vom 15.02.2011, Az: VII R 66/10).

Die Vorschriften über die Festsetzungsverjährung sind nur auf den »Erlass« von Haftungsbescheiden entsprechend anzuwenden. Haftungsbescheide können auch nach Ablauf der Festsetzungsfrist zugunsten des Haftungsschuldners korrigiert werden (BFH vom 12.08.1997, BStBl II 1998, 131, AEAO zu § 191 Nr. 4).

1.3 Drittwirkung der Steuerfestsetzung (§ 166 AO)

Eine Drittwirkung der Steuerfestsetzung gegenüber dem Haftungsschuldner besteht nur in den Fällen des **§ 166 AO**, z. B. für GmbH-Geschäftsführer (vgl. § 69 AO). Die Drittwirkung der Steuerfestsetzung gilt jedoch nicht gegenüber dem Gesellschafter einer GbR, der für Steuerschulden der GbR als Haftungsschuldner in Anspruch genommen worden ist, wenn dieser nicht zur Alleinvertretung der GbR berechtigt war (BFH vom 16.12.1997, BStBl II 1998, 319).

Beispiel

Der KSt-Bescheid gegen die A-GmbH ist unanfechtbar. Die KSt wurde auf 200.000 € festgesetzt. Gem. § 173 Abs. 1 Nr. 1 AO ist dieser Bescheid auf 230.000 € festgesetzte KSt geändert worden. Auch dieser Bescheid wurde unanfechtbar.

Gegen den Geschäftsführer Z wurde zu Recht ein Haftungsbescheid gem. § 69 i.V.m. § 191 AO erlassen. Er hatte die KSt-Erklärung grob fahrlässig unrichtig abgegeben. Deshalb erfolgte eine zu niedrige KSt-Festsetzung.

Jetzt legt Z gegen diesen Haftungsbescheid Einspruch mit folgender Begründung ein:

a) Die KSt-Schuld beträgt nur 200.000 € wie ursprünglich festgesetzt.
b) Selbst wenn die KSt 230.000 € betrage, so habe er nicht grob fahrlässig i.S.v. § 69 AO gehandelt.

Muss A die Unanfechtbarkeit der KSt-Bescheide gegen sich im Haftungsverfahren gelten lassen?

Lösung

a) Als Geschäftsführer der A-GmbH ist Z als gesetzlicher Vertreter der GmbH (§ 35 Abs. 1 GmbHG) dazu in der Lage, den KSt-Bescheid anzufechten. Deshalb kann er mit diesem Argument nicht gehört werden (§ 166 AO).

b) Diese Einwendungen betreffen den Haftungsgrund (§ 69 AO). Sie müssen deshalb im Rechtsbehelfsverfahren gegen den Haftungsbescheid überprüft werden. Soweit kann die Drittwirkung der Steuerfestsetzung nicht reichen.

1.4 Zahlungsaufforderung (§ 219 AO)

Es ist zu unterscheiden zwischen der gesetzlichen Entstehung der Haftungsschuld, dem Erlass des Haftungsbescheids (§ 191 AO) und der Inanspruchnahme des Haftungsschuldners durch Zahlungsaufforderung (Leistungsgebot; § 219 AO). § 219 AO regelt nur die Zahlungsaufforderung als eigenständigen Verwaltungsakt. Der Erlass eines Haftungsbescheids wird durch die Einschränkungen des § 219 AO nicht gehindert. Wenn die Voraussetzungen des § 219 AO vorliegen, wird die Zahlungsaufforderung zusammen mit dem Haftungsbescheid ergehen (AEAO zu § 219 Nr. 1).

Grds. erfolgt die Inanspruchnahme des Haftungsschuldners auf Zahlung nur, soweit die Vollstreckung in das bewegliche Vermögen des Steuerschuldners ohne Erfolg geblieben ist oder aussichtslos erscheint. Einschränkungen (Ausnahmen) hiervon enthält § 219 Satz 2 AO insbesondere bei Steuerhinterziehung und bei Abzugssteuern. Die Einschränkung des § 219 Satz 2 AO bezüglich der Steuerhinterziehung gilt aber nur für Täter und Mittäter, nicht jedoch für Teilnehmer (Anstifter, Gehilfen) an einer Steuerhinterziehung.

Gegen die Zahlungsaufforderung ist der Einspruch (§ 347 Abs. 1 Nr. 1 AO), im Klageverfahren die Anfechtungsklage nach § 40 Abs. 1 FGO gegeben.

Ist ein Haftungsbescheid ohne Zahlungsaufforderung ergangen, beginnt die Zahlungsverjährung mit Ablauf des Kj., in dem dieser Bescheid wirksam geworden ist (vgl. § 229 Abs. 2 AO). Für nicht rechtzeitig entrichtete Haftungsschulden entstehen Säumniszuschläge (§ 240 Abs. 1 Satz 2 AO).

2 Außenprüfung und Steuerfahndung

Einfach gelagerte Steuersachverhalte kann die Finanzbehörde nach den allgemeinen Besteuerungsgrundsätzen nach §§ 85 ff. AO unter Mitwirkung des jeweiligen Stpfl. (vgl. §§ 90 ff. AO) in der Regel an Amtsstelle aufklären und überprüfen. Die Abgabenordnung geht selbst davon aus, dass einfach gelagerte Sachverhalte grundsätzlich solche sind, aus denen der jeweilige Stpfl. Einkünfte aus einer Überschusseinkunftsart i.S.d. § 2 Abs. 2 Nr. 2 EStG erzielt. Einkünfte aus nichtselbstständiger Arbeit (§ 19 EStG), aus Kapitalvermögen (§ 20 EStG), aus Vermietung und Verpachtung (§ 21 EStG) oder aus sonstigen Einkünften (§§ 22, 23 EStG) können in der Regel bereits an Amtsstelle ermittelt werden, ohne dass in die Rechte des Stpfl. in unzumutbarer Weise eingegriffen werden muss.

Erzielt der Stpfl. jedoch Einkünfte aus einer Gewinneinkunftsart i.S.d. § 2 Abs. 2 Nr. 1 EStG, also Einkünfte aus Land- und Forstwirtschaft (§ 13 EStG), aus Gewerbebetrieb (§ 15 EStG) oder aus selbstständiger Arbeit (§ 18 EStG) oder handelt es sich um einen Stpfl. i.S.d. § 147a AO, also um einen Stpfl., bei dem die Summe der positiven Überschusseinkünfte mehr als 500.000 € im Kalenderjahr beträgt, ist eine Überprüfung der Angaben des Stpfl. Aufgrund der Komplexität der jeweiligen Sachverhalte an Amtsstelle kaum mehr möglich.

Aus diesem Grund sieht die AO insbesondere für diese Einkunftsquellen zusätzliche spezielle Besteuerungsverfahren vor. Diese sind u. a.

- die Außenprüfung (§ 193 bis 202 AO),
- die abgekürzte Außenprüfung (§ 203 AO),
- die Steuerfahndung (§ 208 AO).

2.1 Außenprüfung

2.1.1 Allgemeines

Zweck der Außenprüfung ist die Ermittlung und Beurteilung der steuerlich bedeutsamen Sachverhalte, um die Gleichmäßigkeit der Besteuerung sicherzustellen (§§ 85, 199 Abs. 1 AO). Da die AO keine Detailregelungen bezüglich der Zuständigkeit oder Organisation der Außenprüfung enthält, sind die Prüfungsdienste in den einzelnen Bundesländern unterschiedlich organisiert. Damit auch Ablauf, Umfang und Prüfungsturnus bundesweit nach denselben Prüfungsgrundsätzen durchgeführt werden, hat die Finanzverwaltung in der Betriebsprüfungsordnung (BpO) diesbezüglich ausführlich Stellung genommen.

Bei der Anordnung und Durchführung von Prüfungsmaßnahmen sind im Hinblick auf § 2 Abs. 1 Satz 1 BpO i.R.d. Ermessensausübung die verfassungsrechtlichen Grundsätze der Verhältnismäßigkeit der Mittel und des geringstmöglichen Eingriffs zu beachten.

Die Außenprüfung soll dazu beitragen, **endgültige Steuerausfälle** und **langfristige Steuerverlagerungen** zu vermeiden. Aufgrund der personell begrenzten Kapazität der Finanzverwaltung dürfen aber Prüfungsfelder ausgespart werden.

Die Prüfung erstreckt sich im Regelfall auf alle in Betracht kommenden laufend veranlagten Steuerarten und innerhalb der Steuerarten auf alle steuerlich relevanten Sachverhalte. Zu den laufend veranlagten Steuern rechnen bei der GmbH

- die KSt,
- die Gewerbesteuer und
- die Umsatzsteuer.

2.1.2 Zulässigkeit der Außenprüfung

Eine Außenprüfung ist gem. § 193 Abs. 1 AO ohne weitere Voraussetzung zulässig bei Stpfl., die einen gewerblichen oder land- und forstwirtschaftlichen Betrieb unterhalten oder die freiberuflich tätig sind. Eine GmbH erzielt gem. § 8 Abs. 2 KStG i.V.m. § 1 Abs. 1 Nr. 1 KStG – unabhängig von ihrer tatsächlichen Tätigkeit – immer Einkünfte aus Gewerbebetrieb. Aus diesem Grund ist eine Außenprüfung bei einer GmbH gem. § 193 Abs. 1 AO grundsätzlich zulässig.

Die Finanzbehörde entscheidet gem. § 2 Abs. 3 BpO nach pflichtgemäßem Ermessen (vgl. § 5 AO), ob und wann eine Außenprüfung durchgeführt wird. Dies gilt auch, wenn eine baldige Außenprüfung begehrt wird. Um eine einheitliche Besteuerungspraxis sicherzustellen, werden die Stpfl., die nach § 193 Abs. 1 AO einer Außenprüfung unterliegen, in Größenklassen gem. § 3 BpO eingeteilt. Im Rahmen der Besteuerung einer GmbH werden hier die Einheitlichen Abgrenzungsmerkmale für den 20. Prüfungsturnus (01.01.2010) für Handelsbetriebe und Fertigungsbetriebe vorgestellt.

Für **Handelsbetriebe** bestehen folgende Einteilungen:

	Großbetriebe (G)	**Mittelbetriebe (M)**	**Kleinbetriebe (K)**
Umsatzerlöse über	6.900.000 €	840.000 €	160.000 €
oder			
steuerlicher Gewinn über	265.000 €	53.000 €	34.000 €

Für Fertigungsbetriebe besteht folgende Einteilung:

	Großbetriebe (G)	**Mittelbetriebe (M)**	**Kleinbetriebe (K)**
Umsatzerlöse über	4.000.000 €	480.000 €	160.000 €
oder			
steuerlicher Gewinn über	235.000 €	53.000 €	34.000 €

2.1.3 Umfang

Über den Umfang der Außenprüfung entscheidet gem. § 194 Abs. 1 AO i.V.m. § 4 Abs. 1 BpO die zuständige Finanzbehörde nach pflichtgemäßem Ermessen. Im Hinblick auf den Grundsatz der Selbstbindung der Verwaltung ist i.R.d. Ermessensausübung § 4 BpO zu beachten.

Bei Großbetrieben soll gem. § 4 Abs. 2 BpO der Prüfungszeitraum an den vorherigen Prüfungszeitraum anschließen. Es handelt sich hierbei zwar um eine Soll- und keine Mussvorschrift, gleichwohl wird diese Vorschrift seitens der Finanzverwaltung wegen der Bedeutung dieser Fälle als Mussvorschrift ausgelegt.

Bei anderen Betrieben, also bei Mittel-, Klein- oder Kleinstbetrieben soll gem. § 4 Abs. 3 BpO der Prüfungszeitraum in der Regel nicht mehr als drei zusammenhängende Besteuerungszeiträume umfassen. Die Möglichkeit der Ausdehnung des Prüfungszeitraumes ist dann zulässig, wenn mit nicht unerheblichen Änderungen der Besteuerungsgrundlagen zu rechnen ist oder wenn der Verdacht einer Steuerstraftat oder einer Steuerordnungswidrigkeit besteht.

Allein schon wegen der unterschiedlichen Häufigkeit der Betriebsprüfungen zwischen den einzelnen Größenklassen ist es sinnvoll, sehr genau zu prüfen, ob die Einstufung des Betriebs zutreffend ist.

Die steuerlichen Verhältnisse von Gesellschaftern der GmbH sowie von Mitgliedern des Aufsichtsrates können über die in § 194 Abs. 1 AO geregelten Fälle hinaus in die bei der GmbH durchzuführende Außenprüfung einbezogen werden, wenn dies im Einzelfall zweckmäßig ist (§ 194 Abs. 2 AO). Eine Einbeziehung der steuerlichen Verhältnisse des GmbH-Geschäftsführers ist dagegen nicht möglich. Der Geschäftsführer ist zwar Organ der GmbH, jedoch nicht mit Überwachungsaufgaben betraut, sondern mit Führungs- und Leitungsaufgaben. Inwieweit auch die persönlichen Verhältnisse eines Beirates geprüft werden dürfen, wird man davon abhängig machen müssen, ob dem Beirat statutarische Überwachungs- und Kontrollaufgabe zuerkannt sind. Sofern der Beirat lediglich Beratungsfunktionen hat, ist eine Einbeziehung gem. § 192 Abs. 2 AO nicht zulässig.

Die Finanzbehörden dürfen Feststellungen über Verhältnisse anderer, nicht der Prüfung unterliegender Personen gem. § 194 Abs. 3 AO als Kontrollmaterial für die Überprüfung dieser Personen verwenden.

Neu hinzugekommen in die BpO ist § 4a BpO. Dieser ist erstmals für Außenprüungen anzuwenden, die nach dem 01.01.2012 angeordnet werden.

In § 4a Abs. 1 BpO ist der Begriff »zeitnahe Betriebsprüfung« geregelt. Eine Betriebsprüfung ist zeitnah, wenn der Prüfungszeitraum einen oder mehrere gegenwartsnahe Besteuerungszeiträume umfasst.

Eine zeitnahe Betriebsprüfung kann gem. § 4a Abs. 2 BpO nur für die Prüfungszeiträume durchgeführt werden, zu denen dem Finanzamt rechtsverbindliche und vollständige Steuererklärungen (§ 150 AO) vorliegen. Zur Sicherstellung der Mitwirkungsrechte des Bundeszentralamtes für Steuern ist der von der Finanzbehörde ausgewählte Stpfl. dem Bundeszentralamt für Steuern unverzüglich zu benennen.

Über das Ergebnis der Prüfung ist ein schriftlicher Prüfungsbericht zu erstellen gem. § 202 AO zu erstellen. Führt die Prüfung zur Änderung von Besteuerungsgrundlagen, muss die Sach- und Rechtslage so detailliert wiedergegeben werden, dass Grund und Höhe der Änderung überprüfbar sind. Führt die Prüfung hingegen zu keiner Änderung, genügt die Mitteilung an den Stpfl. über die ergebnislose Prüfung.

2.1.4 Prüfungsanordnung

Die nach § 195 AO zuständige Finanzbehörde bestimmt gem. § 196 AO und § 5 Abs. 1 BpO den Umfang der Außenprüfung in einer schriftlich zu erteilenden Prüfungsanordnung. Die Prüfungsanordnung ist darüber hinaus mit einer Rechtsbehelfsbelehrung zu versehen und zu begründen. Sofern sich die Außenprüfung auf die Verhältnisse der GmbH bezieht, sie also auf § 193 Abs. 1 AO gestützt wird, reicht es aus, wenn als Begründung i.S.d. § 121 AO lediglich auf § 193 Abs. 1 AO Bezug genommen wird.

Die Prüfungsanordnung hat gem. § 197 AO und § 5 Abs. 2 BpO folgende zwingende Regelungen zu enthalten:

- die Rechtsgrundlagen der Außenprüfung,
- die zu prüfenden Steuerarten, Steuervergütungen, Prämien, Zulagen,
- gegebenenfalls zu prüfende bestimmte Sachverhalte,
- den Prüfungszeitraum,
- Hinweise über die wesentlichen Rechte und Pflichten des Stpfl. i.R.d. Außenprüfung.

Selbstverständlich kann mit der Prüfungsanordnung auch die Mitteilung über den voraussichtlichen Beginn und die Festlegung des Ortes der Außenprüfung verbunden werden. Auch der Name des Betriebsprüfers, eines Betriebsprüfungshelfers und andere prüfungsleitende Bestimmungen können gem. § 5 Abs. 3 BpO in die Prüfungsanordnung aufgenommen werden. Damit der Stpfl. bzw. das jeweilige Unternehmen sich angemessen auf die Prüfung vorbereiten kann, sind die Prüfungsanordnung und die damit verbundenen Mitteilungen angemessene Zeit vor Beginn der Prüfung bekannt zu geben, wenn der Prüfungszweck dadurch nicht gefährdet wird gem. § 5 Abs. 4 BpO. In der Regel sind bei Großbetrieben vier Wochen und in anderen Fällen zwei Wochen angemessen. Der Stpfl., also der Geschäftsführer als handelndes Organ der GmbH kann selbstverständlich auf die angemessene Frist verzichten. Nach Sinn und Zweck der Frist bedarf es dieser auch dann nicht, wenn der Prüfungsumfang während einer laufenden Außenprüfung erweitert wird.

2.1.5 Rechtsbehelfe

Die Prüfungsanordnung selbst ist ein gem. §§ 196, 118 Abs. 1 AO schriftlich zu erlassender belastender Verwaltungsakt und demnach mit einem Einspruch gem. §§ 347 ff. AO anfechtbar. Die Bekanntgabe des Prüfungsbeginns oder des Prüfungsortes sind zwar ihrerseits ebenfalls Verwaltungsakte, die jedoch nicht zwingend schriftlich ergehen müssen. Auch gegen sie ist ein Einspruch zulässig. Der Einspruch hat gem. § 361 Abs. 1 AO keine aufschiebende Wirkung, diese kann aber durch einen Antrag auf Aussetzung der Vollziehung gem. § 367 Abs. 2 AO erwirkt werden.

Die einzelnen Prüfungshandlungen des Außenprüfers sind im Gegensatz dazu regelmäßig tatsächlicher Natur und daher keine Verwaltungsakte, sondern nicht selbstständig anfechtbare Vorbereitungshandlungen zum Erlass von Bescheiden (vgl. BFH vom 10.11.1998, BStBl II 1999, 199). Die Rechtmäßigkeit der jeweiligen Prüfungshandlung ist daher im Einspruchs- oder Klageverfahren des jeweiligen geänderten Steuerbescheides zu klären. Rechtswidrige Prüfungshandlungen können im Einzelfall zu Verwertungsverboten führen.

2.1.6 Durchführung der Prüfung

Ebenfalls auf Antrag soll gem. § 197 Abs. 2 AO der Beginn der Außenprüfung auf einen anderen Zeitpunkt verlegt werden, wenn dafür wichtige Gründe glaubhaft gemacht werden. Als wichtige Gründe zählt § 5 Abs. 5 BpO lediglich beispielhaft die Erkrankung des Stpfl., des steuerlichen Beraters, eines für Auskünfte maßgeblichen Betriebsangehörigen oder beträchtliche Betriebsstörungen durch Umbau oder höhere Gewalt auf.

Die Prüfer haben sich bei Erscheinen gem. § 198 AO unverzüglich auszuweisen.

Unabhängig davon ist der Beginn der Außenprüfung unter Angabe von Datum und Uhrzeit aktenkundig zu machen, da insbesondere die Ablaufhemmung des § 171 Abs. 4 AO eingreifen kann.

Der Außenprüfer hat gem. § 199 Abs. 1 AO die Aufgabe, die tatsächlichen und rechtlichen Verhältnisse, die für die Steuerpflicht und für die Bemessung der Steuer maßgebend sind (Besteuerungsgrundlagen), zu prüfen. Die Prüfung erstreckt sich zugunsten wie zuungunsten des Stpfl.. Darüber hinaus ist gem. § 199 Abs. 2 AO der Stpfl. während der Außenprüfung über die festgestellten Sachverhalte und die möglichen steuerlichen Auswirkungen zu unterrichten, wenn dadurch Zweck und Ablauf der Prüfung nicht beeinträchtigt werden. Detailregelungen dieser in § 199 AO normierten Prüfungsgrundsätze sind in § 7 BpO geregelt. Dabei ist die Prüfung auf das Wesentlichste zu beschränken.

Gem. § 147 Abs. 6 AO hat die Finanzbehörde im Rahmen einer Außenprüfung das Recht, Einsicht in gespeicherte Buchführungsunterlagen bzw. Geschäftsunterlagen der GmbH zu nehmen, die mit Hilfe eines Datenverarbeitungssystems erstellt worden sind. Damit verbunden ist auch das Recht, das Datenverarbeitungssystem zur Prüfung dieser Unterlagen zu nutzen. Die Finanzbehörde kann in diesem Zusammenhang auch verlangen, dass die Daten nach ihren Vorgaben maschinell ausgewertet oder ihr die gespeicherten Unterlagen und Aufzeichnungen auf einem maschinell verwertbaren Datenträger (Beispiel CD) zur Verfügung gestellt werden. Dabei anfallende Kosten hat die GmbH als Stpfl. zu tragen.

Weitere **Mitwirkungspflichten** des Stpfl. i.R.d. Außenprüfung sind in § 200 AO und § 10 BpO geregelt.

Danach hat die GmbH als Stpfl. bei der Feststellung der Sachverhalte, die für die Besteuerung erheblich sein können, mitzuwirken. Die eigentliche Mitwirkungspflicht obliegt dem Geschäftsführer. Er hat insbesondere Auskünfte zu erteilen, Aufzeichnungen, Bücher, Geschäftspapiere und andere Urkunden zur Einsicht und Prüfung vorzulegen, die zum Verständnis der Aufzeichnungen erforderlichen Erläuterungen zu geben und die Finanzbehörde bei Ausübung ihrer Befugnisse nach § 147 Abs. 6 AO zu unterstützen.

Soweit der Geschäftsführer oder die von ihm benannten Personen nicht in der Lage sind, Auskünfte zu erteilen, oder die Auskünfte zur Klärung des Sachverhalts unzureichend sind, kann der Außenprüfer auch andere Betriebsangehörige um Auskunft ersuchen. Dabei gelten die Vorschriften nach § 93 Abs. 2 Satz 2 AO und § 97 Abs. 2 AO nicht. Aus diesem Grund braucht im Gegensatz zum allgemeinen Besteuerungsverfahren, wie dies in § 93 Abs. 2 Satz 2 AO normiert ist, das Auskunftsersuchen nicht schriftlich zu ergehen. Auch kann die Vorlage von Geschäftsunterlagen sofort verlangt werden, da die Rangfolge der Sachverhaltsermittlung des § 97 Abs. 2 AO i.R.d. Außenprüfung nicht gilt.

Darüber hinaus kann die Vorlage von Büchern, Aufzeichnungen, Geschäftspapieren und anderen Unterlagen, die nicht unmittelbar den Prüfungszeitraum betreffen, ohne Erweiterung des Prüfungszeitraums nach § 8 Abs. 3 BpO verlangt werden, wenn dies zur Feststellung von Sachverhalten des Prüfungszeitraums für erforderlich gehalten wird.

Die Buchführungsunterlagen bzw. andere i.R.d. Außenprüfung vorzulegende Unterlagen hat die GmbH gem. § 200 Abs. 2 Satz 1 AO in ihren Geschäftsräumen oder, soweit ein zur Durchführung der Außenprüfung geeigneter Geschäftsraum nicht vorhanden ist, an Amtsstelle vorzulegen. Ein anderer Prüfungsort wird gem. § 6 Satz 3 BpO nur ausnahmsweise in Betracht kommen. Da eine GmbH ein eigenes Steuerrechtssubjekt ist und sowohl die Geschäftsführer als auch die Gesellschafter demnach »Dritte« sind, scheidet eine Prüfung in den Wohnräumen des Geschäftsführers oder eines Gesellschafters – ohne ausdrückliche Zustimmung – aus. Da die Prüfung vornehmlich in den Geschäftsräumen der GmbH stattzufinden hat, ist eine Prüfung in den Büroräumen des steuerlichen Beraters ebenfalls grundsätzlich nicht statthaft, da auch der steuerliche Berater in diesem Zusammenhang als Dritter anzusehen ist.

Des Weiteren hat die GmbH gem. § 200 Abs. 2 Satz 2 AO einen zur Durchführung der Außenprüfung geeigneten Raum oder Arbeitsplatz sowie die erforderlichen Hilfsmittel unentgeltlich zur Verfügung zu stellen.

Ein geeigneter Raum oder Arbeitsplatz in diesem Sinne liegt nur dann vor, wenn er die erforderlichen Einrichtungsgegenstände besitzt, die die Prüfungstätigkeit erfordert, also Tisch, Stuhl, Beleuchtung. Der Raum muss auch entsprechend beheizt sein.

Unter Hilfsmittel sind solche Gegenstände zu subsumieren, die der Prüfer nach der Eigenart des zu prüfenden Betriebes zur Ermittlung des steuerlich relevanten Sachverhalts benötigt, um seine Prüfungstätigkeit ausüben zu können, wie z. B. ein Mikrofilmlesegerät, wenn die Daten auf Mikrofilm gespeichert aufbewahrt werden. Allgemeine Mittel, die die Arbeit des Prüfers erleichtern und nicht der primären Sachverhaltsaufklärung dienen, müssen nicht zur Verfügung gestellt werden.

Aus diesem Grund besteht keine Pflicht dazu, dem Prüfer Fachliteratur (z. B. Steuerrechtsliteratur oder spezifische Branchenliteratur) zugänglich zu machen. Auch Büromaterial (Papier, Bleistifte, Kugelschreiber, Ordner, Trennblätter usw.) oder allgemeine Bürogeräte wie Schreibmaschinen, Fotokopiergeräte, Telefon, Taschenrechner und ähnliche Geräte erleichtern zwar die Außenprüfung, sind jedoch nicht zur unmittelbaren Sachverhaltserforschung erforderlich und können demnach nicht verlangt werden. Unberührt bleibt selbstverständlich die oben angesprochene Verpflichtung aus § 147 Abs. 6 AO in Bezug auf EDV-Anlagen.

Die Außenprüfung findet während der üblichen Geschäfts- oder Arbeitszeit der GmbH statt. Eine Prüfung an Sonn- oder Feiertagen ist daher unzulässig. Die Prüfer sind gem. § 200 Abs. 3 Satz 2 AO berechtigt, Grundstücke und Betriebsräume zu betreten und zu besichtigen. Bei der Betriebsbesichtigung sollen der Betriebsinhaber oder sein Beauftragter hinzugezogen werden. Die Betriebsbesichtigung dient dazu, dem Prüfer Anschauungen über Aufbau und Entwicklung des Unternehmens sowie die Organisation der Produktionsfaktoren zu verschaffen.

2.1.7 Schlussbesprechung

Über das Ergebnis der Außenprüfung ist gem. § 201 AO eine Schlussbesprechung abzuhalten, es sei denn, nach dem Ergebnis der Außenprüfung ergibt sich keine Änderung der Besteuerungsgrundlagen oder der Geschäftsführer der GmbH verzichtet auf die Besprechung. Bei der Schlussbesprechung sind insbesondere strittige Sachverhalte sowie die rechtliche Beurteilung der Prüfungsfeststellungen und ihre steuerlichen Auswirkungen zu erörtern (FG Hamburg vom 21.11.1980, EFG 1981, 325). »Erörtern« umfasst dabei mehr als die bloße Gewährung rechtlichen Gehörs: Der Außenprüfer hat sich mit den vorgebrachten Argumenten auseinanderzusetzen und Gegenargumente vorzubringen.

Da Zweck der Schlussbesprechung neben der Beseitigung von Meinungsverschiedenheiten bzw. Missverständnissen die Gewährung rechtlichen Gehörs sowie der Austausch der unterschiedlichen Argumente ist, ist gem. § 11 Abs. 1 BpO der Termin der Schlussbesprechung angemessene Zeit vor der Besprechung bekannt zu geben, wobei die Bekanntgabe nicht der Schriftform bedarf.

Besteht die Möglichkeit, dass aufgrund der Prüfungsfeststellungen ein Straf- oder Bußgeldverfahren durchgeführt werden muss, soll gem. § 201 Abs. 2 AO der Stpfl. darauf hingewiesen werden, dass die straf- oder bußgeldrechtliche Würdigung einem besonderen Verfahren vorbehalten bleibt (**strafrechtlicher Vorbehalt**). Dabei ist zu berücksichtigen, dass unter strafrechtlichen (verfassungsrechtlichen) Gesichtspunkten niemand verpflichtet ist, zu seiner eigenen Verurteilung beizutragen. Ein steuerstrafrechtliches Ermittlungsverfahren hat sich daher an strafrechtlichen Maßstäben zu messen (vgl. § 385 Abs. 1 AO). Dies bedeutet jedoch nicht, dass mit Einleitung strafrechtlichen Ermittlungsverfahrens das steuerrechtliche Ermittlungsverfahren zurückgedrängt oder gar aufgehoben wird. Vielmehr sind beide Verfahren nebeneinander anwendbar (§ 393 Abs. 1 AO). Aus diesem Grund bleiben im Rahmen eines steuerrechtlichen Ermittlungsverfahrens die weit reichenden Mitwirkungspflichten zur Sachverhaltsaufklärung bestehen, die in einem strafrechtlichen Ermittlungsverfahren nicht bestehen. Unter verfassungsrechtlichen Gesichtspunkten fast schon selbstverständlich ist jedoch die Tatsache, dass mit Einleitung eines Steuerstrafverfahrens gem. § 393 Abs. 1 Satz 2 AO Zwangsmittel gegen den Stpfl. unzulässig sind, wenn er dadurch gezwungen würde, sich selbst wegen einer Steuerstraftat oder Steuerordnungswidrigkeit zu belasten. Neben der Vorschrift des § 393 AO versucht § 10 BpO diese Kollision beider Verfahren zumindest im Rahmen einer Außenprüfung zu bewältigen.

Der strafrechtliche Vorbehalt des § 201 Abs. 2 AO bedeutet jedoch noch nicht, dass ein strafrechtliches Ermittlungsverfahren eingeleitet ist.

2.1.8 Inhalt und Bekanntgabe des Prüfungsberichts

Über das Ergebnis der Außenprüfung ergeht gem. § 202 Abs. 1 AO ein schriftlicher Bericht (Prüfungsbericht). Im Prüfungsbericht sind die für die Besteuerung erheblichen Prüfungsfeststellungen in tatsächlicher und rechtlicher Hinsicht sowie die Änderungen der Besteuerungsgrundlagen darzustellen. Sofern die Außenprüfung zu keiner Änderung der Besteuerungsgrundlagen führt, genügt eine schriftliche Mitteilung an die GmbH als Stpfl. Die Außenprüfung muss gem. § 12 Abs. 3 BpO entweder durch Steuerfestsetzung oder durch Mitteilung über eine ergebnislose Prüfung abgeschlossen werden. Der Prüfungsbericht selbst ist keine mit Außenwirkung gerichtete Regelung des Einzelfalles, sondern letztlich lediglich eine verwaltungsinterne Informationszusammenfassung (vgl. BFH vom 17.07.1985, BStBl II 1986, 21 und vom 29.04.1987, BStBl II 1988, 168). Aus diesem Grund hat der Prüfungsbericht auch keine Verwaltungsaktsqualität. Er kann daher nicht mittels Einspruch angefochten werden. Rechtsmittel bestehen daher erst, wenn der Prüfungsbericht i.R.d. geänderten Steuerbescheide ausgewertet wurde. Dann hat sich jedoch das jeweilige Rechtsmittel gegen den geänderten Steuerbescheid zu richten.

Dies schließt jedoch nicht aus, dass die Finanzbehörde gem. § 202 Abs. 2 AO der GmbH auf Antrag den Prüfungsbericht vor seiner Auswertung zu übersenden und ihr Gelegenheit zu geben hat, in angemessener Zeit dazu Stellung zu nehmen.

2.1.9 Abgekürzte Außenprüfung

Bei Stpfl., bei denen die Finanzbehörde eine Außenprüfung in regelmäßigen Zeitabständen nach den Umständen des Falls nicht für erforderlich hält, kann sie gem. § 203 Abs. 1 AO eine sog. abgekürzte Außenprüfung durchführen. Die Prüfung hat sich auf die wesentlichen Besteuerungsgrundlagen zu beschränken. Eine abgekürzte Außenprüfung dient demnach dazu, die Prüfungskapazität der Verwaltung optimal auszunutzen, indem in diesen Fällen eine weniger tiefgehende Prüfung zugelassen wird. Die Vorschrift des § 203 AO soll aber auch eine im Interesse des Stpfl. liegende rasche Durchführung einer Außenprüfung ermöglichen (BFH vom 25.01.1989, BStBl II 1989 II, 483).

Voraussetzung ist auch im Rahmen einer abgekürzten Außenprüfung, dass eine Prüfung gem. § 193 AO überhaupt zulässig ist.

Im Gegensatz zu einer regulären Außenprüfung ist eine Schlussbesprechung gesetzlich nicht zwingend vorgeschrieben. Nach § 203 Abs. 2 Satz 1 AO ist der Stpfl. vor Abschluss der Prüfung darauf hinzuweisen, inwieweit von den Steuererklärungen oder den Steuerfestsetzungen abgewichen werden soll. Des Weiteren sind gem. § 203 Abs. 2 Satz 2 AO die steuerlich erheblichen Prüfungsfeststellungen dem Stpfl. (GmbH) spätestens mit den Steuerbescheiden schriftlich mitzuteilen. Demnach kann gem. § 203 Abs. 2 Satz 3 AO nicht nur auf eine Schlussbesprechung, sondern auch auf die Zusendung des Prüfungsberichtes gänzlich verzichtet werden.

2.1.10 Verbindliche Zusage

Im Anschluss an eine Außenprüfung soll nach Maßgabe der §§ 204, 205 AO die Finanzbehörde dem Stpfl. auf Antrag eine verbindliche Zusage erteilen. Hintergrund einer verbindlichen Zusage ist die Tatsache, dass es zu Auseinandersetzungen zwischen Stpfl. und Finanzbehörden kommt, wenn bei einer späteren Prüfung der Prüfer von einem vorhergehenden Prüfungsbericht abweichen will.

Voraussetzungen für eine verbindliche Zusage sind nach § 204 AO:

- ein Antrag des Stpfl. (der GmbH) im Anschluss an die Außenprüfung,
- ein für die Vergangenheit geprüfter und im Prüfungsbericht dargestellter Sachverhalt (§§ 202, 203 AO).
- Die Kenntnis der künftigen steuerrechtlichen Behandlung des konkreten Sachverhalts für die geschäftlichen Maßnahmen des Stpfl. ist in Zukunft von Bedeutung.

Demnach sind einer verbindlichen Zusage nur solche Sachverhalte zugänglich, die über den Prüfungszeitraum hinausgehen (Dauersachverhalte) oder die sich künftig wiederholen können (Wiederholungssachverhalte).

Da die Vorschrift des § 204 AO als Sollvorschrift konzipiert ist, hat der Stpfl. grundsächlich keinen Rechtsanspruch auf eine verbindliche Zusage. Da es sich jedoch um eine »Soll«- und nicht um eine »Kann«-Vorschrift handelt, kann das Finanzamt nur in atypisch gelagerten Fällen eine verbindliche Zusage ablehnen. Dies ist z. B. bei der zukünftigen Angemessenheit von Verrechnungspreisen bei unübersichtlichen Marktverhältnissen der Fall oder wenn zu dem betreffenden Sachverhalt die Herausgabe von allgemeinen Verwaltungsvorschriften oder eine Grundsatzentscheidung des BFH nahe bevorstehen (vgl. AEAO zu § 204 Nr. 5).

Die verbindliche Zusage wird gem. § 205 Abs. 1 AO schriftlich erteilt und als verbindlich gekennzeichnet. Die Ablehnung eines Antrags auf eine verbindliche Zusage hat schriftlich zu erfolgen und ist, soweit dies für das Verständnis erforderlich ist, zu begründen (§ 121 AO). Ein Verstoß gegen das Formerfordernis führt dazu, dass keine Bindungswirkung nach § 206 AO eintritt.

Die verbindliche Zusage muss gem. § 205 Abs. 2 AO enthalten:

1. den ihr zugrunde gelegten Sachverhalt (dabei kann auf den im Prüfungsbericht dargestellten Sachverhalt Bezug genommen werden),
2. die Entscheidung über den Antrag und die dafür maßgebenden Gründe sowie die maßgebenden Rechtsvorschriften(vgl. AEAO zu § 205),
3. eine Angabe darüber, für welche Steuern und für welchen Zeitraum die verbindliche Zusage gilt.

Fehlt der verbindlichen Zusage der angegebene Zeitraum, bleibt sie bis zu ihrer Aufhebung oder Änderung wirksam.

Die verbindliche Zusage ist gem. § 206 Abs. 1 AO für die Besteuerung bindend, wenn sich der später verwirklichte Sachverhalt mit dem der verbindlichen Zusage zugrunde gelegten Sachverhalt deckt. Dies gilt jedoch gem. § 206 Abs. 2 AO nicht, wenn die verbindliche Zusage zuungunsten des Antragstellers dem geltenden Recht widerspricht, da der Vertrauensschutz des Stpfl. Sinn und Zweck der verbindlichen Zusage ist.

Die verbindliche Zusage kann jedoch unter den Voraussetzungen des § 207 AO außer Kraft treten. Dies ist automatisch dann der Fall, wenn die Rechtsvorschriften, auf denen die Entscheidung beruht, geändert werden (§ 207 Abs. 1 AO). Unter Rechtsvorschriften i.S.v. § 207 Abs. 1 AO sind nur Rechtsnormen zu verstehen, nicht jedoch Verwaltungsanweisungen oder eine geänderte Rechtsprechung.

Die Finanzbehörde kann die verbindliche Zusage mit Wirkung für die Zukunft widerrufen oder ändern (§ 207 Abs. 2 AO), z. B. wenn sich die steuerrechtliche Beurteilung des der verbindlichen Zusage zugrunde gelegten Sachverhalts durch die Rechtsprechung oder Verwaltung zum Nachteil des Stpfl. ändert. Im Einzelfall kann es aus Billigkeitsgründen gerechtfertigt sein, von einem Widerruf der verbindlichen Zusage abzusehen oder die Wirkung des Widerrufs zu einem späteren Zeitpunkt eintreten zu lassen. Eine solche Billigkeitsmaßnahme wird i.d.R. jedoch nur dann geboten sein, wenn sich der Stpfl. nicht mehr ohne erheblichen Aufwand bzw. unter beträchtlichen Schwierigkeiten von den im Vertrauen auf die Zusage getroffenen Dispositionen oder eingegangenen vertraglichen Verpflichtungen zu lösen vermag. Der Stpfl. ist vor einer Aufhebung oder Änderung zu hören (§ 91 Abs. 1 AO).

Eine rückwirkende Aufhebung oder Änderung der verbindlichen Zusage ist nur zulässig, falls der Stpfl. zustimmt. Ohne Zustimmung ist eine rückwirkende Aufhebung nur zulässig, wenn die verbindliche Zusage von einer sachlich unzuständigen Behörde erlassen worden ist oder die verbindliche Zusage durch unlautere Mittel wie arglistige Täuschung, Drohung oder Bestechung erwirkt worden ist.

2.1.11 Weitere Rechtsfolgen der Außenprüfung

An die Außenprüfung als solches knüpft die Abgabenordnung noch weitere Rechtsfolgen an. Diese sind u. a.

- § 30a Abs. 3 AO (Schutz von Bankkunden bei der Außenprüfung eines Kreditinstituts),
- § 171 Abs. 4 AO (Ablaufhemmung),
- § 173 Abs. 2 AO (erhöhter Änderungsschutz),
- § 90 Abs. 3 AO (Aufzeichnungspflichten im Zusammenhang mit Auslandssachverhalten),
- § 97 Abs. 2 AO (bei Vorlage von Urkunden),
- § 208 Abs. 2 Nr. 1 AO (Zuständigkeit der Außenprüfer i.R.d. Steuerfahndung),
- § 210 AO (Befugnisse i.R.d. Steueraufsicht),
- § 164 Abs. 1, Abs. 3 Satz 3 AO (Pflicht zur Aufhebung des Vorbehalts der Nachprüfung),
- § 167 Abs. 1 Satz 3 AO (Anerkenntnis als Steuerschuldner bzw. Haftender),
- § 371 Abs. 2 Nr. 1a AO (Ausschluss der Selbstanzeige mit Bekanntgabe der Prüfungsanordnung nach § 196 AO).

2.1.12 Kurzübersicht Außenprüfung

Prüfungsanordnung	gem. §§ 196, 197 AO; sofern die Außenprüfung gem. §§ 193 bis 195 AO zulässig ist.
Prüfungsbeginn	gem. § 198 AO; Auswirkung z. B. bei § 171 Abs. 4 AO.
Prüfungsdurchführung	nach den Prüfungsgrundsätzen des § 199 AO und Mitwirkung gem. § 200 AO.
Vorbesprechung(en)	Informationspflicht des Prüfers gem. § 199 Abs. 2 AO, sofern die Prüfung dadurch nicht beeinträchtigt wird. In diesem Stadium können bereits strittige Sachverhalte erörtert und ggf. geklärt werden.
Schlussbesprechung	gem. § 201 AO: Hier werden die größeren, offen gebliebenen Streitfragen diskutiert. Dabei geht es nicht nur um strittige Sachverhalte, sondern vor allem auch um die rechtliche Beurteilung der Prüfungsfeststellungen und um die steuerlichen Auswirkungen. An der Schlussbesprechung nehmen meistens neben dem Prüfer auch dessen Vorgesetzter (ein Sachgebietsleiter) sowie eventuell weitere Beamte der Finanzverwaltung teil.
Prüfungsbericht	gem. § 202 AO: In dem Prüfungsbericht (kein Verwaltungsakt) hält der Außenprüfer die Ergebnisse der Betriebsprüfung, die sich für ihn nach erfolgter Schlussbesprechung ergeben, fest. Darüber hinaus stellt er die jeweiligen Auswirkungen auf die Besteuerungsgrundlagen fest. Der Bericht wird dem geprüften Unternehmen auf Antrag zur Stellungnahme zugesandt.
Geänderte Steuerbescheide	Auf der Grundlage des Prüfungsberichts ergehen dann die geänderten Bescheide, ggf. unter Berücksichtigung der Einwendungen der GmbH/des steuerlichen Beraters für die von der Prüfung betroffenen Steuerarten. Rechtschutzmöglichkeiten (Einspruch gem. §§ 347 ff. AO) bezüglich der unterschiedlichen Rechtsauffassungen sind erst nach Bekanntgabe der geänderten Steuerbescheide möglich.
Anpassung der Buchhaltung	Die Feststellungen der Betriebsprüfung sind in der Buchhaltung zu berücksichtigen. Das bedeutet vor allem Kapitalangleichungsbuchungen und die Anpassung der Saldenvorträge für das laufende Geschäftsjahr an die geänderten Schlussbilanzwerte des Prüfungszeitraums.

2.2 Steuerfahndung

Die Aufgaben und Befugnisse der Steuerfahndung bzw. der Zollfahndung lassen sich gem. § 208 AO wie folgt darstellen:

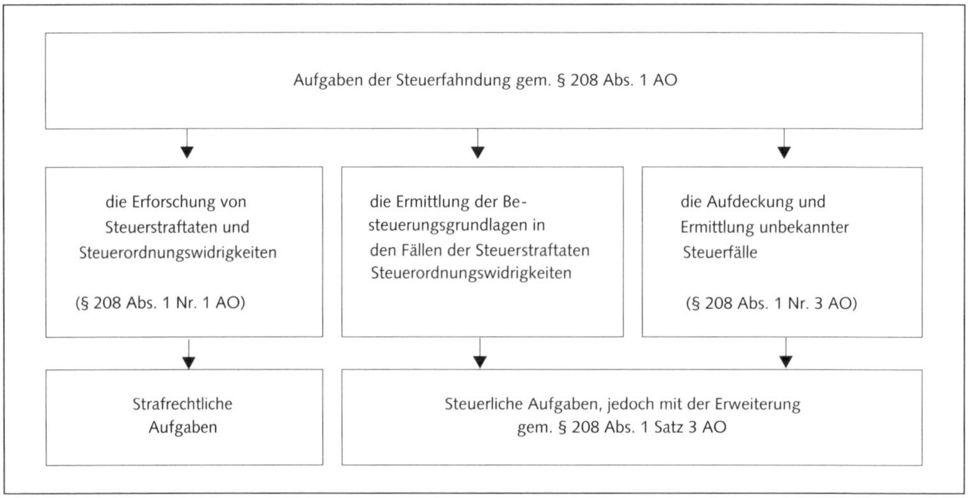

Abbildung 50: Aufgaben der Steuerfahndung

Die Steuerfahndung hat demnach eine Doppelfunktion. Sie kann einerseits mit strafrechtlichen (§ 208 Abs. 1 Nr. 1 AO) Aufgaben und anderseits mit steuerlichen (§ 208 Abs. 1 Nr. 2 und 3 AO) Aufgaben betraut werden. Darüber hinaus hat sie auch die Ermittlungsbefugnisse, die den Finanzämtern bzw. den Hauptzollämtern zustehen (§ 208 Abs. 1 Satz 2 AO).

Nach § 208 Abs. 2 AO ist die Steuerfahndung/Zollfahndung weiterhin zuständig

- für steuerliche Ermittlungen einschließlich der Außenprüfung auf Ersuchen der zuständigen Finanzbehörde und
- für die ihnen sonst i.R.d. Zuständigkeit der Finanzbehörden übertragenen Aufgaben.

Zu Maßnahmen im Besteuerungsverfahren ist die Steuerfahndung auch berechtigt, wenn bereits ein Steuerstrafverfahren eingeleitet worden ist (BFH vom 29.10.1986, BStBl II 1987, 440), oder wenn es um die Ermittlung der Besteuerungsgrundlagen im Zusammenhang mit einer Steuerordnungswidrigkeit bzw. einer Steuerstraftat geht, obwohl hinsichtlich dieser Delikte bereits Strafverfolgungsverjährung eingetreten ist (BFH vom 16.12.1997 BStBl II 1998, 231).

Die mit der Steuerfahndung betrauten Dienststellen der Landesfinanzbehörden sowie ihre Beamten haben gem. § 404 Satz 1 AO im Strafverfahren wegen Steuerstraftaten dieselben Rechte und Pflichten wie die Behörden und Beamten des Polizeidienstes nach den Vorschriften der Strafprozessordnung. Die Beamten der Steuerfahndung bzw. der Zollfahndung sind demnach Ermittlungspersonen der Staatsanwaltschaft, sofern sie Aufgaben gem. § 208 Abs. 1 Nr. 1 AO wahrnehmen. Als Ermittlungspersonen der Staatsanwaltschaft (früher: Hilfspersonen der Staatsanwaltschaft) stehen den Steuerfahndern/Zollfahndern folgende strafprozessrechtlichen Möglichkeiten zur Seite:

- das Recht des ersten Zugriffs (§ 404 Satz 1 AO i.V.m. § 163 Abs. 1 StPO),
- das Recht der vorläufigen Festnahme (§ 404 Satz 1 AO i.V.m. § 127 Abs. 2 StPO),
- das Recht, eine Beschuldigtenvernehmung bzw. eine Zeugenvernehmung durchzuführen (§ 404 Satz 1 AO i.V.m. § 163 Abs. 4 und 5 StPO),
- Durchführung von Durchsuchungen und Beschlagnahmen und deren Anordnung, wenn Gefahr im Verzug ist (§ 399 Abs. 2 Satz 2, § 404 Satz 2 AO i.V.m. § 105 Abs. 1 StPO),
- bei einer Durchsuchung die Durchsicht von Papieren und anderen Urkunden (§ 404 Satz 2 AO i.V.m. § 110 Abs. 1 StPO).

Für die Steuerfahndung gelten bei der Ermittlung der Besteuerungsgrundlagen (§ 208 Abs. 1 Satz 1 Nr. 2 AO) und bei Vorfeldermittlungen (§ 208 Abs. 1 Satz 1 Nr. 3 AO) folgende Einschränkungen gem. § 208 Abs. 1 Satz 3 AO über das Besteuerungsverfahren nicht:

- § 93 Abs. 1 Satz 3 AO,
- § 93 Abs. 2 Satz 2 AO,
- § 97 Abs. 2 und 3 AO.

Als Folge der Nichtanwendbarkeit des § 93 Abs. 1 Satz 3 AO können andere Personen als die Beteiligten sofort um Auskunft angehalten werden. Darüber hinaus bedarf entgegen § 93 Abs. 2 Satz 2 AO das Auskunftsersuchen nicht der Schriftform. Sofern es um die Vorlage von Urkunden geht, können diese ohne vorherige Befragung des Vorlagepflichtigen verlangt und kann die Einsichtnahme in diese Urkunden unabhängig von dem Einverständnis des Vorlageverpflichteten erwirkt werden.

Ist die Person des Stpfl. bekannt und ist gegen ihn kein Verfahren wegen einer Steuerstraftat oder einer Steuerordnungswidrigkeit eingeleitet, soll auch die Steuerfahndung, wenn sie im Rahmen einer Außenprüfung nach § 208 Abs. 1 Satz 1 AO tätig wird, ein Kreditinstitut gem. § 30a Abs. 5 Satz 2 AO erst um Auskunft und Vorlage von Urkunden bitten, wenn ein Auskunftsersuchen an den Stpfl. nicht zum Ziele führt oder keinen Erfolg verspricht.

Gerade in den Fällen, in denen die Steuerfahndung auf Ersuchen des zuständigen Finanzamtes gem. § 208 Abs. 2 Nr. 1 AO tätig wird, bleiben gem. § 208 Abs. 1 Satz 3 AO die Mitwirkungspflichten des Stpfl. im Rahmen einer Außenprüfung bestehen. Die Mitwirkungspflicht kann allerdings nicht erzwungen werden, wenn sich der Stpfl. dadurch der Gefahr aussetzen würde, sich selbst wegen einer von ihm begangenen Steuerstraftat oder Steuerordnungswidrigkeit belasten zu müssen oder wenn gegen ihn bereits ein Steuerstraf- oder Bußgeldverfahren eingeleitet worden ist. Über diese Rechtslage muss der Stpfl. belehrt werden (AEAO zu § 208 Nr. 5).

Die §§ 399 bis 404 AO regeln das Verhältnis zwischen Bußgeld- und Strafsachenstelle einerseits und der Steuerfahndungsstelle anderseits. Während die Steuerfahndung Ermittlungsperson (früher Hilfsperson) der Staatsanwaltschaft ist, nimmt die Bußgeld- und Strafsachenstelle die Rechte und Pflichten der Staatsanwaltschaft im Ermittlungsverfahren wahr.

3 Strafrechtliche Verantwortung

Insolvenzverfahren werden vielfach von kriminellen Handlungen begleitet. Sogar Verantwortliche in Unternehmen, die »in guter Absicht« gehandelt haben, landen schnell vor dem Strafrichter bzw. vor dem Staatsanwalt. So steht insbesondere der Geschäftsführer einer GmbH im Blickpunkt strafrechtlicher Verfolgung. In Frage kommen nicht nur Steuerstraftaten, sondern auch Wirtschaftsdelikte außerhalb der AO. Wer meint, mit einem bloßen Insolvenzeröffnungsantrag würden die Staatsanwaltschaft, die Sozialversicherungsträger oder das Finanzamt nicht auf den Plan gerufen, wird im Hinblick auf §§ 26, 31 InsO, § 13 Abs. 1 Nr. 4 EGGVG i.V.m. der Mitteilungsanordnung in Zivilsachen (MiZi) dort unter dem Abschnitt XIIa eines Besseren belehrt.

Die folgenden Ausführungen geben einen Überblick über die Straftaten und Ordnungswidrigkeiten, in die sich unvorbereitete Gesellschafter, Aufsichtsräte und Geschäftsführer einer GmbH – besonders in deren Krise erfahrungsgemäß leicht verstricken. Zum besseren Verständnis werden einige allgemeine Erläuterungen über Straftaten vorangestellt.

3.1 Allgemeines

Die Prüfung einer Straftat erfolgt in folgenden Stufen

- **Tatbestandsmäßigkeit:**
  Erfüllung der gesetzlichen Tatestandsmerkmale
- **Rechtswidrigkeit:**
  Die Tatbestandserfüllung indiziert die Rechtswidrigkeit (vgl. § 11 Abs. 1 Nr. 5 StGB); es sei denn, es liegen Rechtfertigungsgründe (z.B. Notwehr (§ 32 StGB) oder rechtfertigender Notstand (§ 34 StGB) vor. Bei Wirtschafts- oder Steuerstraftaten spielen Rechtfertigungsgründe kaum eine Rolle. Auch die Absicht, Arbeitsplätze zu erhalten, ist kein Rechtfertigungsgrund.
- **Schuld:**
  Die Straftat muss auch schuldhaft ausgeführt worden sein. Dies setzt zunächst die Einsichtsfähigkeit bzw. das Unrechtsbewusstsein des Täters voraus (Schuldfähigkeit). Aus diesem Grund ist im deutschen Strafrecht die Strafbarkeit nach der Einsichtsfähigkeit des Täters gestaffelt. So ist ein Kind bis zu einem Alter von 14 Jahren gem. § 19 StGB schuldunfähig, im Alter von 14 bis 18 Jahren bedingt schuldfähig (§ 1 Abs. 2 1. HS JGG) und über 18 Jahren zwar voll schuldfähig, aber kann bei entsprechender sittlicher und geistiger Entwicklung bis zum 21. Lebensjahr einem Jugendlichen gleichgestellt werden. Denkbar sind auch Fälle, in denen der Täter schuldunfähig (§ 20 StGB) oder zumindest vermindert schuldfähig (§ 21 StGB) ist. Diese Aspekte spielen bei Wirtschafts- bzw. Steuerstraftaten aber eine untergeordnete Rolle. Erheblich bedeutender ist die Frage der Schuldform. Es sind zwei Arten der Schuldform zu unterscheiden und zwar Vorsatz und
- Fahrlässigkeit. Fahrlässiges Handeln kann gem. § 15 StGB nur bestraft werden, wenn dies das Gesetz ausdrücklich mit Strafe bedroht.

3.1.1 Unterscheidung in Vergehen und Verbrechen (§ 12 Abs. 1 StGB)

Straftaten werden im Hinblick auf § 12 Abs. 1 StGB in Vergehen und Verbrechen unterteilt. Verbrechen sind gem. § 12 Abs. 1 StGB rechtswidrige Taten, die im Mindestmaß mit Freiheitsstrafe von einem Jahr oder darüber bedroht sind. Vergehen sind demgegenüber gem. § 12 Abs. 2 StGB rechtswidrige Taten, die im Mindestmaß mit einer geringeren Freiheitsstrafe oder die mit Geldstrafe geahndet werden. Strafverschärfungen oder Milderungen, die nach den Vorschriften des Allgemeinen Teils des Strafgesetzbuches oder für besonders schwere oder minder schwere Fälle vorgesehen sind, bleiben für die Einteilung in Vergehen und Verbrechen gem. § 12 Abs. 3 StGB außer Betracht. Aus diesem Grund kommt es für die Einteilung nicht auf die tatsächlich verhängte Strafe an. Fast alle Wirtschaftsstraftaten sind aufgrund ihrer Strafandrohung demnach Vergehen (vgl. z. B. §§ 263 Abs. 1, 266 Abs. 1, 266a, 283 ff. StGB). Auch die Steuerhinterziehung nach § 370 AO ist demnach »lediglich« ein Vergehen.

Die Einteilung des § 12 Abs. 1 StGB hat u. a. zur Folge, dass gem. § 140 Abs. 1 Nr. 2 StPO bei einem Verbrechen notwendige Verteidigung besteht, gem. § 407 Abs. 1 StPO ein Strafbefehlsverfahren nicht durchgeführt werden darf und eine Einstellung wegen Geringfügigkeit nach § 153 StPO oder eine Einstellung des Verfahrens bei Erfüllung von Auflagen und Weisungen nach § 153a StPO nicht möglich ist. Da die Grundtatbestände der einzelnen Wirtschaftsstraftatbestände als Vergehen mit einer Höchststrafe von fünf Jahren ausgestatten wurden (vgl. z. B. §§ 263, 266, 266a, 283 ff. StGB oder Steuerhinterziehung gem. § 370 Abs. 1 AO) beträgt die Strafverfolgungsverjährung gem. § 78 Abs. 3 Nr. 4 StGB fünf Jahre, bei Verbrechen, mit einem Höchstmaß von zehn Jahren Freiheitsstrafe jedoch gem. § 78 Abs. 3 Nr. 5 StGB zehn Jahre. Auch die versuchte Teilnahme an einem Vergehen ist im Hinblick auf § 30 StGB straflos.

3.1.2 Unterscheidung in Begehungs- und Unterlassungsdelikte

Die meisten Strafrechtsnormen setzten ein aktives Tun des Täters mit Außenwirkung voraus (Begehungsdelikt). Von einem Unterlassungsdelikt spricht man, wenn der Täter nicht handelt, obwohl er rechtlich hierzu verpflichtet ist. So kann eine Steuerhinterziehung als Begehungsdelikt (§ 370 Abs. 1 Nr. 1 AO) oder auch als Unterlassungsdelikt (§ 370 Abs. 1 Nr. 2 AO) verwirklicht werden.

3.1.3 Beteiligungsformen (Täterschaft und Teilnehmer)

Mögliche Beteiligungsformen an einer Straftat sind Täterschaft (§ 25 StGB) und Teilnahme (Anstifter gem. § 26 StGB und Gehilfe gem. § 27 StGB). Die Beteiligungsformen lassen sich demnach wie folgt darstellen (s. Abb. 60):

Nach der Animus-Theorie ist Täter derjenige, der mit Täterwillen handelt und die Tat als eigene will. Bloßer Teilnehmer ist demgegenüber derjenige, der mit Teilnehmerwillen handelt und die Tat als fremde veranlassen oder fördern will. Aufgrund der Formulierung in §§ 26, 27 Abs. 1 StGB »... vorsätzlich ... zu dessen vorsätzlich begangener Tat ...« setzen die beiden Teilnahmeformen der Anstiftung und der Beihilfe zwingend eine rechtswidrige Haupttat (Akzessorietät der Teilnahme) und einen doppelten Teilnahmevorsatz voraus.

3.1.4 Vorbereitungshandlung/Versuch/Vollendung

Vorbereitungshandlungen sind in der Regel nicht mit Strafe bedroht, können jedoch im Einzelfall zu einer Ordnungswidrigkeit führen, z. B. Steuergefährdung nach § 379 AO.

Die meisten der im Weiteren zu behandelnden Straftaten stellen bereits den Versuch unter Strafe (vgl. z. B. § 370 Abs. 2 AO, § 263 Abs. 2 StGB). Versucht hat jemand eine Straftat gem.

§ 22 StGB dann, wenn er nach seinen Vorstellungen zur Verwirklichung des Tatbestandes unmittelbar ansetzt. Dies ist dann der Fall, wenn der Täter die Schwelle »jetzt geht's los« überschritten hat. Im Rahmen einer Steuerhinterziehung ist dies mit der Abgabe der Steuererklärung beim FA der Fall. Auf eine tatsächliche falsche Steuerfestsetzung kommt es demnach nicht an. Vollendung liegt vor, wenn sämtliche Merkmale des gesetzlichen Tatbestandes erfüllt sind.

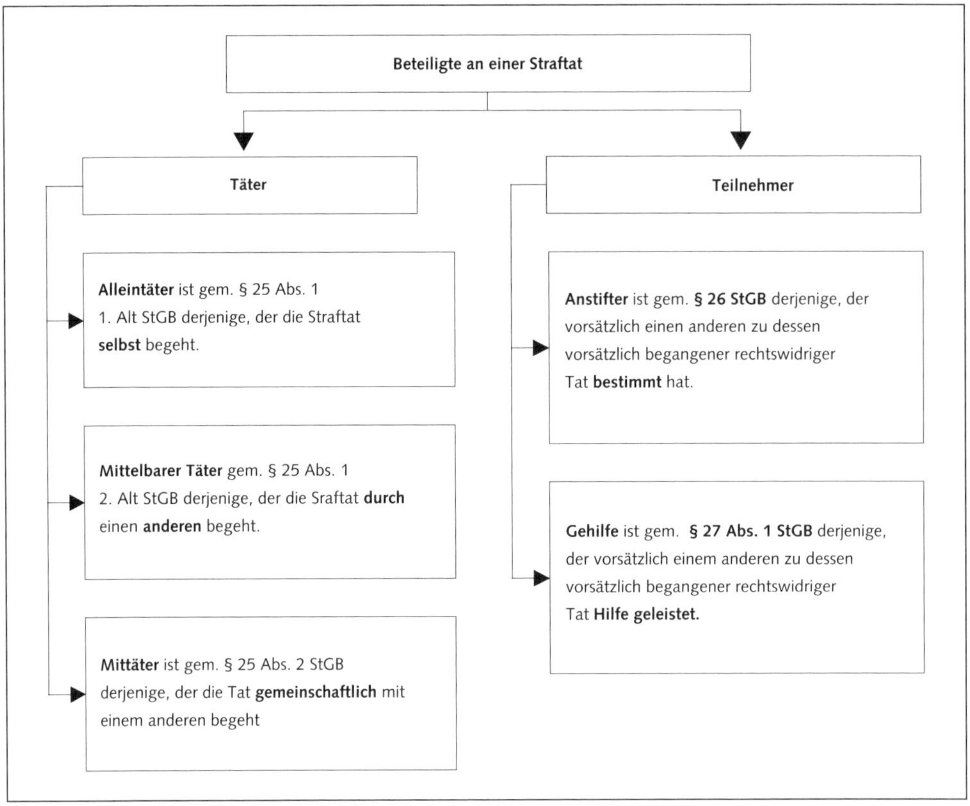

Abbildung 51: Beteiligte an einer Straftat

3.2 Strafrechtliche Sanktionen außerhalb der AO

3.2.1 Strafbarkeit gem. § 331 HGB

Mit Freiheitsstrafe bis zu drei Jahren oder mit Geldstrafe werden gem. § 331 HGB Geschäftsführer bzw. Aufsichtsratsmitglieder einer GmbH bestraft, wenn diese eine unrichtige Darstellung in den **Abschlüssen** oder im **Lagebericht** wiedergeben bzw. diese verschleiern.

3.2.2 Strafbarkeit gem. §§ 82, 84, 85 GmbHG und § 15a Abs. 4, 5 InsO

Die Strafvorschrift des § 82 GmbHG sanktioniert das Fehlverhalten der Gesellschafter bzw. der Geschäftsführer im Zusammenhang mit der **Gründung** bzw. der **Kapitalerhöhung** gegenüber dem Registergericht. Demnach wird z. B. gem. § 82 Abs. 1 Nr. 1 GmbHG mit Freiheitsstrafe bis zu drei Jahren oder mit Geldstrafe bestraft, wer als Gesellschafter oder als Geschäftsführer zum Zweck der Eintragung der Gesellschaft über die Übernahme der Stammeinlagen, die Leistung der Einlagen, die Verwendung eingezahlter Beträge, über Sondervorteile, Gründungsaufwand, Sacheinlagen und Sicherungen für nicht voll eingezahlte Geldeinlagen falsche Angaben macht. Machen die Gesellschafter im Sachgründungsbericht bewusst falsche Angaben, ist dies ebenfalls strafbar (§ 82 Abs. 1 Nr. 2 GmbHG).

Unterlässt es der Geschäftsführer entgegen seiner Verpflichtung aus § 49 Abs. 3 GmbHG, den Gesellschaftern einen **Verlust in Höhe der Hälfte des Stammkapitals** anzuzeigen, wird er gem. § 84 Abs. 1 GmbHG mit einer Freiheitsstrafe von bis zu drei Jahren oder mit Geldstrafe bestraft. Die Einberufung einer Gesellschafterversammlung ist jedoch nicht erforderlich. Ausreichend ist, wenn der Geschäftsführer die Gesellschafter unverzüglich, d. h. ohne schuldhaftes Zögern (vgl. § 121 BGB) informiert. Die Verpflichtung tritt in dem Moment ein, in dem der Verlust; der nach handelsrechtlichen Vorschriften unter Zugrundelegung von Fortführungswerten zu ermitteln ist; in Höhe der Hälfte des Stammkapitals eintritt. Dabei kommt es auf eine interne Geschäftsaufteilung nicht an. Das Delikt kann nicht nur vorsätzlich, sondern gem. § 84 Abs. 2 GmbHG auch fahrlässig begangen werden. Fahrlässigkeit liegt beispielsweise dann vor, wenn der Geschäftsführer den Verlust für möglich hält, aber aufgrund falscher Berechnungen davon ausgeht, dass der Verlust nicht einritt.

Unterlässt es der Geschäftsführer entgegen § 15a Abs. 1 Satz 1 InsO oder die Gesellschafter in den in Abs. 3 beschriebenen Fällen, bei Zahlungsunfähigkeit (§ 17 InsO) oder Überschuldung (§ 19 InsO) die **Eröffnung des Insolvenzverfahrens** zu beantragen, werden diese Personen mit Freiheitsstrafe von bis zu drei Jahren oder mit Geldstrafe gem. § 15a Abs. 4 InsO bestraft. Eine Strafbarkeit liegt demnach nicht vor, wenn lediglich drohende Zahlungsunfähigkeit gem. § 18 InsO vorliegt. Die strafbewährte Insolvenzantragspflicht des § 15a Abs. 4 InsO dient letztlich als Gegenpol zur beschränkten Haftung auf das Gesellschaftsvermögen der GmbH und der grundsätzlichen Haftungsfreistellung der Gesellschafter. Der Geschäftsführer hat demnach innerhalb von drei Wochen seit Zahlungsunfähigkeit bzw. seit Überschuldung zwingend einen Insolvenzantrag zu stellen. Ist absehbar, dass Sanierungsversuche innerhalb der dreiwöchigen Antragsfrist des § 15a Abs. 1 InsO nicht mit Erfolg gekrönt sein werden, besteht die Verpflichtung zur Insolvenzeröffnung bereits schon vorher. Als Täter kommen nur die Geschäftsführer und die Gesellschafter in den Fällen des Abs. 3 in Betracht, wobei auch faktische GmbH-Geschäftsführer unter diese Strafrechtsnorm zu subsumieren sind (vgl. BGH vom 08.11.1989, wistra 1990, 97). Auch hier kommt es auf eine interne Geschäftsverteilung nicht an. Bei fahrlässiger Tatbegehung verringert sich der Strafrahmen gem. § 15a Abs. 5 InsO auf Freiheitsstrafe bis zu einem Jahr und Geldstrafe.

Lediglich ergänzend sei darauf hingewiesen, dass aufgrund der kapitalistischen Gesellschaftsstruktur derartige strafbewährte Insolvenzantragspflichten gem. § 15a Abs. 2 InsO auch die Geschäftsführer einer GmbH & Co. KG treffen.

Um die **Geschäfts- und Betriebsgeheimnisse** der GmbH vor unbefugter Offenbarung oder vor unbefugter Verwertung zu schützten, sieht § 85 GmbHG eine entsprechende strafrechtliche Sanktion vor.

Nach § 85 Abs. 1 GmbHG wird mit Freiheitsstrafe bis zu einem Jahr oder mit Geldstrafe bestraft, wer ein Geheimnis der Gesellschaft, namentlich ein Betriebs- oder Geschäftsgeheimnis, das ihm in seiner Eigenschaft als Geschäftsführer, Mitglied des Aufsichtsrats oder Liquidator bekannt geworden ist, unbefugt offenbart. Der Strafrahmen erhöht sich gem. § 85 Abs. 2 GmbHG auf bis zu zwei Jahre oder Geldstrafe, wenn der Täter gegen Entgelt oder in der Absicht, sich oder einen anderen zu bereichern oder einen anderen zu schädigen, gehandelt hat. Die unbefugte Verwertung steht unter den Voraussetzungen des § 85 Abs. 2 Satz 2 GmbHG der unbefugten Offenbarung gleich. Da der Schutzzweck dieser Strafrechtsnorm die Betriebs- und Geschäftsgeheimnisse der GmbH umfasst, wird dieses Delikt gem. § 85 Abs. 3 Satz 1 GmbHG nur auf Antrag der GmbH verfolgt. Die einzelnen Antragsbefugnisse ergeben sich aus § 85 Abs. 3 Satz 2 GmbHG.

3.2.3 Insolvenzstraftaten (§§ 283 ff. StGB) und andere strafbare Handlungen nach dem StGB

Das StGB enthält im 24. Abschnitt (§§ 283–283d StGB) die sog. Insolvenzstraftaten. Die Strafbarkeit nach dem StGB im Zusammenhang mit Wirtschaftskriminalität beschränkt sich jedoch nicht nur auf die Insolvenzstraftaten. Welche einzelnen Straftatbestände nach dem StGB im Zusammenhang der Handelnden einer GmbH möglich sind, soll die nachfolgende Übersicht aufzeigen. Dabei werden jedoch strafrechtliche Aspekte im Zusammenhang mit »Jedermanns-Delikten« wie Körperverletzung im Zusammenhang mit gesundheitsbeeinträchtigenden Produkten (vgl. z. B. »Lederspray-Fall« des BGH vom 06.07.1990, BB 1990, 1856) oder falsche Versicherung an Eides statt (§ 156 StGB) nicht dargestellt.

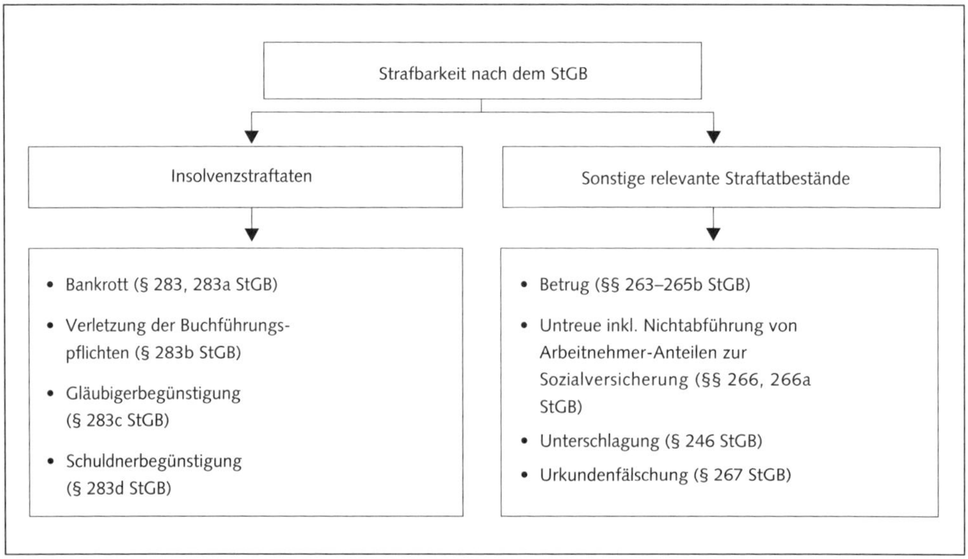

Abbildung 52: Strafbarkeit nach dem StGB

3.2.3.1 Insolvenzstraftaten (§§ 283 ff. StGB)

Zeichnet sich der Zusammenbruch des Unternehmens ab, sind viele Geschäftsführer bzw. Gesellschafter geneigt, diesen Umstand möglichst lange vor den Gläubigern zu verbergen oder wesentliche Vermögenswerte den Gläubigern zu entziehen.

Derartige Bemühungen werden nach § 283 Abs. 1 StGB mit Freiheitsstrafe von bis zu fünf Jahren oder Geldstrafe geahndet. In besonders schweren Fällen erhöht sich der Strafrahmen gem. § 283a StGB auf sechs Monate bis zehn Jahre Freiheitsstrafe. Ein besonders schwerer Fall liegt gem. § 283a StGB insbesondere vor, wenn der Täter aus Gewinnsucht handelt oder wissentlich viele Personen in die Gefahr des Verlustes ihrer ihm anvertrauten Vermögenswerte oder in wirtschaftliche Not bringt.

Wegen **Bankrott** wird gem. § 283 Abs. 1 StGB bestraft, wer bei Überschuldung (§ 19 InsO) oder bei drohender oder eingetretener Zahlungsunfähigkeit (§§ 17, 18 InsO) eine der dort aufgeführten Tatbestandsalternativen begeht.

Eine Bestrafung nach § 283 Abs. 1 Nr. 1 StGB erfolgt dann, wenn jemand in der Krise **Bestandteile seines Vermögens**, die im Falle der Eröffnung des Insolvenzverfahrens zur Insolvenzmasse gehören, **beiseiteschafft** oder verheimlicht oder in einer den Anforderungen einer ordnungsgemäßen Wirtschaft widersprechenden Weise **zerstört, beschädigt oder unbrauchbar macht.** Bei einem GmbH-Geschäftsführer kann diese Tatbestandsbegehung nach der Interessentheorie des BGH (BGH vom 20.05.1981, BGHSt 30, 127) nur dann erfüllt sein, wenn das Beiseiteschaffen, Verheimlichen, Zerstören usw. im Interesse der GmbH erfolgt (vgl. auch § 14 StGB). Des Weiteren werden auch **gewisse Verlust- oder Spekulationsgeschäfte** bzw. **Differenzgeschäfte** nach § 283 Abs. 1 Nr. 2 StGB mit **unter Strafe gestellt.** Auch die »**Verschleuderung**« von Waren, die unter Eigentumsvorbehalt bzw. auf Kredit erworben wurden, ist in den Schutzzweck der Bankrottdelikte aufgenommen (§ 283 Abs. 1 Nr. 3 StGB). Eine Bankrottstraftat kann auch durch **einen Verstoß gegen Ordnungsvorschriften,** insbesondere gegen Buchführungspflichten (§ 283 Abs. 1 Nr. 5, 7 StGB) oder gegen Aufbewahrungspflichten (§ 283 Abs. 1 Nr. 6 StGB) begangen werden.

Eine Bankrottstraftat begeht gem. § 283 Abs. 2 StGB auch derjenige, der durch eine der in § 283 Abs. 1 StGB bezeichneten Handlungen die Überschuldung oder Zahlungsunfähigkeit der GmbH herbeiführt. Bankrottdelikte können sowohl vorsätzlich als auch fahrlässig begangen werden (vgl. § 283 Abs. 4 StGB). Darüber hinaus ist gem. § 283 Abs. 3 StGB der Versuch ebenfalls unter Strafe gestellt. Bei Fahrlässigkeit erstreckt sich der Strafrahmen gem. § 283 Abs. 4 StGB von der Verhängung einer Geldstrafe bis hin zu einer Freiheitsstraße von zwei Jahren. Nach § 283 Abs. 6 StGB ist die Tat nur dann strafbar, wenn der Täter bzw. die GmbH seine/ihre Zahlungen eingestellt hat oder über sein/ihr Vermögen das Insolvenzverfahren eröffnet oder der Eröffnungsantrag mangels Masse abgewiesen worden ist.

Eine **Verletzung der Buchführungspflichten** außerhalb einer Unternehmenskrise kann gem. § 283b StGB zur Strafbarkeit führen, wenn später die Zahlungen eingestellt werden oder über das Vermögen der GmbH das Insolvenzverfahren eröffnet oder der Eröffnungsantrag mangels Masse abgewiesen worden ist (vgl. § 283b Abs. 3 i.V.m. § 283 Abs. 6 StGB). Eine Strafbarkeit des GmbH-Geschäftsführers entfällt, wenn für die Beauftragung des Steuerberaters keine finanziellen Mittel mehr vorhanden sind (OLG Düsseldorf vom 23.07.1998, GmbHR 1998, 981).

Bei bestehender Zahlungsunfähigkeit macht sich der GmbH-Geschäftsführer gem. § 283c StGB dann strafbar, wenn er in Kenntnis der Zahlungsunfähigkeit der GmbH einem Gläubiger eine Sicherheit (z. B. durch Sicherungsübereignung, Pfandhingabe oder Begründung eines

Zurückbehaltungsrechtes) oder Befriedigung (vgl. §§ 362 f. BGB) gewährt, die dieser **nicht** oder **nicht in der Art** oder **nicht zu der Zeit** zu beanspruchen hat, und ihn dadurch absichtlich oder wissentlich **vor den übrigen Gläubigern begünstigt**. Die **Gläubigerbegünstigung** wird mit Freiheitsstrafe bis zu zwei Jahren oder mit Geldstrafe geahndet, wobei der Versuch gem. § 283c Abs. 2 StGB bereits strafbar ist. Die Strafbarkeit der Gläubigerbegünstigung entfällt nicht rückwirkend, wenn der Insolvenzverwalter gem. §§ 129 ff. InsO die jeweilige Rechtshandlung erfolgreich anficht.

Mit Freiheitsstrafe von bis zu fünf Jahren oder mit Geldstrafe wird gem. § 283d Abs. 1 StGB bestraft, wer in Kenntnis der einem anderen drohenden Zahlungsunfähigkeit oder nach Zahlungseinstellung in einem Insolvenzverfahren oder in einem Verfahren zur Herbeiführung der Entscheidung über die Eröffnung des Insolvenzverfahrens Bestandteile des Vermögens dieses anderen, die im Falle der Eröffnung des Insolvenzverfahrens zur Insolvenzmasse gehören, mit dessen Einwilligung oder zu dessen Gunsten beiseiteschafft oder verheimlicht oder in einer den Anforderungen einer ordnungsgemäßen Wirtschaft widersprechenden Weise zerstört, beschädigt oder unbrauchbar macht. Die Vorschrift der **Schuldnerbegünstigung** des § 283d StGB entspricht sowohl vom Schutzzweck als auch vom Strafrahmen dem Bankrott (§ 283 StGB).

3.2.3.2 Betrugsdelikte (§§ 263 ff. StGB)

Im Zusammenhang mit Insolvenzstraftaten stehen, wie bereits angedeutet, auch Betrugsdelikte (§§ 263 ff. StGB), insbesondere dann, wenn trotz bevorstehender oder bereits eingetretener Zahlungsunfähigkeit Waren und Dienstleistungen bestellt werden und den geschädigten Gläubigern bei Bestellung der Waren bzw. Dienstleistungen vorgespiegelt wird, die GmbH wäre noch zahlungsfähig. In diesem Zusammenhang stehen nicht nur der Grundtatbestand des Betruges, sondern auch die Sonderdelikte wie Computerbetrug (§ 263a StGB), Subventionsbetrug (§ 264 StGB), Kapitalanlagebetrug (§ 264a StGB), Versicherungsmissbrauch (§ 265 StGB) und Kreditbetrug (§ 265b StGB) im Zentrum der Wirtschaftskriminalität.

3.2.3.3 Untreue (§ 266 StGB)

Sofern der GmbH-Geschäftsführer oder Prokurist seine Vertretungskompetenz im Außenverhältnis aufgrund interner Grenzen zum Nachteil der GmbH missbraucht, macht er sich nicht nur schadenersatzpflichtig, sondern begeht gem. § 266 Abs. 1 1. Alt. StGB auch eine Straftat. Neben diesem **Missbrauchstatbestand** begeht aber auch derjenige eine Untreue, der aufgrund bestehender Vermögensbetreuungspflichten den **Treuebruchtatbestand** des § 266 Abs. 1 2. Alt. StGB erfüllt. Hierunter werden nicht nur Prokuristen oder Geschäftsführer der GmbH, sondern auch z. B. Kassierer und Buchhalter der GmbH erfasst. Der Strafrahmen erstreckt sich von Geldstrafen bis zu Freiheitsstrafen von bis zu fünf Jahren. In besonders schweren Fällen erhöht sich die Höchststrafe gem. § 266 Abs. 2 i.V.m. § 263 Abs. 3 StGB auf zehn Jahre und die Mindeststrafe auf sechs Monate Freiheitsstrafe.

3.2.3.4 Vorenthalten und Veruntreuen von Arbeitsentgelt (§ 266a StGB)

Mit Freiheitsstrafe von bis zu fünf Jahren oder mit Geldstrafe wird gem. § 266a Abs. 1 StGB bestraft, wer als Arbeitgeber die Arbeitnehmeranteile zur Sozialversicherung, also die Beiträge zur Kranken-, Renten- und Arbeitslosenversicherung, vorenthält. Die Nichtabführung des Arbeitgeberanteils ist straflos. Dabei ist es unerheblich, ob das Arbeitsentgelt tatsächlich bezahlt wird. Im Hinblick auf § 14 Abs. 1 Nr. 1 StGB ist insbesondere der Geschäftsführer dieser Strafnorm ausgesetzt. Darüber hinaus wird der GmbH-Geschäftsführer gem. § 266a Abs. 2 StGB ebenso bestraft, wenn er der für den Einzug der Beiträge zuständigen Stelle über sozialversicherungsrechtlich erhebliche Tatsachen unrichtige oder unvollständige Angaben macht oder die für den Einzug der Beiträge zuständige Stelle pflichtwidrig über sozialversicherungsrechtlich erhebliche Tatsachen in Unkenntnis lässt und dadurch dieser Stelle von der GmbH zu tragende Beiträge zur Sozialversicherung einschließlich der Arbeitsförderung vorenthält. Im Rahmen des § 266a Abs. 2 StGB gilt dies wie in Abs. 1 unabhängig davon, ob Arbeitsentgelt gezahlt wird oder nicht. In besonders schweren Fällen erhöht sich der Strafrahmen gem. § 266a Abs. 4 StGB von sechs Monaten bis auf zehn Jahre Freiheitsstrafe. Ein besonders schwerer Fall liegt in der Regel vor, wenn der Täter aus grobem Eigennutz in großem Ausmaß Beiträge vorenthält, unter Verwendung nachgemachter oder verfälschter Belege wiederholt Beiträge vorenthält oder die Mithilfe eines Amtsträgers ausnutzt, der seine Befugnisse oder seine Stellung missbraucht.

Sofern lediglich die Grundtatbestände der §§ 266a Abs. 1 oder 2 StGB verwirklicht wurden, besteht – ähnlich wie § 371 AO – die Möglichkeit der Straffreiheit. Nach § 266a Abs. 6 Satz 1 StGB kann das Gericht von einer Bestrafung nach dieser Vorschrift absehen, wenn der Arbeitgeber, also der Geschäftsführer, spätestens im Zeitpunkt der Fälligkeit oder unverzüglich danach der Einzugsstelle schriftlich die Höhe der vorenthaltenen Beiträge mitteilt und darlegt, warum die fristgemäße Zahlung nicht möglich ist, obwohl er sich darum ernsthaft bemüht hat. Werden die Beiträge dann nachträglich innerhalb der von der Einzugsstelle bestimmten angemessenen Frist entrichtet, tritt auf jeden Fall gem. § 266a Abs. 6 Satz 2 StGB Straffreiheit ein.

3.2.3.5 Unterschlagung (§ 246 StGB)

Wer **eine fremde bewegliche Sache** sich oder einem Dritten **rechtswidrig** zueignet, wird gem. § 246 Abs. 1 StGB mit Freiheitsstrafe bis zu drei Jahren oder mit Geldstrafe geahndet, wenn die Tat nicht in anderen Vorschriften schwerer bedroht ist. Sofern die Sache dem Täter anvertraut wurde, erhöht sich der Strafrahmen gem. § 246 Abs. 2 StGB auf bis zu fünf Jahre oder Geldstrafe. Auch die versuchte Unterschlagung ist gem. § 246 Abs. 3 StGB strafbar. Eine Unterschlagung kann z. B. anzunehmen sein, wenn ein Mitarbeiter der Gesellschaft Ware der GmbH, unter Eigentumsvorbehalt erworbene Ware oder Kommissionsware außerhalb des Ladenlokals veräußert, um sich selbst oder einen Dritten zu bereichern.

3.2.3.6 Urkundenfälschung (§ 267 StGB)

Wer zur Täuschung im Rechtsverkehr eine unechte Urkunde **herstellt**, eine echte Urkunde **verfälscht** oder eine unechte oder verfälschte Urkunde **gebraucht**, wird gem. § 267 Abs. 1 StGB mit Freiheitsstrafe von bis zu fünf Jahren oder mit Geldstrafe bestraft. Eine Urkundenfälschung liegt z. B. bereits dann vor, wenn jemand eine Kleinbetragsrechnung, die ein anderer ausgestellt hat, um den gesetzlichen Steuersatz »ergänzt«, um hierdurch in den Genuss von Vorsteuerbeträgen zu kommen. Die Strafbarkeit der versuchten Urkundenfälschung ergibt sich aus § 267 Abs. 2 StGB. In besonders schweren Fällen (vgl. § 267 Abs. 2 StGB) droht eine Freiheitsstrafe von zwischen sechs Monaten und zehn Jahren.

3.3 Steuerstrafrecht und Steuerordnungswidrigkeitsrecht

3.3.1 Allgemeines

Steuerstrafrecht und Steuerordnungswidrigkeitsrecht sind insbesondere im 8. Teil der AO niedergelegt. Aber auch außerhalb der AO finden sich in den Einzelsteuergesetzen Tatbestände, die Zuwiderhandlungen gegen Steuergesetze mit Strafe bedrohen (z. B. § 26c UStG). Dabei kann sowohl zwischen materiellem Steuerstraf- bzw. Steuerordnungswidrigkeitsrecht und formalem Steuerstraf- bzw. Steuerordnungswidrigkeitsrecht differenziert werden. Die §§ 369 ff. AO lassen demnach folgende Unterscheidung zu:

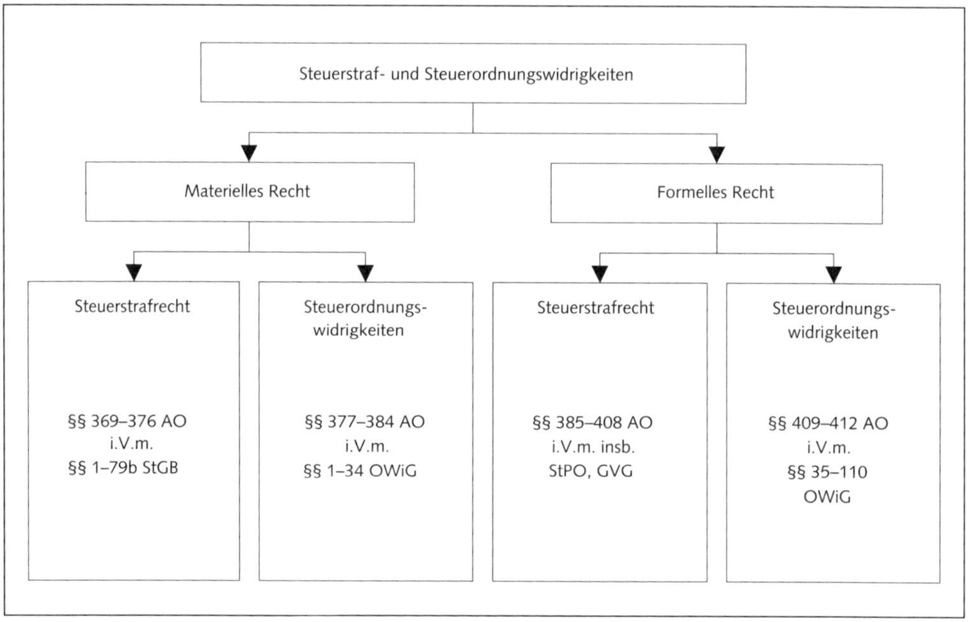

Abbildung 53: Steuerstraf- und Steuerordnungswidrigkeiten

3.3.2 Materielles Steuerstrafrecht

3.3.2.1 Steuerhinterziehung gem. § 370 AO

Mit Freiheitsstrafe von bis zu fünf Jahren oder mit Geldstrafe wird gem. § 370 Abs. 1 AO bestraft, wer

- den Finanzbehörden oder anderen Behörden über steuerlich erhebliche **Tatsachen unrichtige oder unvollständige Angaben macht**,
- die Finanzbehörden **pflichtwidrig** über steuerlich erhebliche Tatsachen in Unkenntnis lässt oder
- pflichtwidrig die Verwendung von Steuerzeichen oder Steuerstemplern unterlässt **und dadurch** Steuern verkürzt oder für sich oder einen anderen nicht gerechtfertigte Steuervorteile erlangt.

Insbesondere im Hinblick auf § 150 Abs. 2 AO sind Steuererklärungen wahrheitsgemäß nach bestem Wissen und Gewissen zu machen. Darüber hinaus sind die Beteiligten bei der Ermittlung des Sachverhalts gem. § 90 Abs. 1 AO mitzuwirken. Dieser Verpflichtung kommen sie insbesondere dadurch nach, dass sie die für die Besteuerung erheblichen Tatsachen vollständig und wahrheitsgemäß offen legen und die ihnen bekannten Beweismittel angeben. Verstößt ein Beteiligter wissentlich gegen diese Grundsätze, begeht er gem. § 370 Abs. 1 Nr. 1 AO eine Steuerhinterziehung.

Im Hinblick auf § 31 Abs. 1 KStG, § 18 UStG und § 25 GewStDV besteht die Verpflichtung zur Abgabe der KSt-, USt- und GewSt-Erklärung. Insbesondere die KSt-und USt-Erklärung müssen gem. § 149 Abs. 1 AO bis zum 31.05. des Folgejahres abgegeben werden. Gibt der Geschäftsführer einer GmbH entgegen diesen Verpflichtungen keine Steuererklärung ab, begeht er eine Steuerhinterziehung gem. § 370 Abs. 1 Nr. 2 AO. Eine Schätzung seitens des FA nach § 162 AO ändert an der Strafbarkeit nichts.

Sogar wenn dem Geschäftsführer nach Abgabe der Steuererklärung, aber vor Ablauf der Festsetzungsfrist auffällt, dass für die GmbH eine falsche Steuererklärung abgegeben wurde, ist er gem. § 153 Abs. 1 AO verpflichtet, die falsche Steuererklärung zu berichtigen. Unterlässt er diese Berichtigung, begeht er ebenfalls gem. § 370 Abs. 1 Nr. 2 AO eine Steuerhinterziehung durch pflichtwidriges Unterlassen.

Steuern sind gem. § 370 Abs. 4 Satz 1 AO namentlich dann verkürzt, wenn sie
- nicht,
- nicht in voller Höhe oder
- nicht rechtzeitig

festgesetzt werden.

Das vorwerfbare und mit Strafe bedrohte Verhalten liegt bei der Steuerhinterziehung demnach »lediglich« in der nicht erfolgten bzw. zu spät erfolgten Steuerfestsetzung. Auf die Zahlung der Steuerschuld kommt es nicht an. Eine Steuerhinterziehung liegt demnach nicht vor, wenn z. B. die Umsatzsatzsteuererklärung abgegeben wird, aber die Steuerschuld nicht mehr bezahlt werden kann.

Bei der Tatbestandsalternative der nicht rechtzeitigen Steuerfestsetzung, liegt eine Steuerhinterziehung auf Zeit vor. Hier geht es dem Täter oftmals primär um einen Liquiditätsvorteil.

Beispiel

Der Geschäftsführer G verbucht einen Ende Januar ausgeführten Umsatz erst Anfang Dezember, damit die Umsatzsteuerzahlung für diesen Umsatz um einige Monate hinausgeschoben werden kann. Mit der Festsetzung der Voranmeldung Januar liegt demnach eine vollendete Steuerhinterziehung vor. (Anmerkung: In der Jahreserklärung, in der sämtliche Umsätze des betreffenden Jahres erklärt werden, ist jedoch eine wirksame Selbstanzeige gem. § 371 AO zu sehen.)

Eine Steuerverkürzung liegt auch dann vor, wenn die Steuer vorläufig (§ 165 AO) oder unter Vorbehalt der Nachprüfung (§ 164 AO) festgesetzt wird oder eine Steueranmeldung einer Steuerfestsetzung unter Vorbehalt der Nachprüfung gleichsteht (§ 168 AO). Letzteres ist im Hinblick auf § 167 AO i.V.m. § 18 Abs. 1 UStG insbesondere bei der Umsatzsteuer der Fall.

Steuervorteile sind gem. § 370 Abs. 4 Satz 2 AO auch Steuervergütungen; nicht gerechtfertigte Steuervorteile sind erlangt, soweit sie zu Unrecht gewährt oder belassen werden. Die Voraussetzungen der Sätze 1 und 2 des § 370 Abs. 4 AO sind auch dann erfüllt, wenn die Steuer, auf die sich die Tat bezieht, aus **anderen Gründen** hätte ermäßigt oder der Steuervorteil aus **anderen Gründen** hätte beansprucht werden können. Dieses sog. Kompensationsverbot hat z. B. i.R.d. Umsatzsteuer zur Folge, dass Vorsteuerbeträge, die im unmittelbaren Zusammenhang mit den nicht erfassten Ausgangsumsätzen stehen, i.R.d. Unrechtsvorwurfes nicht zu berücksichtigen sind. Eine Berücksichtigung kann lediglich im Zusammenhang mit der Strafhöhe erfolgen (BGH vom 18.04.1978, DB 1979, 142). Des Weiteren ist zu berücksichtigen, dass der Tatbestand der Steuerhinterziehung nicht dadurch ausgeschlossen ist, dass dem Stpfl. kein Vorteil bzw. dem Fiskus kein Nachteil entstanden ist.

Beispiel

Eine GmbH bezieht Waren aus der Schweiz bzw. aus den USA. Die Strafbarkeit in Bezug auf die Einfuhrumsatzsteuer (§ 1 Abs. 1 Nr. 4 UStG) des Geschäftsführers bzw. des für die Einfuhr zuständigen Sachbearbeiters wird nicht dadurch aufgehoben, dass die GmbH die Einfuhrumsatzsteuer gem. § 15 Abs. 1 Nr. 2 UStG als Vorsteuer abziehen kann.

Die Steuerhinterziehung muss auch **vorsätzlich**, d. h. mit Wissen und Wollen der Tatbestandsverwirklichung, begangen worden sein. Bei grober Fahrlässigkeit (Leichtfertigkeit) kommt allenfalls eine Steuerordnungswidrigkeit gem. § 378 AO (leichtfertige Steuerverkürzung) in Betracht. Leichte Fahrlässigkeit begründet demgegenüber kein Verhalten, das i.R.d. Steuerstraf- und Steuerordnungswidrigkeitsrechts geahndet werden kann.

Die versuchte Steuerhinterziehung ist gem. § 370 Abs. 2 AO ebenfalls strafbar. Im Hinblick auf § 24 StGB wird wegen Versuches nicht bestraft, wer freiwillig die weitere Ausführung der Tat aufgibt oder die Vollendung der Steuerhinterziehung (vor Festsetzung der jeweiligen Steuer) verhindert. Auf § 371 AO kommt es in derartigen Fällen demnach nicht an.

In **besonders schweren Fällen** der Steuerhinterziehung sieht § 370 Abs. 3 Satz 1 AO einen Strafrahmen von zwischen sechs Monaten **und zehn Jahren Freiheitsstrafe** vor. Ein besonders schwerer Fall liegt gem. § 370 Abs. 3 Satz 2 AO in der Regel vor, wenn der Täter in großem Ausmaß Steuern verkürzt oder nicht gerechtfertigte Steuervorteile erlangt, seine Befugnisse oder seine Stellung als Amtsträger missbraucht, die Mithilfe eines Amtsträgers ausnutzt, der seine Befugnisse oder seine Stellung missbraucht, oder unter Verwendung nachgemachter oder verfälschter Belege fortgesetzt Steuern verkürzt oder nicht gerechtfertigte Steuervorteile erlangt.

Das Merkmal »in großem Ausmaß« im Regelbeispiel des § 370 Abs. 3 Satz 2 Nr. 1 AO bestimmt sich nach objektiven Maßstäben und liegt grundsätzlich dann vor, wenn der Hinterziehungsbetrag 50.000 € übersteigt. Die Betragsgrenze von 50.000 € kommt namentlich dann zur Anwendung, wenn der Täter ungerechtfertigte Zahlungen vom Finanzamt erlangt hat, etwa bei Steuererstattungen durch Umsatzsteuerkarusselle, Kettengeschäfte oder durch Einschaltung von sog. Serviceunternehmen (BGH vom 15.12.2011, Az: 1 StR 579/11).

Beschränkt sich das Verhalten des Täters darauf, die Finanzbehörden pflichtwidrig über steuerlich erhebliche Tatsachen in Unkenntnis zu lassen, und führt das lediglich zu einer Gefährdung des Steueranspruchs, liegt die Wertgrenze zum »großen Ausmaß« demgegenüber bei 100.000 € (BGHSt 53, 71, 85). Dasselbe gilt auch dann, wenn der Stpfl. zwar eine Steuerhinterziehung durch aktives Tun (§ 370 Abs. 1 Nr. 1 AO) begeht, indem er eine unvollständige Steuererklärung abgibt, er dabei aber lediglich steuerpflichtige Einkünfte oder Umsätze verschweigt (vgl. BGH vom 12.07.2011, wistra 2011, 396) und allein dadurch eine Gefährdung des Steueranspruchs herbeiführt.

Ebenso gem. § 371 Abs. 3 Nr. 5 AO, wer als Mitglied einer Bande, die sich zur fortgesetzten Begehung solcher Taten verbunden hat, **Umsatz oder Verbrauchssteuern verkürzt oder nicht gerechtfertigten Umsatz oder Verbrauchsteuervorteile erlangt.**

Die Gewerbsmäßige Begehung, welche im mittlerweile gestrichenen § 370a AO a.F. zu finden war, ist nun wohl ein Fall des § 370 Abs. 3 Nr. 1. Gewerbsmäßigkeit liegt vor, wenn der Täter mit der Absicht handelt, **sich** durch wiederholte Begehung von Straftaten der fraglichen Art eine **fortlaufende Einnahmequelle** von **einigem Gewicht** zu verschaffen (BGH vom 08.11.1951, BGHSt 1, 383). Notwendig ist damit ein auf Wiederholung gerichteter **Wille**, ohne dass es tatsächlich zu mehreren Taten kommen muss. Die Begehung einer einzigen Tat kann ausreichen, wenn die Absicht der Wiederholung gegeben war. Die Gewerbsmäßigkeit setzt weiter voraus, dass der Täter aus Eigennutz gehandelt hat. Im Gegensatz zur einfachen Steuerhinterziehung ist eine gewerbsmäßige Steuerhinterziehung zugunsten eines Dritten – ohne zumindest einen mittelbaren Eigennutz – nicht möglich.

Nach der Grundsatzentscheidung des Großen Senats für Strafsachen vom 22.03.2001 (NJW 2001, 2266) setzt eine Bande im Gegensatz zur früheren Rechtsprechung nicht nur zwei, sondern drei Personen voraus, die sich mit dem Willen verbunden haben, künftig für eine gewisse Dauer mehrere selbstständige, im Einzelnen noch ungewisse Straftaten des im Gesetz genannten Delikttyps zu begehen. Ein »gefestigter Bandenwille« oder ein Tätigwerden in einem »übergeordneten Bandeninteresse« ist nicht erforderlich. Des Weiteren reicht es aus, dass das jeweilige Bandenmitglied einen wie auch immer gelagerten Tatbeitrag leistet.

Bezüglich der Strafzumessung ist das BGH-Urteil vom 02.12.2008 (1 StR 416/08, BGHSt 53, 71) zu beachten. Danach ist bei einem sechsstelligen Hinterziehungsbetrag die Verhängung einer Geldstrafe nur bei Vorliegen von gewichtigen Milderungsgründen noch schuldangemessen. Bei Hinterziehungsbeträgen in Millionenhöhe kommt eine aussetzungsfähige Freiheitsstrafe nur bei Vorliegen besonders gewichtiger Milderungsgründe noch in Betracht.

Jedoch kann es auch bei einem Hinterziehungsbetrag, der die Millionengrenze nicht überschritten hat, zu einer Freiheitsstrafe von über zwei Jahren kommen. Im entschiedenen Fall hatte der Angeklagte Einfuhrabgaben (Zoll, Tabaksteuer und Einfuhrumsatzsteuer) in Höhe von mehr als 385.000 € hinterzogen. Die Zumessung der schuldangemessenen Strafe richtet sich nach den Grundsätzen des § 46 StGB. Je nach den Umständen des Einzelfalls kommt nach Ansicht des BGH daher auch bei geringeren Hinterziehungsbeträgen eine Freiheitsstrafe von über zwei Jahren in Betracht (BGH vom 26.09.2012, Az: 1 StR 423/12).

3.3.2.2 Selbstanzeige (§ 371 AO)

Wer gegenüber der Finanzbehörde zu allen unverjährten Steuerstraftaten einer Steuerart in vollem Umfang die unrichtigen Angaben berichtigt, die unvollständigen Angaben ergänzt oder die unterlassenen Angaben nachholt, wird wegen dieser Steuerstraftaten nicht nach § 370 bestraft.

Eine wirksame Selbstanzeige liegt nur vor, wenn die unrichtigen oder unvollständigen Angaben umfassend und nicht nur teilweise durch zutreffende und grundsätzlich vollständige Angaben ersetzt werden, mit deren Hilfe die FinVerw ohne größere Nachforschungen in die Lage versetzt wird, die Steuer richtig festzusetzen (BGH vom 18.03.2003, NJW 2003, 2996, 3000 m.w.N.) und folglich einen korrekten Steuerbescheid zu erlassen (sog. »**Materiallieferung**«). Sind die Angaben unvollständig oder derart ungenau, dass eine Steuerfestsetzung nicht erfolgen kann, handelt es sich um eine »**verunglückte Selbstanzeige**« mit der Folge, dass Straffreiheit nicht eintritt (vgl. BGH vom 14.12.1976, BB 1978, 698). Ebenso, wenn nur teilweise die unrichtigen oder unvollständigen Angaben durch zutreffende Angaben ersetzt werden. Das Wort »insoweit« der alten Fassung wurde durch »**in vollem Umfang**« ersetzt!

Weiterhin muss die Selbstanzeige sich auch auf die richtigen Zeiträume beziehen. Steuererhebliche Einnahmen, welche im Veranlagungszeitraum 2011 bezogen wurden, müssen auch für 2011 nacherklärt werden.

Darüber hinaus tritt Straffreiheit gem. § 371 Abs. 2 AO nicht ein, wenn

1. bei einer der zur Selbstanzeige gebrachten unverjährten Steuerstraftat vor der Berichtigung, Ergänzung oder Nachholung
   a) dem Täter oder seinem Vertreter eine Prüfungsanordnung nach § 196 bekannt gegeben worden ist, oder
   b) dem Täter oder seinem Vertreter die Einleitung des Straf- oder Bußgeldverfahrens bekannt gegeben worden ist, oder
   c) ein Amtsträger der Finanzbehörde zur steuerlichen Prüfung, zur Ermittlung einer Steuerstraftat oder einer Steuerordnungswidrigkeit erschienen ist, oder
2. eine der Steuerstraftaten im Zeitpunkt der Berichtigung, Ergänzung oder Nachholung ganz oder zum Teil bereits entdeckt war und der Täter dies wusste oder bei verständiger Würdigung der Sachlage damit rechnen musste, oder
3. die nach § 370 Abs. 1 verkürzte Steuer oder der für sich oder einen anderen erlangte, nicht gerechtfertigte Steuervorteil einen Betrag von 50.000 € je Tat übersteigt.

Sind Steuerverkürzungen bereits eingetreten oder Steuervorteile erlangt, so tritt gem. § 370 Abs. 3 AO für den an der Tat Beteiligten Straffreiheit nur ein, wenn er die **zu seinen Gunsten** hinterzogenen Steuern innerhalb der ihm bestimmten angemessenen Frist entrichtet.

Der BGH (Urteil vom 04.07.1979, BGHSt 29, 37) sieht den Vorteil in einer **wirtschaftlichen Betrachtungsweise,** wobei ein nur mittelbarer wirtschaftlicher Vorteil nicht ausreichend ist. Voraussetzung ist demnach, dass die Vorteile aus der Steuerhinterziehung dem Täter (wirtschaftlich) unmittelbar zugutekommen müssen.

Beispiel

Der Fremdgeschäftsführer erstattet eine Selbstanzeige einer Steuerhinterziehung zugunsten der GmbH. Hier kommt es auf die Nachentrichtung gem. § 371 Abs. 3 AO nicht an, da die bloße Sorge um den Arbeitsplatz keinen unmittelbaren wirtschaftlichen Vorteil darstellt (vgl. BGH vom 22.07.1987, wistra 1987, 343).

In Fällen, in denen Straffreiheit nur deswegen nicht eintritt, weil der Hinterziehungsbetrag 50.000 € übersteigt (§ 371 Abs. 2 Nr. 3 AO), wird von einer Verfolgung der Straftat gem. § 398a AO abgesehen, wenn der Täter innerhalb einer ihm bestimmten angemessenen Frist die aus der Tat zu seinen Gunsten hinterzogenen Steuern entrichtet und einen Geldbetrag i.H.v. 5% der hinterzogenen Steuer zugunsten der Staatskasse zahlt. Auch in diesen Fällen wird man auf die Rechtsprechung des BGH aus dem Jahr 1979 zurückgreifen können, wonach ein bloßer mittelbarer Vorteil nicht ausreicht.

Trotz Selbstanzeige beträgt die Festsetzungsfrist gem. § 169 Abs. 2 Satz 2 AO zehn Jahre. Die Selbstanzeige schützt auch nicht vor der Inanspruchnahme mittels Haftungsbescheid nach § 71 AO. Darüber hinaus sind auch Hinterziehungszinsen nach § 235 AO zu entrichten. Soweit eine Steuerhinterziehung vorliegt, können die Steuerbescheide auch dann geändert werden, wenn sie aufgrund einer Außenprüfung ergangen sind (vgl. § 173 Abs. 2 AO).

3.3.2.3 Weitere Straftatbestände

Neben den beiden Steuerstraftaten der §§ 370, 370a AO enthält der 8. Teil der AO noch folgende weitere Steuerstraftaten:
- Bannbruch (§ 372 AO),
- gewerbsmäßiger, gewaltsamer und bandenmäßiger Schmuggel (§ 373 AO),
- Steuerhehlerei (§ 374 AO).

3.3.3 Materielles Steuerordnungswidrigkeitsrecht

In den §§ 377 bis 384 AO sind Steuerordnungswidrigkeiten enthalten. Steuerordnungswidrigkeiten sind gem. § 377 Abs. 1 AO Zuwiderhandlungen, die nach den Steuergesetzen mit Geldbuße geahndet werden können. Soweit die Bußgeldvorschriften des jeweiligen Steuergesetzes nichts anderes bestimmen, gelten für die Steuerordnungswidrigkeiten gem. § 377 Abs. 2 AO die Vorschriften des ersten Teils des OwiG (§§ 1 bis 34 OwiG) sinngemäß. Die Verfolgungsverjährung (§ 384 AO) und die Festsetzungsverjährung (vgl. § 169 Abs. 2 Satz 2 AO) treten jeweils nach fünf Jahren ein.

3.3.3.1 Leichtfertige Steuerverkürzung (§ 378 AO)

Eine leichtfertige Steuerverkürzung begeht gem. § 378 Abs. 1 Satz 1 AO derjenige, der als Stpfl. oder bei Wahrnehmung der Angelegenheiten eines Stpfl., also insbesondere der GmbH-Geschäftsführer, der Buchhalter oder sogar ein Angestellter des Steuerberaters, der die in § 370 Abs. 1 AO bezeichneten Taten **leichtfertig** begeht. Dabei gelten gem. § 378 Abs. 1 Satz 2 AO die Vorschriften des § 370 Abs. 4 bis 7 AO entsprechend. **Leichtfertigkeit** bedeutet nach der gefestigten Rechtsprechung des BFH (vgl. z. B. BFH vom 19.12.2002, NJW 2003, 1894) einen erheblichen Grad an Fahrlässigkeit, der etwa der groben Fahrlässigkeit des bürgerlichen Rechts entspricht, aber im Gegensatz dazu auf die persönlichen Fähigkeiten des Täters abstellt. Ein derartiges Verschulden liegt danach vor, wenn der Täter nach den Gegebenheiten des konkreten Falls und nach seinen individuellen Fähigkeiten in der Lage gewesen wäre, den sich aus den konkret einschlägigen gesetzlichen Regelungen ergebenden Sorgfaltspflichten zu genügen (BFH vom 17.03.2000, BFH/NV 2000, 1180).

Der Unterschied zur Steuerhinterziehung nach § 370 AO liegt demnach in der Abgrenzung zwischen Vorsatz und grober Fahrlässigkeit (Leichtfertigkeit). Aus diesem Grund kann auf obige Ausführungen verwiesen werden.

Eine leichtfertige Steuerverkürzung kann nach § 378 Abs. 2 AO eine Geldbuße bis zu einer Höhe von 50.000 € auslösen.

Eine Geldbuße wird gem. § 378 Abs. 3 Satz 1 AO nicht festgesetzt, soweit der Täter unrichtige oder unvollständige Angaben bei der Finanzbehörde berichtigt oder ergänzt oder unterlassene Angaben nachholt, bevor ihm oder seinem Vertreter die Einleitung eines Straf- oder Bußgeldverfahrens wegen der Tat bekannt gegeben worden ist. Dabei entspricht die vorgenannte Vorschrift der Regelung des § 371 Abs. 2 Nr. 1 Buchst. b AO. Eine Selbstanzeige nach § 378 Abs. 3 AO ist im Gegensatz zu § 371 Abs. 2 AO selbst dann noch möglich, wenn ein Amtsträger der Finanzbehörde zur steuerlichen Prüfung oder zur Ermittlung einer Steuerstraftat oder einer Steuerordnungswidrigkeit erschienen ist oder die Tat im Zeitpunkt der Berichtigung, Ergänzung oder Nachholung ganz oder zum Teil bereits entdeckt war und der Täter dies wusste oder bei verständiger Würdigung der Sachlage damit rechnen musste. Es kann also auch während einer laufenden Außenprüfung eine Selbstanzeige erstattet werden, soweit es sich lediglich um leichtfertige Steuerverkürzung handelt. Auch i.R.d. leichtfertigen Steuerverkürzung gilt gem. § 378 Abs. 3 Satz 2 AO § 371 Abs. 3 und 4 AO entsprechend.

Im Fall einer leichtfertigen Steuerverkürzung kann jedoch der Steuerbescheid, der aufgrund einer Außenprüfung ergangen ist, gem. § 173 Abs. 2 AO geändert werden.

3.3.3.2 Weitere Steuerordnungswidrigkeiten

Neben der leichtfertigen Steuerverkürzung sind i.R.d. §§ 378 ff. AO u. a. noch folgende Steuerordnungswidrigkeiten aufgeführt:
- Steuergefährdung (§ 379 AO),
- Gefährdung der Abzugsteuern (§ 380 AO),
- Verbrauchsteuergefährdung (381 AO),
- Gefährdung der Einfuhr- und Ausfuhrabgaben (§ 382 AO).

Außerhalb der AO kommen insbesondere folgende Steuerordnungswidrigkeiten in Betracht:
- Bußgeldvorschriften nach dem UStG (§ 26a UStG),
- Schädigung des Umsatzsteueraufkommens (§ 26b UStG),
- Ordnungswidrigkeiten nach §§ 50e, 50f EStG.

3.3.4 Formales Steuerstrafrecht

Das formale Steuerstrafverfahren wird in den §§ 385 bis 408 AO geregelt. Die Finanzbehörden haben dabei eine Doppelfunktion. Sie sind einerseits Ermittlungsbehörde i.R.d. Besteuerungsverfahrens und anderseits Strafverfolgungsbehörde i.R.d. Strafverfahrens. Dabei stellen die §§ 385 bis 408 AO sicher, dass es kein spezielles Steuerstrafverfahren gibt, sondern vielmehr in der AO nur einige sachbezogene Ergänzungen des allgemeinen Strafverfahrensrechts vorgenommen werden. Diese Ergänzungen sind wie folgt aufgeteilt:
- Allgemeine Vorschriften (§§ 385 AO bis 396 AO)
- Ermittlungsverfahren (§§ 397 bis 405 AO)
  - Allgemeines (§§ 397 bis 398 a AO)
  - Verfahren der Finanzbehörde bei Steuerstraftaten (§§ 399 bis 401 AO)
  - Stellung der Finanzbehörde im Verfahren der Staatsanwaltschaft (§§ 402,403 AO)
  - Steuer- und Zollfahndung (§ 404 AO)
  - Entschädigung der Zeugen und der Sachverständigen (§ 405 AO)
- Gerichtliches Verfahren (§§ 406, 407 AO)
- Kosten des Verfahrens (§ 408 AO)

Die Verwaltung hat mit Hilfe der Anweisungen für das Straf- und Bußgeldverfahren (Steuer) vom 18.12 2003 (BStBl I 2003, 654) hierzu ausführlich Stellung genommen.

Nach § 385 Abs. 1 AO gelten die Vorschriften der StPO, des GVG und des JGG entsprechend. Bei dem Verdacht einer Steuerstraftat ermittelt gem. § 386 Abs. 1 AO die Finanzbehörde den Sachverhalt. Finanzbehörde im Sinne dieses Abschnitts sind das Hauptzollamt, das Finanzamt, das Bundeszentralamt für Steuern und die Familienkasse. Ein hinreichender Tatverdacht besteht gem. § 152 Abs. 2 StPO, wenn zureichende tatsächliche Anhaltspunkte für eine verfolgbare Straftat vorliegen. Die bloße Möglichkeit einer schuldhaften Steuerverkürzung begründet noch keinen Verdacht (vgl. auch Nr. 24 Abs. 2 AStBV (Steuer)).

Die Vorschriften der §§ 386 bis 390 AO regeln die jeweilige Zuständigkeit der Finanzbehörden untereinander und im Verhältnis zur Staatsanwaltschaft. Dabei kann die Staatsanwaltschaft die Strafsache gem. § 386 Abs. 4 Satz 2 AO jederzeit an sich ziehen (Evokation). Letztlich ist damit die Staatsanwaltschaft »Herrin des Verfahrens«.

Nach § 392 AO können abweichend von § 138 Abs. 1 StPO auch Steuerberater, Steuerbevollmächtigte, Wirtschaftsprüfer und vereidigte Buchprüfer zu Verteidigern gewählt werden, soweit die Finanzbehörde das Strafverfahren selbstständig durchführt; im Übrigen können sie die Verteidigung nur in Gemeinschaft mit einem Rechtsanwalt oder einem Rechtslehrer an einer deutschen Hochschule i.S.d. Hochschulrahmengesetzes mit Befähigung zum Richteramt führen. Im Hinblick auf Nr. 18 AStBV (Steuer) wird die Ermittlung u. a. unter der Verantwortung der Staatsanwaltschaft geführt, wenn

- ein Anfangsverdacht für ein Verbrechen (§ 370a AO) vorliegt;
- die Anordnung der Untersuchungshaft (§§ 112, 113 StPO) geboten erscheint;
- die Strafsache besondere verfahrensrechtliche Schwierigkeiten aufweist;
- Freiheitsstrafe zu erwarten ist, die nicht im Strafbefehlsverfahren geahndet werden kann;
- gegen Diplomaten, Bundes- oder Landtagsabgeordnete oder Abgeordnete des Europäischen Parlaments ermittelt wird;
- gegen Jugendliche, Heranwachsende oder vermindert Schuldfähige ermittelt wird;
- ein Amtsträger der Finanzverwaltung der Beteiligung verdächtig ist.

Dies bedeutet, dass ein Steuerberater oder Wirtschaftsprüfer allein in derartigen Fällen die Verteidigung nicht übernehmen kann.

Aufgrund der Doppelfunktion der Finanzverwaltung als Verwaltungsbehörde und als Strafermittlungsbehörde stellt die Vorschrift des § 393 AO den Grundsatz der **Unabhängigkeit und Gleichrangigkeit beider Verfahren** klar (BFH vom 23.01.2002, BStBl II 2002, 328). Gleichwohl besteht die Notwendigkeit, gewisse Einschränkungen zu machen. Dies ergibt sich daraus, dass z. B. der Stpfl. im Besteuerungsverfahren gem. §§ 90 ff. AO weitreichende Mitwirkungs- und Erklärungspflichten hat, die gem. § 328 AO mittels Zwangsmaßnahmen durchgesetzt werden können. In einem rechtstaatlichen Strafermittlungsverfahren dürfen demgegenüber keine Maßnahmen ergriffen werden, die die Willensfreiheit des Beschuldigten in irgendeiner Weise beeinträchtigen könnten. Die §§ 136, 136a StPO sehen demnach unabdingbare mit Verfassungsrang (vgl. u. a. Art. 2, 103 GG) ausgestattete Rechte des Beschuldigten im Rahmen eines Strafverfahrens vor. Dem Beschuldigten steht es demnach frei, sich zur Sache zu äußern oder nicht.

Von diesem Grundsatz der Gleichwertigkeit und Unabhängigkeit beider Verfahren sieht § 393 AO folgende zwei **Ausnahmen vor**:

- Nach **§ 393 Abs. 1 Sätze 2 bis 4 AO** sind im **Besteuerungsverfahren** Zwangsmittel **(§ 328 AO)** gegen den Stpfl. unzulässig, wenn er dadurch gezwungen würde, sich selbst wegen einer von ihm begangenen Steuerstraftat oder Steuerordnungswidrigkeit zu belasten.
- Nach **§ 393 Abs. 2 AO** wird für das **Strafverfahren** ein (eingeschränktes) Verwertungsverbot für den Fall statuiert, dass der Stpfl. der Finanzbehörde vor Einleitung des Strafverfahrens oder in Unkenntnis der Einleitung des Strafverfahrens in Erfüllung steuerrechtlicher Pflichten Tatsachen und Beweismittel offenbart hat.
- Erkenntnisse, die die Finanzbehörde oder die Staatsanwaltschaft rechtmäßig im Rahmen strafrechtlicher Ermittlungen gewonnen haben, dürfen gem. § 393 Abs. 3 AO jedoch im Besteuerungsverfahren verwendet werden. Dies gilt auch für Erkenntnisse, die dem Brief-, Post- oder Fernmeldegeheimnis unterliegen, soweit die Finanzbehörde diese rechtmäßig

im Rahmen eigener strafrechtlicher Ermittlungen gewonnen hat oder soweit nach den Vorschriften der Strafprozessordnung Auskunft an die Finanzbehörden erteilt werden darf.

Darüber hinaus kann gem. § 396 Abs. 1 AO das Strafverfahren bis zum rechtskräftigen Abschluss des Besteuerungsverfahrens ausgesetzt werden.

Für den Abschluss des Ermittlungsverfahrens ist grundsätzlich die Staatsanwaltschaft zuständig. Sofern im Hinblick auf § 386 Abs. 2 AO die Finanzverwaltung für das Ermittlungsverfahren zuständig ist, werden diese Aufgaben durch die Bußgeld- und Strafsachenstelle wahrgenommen (vgl. Nr. 19 Abs. 2 AStBV (Steuer)). Nach § 399 Abs. 1 AO hat die Bußgeld- und Strafsachenstelle demnach die Aufgaben und Befugnisse, die der Staatsanwaltschaft im Ermittlungsverfahren zustehen.

Das Strafverfahren ist gem. § 170 Abs. 2 StPO einzustellen, wenn sich der Tatverdacht später als unbegründet oder nicht beweisbar herausstellt. Ist die Tat verjährt, ist das Strafverfahren ebenfalls nach § 170 Abs. 2 StPO einzustellen. Die Staatsanwaltschaft kann auch gem. § 398 AO von der Verfolgung einer Steuerhinterziehung, bei der nur eine geringwertige Steuerverkürzung eingetreten ist oder nur geringwertige Steuervorteile erlangt sind, auch ohne Zustimmung des für die Eröffnung des Hauptverfahrens zuständigen Gerichts absehen, wenn die Schuld des Täters als gering anzusehen wäre und kein öffentliches Interesse an der Verfolgung besteht. Im Gegensatz zu § 153 StPO bedarf es bei der Einstellung nach § 398 AO nicht der gerichtlichen Zustimmung. Im Übrigen ist die Regelung des § 398 AO der des § 153 StPO nachgebildet. Sofern lediglich ein Vergehen (§ 12 StGB) geahndet werden soll und im Übrigen die Voraussetzungen der §§ 407 ff. StPO vorliegen, wird gem. § 400 AO die Bußgeld- und Strafsachenstelle beim zuständigen Gericht den Erlass eines Strafbefehls beantragen. Sofern der Beschuldigte einen Verteidiger bestellt hat, kann im Rahmen eines Strafbefehles gem. § 407 Abs. 2 Satz 2 StPO auch eine Freiheitsstrafe bis zu einem Jahr verhängt werden, die zur Bewährung ausgesetzt wird.

3.3.5 Formelles Steuerordnungswidrigkeitsrecht

Wie das Steuerstrafrechtsverfahren modifiziert das Steuerordnungswidrigkeitsverfahren nach §§ 409 bis 412 AO das Ordnungswidrigkeitsverfahren nach dem OwiG.

Steuerordnungswidrigkeiten werden demnach grundsätzlich gem. § 410 Abs. 1 AO i.V.m. § 65 OwiG mit Bußgeldbescheid geahndet. Im Hinblick auf § 410 Abs. 1 Nr. 1 AO richtet sich die örtliche Zuständigkeit nach den Vorschriften der §§ 388 bis 390 AO.

Die Finanzbehörde hat im Rahmen ihrer Zuständigkeit nach § 47 Abs. 1 OWiG Ordnungswidrigkeiten nach pflichtgemäßem Ermessen zu verfolgen (Opportunitätsprinzip). Das Opportunitätsprinzip ermöglicht es der Finanzbehörde, von der Verfolgung einer Ordnungswidrigkeit auch dann abzusehen, wenn die Verfolgungsvoraussetzungen an sich vorliegen. Die Ermessensentscheidung hat sie unter Berücksichtigung aller Umstände des Einzelfalles nach sachlichen Gesichtspunkten zu treffen und dabei vor allem den Gleichheitsgrundsatz, den Grundsatz der Verhältnismäßigkeit und das Übermaßverbot, die Bedeutung der Tat, den Grad der Vorwerfbarkeit und das öffentliche Interesse an der Verfolgung zu beachten.

Steht nach Abschluss des Verfahrens die Unschuld bzw. die Nichtbeweisbarkeit des Betroffenen fest, hat die Finanzbehörde das Verfahren gem. § 46 Abs. 1 OwiG i.V.m. § 170 Abs. 2 StPO einzustellen.

Trotz Verdachts kann von der Verfolgung einer Ordnungswidrigkeit im Hinblick auf Nr. 97 Abs. 3 AStBV (Steuer) in der Regel abgesehen werden, wenn der verkürzte Betrag oder der gefährdete Betrag (§§ 380 AO und 26b UStG) insgesamt weniger als 5.000 € beträgt, sofern nicht ein besonders vorwerfbares Verhalten für die Durchführung eines Bußgeldverfahrens spricht. Das Gleiche gilt, wenn in den Fällen der §§ 380 AO und 26b UStG der insgesamt gefährdete Betrag unter 10.000 € liegt und der gefährdete Zeitraum drei Monate nicht übersteigt.

Wird gegen den Betroffenen ein Bußgeldbescheid erlassen, steht dem Betroffenen gem. § 67 Abs. 1 OwiG als Rechtsbehelf der Einspruch zu. Der Einspruch ist gem. § 67 Abs. 1 OwiG innerhalb von zwei Wochen schriftlich oder zur Niederschrift bei der Verwaltungsbehörde, die den Bußgeldbescheid erlassen hat, einzulegen. Das weitere Verfahren richtet sich dann nach den §§ 68 ff. OwiG bis hin zur amtsgerichtlichen Entscheidung (vgl. § 68 Abs. 1 i.V.m. §§ 71 ff. OwiG). Dabei ist unter den Voraussetzungen des § 72 OwiG auch eine Entscheidung ohne mündliche Verhandlung mittels Beschlusses möglich.

Stichwortregister